Collins *gem*

Diccionario
Inglés

Español-Inglés
English-Spanish

HarperCollins Publishers
Westerhill Road
Bishopbriggs
Glasgow
G64 2QT
Great Britain

**Seventh Edition/Séptima
Edición 2006**

© William Collins Sons & Co.
Ltd. 1982, 1989
© HarperCollins Publishers
1993, 1998, 2001, 2004, 2006

ISBN-13   978-0-00-722399-2
ISBN-10   0-00-722399-4

www.collins.co.uk

A catalogue record for this
book is available from the
British Library

Grupo Editorial Random
House Mondadori, S.L.
Travessera de Gràcia 47-49,
08021 Barcelona

www.diccionarioscollins.com

ISBN 84-253-4013-6

Typeset by/Fotocomposición
Thomas Callan

Printed in Italy by/Impreso en
Italia por Legoprint S.P.A.

Acknowledgements
We would like to thank those
authors and publishers who
kindly gave permission for
copyright material to be used
in the Collins Word Web. We
would also like to thank Times
Newspapers Ltd for providing
valuable data.

GENERAL EDITOR/
DIRECCIÓN GENERAL
Michela Clari

CONTRIBUTORS/
COLABORADORES
José Martín Galera
Wendy Lee
José María Ruiz Vaca
Cordelia Lilly

EDITORIAL COORDINATION/
COORDINACIÓN EDITORIAL
Joyce Littlejohn
Marianne Davidson
Maree Airlie

SERIES EDITOR/
COLECCIÓN DIRIGIDA POR
Lorna Knight

William Collins' dream of knowledge for all began with the publication of his first book in 1819. A self-educated mill worker, he not only enriched millions of lives, but also founded a flourishing publishing house. Today, staying true to this spirit, Collins books are packed with inspiration, innovation, and practical expertise. They place you at the centre of a world of possibility and give you exactly what you need to explore it.

Language is the key to this exploration, and at the heart of Collins Dictionaries is language as it is really used. New words, phrases, and meanings spring up every day, and all of them are captured and analysed by the Collins Word Web. Constantly updated, and with over 2.5 billion entries, this living language resource is unique to our dictionaries.

Words are tools for life. And a Collins Dictionary makes them work for you.

Collins. Do more.

ÍNDICE

CONTENTS

INTRODUCCIÓN

Estamos muy satisfechos de que hayas decidido comprar
este diccionario y esperamos que lo disfrutes y que te sirva
de gran ayuda ya sea en el colegio, en el trabajo, en tus
vacaciones o en casa.

Esta introducción pretende darte algunas indicaciones
para ayudarte a sacar el mayor provecho de este diccionario;
no sólo de su extenso vocabulario, sino de toda la información
que te proporciona cada entrada. Esta te ayudará a leer y
comprender – y también a comunicarte y a expresarte –
en inglés moderno. Este diccionario comienza con una lista
de abreviaturas utilizadas en el texto y con una ilustración
de los sonidos representados por los símbolos fonéticos.

EL MANEJO DE TU DICCIONARIO

La amplia información que te ofrece este diccionario
aparece presentada en distintas tipografías, con caracteres
de diversos tamaños y con distintos símbolos, abreviaturas
y paréntesis. Los apartados siguientes explican las reglas y
símbolos utilizados.

ENTRADAS

Las palabras que consultas en el diccionario – las entradas
– aparecen ordenadas alfabéticamente y en color para una
identificación más rápida. La palabra que aparece en la
parte superior de cada página es la primera entrada
(si aparece en la página izquierda) y la última entrada
(si aparece en la página derecha) de la página en cuestión.
La información sobre el uso o la forma de determinadas
entradas aparece entre paréntesis, detrás de la transcripción
fonética, y generalmente en forma abreviada y en cursiva

(p. ej.: (*fam*), (*Com*)). En algunos casos se ha considerado oportuno agrupar palabras de una misma familia (nación, nacionalismo; accept, acceptance) bajo una misma entrada que aparece en color.

Las expresiones de uso corriente en las que aparece una entrada se dan en negrita (p. ej.: hurry: [...] **to be in a ~**).

SÍMBOLOS FONÉTICOS

La transcripción fonética de cada entrada inglesa (que indica su pronunciación) aparece entre corchetes, inmediatamente después de la entrada (p. ej. knife [naif]). En las páginas xv-xviii encontrarás una lista de los símbolos fonéticos utilizados en este diccionario.

TRADUCCIONES

Las traducciones de las entradas aparecen en caracteres normales, y en los casos en los que existen significados o usos diferentes, éstos aparecen separados mediante un punto y coma. A menudo encontrarás también otras palabras en cursiva y entre paréntesis antes de las traducciones. Estas sugieren contextos en los que la entrada podría aparecer (p. ej.: alto (*persona*) o (*sonido*)) o proporcionan sinónimos (p. ej.: mismo (*semejante*)).

PALABRAS CLAVE

Particular relevancia reciben ciertas palabras inglesas y españolas que han sido consideradas palabras 'clave' en cada lengua. Estas pueden, por ejemplo, ser de utilización muy corriente o tener distintos usos (de, haber; get, that). La combinación de triángulos y números te permitirá distinguir las diferentes categorías gramaticales y los diferentes significados. Las indicaciones en cursiva y entre paréntesis proporcionan además importante información adicional.

FALSOS AMIGOS

Las palabras que se prestan a confusión al traducir han sido identificadas. En tales entradas existen unas notas que te ayudaran a evitar errores.

INFORMACIÓN GRAMATICAL

Las categorías gramaticales aparecen en forma abreviada y en cursiva después de la transcripción fonética de cada entrada (*vt, adv, conj*). También se indican la forma femenina y los plurales irregulares de los sustantivos del inglés (child, -ren).

INTRODUCTION

We are delighted that you have decided to buy this Spanish dictionary and hope you will enjoy and benefit from using it at school, at home, on holiday or at work.

This introduction gives you a few tips on how to get the most out of your dictionary – not simply from its comprehensive wordlist but also from the information provided in each entry. This will help you to read and understand modern Spanish, as well as communicate and express yourself in the language. This dictionary begins by listing the abbreviations used in the text and illustrating the sounds shown by the phonetic symbols.

USING YOUR DICTIONARY

A wealth of information is presented in the dictionary, using various typefaces, sizes of type, symbols, abbreviations and brackets. The various conventions and symbols used are explained in the following sections.

HEADWORDS

The words you look up in a dictionary – 'headwords' – are listed alphabetically. They are printed in colour for rapid identification. The headwords appearing at the top of each page indicate the first (if it appears on a left-hand page) and last word (if it appears on a right-hand page) dealt with on the page in question.

Information about the usage or form of certain headwords is given in brackets after the phonetic spelling. This usually appears in abbreviated form and in italics (e.g. (*fam*), (*Com*)).

Where appropriate, words related to headwords are grouped in the same entry (nación, nacionalismo; accept, acceptance) and are also in colour. Common expressions in which the headword appears are shown in a different bold roman type (e.g. cola: [...] hacer ~).

PHONETIC SPELLINGS

The phonetic spelling of each headword (indicating its pronunciation) is given in square brackets immediately after the headword (e.g. cohete [koˈete]). A list of these symbols is given on pages xv-xviii.

TRANSLATIONS

Headword translations are given in ordinary type and, where more than one meaning or usage exists, these are separated by a semi-colon. You will often find other words in italics before the translations. These offer suggested contexts in which the headword might appear (e.g. **fare** (*on trains, buses*)) or provide synonyms (e.g. **litter** (*rubbish*) o (*young animals*)). The gender of the Spanish translation also appears in italics immediately following the key element of the translation, except where this is a regular masculine singular noun ending in 'o', or a regular feminine noun ending in 'a'.

KEY WORDS

Special status is given to certain Spanish and English words which are considered as 'key' words in each language. They may, for example, occur very frequently or have several types of usage (e.g. **de, haber; get, that**). A combination of triangles and numbers helps you to distinguish different

parts of speech and different meanings. Further helpful
information is provided in brackets and italics.

FALSE FRIENDS

Words which can be easily confused have been identified
in the dictionary. Notes at such entries will help you to
avoid these common translation pitfalls.

GRAMMATICAL INFORMATION

Parts of speech are given in abbreviated form in italics
after the phonetic spellings of headwords (e.g. *vt, adv, conj*).
Genders of Spanish nouns are indicated as follows: *nm* for
a masculine and *nf* for a feminine noun. Feminine and
irregular plural forms of nouns are also shown (irlandés,
esa; luz (*pl* luces)).

ABREVIATURAS

ABBREVIATIONS

abreviatura	ab(b)r	abbreviation
adjetivo, locución adjetiva	adj	adjective, adjectival phrase
administración	Admin	administration
adverbio, locución adverbial	adv	adverb, adverbial phrase
agricultura	Agr	agriculture
anatomía	Anat	anatomy
Argentina	Arg	Argentina
arquitectura	Arq, Arch	architecture
el automóvil	Aut(o)	the motor car and motoring
aviación, viajes aéreos	Aviac, Aviat	flying, air travel
biología	Bio(l)	biology
botánica, flores	Bot	botany
inglés británico	BRIT	British English
Centroamérica	CAM	Central America
química	Chem	chemistry
comercio, finanzas, banca	Com(m)	commerce, finance, banking
informática	Comput	computing
conjunción	conj	conjunction
construcción	Constr	building
compuesto	cpd	compound element
Cono Sur	CS	Southern Cone
cocina	Culin	cookery
economía	Econ	economics
eletricidad, electrónica	Elec	electricity, electronics
enseñanza, sistema escolar y universitario	Escol	schooling, schools and universities
España	ESP	Spain
especialmente	esp	especially
exclamación, interjección	excl	exclamation, interjection
femenino	f	feminine
lengua familiar (! vulgar)	fam(!)	colloquial usage (! particularly offensive)
ferrocarril	Ferro	railways
uso figurado	fig	figurative use
fotografía	Foto	photography
(verbo inglés) del cual la partícula es inseparable	fus	(phrasal verb) where the particle is inseparable
generalmente	gen	generally
geografía, geología	Geo	geography, geology
geometría	Geom	geometry

historia	Hist	history
uso familiar	inf(!)	colloquial usage
(! vulgar)		(! particularly offensive)
infinitivo	infin	infinitive
informática	Inform	computing
invariable	inv	invariable
irregular	irreg	irregular
lo jurídico	jur	law
América Latina	LAM	Latin America
gramática, lingüística	Ling	grammar, linguistics
masculino	m	masculine
matemáticas	Mat(h)	mathematics
masculino/femenino	m/f	masculine/feminine
medicina	Med	medicine
México	MÉX, MEX	Mexico
lo militar, ejército	Mil	military matters
música	Mús, Mus	music
substantivo, nombre	n	noun
navegación, náutica	Náut, Naut	sailing, navigation
sustantivo numérico	num	numeral noun
complemento	obj	(grammatical) object
	o.s.	oneself
peyorativo	pey, pej	derogatory, pejorative
fotografía	Phot	photography
fisiología	Physiol	physiology
plural	pl	plural
política	Pol	politics
participio de pasado	pp	past participle
preposición	prep	preposition
pronombre	pron	pronoun
psicología, psiquiatría	Psico, Psych	psychology, psychiatry
tiempo pasado	pt	past tense
química	Quím	chemistry
ferrocarril	Rail	railways
religión	Rel	religion
Río de la Plata	RPL	River Plate
	sb	somebody
Cono Sur	SC	Southern Cone
enseñanza, sistema escolar y universitario	Scol	schooling, schools and universities
singular	sg	singular
España	SP	Spain
	sth	something

ABREVIATURAS

ABBREVIATIONS

sujeto	*su(b)j*	(grammatical) subject
subjuntivo	*subjun*	subjunctive
tauromaquia	*Taur*	bullfighting
también	*tb*	also
técnica, tecnología	*Tec(h)*	technical term, technology
telecomunicaciones	*Telec, Tel*	telecommunications
imprenta, tipografía	*Tip, Typ*	typography, printing
televisión	*TV*	television
universidad	*Univ*	university
inglés norteamericano	*US*	American English
verbo	*vb*	verb
verbo intransitivo	*vi*	intransitive verb
verbo pronominal	*vr*	reflexive verb
verbo transitivo	*vt*	transitive verb
zoología	*Zool*	zoology
marca registrada	®	registered trademark
indica un equivalente cultural	≈	introduces a cultural equivalent

SPANISH PRONUNCIATION

VOWELS

a	[a]	pata	not as long as *a* in *far*. When followed by a consonant in the same syllable (i.e. in a closed syllable), as in *amante*, the *a* is short, as in *bat*
e	[e]	me	like *e* in they. In a closed syllable, as in *gente*, the *e* is short as in *pet*
i	[i]	pino	as in *mean* or *machine*
o	[o]	lo	as in *local*. In a closed syllable, as in *control*, the *o* is short as in *cot*
u	[u]	lunes	as in *rule*. It is silent after q, and in *gue, gui*, unless marked *güe, güi* e.g. *antigüedad*, when it is pronounced like *w* in *wolf*

SEMIVOWELS

i, y	[j]	bien hielo yunta	pronounced like *y* in *yes*
u	[w]	huevo fuento antigüedad	unstressed *u* between consonant and vowel is pronounced like *w* in *well*. See notes on u above.

DIPHTHONGS

ai, ay	[ai]	baile	as *i* in *ride*
au	[au]	auto	as *ou* in *shout*
ei, ey	[ei]	buey	as *ey* in *grey*
eu	[eu]	deuda	both elements pronounced independently [e] + [u]
oi, oy	[oi]	hoy	as *oy* in *toy*

CONSONANTS

b	[b,β]	boda bomba labor	see notes on *v* below
c	[k]	caja	*c* before *a, o, u* is pronounced as in *cat*
ce, ci	[θe,θi]	cero cielo	*c* before *e* or *i* is pronounced as in *thin*
ch	[tʃ]	chiste	*ch* is pronounced as *ch* in *chair*
d	[d,ð]	danés ciudad	at the beginning of a phrase or after l or n, *d* is pronounced as in English. In any other position it is pronounced like *th* in *the*

g	[g, ɣ]	gafas paga	*g* before *a*, *o* or *u* is pronounced as in *gap*, if at the beginning of a phrase or after *n*. In other positions the sound is softened
ge, gi	[xe, xi]	gente girar	*g* before *e* or *i* is pronounced similar to *ch* in Scottish *loch*
h		haber	*h* is always silent in Spanish
j	[x]	jugar	*j* is pronounced similar to *ch* in Scottish *loch*
ll	[ʎ]	talle	*ll* is pronounced like the *y* in yet or the *lli* in million
ñ	[ʃ]	niño	*ñ* is pronounced like the *ni* in onion
q	[k]	que	*q* is pronounced as *k* in king
r, rr	[r, rr]	quitar garra	*r* is always pronounced in Spanish, unlike the silent *r* in dancer. *rr* is trilled, like a Scottish *r*
s	[s]	quizás isla	*s* is usually pronounced as in pass, but before *b*, *d*, *g*, *l*, *m* or *n* it is pronounced as in rose
v	[b, β]	vía	*v* is pronounced something like *b*. At the beginning of a phrase or after *m* or *n* it is pronounced as *b* in boy. In any other position the sound is softened
z	[θ]	tenaz	*z* is pronounced as *th* in thin

f, k, l, m, n, p, t and x are pronounced as in English.

STRESS

The rules of stress in Spanish are as follows:

(a) when a word ends in a vowel or in *n* or *s*, the second last syllable is stressed:
patata, patatas; come, comen

(b) when a word ends in a consonant other than *n* or *s*, the stress falls on the last syllable:
pared, hablar

(c) when the rules set out in (a) and (b) are not applied, an acute accent appears over the stressed vowel:
común, geografía, inglés

In the phonetic transcription, the symbol ['] precedes the syllable on which the stress falls.

LA PRONUNCIACIÓN INGLESA

VOCALES

		Ejemplo inglés	*Explicación*
[ɑː]		father	Entre *a* de padre y *o* de noche
[ʌ]		but, come	*a* muy breve
[æ]		man, cat	Con los labios en la posición de *e* en pena y luego se pronuncia el sonido *a* parecido a la *a* de carro
[ə]		father, ago	Vocal neutra parecida a una *e* u *o* casi muda
[əː]		bird, heard	Entre *e* abierta y *o* cerrada, sonido alargado
[ɛ]		get, bed	Como en perro
[ɪ]		it, big	Más breve que en sí
[iː]		tea, see	Como en fino
[ɔ]		hot, wash	Como en torre
[ɔː]		saw, all	Como en por
[u]		put, book	Sonido breve, más cerrado que burro
[uː]		too, you	Sonido largo, como en uno

DIPTONGOS

		Ejemplo inglés	*Explicación*
[aɪ]		fly, high	Como en fraile
[au]		how, house	Como en pausa
[ɛə]		there, bear	Casi como en vea, pero el sonido *a* se mezcla con el indistinto [ə]
[eɪ]		day, obey	*e* cerrada seguida por una *i* débil
[ɪə]		here, hear	Como en manía, mezclándose el sonido *a* con el indistinto [ə]
[əu]		go, note	[ə] seguido por una breve *u*
[ɔɪ]		boy, oil	Como en voy
[uə]		poor, sure	*u* bastante larga más el sonido indistinto [ə]

CONSONANTES

	Ejemplo inglés	Explicación
[b]	big, lobby	Como en tumban
[d]	mended	Como en conde, andar
[g]	go, get, big	Como en grande, gol
[dʒ]	gin, judge	Como en la ll andaluza y en Generalitat (catalán)
[ŋ]	sing	Como en vínculo
[h]	house, he	Como la jota hispanoamericana
[j]	young, yes	Como en ya
[k]	come, mock	Como en caña, Escocia
[r]	red, tread	Se pronuncia con la punta de la lengua hacia atrás y sin hacerla vibrar
[s]	sand, yes	Como en casa, sesión
[z]	rose, zebra	Como en desde, mismo
[ʃ]	she, machine	Como en chambre (francés), roxo (portugués)
[tʃ]	chin, rich	Como en chocolate
[v]	valley	Como f, pero se retiran los dientes superiores vibrándolos contra el labio inferior
[w]	water, which	Como la u de huevo, puede
[ʒ]	vision	Como en journal (francés)
[θ]	think, myth	Como en receta, zapato
[ð]	this, the	Como en hablado, verdad

f, l, m, n, p, t y x iguales que en español.

El signo [*] indica que la r final escrita apenas se pronuncia en inglés británico cuando la palabra siguiente empieza con vocal. El signo ['] indica la sílaba acentuada.

xviii

1 Gerund 2 Imperative 3 Present 4 Preterite 5 Future 6 Present subjunctive 7 Imperfect subjunctive 8 Past participle 9 Imperfect

Etc indicates that the irregular root is used for all persons of the tense, e.g. oír: 6 oiga, oigas, oigamos, oigáis, oigan

agradecer 3 agradezco 6 agradezca *etc*

aprobar 2 aprueba 3 apruebo, apruebas, aprueba, aprueban 6 apruebe, apruebes, apruebe, aprueben

atravesar 2 atraviesa 3 atravieso, atraviesas, atraviesa, atraviesan 6 atraviese, atravieses, atraviese, atraviesen

caber 3 quepo 4 cupe, cupiste, cupo, cupimos, cupisteis, cupieron 5 cabré *etc* 6 quepa *etc* 7 cupiera *etc*

caer 1 cayendo 3 caigo 4 cayó, cayeron 6 caiga *etc* 7 cayera *etc*

cerrar 2 cierra 3 cierro, cierras, cierra, cierran 6 cierre, cierres, cierre, cierren

COMER 1 comiendo 2 come, comed 3 como, comes, come, comemos, coméis, comen 4 comí, comiste, comió, comimos, comisteis, comieron 5 comeré, comerás, comerá, comeremos, comeréis, comerán 6 coma, comas, coma, comamos, comáis, coman 7 comiera, comieras, comiera, comiéramos, comierais, comieran 8 comido 9 comía, comías, comía, comíamos, comíais, comían

conocer 3 conozco 6 conozca *etc*

contar 2 cuenta 3 cuento, cuentas, cuenta, cuentan

6 cuente, cuentes, cuente, cuenten

dar 2 da 3 di, diste, dio, dimos, disteis, dieron 7 diera *etc*

decir 2 di 3 digo 4 dije, dijiste, dijo, dijimos, dijisteis, dijeron 5 diré *etc* 6 diga *etc* 7 dijera *etc* 8 dicho

despertar 2 despierta 3 despierto, despiertas, despierta, despiertan 6 despierte, despiertes, despierte, despierten

divertir 1 divirtiendo 2 divierte 3 divierto, diviertes, divierte, divierten 4 divirtió, divirtieron 6 divierta, diviertas, divierta, divirtamos, divirtáis, diviertan 7 divirtiera *etc*

dormir 1 durmiendo 2 duerme 3 duermo, duermes, duerme, duermen 4 durmió, durmieron 6 duerma, duermas, duerma, durmamos, durmáis, duerman 7 durmiera *etc*

empezar 2 empieza 3 empiezo, empiezas, empieza, empiezan 4 empecé 6 empiece, empieces, empiece, empecemos, empecéis, empiecen

entender 2 entiende 3 entiendo, entiendes, entiende, entienden 6 entienda, entiendas, entienda, entiendan

ESTAR 2 está 3 estoy, estás, está, están 4 estuve, estuviste,

estuvo, estuvimos, estuvisteis,
estuvieron 6 esté, estés, esté,
estén 7 estuviera etc

HABER 3 he, has, ha, hemos,
han 4 hube, hubiste, hubo,
hubimos, hubisteis, hubieron
5 habré etc 6 haya etc 7 hubiera
etc

HABLAR 1 hablando 2 habla,
hablad 3 hablo, hablas, habla,
hablamos, habláis, hablan
4 hablé, hablaste, habló,
hablamos, hablasteis,
hablaron 5 hablaré, hablarás,
hablará, hablaremos,
hablaréis, hablarán 6 hable,
hables, hable, hablemos,
habléis, hablen 7 hablara,
hablaras, hablara, habláramos,
hablarais, hablaran 8 hablado
9 hablaba, hablabas, hablaba,
hablábamos, hablabais,
hablaban

hacer 2 haz 3 hago 4 hice,
hiciste, hizo, hicimos,
hicisteis, hicieron 5 haré etc
6 haga etc 7 hiciera etc 8 hecho

instruir 1 instruyendo 2 instruye
3 instruyo, instruyes, instruye,
instruyen 4 instruyó,
instruyeron 6 instruya etc
7 instruyera etc

ir 1 yendo 2 ve 3 voy, vas, va,
vamos, vais, van 4 fui, fuiste,
fue, fuimos, fuisteis, fueron
6 vaya, vayas, vaya, vayamos,
vayáis, vayan 7 fuera etc 9 iba,
ibas, iba, íbamos, ibais, iban

jugar 2 juega 3 juego, juegas,
juega, juegan 4 jugué 6 juegue
etc

leer 1 leyendo 4 leyó, leyeron
7 leyera etc

morir 1 muriendo 2 muere
3 muero, mueres, muere,
mueren 4 murió, murieron

6 muera, mueras, muera,
muramos, muráis, mueran
7 muriera etc 8 muerto

mover 2 mueve 3 muevo,
mueves, mueve, movemos,
movéis, mueven
6 mueva, muevas, mueva,
muevan

negar 2 niega 3 niego, niegas,
niega, niegan 4 negué
6 niegue, niegues, niegue,
neguemos, neguéis, nieguen

ofrecer 3 ofrezco 6 ofrezca etc

oír 1 oyendo 2 oye 3 oigo, oyes,
oye, oyen 4 oyó, oyeron 6 oiga
etc 7 oyera etc

oler 2 huele 3 huelo, hueles,
huele, huelen 6 huela, huelas,
huela, huelan

parecer 3 parezco 6 parezca etc

pedir 1 pidiendo 2 pide 3 pido,
pides, pide, piden 4 pidió,
pidieron 6 pida etc 7 pidiera etc

pensar 2 piensa 3 pienso,
piensas, piensa, piensan
6 piense, pienses, piense,
piensen

perder 2 pierde 3 pierdo, pierdes,
pierde, pierden 6 pierda,
pierdas, pierda, pierdan

poder 1 pudiendo 2 puede
3 puedo, puedes, puede,
pueden 4 pude, pudiste, pudo,
pudimos, pudisteis, pudieron
5 podré etc 6 pueda, puedas,
pueda, puedan 7 pudiera etc

poner 2 pon 3 pongo 4 puse,
pusiste, puso, pusimos,
pusisteis, pusieron 5 pondré etc
6 ponga etc 7 pusiera etc
8 puesto

preferir 1 prefiriendo 2 prefiere
3 prefiero, prefieres, prefiere,
prefieren 4 prefirió, prefirieron
6 prefiera, prefieras, prefiera,
prefiramos, prefiráis, prefieran
7 prefiriera etc

querer 2 quiere 3 quiero, quieres, quiere, quieren 4 quise, quisiste, quiso, quisimos, quisisteis, quisieron 5 querré *etc* 6 quiera, quieras, quiera, quieran 7 quisiera *etc*

reír 2 ríe 3 río, ríes, ríe, ríen 4 reí, rieron 6 ría, rías, ría, riamos, riáis, rían 7 riera *etc*

repetir 1 repitiendo 2 repite 3 repito, repites, repite, repiten 4 repitió, repitieron 6 repita *etc* 7 repitiera *etc*

rogar 2 ruega 3 ruego, ruegas, ruega, ruegan 4 rogué 6 ruegue, ruegues, ruegue, roguemos, roguéis, rueguen

saber 3 sé 4 supe, supiste, supo, supimos, supisteis, supieron 5 sabré *etc* 6 sepa *etc* 7 supiera *etc*

salir 2 sal 3 salgo 5 saldré *etc* 6 salga *etc*

seguir 1 siguiendo 2 sigue 3 sigo, sigues, sigue, siguen 4 siguió, siguieron 6 siga *etc* 7 siguiera *etc*

sentar 2 sienta 3 siento, sientas, sienta, sientan 6 siente, sientes, siente, sienten

sentir 1 sintiendo 2 siente 3 siento, sientes, siente, sienten 4 sintió, sintieron 6 sienta, sientas, sienta, sintamos, sintáis, sientan 7 sintiera *etc*

SER 2 sé 3 soy, eres, es, somos, sois, son 4 fui, fuiste, fue, fuimos, fuisteis, fueron 6 sea *etc* 7 fuera *etc* 9 era, eras, era, éramos, erais, eran

servir 1 sirviendo 2 sirve 3 sirvo, sirves, sirve, sirven 4 sirvió, sirvieron 6 sirva *etc* 7 sirviera *etc*

soñar 2 sueña 3 sueño, sueñas, sueña, sueñan 6 sueñe, sueñes, sueñe, sueñen

tener 2 ten 3 tengo, tienes, tiene, tienen 4 tuve, tuviste, tuvo, tuvimos, tuvisteis, tuvieron 5 tendré *etc* 6 tenga *etc* 7 tuviera *etc*

traer 1 trayendo 3 traigo 4 traje, trajiste, trajo, trajimos, trajisteis, trajeron 6 traiga *etc* 7 trajera *etc*

valer 2 vale 3 valgo 5 valdré *etc* 6 valga *etc*

venir 2 ven 3 vengo, vienes, viene, vienen 4 vine, viniste, vino, vinimos, vinisteis, vinieron 5 vendré *etc* 6 venga *etc* 7 viniera *etc*

ver 3 veo 6 vea *etc* 8 visto 9 veía *etc*

vestir 1 vistiendo 2 viste 3 visto, vistes, viste, visten 4 vistió, vistieron 6 vista *etc* 7 vistiera *etc*

VIVIR 1 viviendo 2 vive, vivid 3 vivo, vives, vive, vivimos, vivís, viven 4 viví, viviste, vivió, vivimos, vivisteis, vivieron 5 viviré, vivirás, vivirá, viviremos, viviréis, vivirán 6 viva, vivas, viva, vivamos, viváis, vivan 7 viviera, vivieras, viviera, viviéramos, vivierais, vivieran 8 vivido 9 vivía, vivías, vivía, vivíamos, vivíais, vivían

volver 2 vuelve 3 vuelvo, vuelves, vuelve, vuelven 6 vuelva, vuelvas, vuelva, vuelvan 8 vuelto

VERBOS IRREGULARES EN INGLÉS

PRESENTE	PASADO	PARTICIPIO	PRESENTE	PASADO	PARTICIPIO
arise	arose	arisen	dream	dreamed,	dreamed,
awake	awoke	awoken		dreamt	dreamt
be (am, is, are; being)	was, were	been	drink	drank	drunk
			drive	drove	driven
bear	bore	born(e)	dwell	dwelt	dwelt
beat	beat	beaten	eat	ate	eaten
become	became	become	fall	fell	fallen
begin	began	begun	feed	fed	fed
bend	bent	bent	feel	felt	felt
bet	bet, betted	bet, betted	fight	fought	fought
bid (at auction, cards)	bid	bid	find	found	found
			flee	fled	fled
bid (say)	bade	bidden	fling	flung	flung
bind	bound	bound	fly	flew	flown
bite	bit	bitten	forbid	forbad(e)	forbidden
bleed	bled	bled	forecast	forecast	forecast
blow	blew	blown	forget	forgot	forgotten
break	broke	broken	forgive	forgave	forgiven
breed	bred	bred	forsake	forsook	forsaken
bring	brought	brought	freeze	froze	frozen
build	built	built	get	got	got, (us) gotten
burn	burnt, burned	burnt, burned	give	gave	given
burst	burst	burst	go (goes)	went	gone
buy	bought	bought	grind	ground	ground
can	could	(been able)	grow	grew	grown
cast	cast	cast	hang	hung	hung
catch	caught	caught	hang (suspend) (execute)	hanged	hanged
choose	chose	chosen	have	had	had
cling	clung	clung	hear	heard	heard
come	came	come	hide	hid	hidden
cost (be valued at)	cost	cost	hit	hit	hit
cost (work out price of)	costed	costed	hold	held	held
creep	crept	crept	hurt	hurt	hurt
cut	cut	cut	keep	kept	kept
deal	dealt	dealt	kneel	knelt, kneeled	knelt, kneeled
dig	dug	dug	know	knew	known
do (does)	did	done	lay	laid	laid
draw	drew	drawn	lead	led	led
			lean	leant,	leant,

PRESENTE	PASADO	PARTICIPIO	PRESENTE	PASADO	PARTICIPIO
	leaned	leaned	shine	shone	shone
leap	leapt,	leapt,	shoot	shot	shot
	leaped	leaped	show	showed	shown
learn	learnt,	learnt,	shrink	shrank	shrunk
	learned	learned	shut	shut	shut
leave	left	left	sing	sang	sung
lend	lent	lent	sink	sank	sunk
let	let	let	sit	sat	sat
lie (lying)	lay	lain	slay	slew	slain
light	lit,	lit,	sleep	slept	slept
	lighted	lighted	slide	slid	slid
			sling	slung	slung
lose	lost	lost	slit	slit	slit
make	made	made	smell	smelt,	smelt,
may	might	–		smelled	smelled
mean	meant	meant	sow	sowed	sown,
meet	met	met			sowed
mistake	mistook	mistaken			
mow	mowed	mown,	speak	spoke	spoken
		mowed	speed	sped,	sped,
				speeded	speeded
must	(had to)	(had to)	spell	spelt,	spelt,
pay	paid	paid		spelled	spelled
put	put	put	spend	spent	spent
quit	quit,	quit,	spill	spilt,	spilt,
	quitted	quitted		spilled	spilled
read	read	read	spin	spun	spun
rid	rid	rid	spit	spat	spat
ride	rode	ridden	spoil	spoiled,	spoiled,
ring	rang	rung		spoilt	spoilt
rise	rose	risen	spread	spread	spread
run	ran	run	spring	sprang	sprung
saw	sawed	sawed,	stand	stood	stood
		sawn	steal	stole	stolen
say	said	said	stick	stuck	stuck
see	saw	seen	sting	stung	stung
seek	sought	sought	stink	stank	stunk
sell	sold	sold	stride	strode	stridden
send	sent	sent	strike	struck	struck
set	set	set	strive	strove	striven
sew	sewed	sewn	swear	swore	sworn
shake	shook	shaken	sweep	swept	swept
shear	sheared	shorn,	swell	swelled	swollen,
		sheared			swelled
shed	shed	shed			

PRESENTE	PASADO	PARTICIPIO	PRESENTE	PASADO	PARTICIPIO
swim	swam	swum	wear	wore	worn
swing	swung	swung	weave (on	wove	woven
take	took	taken	loom)		
teach	taught	taught	weave (wind)	weaved	weaved
tear	tore	torn	wed	wedded,	wedded,
tell	told	told		wed	wed
think	thought	thought	weep	wept	wept
throw	threw	thrown	win	won	won
thrust	thrust	thrust	wind	wound	wound
tread	trod,	trodden	wring	wrung	wrung
wake	woke,	woken,	write	wrote	written
	waked	waked			

7 (razón): **a 30 céntimos el kilo** at 30 cents a kilo; **a más de 50 km/h** at more than 50 kms per hour

8 (dativo): **se lo di a él** I gave it to him; **vi al policía** I saw the policeman; **se lo compré a él** I bought it from him

9 (tras ciertos verbos): **voy a verle** I'm going to see him; **empezó a trabajar** he started working o to work

10 (+ infin): **al verlo, lo reconocí inmediatamente** when I saw him I recognized him at once; **el camino a recorrer** the distance we etc have to travel; **¡a callar!** keep quiet!; **¡a comer!** let's eat!

a

○ **PALABRA CLAVE**

a [a] (a + el = al) prep **1** (dirección) to; **fueron a Madrid/Grecia** they went to Madrid/Greece; **me voy a casa** I'm going home

2 (distancia): **está a 15 km de aquí** it's 15 kms from here

3 (posición): **estar a la mesa** to be at table; **al lado de** next to, beside; V tb **puerta**

4 (tiempo): **a las 10/a medianoche** at 10/midnight; **a la mañana siguiente** the following morning; **a los pocos días** after a few days; **estamos a 9 de julio** it's the ninth of July; **a los 24 años** at the age of 24; **al año/a la semana** a year/week later

5 (manera): **a la francesa** the French way; **a caballo** on horseback; **a oscuras** in the dark

6 (medio, instrumento): **a lápiz** in pencil; **a mano** by hand; **cocina a gas** gas stove

abad, esa [a'βað, 'ðesa] nm/f abbot/abbess; **abadía** nf abbey

abajo [a'βaxo] adv (situación) (down) below, underneath; (en edificio) downstairs; (dirección) down, downwards; **el piso de ~** the downstairs flat; **la parte de ~** the lower part; **¡~ el gobierno!** down with the government!; **cuesta/río ~** downhill/downstream; **de arriba ~** from top to bottom; **el ~ firmante** the undersigned; **más ~** lower o further down

abalanzarse [aβalan'θarse] vr: **~ sobre** o **contra** to throw o.s. on

abanderado, -a [aβande'raðo] nm/f (portaestandarte) standard bearer; (de un movimiento) champion, leader; (MÉX: linier) linesman, assistant referee

abandonado, -a [aβando'naðo, a] adj derelict; (desatendido) abandoned; (desierto) deserted; (descuidado) neglected

abandonar [aβando'nar] vt to leave; (persona) to abandon, desert; (cosa) to abandon, leave behind; (descuidar) to neglect; (renunciar a) to give up; (Inform) to quit; **abandonarse** vr: **~se a** to abandon o.s. to; **abandono** nm (acto) desertion, abandonment; (estado) abandon, neglect; (renuncia) withdrawal, retirement; **ganar por**

abandono to win by default

abanico [aβa'niko] nm fan; (Náut) derrick

abarcar [aβar'kar] vt to include, embrace; (LAM: acaparar) to monopolize

abarrotado, -a [aβarro'taðo, a] adj packed

abarrotar [aβarro'tar] vt (local, estadio, teatro) to fill, pack

abarrotero, -a [aβarro'tero, a] (MÉX) nm/f grocer; **abarrotes** (MÉX) nmpl groceries; **tienda de abarrotes** (MÉX, CAM) grocery store

abastecer [aβaste'θer] vt to supply (with); **abastecimiento** nm supply

abasto [a'βasto] nm supply; **no dar ~ a** to be unable to cope with

abatible [aβa'tiβle] adj: **asiento ~** tip-up seat; (Auto) reclining seat

abatido, -a [aβa'tiðo, a] adj dejected, downcast

abatir [aβa'tir] vt (muro) to demolish; (pájaro) to shoot o bring down; (fig) to depress

abdicar [aβði'kar] vi to abdicate

abdomen [aβ'ðomen] nm abdomen; **abdominales** nmpl (tb: **ejercicios abdominales**) sit-ups

abecedario [aβeθe'ðarjo] nm alphabet

abedul [aβe'ðul] nm birch

abeja [a'βexa] nf bee

abejorro [aβe'xorro] nm bumblebee

abertura [aβer'tura] nf = **apertura**

abeto [a'βeto] nm fir

abierto, -a [a'βjerto, a] pp de **abrir** ▷ adj open

abismal [aβis'mal] adj (fig) vast, enormous

abismo [a'βismo] nm abyss

ablandar [aβlan'dar] vt to soften; **ablandarse** vr to get softer

abocado, -a [aβo'kaðo, a] adj (vino) smooth, pleasant

abochornar [aβotʃor'nar] vt to embarrass

abofetear [aβofete'ar] vt to slap (in the face)

abogado, -a [aβo'ɣaðo, a] nm/f lawyer; (notario) solicitor; (en tribunal) barrister (BRIT), attorney (US); **abogado defensor** defence lawyer o (US) attorney

abogar [aβo'ɣar] vi: **~ por** to plead for; (fig) to advocate

abolir [aβo'lir] vt to abolish; (cancelar) to cancel

abolladura [aβoʎa'ðura] nf dent

abollar [aβo'ʎar] vt to dent

abombarse [aβom'barse] (LAM) vr to go bad

abominable [aβomi'naβle] adj abominable

abonado, -a [aβo'naðo, a] adj (deuda) paid(-up) ▷ nm/f subscriber

abonar [aβo'nar] vt (deuda) to settle; (terreno) to fertilize; (idea) to endorse; **abonarse** vr to subscribe; **abono** nm payment; fertilizer; subscription

abordar [aβor'ðar] vt (barco) to board; (asunto) to broach

aborigen [aβo'rixen] nmf aborigine

aborrecer [aβorre'θer] vt to hate, loathe

abortar [aβor'tar] vi (malparir) to have a miscarriage; (deliberadamente) to have an abortion; **aborto** nm miscarriage; abortion

abovedado, -a [aβoβe'ðaðo, a] adj vaulted, domed

abrasar [aβra'sar] vt to burn (up); (Agr) to dry up, parch

abrazar [aβra'θar] vt to embrace, hug

abrazo [a'βraθo] nm embrace, hug; **un ~** (en carta) with best wishes

abrebotellas [aβreβo'teʎas] nm inv bottle opener

abrecartas [aβre'kartas] nm inv letter opener

abrelatas [aβre'latas] nm inv tin (BRIT) o can opener

abreviatura [aβreβja'tura] nf abbreviation

abridor [aβri'ðor] nm bottle opener;

(de latas) tin (BRIT) o can opener

abrigador, a [aβriɣa'ðor, a] (MÉX) *adj* warm

abrigar [aβri'ɣar] *vt (proteger)* to shelter; *(ropa)* to keep warm; *(fig)* to cherish

abrigo [a'βrixo] *nm (prenda)* coat, overcoat; *(lugar protegido)* shelter

abril [a'βril] *nm* April

abrillantador [aβriʎanta'ðor] *nm* polish

abrillantar [aβriʎan'tar] *vt* to polish

abrir [a'βrir] *vt* to open (up) ▷ *vi* to open; **abrirse** *vr* to open (up); *(extenderse)* to open out; *(cielo)* to clear; **~se paso** to find o force a way through

abrochar [aβro'tʃar] *vt (con botones)* to button (up); *(zapato, con broche)* to do up

abrupto, -a [a'βrupto, a] *adj* abrupt; *(empinado)* steep

absoluto, -a [aβso'luto, a] *adj* absolute; **en ~** *adv* not at all

absolver [aβsol'βer] *vt* to absolve; *(Jur)* to pardon; *(: acusado)* to acquit

absorbente [aβsor'βente] *adj* absorbent; *(interesante)* absorbing

absorber [aβsor'βer] *vt* to absorb; *(embeber)* to soak up

absorción [aβsor'θjon] *nf* absorption; *(Com)* takeover

abstemio, -a [aβs'temjo, a] *adj* teetotal

abstención [aβsten'θjon] *nf* abstention

abstenerse [aβste'nerse] *vr*: **~ (de)** to abstain o refrain (from)

abstinencia [aβsti'nenθja] *nf* abstinence; *(ayuno)* fasting

abstracto, -a [aβs'trakto, a] *adj* abstract

abstraer [aβstra'er] *vt* to abstract; **abstraerse** *vr* to be o become absorbed

abstraído, -a [aβstra'iðo, a] *adj* absent-minded

absuelto [aβ'swelto] *pp* de **absolver**

absurdo, -a [aβ'surðo, a] *adj* absurd

abuchear [aβutʃe'ar] *vt* to boo

abuelo, -a [a'βwelo, a] *nm/f* grandfather(-mother); **abuelos** *nmpl* grandparents

abultado, -a [aβul'taðo, a] *adj* bulky

abultar [aβul'tar] *vi* to be bulky

abundancia [aβun'danθja] *nf*: **una ~ de** plenty of; **abundante** *adj* abundant, plentiful

abundar [aβun'dar] *vi* to abound, be plentiful

aburrido, -a [aβu'rriðo, a] *adj (hastiado)* bored; *(que aburre)* boring; **aburrimiento** *nm* boredom, tedium

aburrir [aβu'rrir] *vt* to bore; **aburrirse** *vr* to be bored, get bored

abusado, -a [aβu'saðo, a] (MÉX: fam) *adj (astuto)* sharp, cunning ▷ *excl*: **¡~!** *(inv)* look out!, careful!

abusar [aβu'sar] *vi* to go too far; **~ de** to abuse

abusivo, -a [aβu'siβo, a] *adj (precio)* exorbitant

abuso [a'βuso] *nm* abuse

acá [a'ka] *adv (lugar)* here

acabado, -a [aka'βaðo, a] *adj* finished, complete; *(perfecto)* perfect; *(agotado)* worn out; *(fig)* masterly ▷ *nm* finish

acabar [aka'βar] *vt (llevar a su fin)* to finish, complete; *(consumir)* to use up; *(rematar)* to finish off ▷ *vi* to finish, end; **acabarse** *vr* to finish, stop; *(terminarse)* to be over; *(agotarse)* to run out; **~ con** to put an end to; **~ de llegar** to have just arrived; **~ por hacer** to end (up) by doing; **¡se acabó!** it's all over!; *(¡basta!)* that's enough!

acabóse [aka'βose] *nm*: **esto es el ~** this is the last straw

academia [aka'ðemja] *nf* academy; **academia de idiomas** language school; **académico, -a** *adj* academic

acalorado, -a [akalo'raðo, a] *adj (discusión)* heated

acampar [akam'par] *vi* to camp

acantilado [akanti'laðo] *nm* cliff

acaparar [akapa'rar] *vt* to

monopolize; (*acumular*) to hoard
acariciar [akari'θjar] *vt* to caress; (*esperanza*) to cherish
acarrear [akarre'ar] *vt* to transport; (*fig*) to cause, result in
acaso [a'kaso] *adv* perhaps, maybe; **(por) si ~** (just) in case
acatar [aka'tar] *vt* to respect; (*ley*) obey
acatarrarse [akata'rrarse] *vr* to catch a cold
acceder [akθe'ðer] *vi*: **~ a** (*petición etc*) to agree to; (*tener acceso a*) to have access to; (*Inform*) to access
accesible [akθe'siβle] *adj* accessible
acceso [ak'θeso] *nm* access, entry; (*camino*) access, approach; (*Med*) attack, fit
accesorio, -a [akθe'sorjo, a] *adj, nm* accessory
accidentado, -a [akθiðen'taðo, a] *adj* uneven; (*montañoso*) hilly; (*azaroso*) eventful ▷ *nm/f* accident victim
accidental [akθiðen'tal] *adj* accidental
accidente [akθi'ðente] *nm* accident; **accidentes** *nmpl* (*de terreno*) unevenness *sg*; **accidente laboral o de trabajo/de tráfico** industrial/road or traffic accident
acción [ak'θjon] *nf* action; (*acto*) action, act; (*Com*) share; (*Jur*) action, lawsuit; **accionar** *vt* to work, operate; (*Inform*) to drive
accionista [akθjo'nista] *nmf* shareholder, stockholder
acebo [a'θeβo] *nm* holly; (*árbol*) holly tree
acechar [aθe'tʃar] *vt* to spy on; (*aguardar*) to lie in wait for; **acecho** *nm*: **estar al acecho (de)** to lie in wait (for)
aceite [a'θeite] *nm* oil; **aceite de girasol/oliva** olive/sunflower oil; **aceitera** *nf* oilcan; **aceitoso, -a** *adj* oily
aceituna [aθei'tuna] *nf* olive; **aceituna rellena** stuffed olive

acelerador [aθelera'ðor] *nm* accelerator
acelerar [aθele'rar] *vt* to accelerate
acelga [a'θelɣa] *nf* chard, beet
acento [a'θento] *nm* accent; (*acentuación*) stress
acentuar [aθen'twar] *vt* to accent; to stress; (*fig*) to accentuate
acepción [aθep'θjon] *nf* meaning
aceptable [aθep'taβle] *adj* acceptable
aceptación [aθepta'θjon] *nf* acceptance; (*aprobación*) approval
aceptar [aθep'tar] *vt* to accept; (*aprobar*) to approve; **~ hacer algo** to agree to do sth
acequia [a'θekja] *nf* irrigation ditch
acera [a'θera] *nf* pavement (BRIT), sidewalk (US)
acerca [a'θerka]: **~ de** *prep* about, concerning
acercar [aθer'kar] *vt* to bring o move nearer; **acercarse** *vr* to approach, come near
acero [a'θero] *nm* steel
acérrimo, -a [a'θerrimo, a] *adj* (*partidario*) staunch; (*enemigo*) bitter
acertado, -a [aθer'taðo, a] *adj* correct; (*apropiado*) apt; (*sensato*) sensible
acertar [aθer'tar] *vt* (*blanco*) to hit; (*solución*) to get right; (*adivinar*) to guess ▷ *vi* to get it right, be right; **~ a** to manage to; **~ con** to happen o hit on
acertijo [aθer'tixo] *nm* riddle, puzzle
achacar [atʃa'kar] *vt* to attribute
achacoso, -a [atʃa'koso, a] *adj* sickly
achicar [atʃi'kar] *vt* to reduce; (*Náut*) to bale out
achicharrar [atʃitʃa'rrar] *vt* to scorch, burn
achichincle [atʃi'tʃinkle] (MÉX: *fam*) *nmf* minion
achicoria [atʃi'korja] *nf* chicory
achuras [a'tʃuras] (RPL) *nfpl* offal *sg*
acicate [aθi'kate] *nm* spur

acidez [aθi'ðeθ] nf acidity

ácido, -a [a'θiðo, a] adj sour, acid ▷ nm acid

acierto etc [a'θjerto] vb V **acertar** ▷ nm success; (buen paso) wise move; (solución) solution; (habilidad) skill, ability

acitronar [aθitro'nar] (MÉX: fam) vt to brown

aclamar [akla'mar] vt to acclaim; (aplaudir) to applaud

aclaración [aklara'θjon] nf clarification, explanation

aclarar [akla'rar] vt to clarify, explain; (ropa) to rinse ▷ vi to clear up; **aclararse** vr (explicarse) to understand; **~se la garganta** to clear one's throat

aclimatación [aklimata'θjon] nf acclimatization

aclimatar [aklima'tar] vt to acclimatize; **aclimatarse** vr to become acclimatized

acné [ak'ne] nm acne

acobardar [akoβar'ðar] vt to intimidate

acogedor, a [akoxe'ðor, a] adj welcoming; (hospitalario) hospitable

acoger [ako'xer] vt to welcome; (abrigar) to shelter

acogida [ako'xiða] nf reception; refuge

acomedido, -a [akome'ðiðo, a] (MÉX) adj helpful, obliging

acometer [akome'ter] vt to attack; (emprender) to undertake; **acometida** nf attack, assault

acomodado, -a [akomo'ðaðo, a] adj (persona) well-to-do

acomodador, a [akomoða'ðor, a] nm/f usher(ette)

acomodar [akomo'ðar] vt to adjust; (alojar) to accommodate; **acomodarse** vr to conform; (instalarse) to install o.s.; (adaptarse) **~se (a)** to adapt o.s.

acompañar [akompa'nar] vt to accompany; (documentos) to enclose

arrange, prepare; (pelo) to condition

aconsejar [akonse'xar] vt to advise, counsel; **~ a algn hacer** o **que haga algo** to advise sb to do sth

acontecer [akonte'θer] vi to happen, occur; **acontecimiento** nm event

acopio [a'kopjo] nm store, stock

acoplar [ako'plar] vt to fit; (Elec) to connect; (vagones) to couple

acorazado, -a [akora'θaðo, a] adj armour-plated, armoured ▷ nm battleship

acordar [akor'ðar] vt (resolver) to agree, resolve; (recordar) to remind; **acordarse** vr to agree; **~ hacer algo** to agree to do sth; **~se (de algo)** to remember (sth); **acorde** adj (Mús) harmonious; **acorde con** (medidas etc) in keeping with ▷ nm chord

acordeón [akorðe'on] nm accordion

acordonado, -a [akorðo'naðo, a] adj (calle) cordoned-off

acorralar [akorra'lar] vt to round up, corral

acortar [akor'tar] vt to shorten; (duración) to cut short; (cantidad) to reduce; **acortarse** vr to become shorter

acosar [ako'sar] vt to pursue relentlessly; (fig) to hound, pester; **acoso** nm harassment; **acoso sexual** sexual harassment

acostar [akos'tar] vt (en cama) to put to bed; (en suelo) to lay down; **acostarse** vr to go to bed; to lie down; **~se con algn** to sleep with sb

acostumbrado, -a [akostum'braðo, a] adj usual; **~ a** used to

acostumbrar [akostum'brar] vt: **~ a algn a algo** to get sb used to sth ▷ vi: **~ (a) hacer** to be in the habit of doing; **acostumbrarse** vr: **~se a** to get used to

acotación [akota'θjon] nf marginal note; (Geo) elevation mark; (de límite) boundary mark; (Teatro) stage direction

acotamiento [akota'mjento] (MÉX)

nm hard shoulder (BRIT), berm (US)

acre ['akre] *adj* (olor) acrid; (fig) biting
▷ *nm* acre

acreditar [akreði'tar] *vt* (garantizar) to vouch for, guarantee; (autorizar) to authorize; (dar prueba de) to prove; (Com: abonar) to credit; (embajador) to accredit

acreedor, a [akree'ðor, a] *nm/f* creditor

acribillar [akriβi'ʎar] *vt*: **~ a balazos** to riddle with bullets

acróbata [a'kroβata] *nmf* acrobat

acta ['akta] *nf* certificate; (de comisión) minutes *pl*, record; **acta de matrimonio/nacimiento** (MÉX) marriage/birth certificate; **acta notarial** affidavit

actitud [akti'tuð] *nf* attitude; (postura) posture

activar [akti'βar] *vt* to activate; (acelerar) to speed up

actividad [aktiβi'ðað] *nf* activity

activo, -a [ak'tiβo, a] *adj* active; (vivo) lively ▷ *nm* (Com) assets *pl*

acto ['akto] *nm* act, action; (ceremonia) ceremony; (Teatro) act; **en el ~** immediately

actor [ak'tor] *nm* actor; (Jur) plaintiff ▷ *adj*: **parte ~** a prosecution

actriz [ak'triθ] *nf* actress

actuación [aktwa'θjon] *nf* action; (comportamiento) conduct, behaviour; (Jur) proceedings *pl*; (desempeño) performance

actual [ak'twal] *adj* present(-day), current

> No confundir **actual** con la palabra inglesa *actual*.

actualidad [aktwali'ðað] *nf* present; **actualidades** *nfpl* (noticias) news *sg*; **en la actualidad** at present; (hoy día) nowadays; **actualizar** [aktwali'θar] *vt* to update, modernize

actualmente [aktwal'mente] *adv* at present; (hoy día) nowadays

> No confundir **actualmente** con la palabra inglesa *actually*.

actuar [ak'twar] *vi* (obrar) to work, operate; (actor) to act, perform ▷ *vt* to work, operate; **~ de** to act as

acuarela [akwa'rela] *nf* watercolour

acuario [a'kwarjo] *nm* aquarium; (Astrología): **A~** Aquarius

acuático, -a [a'kwatiko, a] *adj* aquatic

acudir [aku'ðir] *vi* (asistir) to attend; (ir) to go; **~ a** (fig) to turn to; **~ a una cita** to keep an appointment; **~ en ayuda de** to go to the aid of

acuerdo etc [a'kwerðo] *vb* V **acordar** ▷ *nm* agreement; **¡de ~!** agreed!; **de ~ con** (persona) in agreement with; (acción, documento) in accordance with; **estar de ~** to be agreed, agree

acumular [akumu'lar] *vt* to accumulate, collect

acuñar [aku'ɲar] *vt* (moneda) to mint; (frase) to coin

acupuntura [akupun'tura] *nf* acupuncture

acurrucarse [akurru'karse] *vr* to crouch; (ovillarse) to curl up

acusación [akusa'θjon] *nf* accusation

acusar [aku'sar] *vt* to accuse; (revelar) to reveal; (denunciar) to denounce

acuse [a'kuse] *nm*: **~ de recibo** acknowledgement of receipt

acústica [a'kustika] *nf* acoustics *pl*

acústico, -a [a'kustiko, a] *adj* acoustic

adaptación [aðapta'θjon] *nf* adaptation

adaptador [aðapta'ðor] *nm* (Elec) adapter, adaptor; **adaptador universal** universal adapter o adaptor

adaptar [aðap'tar] *vt* to adapt; (acomodar) to fit

adecuado, -a [aðe'kwaðo, a] *adj* (apto) suitable; (oportuno) appropriate

a. de J.C. *abr* (= antes de Jesucristo) B.C.

adelantado, -a [aðelan'taðo, a] *adj* advanced; (reloj) fast; **pagar por ~** to pay in advance

adelantamiento [aðelanta'mjento]

nm (Auto) overtaking

adelantar [aðelan'tar] vt to move forward; (avanzar) to advance; (acelerar) to speed up; (Auto) to overtake ▷ vi to go forward, advance; **adelantarse** vr to go forward, advance

adelante [aðe'lante] adv forward(s), ahead ▷ excl come in!; **de hoy en ~** from now on; **más ~** later on; (más allá) further on

adelanto [aðe'lanto] nm advance; (mejora) improvement; (progreso) progress

adelgazar [aðelɣa'θar] vt to thin (down) ▷ vi to thin; (con régimen) to slim down, lose weight

ademán [aðe'man] nm gesture; **ademanes** nmpl manners

además [aðe'mas] adv besides; (por otra parte) moreover; (también) also; **~ de** besides, in addition to

adentrarse [aðen'trarse] vr: **~ en** to go into, get inside; (penetrar) to penetrate (into)

adentro [a'ðentro] adv inside, in; **mar ~** out at sea; **tierra ~** inland

adepto, -a [a'ðepto, a] nm/f supporter

aderezar [aðere'θar] vt (ensalada) to dress; (comida) to season; **aderezo** nm dressing; seasoning

adeudar [aðeu'ðar] vt to owe

adherirse [aðe'rirse] vr: **~ a** to adhere to; (partido) to join

adhesión [aðe'sjon] nf adhesion; (fig) adherence

adicción [aðik'θjon] nf addiction

adición [aði'θjon] nf addition

adicto, -a [a'ðikto, a] adj: **~ a** addicted to; (dedicado) devoted to ▷ nm/f supporter, follower; (toxicómano) addict

adiestrar [aðjes'trar] vt to train, teach; (conducir) to guide, lead

adinerado, -a [aðine'raðo, a] adj wealthy

adiós [a'ðjos] excl (para despedirse) goodbye!, cheerio!; (al pasar) hello!

aditivo [aði'tiβo] nm additive

adivinanza [aðiβi'nanθa] nf riddle

adivinar [aðiβi'nar] vt to prophesy; (conjeturar) to guess; **adivino, -a** nm/f fortune-teller

adj abr (= adjunto) encl

adjetivo [aðxe'tiβo] nm adjective

adjudicar [aðxuði'kar] vt to award; **adjudicarse** vr: **~se algo** to appropriate sth

adjuntar [aðxun'tar] vt to attach, enclose; **adjunto, -a** adj attached, enclosed ▷ nm/f assistant

administración [aðministra'θjon] nf administration; (dirección) management; **administrador, a** nm/f administrator, manager(ess)

administrar [aðminis'trar] vt to administer; **administrativo, -a** adj administrative

admirable [aðmi'raβle] adj admirable

admiración [aðmira'θjon] nf admiration; (asombro) wonder; (Ling) exclamation mark

admirar [aðmi'rar] vt to admire; (extrañar) to surprise

admisible [aðmi'siβle] adj admissible

admisión [aðmi'sjon] nf admission; (reconocimiento) acceptance

admitir [aðmi'tir] vt to admit; (aceptar) to accept

adobar [aðo'βar] vt (Culin) to season

adobe [a'ðoβe] nm adobe, sun-dried brick

adolecer [aðole'θer] vi: **~ de** to suffer from

adolescente [aðoles'θente] nmf adolescent, teenager

adonde [a'ðonde] conj (to) where

adónde [a'ðonde] adv = **dónde**

adopción [aðop'θjon] nf adoption

adoptar [aðop'tar] vt to adopt

adoptivo, -a [aðop'tiβo, a] adj (padres) adoptive; (hijo) adopted

adoquín [aðo'kin] nm paving stone

adorar [aðo'rar] vt to adore

adornar [aðor'nar] vt to adorn

adorno [a'ðorno] nm ornament; (decoración) decoration

adosado, -a [aðo'saðo, a] adj: **casa adosada** semi-detached house

adosar [aðo'sar] (MÉX) vt (adjuntar) to attach, enclose (with a letter)

adquiero etc vb V **adquirir**

adquirir [aðki'rir] vt to acquire, obtain

adquisición [aðkisi'θjon] nf acquisition

adrede [a'ðreðe] adv on purpose

ADSL nm abr broadband

aduana [a'ðwana] nf customs pl

aduanero, -a [aðwa'nero, a] adj customs cpd ▷ nm/f customs officer

adueñarse [aðwe'narse] vr: **~ de** to take possession of

adular [aðu'lar] vt to flatter

adulterar [aðulte'rar] vt to adulterate

adulterio [aðul'terjo] nm adultery

adúltero, -a [a'ðultero, a] adj adulterous ▷ nm/f adulterer/ adulteress

adulto, -a [a'ðulto, a] adj, nm/f adult

adverbio [að'βerβjo] nm adverb

adversario, -a [aðβer'sarjo, a] nm/f adversary

adversidad [aðβersi'ðað] nf adversity; (contratiempo) setback

adverso, -a [að'βerso, a] adj adverse

advertencia [aðβer'tenθja] nf warning; (prefacio) preface, foreword

advertir [aðβer'tir] vt to notice; (avisar): **~ a algn** de to warn sb about o of

Adviento [að'βjento] nm Advent

advierto etc vb V **advertir**

aéreo, -a [a'ereo, a] adj aerial

aerobic [ae'roβik] nm aerobics sg; **aerobics** (MÉX) nmpl aerobics sg

aeromozo, -a [aero'moθo, a] (LAM) nm/f air steward(ess)

aeronáutica [aero'nautika] nf aeronautics sg

aeronave [aero'naβe] nm spaceship

aeroplano [aero'plano] nm aeroplane

aeropuerto [aero'pwerto] nm airport

aerosol [aero'sol] nm aerosol

afamado, -a [afa'maðo, a] adj famous

afán [a'fan] nm hard work; (deseo) desire

afanador, a [afana'ðor, a] (MÉX) nm/f (de limpieza) cleaner

afanar [afa'nar] vt to harass; (fam) to pinch

afear [afe'ar] vt to disfigure

afección [afek'θjon] nf (Med) disease

afectado, -a [afek'taðo, a] adj affected

afectar [afek'tar] vt to affect

afectísimo, -a [afek'tisimo, a] adj affectionate; **suyo ~** yours truly

afectivo, -a [afek'tiβo, a] adj (problema etc) emotional

afecto [a'fekto] nm affection; **tenerle ~ a algn** to be fond of sb

afectuoso, -a [afek'twoso, a] adj affectionate

afeitar [afei'tar] vt to shave; **afeitarse** vr to shave

afeminado, -a [afemi'naðo, a] adj effeminate

Afganistán [afγanis'tan] nm Afghanistan

afianzar [afjan'θar] vt to strengthen; to secure; **afianzarse** vr to become established

afiche [a'fitʃe] (RPL) nm poster

afición [afi'θjon] nf fondness, liking; **la ~** the fans pl; **pinto por ~** I paint as a hobby; **aficionado, -a** adj keen, enthusiastic; (no profesional) amateur ▷ nm/f enthusiast, fan; amateur; **ser aficionado a algo** to be very keen on o fond of sth

aficionar [afiθjo'nar] vt: **~ a algn a algo** to make sb like sth; **aficionarse** vr: **~se a algo** to grow fond of sth

afilado, -a [afi'laðo, a] adj sharp

afilar [afi'lar] vt to sharpen

afiliarse [afi'ljarse] vr to affiliate

afín [a'fin] adj (parecido) similar; (conexo) related

afinar [afi'nar] vt (Tec) to refine; (Mús) to tune ▷ vi (tocar) to play in tune; (cantar) to sing in tune

afincarse [afin'karse] vr to settle

afinidad [afini'ðað] nf affinity; (parentesco) relationship; **por ~** by marriage

afirmación [afirma'θjon] nf affirmation

afirmar [afir'mar] vt to affirm, state; **afirmativo, -a** adj affirmative

afligir [afli'xir] vt to afflict; (apenar) to distress

aflojar [aflo'xar] vt to slacken; (desatar) to loosen, undo; (relajar) to relax ▷ vi to drop; (bajar) to go down; **aflojarse** vr to relax

afluente [aflu'ente] adj flowing ▷ nm tributary

afmo, -a abr (= afectísimo/a suyo(a)) Yours

afónico, -a [a'foniko, a] adj: **estar ~** to have a sore throat; to have lost one's voice

aforo [a'foro] nm (de teatro etc) capacity

afortunado, -a [afortu'naðo, a] adj fortunate, lucky

África ['afrika] nf Africa; **África del Sur** South Africa; **africano, -a** adj, nm/f African

afrontar [afron'tar] vt to confront; (poner cara a cara) to bring face to face

afrutado, -a [afru'taðo, a] adj fruity

after ['after] (pl **~s**) nm after-hours club; **afterhours** [after'aurs] nm inv = **after**

afuera [a'fwera] adv out, outside; **afueras** nfpl outskirts

agachar [aɣa'tʃar] vt to bend, bow; **agacharse** vr to stoop, bend

agalla [a'ɣaʎa] nf (Zool) gill; **tener -s** (fam) to have guts

agarradera [aɣarra'ðera] (MÉX) nf handle

agarrado, -a [aɣa'rraðo, a] adj mean, stingy

agarrar [aɣa'rrar] vt to grasp, grab; (LAM: tomar) to take, catch; (recoger) to pick up ▷ vi (planta) to take root; **agarrarse** vr to hold on (tightly)

agencia [a'xenθja] nf agency; **agencia de viajes** travel agency; **agencia inmobiliaria** estate (BRIT) o real estate (US) agent's (office)

agenciarse [axen'θjarse] vr to obtain, procure

agenda [a'xenda] nf diary; **~ electronica** PDA

> No confundir **agenda** con la palabra inglesa *agenda*.

agente [a'xente] nmf agent; (tb: **~ de policía**) policeman/policewoman; **agente de seguros** insurance agent; **agente de tránsito** (MÉX) traffic cop; **agente inmobiliario** estate agent (BRIT), realtor (US)

ágil [a'xil] adj agile, nimble; **agilidad** nf agility, nimbleness

agilizar [axili'θar] vt (trámites) to speed up

agiotista [axjo'tista] (MÉX) nmf (usurero) usurer

agitación [axita'θjon] nf (de mano etc) shaking, waving; (de líquido etc) stirring; (fig) agitation

agitado, -a [axi'taðo, a] adj hectic; (viaje) bumpy

agitar [axi'tar] vt to wave, shake; (líquido) to stir; (fig) to stir up, excite; **agitarse** vr to get excited; (inquietarse) to get worried o upset

aglomeración [aɣlomera'θjon] nf agglomeration; **aglomeración de gente/tráfico** mass of people/traffic jam

agnóstico, -a [aɣ'nostiko, a] adj, nm/f agnostic

agobiar [aɣo'βjar] vt to weigh down; (oprimir) to oppress; (cargar) to burden

agolparse [aɣol'parse] vt to crowd together

agonía [aɣo'nia] nf death throes pl;

(fig) agony, anguish

agonizante [aɣoni'θante] *adj* dying

agonizar [aɣoni'θar] *vi* to be dying

agosto [a'ɣosto] *nm* August

agotado, -a [aɣo'taðo, a] *adj* (persona) exhausted; (libros) out of print; (acabado) finished; (Com) sold out; **agotador, a** [aɣota'ðor, a] *adj* exhausting

agotamiento [aɣota'mjento] *nm* exhaustion

agotar [aɣo'tar] *vt* to exhaust; (consumir) to use up; (recursos) to use up, deplete; **agotarse** *vr* to be exhausted; (acabarse) to run out; (libro) to go out of print

agraciado, -a [aɣra'θjaðo, a] *adj* (atractivo) attractive; (en sorteo etc) lucky

agradable [aɣra'ðaβle] *adj* pleasant, nice

agradar [aɣra'ðar] *vt*: **él me agrada** I like him

agradecer [aɣraðe'θer] *vt* to thank; (favor etc) to be grateful for; **agradecido, -a** *adj* grateful; **¡muy agradecido!** thanks a lot!; **agradecimiento** *nm* thanks pl; gratitude

agradezco etc *vb* V **agradecer**

agrado [a'ɣraðo] *nm*: **ser de tu** etc ~ to be to your etc liking

agrandar [aɣran'dar] *vt* to enlarge; (fig) to exaggerate; **agrandarse** *vr* to get bigger

agrario, -a [a'ɣrarjo, a] *adj* agrarian, land cpd; (política) agricultural, farming

agravante [aɣra'βante] *adj* aggravating ▷ *nm*: **con el ~ de que ...** with the further difficulty that ...

agravar [aɣra'βar] *vt* (pesar sobre) to make heavier; (irritar) to aggravate; **agravarse** *vr* to worsen, get worse

agraviar [aɣra'βjar] *vt* to offend; (ser injusto con) to wrong

agredir [aɣre'ðir] *vt* to attack

agregado, -a [aɣre'ɣaðo, a] *nm/f*: **A-~** teacher (who is not head of department)

▷ *nm* aggregate; (persona) attaché

agregar [aɣre'ɣar] *vt* to gather; (añadir) to add; (persona) to appoint

agresión [aɣre'sjon] *nf* aggression

agresivo, -a [aɣre'siβo, a] *adj* aggressive

agriar [a'ɣrjar] *vt* to (turn) sour

agrícola [a'ɣrikola] *adj* farming cpd, agricultural

agricultor, a [aɣrikul'tor, a] *nm/f* farmer

agricultura [aɣrikul'tura] *nf* agriculture, farming

agridulce [aɣri'ðulθe] *adj* bittersweet; (Culin) sweet and sour

agrietarse [aɣrje'tarse] *vr* to crack; (piel) to chap

agrio, -a [a'ɣrjo, a] *adj* bitter

agrupación [aɣrupa'θjon] *nf* group; (acto) grouping

agrupar [aɣru'par] *vt* to group

agua [a'ɣwa] *nf* water; (Náut) wake; (Arq) slope of a roof; **aguas** *nfpl* (de piedra) water sg, sparkle sg; (Med) water sg, urine sg; (Náut) waters; **agua bendita/destilada/potable** holy/distilled/drinking water; **agua caliente** hot water; **agua corriente** running water; **agua de colonia** eau de cologne; **agua mineral (con/sin gas)** (sparkling/still) mineral water; **agua oxigenada** hydrogen peroxide; **aguas abajo/arriba** downstream/upstream; **aguas jurisdiccionales** territorial waters

aguacate [aɣwa'kate] *nm* avocado (pear)

aguacero [aɣwa'θero] *nm* (heavy) shower, downpour

aguado, -a [a'ɣwaðo, a] *adj* watery, watered down

aguafiestas [aɣwa'fjestas] *nmf inv* spoilsport, killjoy

aguamiel [aɣwa'mjel] (MÉX) *nf* fermented maguey o agave juice

aguanieve [aɣwa'njeβe] *nf* sleet

aguantar [aɣwan'tar] *vt* to bear, put up with; (sostener) to hold up ▷ *vi* to last; **aguantarse** vr to restrain o.s.; **aguante** nm (paciencia) patience; (resistencia) endurance

aguar [a'ɣwar] vt to water down

aguardar [aɣwar'ðar] vt to wait for

aguardiente [aɣwar'ðjente] nm brandy, liquor

aguarrás [aɣwa'rras] nm turpentine

aguaviva [aɣwa'βiβa] (RPL) nf jellyfish

agudeza [aɣu'ðeθa] nf sharpness; (ingenio) wit

agudo, -a [a'ɣuðo, a] adj sharp; (voz) high-pitched, piercing; (dolor, enfermedad) acute

agüero [a'ɣwero] nm: **buen/mal ~** good/bad omen

aguijón [aɣi'xon] nm sting; (fig) spur

águila ['aɣila] nf eagle; (Tec) firing-pin; **águilas** nfpl (Zool) ribs; (Ferro) points

aguileño, -a [aɣi'leɲo, a] adj (nariz) aquiline; (rostro) sharp-featured

aguinaldo [aɣi'naldo] nm Christmas box

aguja [a'ɣuxa] nf needle; (de reloj) hand; (Arq) spire; (Tec) firing-pin;

agujerear [aɣuxere'ar] vt to make holes in

agujero [aɣu'xero] nm hole

agujetas [aɣu'xetas] nfpl stitch sg; (rigidez) stiffness sg

ahí [a'i] adv there; **de ~ que** so that, with the result that; **~ llega** here he comes; **por ~** that way; (allá) over there; **200 o por ~** ≈ 200 or so

ahijado, -a [ai'xaðo, a] nm/f godson/daughter

ahogar [ao'xar] vt to drown; (asfixiar) to suffocate, smother; (fuego) to put out; **ahogarse** vr (en el agua) to drown; (por asfixia) to suffocate

ahogo [a'oxo] nm breathlessness; (fig) financial difficulty

ahondar [aon'dar] vt to deepen, make deeper; (fig) to study thoroughly ▷ vi: **~ en** to study thoroughly

ahora [a'ora] adv now; (hace poco) a moment ago, just now; (dentro de

poco) in a moment; **~ voy** I'm coming; **~ mismo** right now; **~ bien** now then; **por ~** for the present

ahorcar [aor'kar] vt to hang

ahorita [ao'rita] (fam) adv (LAM: en este momento) just now; (MÉX: hace poco) just now; (: dentro de poco) in a minute

ahorrar [ao'rrar] vt (dinero) to save; (esfuerzos) to save, avoid; **ahorro** nm (acto) saving; **ahorros** nmpl (dinero) savings

ahuecar [awe'kar] vt to hollow (out); (voz) to deepen; **ahuecarse** vr to give o.s. airs

ahumar [au'mar] vt to smoke, cure; (llenar de humo) to fill with smoke ▷ vi to smoke; **ahumarse** vr to fill with smoke

ahuyentar [aujen'tar] vt to drive off, frighten off; (fig) to dispel

aire ['aire] nm air; (viento) wind; (corriente) draught; (Mús) tune; **al ~ libre** in the open air; **aire acondicionado** air conditioning; **airear** vt to air; **airearse** vr (persona) to go out for a breath of fresh air; **airoso, -a** adj windy; draughty; (fig) graceful

aislado, -a [ais'laðo, a] adj isolated; (incomunicado) cut-off; (Elec) insulated

aislar [ais'lar] vt to isolate; (Elec) to insulate

ajardinado, -a [axarði'naðo, a] adj landscaped

ajedrez [axe'ðreθ] nm chess

ajeno, -a [a'xeno, a] adj (que pertenece a otro) somebody else's; **~ a** foreign to

ajetreado, -a [axetre'aðo, a] adj busy

ajetreo [axe'treo] nm bustle

ají [a'xi] (cs) nm chil(l)i, red pepper; (salsa) chil(l)i sauce

ajillo [a'xiʎo] nm: **gambas al ~** garlic prawns

ajo ['axo] nm garlic

ajuar [a'xwar] nm household

furnishings pl; (de novia) trousseau; (de niño) layette

ajustado, -a [axus'taðo, a] adj (tornillo) tight; (cálculo) right; (ropa) tight(-fitting); (resultado) close

ajustar [axus'tar] vt (adaptar) to adjust; (encajar) to fit; (Tec) to engage; (Imprenta) to make up; (apretar) to tighten; (concertar) to agree (on); (reconciliar) to reconcile; (cuentas, deudas) to settle ⊳ vi to fit; **ajustarse** vr: **~se a** (precio etc) to be in keeping with, fit in with; **~ las cuentas a algn** to get even with sb

ajuste [a'xuste] nm adjustment; (Costura) fitting; (acuerdo) compromise; (de cuenta) settlement

al [al] = **a + el**; V **a**

ala ['ala] nf wing; (de sombrero) brim; winger; **ala delta** nf hang-glider

alabanza [ala'βanθa] nf praise

alabar [ala'βar] vt to praise

alacena [ala'θena] nf kitchen cupboard (BRIT) o closet (US)

alacrán [ala'kran] nm scorpion

alambrada [alam'braða] nf wire fence; (red) wire netting

alambre [a'lambre] nm wire; **alambre de púas** barbed wire

alameda [ala'meða] nf (plantío) poplar grove; (lugar de paseo) avenue, boulevard

álamo ['alamo] nm poplar

alarde [a'larðe] nm show, display; **hacer ~ de** to boast of

alargador [alarxa'ðor] nm (Elec) extension lead

alargar [alar'xar] vt to lengthen, extend; (paso) to hasten; (brazo) to stretch out; (cuerda) to pay out; (conversación) to spin out; **alargarse** vr to get longer

alarma [a'larma] nf alarm; **alarma de incendios** fire alarm; **alarmar** vt to alarm; **alarmarse** to get alarmed; **alarmante** [alar'mante] adj alarming

alba ['alβa] nf dawn

albahaca [al'βaka] nf basil

Albania [al'βanja] nf Albania

albañil [alβa'ɲil] nm bricklayer; (cantero) mason

albarán [alβa'ran] nm (Com) delivery note, invoice

albaricoque [alβari'koke] nm apricot

albedrío [alβe'ðrio] nm: **libre ~** free will

alberca [al'βerka] nf reservoir; (MÉX: piscina) swimming pool

albergar [alβer'xar] vt to shelter

albergue etc [al'βerxe] vb V **albergar** ⊳ nm shelter, refuge; **albergue juvenil** youth hostel

albóndiga [al'βondixa] nf meatball

albornoz [alβor'noθ] nm (de los árabes) burnous; (para el baño) bathrobe

alborotar [alβoro'tar] vi to make a row ⊳ vt to agitate, stir up; **alborotarse** vr to get excited; (mar) to get rough; **alboroto** nm row, uproar

álbum ['alβum] (pl **~s, ~es**) nm album; **álbum de recortes** scrapbook

albur [al'βur] (MÉX) nm (juego de palabras) pun; (doble sentido) double entendre

alcachofa [alka'tʃofa] nf artichoke

alcalde, -esa [al'kalde, esa] nm/f mayor(ess)

alcaldía [alkal'dia] nf mayoralty; (lugar) mayor's office

alcance etc [al'kanθe] vb V **alcanzar** ⊳ nm reach; (Com) adverse balance; **al ~ de algn** available to sb

alcancía [alkan'θia] (LAM) nf (para ahorrar) money box; (para colectas) collection box

alcantarilla [alkanta'riʎa] nf (de aguas cloacales) sewer; (en la calle) gutter

alcanzar [alkan'θar] vt (algo: con la mano, el pie) to reach; (alguien: en el camino etc) to catch up (with); (autobús) to catch; (bala) to hit, strike ⊳ vi (ser suficiente) to be enough; **~ a hacer** to manage to do

alcaparra [alka'parra] nf caper

alcayata [alka'jata] nf hook

alcázar [al'kaθar] nm fortress; (Náut) quarter-deck

alcoba [al'koβa] nf bedroom

alcohol [al'kol] nm alcohol; **alcohol metílico** methylated spirits pl (BRIT), wood alcohol (US); **alcohólico, -a** adj, nm/f alcoholic; **alcoholímetro** [alko'limetro] nm Breathalyser® (BRIT), drunkometer (US); **alcoholismo** [alko'lismo] nm alcoholism

alcornoque [alkor'noke] nm cork tree; (fam) idiot

aldea [al'dea] nf village; **aldeano, -a** adj village cpd ▷ nm/f villager

aleación [alea'θjon] nf alloy

aleatorio, -a [alea'torjo, a] adj random

aleccionar [alekθjo'nar] vt to instruct; (adiestrar) to train

alegar [ale'ɣar] vt to claim; (Jur) to plead ▷ vi (LAM: discutir) to argue

alegoría [aleɣo'ria] nf allegory

alegrar [ale'ɣrar] vt (causar alegría) to cheer (up); (fuego) to poke; (fiesta) to liven up; **alegrarse** vr (fam) to get merry o tight; **~se de** to be glad about

alegre [a'leɣre] adj happy, cheerful; (fam) merry, tight; (chiste) risqué, blue; **alegría** nf happiness; merriment

alejar [ale'xar] vt to remove; (fig) to estrange; **alejarse** vr to move away

alemán, -ana [ale'man, ana] adj, nm/f German ▷ nm (Ling) German

Alemania [ale'manja] nf Germany

alentador, a [alenta'ðor, a] adj encouraging

alentar [alen'tar] vt to encourage

alergia [a'lerxja] nf allergy

alero [a'lero] nm (de tejado) eaves pl; (guardabarros) mudguard

alerta [a'lerta] adj, nm alert

aleta [a'leta] nf (de pez) fin; (de ave) wing; (de foca, Deporte) flipper; (Auto) mudguard

aletear [alete'ar] vi to flutter

alevín [ale'βin] nm fry, young fish

alevosía [aleβo'sia] nf treachery

alfabeto [alfa'βeto] nm alphabet

alfalfa [al'falfa] nf alfalfa, lucerne

alfarería [alfare'ria] nf pottery; (tienda) pottery shop; **alfarero, -a** nm/f potter

alféizar [al'feiθar] nm window-sill

alférez [al'fereθ] nm (Mil) second lieutenant; (Náut) ensign

alfil [al'fil] nm (Ajedrez) bishop

alfiler [alfi'ler] nm pin; (broche) clip

alfombra [al'fombra] nf carpet; (más pequeña) rug; **alfombrilla** nf rug, mat; (Inform) mousemat o pad

alforja [al'forxa] nf saddlebag

algas ['alɣas] nfpl seaweed

álgebra ['alxeβra] nf algebra

algo ['alɣo] pron something; anything ▷ adv somewhat, rather; **¿~ más?** anything else?; (en tienda) is that all?; **por ~ será** there must be some reason for it

algodón [alɣo'ðon] nm cotton; (planta) cotton plant; **algodón de azúcar** candy floss (BRIT), cotton candy (US); **algodón hidrófilo** cotton wool (BRIT), absorbent cotton (US)

alguien ['alɣjen] pron someone, somebody; (en frases interrogativas) anyone, anybody

alguno, -a [al'ɣuno, a] adj (delante de nm): **algún** some; (después de n): **no tiene talento** ~ he has no talent, he doesn't have any talent ▷ pron (alguien) someone, somebody; **algún que otro libro** some book or other; **algún día iré** I'll go one o some day; **sin interés** ~ without the slightest interest; **~ que otro** an occasional one; **~s piensan** some (people) think

alhaja [a'laxa] nf jewel; (tesoro) precious object, treasure

alhelí [ale'li] nm wallflower, stock

aliado, -a [a'ljaðo, a] adj allied

alianza [a'ljanθa] nf alliance; (anillo) wedding ring

aliar [a'ljar] vt to ally; **aliarse** vr to form an alliance

alias ['aljas] *adv* alias

alicatado [alika'taðo] (ESP) *nm* tiling

alicates [ali'kates] *nmpl* pliers

aliciente [ali'θjente] *nm* incentive; *(atracción)* attraction

alienación [aljena'θjon] *nf* alienation

aliento [a'ljento] *nm* breath; *(respiración)* breathing; **sin ~** breathless

aligerar [alixe'rar] *vt* to lighten; *(reducir)* to shorten; *(aliviar)* to alleviate; *(mitigar)* to ease; *(paso)* to quicken

alijo [a'lixo] *nm* consignment

alimaña [ali'maɲa] *nf* pest

alimentación [alimenta'θjon] *nf (comida)* food; *(acción)* feeding; *(tienda)* grocer's (shop)

alimentar [alimen'tar] *vt* to feed; *(nutrir)* to nourish; **alimentarse** *vr* to feed

alimenticio, -a [alimen'tiθjo, a] *adj.* food *cpd*; *(nutritivo)* nourishing, nutritious

alimento [ali'mento] *nm* food; *(nutrición)* nourishment

alineación [alinea'θjon] *nf* alignment; *(Deporte)* line-up

alinear [aline'ar] *vt* to align; *(Deporte)* to select, pick

aliñar [ali'ɲar] *vt (Culin)* to season; **aliño** *nm (Culin)* dressing

alioli [ali'oli] *nm* garlic mayonnaise

alisar [ali'sar] *vt* to smooth

alistarse [alis'tarse] *vr* to enlist; *(inscribirse)* to enrol

aliviar [ali'βjar] *vt (carga)* to lighten; *(persona)* to relieve; *(dolor)* to relieve, alleviate

alivio [a'liβjo] *nm* alleviation, relief

aljibe [al'xiβe] *nm* cistern

allá [a'ʎa] *adv (lugar)* there; *(por ahí)* over there; *(tiempo)* then; **~ abajo** down there; **más ~** further on; **más ~ de** beyond; **¡~ tú!** that's your problem!; **¡~ voy!** I'm coming!

allanamiento [aʎana'mjento] *nm (LAM: de policía)* raid; **allanamiento de**

morada burglary

allanar [aʎa'nar] *vt* to flatten, level (out); *(igualar)* to smooth (out); *(fig)* to subdue; *(Jur)* to burgle, break into

allegado, -a [aʎe'xaðo, a] *adj* near, close ▷ *nm/f* relation

allí [a'ʎi] *adv* there; **~ mismo** right there; **por ~** over there; *(por ese camino)* that way

alma ['alma] *nf* soul; *(persona)* person

almacén [alma'θen] *nm (depósito)* warehouse, store; *(Mil)* magazine; *(CS: de comestibles)* grocer's (shop); **grandes almacenes** department store *sg*; **almacenaje** *nm* storage

almacenar [almaθe'nar] *vt* to store, put in storage; *(proveerse)* to stock up with

almanaque [alma'nake] *nm* almanac

almeja [al'mexa] *nf* clam

almendra [al'mendra] *nf* almond; **almendro** *nm* almond tree

almíbar [al'miβar] *nm* syrup

almidón [almi'ðon] *nm* starch

almirante [almi'rante] *nm* admiral

almohada [almo'aða] *nf* pillow; *(funda)* pillowcase; **almohadilla** *nf* cushion; *(para alfileres)* pincushion; *(Tec)* pad

almohadón [almoa'ðon] *nm* large pillow; bolster

almorranas [almo'rranas] *nfpl* piles, haemorrhoids

almorzar [almor'θar] *vt*: **~ una tortilla** to have an omelette for lunch ▷ *vi* to (have) lunch

almuerzo *etc* [al'mwerθo] *vb* V **almorzar** ▷ *nm* lunch

alocado, -a [alo'kaðo, a] *adj* crazy

alojamiento [aloxa'mjento] *nm* lodging(s) *pl; (viviendas)* housing

alojar [alo'xar] *vt* to lodge; **alojarse** *vr* to lodge, stay

alondra [a'londra] *nf* lark, skylark

alpargata [alpar'xata] *nf* rope-soled sandal, espadrille

Alpes ['alpes] *nmpl*: **los ~** the Alps

alpinismo [alpi'nismo] nm
mountaineering, climbing; **alpinista**
nmf mountaineer, climber

alpiste [al'piste] nm birdseed

alquilar [alki'lar] vt
(propietario: inmuebles) to let, rent
(out); (: coche) to hire out; (: TV) to rent
(out); (alquilador: inmuebles, TV) to rent
(: coche) to hire; **"se alquila casa"**
"house to let (BRIT) o for rent (US)"

alquiler [alki'ler] nm renting; letting;
hiring; (arriendo) rent; hire charge; **de
~ for hire**; **alquiler de automóviles o
coches** car hire

alquimia [al'kimja] nf alchemy

alquitrán [alki'tran] nm tar

alrededor [alreðe'ðor] adv around,
about; **~ de** around, about; **mirar
a su ~** to look (round) about one;
alrededores nmpl surroundings

alta ['alta] nf (certificate of)
discharge

altar [al'tar] nm altar

altavoz [alta'βoθ] nm loudspeaker;
(amplificador) amplifier

alteración [altera'θjon] nf
alteration; (alboroto) disturbance

alterar [alte'rar] vt to alter; to
disturb; **alterarse** vr (persona) to
get upset

altercado [alter'kaðo] nm argument

alternar [alter'nar] vt to alternate
▷ vi to alternate; (turnar) to take turns;
alternarse vr to alternate; to take
turns; **~ con** to mix with; **alternativa**
nf (elección) choice; **alternativo,
-a** adj alternative;
(alterno) alternating; **alterno, -a** adj
alternate; (Elec) alternating

Alteza [al'teθa] nf (tratamiento)
Highness

altibajos [alti'βaxos] nmpl ups and
downs

altiplano [alti'plano] nm =
altiplanicie

altisonante [altiso'nante] adj high-
flown, high-sounding

altitud [alti'tuð] nf height; (Aviac,
Geo) altitude

altivo, -a [al'tiβo, a] adj haughty,
arrogant

alto, -a ['alto, a] adj high; (persona)
tall; (sonido) high, sharp; (noble) high,
lofty ▷ nm halt; (Mús) alto; (Geo) hill
▷ adv (de sitio) high; (de sonido) loud,
loudly ▷ excl halt!; **la pared tiene
2 metros de ~** the wall is 2 metres
high; **en alta mar** on the high seas;
en voz alta in a loud voice; **las altas
horas de la noche** the small o wee
hours; **en lo ~ de** at the top of; **pasar
por ~** to overlook; **altoparlante**
[altopar'lante] (LAM) nm loudspeaker

altura [al'tura] nf height; (Náut)
depth; (Geo) latitude; **la pared tiene
1.80 de ~** the wall is 1 metre 80cm high;
a estas ~s at this stage; **a estas ~s del
año** at this time of the year

alubia [a'luβja] nf bean

alucinación [aluθina'θjon] nf
hallucination

alucinar [aluθi'nar] vi to hallucinate
▷ vt to deceive; (fascinar) to fascinate

alud [a'luð] nm avalanche; (fig) flood

aludir [alu'ðir] vi: **~ a** to allude to;
darse por aludido to take the hint

alumbrado [alum'braðo] nm
lighting

alumbrar [alum'brar] vt to light (up)
▷ vi (Med) to give birth

aluminio [alu'minjo] nm aluminium
(BRIT), aluminum (US)

alumno, -a [a'lumno, a] nm/f pupil,
student

alusión [alu'sjon] nf allusion

alusivo, -a [alu'siβo, a] adj allusive

aluvión [alu'βjon] nm alluvium;
(fig) flood

alverja [al'βerxa] (LAM) nf pea

alza ['alθa] nf rise; (Mil) sight

alzamiento [alθa'mjento] nm
(rebelión) rising

alzar [al'θar] vt to lift (up); (precio,
muro) to raise; (cuello de abrigo) to
turn up; (Agr) to gather in; (Imprenta)
to gather; **alzarse** vr to get up,

rise; (rebelarse) to revolt; (Com) to go
fraudulently bankrupt; (Jur) to appeal

ama ['ama] nf lady of the house;
(dueña) owner; (institutriz) governess;
(madre adoptiva) foster mother; **ama
de casa** housewife; **ama de llaves**
housekeeper

amabilidad [amaβili'ðað] nf
kindness; (simpatía) niceness; **amable**
adj kind; nice; **es usted muy amable**
that's very kind of you

amaestrado, -a [amaes'traðo, a]
adj (animal: en circo etc) performing

amaestrar [amaes'trar] vt to train

amago [a'maɣo] nm threat; (gesto)
threatening gesture; (Med) symptom

amainar [amai'nar] vi (viento) to
die down

amamantar [amaman'tar] vt to
suckle, nurse

amanecer [amane'θer] vi to dawn
▷ nm dawn; **~ afiebrado** to wake up
with a fever

amanerado, -a [amane'raðo, a]
adj affected

amante [a'mante] adj: **~ de** fond of
▷ nmf lover

amapola [ama'pola] nf poppy

amar [a'mar] vt to love

amargado, -a [amar'ɣaðo, a] adj
bitter

amargar [amar'ɣar] vt to make
bitter; (fig) to embitter; **amargarse** vr
to become embittered

amargo, -a [a'marɣo, a] adj bitter

amarillento, -a [amari'ʎento, a]
adj yellowish; (tez) sallow; **amarillo, -a**
adj, nm yellow

amarrado, -a [ama'rraðo, a]
(MÉX: fam) adj mean, stingy

amarrar [ama'rrar] vt to moor;
(sujetar) to tie up

amarras [a'marras] nfpl: **soltar ~**
to set sail

amasar [ama'sar] vt (masa) to knead;
(mezclar) to mix, prepare; (confeccionar)
to concoct

amateur [ama'ter] nmf amateur

amazona [ama'θona] nf
horsewoman; **Amazonas** nm: **el
Amazonas** the Amazon

ámbar ['ambar] nm amber

ambición [ambi'θjon] nf ambition;
ambicionar vt to aspire to;
ambicioso, -a adj ambitious

ambidextro, -a [ambi'ðekstro, a]
adj ambidextrous

ambientación [ambjenta'θjon] nf
(Cine, Teatro etc) setting; (Radio) sound
effects

ambiente [am'bjente] nm
atmosphere; (medio) environment

ambigüedad [ambiɣwe'ðað]
nf ambiguity; **ambiguo, -a** adj
ambiguous

ámbito ['ambito] nm (campo) field;
(fig) scope

ambos, -as ['ambos, as] adj pl, pron
pl both

ambulancia [ambu'lanθja] nf
ambulance

ambulante [ambu'lante] adj
travelling cpd, itinerant

ambulatorio [ambula'torjo] nm
state health-service clinic

amén [a'men] excl amen; **~ de**
besides

amenaza [ame'naθa] nf threat;
amenazar vt to threaten
▷ vi: **amenazar con hacer** to
threaten to do

ameno, -a [a'meno, a] adj pleasant

América [a'merika] nf America;
América Central/Latina Central/
Latin America; **América del Norte/del
Sur** North/South America; **americana**
nf coat, jacket; V tb **americano**;
americano, -a adj, nm/f American

ametralladora [ametraʎa'ðora] nf
machine gun

amigable [ami'xaβle] adj friendly

amígdala [a'mixðala] nf tonsil;
amigdalitis nf tonsillitis

amigo, -a [a'miɣo, a] adj friendly
▷ nm/f friend; (amante) lover; **ser ~ de
algo** to be fond of sth; **ser muy ~s** to be

close friends

aminorar [amino'rar] vt to diminish; (reducir) to reduce; **~ la marcha** to slow down

amistad [amis'tað] nf friendship; **amistades** nfpl (amigos) friends; **amistoso, -a** adj friendly

amnesia [am'nesja] nf amnesia

amnistía [amnis'tia] nf amnesty

amo ['amo] nm owner; (jefe) boss

amolar [amo'lar] (MÉX: fam) vt to ruin, damage

amoldar [amol'dar] vt to mould; (adaptar) to adapt

amonestación [amonesta'θjon] nf warning; **amonestaciones** nfpl (Rel) marriage banns

amonestar [amones'tar] vt to warn; (Rel) to publish the banns

amontonar [amonto'nar] vt to collect, pile up; **amontonarse** vr to crowd together; (acumularse) to pile up

amor [a'mor] nm love; (amante) lover; **hacer el ~** to make love; **amor propio** self-respect

amoratado, -a [amora'taðo, a] adj purple

amordazar [amorða'θar] vt to muzzle; (fig) to gag

amorfo, -a [a'morfo, a] adj amorphous, shapeless

amoroso, -a [amo'roso, a] adj affectionate, loving

amortiguador [amortigwa'ðor] nm shock absorber; (parachoques) bumper; **amortiguadores** nmpl (Auto) suspension sg

amortiguar [amorti'rwar] vt to deaden; (ruido) to muffle; (color) to soften

amortizar [amorti'θar] vt to stir up, incite (to riot); **amotinarse** vr to mutiny

amparar [ampa'rar] vt to protect; **ampararse** vr to seek protection; (de la lluvia etc) to shelter; **amparo** nm help, protection; **al amparo de** under the protection of

amperio [am'perjo] nm ampère, amp

ampliación [amplja'θjon] nf enlargement; (extensión) extension

ampliar [am'pljar] vt to enlarge; to extend

amplificador [amplifika'ðor] nm amplifier

amplificar [amplifi'kar] vt to amplify

amplio, -a ['ampljo, a] adj spacious; (de falda etc) full; (extenso) extensive; (ancho) wide; **amplitud** nf spaciousness; extent; (fig) amplitude

ampolla [am'poʎa] nf blister; (Med) ampoule

amputar [ampu'tar] vt to cut off, amputate

amueblar [amwe'βlar] vt to furnish

anales [a'nales] nmpl annals

analfabetismo [analfaβe'tismo] nm illiteracy; **analfabeto, -a** adj, nm/f illiterate

analgésico [anal'xesiko] nm painkiller, analgesic

análisis [a'nalisis] nm inv analysis

analista [ana'lista] nmf (gen) analyst

analizar [anali'θar] vt to analyse

analógico, -a [ana'loxiko, a] adj (Inform) analog; (reloj) analogue (BRIT), analog (US)

análogo, -a [a'nalovo, a] adj analogous, similar

ananá [ana'na] (RPL) nm pineapple

anarquía [anar'kia] nf anarchy; **anarquista** nmf anarchist

anatomía [anato'mia] nf anatomy

anca ['anka] nf rump, haunch; **ancas** nfpl (fam) behind sg

ancho, -a ['antʃo, a] adj wide; (falda) full; (fig) liberal ▷ nm width; (Ferro) gauge; **ponerse ~** to get conceited; **estar a sus anchas** to be at one's ease

anchoa [an'tʃoa] nf anchovy

anchura [an'tʃura] nf width; (extensión) wideness

anciano, -a [an'θjano, a] adj old, aged ▷ nm/f old man/woman; elder

ancla ['ankla] nf anchor

Andalucía [andalu'θia] *nf*
Andalusia; **andaluz, -a** *adj, nm/f*
Andalusian

andamio [an'damjo] *nm*
scaffold(ing)

andar [an'dar] *vt* to go, cover, travel
▷ *vi* to go, walk, travel; *(funcionar)* to
go, work; *(estar)* to be ▷ *nm* walk,
gait, pace; **andarse** *vr* to go away;
~ a pie/a caballo/en bicicleta to go
on foot/on horseback/by bicycle; **~
haciendo algo** to be doing sth; **¡anda!**
(sorpresa) go on!; **anda por o en los 40**
he's about 40

andén [an'den] *nm (Ferro)* platform;
(Náut) quayside; *(CAM: de la calle)*
pavement *(BRIT)*, sidewalk *(US)*

Andes ['andes] *nmpl:* **los ~** the Andes

andinismo [andi'nismo] *(LAM) nm*
mountaineering, climbing

Andorra [an'dorra] *nf* Andorra

andrajoso, -a [andra'xoso, a] *adj*
ragged

anduve *etc vb* V **andar**

anécdota [a'nekðota] *nf* anecdote,
story

anegar [ane'ɣar] *vt* to flood; *(ahogar)*
to drown

anemia [a'nemja] *nf* anaemia

anestesia [anes'tesja] *nf (sustancia)*
anaesthetic; *(proceso)* anaesthesia;
anestesia general/local general/
local anaesthetic

anexar [anek'sar] *vt* to annex;
(documento) to attach; **anexión** *nf*
annexation; **anexo, -a** *adj* attached
▷ *nm* annexe

anfibio, -a [an'fiβjo, a] *adj*
amphibious ▷ *nm* amphibian

anfiteatro [anfite'atro] *nm*
amphitheatre; *(Teatro)* dress circle

anfitrión, -ona [anfi'trjon, ona]
nm/f host(ess)

ánfora ['anfora] *nf (cántaro)*
amphora; *(Méx Pol)* ballot box

ángel ['anxel] *nm* angel; **ángel de la
guarda** guardian angel

angina [an'xina] *nf (Med)*

inflammation of the throat; **tener ~s**
to have tonsillitis; **angina de pecho**
angina

anglicano, -a [angli'kano, a] *adj,
nm/f* Anglican

anglosajón, -ona [anglosa'xon,
ona] *adj* Anglo-Saxon

anguila [an'gila] *nf* eel

angula [an'gula] *nf* elver, baby eel

ángulo ['angulo] *nm* angle; *(esquina)*
corner; *(curva)* bend

angustia [an'gustja] *nf* anguish

anhelar [ane'lar] *vt* to be eager for;
(desear) to long for, desire ▷ *vi* to pant,
gasp; **anhelo** *nm* eagerness; desire

anidar [ani'ðar] *vi* to nest

anillo [a'niλo] *nm* ring; **anillo de
boda/compromiso** wedding/
engagement ring

animación [anima'θjon] *nf*
liveliness; *(vitalidad)* life; *(actividad)*
activity; bustle

animado, -a [ani'maðo, a] *adj*
lively; *(vivaz)* animated; **animador, a**
nm/f (TV) host(ess), compère; *(Deporte)*
cheerleader

animal [ani'mal] *adj* animal; *(fig)*
stupid ▷ *nm* animal; *(fig)*; *(bestia)*
brute

animar [ani'mar] *vt (Bio)* to animate,
give life to; *(fig)* to liven up, brighten
up, cheer up; *(estimular)* to stimulate;
animarse *vr* to cheer up; to feel
encouraged; *(decidirse)* to make up
one's mind

ánimo ['animo] *nm (alma)* soul;
(mente) mind; *(valentía)* courage ▷ *excl*
cheer up!

animoso, -a [ani'moso, a] *adj* brave;
(vivo) lively

aniquilar [aniki'lar] *vt* to annihilate,
destroy

anís [a'nis] *nm* aniseed; *(licor)*
anisette

aniversario [aniβer'sarjo] *nm*
anniversary

anoche [a'notʃe] *adv* last night;
antes de ~ the night before last

anochecer [anotʃe'θer] vi to get dark ▷ *nm* nightfall, dark; **al ~** at nightfall

anodino, -a [ano'ðino, a] *adj* dull, anodyne

anomalía [anoma'lia] *nf* anomaly

anonadado, -a [anona'ðaðo, a] *adj*: **estar ~** to be overwhelmed *o* amazed

anonimato [anoni'mato] *nm* anonymity

anónimo, -a [a'nonimo, a] *adj* anonymous; (Com) limited ▷ *nm* (carta anónima) anonymous letter; (: maliciosa) poison-pen letter

anormal [anor'mal] *adj* abnormal

anotación [anota'θjon] *nf* note; annotation

anotar [ano'tar] *vt* to note down; (comentar) to annotate

ansia ['ansja] *nf* anxiety; (añoranza) yearning; **ansiar** *vt* to long for

ansiedad [ansje'ðað] *nf* anxiety

ansioso, -a [an'sjoso, a] *adj* anxious; (anhelante) eager; **~ o por algo** greedy for sth

antaño [an'taɲo] *adv* long ago, formerly

Antártico [an'tartiko] *nm*: **el ~** the Antarctic

ante ['ante] *prep* before, in the presence of; (problema etc) faced with ▷ *nm* (piel) suede; **~ todo** above all

anteanoche [antea'notʃe] *adv* the night before last

anteayer [antea'jer] *adv* the day before yesterday

antebrazo [ante'βraθo] *nm* forearm

antecedente [anteθe'ðente] *adj* previous ▷ *nm* antecedent; **antecedentes** *nmpl* (historial) record *sg*; **antecedentes penales** criminal record

anteceder [anteθe'ðer] *vt* to precede, go before

antecesor, a [anteθe'sor, a] *nm/f* predecessor

antelación [antela'θjon] *nf*: **con ~** in advance

antemano [ante'mano]: **de ~** *adv* beforehand, in advance

antena [an'tena] *nf* antenna; (de televisión etc) aerial; **antena parabólica** satellite dish

antenoche [ante'notʃe] (LAM) *adv* the night before last

anteojo [ante'oxo] *nm* eyeglass; **anteojos** *nmpl* (LAM: gafas) glasses, spectacles

antepasados [antepa'saðos] *nmpl* ancestors

anteponer [antepo'ner] *vt* to place in front; (fig) to prefer

anterior [ante'rjor] *adj* preceding, previous; **anterioridad** *nf*: **con anterioridad a** prior to, before

antes ['antes] *adv* (con prioridad) before ▷ *prep*: **~ de** before ▷ *conj*: **de ir/de que te vayas** before going/ before you go; **~ bien** (but) rather; **dos días ~** two days before *o* previously; **no quiso venir ~** she didn't want to come any earlier; **tomo el avión ~ que el barco** I take the plane rather than the boat; **~ de** *o* **que nada** (en el tiempo) first of all; (indicando preferencia) above all; **~ que yo** before me; **lo ~ posible** as soon as possible; **cuanto ~ mejor** the sooner the better

antibalas [anti'βalas] *adj inv*: **chaleco ~** bullet-proof jacket

antibiótico [anti'βjotiko] *nm* antibiotic

anticaspa [anti'kaspa] *adj inv* anti-dandruff cpd

anticipación [antiθipa'θjon] *nf* anticipation; **con 10 minutos de ~** 10 minutes early

anticipado, -a [antiθi'paðo, a] *adj* (pago) advance; **por ~** in advance

anticipar [antiθi'par] *vt* to anticipate; (adelantar) to bring forward; (Com) to advance; **anticiparse** *vr*: **~se a su época** to be ahead of one's time

anticipo [anti'θipo] *nm* (Com) advance

anticonceptivo, -a [antikonθep'tiβo, a] adj, nm contraceptive

anticongelante [antikonxe'lante] nm antifreeze

anticuado, -a [anti'kwaðo, a] adj out-of-date, old-fashioned; (desusado) obsolete

anticuario [anti'kwarjo] nm antique dealer

anticuerpo [anti'kwerpo] nm (Med) antibody

antidepresivo [antiðepre'siβo] nm antidepressant

antidóping [anti'ðopin] adj inv: **control ~** drugs test

antídoto [an'tiðoto] nm antidote

antiestético, -a [anties'tetiko, a] adj unsightly

antifaz [anti'faθ] nm mask; (velo) veil

antiglobalización [antiɣloβaliθa'θjon] nf anti-globalization; **antiglobalizador, a** adj anti-globalization cpd

antiguamente [antiɣwa'mente] adv formerly; (hace mucho tiempo) long ago

antigüedad [antiɣwe'ðað] nf antiquity; (artículo) antique; (rango) seniority

antiguo, -a [an'tiɣwo, a] adj old, ancient; (que fue) former

Antillas [an'tiʎas] nfpl: **las ~** the West Indies

antílope [an'tilope] nm antelope

antinatural [antinatu'ral] adj unnatural

antipatía [antipa'tia] nf antipathy, dislike; **antipático, -a** adj disagreeable, unpleasant

antirrobo [anti'rroβo] adj inv (alarma etc) anti-theft

antisemita [antise'mita] adj anti-Semitic ▷ nmf anti-Semite

antiséptico, -a [anti'septiko, a] adj antiseptic ▷ nm antiseptic

antivirus [anti'birus] nm inv (Comput) antivirus program

antojarse [anto'xarse] vr (desear): **se me antoja comprarlo** I have a mind to buy it; (pensar): **se me antoja que...** I have a feeling that...

antojitos [anto'xitos] (MÉX) nmpl snacks, nibbles

antojo [an'toxo] nm caprice, whim; (rosa) birthmark; (lunar) mole

antología [antolo'xia] nf anthology

antorcha [an'tortʃa] nf torch

antro [antro] nm cavern

antropología [antropolo'xia] nf anthropology

anual [a'nwal] adj annual

anuario [a'nwarjo] nm yearbook

anulación [anula'θjon] nf annulment; (cancelación) cancellation

anular [anu'lar] vt (contrato) to annul, cancel; (ley) to revoke, repeal; (suscripción) to cancel ▷ nm ring finger

anunciar [anun'θjar] vt to announce; (proclamar) to proclaim; (Com) to advertise

anuncio [a'nunθjo] nm announcement; (señal) sign; (Com) advertisement; (cartel) poster

anzuelo [an'θwelo] nm hook; (para pescar) fish hook

añadidura [aɲaði'ðura] nf addition, extra; **por ~** besides, in addition

añadir [aɲa'ðir] vt to add

añejo, -a [a'ɲexo, a] adj old; (vino) mellow

añicos [a'ɲikos] nmpl: **hacer ~** to smash, shatter

año [a'ɲo] nm year; **¡Feliz A~ Nuevo!** Happy New Year!; **tener 15 ~s** to be 15 (years old); **los ~s 90** the nineties; **el ~ que viene** next year; **año bisiesto/escolar/fiscal/sabático** leap/school/tax/sabbatical year

añoranza [aɲo'ranθa] nf nostalgia; (anhelo) longing

apa [apa] (MÉX) excl goodness me!, good gracious!

apabullar [apaβu'ʎar] vt to crush, squash

apacible [apa'θiβle] adj gentle, mild

apaciguar [apaθi'xwar] vt to pacify, calm (down)

apadrinar [apaðri'nar] vt to sponsor, support; (Rel) to be godfather to

apagado, -a [apa'xaðo, a] adj (volcán) extinct; (color) dull; (voz) quiet; (sonido) muted, muffled; (persona: apático) listless; **estar ~** (fuego, luz) to be out; (Radio, TV etc) to be off

apagar [apa'xar] vt to put out; (Elec, Radio, TV) to turn off; (sonido) to silence, muffle; (sed) to quench

apagón [apa'xon] nm blackout, power cut

apalabrar [apala'βrar] vt to agree to; (contratar) to engage

apalear [apale'ar] vt to beat, thrash

apantallar [apanta'ʎar] (MÉX) vt to impress

apañar [apa'nar] vt to pick up; (asir) to take hold of, grasp; (reparar) to mend, patch up; **apañarse** vr to manage, get along

apapachar [apapa'tʃar] (MÉX: fam) vt to cuddle, hug

aparador [apara'ðor] nm sideboard; (MÉX: escaparate) shop window

aparato [apa'rato] nm apparatus; (máquina) machine; (doméstico) appliance; (boato) ostentation; **aparato digestivo** (Anat) digestive system; **aparatoso, -a** adj showy, ostentatious

aparcamiento [aparka'mjento] nm car park (BRIT), parking lot (US)

aparcar [apar'kar] vt, vi to park

aparear [apare'ar] vt (objetos) to pair, match; (animales) to mate; **aparearse** vr to make a pair; to mate

aparecer [apare'θer] vi to appear; **aparecerse** vr to appear

aparejador, a [aparexa'ðor, a] nm/f (Arq) master builder

aparejo [apa'rexo] nm harness; rigging; (de poleas) block and tackle

aparentar [aparen'tar] vt (edad) to look; (fingir): **~ tristeza** to pretend to be sad

aparente [apa'rente] adj apparent; (adecuado) suitable

aparezco etc vb V **aparecer**

aparición [apari'θjon] nf appearance; (de libro) publication; (espectro) apparition

apariencia [apa'rjenθja] nf (outward) appearance; **en ~** outwardly, seemingly

apartado, -a [apar'taðo, a] adj separate; (lejano) remote ▷ nm (tipográfico) paragraph; **apartado de correos** post office box; **apartado postal** (LAM) post office box

apartamento [aparta'mento] nm apartment, flat (BRIT)

apartar [apar'tar] vt to separate; (quitar) to remove; **apartarse** vr to separate, part; (irse) to move away; to keep away

aparte [a'parte] adv (separadamente) separately; (además) besides ▷ nm aside; (tipográfico) new paragraph

aparthotel [aparto'tel] nm serviced apartments

apasionado, -a [apasjo'naðo, a] adj passionate

apasionar [apasjo'nar] vt to excite; **le apasiona el fútbol** she's crazy about football; **apasionarse** vr to get excited

apatía [apa'tia] nf apathy

apático, -a [a'patiko, a] adj apathetic

Apdo abr (= Apartado (de Correos)) PO Box

apeadero [apea'ðero] nm halt, stop, stopping place

apearse [ape'arse] vr (jinete) to dismount; (bajarse) to get down o out; (Auto, Ferro) to get off o out

apechugar [apetʃu'xar] vr: **~ con algo** to face up to sth

apegarse [ape'xarse] vr: **~ a** to become attached to; **apego** nm attachment, devotion

apelar [ape'lar] vi to appeal; **~ a** (fig) to resort to

apellidar [apeʎi'ðar] vt to call, name; **apellidarse** vr: **se apellida Pérez** her (sur)name's Pérez

apellido [ape'ʎiðo] nm surname

apenar [ape'nar] vt to grieve, trouble; (LAM: avergonzar) to embarrass; **apenarse** vr to grieve; (LAM: avergonzarse) to be embarrassed

apenas [a'penas] adv scarcely, hardly ▷ conj as soon as, no sooner

apéndice [a'pendiθe] nm appendix; **apendicitis** nf appendicitis

aperitivo [aperi'tiβo] nm (bebida) aperitif; (comida) appetizer

apertura [aper'tura] nf opening; (Pol) liberalization

apestar [apes'tar] vi ▷ vi: ~ (a) to stink (of)

apetecer [apete'θer] vt: ¿**te apetece un café?** do you fancy (a cup of) coffee?; **apetecible** adj desirable; (comida) appetizing

apetito [ape'tito] nm appetite; **apetitoso, -a** adj appetizing; (fig) tempting

apiadarse [apja'ðarse] vr: ~ **de** to take pity on

ápice ['apiθe] nm whit, iota

apilar [api'lar] vt to pile o heap up

apiñarse [api'narse] vr to crowd o press together

apio ['apjo] nm celery

apisonadora [apisona'ðora] nf steamroller

aplacar [apla'kar] vt to placate

aplastante [aplas'tante] adj overwhelming; (lógica) compelling

aplastar [aplas'tar] vt to squash (flat); (fig) to crush

aplaudir [aplau'ðir] vt to applaud

aplauso [a'plauso] nm applause; (fig) approval, acclaim

aplazamiento [aplaθa'mjento] nm postponement

aplazar [apla'θar] vt to postpone, defer

aplicación [aplika'θjon] nf application; (esfuerzo) effort

aplicado, -a [apli'kaðo, a] adj diligent, hard-working

aplicar [apli'kar] vt (ejecutar) to apply; **aplicarse** vr to apply o.s.

aplique etc [a'plike] vb V **aplicar** ▷ nm wall light

aplomo [a'plomo] nm aplomb, self-assurance

apodar [apo'ðar] vt to nickname

apoderado [apoðe'raðo] nm agent, representative

apoderarse [apoðe'rarse] vr: ~ **de** to take possession of

apodo [a'poðo] nm nickname

apogeo [apo'xeo] nm peak, summit

apoquinar [apoki'nar] (fam) vt to fork out, cough up

aporrear [aporre'ar] vt to beat (up)

aportar [apor'tar] vt to contribute ▷ vi to reach port; **aportarse** vr (LAM: llegar) to arrive, come

aposta [a'posta] adv deliberately, on purpose

apostar [apos'tar] vt to bet, stake; (tropas etc) to station, post ▷ vi to bet

apóstol [a'postol] nm apostle

apóstrofo [a'postrofo] nm apostrophe

apoyar [apo'jar] vt to lean, rest; (fig) to support, back; **apoyarse** vr: ~**se en** to lean on; **apoyo** nm (gen) support; backing, help

apreciable [apre'θjaβle] adj considerable; (fig) esteemed

apreciar [apre'θjar] vt to evaluate, assess; (Com) to appreciate, value; (persona) to respect; (tamaño) to gauge, assess; (detalles) to notice

aprecio [a'preθjo] nm valuation, estimate; (fig) appreciation

aprehender [apreen'der] vt to apprehend, detain

apremio [a'premjo] nm urgency

aprender [apren'der] vt, vi to learn; ~ **algo de memoria** to learn sth (off) by heart

aprendiz, a [apren'diθ, a] nm/f apprentice; (principiante) learner;

aprendizaje nm apprenticeship
aprensión [apren'sjon] nf
apprehension, fear; **aprensivo, -a** adj
apprehensive
apresar [apre'sar] vt to seize;
(capturar) to capture
apresurado, -a [apresu'raðo, a] adj
hurried, hasty
apresurar [apresu'rar] vt to hurry,
accelerate; **apresurarse** vr to hurry,
make haste
apretado, -a [apre'taðo, a] adj
tight; (escritura) cramped
apretar [apre'tar] vt to squeeze; (Tec)
to tighten; (presionar) to press together,
pack ▷ vi to be too tight
apretón [apre'ton] nm squeeze;
apretón de manos handshake
aprieto [a'prjeto] nm squeeze;
(dificultad) difficulty; **estar en un ~** to
be in a fix
aprisa [a'prisa] adv quickly, hurriedly
aprisionar [aprisjo'nar] vt to
imprison
aprobación [aproβa'θjon] nf
approval
aprobar [apro'βar] vt to approve (of);
(examen, materia) to pass ▷ vi to pass
apropiado, -a [apro'pjaðo, a] adj
suitable
apropiarse [apro'pjarse] vr: **~ de** to
appropriate
aprovechado, -a [aproβe't͡ʃaðo,
a] adj industrious, hard-working;
(económico) thrifty; (pey) unscrupulous
aprovechar [aproβe't͡ʃar] vt to
use; (explotar) to exploit; (experiencia)
to profit from; (oferta, oportunidad) to
take advantage of ▷ vi to progress,
improve; **aprovecharse** vr: **~se de** to
make use of; to take advantage of; **¡que
aproveche!** enjoy your meal!
aproximación [aproksima'θjon] nf
approximation; (de lotería) consolation
prize
aproximar [aproksi'mar] vt to bring
nearer; **aproximarse** vr to come near,
approach

apruebo etc vb V **aprobar**
aptitud [apti'tuð] nf aptitude
apto, -a ['apto, a] adj suitable
apuesta [a'pwesta] nf bet, wager
apuesto, -a [a'pwesto, a] adj neat,
elegant
apuntar [apun'tar] vt (con arma)
to aim at; (con dedo) to point at o to;
(anotar) to note (down); (Teatro) to
prompt; **apuntarse** vr (Deporte: tanto,
victoria) to score; (Escol) to enrol

■ No confundir **apuntar** con la
palabra inglesa appoint.

apunte [a'punte] nm note
apuñalar [apuɲa'lar] vt to stab
apurado, -a [apu'raðo, a] adj needy;
(difícil) difficult; (peligroso) dangerous;
(LAM: con prisa) hurried, rushed
apurar [apu'rar] vt (agotar) to drain;
(recursos) to use up; (molestar) to annoy;
apurarse vr (preocuparse) to worry;
(LAM: darse prisa) to hurry
apuro [a'puro] nm (aprieto) fix, jam;
(escasez) want, hardship; (vergüenza)
embarrassment; (LAM: prisa) haste,
urgency
aquejado, -a [ake'xaðo, a] adj: **~ de**
(Med) afflicted by
aquel, aquella [a'kel, a'keʎa] adj
that; **~los(as)** those
aquél, aquélla [a'kel, a'keʎa] pron
that (one); **~los(as)** those
aquello [a'keʎo] pron that, that
business
aquí [a'ki] adv (lugar) here; (tiempo)
now; **~ arriba** up here; **~ mismo** right
here; **~ yace** here lies; **de ~ a siete días**
a week from now
ara ['ara] nf: **en ~s de** for the sake of
árabe ['araβe] adj, nmf Arab ▷ nm
(Ling) Arabic
Arabia [a'raβja] nf Arabia; **Arabia
Saudí** o **Saudita** Saudi Arabia
arado [a'raðo] nm plough
Aragón [ara'ɣon] nm Aragon;
aragonés, -esa adj, nm/f Aragonese
arancel [aran'θel] nm tariff, duty
arandela [aran'dela] nf (Tec) washer

araña [a'raɲa] *nf* (Zool) spider; (lámpara) chandelier

arañar [ara'ɲar] *vt* to scratch

arañazo [ara'ɲaθo] *nm* scratch

arbitrar [arβi'trar] *vt* to arbitrate in; (Deporte) to referee ▷ *vi* to arbitrate

arbitrario, -a [arβi'trarjo, a] *adj* arbitrary

árbitro ['arβitro] *nm* arbitrator; (Deporte) referee; (Tenis) umpire

árbol ['arβol] *nm* (Bot) tree; (Náut) mast; (Tec) axle, shaft; **árbol de Navidad** Christmas tree

arboleda [arβo'leða] *nf* grove, plantation

arbusto [ar'βusto] *nm* bush, shrub

arca ['arka] *nf* chest, box

arcada [ar'kaða] *nf* arcade; (de puente) arch, span; **arcadas** *nfpl* (náuseas) retching *sg*

arcaico, -a [ar'kaiko, a] *adj* archaic

arce ['arθe] *nm* maple tree

arcén [ar'θen] *nm* (de autopista) hard shoulder; (de carretera) verge

archipiélago [artʃi'pjelaxo] *nm* archipelago

archivador [artʃiβa'ðor] *nm* filing cabinet

archivar [artʃi'βar] *vt* to file (away); **archivo** *nm* file, archive(s) *pl*; **archivo adjunto** (Inform) attachment; **archivo de seguridad** (Inform) backup file

arcilla [ar'θiʎa] *nf* clay

arco ['arko] *nm* arch; (Mat) arc; (Mil, Mús) bow; **arco iris** rainbow

arder [ar'ðer] *vi* to burn; **estar que arde** (persona) to fume

ardid [ar'ðið] *nm* ploy, trick

ardiente [ar'ðjente] *adj* burning, ardent

ardilla [ar'ðiʎa] *nf* squirrel

ardor [ar'ðor] *nm* (calor) heat; (fig) ardour; **ardor de estómago** heartburn

arduo, -a ['arðwo, a] *adj* arduous

área ['area] *nf* area; (Deporte) penalty area

arena [a'rena] *nf* sand; (de una lucha) arena; **arenas movedizas** quicksand *sg*; **arenal** [are'nal] *nm* (terreno arenoso) sandy spot

arenisca [are'niska] *nf* sandstone; (cascajo) grit

arenoso, -a [are'noso, a] *adj* sandy

arenque [a'renke] *nm* herring

arete [a'rete] *nm* (méx) earring

Argel [ar'xel] *n* Algiers; **Argelia** *nf* Algeria; **argelino, -a** *adj*, *nm/f* Algerian

Argentina [arxen'tina] *nf* (tb: **la ~**) Argentina

argentino, -a [arxen'tino, a] *adj* Argentinian; (de plata) silvery ▷ *nm/f* Argentinian

argolla [ar'xoʎa] *nf* (large) ring

argot [ar'xo] (*pl* **-s**) *nm* slang

argucia [ar'xuθja] *nf* subtlety, sophistry

argumentar [arxumen'tar] *vt*, *vi* to argue

argumento [arxu'mento] *nm* argument; (razonamiento) reasoning; (de novela etc) plot; (Cine, TV) storyline

aria ['arja] *nf* aria

aridez [ari'ðeθ] *nf* aridity, dryness

árido, -a ['ariðo, a] *adj* arid, dry

Aries ['arjes] *nm* Aries

arisco, -a [a'risko, a] *adj* surly; (insociable) unsociable

aristócrata [aris'tokrata] *nmf* aristocrat

arma ['arma] *nf* arm; **armas** *nfpl* arms; **arma blanca** blade, knife; **arma de doble filo** double-edged sword; **arma de fuego** firearm; **armas de destrucción masiva** weapons of mass destruction

armada [ar'maða] *nf* armada; (flota) fleet

armadillo [arma'ðiʎo] *nm* armadillo

armado, -a [ar'maðo, a] *adj* armed; (Tec) reinforced

armadura [arma'ðura] *nf* (Mil) armour; (Tec) framework; (Zool) skeleton; (Física) armature

armamento [arma'mento] *nm* armament; (Náut) fitting-out

armar [ar'mar] vt (*soldado*) to arm; (*máquina*) to assemble; (*navío*) to fit out; **~la, ~ un lío** to start a row, kick up a fuss

armario [ar'marjo] nm wardrobe; (*de cocina, baño*) cupboard; **armario empotrado** built-in cupboard

armatoste [arma'toste] nm (*mueble*) monstrosity; (*máquina*) contraption

armazón [arma'θon] nf o m body, chassis; (*de mueble etc*) frame; (*Arq*) skeleton

armiño [ar'miɲo] nm stoat; (*piel*) ermine

armisticio [armis'tiθjo] nm armistice

armonía [armo'nia] nf harmony

armónica [ar'monika] nf harmonica

armonizar [armoni'θar] vt to harmonize; (*diferencias*) to reconcile

aro ['aro] nm ring; (*tejo*) quoit; (*cs: pendiente*) earring

aroma [a'roma] nm aroma, scent; **aromaterapia** n aromatherapy; **aromático, -a** [aro'matiko, a] adj aromatic

arpa ['arpa] nf harp

arpía [ar'pia] nf shrew

arpón [ar'pon] nm harpoon

arqueología [arkeolo'xia] nf archaeology; **arqueólogo, -a** [arke'ologo, a] nm/f archaeologist

arquetipo [arke'tipo] nm archetype

arquitecto [arki'tekto] nm architect; **arquitectura** nf architecture

arrabal [arra'βal] nm poor suburb, slum; **arrabales** nmpl (*afueras*) outskirts

arraigar [arrai'γar] vt to establish ▷ vi to take root

arrancar [arran'kar] vt (*sacar*) to extract, pull out; (*arrebatar*) to snatch (away); (*Inform*) to boot; (*fig*) to extract ▷ vi (*Auto, máquina*) to start; (*ponerse en marcha*) to get going; **~ de** to stem from

arranque *etc* [a'rranke] vb V **arrancar** ▷ nm sudden start; (*Auto*)

start; (*fig*) fit, outburst

arrasar [arra'sar] vt (*aplanar*) to level, flatten; (*destruir*) to demolish

arrastrar [arras'trar] vt to drag (along); (*fig*) to drag down, degrade; (*agua, viento*) to carry away ▷ vi to drag, trail on the ground; **arrastrarse** vr to crawl; (*fig*) to grovel; **llevar algo arrastrado** to drag sth along

arrear [arre'ar] vt to drive on, urge on ▷ vi to hurry along

arrebatar [arreβa'tar] vt to snatch (away), seize; (*fig*) to captivate

arrebato [arre'βato] nm fit of rage, fury; (*éxtasis*) rapture

arrecife [arre'θife] nm reef

arreglado, -a [arre'ɣlaðo, a] adj (*ordenado*) neat, orderly; (*moderado*) moderate, reasonable

arreglar [arre'ɣlar] vt (*poner orden*) to tidy up; (*algo roto*) to fix; (*problema*) to solve; **arreglarse** vr to reach an understanding; **arreglárselas** (*fam*) to get by, manage

arreglo [a'rreɣlo] nm settlement; (*orden*) order; (*acuerdo*) agreement; (*Mús*) arrangement, setting

arremangar [arreman'gar] vt to roll up, turn up; **arremangarse** vr to roll up one's sleeves

arremeter [arreme'ter] vi: **~ contra** to attack, rush at

arrendamiento [arrenda'mjento] nm letting; (*alquiler*) hiring; (*contrato*) lease; (*alquiler*) rent; **arrendar** vt to let, lease; to rent; **arrendatario, -a** nm/f tenant

arreos [a'rreos] nmpl (*de caballo*) harness *sg*, trappings

arrepentimiento [arrepenti'mjento] nm regret, repentance

arrepentirse [arrepen'tirse] vr to repent; **~ de** to regret

arresto [a'rresto] nm arrest; (*Mil*) detention; (*audacia*) boldness, daring; **arresto domiciliario** house arrest

arriar [a'rrjar] vt (*velas*) to haul down;

(bandera) to lower, strike; (cable) to pay out

○ **PALABRA CLAVE**

arriba [a'rriβa] adv 1 (posición) above; **desde arriba** from above; **arriba de todo** at the very top, right on top; **Juan está arriba** Juan is upstairs; **lo arriba mencionado** the aforementioned 2 (dirección): **calle arriba** up the street 3 **de arriba abajo** from top to bottom; **mirar a algn de arriba abajo** to look sb up and down
4 **para arriba**: **de 5000 euros para arriba** from 5000 euros up(wards)
▷ adj: **de arriba: el piso de arriba** the upstairs (BRIT) flat o apartment; **la parte de arriba** the o upper part
▷ prep: **arriba de** (LAM: por encima de) above; **arriba de 200 dólares** more than 200 dollars
▷ excl: **¡arriba!** up!; **¡manos arriba!** hands up!; **¡arriba España!** long live Spain!

arribar [arri'βar] vi to put into port; (llegar) to arrive

arriendo etc [a'rrjendo] vb V **arrendar** ▷ nm = **arrendamiento**

arriesgado, -a [arrjes'γaðo, a] adj (peligroso) risky; (audaz) bold, daring

arriesgar [arrjes'γar] vt to risk; (poner en peligro) to endanger; **arriesgarse** vr to take a risk

arrimar [arri'mar] vt (acercar) to bring close; (poner de lado) to set aside; **arrimarse** vr to come close o closer; **~se a** to lean on

arrinconar [arrinko'nar] vt (colocar) to put in a corner; (enemigo) to corner; (fig) to put on one side; (abandonar) to push aside

arroba [a'rroβa] nf (Internet) at (sign)

arrodillarse [arroði'ʎarse] vr to kneel (down)

arrogante [arro'ɣante] adj arrogant

arrojar [arro'xar] vt to throw, hurl; (humo) to emit, give out; (Com) to yield, produce; **arrojarse** vr to throw o hurl o.s.

arrojo [a'rroxo] nm daring

arrollador, a [arroʎa'ðor, a] adj overwhelming

arrollar [arro'ʎar] vt (Auto etc) to run over, knock down; (Deporte) to crush

arropar [arro'par] vt to cover, wrap up; **arroparse** vr to wrap o.s. up

arroyo [a'rrojo] nm stream; (de la calle) gutter

arroz [a'rroθ] nm rice; **arroz con leche** rice pudding

arruga [a'rruɣa] nf (de cara) wrinkle; (de vestido) crease; **arrugar** [arru'ɣar] vt to wrinkle; to crease; **arrugarse** vr to get creased

arruinar [arrwi'nar] vt to ruin, wreck; **arruinarse** vr to be ruined, go bankrupt

arsenal [arse'nal] nm naval dockyard; (Mil) arsenal

arte ['arte] (gen m en sg y siempre f en pl) nm art; (maña) skill, guile; **artes** nfpl (bellas artes) arts

artefacto [arte'fakto] nm appliance

arteria [ar'terja] nf artery

artesanía [artesa'nia] nf craftsmanship; (artículos) handicrafts pl; **artesano, -a** nm/f artisan, craftsman(-woman)

ártico, -a ['artiko, a] adj Arctic ▷ nm: **el Á~** the Arctic

articulación [artikula'θjon] nf articulation; (Med, Tec) joint

artículo [ar'tikulo] nm article; (cosa) thing, article; **artículos** nmpl (Com) goods; **artículos de escritorio** stationery

artífice [ar'tifiθe] nmf (fig) architect

artificial [artifi'θjal] adj artificial

artillería [artiʎe'ria] nf artillery

artilugio [arti'luxjo] nm gadget

artimaña [arti'maɲa] nf trap, snare; (astucia) cunning

artista [ar'tista] nmf (pintor) artist,

painter; (Teatro) artist, artiste; **artista de cine** film actor/actress; **artístico, -a** adj artistic

artritis [ar'tritis] nf arthritis

arveja [ar'βexa] (LAM) nf pea

arzobispo [arðo'βispo] nm archbishop

as [as] nm ace

asa ['asa] nf handle; (fig) lever

asado [a'saðo] nm roast (meat); (LAM: barbacoa) barbecue

○ **ASADO**
○
○
○ Traditional Latin American
○ barbecues, especially in the River
○ Plate area, are celebrated in
○ the open air around a large grill
○ which is used to grill mainly beef
○ and various kinds of spicy pork
○ sausage. They are usually very
○ common during the summer and
○ can go on for several days. The
○ head cook is nearly always a man.

asador [asa'ðor] nm spit

asadura [asa'ðura] nf entrails pl, offal

asalariado, -a [asala'rjaðo, a] adj paid, salaried ▷ nm/f wage earner

asaltar [asal'tar] vt to attack, assault; (fig) to assail; **asalto** nm attack, assault; (Deporte) round

asamblea [asam'blea] nf assembly; (reunión) meeting

asar [a'sar] vt to roast

ascendencia [asθen'denθja] nf ancestry; (LAM: influencia) ascendancy; **de ~ francesa** of French origin

ascender [asθen'der] vi (subir) to ascend, rise; (ser promovido) to gain promotion ▷ vt to promote; **~ a** to amount to; **ascendiente** nm influence ▷ nmf ancestor

ascensión [asθen'sjon] nf ascent; (Rel): **la A~** the Ascension

ascenso [as'θenso] nm ascent; (promoción) promotion

ascensor [asθen'sor] nm lift (BRIT), elevator (US)

asco ['asko] nm: **¡qué ~!** how revolting o disgusting; **el ajo me da ~** I hate o loathe garlic; **estar hecho un ~** to be filthy

ascua ['askwa] nf ember

aseado, -a [ase'aðo, a] adj clean; (arreglado) tidy; (pulcro) smart

asear [ase'ar] vt to clean, wash; to tidy (up)

asediar [ase'ðjar] vt (Mil) to besiege, lay siege to; (fig) to chase, pester; **asedio** nm siege; (Com) run

asegurado, -a [asexu'raðo, a] adj insured

asegurador, a [asexura'ðor, a] nm/f insurer

asegurar [asexu'rar] vt (consolidar) to secure, fasten; (dar garantía de) to guarantee; (preservar) to safeguard; (afirmar, dar por cierto) to assure, affirm; (tranquilizar) to reassure; (tomar un seguro) to insure; **asegurarse** vr to assure o.s., make sure

asemejarse [aseme'xarse] vr to be alike; **~ a** to be alike, resemble

asentado, -a [asen'taðo, a] adj established, settled

asentar [asen'tar] vt (sentar) to seat, sit down; (poner) to place, establish; (alisar) to level, smooth down o out; (anotar) to note down ▷ vi to be suitable, suit

asentir [asen'tir] vi to assent, agree; **~ con la cabeza** to nod (one's head)

aseo [a'seo] nm cleanliness; **aseos** nmpl (servicios) toilet sg (BRIT), cloakroom sg (BRIT), restroom sg (US)

aséptico, -a [a'septiko, a] adj germ-free, free from infection

asequible [ase'kiβle] adj (precio) reasonable; (meta) attainable; (persona) approachable

asesinar [asesi'nar] vt to murder; (Pol) to assassinate; **asesinato** nm murder; assassination

asesino, -a [ase'sino, a] nm/f

murderer, killer; (*Pol*) assassin

asesor, a [ase'sor, a] *nm/f* adviser, consultant; **asesorar** [aseso'rar] *vt* (*Jur*) to advise, give legal advice to; (*Com*) to act as consultant to; **asesorarse** *vr*: **asesorarse con** *o* **de** to take advice from, consult; **asesoría** *nf* (*cargo*) consultancy; (*oficina*) consultant's office

asestar [ases'tar] *vt* (*golpe*) to deal, strike

asfalto [as'falto] *nm* asphalt

asfixia [as'fiksja] *nf* asphyxia, suffocation; **asfixiar** [asfik'sjar] *vt* to asphyxiate, suffocate; **asfixiarse** *vr* to be asphyxiated, suffocate

así [a'si] *adv* (*de esta manera*) in this way, like this, thus; (*aunque*) although; (*tan pronto como*) as soon as; **~ que** so; **~ como** as well as; **~ y todo** even so; **¿no es ~?** isn't it?, didn't you? *etc*; **~ de grande** this big

Asia ['asja] *nf* Asia; **asiático, -a** *adj, nm/f* Asian, Asiatic

asiduo, -a [a'siðwo, a] *adj* assiduous; (*frecuente*) frequent ▷ *nm/f* regular (customer)

asiento [a'sjento] *nm* (*mueble*) seat, chair; (*de coche, en tribunal etc*) seat; (*localidad*) seat, place; (*fundamento*) site; **asiento delantero/trasero** front/back seat

asignación [asiɣna'θjon] *nf* (*atribución*) assignment; (*reparto*) allocation; (*sueldo*) salary; **asignación (semanal)** pocket money

asignar [asiɣ'nar] *vt* to assign, allocate

asignatura [asiɣna'tura] *nf* subject; course

asilo [a'silo] *nm* (*refugio*) asylum, refuge; (*establecimiento*) home, institution; **asilo político** political asylum

asimilar [asimi'lar] *vt* to assimilate

asimismo [asi'mismo] *adv* in the same way, likewise

asistencia [asis'tenθja] *nf* audience;

(*Med*) attendance; (*ayuda*) assistance; **asistencia en carretera** roadside assistance; **asistente** *nmf* assistant; **los asistentes** those present; **asistente social** social worker

asistido, -a [asis'tiðo, a] *adj*: **~ por ordenador** computer-assisted

asistir [asis'tir] *vt* to assist, help ▷ *vi*: **~ a** to attend, be present at

asma ['asma] *nf* asthma

asno ['asno] *nm* donkey; (*fig*) ass

asociación [asoθja'θjon] *nf* association; (*Com*) partnership; **asociado, -a** *adj* associate ▷ *nm/f* associate; (*Com*) partner

asociar [aso'θjar] *vt* to associate

asomar [aso'mar] *vt* to show, stick out ▷ *vi* to appear; **asomarse** *vr* to appear, show up; **~ la cabeza por la ventana** to put one's head out of the window

asombrar [asom'brar] *vt* to amaze, astonish; **asombrarse** *vr* (*sorprenderse*) to be amazed; (*asustarse*) to get a fright; **asombro** *nm* amazement, astonishment; (*susto*) fright; **asombroso, -a** *adj* astonishing, amazing

asomo [a'somo] *nm* hint, sign

aspa ['aspa] *nf* (*cruz*) cross; (*de molino*) sail; **en ~** X-shaped

aspaviento [aspa'βjento] *nm* exaggerated display of feeling; (*fam*) fuss

aspecto [as'pekto] *nm* (*apariencia*) look, appearance; (*fig*) aspect

áspero, -a ['aspero, a] *adj* rough; bitter; sour; harsh

aspersión [asper'sjon] *nf* sprinkling

aspiración [aspira'θjon] *nf* breath, inhalation; (*Mús*) short pause; **aspiraciones** *nfpl* (*ambiciones*) aspirations

aspirador [aspira'ðor] *nm* = **aspiradora**

aspiradora [aspira'ðora] *nf* vacuum cleaner, Hoover®

aspirante [aspi'rante] *nmf*

(candidato) candidate; (Deporte) contender

aspirar [aspi'rar] vt to breathe in ▷ vi: **~ a** to aspire to

aspirina [aspi'rina] nf aspirin

asqueroso, -a [aske'roso, a] adj disgusting, sickening

asta ['asta] nf lance; (arpón) spear; (mango) shaft, handle; (Zool) horn; **a media ~** at half mast

asterisco [aste'risko] nm asterisk

astilla [as'tiʎa] nf splinter; (pedacito) chip; **astillas** nfpl (leña) firewood sg

astillero [asti'ʎero] nm shipyard

astro ['astro] nm star

astrología [astrolo'xia] nf astrology; **astrólogo, -a** nm/f astrologer

astronauta [astro'nauta] nmf astronaut

astronomía [astrono'mia] nf astronomy

astucia [as'tuθja] nf astuteness; (ardid) clever trick

asturiano, -a [astu'rjano, a] adj, nm/f Asturian

astuto, -a [as'tuto, a] adj astute; (taimado) cunning

asumir [asu'mir] vt to assume

asunción [asun'θjon] nf assumption; (Rel): **A~ Assumption**

asunto [a'sunto] nm (tema) matter, subject; (negocio) business

asustar [asus'tar] vt to frighten; **asustarse** vr to be (o become) frightened

atacar [ata'kar] vt to attack

atadura [ata'ðura] nf bond, tie

atajar [ata'xar] vt (enfermedad, mal) to stop ▷ vi (persona) to take a short cut

atajo [a'taxo] nm short cut

atañer [ata'ɲer] vi: **~ a** to concern

ataque etc [a'take] vb V **atacar** ▷ nm attack; **ataque cardíaco** heart attack

atar [a'tar] vt to tie, tie up

atarantado, -a [ataran'taðo, a] (Méx) adj (aturdido) dazed

atardecer [ataɾðe'θeɾ] vi to get dark ▷ nm evening; (crepúsculo) dusk

atareado, -a [atare'aðo, a] adj busy

atascar [atas'kar] vt to clog up; (obstruir) to jam; (fig) to hinder; **atascarse** vr to stall; (cañería) to get blocked up; **atasco** nm obstruction; (Auto) traffic jam

ataúd [ata'uð] nm coffin

ataviar [ata'βjar] vt to deck, array

atemorizar [atemori'θar] vt to frighten, scare

Atenas [a'tenas] n Athens

atención [aten'θjon] nf attention; (bondad) kindness ▷ excl (be) careful!, look out!

atender [aten'der] vt to attend to, look after; (Tel) to answer ▷ vi to pay attention

atenerse [ate'nerse] vr: **~ a** to abide by, adhere to

atentado [aten'taðo] nm crime, illegal act; (asalto) assault; (tb: **~ terrorista**) terrorist attack; **~ contra la vida de algn** attempt on sb's life; **atentado suicida** suicide bombing

atentamente [atenta'mente] adv: **Le saluda ~** Yours faithfully

atentar [aten'tar] vi: **~ a o contra** to commit an outrage against

atento, -a [a'tento, a] adj attentive, observant; (cortés) polite, thoughtful; **estar ~ a** (explicación) to pay attention to

atenuar [ate'nwar] vt (disminuir) to lessen, minimize

ateo, -a [a'teo, a] adj atheistic ▷ nm/f atheist

aterrador, -a [aterra'ðor, a] adj frightening

aterrizaje [aterri'θaxe] nm landing; **aterrizaje forzoso** emergency o forced landing

aterrizar [aterri'θar] vi to land

aterrorizar [aterrori'θar] vt to terrify

atesorar [ateso'rar] vt to hoard

atestar [ates'tar] vt to pack, stuff; (Jur) to attest, testify to

atestiguar [atesti'ɣwar] vt to testify

to, bear witness to

atiborrar [atiβo'rrar] vt to fill, stuff; **atiborrarse** vr to stuff o.s.

ático ['atiko] nm (desván) attic; (apartamento) penthouse

atinado, -a [ati'naðo, a] adj (sensato) wise; (correcto) right, correct

atinar [ati'nar] vi (al disparar): ~ **al blanco** to hit the target; (fig) to be right

atizar [ati'θar] vt to poke; (horno etc) to stoke; (fig) to stir up, rouse

atlántico, -a [at'lantiko, a] adj Atlantic ▷ nm: **el (océano) A~** the Atlantic (Ocean)

atlas ['atlas] nm inv atlas

atleta [at'leta] nm athlete; **atlético, -a** adj athletic; **atletismo** nm athletics sg

atmósfera [at'mosfera] nf atmosphere

atolladero [atoʎa'ðero] nm (fig) jam, fix

atómico, -a [a'tomiko, a] adj atomic

átomo ['atomo] nm atom

atónito, -a [a'tonito, a] adj astonished, amazed

atontado, -a [aton'taðo, a] adj stunned; (bobo) silly, daft

atormentar [atormen'tar] vt to torture; (molestar) to torment; (acosar) to plague, harass

atornillar [atorni'ʎar] vt to screw on o down

atosigar [atosi'ɣar] vt to harass, pester

atracador, a [atraka'ðor, a] nm/f robber

atracar [atra'kar] vt (Náut) to moor; (robar) to hold up, rob ▷ vi to moor; **atracarse** vr: ~**se (de)** to stuff o.s. (with)

atracción [atrak'θjon] nf attraction

atraco [a'trako] nm holdup, robbery

atracón [atra'kon] nm: **darse o pegarse un ~ (de)** (fam) to stuff o.s. (with)

atractivo, -a [atrak'tiβo, a] adj attractive ▷ nm appeal

atraer [atra'er] vt to attract

atragantarse [atraɣan'tarse] vr: ~ **(con)** to choke (on); **se me ha atragantado el chico** I can't stand the boy

atrancar [atran'kar] vt (puerta) to bar, bolt

atrapar [atra'par] vt to trap; (resfriado etc) to catch

atrás [a'tras] adv (movimiento) back(-wards); (lugar) behind; (tiempo) previously; **ir hacia ~** to go back(wards), to go to the rear; **estar ~** to be behind o at the back

atrasado, -a [atra'saðo, a] adj slow; (pago) overdue, late; (país) backward

atrasar [atra'sar] vi to be slow; **atrasarse** vr to remain behind; (tren) to be o run late; **atraso** nm slowness; lateness, delay; (de país) backwardness; **atrasos** nmpl (Com) arrears

atravesar [atraβe'sar] vt (cruzar) to cross (over); (traspasar) to pierce; to go through; (poner al través) to lay o put across; **atravesarse** vr to come in between; (intervenir) to interfere

atravieso etc vb V **atravesar**

atreverse [atre'βerse] vr to dare; (insolentarse) to be insolent; **atrevido, -a** adj daring; insolent; **atrevimiento** nm daring; insolence

atribución [atriβu'θjon] nf attribution; **atribuciones** nfpl (Pol) powers; (Admin) responsibilities

atribuir [atriβu'ir] vt to attribute; (funciones) to confer

atributo [atri'βuto] nm attribute

atril [a'tril] nm (para libro) lectern; (Mús) music stand

atropellar [atrope'ʎar] vt (derribar) to knock over o down; (empujar) to push (aside); (Auto) to run over, run down; (agraviar) to insult; **atropello** nm (Auto) accident; (empujón) push; (agravio) wrong; (atrocidad) outrage

atroz [a'troθ] adj atrocious, awful

ATS nmf abr (= Ayudante Técnico

Sanitario) nurse

atuendo [a'twendo] *nm* attire

atún [a'tun] *nm* tuna

aturdir [atur'ðir] *vt* to stun; (*de ruido*) to deafen; (*fig*) to dumbfound, bewilder

audacia [au'ðaθja] *nf* boldness, audacity; **audaz** *adj* bold, audacious

audición [auði'θjon] *nf* hearing; (*Teatro*) audition

audiencia [au'ðjenθja] *nf* audience; (*Jur: tribunal*) court

audífono [au'ðifono] *nm* (*para sordos*) hearing aid

auditor [auði'tor] *nm* (*Jur*) judge advocate; (*Com*) auditor

auditorio [auði'torjo] *nm* audience; (*sala*) auditorium

auge ['auxe] *nm* boom; (*clímax*) climax

augurar [auɣu'rar] *vt* to predict; (*presagiar*) to portend

augurio [au'ɣurjo] *nm* omen

aula ['aula] *nf* classroom; (*en universidad etc*) lecture room

aullar [au'ʎar] *vi* to howl, yell

aullido [au'ʎiðo] *nm* howl, yell

aumentar [aumen'tar] *vt* to increase; (*precios*) to put up; (*producción*) to step up; (*con microscopio, anteojos*) to magnify ▷ *vi* to increase, be on the increase; **aumentarse** *vr* to increase, be on the increase; **aumento** *nm* increase; rise

aun [a'un] *adv* even; **~ así** even so; **~ más** even o yet more

aún [a'un] *adv*: **- está aquí** he's still here; **~ no lo sabemos** we don't know yet; **¿no ha venido -?** hasn't she come yet?

aunque [a'unke] *conj* though, although, even though

aúpa [a'upa] *excl* come on!

auricular [auriku'lar] *nm* (*Tel*) receiver; **auriculares** *nmpl* (*cascos*) headphones

aurora [au'rora] *nf* dawn

ausencia [au'senθja] *nf* absence

ausentarse [ausen'tarse] *vr* to go away; (*por poco tiempo*) to go out

ausente [au'sente] *adj* absent

austero, -a [aus'tero, a] *adj* austere

austral [aus'tral] *adj* southern ▷ *nm* monetary unit of Argentina

Australia [aus'tralja] *nf* Australia; **australiano, -a** *adj, nm/f* Australian

Austria ['austrja] *nf* Austria; **austríaco, -a** *adj, nm/f* Austrian

auténtico, -a [au'tentiko, a] *adj* authentic

auto ['auto] *nm* (*Jur*) edict, decree; (*: orden*) writ; (*Auto*) car; **autos** *nmpl* (*Jur*) proceedings; (*: acta*) court record *sg*

autoadhesivo [autoaðe'siβo] *adj* self-adhesive; (*sobre*) self-sealing

autobiografía [autoβjoɣra'fia] *nf* autobiography

autobomba [auto'bomba] (*RPL*) *nm* fire engine

autobronceador [autoβronθea'ðor] *adj* self-tanning

autobús [auto'βus] *nm* bus; **autobús de línea** long-distance coach

autocar [auto'kar] *nm* coach (*BRIT*), (passenger) bus (*US*)

autóctono, -a [au'toktono, a] *adj* native, indigenous

autodefensa [autoðe'fensa] *nf* self-defence

autodidacta [autoði'ðakta] *adj* self-taught

autoescuela [autoes'kwela] (*ESP*) *nf* driving school

autógrafo [au'toɣrafo] *nm* autograph

autómata [au'tomata] *nm* automaton

automático, -a [auto'matiko, a] *adj* automatic ▷ *nm* press stud

automóvil [auto'moβil] *nm* (motor) car (*BRIT*), automobile (*US*); **automovilismo** *nm* (*actividad*) motoring; (*Deporte*) motor racing; **automovilista** *nmf* motorist, driver

autonomía [autono'mia] *nf* autonomy; **autónomo, -a** (*ESP*), **autonómico, -a** (*ESP*) *adj* (*Pol*) autonomous

autopista [auto'pista] nf motorway (BRIT), freeway (US); **autopista de cuota** (ESP) o **peaje** (MÉX) toll (BRIT) o turnpike (US) road

autopsia [au'topsja] nf autopsy, postmortem

autor, a [au'tor, a] nm/f author

autoridad [autori'ðað] nf authority; **autoritario, -a** adj authoritarian

autorización [autoriθa'θjon] nf authorization; **autorizado, -a** adj authorized; (aprobado) approved

autorizar [autori'θar] vt to authorize; (aprobar) to approve

autoservicio [autoser'βiθjo] nm (tienda) self-service shop (BRIT) o store (US); (restaurante) self-service restaurant

autostop [auto'stop] nm hitch-hiking; **hacer ~** to hitch-hike; **autostopista** nmf hitch-hiker

autovía [auto'βia] nf ≈ A-road (BRIT), dual carriageway (BRIT), ≈ state highway (US)

auxiliar [auksi'ljar] vt to help ▷ nmf assistant; **auxilio** nm assistance, help; **primeros auxilios** first aid sg

Av abr (= Avenida) Av(e)

aval [a'βal] nm guarantee; (persona) guarantor

avalancha [aβa'lantʃa] nf avalanche

avance [a'βanθe] nm advance; (pago) advance payment; (Cine) trailer

avanzar [aβan'θar] vt, vi to advance

avaricia [aβa'riθja] nf avarice, greed; **avaricioso, -a** adj avaricious, greedy

avaro, -a [a'βaro, a] adj miserly, mean ▷ nm/f miser

Avda abr (= Avenida) Av(e)

AVE ['aβe] sigla m (= Alta Velocidad Española) ≈ bullet train

ave [a'βe] nf bird; **ave de rapiña** bird of prey

avecinarse [aβeθi'narse] vr (tormenta: fig) to be on the way

avellana [aβe'ʎana] nf hazelnut; **avellano** nm hazel tree

avemaría [aβema'ria] nm Hail Mary, Ave Maria

avena [a'βena] nf oats pl

avenida [aβe'niða] nf (calle) avenue

aventajar [aβenta'xar] vt (sobrepasar) to surpass, outstrip

aventón [aβen'ton] (MÉX: fam) nm ride; **dar ~ a algn** to give sb a ride

aventura [aβen'tura] nf adventure; **aventurero, -a** adj adventurous

avergonzar [aβerɣon'θar] vt to shame; (desconcertar) to embarrass; **avergonzarse** vr to be ashamed; to be embarrassed

avería [aβe'ria] nf (Tec) breakdown, fault

averiado, -a [aβe'rjaðo, a] adj broken down; **"~"** "out of order"

averiguar [aβeri'ɣwar] vt to investigate; (descubrir) to find out, ascertain

avestruz [aβes'truθ] nm ostrich

aviación [aβja'θjon] nf aviation; (fuerzas aéreas) air force

aviador, a [aβja'ðor, a] nm/f aviator, airman(-woman)

ávido, -a ['aβiðo, a] adj avid, eager

avinagrado, -a [aβina'ɣraðo, a] adj sour, acid

avión [a'βjon] nm aeroplane; (ave) martin; **avión de reacción** jet (plane)

avioneta [aβjo'neta] nf light aircraft

avisar [aβi'sar] vt (advertir) to warn, notify; (informar) to tell; (aconsejar) to advise, counsel; **aviso** nm warning; (noticia) notice

avispa [a'βispa] nf wasp

avispado, -a [aβis'paðo, a] adj sharp, clever

avivar [aβi'βar] vt to strengthen, intensify

axila [ak'sila] nf armpit

ay [ai] excl (dolor) ow!, ouch!; (aflicción) oh!, oh dear!; **¡~ de mí!** poor me!

ayer [a'jer] adv, nm yesterday; **antes de ~** the day before yesterday; **~ mismo** only yesterday

ayote [a'jote] (CAM) nm pumpkin

ayuda [a'juða] nf help, assistance
▷ nm page; **ayudante** nmf assistant,
helper; (*Escol*) assistant; (*Mil*) adjutant

ayudar [aju'ðar] vt to help, assist

ayunar [aju'nar] vi to fast; **ayunas**
nfpl: **estar en ayunas** to be fasting;
ayuno nm fast; fasting

ayuntamiento [ajunta'mjento] nm
(*consejo*) town (o city) council; (*edificio*)
town (o city) hall

azafata [aθa'fata] nf air stewardess

azafrán [aθa'fran] nm saffron

azahar [aθa'ar] nm orange/lemon
blossom

azar [a'θar] nm (*casualidad*) chance,
fate; (*desgracia*) misfortune, accident;
por ~ by chance; **al ~** at random

Azores [a'θores] nfpl: **las ~** the Azores

azotar [aθo'tar] vt to whip, beat;
(*pegar*) to spank; **azote** nm (*látigo*)
whip; (*latigazo*) lash, stroke; (*en las
nalgas*) spank; (*calamidad*) calamity

azotea [aθo'tea] nf (flat) roof

azteca [aθ'teka] adj, nmf Aztec

azúcar [a'θukar] nm sugar;
azucarado, -a adj sugary, sweet

azucarero, -a [aθuka'rero, a] adj
sugar cpd ▷ nm sugar bowl

azucena [aθu'θena] nf white lily

azufre [a'θufre] nm sulphur

azul [a'θul] adj, nm blue; **azul
celeste/marino** sky/navy blue

azulejo [aθu'lexo] nm tile

azuzar [aθu'θar] vt to incite, egg on

B.A. abr (= *Buenos Aires*) B.A.

baba ['baβa] nf spittle, saliva; **babear**
vi to drool, slaver

babero [ba'βero] nm bib

babor [ba'βor] nm port (side)

babosada [baβo'saða] (*MÉX, CAM*:
fam) nf drivel; **baboso, -a** [ba'βoso, a]
(*LAM: fam*) adj silly

baca ['baka] nf (*Auto*) luggage o
roof rack

bacalao [baka'lao] nm cod(fish)

bache ['batʃe] nm pothole, rut; (*fig*)
bad patch

bachillerato [batʃiʎe'rato] nm higher
secondary school course

bacinica [baθi'nika] (*LAM*) nf potty

bacteria [bak'terja] nf bacterium,
germ

Bahama [ba'ama]: **las (Islas) ~** nfpl
the Bahamas

bahía [ba'ia] nf bay

bailar [bai'lar] vt, vi to dance;
bailarín, -ina nm/f (ballet) dancer;
baile nm dance; (*formal*) ball

baja ['baxa] nf drop, fall; (*Mil*)

casualty; **dar de ~** (*soldado*) to
discharge; (*empleado*) to dismiss
bajada [ba'xaða] *nf* descent; (*camino*)
slope; (*de aguas*) ebb
bajar [ba'xar] *vi* to go down, come
down; (*temperatura, precios*) to drop,
fall ▷ *vt* (*cabeza*) to bow; (*escalera*)
to go down, come down; (*precio, voz*)
to lower; (*llevar abajo*) to take down;
bajarse *vr* (*de coche*) to get out; (*de
autobús, tren*) to get off; **~ de** (*coche*)
to get out of; (*autobús, tren*) to get off; **~se
algo de internet** to download sth from
the internet
bajío [ba'xio] (*LAM*) *nm* lowlands *pl*
bajo, -a ['baxo] *adj* (*mueble, número,
precio*) low; (*piso*) ground; (*de estatura*)
small, short; (*color*) pale; (*sonido*) faint,
soft, low; (*voz: en tono*) deep; (*metal*)
base; (*humilde*) low, humble ▷ *adv*
(*hablar*) softly, quietly; (*volar*) low ▷ *prep*
under, below, underneath ▷ *nm* (*Mús*)
bass; **~ la lluvia** in the rain
bajón [ba'xon] *nm* fall, drop
bakalao [baka'lao] (*ESP: fam*) *nm*
rave (music)
bala ['bala] *nf* bullet
balacear [balaθe'ar] (*MÉX, CAM*) *vt*
to shoot
balance [ba'lanθe] *nm* (*Com*) balance;
(*: libro*) balance sheet; (*: cuenta general*)
stocktaking
balancear [balanθe'ar] *vt* to balance
▷ *vi* to swing (to and fro); (*vacilar*) to
hesitate; **balancearse** *vr* to swing (to
and fro), to hesitate
balanza [ba'lanθa] *nf* scales *pl*,
balance; **balanza comercial** balance
of trade; **balanza de pagos** balance
of payments
balaustrada [balaus'traða] *nf*
balustrade; (*pasamanos*) banisters *pl*
balazo [ba'laθo] *nm* (*golpe*) shot;
(*herida*) bullet wound
balbucear [balβuθe'ar] *vi, vt* to
stammer, stutter
balcón [bal'kon] *nm* balcony
balde ['balde] *nm* bucket, pail; **de ~**

(for) free, for nothing; **en ~** in vain
baldosa [bal'dosa] *nf* (*azulejo*) floor
tile; (*grande*) flagstone; **baldosín** *nm*
(small) tile
Baleares [bale'ares] *nfpl*: **las (Islas) ~**
the Balearic Islands
balero [ba'lero] (*LAM*) *nm* (*juguete*)
cup-and-ball toy
baliza [ba'liθa] *nf* (*Aviac*) beacon;
(*Náut*) buoy
ballena [ba'ʎena] *nf* whale
ballet [ba'le] (*pl ~s*) *nm* ballet
balneario [balne'arjo] *nm* spa; (*cs: en
la costa*) seaside resort
balón [ba'lon] *nm* ball
baloncesto [balon'θesto] *nm*
basketball
balonmano [balon'mano] *nm*
handball
balsa ['balsa] *nf* raft; (*Bot*) balsa wood
bálsamo ['balsamo] *nm* balsam,
balm
baluarte [ba'lwarte] *nm* bastion,
bulwark
bambú [bam'bu] *nm* bamboo
banana [ba'nana] (*LAM*) *nf* banana;
banano *nm* (*LAM: árbol*) banana tree;
(*CAM: fruta*) banana
banca ['banka] *nf* (*Com*) banking
bancario, -a [ban'karjo, a] *adj*
banking *cpd*, bank *cpd*
bancarrota [banka'rrota] *nf*
bankruptcy; **hacer ~** to go bankrupt
banco ['banko] *nm* bench; (*Escol*)
desk; (*Com*) bank; (*Geo*) stratum; **banco
de arena** sandbank; **banco de crédito**
credit bank; **banco de datos** databank
banda ['banda] *nf* band; (*pandilla*)
gang; (*Náut*) side, edge; **banda ancha**
broadband; **banda sonora** soundtrack
bandada [ban'daða] *nf* (*de pájaros*)
flock; (*de peces*) shoal
bandazo [ban'daθo] *nm*: **dar ~s** to
sway from side to side
bandeja [ban'dexa] *nf* tray
bandera [ban'dera] *nf* flag
banderilla [bande'riʎa] *nf* banderilla
bandido [ban'diðo] *nm* bandit

bando ['bando] nm (edicto) edict, proclamation; (facción) faction;
bandos nmpl (Rel) banns

bandolera [bando'lera] nf: **llevar algo ~** to wear across one's chest

banquero [ban'kero] nm banker

banqueta [ban'keta] nf stool; (MÉX: en calle) pavement (BRIT), sidewalk (US)

banquete [ban'kete] nm banquet; (para convidados) formal dinner; **banquete de boda(s)** wedding reception

banquillo [ban'kiʎo] nm (Jur) dock, prisoner's bench; (banco) bench; (para los pies) footstool

banquina [ban'kina] nf (RPL) nf hard shoulder (BRIT), berm (US)

bañadera [baɲa'ðera] (RPL) nf bathtub

bañador [baɲa'ðor] (ESP) nm swimming costume (BRIT), bathing suit (US)

bañar [ba'ɲar] vt to bath, bathe; (objeto) to dip; (de barniz) to coat; **bañarse** vr (en el mar) to bathe, swim; (en la bañera) to have a bath

bañera [ba'ɲera] (ESP) nf bath(tub)

bañero, -a [ba'ɲero, a] (CS) nm/f lifeguard

bañista [ba'ɲista] nmf bather

baño ['baɲo] nm (en bañera) bath; (en río) dip, swim; (cuarto) bathroom; (bañera) bath(tub); (capa) coating; **darse o tomar un ~** (en bañera) to have o take a bath; (en mar, piscina) to have a swim; **baño María** bain-marie

bar [bar] nm bar

barahúnda [bara'unda] nf uproar, hubbub

baraja [ba'raxa] nf pack (of cards); **barajar** vt (naipes) to shuffle; (fig) to jumble up

baranda [ba'randa] nf = **barandilla**

barandilla [baran'diʎa] nf rail, railing

barata [ba'rata] nf (MÉX) (bargain) sale

baratillo [bara'tiʎo] nm (tienda) junkshop; (subasta) bargain sale; (conjunto de cosas) secondhand goods pl

barato, -a [ba'rato, a] adj cheap ▷ adv cheap, cheaply

barba ['barβa] nf (mentón) chin; (pelo) beard

barbacoa [barβa'koa] nf (parrilla) barbecue; (carne) barbecued meat

barbaridad [barβari'ðað] nf barbarity; (acto) barbarism; (atrocidad) outrage; **una ~** (fam) loads; **¡qué ~!** (fam) how awful!

barbarie [bar'βarje] nf barbarism, savagery; (crueldad) barbarity

bárbaro, -a ['barβaro, a] adj barbarous, cruel; (grosero) rough, uncouth ▷ nm/f barbarian ▷ adv: **lo pasamos ~** (fam) we had a great time; **¡qué ~!** (fam) how marvellous!; **un éxito ~** (fam) a terrific success; **es un tipo ~** (fam) he's a great bloke

barbero [bar'βero] nm barber, hairdresser

barbilla [bar'βiʎa] nf chin, tip of the chin

barbudo, -a [bar'βuðo, a] adj bearded

barca ['barka] nf (small) boat; **barcaza** nf barge

Barcelona [barθe'lona] n Barcelona

barco ['barko] nm boat; (grande) ship; **barco de carga/pesca** cargo/fishing boat; **barco de vela** sailing ship

barda ['barða] (MÉX) nf (de madera) fence

baremo [ba'remo] nm (Mat: fig) scale

barítono [ba'ritono] nm baritone

barman ['barman] nm barman

barniz [bar'niθ] nm varnish; (en loza) glaze; (fig) veneer; **barnizar** vt to varnish; (loza) to glaze

barómetro [ba'rometro] nm barometer

barquillo [bar'kiʎo] nm cone, cornet

barra ['barra] nf bar, rod; (de un bar, café) bar; (de pan) French stick; (palanca) lever; **barra de labios** lipstick; **barra**

libre free bar
barraca [ba'rraka] nf hut, cabin
barranco [ba'rranko] nm ravine; (fig) difficulty
barrena [ba'rrena] nf drill
barrer [ba'rrer] vt to sweep; (quitar) to sweep away
barrera [ba'rrera] nf barrier
barriada [ba'rrjaða] nf quarter, district
barricada [barri'kaða] nf barricade
barrida [ba'rriða] nf sweep, sweeping
barriga [ba'rriɣa] nf belly; (panza) paunch; **barrigón, -ona** adj potbellied; **barrigudo, -a** adj potbellied
barril [ba'rril] nm barrel, cask
barrio ['barrjo] nm (vecindad) area, neighborhood (us); (en afueras) suburb; **barrio chino** (ESP) red-light district
barro ['barro] nm (lodo) mud; (objetos) earthenware; (Med) pimple
barroco, -a [ba'rroko, a] adj, nm baroque
barrote [ba'rrote] nm (de ventana) bar
bartola [bar'tola] nf: **tirarse o tumbarse a la ~** to take it easy, be lazy
bártulos ['bartulos] nmpl things, belongings
barullo [ba'ruʎo] nm row, uproar
basar [ba'sar] vt to base; **basarse** vr: **~se en** to be based on
báscula ['baskula] nf (platform) scales
base ['base] nf base; **a ~ de** on the basis of; (mediante) by means of; **base de datos** (Inform) database
básico, -a ['basiko, a] adj basic
basílica [ba'silika] nf basilica
básquetbol ['basketbol] (LAM) nm basketball

○ **PALABRA CLAVE**

bastante [bas'tante] adj **1** (suficiente) enough; **bastante dinero** enough o sufficient money; **bastantes libros**

enough books
2 (valor intensivo): **bastante gente** quite a lot of people; **tener bastante calor** to be rather hot
▷ adv: **bastante bueno/malo** quite good/rather bad; **bastante rico** pretty rich; **(lo) bastante inteligente (como) para hacer algo** clever enough o sufficiently clever to do sth

bastar [bas'tar] vi to be enough o sufficient; **bastarse** vr to be self-sufficient; **~ para** to be enough to; **¡basta!** (that's) enough!
bastardo, -a [bas'tarðo, a] adj, nm/f bastard
bastidor [basti'ðor] nm frame; (de coche) chassis; (Teatro) wing; **entre ~es** (fig) behind the scenes
basto, -a ['basto, a] adj coarse, rough; **bastos** nmpl (Naipes) ≈ clubs
bastón [bas'ton] nm stick, staff; (para pasear) walking stick
bastoncillo [baston'θiʎo] nm cotton bud
basura [ba'sura] nf rubbish (BRIT), garbage (US) ▷ adj: **comida/televisión ~** junk food/TV
basurero [basu'rero] nm (hombre) dustman (BRIT), garbage man (US); (lugar) dump; (cubo) (rubbish) bin (BRIT), trash can (US)
bata ['bata] nf (gen) dressing gown; (cubretodo) smock, overall; (Med, Tec etc) lab(oratory) coat
batalla [ba'taʎa] nf battle; **de ~** (fig) for everyday use; **batalla campal** pitched battle
batallón [bata'ʎon] nm battalion
batata [ba'tata] nf sweet potato
batería [bate'ria] nf battery; (Mús) drums; **batería de cocina** kitchen utensils
batido, -a [ba'tiðo, a] adj (camino) beaten, well-trodden ▷ nm (Culin: de leche) milk shake
batidora [bati'ðora] nf beater, mixer; **batidora eléctrica** food mixer, blender

batir [ba'tir] vt to beat, strike; (vencer) to beat, defeat; (revolver) to beat, mix; **batirse** vr to fight; **~ palmas** to applaud

batuta [ba'tuta] nf baton; **llevar la ~** (fig) to be the boss, be in charge

baúl [ba'ul] nm trunk; (Auto) boot (BRIT), trunk (US)

bautismo [bau'tismo] nm baptism, christening

bautizar [bauti'θar] vt to baptize, christen; (fam: diluir) to water down; **bautizo** nm baptism, christening

bayeta [ba'jeta] nf floorcloth

baza ['baθa] nf trick; **meter ~** to butt in

bazar [ba'θar] nm bazaar

bazofia [ba'θofja] nf trash

be [be] nf name of the letter B; **be chica/grande** (MÉX) V/B; **be larga** (LAM) B

beato, -a [be'ato, a] adj blessed; (piadoso) pious

bebé [be'βe] (pl **~s**) nm baby

bebedero [beβe'ðero, a] (MÉX, CS) nm drinking fountain

bebedor, a [beβe'ðor, a] adj hard-drinking

beber [be'βer] vt, vi to drink

bebida [be'βiða] nf drink; **bebido, -a** adj drunk

beca ['beka] nf grant, scholarship; **becario, -a** [be'karjo, a] nm/f scholarship holder, grant holder

bedel [be'ðel] nm (Escol) janitor; (Univ) porter

béisbol ['beisβol] nm baseball

Belén [be'len] nm Bethlehem; **belén** nm (de Navidad) nativity scene, crib

belga ['belɣa] adj, nmf Belgian

Bélgica ['belxika] nf Belgium

bélico, -a ['beliko, a] adj (actitud) warlike

belleza [be'ʎeθa] nf beauty

bello, -a ['beʎo, a] adj beautiful, lovely; **Bellas Artes** Fine Art

bellota [be'ʎota] nf acorn

bemol [be'mol] nm (Mús) flat; **esto tiene ~es** (fam) this is a tough one

bencina [ben'θina] nf (Quím) benzine

bendecir [bende'θir] vt to bless

bendición [bendi'θjon] nf blessing

bendito, -a [ben'dito, a] pp de **bendecir** ▷ adj holy; (afortunado) lucky; (feliz) happy; (sencillo) simple ▷ nm/f simple soul

beneficencia [benefi'θenθja] nf charity

beneficiario, -a [benefi'θjarjo, a] nm/f beneficiary

beneficio [bene'fiθjo] nm (bien) benefit, advantage; (ganancia) profit, gain; **a ~ de algn** in aid of sb; **beneficioso, -a** adj beneficial

benéfico, -a [be'nefiko, a] adj charitable

beneplácito [bene'plaθito] nm approval, consent

benévolo, -a [be'neβolo, a] adj benevolent, kind

benigno, -a [be'niɣno, a] adj kind; (suave) mild; (Med: tumor) benign, non-malignant

berberecho [berβe'retʃo] nm (Zool, Culin) cockle

berenjena [beren'xena] nf aubergine (BRIT), eggplant (US)

Berlín [ber'lin] n Berlin

berlinesa [berli'nesa] (RPL) nf doughnut, donut (US)

bermudas [ber'muðas] nfpl Bermuda shorts

berrido [be'rriðo] nm bellow(ing)

berrinche [be'rrintʃe] (fam) nm temper, tantrum

berro ['berro] nm watercress

berza ['berθa] nf cabbage

besamel [besa'mel] nf (Culin) white sauce, bechamel sauce

besar [be'sar] vt to kiss; (fig: tocar) to graze; **besarse** vr to kiss (one another); **beso** nm kiss

bestia ['bestja] nf beast, animal; (fig) idiot; **bestia de carga** beast of burden; **bestial** [bes'tjal] adj bestial; (fam) terrific; **bestialidad** nf bestiality; (fam) stupidity

besugo [be'suxo] nm sea bream;
(fam) idiot

besuquear [besuke'ar] vt to cover
with kisses; **besuquearse** vr to kiss
and cuddle

betabel [beta'bel] (MÉX) nm beetroot
(BRIT), beet (US)

betún [be'tun] nm shoe polish;
(Quím) bitumen

biberón [biβe'ron] nm feeding bottle

Biblia ['biβlja] nf Bible

bibliografía [biβljoɣra'fia] nf
bibliography

biblioteca [biβljo'teka] nf library;
(mueble) bookshelves; **biblioteca
de consulta** reference library;
bibliotecario, -a nm/f librarian

bicarbonato [bikarβo'nato] nm
bicarbonate

bicho ['bitʃo] nm (animal) small
animal; (sabandija) bug, insect;
(Taur) bull

bici ['biθi] (fam) nf bike

bicicleta [biθi'kleta] nf bicycle, cycle;
ir en ~ to cycle

bidé [bi'ðe] (pl **-s**) nm bidet

bidón [bi'ðon] nm (de aceite) drum; (de
gasolina) can

○ **PALABRA CLAVE**

bien [bjen] nm 1 (bienestar) good; **te
lo digo por tu bien** I'm telling you for
your own good; **el bien y el mal** good
and evil

2 (posesión): **bienes** goods; **bienes de
consumo** consumer goods; **bienes
inmuebles** o **raíces/bienes muebles**
real estate sg/personal property sg
▷ adv 1 (de manera satisfactoria, correcta
etc) well; **trabaja/come bien** she
works/eats well; **contestó bien** he
answered correctly; **me siento bien**
I feel fine; **no me siento bien** I don't
feel very well; **se está bien aquí** it's
nice here

2 (frases): **hiciste bien en llamarme**
you were right to call me

3 (valor intensivo) very; **un cuarto bien
caliente** a nice warm room; **bien se ve
que ...** it's quite clear that ...

4 **estar bien: estoy muy bien aquí**
I feel very happy here; **está bien que
vengan** it's all right for them to come;
¡está bien! lo haré oh all right, I'll do it

5 (de buena gana): **yo bien que
iría pero ...** I'd gladly go but ...

▷ excl: **¡bien!** (aprobación) O.K.!; **¡muy
bien!** well done! ▷ adj inv (matiz
despectivo): **gente bien** posh people

▷ conj 1 **bien ... bien: bien en coche
bien en tren** either by car or by train

2 (LAM): **no bien: no bien llegue te
llamaré** as soon as I arrive I'll call you

3 **si bien** even though; V tb **más**

bienal [bje'nal] adj biennial

bienestar [bjenes'tar] nm well-
being, welfare

bienvenida [bjembe'niða] nf
welcome; **dar la ~ a algn** to welcome
sb

bienvenido [bjembe'niðo] excl
welcome!

bife ['bife] (cs) nm steak

bifurcación [bifurka'θjon] nf fork

bígamo, -a ['biɣamo, a] adj
bigamous nm/f bigamist

bigote [bi'ɣote] nm moustache;
bigotudo, -a adj with a big
moustache

bikini [bi'kini] nm bikini; (Culin)
toasted ham and cheese sandwich

bilingüe [bi'liŋgwe] adj bilingual

billar [bi'ʎar] nm billiards sg; **billares**
nmpl (lugar) billiard hall; (sala de juegos)
amusement arcade; **billar americano**
pool

billete [bi'ʎete] nm ticket; (de banco)
(bank)note(BRIT), bill (US); (carta) note;
~ de 20 libras £20 note; **billete de ida
y vuelta** return (BRIT) o round-trip (US)
ticket; **billete sencillo** o**de ida** single
(BRIT) o one-way (US) ticket; **billete
electrónico** e-ticket

billetera [biʎe'tera] nf wallet

billón [bi'ʎon] nm billion

bimensual [bimen'swal] adj twice monthly

bingo ['biŋɡo] nm bingo

biodegradable [bioðeɣra'ðaβle] adj biodegradable

biografía [bjoɣra'fia] nf biography

biología [bjolo'xia] nf biology; **biológico, -a** adj biological; (cultivo, producto) organic; **biólogo, -a** nm/f biologist

biombo ['bjombo] nm (folding) screen

bioterrorismo [bjoterro'rismo] nm bioterrorism

biquini [bi'kini] nm o (RPL) f bikini

birlar [bir'lar] (fam) vt to pinch

Birmania [bir'manja] nf Burma

birome [bi'rome] (RPL) nf ballpoint (pen)

birria ['birrja] nf: **ser una** ~ (película, libro) to be rubbish

bis [bis] excl encore!

bisabuelo, -a [bisa'βwelo, a] nm/f great-grandfather(-mother)

bisagra [bi'saɣra] nf hinge

bisiesto [bi'sjesto] adj: **año** ~ leap year

bisnieto, -a [bis'njeto, a] nm/f great-grandson/daughter

bisonte [bi'sonte] nm bison

bisté [bis'te] nm = **bistec**

bistec [bis'tek] nm steak

bisturí [bistu'ri] nm scalpel

bisutería [bisute'ria] nf imitation o costume jewellery

bit [bit] nm (Inform) bit

bizco, -a [bi'θko, a] adj cross-eyed

bizcocho [bi'θkotʃo] nm (Culin) sponge cake

blanca ['blanka] nf (Mús) minim; **estar sin** ~ (ESP: fam) to be broke; V tb **blanco**

blanco, -a ['blanko, a] adj white ▷ nm/f white man/woman, white ▷ nm (color) white; (en blanco) blank; (Mil, fig) target; **en** ~ blank; **noche en** ~ sleepless night

blandir [blan'dir] vt to brandish

blando, -a ['blando, a] adj soft; (tierno) tender, gentle; (carácter) mild; (fam) cowardly

blanqueador [blankea'ðor] (MÉX) nm bleach

blanquear [blanke'ar] vt to whiten; (fachada) to whitewash; (paño) to bleach ▷ vi to turn white

blanquillo [blan'kiʎo] (MÉX, CAM) nm egg

blasfemar [blasfe'mar] vi to blaspheme, curse

bledo ['bleðo] nm: **me importa un** ~ I couldn't care less

blindado, -a [blin'daðo, a] adj (Mil) armour-plated; (antibala) bullet-proof; **coche** (ESP) o **carro** (LAM) ~ armoured car

bloc [blok] (pl ~**s**) nm writing pad

blof [blof] (MÉX) nm bluff; **blofear** (MÉX) vi to bluff

blog [bloy] (pl ~**s**) nm blog

bloque ['bloke] nm block; (Pol) bloc

bloquear [bloke'ar] vt to blockade; **bloqueo** nm blockade; (Com) freezing, blocking; **bloqueo mental** mental block

blusa ['blusa] nf blouse

bobada [bo'βaða] nf foolish action; foolish statement; **decir ~s** to talk nonsense

bobina [bo'βina] nf (Tec) bobbin; (Foto) spool; (Elec) coil

bobo, -a ['boβo, a] adj (tonto) daft, silly; (cándido) naïve ▷ nm/f fool, idiot ▷ nm (Teatro) clown, funny man

boca ['boka] nf mouth; (de crustáceo) pincer; (de cañón) muzzle; (entrada) mouth, entrance; **bocas** nfpl (de río) mouth sg; **~ abajo/arriba** face down/up; **se me hace la ~ agua** my mouth is watering; **boca de incendios** hydrant; **boca del estómago** pit of the stomach; **boca de metro** underground (BRIT) o subway (US) entrance

bocacalle [boka'kaʎe] nf (entrance to a) street; **la primera ~** the first turning o street

bocadillo [boka'ðiʎo] nm sandwich

bocado [bo'kaðo] nm mouthful, bite; (de caballo) bridle

bocajarro [boka'xarro]: **a ~** adv (disparar) point-blank

bocanada [boka'naða] nf (de vino) mouthful, swallow; (de aire) gust, puff

bocata [bo'kata] (fam) nm sandwich

bocazas [bo'kaθas] (fam) nm inv bigmouth

boceto [bo'θeto] nm sketch, outline

bochorno [bo'tʃorno] nm (vergüenza) embarrassment; (color): **hace ~** it's very muggy

bocina [bo'θina] nf (Mús) trumpet; (Auto) horn; (para hablar) megaphone

boda ['boða] nf (tb: **~s**) wedding; marriage; (fiesta) wedding reception; **bodas de oro/plata** golden/silver wedding sg

bodega [bo'ðexa] nf (de vino) (wine) cellar; (depósito) storeroom; (de barco) hold

bodegón [boðe'xon] nm (Arte) still life

bofetada [bofe'taða] nf slap (in the face)

boga ['boxa] nf: **en ~** (fig) in vogue

Bogotá [boxo'ta] n Bogotá

bohemio, -a [bo'emjo, a] adj, nm/f Bohemian

bohío [bo'io] nm (CAM) shack, hut

boicot [boj'kot] (pl **~s**) nm boycott; **boicotear** vt to boycott

bóiler ['boiler] (MÉX) nm boiler

boina ['boina] nf beret

bola ['bola] nf ball; (canica) marble; (Naipes) (grand) slam; (betún) shoe polish; (mentira) tale, story; **bolas** nfpl (LAM: caza) bolas sg; **bola de billar** billiard ball; **bola de nieve** snowball

boleadoras [bolea'ðoras] nfpl bolas sg

bolear [bole'ar] (MÉX) vt (zapatos) to polish, shine

bolera [bo'lera] nf skittle o bowling alley

bolero, -a (MÉX) [bo'lero] nm/f (limpiabotas) shoeshine boy/girl

boleta [bo'leta] (LAM) nf (de rifa) ticket; (Cs: recibo) receipt; **boleta de calificaciones** (MÉX) report card

boletería [bolete'ria] (LAM) nf ticket office

boletín [bole'tin] nm bulletin; (periódico) journal, review; **boletín de noticias** news bulletin

boleto [bo'leto] nm (LAM) ticket; **boleto de ida y vuelta** (LAM) round trip ticket; **boleto electrónico** (LAM) e-ticket; **boleto redondo** (MÉX) round trip ticket

boli [boli] (fam) nm Biro®

bolígrafo [bo'lixrafo] nm ball-point pen, Biro®

bolilla [bo'liʎa] (RPL) nf topic

bolillo [bo'liʎo] (MÉX) nm (bread) roll

bolita [bo'lita] (CS) nf marble

bolívar [bo'liβar] nm monetary unit of Venezuela

Bolivia [bo'liβja] nf Bolivia; **boliviano, -a** adj, nm/f Bolivian

bollería [boʎe'ria] nf cakes pl and pastries pl

bollo ['boʎo] nm (pan) roll; (bulto) bump, lump; (abolladura) dent

bolo ['bolo] nm skittle; (píldora) (large) pill; (juego de) bolos nmpl skittles sg

bolsa ['bolsa] nf (para llevar algo) bag; (MÉX, CAM: bolsillo) pocket; (MÉX: de mujer) handbag; (Anat) cavity, sac; (Com) stock exchange; (Minería) pocket; **de ~** pocket cpd; **bolsa de agua caliente** hot water bottle; **bolsa de aire** air pocket; **bolsa de dormir** (MÉX, RPL) sleeping bag; **bolsa de la compra** shopping bag; **bolsa de papel/plástico** paper/plastic bag

bolsear [bolse'ar] (MÉX, CAM) vt: **~ a algn** to pick sb's pocket

bolsillo [bol'siʎo] nm pocket; (cartera) purse; **de ~** pocket(-size)

bolso [bolso] nm (bolsa) bag; (de mujer) handbag

bomba ['bomba] nf (Mil) bomb; (Tec)

pump ▷ *adj* (*fam*): **noticia ~** bombshell ▷ *adv* (*fam*): **pasarlo ~** to have a great time; **bomba atómica/de efecto retardado/de humo** atomic/time/ smoke bomb

bombacha [bom'batʃa] (RPL) *nf* panties *pl*

bombardear [bombarðe'ar] *vt* to bombard; (*Mil*) to bomb; **bombardeo** *nm* bombardment; bombing

bombazo [bom'baθo] (MÉX) *nm* (*explosión*) explosion; (*fam*: *noticrón*) bombshell; (*: éxito*) smash hit

bombear [bombe'ar] *vt* (*agua*) to pump (out o up)

bombero [bom'bero] *nm* fireman

bombilla [bom'biʎa] (ESP) *nf* (light) bulb

bombita [bom'bita] (RPL) *nf* (light) bulb

bombo ['bombo] *nm* (*Mús*) bass drum; (*Tec*) drum

bombón [bom'bon] *nm* chocolate; (MÉX: *de caramelo*) marshmallow

bombona [bom'bona] (ESP) *nf* (*de butano, oxígeno*) cylinder

bonachón, -ona [bona'tʃon, ona] *adj* good-natured, easy-going

bonanza [bo'nanθa] *nf* (*Náut*) fair weather; (*fig*) bonanza; (*Minería*) rich pocket o vein

bondad [bon'dað] *nf* goodness, kindness; **tenga la ~ de** (please) be good enough to

bonito, -a [bo'nito, a] *adj* pretty; (*agradable*) nice ▷ *nm* (*atún*) tuna (fish)

bono ['bono] *nm* voucher; (*Finanzas*) bond

bonobús [bono'βus] (ESP) *nm* bus pass

bonoloto [bono'loto] *nf* state-run weekly lottery

boquerón [boke'ron] *nm* (*pez*) (kind of) anchovy; (*agujero*) large hole

boquete [bo'kete] *nm* gap, hole

boquiabierto, -a [bokia'βjerto, a] *adj*: **quedarse ~** to be amazed o flabbergasted

boquilla [bo'kiʎa] *nf* (*para riego*) nozzle; (*para cigarro*) cigarette holder; (*Mús*) mouthpiece

borbotón [borβo'ton] *nm*: **salir a borbotones** to gush out

borda ['borða] *nf* (*Náut*) (ship's) rail; **tirar algo/caerse por la ~** to throw sth/fall overboard

bordado [bor'ðaðo] *nm* embroidery

bordar [bor'ðar] *vt* to embroider

borde ['borðe] *nm* edge, border; (*de camino etc*) side; (*en la costura*) hem; **al ~ de** (*fig*) on the verge o brink of; **ser ~** (ESP: *fam*) to be rude; **bordear** *vt* to border

bordillo [bor'ðiʎo] *nm* kerb (BRIT), curb (US)

bordo [bor'ðo] (*Náut*) side; **a ~** on board

borlote [bor'lote] (MÉX) *nm* row, uproar

borrachera [borra'tʃera] *nf* (*ebriedad*) drunkenness; (*orgía*) spree, binge

borracho, -a [bo'rratʃo, a] *adj* drunk ▷ *nm/f* (*habitual*) drunkard, drunk; (*temporal*) drunk, drunk man/woman

borrador [borra'ðor] *nm* (*escritura*) first draft, rough sketch; (*goma*) rubber (BRIT), eraser

borrar [bo'rrar] *vt* to erase, rub out

borrasca [bo'rraska] *nf* storm

borrego, -a [bo'rreɣo, a] *nm/f* (*Zool*: *joven*) (yearling) lamb; (*adulto*) sheep ▷ *nm* (MÉX: *fam*) false rumour

borrico, -a [bo'rriko, a] *nm/f* donkey/she-donkey; (*fig*) stupid man/woman

borrón [bo'rron] *nm* (*mancha*) stain

borroso, -a [bo'rroso, a] *adj* vague, unclear; (*escritura*) illegible

bosque ['boske] *nm* wood; (*grande*) forest

bostezar [boste'θar] *vi* to yawn; **bostezo** *nm* yawn

bota ['bota] *nf* (*calzado*) boot; (*para vino*) leather wine bottle; **botas de agua o goma** Wellingtons

botana [bo'tana] (MÉX) *nf* snack.

appetizer

botánica [bo'tanika] nf (ciencia)
botany; V tb **botánico**

botánico, -a [bo'taniko, a] adj
botanical ▷ nm/f botanist

botar [bo'tar] vt to throw, hurl; (Náut)
to launch; (LAM: echar) to throw out ▷ vi
(ESP: saltar) to bounce

bote ['bote] nm (salto) bounce;
(golpe) thrust; (ESP: envase) tin,
can; (embarcación) boat; (MÉX,
CAM: pey: cárcel) jail; **de ~ en ~** packed,
jammed full; **bote de la basura** (MÉX)
dustbin (BRIT), trashcan (US); **bote
salvavidas** lifeboat

botella [bo'teʎa] nf bottle; **botellín**
nm small bottle; **botellón** nm
(ESP: fam) outdoor drinking session

botijo [bo'tixo] nm (earthenware) jug

botín [bo'tin] nm (calzado) half boot;
(polaina) spat; (Mil) booty

botiquín [boti'kin] nm (armario)
medicine cabinet; (portátil) first-aid kit

botón [bo'ton] nm button; (Bot)
bud; **botones** nm inv bellboy
(BRIT), bellhop (US)

bóveda ['boßeða] nf (Arq) vault

boxeador [boksea'ðor] nm boxer

boxeo [bok'seo] nm boxing

boya ['boja] nf (Náut) buoy; (de
caña) float

boyante [bo'jante] adj prosperous

bozal [bo'θal] nm (para caballos)
halter; (de perro) muzzle

bragas ['braxas] nfpl (de mujer)
panties, knickers (BRIT)

bragueta [bra'xeta] nf fly, flies pl

braille [breil] nf braille

brasa ['brasa] nf live o hot coal

brasero [bra'sero] nm brazier

brasier [bra'sjer] (MÉX) nm =
Brasil [bra'sil] nm (tb: **el ~**) Brazil;
brasileño, -a adj, nm/f Brazilian

brassier [bra'sjer] (MÉX) nm V
brasier

bravo, -a ['braßo, a] adj (valiente)
brave; (feroz) ferocious; (salvaje) wild;
(mar etc) rough, stormy ▷ excl bravo!;

bravura nf bravery; ferocity

braza ['braθa] nf fathom; **nadar a ~**
to swim breast-stroke

brazalete [braθa'lete] nm (pulsera)
bracelet; (banda) armband

brazo ['braθo] nm arm; (Zool) foreleg;
(Bot) limb, branch; **luchar a ~ partido**
to fight hand-to-hand; **ir cogidos del ~**
to walk arm in arm

brebaje [bre'βaxe] nm potion

brecha ['bretʃa] nf (hoyo, vacío) gap,
opening; (Mil, fig) breach

brega ['breɣa] nf (lucha) struggle;
(trabajo) hard work

breva ['breßa] nf early fig

breve ['breße] adj short, brief ▷ nf
(Mús) breve; **en ~** (pronto) shortly,
before long; **brevedad** nf brevity,
shortness

bribón, -ona [bri'βon, ona] adj idle,
lazy ▷ nm/f (pícaro) rascal, rogue

bricolaje [briko'laxe] nm do-it-
yourself, DIY

brida ['briða] nf bridle, rein; (Tec)
clamp

bridge [britʃ] nm bridge

brigada [bri'xaða] nf (unidad)
brigade; (de trabajadores) squad, gang
▷ nm = staff-sergeant, sergeant-major

brillante [bri'ʎante] adj brilliant
▷ nm diamond

brillar [bri'ʎar] vi to shine; (joyas)
to sparkle

brillo ['briʎo] nm shine;
brilliance; (fig) splendour; **sacar ~ a**
to polish

brincar [brin'kar] vi to skip about,
hop about, jump about

brinco ['brinko] nm jump, leap

brindar [brin'dar] vi: **~ a o por** to
drink (a toast) to ▷ vt to offer, present

brindis ['brindis] nm inv toast

brío ['brio] nm spirit, dash

brisa ['brisa] nf breeze

británico, -a [bri'taniko, a] adj
British ▷ nm/f Briton, British person

brizna ['briθna] nf (de hierba, paja)
blade; (de tabaco) leaf

broca ['broka] nf (Tec) drill, bit

brocha ['brotʃa] nf (large) paintbrush; **brocha de afeitar** shaving brush

broche ['brotʃe] nm brooch

broma ['broma] nf joke; **de o en ~** in fun, as a joke; **broma pesada** practical joke; **bromear** vi to joke

bromista [bro'mista] adj fond of joking ⊳ nmf joker, wag

bronca ['bronka] nf row; **echar una ~ a algn** to tick sb off

bronce ['bronθe] nm bronze; **bronceado, -a** adj bronze; (por el sol) tanned ⊳ nm (sun)tan; (Tec) bronzing

bronceador [bronθea'ðor] nm suntan lotion

broncearse [bronθe'arse] vr to get a suntan

bronquio ['bronkjo] nm (Anat) bronchial tube

bronquitis [bron'kitis] nf inv bronchitis

brotar [bro'tar] vi (Bot) to sprout; (aguas) to gush (forth); (Med) to break out

brote ['brote] nm (Bot) shoot; (Med, fig) outbreak

bruces ['bruθes]: **de bruces** adv: **caer o dar de ~** to fall headlong, fall flat

bruja ['bruxa] nf witch; **brujería** nf witchcraft

brujo ['bruxo] nm wizard, magician

brújula ['bruxula] nf compass

bruma ['bruma] nf mist

brusco, -a ['brusko, a] adj (súbito) sudden; (áspero) brusque

Bruselas [bru'selas] n Brussels

brutal [bru'tal] adj brutal; **brutalidad** [brutali'ðað] nf brutality

bruto, -a ['bruto, a] adj (idiota) stupid; (bestial) brutish; (peso) gross; **en ~ raw, unworked**

Bs.As. abr (= Buenos Aires) B.A.

bucal [bu'kal] adj oral; **por vía ~** orally

bucear [buθe'ar] vi to dive ⊳ vt to explore; **buceo** nm diving

bucle ['bukle] nm curl

budismo [bu'ðismo] nm Buddhism

buen [bwen] adj m V **bueno**

buenamente [bwena'mente] adv (fácilmente) easily; (voluntariamente) willingly

buenaventura [bwenaβen'tura] nf (suerte) good luck; (adivinación) fortune

buenmozo [bwen'moθo] (MÉX) adj handsome

⭘ **PALABRA CLAVE**

bueno, -a ['bweno, a] (antes de nmsg: **buen**) adj 1 (excelente etc) good; **es un libro bueno**, **es un buen libro** it's a good book; **hace bueno**, **hace buen tiempo** the weather is fine, it is fine; **el bueno de Paco** good old Paco; **fue muy bueno conmigo** he was very nice o kind to me

2 (apropiado): **ser bueno para** to be good for; **creo que vamos por buen camino** I think we're on the right track

3 (irónico): **le di un buen rapapolvo** I gave him a good o real ticking off; **¡buen conductor estás hecho!** some o a fine driver you are!; **¡estaría bueno que ...!** a fine thing it would be if ...!

4 (atractivo, sabroso): **está bueno este bizcocho** this sponge is delicious; **Carmen está muy buena** Carmen is gorgeous

5 (saludos): **¡buen día!**, **¡buenos días!** (good) morning!; **¡buenas (tardes)!** (good) afternoon!; (más tarde) (good) evening!; **¡buenas noches!** good night!

6 (otras locuciones): **estar de buenas** to be in a good mood; **por las buenas o por las malas** by hook or by crook; **de buenas a primeras** all of a sudden ⊳ excl: **¡bueno!** all right!; **bueno, ¿y qué?** well, so what?

Buenos Aires [bweno'saires] nm Buenos Aires

buey [bwei] nm ox

búfalo ['bufalo] nm buffalo

bufanda [buˈfanda] *nf* scarf

bufete [buˈfete] *nm* (*despacho de abogado*) lawyer's office

bufón [buˈfon] *nm* clown

buhardilla [buarˈðiʎa] *nf* attic

búho [ˈbuo] *nm* owl; (*fig*) hermit, recluse

buitre [ˈbwitre] *nm* vulture

bujía [buˈxia] *nf* (*vela*) candle; (*Elec*) candle (power); (*Auto*) spark plug

bula [ˈbula] *nf* (*papal*) bull

bulbo [ˈbulβo] *nm* bulb

bulevar [buleˈβar] *nm* boulevard

Bulgaria [bulˈxarja] *nf* Bulgaria; **búlgaro, -a** *adj, nm/f* Bulgarian

bulla [ˈbuʎa] *nf* (*ruido*) uproar; (*de gente*) crowd

bullicio [buˈʎiθjo] *nm* (*ruido*) uproar; (*movimiento*) bustle

bulto [ˈbulto] *nm* (*paquete*) package; (*fardo*) bundle; (*tamaño*) size, bulkiness; (*Med*) swelling, lump; (*silueta*) vague shape

buñuelo [buˈɲwelo] *nm* ≈ doughnut (*BRIT*), ≈ donut (*US*); (*fruta de sartén*) fritter

buque [ˈbuke] *nm* ship, vessel; **buque de guerra** warship

burbuja [burˈβuxa] *nf* bubble

burdel [burˈðel] *nm* brothel

burgués, -esa [burˈxes, esa] *adj* middle-class, bourgeois; **burguesía** *nf* middle class, bourgeoisie

burla [ˈburla] *nf* (*mofa*) gibe; (*broma*) joke; (*engaño*) trick; **burlar** [burˈlar] *vt* (*engañar*) to deceive ▸ *vi* to joke; **burlarse** *vr* to joke; **burlarse de** to make fun of

burlón, -ona [burˈlon, ona] *adj* mocking

buró [buˈro] (*MÉX*) *nm* bedside table

burocracia [buroˈkraθja] *nf* civil service

burrada [buˈrraða] *nf*: **decir** o **soltar ~s** to talk nonsense; **hacer ~s** to act stupid; **una ~** (*ESP: mucho*) a (hell of a) lot

burro, -a [ˈburro, a] *nm/f* donkey/

she-donkey; (*fig*) ass, idiot

bursátil [burˈsatil] *adj* stock-exchange *cpd*

bus [bus] *nm* bus

busca [ˈbuska] *nf* search, hunt ▸ *nm* (*Tel*) bleeper; **en ~ de** in search of

buscador [buskaˈðor] *nm* (*Internet*) search engine

buscar [busˈkar] *vt* to look for, search for, seek ▸ *vi* to look, search, seek; **se busca secretaria** secretary wanted

busque *etc* *vb* V **buscar**

búsqueda [ˈbuskeða] *nf* = **busca**

busto [ˈbusto] *nm* (*Anat, Arte*) bust

butaca [buˈtaka] *nf* armchair; (*de cine, teatro*) stall, seat

butano [buˈtano] *nm* butane (gas)

buzo [ˈbuθo] *nm* diver

buzón [buˈθon] *nm* (*en puerta*) letter box; (*en calle*) pillar box

C

cabal [ka'βal] adj (exacto) exact; (correcto) right, proper; (acabado) finished, complete; **cabales** nmpl: **no está en sus cabales** she isn't in her right mind

cábalas ['kaβalas] nfpl: **hacer ~** to guess

cabalgar [kaβal'ɣar] vt, vi to ride

cabalgata [kaβal'ɣata] nf procession

caballa [ka'βaʎa] nf mackerel

caballería [kaβaʎe'ria] nf mount; (Mil) cavalry

caballero [kaβa'ʎero] nm gentleman; (de la orden de caballería) knight; (trato directo) sir

caballete [kaβa'ʎete] nm (Arte) easel; (Tec) trestle

caballito [kaβa'ʎito] nm (caballo pequeño) small horse, pony; **caballitos** nmpl (en verbena) roundabout, merry-go-round

caballo [ka'βaʎo] nm horse; (Ajedrez) knight; (Naipes) queen; **ir en ~** to ride; **caballo de carreras** racehorse; **caballo de fuerza** o **vapor** horsepower

cabaña [ka'βaɲa] nf (casita) hut, cabin

cabecear [kaβeθe'ar] vt, vi to nod

cabecera [kaβe'θera] nf head; (Imprenta) headline

cabecilla [kaβe'θiʎa] nm ringleader

cabellera [kaβe'ʎera] nf (head of) hair; (de cometa) tail

cabello [ka'βeʎo] nm (tb: ~s) hair; **cabello de ángel** confectionery and pastry filling made of pumpkin and syrup

caber [ka'βer] vi (entrar) to fit, go: **caben 3 más** there's room for 3 more

cabestrillo [kaβes'triʎo] nm sling

cabeza [ka'βeθa] nf head; (Pol) chief, leader; **cabeza de ajo** bulb of garlic; **cabeza de familia** head of the household; **cabeza rapada** skinhead; **cabezada** nf (golpe) butt; **dar cabezadas** to nod off; **cabezón, -ona** adj (vino) heady; (fam: persona) pig-headed

cabida [ka'βiða] nf space

cabina [ka'βina] nf cabin; (de avión) cockpit; (de camión) cab; **cabina telefónica** telephone (BRIT) box o booth

cabizbajo, -a [kaβiθ'βaxo, a] adj crestfallen, dejected

cable ['kaβle] nm cable

cabo ['kaβo] nm (de objeto) end, extremity; (Mil) corporal; (Náut) rope, cable; (Geo) cape; **al ~ de 3 días** after 3 days; **llevar a ~** to carry out

cabra ['kaβra] nf goat

cabré etc vb V **caber**

cabrear [kaβre'ar] (fam) vt to bug; **cabrearse** vr (enfadarse) to fly off the handle

cabrito [ka'βrito] nm kid

cabrón [ka'βron] nm cuckold; (fam!) bastard (!)

caca ['kaka] (fam) nf pooh

cacahuete [kaka'wete] (ESP) nm peanut

cacao [ka'kao] nm cocoa; (Bot) cacao

cacarear [kakare'ar] vi (persona) to boast; (gallina) to crow

cacería [kaθe'ria] nf hunt

cacarizo, -a [kaka'riθo, a] (MÉX) adj pockmarked

cacerola [kaθe'rola] nf pan, saucepan

cachalote [katʃa'lote] nm (Zool) sperm whale

cacharro [ka'tʃarro] nm earthenware pot; **cacharros** nmpl pots and pans

cachear [katʃe'ar] vt to search, frisk

cachemir [katʃe'mir] nm cashmere

cachetada [katʃe'taða] (LAM: fam) nf (bofetada) slap

cachete [ka'tʃete] nm (Anat) cheek; (ESP: bofetada) slap (in the face)

cachivache [katʃi'βatʃe] nm (trasto) piece of junk; **cachivaches** nmpl junk sg

cacho ['katʃo] nm (small) bit; (LAM: cuerno) horn

cachondeo [katʃon'deo] (ESP: fam) nm farce, joke

cachondo, -a [ka'tʃondo, a] adj (Zool) on heat; (fam: sexualmente) randy; (: gracioso) funny

cachorro, -a [ka'tʃorro, a] nm/f (perro) pup, puppy; (león) cub

cachucha [ka'tʃuka] (MÉX: fam) nf cap

cacique [ka'θike] nm chief, local ruler; (Pol) local party boss

cactus ['kaktus] nm inv cactus

cada ['kaða] adj inv each; (antes de número) every; ~ día each day, every day; ~ **dos días** every other day; ~ **uno/a** each one, every one; ~ **vez más/menos** more and more/less and less; ~ **vez que** whenever, every time (that) ...; **uno de ~ diez** one out of every ten

cadáver [ka'ðaβer] nm (dead) body, corpse

cadena [ka'ðena] nf chain; (TV) channel; **trabajo en ~** assembly line work; **cadena montañosa** mountain range; **cadena perpetua** (Jur) life imprisonment

cadera [ka'ðera] nf hip

cadete [ka'ðete] nm cadet

caducar [kaðu'kar] vi to expire; **caduco, -a** adj expired; (persona) very old

caer [ka'er] vi to fall (down); **caerse** vr to fall (down); **me cae bien/mal** I get on well with him/I can't stand him; ~ **en la cuenta** to realize; **dejar** ~ to drop; **su cumpleaños cae en viernes** her birthday falls on a Friday

café [ka'fe] (pl ~s) nm (bebida, planta) coffee; (lugar) café ▷ adj (MÉX: color) brown, tan; **café con leche** white coffee; **café negro** (LAM) black coffee; **café solo** (ESP) black coffee

cafetera [kafe'tera] nf coffee pot

cafetería [kafete'ria] nf (gen) café

cafetero, -a [kafe'tero, a] adj coffee cpd; **ser muy ~** to be a coffee addict

cafishio [ka'fiʃjo] (CS) nm pimp

cagar [ka'ɣar] (fam!) vt to bungle, mess up ▷ vi to have a shit (!)

caída [ka'iða] nf fall; (declive) slope; (disminución) fall, drop

caído, -a [ka'iðo, a] adj drooping

caiga etc vb V **caer**

caimán [kai'man] nm alligator

caja ['kaxa] nf box; (para reloj) case; (de ascensor) shaft; (Com) cashbox; (donde se hacen los pagos) cashdesk; (: en supermercado) checkout, till; **caja de ahorros** savings bank; **caja de cambios** gearbox; **caja de fusibles** fuse box; **caja fuerte** o **de caudales** safe, strongbox

cajero, -a [ka'xero, a] nm/f cashier; **cajero automático** cash dispenser

cajetilla [kaxe'tiʎa] nf (de cigarrillos) packet

cajón [ka'xon] nm big box; (de mueble) drawer

cajuela (MÉX) nf (Auto) boot (BRIT), trunk (US)

cal [kal] nf lime

cala ['kala] nf (Geo) cove, inlet; (de barco) hold

calabacín [kalaβa'θin] nm (Bot) baby marrow; (: más pequeño) courgette (BRIT), zucchini (US)

calabacita [kalaβa'θita] (MÉX) nf courgette (BRIT), zucchini (US)

calabaza [kala'βaθa] nf (Bot) pumpkin

calabozo [kala'βoθo] nm (cárcel) prison; (celda) cell

calada [ka'laða] (ESP) nf (de cigarrillo) puff

calado, -a [ka'laðo, a] adj (prenda) lace cpd ▷ nm (Náut) draught

calamar [kala'mar] nm squid no pl

calambre [ka'lambre] nm (Elec) shock

calar [ka'lar] vt to soak, drench; (penetrar) to pierce, penetrate; (comprender) to see through; (vela) to lower; **calarse** vr (Auto) to stall; **~se las gafas** to stick one's glasses on

calavera [kala'βera] nf skull

calcar [kal'kar] vt (reproducir) to trace; (imitar) to copy

calcetín [kalθe'tin] nm sock

calcio ['kalθjo] nm calcium

calcomanía [kalkoma'nia] nf transfer

calculador, a [kalkula'ðor, a] adj (persona) calculating; **calculadora** [kalkula'ðora] nf calculator

calcular [kalku'lar] vt (Mat) to calculate, compute; **~ que ...** to reckon that ...

caldera [kal'dera] nf boiler

calderilla [kalde'riʎa] nf (moneda) small change

caldo ['kaldo] nm stock; (consomé) consommé

calefacción [kalefak'θjon] nf heating; **calefacción central** central heating

calefón [kale'fon] (RPL) nm boiler

calendario [kalen'darjo] nm calendar

calentador [kalenta'ðor] nm heater

calentamiento [kalenta'mjento] nm (Deporte) warm-up;

calentamiento global global warming

calentar [kalen'tar] vt to heat (up); **calentarse** vr to heat up, warm up; (fig: discusión etc) to get heated

calentón [kalen'ton] (RPL: fam) adj (sexualmente) horny, randy (BRIT)

calentura [kalen'tura] nf (Med) fever, (high) temperature

calesita [kale'sita] (RPL) nf merry-go-round, carousel

calibre [ka'liβre] nm (de cañón) calibre, bore; (diámetro) diameter; (fig) calibre

calidad [kali'ðað] nf quality; **de ~** quality cpd; **en ~ de** in the capacity of, as

cálido, -a ['kaliðo, a] adj hot; (fig) warm

caliente etc [ka'ljente] vb V **calentar** ▷ adj hot; (fig) fiery; (disputa) heated; (fam: cachondo) randy

calificación [kalifika'θjon] nf qualification; (de alumno) grade, mark

calificado, -a [kalifi'kaðo, a] (LAM) adj (competente) qualified; (obrero) skilled

calificar [kalifi'kar] vt to qualify; (alumno) to grade, mark; **~ de** to describe as

calima [ka'lima] nf (cerca del mar) mist

cáliz ['kaliθ] nm chalice

caliza [ka'liθa] nf limestone

callado, -a [ka'ʎaðo, a] adj quiet

callar [ka'ʎar] vt (asunto delicado) to keep quiet about, say nothing about; (persona, opinión) to silence ▷ vi to keep quiet, be silent; **callarse** vr to keep quiet, be silent; **¡cállate!** be quiet!, shut up!

calle ['kaʎe] nf street; (Deporte) lane; **~ arriba/abajo** up/down the street; **calle de sentido único** one-way street; **calle mayor** (ESP) high (BRIT) o main (US) street; **calle peatonal** pedestrianized o pedestrian street; **calle principal** (LAM) high (BRIT) o main

(US) street; **callejear** vi to wander (about) the streets; **callejero, -a** adj street cpd ⊳ nm street map; **callejón** nm alley, passage; **callejón sin salida** cul-de-sac; **callejuela** nf side-street, alley

callista [ka'ʎista] nmf chiropodist
callo ['kaʎo] nm callus; (en el pie) corn; **callos** nmpl (Culin) tripe sg
calma ['kalma] nf calm
calmante [kal'mante] nm sedative, tranquillizer
calmar [kal'mar] vt to calm, calm down ⊳ vi (tempestad) to abate; (mente etc) to become calm
calor [ka'lor] nm heat; (agradable) warmth; **hace ~** it's hot; **tener ~** to be hot
caloría [kalo'ria] nf calorie
calumnia [ka'lumnja] nf calumny, slander
caluroso, -a [kalu'roso, a] adj hot; (sin exceso) warm; (fig) enthusiastic
calva ['kalβa] nf bald patch; (en bosque) clearing
calvario [kal'βarjo] nm stations pl of the cross
calvicie [kal'βiθje] nf baldness
calvo, -a ['kalβo, a] adj bald; (terreno) bare, barren; (tejido) threadbare
calza ['kalθa] nf wedge, chock
calzada [kal'θaða] nf roadway, highway
calzado, -a [kal'θaðo, a] adj shod ⊳ nm footwear
calzador [kalθa'ðor] nm shoehorn
calzar [kal'θar] vt (zapatos etc) to wear; (mueble) to put a wedge under; **calzarse** vr: **~se los zapatos** to put on one's shoes; **¿qué (número) calza?** what size do you take?
calzón [kal'θon] nm (ESP: pantalón corto) shorts; (LAM: ropa interior: de hombre) underpants, pants (BRIT), shorts (US); (: de mujer) panties, knickers (BRIT)
calzoncillos [kalθon'θiʎos] nmpl underpants

cama ['kama] nf bed; **hacer la ~** to make the bed; **cama individual/de matrimonio** single/double bed
camaleón [kamale'on] nm chameleon
cámara ['kamara] nf chamber; (habitación) room; (sala) hall; (Cine) cine camera; (fotográfica) camera; **cámara de aire** (ESP) inner tube; **cámara de comercio** chamber of commerce; **cámara de gas** gas chamber; **cámara digital** digital camera; **cámara frigorífica** cold-storage room
camarada [kama'raða] nmf comrade, companion
camarera [kama'rera] nf (en restaurante) waitress; (en casa, hotel) maid
camarero [kama'rero] nm waiter
camarógrafo, -a [kama'roɣrafo, a] (LAM) nm/f cameraman/camerawoman
camarón [kama'ron] nm shrimp
camarote [kama'rote] nm cabin
cambiable [kam'bjaβle] adj (variable) changeable, variable; (intercambiable) interchangeable
cambiante [kam'bjante] adj variable
cambiar [kam'bjar] vt to change; (dinero) to exchange ⊳ vi to change; **cambiarse** vr (mudarse) to move; (de ropa) to change; **~ de idea** to change one's mind; **~se de ropa** to change (one's clothes)
cambio ['kambjo] nm change; (trueque) exchange; (Com) rate of exchange; (oficina) bureau de change; (dinero menudo) small change; **a ~ de** in return o exchange for; **en ~** on the other hand; (en lugar de) instead; **cambio climático** climate change; **cambio de divisas** foreign exchange; **cambio de marchas** o **velocidades** gear lever
camelar [kame'lar] vt to sweet-talk
camello [ka'meʎo] nm camel; (fam: traficante) pusher
camerino [kame'rino] nm dressing

room

camilla [ka'miʎa] nf (Med) stretcher

caminar [kami'nar] vi (marchar) to walk, go ▷ vt (recorrer) to cover, travel

caminata [kami'nata] nf long walk; (por el campo) hike

camino [ka'mino] nm way, road; (sendero) track; **a medio ~** halfway (there); **en el ~** on the way, en route; **~ de** on the way to; **Camino de Santiago** Way of St James; **camino particular** private road

○ **CAMINO DE SANTIAGO**
○
○ The **Camino de Santiago** is a
○ medieval pilgrim route stretching
○ from the Pyrenees to Santiago de
○ Compostela in north-west Spain,
○ where tradition has it the body
○ of the Apostle James is buried.
○ Nowadays it is a popular tourist
○ route as well as a religious one.

camión [ka'mjon] nm lorry (BRIT), truck (US); (MÉX: autobús) bus; **camión cisterna** tanker; **camión de la basura** dustcart, refuse lorry; **camión de mudanzas** removal (BRIT) o moving (US) van; **camionero, -a** nm/f lorry o truck driver

camioneta [kamjo'neta] nf van, light truck

camisa [ka'misa] nf shirt; (Bot) skin; **camisa de fuerza** straitjacket

camiseta [kami'seta] nf (prenda) tee-shirt; (ropa interior) vest; (de deportista) top

camisón [kami'son] nm nightdress, nightgown

camorra [ka'morra] nf: **buscar ~** to look for trouble

camote [ka'mote] nm (MÉX, cs: batata) sweet potato, yam; (MÉX: bulbo) tuber, bulb; (cs: fam: enamoramiento) crush

campamento [kampa'mento] nm camp

campana [kam'pana] nf bell; **campanada** nf peal; **campanario** nm belfry

campanilla [kampa'niʎa] nf small bell

campaña [kam'paɲa] nf (Mil, Pol) campaign; **campaña electoral** election campaign

campechano, -a [kampe'tʃano, a] adj (franco) open

campeón, -ona [kampe'on, ona] nm/f champion; **campeonato** nm championship

cámper ['kamper] (LAM) nm o f caravan (BRIT), trailer (US)

campera [kam'pera] (RPL) nf anorak

campesino, -a [kampe'sino, a] adj country cpd, rural; (gente) peasant cpd ▷ nm/f countryman/woman; (agricultor) farmer

campestre [kam'pestre] adj country cpd, rural

camping ['kampin] (pl **~s**) nm camping; (lugar) campsite; **ir o estar de ~** to go camping

campo ['kampo] nm (fuera de la ciudad) country, countryside; (Agr, Elec) field; (de fútbol) pitch; (de golf) course; (Mil) camp; **campo de batalla** battlefield; **campo de concentración** concentration camp; **campo de deportes** sports ground, playing field; **campo visual** field of vision, visual field

camuflaje [kamu'flaxe] nm camouflage

cana ['kana] nf white o grey hair; **tener ~s** to be going grey

Canadá [kana'ða] nm Canada; **canadiense** adj, nmf Canadian ▷ nf fur-lined jacket

canal [ka'nal] nm canal; (Geo) channel, strait; (de televisión) channel; (de tejado) gutter; **canal de Panamá** Panama Canal

canaleta [kana'leta] (LAM) nf (de tejado) gutter

canalizar [kanali'θar] vt to channel

canalla [ka'naʎa] nf rabble, mob
▷ nm swine

canapé [kana'pe] (pl **-s**) nm sofa,
settee; (Culin) canapé

Canarias [ka'narjas] nfpl (tb: **las Islas ~**) the Canary Islands, the
Canaries

canario, -a [ka'narjo, a] adj, nm/f
(native) of the Canary Isles ▷ nm (Zool)
canary

canasta [ka'nasta] nf (round) basket

canasto [ka'nasto] nm large basket

cancela [kan'θela] nf gate

cancelación [kanθela'θjon] nf
cancellation

cancelar [kanθe'lar] vt to cancel;
(una deuda) to write off

cáncer [ˈkanθer] nm (Med) cancer; **C-**
(Astrología) Cancer

cancha [ˈkantʃa] nf (de baloncesto)
court; (LAM: campo) pitch; **cancha de
tenis** (LAM) tennis court

canciller [kanθi'ʎer] nm chancellor

canción [kan'θjon] nf song; **canción
de cuna** lullaby

candado [kan'daðo] nm padlock

candente [kan'dente] adj red-hot;
(fig: tema) burning

candidato, -a [kandi'ðato, a] nm/f
candidate

cándido, -a [ˈkandiðo, a] adj simple;
naive

> No confundir **cándido** con la
> palabra inglesa candid.

candil [kan'dil] nm oil lamp;
candilejas nfpl (Teatro) footlights

canela [ka'nela] nf cinnamon

canelones [kane'lones] nmpl
cannelloni

cangrejo [kan'grexo] nm crab

canguro [kan'guro] nm kangaroo;
hacer de ~ to babysit

caníbal [ka'niβal] adj, nmf cannibal

canica [ka'nika] nf marble

canijo, -a [ka'nixo, a] adj frail, sickly

canilla [ka'niʎa] (RPL) nf tap (BRIT),
faucet (US)

canjear [kanxe'ar] vt to exchange

canoa [ka'noa] nf canoe

canon [ˈkanon] nm canon; (pensión)
rent; (Com) tax

canonizar [kanoni'θar] vt to
canonize

canoso, -a [ka'noso, a] adj grey-
haired

cansado, -a [kan'saðo, a] adj tired,
weary; (tedioso) tedious, boring

cansancio [kan'sanθjo] nm
tiredness, fatigue

cansar [kan'sar] vt (fatigar) to tire,
tire out; (aburrir) to bore; (fastidiar) to
bother; **cansarse** vr to tire, get tired;
(aburrirse) to get bored

cantábrico, -a [kan'taβriko, a] adj
Cantabrian

cantante [kan'tante] adj singing
▷ nmf singer

cantar [kan'tar] vt to sing ▷ vi to
sing; (insecto) to chirp ▷ nm (acción)
singing; (canción) song; (poema) poem

cántaro [ˈkantaro] nm pitcher, jug;
llover a ~s to rain cats and dogs

cante [ˈkante] nm (Mús) Andalusian
folk song; **cante jondo** flamenco
singing

cantera [kan'tera] nf quarry

cantero [kan'tero] (RPL) nm (arriate)
border

cantidad [kanti'ðað] nf quantity,
amount; **~ de** lots of

cantimplora [kantim'plora] nf
(frasco) water bottle, canteen

cantina [kan'tina] nf canteen; (de
estación) buffet; (LAM: bar) bar

cantinero, -a [kanti'nero, a] (MÉX)
nm/f barman/barmaid, bartender (US)

canto [ˈkanto] nm singing; (canción)
song; (borde) edge, rim; (de cuchillo)
back; **canto rodado** boulder

cantor, a [kan'tor, a] nm/f singer

canturrear [kanturre'ar] vi to
sing softly

canuto [ka'nuto] nm (tubo) small
tube; (fam: droga) joint

caña [ˈkaɲa] nf (Bot: tallo) stem, stalk;
(carrizo) reed; (vaso) tumbler; (de cerveza)

glass of beer; (Anat) shinbone; **caña de azúcar** sugar cane; **caña de pescar** fishing rod

cañada [ka'naða] nf (entre dos montañas) gully, ravine; (camino) cattle track

cáñamo ['kaɲamo] nm hemp

cañería [kaɲe'ria] nf (tubo) pipe

caño ['kaɲo] nm (tubo) tube, pipe; (de albañal) sewer; (Mús) pipe; (de fuente) jet

cañón [ka'ɲon] nm (Mil) cannon; (de fusil) barrel; (Geo) canyon, gorge

caoba [ka'oβa] nf mahogany

caos ['kaos] nm chaos

capa ['kapa] nf cloak, cape; (Geo) layer, stratum; **capa de ozono** ozone layer

capacidad [kapaθi'ðað] nf (medida) capacity; (aptitud) capacity, ability

caparazón [kapara'θon] nm shell

capataz [kapa'taθ] nm foreman

capaz [ka'paθ] adj able, capable; (amplio) capacious, roomy

capellán [kape'ʎan] nm chaplain; (sacerdote) priest

capicúa [kapi'kua] adj inv (número, fecha) reversible

capilla [ka'piʎa] nf chapel

capital [kapi'tal] adj capital ▷ nm (Com) capital ▷ nf (ciudad) capital; **capital social** share o authorized capital

capitalismo [kapita'lismo] nm capitalism; **capitalista** adj, nmf capitalist

capitán [kapi'tan] nm captain

capítulo [ka'pitulo] nm chapter

capó [ka'po] nm (Auto) bonnet

capón [ka'pon] nm (gallo) capon

capota [ka'pota] nf (de mujer) bonnet; (Auto) hood (BRIT), top (US)

capote [ka'pote] nm (abrigo: de militar) greatcoat; (de torero) cloak

capricho [ka'pritʃo] nm whim, caprice; **caprichoso, -a** adj capricious

Capricornio [kapri'kornjo] nm Capricorn

cápsula ['kapsula] nf capsule

captar [kap'tar] vt (comprender)

to understand; (Radio) to pick up; (atención, apoyo) to attract

captura [kap'tura] nf capture; (Jur) arrest; **capturar** vt to capture; to arrest

capucha [ka'putʃa] nf hood, cowl

capuchón [kapu'tʃon] (ESP) nm (de bolígrafo) cap

capullo [ka'puʎo] nm (Bot) bud; (Zool) cocoon; (fam) idiot

caqui ['kaki] nm khaki

cara ['kara] nf (Anat: de moneda) face; (de disco) side; (descaro) boldness; ~ **a** facing; **de ~** opposite, facing; **dar la ~** to face the consequences; **¿~ o cruz?** heads or tails? **¡qué ~ (más dura)!** what a nerve!

Caracas [ka'rakas] n Caracas

caracol [kara'kol] nm (Zool) snail; (concha) (sea) shell

carácter [ka'rakter] (pl **caracteres**) nm character; **tener buen/mal ~** to be good natured/bad tempered

característica [karakte'ristika] nf characteristic

característico, -a [karakte'ristiko, a] adj characteristic

caracterizar [karakteri'θar] vt to characterize, typify

caradura [kara'ðura] nmf: **es un ~** he's got a nerve

carajillo [kara'xiʎo] nm coffee with a dash of brandy

carajo [ka'raxo] (fam!) nm: **¡~! shit!** (!)

caramba [ka'ramba] excl good gracious!

caramelo [kara'melo] nm (dulce) sweet; (azúcar fundida) caramel

caravana [kara'βana] nf caravan; (fig) group; (Auto) tailback

carbón [kar'βon] nm coal; **papel ~** carbon paper

carbono [kar'βono] nm carbon

carburador [karβura'ðor] nm carburettor

carburante [karβu'rante] nm (para motor) fuel

carcajada [karka'xaða] nf (loud)

laugh, guffaw

cárcel ['karθel] nf prison, jail; (Tec) clamp

carcoma [kar'koma] nf woodworm

cardar [kar'ðar] vt (pelo) to backcomb

cardenal [karðe'nal] nm (Rel) cardinal; (Med) bruise

cardíaco, -a [kar'ðiako, a] adj cardiac, heart cpd

cardinal [karði'nal] adj cardinal

cardo ['karðo] nm thistle

carecer [kare'θer] vi: **~ de** to lack, be in need of

carencia [ka'renθja] nf lack; (escasez) shortage; (Med) deficiency

careta [ka'reta] nf mask

carga ['karɣa] nf (peso, Elec) load; (de barco) cargo, freight; (Mil) charge; (responsabilidad) responsibility, obligation

cargado, -a [kar'ɣaðo, a] adj loaded; (Elec) live; (café, té) strong; (cielo) overcast

cargamento [karɣa'mento] nm (acción) loading; (mercancías) load, cargo

cargar [kar'ɣar] vt (barco, arma) to load; (Elec) to charge; (Com: algo en cuenta) to charge; (Inform) to load ▷ vi (Mil) to charge; (Auto) to load (up); **~ con** to pick up, carry away; (peso: fig) to shoulder, bear; **cargarse** vr (fam: estropear) to break; (: matar) to bump off

cargo ['karɣo] nm (puesto) post, office; (responsabilidad) duty, obligation; (Jur) charge; **hacerse ~ de** to take charge of o responsibility for

carguero [kar'ɣero] nm freighter, cargo boat; (avión) freight plane

Caribe [ka'riβe] nm: **el ~** the Caribbean; **del ~** Caribbean; **caribeño, -a** [kari'βeɲo, a] adj Caribbean

caricatura [karika'tura] nf caricature

caricia [ka'riθja] nf caress

caridad [kari'ðað] nf charity

caries ['karjes] nf inv tooth decay

cariño [ka'riɲo] nm affection, love;

(caricia) caress; (en carta) love ...; **tener ~ a** to be fond of; **cariñoso, -a** adj affectionate

carisma [ka'risma] nm charisma

caritativo, -a [karita'tiβo, a] adj charitable

cariz [ka'riθ] nm: **tener** o **tomar buen/mal ~** to look good/bad

carmín [kar'min] nm lipstick

carnal [kar'nal] adj carnal; **primo ~** first cousin

carnaval [karna'βal] nm carnival

CARNAVAL

Carnaval is the traditional period of fun, feasting and partying which takes place in the three days before the start of Lent ("Cuaresma"). Although in decline during the Franco years the carnival has grown in popularity recently in Spain. Cádiz and Tenerife are particularly well-known for their flamboyant celebrations with fancy-dress parties, parades and firework displays being the order of the day.

carne ['karne] nf flesh; (Culin) meat; **se me pone la ~ de gallina** sólo verlo I get the creeps just seeing it; **carne de cerdo/cordero/ternera/vaca** pork/lamb/veal/beef; **carne de gallina** (fig) gooseflesh; **carne molida** (LAM) mince (BRIT), ground meat (US); **carne picada** (ESP, RPL) mince (BRIT), ground meat (US)

carné [kar'ne] (ESP) (pl **~s**) nm: **~ de conducir** driving licence (BRIT), driver's license (US); **~ de identidad** identity card; **~ de socio** membership card

carnero [kar'nero] nm sheep, ram; (carne) mutton

carnet [kar'ne] (ESP) (pl **~s**) nm = **carné**

carnicería [karniθe'ria] nf butcher's (shop); (fig: matanza) carnage, slaughter

carnicero, -a [karni'θero, a] adj carnivorous ▷ nm/f butcher; (carnívoro) carnivore

carnívoro, -a [kar'niβoro, a] adj carnivorous

caro, -a ['karo, a] adj dear; (Com) dear, expensive ▷ adv dear, dearly

carpa ['karpa] nf (pez) carp; (de circo) big top; (LAM: tienda de campaña) tent

carpeta [kar'peta] nf folder, file; **carpeta de anillas** ring binder

carpintería [karpinte'ria] nf carpentry, joinery; **carpintero** nm carpenter

carraspear [karraspe'ar] vi to clear one's throat

carraspera [karras'pera] nf hoarseness

carrera [ka'rrera] nf (acción) run(ning); (espacio recorrido) run; (competición) race; (trayecto) course; (profesión) career; (licenciatura) degree; **a la ~** at (full) speed; **carrera de obstáculos** (Deporte) steeplechase

carrete [ka'rrete] nm reel, spool; (Tec) coil

carretera [karre'tera] nf (main) road, highway; **carretera de circunvalación** ring road; **carretera nacional** = A road (BRIT), ≈ state highway (US)

carretilla [karre'tiʎa] nf trolley; (Agr) (wheel)barrow

carril [ka'rril] nm furrow; (de autopista) lane; (Ferro) rail; **carril-bici** cycle lane

carrito [ka'rrito] nm trolley

carro ['karro] nm cart, wagon; (Mil) tank; (LAM: coche) car; **carro patrulla** (LAM) patrol o panda (BRIT) car

carrocería [karroθe'ria] nf bodywork, coachwork

carroña [ka'rroɲa] nf carrion no pl

carroza [ka'rroθa] nf (carruaje) coach

carrusel [karru'sel] nm merry-go-round, roundabout

carta ['karta] nf letter; (Culin)

menu; (naipe) card; (mapa) map; (Jur) document; **carta certificada/urgente** registered/special-delivery letter

cartabón [karta'βon] nm set square

cartel [kar'tel] nm (anuncio) poster, placard; (Escol) wall chart; (Com) cartel; **cartelera** nf hoarding, billboard; (en periódico etc) entertainments guide; **"en cartelera"** "showing"

cartera [kar'tera] nf (de bolsillo) wallet; (de colegial, cobrador) satchel; (de señora) handbag; (para documentos) briefcase; (Com) portfolio; **ocupa la ~ de Agricultura** she is Minister of Agriculture

carterista [karte'rista] nmf pickpocket

cartero [kar'tero] nm postman

cartilla [kar'tiʎa] nf primer, first reading book; **cartilla de ahorros** savings book

cartón [kar'ton] nm cardboard; **cartón piedra** papier-mâché

cartucho [kar'tutʃo] nm (Mil) cartridge

cartulina [kartu'lina] nf card

casa ['kasa] nf house; (hogar) home; (Com) firm, company; **en ~** at home; **casa consistorial** town hall; **casa de campo** country house; **casa de huéspedes** boarding house; **casa de socorro** first aid post; **casa rodante** (cs) caravan (BRIT), trailer (US)

casado, -a [ka'saðo, a] adj married ▷ nm/f married man/woman

casar [ka'sar] vt to marry; (Jur) to quash, annul; **casarse** vr to marry, get married

cascabel [kaska'βel] nm (small) bell

cascada [kas'kaða] nf waterfall

cascanueces [kaska'nweθes] nm inv nutcrackers pl

cascar [kas'kar] vt to crack, split, break (open); **cascarse** vr to crack, split, break (open)

cáscara ['kaskara] nf (de huevo, fruta seca) shell; (de fruta) skin; (de limón) peel

casco ['kasko] nm (de bombero,

soldado) helmet; (Náut: de barco) hull; (Zool: de caballo) hoof; (botella) empty bottle; (de ciudad): **el ~ antiguo** the old part; **el ~ urbano** the town centre; **los ~s azules** the UN peace-keeping force, the blue berets

cascote [kas'kote] nm rubble

caserío [kase'rio] (ESP) nm farmhouse; (casa) country mansion

casero, -a [ka'sero, a] adj (pan etc) home-made ▷ nm/f (propietario) landlord/lady; **ser muy ~** to be home-loving; **"comida casera"** "home cooking"

caseta [ka'seta] nf hut; (para bañista) cubicle; (de feria) stall

casete [ka'sete] nm o f cassette

casi ['kasi] adv almost, nearly; **~ nada** hardly anything; **~ nunca** hardly ever, almost never; **~ te caes** you almost fell

casilla [ka'siʎa] nf (casita) hut, cabin; (Ajedrez) square; (para cartas) pigeonhole; **casilla de correo** (CS) P.O. Box; **casillero** nm (para cartas) pigeonholes pl

casino [ka'sino] nm club; (de juego) casino

caso ['kaso] nm case; **en ~ de** in case of; **en ~ de que** in case ...; **el ~ es que** ... the fact is that ...; **en ese/todo ~** in that/any case; **hacer ~ a** to pay attention to; **venir al ~** to be relevant

caspa ['kaspa] nf dandruff

cassette [ka'sete] nm o f =**casete**

castaña [kas'taɲa] nf chestnut

castaño, -a [kas'taɲo, a] adj chestnut(-coloured), brown ▷ nm chestnut tree

castañuelas [kasta'ɲwelas] nfpl castanets

castellano, -a [kaste'ʎano, a] adj, nm/f Castilian ▷ nm (Ling) Castilian, Spanish

castigar [kasti'ɣar] vt to punish; (Deporte) to penalize; **castigo** nm punishment; (Deporte) penalty

Castilla [kas'tiʎa] nf Castile

castillo [kas'tiʎo] nm castle

castizo, -a [kas'tiθo, a] adj (Ling) pure

casto, -a ['kasto, a] adj chaste, pure

castor [kas'tor] nm beaver

castrar [kas'trar] vt to castrate

casual [ka'swal] adj chance, accidental

No confundir **casual** con la palabra inglesa casual.

casualidad nf chance, accident; (combinación de circunstancias) coincidence; **da la casualidad de que** ... it (just) so happens that ...; **¡qué casualidad!** what a coincidence!

cataclismo [kata'klismo] nm cataclysm

catador [kata'ðor, a] nm/f wine taster

catalán, -ana [kata'lan, ana] adj, nm/f Catalan ▷ nm (Ling) Catalan

catalizador [kataliθa'ðor] nm catalyst; (Auto) catalytic convertor

catalogar [katalo'ɣar] vt to catalogue; **~ a algn (de)** (fig) to categorize sb (as)

catálogo [ka'taloɣo] nm catalogue

Cataluña [kata'luɲa] nf Catalonia

catar [ka'tar] vt to taste, sample

catarata [kata'rata] nf (Geo) waterfall; (Med) cataract

catarro [ka'tarro] nm catarrh; (constipado) cold

catástrofe [ka'tastrofe] nf catastrophe

catear [kate'ar] (fam) vt (examen, alumno) to fail

cátedra ['kateðra] nf (Univ) chair, professorship

catedral [kate'ðral] nf cathedral

catedrático, -a [kate'ðratiko, a] nm/f professor

categoría [kateɣo'ria] nf category; (rango) rank, standing; (calidad) quality; **de ~** (hotel) top-class

cateto, -a [ka'teto, a] (ESP: pey) nm/f peasant

catolicismo [katoli'θismo] nm Catholicism

católico, -a [ka'toliko, a] adj, nm/f Catholic

catorce [ka'torθe] num fourteen

cauce ['kauθe] nm (de río) riverbed; (fig) channel

caucho ['kautʃo] (ESP) nm rubber

caudal [kau'ðal] nm (de río) volume, flow; (fortuna) wealth; (abundancia) abundance

caudillo [kau'ðiʎo] nm leader, chief

causa ['kausa] nf cause; (razón) reason; (Jur) lawsuit, case; **a ~ de** because of; **causar** [kau'sar] vt to cause

cautela [kau'tela] nf caution, cautiousness; **cauteloso, -a** adj cautious, wary

cautivar [kauti'βar] vt to capture; (atraer) to captivate

cautiverio [kauti'βerjo] nm captivity

cautividad [kautiβi'ðað] nf = **cautiverio**

cautivo, -a [kau'tiβo, a] adj, nm/f captive

cauto, -a ['kauto, a] adj cautious, careful

cava ['kaβa] nm champagne-type wine

cavar [ka'βar] vt to dig

caverna [ka'βerna] nf cave, cavern

cavidad [kaβi'ðað] nf cavity

cavilar [kaβi'lar] vt to ponder

cayendo etc vb V **caer**

caza ['kaθa] nf (acción: gen) hunting; (: con fusil) shooting; (una caza) hunt, chase; (de animales) game ▷ nm (Aviac) fighter; **ir de ~** to go hunting; **caza mayor** game hunting; **cazador, a** [kaθa'ðor, a] nm/f hunter; **cazadora** nf jacket; **cazar** [ka'θar] vt to hunt; (perseguir) to chase; (prender) to catch

cazo ['kaθo] nm saucepan

cazuela [ka'θwela] nf (vasija) pan; (guisado) casserole

CD nm abr (= compact disc) CD

CD-ROM [θeðe'rom] nm abr CD-ROM

CE nf abr (= Comunidad Europea) EC

cebada [θe'βaða] nf barley

cebar [θe'βar] vt (animal) to fatten (up); (anzuelo) to bait; (Mil, Tec) to prime

cebo ['θeβo] nm (para animales) feed, food; (para peces, fig) bait; (de arma) charge

cebolla [θe'βoʎa] nf onion; **cebolleta** nf spring onion

cebra ['θeβra] nf zebra

cecear [θeθe'ar] vi to lisp

ceder [θe'ðer] vt to hand over, give up, part with ▷ vi (renunciar) to give in, yield; (disminuir) to diminish, decline; (romperse) to give way

cedro ['θeðro] nm cedar

cédula ['θeðula] nf certificate, document; **cédula de identidad** (LAM) identity card; **cédula electoral** (LAM) ballot

cegar [θe'ɣar] vt to blind; (tubería etc) to block up, stop up ▷ vi to go blind; **cegarse** vr: **~se (de)** to be blinded (by)

ceguera [θe'ɣera] nf blindness

ceja ['θexa] nf eyebrow

cejar [θe'xar] vi (fig) to back down

celada [θela'ðor, a] nm/f (de edificio) watchman; (de museo etc) attendant

celda ['θelda] nf cell

celebración [θeleβra'θjon] nf celebration

celebrar [θele'βrar] vt to celebrate; (alabar) to praise ▷ vi to be glad; **celebrarse** vr to occur, take place

célebre ['θeleβre] adj famous

celebridad [θeleβri'ðað] nf fame; (persona) celebrity

celeste [θe'leste] adj (azul) sky-blue

celestial [θeles'tjal] adj celestial, heavenly

celo¹ ['θelo] nm zeal; (Rel) fervour; (Zool): **en ~** on heat; **celos** nmpl jealousy sg; **dar ~s a algn** to make sb jealous; **tener ~s** to be jealous

celo²® ['θelo] nm Sellotape®

celofán [θelo'fan] nm cellophane

celoso, -a [θe'loso, a] adj jealous; (trabajador) zealous

celta ['θelta] adj Celtic ▷ nmf Celt

célula ['θelula] nf cell
celulitis [θelu'litis] nf cellulite
cementerio [θemen'terjo] nm cemetery, graveyard
cemento [θe'mento] nm cement; (hormigón) concrete; (LAM: cola) glue
cena ['θena] nf evening meal, dinner; **cenar** [θe'nar] vt to have for dinner ▷ vi to have dinner
cenicero [θeni'θero] nm ashtray
ceniza [θe'niθa] nf ash, ashes pl
censo ['θenso] nm census; **censo electoral** electoral roll
censura [θen'sura] nf (Pol) censorship; **censurar** [θensu'rar] vt (idea) to censure; (cortar: película) to censor
centella [θen'teʎa] nf spark
centenar [θente'nar] nm hundred
centenario, -a [θente'narjo, a] adj centenary; hundred-year-old ▷ nm centenary
centeno [θen'teno] nm (Bot) rye
centésimo, -a [θen'tesimo, a] adj hundredth
centígrado [θen'tiɣraðo] adj centigrade
centímetro [θen'timetro] nm centimetre (BRIT), centimeter (US)
céntimo [θen'timo] nm cent
centinela [θenti'nela] nm sentry, guard
centollo [θen'toʎo] nm spider crab
central [θen'tral] adj central ▷ nf head office; (Tec) plant; (Tel) exchange; **central eléctrica** power station; **central nuclear** nuclear power station; **central telefónica** telephone exchange
centralita [θentra'lita] nf switchboard
centralizar [θentrali'θar] vt to centralize
centrar [θen'trar] vt to centre
céntrico, -a ['θentriko, a] adj central
centrifugar [θentrifu'ɣar] vt to spin-dry

centro ['θentro] nm centre; **centro comercial** shopping centre; **centro de atención al cliente** call centre; **centro de salud** health centre; **centro escolar** school; **centro juvenil** youth club; **centro turístico** (lugar muy visitado) tourist centre; **centro urbano** urban area, city
centroamericano, -a [θentroameri'kano, a] adj, nm/f Central American
ceñido, -a [θe'niðo, a] adj (chaqueta, pantalón) tight(-fitting)
ceñir [θe'nir] vt (rodear) to encircle, surround; (ajustar) to fit (tightly)
ceño ['θeno] nm frown, scowl; **fruncir el ~** to frown, knit one's brow
cepillar [θepi'ʎar] vt to brush; (madera) to plane (down)
cepillo [θe'piʎo] nm brush; (para madera) plane; **cepillo de dientes** toothbrush
cera ['θera] nf wax
cerámica [θe'ramika] nf pottery; (arte) ceramics
cerca ['θerka] nf fence ▷ adv near, nearby, close; **~ de** near, close to
cercanías [θerka'nias] nfpl (afueras) outskirts, suburbs
cercano, -a [θer'kano, a] adj close, near
cercar [θer'kar] vt to fence in; (rodear) to surround
cerco ['θerko] nm (Agr) enclosure; (LAM: valla) fence; (Mil) siege
cerdo, -a ['θerðo, a] nm/f pig/sow
cereal [θere'al] nm cereal; **cereales** nmpl cereals, grain sg
cerebro [θe'reβro] nm brain; (fig) brains pl
ceremonia [θere'monja] nf ceremony; **ceremonioso, -a** adj ceremonious
cereza [θe'reθa] nf cherry
cerilla [θe'riʎa] nf (fósforo) match
cerillo [θe'riʎo] nm (MÉX) match
cero ['θero] nm nothing, zero
cerquillo [θer'kiʎo] nm (CAM, RPL) nm

fringe (BRIT), bangs pl (US)

cerrado, -a [θeˈrraðo, a] adj closed, shut; (con llave) locked; (tiempo) cloudy, overcast; (curva) sharp; (acento) thick, broad

cerradura [θerraˈðura] nf (acción) closing; (mecanismo) lock

cerrajero [θerraˈxero] nm locksmith

cerrar [θeˈrrar] vt to close, shut; (paso, carretera) to close; (grifo) to turn off; (cuenta, negocio) to close ▷ vi to close, shut; (noche) to come down; **cerrarse** vr to close, shut; **~ con llave** to lock; **~ un trato** to strike a bargain

cerro [ˈθerro] nm hill

cerrojo [θeˈrroxo] nm (herramienta) bolt; (de puerta) latch

certamen [θerˈtamen] nm competition, contest

certero, -a [θerˈtero, a] adj (gen) accurate

certeza [θerˈteθa] nf certainty

certidumbre [θertiˈðumbre] nf = **certeza**

certificado, -a [θertifiˈkaðo, a] adj (carta, paquete) registered; (aprobado) certified ▷ nm certificate; **certificado médico** medical certificate

certificar [θertifiˈkar] vt (asegurar, atestar) to certify

cervatillo [θerβaˈtiʎo] nm fawn

cervecería [θerβeθeˈria] nf (fábrica) brewery; (bar) public house, pub

cerveza [θerˈβeθa] nf beer

cesar [θeˈsar] vi to cease, stop ▷ vt (funcionario) to remove from office

cesárea [θeˈsarea] nf (Med) Caesarean operation o section

cese [ˈθese] nm (de trabajo) dismissal; (de pago) suspension

césped [ˈθespeð] nm grass, lawn

cesta [ˈθesta] nf basket

cesto [ˈθesto] nm (large) basket, hamper

cfr abr (= confróntese) cf.

chabacano, -a [tʃaβaˈkano, a] adj vulgar, coarse

chabola [tʃaˈβola] (ESP) nf shack; **barrio de chabolas** shanty town

chacal [tʃaˈkal] nm jackal

chacha [ˈtʃatʃa] (fam) nf maid

cháchara [ˈtʃatʃara] nf chatter; **estar de ~** to chatter away

chacra [ˈtʃakra] (cs) nf smallholding

chafa [ˈtʃafa] (MÉX: fam) adj useless, dud

chafar [tʃaˈfar] vt (aplastar) to crush; (plan etc) to ruin

chal [tʃal] nm shawl

chalado, -a [tʃaˈlaðo, a] (fam) adj crazy

chalé [tʃaˈle] (pl **-s**) nm villa, ≈ detached house

chaleco [tʃaˈleko] nm waistcoat, vest (US); **chaleco de seguridad** (Aut) reflective safety vest; **chaleco salvavidas** life jacket

chalet [tʃaˈle] (pl **-s**) nm = **chalé**

chamaco, -a [tʃaˈmako, a] (MÉX) nm/f (niño) kid

chambear [tʃambeˈar] (MÉX: fam) vi to earn one's living

champán [tʃamˈpan] nm champagne

champiñón [tʃampiˈɲon] nm mushroom

champú [tʃamˈpu] (pl **-es, -s**) nm shampoo

chamuscar [tʃamusˈkar] vt to scorch, sear, singe

chance [ˈtʃanθe] (LAM) nm chance

chancho, -a [ˈtʃantʃo, a] (LAM) nm/f pig

chanchullo [tʃanˈtʃuʎo] (fam) nm fiddle

chándal [ˈtʃandal] nm tracksuit

chantaje [tʃanˈtaxe] nm blackmail

chapa [ˈtʃapa] nf (de metal) plate, sheet; (de madera) board, panel; (RPL Auto) number (BRIT) o license (US) plate; **chapado, -a** adj: **chapado en oro** gold-plated

chaparrón [tʃapaˈrron] nm downpour, cloudburst

chaperón [tʃapeˈron] (MÉX) nm: **hacer de ~** to play gooseberry

chaperona (LAM) nf: **hacer de chaperona** to play gooseberry

chapopote [tʃapo'pote] (MÉX) nm tar

chapulín [tʃapu'lin] (MÉX, CAM) nm grasshopper

chapurrear [tʃapurre'ar] vt (idioma) to speak badly

chapuza [tʃa'puθa] nf botched job

chapuzón [tʃapu'θon] nm: **darse un ~** to go for a dip

chaqueta [tʃa'keta] nf jacket

chaquetón [tʃake'ton] nm long jacket

charca ['tʃarka] nf pond, pool

charco ['tʃarko] nm pool, puddle

charcutería [tʃarkute'ria] nf (tienda) shop selling chiefly pork meat products; (productos) cooked pork meats pl

charla ['tʃarla] nf talk, chat; (conferencia) lecture; **charlar** [tʃar'lar] vi to talk, chat; **charlatán, -ana** [tʃarla'tan, ana] nm/f (hablador) chatterbox; (estafador) trickster

charol [tʃa'rol] nm varnish; (cuero) patent leather

charola [tʃa'rola] (MÉX) nf tray

charro, -a ['tʃarro, a] (MÉX) nm typical Mexican

chasco ['tʃasko] nm (desengaño) disappointment

chasis ['tʃasis] nm inv chassis

chasquido [tʃas'kiðo] nm crack; click

chatarra [tʃa'tarra] nf scrap (metal)

chatear [tʃate'ar] vi (Internet) to chat

chato, -a ['tʃato, a] adj flat; (nariz) snub

chaucha ['tʃautʃa] (RPL) nf runner (BRIT) o pole (US) bean

chaval, -a [tʃa'βal, a] (ESP) nm/f kid, lad/lass

chavo, -a ['tʃaβo] (MÉX: fam) nm/f guy/girl

checar [tʃe'kar] (MÉX) vt: **~ tarjeta** (al entrar) to clock in o on; (: al salir) to clock off o out

checo, -a ['tʃeko, a] adj, nm/f Czech

▷ nm (Ling) Czech

checoslovaco, -a [tʃekoslo'βako, a] adj, nm/f Czech, Czechoslovak

Checoslovaquia [tʃekoslo'βakja] nf (Hist) Czechoslovakia

cheque ['tʃeke] nm cheque (BRIT), check (US); **cobrar un ~** to cash a cheque; **cheque al portador** cheque payable to bearer; **cheque de viaje** traveller's cheque (BRIT), traveler's check (US); **cheque en blanco** blank cheque

chequeo [tʃe'keo] nm (Med) check-up; (Auto) service

chequera [tʃe'kera] (LAM) nf chequebook (BRIT), checkbook (US)

chévere ['tʃeβere] (LAM: fam) adj great

chícharo ['tʃitʃaro] (MÉX, CAM) nm pea

chichón [tʃi'tʃon] nm bump, lump

chicle ['tʃikle] nm chewing gum

chico, -a ['tʃiko, a] adj small, little ▷ nm/f (niño) child; (muchacho) boy/girl

chiflado, -a [tʃi'flaðo, a] adj crazy

chiflar [tʃi'flar] vt to hiss, boo

chilango, -a [tʃi'laŋgo, a] (MÉX) adj of o from Mexico City

Chile ['tʃile] nm Chile; **chileno, -a** adj, nm/f Chilean

chile ['tʃile] nm chilli pepper

chillar [tʃi'ʎar] vi (persona) to yell, scream; (animal salvaje) to howl; (cerdo) to squeal

chillido [tʃi'ʎiðo] nm (de persona) yell, scream; (de animal) howl

chimenea [tʃime'nea] nf chimney; (hogar) fireplace

China ['tʃina] nf (tb: **la ~**) China

chinche ['tʃintʃe] nf (insecto) (bed)bug; (Tec) drawing pin (BRIT), thumbtack (US) ▷ nmf nuisance, pest

chincheta [tʃin'tʃeta] nf drawing pin (BRIT), thumbtack (US)

chingada [tʃin'gaða] (MÉX: fam!) nf: **hijo de la ~** bastard

chino, -a ['tʃino, a] adj, nm/f Chinese ▷ nm (Ling) Chinese

chipirón [tʃipi'ron] nm (Zool, Culin)

squid

Chipre ['tʃipre] nf Cyprus; **chipriota** adj, nmf Cypriot

chiquillo, -a [tʃi'kiʎo, a] nm/f (fam) kid

chirimoya [tʃiri'moja] nf custard apple

chiringuito [tʃirin'xito] nm small open-air bar

chiripa [tʃi'ripa] nf fluke

chirriar [tʃi'rrjar] vi to creak, squeak

chirrido [tʃi'rriðo] nm creak(ing), squeak(ing)

chisme ['tʃisme] nm (habladurías) piece of gossip; (fam: objeto) thingummyjig

chismoso, -a [tʃis'moso, a] adj gossiping ▷ nm/f gossip

chispa ['tʃispa] nf spark; (fig: sparkle; (ingenio) wit; (fam) drunkenness

chispear [tʃispe'ar] vi (lloviznar) to drizzle

chiste ['tʃiste] nm joke, funny story

chistoso, -a [tʃis'toso, a] adj funny, amusing

chivo, -a ['tʃiβo, a] nm/f (billy-/nanny-)goat; **chivo expiatorio** scapegoat

chocante [tʃo'kante] adj startling; (extraño) odd; (ofensivo) shocking

chocar [tʃo'kar] vi (coches etc) to collide, crash ▷ vt to shock; (sorprender) to startle; **~ con** to collide with; (fig) to run up against; **¡chócala!** (fam) put it there!

chochear [tʃotʃe'ar] vi to be senile

chocho, -a ['tʃotʃo, a] adj doddering, senile; (fig) soft, doting

choclo ['tʃoklo] (cs) nm (grano) sweet corn; (mazorca) corn on the cob

chocolate [tʃoko'late] adj, nm chocolate; **chocolatina** nf chocolate

chofer [tʃo'fer] nm = **chófer**

chófer ['tʃofer] nm driver

chollo ['tʃoʎo] (ESP: fam) nm bargain, snip

choque etc ['tʃoke] vb V **chocar** ▷ nm (impacto) impact; (golpe) jolt; (Auto)

crash; (fig) conflict; **choque frontal** head-on collision

chorizo [tʃo'riθo] nm hard pork sausage, (type of) salami

chorrada [tʃo'rraða] (ESP: fam) nf: **¡es una ~!** that's crap! (!); **decir ~s** to talk crap (!)

chorrear [tʃorre'ar] vi to gush (out), spout (out); (gotear) to drip, trickle

chorro ['tʃorro] nm jet; (fig) stream

choza ['tʃoθa] nf hut, shack

chubasco [tʃu'βasko] nm squall

chubasquero [tʃuβas'kero] nm lightweight raincoat

chuchería [tʃutʃe'ria] nf trinket

chuleta [tʃu'leta] nf chop, cutlet

chulo ['tʃulo] nm (de prostituta) pimp

chupaleta [tʃupa'leta] (MÉX) nf lollipop

chupar [tʃu'par] vt to suck; (absorber) to absorb; **chuparse** vr to grow thin

chupete [tʃu'pete] (ESP, CS) nm dummy (BRIT), pacifier (US)

chupetín [tʃupe'tin] (RPL) nm lollipop

chupito [tʃu'pito] (fam) nm shot

chupón [tʃu'pon] nm (piruleta) lollipop; (LAM: chupete) dummy (BRIT), pacifier (US)

churro ['tʃurro] nm (type of) fritter

chusma ['tʃusma] nf rabble, mob

chutar [tʃu'tar] vi to shoot (at goal)

Cía abr (= compañía) Co.

cianuro [θja'nuro] nm cyanide

cibercafé [θiβerka'fe] nm cybercafé

cibernauta [θiβer'nauta] nmf web surfer, Internet user

ciberterrorista [θiβerterro'rista] nmf cyberterrorist

cicatriz [θika'triθ] nf scar; **cicatrizarse** vr to heal (up), form a scar

ciclismo [θi'klismo] nm cycling

ciclista [θi'klista] adj cycle cpd ▷ nmf cyclist

ciclo ['θiklo] nm cycle; **cicloturismo** nm touring by bicycle

ciclón [θi'klon] nm cyclone

ciego, -a ['θjexo, a] adj blind ▷ nm/f

blind man/woman

cielo ['θjelo] nm sky; (Rel) heaven; **¡~!** good heavens!

ciempiés [θjem'pjes] nm inv centipede

cien [θjen] num V **ciento**

ciencia ['θjenθja] nf science; **ciencias** nfpl (Escol) science sg; **ciencia-ficción** nf science fiction

científico, -a [θjen'tifiko, a] adj scientific ⊳ nm/f scientist

ciento ['θjento] num hundred; **pagar al 10 por ~** to pay 10 per cent; V tb **cien**

cierre etc ['θjerre] vb V **cerrar** ⊳ nm closing, shutting; (con llave) locking; (LAM: cremallera) zip (fastener)

cierro etc vb V **cerrar**

cierto, -a ['θjerto, a] adj sure, certain; (un tal) a certain; (correcto) right, correct; **por ~** by the way; **~ hombre** a certain man; **ciertas personas** certain o some people; **sí, es ~** yes, that's correct

ciervo ['θjerβo] nm deer; (macho) stag

cifra ['θifra] nf number; (secreta) code; **cifrar** [θi'frar] vt to code, write in code

cigala [θi'γala] nf Norway lobster

cigarra [θi'γarra] nf cicada

cigarrillo [θiγa'rriʎo] nm cigarette

cigarro [θi'γarro] nm cigarette; (puro) cigar

cigüeña [θi'γweɲa] nf stork

cilíndrico, -a [θi'lindriko, a] adj cylindrical

cilindro [θi'lindro] nm cylinder

cima ['θima] nf (de montaña) top, peak; (de árbol) top; (fig) height

cimentar [θimen'tar] vt to lay the foundations of; (fig: fundar) to found

cimiento [θi'mjento] nm foundation

cincel [θin'θel] nm chisel

cinco ['θinko] num five

cincuenta [θin'kwenta] num fifty

cine ['θine] nm cinema; **cinematográfico, -a** [θinemato'γrafiko, a] adj cine-,

film cpd

cínico, -a ['θiniko, a] adj cynical ⊳ nm/f cynic

cinismo [θi'nismo] nm cynicism

cinta ['θinta] nf band, strip; (de tela) ribbon; (película) reel; (de máquina de escribir) ribbon; **cinta adhesiva/ aislante** sticky/insulating tape; **cinta de vídeo** videotape; **cinta magnetofónica** tape; **cinta métrica** tape measure

cintura [θin'tura] nf waist

cinturón [θintu'ron] nm belt; **cinturón de seguridad** safety belt

ciprés [θi'pres] nm cypress (tree)

circo ['θirko] nm circus

circuito [θir'kwito] nm circuit

circulación [θirkula'θjon] nf circulation; (Auto) traffic

circular [θirku'lar] adj, nf circular ⊳ vi, vt to circulate ⊳ vi (Auto) to drive; **"circule por la derecha"** "keep (to the) right"

círculo ['θirkulo] nm circle; **círculo vicioso** vicious circle

circunferencia [θirkunfe'renθja] nf circumference

circunstancia [θirkuns'tanθja] nf circumstance

cirio ['θirjo] nm (wax) candle

ciruela [θi'rwela] nf plum; **ciruela pasa** prune

cirugía [θiru'xia] nf surgery; **cirugía estética** o **plástica** plastic surgery

cirujano [θiru'xano] nm surgeon

cisne ['θisne] nm swan

cisterna [θis'terna] nf cistern, tank

cita ['θita] nf appointment, meeting; (de novios) date; (referencia) quotation

citación [θita'θjon] nf (Jur) summons sg

citar [θi'tar] vt (gen) to make an appointment with; (Jur) to summons; (un autor, texto) to quote; **citarse** vr: **se ~on en el cine** they arranged to meet at the cinema

cítricos ['θitrikos] nmpl citrus fruit(s)

ciudad [θju'ðað] nf town; (más

grande) city; **ciudadano, -a** *nm/f* citizen

cívico, -a [ˈθiβiko, a] *adj* civic

civil [θiˈβil] *adj* civil ▷ *nm* (*guardia*) policeman; **civilización** [θiβiliθaˈθjon] *nf* civilization; **civilizar** [θiβiliˈθar] *vt* to civilize

cizaña [θiˈθaɲa] *nf* (*fig*) discord

cl. *abr* (=*centilitro*) cl.

clamor [klaˈmor] *nm* clamour, protest

clandestino, -a [klandesˈtino, a] *adj* clandestine; (*Pol*) underground

clara [ˈklara] *nf* (*de huevo*) egg white

claraboya [klaraˈβoja] *nf* skylight

clarear [klareˈar] *vi* (*el día*) to dawn; (*el cielo*) to clear up, brighten up; **clarearse** *vr* to be transparent

claridad [klariˈðað] *nf* (*de día*) brightness; (*de estilo*) clarity

clarificar [klarifiˈkar] *vt* to clarify

clarinete [klariˈnete] *nm* clarinet

claro, -a [ˈklaro, a] *adj* clear; (*luminoso*) bright; (*color*) light; (*evidente*) clear, evident; (*poco espeso*) thin ▷ *nm* (*en bosque*) clearing ▷ *adv* clearly ▷ *excl*: **¡~ que sí!** of course!; **¡~ que no!** of course not!

clase [ˈklase] *nf* class; **dar ~(s)** to teach; **clase alta/media/obrera** upper/middle/working class; **clases particulares** private lessons *o* tuition *sg*

clásico, -a [ˈklasiko, a] *adj* classical

clasificación [klasifikaˈθjon] *nf* classification; (*Deporte*) league table (table)

clasificar [klasifiˈkar] *vt* to classify

claustro [ˈklaustro] *nm* cloister

cláusula [ˈklausula] *nf* clause

clausura [klauˈsura] *nf* closing, closure

clavar [klaˈβar] *vt* (*clavo*) to hammer in; (*cuchillo*) to stick, thrust

clave [ˈklaβe] *nf* key; (*Mús*) clef; **clave de acceso** password; **clave** (*MÉX*) dialling (*BRIT*) *o* area (*US*) code

clavel [klaˈβel] *nm* carnation

clavícula [klaˈβikula] *nf* collar bone

clavija [klaˈβixa] *nf* peg, dowel, pin; (*Elec*) plug

clavo [ˈklaβo] *nm* (*de metal*) nail; (*Bot*) clove

claxon [ˈklakson] (*pl* **~s**) *nm* horn

clérigo [ˈkleriɣo] *nm* priest

clero [ˈklero] *nm* clergy

clicar [kliˈkar] *vi* (*Internet*) to click; **~ en el icono** to click on an icon; **~ dos veces** to double-click

cliché [kliˈtʃe] *nm* cliché; (*Foto*) negative

cliente, -a [ˈkljente, a] *nm/f* client, customer; **clientela** [kljenˈtela] *nf* clientele, customers *pl*

clima [ˈklima] *nm* climate; **climatizado, -a** [klimatiˈθaðo, a] *adj* air-conditioned

clímax [ˈklimaks] *nm inv* climax

clínica [ˈklinika] *nf* clinic; (*particular*) private hospital

clip [klip] (*pl* **~s**) *nm* paper clip

clítoris [ˈklitoris] *nm inv* (*Anat*) clitoris

cloaca [kloˈaka] *nf* sewer

clonar [kloˈnar] *vt* to clone

cloro [ˈkloro] *nm* chlorine

clóset [ˈkloset] (*MÉX*) *nm* cupboard

club [klub] (*pl* **~s** *o* **~es**) *nm* club; **club nocturno** nightclub

cm *abr* (=*centímetro, centímetros*) cm

coágulo [koˈaɣulo] *nm* clot

coalición [koaliˈθjon] *nf* coalition

coartada [koarˈtaða] *nf* alibi

coartar [koarˈtar] *vt* to limit, restrict

coba [ˈkoβa] *nf*: **dar ~ a algn** (*adular*) to suck up to sb

cobarde [koˈβarðe] *adj* cowardly ▷ *nm* coward; **cobardía** *nf* cowardice

cobaya [koˈβaja] *nf* guinea pig

cobertizo [koβerˈtiθo] *nm* shelter

cobertura [koβerˈtura] *nf* cover; **aquí no hay ~** (*Tel*) I can't get a signal

cobija [koˈβixa] (*LAM*) *nf* blanket; **cobijar** [koβiˈxar] *vt* (*cubrir*) to cover; (*proteger*) to shelter; **cobijo** *nm* shelter

cobra [ˈkoβra] *nf* cobra

cobrador, a [koβraˈðor, a] *nm/f* (*de*

autobús) conductor/conductress; *(de impuestos,* sobre) collector
cobrar [ko'βrar] *vt (cheque)* to cash; *(sueldo)* to collect, draw; *(objeto)* to recover; *(precio)* to charge; *(deuda)* to collect ▷ *vi* to be paid; **cóbrese al entregar** cash on delivery; **¿me cobra, por favor?** how much do I owe you?, can I have the bill, please?
cobre [ko'βre] *nm* copper; **cobres** *nmpl (Mús)* brass instruments
cobro [ko'βro] *nm (de cheque)* cashing; **presentar al ~** to cash
cocaína [koka'ina] *nf* cocaine
cocción [kok'θjon] *nf (Culin)* cooking; *(en agua)* boiling
cocer [ko'θer] *vt, vi* to cook; *(en agua)* to boil; *(en horno)* to bake
coche ['kotʃe] *nm (Auto)* car *(BRIT)*, automobile *(us)*; *(de tren, de caballos)* coach, carriage; *(para niños)* pram *(BRIT)*, baby carriage *(us)*; **ir en ~** to drive; **coche celular** police van; **coche de bomberos** fire engine; **coche de carreras** racing car; **coche fúnebre** hearse; **coche-cama** *(pl* **coches-cama)** *nm (Ferro)* sleeping car, sleeper
cochera [ko'tʃera] *nf* garage; *(de autobuses, trenes)* depot
coche restaurante *(pl* **coches restaurante)** *nm (Ferro)* dining car, diner
cochinillo [kotʃi'niʎo] *nm (Culin)* suckling pig, sucking pig
cochino, -a [ko'tʃino, a] *adj* filthy, dirty ▷ *nm/f* pig
cocido [ko'θiðo] *nm* stew
cocina [ko'θina] *nf* kitchen; *(aparato)* cooker, stove; *(acto)* cooking; **cocina eléctrica/de gas** electric/gas cooker; **cocina francesa** French cuisine; **cocinar** *vt, vi* to cook
cocinero, -a [koθi'nero, a] *nm/f* cook
coco ['koko] *nm* coconut
cocodrilo [koko'ðrilo] *nm* crocodile
cocotero [koko'tero] *nm* coconut palm

cóctel ['koktel] *nm* cocktail; **cóctel molotov** petrol bomb, Molotov cocktail
codazo [ko'ðaθo] *nm:* **dar un ~ a algn** to nudge sb
codicia [ko'ðiθja] *nf* greed; **codiciar** *vt* to covet
código ['koðiɣo] *nm* code; **código civil** common law; **código de barras** bar code; **código de circulación** highway code; **código de la zona** *(LAM)* dialling *(BRIT)* o area *(us)* code; **código postal** postcode
codillo [ko'ðiʎo] *nm (Zool)* knee; *(Tec)* elbow *(joint)*
codo [ko'ðo] *nm (Anat, de tubo)* elbow; *(Zool)* knee
codorniz [koðor'niθ] *nf* quail
coexistir [koe(k)sis'tir] *vi* to coexist
cofradía [kofra'ðia] *nf* brotherhood, fraternity
cofre ['kofre] *nm (de joyas)* case; *(de dinero)* chest
coger [ko'xer] *(ESP)* *vt* to take *(hold of)*; *(objeto caído)* to pick up; *(frutas)* to pick, harvest; *(resfriado, ladrón, pelota)* to catch ▷ *vi:* **~ por el buen camino** to take the right road; **cogerse** *vr (el dedo)* to catch; **~se a algo** to get hold of sth
cogollo [ko'ɣoʎo] *nm (de lechuga)* heart
cogote [ko'ɣote] *nm* back o nape of the neck
cohabitar [koaβi'tar] *vi* to live together, cohabit
coherente [koe'rente] *adj* coherent
cohesión [koe'sjon] *nm* cohesion
cohete [ko'ete] *nm* rocket
cohibido, -a [koi'βiðo, a] *adj (Psico)* inhibited; *(tímido)* shy
coincidencia [koinθi'ðenθja] *nf* coincidence
coincidir [koinθi'ðir] *vi (en idea)* to coincide, agree; *(en lugar)* to coincide
coito ['koito] *nm* intercourse, coitus
coja *etc* *vb* *V* **coger**
cojear [koxe'ar] *vi (persona)* to limp,

hobble; (*mueble*) to wobble, rock

cojera [ko'xera] nf limp

cojín [ko'xin] nm cushion

cojo, -a etc ['koxo, a] vb V **coger**
▷ adj (que no puede andar) lame,
crippled; (*mueble*) wobbly ▷ nm/f lame
person, cripple

cojón [ko'xon] (*fam!*) nm: **¡cojones!**
shit! (!); **cojonudo, -a** (*fam*) adj great,
fantastic

col [kol] nf cabbage; **coles de
Bruselas** Brussels sprouts

cola ['kola] nf tail; (*de gente*) queue;
(*lugar*) end, last place; (*para pegar*) glue,
gum; **hacer ~** to queue (up)

colaborador, a [kolaβora'ðor, a]
nm/f collaborator

colaborar [kolaβo'rar] vi to
collaborate

colada [ko'laða] (*ESP*) nf: **hacer la ~** to
do the washing

colador [kola'ðor] nm (*para líquidos*)
strainer; (*para verduras etc*) colander

colapso [ko'lapso] nm collapse

colar [ko'lar] vt (*líquido*) to strain
off; (*metal*) to cast ▷ vi to ooze, seep
(through); **colarse** vr to jump the
queue; **~se en** to get into without
paying; (*fiesta*) to gatecrash

colcha ['koltʃa] nf bedspread

colchón [kol'tʃon] nm mattress;
colchón inflable air bed o mattress

colchoneta [koltʃo'neta] nf (*en
gimnasio*) mat; (*de playa*) air bed

colección [kolek'θjon] nf
collection; **coleccionar** vt to collect;
coleccionista nmf collector

colecta [ko'lekta] nf collection

colectivo, -a [kolek'tiβo, a] adj
collective, joint ▷ nm (*ARG: autobús*)
(small) bus

colega [ko'leɣa] nmf colleague;
(*ESP: amigo*) mate

colegial, a [kole'xjal, a] nm/f
schoolboy(-girl)

colegio [ko'lexjo] nm college;
(*escuela*) school; (*de abogados etc*)
association; **colegio electoral** polling

station; **colegio mayor** (*ESP*) hall of
residence

cólera ['kolera] nf (*ira*) anger; (*Med*)
cholera

colesterol [koleste'rol] nm
cholesterol

coleta [ko'leta] nf pigtail

colgante [kol'ɣante] adj hanging
▷ nm (*joya*) pendant

colgar [kol'ɣar] vt to hang (up); (*ropa*)
to hang out ▷ vi to hang; (*Tel*) to hang up

cólico ['koliko] nm colic

coliflor [koli'flor] nf cauliflower

colilla [ko'liʎa] nf cigarette end, butt

colina [ko'lina] nf hill

colisión [koli'sjon] nf collision;
colisión frontal head-on crash

collar [ko'ʎar] nm necklace; (*de
perro*) collar

colmar [kol'mar] vt to fill to the brim;
(*fig*) to fulfil, realize

colmena [kol'mena] nf beehive

colmillo [kol'miʎo] nm (*diente*) eye
tooth; (*de elefante*) tusk; (*de perro*) fang

colmo ['kolmo] nm: **¡es el ~!** it's
the limit!

colocación [koloka'θjon] nf (*acto*)
placing; (*empleo*) job, position

colocar [kolo'kar] vt to place, put,
position; (*dinero*) to invest; (*poner en
empleo*) to find a job for; **colocarse** vr
to get a job

Colombia [ko'lombja] nf Colombia;
colombiano, -a adj, nm/f Colombian

colonia [ko'lonja] nf colony; (*agua
de colonia*) cologne; (*MÉX: de casas*)

residential area; **colonia proletaria** (MÉX) shantytown

colonización [koloniθa'θjon] nf colonization; **colonizador, a** [koloniθa'ðor, a] adj colonizing ▷ nm/f colonist, settler

colonizar [koloni'θar] vt to colonize

coloquio [ko'lokjo] nm conversation; (congreso) conference

color [ko'lor] nm colour

colorado, -a [kolo'raðo, a] adj (rojo) red; (MÉX: chiste) smutty, rude

colorante [kolo'rante] nm colouring

colorear [kolore'ar] vt to colour

colorete [kolo'rete] nm blusher

colorido [kolo'riðo] nm colouring

columna [ko'lumna] nf column; (pilar) pillar; (apoyo) support; (tb: ~ **vertebral**) spine, spinal column; (fig) backbone

columpiar [kolum'pjar] vt to swing; **columpiarse** vr to swing; **columpio** nm swing

coma ['koma] nf comma ▷ nm (Med) coma

comadre [ko'maðre] nf (madrina) godmother; (chismosa) gossip; **comadrona** nf midwife

comal [ko'mal] (MÉX, CAM) nm griddle

comandante [koman'dante] nm commandant

comarca [ko'marka] nf region

comba ['komba] nf (ESP) nf (cuerda) skipping rope; **saltar a la ~** to skip

combate [kom'bate] nm fight

combatir [komba'tir] vt to fight, combat

combinación [kombina'θjon] nf combination; (Quím) compound; (prenda) slip

combinar [kombi'nar] vt to combine

combustible [kombus'tiβle] nm fuel

comedia [ko'meðja] nf comedy; (Teatro) play, drama; **comediante** [kome'ðjante] nmf (comic) actor/actress

comedido, -a [kome'ðiðo, a] adj moderate

comedor, a [kome'ðor, a] nm (habitación) dining room; (cantina) canteen

comensal [komen'sal] nmf fellow guest (o diner)

comentar [komen'tar] vt to comment on; **comentario** [komen'tarjo] nm comment, remark; (literario) commentary; **comentarios** nmpl (chismes) gossip sg; **comentarista** [komenta'rista] nmf commentator

comenzar [komen'θar] vt, vi to begin, start; **~ a hacer algo** to begin o start doing sth

comer [ko'mer] vt to eat; (Damas, Ajedrez) to take, capture ▷ vi to eat; (ESP, MÉX: almorzar) to have lunch; **comerse** vr to eat up

comercial [komer'θjal] adj commercial; (relativo al negocio) business cpd; **comercializar** vt (producto) to market; (pey) to commercialize

comerciante [komer'θjante] nmf trader, merchant

comerciar [komer'θjar] vi to trade, do business

comercio [ko'merθjo] nm commerce, trade; (tienda) shop, store; (negocio) business; (fig) dealings pl; **comercio electrónico** e-commerce; **comercio exterior/interior** foreign/domestic trade

comestible [komes'tiβle] adj eatable, edible; **comestibles** nmpl food sg, foodstuffs

cometa [ko'meta] nm comet ▷ nf kite

cometer [kome'ter] vt to commit

cometido [kome'tiðo] nm task, assignment

cómic ['komik] nm comic

comicios [ko'miθjos] nmpl elections

cómico, -a ['komiko, a] adj comic(al) ▷ nm/f comedian

comida [koˈmiða] nf (alimento) food; (almuerzo, cena) meal; (de mediodía) lunch; **comida basura** junk food; **comida chatarra** (MÉX) junk food

comidilla [komiˈðiʎa] nf: **ser la ~ del barrio** o **pueblo** to be the talk of the town

comienzo etc [koˈmjenθo] vb V **comenzar** ▷ nm beginning, start

comillas [koˈmiʎas] nfpl quotation marks

comilona [komiˈlona] (fam) nf blow-out

comino [koˈmino] nm: **(no) me importa un ~** I don't give a damn

comisaría [komisaˈria] nf (de policía) police station; (Mil) commissariat

comisario [komiˈsarjo] nm (Mil etc) commissary; (Pol) commissar

comisión [komiˈsjon] nf commission; **Comisiones Obreras** (ESP) Communist trade union

comité [komiˈte] (pl **~s**) nm committee

comitiva [komiˈtiβa] nf retinue

como [ˈkomo] adv as; (tal ~) like; (aproximadamente) about, approximately ▷ conj (ya que, puesto que) as, since; **¡~ no!** of course!; **~ no lo haga hoy** unless he does it today; **~ si** as if; **es tan alto ~ ancho** it is as high as it is wide

cómo [ˈkomo] adv how?, why? ▷ excl what?, I beg your pardon? ▷ nm: **el ~ y el porqué** the whys and wherefores

cómoda [ˈkomoða] nf chest of drawers

comodidad [komoðiˈðað] nf comfort

comodín [komoˈðin] nm joker

cómodo, -a [ˈkomoðo, a] adj comfortable; (práctico, de fácil uso) convenient

compact [komˈpakt] (pl **~s**) nm (tb: **~ disc**) compact disk player

compacto, -a [komˈpakto, a] adj compact

compadecer [kompaðeˈθer] vt to

pity, be sorry for; **compadecerse** vr: **~se de** to pity, be o feel sorry for

compadre [komˈpaðre] nm (padrino) godfather; (amigo) friend, pal

compañero, -a [kompaˈɲero, a] nm/f companion; (novio) boy/girlfriend; **compañero de clase** classmate

compañía [kompaˈɲia] nf company; **hacer ~ a algn** to keep sb company

comparación [komparaˈθjon] nf comparison; **en ~ con** in comparison with

comparar [kompaˈrar] vt to compare

comparecer [kompareˈθer] vi to appear (in court)

comparsa [komˈparsa] nmf (Teatro) extra

compartimiento [kompartiˈmjento] nm (Ferro) compartment

compartir [komparˈtir] vt to share; (dinero, comida etc) to divide (up), share (out)

compás [komˈpas] nm (Mús) beat, rhythm; (Mat) compasses pl; (Náut etc) compass

compasión [kompaˈsjon] nf compassion, pity

compasivo, -a [kompaˈsiβo, a] adj compassionate

compatible [kompaˈtiβle] adj compatible

compatriota [kompaˈtrjota] nmf compatriot, fellow countryman/ woman

compenetrarse [kompeneˈtrarse] vr to be in tune

compensación [kompensaˈθjon] nf compensation

compensar [kompenˈsar] vt to compensate

competencia [kompeˈtenθja] nf (incumbencia) domain, field; (Jur, habilidad) competence; (rivalidad) competition

competente [kompeˈtente] adj

competent

competición [kompeti'θjon] *nf*
competition

competir [kompe'tir] *vi* to compete

compinche [kom'pintʃe] (LAM) *nmf*
mate, buddy (US)

complacer [kompla'θer] *vt* to
please; **complacerse** *vr* to be pleased

complaciente [kompla'θjente] *adj*
kind, obliging, helpful

complejo, -a [kom'plexo, a] *adj,
nm* complex

complementario, -a
[komplemen'tarjo, a] *adj*
complementary

completar [komple'tar] *vt* to
complete

completo, -a [kom'pleto, a] *adj*
(perfecto) perfect; (lleno) full
▷ *nm* full complement

complicado, -a [kompli'kaðo,
a] *adj* complicated; **estar ~ en** to be
mixed up in

cómplice ['kompliθe] *nmf*
accomplice

complot [kom'plo(t)] (*pl* ~**s**) *nm* plot

componer [kompo'ner] *vt* (Mús,
Literatura, Imprenta) to compose; (algo
roto) to mend, repair; (arreglar) to
arrange; **componerse** *vr*: **~se de** to
consist of

comportamiento
[komporta'mjento] *nm* behaviour,
conduct

comportarse [kompor'tarse] *vr*
to behave

composición [komposi'θjon] *nf*
composition

compositor, a [komposi'tor, a]
nm/f composer

compostura [kompos'tura] *nf*
(actitud) composure

compra ['kompra] *nf* purchase;
hacer la ~ to do the shopping; **ir de ~s**
to go shopping; purchase; **comprador, a** *nm/f*
buyer, purchaser; **comprar** [kom'prar]
vt to buy, purchase

comprender [kompren'der] *vt* to

understand; (incluir) to comprise,
include

comprensión [kompren'sjon] *nf*
understanding; **comprensivo, -a** *adj*
(actitud) understanding

compresa [kom'presa] *nf* (para
mujer) sanitary towel (BRIT) o napkin
(US)

comprimido, -a [kompri'miðo, a]
adj compressed ▷ *nm* (Med) pill, tablet

comprimir [kompri'mir] *vt* to
compress; (Internet) to zip

comprobante [kompro'βante] *nm*
proof; (Com) voucher; **comprobante de
compra** proof of purchase

comprobar [kompro'βar] *vt* to
check; (probar) to prove; (Tec) to
check, test

comprometer [komprome'ter]
vt to compromise; (poner en peligro)
to endanger; **comprometerse** *vr*
(involucrarse) to get involved

compromiso [kompro'miso] *nm*
(obligación) obligation; (cometido)
commitment; (convenio) agreement;
(apuro) awkward situation

compuesto, -a [kom'pwesto, a]
adj: **~ de** composed of, made up of ▷ *nm*
compound

computadora [komputa'ðora]
(LAM) *nf* computer; **computadora
central** mainframe (computer);
computadora personal personal
computer

cómputo ['komputo] *nm* calculation

comulgar [komul'ɣar] *vi* to receive
communion

común [ko'mun] *adj* common
▷ *nm*: **el ~** the community

comunicación [komunika'θjon] *nf*
communication; (informe) report

comunicado [komuni'kaðo] *nm*
announcement; **comunicado de
prensa** press release

comunicar [komuni'kar] *vt, vi* to
communicate; **comunicarse** *vr* to
communicate; **está comunicando**
(Tel) the line's engaged (BRIT) o

busy (US); **comunicativo, -a** adj
communicative

comunidad [komuni'ðað] nf
community; **comunidad autónoma**
(ESP) autonomous region; **Comunidad
(Económica) Europea** European
(Economic) Community; **comunidad
de vecinos** residents' association

comunión [komu'njon] nf
communion

comunismo [komu'nismo] nm
communism; **comunista** adj, nmf
communist

○ **PALABRA CLAVE**

con [kon] prep 1 (medio, compañía)
with; **comer con cuchara** to eat with
a spoon; **pasear con algn** to go for a
walk with sb
2 (a pesar de): **con todo, merece
nuestros respetos** all the same, he
deserves our respect
3 (para con): **es muy bueno para con
los niños** he's very good with (the)
children
4 (+ infin): **con llegar a las seis estará
bien** if you come by six it will be fine
▷ conj: **con que: será suficiente con
que le escribas** it will be sufficient if
you write to her

concebir [konθe'βir] vt, vi to
conceive

conceder [konθe'ðer] vt to concede

concejal, a [konθe'xal, a] nm/f
town councillor

concentración [konθentra'θjon] nf
concentration

concentrar [konθen'trar] vt to
concentrate; **concentrarse** vr to
concentrate

concepto [kon'θepto] nm concept

concernir [konθer'nir] vi to concern;
en lo que concierne a ... as far as ... is
concerned; **en lo que a mí concierne**
as far as I'm concerned

concertar [konθer'tar] vt (Mús)

to harmonize; (acordar: precio) to
agree; (: tratado) to conclude; (trato)
to arrange, fix up; (combinar: esfuerzos)
to coordinate ▷ vi to harmonize,
be in tune

concesión [konθe'sjon] nf
concession

concesionario [konθesjo'narjo] nm
(licensed) dealer, agent

concha ['kontʃa] nf shell

conciencia [kon'θjenθja] nf
conscience; **tomar ~ de** to become
aware of; **tener la ~ tranquila** to have
a clear conscience

concienciar [konθjen'θjar] vt to
make aware; **concienciarse** vr to
become aware

concienzudo, -a [konθjen'θuðo, a]
adj conscientious

concierto etc [kon'θjerto] vb V
concertar ▷ nm concert; (obra)
concerto

conciliar [konθi'ljar] vt to reconcile;
~ el sueño to get to sleep

concilio [kon'θiljo] nm council

conciso, -a [kon'θiso, a] adj concise

concluir [konklu'ir] vt, vi to
conclude; **concluirse** vr to conclude

conclusión [konklu'sjon] nf
conclusion

concordar [konkor'ðar] vt to
reconcile ▷ vi to agree, tally

concordia [kon'korðja] nf harmony

concretar [konkre'tar] vt to
make concrete, make more specific;
concretarse vr to become more
definite

concreto, -a [kon'kreto, a] adj,
nm (LAM: hormigón) concrete; **en ~** (en
resumen) to sum up; (específicamente)
specifically; **no hay nada en ~** there's
nothing definite

concurrido, -a [konku'rriðo, a] adj
(calle) busy; (local, reunión) crowded

concursante [konkur'sante] nmf
competitor

concurso [kon'kurso] nm (de público)
crowd; (Escol, Deporte, competencia)

competition; (*ayuda*) help, cooperation

condal [kon'dal] *adj*: **la Ciudad C~** Barcelona

conde ['konde] *nm* count

condecoración [kondekora'θjon] *nf* (*Mil*) medal

condena [kon'dena] *nf* sentence; **condenación** [kondena'θjon] *nf* condemnation; (*Rel*) damnation; **condenar** [konde'nar] *vt* to condemn; (*Jur*) to convict; **condenarse** *vr* (*Rel*) to be damned

condesa [kon'desa] *nf* countess

condición [kondi'θjon] *nf* condition; **a ~ de que ...** on condition that ...; **condicional** *adj* conditional

condimento [kondi'mento] *nm* seasoning

condominio [kondo'minjo] (*LAM*) *nm* condominium

condón [kon'don] *nm* condom

conducir [kondu'θir] *vt* to take, convey; (*Auto*) to drive ▷ *vi* to drive; (*fig*) to lead; **conducirse** *vr* to behave

conducta [kon'dukta] *nf* conduct, behaviour

conducto [kon'dukto] *nm* pipe, tube; (*fig*) channel

conductor, a [konduk'tor, a] *adj* leading, guiding ▷ *nm* (*Física*) conductor; (*de vehículo*) driver

conduje *etc vb* V **conducir**

conduzco *etc vb* V **conducir**

conectado, -a [konek'taðo, a] *adj* (*Inform*) on-line

conectar [konek'tar] *vt* to connect (up); (*enchufar*) plug in

conejillo [kone'xiʎo] *nm*: **~ de Indias** guinea pig

conejo [ko'nexo] *nm* rabbit

conexión [konek'sjon] *nf* connection

confección [konfek(k)'θjon] *nf* preparation; (*industria*) clothing industry

confeccionar [konfekθjo'nar] *vt* to make (up)

conferencia [konfe'renθja] *nf* conference; (*lección*) lecture; (*ESP Tel*) call; **conferencia de prensa** press conference

conferir [konfe'rir] *vt* to award

confesar [konfe'sar] *vt* to confess, admit

confesión [konfe'sjon] *nf* confession

confesionario [konfesjo'narjo] *nm* confessional

confeti [kon'feti] *nm* confetti

confiado, -a [kon'fjaðo, a] *adj* (*crédulo*) trusting; (*seguro*) confident

confianza [kon'fjanθa] *nf* trust; (*seguridad*) confidence; (*familiaridad*) intimacy, familiarity

confiar [kon'fjar] *vt* to entrust ▷ *vi* to trust; **~ en algn** to trust sb; **~ en que ...** to hope that ...

confidencial [konfiðen'θjal] *adj* confidential

confidente [konfi'ðente] *nmf* confidant/e; (*policial*) informer

configurar [konfixu'rar] *vt* to shape, form

confín [kon'fin] *nm* limit; **confines** *nmpl* confines, limits

confirmar [konfir'mar] *vt* to confirm

confiscar [konfis'kar] *vt* to confiscate

confite [kon'fite] *nm* sweet (*BRIT*), candy (*US*); **confitería** [konfite'ria] *nf* (*tienda*) confectioner's (shop)

confitura [konfi'tura] *nf* jam

conflictivo, -a [konflik'tiβo, a] *adj* (*asunto, propuesta*) controversial; (*país, situación*) troubled

conflicto [kon'flikto] *nm* conflict; (*fig*) clash

confluir [kon'flwir] *vi* (*ríos*) to meet; (*gente*) to gather

conformar [konfor'mar] *vt* to shape, fashion ▷ *vi* to agree; **conformarse** *vr* to conform; (*resignarse*) to resign o.s.; **~se con algo** to be happy with sth

conforme [kon'forme] *adj*

(*correspondiente*): **~ con** in line with; (*de acuerdo*): **estar ~s (con algo)** to be in agreement (with sth) ▷ *adv* as ▷ *excl* agreed! ▷ *prep*: **~ a** in accordance with; **quedarse ~ (con algo)** to be satisfied (with sth)

confortable [konfor'taβle] *adj* comfortable

confortar [konfor'tar] *vt* to comfort

confrontar [konfron'tar] *vt* to confront; (*dos personas*) to bring face to face; (*cotejar*) to compare

confundir [konfun'dir] *vt* (*equivocar*) to mistake, confuse; (*turbar*) to confuse; **confundirse** *vr* (*turbarse*) to get confused; (*equivocarse*) to make a mistake; (*mezclarse*) to mix

confusión [konfu'sjon] *nf* confusion

confuso, -a [kon'fuso, a] *adj* confused

congelado, -a [konxe'laðo, a] *adj* frozen; **congelados** *nmpl* frozen food(s); **congelador** *nm* (*aparato*) freezer, deep freeze

congelar [konxe'lar] *vt* to freeze; **congelarse** *vr* (*sangre, grasa*) to congeal

congeniar [konxe'njar] *vi* to get on (BRIT) o along (US) well

congestión [konxes'tjon] *nf* congestion

congestionar [konxestjo'nar] *vt* to congest

congraciarse [kongra'θjarse] *vr* to ingratiate o.s.

congratular [kongratu'lar] *vt* to congratulate

congregar [kongre'ɣar] *vt* to gather together; **congregarse** *vr* to gather together

congresista [kongre'sista] *nmf* delegate, congressman/woman

congreso [kon'greso] *nm* congress

conjetura [konxe'tura] *nf* guess; **conjeturar** *vt* to guess

conjugar [konxu'ɣar] *vt* to combine, fit together; (*Ling*) to conjugate

conjunción [konxun'θjon] *nf* conjunction

conjunto, -a [kon'xunto, a] *adj* joint, united ▷ *nm* whole; (*Mús*) band; **en ~** as a whole

conmemoración [konmemora'θjon] *nf* commemoration

conmemorar [konmemo'rar] *vt* to commemorate

conmigo [kon'miɣo] *pron* with me

conmoción [konmo'θjon] *nf* shock; (*fig*) upheaval; **conmoción cerebral** (*Med*) concussion

conmovedor, a [konmoβe'ðor, a] *adj* touching, moving; (*emocionante*) exciting

conmover [konmo'βer] *vt* to shake, disturb; (*fig*) to move

conmutador [konmuta'ðor] *nm* switch; (LAM: *centralita*) switchboard; (: *central*) telephone exchange

cono ['kono] *nm* cone; **Cono Sur** Southern Cone

conocedor, a [konoθe'ðor, a] *adj* expert, knowledgeable ▷ *nm/f* expert

conocer [kono'θer] *vt* to know; (*por primera vez*) to meet, get to know; (*entender*) to know about; (*reconocer*) to recognize; **conocerse** *vr* (*una persona*) to know o.s.; (*dos personas*) to (get to) know each other; **~ a algn de vista** to know sb by sight

conocido, -a [kono'θiðo, a] *adj* (well-)known ▷ *nm/f* acquaintance

conocimiento [konoθi'mjento] *nm* knowledge; (*Med*) consciousness; **conocimientos** *nmpl* (*saber*) knowledge *sg*

conozco etc *vb* V **conocer**

conque ['konke] *conj* and so, so then

conquista [kon'kista] *nf* conquest; **conquistador, a** *adj* conquering ▷ *nm* conqueror; **conquistar** [konkis'tar] *vt* to conquer

consagrar [konsa'ɣrar] *vt* (*Rel*) to consecrate; (*fig*) to devote

consciente [kons'θjente] *adj* conscious

consecución [konseku'θjon] nf acquisition; (de fin) attainment

consecuencia [konse'kwenθja] nf consequence, outcome; (coherencia) consistency

consecuente [konse'kwente] adj consistent

consecutivo, -a [konseku'tiβo, a] adj consecutive

conseguir [konse'ɣir] vt to get, obtain; (objetivo) to attain

consejero, -a [konse'xero, a] nm/f adviser, consultant; (Pol) councillor

consejo [kon'sexo] nm advice; (Pol) council; **consejo de administración** (Com) board of directors; **consejo de guerra** court martial; **consejo de ministros** cabinet meeting

consenso [kon'senso] nm consensus

consentimiento [konsenti'mjento] nm consent

consentir [konsen'tir] vt (permitir, tolerar) to consent to; (mimar) to pamper, spoil; (aguantar) to put up with ▷ vi to agree, consent; **~ que algn haga algo** to allow sb to do sth

conserje [kon'serxe] nm caretaker; (portero) porter

conservación [konserβa'θjon] nf conservation; (de alimentos, vida) preservation

conservador, a [konserβa'ðor, a] adj (Pol) conservative ▷ nm/f conservative

conservante [konser'βante] nm preservative

conservar [konser'βar] vt to conserve, keep; (alimentos, vida) to preserve; **conservarse** vr to survive

conservas [kon'serβas] nfpl canned food(s) pl

conservatorio [konserβa'torjo] nm (Mús) conservatoire, conservatory

considerable [konsiðe'raβle] adj considerable

consideración [konsiðera'θjon] nf consideration; (estimación) respect

considerado, -a [konsiðe'raðo, a]

adj (atento) considerate; (respetado) respected

considerar [konsiðe'rar] vt to consider

consigna [kon'siɣna] nf (orden) order, instruction; (para equipajes) left-luggage office

consigo etc [kon'siɣo] vb V **conseguir** ▷ pron (m) with him; (f) with her; (Vd) with you; (reflexivo) with o.s.

consiguiendo etc vb V **conseguir**

consiguiente [konsi'ɣjente] adj consequent; **por ~** and so, therefore, consequently

consistente [konsis'tente] adj consistent; (sólido) solid, firm; (válido) sound

consistir [konsis'tir] vi: **~ en** (componerse de) to consist of

consola [kon'sola] nf (mueble) console table; (de videojuegos) console

consolación [konsola'θjon] nf consolation

consolar [konso'lar] vt to console

consolidar [konsoli'ðar] vt to consolidate

consomé [konso'me] (pl ~s) nm consommé, clear soup

consonante [konso'nante] adj consonant, harmonious ▷ nf consonant

consorcio [kon'sorθjo] nm consortium

conspiración [konspira'θjon] nf conspiracy

conspirar [konspi'rar] vi to conspire

constancia [kons'tanθja] nf constancy; **dejar ~ de** to put on record

constante [kons'tante] adj, nf constant

constar [kons'tar] vi (evidenciarse) to be clear or evident; **~ de** to consist of

constipado, -a [konsti'paðo, a] adj: **estar ~** to have a cold ▷ nm cold

No confundir **constipado** con la palabra inglesa constipated.

constitución [konstitu'θjon] nf constitution

constituir [konstitu'ir] vt (formar, componer) to constitute, make up; (fundar, erigir, ordenar) to constitute, establish

construcción [konstruk'θjon] nf construction, building

constructor, a [konstruk'tor, a] nm/f builder

construir [konstru'ir] vt to build, construct

construyendo etc vb V **construir**

consuelo [kon'swelo] nm consolation, solace

cónsul ['konsul] nm consul; **consulado** nm consulate

consulta [kon'sulta] nf consultation; (Med): **horas de ~** surgery hours; **consultar** [konsul'tar] vt to consult; **consultar algo con algn** to discuss sth with sb; **consultorio** [konsul'torjo] nm (Med) surgery

consumición [konsumi'θjon] nf consumption; (bebida) drink; (comida) food; **consumición mínima** cover charge

consumidor, a [konsumi'ðor, a] nm/f consumer

consumir [konsu'mir] vt to consume; **consumirse** vr to be consumed; (persona) to waste away

consumismo [konsu'mismo] nm consumerism

consumo [kon'sumo] nm consumption

contabilidad [kontaβili'ðað] nf accounting, book-keeping; (profesión) accountancy; **contable** nmf accountant

contacto [kon'takto] nm contact; (Auto) ignition; **estar/ponerse en ~ con algn** to be/to get in touch with sb

contado, -a [kon'taðo, a] adj: **~s** (escasos) numbered, scarce, few ▷ nm: **pagar al ~** to pay (in) cash

contador [konta'ðor] nm

(ESP: aparato) meter ▷ nmf (LAM Com) accountant

contagiar [konta'xjar] vt (enfermedad) to pass on, transmit; (persona) to infect; **contagiarse** vr to become infected

contagio [kon'taxjo] nm infection; **contagioso, -a** adj infectious; (fig) catching

contaminación [kontamina'θjon] nf contamination; (polución) pollution

contaminar [kontami'nar] vt to contaminate; (aire, agua) to pollute

contante [kon'tante] adj: **dinero ~ (y sonante)** cash

contar [kon'tar] vt (páginas, dinero) to count; (anécdota, chiste etc) to tell ▷ vi to count; **~ con** to rely on, count on

contemplar [kontem'plar] vt to contemplate; (mirar) to look at

contemporáneo, -a [kontempo'raneo, a] adj, nm/f contemporary

contenedor [kontene'ðor] nm container

contener [konte'ner] vt to contain, hold; (retener) to hold back, contain; **contenerse** vr to control o restrain o.s.

contenido, -a [konte'niðo, a] adj (moderado) restrained; (risa etc) suppressed ▷ nm contents pl, content

contentar [konten'tar] vt (satisfacer) to satisfy; (complacer) to please; **contentarse** vr to be satisfied

contento, -a [kon'tento, a] adj (alegre) pleased; (feliz) happy

contestación [kontesta'θjon] nf answer, reply

contestador [kontesta'ðor] nm (tb: **~ automático**) answering machine

contestar [kontes'tar] vt to answer, reply; (Jur) to corroborate, confirm

■ No confundir **contestar** con la palabra inglesa contest.

contexto [kon'te(k)sto] nm context

contigo [kon'tixo] pron with you

contiguo, -a [kon'tixwo, a] *adj* adjacent, adjoining

continente [konti'nente] *adj, nm* continent

continuación [kontinwa'θjon] *nf* continuation; **a ~** then, next

continuar [konti'nwar] *vt* to continue, go on *▷ vi* to continue, go on; **~ hablando** to continue talking o to talk

continuidad [kontinwi'ðað] *nf* continuity

continuo, -a [kon'tinwo, a] *adj* (*sin interrupción*) continuous; (*acción perseverante*) continual

contorno [kon'torno] *nm* outline; (*Geo*) contour; **contornos** *nmpl* neighbourhood *sg*, surrounding area *sg*

contra ['kontra] *prep, adv* against *▷ nm inv* con *▷ nf*: **la C~** (*de Nicaragua*) the Contras *pl*

contraataque [kontraa'take] *nm* counter-attack

contrabajo [kontra'βaxo] *nm* double bass

contrabandista [kontraβan'dista] *nmf* smuggler

contrabando [kontra'βando] *nm* (*acción*) smuggling; (*mercancías*) contraband

contracción [kontrak'θjon] *nf* contraction

contracorriente [kontrako'rrjente] *nf* cross-current

contradecir [kontraðe'θir] *vt* to contradict

contradicción [kontraðik'θjon] *nf* contradiction

contradictorio, -a [kontraðik'torjo, a] *adj* contradictory

contraer [kontra'er] *vt* to contract; (*limitar*) to restrict; **contraerse** *vr* to contract; (*limitarse*) to limit o.s.

contraluz [kontra'luθ] *nm* view against the light

contrapartida [kontrapar'tiða] *nf*: **como ~ (de)** in return (for)

contrapelo [kontra'pelo]: **a ~** *adv* the wrong way

contrapeso [kontra'peso] *nm* counterweight

contraportada [kontrapor'taða] *nf* (*de revista*) back cover

contraproducente [kontraproðu'θente] *adj* counterproductive

contrario, -a [kon'trarjo, a] *adj* contrary; (*persona*) opposed; (*sentido, lado*) opposite *▷ nm/f* enemy, adversary; (*Deporte*) opponent; **al o por el ~** on the contrary; **de lo ~** otherwise

contrarreloj [kontrarre'lo] *nf* (*tb*: **prueba ~**) time trial

contrarrestar [kontrarres'tar] *vt* to counteract

contrasentido [kontrasen'tiðo] *nm* (*contradicción*) contradiction

contraseña [kontra'seɲa] *nf* (*Inform*) password

contrastar [kontras'tar] *vt, vi* to contrast

contraste [kon'traste] *nm* contrast

contratar [kontra'tar] *vt* firmar un acuerdo para, to contract for; (*empleados, obreros*) to hire, engage

contratiempo [kontra'tjempo] *nm* setback

contratista [kontra'tista] *nmf* contractor

contrato [kon'trato] *nm* contract

contraventana [kontraβen'tana] *nf* shutter

contribución [kontriβu'θjon] *nf* (*municipal etc*) tax; (*ayuda*) contribution

contribuir [kontriβu'ir] *vt, vi* to contribute; (*Com*) to pay (in taxes)

contribuyente [kontriβu'jente] (*Com*) taxpayer; (*que ayuda*) contributor

contrincante [kontrin'kante] *nm* opponent

control [kon'trol] *nm* control; (*inspección*) inspection, check; **control de pasaportes** passport inspection; **controlador, a** *nm/f* controller; **controlador aéreo** air-traffic controller; **controlar** [kontro'lar] *vt*

to control; (*inspeccionar*) to inspect,
check

contundente [kontun'dente] *adj*
(*instrumento*) blunt; (*argumento, derrota*)
overwhelming

contusión [kontu'sjon] *nf* bruise

convalecencia [kombale'θenθja] *nf*
convalescence

convalecer [kombale'θer] *vi* to
convalesce, get better

convalidar [kombali'ðar] *vt* (*título*)
to recognize

convencer [komben'θer] *vt* to
convince; **~ a algn (de o para hacer
algo)** to persuade sb (to do sth)

convención [komben'θjon] *nf*
convention

conveniente [kombe'njente] *adj*
suitable; (*útil*) useful

convenio [kom'benjo] *nm*
agreement, treaty

convenir [kombe'nir] *vi* (*estar de
acuerdo*) to agree; (*venir bien*) to suit,
be suitable

> No confundir **convenir** con la
> palabra inglesa *convene*.

convento [kom'bento] *nm* convent

convenza *etc vb* V **convencer**

convergir [komber'xir] *vi* =
converger

conversación [kombersa'θjon] *nf*
conversation

conversar [komber'sar] *vi* to talk,
converse

conversión [komber'sjon] *nf*
conversion

convertir [komber'tir] *vt* to
convert

convidar [kombi'ðar] *vt* to invite; **~
a algn a una cerveza** to buy sb a beer

convincente [kombin'θente] *adj*
convincing

convite [kom'bite] *nm* invitation;
(*banquete*) banquet

convivencia [kombi'βenθja] *nf*
coexistence, living together

convivir [kombi'βir] *vi* to live
together

convocar [kombo'kar] *vt* to
summon, call (together)

convocatoria [komboka'torja] *nf*
(*de oposiciones, elecciones*) notice; (*de
huelga*) call

cónyuge ['konjuxe] *nmf* spouse

coñac [ko'na(k)] (*pl* **-s**) *nm* cognac,
brandy

coño ['kono] (*fam!*) *excl* (*enfado*) shit!
(!); (*sorpresa*) bloody hell! (!)

cool [kul] *adj* (*fam*) cool

cooperación [koopera'θjon] *nf*
cooperation

cooperar [koope'rar] *vi* to cooperate

cooperativa [koopera'tiβa] *nf*
cooperative

coordinadora [koorðina'ðora] *nf*
(*comité*) coordinating committee

coordinar [koorði'nar] *vt* to
coordinate

copa ['kopa] *nf* cup; (*vaso*) glass;
(*bebida*): **tomar una ~** (to have a) drink;
(*de árbol*) top; (*de sombrero*) crown;
copas *nfpl* (*Naipes*) = hearts

copia ['kopja] *nf* copy; **copia de
respaldo o seguridad** (*Inform*) back-up
copy; **copiar** *vt* to copy

copla ['kopla] *nf* verse; (*canción*)
(*popular*) song

copo ['kopo] *nm*: **~ de nieve**
snowflake; **~s de maíz** cornflakes

coqueta [ko'keta] *adj* flirtatious,
coquettish; **coquetear** *vi* to flirt

coraje [ko'raxe] *nm* courage; (*ánimo*)
spirit; (*ira*) anger

coral [ko'ral] *adj* choral ▷ *nf* (*Mús*)
choir ▷ *nm* (*Zool*) coral

coraza [ko'raθa] *nf* (*armadura*)
armour; (*blindaje*) armour-plating

corazón [kora'θon] *nm* heart

corazonada [koraθo'naða] *nf*
impulse; (*presentimiento*) hunch

corbata [kor'βata] *nf* tie

corchete [kor'tʃete] *nm* catch, clasp

corcho ['kortʃo] *nm* cork; (*Pesca*) float

cordel [kor'ðel] *nm* cord, line

cordero [kor'ðero] *nm* lamb

cordial [kor'ðjal] *adj* cordial

cordillera [korði'ʎera] nf range (of
mountains)

Córdoba ['korðoβa] n Cordova

cordón [kor'ðon] nm (cuerda) cord,
string; (de zapatos) lace; (Mil etc) cordon;
cordón umbilical umbilical cord

cordura [kor'ðura] nf: **con ~** (obrar,
hablar) sensibly

corneta [kor'neta] nf bugle

cornisa [kor'nisa] nf (Arq) cornice

coro ['koro] nm chorus; (conjunto de
cantores) choir

corona [ko'rona] nf crown; (de flores)
garland

coronel [koro'nel] nm colonel

coronilla [koro'niʎa] nf (Anat) crown
(of the head)

corporal [korpo'ral] adj corporal,
bodily

corpulento, -a [korpu'lento, a] adj
(persona) heavily-built

corral [ko'rral] nm farmyard

correa [ko'rrea] nf strap; (cinturón)
belt; (de perro) lead, leash; **correa de
ventilador** (Auto) fan belt

corrección [korrek'θjon] nf
correction; (reprensión) rebuke;
correccional nm reformatory

correcto, -a [ko'rrekto, a] adj
correct; (persona) well-mannered

corredizo, -a [korre'ðiθo, a] adj
(puerta etc) sliding

corredor, a [korre'ðor, a] nm (pasillo)
corridor; (balcón corrido) gallery; (Com)
agent, broker ▷ nm/f (Deporte) runner

corregir [korre'xir] vt (error) to
correct; **corregirse** vr to reform

correo [ko'rreo] nm post, mail;
(persona) courier; **Correos** nmpl (Esp)
Post Office sg; **correo aéreo** airmail;
correo basura (Inform) spam; **correo
electrónico** e-mail, electronic mail;
correo web webmail

correr [ko'rrer] vt to run; (cortinas)
to draw; (cerrojo) to shoot ▷ vi to run;
(líquido) to run, flow; **correrse** vr to
slide, move; (colores) to run

correspondencia

[korrespon'denθja] nf
correspondence; (Ferro) connection

corresponder [korrespon'der] vi to
correspond; (convenir) to be suitable;
(pertenecer) to belong; (concernir) to
concern; **corresponderse** vr (por
escrito) to correspond; (amarse) to love
one another

correspondiente
[korrespon'djente] adj corresponding

corresponsal [korrespon'sal] nmf
correspondent

corrida [ko'rriða] nf (de toros)
bullfight

corrido, -a [ko'rriðo, a] adj
(avergonzado) abashed; **un kilo ~ a**
good kilo

corriente [ko'rrjente] adj (agua)
running; (dinero etc) current; (común)
ordinary, normal ▷ nf current ▷ nm
current month; **estar al ~ de** to be
informed about; **corriente eléctrica**
electric current

corrija etc vb V **corregir**

corro ['korro] nm ring, circle (of
people)

corromper [korrom'per] vt (madera)
to rot; (fig) to corrupt

corrosivo, -a [korro'siβo, a] adj
corrosive

corrupción [korrup'θjon] nf rot,
decay; (fig) corruption

corsé [kor'se] nm corset

cortacésped [korta'θespeð] nm
lawn mower

cortado, -a [kor'taðo, a] adj
(gen) cut; (leche) sour; (tímido) shy;
(avergonzado) embarrassed ▷ nm
coffee (with a little milk)

cortafuegos [korta'fweɣos] nm inv
(en el bosque) firebreak, fire lane (us);
(Internet) firewall

cortar [kor'tar] vt to cut; (suministro)
to cut off; (un pasaje) to cut out ▷ vi
to cut; **cortarse** vr (avergonzarse)
to become embarrassed; (leche) to
turn, curdle; **~ se el pelo** to have one's
hair cut

cortauñas [korta'uɲas] *nm inv* nail clippers *pl*

corte ['korte] *nm* cut, cutting; (*de tela*) piece, length ▷ *nf*: **las C~s** the Spanish Parliament; **corte de luz** power cut; **corte y confección** dressmaking

cortejo [kor'texo] *nm* entourage; **cortejo fúnebre** funeral procession

cortés [kor'tes] *adj* courteous, polite

cortesía [korte'sia] *nf* courtesy

corteza [kor'teθa] *nf* (*de árbol*) bark; (*de pan*) crust

cortijo [kor'tixo] (ESP) *nm* farm, farmhouse

cortina [kor'tina] *nf* curtain

corto, -a ['korto, a] *adj* (*breve*) short; (*tímido*) bashful; **~ de luces** not very bright; **~ de vista** short-sighted; **estar ~ de fondos** to be short of funds; **cortocircuito** *nm* short circuit; **cortometraje** *nm* (Cine) short

cosa ['kosa] *nf* thing; **~ de** about; **eso es ~ mía** that's my business

coscorrón [kosko'rron] *nm* bump on the head

cosecha [ko'setʃa] *nf* (Agr) harvest; (*de vino*) vintage; **cosechar** [kose'tʃar] *vt* to harvest, gather (in)

coser [ko'ser] *vt* to sew

cosmético, -a [kos'metiko, a] *adj*, *nm* cosmetic

cosquillas [kos'kiʎas] *nfpl*: **hacer ~** to tickle; **tener ~** to be ticklish

costa ['kosta] *nf* (Geo) coast; **a toda ~** at all costs; **Costa Brava** Costa Brava; **Costa Cantábrica** Cantabrian Coast; **Costa del Sol** Costa del Sol

costado [kos'taðo] *nm* side

costanera [kosta'nera] (CS) *nf* promenade, sea front

costar [kos'tar] *vt* (*valer*) to cost; **me cuesta hablarle** I find it hard to talk to him

Costa Rica [kosta'rika] *nf* Costa Rica; **costarricense** *adj* Costa Rican; **costarriqueño, -a** *adj, nm/f* Costa Rican

coste ['koste] *nm* = **costo**

costear [koste'ar] *vt* to pay for

costero, -a [kos'tero, a] *adj* (*pueblecito, camino*) coastal

costilla [kos'tiʎa] *nf* rib; (Culin) cutlet

costo ['kosto] *nm* cost, price; **costo de (la) vida** cost of living; **costoso, -a** *adj* costly, expensive

costra ['kostra] *nf* (*corteza*) crust; (Med) scab

costumbre [kos'tumbre] *nf* custom, habit

costura [kos'tura] *nf* sewing, needlework; (*zurcido*) seam

costurera [kostu'rera] *nf* dressmaker

costurero [kostu'rero] *nm* sewing box o case

cotidiano, -a [koti'ðjano, a] *adj* daily, day to day

cotilla [ko'tiʎa] (ESP: *fam*) *nmf* gossip; **cotillear** (ESP) *vi* to gossip; **cotilleo** (ESP) *nm* gossip(ing)

cotizar [koti'θar] *vt* (Com) to quote, price; **cotizarse** *vr*: **~se a** to sell at, fetch; (Bolsa) to stand at, be quoted at

coto ['koto] *nm* (*terreno cercado*) enclosure; (*de caza*) reserve

cotorra [ko'torra] *nf* parrot

coyote [ko'jote] *nm* coyote, prairie wolf

coz [koθ] *nf* kick

crack [krak] *nm* (*droga*) crack

cráneo ['kraneo] *nm* skull, cranium

cráter ['krater] *nm* crater

crayón [kra'jon] (MÉX, RPL) *nm* crayon, chalk

creación [krea'θjon] *nf* creation

creador, a [krea'ðor, a] *adj* creative ▷ *nm/f* creator

crear [kre'ar] *vt* to create, make

crecer [kre'θer] *vi* to grow; (*precio*) to rise

creces ['kreθes]: **con ~** *adv* amply, fully

crecido, -a [kre'θiðo, a] *adj* (*persona, planta*) full-grown; (*cantidad*) large

crecimiento [kreθi'mjento] *nm* growth; (*aumento*) increase

credencial [kreðen'θjal] *nf*

(LAM: tarjeta) card; **credenciales** nfpl credentials; **credencial de socio** (LAM) membership card

crédito ['kreðito] nm credit

credo ['kreðo] nm creed

creencia [kre'enθja] nf belief

creer [kre'er] vt, vi to think, believe; **creerse** vr to believe o.s. (to be); **~ en** to believe in; **creo que sí/no** I think/don't think so; **¡ya lo creo!** I should think so!

creído, -a [kre'iðo, a] adj (engreído) conceited

crema ['krema] nf cream; **crema batida** (LAM) whipped cream; **crema pastelera** (confectioner's) custard

cremallera [krema'ʎera] nf zip (fastener)

crepe ['krepe] (ESP) nf pancake

cresta ['kresta] nf (Geo, Zool) crest

creyendo etc vb V **creer**

creyente [kre'jente] nmf believer

creyó etc vb V **creer**

crezco etc vb V **crecer**

cría etc ['kria] vb V **criar** ▷ nf (de animales) rearing, breeding; (animal) young; V tb **crío**

criadero [kria'ðero] nm (Zool) breeding place

criado, -a [kri'aðo, a] nm servant ▷ nf servant, maid

criador [kria'ðor] nm breeder

crianza [kri'anθa] nf rearing, breeding; (fig) breeding

criar [kri'ar] vt (educar) to bring up; (producir) to grow, produce; (animales) to breed

criatura [kria'tura] nf creature; (niño) baby, (small) child

cribar [kri'βar] vt to sieve

crimen ['krimen] nm crime

criminal [krimi'nal] adj, nmf criminal

crines ['krines] nfpl mane

crío, -a ['krio, a] (fam) nm/f (niño) kid

crisis ['krisis] nf inv crisis; **crisis nerviosa** nervous breakdown

crismas ['krismas] (ESP) nm inv Christmas card

cristal [kris'tal] nm crystal; (de ventana) glass, pane; (lente) lens; **cristalino, -a** adj crystalline; (fig) clear ▷ nm lens (of the eye)

cristianismo [kristja'nismo] nm Christianity

cristiano, -a [kris'tjano, a] adj, nm/f Christian

Cristo ['kristo] nm Christ; (crucifijo) crucifix

criterio [kri'terjo] nm criterion; (juicio) judgement

crítica ['kritika] nf criticism; V tb **crítico**

criticar [kriti'kar] vt to criticize

crítico, -a ['kritiko, a] adj critical ▷ nm/f critic

Croacia [kro'aθja] nf Croatia

cromo ['kromo] nm chrome

crónica ['kronika] nf chronicle, account

crónico, -a ['kroniko, a] adj chronic

cronómetro [kro'nometro] nm stopwatch

croqueta [kro'keta] nf croquette

cruce etc ['kruθe] vb V **cruzar** ▷ nm (para peatones) crossing; (de carreteras) crossroads

crucero [kru'θero] nm (viaje) cruise

crucificar [kruθifi'kar] vt to crucify

crucifijo [kruθi'fixo] nm crucifix

crucigrama [kruθi'vrama] nm crossword (puzzle)

cruda ['kruða] (MÉX, CAM: fam) nf hangover

crudo, -a ['kruðo, a] adj raw; (no maduro) unripe; (petróleo) crude; (rudo, cruel) cruel ▷ nm crude (oil)

cruel [krwel] adj cruel; **crueldad** nf cruelty

crujiente [kru'xjente] adj (galleta etc) crunchy

crujir [kru'xir] vi (madera etc) to creak; (dedos) to crack; (dientes) to grind; (nieve, arena) to crunch

cruz [kruθ] nf cross; (de moneda) tails sg; **cruz gamada** swastika

cruzada [kru'θaða] nf crusade

cruzado, -a [kru'θaðo, a] *adj*
crossed ▷ *nm* crusader

cruzar [kru'θar] *vt* to cross; **cruzarse**
vr (*líneas etc*) to cross; (*personas*) to pass
each other

Cruz Roja *nf* Red Cross

cuaderno [kwa'ðerno] *nm*
notebook; (*de escuela*) exercise book;
(*Náut*) logbook

cuadra ['kwaðra] *nf* (*caballeriza*)
stable; (*LAM: entre calles*) block

cuadrado, -a [kwa'ðraðo, a] *adj*
square ▷ *nm* (*Mat*) square

cuadrar [kwa'ðrar] *vt* to square
▷ *vi*: ~ **con** to square with, tally with;
cuadrarse *vr* (*soldado*) to stand to
attention

cuadrilátero [kwaðri'latero]
nm (*Deporte*) boxing ring; (*Geom*)
quadrilateral

cuadrilla [kwa'ðriʎa] *nf* party, group

cuadro ['kwaðro] *nm* square; (*Arte*)
painting; (*Teatro*) scene; (*diagrama*)
chart; (*Deporte, Med*) team; **tela a
~s** checked (*BRIT*) o chequered (*US*)
material

cuajar [kwa'xar] *vt* (*leche*) to curdle;
(*sangre*) to congeal; (*Culin*) to set;
cuajarse *vr* to curdle; to congeal; to
set; (*llenarse*) to fill up

cuajo ['kwaxo] *nm*: **de ~** (*arrancar*) by
the roots; (*cortar*) completely

cual [kwal] *adv* like, as ▷ *pron*: **el** *etc*
~ which; (*persona sujeto*) who; (: *objeto*)
whom ▷ *adj* such as; **cada ~** each one;
déjalo tal ~ leave it just as it is

cuál [kwal] *pron interr* which (one)

cualesquier, a [kwales'kjer(a)] *pl de*
cualquier(a)

cualidad [kwali'ðað] *nf* quality

cualquier [kwal'kjer] *adj V*
cualquiera

cualquiera [kwal'kjera] (*pl*
cualesquiera) *adj* (*delante de nm y f*
cualquier) *pron* any, anybody; **un
coche ~ servirá** any car will do; **no es
un hombre ~** he isn't just anybody;
cualquier día/libro any day/book; **eso**

~ lo sabe hacer anybody can do that;
es un ~ he's a nobody

cuando ['kwando] *adv* when; (*aún
si*) if, even if ▷ *conj* (*puesto que*) since
▷ *prep*: **yo, ~ niño ...** when I was a child
...; **~ no sea así** even if it is not so; **~
más** at (the) most; **~ menos** at least;
~ no if not, otherwise; **de ~ en ~** from
time to time

cuándo ['kwando] *adv interr*: **¿desde
~?** since when?

cuantía [kwan'tia] *nf* extent

○ **PALABRA CLAVE**

cuanto, -a ['kwanto, a] *adj* **1** (*todo*):
tiene todo cuanto desea he's got
everything he wants; **le daremos
cuantos ejemplares necesite** we'll
give him as many copies as o all the
copies he needs; **cuantos hombres la
ven** all the men who see her

2 **unos cuantos**: **había unos
cuantos periodistas** there were a few
journalists

3 (+ *más*): **cuanto más vino bebes peor
te sentirás** the more wine you drink
the worse you'll feel

▷ *pron*: **tiene cuanto desea** he has
everything he wants; **tome cuanto/
cuantos quiera** take as much/many
as you want

▷ *adv*: **en cuanto**: **en cuanto profesor**
as a teacher; **en cuanto a mí** as for me;
V **tb antes**

▷ *conj* **1** **cuanto más gana menos
gasta** the more he earns the less
he spends; **cuanto más joven más
confiado** the younger you are the more
trusting you are

2 **en cuanto**: **en cuanto llegue/
llegué** as soon as I arrive/arrived

cuánto, -a ['kwanto, a] *adj*
(*exclamación*) what a!; (*interr: sg*)
how much?; (: *pl*) how many? ▷ *pron,
adv* how; (: *interr: sg*) how much?; (: *pl*)
how many?; **¡cuánta gente!** what a

lot of people!; **¿~ cuesta?** how much
does it cost?; **¿a ~s estamos?** what's
the date?

cuarenta [kwaˈrenta] *num* forty

cuarentena [kwarenˈtena] *nf*
quarantine

cuaresma [kwaˈresma] *nf* Lent

cuarta [ˈkwarta] *nf* (Mat) quarter,
fourth; (palmo) span

cuartel [kwarˈtel] *nm* (Mil) barracks
pl; **cuartel de bomberos** (RPL) fire
station; **cuartel general** headquarters
pl

cuarteto [kwarˈteto] *nm* quartet

cuarto, -a [ˈkwarto, a] *adj* fourth
▷ *nm* (Mat) quarter, fourth; (habitación)
room; **cuarto de baño** bathroom;
cuarto de estar living room; **cuarto
de hora** quarter of an hour; **cuarto
de kilo** quarter kilo; **cuartos de final**
quarter finals

cuatro [ˈkwatro] *num* four

Cuba [ˈkußa] *nf* Cuba

cuba [ˈkußa] *nf* cask, barrel

cubano, -a [kuˈßano, a] *adj, nm/f*
Cuban

cubata [kuˈßata] *nm* (fam) large drink
(of rum and coke etc)

cubeta [kuˈßeta] *nf* (ESP, MÉX) (balde)
bucket, tub

cúbico, -a [ˈkußiko, a] *adj* cubic

cubierta [kuˈßjerta] *nf* cover,
covering; (neumático) tyre; (Náut) deck

cubierto, -a [kuˈßjerto, a] *pp de*
cubrir ▷ *adj* covered ▷ *nm* cover;
(lugar en la mesa) place; **cubiertos** *nmpl*
cutlery *sg*; **a ~** under cover

cubilete [kußiˈlete] *nm* (en juegos)
cup

cubito [kuˈßito] *nm* (tb: **~ de hielo**)
ice-cube

cubo [ˈkußo] *nm* (Mat) cube;
(ESP: balde) bucket, tub; (Tec) drum;
cubo de (la) basura dustbin (BRIT),
trash can (us)

cubrir [kuˈßrir] *vt* to cover; **cubrirse**
vr (cielo) to become overcast

cucaracha [kukaˈratʃa] *nf* cockroach

cuchara [kuˈtʃara] *nf* spoon; (Tec)
scoop; **cucharada** *nf* spoonful;
cucharadita *nf* teaspoonful

cucharilla [kutʃaˈriʎa] *nf* teaspoon

cucharón [kutʃaˈron] *nm* ladle

cuchilla [kuˈtʃiʎa] *nf* (large) knife; (de
arma blanca) blade; **cuchilla de afeitar**
razor blade

cuchillo [kuˈtʃiʎo] *nm* knife

cuchitril [kutʃiˈtril] *nm* hovel

cuclillas [kuˈkliʎas] *nfpl*: **en ~**
squatting

cuco, -a [ˈkuko, a] *adj* pretty; (astuto)
sharp ▷ *nm* cuckoo

cucurucho [kukuˈrutʃo] *nm* cornet

cueca [ˈkweka] *nf* Chilean national
dance

cuello [ˈkweʎo] *nm* (Anat) neck; (de
vestido, camisa) collar

cuenca [ˈkwenka] *nf* (Anat) eye
socket; (Geo) bowl, deep valley

cuenco [ˈkwenko] *nm* bowl

cuenta *etc* [ˈkwenta] *vb* V **contar**
▷ *nf* (cálculo) count, counting; (en
café, restaurante) bill (BRIT), check (us);
(Com) account; (de collar) bead; **a fin
de ~s** in the end; **caer en la ~** to catch
on; **darse ~ de** to realize; **tener en
~** to bear in mind; **echar ~s** to take
stock; **cuenta atrás** countdown;
cuenta corriente o de ahorros
current/savings account; **cuenta de
correo (electrónica)** (Inform) email
account; **cuentakilómetros** *nm inv* ≈
milometer; (de velocidad) speedometer

cuento *etc* [ˈkwento] *vb* V **contar**
▷ *nm* story; **cuento chino** tall story;
cuento de hadas a fairy tale

cuerda [ˈkwerða] *nf* rope; (fina)
string; (de reloj) spring; **dar ~ a un
reloj** to wind up a clock; **cuerda floja**
tightrope; **cuerdas vocales** vocal cords

cuerdo, -a [ˈkwerðo, a] *adj* sane;
(prudente) wise, sensible

cuerno [ˈkwerno] *nm* horn

cuero [ˈkwero] *nm* leather; **en ~s**
stark naked; **cuero cabelludo** scalp

cuerpo [ˈkwerpo] *nm* body

cuervo ['kwerβo] nm crow

cuesta etc ['kwesta] vb V **costar**
▷ nf slope; (en camino etc) hill; ~
arriba/abajo uphill/downhill; **a ~s**
on one's back

cueste etc vb V **costar**

cuestión [kwes'tjon] nf matter,
question, issue

cuete ['kwete] adj (MÉX: fam) drunk
▷ nm (LAM: cohete) rocket; (MÉX,
RPL: fam: embriaguez) drunkenness;
(MÉX: Culin) steak

cueva ['kweβa] nf cave

cuidado [kwi'ðaðo] nm care,
carefulness; (preocupación) worry
▷ excl careful!, look out!; **eso me tiene
sin ~** I'm not worried about that

cuidadoso, -a [kwiða'ðoso, a] adj
careful; (preocupado) anxious

cuidar [kwi'ðar] vt (Med) to care for;
(ocuparse de) to take care of, look after
▷ vi: **~ de** to take care of, look after;
cuidarse vr to look after o.s.; **~se de
hacer algo** to take care to do sth

culata [ku'lata] nf (de fusil) butt

culebra [ku'leβra] nf snake

culebrón [kule'βron] (fam) nm (TV)
soap(-opera)

culo ['kulo] nm bottom, backside; (de
vaso, botella) bottom

culpa ['kulpa] nf fault; (Jur) guilt; **por
~ de** because of; **echar la ~ a algn** to
blame sb for sth; **tener la ~ (de)** to be
to blame (for); **culpable** adj guilty
▷ nmf culprit; **culpar** [kul'par] vt to
blame; (acusar) to accuse

cultivar [kulti'βar] vt to cultivate

cultivo [kul'tiβo] nm (acto)
cultivation; (plantas) crop

culto, -a ['kulto, a] adj (que tiene
cultura) cultured, educated ▷ nm
(homenaje) worship; (religión) cult

cultura [kul'tura] nf culture

culturismo [kultu'rismo] nm body-
building

cumbia ['kumbja] nf popular
Colombian dance

cumbre ['kumbre] nf summit, top

cumpleaños [kumple'aɲos] nm
inv birthday

cumplido, -a [kum'pliðo, a] adj
(abundante) plentiful; (cortés) courteous
▷ nm compliment; **visita de ~**
courtesy call

cumplidor, a [kumpli'ðor, a] adj
reliable

cumplimiento [kumpli'mjento] nm
(de un deber) fulfilment; (acabamiento)
completion

cumplir [kum'plir] vt (orden) to carry
out, obey; (promesa) to carry out, fulfil;
(condena) to serve ▷ vi: **~ con** (deber) to
carry out, fulfil; **cumplirse** vr (plazo) to
expire; **hoy cumple dieciocho años** he
is eighteen today

cuna ['kuna] nf cradle, cot

cundir [kun'dir] vi (noticia, rumor,
pánico) to spread; (rendir) to go a
long way

cuneta [ku'neta] nf ditch

cuña ['kuɲa] nf wedge

cuñado, -a [ku'ɲaðo, a] nm/f
brother-/sister-in-law

cuota ['kwota] nf (parte proporcional)
share; (cotización) fee, dues pl

cupe etc vb V **caber**

cupiera etc vb V **caber**

cupo ['kupo] vb V **caber** ▷ nm quota

cupón [ku'pon] nm coupon

cúpula ['kupula] nf dome

cura ['kura] nf (curación) cure; (método
curativo) treatment ▷ nm priest

curación [kura'θjon] nf cure; (acción)
curing

curandero, -a [kuran'dero, a]
nm/f quack

curar [ku'rar] vt (Med: herida) to treat,
dress; (: enfermo) to cure; (Culin) to cure,
salt; (cuero) to tan; **curarse** vr to get
well, recover

curiosear [kurjose'ar] vt to glance
at, look over ▷ vi to look round,
wander round; (explorar) to poke about

curiosidad [kurjosi'ðað] nf curiosity

curioso, -a [ku'rjoso, a] adj curious
▷ nm/f bystander, onlooker

curita [ku'rita] (*LAM*) *nf* (sticking) plaster (*BRIT*), Bandaid® (*US*)

currante [ku'rrante] (*ESP: fam*) *nmf* worker

currar [ku'rrar] (*ESP: fam*) *vi* to work

currículo [ku'rrikulo] = **currículum**

curriculum [ku'rrikulum] *nm* curriculum vitae

cursi ['kursi] (*fam*) *adj* affected

cursillo [kur'siʎo] *nm* short course

cursiva [kur'siβa] *nf* italics *pl*

curso ['kurso] *nm* course; **en ~** (*año*) current; (*proceso*) going on, under way

cursor [kur'sor] *nm* (*Inform*) cursor

curul [ku'rul] (*MÉX*) *nm* (*escaño*) seat

curva ['kurβa] *nf* curve, bend

custodia [kus'toðja] *nf* safekeeping; custody

cutis ['kutis] *nm inv* skin, complexion

cutre ['kutre] (*ESP: fam*) *adj* (*lugar*) grotty

cuyo, -a ['kujo, a] *pron* (*de quien*) whose; (*de que*) whose, of which; **en ~ caso** in which case

C.V. *abr* (= *caballos de vapor*) H.P.

d

D. *abr* (= *Don*) Esq

dado, -a ['daðo, a] *pp de* **dar** ⊳ *nm* die; **dados** *nmpl* dice; **~ que** given that

daltónico, -a [dal'toniko, a] *adj* colour-blind

dama ['dama] *nf* (*gen*) lady; (*Ajedrez*) queen; **damas** *nfpl* (*juego*) draughts *sg*; **dama de honor** bridesmaid

damasco [da'masko] (*RPL*) *nm* apricot

danés, -esa [da'nes, esa] *adj* Danish ⊳ *nm/f* Dane

dañar [da'ɲar] *vt* (*objeto*) to damage; (*persona*) to hurt; **dañarse** *vr* (*objeto*) to get damaged

dañino, -a [da'ɲino, a] *adj* harmful

daño ['daɲo] *nm* (*objeto*) damage; (*persona*) harm, injury; **~s y perjuicios** (*Jur*) damages; **hacer ~ a** to damage; (*persona*) to hurt, injure; **hacerse ~** to hurt o.s.

○ **PALABRA CLAVE**

dar [dar] *vt* **1** (*gen*) to give; (*obra de*

teatro) to put on; (*film*) to show; (*fiesta*) to hold; **dar algo a algn** to give sb sth o sth to sb; **dar de beber a algn** to give sb a drink

2 (*producir: intereses*) to yield; (*fruta*) to produce

3 (*locuciones + n*): **da gusto escucharle** it's a pleasure to listen to him; V tb **paseo**

4 (*+ n: perífrasis de verbo*): **me da asco** it sickens me

5 (*considerar*): **dar algo por descontado/entendido** to take sth for granted/as read; **dar algo por concluido** to consider sth finished

6 (*hora*): **el reloj dio las 6** the clock struck 6 (o'clock)

7: **me da lo mismo** it's all the same to me; V tb **igual, más**

▷ vi **1 dar con:** dimos con él dos horas más tarde we came across him two hours later; **al final di con la solución** I eventually came up with the answer

2: **dar en** (*blanco, suelo*) to hit; **el sol me da en la cara** the sun is shining (right) on my face

3: **dar de sí** (*zapatos etc*) to stretch, give

darse *vr* **1**: **darse por vencido** to give up

2 (*ocurrir*): **se han dado muchos casos** there have been a lot of cases

3: **darse a: se ha dado a la bebida** he's taken to drinking

4: **se me dan bien/mal las ciencias** I'm good/bad at science

5: **dárselas de: se las da de experto** he fancies himself o poses as an expert

dardo ['darðo] *nm* dart

dátil ['datil] *nm* date

dato ['dato] *nm* fact, piece of information; **datos personales** personal details

dcha. *abr* (= *derecha*) r.h.

d. de C. *abr* (= *después de Cristo*) A.D.

○ **PALABRA CLAVE**

de [de] (*de + el = del*) *prep* **1** (*posesión*) of; **la casa de Isabel/mis padres** Isabel's/my parents' house; **es de ellos** it's theirs

2 (*origen, distancia, con números*) from; **soy de Gijón** I'm from Gijón; **de 8 a 20** from 8 to 20; **salir del cine** to go out o leave the cinema; **de 2 en 2** 2 by 2, 2 at a time

3 (*valor descriptivo*): **una copa de vino** a glass of wine; **la mesa de la cocina** the kitchen table; **un billete de 10 euros** a 10 euro note; **un niño de tres años** a three-year-old (child); **una máquina de coser** a sewing machine; **ir vestido de gris** to be dressed in grey; **la niña del vestido azul** the girl in the blue dress; **trabaja de profesora** she works as a teacher; **de lado** sideways; **de atrás/delante** rear/front

4 (*hora, tiempo*): **a las 8 de la mañana** at 8 o'clock in the morning; **de día/noche** by day/night; **de hoy en ocho días** a week from now; **de niño era gordo** as a child he was fat

5 (*comparaciones*): **más/menos de cien personas** more/less than a hundred people; **el más caro de la tienda** the most expensive in the shop; **menos/más de lo pensado** less/more than expected

6 (*causa*): **del calor** from the heat

7 (*tema*) about; **clases de inglés** English classes; **¿sabes algo de él?** do you know anything about him?; **un libro de física** a physics book

8 (*adj + de + infin*): **fácil de entender** easy to understand

9 (*oraciones pasivas*): **fue respetado de todos** he was loved by all

10 (*condicional + infin*) if; **de ser posible** if possible; **de no terminarlo hoy** if I *etc* don't finish it today

dé [de] vb V **dar**

debajo [de'βaxo] adv underneath; ~ **de** below, under; **por ~ de** beneath

debate [de'βate] nm debate; **debatir** vt to debate

deber [de'βer] nm duty ▷ vt to owe ▷ vi: **debe (de)** it must, it should; **deberes** nmpl (Escol) homework; **deberse** vr: ~**se a** to be owing o due to; **debo hacerlo** I must do it; **debe de ir** he should go

debido, -a [de'βiðo, a] adj proper, just; ~ **a** due to, because of

débil ['deβil] adj (persona, carácter) weak; (luz) dim; **debilidad** nf weakness; dimness

debilitar [deβili'tar] vt to weaken; **debilitarse** vr to grow weak

débito ['deβito] nm debt; **débito bancario** (LAM) direct debit (BRIT) o billing (US)

debutar [deβu'tar] vi to make one's debut

década ['dekaða] nf decade

decadencia [deka'ðenθja] nf (estado) decadence; (proceso) decline, decay

decaído, -a [deka'iðo, a] adj: **estar ~** (abatido) to be down

decano, -a [de'kano, a] nm/f (de universidad etc) dean

decena [de'θena] nf: **una ~** ten (or so)

decente [de'θente] adj decent

decepción [deθep'θjon] nf disappointment

No confundir **decepción** con la palabra inglesa deception.

decepcionar [deθepθjo'nar] vt to disappoint

decidir [deθi'ðir] vt, vi to decide; **decidirse** vr: ~**se a** to make up one's mind to

décimo, -a [de'θimo, a] adj tenth ▷ nm tenth

decir [de'θir] vt to say; (contar) to tell; (hablar) to speak ▷ nm saying; **decirse** vr: **se dice que** it is said that; **es ~** that is (to say); ~ **para sí** to say to o.s.;

querer ~ to mean; **¡dígame!** (Tel) hello!; (en tienda) can I help you?

decisión [deθi'sjon] nf (resolución) decision; (firmeza) decisiveness

decisivo, -a [deθi'siβo, a] adj decisive

declaración [deklara'θjon] nf (manifestación) statement; (de amor) declaration; **declaración fiscal** o **de la renta** income-tax return

declarar [dekla'rar] vt to declare ▷ vi to declare; (Jur) to testify; **declararse** vr to propose

decoración [dekora'θjon] nf decoration

decorado [deko'raðo] nm (Cine, Teatro) scenery, set

decorar [deko'rar] vt to decorate; **decorativo, -a** adj ornamental, decorative

decreto [de'kreto] nm decree

dedal [de'ðal] nm thimble

dedicación [deðika'θjon] nf dedication

dedicar [deði'kar] vt (libro) to dedicate; (tiempo, dinero) to devote; (palabras: decir, consagrar) to dedicate, devote; **dedicatoria** nf (de libro) dedication

dedo ['deðo] nm finger; **hacer ~** (fam) to hitch (a lift); **dedo anular** ring finger; **dedo corazón** middle finger; **dedo (del pie)** toe; **dedo gordo** (de la mano) thumb; (del pie) big toe; **dedo índice** index finger; **dedo meñique** little finger; **dedo pulgar** thumb

deducción [deðuk'θjon] nf deduction

deducir [deðu'θir] vt (concluir) to deduce, infer; (Com) to deduct

defecto [de'fekto] nm defect, flaw; **defectuoso, -a** adj defective, faulty

defender [defen'der] vt to defend; **defenderse** vr (desenvolverse) to get by

defensa [de'fensa] nf (protección) o nm (Deporte) defender, back; **defensivo, -a** adj defensive; **a la defensiva** on the defensive

defensor, a [defen'sor, a] adj
defending ▷ nm/f (abogado defensor)
defending counsel; (protector) protector
deficiencia [defi'θjenθja] nf
deficiency
deficiente [defi'θjente] adj
(defectuoso) defective; ~ **en** lacking o
deficient in; **ser un ~ mental** to be
mentally handicapped
déficit ['defiθit] (pl ~s) nm deficit
definición [defini'θjon] nf definition
definir [defi'nir] vt (determinar) to
determine, establish; (decidir) to define;
(aclarar) to clarify; **definitivo, -a** adj
definitive; **en definitiva** definitively;
(en resumen) in short
deformación [deforma'θjon] nf
(alteración) deformation; (Radio etc)
distortion
deformar [defor'mar] vt (gen) to
deform; **deformarse** vr to become
deformed; **deforme** adj (informe)
deformed; (feo) ugly; (malhecho)
misshapen
defraudar [defrau'ðar] vt
(decepcionar) to disappoint; (estafar)
to defraud
defunción [defun'θjon] nf death,
demise
degenerar [dexene'rar] vi to
degenerate
degradar [deɣra'ðar] vt to debase,
degrade; **degradarse** vr to demean
o.s.
degustación [deɣusta'θjon] nf
sampling, tasting
dejar [de'xar] vt to leave; (permitir)
to allow, let; (abandonar) to abandon,
forsake; (beneficios) to produce, yield
▷ vi: ~ **de** (parar) to stop; (no hacer) to
fail to; ~ **a un lado** to leave o set aside;
~ **entrar/salir** to let in/out; ~ **pasar** to
let through
del [del] (=**de** + **el**) V **de**
delantal [delan'tal] nm apron
delante [de'lante] adv in front;
(enfrente) opposite; (adelante) ahead; ~
de in front of, before

delantera [delan'tera] nf (de vestido,
casa etc) front part; (Deporte) forward
line; **llevar la ~ (a algn)** to be ahead
(of sb)
delantero, -a [delan'tero, a] adj
front ▷ nm (Deporte) forward,
striker
delatar [dela'tar] vt to inform on
o against, betray; **delator, a** nm/f
informer
delegación [deleɣa'θjon] nf (acción,
delegados) delegation; (Com: oficina)
office, branch; **delegación de policía**
(MÉX) police station
delegado, -a [dele'ɣaðo, a] nm/f
delegate; (Com) agent
delegar [dele'ɣar] vt to delegate
deletrear [deletre'ar] vt to spell (out)
delfín [del'fin] nm dolphin
delgado, -a [del'ɣaðo, a] adj thin;
(persona) slim, thin; (tela etc) light,
delicate
deliberar [deliβe'rar] vt to debate,
discuss
delicadeza [delika'ðeθa] nf (gen)
delicacy; (refinamiento, sutileza)
refinement
delicado, -a [deli'kaðo, a] adj
(gen) delicate; (sensible) sensitive;
(quisquilloso) touchy
delicia [de'liθja] nf delight
delicioso, -a [deli'θjoso, a] adj
(gracioso) delightful; (exquisito)
delicious
delimitar [delimi'tar] vt (función,
responsabilidades) to define
delincuencia [delin'kwenθja]
nf delinquency; **delincuente** nmf
delinquent; (criminal) criminal
delineante [deline'ante] nmf
draughtsman/woman
delirante [deli'rante] adj delirious
delirar [deli'rar] vi to be delirious,
rave
delirio [de'lirjo] nm (Med)
delirium; (palabras insensatas)
ravings pl
delito [de'lito] nm (gen) crime;

delta | 84

(*infracción*) offence

delta ['delta] *nm* delta

demacrado, -a [dema'kraðo, a] *adj:* **estar ~** to look pale and drawn, be wasted away

demanda [de'manda] *nf* (*pedido, Com*) demand; (*petición*) request; (*Jur*) action, lawsuit; **demandar** [deman'dar] *vt* (*gen*) to demand; (*Jur*) to sue, file a lawsuit against

demás [de'mas] *adj:* **los ~ niños** the other o remaining children ▷ *pron:* **los/las ~** the others, the rest (of them); **lo ~** the rest (of it)

demasía [dema'sia] *nf* (*exceso*) excess, surplus; **comer en ~** to eat to excess

demasiado, -a [dema'sjaðo, a] *adj:* **~ vino** too much wine ▷ *adv* (*antes de adj, adv*) too; **~s libros** too many books; **jesto es ~!** that's the limit!; **hace ~ calor** it's too hot; **~ despacio** too slowly; **~s** too many

demencia [de'menθja] *nf* (*locura*) madness

democracia [demo'kraθja] *nf* democracy

demócrata [de'mokrata] *nmf* democrat; **democrático, -a** *adj* democratic

demoler [demo'ler] *vt* to demolish; **demolición** *nf* demolition

demonio [de'monjo] *nm* devil; demon; **¡~s!** hell!, damn!; **¿cómo ~s?** how the hell?

demora [de'mora] *nf* delay

demos ['demos] *vb V* **dar**

demostración [demostra'θjon] *nf* (*Mat*) proof; (*de afecto*) show, display

demostrar [demos'trar] *vt* (*probar*) to prove; (*mostrar*) to show; (*manifestar*) to demonstrate

den [den] *vb V* **dar**

denegar [dene'ɣar] *vt* (*rechazar*) to refuse; (*Jur*) to reject

denominación [denomina'θjon] *nf* (*acto*) naming; **denominación de**

Origen *see note*

densidad [densi'ðað] *nf* density; (*fig*) thickness

denso, -a ['denso, a] *adj* dense; (*espeso, pastoso*) thick; (*fig*) heavy

dentadura [denta'ðura] *nf* (*set of*) teeth *pl*; **dentadura postiza** false teeth *pl*

dentera [den'tera] *nf* (*grima*): **dar ~ a algn** to set sb's teeth on edge

dentífrico, -a [den'tifriko, a] *adj* dental ▷ *nm* toothpaste

dentista [den'tista] *nmf* dentist

dentro ['dentro] *adv* inside ▷ *prep:* **~ de** in, inside, within; **por ~** (on the) inside; **mirar por ~** to look inside; **~ de tres meses** within three months

denuncia [de'nunθja] *nf* (*delación*) denunciation; (*acusación*) accusation; (*de accidente*) report; **denunciar** *vt* to report; (*delatar*) to inform on o against

departamento [departa'mento] *nm* sección administrativa, department, section; (*LAM: apartamento*) flat (BRIT), apartment

depender [depen'der] *vi:* **~ de** to depend on; **depende** it (all) depends

dependienta [depen'djenta] *nf* saleswoman, shop assistant

dependiente [depen'djente] *adj* dependent ▷ *nm* salesman, shop assistant

depilar [depi'lar] *vt* (*con cera*) to wax; (*cejas*) to pluck

deportar [depor'tar] *vt* to deport

deporte [de'porte] nm sport; **hacer ~** to play sports; **deportista** adj sports cpd ▷ nmf sportsman/woman; **deportivo, -a** adj (club, periódico) sports cpd ▷ nm sports car

depositar [deposi'tar] vt (dinero) to deposit; (mercancías) to put away, store; **depositarse** vr to settle

depósito [de'posito] nm (gen) deposit; (almacén) warehouse, store; (de agua, gasolina etc) tank; **depósito de cadáveres** mortuary

depredador, a [depreða'ðor, a] adj predatory ▷ nm predator

depresión [depre'sjon] nf depression; **depresión nerviosa** nervous breakdown

deprimido, -a [depri'miðo, a] adj depressed

deprimir [depri'mir] vt to depress; **deprimirse** vr (persona) to become depressed

deprisa [de'prisa] adv quickly, hurriedly

depurar [depu'rar] vt to purify; (purgar) to purge

derecha [de'retʃa] nf right(-hand) side; (Pol) right; **a la ~** (estar) on the right; (torcer etc) (to the) right

derecho, -a [de'retʃo, a] adj right, right-hand ▷ nm (privilegio) right; (lado) right(-hand) side; (leyes) law ▷ adv straight, directly; **derechos** nmpl (de aduana) duty sg; (de autor) royalties; **tener ~ a** to have a right to; **derechos de autor** royalties

deriva [de'riβa] nf: **ir o estar a la ~** to drift, be adrift

derivado [deri'βaðo] nm (Com) by-product

derivar [deri'βar] vt to derive; (desviar) to direct ▷ vi to derive, be derived; (Náut) to drift; **derivarse** vr to derive, be derived; to drift

derramamiento [derrama'mjento] nm (dispersión) spilling; **derramamiento de sangre** bloodshed

derramar [derra'mar] vt to spill;

(verter) to pour out; (esparcir) to scatter; **derramarse** vr to pour out

derrame [de'rrame] nm (de líquido) spilling; (de sangre) shedding; (de tubo etc) overflow; (pérdida) leakage; **derrame cerebral** brain haemorrhage

derredor [derre'ðor] adv: **al o en ~ de** around, about

derretir [derre'tir] vt (gen) to melt; (nieve) to thaw; **derretirse** vr to melt

derribar [derri'βar] vt to knock down; (construcción) to demolish; (persona, gobierno, político) to bring down

derrocar [derro'kar] vt (gobierno) to bring down, overthrow

derrochar [derro'tʃar] vt to squander; **derroche** nm (despilfarro) waste, squandering

derrota [de'rrota] nf (Náut) course; (Mil, Deporte etc) defeat, rout; **derrotar** vt (gen) to defeat; **derrotero** nm (rumbo) course

derrumbar [derrum'bar] vt (edificio) to knock down; **derrumbarse** vr to collapse

des etc vb V **dar**

desabrochar [desaβro'tʃar] vt (botones, broches) to undo, unfasten; **desabrocharse** vr (ropa etc) to come undone

desacato [desa'kato] nm (falta de respeto) disrespect; (Jur) contempt

desacertado, -a [desaθer'taðo, a] adj (equivocado) mistaken; (inoportuno) unwise

desacierto [desa'θjerto] nm mistake, error

desaconsejar [desakonse'xar] vt to advise against

desacreditar [desakreði'tar] vt (desprestigiar) to discredit, bring into disrepute; (denigrar) to run down

desacuerdo [desa'kwerðo] nm disagreement, discord

desafiar [desa'fjar] vt (retar) to challenge; (enfrentarse a) to defy

desafilado, -a [desafi'laðo, a]

adj blunt

desafinado, -a [desafiˈnaðo, a] *adj*: **estar ~** to be out of tune

desafinar [desafiˈnar] vi (al cantar) to be o go out of tune

desafío etc [desaˈfio] vb V **desafiar** ▷ *nm* (reto) challenge; (combate) duel; (resistencia) defiance

desafortunado, -a [desafortuˈnaðo, a] *adj* (desgraciado) unfortunate, unlucky

desagradable [desaɣraˈðaβle] *adj* (fastidioso, enojoso) unpleasant; (irritante) disagreeable

desagradar [desaɣraˈðar] vi (disgustar) to displease; (molestar) to bother

desagradecido, -a [desaɣraðeˈθiðo, a] *adj* ungrateful

desagrado [desaˈɣraðo] *nm* (disgusto) displeasure; (contrariedad) dissatisfaction

desagüe [desaˈɣwe] *nm* (de un líquido) drainage; (cañería) drainpipe; (salida) outlet, drain

desahogar [desaoˈɣar] vt (aliviar) to ease, relieve; (ira) to vent; **desahogarse** vr (relajarse) to relax; (desfogarse) to let off steam

desahogo [desaˈoɣo] *nm* (alivio) relief; (comodidad) comfort, ease

desahuciar [desauˈθjar] vt (enfermo) to give up hope for; (inquilino) to evict

desairar [desaiˈrar] vt (menospreciar) to slight, snub

desalentador, a [desalentaˈðor, a] *adj* discouraging

desaliño [desaˈliɲo] *nm* slovenliness

desalmado, -a [desalˈmaðo, a] *adj* (cruel) cruel, heartless

desalojar [desaloˈxar] vt (expulsar, echar) to eject; (abandonar) to move out of ▷ vi to move out

desamor [desaˈmor] *nm* (frialdad) indifference; (odio) dislike

desamparado, -a [desampaˈraðo, a] *adj* (persona) helpless; (lugar: expuesto) exposed; (desierto)

deserted

desangrar [desanˈɡrar] vt to bleed; (fig: persona) to bleed dry; **desangrarse** vr to lose a lot of blood

desanimado, -a [desaniˈmaðo, a] *adj* (persona) downhearted; (espectáculo, fiesta) dull

desanimar [desaniˈmar] vt (desalentar) to discourage; (deprimir) to depress; **desanimarse** vr to lose heart

desapacible [desapaˈθiβle] *adj* (gen) unpleasant

desaparecer [desapareˈθer] vi (gen) to disappear; (el sol, la luz) to vanish; **desaparecido, -a** *adj* missing; **desaparición** *nf* disappearance

desapercibido, -a [desaperθiˈβiðo, a] *adj* (desprevenido) unprepared; **pasar ~** to go unnoticed

desaprensivo, -a [desaprenˈsiβo, a] *adj* unscrupulous

desaprobar [desaproˈβar] vt (reprobar) to disapprove of; (condenar) to condemn; (no consentir) to reject

desaprovechado, -a [desaproβeˈtʃaðo, a] *adj* (oportunidad, tiempo) wasted; (estudiante) slack

desaprovechar [desaproβeˈtʃar] vt to waste

desarmador [desarmaˈðor] (MÉX) *nm* screwdriver

desarmar [desarˈmar] vt (Mil, fig) to disarm; (Tec) to take apart, dismantle; **desarme** *nm* disarmament

desarraigar [desarraiˈɣar] vt to uproot; **desarraigo** *nm* uprooting

desarreglar [desarreˈɣlar] vt (desordenar) to disarrange; (trastocar) to upset, disturb

desarrollar [desarroˈʎar] vt (gen) to develop; **desarrollarse** vr to develop; (ocurrir) to take place; (Foto) to develop; **desarrollo** *nm* development

desarticular [desartikuˈlar] vt (hueso) to dislocate; (objeto) to take apart; (fig) to break up

desasosegar [desasoseˈɣar] vt (inquietar) to disturb, make uneasy

desasosiego etc [desaso'sjeɣo] vb
V **desasosegar** ▷ nm (intranquilidad)
uneasiness, restlessness; (ansiedad)
anxiety

desastre [de'sastre] nm disaster;
desastroso, -a adj disastrous

desatar [desa'tar] vt (nudo) to untie;
(paquete) to undo; (separar) to detach;
desatarse vr (zapatos) to come
untied; (tormenta) to break

desatascar [desatas'kar] vt (cañería)
to unblock, clear

desatender [desaten'der] vt no
prestar atención a, to disregard;
(abandonar) to neglect

desatino [desa'tino] nm (idiotez)
foolishness, folly; (error) blunder

desatornillar [desatorni'ʎar] vt to
unscrew

desatrancar [desatran'kar] vt
(puerta) to unbolt; (cañería) to clear,
unblock

desautorizado, -a [desautori'θaðo,
a] adj unauthorized

desautorizar [desautori'θar]
vt (oficial) to deprive of authority;
(informe) to deny

desayunar [desaju'nar] vi to have
breakfast ▷ vt to have for breakfast;
desayuno nm breakfast

desazón [desa'θon] nf anxiety

desbarajuste [desβara'xuste] nm
confusion, disorder

desbaratar [desβara'tar] vt
(deshacer, destruir) to ruin

desbloquear [desβloke'ar] vt
(negociaciones, tráfico) to get going
again; (Com: cuenta) to unfreeze

desbordar [desβor'ðar] vt
(sobrepasar) to go beyond; (exceder)
to exceed; **desbordarse** vr (río) to
overflow; (entusiasmo) to erupt

descabellado, -a [deskaβe'ʎaðo, a]
adj (disparatado) wild, crazy

descafeinado, -a [deskafei'naðo, a]
adj decaffeinated ▷ nm decaffeinated
coffee

descalabro [deska'laβro] nm blow;

(desgracia) misfortune

descalificar [deskalifi'kar] vt to
disqualify; (desacreditar) to discredit

descalzar [deskal'θar] vt (zapato) to
take off; **descalzo, -a** adj barefoot(ed)

descambiar [deskam'bjar] vt to
exchange

descaminado, -a [deskami'naðo,
a] adj (equivocado) on the wrong road;
(fig) misguided

descampado [deskam'paðo] nm
open space

descansado, -a [deskan'saðo, a] adj
(gen) rested; (que tranquiliza) restful

descansar [deskan'sar] vt (gen) to
rest ▷ vi to rest, have a rest; (echarse)
to lie down

descansillo [deskan'siʎo] nm (de
escalera) landing

descanso [des'kanso] nm (reposo)
rest; (alivio) relief; (pausa) break;
(Deporte) interval, half time

descapotable [deskapo'taβle] nm
(tb: **coche ~**) convertible

descarado, -a [deska'raðo, a] adj
shameless; (insolente) cheeky

descarga [des'karɣa] nf (Arq, Elec,
Mil) discharge; (Náut) unloading;

descargar [deskar'ɣar] vt to unload;
(golpe) to let fly; **descargarse** vr to
unburden o.s.; **descargarse algo de
Internet** to download sth from the
Internet

descaro [des'karo] nm nerve

descarriar [deska'rrjar] vt
(descaminar) to misdirect; (fig) to lead
astray; **descarriarse** vr (perderse) to
lose one's way; (separarse) to stray;
(pervertirse) to err, go astray

descarrilamiento
[deskarrila'mjento] nm (de tren)
derailment

descarrilar [deskarri'lar] vi to be
derailed

descartar [deskar'tar] vt (rechazar)
to reject; (eliminar) to rule out;
descartarse vr (Naipes) to discard;
~se de to shirk

descendencia [desθenˈdenθja] nf
(origen) origin, descent; (hijos) offspring
descender [desθenˈder] vt
(bajar: escalera) to go down ▷ vi to
descend; (temperatura, nivel) to fall,
drop; **~ de** to be descended from
descendiente [desθenˈdjente] nmf
descendant
descenso [desˈθenso] nm descent;
(de temperatura) drop
descifrar [desθiˈfrar] vt to decipher;
(mensaje) to decode
descolgar [deskolˈɣar] vt (bajar)
to take down; (teléfono) to pick up;
descolgarse vr to let o.s. down
descolorido, -a [deskoloˈriðo, a] adj
faded; (pálido) pale
descompasado, -a
[deskompaˈsaðo, a] adj (sin
proporción) out of all proportion;
(excesivo) excessive
descomponer [deskompoˈner] vt
(desordenar) to disarrange, disturb; (Tec)
to put out of order; (dividir) to break
down (into parts); (fig) to provoke;
descomponerse vr (corromperse) to
rot, decompose; (LAM Tec) to break
down
descomposición [deskomposiˈθjon]
nf (de un objeto) breakdown; (de fruta
etc) decomposition; **descomposición
de vientre** (ESP) stomach upset,
diarrhoea
descompostura [deskomposˈtura]
nf (MÉX: avería) breakdown, fault;
(LAM: diarrea) diarrhoea
descomprimir [deskompriˈmir] vt
(Internet) to unzip
descompuesto, -a
[deskomˈpwesto, a] adj (corrompido)
decomposed; (roto) broken
desconcertado, -a
[deskonθerˈtaðo, a] adj disconcerted,
bewildered
desconcertar [deskonθerˈtar] vt
(confundir) to baffle; (incomodar) to
upset, put out; **desconcertarse** vr
(turbarse) to be upset

desconchado, -a [deskonˈtʃaðo, a]
adj (pintura) peeling
desconcierto etc [deskonˈθjerto] vb
V **desconcertar** ▷ nm (gen) disorder;
(desorientación) uncertainty; (inquietud)
uneasiness
desconectar [deskonekˈtar] vt to
disconnect
desconfianza [deskonˈfjanθa] nf
distrust
desconfiar [deskonˈfjar] vi to be
distrustful; **~ de** to distrust, suspect
descongelar [deskonxeˈlar] vt to
defrost; (Com, Pol) to unfreeze
descongestionar
[deskonxestjoˈnar] vt (cabeza, tráfico)
to clear
desconocer [deskonoˈθer] vt
(ignorar) not to know, be ignorant of
desconocido, -a [deskonoˈθiðo, a]
adj unknown ▷ nm/f stranger
desconocimiento
[deskonoθiˈmjento] nm falta de
conocimientos, ignorance
desconsiderado, -a
[deskonsiðeˈraðo, a] adj
inconsiderate; (insensible) thoughtless
desconsuelo etc [deskonˈswelo] vb
V **desconsolar** ▷ nm (tristeza) distress;
(desesperación) despair
descontado, -a [deskonˈtaðo, a]
adj: **dar por ~ (que)** to take (it) for
granted (that)
descontar [deskonˈtar] vt (deducir)
to take away, deduct; (rebajar) to
discount
descontento, -a [deskonˈtento, a]
adj dissatisfied ▷ nm dissatisfaction,
discontent
descorchar [deskorˈtʃar] vt to
uncork
descorrer [deskoˈrrer] vt (cortinas,
cerrojo) to draw back
descortés [deskorˈtes] adj (mal
educado) discourteous; (grosero) rude
descoser [deskoˈser] vt to unstitch;
descoserse vr to come apart (at the
seams)

descosido, -a [desko'siðo, a] adj
(Costura) unstitched

descreído, -a [deskre'iðo, a] adj
(incrédulo) incredulous; (falto de fe)
unbelieving

descremado, -a [deskre'maðo, a]
adj skimmed

describir [deskri'βir] vt to describe;
descripción [deskrip'θjon] nf
description

descrito [des'krito] pp de **describir**

descuartizar [deskwarti'θar] vt
(animal) to cut up

descubierto, -a [desku'βjerto, a] pp
de **descubrir** ▷ adj uncovered, bare;
(persona) bareheaded ▷ nm (bancario)
overdraft; **al ~** in the open

descubrimiento [deskuβri'mjento]
nm (hallazgo) discovery; (revelación)
revelation

descubrir [desku'βrir] vt to discover,
find; (inaugurar) to unveil; (vislumbrar)
to detect; (revelar) to reveal, show;
(destapar) to uncover; **descubrirse**
vr to reveal o.s.; (quitarse sombrero) to take
off one's hat; (confesar) to confess

descuento etc [des'kwento] vb V
descontar ▷ nm discount

descuidado, -a [deskwi'ðaðo, a]
adj (sin cuidado) careless; (desordenado)
untidy; (olvidadizo) forgetful; (dejado)
neglected; (desprevenido)
unprepared

descuidar [deskwi'ðar] vt (dejar)
to neglect; (olvidar) to overlook;
descuidarse vr (distraerse) to be
careless; (abandonarse) to let o.s. go;
(desprevenirse) to drop one's guard;
¡descuida! don't worry!; **descuido**
nm (dejadez) carelessness; (olvido)
negligence

○ **PALABRA CLAVE**

desde ['desðe] prep 1 (lugar) from;
**desde Burgos hasta mi casa hay 30
km** it's 30 km from Burgos to my house
2 (posición): **hablaba desde el balcón**

she was speaking from the balcony
3 (tiempo: + adv, n): **desde ahora** from
now on; **desde la boda** since the
wedding; **desde niño** since I etc was
a child; **desde 3 años atrás** since 3
years ago
4 (tiempo: + vb, fecha) since; for; **nos
conocemos desde 1992/desde hace
20 años** we've known each other since
1992/for 20 years; **no le veo desde
1997/desde hace 5 años** I haven't seen
him since 1997/for 5 years
5 (gama): **desde los más lujosos hasta
los más económicos** from the most
luxurious to the most reasonably
priced
6: **desde luego (que no)** of course
(not)
▷ conj: **desde que: desde que
recuerdo** for as long as I can
remember; **desde que llegó no ha
salido** he hasn't been out since he
arrived

desdén [des'ðen] nm scorn

desdeñar [desðe'ɲar] vt (despreciar)
to scorn

desdicha [des'ðitʃa] nf (desgracia)
misfortune; (infelicidad) unhappiness;
desdichado, -a (sin suerte)
unlucky; (infeliz) unhappy

desear [dese'ar] vt to want, desire,
wish for

desechar [dese'tʃar] vt (basura) to
throw out o away; (ideas) to reject,
discard; **desechos** nmpl rubbish sg,
waste sg

desembalar [desemba'lar] vt to
unpack

desembarazar [desembara'θar] vt
(desocupar) to clear; (desenredar) to free;
desembarazarse vr: **~se de** to free o.s.
of, get rid of

desembarcar [desembar'kar] vt
(mercancías etc) to unload ▷ vi to
disembark

desembocadura [desemboka'ðura]
nf (de río) mouth; (de calle) opening

desembocar [desembo'kar] *vi* (*río*)
to flow into; (*fig*) to result in

desembolso [desem'bolso] *nm*
payment

desembrollar [desembro'ʎar]
vt (*madeja*) to unravel; (*asunto,
malentendido*) to sort out

desemejanza [deseme'xanθa] *nf*
dissimilarity

desempaquetar [desempake'tar]
vt (*regalo*) to unwrap; (*mercancía*) to
unpack

desempate [desem'pate] *nm* (*Fútbol*)
replay, play-off; (*Tenis*) tie-break(er)

desempeñar [desempe'ɲar] *vt*
(*cargo*) to hold; (*papel*) to perform; (*lo
empeñado*) to redeem; **~ un papel** (*fig*)
to play (a role)

desempleado, -a [desemple'aðo, a]
nm/f unemployed person; **desempleo**
nm unemployment

desencadenar [desenkaðe'nar]
vt to unchain; (*ira*) to unleash;
desencadenarse *vr* to break loose;
(*tormenta*) to burst; (*guerra*) to break out

desencajar [desenka'xar] *vt* (*hueso*)
to dislocate; (*mecanismo, pieza*) to
disconnect, disengage

desencanto [desen'kanto] *nm*
disillusionment

desenchufar [desentʃu'far] *vt* to
unplug

desenfadado, -a [desenfa'ðaðo,
a] *adj* (*desenvuelto*) uninhibited;
(*descarado*) forward; **desenfado** *nm*
(*libertad*) freedom; (*comportamiento*)
free and easy manner; (*descaro*)
forwardness

desenfocado, -a [desenfo'kaðo, a]
adj (*Foto*) out of focus

desenfreno [desen'freno] *nm*
wildness; (*de las pasiones*) lack of
self-control

desenganchar [desengan'tʃar] *vt*
(*gen*) to unhook; (*Ferro*) to uncouple

desengañar [desenga'ɲar] *vt* to
disillusion; **desengañarse** *vr* to
become disillusioned; **desengaño**

nm disillusionment; (*decepción*)
disappointment

desenlace [desen'laθe] *nm* outcome

desenmascarar [desenmaska'rar]
vt to unmask

desenredar [desenre'ðar] *vt* (*pelo*)
to untangle; (*problema*) to sort out

desenroscar [desenros'kar] *vt* to
unscrew

desentenderse [desenten'derse]
vr: **~ de** to pretend not to know about;
(*apartarse*) to have nothing to do with

desenterrar [desente'rrar] *vt* to
exhume; (*tesoro, fig*) to unearth, dig up

desentonar [desento'nar] *vi* (*Mús*)
to sing (o play) out of tune; (*color*)
to clash

desentrañar [desentra'ɲar] *vt*
(*misterio*) to unravel

desenvoltura [desenβol'tura]
nf ease

desenvolver [desenβol'βer] *vt*
(*paquete*) to unwrap; (*fig*) to develop;
desenvolverse *vr* (*desarrollarse*) to
unfold, develop; (*arreglárselas*) to cope

deseo [de'seo] *nm* desire, wish;
deseoso, -a *adj*: **estar deseoso de** to
be anxious to

desequilibrado, -a [desekili'βraðo,
a] *adj* unbalanced

desertar [deser'tar] *vi* to desert

desértico, -a [de'sertiko, a] *adj*
desert *cpd*

desesperación [desespera'θjon]
nf (*impaciencia*) desperation, despair;
(*irritación*) fury

desesperar [desespe'rar] *vt* to
drive to despair; (*exasperar*) to drive
to distraction ▸ *vi*: **~ de** to despair of;
desesperarse *vr* to despair, lose hope

desestabilizar [desestaβili'θar] *vt*
to destabilize

desestimar [desesti'mar] *vt*
(*menospreciar*) to have a low opinion of;
(*rechazar*) to reject

desfachatez [desfatʃa'teθ] *nf*
(*insolencia*) impudence; (*descaro*)
rudeness

desfalco [des'falko] nm
embezzlement

desfallecer [desfaʎe'θer] vi
(perder las fuerzas) to become weak;
(desvanecerse) to faint

desfasado, -a [desfa'saðo, a] adj
(anticuado) old-fashioned; **desfase** nm
(diferencia) gap

desfavorable [desfaβo'raβle] adj
unfavourable

desfigurar [desfiɣu'rar] vt (cara) to
disfigure; (cuerpo) to deform

desfiladero [desfila'ðero] nm gorge

desfilar [desfi'lar] vi to parade;
desfile nm procession; **desfile de
modelos** fashion show

desgana [des'ɣana] nf (falta de
apetito) loss of appetite; (apatía)
unwillingness; **desganado, -a**
adj: **estar desganado** (sin apetito) to
have no appetite; (sin entusiasmo) to
have lost interest

desgarrar [desɣa'rrar] vt to tear
(up); (fig) to shatter; **desgarro** nm (en
tela) tear; (aflicción) grief

desgastar [desɣas'tar] vt (deteriorar)
to wear away o down; (estropear) to
spoil; **desgastarse** vr to get worn out;
desgaste nm wear (and tear)

desglosar [desɣlo'sar] vt (factura) to
break down

desgracia [des'ɣraθja] nf
misfortune; (accidente) accident;
(vergüenza) disgrace; (contratiempo)
setback; **por ~** unfortunately;
desgraciado, -a [desɣra'θjaðo, a]
adj (sin suerte) unlucky, unfortunate;
(miserable) wretched; (infeliz) miserable

desgravar [desɣra'βar] vt (impuestos)
to reduce the tax o duty on

desguace [des'ɣwaθe] (ESP) nm
junkyard

deshabitado, -a [desaβi'taðo, a] adj
uninhabited

deshacer [desa'θer] vt (casa) to
break up; (Tec) to take apart; (enemigo)
to defeat; (diluir) to melt; (contrato) to
break; (intriga) to solve; **deshacerse**

vr (disolverse) to melt; (despedazarse) to
come apart o undone; **~se de** to get rid
of; **~se en lágrimas** to burst into tears

deshecho, -a [des'etʃo, a]
adj undone; (roto) smashed;
(persona): **estar ~** to be shattered

desheredar [desere'ðar] vt to
disinherit

deshidratar [desiðra'tar] vt to
dehydrate

deshielo [des'jelo] nm thaw

deshonesto, -a [deso'nesto, a] adj
indecent

deshonra [des'onra] nf (deshonor)
dishonour; (vergüenza) shame

deshora [des'ora]: **a ~** adv at the
wrong time

deshuesadero [deswesa'ðero] (MÉX)
nm junkyard

deshuesar [deswe'sar] vt (carne) to
bone; (fruta) to stone

desierto, -a [de'sjerto, a] adj (casa,
calle, negocio) deserted ▷ nm desert

designar [desiɣ'nar] vt (nombrar) to
designate; (indicar) to fix

desigual [desi'ɣwal] adj (terreno)
uneven; (lucha etc) unequal

desilusión [desilu'sjon] nf
disillusionment; (decepción)
disappointment; **desilusionar**
vt to disillusion; to disappoint;
desilusionarse vr to become
disillusioned

desinfectar [desinfek'tar] vt to
disinfect

desinflar [desin'flar] vt to deflate

desintegración [desinteɣra'θjon]
nf disintegration

desinterés [desinte'res] nm
(desgana) lack of interest; (altruismo)
unselfishness

desintoxicarse [desintoksi'karse]
vr (drogadicto) to undergo
detoxification

desistir [desis'tir] vi (renunciar) to
stop, desist

desleal [desle'al] adj (infiel) disloyal;
(Com: competencia) unfair; **deslealtad**

nf disloyalty

desligar [desli'ɣar] vt (desatar) to untie, undo; (separar) to separate; **desligarse** vr (de un compromiso) to extricate o.s.

desliz [des'liθ] nm (fig) lapse; **deslizar** vt to slip, slide

deslumbrar [deslum'brar] vt to dazzle

desmadrarse [desma'ðrarse] (fam) vr (descontrolarse) to run wild; (divertirse) to let one's hair down; **desmadre** (fam) nm (desorganización) chaos; (jaleo) commotion

desmán [des'man] nm (exceso) outrage; (abuso de poder) abuse

desmantelar [desmante'lar] vt (deshacer) to dismantle; (casa) to strip

desmaquillador [desmakiʎa'ðor] nm make-up remover

desmayar [desma'jar] vi to lose heart; **desmayarse** vr (Med) to faint; **desmayo** nm (Med: acto) faint; (: estado) unconsciousness

desmemoriado, -a [desmemo'rjaðo, a] adj forgetful

desmentir [desmen'tir] vt (contradecir) to contradict; (refutar) to deny

desmenuzar [desmenu'θar] vt (deshacer) to crumble; (carne) to chop; (examinar) to examine closely

desmesurado, -a [desmesu'raðo, a] adj disproportionate

desmontable [desmon'taβle] adj (que se quita: pieza) detachable; (plegable) collapsible, folding

desmontar [desmon'tar] vt (deshacer) to dismantle; (tierra) to level ▷ vi to dismount

desmoralizar [desmorali'θar] vt to demoralize

desmoronar [desmoro'nar] vt to wear away, erode; **desmoronarse** vr (edificio, dique) to collapse; (economía) to decline

desnatado, -a [desna'taðo, a] adj skimmed

desnivel [desni'βel] nm (de terreno) unevenness

desnudar [desnu'ðar] vt (desvestir) to undress; (despojar) to strip; **desnudarse** vr (desvestirse) to get undressed; **desnudo, -a** adj naked ▷ nm/f nude; **desnudo de** devoid o bereft of

desnutrición [desnutri'θjon] nf malnutrition; **desnutrido, -a** adj undernourished

desobedecer [desoβeðe'θer] vt, vi to disobey; **desobediencia** nf disobedience

desocupado, -a [desoku'paðo, a] adj at leisure; (desempleado) unemployed; (deshabitado) empty, vacant

desodorante [desoðo'rante] nm deodorant

desolación [desola'θjon] nf (de lugar) desolation; (fig) grief

desolar [deso'lar] vt to ruin, lay waste

desorbitado, -a [desorβi'taðo, a] adj (excesivo: ambición) boundless; (deseos) excessive; (: precio) exorbitant

desorden [des'orðen] nm confusion; (político) disorder, unrest

desorganización [desorɣaniθa'θjon] nf (de persona) disorganization; (en empresa, oficina) disorder, chaos

desorientar [desorjen'tar] vt (extraviar) to mislead; (confundir, desconcertar) to confuse; **desorientarse** vr (perderse) to lose one's way

despabilado, -a [despaβi'laðo, a] adj (despierto) wide-awake; (fig) alert, sharp

despachar [despa'tʃar] vt (negocio) to do, complete; (enviar) to send, dispatch; (vender) to sell, deal in; (billete) to issue; (mandar ir) to send away

despacho [des'patʃo] nm (oficina) office; (de paquetes) dispatch; (venta) sale; (comunicación) message

despacio [des'paθjo] adv slowly

desparpajo [despar'paxo] nm self-confidence; (pey) nerve

desparramar [desparra'mar] vt
(esparcir) to scatter; (líquido) to spill

despecho [des'petʃo] nm spite

despectivo, -a [despek'tiβo, a]
adj (despreciativo) derogatory; (Ling)
pejorative

despedida [despe'ðiða] nf (adiós)
farewell; (de obrero) sacking

despedir [despe'ðir] vt (visita) to see
off, show out; (empleado) to dismiss;
(inquilino) to evict; (objeto) to hurl; (olor
etc) to give out o off; **despedirse** vr: **~se
de** to say goodbye to

despegar [despe'ɣar] vt to unstick
▷ vi (avión) to take off; **despegarse** vr
to come loose, come unstuck; **despego**
nm detachment

despegue etc [des'peɣe] vb V
despegar ▷ nm takeoff

despeinado, -a [despei'naðo, a] adj
dishevelled, unkempt

despejado, -a [despe'xaðo, a] adj
(lugar) clear, free; (cielo) clear; (persona)
wide-awake, bright

despejar [despe'xar] vt (gen) to clear;
(misterio) to clear up ▷ vi (el tiempo) to
clear; **despejarse** vr (tiempo, cielo) to
clear (up); (misterio) to become clearer;
(cabeza) to clear

despensa [des'pensa] nf larder

despeñarse [despe'narse] vr to hurl
o.s. down; (coche) to tumble over

desperdicio [desper'ðiθjo] nm
(despilfarro) squandering; **desperdicios**
nmpl (basura) rubbish sg (BRIT), garbage
sg (US); (residuos) waste sg

desperezarse [despere'θarse] vr
to stretch

desperfecto [desper'fekto] nm
(deterioro) slight damage; (defecto) flaw,
imperfection

despertador [desperta'ðor] nm
alarm clock

despertar [desper'tar] nm
awakening ▷ vt (persona) to wake
up; (recuerdos) to revive; (sentimiento)
to arouse ▷ vi to awaken, wake up;

despertarse vr to awaken, wake up

despido etc [des'piðo] vb V **despedir**
▷ nm dismissal, sacking

despierto, -a etc [des'pjerto, a]
vb V **despertar** ▷ adj awake; (fig)
sharp, alert

despilfarro [despil'farro] nm
(derroche) squandering; (lujo desmedido)
extravagance

despistar [despis'tar] vt to throw off
the track o scent; (confundir) to mislead,
confuse; **despistarse** vr to take the
wrong road; (confundirse) to become
confused

despiste [des'piste] nm absent-
mindedness; **un ~** a mistake o slip

desplazamiento [desplaθa'mjento]
nm displacement

desplazar [despla'θar] vt to move;
(Náut) to displace; (Inform) to scroll;
(fig) to oust; **desplazarse** vr (persona)
to travel

desplegar [desple'ɣar] vt (tela, papel)
to unfold, open out; (bandera) to unfurl;
despliegue etc [des'pleɣe] vb V
desplegar ▷ nm display

desplomarse [desplo'marse] vr
(edificio, gobierno, persona) to collapse

desplumar [desplu'mar] vt (ave) to
pluck; (fam: estafar) to fleece

despoblado, -a [despo'βlaðo, a] adj
(sin habitantes) uninhabited

despojar [despo'xar] vt (alguien: de
sus bienes) to divest of, deprive of; (casa)
to strip, leave bare; (alguien: de su cargo)
to strip of

despojo [des'poxo] nm (acto)
plundering; (objetos) plunder, loot;
despojos nmpl (de ave, res) offal sg

desposado, -a [despo'saðo, a] adj,
nm/f newly-wed

despreciar [despre'θjar] vt (desdeñar)
to despise, scorn; (afrentar) to slight;
desprecio nm scorn, contempt; slight

desprender [despren'der] vt
(broche) to unfasten; (olor) to give off;
desprenderse vr (botón: caerse) to fall
off; (broche) to come unfastened; (olor,

perfume) to be given off; **~se de algo que ...** to draw from sth that ...

desprendimiento [despren'djmjento] *nm* (*gen*) loosening; (*generosidad*) disinterestedness; (*de tierra, rocas*) landslide; **desprendimiento de retina** detachment of the retina

despreocupado, -a [despreoku'paðo, a] *adj* (*sin preocupación*) unworried, nonchalant; (*negligente*) careless

despreocuparse [despreoku'parse] *vr* not to worry; **~ de** to have no interest in

desprestigiar [despresti'xjar] *vt* (*criticar*) to run down; (*desacreditar*) to discredit

desprevenido, -a [despreße'niðo, a] *adj* (*no preparado*) unprepared, unready

desproporcionado, -a [despropor⊖jo'naðo, a] *adj* disproportionate, out of proportion

desprovisto, -a [despro'ßisto, a] *adj*: **~ de** devoid of

después [des'pwes] *adv* afterwards, later; (*próximo paso*) next; **~ de comer** after lunch; **un año ~** a year later; **~ se debatió el tema** next the matter was discussed; **~ de corregido el texto** after the text had been corrected; **~ de todo** after all

desquiciado, -a [deski'θjaðo, a] *adj* deranged

destacar [desta'kar] *vt* to emphasize, point up; (*Mil*) to detach, detail ▷ *vi* (*resaltarse*) to stand out; (*persona*) to be outstanding *o* exceptional; **destacarse** *vr* to stand out; to be outstanding *o* exceptional

destajo [des'taxo] *nm*: **trabajar a ~** to do piecework

destapar [desta'par] *vt* (*botella*) to open; (*cacerola*) to take the lid off; (*descubrir*) to uncover; **destaparse** *vr* (*revelarse*) to reveal one's true character

destartalado, -a [destarta'laðo,

a] *adj* (*desordenado*) untidy; (*ruinoso*) tumbledown

destello [des'teʎo] *nm* (*de estrella*) twinkle; (*de faro*) signal light

destemplado, -a [destem'plaðo, a] *adj* (*Mús*) out of tune; (*voz*) harsh; (*Med*) out of sorts; (*tiempo*) unpleasant, nasty

desteñir [deste'nir] *vt* to fade ▷ *vi* to fade; **desteñirse** *vr* to fade; **esta tela no destiñe** this fabric will not run

desternillarse [desterni'ʎarse] *vr*: **~ de risa** to split one's sides laughing

desterrar [deste'rrar] *vt* (*exiliar*) to exile; (*fig*) to banish, dismiss

destiempo [des'tjempo] : **a ~** *adv* out of turn

destierro *etc* [des'tjerro] *vb* V **desterrar** ▷ *nm* exile

destilar [desti'lar] *vt* to distil; **destilería** *nf* distillery

destinar [desti'nar] *vt* (*funcionario*) to appoint, assign; (*fondos*): **~ (a)** to set aside (for)

destinatario, -a [destina'tarjo, a] *nm/f* addressee

destino [des'tino] *nm* (*suerte*) destiny; (*de avión, viajero*) destination; **con ~ a Londres** (*barco*) bound for London; (*avión, carta*) to London

destituir [destitu'ir] *vt* to dismiss

destornillador [destorniʎa'ðor] *nm* screwdriver

destornillar [destorni'ʎar] *vt* (*tornillo*) to unscrew; **destornillarse** *vr* to unscrew

destreza [des'treθa] *nf* (*habilidad*) skill; (*maña*) dexterity

destrozar [destro'θar] *vt* (*romper*) to smash, break (up); (*estropear*) to ruin; (*nervios*) to shatter

destrozo [des'troθo] *nm* (*acción*) destruction; (*desastre*) smashing; **destrozos** *nmpl* (*pedazos*) pieces; (*daños*) havoc *sg*

destrucción [destruk'θjon] *nf* destruction

destruir [destru'ir] *vt* to destroy

desuso [des'uso] *nm* disuse; **caer en**

~ to become obsolete

desvalijar [desβali'xar] vt (persona) to rob; (casa, tienda) to burgle; (coche) to break into

desván [des'βan] nm attic

desvanecer [desβane'θer] vt (disipar) to dispel; (borrar) to blur; **desvanecerse** vr (humo etc) to vanish, disappear; (color) to fade; (recuerdo, sonido) to fade away; (Med) to pass out; (duda) to be dispelled

desvariar [desβa'rjar] vi (enfermo) to be delirious

desvelar [desβe'lar] vt to keep awake; **desvelarse** vr (no poder dormir) to stay awake; (preocuparse) to be vigilant o watchful

desventaja [desβen'taxa] nf disadvantage

desvergonzado, -a [desβerɣon'θaðo, a] adj shameless

desvestir [desβes'tir] vt to undress; **desvestirse** vr to undress

desviación [desβja'θjon] nf deviation; (Auto) diversion, detour

desviar [des'βjar] vt to turn aside; (río) to alter the course of; (navío) to divert, re-route; (conversación) to sidetrack; **desviarse** vr (apartarse del camino) to turn aside; (: barco) to go off course

desvío etc [des'βio] vb V desviar ▷ nm (desviación) detour, diversion; (fig) indifference

desvivirse [desβi'βirse] vr: ~ **por** (anhelar) to long for, crave for; (hacer lo posible por) to do one's utmost for

detallar [deta'ʎar] vt to detail

detalle [de'taʎe] nm detail; (gesto) gesture, token; **al ~** in detail; (Com) retail

detallista [deta'ʎista] nmf (Com) retailer

detective [detek'tiβe] nmf detective; **detective privado** private detective

detener [dete'ner] vt (gen) to stop; (Jur) to arrest; (objeto) to keep; **detenerse** vr to stop; (demorarse): ~se

en to delay over, linger over

detenidamente [deteni'ðamente] adv (minuciosamente) carefully; (extensamente) at great length

detenido, -a [dete'niðo, a] adj (arrestado) under arrest ▷ nm/f person under arrest, prisoner

detenimiento [deteni'mjento] nm: **con ~** thoroughly; (observar, considerar) carefully

detergente [deter'xente] nm detergent

deteriorar [deterjo'rar] vt to spoil, damage; **deteriorarse** vr to deteriorate; **deterioro** nm deterioration

determinación [determina'θjon] nf (empeño) determination; (decisión) decision; **determinado, -a** adj specific

determinar [determi'nar] vt (plazo) to fix; (precio) to settle; **determinarse** vr to decide

detestar [detes'tar] vt to detest

detractor, a [detrak'tor, a] nm/f slanderer, libeller

detrás [de'tras] adv (tb: por ~) behind; (atrás) at the back; ~ **de** behind

detrimento [detri'mento] nm: **en ~ de** to the detriment of

deuda ['deuða] nf debt; **deuda exterior/pública** foreign/national debt

devaluación [deβalwa'θjon] nf devaluation

devastar [deβas'tar] vt (destruir) to devastate

deveras [de'βeras] (MÉX) nf inv: **un amigo de (a) ~** a true o real friend

devoción [deβo'θjon] nf devotion

devolución [deβolu'θjon] nf (reenvío) return, sending back; (reembolso) repayment; (Jur) devolution

devolver [deβol'βer] vt to return; (lo extraviado, lo prestado) to give back; (carta al correo) to send back; (Com) to repay, refund ▷ vi (vomitar) to be sick

devorar [deβo'rar] vt to devour

devoto, -a [de'βoto, a] *adj* devout
▷ *nm/f* admirer

devuelto *pp de* **devolver**

devuelva *etc vb* V **devolver**

di *etc vb* V **dar**; **decir**

día ['dia] *nm* day; **¿qué ~ es?** what's
the date?; **estar/poner al ~** to be/keep
up to date; **el ~ de hoy/de mañana**
today/tomorrow; **al ~ siguiente** (on)
the following day; **vivir al ~** to live from
hand to mouth; **de ~** by day, in daylight;
en pleno ~ in full daylight; **Día de la
Independencia** Independence Day;
Día de los Muertos (MÉX) All Souls'
Day; **Día de Reyes** Epiphany; **día
feriado** (LAM) holiday; **día festivo** (ESP)
holiday; **día lectivo** teaching day; **día
libre** day off

diabetes [dja'βetes] *nf* diabetes

diablo ['djaβlo] *nm* devil; **diablura**
nf prank

diadema [dja'ðema] *nf* tiara

diafragma [dja'fraɣma] *nm*
diaphragm

diagnóstico [diaɣ'nostiko] *nm* =
diagnosis

diagonal [diaɣo'nal] *adj* diagonal

diagrama [dja'ɣrama] *nm* diagram

dial [djal] *nm* dial

dialecto [dja'lekto] *nm* dialect

dialogar [djalo'ɣar] *vi*: **~ con** (Pol) to
hold talks with

diálogo ['djaloɣo] *nm* dialogue

diamante [dja'mante] *nm* diamond

diana ['djana] *nf* (Mil) reveille; (de
blanco) centre, bull's-eye

diapositiva [djaposi'tiβa] *nf* (Foto)
slide, transparency

diario, -a ['djarjo, a] *adj* daily ▷ *nm*
newspaper; **a ~** daily; **de ~** everyday

diarrea [dja'rrea] *nf* diarrhoea

dibujar [diβu'xar] *vt* to draw,
sketch; **dibujo** *nm* drawing; **dibujos
animados** cartoons

diccionario [dikθjo'narjo] *nm*
dictionary

dice *etc vb* V **decir**

dicho, -a ['ditʃo, a] *pp de*

decir ▷ *adj*: **en ~s países** in the
aforementioned countries ▷ *nm*
saying

dichoso, -a [di'tʃoso, a] *adj* happy

diciembre [di'θjembre] *nm*
December

dictado [dik'taðo] *nm* dictation

dictador [dikta'ðor] *nm* dictator;
dictadura *nf* dictatorship

dictar [dik'tar] *vt* (carta) to dictate;
(Jur: sentencia) to pronounce; (decreto) to
issue; (LAM: clase) to give

didáctico, -a [di'ðaktiko, a] *adj*
educational

diecinueve [djeθi'nweβe] *num*
nineteen

dieciocho [djeθi'otʃo] *num* eighteen

dieciséis [djeθi'seis] *num* sixteen

diecisiete [djeθi'sjete] *num*
seventeen

diente ['djente] *nm* (Anat, Tec) tooth;
(Zool) fang; (: de elefante) tusk; (de
ajo) clove

diera *etc vb* V **dar**

diesel ['disel] *adj*: **motor ~** diesel
engine

diestro, -a ['djestro, a] *adj* (derecho)
right; (hábil) skilful

dieta ['djeta] *nf* diet; **estar a ~** to be
on a diet

diez [djeθ] *num* ten

diferencia [dife'renθja] *nf*
difference; **a ~ de** unlike; **diferenciar**
vt to differentiate between ▷ *vi* to
differ; **diferenciarse** *vr* to differ, be
different; (distinguirse) to distinguish
o.s.

diferente [dife'rente] *adj* different

diferido [dife'riðo] *nm*: **en ~** (TV etc)
recorded

difícil [di'fiθil] *adj* difficult

dificultad [difikul'taθ] *nf* difficulty;
(problema) trouble

dificultar [difikul'tar] *vt* (complicar)
to complicate, make difficult; (estorbar)
to obstruct

difundir [difun'dir] *vt* (calor, luz)
to diffuse; (Radio, TV) to broadcast; **~**

una noticia to spread a piece of news;
difundirse vr to spread (out)

difunto, -a [di'funto, a] adj dead,
deceased ▷ nm/f deceased (person)

difusión [difu'sjon] nf (Radio, TV)
broadcasting

diga etc vb V **decir**

digerir [dixe'rir] vt to digest; (fig)
to absorb; **digestión** nf digestion;
digestivo, -a adj digestive

digital [dixi'tal] adj digital

dignarse [diɣ'narse] vr to deign to

dignidad [diɣni'ðað] nf dignity

digno, -a [di'ɣno, a] adj worthy

digo etc vb V **decir**

dije etc vb V **decir**

dilatar [dila'tar] vt (cuerpo) to dilate;
(prolongar) to prolong

dilema [di'lema] nm dilemma

diluir [dilu'ir] vt to dilute

diluvio [di'lußjo] nm deluge, flood

dimensión [dimen'sjon] nf
dimension

diminuto, -a [dimi'nuto, a] adj tiny,
diminutive

dimitir [dimi'tir] vi to resign

dimos vb V **dar**

Dinamarca [dina'marka] nf
Denmark

dinámico, -a [di'namiko, a] adj
dynamic

dinamita [dina'mita] nf dynamite

dínamo [di'namo] nf dynamo

dineral [dine'ral] nm large sum of
money, fortune

dinero [di'nero] nm money; **dinero
en efectivo** o **metálico** cash; **dinero
suelto** (loose) change

dio vb V **dar**

dios [djos] nm god; **¡D~ mío!** (oh,) my
God!; **¡por D~!** for heaven's sake!; **diosa**
['djosa] nf goddess

diploma [di'ploma] nm diploma

diplomacia [diplo'maθja] nf
diplomacy; (fig) tact

diplomado, -a [diplo'maðo, a] adj
qualified

diplomático, -a [diplo'matiko, a]

adj diplomatic ▷ nm/f diplomat

diputación [diputa'θjon] nf (tb: ~
provincial) ≈ county council

diputado, -a [dipu'taðo, a] nm/f
delegate; (Pol) ≈ member of parliament
(BRIT) ≈ representative (US)

dique ['dike] nm dyke

diré etc vb V **decir**

dirección [direk'θjon] nf direction;
(señas) address; (Auto) steering;
(gerencia) management; (Pol)
leadership; **dirección única/
prohibida** one-way street/no entry

direccional [direkθjo'nal] (MÉX) nf
(Auto) indicator

directa [di'rekta] nf (Auto) top gear

directiva [direk'tiβa] nf (tb: **junta ~**)
board of directors

directo, -a [di'rekto, a] adj direct;
(Radio, TV) live; **transmitir en ~** to
broadcast live

director, a [direk'tor, a] adj leading
▷ nm/f director; (Escol) head(teacher)
(BRIT), principal (US); (gerente)
manager/ess; (Prensa) editor; **director
de cine** film director; **director general**
managing director

directorio [direk'torjo] (MÉX) nm
(telefónico) phone book

dirigente [diri'xente] nmf (Pol)
leader

dirigir [diri'xir] vt to direct; (carta) to
address; (obra de teatro, film) to direct;
(Mús) to conduct; (negocio) to manage;
dirigirse vr: **~se a** to go towards,
make one's way towards; (hablar con)
to speak to

dirija etc vb V **dirigir**

disciplina [disθi'plina] nf discipline

discípulo, -a [dis'θipulo, a] nm/f
disciple

Discman® ['diskman] nm
Discman®

disco ['disko] nm disc; (Deporte)
discus; (Tel) dial; (Auto: semáforo) light;
(Mús) record; **disco compacto** o **de
larga duración** compact disc/long-
playing record; **disco de freno** brake

disc; **disco flexible/duro** o **rígido** (*Inform*) floppy/hard disk

disconforme [diskon'forme] *adj* differing; **estar ~ (con)** to be in disagreement (with)

discordia [dis'korðja] *nf* discord

discoteca [disko'teka] *nf* disco(theque)

discreción [diskre'θjon] *nf* discretion; (*reserva*) prudence; **comer a ~** to eat as much as one wishes

discreto, -a [dis'kreto, a] *adj* discreet

discriminación [diskrimina'θjon] *nf* discrimination

disculpa [dis'kulpa] *nf* excuse; (*pedir perdón*) apology; **pedir ~s a/por** to apologize to/for; **disculpar** *vt* to excuse, pardon; **disculparse** *vr* to excuse o.s.; to apologize

discurso [dis'kurso] *nm* speech

discusión [disku'sjon] *nf* (*diálogo*) discussion; (*riña*) argument

discutir [disku'tir] *vt* (*debatir*) to discuss; (*pelear*) to argue about; (*contradecir*) to argue against ▷ *vi* (*debatir*) to discuss; (*pelearse*) to argue

disecar [dise'kar] *vt* (*conservar: animal*) to stuff; (*: planta*) to dry

diseñar [dise'ɲar] *vt, vi* to design

diseño [di'seɲo] *nm* design

disfraz [dis'fraθ] *nm* (*máscara*) disguise; (*excusa*) pretext; **disfrazar** *vt* to disguise; **disfrazarse** *vr*: **disfrazarse de** to disguise o.s. as

disfrutar [disfru'tar] *vt* to enjoy ▷ *vi* to enjoy o.s.; **~ de** to enjoy, possess

disgustar [disɣus'tar] *vt* (*no gustar*) to displease; (*contrariar, enojar*) to annoy, upset; **disgustarse** *vr* (*enfadarse*) to get upset; (*dos personas*) to fall out

   No confundir **disgustar** con la palabra inglesa *disgust*.

disgusto [dis'ɣusto] *nm* (*contrariedad*) annoyance; (*tristeza*) grief; (*riña*) quarrel

disimular [disimu'lar] *vt* (*ocultar*) to hide, conceal ▷ *vi* to dissemble

dislocarse [dislo'karse] *vr* (*articulación*) to sprain, dislocate

disminución [disminu'θjon] *nf* decrease, reduction

disminuido, -a [disminu'iðo, a] *nm/f*: **~ mental/físico** mentally/physically handicapped person

disminuir [disminu'ir] *vt* to decrease, diminish

disolver [disol'βer] *vt* (*gen*) to dissolve; **disolverse** *vr* to dissolve; (*Com*) to go into liquidation

dispar [dis'par] *adj* different

disparar [dispa'rar] *vt, vi* to shoot, fire

disparate [dispa'rate] *nm* (*tontería*) foolish remark; (*error*) blunder; **decir ~s** to talk nonsense

disparo [dis'paro] *nm* shot

dispersar [disper'sar] *vt* to disperse; **dispersarse** *vr* to scatter

disponer [dispo'ner] *vt* (*arreglar*) to arrange; (*ordenar*) to put in order; (*preparar*) to prepare, get ready ▷ *vi*: **~ de** to have, own; **disponerse** *vr*: **~se a** o **para hacer** to prepare to do

disponible [dispo'niβle] *adj* available

disposición [disposi'θjon] *nf* arrangement, disposition; (*voluntad*) willingness; (*Inform*) layout; **a su ~** at your service

dispositivo [disposi'tiβo] *nm* device, mechanism

dispuesto, -a [dis'pwesto, a] *pp de* **disponer** ▷ *adj* (*arreglado*) arranged; (*preparado*) disposed

disputar [dispu'tar] *vt* (*carrera*) to compete in

disquete [dis'kete] *nm* floppy disk, diskette

distancia [dis'tanθja] *nf* distance; **distanciar** [distan'θjar] *vt* to space out; **distanciarse** *vr* to become estranged; **distante** [dis'tante] *adj* distant

diste *vb* V **dar**

disteis *vb* V **dar**

distinción [distin'θjon] nf distinction; (*elegancia*) elegance; (*honor*) honour

distinguido, -a [distin'giðo, a] adj distinguished

distinguir [distin'gir] vt to distinguish; (*escoger*) to single out; **distinguirse** vr to be distinguished

distintivo, -a [distin'tiβo] nm badge; (*fig*) characteristic

distinto, -a [dis'tinto, a] adj different; (*claro*) clear

distracción [distrak'θjon] nf distraction; (*pasatiempo*) hobby, pastime; (*olvido*) absent-mindedness, distraction

distraer [distra'er] vt (*atención*) to distract; (*divertir*) to amuse; (*fondos*) to embezzle; **distraerse** vr (*entretenerse*) to amuse o.s.; (*perder la concentración*) to allow one's attention to wander

distraído, -a [distra'iðo, a] adj (*distante*) absent-minded; (*entretenido*) amusing

distribuidor, a [distriβui'ðor, a] nm/f distributor; **distribuidora** nf (*Com*) dealer, agent; (*Cine*) distributor

distribuir [distriβu'ir] vt to distribute

distrito [dis'trito] nm (*sector, territorio*) region; (*barrio*) district; **Distrito Federal** (*MÉX*) Federal District; **distrito postal** postal district

disturbio [dis'turβjo] nm disturbance; (*desorden*) riot

disuadir [diswa'ðir] vt to dissuade

disuelto [di'swelto] pp de **disolver**

DIU nm abr (= *dispositivo intrauterino*) IUD

diurno, -a ['djurno, a] adj day cpd

divagar [diβa'xar] vi (*desviarse*) to digress

diván [di'βan] nm divan

diversidad [diβersi'ðað] nf diversity, variety

diversión [diβer'sjon] nf (*gen*) entertainment; (*actividad*) hobby, pastime

diverso, -a [di'βerso, a] adj diverse;

~s libros several books; **diversos** nmpl sundries

divertido, -a [diβer'tiðo, a] adj (*chiste*) amusing; (*fiesta etc*) enjoyable

divertir [diβer'tir] vt (*entretener, recrear*) to amuse; **divertirse** vr (*pasarlo bien*) to have a good time; (*distraerse*) to amuse o.s.

dividendos [diβi'ðendos] nmpl (*Com*) dividends

dividir [diβi'ðir] vt (*gen*) to divide; (*distribuir*) to distribute, share out

divierta etc vb V **divertir**

divino, -a [di'βino, a] adj divine

divirtiendo etc vb V **divertir**

divisa [di'βisa] nf (*emblema*) emblem, badge; **divisas** nfpl foreign exchange sg

divisar [diβi'sar] vt to make out, distinguish

división [diβi'sjon] nf (*gen*) division; (*de partido*) split; (*de país*) partition

divorciar [diβor'θjar] vt to divorce; **divorciarse** vr to get divorced; **divorcio** nm divorce

divulgar [diβul'xar] vt (*ideas*) to spread; (*secreto*) to divulge

DNI (*ESP*) nm abr (= *Documento Nacional de Identidad*) national identity card

---

⬤ **DNI**
⬤
⬤ The **Documento Nacional de**
⬤ **Identidad** is a Spanish ID card
⬤ which must be carried at all times
⬤ and produced on request for the
⬤ police. It contains the holder's
⬤ photo, fingerprints and personal
⬤ details. It is also known as the **DNI**
⬤ or "carnet de identidad".

Dña. abr (= *doña*) Mrs

do [do] nm (*Mús*) do, C

dobladillo [doβla'ðiʎo] nm (*de vestido*) hem; (*de pantalón: vuelta*) turn-up (*BRIT*), cuff (*US*)

doblar [do'βlar] vt to double; (*papel*) to fold; (*caño*) to bend; (*la esquina*) to

turn, go round; (film) to dub ▷ vi to
turn; (campana) to toll; **doblarse**
vr (plegarse) to fold (up), crease;
(encorvarse) to bend; **~ a la derecha/
izquierda** to turn right/left

doble ['doβle] adj double; (de dos
aspectos) dual; (fig) two-faced ▷ nm
double ▷ nmf (Teatro) double, stand-in;
dobles nmpl (Deporte) doubles sg; **con
~ sentido** with a double meaning

doce ['doθe] num twelve; **docena**
nf dozen

docente [do'θente] adj: **centro/
personal ~** teaching establishment/
staff

dócil ['doθil] adj (pasivo) docile;
(obediente) obedient

doctor, a [dok'tor, a] nm/f doctor

doctorado [dokto'raðo] nm
doctorate

doctrina [dok'trina] nf doctrine,
teaching

documentación [dokumenta'θjon]
nf documentation, papers pl

documental [dokumen'tal] adj, nm
documentary

documento [doku'mento] nm
(certificado) document; **documento
adjunto** (Inform) attachment;
documento nacional de identidad
identity card

dólar ['dolar] nm dollar

doler [do'ler] vt, vi to hurt; (fig) to
grieve; **dolerse** vr (de su situación)
to grieve, feel sorry; (de las desgracias
ajenas) to sympathize; **me duele el
brazo** my arm hurts

dolor [do'lor] nm pain; (fig) grief,
sorrow; **dolor de cabeza/estómago/
muelas** headache/stomachache/
toothache

domar [do'mar] vt to tame

domesticar [domesti'kar] vt =
domar

doméstico, a [do'mestiko, a] adj
(vida, servicio) home; (tareas) household;
(animal) tame, pet

domicilio [domi'θiljo] nm home;

servicio a ~ home delivery service;
sin ~ fijo of no fixed abode; **domicilio
particular** private residence

dominante [domi'nante] adj
dominant; (persona) domineering

dominar [domi'nar] vt (gen) to
dominate; (idiomas) to be fluent in ▷ vi
to dominate, prevail

domingo [do'mingo] nm Sunday;
Domingo de Ramos/Resurrección
Palm/Easter Sunday

dominio [do'minjo] nm (tierras)
domain; (autoridad) power, authority;
(de las pasiones) grip, hold; (de idiomas)
command

don [don] nm (talento) gift; **~ Juan
Gómez** Mr Juan Gómez, Juan Gómez
Esq (BRIT)

> **DON/DOÑA**
>
> The term **don/doña** often
> abbreviated to **D./Dña** is placed
> before the first name as a mark
> of respect to an older or more
> senior person – eg Don Diego,
> Doña Inés. Although becoming
> rarer in Spain it is still used
> with names and surnames on
> official documents and formal
> correspondence – eg "Sr. D. Pedro
> Rodríguez Hernández", "Sra. Dña.
> Inés Rodríguez Hernández".

dona ['dona] (MÉX) nf doughnut,
donut (us)

donar [do'nar] vt to donate

donativo [dona'tiβo] nm donation

donde ['donde] adv where ▷ prep: **el
coche está allí ~ el farol** the car is
over there by the lamppost o where the
lamppost is; **en ~** where, in which

dónde ['donde] adv where?; **¿a
vas?** where are you going (to)?; **¿de ~
vienes?** where have you been?; **¿por ~?**
where?, whereabouts?

dondequiera [donde'kjera] adv
anywhere; **por ~** everywhere, all over

the place ▷ conj: **~ que** wherever

donut® [do'nut] (ESP) nm doughnut, donut (US)

doña ['doɲa] nf: **~ Alicia** Alicia; **~ Victoria Benito** Mrs Victoria Benito

dorado, -a [do'raðo, a] adj (color) golden; (Tec) gilt

dormir [dor'mir] vt: **~ la siesta** to have an afternoon nap ▷ vi to sleep; **dormirse** vr to fall asleep

dormitorio [dormi'torjo] nm bedroom

dorsal [dor'sal] nm (Deporte) number

dorso ['dorso] nm (de mano) back; (de hoja) other side

dos [dos] num two

dosis ['dosis] nf inv dose, dosage

dotado, -a [do'taðo, a] adj gifted; **~ de** endowed with

dotar [do'tar] vt to endow; **dote** nf dowry; **dotes** nfpl (talentos) gifts

doy [doj] vb V **dar**

drama ['drama] nm drama; **dramaturgo** [drama'turʝo] nm dramatist, playwright

drástico, -a ['drastiko, a] adj drastic

drenaje [dre'naxe] nm drainage

droga ['droxa] nf drug; **drogadicto, -a** [droxa'ðikto, a] nm/f drug addict

droguería [droxe'ria] nf hardware shop (BRIT) o store (US)

ducha ['dutʃa] nf (baño) shower; (Med) douche; **ducharse** vr to take a shower

duda ['duða] nf doubt; **no cabe ~** there is no doubt about it; **dudar** vt, vi to doubt; **dudoso, -a** [du'ðoso, a] adj (incierto) hesitant; (sospechoso) doubtful

duela etc vb V **doler**

duelo ['dwelo] vb V **doler** ▷ nm (combate) duel; (luto) mourning

duende ['dwende] nm imp, goblin

dueño, -a ['dweɲo, a] nm/f (propietario) owner; (de pensión, taberna) landlord/lady; (empresario) employer

duermo etc vb V **dormir**

dulce ['dulθe] adj sweet ▷ adv gently, softly ▷ nm sweet

dulcería [dulθe'ria] (LAM) nf

confectioner's (shop)

dulzura [dul'θura] nf sweetness; (ternura) gentleness

dúo ['duo] nm duet

duplicar [dupli'kar] vt (hacer el doble de) to duplicate

duque ['duke] nm duke; **duquesa** nf duchess

duración [dura'θjon] nf (de película, disco etc) length; (de pila etc) life; (curso: de acontecimiento etc) duration

duradero, -a [dura'ðero, a] adj (tela etc) hard-wearing; (fe, paz) lasting

durante [du'rante] prep during

durar [du'rar] vi to last; (recuerdo) to remain

durazno [du'raθno] (LAM) nm (fruta) peach; (árbol) peach tree

durex ['dureks] (MÉX, ARG) nm (tira adhesiva) Sellotape® (BRIT), Scotch tape® (US)

dureza [du'reθa] nf (calidad) hardness

duro, -a ['duro, a] adj hard; (carácter) tough ▷ adv hard ▷ nm (moneda) five-peseta coin o piece

DVD nm abr (= disco de vídeo digital) DVD

e

E abr (=este) E

e [e] conj and

ébano ['eβano] nm ebony

ebrio, -a ['eβrjo, a] adj drunk

ebullición [eβuʎi'θjon] nf boiling

echar [e'tʃar] vt to throw; (agua, vino) to pour (out); (empleado: despedir) to fire, sack; (hojas) to sprout; (cartas) to post; (humo) to emit, give out ▷ vi: ~ **a correr** to run off; **echarse** vr to lie down; ~ **llave a** to lock (up); ~ **abajo** (gobierno) to overthrow; (edificio) to demolish; ~ **mano a** to lay hands on; ~ **una mano a algn** (ayudar) to give sb a hand; ~ **de menos** to miss; **~se atrás** (fig) to back out

eclesiástico, -a [ekle'sjastiko, a] adj ecclesiastical

eco ['eko] nm echo; **tener ~ to** catch on

ecología [ekolo'xia] nf ecology; **ecológico, -a** adj (producto, método) environmentally-friendly; (agricultura) organic; **ecologista** adj ecological, environmental ▷ nmf environmentalist

economía [ekono'mia] nf (sistema) economy; (carrera) economics

económico, -a [eko'nomiko, a] adj (barato) cheap, economical; (ahorrativo) thrifty; (Com: año etc) financial; (: situación) economic

economista [ekono'mista] nmf economist

Ecuador [ekwa'ðor] nm Ecuador; **ecuador** nm (Geo) equator

ecuatoriano, -a [ekwato'rjano, a] adj, nm/f Ecuadorian

ecuestre [e'kwestre] adj equestrian

edad [e'ðað] nf age; **¿qué ~ tienes?** how old are you?; **tiene ocho años de ~** he's eight (years old); **de ~ mediana/ avanzada** middle-aged/advanced in years; **la E~ Media** the Middle Ages

edición [eði'θjon] nf (acto) publication; (ejemplar) edition

edificar [eðifi'kar] vt, vi to build

edificio [eði'fiθjo] nm building; (fig) edifice, structure

Edimburgo [eðim'burɣo] nm Edinburgh

editar [eði'tar] vt (publicar) to publish; (preparar textos) to edit

editor, a [eði'tor, a] nm/f (que publica) publisher; (redactor) editor ▷ adj publishing cpd; **editorial** adj editorial ▷ nm leading article, editorial; **casa editorial** publisher

edredón [eðre'ðon] nm duvet

educación [eðuka'θjon] nf education; (crianza) upbringing; (modales) (good) manners pl

educado, -a [eðu'kaðo, a] adj: **bien/ mal ~** well/badly behaved

educar [eðu'kar] vt to educate; (criar) to bring up; (voz) to train

EE. UU. nmpl abr (= Estados Unidos) US(A)

efectivamente [efektiβa'mente] adv (como respuesta) exactly, precisely; (verdaderamente) really; (de hecho) in fact

efectivo, -a [efek'tiβo, a] adj effective; (real) actual, real ▷ nm: **pagar**

en ~ to pay (in) cash; **hacer ~ un cheque** to cash a cheque

efecto [e'fekto] *nm* effect, result; **efectos** *nmpl* (*efectos personales*) effects; (*bienes*) goods; (*Com*) assets; **en ~** in fact; (*respuesta*) exactly, indeed; **efecto invernadero** greenhouse effect; **efectos especiales/ secundarios/sonoros** special/side/ sound effects

efectuar [efek'twar] *vt* to carry out; (*viaje*) to make

eficacia [efi'kaθja] *nf* (*de persona*) efficiency; (*de medicamento etc*) effectiveness

eficaz [efi'kaθ] *adj* (*persona*) efficient; (*acción*) effective

eficiente [efi'θjente] *adj* efficient

egipcio, -a [e'xipθjo, a] *adj, nm/f* Egyptian

Egipto [e'xipto] *nm* Egypt

egoísmo [exo'ismo] *nm* egoism

egoísta [exo'ista] *adj* egotistical, selfish ▷ *nmf* egoist

Eire ['eire] *nm* Eire

ej. *abr* (*=ejemplo*) eg

eje ['exe] *nm* (*Geo, Mat*) axis; (*de rueda*) axle; (*de máquina*) shaft, spindle

ejecución [exeku'θjon] *nf* execution; (*cumplimiento*) fulfilment; (*Mús*) performance; (*Jur: embargo de deudor*) attachment

ejecutar [exeku'tar] *vt* to execute, carry out; (*matar*) to execute; (*cumplir*) to fulfil; (*Mús*) to perform; (*Jur: embargar*) to attach, distrain (on)

ejecutivo, -a [exeku'tiβo, a] *adj, nm/f* executive; **el (poder) ~** the executive (power)

ejemplar [exem'plar] *adj* exemplary ▷ *nm* (*Zool*) specimen; (*de libro*) copy; (*de periódico*) number, issue

ejemplo [e'xemplo] *nm* example; **por ~** for example

ejercer [exer'θer] *vt* to exert; (*influencia*) to exert; (*un oficio*) to practise ▷ *vi* (*practicar*): **~ (de)** to practise (as)

ejercicio [exer'θiθjo] *nm* exercise; (*período*) tenure; **hacer ~** to take exercise; **ejercicio comercial** financial year

ejército [e'xerθito] *nm* army; **entrar en el ~** to join the army, join up; **ejército del aire/de tierra** Air Force/Army

ejote [e'xote] (*MÉX*) *nm* green bean

○ **PALABRA CLAVE**

el [el] (*f* **la**, *pl* **los, las,** *neutro* **lo**) *art def* **1** the; **el libro/la mesa/los estudiantes** the book/table/students

2 (*con n abstracto: no se traduce*): **el amor/la juventud** love/youth

3 (*posesión: se traduce a menudo por adj posesivo*): **romperse el brazo** to break one's arm; **levantó la mano** he put his hand up; **se puso el sombrero** she put her hat on

4 (*valor descriptivo*): **tener la boca grande/los ojos azules** to have a big mouth/blue eyes

5 (*con días*): **me iré el viernes** I'll leave on Friday; **los domingos suelo ir a nadar** on Sundays I generally go swimming

6 (*lo +adj*): **lo difícil/caro** what is difficult/expensive; (*cuán*): **no se da cuenta de lo pesado que es** he doesn't realise how boring he is

▷ *pron demos* **1**: **mi libro y el de usted** my book and yours; **las de Pepe son mejores** Pepe's are better; **no la(s) blanca(s) sino la(s) gris(es)** not the white one(s) but the grey one(s)

2: **lo de:** *lo de ayer* what happened yesterday; **lo de las facturas** that business about the invoices

▷ *pron relativo* **1** (*indef*): **el que:** **el (los) que quiera(n)** que se vaya(n) anyone who wants to can leave; **llévese el que más le guste** take the one you like best

2 (*def*): **el que:** *el que compré ayer* the one I bought yesterday; **los que se van** those who leave

3: **lo que**: **lo que pienso yo/más me
gusta** what I think/like most
▷ *conj*: **el que**: **el que lo diga** the
fact that he says so; **el que sea tan
vago me molesta** his being so lazy
bothers me
▷ *excl*: **¡el susto que me diste!** what a
fright you gave me!
▷ *pron personal* **1** *(persona: m)* him; *(: f)*
her; *(: pl)* them; **lo/las veo** I can see
him/them
2 *(animal, cosa: sg)* it; *(: pl)* them; **lo** *(o
la)* **veo** I can see it; **los** *(o las)* **veo** I can
see them
3 *(como sustituto de frase)*: **lo**: **no lo
sabía** I didn't know; **ya lo entiendo** I
understand now

él [el] *pron* *(persona)* he; *(cosa)* it;
(después de prep: persona) him; *(: cosa)*
it; **de ~** his
elaborar [ela'βo'rar] *vt* *(producto)*
to make, manufacture; *(preparar)* to
prepare; *(madera, metal etc)* to work;
(proyecto etc) to work on o out
elástico, -a [e'lastiko, a] *adj* elastic;
(flexible) flexible ▷ *nm* elastic; *(un
elástico)* elastic band
elección [elek'θjon] *nf* election;
(selección) choice, selection; **elecciones
generales** general election *sg*
electorado [elekto'raðo] *nm*
electorate, voters *pl*
electricidad [elektriθi'ðað] *nf*
electricity
electricista [elektri'θista] *nmf*
electrician
eléctrico, -a [e'lektriko, a] *adj*
electric
electro... [elektro] *prefijo*
electro...; **electrocardiograma** *nm*
electrocardiogram; **electrocutar** *vt* to
electrocute; **electrodo** *nm* electrode;
electrodomésticos *nmpl* (electrical)
household appliances
electrónica [elek'tronika] *nf*
electronics *sg*
electrónico, -a [elek'troniko, a] *adj*

electronic
elefante [ele'fante] *nm* elephant
elegancia [ele'γanθja] *nf* elegance,
grace; *(estilo)* stylishness
elegante [ele'xante] *adj* elegant,
graceful; *(estiloso)* stylish, fashionable
elegir [ele'xir] *vt* *(escoger)* to choose,
select; *(optar)* to opt for; *(presidente)*
to elect
elemental [elemen'tal] *adj* *(claro,
obvio)* elementary; *(fundamental)*
elemental, fundamental
elemento [ele'mento] *nm* element;
(fig) ingredient; **elementos** *nmpl*
elements, rudiments
elevación [eleβa'θjon] *nf* elevation;
(acto) raising, lifting; *(de precios)* rise;
(Geo etc) height, altitude
elevar [ele'βar] *vt* to raise, lift *(up)*;
(precio) to put up; **elevarse** *vr* *(edificio)*
to rise; *(precios)* to go up
eligiendo *etc vb* V **elegir**
elija *etc vb* V **elegir**
eliminar [elimi'nar] *vt* to eliminate,
remove
eliminatoria [elimina'torja] *nf*
heat, preliminary (round)
élite ['elite] *nf* elite
ella ['eʎa] *pron* *(persona)* she; *(cosa)* it;
(después de prep: persona) her; *(: cosa)*
it; **de ~** hers
ellas ['eʎas] *pron* *(personas y cosas)*
they; *(después de prep)* them; **de ~** theirs
ello ['eʎo] *pron* it
ellos ['eʎos] *pron* they; *(después de
prep)* them; **de ~** theirs
elogiar [elo'xjar] *vt* to praise; **elogio**
nm praise
elote ['elote] *(méx)* *nm* corn on the cob
eludir [elu'ðir] *vt* to avoid
email [i'mel] *nm* email; *(dirección)*
email address; **mandar un ~** to
email sb, send sb an email
embajada [emba'xaða] *nf* embassy
embajador, a [embaxa'ðor, a] *nm/f*
ambassador/ambassadress
embalar [emba'lar] *vt* to parcel,
wrap (up); **embalarse** *vr* to go fast

embalse [em'balse] nm (presa) dam; (lago) reservoir

embarazada [embara'θaða] adj pregnant ▷ nf pregnant woman
▍ No confundir **embarazada** con la palabra inglesa embarrassed.

embarazo [emba'raθo] nm (de mujer) pregnancy; (impedimento) obstacle, obstruction; (timidez) embarrassment; **embarazoso, -a** adj awkward, embarrassing

embarcación [embarka'θjon] nf (barco) boat, craft; (acto) embarkation, boarding

embarcadero [embarka'ðero] nm pier, landing stage

embarcar [embar'kar] vt (cargamento) to ship, stow; (persona) to embark, put on board; **embarcarse** vr to embark, go on board

embargar [embar'ɣar] vt (Jur) to seize, impound

embargo [em'barɣo] nm (Jur) seizure; (Com, Pol) embargo

embargue etc vb V **embargar**

embarque etc [em'barke] vb V **embarcar** ▷ nm shipment, loading

embellecer [embeʎe'θer] vt to embellish, beautify

embestida [embes'tiða] nf attack, onslaught; (carga) charge

embestir [embes'tir] vt to attack, assault; to charge, attack ▷ vi to attack

emblema [em'blema] nm emblem

embobado, -a [embo'βaðo, a] adj (atontado) stunned, bewildered

embolia [em'bolja] nf (Med) clot

émbolo ['embolo] nm (Auto) piston

emborrachar [emborra'tʃar] vt to make drunk, intoxicate; **emborracharse** vr to get drunk

emboscada [embos'kaða] nf ambush

embotar [embo'tar] vt to blunt, dull

embotellamiento [emboteʎa'mjento] nm (Auto) traffic jam

embotellar [embote'ʎar] vt to bottle

embrague [em'braɣe] nm (tb: **pedal de ~**) clutch

embrión [em'brjon] nm embryo

embrollo [em'broʎo] nm (enredo) muddle, confusion; (aprieto) fix, jam

embrujado, -a [embru'xaðo, a] adj bewitched; **casa embrujada** haunted house

embrutecer [embrute'θer] vt (atontar) to stupefy

embudo [em'buðo] nm funnel

embuste [em'buste] nm (mentira) lie; **embustero, -a** adj lying, deceitful ▷ nm/f (mentiroso) liar

embutido [embu'tiðo] nm (Culin) sausage; (Tec) inlay

emergencia [emer'xenθja] nf emergency; (surgimiento) emergence

emerger [emer'xer] vi to emerge, appear

emigración [emiɣra'θjon] nf emigration; (de pájaros) migration

emigrar [emi'ɣrar] vi (personas) to emigrate; (pájaros) to migrate

eminente [emi'nente] adj eminent, distinguished; (elevado) high

emisión [emi'sjon] nf (acto) emission; (Com etc) issue; (Radio, TV: acto) broadcasting; (: programa) broadcast, programme (BRIT), program (US)

emisora [emi'sora] nf radio o broadcasting station

emitir [emi'tir] vt (olor etc) to emit, give off; (moneda etc) to issue; (opinión) to express; (Radio) to broadcast

emoción [emo'θjon] nf emotion; (excitación) excitement; (sentimiento) feeling

emocionante [emoθjo'nante] adj (excitante) exciting, thrilling

emocionar [emoθjo'nar] vt (excitar) to excite, thrill; (conmover) to move, touch; (impresionar) to impress

emoticón [emoti'kon], **emoticono** [emoti'kono] nm smiley

emotivo, -a [emo'tiβo, a] adj emotional

empacho [em'patʃo] nm (Med) indigestion; (fig) embarrassment

empalagoso, -a [empala'yoso, a] adj cloying; (fig) tiresome

empalmar [empal'mar] vt to join, connect ▷ vt (dos caminos) to meet, join; **empalme** nm joint, connection; junction; (de trenes) connection

empanada [empa'naða] nf pie, pasty

empañarse [empa'narse] vr (cristales etc) to steam up

empapar [empa'par] vt (mojar) to soak, saturate; (absorber) to soak up, absorb; **empaparse** vr: **~se de** to soak up

empapelar [empape'lar] vt (paredes) to paper

empaquetar [empake'tar] vt to pack, parcel up

empastar [empas'tar] vt (embadurnar) to paste; (diente) to fill

empaste [em'paste] nm (de diente) filling

empatar [empa'tar] vi to draw, tie; **~n a dos** they drew two-all; **empate** nm draw, tie

empecé etc vb V **empezar**

empedernido, -a [empeðer'niðo, a] adj hard, heartless; (fumador) inveterate

empeine [em'peine] nm (de pie, zapato) instep

empeñado, -a [empe'naðo, a] adj (persona) determined; (objeto) pawned

empeñar [empe'nar] vt (objeto) to pawn, pledge; (persona) to compel; **empeñarse** vr (endeudarse) to get into debt; **~se en** to be set on, be determined to

empeño [em'peno] nm (determinación, insistencia) determination, insistence; **casa de ~s** pawnshop

empeorar [empeo'rar] vt to make worse, worsen ▷ vi to get worse, deteriorate

empezar [empe'θar] vt, vi to begin, start

empiece etc vb V **empezar**

empiezo etc vb V **empezar**

emplasto [em'plasto] nm (Med) plaster

emplazar [empla'θar] vt (ubicar) to site, place, locate; (Jur) to summons; (convocar) to summon

empleado, -a [emple'aðo, a] nm/f (gen) employee; (de banco etc) clerk

emplear [emple'ar] vt (usar) to use, employ; (dar trabajo a) to employ; **emplearse** vr (conseguir trabajo) to be employed; (ocuparse) to occupy o.s.

empleo [em'pleo] nm (puesto) job; (puestos: colectivamente) employment; (uso) use, employment

empollar [empo'λar] vt, vi to swot (up); **empollón, -ona** (ESP: fam) nm/f swot

emporio [em'porjo] (LAM) nm (gran almacén) department store

empotrado, -a [empo'traðo, a] adj (armario etc) built-in

emprender [empren'der] vt (empezar) to begin, embark on; (acometer) to tackle, take on

empresa [em'presa] nf (de espíritu etc) enterprise; (Com) company, firm; **empresariales** nfpl business studies; **empresario, -a** nm/f (Com) businessman(-woman)

empujar [empu'xar] vt to push, shove

empujón [empu'xon] nm push, shove

empuñar [empu'nar] vt (asir) to grasp, take (firm) hold of

○ PALABRA CLAVE

en [en] prep **1** (posición) in; (: sobre) on; **está en el cajón** it's in the drawer; **en Argentina/La Paz** in Argentina/La Paz; **en la oficina/el colegio** at the office/school; **está en el suelo/el quinto piso** it's on the floor/the fifth floor **2** (dirección) into; **entró en el aula** she went into the classroom; **meter algo en el bolso** to put sth into one's bag

3 (*tiempo*) in; on; **en 1605/3 semanas/ invierno** in 1605/3 weeks/winter; **en (el mes de) enero** in (the month of) January; **en aquella ocasión/época** on that occasion/at that time

4 (*precio*) for; **lo vendió en 20 dólares** he sold it for 20 dollars

5 (*diferencia*) by; **reducir/aumentar en una tercera parte/un 20 por ciento** to reduce/increase by a third/20 per cent

6 (*manera*): **en avión/autobús** by plane/bus; **escrito en inglés** written in English

7 (*después de vb que indica gastar etc*) on; **han cobrado demasiado en dietas** they've charged too much to expenses; **se le va la mitad del sueldo en comida** he spends half his salary on food

8 (*tema, ocupación*): **experto en la materia** expert on the subject; **trabaja en la construcción** he works in the building industry

9 (*adj + en + infin*): **lento en reaccionar** slow to react

enaguas [e'naɣwas] *nfpl* petticoat *sg*, underskirt *sg*

enajenación [enaxena'θjon] *nf* (*Psico: tb*: **~ mental**) mental derangement

enamorado, -a [enamo'raðo, a] *adj* in love ▷ *nm/f* lover; **estar ~ (de)** to be in love (with)

enamorar [enamo'rar] *vt* to win the love of; **enamorarse** *vr*: **~se de algn** to fall in love with sb

enano, -a [e'nano, a] *adj* tiny ▷ *nm/f* dwarf

encabezamiento [enkaβeθa'mjento] *nm* (*de carta*) heading; (*de periódico*) headline

encabezar [enkaβe'θar] *vt* (*movimiento, revolución*) to lead, head; (*lista*) to head, be at the top of; (*carta*) to

put a heading to

encadenar [enkaðe'nar] *vt* to chain (together); (*poner grilletes a*) to shackle

encajar [enka'xar] *vt* (*ajustar*): **~ (en)** to fit (into); (*fam: golpe*) to take ▷ *vi* to fit (well); (*fig: corresponder a*) to match

encaje [en'kaxe] *nm* (*labor*) lace

encallar [enka'ʎar] *vi* (*Náut*) to run aground

encaminar [enkami'nar] *vt* to direct, send

encantado, -a [enkan'taðo, a] *adj* (*hechizado*) bewitched; (*muy contento*) delighted; **¡~!** how do you do, pleased to meet you

encantador, a [enkanta'ðor, a] *adj* charming, lovely ▷ *nm/f* magician, enchanter/enchantress

encantar [enkan'tar] *vt* (*agradar*) to charm, delight; (*hechizar*) to bewitch, cast a spell on; **me encanta eso** I love that; **encanto** *nm* (*hechizo*) spell, charm; (*fig*) charm, delight

encarcelar [enkarθe'lar] *vt* to imprison, jail

encarecer [enkare'θer] *vt* to put up the price of; **encarecerse** *vr* to get dearer

encargado, -a [enkar'ɣaðo, a] *adj* in charge ▷ *nm/f* agent, representative; (*responsable*) person in charge

encargar [enkar'ɣar] *vt* to entrust; (*recomendar*) to urge, recommend; **encargarse** *vr*: **~se de** to look after, take charge of; **~ algo a algn** to put sb in charge of sth; **~ a algn que haga algo** to ask sb to do sth

encargo [en'karɣo] *nm* (*tarea*) assignment, job; (*responsabilidad*) responsibility; (*Com*) order

encariñarse [enkari'narse] *vr*: **~ con** to grow fond of, get attached to

encarnación [enkarna'θjon] *nf* incarnation, embodiment

encarrilar [enkarri'lar] *vt* (*tren*) to put back on the rails; (*fig*) to correct, put on the right track

encasillar [enkasi'ʎar] vt (fig) to
pigeonhole; (actor) to typecast

encendedor [enθende'ðor] nm
lighter

encender [enθen'der] vt (con
fuego) to light; (luz, radio) to put on,
switch on; (avivar: pasión) to inflame;
encenderse vr to catch fire; (excitarse)
to get excited; (de cólera) to flare up; (el
rostro) to blush

encendido, -a [enθen'diðo] nm (Auto)
ignition

encerado [enθe'raðo] nm (Escol)
blackboard

encerrar [enθe'rrar] vt (confinar) to
shut in, shut up; (comprender, incluir) to
include, contain

encharcado, -a [entʃar'kaðo, a] adj
(terreno) flooded

encharcarse [entʃar'karse] vr to
get flooded

enchufado, -a [entʃu'faðo, a] (fam)
nm/f well-connected person

enchufar [entʃu'far] vt (Elec) to
plug in; (Tec) to connect, fit together;
enchufe nm (Elec: clavija) plug; (: toma)
socket; (do dos tubos) joint, connection;
(fam: influencia) contact, connection;
(: puesto) cushy job

encía [en'θia] nf gum

encienda etc vb V **encender**

encierro etc [en'θjerro] vb V **encerrar**
▷nm shutting in, shutting up;
(calabozo) prison

encima [en'θima] adv (sobre) above,
over; (además) besides; **~ de** (en) on,
on top of; (sobre) above, over; (además
de) besides, on top of; **por ~ de** over;
¿llevas dinero ~? have you (got) any
money on you?; **se me vino ~** it took
me by surprise

encina [en'θina] nf holm oak

encinta [en'θinta] adj pregnant

enclenque [en'klenke] adj weak,
sickly

encoger [enko'xer] vt to shrink,
contract; **encogerse** vr to shrink,
contract; (fig) to cringe; **~se de**

hombros to shrug one's shoulders

encomendar [enkomen'dar] vt to
entrust, commend; **encomendarse**
vr: **~se a** to put one's trust in

encomienda etc [enko'mjenda]
vb V **encomendar** ▷ nf (encargo)
charge, commission; (elogio) tribute;
encomienda postal (LAM) package

encontrar [enkon'trar] vt (hallar)
to find; (inesperadamente) to meet, run
into; **encontrarse** vr to meet (each
other); (situarse) to be (situated); **~se
con** to meet; **~se bien (de salud)** to
feel well

encrucijada [enkruθi'xaða] nf
crossroads sg

encuadernación
[enkwaðerna'θjon] nf binding

encuadrar [enkwa'ðrar] vt (retrato)
to frame; (ajustar) to fit, insert;
(contener) to contain

encubrir [enku'βrir] vt (ocultar) to
hide, conceal; (criminal) to harbour,
shelter

encuentro etc [en'kwentro] vb V
encontrar ▷ nm (de personas) meeting;
(Auto etc) collision, crash; (Deporte)
match, game; (Mil) encounter

encuerado, -a (MÉX) [enkwe'raðo,
a] adj nude, naked

encuesta [en'kwesta] nf inquiry,
investigation; (sondeo) (public)
opinion poll

encumbrar [enkum'brar] vt
(persona) to exalt

endeble [en'deβle] adj (persona)
weak; (argumento, excusa, persona) weak

endemoniado, -a [endemo'njaðo,
a] adj possessed (of the devil);
(travieso) devilish

enderezar [endere'θar] vt (poner
derecho) to straighten (out);
(: verticalmente) to set upright;
(situación) to straighten o sort out;
(dirigir) to direct; **enderezarse** vr
(persona sentada) to straighten up

endeudarse [endeu'ðarse] vr to
get into debt

endiablado, -a [endja'βlaðo, a]
adj devilish, diabolical; (travieso)
mischievous

endilgar [endil'xar] (fam) vt: **-le algo**
a algn to lumber sb with sth

endiñar [endi'ɲar] (ESP: fam) vt
(bofetón) to land, belt

endosar [endo'sar] vt (cheque etc)
to endorse

endulzar [endul'θar] vt to sweeten;
(suavizar) to soften

endurecer [endure'θer] vt to
harden; **endurecerse** vr to harden,
grow hard

enema [e'nema] nm (Med) enema

enemigo, -a [ene'mixo, a] adj
enemy, hostile ▷ nm/f enemy

enemistad [enemis'taθ] nf enmity

enemistar [enemis'tar] vt to make
enemies of, cause a rift between;
enemistarse vr to become
enemies; (amigos) to fall out

energía [ener'xia] nf (vigor) energy,
drive; (empuje) push; (Tec, Elec) energy,
power; **energía eólica** wind power;
energía solar solar energy o power

enérgico, -a [e'nerxiko, a] adj (gen)
energetic; (voz, modales) forceful

energúmeno, -a [ener'xumeno, a]
(fam) nm/f (fig) madman(-woman)

enero [e'nero] nm January

enfadado, -a [enfa'ðaðo, a] adj
angry, annoyed

enfadar [enfa'ðar] vt to anger,
annoy; **enfadarse** vr to get angry o
annoyed

enfado [en'faðo] nm (enojo) anger,
annoyance; (disgusto) trouble, bother

énfasis ['enfasis] nm emphasis,
stress

enfático, -a [en'fatiko, a] adj
emphatic

enfermar [enfer'mar] vt to make ill
▷ vi to fall ill, be taken ill

enfermedad [enferme'ðað] nf
illness; **enfermedad venérea** venereal
disease

enfermera [enfer'mera] nf nurse

enfermería [enferme'ria] nf
infirmary; (de colegio etc) sick bay

enfermero [enfer'mero] nm (male)
nurse

enfermizo, -a [enfer'miθo, a]
adj (persona) sickly, unhealthy; (fig)
unhealthy

enfermo, -a [en'fermo, a] adj ill,
sick ▷ nm/f invalid, sick person; (en
hospital) patient; **caer o ponerse ~**
to fall ill

enfocar [enfo'kar] vt (foto etc) to
focus; (problema etc) to approach

enfoque etc [en'foke] vb V **enfocar**
▷ nm focus

enfrentar [enfren'tar] vt (peligro)
to face (up to), confront; (oponer) to
bring face to face; **enfrentarse** vr (dos
personas) to face o confront each other;
(Deporte: dos equipos) to meet; **-se a o**
con to face up to, confront

enfrente [en'frente] adv opposite;
la casa de ~ the house opposite, the
house across the street; **~ de** opposite,
facing

enfriamiento [enfria'mjento] nm
chilling, refrigeration; (Med) cold, chill

enfriar [enfri'ar] vt (alimentos) to
cool, chill; (algo caliente) to cool down;
enfriarse vr to cool down; (Med) to
catch a chill; (amistad) to cool

enfurecer [enfure'θer] vt to enrage,
madden; **enfurecerse** vr to become
furious, fly into a rage; (mar) to get
rough

enganchar [engan'tʃar] vt to
hook; (dos vagones) to hitch up; (Tec)
to couple, connect; (Mil) to recruit;
engancharse vr (Mil) to enlist, join up

enganche [en'gantʃe] nm hook,
(ESP Tec) coupling, connection; (acto)
hooking (up); (Mil) recruitment,
enlistment; (MÉX: depósito) deposit

engañar [enga'ɲar] vt to deceive;
(estafar) to cheat, swindle; **engañarse**
vr (equivocarse) to be wrong; (disimular
la verdad) to deceive o.s.

engaño [en'gaɲo] nm deceit;

(estafa) trick, swindle; *(error)* mistake, misunderstanding; *(ilusión)* delusion;
engañoso, -a *adj (tramposo)* crooked; *(mentiroso)* dishonest, deceitful; *(aspecto)* deceptive; *(consejo)* misleading

engatusar [engatu'sar] *(fam)* vt to coax

engendro [en'xendro] nm *(Bio)* foetus; *(fig)* monstrosity

englobar [englo'βar] vt to include, comprise

engordar [engor'ðar] vt to fatten ▷vi to get fat, put on weight

engorroso, -a [engo'rroso, a] *adj* bothersome, trying

engranaje [engra'naxe] nm *(Auto)* gear

engrasar [engra'sar] vt *(Tec: poner grasa)* to grease; *(: lubricar)* to lubricate, oil; *(manchar)* to make greasy

engreído, -a [engre'iðo, a] *adj* vain, conceited

enhebrar [ene'βrar] vt to thread

enhorabuena [enora'βwena] *excl:* ¡~! congratulations! ▷ nf: **dar la ~ a** to congratulate

enigma [e'niɣma] nm enigma; *(problema)* puzzle; *(misterio)* mystery

enjambre [en'xambre] nm swarm

enjaular [enxau'lar] vt *(to put in a)* cage; *(fam)* to jail, lock up

enjuagar [enxwa'ɣar] vt *(ropa)* to rinse (out)

enjuague *etc* [en'xwaɣe] vb V **enjuagar** ▷ nm *(Med)* mouthwash; *(de ropa)* rinse, rinsing

enlace [en'laθe] nm link, connection; *(relación)* relationship; *(tb: ~ matrimonial)* marriage; *(de carretera, trenes)* connection; **enlace sindical** shop steward

enlatado, -a [enla'taðo, a] *adj (alimentos, productos)* tinned, canned

enlazar [enla'θar] vt *(unir con lazos)* to bind together; *(atar)* to tie; *(conectar)* to link, connect; *(LAM: caballo)* to lasso

enloquecer [enloke'θer] vt to drive

mad ▷vi to go mad

enmarañar [enmara'ɲar] vt *(enredar)* to tangle (up), entangle; *(complicar)* to complicate; *(confundir)* to confuse

enmarcar [enmar'kar] vt *(cuadro)* to frame

enmascarar [enmaska'rar] vt to mask; **enmascararse** vr to put on a mask

enmendar [enmen'dar] vt to emend, correct; *(constitución etc)* to amend; *(comportamiento)* to reform; **enmendarse** vr to reform, mend one's ways; **enmienda** nf correction; amendment; reform

enmudecer [enmuðe'θer] vi *(perder el habla)* to fall silent; *(guardar silencio)* to remain silent

ennoblecer [ennoβle'θer] vt to ennoble

enojado, -a [eno'xaðo, a] *(LAM)* *adj* angry

enojar [eno'xar] vt *(encolerizar)* to anger; *(disgustar)* to annoy, upset; **enojarse** vr to get angry; to get annoyed

enojo [e'noxo] nm *(cólera)* anger; *(irritación)* annoyance

enorme [e'norme] *adj* enormous, huge; *(fig)* monstrous

enredadera [enreða'ðera] nf *(Bot)* creeper, climbing plant

enredar [enre'ðar] vt *(cables, hilos etc)* to tangle (up), entangle; *(situación)* to complicate, confuse; *(meter cizaña)* to sow discord among o between; *(implicar)* to embroil, implicate; **enredarse** vr to get entangled, get tangled (up); *(situación)* to get complicated; *(persona)* to get embroiled; *(LAM: fam)* to meddle

enredo [en'reðo] nm *(maraña)* tangle; *(confusión)* mix-up, confusion; *(intriga)* intrigue

enriquecer [enrike'θer] vt to make rich, enrich; **enriquecerse** vr to get rich

enrojecer [enroxe'θer] vt to redden
▷ vi (persona) to blush; **enrojecerse**
vr to blush

enrollar [enro'ʎar] vt to roll (up),
wind (up)

ensalada [ensa'laða] nf salad;
ensaladilla (rusa) nf Russian salad

ensanchar [ensan'tʃar] vt (hacer
más ancho) to widen; (agrandar) to
enlarge, expand; (Costura) to let out;
ensancharse vr to get wider, expand

ensayar [ensa'jar] vt to test, try
(out); (Teatro) to rehearse

ensayo [en'sajo] nm test, trial;
(Quím) experiment; (Teatro) rehearsal;
(Deporte) try; (Escol, Literatura) essay

enseguida [ense'ɣiða] adv at once,
right away

ensenada [ense'naða] nf inlet, cove

enseñanza [ense'nanθa] nf
(educación) education; (acción)
teaching; (doctrina) teaching, doctrine;
enseñanza (de) primaria/secundaria
elementary/secondary education

enseñar [ense'nar] vt (educar) to
teach; (mostrar, señalar) to show

enseres [en'seres] nmpl belongings

ensuciar [ensu'θjar] vt (manchar) to
dirty, soil; (fig) to defile; **ensuciarse**
vr to get dirty; (bebé) to dirty one's nappy

entablar [enta'βlar] vt (recubrir) to
board (up); (Ajedrez, Damas) to set up;
(conversación) to strike up; (Jur) to file
▷ vi to draw

ente ['ente] nm (organización) body,
organization; (fam: persona) odd
character

entender [enten'der] vt (comprender)
to understand; (darse cuenta) to realize
▷ vi to understand; (creer) to think,
believe; **entenderse** vr (comprenderse)
to be understood; (ponerse de acuerdo)
to agree, reach an agreement; **~ de**
to know all about; **~ algo de** to know
a little about; **~ en** to deal with, have
to do with; **~ mal** to misunderstand;
~se con algn (llevarse bien) to get on o
along with sb; **~se mal** (dos personas) to

get on badly

entendido, -a [enten'diðo, a] adj
(comprendido) understood; (hábil)
skilled; (inteligente) knowledgeable
▷ nm/f (experto) expert ▷ excl agreed!;
entendimiento nm (comprensión)
understanding; (inteligencia) mind,
intellect; (juicio) judgement

enterado, -a [ente'raðo, a] adj well-
informed; **estar ~ de** to know about,
be aware of

enteramente [entera'mente] adv
entirely, completely

enterar [ente'rar] vt (informar) to
inform, tell; **enterarse** vr to find out,
get to know

enterizo, -a [ente'riθo, a] adj whole,
one-piece

entereza [ente'reθa] nf (totalidad)
entirety; (carácter) strength of mind;
(honradez) integrity

enternecer [enterne'θer] vt
(ablandar) to soften; (apiadar) to touch,
move (to pity); **enternecerse** vr to be
touched, be moved

entero, -a [en'tero, a] adj (total)
whole, entire; (fig: honesto) honest;
(: firme) firm, resolute ▷ nm
(Com: punto) point

enterrador [enterra'ðor] nm
gravedigger

enterrar [ente'rrar] vt to bury

entidad [enti'ðað] nf (empresa) firm,
company; (organismo) body; (sociedad)
society; (Filosofía) entity

entiendo etc vb V **entender**

entierro [en'tjerro] nm (acción)
burial; (funeral) funeral

entonación [entona'θjon] nf (Ling)
intonation

entonar [ento'nar] vt (canción) to
intone; (colores) to tone; (Med) to tone
up ▷ vi to be in tune

entonces [en'tonθes] adv then,
at that time; **desde ~** since then; **en
aquel ~** at that time; **(pues) ~** and so

entornar [entor'nar] vt (puerta,
ventana) to half-close, leave ajar; (los
ojos) to screw up

entorpecer [entorpe'θer] vt
(entendimiento) to dull; (impedir) to
obstruct, hinder; (: tránsito) to slow
down, delay

entrada [en'traða] nf (acción) entry,
access; (sitio) entrance, way in; (Inform)
input; (Com) receipts pl, takings pl;
(Culin) starter; (Deporte) innings sg;

(*Teatro*) house, audience; (*billete*) ticket; **~s y salidas** (*Com*) income and expenditure; **de ~** from the outset; **entrada de aire** (*Tec*) air intake o inlet

entrado, -a [en'traðo, a] *adj:* **~ en años** elderly; **una vez ~ el verano** in the summer(time), when summer comes

entramparse [entram'parse] *vr* to get into debt

entrante [en'trante] *adj* next, coming; **mes/año ~** next month/year; **entrantes** *nmpl* starters

entraña [en'traɲa] *nf* (*fig: centro*) heart, core; (*raíz*) root; **entrañas** *nfpl* (*Anat*) entrails; (*fig*) heart *sg*; **entrañable** *adj* close, intimate; **entrañar** *vt* to entail

entrar [en'trar] *vt* (*introducir*) to bring in; (*Inform*) to input ⊳ *vi* (*meterse*) to go in, come in, enter; (*comenzar*): **~ diciendo** to begin by saying; **hacer ~** to show in; **me entró sed/sueño** I started to feel thirsty/sleepy; **no me entra** I can't get the hang of it

entre ['entre] *prep* (*dos*) between; (*más de dos*) among(st)

entreabrir [entrea'βrir] *vt* to half-open, open halfway

entrecejo [entre'θexo] *nm:* **fruncir el ~** to frown

entredicho [entre'ðitʃo] *nm* (*Jur*) injunction; **poner en ~** to cast doubt on; **estar en ~** to be in doubt

entrega [en'treɣa] *nf* (*de mercancías*) delivery; (*de novela etc*) instalment; **entregar** [entre'ɣar] *vt* (*dar*) to hand (over), deliver; **entregarse** *vr* (*rendirse*) to surrender, give in, submit; (*dedicarse*) to devote o.s.

entremeses [entre'meses] *nmpl* hors d'œuvres

entremeter [entreme'ter] *vt* to insert, put in; **entremeterse** *vr* to meddle, interfere; **entremetido, -a** *adj* meddling, interfering

entremezclar [entremeθ'klar] *vt* to intermingle; **entremezclarse** *vr* to intermingle

entrenador, a [entrena'ðor, a] *nm/f* trainer, coach

entrenarse [entre'narse] *vr* to train

entrepierna [entre'pjerna] *nf* crotch

entresuelo [entre'swelo] *nm* mezzanine

entretanto [entre'tanto] *adv* meanwhile, meantime

entretecho [entre'tetʃo] (*cs*) *nm* attic

entretejer [entrete'xer] *vt* to interweave

entretener [entrete'ner] *vt* (*divertir*) to entertain, amuse; (*detener*) to hold up, delay; **entretenerse** *vr* (*divertirse*) to amuse o.s.; (*retrasarse*) to delay, linger; **entretenido, -a** *adj* entertaining, amusing; **entretenimiento** *nm* entertainment, amusement

entrever [entre'βer] *vt* to glimpse, catch a glimpse of

entrevista [entre'βista] *nf* interview; **entrevistar** *vt* to interview; **entrevistarse** *vr* to have an interview

entristecer [entriste'θer] *vt* to sadden, grieve; **entristecerse** *vr* to grow sad

entrometerse [entrome'terse] *vr:* **~ (en)** to interfere (in o with)

entumecer [entume'θer] *vt* to numb, benumb; **entumecerse** *vr* (*por el frío*) to go o become numb

enturbiar [entur'βjar] *vt* (*el agua*) to make cloudy; (*fig*) to confuse; **enturbiarse** *vr* (*oscurecerse*) to become cloudy; (*fig*) to get confused, become obscure

entusiasmar [entusjas'mar] *vt* to excite, fill with enthusiasm; (*gustar mucho*) to delight; **entusiasmarse** *vr:* **~se con o por** to get enthusiastic o excited about

entusiasmo [entu'sjasmo] *nm* enthusiasm; (*excitación*) excitement

entusiasta [entu'sjasta] *adj*
enthusiastic ▷ *nmf* enthusiast

enumerar [enume'rar] *vt* to
enumerate

envainar [embai'nar] *vt* to sheathe

envalentonar [embalento'nar] *vt*
to give courage to; **envalentonarse** *vr*
(*pey: jactarse*) to boast, brag

envasar [emba'sar] *vt* (*empaquetar*)
to pack, wrap; (*enfrascar*) to bottle;
(*enlatar*) to can; (*embolsar*) to pocket

envase [em'base] *nm* (*en paquete*)
packing, wrapping; (*en botella*)
bottling; (*en lata*) canning; (*recipiente*)
container; (*paquete*) package; (*botella*)
bottle; (*lata*) tin (BRIT), can

envejecer [embexe'θer] *vt* to make
old, age ▷ *vi* (*volverse viejo*) to grow old;
(*parecer viejo*) to age

envenenar [embene'nar] *vt* to
poison; (*fig*) to embitter

envergadura [emberɣa'ðura] *nf*
(*fig*) scope, compass

enviar [em'bjar] *vt* to send; **~ un
mensaje a algn** (*por movil*) to text sb, to
send sb a text message

enviciarse [embi'θjarse] *vr*: **~ (con)**
to get addicted to

envidia [em'biðja] *nf* envy; **tener
~ a** to envy, be jealous of; **envidiar**
vt to envy

envío [em'bio] *nm* (*acción*) sending;
(*de mercancías*) consignment; (*de dinero*)
remittance

enviudar [embju'ðar] *vi* to be
widowed

envoltura [embol'tura] *nf* (*cobertura*)
cover; (*embalaje*) wrapper, wrapping;
envoltorio *nm* package

envolver [embol'βer] *vt* to wrap (up);
(*cubrir*) to cover; (*enemigo*) to surround;
(*implicar*) to involve, implicate

envuelto [em'bwelto] *pp de*
envolver

enyesar [enje'sar] *vt* (*pared*) to
plaster; (*Med*) to put in plaster

enzarzarse [enθar'θarse] *vr*: **~ en**
(*pelea*) to get mixed up in; (*disputa*) to

get involved in

épica ['epika] *nf* epic

epidemia [epi'ðemja] *nf* epidemic

epilepsia [epi'lepsja] *nf* epilepsy

episodio [epi'soðjo] *nm* episode

época ['epoka] *nf* period, time; (*Hist*)
age, epoch; **hacer ~** to be epoch-
making

equilibrar [ekili'βrar] *vt* to balance;
equilibrio *nm* balance, equilibrium;
mantener/perder el equilibrio to
keep/lose one's balance; **equilibrista**
nmf (*funámbulo*) tightrope walker;
(*acróbata*) acrobat

equipaje [eki'paxe] *nm* luggage;
(*avíos*): **hacer el ~** to pack; **equipaje de
mano** hand luggage

equipar [eki'par] *vt* (*proveer*) to equip

equipararse [ekipa'rarse] *vr*: **~ con**
to be on a level with

equipo [e'kipo] *nm* (*conjunto de
cosas*) equipment; (*Deporte*) team; (*de
obreros*) shift

equis ['ekis] *nf inv* (the letter) X

equitación [ekita'θjon] *nf* horse
riding

equivalente [ekiβa'lente] *adj, nm*
equivalent

equivaler [ekiβa'ler] *vi* to be
equivalent o equal

equivocación [ekiβoka'θjon] *nf*
mistake, error

equivocado, -a [ekiβo'kaðo, a] *adj*
wrong, mistaken

equivocarse [ekiβo'karse] *vr* to be
wrong, make a mistake; **~ de camino**
to take the wrong road

era ['era] *vb V ser* ▷ *nf* era, age

erais *vb V ser*

éramos *vb V ser*

eran *vb V ser*

eras *vb V ser*

erección [erek'θjon] *nf* erection

eres *vb V ser*

erigir [eri'xir] *vt* to erect, build;
erigirse *vr*: **~se en** to set o.s. up as

erizo [e'riθo] *nm* (*Zool*) hedgehog;
erizo de mar sea-urchin

ermita [er'mita] nf hermitage;
ermitaño, -a [ermi'taɲo, a] nm/f
hermit

erosión [ero'sjon] nf erosion

erosionar [erosjo'nar] vt to erode

erótico, -a [e'rotiko, a] adj erotic;
erotismo nm eroticism

errante [e'rrante] adj wandering,
errant

erróneo, -a [e'rroneo, a] adj
(equivocado) wrong, mistaken

error [e'rror] nm error, mistake;
(Inform) bug; **error de imprenta**
misprint

eructar [eruk'tar] vt to belch, burp

erudito, -a [eru'ðito, a] adj erudite,
learned

erupción [erup'θjon] nf eruption;
(Med) rash

es vb V ser

esa ['esa] (pl ~s) adj demos V ese

ésa ['esa] (pl ~s) pron V ése

esbelto, -a [es'βelto, a] adj slim,
slender

esbozo [es'βoθo] nm sketch, outline

escabeche [eska'βetʃe] nm brine; (de
aceitunas etc) pickle; **en ~** pickled

escabullirse [eskaβu'ʎirse] vr to slip
away, to clear out

escafandra [eska'fandra] nf (buzo)
diving suit; (escafandra espacial)
space suit

escala [es'kala] nf (proporción, Mús)
scale; (de mano) ladder; (Aviac) stopover;
hacer ~ en to stop or call in at

escalafón [eskala'fon] nm (escala de
salarios) salary scale, wage scale

escalar [eska'lar] vt to climb, scale

escalera [eska'lera] nf stairs pl,
staircase; (escala) ladder; (Naipes) run;
escalera de caracol spiral staircase;
escalera de incendios fire escape;
escalera mecánica escalator

escalfar [eskal'far] vt (huevos) to
poach

escalinata [eskali'nata] nf staircase

escalofriante [eskalo'frjante] adj
chilling

escalofrío [eskalo'frio] nm (Med)
chill; **escalofríos** nmpl (fig) shivers

escalón [eska'lon] nm step, stair; (de
escalera) rung

escalope [eska'lope] nm (Culin)
escalope

escama [es'kama] nf (de pez,
serpiente) scale; (de jabón) flake; (fig)
resentment

escampar [eskam'par] vb impers to
stop raining

escandalizar [eskandali'θar] vt to
scandalize, shock; **escandalizarse**
vr to be shocked; (ofenderse) to be
offended

escándalo [es'kandalo] nm scandal;
(alboroto, tumulto) row, uproar;
escandaloso, -a adj scandalous,
shocking

escandinavo, -a [eskandi'naβo, a]
adj, nm/f Scandinavian

escanear [eskane'ar] vt to scan

escaño [es'kaɲo] nm bench; (Pol) seat

escapar [eska'par] vi (gen) to escape,
run away; (Deporte) to break away;
escaparse vr to escape, get away;
(agua, gas) to leak (out)

escaparate [eskapa'rate] nm shop
window

escape [es'kape] nm (de agua, gas)
leak; (de motor) exhaust

escarabajo [eskara'βaxo] nm beetle

escaramuza [eskara'muθa] nf
skirmish

escarbar [eskar'βar] vt (tierra) to
scratch

escarceos [eskar'θeos] nmpl: **en mis
~ con la política ...** in my dealings
with politics ...; **escarceos amorosos**
love affairs

escarcha [es'kartʃa] nf frost;
escarchado, -a [eskar'tʃaðo, a] adj
(Culin: fruta) crystallized

escarlatina [eskarla'tina] nf scarlet
fever

escarmentar [eskarmen'tar] vt to
punish severely ▷ vi to learn one's
lesson

escarmiento etc [eskar'mjento] vb
V **escarmentar** ▷ nm (ejemplo) lesson;
(castigo) punishment

escarola [eska'rola] nf endive

escarpado, -a [eskar'paðo, a] adj
(pendiente) sheer, steep; (rocas) craggy

escasear [eskase'ar] vi to be scarce

escasez [eska'seθ] nf (falta) shortage,
scarcity; (pobreza) poverty

escaso, -a [es'kaso, a] adj (poco)
scarce; (raro) rare; (ralo) thin, sparse;
(limitado) limited

escatimar [eskati'mar] vt to skimp
(on), be sparing with

escayola [eska'jola] nf plaster

escena [es'θena] nf scene; **escenario**
[esθe'narjo] nm (Teatro) stage; (Cine)
set; (fig) scene

▌ No confundir **escenario** con la
palabra inglesa scenery.

escenografía nf set design

escéptico, -a [es'θeptiko, a] adj
sceptical ▷ nm/f sceptic

esclarecer [esklare'θer] vt (misterio,
problema) to shed light on

esclavitud [esklaβi'tuð] nf slavery

esclavizar [esklaβi'θar] vt to enslave

esclavo, -a [es'klaβo, a] nm/f slave

escoba [es'koβa] nf broom; **escobilla**
nf brush

escocer [esko'θer] vi to burn, sting;
escocerse vr to chafe, get chafed

escocés, -esa [esko'θes, esa] adj
Scottish ▷ nm/f Scotsman(-woman),
Scot

Escocia [es'koθja] nf Scotland

escoger [esko'xer] vt to choose,
pick, select; **escogido, -a** adj chosen,
selected

escolar [esko'lar] adj school cpd
▷ nmf schoolboy(-girl), pupil

escollo [es'koʎo] nm (obstáculo) pitfall

escolta [es'kolta] nf escort; **escoltar**
vt to escort

escombros [es'kombros] nmpl
(basura) rubbish sg; (restos) debris sg

esconder [eskon'der] vt to hide,
conceal; **esconderse** vr to hide;

escondidas (LAM) nfpl: **a escondidas**
secretly; **escondite** nm hiding place;
(ESP: juego) hide-and-seek; **escondrijo**
nm hiding place, hideout

escopeta [esko'peta] nf shotgun

escoria [es'korja] nf (de alto horno)
slag; (fig) scum, dregs pl

Escorpio [es'korpjo] nm Scorpio

escorpión [eskor'pjon] nm scorpion

escotado, -a [esko'taðo, a] adj
low-cut

escote [es'kote] nm (de vestido) low
neck; **pagar a ~** to share the expenses

escotilla [esko'tiʎa] nf (Náut)
hatch(way)

escozor [esko'θor] nm (dolor)
sting(ing)

escribible [eskri'βiβle] adj writable

escribir [eskri'βir] vt, vi to write; **~ a
máquina** to type; **¿cómo se escribe?**
how do you spell it?

escrito, -a [es'krito, a] pp de
escribir ▷ nm (documento) document;
(manuscrito) text, manuscript; **por ~**
in writing

escritor, a [eskri'tor, a] nm/f writer

escritorio [eskri'torjo] nm desk

escritura [eskri'tura] nf (acción)
writing; (caligrafía) (hand)writing;
(Jur: documento) deed

escrúpulo [es'krupulo] nm scruple;
(minuciosidad) scrupulousness;
escrupuloso, -a adj scrupulous

escrutinio [eskru'tinjo] nm (examen
atento) scrutiny; (Pol: recuento de votos)
count(ing)

escuadra [es'kwaðra] nf (Mil etc)
squad; (Náut) squadron; (flota: de coches
etc) fleet; **escuadrilla** nf (de aviones)
squadron; (LAM: de obreros) gang

escuadrón [eskwa'ðron] nm
squadron

escuálido, -a [es'kwaliðo, a] adj
skinny, scraggy; (sucio) squalid

escuchar [esku'tʃar] vt to listen to
▷ vi to listen

escudo [es'kuðo] nm shield

escuela [es'kwela] nf school; **escuela**

de artes y oficios(ESP) ≈ technical college; **escuela de choferes**(LAM) driving school; **escuela de manejo** (MÉX) driving school

escueto, -a [es'kweto, a] *adj* plain; *(estilo)* simple

escuincle, -a [es'kwinkle, a] (MÉX: *fam*) *nm/f* kid

esculpir [eskul'pir] *vt* to sculpt; *(grabar)* to engrave; *(tallar)* to carve; **escultor, a** *nm/f* sculptor(-tress); **escultura** *nf* sculpture

escupidera [eskupi'ðera] *nf* spittoon

escupir [esku'pir] *vt, vi* to spit (out)

escurreplatos [eskurre'platos] (ESP) *nm inv* draining board(BRIT), drainboard(US)

escurridero [eskurri'ðero] (LAM) *nm* draining board(BRIT), drainboard(US)

escurridizo, -a [eskurri'ðiθo, a] *adj* slippery

escurridor [eskurri'ðor] *nm* colander

escurrir [esku'rrir] *vt (ropa)* to wring out; *(verduras, platos)* to drain ▷ *vi (líquidos)* to drip; **escurrirse** *vr (secarse)* to drain; *(resbalarse)* to slip, slide; *(escaparse)* to slip away

ese¹ ['ese] (*f* **esa**, *pl* **esos, esas**) *adj demos* V **ese**

ese² ['ese] (*f* **esa**, *pl* **esos, esas**) *pron (sg)* that (one); *(pl)* those (ones); **~ ...** **éste ...** the former ... the latter ...; **no me vengas con ésas** don't give me any more of that nonsense

esencia [e'senθja] *nf* essence; **esencial** *adj* essential

esfera [es'fera] *nf* sphere; *(de reloj)* face; **esférico, -a** *adj* spherical

esforzarse [esfor'θarse] *vr* to exert o.s., make an effort

esfuerzo *etc* [es'fwerθo] *vb* V **esforzarse** ▷ *nm* effort

esfumarse [esfu'marse] *vr (apoyo, esperanzas)* to fade away

esgrima [es'rrima] *nf* fencing

esguince [es'rinθe] *nm (Med)* sprain

eslabón [esla'βon] *nm* link

eslip [ez'lip] *nm* pants *pl*(BRIT), briefs *pl*

eslovaco, -a [eslo'βako, a] *adj, nm/f* Slovak, Slovakian ▷ *nm (Ling)* Slovak, Slovakian

Eslovaquia [eslo'βakja] *nf* Slovakia

esmalte [es'malte] *nm* enamel; **esmalte de uñas** nail varnish *o* polish

esmeralda [esme'ralda] *nf* emerald

esmerarse [esme'rarse] *vr (aplicarse)* to take great pains, exercise great care; *(afanarse)* to work hard

esmero [es'mero] *nm* (great) care

esnob [es'nob] (*pl* **~s**) *adj (persona)* snobbish ▷ *nmf* snob

eso ['eso] *pron* that, that thing *o* matter; **~ de su coche** that business about his car; **~ de ir al cine** all that about going to the cinema; **a ~ de las cinco** at about five o'clock; **en ~** thereupon, at that point; **~ es** that's it; **¡~ sí que es vida!** now that is really living!; **por ~ te lo dije** that's why I told you; **y ~ que llovía** in spite of the fact it was raining

esos *adj demos* V **ese**

ésos *pron* V **ése**

espabilar *etc* [espaβi'lar] = **despabilar** *etc*

espacial [espa'θjal] *adj (del espacio)* space *cpd*

espaciar [espa'θjar] *vt* to space (out)

espacio [es'paθjo] *nm* space; *(Mús)* interval; *(Radio, TV)* programme (BRIT), program (US); **el ~** space; **espacio aéreo/exterior** air/outer space; **espacioso, -a** *adj* spacious, roomy

espada [es'paða] *nf* sword; **espadas** *nfpl (Naipes)* spades

espaguetis [espa'ɣetis] *nmpl* spaghetti *sg*

espalda [es'palda] *nf (gen)* back; **espaldas** *nfpl (hombros)* shoulders; **a ~s de algn** behind sb's back; **estar de ~s** to have one's back turned; **tenderse de ~s** to lie (down) on one's back; **volver la ~ a algn** to cold-shoulder sb

espantajo [espan'taxo] nm = **espantapájaros**

espantapájaros [espanta'paxaros] nm inv scarecrow

espantar [espan'tar] vt (asustar) to frighten, scare; (ahuyentar) to frighten off; (asombrar) to horrify, appal; **espantarse** vr to get frightened o scared; to be appalled

espanto [es'panto] nm (susto) fright; (terror) terror; (asombro) astonishment; **espantoso, -a** adj frightening; terrifying; astonishing

España [es'paɲa] nf Spain; **español, a** adj Spanish ▷ nm/f Spaniard ▷ nm (Ling) Spanish

esparadrapo [espara'ðrapo] nm (sticking) plaster (BRIT), adhesive tape (US)

esparcir [espar'θir] vt to spread; (diseminar) to scatter; **esparcirse** vr to spread (out), to scatter; (divertirse) to enjoy o.s.

espárrago [es'parraɣo] nm asparagus

esparto [es'parto] nm esparto (grass)

espasmo [es'pasmo] nm spasm

espátula [es'patula] nf spatula

especia [es'peθja] nf spice

especial [espe'θjal] adj special; **especialidad** nf speciality (BRIT), specialty (US)

especie [es'peθje] nf (Bio) species; (clase) kind, sort; **en ~** in kind

especificar [espeθifi'kar] vt to specify; **específico, -a** adj specific

espécimen [es'peθimen] (pl **especímenes**) nm specimen

espectáculo [espek'takulo] nm (gen) spectacle; (Teatro etc) show

espectador, a [espekta'ðor, a] nm/f spectator

especular [espeku'lar] vt, vi to speculate

espejismo [espe'xismo] nm mirage

espejo [es'pexo] nm mirror; (espejo) retrovisor rear-view mirror

espeluznante [espeluθ'nante] adj horrifying, hair-raising

espera [es'pera] nf (pausa, intervalo) wait; (Jur: plazo) respite; **en ~ de** waiting for; (con expectativa) expecting

esperanza [espe'ranθa] nf (confianza) hope; (expectativa) expectation; **hay pocas ~s de que venga** there is little prospect of his coming; **esperanza de vida** life expectancy

esperar [espe'rar] vt (aguardar) to wait for; (tener expectativa de) to expect; (desear) to hope for ▷ vi to wait; to expect; to hope; **hacer ~ a algn** to keep sb waiting; **~ un bebé** to be expecting (a baby)

esperma [es'perma] nf sperm

espeso, -a [es'peso, a] adj thick; **espesor** nm thickness

espía [es'pia] nmf spy; **espiar** vt (observar) to spy on

espiga [es'piɣa] nf (Bot: de trigo etc) ear

espigón [espi'ɣon] nm (Bot) ear; (Náut) breakwater

espina [es'pina] nf thorn; (de pez) bone; **espina dorsal** (Anat) spine

espinaca [espi'naka] nf spinach

espinazo [espi'naθo] nm spine, backbone

espinilla [espi'niʎa] nf (Anat: tibia) shin(bone); (grano) blackhead

espino, -a [es'pinoso, a] adj (planta) thorny, prickly; (asunto) difficult

espionaje [espjo'naxe] nm spying, espionage

espiral [espi'ral] adj, nf spiral

espirar [espi'rar] vt to breathe out, exhale

espiritista [espiri'tista] adj, nmf spiritualist

espíritu [es'piritu] nm spirit; **Espíritu Santo** Holy Ghost o Spirit; **espiritual** adj spiritual

espléndido, -a [es'plendiðo, a] adj (magnífico) magnificent, splendid; (generoso) generous

esplendor [esplen'dor] nm splendour

espolvorear [espolβore'ar] vt to dust, sprinkle

esponja [es'ponxa] nf sponge; (fig) sponger; **esponjoso, -a** adj spongy

espontaneidad [espontanei'ðað] nf spontaneity; **espontáneo, -a** adj spontaneous

esposa [es'posa] nf wife; **esposas** nfpl handcuffs; **esposar** vt to handcuff

esposo [es'poso] nm husband

espray [es'prai] nm spray

espuela [es'pwela] nf spur

espuma [es'puma] nf foam; (de cerveza) froth, head; (de jabón) lather; **espuma de afeitar** shaving foam; **espumadera** nf (utensilio) skimmer; **espumoso, -a** adj frothy, foamy; (vino) sparkling

esqueleto [eske'leto] nm skeleton

esquema [es'kema] nm (diagrama) diagram; (dibujo) plan; (Filosofía) schema

esquí [es'ki] (pl **-s**) nm (objeto) ski; (Deporte) skiing; **esquí acuático** waterskiing; **esquiar** vi to ski

esquilar [eski'lar] vt to shear

esquimal [eski'mal] adj, nmf Eskimo

esquina [es'kina] nf corner; **esquinazo** [eski'naθo] nm: **dar esquinazo a algn** to give sb the slip

esquirol [eski'rol] (ESP) nm strikebreaker, scab

esquivar [eski'βar] vt to avoid

esta ['esta] adj demos V **este²**

está vb V **estar**

ésta pron V **éste**

estabilidad [estaβili'ðað] nf stability; **estable** adj stable

establecer [estaβle'θer] vt to establish; **establecerse** vr to establish o.s.; (echar raíces) to settle (down); **establecimiento** nm establishment

establo [es'taβlo] nm (Agr) stable

estaca [es'taka] nf stake, post; (de

tienda de campaña) peg

estacada [esta'kaða] nf (cerca) fence, fencing; (palenque) stockade

estación [esta'θjon] nf station; (del año) season; **estación balnearia** seaside resort; **estación de autobuses** bus station; **estación de servicio** service station

estacionamiento [estaθjona'mjento] nm (Auto) parking; (Mil) stationing

estacionar [estaθjo'nar] vt (Auto) to park; (Mil) to station

estadía [esta'ðia] (LAM) nf stay

estadio [es'taðjo] nm (fase) stage, phase; (Deporte) stadium

estadista [esta'ðista] nm (Pol) statesman; (Mat) statistician

estadística [esta'ðistika] nf figure, statistic; (ciencia) statistics sg

estado [es'taðo] nm (Pol: condición) state; **estar en ~** to be pregnant; **estado civil** marital status; **estado de ánimo** state of mind; **estado de cuenta** bank statement; **estado de sitio** state of siege; **estado mayor** staff; **Estados Unidos** United States (of America)

estadounidense [estaðouni'ðense] adj United States cpd, American ▷ nmf American

estafa [es'tafa] nf swindle, trick; **estafar** vt to swindle, defraud

estáis vb V **estar**

estallar [esta'ʎar] vi to burst; (bomba) to explode, go off; (epidemia, guerra, rebelión) to break out; **~ en llanto** to burst into tears; **estallido** nm explosion; (fig) outbreak

estampa [es'tampa] nf print, engraving; **estampado, -a** [estam'paðo, a] adj printed ▷ nm (impresión: acción) printing; (: efecto) print; (marca) stamping

estampar [estam'par] vt (imprimir) to print; (marcar) to stamp; (metal) to engrave; (poner sello en) to stamp; (fig) to stamp, imprint

estampida [estam'piða] nf
stampede

estampido [estam'piðo] nm bang,
report

estampilla [estam'piʎa] (LAM) nf
(postage) stamp

están vb V **estar**

estancado, -a [estan'kaðo, a] adj
stagnant

estancar [estan'kar] vt (aguas)
to hold up, hold back; (Com) to
monopolize; (fig) to block, hold up;
estancarse vr to stagnate

estancia [estan'θja] nf (ESP,
MÉX: permanencia) stay; (sala)
room; (RPL: de ganado) farm, ranch;
estanciero (RPL) nm farmer, rancher

estanco, -a [es'tanko, a] adj
watertight ▷ nm tobacconist's (shop),
cigar store (US)

○ **ESTANCO**
·
· Cigarettes, tobacco, postage
· stamps and official forms are all
· sold under state monopoly in
· shops called **estancos**. Although
· tobacco products can also be
· bought in bars and quioscos they
· are generally more expensive.

estándar [es'tandar] adj, nm
standard

estandarte [estan'darte] nm
banner, standard

estanque [es'tanke] nm (lago) pool,
pond; (Agr) reservoir

estanquero, -a [estan'kero, a] nm/f
tobacconist

estante [es'tante] nm (armario)
rack, stand; (biblioteca) bookcase;
(anaquel) shelf; **estantería** nf shelving,
shelves pl

Juan? is Juan in?; **estamos a 30 km de
Junín** we're 30 kms from Junín

2 (+ adj: estado) to be; **estar enfermo** to
be ill; **está muy elegante** he's looking
very smart; **¿cómo estás?** how are
you keeping?

3 (+ gerundio) to be; **estoy leyendo**
I'm reading

4 (uso pasivo): **está condenado a
muerte** he's been condemned to
death; **está envasado en ...** it's
packed in ...

5 (con fechas): **¿a cuántos estamos?**
what's the date today?; **estamos a 5 de
mayo** it's the 5th of May

6 (locuciones): **¿estamos?** (¿de acuerdo?)
okay?; (¿listo?) ready?

7: **estar de**: **estar de vacaciones/
viaje** to be on holiday/away o on a
trip; **está de camarero** he's working
as a waiter

8: **estar para**: **está para salir** he's
about to leave; **no estoy para bromas**
I'm not in the mood for jokes

9: **estar por** (propuesta etc) to be in
favour of; (persona etc) to support, side
with; **está por limpiar** it still has to
be cleaned

10: **estar sin**: **estar sin dinero** to have
no money; **está sin terminar** it isn't
finished yet

estarse vr: **se estuvo en la cama
toda la tarde** he stayed in bed all
afternoon

estas ['estas] adj demos V **este²**

éstas pron V **éste**

estatal [esta'tal] adj state cpd

estático, -a [es'tatiko, a] adj static

estatua [es'tatwa] nf statue

estatura [esta'tura] nf stature,
height

este¹ ['este] nm east

este² ['este] (f **esta**, pl **estos, estas**)
adj demos (sg) this; (pl) these

esté etc vb V **estar**

éste ['este] (f **ésta**, pl **éstos, éstas**)
pron (sg) this (one); (pl) these (ones);

○ **PALABRA CLAVE**

estar [es'tar] vi **1** (posición) to be; **está
en la plaza** it's in the square; **¿está**

ése ... ~ ... the former ... the latter ...

estén etc vb V **estar**

estepa [es'tepa] nf (Geo) steppe

estera [es'tera] nf mat(ting)

estéreo [es'tereo] adj inv, nm stereo; **estereotipo** nm stereotype

estéril [es'teril] adj sterile, barren; (fig) vain, futile; **esterilizar** vt to sterilize

esterlina [ester'lina] adj: **libra ~** pound sterling

estés etc vb V **estar**

estética [es'tetika] nf aesthetics sg

estético, -a [es'tetiko, a] adj aesthetic

estiércol [es'tjerkol] nm dung, manure

estigma [es'tivma] nm stigma

estilo [es'tilo] nm style; (Tec) stylus; (Natación) stroke; **algo por el ~** something along those lines

estima [es'tima] nf esteem, respect; **estimación** [estima'θjon] nf (evaluación) estimation; (aprecio, afecto) esteem, regard; **estimado, a** adj esteemed; **E~ señor** Dear Sir

estimar [esti'mar] vt (evaluar) to estimate; (valorar) to value; (apreciar) to esteem, respect; (pensar, considerar) to think, reckon

estimulante [estimu'lante] adj stimulating ▷nm stimulant

estimular [estimu'lar] vt to stimulate; (excitar) to excite

estímulo [es'timulo] nm stimulus; (ánimo) encouragement

estirar [esti'rar] vt to stretch; (dinero, suma etc) to stretch out; **estirarse** vr to stretch

estirón [esti'ron] nm pull, tug; (crecimiento) spurt, sudden growth; **dar o pegar un ~** (fam: niño) to shoot up (inf)

estirpe [es'tirpe] nf stock, lineage

estival [esti'βal] adj summer cpd

esto [es'to] pron this, this thing o matter; **~ de la boda** this business about the wedding

Estocolmo [esto'kolmo] nm Stockholm

estofado [esto'faðo] nm stew

estómago [es'tomaxo] nm stomach; **tener ~** to be thick-skinned

estorbar [estor'βar] vt to hinder, obstruct; (molestar) to bother, disturb ▷vi to be in the way; **estorbo** nm (molestia) bother, nuisance; (obstáculo) hindrance, obstacle

estornudar [estornu'ðar] vi to sneeze

estos ['estos] adj demos V **este²**

éstos pron V **éste**

estoy vb V **estar**

estrado [es'traðo] nm platform

estrafalario, -a [estrafa'larjo, a] adj odd, eccentric

estrago [es'traxo] nm ruin, destruction; **hacer ~s en** to wreak havoc among

estragón [estra'ɣon] nm tarragon

estrambótico, -a [estram'botiko, a] adj (persona) eccentric; (peinado, ropa) outlandish

estrangular [estrangu'lar] vt (persona) to strangle; (Med) to strangulate

estratagema [estrata'xema] nf (Mil) stratagem; (astucia) cunning

estrategia [estra'texja] nf strategy; **estratégico, -a** adj strategic

estrato [es'trato] nm stratum, layer

estrechar [estre'tʃar] vt (reducir) to narrow; (Costura) to take in; (abrazar) to hug, embrace; **estrecharse** vr (reducirse) to narrow, grow narrow; (abrazarse) to embrace; **~ la mano** to shake hands

estrechez [estre'tʃeθ] nf narrowness; (de ropa) tightness; **estrecheces** nfpl (dificultades económicas) financial straits

estrecho, -a [es'tretʃo, a] adj narrow; (apretado) tight; (íntimo) close, intimate; (miserable) mean ▷nm strait; **~ de miras** narrow-minded

estrella [es'treʎa] nf star; **estrella de mar** (Zool) starfish; **estrella fugaz** shooting star

estrellar [estre'ʎar] vt (hacer añicos) to smash (to pieces); (huevos) to fry; **estrellarse** vr to smash; (chocarse) to crash; (fracasar) to fail

estremecer [estreme'θer] vt to shake; **estremecerse** vr to shake, tremble

estrenar [estre'nar] vt (vestido) to wear for the first time; (casa) to move into; (película, obra de teatro) to première; **estrenarse** vr (persona) to make one's début; **estreno** nm (Cine etc) première

estreñido, -a [estre'niðo, a] adj constipated

estreñimiento [estreni'mjento] nm constipation

estrepitoso, -a [estrepi'toso, a] adj noisy; (fiesta) rowdy

estría [es'tria] nf groove

estribar [estri'βar] vi: ~ **en** to lie on

estribillo [estri'βiʎo] nm (Literatura) refrain; (Mús) chorus

estribo [es'triβo] nm (de jinete) stirrup; (de coche, tren) step; (de puente) support; (Geo) spur; **perder los ~s** to fly off the handle

estribor [estri'βor] nm (Náut) starboard

estricto, -a [es'trikto, a] adj (riguroso) strict; (severo) severe

estridente [estri'ðente] adj (color) loud; (voz) raucous

estropajo [estro'paxo] nm scourer

estropear [estrope'ar] vt to spoil; (dañar) to damage; **estropearse** vr (objeto) to get damaged; (persona, piel) to be ruined

estructura [estruk'tura] nf structure

estrujar [estru'xar] vt (apretar) to squeeze; (aplastar) to crush; (fig) to drain, bleed

estuario [es'twarjo] nm estuary

estuche [es'tutʃe] nm box, case

estudiante [estu'ðjante] nmf student; **estudiantil** adj student cpd

estudiar [estu'ðjar] vt to study

estudio [es'tuðjo] nm study; (Cine, Arte, Radio) studio; **estudios** nmpl studies; (erudición) learning sg; **estudioso, -a** adj studious

estufa [es'tufa] nf heater, fire

estupefaciente [estupefa'θjente] nm drug, narcotic

estupefacto, -a [estupe'fakto, a] adj speechless, thunderstruck

estupendo, -a [estu'pendo, a] adj wonderful, terrific; (fam) great; **¡~!** that's great!, fantastic!

estupidez [estupi'ðeθ] nf (torpeza) stupidity; (acto) stupid thing (to do)

estúpido, -a [es'tupiðo, a] adj stupid, silly

estuve etc vb V **estar**

ETA ['eta] (esp) nf abr (= Euskadi ta Askatasuna) ETA

etapa [e'tapa] nf (de viaje) stage; (Deporte) leg; (parada) stopping place; (fase) stage, phase

etarra [e'tarra] nmf member of ETA

etc. abr (= etcétera) etc

etcétera [et'θetera] adv etcetera

eternidad [eterni'ðað] nf eternity; **eterno, -a** adj eternal, everlasting

ética ['etika] nf ethics pl

ético, -a ['etiko, a] adj ethical

etiqueta [eti'keta] nf (modales) etiquette; (rótulo) label, tag

Eucaristía [eukaris'tia] nf Eucharist

euforia [eu'forja] nf euphoria

euro ['euro] nm (moneda) euro

eurodiputado, -a [euroðipu'taðo, a] nm/f Euro MP, MEP

Europa [eu'ropa] nf Europe; **europeo, -a** adj, nm/f European

Euskadi [eus'kaði] nm the Basque Country o Provinces pl

euskera [eus'kera] nm (Ling) Basque

evacuación [eβakwa'θjon] nf evacuation

evacuar [eβa'kwar] vt to evacuate

evadir [eβa'ðir] vt to evade, avoid; **evadirse** vr to escape

evaluar [eβa'lwar] vt to evaluate

evangelio [eβan'xeljo] nm gospel

evaporar [eβapo'rar] vt to
evaporate; **evaporarse** vr to vanish

evasión [eβa'sjon] nf escape, flight;
(fig) evasion; **evasión de capitales**
flight of capital

evasiva [eβa'siβa] nf (pretexto) excuse

evento [e'βento] nm event

eventual [eβen'twal] adj possible,
conditional (upon circumstances);
(trabajador) casual, temporary

No confundir **eventual** con la
palabra inglesa eventual.

evidencia [eβi'ðenθja] nf evidence,
proof

evidente [eβi'ðente] adj obvious,
clear, evident

evitar [eβi'tar] vt (evadir) to avoid;
(impedir) to prevent; **~ hacer algo** to
avoid doing sth

evocar [eβo'kar] vt to evoke, call
forth

evolución [eβolu'θjon] nf (desarrollo)
evolution, development; (cambio)
change; (Mil) manoeuvre; **evolucionar**
vi to evolve; to manoeuvre

ex [eks] adj ex-; **el ~ ministro** the
former minister, the ex-minister

exactitud [eksakti'tuð] nf
exactness; (precisión) accuracy;
(puntualidad) punctuality; **exacto, -a**
adj exact; accurate; punctual; **¡exacto!**
exactly!

exageración [eksaxera'θjon] nf
exaggeration

exagerar [eksaxe'rar] vt, vi to
exaggerate

exaltar [eksal'tar] vt to exalt, glorify;
exaltarse vr (excitarse) to get excited
o worked up

examen [ek'samen] nm
examination; **examen de conducir**
driving test; **examen de ingreso**
entrance examination

examinar [eksami'nar] vt to
examine; **examinarse** vr to be
examined, take an examination

excavadora [ekskaβa'ðora] nf
excavator

excavar [ekska'βar] vt to excavate

excedencia [eksθe'ðenθja] nf: **estar
en ~** to be on leave; **pedir** o **solicitar la
~** to ask for leave

excedente [eksθe'ðente] adj, nm
excess, surplus

exceder [eksθe'ðer] vt to exceed,
surpass; **excederse** vr (extralimitarse)
to go too far

excelencia [eksθe'lenθja] nf
excellence; **su E~** his Excellency;
excelente adj excellent

excéntrico, -a [eks'θentriko, a] adj,
nm/f eccentric

excepción [eksθep'θjon] nf
exception; **a ~ de** with the exception
of, except for; **excepcional** adj
exceptional

excepto [eks'θepto] adv excepting,
except (for)

exceptuar [eksθep'twar] vt to
except, exclude

excesivo, -a [eksθe'siβo, a] adj
excessive

exceso [eks'θeso] nm (gen) excess;
(Com) surplus; **exceso de equipaje/
peso** excess luggage/weight; **exceso
de velocidad** speeding

excitado, -a [eksθi'taðo, a] adj
excited; (emociones) aroused

excitar [eksθi'tar] vt to excite;
(incitar) to urge; **excitarse** vr to get
excited

exclamación [eksklama'θjon] nf
exclamation

exclamar [ekskla'mar] vi to exclaim

excluir [eksklu'ir] vt to exclude; (dejar
fuera) to shut out; (descartar) to reject

exclusiva [eksklu'siβa] nf (Prensa)
exclusive, scoop; (Com) sole right

exclusivo, -a [eksklu'siβo, a] adj
exclusive; **derecho ~** sole o exclusive
right

Excmo. abr = **excelentísmo**

excomulgar [ekskomul'ɣar] vt (Rel)
to excommunicate

excomunión [ekskomu'njon] nf
excommunication

excursión [ekskur'sjon] nf excursion, outing; **excursionista** nmf (turista) sightseer

excusa [eks'kusa] nf excuse; (disculpa) apology; **excusar** [eksku'sar] vt to excuse

exhaustivo, -a [eksaus'tiβo, a] adj (análisis) thorough; (estudio) exhaustive

exhausto, -a [ek'sausto, a] adj exhausted

exhibición [eksiβi'θjon] nf exhibition, display, show

exhibir [eksi'βir] vt to exhibit, display, show

exigencia [eksi'xenθja] nf demand, requirement; **exigente** adj demanding

exigir [eksi'xir] vt (gen) to demand, require; **~ el pago** to demand payment

exiliado, -a [eksi'ljaðo, a] adj exiled ▷ nm/f exile

exilio [ek'siljo] nm exile

eximir [eksi'mir] vt to exempt

existencia [eksis'tenθja] nf existence; **existencias** nfpl stock(s) pl

existir [eksis'tir] vi to exist, be

éxito ['eksito] nm (triunfo) success; (Mús etc) hit; **tener ~** to be successful No confundir **éxito** con la palabra inglesa exit.

exorbitante [eksorβi'tante] adj (precio) exorbitant; (cantidad) excessive

exótico, -a [ek'sotiko, a] adj exotic

expandir [ekspan'dir] vt to expand

expansión [ekspan'sjon] nf expansion

expansivo, -a [ekspan'siβo, a] adj: **onda expansiva** shock wave

expatriarse [ekspa'trjarse] vr to emigrate; (Pol) to go into exile

expectativa [ekspekta'tiβa] nf (espera) expectation; (perspectiva) prospect

expedición [ekspeði'θjon] nf (excursión) expedition

expediente [ekspe'ðjente] nm expedient; (Jur: procedimiento) action, proceedings pl; (: papeles) dossier,

file, record

expedir [ekspe'ðir] vt (despachar) to send, forward; (pasaporte) to issue

expensas [eks'pensas] nfpl: **a ~ de** at the expense of

experiencia [ekspe'rjenθja] nf experience

experimentado, -a [eksperimen'taðo, a] adj experienced

experimentar [eksperimen'tar] vt (en laboratorio) to experiment with; (probar) to test, try out; (notar, observar) to experience; (deterioro, pérdida) to suffer; **experimento** nm experiment

experto, -a [eks'perto, a] adj expert, skilled ▷ nm/f expert

expirar [ekspi'rar] vi to expire

explanada [ekspla'naða] nf (llano) plain

explayarse [ekspla'jarse] vr (en discurso) to speak at length; **~ con algn** to confide in sb

explicación [eksplika'θjon] nf explanation

explicar [ekspli'kar] vt to explain; **explicarse** vr to explain (o.s.)

explícito, -a [eks'pliθito, a] adj explicit

explique etc vb V **explicar**

explorador, a [eksplora'ðor, a] nm/f (pionero) explorer; (Mil) scout ▷ nm (Med) probe; (Tec) (radar) scanner

explorar [eksplo'rar] vt to explore; (Med) to probe; (radar) to scan

explosión [eksplo'sjon] nf explosion; **explosivo, -a** adj explosive

explotación [eksplota'θjon] nf exploitation; (de planta etc) running

explotar [eksplo'tar] vt to exploit to run, operate ▷ vi to explode

exponer [ekspo'ner] vt to expose; (cuadro) to display; (vida) to risk; (idea) to explain; **exponerse** vr: **~se a (hacer) algo** to run the risk of (doing) sth

exportación [eksporta'θjon] nf (acción) export; (mercancías) exports pl

exportar [ekspor'tar] vt to export

exposición [ekspositjon] nf (gen)
exposure; (de arte) show, exhibition;
(explicación) explanation; (declaración)
account, statement

expresamente [ekspresaˈmente]
adv (decir) clearly; (a propósito) expressly

expresar [ekspreˈsar] vt to express;
expresión nf expression

expresivo, -a [ekspreˈsiβo, a] adj
(persona, gesto, palabras) expressive;
(cariñoso) affectionate

expreso, -a [eksˈpreso, a] pp de
expresar ▷ adj (explícito) express;
(claro) specific, clear; (tren) fast
▷ adv: **enviar ~** to send by express
(delivery)

express [eksˈpres] (LAM) adv: **enviar
algo ~** to send sth special delivery

exprimidor [eksprimiˈðor] nm
squeezer

exprimir [ekspriˈmir] vt (fruta) to
squeeze; (zumo) to squeeze out

expuesto, -a [eksˈpwesto, a] pp de
exponer ▷ adj exposed; (cuadro etc) on
show, on display

expulsar [ekspulˈsar] vt (echar) to
eject, throw out; (alumno) to expel;
(despedir) to sack, fire; (Deporte) to
send off; **expulsión** nf expulsion;
sending-off

exquisito, -a [ekskiˈsito, a] adj
exquisite; (comida) delicious

éxtasis [ˈekstasis] nm ecstasy

extender [ekstenˈder] vt to extend;
(los brazos) to stretch out, hold out;
(mapa, tela) to spread (out), open (out);
(mantequilla) to spread; (certificado)
to issue; (cheque, recibo) to make out;
(documento) to draw up; **extenderse**
vr (gen) to extend; (persona: en el suelo)
to stretch out; (epidemia) to spread;
extendido, -a (abierto) spread out,
open; (brazos) outstretched; (costumbre)
widespread

extensión [eksten'sjon] nf (de
terreno, mar) expanse, stretch;
(de tiempo) length, duration; (Tel)
extension; **en toda la ~ de la palabra**

in every sense of the word

extenso, -a [eksˈtenso, a] adj
extensive

exterior [eksteˈrjor] adj (de fuera)
external; (afuera) outside, exterior;
(apariencia) outward; (deuda, relaciones)
foreign ▷ nm (gen) exterior, outside;
(aspecto) outward appearance;
(Deporte) wing(er); (países extranjeros)
abroad; **en el ~** abroad; **al ~** outwardly,
on the surface

exterminar [ekstermiˈnar] vt to
exterminate

externo, -a [eksˈterno, a] adj
(exterior) external, outside; (superficial)
outward ▷ nm/f day pupil

extinguir [ekstinˈgir] vt (fuego) to
extinguish, put out; (raza, población) to
wipe out; **extinguirse** vr (fuego) to go
out; (Bio) to die out, become extinct

extintor [ekstinˈtor] nm (fire)
extinguisher

extirpar [ekstirˈpar] vt (Med) to
remove (surgically)

extra [ˈekstra] adj inv (tiempo) extra;
(chocolate, vino) good-quality ▷ nmf
extra ▷ nm extra; (bono) bonus

extracción [ekstrakˈθjon] nf
extraction; (en lotería) draw

extracto [eksˈtrakto] nm extract

extradición [ekstraðiˈθjon] nf
extradition

extraer [ekstraˈer] vt to extract,
take out

extraescolar [ekstraeskoˈlar]
adj: **actividad ~** extracurricular activity

extranjero, -a [ekstranˈxero, a] adj
foreign ▷ nm/f foreigner ▷ nm foreign
countries pl; **en el ~** abroad

⎸ No confundir **extranjero** con la
⎸ palabra inglesa stranger.

extrañar [ekstraˈɲar] vt (sorprender)
to find strange o odd; (echar de menos) to
miss; **extrañarse** vr (sorprenderse) to
be amazed, be surprised; **me extraña**
I'm surprised

extraño, -a [eksˈtraɲo, a] adj
(extranjero) foreign; (raro, sorprendente)

strange, odd

extraordinario, -a
[ekstraorði'narjo, a] adj
extraordinary; (edición, número) special
▷ nm (de periódico) special edition;
horas extraordinarias overtime sg

extrarradio [ekstra'rraðjo] nm
suburbs

extravagante [ekstraβa'rante]
· adj (excéntrico) eccentric; (estrafalario)
outlandish

extraviado, -a [ekstra'βjaðo, a] adj
lost, missing

extraviar [ekstra'βjar] vt
(persona: desorientar) to mislead,
misdirect; (perder) to lose, misplace;
extraviarse vr to lose one's way,
get lost

extremar [ekstre'mar] vt to carry
to extremes

extremaunción [ekstremaun'θjon]
nf extreme unction

extremidad [ekstremi'ðað] nf
(punta) extremity; **extremidades** nfpl
(Anat) extremities

extremo, -a [eks'tremo, a] adj
extreme; (último) last ▷ nm end; (límite,
grado sumo) extreme; **en último ~** as
a last resort

extrovertido, -a [ekstroβer'tiðo, a]
adj, nm/f extrovert

exuberante [eksuβe'rante] adj
exuberant; (fig) luxuriant, lush

eyacular [ejaku'lar] vt, vi to
ejaculate

o lose one's way, get lost

extremar [ekstre'mar] vt to carry
to extremes

extremaunción [ekstremaun'θjon]
nf extreme unction

extremidad [ekstremi'ðað] nf
(punta) extremity; **extremidades** nfpl
(Anat) extremities

extremo, -a [eks'tremo, a] adj
extreme; (último) last ▷ nm end; (límite,
grado sumo) extreme; **en último ~** as
a last resort

extrovertido, -a [ekstroβer'tiðo, a]

adj, nm/f extrovert

exuberante [eksuβe'rante] adj
exuberant; (fig) luxuriant, lush

eyacular [ejaku'lar] vt, vi to
ejaculate

f

fa [fa] nm (Mús) fa, F

fabada [fa'βaða] nf bean and sausage stew

fábrica ['faβrika] nf factory; **marca de ~** trademark; **precio de ~** factory price

> No confundir **fábrica** con la palabra inglesa *fabric*.

fabricación [faβrika'θjon] nf (manufactura) manufacture; (producción) production; **de ~ casera** home-made; **fabricación en serie** mass production

fabricante [faβri'kante] nmf manufacturer

fabricar [faβri'kar] vt (manufacturar) to manufacture, make; (construir) to build; (cuento) to fabricate, devise

fábula ['faβula] nf (cuento) fable; (chisme) rumour; (mentira) fib

fabuloso, -a [faβu'loso, a] adj (oportunidad, tiempo) fabulous, great

facción [fak'θjon] nf (Pol) faction; **facciones** nfpl (de rostro) features

faceta [fa'θeta] nf facet

facha ['fatʃa] (fam) nf (aspecto) look; (cara) face

fachada [fa'tʃaða] nf (Arq) façade, front

fácil ['faθil] adj (simple) easy; (probable) likely

facilidad [faθili'ðað] nf (capacidad) ease; (sencillez) simplicity; (de palabra) fluency; **facilidades** nfpl facilities; **facilidades de pago** credit facilities

facilitar [faθili'tar] vt (hacer fácil) to make easy; (proporcionar) to provide

factor [fak'tor] nm factor

factura [fak'tura] nf (cuenta) bill; **facturación** nf (de equipaje) check-in; **facturar** vt (Com) to invoice, charge for; (equipaje) to check in

facultad [fakul'tað] nf (aptitud, Escol etc) faculty; (poder) power

faena [fa'ena] nf (trabajo) work; (quehacer) task, job

faisán [fai'san] nm pheasant

faja ['faxa] nf (para la cintura) sash; (de mujer) corset; (de tierra) strip

fajo ['faxo] nm (de papeles) bundle; (de billetes) wad

falda ['falda] nf (prenda de vestir) skirt; **falda pantalón** culottes pl, split skirt

falla ['faʎa] nf (defecto) fault, flaw; **falla humana** (LAM) human error

fallar [fa'ʎar] vt (Jur) to pronounce sentence on ▷ vi (memoria) to fail; (motor) to miss

Fallas ['faʎas] nfpl Valencian celebration of the feast of St Joseph

---

● FALLAS
●
● In the week of 19 March (the feast
● of San José), Valencia honours its
● patron saint with a spectacular
● fiesta called **Las Fallas**. The **Fallas**
● are huge papier-mâché, cardboard
● and wooden sculptures which
● are built by competing teams
● throughout the year. They depict
● politicians and well-known public
● figures and are thrown onto

● bonfires and set alight once a jury
has judged them – only the best
sculpture escapes the flames.

fallecer [faʎe'θer] vi to pass away,
die; **fallecimiento** nm decease,
demise

fallido, -a [fa'ʎiðo, a] adj (gen)
frustrated, unsuccessful

fallo ['faʎo] nm (Jur) verdict, ruling;
(fracaso) failure; **fallo cardíaco** heart
failure; **fallo humano** (ESP) human
error

falsificar [falsifi'kar] vt (firma etc) to
forge; (moneda) to counterfeit

falso, -a ['falso, a] adj false;
(documento, moneda etc) fake; **en ~**
falsely

falta ['falta] nf (defecto) fault, flaw;
(privación) lack, want; (ausencia)
absence; (carencia) shortage;
(equivocación) mistake; (Deporte) foul;
echar en ~ to miss; **hacer ~ hacer algo**
to be necessary to do sth; **me hace
~ una pluma** I need a pen; **falta de
educación** bad manners pl; **falta de
ortografía** spelling mistake

faltar [fal'tar] vi (escasear) to be
lacking, be wanting; (ausentarse) to
be absent, be missing; **faltan 2 horas
para llegar** there are 2 hours to go
till arrival; **~ al respeto a algn** to be
disrespectful to sb; **¡no faltaba más!**
(no hay de qué) don't mention it

fama ['fama] nf (renombre) fame;
(reputación) reputation

familia [fa'milja] nf family; **familia
numerosa** large family; **familia
política** in-laws pl

familiar [fami'ljar] adj (relativo a la
familia) family cpd; (conocido, informal)
familiar ▷ nm relative, relation

famoso, -a [fa'moso, a] adj
(renombrado) famous

fan [fan] (pl **~s**) nmf fan

fanático, -a [fa'natiko, a] adj
fanatical ▷ nm/f fanatic; (Cine,
Deporte) fan

fanfarrón, -ona [fanfa'rron, ona]
adj boastful

fango ['fango] nm mud

fantasía [fanta'sia] nf fantasy,
imagination; **joyas de ~** imitation
jewellery sg

fantasma [fan'tasma] nm (espectro)
ghost, apparition; (fanfarrón) show-off

fantástico, -a [fan'tastiko, a] adj
fantastic

farmacéutico, -a [farma'θeutiko,
a] adj pharmaceutical ▷ nm/f
chemist (BRIT), pharmacist

farmacia [far'maθja] nf chemist's
(shop) (BRIT), pharmacy; **farmacia de
guardia** all-night chemist

fármaco ['farmako] nm drug

faro ['faro] nm (Náut: torre)
lighthouse; (Auto) headlamp;
faros antiniebla fog lamps; **faros
delanteros/traseros** headlights/rear
lights

farol [fa'rol] nm lantern, lamp

farola [fa'rola] nf street lamp (BRIT),
light (US)

farra ['farra] (LAM: fam) nf party; **ir de
~ to** go on a binge

farsa ['farsa] nf (gen) farce

farsante [far'sante] nmf fraud, fake

fascículo [fas'θikulo] nm (de revista)
part, instalment

fascinar [fasθi'nar] vt (gen) to
fascinate

fascismo [fas'θismo] nm fascism;
fascista adj, nmf fascist

fase ['fase] nf phase

fashion ['faʃon] adj (fam) trendy

fastidiar [fasti'ðjar] vt (molestar)
to annoy, bother; (estropear) to spoil;
fastidiarse vr: **¡que se fastidie!** (fam)
he'll just have to put up with it!

fastidio [fas'tiðjo] nm (molestia)
annoyance; **fastidioso, -a** adj
(molesto) annoying

fatal [fa'tal] adj (gen) fatal;
(desgraciado) ill-fated; (fam: malo,
pésimo) awful; **fatalidad** nf (destino)
fate; (mala suerte) misfortune

fatiga [fa'tiɣa] nf (cansancio) fatigue, weariness

fatigar [fati'ɣar] vt to tire, weary

fatigoso, -a [fati'ɣoso, a] adj (cansador) tiring

fauna ['fauna] nf fauna

favor [fa'βor] nm favour; **estar a ~ de** to be in favour of; **haga el ~ de ...** would you be so good as to ...; kindly ...; **por ~** please; **favorable** adj favourable

favorecer [faβoreˈθer] vt to favour; (vestido etc) to become, flatter; **este peinado le favorece** this hairstyle suits him

favorito, -a [faβoˈrito, a] adj, nm/f favourite

fax [faks] nm inv fax; **mandar por ~** to fax

fe [fe] nf (Rel) faith; (documento) certificate; **actuar con buena/mala ~** to act in good/bad faith

febrero [feˈβrero] nm February

fecha ['fetʃa] nf date; **con ~ adelantada** postdated; **en ~ próxima** soon; **hasta la ~** to date, so far; **poner ~** to date; **fecha de caducidad** (de producto alimenticio) sell-by date; (de contrato etc) expiry date; **fecha de nacimiento** date of birth; **fecha límite** o **tope** deadline

fecundo, -a [feˈkundo, a] adj (fértil) fertile; (fig) prolific; (productivo) productive

federación [feðeraˈθjon] nf federation

felicidad [feliθiˈðað] nf happiness; **¡~es!** (deseos) best wishes, congratulations!; (en cumpleaños) happy birthday!

felicitación [feliθitaˈθjon] nf (tarjeta) greeting(s) card

felicitar [feliθiˈtar] vt to congratulate

feliz [feˈliθ] adj happy

felpudo [felˈpuðo] nm doormat

femenino, -a [femeˈnino, a] adj, nm feminine

feminista [femiˈnista] adj, nmf

feminist

fenómeno [feˈnomeno] nm phenomenon; (fig) freak, accident ▷ adj great ▷ excl great!, marvellous!; **fenomenal** adj = **fenômeno**

feo, -a ['feo, a] adj (gen) ugly; (desagradable) bad, nasty

féretro ['feretro] nm (ataúd) coffin; (sarcófago) bier

feria ['ferja] nf (gen) fair; (descanso) holiday, rest day; (Méx: cambio) small o loose change; (cs: mercado) village market

feriado [feˈrjaðo] (LAM) nm holiday

fermentar [fermenˈtar] vi to ferment

feroz [feˈroθ] adj (cruel) cruel; (salvaje) fierce

férreo, -a ['ferreo, a] adj iron

ferretería [ferreteˈria] nf (tienda) ironmonger's (shop) (BRIT), hardware store (US)

ferrocarril [ferrokaˈrril] nm railway

ferroviario, -a [ferroˈβjarjo, a] adj rail cpd

ferry ['ferri] (pl **~s** o **ferries**) nm ferry

fértil ['fertil] adj (productivo) fertile; (rico) rich; **fertilidad** nf (gen) fertility; (productividad) fruitfulness

fervor [ferˈβor] nm fervour

festejar [festeˈxar] vt (celebrar) to celebrate

festejo [fesˈtexo] nm celebration; **festejos** nmpl (fiestas) festivals

festín [fesˈtin] nm feast, banquet

festival [festiˈβal] nm festival

festividad [festiβiˈðað] nf festivity

festivo, -a [fesˈtiβo, a] adj (de fiesta) festive; (Cine, Literatura) humorous; **día ~** holiday

feto ['feto] nm foetus

fiable ['fjaβle] adj (persona) trustworthy; (máquina) reliable

fiambre ['fjambre] nm cold meat

fiambrera [fjamˈbrera] nf (para almuerzo) lunch box

fianza ['fjanθa] nf surety; (Jur): **libertad bajo ~** release on bail

fiar [fi'ar] *vt (salir garante de)* to guarantee; *(vender a crédito)* to sell on credit ▷ *vi* to trust; **fiarse** *vr* to trust (in), rely on; **~ a** *(secreto)* to confide (to); **~se de algn** to rely on sb

fibra ['fiβra] *nf* fibre; **fibra óptica** optical fibre

ficción [fik'θjon] *nf* fiction

ficha ['fitʃa] *nf (Tel)* token; *(en juegos)* counter, marker; *(tarjeta)* (index) card; **fichaje** *nm (Deporte)* signing; **fichar** *vt (archivar)* to file, index; *(Deporte)* to sign; **estar fichado** to have a record; **fichero** *nm* box file; *(Inform)* file

ficticio, -a [fik'tiθjo, a] *adj (imaginario)* fictitious; *(falso)* fabricated

fidelidad [fiðeli'ðað] *nf (lealtad)* fidelity, loyalty; **alta ~** high fidelity, hi-fi

fideos [fi'ðeos] *nmpl* noodles

fiebre ['fjeβre] *nf (Med)* fever; *(fig)* fever, excitement; **tener ~** to have a temperature; **fiebre aftosa** foot-and-mouth disease

fiel [fjel] *adj (leal)* faithful, loyal; *(fiable)* reliable; *(exacto)* accurate, faithful ▷ *nm*: **los ~es** the faithful

fieltro ['fjeltro] *nm* felt

fiera ['fjera] *nf (animal feroz)* wild animal o beast; *(fig)* dragon; V tb **fiero**

fiero, -a ['fjero, a] *adj (cruel)* cruel; *(feroz)* fierce; *(duro)* harsh

fierro ['fjerro] *(LAM) nm (hierro)* iron

fiesta ['fjesta] *nf* party; *(de pueblo)* festival; *(vacaciones: tb: ~s)* holiday *sg*; **fiesta mayor** annual festival; **fiesta patria** (LAM) independence day

FIESTAS

Fiestas can be official public holidays or holidays set by each autonomous region, many of which coincide with religious festivals. There are also many **fiestas** all over Spain for a local patron saint or the Virgin Mary. These often last several days and

can include religious processions, carnival parades, bullfights and dancing.

figura [fi'ɣura] *nf (gen)* figure; *(forma, imagen)* shape, form; *(Naipes)* face card

figurar [fiɣu'rar] *vt (representar)* to represent; *(fingir)* to figure ▷ *vi* to figure; **figurarse** *vr (imaginarse)* to imagine; *(suponer)* to suppose

fijador [fixa'ðor] *nm (Foto etc)* fixative; *(de pelo)* gel

fijar [fi'xar] *vt (gen)* to fix; *(estampilla)* to affix, stick (on); **fijarse** *vr*: **~se en** to notice

fijo, -a ['fixo, a] *adj (gen)* fixed; *(firme)* firm; *(permanente)* permanent ▷ *adv*: **mirar ~** to stare

fila ['fila] *nf* row; *(Mil)* rank; **ponerse en ~** to line up, get into line; **fila india** single file

filatelia [fila'telja] *nf* philately, stamp collecting

filete [fi'lete] *nm (de carne)* fillet steak; *(de pescado)* fillet

filiación [filja'θjon] *nf (Pol)* affiliation

filial [fi'ljal] *adj* filial ▷ *nf* subsidiary

Filipinas [fili'pinas] *nfpl*: **las (Islas) ~** the Philippines; **filipino, -a** *adj, nm/f* Philippine

filmar [fil'mar] *vt* to film, shoot

filo ['filo] *nm (gen)* edge; **sacar ~ a** to sharpen; **al ~ del mediodía** at about midday; **de doble ~** double-edged

filología [filolo'xia] *nf* philology; **filología inglesa** *(Univ)* English Studies

filón [fi'lon] *nm (Minería)* vein, lode; *(fig)* goldmine

filosofía [filoso'fia] *nf* philosophy; **filósofo, -a** *nm/f* philosopher

filtrar [fil'trar] *vt, vi* to filter, strain; **filtrarse** *vr* to filter; **filtro** *nm (Tec, utensilio)* filter

fin [fin] *nm (gen: objetivo)* aim, purpose; **al ~ y al cabo** when all's said and done; **a ~ de** in order to; **por ~** finally; **en ~** in short; **fin de semana**

weekend

final [fi'nal] adj final ▷nm end, conclusion ▷nf (LAM: deporte) **final, al ~** in the end; **a ~es de** at the end of; **finalidad** nf (propósito) purpose, intention; **finalista** nmf finalist; **finalizar** vt to end, finish; (Inform) to log out o off ▷ vi to end, come to an end

financiar [finan'θjar] vt to finance; **financiero, -a** adj financial ▷nm/f financier

finca ['finka] nf (casa de campo) country house; (ESP: bien inmueble) property, land; (LAM: granja) farm

finde ['finde] nm abr (fam: fin de semana) weekend

fingir [fin'xir] vt (simular) to simulate, feign ▷ vi (aparentar) to pretend

finlandés, -esa [finlan'des, esa] adj Finnish ▷nm/f Finn ▷nm (Ling) Finnish

Finlandia [fin'landja] nf Finland

fino, -a ['fino, a] adj fine; (delgado) slender; (de buenas maneras) polite, refined; (jerez) fino, dry

firma ['firma] nf signature; (Com) firm, company

firmamento [firma'mento] nm firmament

firmar [fir'mar] vt to sign

firme ['firme] adj firm; (estable) stable; (sólido) solid; (constante) steady; (decidido) resolute ▷nm road (surface); **firmeza** nf firmness; (constancia) steadiness; (solidez) solidity

fiscal [fis'kal] adj fiscal ▷nmf public prosecutor; **año** ~ tax o fiscal year

fisgonear [fisxone'ar] vt to poke one's nose into ▷ vi to pry, spy

física ['fisika] nf physics sg; ver tb **físico**

físico, -a ['fisiko, a] adj physical ▷nm physique ▷nm/f physicist

fisura [fi'sura] nf crack; (Med) fracture

flác(c)ido, -a ['fla(k)θiðo, a] adj flabby

flaco, -a ['flako, a] adj (muy delgado) skinny, thin; (débil) weak, feeble

flagrante [fla'ɣrante] adj flagrant

flama ['flama] (MÉX) nf flame; **flamable** (MÉX) adj flammable

flamante [fla'mante] (fam) adj brilliant; (nuevo) brand-new

flamenco, -a [fla'menko, a] adj (de Flandes) Flemish; (baile, música) flamenco ▷nm (baile, música) flamenco; (Zool) flamingo

flamingo [fla'mingo] (MÉX) nm flamingo

flan [flan] nm creme caramel

> No confundir **flan** con la palabra inglesa **flan**.

flash [flaʃ] (pl ~ o **-es**) nm (Foto) flash

flauta ['flauta] nf (Mús) flute

flecha ['fletʃa] nf arrow

flechazo [fle'tʃaθo] nm love at first sight

fleco ['fleko] nm fringe

flema ['flema] nm phlegm

flequillo [fle'kiʎo] nm (pelo) fringe

flexible [flek'siβle] adj flexible

flexión [flek'sjon] nf press-up

flexo ['flekso] nm adjustable table-lamp

flirtear [flirte'ar] vi to flirt

flojera [flo'xera] (LAM: fam) nf: **me da ~** I can't be bothered

flojo, -a ['floxo, a] adj (gen) loose; (sin fuerzas) limp; (débil) weak

flor [flor] nf flower; **a ~ de** on the surface of; **flora** nf flora; **florecer** vi (Bot) to flower, bloom; (fig) to flourish; **florería** (LAM) nf florist's (shop); **florero** nm vase; **floristería** nf florist's (shop)

flota ['flota] nf fleet

flotador [flota'ðor] nm (gen) float; (para nadar) rubber ring

flotar [flo'tar] vi (gen) to float; **flote** nm: **a flote** afloat; **salir a flote** (fig) to get back on one's feet

fluidez [flui'ðeθ] nf fluidity; (fig) fluency

fluido, -a ['fluiðo, a] adj, nm fluid

fluir [flu'ir] vi to flow

flujo ['fluxo] nm flow; **flujo y reflujo** ebb and flow

flúor ['fluor] nm fluoride

fluorescente [flwores'θente] adj fluorescent ▷ nm fluorescent light

fluvial [fluβi'al] adj (navegación, cuenca) fluvial, river cpd

fobia ['foβja] nf phobia; **fobia a las alturas** fear of heights

foca ['foka] nf seal

foco ['foko] nm focus; (Elec) floodlight; (MÉx: bombilla) (light) bulb

fofo, -a ['fofo, a] adj soft, spongy; (carnes) flabby

fogata [fo'ɣata] nf bonfire

fogón [fo'ɣon] nm (de cocina) ring, burner

folio ['foljo] nm folio, page

follaje [fo'ʎaxe] nm foliage

folleto [fo'ʎeto] nm (Pol) pamphlet

follón [fo'ʎon] (ESP: fam) nm (lío) mess; (conmoción) fuss; **armar un ~** to kick up a row

fomentar [fomen'tar] vt (Med) to foment

fonda ['fonda] nf (de mar) bottom; (de coche, sala) back; (Arte etc) background; (reserva) fund; **fondos** nmpl (Com) funds, resources; **una investigación a ~** a thorough investigation; **en el ~** at bottom, deep down

fonobuzón [fonoβu'θon] nm voice mail

fontanería [fontane'ria] nf plumbing; **fontanero, -a** nm/f plumber

footing ['futin] nm jogging; **hacer ~** to jog, go jogging

forastero, -a [foras'tero, a] nm/f stranger

forcejear [forθexe'ar] vi (luchar) to struggle

forense [fo'rense] nmf pathologist

forma ['forma] nf (figura) form, shape; (método) way, means; **las ~s** the conventions; **estar en ~** to be fit; **de ~ que ...** so that ...; **de todas ~s** in any case

formación [forma'θjon] nf (gen) formation; (educación) education; **formación profesional** vocational training

formal [for'mal] adj (gen) formal; (fig: serio) serious; (: de fiar) reliable; **formalidad** nf (formality; seriousness; **formalizar** vt (Jur) to formalize; (situación) to put in order, regularize; **formalizarse** vr (situación) to be put in order, be regularized

formar [for'mar] vt (componer) to form, shape; (constituir) to make up, constitute; (Escol) to train, educate; **formarse** vr (Escol) to be trained, educated; (cobrar forma) to form, take form; (desarrollarse) to develop

formatear [formate'ar] vt to format

formato [for'mato] nm format

formidable [formi'ðaβle] adj (terrible) formidable; (estupendo) tremendous

fórmula ['formula] nf formula

formulario [formu'larjo] nm form

fornido, -a [for'niðo, a] adj well-built

foro ['foro] nm (Pol, Inform etc) forum

forrar [fo'rrar] vt (abrigo) to line; (libro) to cover; **forro** nm (de cuaderno) cover; (Costura) lining; (de sillón) upholstery; **forro polar** fleece

fortalecer [fortale'θer] vt to strengthen

fortaleza [forta'leθa] nf (Mil) fortress, stronghold; (fuerza) strength; (determinación) resolution

fortuito, -a [for'twito, a] adj accidental

fortuna [for'tuna] nf (suerte) fortune, (good) luck; (riqueza) fortune, wealth

forzar [for'θar] vt (puerta) to force (open); (compeler) to compel

forzoso, -a [for'θoso, a] adj necessary

fosa ['fosa] nf (sepultura) grave; (en tierra) pit; **fosas nasales** nostrils

fósforo ['fosforo] nm (Quím) phosphorus; (cerilla) match

fósil ['fosil] *nm* fossil

foso ['foso] *nm* ditch; (*Teatro*) pit; (*Auto*) inspection pit

foto ['foto] *nf* photo, snap(shot); **sacar una ~** to take a photo *o* picture; **foto (de) carné** passport(-size) photo

fotocopia [foto'kopja] *nf* photocopy; **fotocopiadora** *nf* photocopier; **fotocopiar** *vt* to photocopy

fotografía [fotovra'fia] *nf* (*Arte*) photography; (*una fotografía*) photograph; **fotografiar** *vt* to photograph

fotógrafo, -a [fo'tovrafo, a] *nm/f* photographer

fotomatón [fotoma'ton] *nm* photo booth

FP (*ESP*) *nf abr* (= *Formación Profesional*) vocational courses for 14- to 18-year-olds

fracasar [fraka'sar] *vi* (*gen*) to fail

fracaso [fra'kaso] *nm* failure

fracción [frak'θjon] *nf* fraction

fractura [frak'tura] *nf* fracture, break

fragancia [fra'xanθja] *nf* (*olor*) fragrance, perfume

frágil ['fraxil] *adj* (*débil*) fragile; (*Com*) breakable

fragmento [frax'mento] *nm* (*pedazo*) fragment

fraile ['fraile] *nm* (*Rel*) friar; (*: monje*) monk

frambuesa [fram'bwesa] *nf* raspberry

francés, -esa [fran'θes, esa] *adj* French ▷ *nm/f* Frenchman(-woman) ▷ *nm* (*Ling*) French

Francia ['franθja] *nf* France

franco, -a ['franko, a] *adj* (*cándido*) frank, open; (*Com: exento*) free ▷ *nm* (*moneda*) franc

francotirador, a [frankotira'ðor, a] *nm/f* sniper

franela [fra'nela] *nf* flannel

franja ['franxa] *nf* fringe

franquear [franke'ar] *vt* (*camino*) to clear; (*carta, paquete postal*) to frank, stamp; (*obstáculo*) to overcome

franqueo [fran'keo] *nm* postage

franqueza [fran'keθa] *nf* (*candor*) frankness

frasco ['frasko] *nm* bottle, flask

frase ['frase] *nf* sentence; **frase hecha** set phrase; (*pey*) stock phrase

fraterno, -a [fra'terno, a] *adj* brotherly, fraternal

fraude ['frauðe] *nm* (*cualidad*) dishonesty; (*acto*) fraud

frazada [fra'saða] (*LAM*) *nf* blanket

frecuencia [fre'kwenθja] *nf* frequency; **con ~** frequently, often

frecuentar [frekwen'tar] *vt* to frequent

frecuente [fre'kwente] *adj* (*gen*) frequent

fregadero [freva'ðero] *nm* (kitchen) sink

fregar [fre'var] *vt* (*frotar*) to scrub; (*platos*) to wash (up); (*LAM: fam: fastidiar*) to annoy; (*: malograr*) to screw up

fregona [fre'vona] *nf* mop

freír [fre'ir] *vt* to fry

frenar [fre'nar] *vt* to brake; (*fig*) to check

frenazo [fre'naθo] *nm*: **dar un ~** to brake sharply

frenesí [frene'si] *nm* frenzy

freno ['freno] *nm* (*Tec, Auto*) brake; (*de cabalgadura*) bit; (*fig*) check; **freno de mano** handbrake

frente ['frente] *nm* (*Arq, Pol*) front; (*de objeto*) front part ▷ *nf* forehead, brow; **~ a** in front of; (*en situación opuesta de*) opposite; **al ~ de** (*fig*) at the head of; **chocar de ~** to crash head-on; **hacer ~ a** to face up to

fresa ['fresa] (*ESP*) *nf* strawberry

fresco, -a ['fresko, a] *adj* (*nuevo*) fresh; (*frío*) cool; (*descarado*) cheeky ▷ *nm* (*aire*) fresh air; (*Arte*) fresco; (*LAM: jugo*) fruit drink ▷ *nm/f* (*fam*): **ser un ~** to have a nerve; **tomar el ~** to get some fresh air; **frescura** *nf* freshness; (*descaro*) cheek, nerve

frialdad [frial'daθ] *nf* (*gen*) coldness; (*indiferencia*) indifference

frigidez [frixi'ðeθ] *nf* frigidity

frigorífico [friɣo'rifiko] *nm* refrigerator

frijol [fri'xol] *nm* kidney bean

frío, -a *etc* ['frio, a] *vb V* **freír** ▷ *adj* cold; (*indiferente*) indifferent ▷ *nm* cold; (*indiferencia*) **hace ~** it's cold; **tener ~** to be cold

frito, -a ['frito, a] *adj* fried; **me trae ~ ese hombre** I'm sick and tired of that man; **fritos** *nmpl* fried food

frívolo, -a ['friβolo, a] *adj* frivolous

frontal [fron'tal] *adj* frontal; **choque ~** head-on collision

frontera [fron'tera] *nf* frontier; **fronterizo, -a** *adj* frontier *cpd*; (*contiguo*) bordering

frontón [fron'ton] *nm* (*Deporte: cancha*) pelota court; (: *juego*) pelota

frotar [fro'tar] *vt* to rub; **frotarse** *vr*: **~se las manos** to rub one's hands

fructífero, -a [fruk'tifero, a] *adj* fruitful

fruncir [frun'θir] *vt* to pucker; (*Costura*) to pleat; **~ el ceño** to knit one's brow

frustrar [frus'trar] *vt* to frustrate

fruta ['fruta] *nf* fruit; **frutería** *nf* fruit shop; **frutero, -a** *adj* fruit *cpd* ▷ *nm/f* fruiterer ▷ *nm* fruit bowl

frutilla [fru'tiʎa] (*cs*) *nf* strawberry

fruto ['fruto] *nm* fruit; (*fig: resultado*) result; (: *beneficio*) benefit; **frutos secos** nuts and dried fruit *pl*

fucsia ['fuksja] *nf* fuchsia

fue [fwe] *vb V* **ser**; **ir**

fuego ['fweɣo] *nm* (*gen*) fire; **a ~ lento** on a low heat; **¿tienes ~?** have you (got) a light?; **fuego amigo** friendly fire; **fuegos artificiales** fireworks

fuente ['fwente] *nf* fountain; (*manantial: fig*) spring; (*origen*) source; (*plato*) large dish

fuera *etc* ['fwera] *vb V* **ser**; **ir** ▷ *adv* out(side); (*en otra parte*) away; (*excepto, salvo*) except, save ▷ *prep*: **~ de** outside; (*fig*) besides; **~ de sí** beside o.s.; **por ~** (on the) outside

fuera-borda [fwera'βorða] *nm* speedboat

fuerte ['fwerte] *adj* strong; (*golpe*) hard; (*ruido*) loud; (*comida*) rich; (*lluvia*) heavy; (*dolor*) intense ▷ *adv* strongly; hard; loud(ly)

fuerza *etc* ['fwerθa] *vb V* **forzar** ▷ *nf* (*fortaleza*) strength; (*Tec, Elec*) power; (*coacción*) force; (*Mil, Pol*) force; **a ~ de** by dint of; **cobrar ~s** to recover one's strength; **tener ~s para** to have the strength to; **a la ~** forcibly, by force; **por ~** of necessity; **fuerza de voluntad** willpower; **fuerzas aéreas** air force *sg*; **fuerzas armadas** armed forces

fuga ['fuɣa] *nf* (*huida*) flight, escape; (*de gas etc*) leak

fugarse [fu'ɣarse] *vr* to flee, escape

fugaz [fu'ɣaθ] *adj* fleeting

fugitivo, -a [fuxi'tiβo, a] *adj, nm/f* fugitive

fui [fwi] *vb V* **ser**; **ir**

fulano, -a [fu'lano, a] *nm/f* so-and-so, what's-his-name/what's-her-name

fulminante [fulmi'nante] *adj* (*fig: mirada*) fierce; (*Med: enfermedad, ataque*) sudden; (*fam: éxito, golpe*) sudden

fumador, a [fuma'ðor, a] *nm/f* smoker

fumar [fu'mar] *vt, vi* to smoke; **~ en pipa** to smoke a pipe

función [fun'θjon] *nf* function; (*en trabajo*) duties *pl*; (*espectáculo*) show; **entrar en funciones** to take up one's duties

funcionar [funθjo'nar] *vi* (*gen*) to function; (*máquina*) to work; **"no funciona"** "out of order"

funcionario, -a [funθjo'narjo, a] *nm/f* civil servant

funda ['funda] *nf* (*gen*) cover; (*de almohada*) pillowcase

fundación [funda'θjon] *nf* foundation

fundamental [fundamen'tal] *adj* fundamental, basic

fundamento [funda'mento] *nm*

(base) foundation

fundar [fun'dar] *vt* to found;
fundarse *vr*: **~se en** to be founded on

fundición [fundi'θjon] *nf* fusing;
(fábrica) foundry

fundir [fun'dir] *vt (gen)* to fuse;
(metal) to smelt, melt down; *(nieve etc)* to melt; *(Com)* to merge; *(estatua)* to cast; **fundirse** *vr (colores etc)* to merge, blend; *(unirse)* to fuse together; *(Elec: fusible, lámpara etc)* to fuse, blow; *(nieve etc)* to melt

fúnebre ['funeβre] *adj* funeral *cpd*, funereal

funeral [fune'ral] *nm* funeral;
funeraria *nf* undertaker's

funicular [funiku'lar] *nm (tren)* funicular; *(teleférico)* cable car

furgón [fur'xon] *nm* wagon;
furgoneta *nf (Auto, Com)* (transit) van *(BRIT)*, pick-up (truck) *(US)*

furia ['furja] *nf (ira)* fury; *(violencia)* violence; **furioso, -a** *adj (iracundo)* furious; *(violento)* violent

furtivo, -a [fur'tiβo, a] *adj* furtive
▷ *nm* poacher

fusible [fu'siβle] *nm* fuse

fusil [fu'sil] *nm* rifle; **fusilar** *vt* to shoot

fusión [fu'sjon] *nf (gen)* melting;
(unión) fusion; *(Com)* merger

fútbol ['futβol] *nm* football *(BRIT)*, soccer *(US)*; **fútbol americano** American football *(BRIT)*, football *(US)*; **fútbol sala** indoor football *(BRIT)* o soccer *(US)*; **futbolín** *nm* table football; **futbolista** *nmf* footballer

futuro, -a [fu'turo, a] *adj, nm* future

g

gabardina [gaβar'ðina] *nf* raincoat, gabardine

gabinete [gaβi'nete] *nm (Pol)* cabinet; *(estudio)* study; *(de abogados etc)* office

gachas ['gatʃas] *nfpl* porridge *sg*

gafas ['gafas] *nfpl* glasses; **gafas de sol** sunglasses

gafe ['gafe] *(ESP) nm* jinx

gaita ['gaita] *nf* bagpipes *pl*

gajes ['gaxes] *nmpl*: **~ del oficio** occupational hazards

gajo ['gaxo] *nm (de naranja)* segment

gala ['gala] *nf (traje de etiqueta)* full dress; **galas** *nfpl (ropa)* finery *sg*; **estar de ~** to be in one's best clothes; **hacer ~ de** to display

galápago [ga'lapaxo] *nm (Zool)* turtle

galardón [galar'ðon] *nm* award, prize

galaxia [ga'laksja] *nf* galaxy

galera [ga'lera] *nf (nave)* galley; *(carro)* wagon; *(Imprenta)* galley

galería [gale'ria] *nf (gen)* gallery;

(*balcón*) veranda(h); (*pasillo*) corridor;
galería comercial shopping mall

Gales ['gales] *nm* (*tb*: **País de ~**)
Wales; **galés, -esa** *adj* Welsh ▷ *nm/f*
Welshman(-woman) ▷ *nm* (*Ling*)
Welsh

galgo, -a ['galɣo, a] *nm/f* greyhound

gallego, -a [ga'ʎeɣo, a] *adj, nm/f*
Galician

galleta [ga'ʎeta] *nf* biscuit (BRIT),
cookie (US)

gallina [ga'ʎina] *nf* hen ▷ *nmf*
(*fam: cobarde*) chicken; **gallinero** *nm*
henhouse; (*Teatro*) top gallery

gallo ['gaʎo] *nm* cock, rooster

galopar [galo'par] *vi* to gallop

gama ['gama] *nf* (*fig*) range

gamba ['gamba] *nf* prawn (BRIT),
shrimp (US)

gamberro, -a [gam'berro, a] (ESP)
nm/f hooligan, lout

gamuza [ga'muθa] *nf* chamois

gana ['gana] *nf* (*deseo*) desire,
wish; (*apetito*) appetite; (*voluntad*)
will; (*añoranza*) longing; **de buena ~**
willingly; **de mala ~** reluctantly; **me
da ~s de** I feel like, I want to; **no me
da la ~** I don't feel like it; **tener ~s**
to feel like

ganadería [ganaðe'ria] *nf* (*ganado*)
livestock; (*ganado vacuno*) cattle *pl*; (*cría,
comercio*) cattle raising

ganadero, -a [gana'ðero, a] (ESP)
nm/f (*hacendado*) rancher

ganado [ga'naðo] *nm* livestock;
ganado porcino pigs *pl*

ganador, -a [gana'ðor, a] *adj*
winning ▷ *nm/f* winner

ganancia [ga'nanθja] *nf* (*lo ganado*)
gain; (*aumento*) increase; (*beneficio*)
profit; **ganancias** *nfpl* (*ingresos*)
earnings; (*beneficios*) profit *sg*,
winnings

ganar [ga'nar] *vt* (*obtener*) to get,
obtain; (*sacar ventaja*) to gain; (*salario
etc*) to earn; (*Deporte, premio*) to win;
(*derrotar a*) to beat; (*alcanzar*) to reach
▷ *vi* (*Deporte*) to win; **ganarse** *vr*: **~se**

la vida to earn one's living

ganchillo [gan'tʃiʎo] *nm* crochet

gancho ['gantʃo] *nm* (*gen*) hook;
(*colgador*) hanger

gandul, a [gan'dul, a] *adj, nm/f*
good-for-nothing, layabout

ganga ['ganga] *nf* bargain

gangrena [gan'grena] *nf* gangrene

ganso, -a ['ganso, a] *nm/f* (*Zool*)
goose; (*fam*) idiot

ganzúa [gan'θua] *nf* skeleton key

garabato [gara'βato] *nm* (*escritura*)
scrawl, scribble

garaje [ga'raxe] *nm* garage

garantía [garan'tia] *nf* guarantee

garantizar [garanti'θar] *vt* to
guarantee

garbanzo [gar'βanθo] *nm* chickpea
(BRIT), garbanzo (US)

garfio ['garfjo] *nm* grappling iron

garganta [gar'xanta] *nf* (*Anat*)
throat; (*de botella*) neck; **gargantilla**
nf necklace

gárgaras ['garɣaras] *nfpl*: **hacer ~**
to gargle

gargarear [garɣare'ar] (LAM) *vi* to
gargle

garita [ga'rita] *nf* cabin, hut; (*Mil*)
sentry box

garra ['garra] *nf* (*de gato, Tec*) claw; (*de
ave*) talon; (*fam: mano*) hand, paw

garrafa [ga'rrafa] *nf* carafe, decanter

garrapata [garra'pata] *nf* tick

gas [gas] *nm* gas; **gases
lacrimógenos** tear gas *sg*

gasa ['gasa] *nf* gauze

gaseosa [gase'osa] *nf* lemonade

gaseoso, -a [gase'oso, a] *adj* gassy,
fizzy

gasoil [ga'soil] *nm* diesel (oil)

gasóleo [ga'soleo] *nm* = **gasoil**

gasolina [gaso'lina] *nf* petrol (BRIT),
gas(oline) (US); **gasolinera** *nf* petrol
(BRIT) o gas (US) station

gastado, -a [gas'taðo, a] *adj* (*dinero*)
spent; (*ropa*) worn out; (*usado: frase
etc*) trite

gastar [gas'tar] *vt* (*dinero, tiempo*) to

spend; (*fuerzas*) to use up; (*desperdiciar*) to waste; (*llevar*) to wear; **gastarse** *vr* to wear out; (*estropearse*) to waste; **~ en** to spend on; **~ bromas** to crack jokes; **¿qué número gastas?** what size (shoe) do you use?

gasto ['gasto] *nm* (*desembolso*) expenditure, spending; (*consumo, uso*) use; **gastos** *nmpl* (*desembolsos*) expenses; (*cargos*) charges, costs

gastronomía [gastrono'mia] *nf* gastronomy

gatear [gate'ar] *vi* (*andar a gatas*) to go on all fours

gatillo [ga'tiʎo] *nm* (*de arma de fuego*) trigger; (*de dentista*) forceps

gato, -a ['gato, a] *nm/f* cat ▷ *nm* (*Tec*) jack; **andar a gatas** to go on all fours

gaucho ['gautʃo] *nm* gaucho

○ **GAUCHO**
○
○ **Gauchos** are the herdsmen or
○ riders of the Southern Cone plains.
○ Although popularly associated
○ with Argentine folklore, **gauchos**
○ belong equally to the cattle-
○ raising areas of Southern Brazil
○ and Uruguay. **Gauchos'** traditions
○ and clothing reflect their mixed
○ ancestry and cultural roots. Their
○ baggy trousers are Arabic in
○ origin, while the horse and guitar
○ are inherited from the Spanish
○ conquistadors; the poncho, maté
○ and **boleadoras** (strips of leather
○ weighted at either end with
○ stones) form part of the Indian
○ tradition.

gaviota [ga'βjota] *nf* seagull
gay [ge] *adj inv, nm* gay, homosexual
gazpacho [gaθ'patʃo] *nm* gazpacho
gel [xel] *nm*: **~ de baño/ducha** bath/shower gel
gelatina [xela'tina] *nf* jelly; (*polvos etc*) gelatine

gema ['xema] *nf* gem
gemelo, -a [xe'melo, a] *adj, nm/f* twin; **gemelos** *nmpl* (*de camisa*) cufflinks; (*prismáticos*) field glasses, binoculars

gemido [xe'miðo] *nm* (*quejido*) moan, groan; (*aullido*) howl
Géminis ['xeminis] *nm* Gemini
gemir [xe'mir] *vi* (*quejarse*) to moan, groan; (*aullar*) to howl
generación [xenera'θjon] *nf* generation
general [xene'ral] *adj* general ▷ *nm* general; **por lo o en ~** in general; **Generalitat** *nf* Catalan parliament; **generalizar** *vt* to generalize; **generalizarse** *vr* to become generalized, spread
generar [xene'rar] *vt* to generate
género ['xenero] *nm* (*clase*) kind, sort; (*tipo*) type; (*Bio*) genus; (*Ling*) gender; (*Com*) material; **género humano** human race
generosidad [xenerosi'ðað] *nf* generosity; **generoso, -a** *adj* generous
genial [xe'njal] *adj* inspired; (*idea*) brilliant; (*estupendo*) wonderful
genio ['xenjo] *nm* (*carácter*) nature, disposition; (*humor*) temper; (*facultad creadora*) genius; **de mal ~** bad-tempered
genital [xeni'tal] *adj* genital; **genitales** *nmpl* genitals
genoma [xe'noma] *nm* genome
gente ['xente] *nf* (*personas*) people *pl*; (*parientes*) relatives *pl*
gentil [xen'til] *adj* (*elegante*) graceful; (*encantador*) charming

▐ No confundir **gentil** con la palabra inglesa *gentle*.

genuino, -a [xe'nwino, a] *adj* genuine
geografía [xeoxra'fia] *nf* geography
geología [xeolo'xia] *nf* geology
geometría [xeome'tria] *nf* geometry
gerente [xe'rente] *nmf* (*supervisor*) manager; (*jefe*) director

geriatría [xeria'tria] nf (Med) geriatrics sg

germen ['xermen] nm germ

gesticular [xestiku'lar] vi to gesticulate; (hacer muecas) to grimace; **gesticulación** nf gesticulation; (mueca) grimace

gestión [xes'tjon] nf management; (diligencia, acción) negotiation

gesto ['xesto] nm (mueca) grimace; (ademán) gesture

Gibraltar [xiβral'tar] nm Gibraltar; **gibraltareño, -a** adj, nm/f Gibraltarian

gigante [xi'xante] adj, nmf giant; **gigantesco, -a** adj gigantic

gilipollas [xili'poλas] (fam) adj inv daft ▷ nmf inv wally

gimnasia [xim'nasja] nf gymnastics pl; **gimnasio** nm gymnasium; **gimnasta** nmf gymnast

ginebra [xi'neβra] nf gin

ginecólogo, -a [xine'koloxo, a] nm/f gynaecologist

gira ['xira] nf tour, trip

girar [xi'rar] vt (dar la vuelta) to turn (around); (: rápidamente) to spin; (Com: giro postal) to draw; (: letra de cambio) to issue ▷ vi to turn (round); (rápido) to spin

girasol [xira'sol] nm sunflower

giratorio, -a [xira'torjo, a] adj revolving

giro ['xiro] nm (movimiento) turn, revolution; (Ling) expression; (Com) draft; **giro bancario/postal** bank draft/money order

gis [xis] (méx) nm chalk

gitano, -a [xi'tano, a] adj, nm/f gypsy

glacial [gla'θjal] adj icy, freezing

glaciar [gla'θjar] nm glacier

glándula ['glandula] nf gland

global [glo'βal] adj global; **globalización** nf globalization

globo ['gloβo] nm (esfera) globe, sphere; (aerostato, juguete) balloon

glóbulo ['gloβulo] nm globule; (Anat) corpuscle

gloria ['glorja] nf glory

glorieta [glo'rjeta] nf (de jardín) bower, arbour; (plazoleta) roundabout (brit), traffic circle (us)

glorioso, -a [glo'rjoso, a] adj glorious

glotón, -ona [glo'ton, ona] adj gluttonous, greedy ▷ nm/f glutton

glucosa [glu'kosa] nf glucose

gobernador, a [goβerna'ðor, a] adj governing ▷ nm/f governor; **gobernante** adj governing

gobernar [goβer'nar] vt (dirigir) to guide, direct; (Pol) to rule, govern ▷ vi to govern; (Náut) to steer

gobierno etc [go'βjerno] vb V **gobernar** ▷ nm (Pol) government; (dirección) guidance, direction; (Náut) steering

goce etc ['goθe] vb V **gozar** ▷ nm enjoyment

gol [gol] nm goal

golf [golf] nm golf

golfa ['golfa] (fam!) nf (mujer) slut, whore

golfo ['golfo, a] nm (Geo) gulf ▷ nm/f (fam: niño) urchin; (gamberro) lout

golondrina [golon'drina] nf swallow

golosina [golo'sina] nf (dulce) sweet; **goloso, -a** adj sweet-toothed

golpe ['golpe] nm blow; (de puño) punch; (de mano) smack; (de remo) stroke; (fig: choque) clash; **no dar ~** to be bone idle; **de un ~** with one blow; **de ~** suddenly; **golpe (de estado)** coup (d'état); **golpear** vt, vi to strike, knock; (asestar) to beat; (de puño) to punch; (golpetear) to tap

goma ['goma] nf (caucho) rubber; (elástico) elastic; (una goma) elastic band; **goma de borrar** eraser, rubber (brit); **goma espuma** foam rubber

gomina [go'mina] nf hair gel

gomita [go'mita] (rpl) nf rubber band

gordo, -a ['gorðo, a] *adj* (*gen*) fat; (*fam*) enormous; **el (premio) ~** (*en lotería*) first prize

gorila [go'rila] *nm* gorilla

gorra ['gorra] *nf* cap; (*de bebé*) bonnet; (*militar*) bearskin; **entrar de ~** (*fam*) to gatecrash; **ir de ~** to sponge

gorrión [go'rrjon] *nm* sparrow

gorro ['gorro] *nm* (*gen*) cap; (*de bebé, mujer*) bonnet

gorrón, -ona [go'rron, ona] *nm/f* scrounger; **gorronear** (*fam*) *vi* to scrounge

gota ['gota] *nf* (*gen*) drop; (*de sudor*) bead; (*Med*) gout; **gotear** *vi* to drip; (*lloviznar*) to drizzle; **gotera** *nf* leak

gozar [go'θar] *vi* to enjoy o.s.; **~ de** (*disfrutar*) to enjoy; (*poseer*) to possess

gr. *abr* (= *gramo, gramos*) g

grabación [graβa'θjon] *nf* recording

grabado [gra'βaðo] *nm* print, engraving

grabadora [graβa'ðora] *nf* tape-recorder; **grabadora de CD/DVD** CD/DVD writer

grabar [gra'βar] *vt* to engrave; (*discos, cintas*) to record

gracia ['graθja] *nf* (*encanto*) grace, gracefulness; (*humor*) humour, wit; **¡(muchas) ~s!** thanks (very much)!; **~s a** thanks to; **dar las ~s a algn por algo** to thank sb for sth; **tener ~** (*chiste etc*) to be funny; **no me hace ~** I am not keen; **gracioso, -a** *adj* (*divertido*) funny, amusing; (*cómico*) comical ▷ *nm/f* (*Teatro*) comic character

grada ['graða] *nf* (*de escalera*) step; (*de anfiteatro*) tier, row; **gradas** *nfpl* (*Deporte: de estadio*) terraces

grado ['graðo] *nm* degree; (*de aceite, vino*) grade; (*grada*) step; (*Mil*) rank; **de buen ~** willingly; **grado centígrado/ Fahrenheit** degree centigrade/ Fahrenheit

graduación [graðwa'θjon] *nf* (*del alcohol*) proof, strength; (*Escol*) graduation; (*Mil*) rank

gradual [gra'ðwal] *adj* gradual

graduar [gra'ðwar] *vt* (*gen*) to graduate; (*Mil*) to commission; **graduarse** *vr* to graduate; **~se la vista** to have one's eyes tested

gráfica [gra'fika] *nf* graph

gráfico, -a [gra'fiko, a] *adj* graphic ▷ *nm* diagram; **gráficos** *nmpl* (*Inform*) graphics

grajo ['graxo] *nm* rook

gramática [gra'matika] *nf* grammar

gramo ['gramo] *nm* gramme (BRIT), gram (US)

gran [gran] *adj* V **grande**

grana ['grana] *nf* (*color, tela*) scarlet

granada [gra'naða] *nf* pomegranate; (*Mil*) grenade

granate [gra'nate] *adj* deep red

Gran Bretaña [-bre'taɲa] *nf* Great Britain

grande ['grande] (*antes de nmsg* **gran**) *adj* (*de tamaño*) big, large; (*alto*) tall; (*distinguido*) great; (*impresionante*) grand ▷ *nm* grandee

granel [gra'nel]: **a ~** *adv* (*Com*) in bulk

granero [gra'nero] *nm* granary, barn

granito [gra'nito] *nm* (*Agr*) small grain; (*roca*) granite

granizado [grani'θaðo] *nm* iced drink

granizar [grani'θar] *vi* to hail; **granizo** *nm* hail

granja ['granxa] *nf* (*gen*) farm; **granjero, -a** *nm/f* farmer

grano ['grano] *nm* grain; (*semilla*) seed; (*de café*) bean; (*Med*) pimple, spot

granuja [gra'nuxa] *nmf* rogue; (*golfillo*) urchin

grapa ['grapa] *nf* staple; (*Tec*) clamp; **grapadora** *nf* stapler

grasa ['grasa] *nf* (*gen*) grease; (*de cocinar*) fat, lard; (*sebo*) suet; (*mugre*) filth; **grasiento, -a** *adj* greasy; (*de aceite*) oily; **graso, -a** *adj* (*leche, queso, carne*) fatty; (*pelo, piel*) greasy

gratinar [grati'nar] *vt* to cook au gratin

gratis ['gratis] *adv* free

grato, -a ['grato, a] *adj* (*agradable*)

pleasant, agreeable

gratuito, -a [gra'twito, a] adj
(gratis) free; (sin razón) gratuitous

grave ['graβe] adj heavy; (serio) grave,
serious; **gravedad** nf gravity

Grecia ['greθja] nf Greece

gremio ['gremjo] nm trade, industry

griego, -a ['grjeɣo, a] adj, nm/f Greek

grieta ['grjeta] nf crack

grifo ['grifo] (ESP) nm tap (BRIT),
faucet (US)

grillo ['griʎo] nm (Zool) cricket

gripa ['gripa] (MÉX) nf flu, influenza

gripe ['gripe] nf flu, influenza; **gripe
aviar** bird flu

gris [gris] adj (color) grey

gritar [gri'tar] vt, vi to shout, yell;
grito nm shout, yell; (de horror) scream

grosella [gro'seʎa] nf (red)currant

grosero, -a [gro'sero, a] adj (poco
cortés) rude, bad-mannered; (ordinario)
vulgar, crude

grosor [gro'sor] nm thickness

grúa ['grua] nf (Tec) crane; (de petróleo)
derrick

grueso, -a ['grweso, a] adj thick;
(persona) stout ▷ nm bulk; **el ~ de**
the bulk of

grulla ['gruʎa] nf crane

grumo ['grumo] nm clot, lump

gruñido [gru'niðo] nm grunt; (de
persona) grumble

gruñir [gru'nir] vi (animal) to growl;
(persona) to grumble

grupo ['grupo] nm group; (Tec) unit,
set; **grupo de presión** pressure group;
grupo sanguíneo blood group

gruta ['gruta] nf grotto

guacho, -a ['gwatʃo, a] (CS) nm/f
homeless child

guajolote [gwaxo'lote] (MÉX) nm
turkey

guante ['gwante] nm glove; **guantes
de goma** rubber gloves; **guantera** nf
glove compartment

guapo, -a ['gwapo, a] adj good-
looking, attractive; (elegante) smart

guarda ['gwarða] nmf (persona)

guard, keeper ▷ nf (acto) guarding;
(custodia) custody; **guarda jurado**
(armed) security guard; **guardabarros**
nm inv mudguard (BRIT), fender (US);
guardabosques nm inv gamekeeper;
guardacostas nm inv coastguard
vessel ▷ nmf guardian, protector;
guardaespaldas nm inv bodyguard;
guardameta nmf goalkeeper;
guardar vt (gen) to keep; (vigilar) to
guard, watch over; (dinero: ahorrar) to
save; **guardarse** vr (preservarse) to
protect o.s.; (evitar) to avoid; **guardar
cama** to stay in bed; **guardarropa** nm
(armario) wardrobe; (en establecimiento
público) cloakroom

guardería [gwarðe'ria] nf nursery

guardia ['gwarðja] nf (Mil) guard;
(cuidado) care, custody ▷ nmf guard;
(policía) policeman(-woman); **estar de
~** to be on guard; **montar ~** to mount
guard; **Guardia Civil** Civil Guard

guardián, -ana [gwar'ðjan, ana]
nm/f (gen) guardian, keeper

guarida [gwa'riða] nf (de animal) den,
lair; (refugio) refuge

guarnición [gwarni'θjon] nf (de
vestimenta) trimming; (de piedra)
mount; (Culin) garnish; (arneses)
harness; (Mil) garrison

guarro, -a ['gwarro, a] nm/f pig

guasa ['gwasa] nf joke; **guasón, -ona**
adj (bromista) joking ▷ nm/f wit; joker

Guatemala [gwate'mala] nf
Guatemala

guay [gwai] (fam) adj super, great

güero, -a ['gwero, a] (MÉX) adj
blond(e)

guerra ['gerra] nf war; **dar ~** to
annoy; **guerra civil** civil war; **guerra
fría** cold war; **guerrero, -a** adj
fighting; (carácter) warlike ▷ nm/f
warrior

guerrilla [ge'rriʎa] nf guerrilla
warfare; (tropas) guerrilla band o group

guía etc ['gia] vb V **guiar** ▷ nmf
(persona) guide; (nf: libro) guidebook;
guía telefónica telephone directory;

guía turística tourist guide
guiar [gi'ar] *vt* to guide, direct; (*Auto*)
to steer; **guiarse** *vr*: **~se por** to be
guided by
guinda ['ginda] *nf* morello cherry
guindilla [gin'diʎa] *nf* chilli pepper
guiñar [gi'ɲar] *vt* to wink
guión [gi'on] *nm* (*Ling*) hyphen,
dash; (*Cine*) script; **guionista** *nmf*
scriptwriter
guiri ['giri] (ESP: *fam, pey*) *nmf*
foreigner
guirnalda [gir'nalda] *nf* garland
guisado [gi'saðo] *nm* stew
guisante [gi'sante] *nm* pea
guisar [gi'sar] *vt, vi* to cook; **guiso**
nm cooked dish
guitarra [gi'tarra] *nf* guitar
gula ['gula] *nf* gluttony, greed
gusano [gu'sano] *nm* worm; (*lombriz*)
earthworm
gustar [gus'tar] *vt* to taste, sample
▷ *vi* to please, be pleasing; **~ de algo** to
like o enjoy sth; **me gustan las uvas** I
like grapes; **le gusta nadar** she likes o
enjoys swimming
gusto ['gusto] *nm* (*sentido, sabor*)
taste; (*placer*) pleasure; **tiene ~ a
menta** it tastes of mint; **tener buen
~** to have good taste; **coger el o
tomar ~ a algo** to take a liking to sth;
sentirse a ~ to feel at ease; **mucho ~
(en conocerle)** pleased to meet you;
el ~ es mío the pleasure is mine; **con ~**
willingly, gladly

ha *vb* V **haber**
haba ['aβa] *nf* bean
Habana [a'βana] *nf*: **la ~** Havana
habano [a'βano] *nm* Havana cigar
habéis *vb* V **haber**

○ PALABRA CLAVE

haber [a'βer] *vb aux* **1** (*tiempos
compuestos*) to have; **había comido** I
had eaten; **antes/después de haberlo
visto** before seeing/after seeing o
having seen it
2: **¡haberlo dicho antes!** you should
have said so before!
3: **haber de: he de hacerlo** I have to
do it; **ha de llegar mañana** it should
arrive tomorrow
▷ *vb impers* **1** (*existencia: sg*) there is;
(: *pl*) there are; **hay un hermano/dos
hermanos** there is one brother/there
are two brothers; **¿cuánto hay de
aquí a Sucre?** how far is it from here
to Sucre?
2 (*obligación*): **hay que hacer algo**

something must be done; **hay que apuntarlo para acordarse** you have to write it down to remember

3: ¡hay que ver! well I never!

4: ¡no hay de o por (LAM) **qué!** don't mention it!, not at all!

5: ¿qué hay? (*¿qué pasa?*) what's up?, what's the matter?; (*¿qué tal?*) how's it going?

▷ *vt:* **he aquí unas sugerencias** here are some suggestions; **no hay cintas blancas pero sí las hay rojas** there aren't any white ribbons but there are some red ones

▷ *nm* (*en cuenta*) credit side; **haberes** *nmpl* assets; **¿cuánto tengo en el haber?** how much do I have in my account?; **tiene varias novelas en su haber** he has several novels to his credit

haberse *vr*: **habérselas con algn** to have it out with sb

habichuela [aβiˈtʃwela] *nf* kidney bean

hábil [ˈaβil] *adj* (*listo*) clever, smart; (*capaz*) fit, capable; (*experto*) expert; **día ~** working day; **habilidad** *nf* skill, ability

habitación [aβitaˈθjon] *nf* (*cuarto*) room; (*Bio: morada*) room; **habitación doble o matrimonio** double room; **habitación individual o sencilla** single room

habitante [aβiˈtante] *nmf* inhabitant

habitar [aβiˈtar] *vt* (*residir en*) to inhabit; (*ocupar*) to occupy ▷ *vi* to live

hábito [ˈaβito] *nm* habit

habitual [aβiˈtwal] *adj* usual

habituar [aβiˈtwar] *vt* to accustom; **habituarse** *vr*: **~se a** to get used to

habla [ˈaβla] *nf* (*capacidad de hablar*) speech; (*idioma*) language; (*dialecto*) dialect; **perder el ~** to become speechless; **de ~ francesa** French-speaking; **estar al ~** to be in contact; (*Tel*) to be on the line; **¡González al ~!** (*Tel*) González speaking!

hablador, a [aβlaˈðor, a] *adj*

talkative ▷ *nm/f* chatterbox

habladuría [aβlaðuˈria] *nf* rumour; **habladurías** *nfpl* gossip *sg*

hablante [aˈβlante] *adj* speaking ▷ *nmf* speaker

hablar [aˈβlar] *vt* to speak, talk ▷ *vi* to speak; **hablarse** *vr* to speak to each other; **~ con** to speak to; **~ de** to speak of o about; **¡ni ~!** it's out of the question!; **"se habla inglés"** "English spoken here"

habré *etc* [aˈβre] *vb* V **haber**

hacendado [aθenˈdaðo] (LAM) *nm* rancher, farmer

hacendoso, -a [aθenˈdoso, a] *adj* industrious

○ PALABRA CLAVE

hacer [aˈθer] *vt* **1** (*fabricar, producir*) to make; (*construir*) to build; **hacer una película/un ruido** to make a film/noise; **el guisado lo hice yo** I made o cooked the stew

2 (*ejecutar: trabajo etc*) to do; **hacer la colada** to do the washing; **hacer la comida** to do the cooking; **¿qué haces?** what are you doing?; **hacer el malo** o **el papel del malo** (*Teatro*) to play the villain

3 (*estudios, algunos deportes*) to do; **hacer español/económicas** to do o study Spanish/economics; **hacer yoga/gimnasia** to do yoga/go to gym

4 (*transformar, incidir en*): **esto lo hará más difícil** this will make it more difficult; **salir te hará sentir mejor** going out will make you feel better

5 (*cálculo*): **2 y 2 hacen 4** 2 and 2 make 4; **éste hace 100** this one makes 100

6 (+ *sub*): **esto hará que ganemos** this will make us win; **harás que no quiera venir** you'll stop him wanting to come

7 (*como sustituto de vb*) to do: **él bebió y yo hice lo mismo** he drank and I did likewise

8 **no hace más que criticar** all he does is criticize

▷ vb semi-aux (directo): **hacer** +infin: **les hice venir** I made o had them come; **hacer trabajar a los demás** to get others to work

▷ vi 1 **haz como que no lo sabes** act as if you don't know

2 (ser apropiado): **si os hace** if it's alright with you

3 **hacer de: hacer de Otelo** to play Othello

▷ vb impers 1 **hace calor/frío** it's hot/cold; V tb **bueno, sol, tiempo**

2 (tiempo): **hace 3 años** 3 years ago; **hace un mes que voy/no voy** I've been going/I haven't been for a month

3 **¿cómo has hecho para llegar tan rápido?** how did you manage to get here so quickly?

hacerse vr 1 (volverse) to become; **se hicieron amigos** they became friends

2 (acostumbrarse): **hacerse a** to get used to

3 **se hace con huevos y leche** it's made out of eggs and milk; **eso no se hace** that's not done

4 (obtener): **hacerse de** o **con algo** to get hold of sth

5 (fingirse): **hacerse el sueco** to turn a deaf ear

hacha ['atʃa] nf axe; (antorcha) torch

hachís [a'tʃis] nm hashish

hacia ['aθja] prep (en dirección de) towards; (cerca de) near; (actitud) towards; **~ adelante/atrás** forwards/backwards; **~ arriba/abajo** up(wards)/down(wards); **~ mediodía/las cinco** about noon/five

hacienda [a'θjenda] nf (propiedad) property; (finca) farm; (LAM: rancho) ranch; **(Ministerio de) H~** Exchequer (BRIT), Treasury Department (US); **hacienda pública** public finance

hada ['aða] nf fairy

hago etc vb V **hacer**

Haití [ai'ti] nm Haiti

halagar [ala'ɣar] vt to flatter

halago [a'laɣo] nm flattery

halcón [al'kon] nm falcon, hawk

hallar [a'ʎar] vt (gen) to find; (descubrir) to discover; (toparse con) to run into; **hallarse** vr to be (situated)

halterofilia [altero'filja] nf weightlifting

hamaca [a'maka] nf hammock

hambre ['ambre] nf hunger; (plaga) famine; (deseo) longing; **tener ~** to be hungry; **¡me muero de ~!** I'm starving!; **hambriento, -a** adj hungry, starving

hamburguesa [ambur'ɣesa] nf hamburger; **hamburguesería** nf burger bar

han vb V **haber**

harapos [a'rapos] nmpl rags

haré etc V **hacer**

harina [a'rina] nf flour; **harina de maíz** cornflour (BRIT), cornstarch (US); **harina de trigo** wheat flour

hartar [ar'tar] vt to satiate, glut; (fig) to tire, sicken; **hartarse** vr (de comida) to fill o.s., gorge o.s.; (cansarse): **~se (de)** to get fed up (with); **harto, -a** adj (lleno) full; (cansado) fed up ▷ adv (bastante) enough; (muy) very; **estar harto de hacer algo/de algn** to be fed up of doing sth/with sb

has vb V **haber**

hasta ['asta] adv even ▷ prep (alcanzando a) as far as; up to; down to; (de tiempo: a tal hora) till, until; (antes de) before ▷ conj: **~ que ...** until; **~ luego/el sábado** see you soon/on Saturday; **~ ahora** (al despedirse) see you in a minute; **~ pronto** see you soon

hay vb V **haber**

Haya ['aja] nf: **la ~** The Hague

haya etc ['aja] vb V **haber** ▷ nf beech tree

haz [aθ] vb V **hacer** ▷ nm (de luz) beam

hazaña [a'θaɲa] nf feat, exploit

hazmerreír [aθmerre'ir] nm inv laughing stock

he vb V **haber**

hebilla [e'βiʎa] nf buckle, clasp

hebra ['eβra] nf thread; (Bot: fibra)

fibre, grain

hebreo, -a [e'βreo, a] adj, nm/f Hebrew ▷ nm (Ling) Hebrew

hechizar [etʃi'θar] vt to cast a spell on, bewitch

hechizo [e'tʃiθo] nm witchcraft, magic; (acto de magia) spell, charm

hecho, -a [e'etʃo, a] pp de **hacer** ▷ adj (carne) done; (Costura) ready-to-wear ▷ nm deed, act; (dato) fact; (cuestión) matter; (suceso) event ▷ excl agreed!, done!; **de ~** in fact, as a matter of fact; **el ~ es que ...** the fact is that ...; **¡bien ~!** well done!

hechura [e'tʃura] nf (forma) form, shape; (de persona) build

hectárea [ek'tarea] nf hectare

helada [e'laða] nf frost

heladera [ela'ðera] (LAM) nf (refrigerador) refrigerator

helado, -a [e'laðo, a] adj frozen; (glacial) icy; (fig) chilly, cold ▷ nm ice cream

helar [e'lar] vt to freeze, ice (up); (dejar atónito) to amaze; (desalentar) to discourage ▷ vi, **helarse** vr to freeze

helecho [e'letʃo] nm fern

hélice ['eliθe] nf (Tec) propeller

helicóptero [eli'koptero] nm helicopter

hembra ['embra] nf (Bot, Zool) female; (mujer) woman; (Tec) nut

hemorragia [emo'rraxja] nf haemorrhage

hemorroides [emo'rroiðes] nfpl haemorrhoids, piles

hemos etc V **haber**

heno ['eno] nm hay

heredar [ere'ðar] vt to inherit; **heredero, -a** nm/f heir(ess)

hereje [e'rexe] nmf heretic

herencia [e'renθja] nf inheritance

herida [e'riða] nf wound, injury; V tb **herido**

herido, -a [e'riðo, a] adj injured, wounded ▷ nm/f casualty

herir [e'rir] vt to wound, injure; (fig)

to offend

hermanastro, -a [erma'nastro, a] nm/f stepbrother/sister

hermandad [erman'daθ] nf brotherhood

hermano, -a [er'mano, a] nm/f brother/sister; **hermano(-a) gemelo(-a),** twin brother/sister; **hermano(-a) político(-a),** brother-in-law/sister-in-law

hermético, -a [er'metiko, a] adj hermetic; (fig) watertight

hermoso, -a [er'moso, a] adj beautiful, lovely; (estupendo) splendid; (guapo) handsome; **hermosura** nf beauty

hernia ['ernja] nf hernia; **hernia discal** slipped disc

héroe ['eroe] nm hero

heroína [ero'ina] nf (mujer) heroine; (droga) heroin

herradura [erra'ðura] nf horseshoe

herramienta [erra'mjenta] nf tool

herrero [e'rrero] nm blacksmith

hervidero [erβi'ðero] nm (fig) swarm; (Pol etc) hotbed

hervir [er'βir] vi to boil; (burbujear) to bubble; **~ a fuego lento** to simmer; **hervor** nm boiling; (fig) ardour, fervour

heterosexual [eterosek'swal] adj heterosexual

hice etc vb V **hacer**

hidratante [iðra'tante] adj: **crema ~** moisturizing cream, moisturizer; **hidratar** vt (piel) to moisturize; **hidrato** nm hydrate; **hidratos de carbono** carbohydrates

hidráulico, -a [i'ðrauliko, a] adj hydraulic

hidro... [iðro] prefijo hydro..., water-...; **hidroeléctrico, -a** adj hydroelectric; **hidrógeno** nm hydrogen

hiedra ['jeðra] nf ivy

hiel [jel] nf gall, bile; (fig) bitterness

hiela etc vb V **helar**

hielo ['jelo] nm (gen) ice; (escarcha)

frost; (fig) coldness, reserve

hiena ['jena] nf hyena

hierba ['jerβa] nf (pasto) grass; (Culin, Med: planta) herb; **mala ~** weed; (fig) evil influence; **hierbabuena** nf mint

hierro ['jerro] nm (metal) iron; (objeto) iron object

hígado ['iɣaðo] nm liver

higiene [i'xjene] nf hygiene; **higiénico, -a** adj hygienic

higo ['iɣo] nm fig; **higo seco** dried fig; **higuera** nf fig tree

hijastro, -a [i'xastro, a] nm/f stepson/daughter

hijo, -a ['ixo, a] nm/f son/daughter, child; **hijos** nmpl children, sons and daughters; **hijo adoptivo** adopted child; **hijo de papá/mamá** daddy's/mummy's boy; **hijo de puta** (fam!) bastard (!), son of a bitch (!); **hijo/a político/a** son-/daughter-in-law

hilera [i'lera] nf row, file

hilo ['ilo] nm thread; (Bot) fibre; (metal) wire; (de agua) trickle, thin stream

hilvanar [ilβa'nar] vt (Costura) to tack (BRIT), baste (US); (fig) to do hurriedly

himno ['imno] nm hymn; **himno nacional** national anthem

hincapié [inka'pje] nm: **hacer ~ en** to emphasize

hincar [in'kar] vt to drive (in), thrust (in)

hincha ['intʃa] (fam) nmf fan

hinchado, -a [in'tʃaðo, a] adj (gen) swollen; (persona) pompous

hinchar [in'tʃar] vt (gen) to swell; (inflar) to blow up, inflate; (fig) to exaggerate; **hincharse** vr (inflarse) to swell up; (fam: de comer) to stuff o.s.; **hinchazón** nf (Med) swelling; (altivez) arrogance

hinojo [i'noxo] nm fennel

hipermercado [iperm'rkaðo] nm hypermarket, superstore

hípico, -a ['ipiko, a] adj horse cpd

hipnotismo [ipno'tismo] nm hypnotism; **hipnotizar** v to

hypnotize

hipo ['ipo] nm hiccups pl

hipocresía [ipokre'sia] nf hypocrisy; **hipócrita** adj hypocritical ▷ nmf hypocrite

hipódromo [i'poðromo] nm racetrack

hipopótamo [ipo'potamo] nm hippopotamus

hipoteca [ipo'teka] nf mortgage

hipótesis [i'potesis] nf inv hypothesis

hispánico, -a [is'paniko, a] adj Hispanic

hispano, -a [is'pano, a] adj Hispanic, Spanish, Hispano- ▷ nm/f Spaniard; **Hispanoamérica** nf Latin America; **hispanoamericano, -a** adj, nm/f Latin American

histeria [is'terja] nf hysteria

historia [is'torja] nf history; (cuento) story, tale; **historias** nfpl (chismes) gossip sg; **dejarse de ~s** to come to the point; **pasar a la ~** to go down in history; **historiador, -a** nm/f historian; **historial** nm (profesional) curriculum vitae, C.V.; (Med) case history; **histórico, -a** adj historical; (memorable) historic

historieta [isto'rjeta] nf tale, anecdote; (dibujos) comic strip

hito ['ito] nm (fig) landmark

hizo vb V **hacer**

hocico [o'θiko] nm snout

hockey ['xokei] nm hockey; **hockey sobre hielo/patines** ice/roller hockey

hogar [o'ɣar] nm fireplace, hearth; (casa) home; (vida familiar) home life; **hogareño, -a** adj home cpd; (persona) home-loving

hoguera [o'ɣera] nf (gen) bonfire

hoja ['oxa] nf (gen) leaf; (de flor) petal; (de papel) sheet; (página) page; **hoja de afeitar** (LAM) razor blade; **hoja electrónica o de cálculo** spreadsheet; **hoja informativa** leaflet, handout

hojalata [oxa'lata] nf tin(plate)

hojaldre [o'xaldre] nm (Culin) puff

pastry

hojear [oxe'ar] vt to leaf through, turn the pages of

hojuela [o'xwela] nf flake

hola ['ola] excl hello!

holá [o'la] (RPL) excl hello!

Holanda [o'landa] nf Holland; **holandés, -esa** adj Dutch ⊳ nm/f Dutchman(-woman) ⊳ nm (Ling) Dutch

holgado, -a [ol'xaðo, a] adj (ropa) loose, baggy; (rico) comfortable

holgar [ol'xar] vi (descansar) to rest; (sobrar) to be superfluous

holgazán, -ana [olxa'θan, ana] adj idle, lazy ⊳ nm/f loafer

hollín [o'ʎin] nm soot

hombre ['ombre] nm (gen) man; (raza humana): **el ~** man(kind) ⊳ excl: **¡sí ~!** (claro) of course!; (para énfasis) man, old boy; **hombre de negocios** businessman; **hombre de pro** honest man; **hombre-rana** frogman

hombrera [om'brera] nf shoulder strap

hombro ['ombro] nm shoulder

homenaje [ome'naxe] nm (gen) homage; (tributo) tribute

homicida [omi'θiða] adj homicidal ⊳ nm/f murderer; **homicidio** nm murder, homicide

homologar [omolo'ðar] vt (Com: productos, tamaños) to standardize

homólogo, -a [o'moloxo, a] nm/f: **su** etc **~** his etc counterpart or opposite number

homosexual [omosek'swal] adj, nmf homosexual

honda ['onda] (cs) nf catapult

hondo, -a ['ondo, a] adj deep; **lo ~** the depth(s) pl, the bottom; **hondonada** nf hollow, depression; (cañón) ravine

Honduras [on'duras] nf Honduras

hondureño, -a [ondu'reɲo, a] adj, nm/f Honduran

honestidad [onesti'ðað] nf purity,

chastity; (decencia) decency; **honesto, -a** adj chaste; decent; honest; (justo) just

hongo ['ongo] nm (Bot: gen) fungus; (: comestible) mushroom; (: venenoso) toadstool

honor [o'nor] nm (gen) honour; **en ~ a la verdad** to be fair; **honorable** adj honourable

honorario, -a [ono'rarjo, a] adj honorary; **honorarios** nmpl fees

honra ['onra] nf (gen) honour; (renombre) good name; **honradez** nf honesty; (de persona) integrity; **honrado, -a** adj honest, upright; **honrar** [on'rar] vt to honour

hora ['ora] nf (una hora) hour; (tiempo) time; **¿qué - es?** what time is it?; **¿a qué -?** at what time?; **media ~** half an hour; **a la ~ de recreo** at playtime; **a primera ~** first thing (in the morning); **a última ~** at the last moment; **a altas -s** in the small hours; **¡a buena ~!** about time too!; **pedir ~** to make an appointment; **dar la ~** to strike the hour; **horas de oficina/trabajo** office/working hours; **horas de visita** visiting times; **horas extras** o **extraordinarias** overtime sg; **horas pico** (LAM) rush o peak hours; **horas punta** (ESP) rush hours

horario, -a [o'rarjo, a] adj hourly, hour cpd ⊳ nm timetable; **horario comercial** business hours pl

horca ['orka] nf gallows sg

horcajadas [orka'xaðas]: **a ~** adv astride

horchata [or'tʃata] nf cold drink made from tiger nuts and water, tiger nut milk

horizontal [oriθon'tal] adj horizontal

horizonte [ori'θonte] nm horizon

horma ['orma] nf mould

hormiga [or'mixa] nf ant; **hormigas** nfpl (Med) pins and needles

hormigón [ormi'xon] nm concrete; **hormigón armado/pretensado** reinforced/prestressed concrete;

hormigonera nf cement mixer

hormigueo [ormi'ɣeo] nm (comezón) itch

hormona [or'mona] nf hormone

hornillo [or'niʎo] nm (cocina) portable stove; **hornillo de gas** nm gas ring

horno ['orno] nm (Culin) oven; (Tec) furnace; **alto ~** blast furnace

horóscopo [o'roskopo] nm horoscope

horquilla [or'kiʎa] nf hairpin; (Agr) pitchfork

horrendo, -a [o'rrendo, a] adj horrendous, frightful

horrible [o'rriβle] adj horrible, dreadful

horripilante [orripi'lante] adj hair-raising, horrifying

horror [o'rror] nm horror, dread; (atrocidad) atrocity; **¡qué ~!** (fam) how awful!; **horrorizar** vt to horrify, frighten; **horrorizarse** vr to be horrified; **horroroso, -a** adj horrifying, ghastly

hortaliza [orta'liθa] nf vegetable

hortelano, -a [orte'lano, a] nm/f (market) gardener

hortera [or'tera] (fam) adj tacky

hospedar [ospe'ðar] vt to put up; **hospedarse** vr to stay, lodge

hospital [ospi'tal] nm hospital

hospitalario, -a [ospita'larjo, a] adj (acogedor) hospitable; **hospitalidad** nf hospitality

hostal [os'tal] nm small hotel

hostelería [ostele'ria] nf hotel business or trade

hostia ['ostja] nf (Rel) host, consecrated wafer; (fam!: golpe) whack, punch ▷ excl (fam!): **¡~(s)!** damn!

hostil [os'til] adj hostile

hotdog [ot'doɣ] (LAM) nm hot dog

hotel [o'tel] nm hotel; **hotelero, -a** adj hotel cpd ▷ nm/f hotelier

● **HOTEL**
●
● In Spain you can choose from

● the following categories of
● accommodation, in descending
● order of quality and price: **hotel**
● (from 5 stars to 1), **hostal, pensión**,
● **casa de huéspedes, fonda**. The
● State also runs luxury hotels called
● **paradores**, which are usually sited
● in places of particular historical
● interest and are often historic
● buildings themselves.

hoy [oi] adv (este día) today; (la actualidad) now(adays) ▷ nm present time; **~ (en) día** now(adays)

hoyo ['ojo] nm hole, pit

hoz [oθ] nf sickle

hube etc vb **V haber**

hucha ['utʃa] nf money box

hueco, -a ['weko, a] adj (vacío) hollow, empty; (resonante) booming ▷ nm hollow, cavity

huelga etc [welxa] vb **V holgar** ▷ nf strike; **declararse en ~** to go on strike, come out on strike; **huelga de hambre** hunger strike; **huelga general** general strike

huelguista [wel'ɣista] nmf striker

huella ['weʎa] nf (pisada) tread; (marca del paso) footprint, footstep; (: de animal, máquina) track; **huella dactilar** fingerprint

huelo etc vb **V oler**

huérfano, -a ['werfano, a] adj orphan(ed) ▷ nm/f orphan

huerta ['werta] nf market garden; (en Murcia y Valencia) irrigated region

huerto ['werto] nm kitchen garden; (de árboles frutales) orchard

hueso ['weso] nm (Anat) bone; (de fruta) stone

huésped, -a ['wespeð] nm/f guest

hueva ['weβa] nf roe

huevera [we'βera] nf eggcup

huevo ['weβo] nm egg; **huevo a la coca** (cs) soft-boiled egg; **huevo duro/escalfado** hard-boiled/poached egg; **huevo estrellado** (LAM) fried egg; **huevo frito** (ESP) fried egg; **huevo**

pasado por agua soft-boiled egg; **huevos revueltos** scrambled eggs; **huevo tibio** (MÉX) soft-boiled egg

huida [u'iða] nf escape, flight

huir [u'ir] vi (escapar) to flee, escape; (evitar) to avoid

hule ['ule] nm oilskin; (MÉX: goma) rubber

hulera [u'lera] (MÉX) nf catapult

humanidad [umani'ðað] nf (género humano) man(kind); (cualidad) humanity

humanitario, -a [umani'tarjo, a] adj humanitarian

humano, -a [u'mano, a] adj (gen) human; (humanitario) humane ▷ nm human; **ser ~** human being

humareda [uma'reða] nf cloud of smoke

humedad [ume'ðað] nf (de clima) humidity; (de pared etc) dampness; **a prueba de ~** damp-proof; **humedecer** vt to moisten, wet; **humedecerse** vr to get wet

húmedo, -a ['umeðo, a] adj (mojado) damp, wet; (tiempo etc) humid

humilde [u'milde] adj humble, modest

humillación [umiʎa'θjon] nf humiliation; **humillante** adj humiliating

humillar [umi'ʎar] vt to humiliate

humo ['umo] nm (de fuego) smoke; (gas nocivo) fumes pl; (vapor) steam, vapour; **humos** nmpl (fig) conceit sg

humor [u'mor] nm (disposición) mood, temper; (lo que divierte) humour; **de buen/mal ~** in a good/bad mood; **humorista** nmf comic; **humorístico, -a** adj funny, humorous

hundimiento [undi'mjento] nm (gen) sinking; (colapso) collapse

hundir [un'dir] vt to sink; (edificio, plan) to ruin, destroy; **hundirse** vr to sink, collapse

húngaro, -a ['ungaro, a] adj, nm/f Hungarian

Hungría [un'gria] nf Hungary

huracán [ura'kan] nm hurricane

huraño, -a [u'raɲo, a] adj (antisocial) unsociable

hurgar [ur'ɣar] vt to poke, jab; (remover) to stir (up); **hurgarse** vr: **~se (las narices)** to pick one's nose

hurón, -ona [u'ron, ona] nm (Zool) ferret

hurtadillas [urta'ðiʎas]: **a ~** adv stealthily, on the sly

hurtar [ur'tar] vt to steal; **hurto** nm theft, stealing

husmear [usme'ar] vt (oler) to sniff out, scent; (fam) to pry into

huyo etc vb V **huir**

i

iba etc vb V **ir**

ibérico, -a [i'βeriko, a] adj Iberian

iberoamericano, -a [iβeroameri'kano, a] adj, nm/f Latin American

Ibiza [i'βiθa] nf Ibiza

iceberg [iθe'βer] nm iceberg

icono [i'kono] nm ikon, icon

ida [i'ða] nf going, departure; **~ y vuelta** round trip, return

idea [i'ðea] nf idea; **no tengo la menor ~** I haven't a clue

ideal [iðe'al] adj, nm ideal; **idealista** nmf idealist; **idealizar** vt to idealize

ídem [i'ðem] pron ditto

idéntico, -a [i'ðentiko, a] adj identical

identidad [iðenti'ðað] nf identity

identificación [iðentifika'θjon] nf identification

identificar [iðentifi'kar] vt to identify; **identificarse** vr: **~se con** to identify with

ideología [iðeolo'xia] nf ideology

idilio [i'ðiljo] nm love-affair

idioma [i'ðjoma] nm (gen) language

No confundir **idioma** con la palabra inglesa *idiom*.

idiota [i'ðjota] adj idiotic ▷ nmf idiot

ídolo ['iðolo] nm (tb fig) idol

idóneo, -a [i'ðoneo, a] adj suitable

iglesia [i'ɣlesja] nf church

ignorante [iɣno'rante] adj ignorant, uninformed ▷ nmf ignoramus

ignorar [iɣno'rar] vt not to know, be ignorant of; (no hacer caso a) to ignore

igual [i'ɣwal] adj (gen) equal; (similar) like, similar; (mismo) the same; (constante) constant; (temperatura) even ▷ nmf equal; **~ que** like, the same as; **me da o es** I don't care; **son ~es** they're the same; **al ~ que** (prep, conj) like, just like

igualar [iɣwa'lar] vt (gen) to equalize, make equal; (allanar, nivelar) to level (off), even (out); **igualarse** vr (platos de balanza) to balance out

igualdad [iɣwal'dað] nf equality; (similaridad) sameness; (uniformidad) uniformity

igualmente [iɣwal'mente] adv equally; (también) also, likewise ▷ excl the same to you!

ilegal [ile'ɣal] adj illegal

ilegítimo, -a [ile'xitimo, a] adj illegitimate

ileso, -a [i'leso, a] adj unhurt

ilimitado, -a [ilimi'taðo, a] adj unlimited

iluminación [ilumina'θjon] nf illumination; (alumbrado) lighting

iluminar [ilumi'nar] vt to illuminate, light (up); (fig) to enlighten

ilusión [ilu'sjon] nf illusion; (quimera) delusion; (esperanza) hope; **hacerse ilusiones** to build up one's hopes; **ilusionado, -a** adj excited; **ilusionar** vi: **le ilusiona ir de vacaciones** he's looking forward to going on holiday; **ilusionarse** vr: **ilusionarse (con)** to get excited (about)

iluso, -a [i'luso, a] adj easily deceived ▷ nm/f dreamer

ilustración [ilustra'θjon] nf
illustration; (saber) learning, erudition;
la I- the Enlightenment; **ilustrado, -a**
adj illustrated; learned

ilustrar [ilus'trar] vt to illustrate;
(instruir) to instruct; (explicar) to
explain, make clear

ilustre [i'lustre] adj famous,
illustrious

imagen [i'maxen] nf (gen) image;
(dibujo) picture

imaginación [imaxina'θjon] nf
imagination

imaginar [imaxi'nar] vt (gen) to
imagine; (idear) to think up; (suponer) to
suppose; **imaginarse** vr to imagine;
imaginario, -a adj imaginary;
imaginativo, -a adj imaginative

imán [i'man] nm magnet

imbécil [im'beθil] nmf imbecile, idiot

imitación [imita'θjon] nf imitation;
de ~ imitation cpd

imitar [imi'tar] vt to imitate;
(parodiar, remedar) to mimic, ape

impaciente [impa'θjente] adj
impatient; (nervioso) anxious

impacto [im'pakto] nm impact

impar [im'par] adj odd

imparcial [impar'θjal] adj impartial,
fair

impecable [impe'kaβle] adj
impeccable

impedimento [impeði'mento] nm
impediment, obstacle

impedir [impe'ðir] vt (obstruir) to
impede, obstruct; (estorbar) to prevent;
~ a algn hacer o que algn haga algo
to prevent sb (from) doing sth, stop
sb doing sth

imperativo, -a [impera'tiβo, a] adj
(urgente, Ling) imperative

imperdible [imper'ðiβle] nm
safety pin

imperdonable [imperðo'naβle] adj
unforgivable, inexcusable

imperfecto, -a [imper'fekto, a] adj
imperfect

imperio [im'perjo] nm empire;

(autoridad) rule, authority; (fig) pride,
haughtiness

impermeable [imperme'aβle] adj
waterproof ▷ nm raincoat, mac (BRIT)

impersonal [imperso'nal] adj
impersonal

impertinente [imperti'nente] adj
impertinent

ímpetu ['impetu] nm (impulso)
impetus, impulse; (impetuosidad)
impetuosity; (violencia) violence

implantar [implan'tar] vt to
introduce

implemento [imple'mento] (LAM)
nm tool, implement

implicar [impli'kar] vt to involve;
(entrañar) to imply

implícito, -a [im'pliθito, a] adj
(tácito) implicit; (sobreentendido)
implied

imponente [impo'nente] adj
(impresionante) impressive, imposing;
(solemne) grand

imponer [impo'ner] vt (gen) to
impose; (exigir) to exact; **imponerse**
vr to assert o.s.; (prevalecer) to prevail;
imponible adj (Com) taxable

impopular [impopu'lar] adj
unpopular

importación [importa'θjon]
nf (acto) importing; (mercancías)
imports pl

importancia [impor'tanθja] nf
importance; (valor) value, significance;
(extensión) size, magnitude; **no
tiene ~** it's nothing; **importante** adj
important; valuable, significant

importar [impor'tar] vt (del
extranjero) to import; (costar) to amount
to ▷ vi to be important, matter; **me
importa un rábano** I couldn't care
less; **no importa** it doesn't matter;
¿le importa que fume? do you mind
if I smoke?

importe [im'porte] nm (total)
amount; (valor) value

imposible [impo'siβle] adj (gen)
impossible; (insoportable) unbearable,

intolerable

imposición [imposi'θjon] *nf*
imposition; (*Com: impuesto*) tax;
(*: inversión*) deposit

impostor, a [impos'tor, a] *nm/f*
impostor

impotencia [impo'tenθja] *nf*
impotence; **impotente** *adj* impotent

impreciso, -a [impre'θiso, a] *adj*
imprecise, vague

impregnar [impreɣ'nar] *vt* to
impregnate; **impregnarse** *vr* to
become impregnated

imprenta [im'prenta] *nf* (*acto*)
printing; (*aparato*) press; (*casa*)
printer's; (*letra*) print

imprescindible [impresθin'diβle]
adj essential, vital

impresión [impre'sjon] *nf* (*gen*)
impression; (*Imprenta*) printing;
(*edición*) edition; (*Foto*) print; (*marca*)
imprint; **impresión digital** fingerprint

impresionante [impresjo'nante]
adj impressive; (*tremendo*) tremendous;
(*maravilloso*) great, marvellous

impresionar [impresjo'nar] *vt*
(*conmover*) to move; (*afectar*) to impress,
strike; (*película fotográfica*) to expose;
impresionarse *vr* to be impressed;
(*conmoverse*) to be moved

impreso, -a [im'preso, a] *pp de*
imprimir ▷ *adj* printed; **impresos**
nmpl printed matter; **impresora** *nf*
printer

imprevisto, -a [impre'βisto, a]
adj (*gen*) unforeseen; (*inesperado*)
unexpected

imprimir [impri'mir] *vt* to imprint,
impress, stamp; (*textos*) to print;
(*Inform*) to output, print out

improbable [impro'βaβle] *adj*
improbable; (*inverosímil*) unlikely

impropio, -a [im'propjo, a] *adj*
improper

improvisado, -a [improβi'saðo, a]
adj improvised

improvisar [improβi'sar] *vt* to
improvise

improviso, -a [impro'βiso, a] *adj*: **de
~** unexpectedly, suddenly

imprudencia [impru'ðenθja] *nf*
imprudence; (*indiscreción*) indiscretion;
(*descuido*) carelessness; **imprudente**
adj unwise, imprudent; (*indiscreto*)
indiscreet

impuesto, -a [im'pwesto, a] *adj*
imposed ▷ *nm* tax; **impuesto al valor
agregado** o **añadido** (*LAM*) value added
tax (*BRIT*) = sales tax (*US*); **impuesto
sobre el valor añadido** (*ESP*) value
added tax (*BRIT*) = sales tax (*US*)

impulsar [impul'sar] *vt* to drive;
(*promover*) to promote, stimulate

impulsivo, -a [impul'siβo, a] *adj*
impulsive; **impulso** *nm* impulse;
(*fuerza, empuje*) thrust, drive;
(*fig: sentimiento*) urge, impulse

impureza [impu'reθa] *nf* impurity;
impuro, -a *adj* impure

inaccesible [inakθe'siβle] *adj*
inaccessible

inaceptable [inaθep'taβle] *adj*
unacceptable

inactivo, -a [inak'tiβo, a] *adj*
inactive

inadecuado, -a [inaðe'kwaðo, a]
adj (*insuficiente*) inadequate; (*inapto*)
unsuitable

inadvertido, -a [inaðβer'tiðo, a] *adj*
(*no visto*) unnoticed

inaguantable [inaɣwan'taβle] *adj*
unbearable

inanimado, -a [inani'maðo, a] *adj*
inanimate

inaudito, -a [inau'ðito, a] *adj*
unheard-of

inauguración [inauɣura'θjon] *nf*
inauguration; opening

inaugurar [inauɣu'rar] *vt* to
inaugurate; (*exposición*) to open

inca [inka] *nmf* Inca

incalculable [inkalku'laβle] *adj*
incalculable

incandescente [inkandes'θente]
adj incandescent

incansable [inkan'saβle] *adj*

tireless, untiring

incapacidad [inkapaθi'ðað]
nf incapacity; (incompetencia)
incompetence; **incapacidad física/
mental** physical/mental disability

incapacitar [inkapaθi'tar] vt
(inhabilitar) to incapacitate, render
unfit; (descalificar) to disqualify

incapaz [inka'paθ] adj incapable

incautarse [inkau'tarse] vr: ~ **de** to
seize, confiscate

incauto, -a [in'kauto, a] adj
(imprudente) incautious, unwary

incendiar [inθen'djar] vt to set
fire to; (fig) to inflame; **incendiarse**
vr to catch fire; **incendiario, -a** adj
incendiary

incendio [in'θendjo] nm fire

incentivo [inθen'tiβo] nm incentive

incertidumbre [inθerti'ðumbre] nf
(inseguridad) uncertainty; (duda) doubt

incesante [inθe'sante] adj incessant

incesto [in'θesto] nm incest

incidencia [inθi'ðenθja] nf (Mat)
incidence

incidente [inθi'ðente] nm incident

incidir [inθi'ðir] vi (influir) to
influence; (afectar) to affect

incienso [in'θjenso] nm incense

incierto, -a [in'θjerto, a] adj
uncertain

incineración [inθinera'θjon] nf
incineration; (de cadáveres) cremation

incinerar [inθine'rar] vt to burn;
(cadáveres) to cremate

incisión [inθi'sjon] nf incision

incisivo, -a [inθi'siβo, a] adj sharp,
cutting; (fig) incisive

incitar [inθi'tar] vt to incite, rouse

inclemencia [inkle'menθja] nf
(severidad) harshness, severity; (del
tiempo) inclemency

inclinación [inklina'θjon] nf (gen)
inclination; (de tierras) slope, incline;
(de cabeza) nod, bow; (fig) leaning, bent

inclinar [inkli'nar] vt to incline;
(cabeza) to nod, bow ▷ vi to lean, slope;
inclinarse vr to bow; (encorvarse) to

stoop; **~se a** (parecerse a) to take after,
resemble; **~se ante** to bow down
to; **me inclino a pensar que ...** I'm
inclined to think that ...

incluir [inklu'ir] vt to include;
(incorporar) to incorporate; (meter) to
enclose

inclusive [inklu'siβe] adv inclusive
▷ prep including

incluso [in'kluso] adv even

incógnita [in'koγnita] nf (Mat)
unknown quantity

incógnito [in'koγnito] nm: **de ~**
incognito

incoherente [inkoe'rente] adj
incoherent

incoloro, -a [inko'loro, a] adj
colourless

incomodar [inkomo'ðar] vt to
inconvenience; (molestar) to bother,
trouble; (fastidiar) to annoy

incomodidad [inkomoði'ðað]
nf inconvenience; (fastidio, enojo)
annoyance; (de vivienda) discomfort

incómodo, -a [in'komoðo, a] adj
(inconfortable) uncomfortable; (molesto)
annoying; (inconveniente) inconvenient

incomparable [inkompa'raβle] adj
incomparable

incompatible [inkompa'tiβle] adj
incompatible

incompetente [inkompe'tente] adj
incompetent

incompleto, -a [inkom'pleto, a] adj
incomplete, unfinished

incomprensible [inkompren'siβle]
adj incomprehensible

incomunicado, -a [inkomuni'kaðo,
a] adj (aislado) cut off, isolated;
(confinado) in solitary confinement

incondicional [inkondiθjo'nal] adj
unconditional; (apoyo) wholehearted;
(partidario) staunch

inconfundible [inkonfun'diβle] adj
unmistakable

incongruente [inkon'grwente] adj
incongruous

inconsciente [inkons'θjente] adj

unconscious; thoughtless

inconsecuente [inkonse'kwente] *adj* inconsistent

inconstancia [inkons'tanθja] *nf* inconstancy

inconstante [inkons'tante] *adj* inconstant

incontable [inkon'taβle] *adj* countless, innumerable

inconveniencia [inkombe'njenθja] *nf* unsuitability, inappropriateness; (*descortesía*) impoliteness; **inconveniente** *adj* unsuitable; impolite ▷ *nm* obstacle; (*desventaja*) disadvantage; **el inconveniente es que ...** the trouble is that ...

incordiar [inkor'ðjar] (*fam*) *vt* to bug, annoy

incorporar [inkorpo'rar] *vt* to incorporate; **incorporarse** *vr* to sit up; **~se a** to join

incorrecto, -a [inko'rrekto, a] *adj* (*gen*) incorrect, wrong; (*comportamiento*) bad-mannered

incorregible [inkorre'xiβle] *adj* incorrigible

incrédulo, -a [in'kreðulo, a] *adj* incredulous, unbelieving; sceptical

increíble [inkre'iβle] *adj* incredible

incremento [inkre'mento] *nm* increment; (*aumento*) rise, increase

increpar [inkre'par] *vt* to reprimand

incruento, -a [in'krwento, a] *adj* bloodless

incrustar [inkrus'tar] *vt* to incrust; (*piedras: en joya*) to inlay

incubar [inku'βar] *vt* to incubate

inculcar [inkul'kar] *vt* to inculcate

inculto, -a [in'kulto, a] *adj* (*persona*) uneducated; (*grosero*) uncouth ▷ *nm/f* ignoramus

incumplimiento [inkumpli'mjento] *nm* non-fulfilment; **incumplimiento de contrato** breach of contract

incurrir [inku'rrir] *vi*: **~ en** to incur; (*crimen*) to commit

indagar [inda'ɣar] *vt* to investigate; to search; (*averiguar*) to ascertain

indecente [inde'θente] *adj* indecent,

improper; (*lascivo*) obscene

indeciso, -a [inde'θiso, a] *adj* (*por decidir*) undecided; (*vacilante*) hesitant

indefenso, -a [inde'fenso, a] *adj* defenceless

indefinido, -a [indefi'niðo, a] *adj* indefinite; (*vago*) vague, undefined

indemne [in'demne] *adj* (*objeto*) undamaged; (*persona*) unharmed, unhurt

indemnizar [indemni'θar] *vt* to indemnify; (*compensar*) to compensate

independencia [indepen'denθja] *nf* independence

independiente [indepen'djente] *adj* (*libre*) independent; (*autónomo*) self-sufficient

indeterminado, -a [indetermi'naðo, a] *adj* indefinite; (*desconocido*) indeterminate

India ['indja] *nf*: **la ~** India

indicación [indika'θjon] *nf* indication; (*señal*) sign; (*sugerencia*) suggestion, hint

indicado, -a [indi'kaðo, a] *adj* (*momento, método*) right; (*tratamiento*) appropriate; (*solución*) likely

indicador [indika'ðor] *nm* indicator; (*Tec*) gauge, meter

indicar [indi'kar] *vt* (*mostrar*) to indicate, show; (*termómetro etc*) to read, register; (*señalar*) to point to

índice [in'diθe] *nm* index; (*catálogo*) catalogue; (*Anat*) index finger, forefinger; **índice de materias** table of contents

indicio [in'diθjo] *nm* indication, sign; (*en pesquisa etc*) clue

indiferencia [indife'renθja] *nf* indifference; (*apatía*) apathy; **indiferente** *adj* indifferent

indígena [in'dixena] *adj* indigenous, native ▷ *nmf* native

indigestión [indixes'tjon] *nf* indigestion

indigesto, -a [indi'xesto, a] *adj* (*alimento*) indigestible; (*fig*) turgid

indignación [indiɣna'θjon] *nf*

indignation

indignar [indiɣˈnar] vt to anger, make indignant; **indignarse** vr: **~se por** to get indignant about

indigno, -a [inˈdiɣno, a] adj (despreciable) low, contemptible; (inmerecido) unworthy

indio, -a [ˈindjo, a] adj, nm/f Indian

indirecta [indiˈrekta] nf insinuation, innuendo; (sugerencia) hint

indirecto, -a [indiˈrekto, a] adj indirect

indiscreción [indiskreˈθjon] nf (imprudencia) indiscretion; (irreflexión) tactlessness; (acto) gaffe, faux pas

indiscreto, -a [indisˈkreto, a] adj indiscreet

indiscutible [indiskuˈtiβle] adj indisputable, unquestionable

indispensable [indispenˈsaβle] adj indispensable, essential

indispuesto, -a [indisˈpwesto, a] adj (enfermo) unwell, indisposed

indistinto, -a [indisˈtinto, a] adj indistinct; (vago) vague

individual [indiβiˈðwal] adj individual; (habitación) single ▷ nm (Deporte) singles sg

individuo, -a [indiˈβiðwo, a] adj, nm individual

índole [ˈindole] nf (naturaleza) nature; (clase) sort, kind

inducir [induˈθir] vt to induce; (inferir) to infer; (persuadir) to persuade

indudable [induˈðaβle] adj undoubted; (incuestionable) unquestionable

indultar [indulˈtar] vt (perdonar) to pardon, reprieve; (librar de pago) to exempt; **indulto** nm pardon; exemption

industria [inˈdustrja] nf industry; (habilidad) skill; **industrial** adj industrial ▷ nm industrialist

inédito, -a [inˈeðito, a] adj unpublished; (nuevo) new

ineficaz [inefiˈkaθ] adj (inútil) ineffective; (ineficiente) inefficient

ineludible [ineluˈðiβle] adj inescapable, unavoidable

ineptitud [ineptiˈtuð] nf ineptitude, incompetence; **inepto, -a** adj inept, incompetent

inequívoco, -a [ineˈkiβoko, a] adj unequivocal; (inconfundible) unmistakable

inercia [inˈerθja] nf inertia; (pasividad) passivity

inerte [inˈerte] adj inert; (inmóvil) motionless

inesperado, -a [inespeˈraðo, a] adj unexpected, unforeseen

inestable [inesˈtaβle] adj unstable

inevitable [ineβiˈtaβle] adj inevitable

inexacto, -a [inekˈsakto, a] adj inaccurate; (falso) untrue

inexperto, -a [inekˈsperto, a] adj (novato) inexperienced

infalible [infaˈliβle] adj infallible; (plan) foolproof

infame [inˈfame] adj infamous; (horrible) dreadful; **infamia** nf infamy; (deshonra) disgrace

infancia [inˈfanθja] nf infancy, childhood

infantería [infanteˈria] nf infantry

infantil [infanˈtil] adj (pueril, aniñado) infantile; (cándido) childlike; (literatura, ropa etc) children's

infarto [inˈfarto] nm (tb: **~ de miocardio**) heart attack

infatigable [infatiˈɣaβle] adj tireless, untiring

infección [infekˈθjon] nf infection; **infeccioso, -a** adj infectious

infectar [infekˈtar] vt to infect; **infectarse** vr to become infected

infeliz [infeˈliθ] adj unhappy, wretched ▷ nmf wretch

inferior [infeˈrjor] adj inferior; (situación) lower ▷ nmf inferior, subordinate

inferir [infeˈrir] vt (deducir) to infer, deduce; (causar) to cause

infidelidad [infiðeliˈðað] nf (gen)

infidelity, unfaithfulness

infiel [in'fjel] *adj* unfaithful, disloyal; (*erróneo*) inaccurate ▷ *nmf* infidel, unbeliever

infierno [in'fjerno] *nm* hell

infiltrarse [infil'trarse] *vr*: **~ en** to infiltrate in(to); (*persona*) to work one's way in(to)

ínfimo, -a ['infimo, a] *adj* (*más bajo*) lowest; (*despreciable*) vile, mean

infinidad [infini'ðað] *nf* infinity; (*abundancia*) great quantity

infinito, -a [infi'nito, a] *adj, nm* infinite

inflación [infla'θjon] *nf* (*hinchazón*) swelling; (*monetaria*) inflation; (*fig*) conceit

inflamable [infl'maβle] *adj* flammable

inflamar [infla'mar] *vt* (*Med: fig*) to inflame; **inflamarse** to catch fire; to become inflamed

inflar [in'flar] *vt* (*hinchar*) to inflate, blow up; (*fig*) to exaggerate; **inflarse** *vr* to swell (up); (*fig*) to get conceited

inflexible [inflek'siβle] *adj* inflexible; (*fig*) unbending

influencia [influ'enθja] *nf* influence

influir [influ'ir] *vt* to influence

influjo [in'fluxo] *nm* influence

influya *etc vb* V **influir**

influyente [influ'jente] *adj* influential

información [informa'θjon] *nf* information; (*noticias*) news *sg*; (*Jur*) inquiry; **I~** (*oficina*) Information Desk; (*mostrador*) Information Desk; (*Tel*) Directory Enquiries

informal [infor'mal] *adj* (*gen*) informal

informar [infor'mar] *vt* (*gen*) to inform; (*revelar*) to reveal, make known ▷ *vi* (*Jur*) to plead; (*denunciar*) to inform; (*dar cuenta de*) to report on; **informarse** *vr* to find out; **~se de** to inquire into

informática [infor'matika] *nf* computer science, information technology

informe [in'forme] *adj* shapeless ▷ *nm* report

infracción [infrak'θjon] *nf* infraction, infringement

infravalorar [infrabalo'rar] *vt* to undervalue, underestimate

infringir [infrin'xir] *vt* to infringe, contravene

infundado, -a [infun'daðo, a] *adj* groundless, unfounded

infundir [infun'dir] *vt* to infuse, instil

infusión [infu'sjon] *nf* infusion; **infusión de manzanilla** camomile tea

ingeniería [inxenje'ria] *nf* engineering; **ingeniería genética** genetic engineering; **ingeniero, -a** *nm/f* engineer; **ingeniero civil o de caminos** civil engineer

ingenio [in'xenjo] *nm* (*talento*) talent; (*agudeza*) wit; (*habilidad*) ingenuity, inventiveness; **ingenio azucarero** (*LAM*) sugar refinery; **ingenioso, -a** [inxe'njoso, a] *adj* ingenious, clever; (*divertido*) witty; **ingenuo, -a** *adj* ingenuous

ingerir [inxe'rir] *vt* to ingest; (*tragar*) to swallow; (*consumir*) to consume

Inglaterra [ingla'terra] *nf* England

ingle ['ingle] *nf* groin

inglés, -esa [in'gles, esa] *adj* English ▷ *nm/f* Englishman(-woman) ▷ *nm* (*Ling*) English

ingrato, -a [in'grato, a] *adj* (*gen*) ungrateful

ingrediente [ingre'ðjente] *nm* ingredient

ingresar [ingre'sar] *vt* (*dinero*) to deposit ▷ *vi* to come in; **~ en el hospital** to go into hospital

ingreso [in'greso] *nm* (*entrada*) entry; (*en hospital etc*) admission; **ingresos** *nmpl* (*dinero*) income *sg*; (*Com*) takings *pl*

inhabitable [inaβi'taβle] *adj* uninhabitable

inhalar [ina'lar] *vt* to inhale

inhibir [ini'βir] *vt* to inhibit

inhóspito, -a [i'nospito, a] adj (región, paisaje) inhospitable

inhumano, -a [inu'mano, a] adj inhuman

inicial [ini'θjal] adj, nf initial

iniciar [ini'θjar] vt (persona) to initiate; (empezar) to begin, commence; (conversación) to start up

iniciativa [iniθja'tiβa] nf initiative; **iniciativa privada** private enterprise

ininterrumpido, -a [ininterrum'pido, a] adj uninterrupted

injertar [inxer'tar] vt to graft; **injerto** nm graft

injuria [in'xurja] nf (agravio, ofensa) offence; (insulto) insult

> No confundir **injuria** con la palabra inglesa *injury*.

injusticia [inxus'tiθja] nf injustice

injusto, -a [in'xusto, a] adj unjust, unfair

inmadurez [inmaðu'reθ] nf immaturity

inmediaciones [inmeðja'θjones] nfpl neighbourhood sg, environs

inmediato, -a [inme'ðjato, a] adj immediate; (contiguo) adjoining; (rápido) prompt; (próximo) neighbouring, next; **de -** immediately

inmejorable [inmexo'raβle] adj unsurpassable; (precio) unbeatable

inmenso, -a [in'menso, a] adj immense, huge

inmigración [inmixra'θjon] nf immigration

inmobiliaria [inmoβi'ljarja] nf estate agency

inmolar [inmo'lar] vt to immolate, sacrifice

inmoral [inmo'ral] adj immoral

inmortal [inmor'tal] adj immortal; **inmortalizar** vt to immortalize

inmóvil [in'moβil] adj immobile

inmueble [in'mweβle] adj: **bienes ~s** real estate, landed property ▷ nm property

inmundo, -a [in'mundo, a] adj filthy

inmune [in'mune] adj: **~ (a)** (Med) immune (to)

inmunidad [inmuni'ðað] nf immunity

inmutarse [inmu'tarse] vr to turn pale; **no se inmutó** he didn't turn a hair

innato, -a [in'nato, a] adj innate

innecesario, -a [inneθe'sarjo, a] adj unnecessary

innovación [innoβa'θjon] nf innovation

innovar [inno'βar] vt to introduce

inocencia [ino'θenθja] nf innocence

inocentada [inoθen'taða] nf practical joke

inocente [ino'θente] adj (ingenuo) naive, innocent; (inculpable) innocent; (sin malicia) harmless ▷ nmf simpleton; **el día de los (Santos) l~s** ≈ April Fools' Day

---

> ### DÍA DE LOS (SANTOS)
> ### INOCENTES
>
> The 28th December, el **día de los (Santos) Inocentes**, is when the Church commemorates the story of Herod's slaughter of the innocent children of Judaea. On this day Spaniards play **inocentadas** (practical jokes) on each other, much like our April Fool's Day pranks.

---

inodoro [ino'ðoro] nm toilet, lavatory (BRIT)

inofensivo, -a [inofen'siβo, a] adj inoffensive, harmless

inolvidable [inolβi'ðaβle] adj unforgettable

inoportuno, -a [inopor'tuno, a] adj untimely; (molesto) inconvenient

inoxidable [inoksi'ðaβle] adj: **acero ~** stainless steel

inquietar [inkje'tar] vt to worry, trouble; **inquietarse** vr to worry, get upset; **inquieto, -a** adj anxious,

worried; **inquietud** *nf* anxiety, worry
inquilino, -a [iŋki'lino, a] *nm/f*
tenant
insaciable [insa'θjaβle] *adj*
insatiable
inscribir [inskri'βir] *vt* to inscribe; **~
a algn en** (*lista*) to put sb on; (*censo*) to
register sb on
inscripción [inskrip'θjon] *nf*
inscription; (*Escol etc*) enrolment; (*en
censo*) registration
insecticida [insekti'θiða] *nm*
insecticide
insecto [in'sekto] *nm* insect
inseguridad [inseɣuri'ðað] *nf*
insecurity; **inseguridad ciudadana**
lack of safety in the streets
inseguro, -a [inse'ɣuro, a] *adj*
insecure; (*inconstante*) unsteady;
(*incierto*) uncertain
insensato, -a [insen'sato, a] *adj*
foolish, stupid
insensible [insen'siβle] *adj*
(*gen*) insensitive; (*movimiento*)
imperceptible; (*sin sentido*) numb
insertar [inser'tar] *vt* to insert
inservible [inser'βiβle] *adj* useless
insignia [in'siɣnja] *nf* (*señal
distintiva*) badge; (*estandarte*) flag
insignificante [insiɣnifi'kante] *adj*
insignificant
insinuar [insi'nwar] *vt* to insinuate,
imply
insípido, -a [in'sipiðo, a] *adj* insipid
insistir [insis'tir] *vi* to insist; **~ en
algo** to insist on sth; (*enfatizar*) to
stress sth
insolación [insola'θjon] *nf* (*Med*)
sunstroke
insolente [inso'lente] *adj* insolent
insólito, -a [in'solito, a] *adj* unusual
insoluble [inso'luβle] *adj* insoluble
insomnio [in'somnjo] *nm* insomnia
insonorizado, -a [insonori'θaðo, a]
adj (*cuarto etc*) soundproof
insoportable [insopor'taβle] *adj*
unbearable
inspección [inspek'θjon] *nf*

inspection, check; **inspeccionar**
vt (*examinar*) to inspect, examine;
(*controlar*) to check
inspector, a [inspek'tor, a] *nm/f*
inspector
inspiración [inspira'θjon] *nf*
inspiration
inspirar [inspi'rar] *vt* to inspire;
(*Med*) to inhale; **inspirarse** *vr*: **~se en**
to be inspired by
instalación [instala'θjon] *nf* (*equipo*)
fittings *pl*, equipment; **instalación
eléctrica** wiring
instalar [insta'lar] *vt* (*establecer*)
to install; (*erguir*) to set up, erect;
instalarse *vr* to establish o.s.; (*en una
vivienda*) to move into
instancia [ins'tanθja] *nf* (*Jur*)
petition; (*ruego*) request; **en última ~**
as a last resort
instantáneo, -a [instan'taneo,
a] *adj* instantaneous; **café ~**
coffee
instante [ins'tante] *nm* instant,
moment; **al ~** right now
instar [ins'tar] *vt* to press, urge
instaurar [instau'rar] *vt* (*costumbre*)
to establish; (*normas, sistema*) to bring
in, introduce; (*gobierno*) to instal
instigar [insti'ɣar] *vt* to instigate
instinto [ins'tinto] *nm* instinct; **por
~** instinctively
institución [institu'θjon] *nf*
institution, establishment
instituir [institu'ir] *vt* to establish;
(*fundar*) to found; **instituto** *nm* (*gen*)
institute; (*esp Escol*) = comprehensive
(*brit*) o high (*us*) school
institutriz [institu'triθ] *nf*
governess
instrucción [instruk'θjon] *nf*
instruction
instruir [instru'ir] *vt* (*gen*) to
instruct; (*enseñar*) to teach, educate
instrumento [instru'mento] *nm*
(*gen*) instrument; (*herramienta*) tool,
implement
insubordinarse [insuβorði'narse]

vr to rebel

insuficiente [insufi'θjente] adj (gen) insufficient; (Escol: calificación) unsatisfactory

insular [insu'lar] adj insular

insultar [insul'tar] vt to insult; **insulto** nm insult

insuperable [insupe'raβle] adj (excelente) unsurpassable; (problema etc) insurmountable

insurrección [insurrek'θjon] nf insurrection, rebellion

intachable [inta'tʃaβle] adj irreproachable

intacto, -a [in'takto, a] adj intact

integral [inte'γral] adj integral; (completo) complete; **pan ~** wholemeal (BRIT) o wholewheat (US) bread

integrar [inte'γrar] vt to make up, compose; (Mat: fig) to integrate

integridad [inteγri'ðað] nf wholeness; (carácter) integrity; **íntegro, -a** adj whole, entire; (honrado) honest

intelectual [intelek'twal] adj, nmf intellectual

inteligencia [inteli'xenθja] nf intelligence; (ingenio) ability; **inteligente** adj intelligent

intemperie [intem'perje] nf: **a la ~** out in the open, exposed to the elements

intención [inten'θjon] nf (gen) intention, purpose; **con segundas intenciones** maliciously; **con ~** deliberately

intencionado, -a [intenθjo'naðo, a] adj deliberate; **mal ~** ill-disposed, hostile

intensidad [intensi'ðað] nf (gen) intensity; (Elec, Tec) strength; **llover con ~** to rain hard

intenso, -a [in'tenso, a] adj intense; (sentimiento) profound, deep

intentar [inten'tar] vt (tratar) to try, attempt; **intento** nm attempt

interactivo, -a [interak'tiβo, a] adj (Inform) interactive

intercalar [interka'lar] vt to insert

intercambio [inter'kambjo] nm exchange, swap

interceder [interθe'ðer] vt to intercede

interceptar [interθep'tar] vt to intercept

interés [inte'res] nm (gen) interest; (parte) share, part; (pey) self-interest; **intereses creados** vested interests

interesado, -a [intere'saðo, a] adj interested; (prejuiciado) prejudiced; (pey) mercenary, self-seeking

interesante [intere'sante] adj interesting

interesar [intere'sar] vt, vi to interest, be of interest to; **interesarse** vr: **-se en** o **por** to take an interest in

interferir [interfe'rir] vt to interfere with; (Tel) to jam ▷ vi to interfere

interfón [inter'fon] (MÉX) nm entry phone

interino, -a [inte'rino, a] adj temporary ▷ nm/f temporary holder of a post; (Med) locum; (Escol) supply teacher

interior [inte'rjor] adj inner, inside; (Com) domestic, internal ▷ nm interior, inside; (fig) soul, mind; **Ministerio del I~** ≈ Home Office (BRIT) ≈ Department of the Interior (US); **interiorista** (ESP) nmf interior designer

interjección [interxek'θjon] nf interjection

interlocutor, a [interloku'tor, a] nm/f speaker

intermedio, -a [inter'meðjo, a] adj intermediate ▷ nm interval

interminable [intermi'naβle] adj endless

intermitente [intermi'tente] adj intermittent ▷ nm (Auto) indicator

internacional [internaθjo'nal] adj international

internado [inter'naðo] nm boarding school

internar [inter'nar] vt to intern; (en

un manicomio) to commit; **internarse** vr (penetrar) to penetrate

internauta [inter'nauta] nmf web surfer, Internet user

Internet, internet [inter'net] nm of Internet

interno, -a [in'terno, a] adj internal, interior; (Pol etc) domestic ▷ nm/f (alumno) boarder

interponer [interpo'ner] vt to interpose, put in; **interponerse** vr to intervene

interpretación [interpreta'θjon] nf interpretation

interpretar [interpre'tar] vt to interpret; (Teatro, Mús) to perform, play; **intérprete** nmf (Ling) interpreter, translator; (Mús, Teatro) performer, artist(e)

interrogación [interroɣa'θjon] nf interrogation; (Ling: tb: **signo de ~**) question mark

interrogar [interro'ɣar] vt to interrogate, question

interrumpir [interrum'pir] vt to interrupt

interrupción [interrup'θjon] nf interruption

interruptor [interrup'tor] nm (Elec) switch

intersección [intersek'θjon] nf intersection

interurbano, -a [interur'βano, a] adj: **llamada interurbana** long-distance call

intervalo [inter'βalo] nm interval; (descanso) break

intervenir [interβe'nir] vt (controlar) to control, supervise; (Med) to operate on ▷ vi (participar) to take part, participate; (mediar) to intervene

interventor, -a [interβen'tor, a] nm/f inspector; (Com) auditor

intestino [intes'tino] nm (Med) intestine

intimar [inti'mar] vi to become friendly

intimidad [intimi'ðað] nf intimacy; (familiaridad) familiarity; (vida privada) private life; (Jur) privacy

íntimo, -a [in'timo, a] adj intimate

intolerable [intole'raβle] adj intolerable, unbearable

intoxicación [intoksika'θjon] nf poisoning; **intoxicación alimenticia** food poisoning

intranet [intra'net] nf intranet

intranquilo, -a [intran'kilo, a] adj worried

intransitable [intransi'taβle] adj impassable

intrépido, -a [in'trepiðo, a] adj intrepid

intriga [in'triɣa] nf intrigue; (plan) plot; **intrigar** vt, vi to intrigue

intrínseco, -a [in'trinseko, a] adj intrinsic

introducción [introðuk'θjon] nf introduction

introducir [introðu'θir] vt (gen) to introduce; (moneda etc) to insert; (Inform) to input, enter

intromisión [intromi'sjon] nf interference, meddling

introvertido, -a [a introβer'tiðo, a] adj, nm/f introvert

intruso, -a [in'truso, a] adj intrusive ▷ nm/f intruder

intuición [intwi'θjon] nf intuition

inundación [inunda'θjon] nf flood(ing); **inundar** vt to flood; (fig) to swamp, inundate

inusitado, -a [inusi'taðo, a] adj unusual, rare

inútil [in'util] adj useless; (esfuerzo) vain, fruitless

inutilizar [inutili'θar] vt to make o render useless

invadir [imba'ðir] vt to invade

inválido, -a [im'baliðo, a] adj invalid ▷ nm/f invalid

invasión [imba'sjon] nf invasion

invasor, -a [imba'sor, a] adj invading ▷ nm/f invader

invención [imben'θjon] nf invention

inventar [imben'tar] vt to invent

inventario [imben'tarjo] *nm* inventory

invento [im'bento] *nm* invention

inventor, a [imben'tor, a] *nm/f* inventor

invernadero [imberna'ðero] *nm* greenhouse

inverosímil [imbero'simil] *adj* implausible

inversión [imber'sjon] *nf* (Com) investment

inverso, -a [im'berso, a] *adj* inverse, opposite; **en el orden** – in reverse order; **a la inversa** inversely, the other way round

inversor, a [imber'sor, a] *nm/f* (Com) investor

invertir [imber'tir] *vt* (Com) to invest; (*volcar*) to turn upside down; (*tiempo etc*) to spend

investigación [imbestixa'θjon] *nf* investigation; (Escol) research; **investigación y desarrollo** research and development

investigar [imbesti'xar] *vt* to investigate; (Escol) to do research into

invierno [im'bjerno] *nm* winter

invisible [imbi'siβle] *adj* invisible

invitado, -a [imbi'taðo, a] *nm/f* guest

invitar [imbi'tar] *vt* to invite; (*incitar*) to entice; (*pagar*) to buy, pay for

invocar [imbo'kar] *vt* to invoke, call on

involucrar [imbolu'krar] *vt*: – **en** to involve in; **involucrarse** *vr* (*persona*) -**se en** to get mixed up in

involuntario, -a [imbolun'tarjo, a] *adj* (*movimiento, gesto*) involuntary; (*error*) unintentional

inyección [injek'θjon] *nf* injection

inyectar [injek'tar] *vt* to inject

iPod® ['ipoð] (*pl* -**s**) *nm* iPod®

○ **PALABRA CLAVE**

ir [ir] *vi* **1** to go; (*a pie*) to walk; (*viajar*)

to travel; **ir caminando** to walk; **fui en tren** I went *o* travelled by train; **¡(ahora) voy!** (I'm just) coming!

2: **ir (a) por**: **ir (a) por el médico** to fetch the doctor

3 (*progresar: persona, cosa*) to go; **el trabajo va muy bien** work is going very well; **¿cómo te va?** how are things going?; **me va muy bien** I'm getting on very well; **le fue fatal** it went awfully badly for him

4 (*funcionar*) **el coche no va muy bien** the car isn't running very well

5: **te va estupendamente ese color** that colour suits you fantastically well

6 (*locuciones*): **¿vino?** – **¡que va!** did he come? – of course not!; **vamos, no llores** come on, don't cry; **¡vaya coche!** what a car!, that's some car!

7: **no vaya a ser**: **tienes que correr, no vaya a ser que pierdas el tren** you'll have to run so as not to miss the train

8 (+ *pp*): **iba vestido muy bien** he was very well dressed

9: **ni me** *etc* **va ni me** *etc* **viene** I *etc* don't care

▷ *vb aux* **1 ir a**: **voy/iba a hacerlo hoy** I am/was going to do it today

2 (+ *gerundio*): **iba anocheciendo** it was getting dark; **todo se me iba aclarando** everything was gradually becoming clearer to me

3 (+ *pp* = *pasivo*): **vendidos 300 ejemplares** 300 copies have been sold so far

irse *vr* **1**: **¿por dónde se va al zoológico?** which is the way to the zoo?

2 (*marcharse*) to leave; **ya se habrán ido** they must already have left *o* gone

ira ['ira] *nf* anger, rage

Irak [i'rak] *nm* = **Iraq**

Irán [i'ran] *nm* Iran; **iraní** *adj, nmf* Iranian

Iraq [i'rak] *nm* Iraq; **iraquí** *adj, nmf* Iraqi

iris ['iris] *nm inv (tb:* **arco ~**) rainbow; (Anat) iris

Irlanda [ir'landa] *nf* Ireland; **irlandés, -esa** *adj* Irish ▷ *nm/f* Irishman(-woman); **los irlandeses** the Irish

ironía [iro'nia] *nf* irony; **irónico, -a** *adj* ironic(al)

IRPF *nm abr* (= *Impuesto sobre la Renta de las Personas Físicas*) (personal) income tax

irreal [irre'al] *adj* unreal

irregular [irreɣu'lar] *adj* (*gen*) irregular; (*situación*) abnormal

irremediable [irreme'ðjaβle] *adj* irremediable; (*vicio*) incurable

irreparable [irrepa'raβle] *adj* (*daños*) irreparable; (*pérdida*) irrecoverable

irrespetuoso, -a [irrespe'twoso, a] *adj* disrespectful

irresponsable [irrespon'saβle] *adj* irresponsible

irreversible [irreβer'sible] *adj* irreversible

irrigar [irri'ɣar] *vt* to irrigate

irrisorio, -a [irri'sorjo, a] *adj* derisory, ridiculous

irritar [irri'tar] *vt* to irritate, annoy

irrupción [irrup'θjon] *nf* irruption; (*invasión*) invasion

isla ['isla] *nf* island

Islam [is'lam] *nm* Islam; **las enseñanzas del ~** the teachings of Islam; **islámico, -a** *adj* Islamic

islandés, -esa [islan'des, esa] *adj* Icelandic ▷ *nm/f* Icelander

Islandia [is'landja] *nf* Iceland

isleño, -a [is'leɲo, a] *adj* island *cpd* ▷ *nm/f* islander

Israel [isra'el] *nm* Israel; **israelí** *adj, nmf* Israeli

istmo ['istmo] *nm* isthmus

Italia [i'talja] *nf* Italy; **italiano, -a** *adj, nm/f* Italian

itinerario [itine'rarjo] *nm* itinerary, route

ITV (ESP) *nf abr* (= *inspección técnica de vehículos*) roadworthiness test, ≈

MOT (BRIT)

IVA ['iβa] *nm abr* (= *impuesto sobre el valor añadido*) VAT

izar [i'θar] *vt* to hoist

izdo, -a *abr* (= *izquierdo, a*) l

izquierda [iθ'kjerða] *nf* left; (Pol) left (wing); **a la ~** (*estar*) on the left; (*torcer etc*) (to the) left

izquierdo, -a [iθ'kjerðo, a] *adj* left

j

jabalí [xaβa'li] nm wild boar

jabalina [xaβa'lina] nf javelin

jabón [xa'βon] nm soap

jaca ['xaka] nf pony

jacal [xa'kal] (MÉX) nm shack

jacinto [xa'θinto] nm hyacinth

jactarse [xak'tarse] vr to boast, brag

jadear [xaðe'ar] vi to pant, gasp for breath

jaguar [xa'ɣwar] nm jaguar

jaiba ['xaiβa] (LAM) nf crab

jalar [xa'lar] (LAM) vt to pull

jalea [xa'lea] nf jelly

jaleo [xa'leo] nm racket, uproar; **armar un ~** to kick up a racket

jalón [xa'lon] (LAM) nm tug

jamás [xa'mas] adv never

jamón [xa'mon] nm ham; **jamón dulce** o **de York** cooked ham; **jamón serrano** cured ham

Japón [xa'pon] nm Japan; **japonés, -esa** adj, nm/f Japanese ▷ nm (Ling) Japanese

jaque ['xake] nm (Ajedrez) check; **jaque mate** checkmate

jaqueca [xa'keka] nf (very bad) headache, migraine

jarabe [xa'raβe] nm syrup

jardín [xar'ðin] nm garden; **jardín infantil** o **de infancia** nursery (school); **jardinería** nf gardening; **jardinero, -a** nm/f gardener

jarra ['xarra] nf jar; (jarro) jug

jarro ['xarro] nm jug

jarrón [xa'rron] nm vase

jaula ['xaula] nf cage

jauría [xau'ria] nf pack of hounds

jazmín [xaθ'min] nm jasmine

J.C. abr (= Jesucristo) J.C.

jeans [jins, dʒins] (LAM) nmpl jeans, denims; **unos ~** a pair of jeans

jefatura [xefa'tura] nf (tb: **~ de policía**) police headquarters sg

jefe, -a ['xefe, a] nm/f (gen) chief, head; (patrón) boss; **jefe de cocina** chef; **jefe de estación** stationmaster; **jefe de Estado** head of state; **jefe de estudios** (Escol) director of studies; **jefe de gobierno** head of government

jengibre [xeŋ'xiβre] nm ginger

jeque ['xeke] nm sheik

jerárquico, -a [xe'rarkiko, a] adj hierarchic(al)

jerez [xe'reθ] nm sherry

jerga ['xerɣa] nf jargon

jeringa [xe'riŋga] nf syringe; (LAM: molestia) annoyance, bother; **jeringuilla** nf syringe

jeroglífico [xero'ɣlifiko] nm hieroglyphic

jersey [xer'sei] (pl **~s**) nm jersey, pullover, jumper

Jerusalén [xerusa'len] n Jerusalem

Jesucristo [xesu'kristo] nm Jesus Christ

jesuita [xe'swita] adj, nm Jesuit

Jesús [xe'sus] nm Jesus; **¡~!** good heavens!; (al estornudar) bless you!

jinete [xi'nete] nmf horseman(-woman), rider

jipijapa [xipi'xapa] (LAM) nm straw hat

jirafa [xi'rafa] nf giraffe

jirón [xi'ron] nm rag, shred

jitomate [xito'mate] (MÉX) nm tomato

joder [xo'ðer] (fam!) vt, vi to fuck (!)

jogging ['joxin] (RPL) nm tracksuit (BRIT), sweat suit (US)

jornada [xor'naða] nf (viaje de un día) day's journey; (camino o viaje entero) journey; (día de trabajo) working day

jornal [xor'nal] nm (day's) wage; **jornalero, -a** nm (day) labourer

joroba [xo'roβa] nf hump, hunched back; **jorobado, -a** adj hunchbacked ▷ nm/f hunchback

jota ['xota] nf (the letter) J; (danza) Aragonese dance; **no saber ni ~** to have no idea

joven ['xoβen] (pl **jóvenes**) adj young ▷ nm young man, youth ▷ nf young woman, girl

joya ['xoja] nf jewel, gem; (fig: persona) gem; **joyas de fantasía** costume o imitation jewellery; **joyería** nf (joyas) jewellery; (tienda) jeweller's (shop); **joyero** nm (persona) jeweller; (caja) jewel case

juanete [xwa'nete] nm (del pie) bunion

jubilación [xuβila'θjon] nf (retiro) retirement

jubilado, -a [xuβi'laðo, a] adj retired ▷ nm/f pensioner (BRIT), senior citizen

jubilar [xuβi'lar] vt to pension off, retire; (fam) to discard; **jubilarse** vr to retire

júbilo ['xuβilo] nm joy, rejoicing; **jubiloso, -a** adj jubilant

judía [xu'ðia] (ESP) nf (Culin) bean; **judía blanca/verde** haricot/French bean; V tb **judío**

judicial [xuði'θjal] adj judicial

judío, -a [xu'ðio, a] adj Jewish ▷ nm/f Jew(ess)

judo ['xuðo] nm judo

juego etc ['xwexo] vb V **jugar** ▷ nm (gen) play; (pasatiempo, partido) game; (en casino) gambling; (conjunto) set; **fuera de ~** (Deporte: persona) offside;

(: pelota) out of play; **juego de palabras** pun, play on words; **Juegos Olímpicos** Olympic Games

juerga ['xwerxa] (ESP: fam) nf binge; (fiesta) party; **ir de ~** to go out on a binge

jueves ['xweβes] nm inv Thursday

juez [xweθ] nm/f judge; **juez de instrucción** examining magistrate; **juez de línea** linesman; **juez de salida** starter

jugada [xu'xaða] nf play; **buena ~** good move o shot o stroke etc

jugador, a [xuxa'ðor, a] nm/f player; (en casino) gambler

jugar [xu'xar] vt, vi to play; (en casino) to gamble; (apostar) to bet; **~ al fútbol** to play football

juglar [xu'xlar] nm minstrel

jugo ['xuxo] nm (Bot) juice; (fig) essence, substance; **jugo de naranja** (LAM) orange juice; **jugoso, -a** adj juicy; (fig) substantial, important

juguete [xu'xete] nm toy; **juguetear** vi to play; **juguetería** nf toyshop

juguetón, -ona [xuxe'ton, ona] adj playful

juicio ['xwiθjo] nm judgment; (razón) sanity, reason; (opinión) opinion

julio ['xuljo] nm July

jumper ['dʒumper] (LAM) nm pinafore dress (BRIT), jumper (US)

junco ['xunko] nm rush, reed

jungla ['xungla] nf jungle

junio ['xunjo] nm June

junta ['xunta] nf (asamblea) meeting, assembly; (comité, consejo) council, committee; (Com, Finanzas) board; (Tec) joint; **junta directiva** board of directors

juntar [xun'tar] vt to join, unite; (maquinaria) to assemble, put together; (dinero) to collect; **juntarse** vr to join, meet; (reunirse: personas) to meet, assemble; (arrimarse) to approach, draw closer; **~se con algn** to join sb

junto, -a ['xunto, a] adj joined; (unido) united; (anexo) near, close;

(contiguo, próximo) next, adjacent ▷ *adv*: **todo ~** all at once; **~s** together; **~ a** near (to), next to; **~ con** (together) with

jurado [xu'raðo] *nm* (*Jur: individuo*) juror; (*: grupo*) jury; (*de concurso: grupo*) panel (of judges); (*: individuo*) member of a panel

juramento [xura'mento] *nm* oath; (*maldición*) oath, curse; **prestar ~** to take the oath; **tomar ~ a** to swear in, administer the oath to

jurar [xu'rar] *vt, vi* to swear; **~ en falso** to commit perjury; **tenérsela jurada a algn** to have it in for sb

jurídico, -a [xu'riðiko, a] *adj* legal

jurisdicción [xurisðik'θjon] *nf* (*poder, autoridad*) jurisdiction; (*territorio*) district

justamente [xusta'mente] *adv* justly, fairly; (*precisamente*) just, exactly

justicia [xus'tiθja] *nf* justice; (*equidad*) fairness, justice

justificación [xustifika'θjon] *nf* justification; **justificar** *vt* to justify

justo, -a ['xusto, a] *adj* (*equitativo*) just, fair, right; (*preciso*) exact, correct; (*ajustado*) tight ▷ *adv* (*precisamente*) exactly, precisely; (LAM: *apenas a tiempo*) just in time

juvenil [xuβe'nil] *adj* youthful

juventud [xuβen'tuð] *nf* (*adolescencia*) youth; (*jóvenes*) young people *pl*

juzgado [xuθ'ɣaðo] *nm* tribunal; (*Jur*) court

juzgar [xuθ'ɣar] *vt* to judge; **a ~ por ...** to judge by ..., judging by ...

k

kárate ['karate] *nm* karate

kg *abr* (= *kilogramo*) kg

kilo ['kilo] *nm* kilo; **kilogramo** *nm* kilogramme; **kilometraje** *nm* distance in kilometres = mileage; **kilómetro** *nm* kilometre; **kilovatio** *nm* kilowatt

kiosco ['kjosko] *nm* = **quiosco**

kleenex® [kli'neks] *nm* paper handkerchief, tissue

Kosovo [ko'soβo] *nm* Kosovo

km *abr* (= *kilómetro*) km

kv *abr* (= *kilovatio*) kw

l abr (=*litro*) l

la [la] art def the ▷ pron her; (Ud.) you; (*cosa*) it ▷ nm (Mús) la; **~ del sombrero rojo** the girl in the red hat; V tb **el**

laberinto [laβe'rinto] nm labyrinth

labio ['laβjo] nm lip

labor [la'βor] nf labour; (Agr) farm work; (*tarea*) job, task; (Costura) needlework; **labores domésticas** o **del hogar** household chores; **laborable** adj (Agr) workable; **día laborable** working day; **laboral** adj (*accidente*) at work; (*jornada*) working

laboratorio [laβora'torjo] nm laboratory

laborista [laβo'rista] adj: **Partido L~** Labour Party

labrador, a [laβra'ðor, a] adj farming cpd ▷ nm/f farmer

labranza [la'βranθa] nf (Agr) cultivation

labrar [la'βrar] vt (gen) to work; (*madera etc*) to carve; (fig) to cause, bring about

laca ['laka] nf lacquer

lacio, -a ['laθjo, a] adj (*pelo*) straight

lacón [la'kon] nm shoulder of pork

lactancia [lak'tanθja] nf lactation

lácteo, -a ['lakteo, a] adj: **productos ~s** dairy products

ladear [laðe'ar] vt to tip, tilt ▷ vi to tilt; **ladearse** vr to lean

ladera [la'ðera] nf slope

lado ['laðo] nm (gen) side; (fig) protection; (Mil) flank; **al ~ de** beside; **poner de ~** to put on its side; **poner a un ~** to put aside; **por todos ~s** on all sides, all round (BRIT)

ladrar [la'ðrar] vi to bark; **ladrido** nm bark, barking

ladrillo [la'ðriʎo] nm (gen) brick; (*azulejo*) tile

ladrón, -ona [la'ðron, ona] nm/f thief

lagartija [laɣar'tixa] nf (Zool) (small) lizard

lagarto [la'ɣarto] nm (Zool) lizard

lago ['laɣo] nm lake

lágrima ['laɣrima] nf tear

laguna [la'ɣuna] nf (*lago*) lagoon; (*hueco*) gap

lamentable [lamen'taβle] adj lamentable, regrettable; (*miserable*) pitiful

lamentar [lamen'tar] vt (*sentir*) to regret; (*deplorar*) to lament; **lamentarse** vr to lament; **lo lamento mucho** I'm very sorry

lamer [la'mer] vt to lick

lámina ['lamina] nf (*plancha delgada*) sheet; (*para estampar, estampa*) plate

lámpara ['lampara] nf lamp; **lámpara de alcohol/gas** spirit/gas lamp; **lámpara de pie** standard lamp

lana ['lana] nf wool

lancha ['lantʃa] nf launch; **lancha motora** motorboat, speedboat

langosta [lan'gosta] nf (*crustáceo*) lobster; (: *de río*) crayfish; **langostino** nm Dublin Bay prawn

lanza ['lanθa] nf (*arma*) lance, spear

lanzamiento [lanθa'mjento] nm (gen) throwing; (Náut, Com) launch, launching; **lanzamiento de peso** putting the shot

lanzar [lan'θar] vt (gen) to throw; (Deporte: pelota) to bowl; (Náut, Com) to launch; (Jur) to evict; **lanzarse** vr to throw o.s.

lapa ['lapa] nf limpet

lapicero [lapi'θero] (CAM) (boligrafo) ballpoint pen, Biro®

lápida ['lapiða] nf stone; **lápida mortuoria** headstone

lápiz ['lapiθ] nm pencil; **lápiz de color** coloured pencil; **lápiz de labios** lipstick; **lápiz de ojos** eyebrow pencil

largar [lar'ɣar] vt (soltar) to release; (aflojar) to loosen; (lanzar) to launch; (fam) to let fly; (velas) to unfurl; (LAM: lanzar) to throw; **largarse** vr (fam) to beat it; **~se a** (cs: empezar) to start to

largo, -a ['larɣo, a] adj (longitud) long; (tiempo) lengthy; (fig) generous ▷ nm length; (Mús) largo; **dos años ~s** two long years; **tiene 9 metros de ~** it is 9 metres long; **a la larga** in the long run; **a lo ~ de** along; (tiempo) all through, throughout

▌ No confundir **largo** con la palabra inglesa large.

largometraje [larɣome'traxe] nm feature film

laringe [la'rinxe] nf larynx; **laringitis** nf laryngitis

las [las] art def the ▷ pron them; **~ que cantan** the ones o women o girls who sing; V tb **el**

lasaña [la'saɲa] nf lasagne, lasagna

láser ['laser] nm laser

lástima ['lastima] nf (pena) pity; **dar ~** to be pitiful; **es una ~ que ...** it's a pity that ...; **¡qué ~!** what a pity!; **está hecha una ~** she looks pitiful

lastimar [lasti'mar] vt (herir) to wound; (ofender) to offend; **lastimarse** vr to hurt o.s.

lata ['lata] nf (metal) tin (BRIT), can; (fam) nuisance; **en ~** tinned (BRIT), canned (BRIT); **dar la ~** to be a nuisance

latente [la'tente] adj latent

lateral [late'ral] adj side cpd, lateral ▷ nm (Teatro) wings

latido [la'tiðo] nm (de corazón) beat

latifundio [lati'fundjo] nm large estate

latigazo [lati'ɣaθo] nm (golpe) lash; (sonido) crack

látigo ['latiɣo] nm whip

latín [la'tin] nm Latin

latino, -a [la'tino, a] adj Latin; **latinoamericano, -a** adj, nm/f Latin-American

latir [la'tir] vi (corazón, pulso) to beat

latitud [lati'tuð] nf (Geo) latitude

latón [la'ton] nm brass

laurel [lau'rel] nm (Bot) laurel; (Culin) bay

lava ['laβa] nf lava

lavabo [la'βaβo] nm (pila) washbasin; (tb: **~s**) toilet

lavado [la'βaðo] nm washing; (de ropa) laundry; (Arte) wash; **lavado de cerebro** brainwashing; **lavado en seco** dry-cleaning

lavadora [laβa'ðora] nf washing machine

lavanda [la'βanda] nf lavender

lavandería [laβande'ria] nf laundry; (automática) launderette

lavaplatos [laβa'platos] nm inv dishwasher

lavar [la'βar] vt to wash; (borrar) to wipe away; **lavarse** vr to wash o.s.; **~se las manos** to wash one's hands; **~se los dientes** to brush one's teeth; **~ y marcar** (pelo) to shampoo and set; **~ en seco** to dry-clean; **~ los platos** to wash the dishes

lavarropas [laβa'rropas] (RPL) nm inv washing machine

lavavajillas [laβaβa'xiʎas] nm inv dishwasher

laxante [lak'sante] nm laxative

lazarillo [laθa'riʎo] nm (tb: **perro ~**) guide dog

lazo ['laθo] nm knot; (lazada) bow; (para animales) lasso; (trampa) snare;

(vínculo) tie

le [le] *pron (directo)* him (*o* her); (: *usted*) you; (*indirecto*) to him (*o* her *o* it); (: *usted*) to you

leal [le'al] *adj* loyal; **lealtad** *nf* loyalty

lección [lek'θjon] *nf* lesson

leche ['letʃe] *nf* milk; **tiene mala ~** (*fam!*) to be a swine (*!*); **leche condensada** condensed milk; **leche desnatada** skimmed milk

lecho ['letʃo] *nm (cama: de río)* bed; (*Geo*) layer

lechón [le'tʃon] *nm* sucking (*BRIT*) *o* suckling (*US*) pig

lechoso, -a [le'tʃoso, a] *adj* milky

lechuga [le'tʃuɣa] *nf* lettuce

lechuza [le'tʃuθa] *nf* owl

lector, a [lek'tor, a] *nm/f* reader ▷ *nm*: **~ de discos compactos** CD player

lectura [lek'tura] *nf* reading

leer [le'er] *vt* to read

legado [le'ɣaðo] *nm (don)* bequest; (*herencia*) legacy; (*enviado*) legate

legajo [le'ɣaxo] *nm* file

legal [le'ɣal] *adj (gen)* legal; (*persona*) trustworthy; **legalizar** [leɣali'θar] *vt* to legalize; (*documento*) to authenticate

legaña [le'ɣaɲa] *nf* sleep (*in eyes*)

legión [le'xjon] *nf* legion; **legionario, -a** *adj* legionary ▷ *nm* legionnaire

legislación [lexisla'θjon] *nf* legislation

legislar [lexis'lar] *vi* to legislate

legislatura [lexisla'tura] *nf (Pol)* period of office

legítimo, -a [le'xitimo, a] *adj (genuino)* authentic; (*legal*) legitimate

legua ['leɣwa] *nf* league

legumbres [le'ɣumbres] *nfpl* pulses

leído, -a [le'ido, a] *adj* well-read

lejanía [lexa'nia] *nf* distance; **lejano, -a** *adj* far-off; (*en el tiempo*) distant; (*fig*) remote

lejía [le'xia] *nf* bleach

lejos ['lexos] *adv* far, far away; **a lo ~** in the distance; **de** *o* **desde ~** from afar; **~ de** far from

lema ['lema] *nm* motto; (*Pol*) slogan

lencería [lenθe'ria] *nf* linen, drapery

lengua ['leŋgwa] *nf* tongue; (*Ling*) language; **morderse la ~** to hold one's tongue

lenguado [leŋ'gwaðo] *nm* sole

lenguaje [leŋ'gwaxe] *nm* language; **lenguaje de programación** program(m)ing language

lengüeta [leŋ'gweta] *nf (Anat)* epiglottis; (*zapatos*) tongue; (*Mús*) reed

lente ['lente] *nf* lens; (*lupa*) magnifying glass; **lentes** *nfpl* lenses ▷ *nmpl* (*LAM: gafas*) glasses; **lentes bifocales/de sol** (*LAM*) bifocals/ sunglasses; **lentes de contacto** contact lenses

lenteja [len'texa] *nf* lentil; **lentejuela** *nf* sequin

lentilla [len'tiʎa] *nf* contact lens

lentitud [lenti'tuð] *nf* slowness; **con ~** slowly

lento, -a ['lento, a] *adj* slow

leña ['leɲa] *nf* firewood; **leñador, a** *nm/f* woodcutter

leño ['leɲo] *nm (trozo de árbol)* log; (*madero*) timber; (*fig*) blockhead

Leo ['leo] *nm* Leo

león [le'on] *nm* lion; **león marino** sea lion

leopardo [leo'parðo] *nm* leopard

leotardos [leo'tarðos] *nmpl* tights

lepra ['lepra] *nf* leprosy; **leproso, -a** *nm/f* leper

les [les] *pron (directo)* them; (: *ustedes*) you; (*indirecto*) to them; (: *ustedes*) to you

lesbiana [les'βjana] *adj, nf* lesbian

lesión [le'sjon] *nf* wound, lesion; (*Deporte*) injury; **lesionado, -a** *adj* injured ▷ *nm/f* injured person

letal [le'tal] *adj* lethal

letanía [leta'nia] *nf* litany

letra ['letra] *nf* letter; (*escritura*) handwriting; (*Mús*) lyrics *pl*; **letra de cambio** bill of exchange; **letra de imprenta** print; **letrado, -a** *adj* learned ▷ *nm/f* lawyer; **letrero** *nm* (*cartel*) sign; (*etiqueta*) label

letrina [le'trina] *nf* latrine

leucemia [leu'θemja] *nf* leukaemia

levadura [leβa'ðura] *nf* (*para el pan*) yeast; (*de cerveza*) brewer's yeast

levantar [leβan'tar] *vt* (*gen*) to raise; (*del suelo*) to pick up; (*hacia arriba*) to lift (up); (*plan*) to make, draw up; (*mesa*) to clear; (*campamento*) to strike; (*fig*) to cheer up, hearten; **levantarse** *vr* to get up; (*enderezarse*) to straighten up; (*rebelarse*) to rebel; **~ el ánimo** to cheer up

levante [le'βante] *nm* east coast; **el L ~** *region of Spain extending from Castellón to Murcia*

levar [le'βar] *vt* to weigh

leve [leβe] *adj* light; (*fig*) trivial

levita [le'βita] *nf* frock coat

léxico [leksiko] *nm* (*vocabulario*) vocabulary

ley [lei] *nf* (*gen*) law; (*metal*) standard

leyenda [le'jenda] *nf* legend

leyó *etc vb* V **leer**

liar [li'ar] *vt* to tie (up); (*unir*) to bind; (*envolver*) to wrap (up); (*enredar*) to confuse; (*cigarrillo*) to roll; **liarse** *vr* (*fam*) to get involved; **~se a palos** to get involved in a fight

Líbano ['liβano] *nm*: **el ~** the Lebanon

libélula [li'βelula] *nf* dragonfly

liberación [liβera'θjon] *nf* liberation; (*de la cárcel*) release

liberal [liβe'ral] *adj, nmf* liberal

liberar [liβe'rar] *vt* to liberate

libertad [liβer'tað] *nf* liberty, freedom; **libertad bajo fianza** bail; **libertad bajo palabra** parole; **libertad condicional** probation; **libertad de culto/de prensa/de comercio** freedom of worship/of the press/of trade

libertar [liβer'tar] *vt* (*preso*) to set free; (*de una obligación*) to release; (*eximir*) to exempt

libertino, -a [liβer'tino, a] *adj* permissive ▷ *nm/f* permissive person

libra [liβra] *nf* pound; **L~** (*Astrología*)

Libra; libra esterlina pound sterling

libramiento [liβra'mjento] (*MÉX*) *nm* ring road (BRIT), beltway (US)

librar [li'βrar] *vt* (*de peligro*) to save; (*batalla*) to wage, fight; (*de impuestos*) to exempt; (*cheque*) to make out; (*jur*) to exempt; **librarse** *vr*: **~se de** to escape from, free o.s. from

libre [liβre] *adj* free; (*lugar*) unoccupied; (*asiento*) vacant; (*de deudas*) free of debts; **~ de impuestos** free of tax; **tiro ~** free kick; **los 100 metros ~s** the 100 metres free-style (race); **al aire ~** in the open air

librería [liβre'ria] *nf* (*tienda*) bookshop

█ No confundir **librería** con la palabra inglesa *library*.

librero, -a *nm/f* bookseller

libreta [li'βreta] *nf* notebook

libro [li'βro] *nm* book; **libro de bolsillo** paperback; **libro de texto** textbook; **libro electrónico** e-book

Lic. *abr* = **licenciado, a**

licencia [li'θenθja] *nf* (*gen*) licence; (*permiso*) permission; **licencia de caza** game licence; **licencia por enfermedad** (*MÉX, RPL*) sick leave; **licenciado, -a** *adj* licensed ▷ *nm/f* graduate; **licenciar** *vt* (*empleado*) to dismiss; (*permitir*) to permit, allow; (*soldado*) to discharge; (*estudiante*) to confer a degree upon; **licenciarse** *vr*: **licenciarse en Derecho** to graduate in law

lícito, -a ['liθito, a] *adj* (*legal*) lawful; (*justo*) fair, just; (*permisible*) permissible

licor [li'kor] *nm* spirits *pl* (BRIT), liquor (US); (*de frutas etc*) liqueur

licuadora [likwa'ðora] *nf* blender

líder [li'ðer] *nmf* leader; **liderato** *nm* leadership; **liderazgo** *nm* leadership

lidia [li'ðja] *nf* bullfighting; (*una lidia*) bullfight; **toros de ~** fighting bulls; **lidiar** *vt, vi* to fight

liebre [li'eβre] *nf* hare

lienzo [li'enθo] *nm* linen; (*Arte*) canvas; (*Arq*) wall

liga ['liɣa] nf (de medias) garter, suspender; (LAM: goma) rubber band; (confederación) league

ligadura [liɣa'ðura] nf bond, tie; (Med, Mús) ligature

ligamento [liɣa'mento] nm ligament

ligar [li'ɣar] vt (atar) to tie; (unir) to join; (Med) to bind; (Mús) to slur ▷ vi to mix, blend; (fam): **(él) liga mucho** he pulls a lot of women; **ligarse** vr to commit to s.

ligero, -a [li'xero, a] adj (de peso) light; (tela) thin; (rápido) swift, quick; (ágil) agile, nimble; (de importancia) slight; (de carácter) flippant, superficial ▷ adv: **a la ligera** superficially

liguero [li'xero] nm suspender (BRIT) o garter (US) belt

lija ['lixa] nf (Zool) dogfish; (tb: **papel de ~**) sandpaper

lila ['lila] nf lilac

lima ['lima] nf file; (Bot) lime; **lima de uñas** nailfile; **limar** vt to file

limitación [limita'θjon] nf limitation, limit

limitar [limi'tar] vt to limit; (reducir) to reduce, cut down ▷ vi: **~ con** to border on; **limitarse** vr: **~se a** to limit o.s. to

límite ['limite] nm (gen) limit; (fin) end; (frontera) border; **límite de velocidad** speed limit

limítrofe [li'mitrofe] adj neighbouring

limón [li'mon] nm lemon ▷ adj: **amarillo ~** lemon-yellow; **limonada** nf lemonade

limosna [li'mosna] nf alms pl; **vivir de ~** to live on charity

limpiador [limpja'ðor] (MÉX) nm = **limpiaparabrisas**

limpiaparabrisas [limpjapara'βrisas] nm inv windscreen (BRIT) o windshield (US) wiper

limpiar [lim'pjar] vt to clean; (con trapo) to wipe; (quitar) to wipe away;

(zapatos) to shine, polish; (fig) to clean up

limpieza [lim'pjeθa] nf (estado) cleanliness; (acto) cleaning; (: de las calles) cleansing; (: de zapatos) polishing; (habilidad) skill; (fig: Policía) clean-up; (pureza) purity; (Mil): **operación de ~** mopping-up operation; **limpieza en seco** dry cleaning

limpio, -a ['limpjo, a] adj clean; (moralmente) pure; (Com) clear, net; (fam) honest ▷ adv: **jugar ~** to play fair; **pasar a** (ESP) **o en** (LAM) **~** to make a clean copy of

lince ['linθe] nm lynx

linchar [lin'tʃar] vt to lynch

lindar [lin'dar] vi to adjoin; **~ con** to border on

lindo, -a ['lindo, a] adj pretty, lovely ▷ adv: **nos divertimos de lo ~** we had a marvellous time; **canta muy ~** (LAM) he sings beautifully

línea ['linea] nf (gen) line; **en ~** (Inform) on line; **línea aérea** airline; **línea de meta** goal line; (en carrera) finishing line; **línea discontinua** (Auto) broken line; **línea recta** straight line

lingote [lin'gote] nm ingot

lingüista [lin'gwista] nmf linguist; **lingüística** nf linguistics sg

lino ['lino] nm linen; (Bot) flax

linterna [lin'terna] nf torch (BRIT), flashlight (US)

lío ['lio] nm bundle; (fam) fuss; (desorden) muddle, mess; **armar un ~** to make a fuss

liquen ['liken] nm lichen

liquidación [likiða'θjon] nf liquidation; **venta de ~** clearance sale

liquidar [liki'ðar] vt (mercancías) to liquidate; (deudas) to pay off; (empresa) to wind up

líquido, -a ['likiðo, a] adj liquid; (ganancia) net ▷ nm liquid; **líquido imponible** net taxable income

lira ['lira] nf (Mús) lyre; (moneda) lira

lírico, -a ['liriko, a] adj lyrical

lirio ['lirjo] nm (Bot) iris

lirón [li'ron] nm (Zool) dormouse; (fig) sleepyhead

Lisboa [lis'βoa] n Lisbon

lisiar [li'sjar] vt to maim

liso, -a ['liso, a] adj (terreno) flat; (cabello) straight; (superficie) even; (tela) plain

lista ['lista] nf list; (de alumnos) school register; (de libros) catalogue; (de platos) menu; (de precios) price list; **pasar ~** to call the roll; **tela de ~s** striped material; **lista de espera** waiting list; **lista de precios** price list; **listín** (tb: **listín telefónico** o **de teléfonos**) telephone directory

listo, -a ['listo, a] adj (perspicaz) smart, clever; (preparado) ready

listón [lis'ton] nm (de madera, metal) strip

litera [li'tera] nf (en barco, tren) berth; (en dormitorio) bunk, bunk bed

literal [lite'ral] adj literal

literario, -a [lite'rarjo, a] adj literary

literato, -a [lite'rato, a] adj literary ▷ nm/f writer

literatura [litera'tura] nf literature

litigio [li'tixjo] nm (Jur) lawsuit; (fig): **en ~ con** in dispute with

litografía [litoɣra'fia] nf lithography; (una litografía) lithograph

litoral [lito'ral] adj coastal ▷ nm coast, seaboard

litro ['litro] nm litre

lívido, -a ['liβiðo, a] adj livid

llaga ['ʎaɣa] nf wound

llama ['ʎama] nf flame; (Zool) llama

llamada [ʎa'maða] nf call; **llamada a cobro revertido** reverse-charge (BRIT) o collect (US) call; **llamada al orden** call to order; **llamada de atención** warning; **llamada local** (LAM) local call; **llamada metropolitana** (ESP) local call; **llamada por cobrar** (MÉX) reverse-charge (BRIT) o collect (US) call

llamamiento [ʎama'mjento] nm call

llamar [ʎa'mar] vt to call; (atención) to

attract ▷ vi (por teléfono) to telephone; (a la puerta) to knock o (ring); (por señas) to beckon; (Mil) to call up; **llamarse** vr to be called, be named; **¿cómo se llama (usted)?** what's your name?

llamativo, -a [ʎama'tiβo, a] adj showy; (color) loud

llano, -a ['ʎano, a] adj (superficie) flat; (persona) straightforward; (estilo) clear ▷ nm plain, flat ground

llanta ['ʎanta] nf (ESP) (wheel) rim; **llanta (de goma)** (LAM: neumático) tyre; (: cámara) inner (tube); **llanta de repuesto** (LAM) spare tyre

llanto ['ʎanto] nm weeping

llanura [ʎa'nura] nf plain

llave ['ʎaβe] nf key; (del agua) tap; (Mecánica) spanner; (de la luz) switch; (Mús) key; **echar la ~ a** to lock up; **llave de contacto** (ESP Auto) ignition key; **llave de encendido** (LAM Auto) ignition key; **llave de paso** stopcock; **llave inglesa** monkey wrench; **llave maestra** master key; **llavero** nm keyring

llegada [ʎe'ɣaða] nf arrival

llegar [ʎe'ɣar] vi to arrive; (alcanzar) to reach; (bastar) to be enough; **llegarse** vr: **~se a** to approach; **~ a** to manage to, succeed in; **~ a saber** to find out; **~ a ser** to become; **~ a las manos de** to come into the hands of

llenar [ʎe'nar] vt to fill; (espacio) to cover; (formulario) to fill in o up; (fig) to heap

lleno, -a ['ʎeno, a] adj full, filled; (repleto) full up ▷ nm (Teatro) full house; **dar de ~ contra un muro** to hit a wall head-on

llevadero, -a [ʎeβa'ðero, a] adj bearable, tolerable

llevar [ʎe'βar] vt to take; (ropa) to wear; (cargar) to carry; (quitar) to take away; (en coche) to drive; (transportar) to transport; (traer: dinero) to carry; (conducir) to lead; (Mat) to carry ▷ vi (suj: camino etc): **~ a** to lead to; **llevarse** vr to carry off, take away; **llevamos**

dos días aquí we have been here for two days; **él me lleva 2 años** he's 2 years older than me; **- los libros** (Com) to keep the books; **~se bien** to get on well (together)

llorar [ʎo'rrar] vt, vi to cry, weep; **~ de risa** to cry with laughter

llorón, -ona [ʎo'ron, ona] adj tearful ▷ nm/f cry-baby

lloroso, -a [ʎo'roso, a] adj (gen) weeping, tearful; (triste) sad, sorrowful

llover [ʎo'βer] vi to rain

llovizna [ʎo'βiθna] nf drizzle; **lloviznar** vi to drizzle

llueve etc vb V **llover**

lluvia ['ʎuβja] nf rain; **lluvia radioactiva** (radioactive) fallout; **lluvioso, -a** adj rainy

lo [lo] art def: **~ bel~** the beautiful, what is beautiful, that which is beautiful ▷ pron (persona) him; (cosa) it; **~ que sea** whatever; V tb **el**

loable [lo'aβle] adj praiseworthy

lobo ['loβo] nm wolf; **lobo de mar** (fig) sea dog

lóbulo ['loβulo] nm lobe

local [lo'kal] adj local ▷ nm place, site; (oficinas) premises pl; **localidad** nf (barrio) locality; (lugar) location; (Teatro) seat, ticket; **localizar** vt (ubicar) to locate, find; (restringir) to localize; (situar) to place

loción [lo'θjon] nf lotion

loco, -a ['loko, a] adj mad ▷ nm/f lunatic, mad person; **estar ~ con o por algo/por algn** to be mad about sth/sb

locomotora [lokomo'tora] nf engine, locomotive

locuaz [lo'kwaθ] adj loquacious

locución [loku'θjon] nf expression

locura [lo'kura] nf madness; (acto) crazy act

locutor, a [loku'tor, a] nm/f (Radio) announcer; (comentarista) commentator; (TV) newsreader

locutorio [loku'torjo] nm (en telefónica) telephone booth

lodo ['loðo] nm mud

lógica ['loxika] nf logic

lógico, -a ['loxiko, a] adj logical

login ['loxin] nm login

logística [lo'xistika] nf logistics sg

logotipo [loðo'tipo] nm logo

logrado, -a [lo'ðraðo, a] adj (interpretación, reproducción) polished, excellent

lograr [lo'ɣrar] vt to achieve; (obtener) to get, obtain; **~ hacer** to manage to do; **~ que algn venga** to manage to get sb to come

logro ['loɣro] nm achievement, success

lóker ['loker] (LAM) nm locker

loma ['loma] nf hillock (BRIT), small hill

lombriz [lom'briθ] nf worm

lomo ['lomo] nm (de animal) back; (Culin: de cerdo) pork loin; (: de vaca) rib steak; (de libro) spine

lona ['lona] nf canvas

loncha ['lontʃa] nf = **lonja**

lonchería [lontʃe'ria] (LAM) nf snack bar, diner (us)

Londres ['londres] n London

longaniza [longa'niθa] nf pork sausage

longitud [lonxi'tuð] nf length; (Geo) longitude; **tener 3 metros de ~** to be 3 metres long; **longitud de onda** wavelength

lonja ['lonxa] nf slice; (de tocino) rasher; **lonja de pescado** fish market

loro ['loro] nm parrot

los [los] art def the ▷ pron them; (ustedes) you; **mis libros y ~ tuyos** my books and yours; V tb **el**

losa ['losa] nf stone

lote ['lote] nm portion; (Com) lot

lotería [lote'ria] nf lottery; (juego) lotto

● **LOTERÍA**
●
● Millions of pounds are spent
● on lotteries each year in Spain,
● two of which are state-run: the

Lotería Primitiva and the **Lotería Nacional**, with money raised going directly to the government. One of the most famous lotteries is run by the wealthy and influential society for the blind, "la ONCE".

loza ['loθa] nf crockery

lubina [lu'βina] nf sea bass

lubricante [luβri'kante] nm lubricant

lubricar [luβri'kar] vt to lubricate

lucha ['lutʃa] nf fight, struggle; **lucha de clases** class struggle; **lucha libre** wrestling; **luchar** vi to fight

lúcido, -a [lu'θiðo, a] adj (persona) lucid; (mente) logical; (idea) crystal-clear

luciérnaga [lu'θjernaxa] nf glow-worm

lucir [lu'θir] vt to illuminate, light (up); (ostentar) to show off ▷ vi (brillar) to shine; **lucirse** vr (irónica) to make a fool of o.s.

lucro ['lukro] nm profit, gain

lúdico, -a ['luðiko, a] adj (aspecto, actividad) play cpd

luego ['lwexo] adv (después) next; (más tarde) later, afterwards

lugar [lu'xar] nm place; (sitio) spot; **en primer ~** in the first place, firstly; **en ~ de** instead of; **hacer ~** to make room; **fuera de ~** out of place; **sin ~ a dudas** without doubt, undoubtedly; **dar ~ a** to give rise to; **tener ~** to take place; **yo en su ~** if I were him; **lugar común** commonplace

lúgubre ['luxuβre] adj mournful

lujo ['luxo] nm luxury; (fig) profusion, abundance; **de ~** luxury cpd, de luxe; **lujoso, -a** adj luxurious

lujuria [lu'xurja] nf lust

lumbre ['lumbre] nf fire; (para cigarrillo) light

luminoso, -a [lumi'noso, a] adj luminous, shining

luna ['luna] nf moon; (de un espejo) glass; (de gafas) lens; (fig) crescent; **estar en la ~** to have one's head in the clouds; **luna de miel** honeymoon; **luna llena/nueva** full/new moon

lunar [lu'nar] adj lunar ▷ nm (Anat) mole; **tela de ~es** spotted material

lunes ['lunes] nm inv Monday

lupa ['lupa] nf magnifying glass

lustre ['lustre] nm polish; (fig) lustre; **dar ~ a** to polish

luto ['luto] nm mourning; **llevar el o vestirse de ~** to be in mourning

Luxemburgo [luksem'burxo] nm Luxembourg

luz [luθ] (pl **luces**) nf light; **dar a ~ un niño** to give birth to a child; **sacar a la ~** to bring to light; **dar o encender** (ESP) o **prender** (LAM)/**apagar la ~** to switch the light on/off; **tener pocas luces** to be dim o stupid; **traje de luces** bullfighter's costume; **luces de tráfico** traffic lights; **luz de freno** brake light; **luz roja/verde** red/green light

m

m *abr* (= metro) m; (= minuto) m

macana [ma'kana] (MÉX) *nf* truncheon (BRIT), billy club (US)

macarrones [maka'rrones] *nmpl* macaroni *sg*

macedonia [maθe'ðonja] *nf* : **~ de frutas** fruit salad

maceta [ma'θeta] *nf* (de flores) pot of flowers; (para plantas) flowerpot

machacar [matʃa'kar] *vt* to crush, pound ▷ *vi* (insistir) to go on, keep on

machete [ma'tʃete] *nm* machete, (large) knife

machetear [matʃete'ar] (MÉX) *vt* to swot (BRIT), grind away (US)

machismo [ma'tʃismo] *nm* male chauvinism; **machista** *adj, nm* sexist

macho ['matʃo] *adj* male; (fig) virile ▷ *nm* male; (fig) he-man

macizo, -a [ma'θiθo, a] *adj* (grande) massive; (fuerte, sólido) solid ▷ *nm* mass, chunk

madeja [ma'ðexa] *nf* (de lana) skein, hank; (de pelo) mass, mop

madera [ma'ðera] *nf* wood; (fig) nature, character; **una ~** a piece of wood

madrastra [ma'ðrastra] *nf* stepmother

madre ['maðre] *adj* mother *cpd* ▷ *nf* mother; (de vino etc) dregs *pl*; **madre política/soltera** mother-in-law/ unmarried mother

Madrid [ma'ðrið] *n* Madrid

madriguera [maðri'ɣera] *nf* burrow

madrileño, -a [maðri'leɲo, a] *adj* of/from Madrid ▷ *nm/f* native of Madrid

madrina [ma'ðrina] *nf* godmother; (Arq) prop, shore; (Tec) brace; (de boda) bridesmaid

madrugada [maðru'ɣaða] *nf* early morning; (alba) dawn, daybreak

madrugador, a [maðruɣa'ðor, a] *adj* early-rising

madrugar [maðru'ɣar] *vi* to get up early; (fig) to get ahead

madurar [maðu'rar] *vt, vi* (fruta) to ripen; (fig) to mature; **madurez** *nf* ripeness; maturity; **maduro, -a** *adj* ripe; mature

maestra *nf* V **maestro**

maestría [maes'tria] *nf* mastery; (habilidad) skill, expertise

maestro, -a [ma'estro, a] *adj* masterly; (principal) main ▷ *nm/f* master/mistress; (profesor) teacher ▷ *nm* (autoridad) authority; (Mús) maestro; (experto) master; **maestro albañil** master mason

magdalena [maɣða'lena] *nf* fairy cake

magia ['maxja] *nf* magic; **mágico, -a** *adj* magic(al) ▷ *nm/f* magician

magisterio [maxis'terjo] *nm* (enseñanza) teaching; (profesión) teaching profession; (maestros) teachers *pl*

magistrado [maxis'traðo] *nm* magistrate

magistral [maxis'tral] *adj* magisterial; (fig) masterly

magnate [max'nate] *nm* magnate, tycoon

magnético, -a [maɣ'netiko, a] *adj* magnetic

magnetofón [maɣneto'fon] *nm* tape recorder

magnetófono [maɣne'tofono] *nm* = **magnetofón**

magnífico, -a [maɣ'nifiko, a] *adj* splendid, magnificent

magnitud [maɣni'tuð] *nf* magnitude

mago, -a ['maɣo, a] *nm/f* magician; **los Reyes M~s** the Three Wise Men

magro, -a ['maɣro, a] *adj* (*carne*) lean

mahonesa [mao'nesa] *nf* = mayonnaise

maître ['metre] *nm* head waiter

maíz [ma'iθ] *nm* maize (BRIT), corn (US); sweet corn

majestad [maxes'tað] *nf* majesty

majo, -a ['maxo, a] *adj* nice; (*guapo*) attractive, good-looking; (*elegante*) smart

mal [mal] *adv* badly; (*equivocadamente*) wrongly ▷ *adj* = **malo** ▷ *nm* evil; (*desgracia*) misfortune; (*daño*) harm, damage; (*Med*) illness; **~ que bien** rightly or wrongly; **ir de ~ en peor** to get worse and worse

malabarista [malaβa'rista] *nmf* juggler

malaria [ma'larja] *nf* malaria

malcriado, -a [mal'krjaðo, a] *adj* spoiled

maldad [mal'dað] *nf* evil, wickedness

maldecir [malde'θir] *vt* to curse

maldición [maldi'θjon] *nf* curse

maldito, -a [mal'dito, a] *adj* (*condenado*) damned; (*perverso*) wicked; **¡~ sea!** damn it!

malecón [male'kon] (LAM) *nm* sea front, promenade

maleducado, -a [maleðu'kaðo, a] *adj* bad-mannered, rude

malentendido [malenten'diðo] *nm* misunderstanding

malestar [males'tar] *nm* (*gen*) discomfort; (*fig: inquietud*) uneasiness;

(Pol) unrest

maleta [ma'leta] *nf* case, suitcase; (Auto) boot (BRIT), trunk (US); **hacer las ~s** to pack; **maletero** *nm* (Auto) boot (BRIT), trunk (US); **maletín** *nm* small case, bag

maleza [ma'leθa] *nf* (*malas hierbas*) weeds *pl*; (*arbustos*) thicket

malgastar [malɣas'tar] *vt* (*tiempo*, *dinero*) to waste; (*salud*) to ruin

malhechor, -a [male'tʃor, a] *nm/f* delinquent

malhumorado, -a [malumo'raðo, a] *adj* bad-tempered

malicia [ma'liθja] *nf* (*maldad*) wickedness; (*astucia*) slyness, guile; (*mala intención*) malice, spite; (*carácter travieso*) mischievousness

maligno, -a [ma'liɣno, a] *adj* evil; (*malévolo*) malicious; (Med) malignant

malla ['maʎa] *nf* mesh; (*de baño*) swimsuit; (*de ballet, gimnasia*) leotard; **mallas** *nfpl* tights; **malla de alambre** wire mesh

Mallorca [ma'ʎorka] *nf* Majorca

malo, -a ['malo, a] *adj* bad, false ▷ *nm/f* villain; **estar ~** to be ill

malograr [malo'ɣrar] *vt* to spoil; (*plan*) to upset; (*ocasión*) to waste

malparado, -a [malpa'raðo, a] *adj*: **salir ~** to come off badly

malpensado, -a [malpen'saðo, a] *adj* nasty

malteada [malte'aða] (LAM) *nf* milkshake

maltratar [maltra'tar] *vt* to ill-treat, mistreat

malvado, -a [mal'βaðo, a] *adj* evil, villainous

Malvinas [mal'βinas] *nfpl* (tb: **Islas ~**) Falklands, Falkland Islands

mama ['mama] *nf* (*de animal*) teat; (*de mujer*) breast

mamá [ma'ma] (*pl* **~s**) (*fam*) *nf* mum, mummy

mamar [ma'mar] *vt, vi* to suck

mamarracho [mama'rratʃo] *nm* sight, mess

mameluco [mame'luko] (RPL) nm dungarees pl (BRIT), overalls pl (US)

mamífero [ma'mifero] nm mammal

mampara [mam'para] nf (entre habitaciones) partition; (biombo) screen

mampostería [mamposte'ria] nf masonry

manada [ma'naða] nf (Zool) herd; (: de leones) pride; (: de lobos) pack

manantial [manan'tjal] nm spring

mancha ['mantʃa] nf stain, mark; (Zool) patch; **manchar** vt (gen) to stain, mark; (ensuciar) to soil, dirty

manchego, -a [man'tʃeɣo, a] adj of o from La Mancha

manco, -a ['manko, a] adj (de un brazo) one-armed; (de una mano) one-handed; (fig) defective, faulty

mancuernas [man'kwernas] (MÉX) nfpl cufflinks

mandado [man'daðo] (LAM) nm errand

mandamiento [manda'mjento] nm (orden) order, command; (Rel) commandment

mandar [man'dar] vt (ordenar) to order; (dirigir) to lead, command; (enviar) to send; (pedir) to order, ask for ▷ vi to be in charge; (pey) to be bossy; **¿mande?** (MÉX: ¿cómo dice?) pardon?, excuse me?; **~ hacer un traje** to have a suit made

mandarina [manda'rina] (ESP) nf tangerine, mandarin (orange)

mandato [man'dato] nm (orden) order; (Pol: período) term of office; (: territorio) mandate

mandíbula [man'diβula] nf jaw

mandil [man'dil] nm apron

mando ['mando] nm (Mil) command; (de país) rule; (el primer lugar) lead; (Pol) term of office; (Tec) control; **~ a la izquierda** left-hand drive; **mando a distancia** remote control

mandón, -ona [man'don, ona] adj bossy, domineering

manejar [mane'xar] vt to manage; (máquina) to work, operate; (caballo etc) to handle; (casa) to run, manage; (LAM: coche) to drive; **manejarse** vr (comportarse) to act, behave; (arreglárselas) to manage; **manejo** nm (de bicicleta) handling; (de negocio) management, running; (LAM Auto) driving; (facilidad de trato) ease, confidence; **manejos** nmpl (intrigas) intrigues

manera [ma'nera] nf way, manner, fashion; **maneras** nfpl (modales) manners; **su ~ de ser** the way he is; (aire) his manner; **de ninguna ~** no way, by no means; **de otra ~** otherwise; **de todas ~s** at any rate; **no hay ~ de persuadirle** there's no way of convincing him

manga ['manga] nf (de camisa) sleeve; (de riego) hose

mango ['mango] nm handle; (Bot) mango

manguera [man'gera] nf hose

maní [ma'ni] (LAM) nm peanut

manía [ma'nia] nf (Med) mania; (fig: moda) rage, craze; (disgusto) dislike; (malicia) spite; **coger ~ a algn** to take a dislike to sb; **tener ~ a algn** to dislike sb; **maníaco, -a** adj maniac(al) ▷ nm/f maniac

maniático, -a [ma'njatiko, a] adj maniac(al) ▷ nm/f maniac

manicomio [mani'komjo] nm mental hospital (BRIT), insane asylum (US)

manifestación [manifesta'θjon] nf (declaración) statement, declaration; (de emoción) show, display; (Pol: desfile) demonstration; (: concentración) mass meeting

manifestar [manifes'tar] vt to show, manifest; (declarar) to state, declare; **manifiesto, -a** adj clear, manifest ▷ nm manifesto

manillar [mani'ʎar] nm handlebars pl

maniobra [ma'njoβra] nf manoeuvre; **maniobras** nfpl (Mil) manoeuvres; **maniobrar** vt to manoeuvre

manipulación [manipula'θjon] *nf* manipulation

manipular [manipu'lar] *vt* to manipulate; (*manejar*) to handle

maniquí [mani'ki] *nm* dummy ⊳ *nmf* model

manivela [mani'βela] *nf* crank

manjar [man'xar] *nm* (tasty) dish

mano ['mano] *nf* hand; (*Zool*) foot, paw; (*de pintura*) coat; (*serie*) lot, series; **a ~ by** hand; **a ~ derecha/izquierda** on the right(-hand side)/left(-hand side); **de primera ~** (at) first hand; **de segunda ~** (at) second hand; **robo a ~ armada** armed robbery; **estrechar la ~ a algn** to shake sb's hand; **mano de obra** labour, manpower; **manos libres** *adj inv* (*teléfono, dispositivo*) hands-free ⊳ *nm inv* hands-free kit

manojo [ma'noxo] *nm* handful, bunch; (*de llaves*) bunch

manopla [ma'nopla] *nf* mitten

manosear [manose'ar] *vt* (*tocar*) to handle, touch; (*desordenar*) to mess up, rumple; (*insistir en*) to overwork; (LAM: *acariciar*) to caress, fondle

manotazo [mano'taθo] *nm* slap, smack

mansalva [man'salβa]: **a ~** *adv* indiscriminately

mansión [man'sjon] *nf* mansion

manso, -a ['manso, a] *adj* gentle, mild; (*animal*) tame

manta ['manta] (ESP) *nf* blanket

manteca [man'teka] *nf* fat; (CS: *mantequilla*) butter; **manteca de cerdo** lard

mantecado [mante'kaðo] (ESP) *nm* Christmas sweet made from flour, almonds and lard

mantel [man'tel] *nm* tablecloth

mantendré *etc vb* V **mantener**

mantener [mante'ner] *vt* to support, maintain; (*alimentar*) to sustain; (*conservar*) to keep; (*Tec*) to maintain, service; **mantenerse** *vr* (*seguir de pie*) to be still standing; (*no ceder*) to hold one's ground;

(*subsistir*) to sustain o.s., keep going; **mantenimiento** *nm* maintenance; sustenance; (*sustento*) support

mantequilla [mante'kiʎa] *nf* butter

mantilla [man'tiʎa] *nf* mantilla; **mantillas** *nfpl* (*de bebé*) baby clothes

manto ['manto] *nm* (*capa*) cloak; (*de ceremonia*) robe, gown

mantuve *etc vb* V **mantener**

manual [ma'nwal] *adj* manual ⊳ *nm* manual, handbook

manuscrito, -a [manus'krito, a] *adj* handwritten ⊳ *nm* manuscript

manutención [manuten'θjon] *nf* maintenance; (*sustento*) support

manzana [man'θana] *nf* apple; (*Arq*) block (of houses)

manzanilla [manθa'niʎa] *nf* (*planta*) camomile; (*infusión*) camomile tea

manzano [man'θano] *nm* apple tree

maña ['maɲa] *nf* (*gen*) skill, dexterity; (*pey*) guile; (*destreza*) trick, knack

mañana [ma'ɲana] *adv* tomorrow ⊳ *nm* future ⊳ *nf* morning; **de o por la ~** in the morning; **¡hasta ~!** see you tomorrow!; **~ por la ~** tomorrow morning

mapa ['mapa] *nm* map

maple ['maple] (LAM) *nf* (*scale*) model

maqueta [ma'keta] *nf* (scale) model

maquiladora [makila'ðora] (MÉX) *nf* (*Com*) bonded assembly plant

maquillaje [maki'ʎaxe] *nm* make-up; (*acto*) making up

maquillar [maki'ʎar] *vt* to make up; **maquillarse** *vr* to put on (some) make-up

máquina ['makina] *nf* machine; (*de tren*) locomotive, engine; (*Foto*) camera; (*fig*) machinery; **escrito a ~** typewritten; **máquina de coser** sewing machine; **máquina de escribir** typewriter; **máquina fotográfica** camera

maquinaria [maki'narja] *nf* (*máquinas*) machinery; (*mecanismo*) mechanism, works *pl*

maquinilla [maki'niʎa] (ESP) *nf*

(tb: **~ de afeitar**) razor

maquinista [maki'nista] nmf (de tren) engine driver; (Tec) operator; (Náut) engineer

mar [mar] nm o f sea; **~ adentro** out at sea; **en alta ~** on the high seas; **la ~ de** (fam) lots of; **el Mar Negro/Báltico** the Black/Baltic Sea

maraña [ma'raɲa] nf (maleza) thicket; (confusión) tangle

maravilla [mara'βiʎa] nf marvel, wonder; (Bot) marigold; **maravillar** vt to astonish, amaze; **maravillarse** vr to be astonished, be amazed; **maravilloso, -a** adj wonderful, marvellous

marca ['marka] nf (gen) mark; (sello) stamp; (Com) make, brand; **de ~** excellent, outstanding; **marca de fábrica** trademark; **marca registrada** registered trademark

marcado, -a [mar'kaðo, a] adj marked, strong

marcador [marka'ðor] nm (Deporte) scoreboard; (: persona) scorer

marcapasos [marka'pasos] nm inv pacemaker

marcar [mar'kar] vt (gen) to mark; (número de teléfono) to dial; (gol) to score; (números) to record, keep a tally of; (pelo) vt di ♦ vi (Deporte) to score; (Tel) to dial

marcha ['martʃa] nf march; (Tec) running, working; (Auto) gear; (velocidad) speed; (fig) progress; (dirección) course; **poner en ~** to put into gear; (fig) to set in motion, get going; **dar ~ atrás** to reverse, put into reverse; **estar en ~** to be under way, be in motion

marchar [mar'tʃar] vi (ir) to go; (funcionar) to work, go; **marcharse** vr to go (away), leave

marchitar [martʃi'tar] vt to wither, dry up; **marchitarse** vr (Bot) to wither; (fig) to fade away; **marchito, -a** adj withered, faded; (fig) in decline

marciano, -a [mar'θjano, a] adj,

nm/f Martian

marco ['marko] nm frame; (moneda) mark; (fig) framework

marea [ma'rea] nf tide; **marea negra** oil slick

marear [mare'ar] vt (fig) to annoy, upset; (Med): **~ a algn** to make sb feel sick; **marearse** vr (tener náuseas) to feel sick; (desvanecerse) to feel faint; (aturdirse) to feel dizzy; (fam: emborracharse) to get tipsy

maremoto [mare'moto] nm tidal wave

mareo [ma'reo] nm (náusea) sick feeling; (en viaje) travel sickness; (aturdimiento) dizziness; (fam: lata) nuisance

marfil [mar'fil] nm ivory

margarina [marɣa'rina] nf margarine

margarita [marɣa'rita] nf (Bot) daisy; (Tip) daisywheel

margen ['marxen] nm (borde) edge, border; (fig) margin, space ♦ nf (de río etc) bank; **dar ~ para** to give an opportunity for; **mantenerse al ~** to keep out (of things)

marginar [marxi'nar] vt (socialmente) to marginalize, ostracize

mariachi [ma'rjatʃi] nm (persona) mariachi musician; (grupo) mariachi band

---

● **MARIACHI**

●

● Mariachi music is the musical style
● most characteristic of Mexico.
● From the state of Jalisco in the 19th
● century, this music spread rapidly
● throughout the country, until each
● region had its own particular style
● of the Mariachi "sound". A Mariachi
● band can be made up of several
● singers, up to eight violins, two
● trumpets, guitars, a "vihuela" (an
● old form of guitar), and a harp. The
● dance associated with this music
● is called the "zapateado".

marica [maˈrika] (*fam*) *nm* sissy

maricón [mariˈkon] (*fam*) *nm* queer

marido [maˈriðo] *nm* husband

marihuana [mariˈwana] *nf* marijuana, cannabis

marina [maˈrina] *nf* navy; **marina mercante** merchant navy

marinero, -a [mariˈnero, a] *adj* sea *cpd* ▷ *nm* sailor, seaman

marino, -a [maˈrino, a] *adj* sea *cpd*, marine ▷ *nm* sailor

marioneta [marjoˈneta] *nf* puppet

mariposa [mariˈposa] *nf* butterfly

mariquita [mariˈkita] *nf* ladybird (*BRIT*), ladybug (*US*)

marisco [maˈrisko] (*ESP*) *nm* shellfish *inv*, seafood; **mariscos** (*LAM*) *nmpl* = **marisco**

marítimo, -a [maˈritimo, a] *adj* sea *cpd*, maritime

mármol [ˈmarmol] *nm* marble

marqués, -esa [marˈkes, esa] *nm/f* marquis/marchioness

marrón [maˈrron] *adj* brown

marroquí [marroˈki] *adj*, *nmf* Moroccan ▷ *nm* Morocco (leather)

Marruecos [maˈrrwekos] *nm* Morocco

martes [ˈmartes] *nm inv* Tuesday; **~ y trece** ≈ Friday 13th

● **MARTES Y TRECE**
●
● According to Spanish superstition
● Tuesday is an unlucky day, even
● more so if it falls on the 13th of
● the month.

martillo [marˈtiʎo] *nm* hammer

mártir [ˈmartir] *nmf* martyr; **martirio** *nm* martyrdom; (*fig*) torture, torment

marxismo [markˈsismo] *nm* Marxism

marzo [ˈmarθo] *nm* March

○ **PALABRA CLAVE**

más [mas] *adj, adv* **1**: **más (que** o **de)** (*compar*) more (than), ...+ er (than); **más grande/inteligente** bigger/ more intelligent; **trabaja más (que yo)** he works more (than me); *V tb* **cada**
2 (*superl*): **más**; **el/la más**; **el más grande/inteligente (de)** the biggest/most intelligent (in)
3 (*negativo*): **no tengo más dinero** I haven't got any more money; **no viene más por aquí** he doesn't come round here any more
4 (*adicional*): **no le veo más solución que ...** I see no other solution to than to ...; **¿alguien más?** anybody else?
5 (+ *adj: valor intensivo*): **¡qué perro más sucio!** what a filthy dog!; **¡es más tonto!** he's so stupid!
6 (*locuciones*): **más o menos** more or less; **los más** most people; **es más** furthermore; **más bien** rather; **¡qué más da!** what does it matter!; *V tb* **no**
7: **por más: por más que te esfuerces** no matter how hard you try; **por más que quisiera ...** much as I should like to ...
8: **de más**: **veo que aquí estoy de más** I can see I'm not needed here; **tenemos uno de más** we've got one extra
▷ *prep*: **2 más 2 son 4** 2 and 2 or plus 2 are 4
▷ *nm inv*: **este trabajo tiene sus más y sus menos** this job's got its good points and its bad points

mas [mas] *conj* but

masa [ˈmasa] *nf* (*mezcla*) dough; (*volumen*) volume, mass; (*Física*) mass; **en ~ en masa**; **las ~s** (*Pol*) the masses

masacre [maˈsakre] *nf* massacre

masaje [maˈsaxe] *nm* massage

máscara [ˈmaskara] *nf* mask; **máscara antigás/de oxígeno** gas/oxygen mask; **mascarilla** *nf* (*de* belleza, Med) mask

masculino, -a [masku'lino, a] adj
masculine; (Bio) male

masía [ma'sia] nf farmhouse

masivo, -a [ma'siβo, a] adj mass cpd

masoquista [maso'kista] nmf
masochist

máster ['master] (ESP) nm master

masticar [masti'kar] vt to chew

mástil ['mastil] nm (de navío) mast;
(de guitarra) neck

mastín [mas'tin] nm mastiff

masturbarse [mastur'βarse] vr to
masturbate

mata ['mata] nf (arbusto) bush, shrub;
(de hierba) tuft

matadero [mata'ðero] nm
slaughterhouse, abattoir

matamoscas [mata'moskas] nm inv
(pala) fly swat

matanza [ma'tanθa] nf slaughter

matar [ma'tar] vt, vi to kill; **matarse**
vr (suicidarse) to kill o.s., commit
suicide; (morir) to get killed; ~ **el
hambre** to stave off hunger

matasellos [mata'seʎos] nm inv
postmark

mate ['mate] adj matt ⊳ nm (en
ajedrez) (check)mate; (LAM: hierba)
maté; (: vasija) gourd

matemáticas [mate'matikas] nfpl
mathematics; **matemático, -a** adj
mathematical ⊳ nm/f mathematician

materia [ma'terja] nf (gen) matter;
(Tec) material; (Escol) subject; **en ~
de** on the subject of; **materia prima**
raw material; **material** adj material
⊳ nm material; (Tec) equipment;
materialista adj materialist(ic);
materialmente adv materially; (fig)
absolutely

maternal [mater'nal] adj motherly,
maternal

maternidad [materni'ðað] nf
motherhood, maternity; **materno, -a**
adj maternal; (lengua) mother cpd

matinal [mati'nal] adj morning cpd

matiz [ma'tiθ] nm shade; **matizar** vt

(variar) to vary; (Arte) to blend; **matizar
de** to tinge with

matón [ma'ton] nm bully

matorral [mato'rral] nm thicket

matrícula [ma'trikula] nf (registro)
register; (Auto) registration number;
(: placa) number plate; **matrícula de
honor** (Univ) top marks in a subject at
university with the right to free registration
the following year; **matricular** vt to
register, enrol

matrimonio [matri'monjo] nm
(pareja) (married) couple; (unión)
marriage

matriz [ma'triθ] nf (Anat) womb;
(Tec) mould

matrona [ma'trona] nf (persona de
edad) matron; (comadrona) midwife

matufia [ma'tufja] (RPL: fam) nf
put-up job

maullar [mau'ʎar] vi to mew, miaow

maxilar [maksi'lar] nm jaw(bone)

máxima ['maksima] nf maxim

máximo, -a ['maksimo, a] adj
maximum; (más alto) highest; (más
grande) greatest ⊳ nm maximum;
como ~ at most

mayo ['majo] nm May

mayonesa [majo'nesa] nf
mayonnaise

mayor [ma'jor] adj main, chief;
(adulto) adult; (de edad avanzada)
elderly; (Mús) major; (compar: de
tamaño) bigger; (: de edad) older;
(superl: de tamaño) biggest; (: de edad)
oldest ⊳ nm (adulto) adult; **mayores**
nmpl (antepasados) ancestors; **al por ~**
wholesale; **mayor de edad** adult

mayoral [majo'ral] nm foreman

mayordomo [major'ðomo] nm
butler

mayoría [majo'ria] nf majority,
greater part

mayorista [majo'rista] nmf
wholesaler

mayoritario, -a [majori'tarjo, a]
adj majority cpd

mayúscula [ma'juskula] nf capital

letter

mazapán [maθa'pan] *nm* marzipan

mazo ['maθo] *nm* (*martillo*) mallet; (*de flores*) bunch; (*Deporte*) bat

me [me] *pron* (*directo*) me; (*indirecto*) (to) me; (*reflexivo*) (to) myself; **¡dá~lo!** give it to me!

mear [me'ar] (*fam*) *vi* to pee, piss (!)

mecánica [me'kanika] *nf* (*Escol*) mechanics *sg*; (*mecanismo*) mechanism; *V tb* **mecánico**

mecánico, -a [me'kaniko, a] *adj* mechanical ▷ *nm/f* mechanic

mecanismo [meka'nismo] *nm* mechanism; (*marcha*) gear

mecanografía [mekanoɣra'fia] *nf* typewriting; **mecanógrafo, -a** *nm/f* typist

mecate [me'kate] (*MÉX, CAM*) *nm* rope

mecedora [meθe'ðora] *nf* rocking chair

mecer [me'θer] *vt* (*cuna*) to rock; **mecerse** *vr* to rock; (*rama*) to sway

mecha ['metʃa] *nf* (*de vela*) wick; (*de bomba*) fuse

mechero [me'tʃero] *nm* (cigarette) lighter

mechón [me'tʃon] *nm* (*gen*) tuft; (*de pelo*) lock

medalla [me'ðaʎa] *nf* medal

media ['meðja] *nf* stocking; (*LAM: calcetín*) sock; (*promedio*) average

mediado, -a [me'ðjaðo, a] *adj* half-full; (*trabajo*) half-completed; **a ~s de** in the middle of, halfway through

mediano, -a [me'ðjano, a] *adj* (*regular*) medium, average; (*mediocre*) mediocre

medianoche [meðja'notʃe] *nf* midnight

mediante [me'ðjante] *adv* by (means of), through

mediar [me'ðjar] *vi* (*interceder*) to mediate, intervene

medicamento [meðika'mento] *nm* medicine, drug

medicina [meði'θina] *nf* medicine

médico, -a ['meðiko, a] *adj* medical

▷ *nm/f* doctor

medida [me'ðiða] *nf* measure; (*medición*) measurement; (*prudencia*) moderation, prudence; **en cierta/gran ~** up to a point/to a great extent; **un traje a la ~** a made-to-measure suit; **~ de cuello** collar size; **a ~ de** in proportion to; (*de acuerdo con*) in keeping with; **a ~ que** (*conforme*) as; **medidor** (*LAM*) *nm* meter

medio, -a ['meðjo, a] *adj* half (a); (*punto*) mid, middle; (*promedio*) average ▷ *adv* half ▷ *nm* (*centro*) middle, centre; (*promedio*) average; (*método*) means, way; (*ambiente*) environment; **medios** *nmpl* means, resources; **~ litro** half a litre; **las tres y media** half past three; **a ~ terminar** half finished; **pagar a medias** to share the cost; **medio ambiente** environment; **medio de transporte** means of transport; **Medio Oriente** Middle East; **medios de comunicación** media; **medioambiental** *adj* (*política, efectos*) environmental

mediocre [me'ðjokre] *adj* mediocre

mediodía [meðjo'ðia] *nm* midday, noon

medir [me'ðir] *vt, vi* (*gen*) to measure

meditar [meði'tar] *vt* to ponder, think over, meditate on; (*planear*) to think out

mediterráneo, -a [meðite'rraneo, a] *adj* Mediterranean ▷ *nm*: **el M~** the Mediterranean

médula ['meðula] *nf* (*Anat*) marrow; **médula espinal** spinal cord

medusa [me'ðusa] (*ESP*) *nf* jellyfish

megáfono [me'ɣafono] *nm* megaphone

megapíxel [meɣa'piksel] (*pl* **megapíxeles** *or* **-es**) *nm* megapixel

mejilla [me'xiʎa] *nf* cheek

mejillón [mexi'ʎon] *nm* mussel

mejor [me'xor] *adj, adv* (*compar*) better; (*superl*) best: **a lo ~** probably; (*quizá*) maybe; **~ dicho** rather; **tanto ~**

so much the better

mejora [me'xora] nf improvement;
mejorar vt to improve, make better
▷ vi to improve, get better; ▶ **mejorarse**
vr to improve, get better

melancólico, -a [melaŋ'koliko, a]
adj (triste) sad, melancholy; (soñador)
dreamy

melena [me'lena] nf (de persona) long
hair; (Zool) mane

mellizo, -a [me'λiθo, a] adj, nm/f
twin

melocotón [meloko'ton] (ESP) nm
peach

melodía [melo'ðia] nf melody, tune

melodrama [melo'ðrama] nm
melodrama; **melodramático, -a** adj
melodramatic

melón [me'lon] nm melon

membrete [mem'brete] nm
letterhead

membrillo [mem'briλo] nm quince;
(carne de) ~ quince jelly

memoria [me'morja] nf (gen)
memory; **memorias** nfpl (de autor)
memoirs; **memorizar** vt to memorize

menaje [me'naxe] nm (tb: **artículos
de ~**) household items

mencionar [menθjo'nar] vt to
mention

mendigo, -a [men'diɣo, a] nm/f
beggar

menear [mene'ar] vt to move;
menearse vr to shake; (balancearse)
to sway; (moverse) to move; (fig) to get
a move on

menestra [me'nestra] nf (tb: **~ de
verduras**) vegetable stew

menopausia [meno'pausja] nf
menopause

menor [me'nor] adj (más
pequeño: compar) smaller; (: superl)
smallest; (más joven: compar) younger;
(: superl) youngest; (Mús) minor ▷ nmf
(joven) young person, juvenile; **no
tengo la ~ idea** I haven't the faintest
idea; **al por ~** retail; **menor de edad**
person under age

Menorca [me'norka] nf Minorca

○ **PALABRA CLAVE**

menos [menos] adj 1: **menos
(que o de)** (compar: cantidad) less
(than); (: número) fewer (than);
con menos entusiasmo with less
enthusiasm; **menos gente** fewer
people; V tb **cada**

2 (superl): **es el que menos culpa tiene**
he is the least to blame

▷ adv 1 (compar): **menos (que o de)** less
(than); **me gusta menos que el otro** I
like it less than the other one

2 (superl): **es el menos listo (de su
clase)** he's the least bright in his class;
**de todas ellas es la que menos me
agrada** out of all of them she's the one
I like least

3 (locuciones): **no quiero verle y menos
visitarle** I don't want to see him, let
alone visit him; **tenemos siete de
menos** we're seven short; **(por) lo
menos** at (the very) least; **¡menos mal!**
thank goodness!

▷ prep except; (cifras) minus; **todos
menos él** everyone except (for) him;
5 menos 2 5 minus 2

▷ conj: **a menos que: a menos que
venga mañana** unless he comes
tomorrow

menospreciar [menospre'θjar] vt
to underrate, undervalue; (despreciar)
to scorn, despise

mensaje [men'saxe] nm message;
enviar un ~ a algn (por móvil) to text
sb, send sb a text message; **mensaje
de texto** text message; **mensajero, -a**
nm/f messenger

menso, -a ['menso, a] (MÉX: fam)
adj stupid

menstruación [menstrua'θjon] nf
menstruation

mensual [men'swal] adj monthly;
100 euros ~es 100 euros a month;
mensualidad nf (salario) monthly

salary; (Com) monthly payment, monthly instalment

menta ['menta] nf mint

mental [men'tal] adj mental; **mentalidad** nf mentality; **mentalizar** vt (sensibilizar) to make aware; (convencer) to convince; (padres) to prepare (mentally); **mentalizarse** vr (concienciarse) to become aware; **mentalizarse (de)** to get used to the idea (of); **mentalizarse de que ...** (convencerse) to get it into one's head that ...

mente ['mente] nf mind

mentir [men'tir] vi to lie

mentira [men'tira] nf (una mentira) lie; (acto) lying; (invención) fiction; **parece mentira que ...** it seems incredible that ..., I can't believe that ...; **mentiroso, -a** [menti'roso, a] adj lying ▷ nm/f liar

menú [me'nu] (pl **-s**) nm menu; **menú del día** set menu; **menú turístico** tourist menu

menudencias [menu'ðenθjas] (LAM) nfpl giblets

menudo, -a [me'nuðo, a] adj (pequeño) small, tiny; (sin importancia) petty, insignificant; **¡- negocio!** (fam) some deal!; **a ~** often, frequently

meñique [me'nike] nm little finger

mercadillo [merka'ðiʎo] (ESP) nm flea market

mercado [mer'kaðo] nm market; **mercado de pulgas** (LAM) flea market

mercancía [merkan'θia] nf commodity; **mercancías** nfpl goods, merchandise sg

mercenario, -a [merθe'narjo, a] adj, nm mercenary

mercería [merθe'ria] nf haberdashery (BRIT), notions pl (US); (tienda) haberdasher's (BRIT), notions store (US)

mercurio [mer'kurjo] nm mercury

merecer [mere'θer] vt to deserve, merit ▷ vi to be deserving, be worthy; **merece la pena** it's worthwhile;

merecido, -a adj (well) deserved; **llevar su merecido** to get one's deserts

merendar [meren'dar] vt to have for tea ▷ vi to have tea; (en el campo) to have a picnic; **merendero** nm open-air cafe

merengue [me'renge] nm meringue

meridiano [meri'ðjano] nm (Geo) meridian

merienda [me'rjenda] nf (light) tea, afternoon snack; (de campo) picnic

mérito ['merito] nm merit; (valor) worth, value

merluza [mer'luθa] nf hake

mermelada [merme'laða] nf jam

mero, -a ['mero, a] adj mere; (MÉX, CAM: fam) very

merodear [meroðe'ar] vi: **~ por** to prowl about

mes [mes] nm month

mesa ['mesa] nf table; (de trabajo) desk; (Geo) plateau; **poner/quitar la ~** to lay/clear the table; **mesa electoral** officials in charge of a polling station; **mesa redonda** (reunión) round table; **mesero, -a** (LAM) nm/f waiter/ waitress

meseta [me'seta] nf (Geo) plateau, tableland

mesilla [me'siʎa] nf (tb: **- de noche**) bedside table

mesón [me'son] nm inn

mestizo, -a [mes'tiθo, a] adj half-caste, of mixed race ▷ nm/f half-caste

meta ['meta] nf goal; (de carrera) finish

metabolismo [metaβo'lismo] nm metabolism

metáfora [me'tafora] nf metaphor

metal [me'tal] nm (materia) metal; (Mús) brass; **metálico, -a** adj metallic; (de metal) metal ▷ nm (dinero contante) cash

meteorología [meteorolo'xia] nf meteorology

meter [me'ter] vt (colocar) to put, place; (introducir) to put in, insert; (involucrar) to involve; (causar) to make,

cause; **meterse** vr: **~se en** to go into, enter; (fig) to interfere in, meddle in; **~se a** to start; **~se a escritor** to become a writer; **~se con uno** to provoke sb, pick a quarrel with sb
meticuloso, -a [meti'kuloso, a] adj meticulous, thorough
metódico, -a [me'toðiko, a] adj methodical
método [metoðo] nm method
metralleta [metra'ʎeta] nf sub-machine-gun
métrico, -a ['metriko, a] adj metric
metro ['metro] nm metre; (tren) underground (BRIT), subway (US)
metrosexual [metrosek'swal] adj, nm metrosexual
mexicano, -a [mexi'kano, a] adj, nm/f Mexican
México ['mexiko] nm Mexico; **Ciudad de ~** Mexico City
mezcla ['meθkla] nf mixture; **mezcladora** (MÉX) nf (tb: **mezcladora de cemento**) cement mixer; **mezclar** vt to mix (up); **mezclarse** vr to mix, mingle; **mezclarse con** to get mixed up in, get involved in
mezquino, -a [meθ'kino, a] adj mean
mezquita [meθ'kita] nf mosque
mg. abr (= miligramo) mg
mi [mi] adj pos m y nm (Mús) E
mí [mi] pron me; myself
mía pron V **mío**
michelín [mitʃe'lin] (fam) nm (de grasa) spare tyre
microbio [mi'kroβjo] nm microbe
micrófono [mi'krofono] nm microphone
microondas [mikro'ondas] nm inv (tb: **horno ~**) microwave (oven)
microscopio [mikros'kopjo] nm microscope
miedo ['mjeðo] nm fear; (nerviosismo) apprehension, nervousness; **tener ~** to be afraid; **de ~** wonderful, marvellous; **hace un frío de ~** (fam) it's terribly cold; **miedoso, -a** adj fearful, timid

miel [mjel] nf honey
miembro ['mjembro] nm limb; (socio) member; **miembro viril** penis
mientras ['mjentras] conj while; (duración) as long as ▷ adv meanwhile; **~ tanto** meanwhile
miércoles ['mjerkoles] nm inv Wednesday
mierda ['mjerða] (fam!) nf shit (!)
miga ['miɣa] nf crumb; (fig: meollo) essence; **hacer buenas ~s** (fam) to get on well
mil [mil] num thousand; **dos ~ libras** two thousand pounds
milagro [mi'laɣro] nm miracle; **milagroso, -a** adj miraculous
milésima [mi'lesima] nf (de segundo) thousandth
mili [mili] (ESP: fam) nf: **hacer la ~** to do one's military service
milímetro [mi'limetro] nm millimetre
militante [mili'tante] adj militant
militar [mili'tar] adj military ▷ nmf soldier ▷ vi (Mil) to serve; (en un partido) to be a member
milla ['miʎa] nf mile
millar [mi'ʎar] nm thousand
millón [mi'ʎon] num million; **millonario, -a** nm/f millionaire
milusos [mi'lusos] (MÉX) nm inv odd-job man
mimar [mi'mar] vt to spoil, pamper
mimbre ['mimbre] nm wicker
mímica ['mimika] nf (para comunicarse) sign language; (imitación) mimicry
mimo ['mimo] nm (caricia) caress; (de niño) spoiling; (Teatro) mime; (: actor) mime artist
mina ['mina] nf mine
mineral [mine'ral] adj mineral ▷ nm (Geo) mineral; (mena) ore
minero, -a [mi'nero, a] adj mining cpd ▷ nm/f miner
miniatura [minja'tura] adj inv, nf miniature
minidisco [mini'disko] nm

MiniDisc®

minifalda [mini'falda] nf miniskirt

mínimo, -a ['minimo, a] adj, nm minimum

minino, -a [mi'nino, a] (fam) nm/f puss, pussy

ministerio [minis'terjo] nm Ministry; **Ministerio de Hacienda/de Asuntos Exteriores** Treasury (BRIT), Treasury Department (US)/Foreign Office (BRIT), State Department (US)

ministro, -a [mi'nistro, a] nm/f minister

minoría [mino'ria] nf minority

minúscula [mi'nuskula] nf small letter

minúsculo, -a [mi'nuskulo, a] adj tiny, minute

minusválido, -a [minus'βaliðo, a] adj (physically) handicapped ▷ nm/f (physically) handicapped person

minuta [mi'nuta] nf (de comida) menu

minutero [minu'tero] nm minute hand

minuto [mi'nuto] nm minute

mío, -a ['mio, a] pron: **el ~/la mía** mine; **un amigo ~** a friend of mine; **lo ~** what is mine

miope [mi'ope] adj short-sighted

mira ['mira] nf (de arma) sight(s) (pl); (fig) aim, intention

mirada [mi'raða] nf look, glance; (expresión) look, expression; **clavar la ~ en** to stare at; **echar una ~ a** to glance at

mirado, -a [mi'raðo, a] adj (sensato) sensible; (considerado) considerate; **bien/mal ~** (estimado) well/not well thought of; **bien ~ ...** all things considered ...

mirador [mira'ðor] nm viewpoint, vantage point

mirar [mi'rar] vt to look at; (observar) to watch; (considerar) to think over; (vigilar, cuidar) to watch, look after ▷ vi to look; (Arq) to face; **mirarse** vr (dos personas) to look at each other; **~**

bien/mal to think highly of/have a poor opinion of; **~se al espejo** to look at o.s. in the mirror

mirilla [mi'riʎa] nf spyhole, peephole

mirlo ['mirlo] nm blackbird

misa ['misa] nf mass

miserable [mise'raβle] adj (avaro) mean, stingy; (nimio) miserable, paltry; (lugar) squalid; (fam) vile, despicable ▷ nmf (malvado) rogue

miseria [mi'serja] nf (pobreza) poverty; (tacañería) meanness, stinginess; (condiciones) squalor; **una ~** a pittance

misericordia [miseri'korðja] nf (compasión) compassion, pity; (piedad) mercy

misil [mi'sil] nm missile

misión [mi'sjon] nf mission

misionero, -a nm/f missionary

mismo, -a ['mismo, a] adj (semejante) same; (después de pron) -self; (para énfasis) very ▷ adv: **aquí/hoy ~** right here/this very day; **ahora ~** right now ▷ conj: **lo ~ que** just like o as; **el ~ traje** the same suit; **en ese ~ momento** at that very moment; **vino el ~ ministro** the minister himself came; **yo ~ lo vi** I saw it myself; **lo ~** the same (thing); **da lo ~** it's all the same; **quedamos en las mismas** we're no further forward; **por lo ~** for the same reason

misterio [mis'terjo] nm mystery; **misterioso, -a** adj mysterious

mitad [mi'tað] nf (medio) half; (centro) middle; **a ~ de precio** (a) half-price; **en o a ~ del camino** halfway along the road; **cortar por la ~** to cut through the middle

mitin ['mitin] (pl **mítines**) nm meeting

mito ['mito] nm myth

mixto, -a ['miksto, a] adj mixed

ml. abr (= mililitro) ml

mm. abr (= milímetro) mm.

mobiliario [moβi'ljarjo] nm furniture

mochila [mo'tʃila] nf rucksack (BRIT), back-pack

moco ['moko] nm mucus; **mocos** nmpl (fam) snot; **limpiarse los ~s de la nariz** (fam) to wipe one's nose

moda ['moða] nf fashion; (estilo) style; **a la o de ~** in fashion, fashionable; **pasado de ~** out of fashion

modales [mo'ðales] nmpl manners

modelar [moðe'lar] vt to model

modelo [mo'ðelo] adj inv, nmf model

módem ['moðem] nm (Inform) modem

moderado, -a [moðe'raðo, a] adj moderate

moderar [moðe'rar] vt to moderate; (violencia) to restrain, control; (velocidad) to reduce; **moderarse** vr to restrain o.s., control o.s.

modernizar [moðerni'θar] vt to modernize

moderno, -a [mo'ðerno, a] adj modern; (actual) present-day

modestia [mo'ðestja] nf modesty; **modesto, -a** adj modest

modificar [moðifi'kar] vt to modify

modisto, -a [mo'ðisto, a] nm/f (diseñador) couturier, designer; (que confecciona) dressmaker

modo ['moðo] nm way, manner; (Mús) mode; **modos** nmpl manners; **de ningún ~** in no way; **de todos ~s** at any rate; **modo de empleo** directions pl (for use)

mofarse [mo'farse] vr: **~ de** to mock, scoff at

mofle ['mofle] (MÉX, CAM) nm silencer (BRIT), muffler (US)

mogollón [moɣo'ʎon] (ESP: fam) adv a hell of a lot

moho ['moo] nm mould, mildew; (en metal) rust

mojar [mo'xar] vt to wet; (humedecer) to damp(en), moisten; (calar) to soak; **mojarse** vr to get wet

molcajete [molka'xete] (MÉX) nm mortar

molde ['molde] nm mould; (Costura)

pattern; (fig) model; **moldeado** nm soft perm; **moldear** vt to mould

mole ['mole] nf mass, bulk; (edificio) pile

moler [mo'ler] vt to grind, crush

molestar [moles'tar] vt to bother; (fastidiar) to annoy; (incomodar) to inconvenience, put out ▷ vi to be a nuisance; **molestarse** vr to bother; (incomodarse) to go to trouble; (ofenderse) to take offence; **¿(no) te molesta si ...?** do you mind if ...?

⬛ No confundir **molestar** con la palabra inglesa *molest*.

molestia [mo'lestja] nf bother, trouble; (incomodidad) inconvenience; (Med) discomfort; **es una ~** it's a nuisance; **molesto, -a** adj (que fastidia) annoying; (incómodo) inconvenient; (inquieto) uncomfortable, ill at ease; (enfadado) annoyed

molido, -a [mo'liðo, a] adj: **estar ~** (fig) to be exhausted o dead beat

molinillo [moli'niʎo] nm hand mill; **molinillo de café** coffee grinder

molino [mo'lino] nm (edificio) mill; (máquina) grinder

momentáneo, -a [momen'taneo, a] adj momentary

momento [mo'mento] nm moment; **de ~** at o for the moment

momia ['momja] nf mummy

monarca [mo'narka] nmf monarch, ruler; **monarquía** nf monarchy

monasterio [monas'terjo] nm monastery

mondar [mon'dar] vt to peel; **mondarse** vr (ESP): **~se de risa** (fam) to split one's sides laughing

mondongo [mon'dongo] (LAM) nm tripe

moneda [mo'neða] nf (tipo de dinero) currency, money; (pieza) coin; **una ~ de 2 euros** a 2 euro piece; **monedero** nm purse

monitor, a [moni'tor, a] nm/f instructor, coach ▷ nm (TV) set; (Inform) monitor

monja ['monxa] nf nun

monje ['monxe] nm monk

mono, -a ['mono, a] adj (bonito) lovely, pretty; (gracioso) nice, charming ▷ nm/f monkey, ape ▷ nm dungarees pl; (overoles) overalls pl

monopatín [monopa'tin] nm skateboard

monopolio [mono'poljo] nm monopoly; **monopolizar** vt to monopolize

monótono, -a [mo'notono, a] adj monotonous

monstruo ['monstrwo] nm monster ▷ adj inv fantastic; **monstruoso, -a** adj monstrous

montaje [mon'taxe] nm assembly; (Teatro) décor; (Cine) montage

montaña [mon'tapa] nf (monte) mountain; (sierra) mountains pl, mountainous area; **montaña rusa** roller coaster; **montañero, -a** nm/f mountaineer; **montañismo** nm mountaineering

montar [mon'tar] vt (subir a) to mount, get on; (Tec) to assemble, put together; (negocio) to set up; (arma) to cock; (colocar) to lift on to; (Culin) to beat ▷ vi to mount, get on; (sobresalir) to overlap; **~ en bicicleta** to ride a bicycle; **~ en cólera** to get angry; **~ a caballo** to ride, go horseriding

monte ['monte] nm (montaña) mountain; (bosque) woodland; (área sin cultivar) wild area, wild country; **monte de piedad** pawnshop

montón [mon'ton] nm heap, pile; (fig) **un ~ de** heaps o lots of

monumento [monu'mento] nm monument

moño ['mono] nm bun

moqueta [mo'keta] nf fitted carpet

mora ['mora] nf blackberry; V tb **moro**

morado, -a [mo'raðo, a] adj purple, violet ▷ nm bruise

moral [mo'ral] adj moral ▷ nf (ética) ethics pl; (moralidad) morals pl,

morality; (ánimo) morale

moraleja [mora'lexa] nf moral

morboso, -a [mor'βoso, a] adj morbid

morcilla [mor'θiʎa] nf blood sausage ≈ black pudding (BRIT)

mordaza [mor'ðaθa] nf (para la boca) gag; (Tec) clamp

morder [mor'ðer] vt to bite; (fig: consumir) to eat away, eat into; **mordisco** nm bite

moreno, -a [mo'reno, a] adj (color) (dark) brown; (de tez) dark; (de pelo moreno) dark-haired; (negro) black

morfina [mor'fina] nf morphine

moribundo, -a [mori'βundo, a] adj dying

morir [mo'rir] vi to die; (fuego) to die down; (luz) to go out; **morirse** vr to die; (fig) to be dying; **murió en un accidente** he was killed in an accident; **-se por algo** to be dying for sth

moro, -a ['moro, a] adj Moorish ▷ nm/f Moor

moroso, -a [mo'roso, a] nm/f bad debtor, defaulter

morralla [mo'raʎa] (MÉX) nf (cambio) small o loose change

morro ['morro] nm (Zool) snout, nose; (Auto, Aviac) nose

morsa ['morsa] nf walrus

mortadela [morta'ðela] nf mortadella

mortal [mor'tal] adj mortal; (golpe) deadly; **mortalidad** nf mortality

mortero [mor'tero] nm mortar

mosca ['moska] nf fly

Moscú [mos'ku] n Moscow

mosquearse [moske'arse] (fam) vr (enojarse) to get cross; (ofenderse) to take offence

mosquitero [moski'tero] nm mosquito net

mosquito [mos'kito] nm mosquito

mostaza [mos'taθa] nf mustard

mosto ['mosto] nm (unfermented)

grape juice

mostrador [mostra'ðor] nm (de tienda) counter; (de café) bar

mostrar [mos'trar] vt to show; (exhibir) to display, exhibit; (explicar) to explain; **mostrarse** vr: **~se amable** to be kind; to prove to be kind; **no se muestra muy inteligente** he doesn't seem (to be) very intelligent

mota ['mota] nf speck, tiny piece; (en diseño) dot

mote ['mote] nm nickname

motín [mo'tin] nm (del pueblo) revolt, rising; (del ejército) mutiny

motivar [moti'ßar] vt (causar) to cause, motivate; (explicar) to explain, justify; **motivo** nm motive, reason

moto ['moto] (fam) nf =**motocicleta**

motocicleta [motoθi'kleta] nf motorbike (BRIT), motorcycle

motonave [moto'naβe] (cs) nf scooter

motor [mo'tor] nm motor, engine; **motor a chorro** o**de reacción/de explosión** jet engine/internal combustion engine

motora [mo'tora] nf motorboat

movedizo, -a adj V **arena**

mover [mo'ßer] vt to move; (cabeza) to shake; (accionar) to drive; (fig) to cause, provoke; **moverse** vr to move; (fig) to get a move on

móvil ['moßil] adj mobile; (pieza de máquina) moving; (mueble) movable ▷ nm (motivo) motive; (teléfono) mobile

movimiento [moßi'mjento] nm movement; (Tec) motion; (actividad) activity

mozo, -a ['moθo, a] adj (joven) young ▷ nm/f youth, young man/girl; (cs: mesero) waiter/waitress

MP3 nm MP3; **reproductor (de) ~** MP3 player

mucama [mu'kama] (RPL) nf maid

muchacho, -a [mu'tfatfo, a] nm/f (niño) boy/girl; (criado) servant; (criada)

maid

muchedumbre [mutfe'ðumbre] nf crowd

mucho, -a ['mutfo, a] adj **1** (cantidad) a lot of, much; (número) lots of, a lot of, many; **mucho dinero** a lot of money; **hace mucho calor** it's very hot; **muchas amigas** lots o a lot of friends

2 (sg: grande): **ésta es mucha casa para él** this house is much too big for him

▷ pron: **tengo mucho que hacer** I've got a lot to do; **muchos dicen que ...** a lot of people say that ...; V tb **tener**

▷ adv **1 me gusta mucho** I like it a lot; **lo siento mucho** I'm very sorry; **come mucho** he eats a lot; **¿te vas a quedar mucho?** are you going to be staying long?

2 (respuesta) very; **¿estás cansado? — ¡mucho!** are you tired? — very!

3 (locuciones): **como mucho** at (the) most; **con mucho: el mejor con mucho** by far the best; **ni mucho menos: no es rico ni mucho menos** he's far from being rich

4: **por mucho que: por mucho que le creas** no matter how o however much you believe her

muda ['muða] nf change of clothes

mudanza [mu'ðanθa] nf (de casa) move

mudar [mu'ðar] vt to change; (Zool) to shed ▷ vi to change; **mudarse** vr (ropa) to change; **~se de casa** to move house

mudo, -a ['muðo, a] adj dumb; (callado, Cine) silent

mueble ['mweßle] nm piece of furniture; **muebles** nmpl furniture sg

mueca ['mweka] nf face, grimace; **hacer ~s a** to make faces at

muela ['mwela] nf back tooth; **muela del juicio** wisdom tooth

muelle ['mweʎe] nm spring; (Náut) wharf; (malecón) pier

muero etc vb V **morir**

muerte ['mwerte] nf death; (homicidio) murder; **dar ~ a** to kill

muerto, -a ['mwerto, a] pp de **morir** ▷ adj dead ▷ nm/f dead man/woman; (difunto) deceased; (cadáver) corpse; **estar ~ de cansancio** to be dead tired; **Día de los Muertos** (MÉX) All Souls' Day

● **DÍA DE LOS MUERTOS**
●
● All Souls' Day (or "Day of the Dead")
● in Mexico coincides with All
● Saints' Day, which is celebrated
● in the Catholic countries of Latin
● America on November 1st and
● 2nd. All Souls' Day is actually
● a celebration which begins
● in the evening of October 31st
● and continues until November
● 2nd. It is a combination of the
● Catholic tradition of honouring
● the Christian saints and martyrs,
● and the ancient Mexican or Aztec
● traditions, in which death was not
● something sinister. For this reason
● all the dead are honoured by
● bringing offerings of food, flowers
● and candles to the cemetery.

muestra ['mwestra] nf (señal) indication, sign; (demostración) demonstration; (prueba) proof; (estadística) sample; (modelo) model, pattern; (testimonio) token

muestro etc vb V **mostrar**

muevo etc vb V **mover**

mugir [mu'xir] vi (vaca) to moo

mugre ['muɣre] nf dirt, filth

mujer [mu'xer] nf woman; (esposa) wife; **mujeriego** nm womanizer

mula ['mula] nf mule

muleta [mu'leta] nf (para andar) crutch; (Taur) stick with red cape attached

multa ['multa] nf fine; **poner una ~ a** to fine; **multar** vt to fine

multicines [multi'θines] nmpl multiscreen cinema sg

multinacional [multinaθjo'nal] nf multinational

múltiple ['multiple] adj multiple; (pl) many, numerous

multiplicar [multipli'kar] vt (Mat) to multiply; (fig) to increase; **multiplicarse** vr (Bio) to multiply; (fig) to be everywhere at once

multitud [multi'tuð] nf (muchedumbre) crowd; **~ de** lots of

mundial [mun'djal] adj world-wide, universal; (guerra, récord) world cpd

mundo ['mundo] nm world; **todo el ~** everybody; **tener ~** to be experienced, know one's way around

munición [muni'θjon] nf ammunition

municipal [muniθi'pal] adj municipal, local

municipio [muni'θipjo] nm (ayuntamiento) town council, corporation; (territorio administrativo) town, municipality

muñeca [mu'ɲeka] nf (Anat) wrist; (juguete) doll

muñeco [mu'ɲeko] nm (figura) figure; (marioneta) puppet; (fig) puppet, pawn

mural [mu'ral] adj mural, wall cpd ▷ nm mural

muralla [mu'raʎa] nf (city) wall(s) (pl)

murciélago [mur'θjelaɣo] nm bat

murmullo [mur'muʎo] nm murmur(ing); (cuchicheo) whispering

murmurar [murmu'rar] vi to murmur, whisper; (cotillear) to gossip

muro ['muro] nm wall

muscular [musku'lar] adj muscular

músculo ['muskulo] nm muscle

museo [mu'seo] nm museum; **museo de arte** art gallery

musgo ['musɣo] nm moss

música ['musika] nf music; V tb **músico**

músico, -a ['musiko, a] adj musical

▷ *nm/f* musician

muslo ['muslo] *nm* thigh

musulmán, -ana [musul'man, ana] *nm/f* Moslem

mutación [muta'θjon] *nf* (Bio) mutation; (cambio) (sudden) change

mutilar [muti'lar] *vt* to mutilate; (a una persona) to maim

mutuo, -a ['mutwo, a] *adj* mutual

muy [mwi] *adv* very; (demasiado) too; **M~ Señor mío** Dear Sir; **~ de noche** very late at night; **eso es ~ de él** that's just like him

N *abr* (= norte) N

nabo ['naβo] *nm* turnip

nacer [na'θer] *vi* to be born; (de huevo) to hatch; (vegetal) to sprout; (río) to rise; **nací en Barcelona** I was born in Barcelona; **nacido, -a** *adj* born; **recién nacido** newborn; **nacimiento** *nm* birth; (de Navidad) Nativity; (de río) source

nación [na'θjon] *nf* nation; **nacional** *adj* national; **nacionalismo** *nm* nationalism

nada ['naða] *pron* nothing ▷ *adv* not at all, in no way; **no decir ~** to say nothing, not to say anything; **~ más** nothing else; **de ~** don't mention it

nadador, a [naða'ðor, a] *nm/f* swimmer

nadar [na'ðar] *vi* to swim

nadie ['naðje] *pron* nobody, no-one; **~ habló** nobody spoke; **no había ~** there was nobody there, there wasn't anybody there

nado ['naðo] **a nado**: *adv*: **pasar a ~** to swim across

nafta ['nafta] (RPL) nf petrol (BRIT), gas (US)

naipe ['naipe] nm (playing) card; **naipes** nmpl cards

nalgas ['nalɣas] nfpl buttocks

nalguear [nalɣe'ar] (MÉX, CAM) vt to spank

nana ['nana] (ESP) nf lullaby

naranja [na'ranxa] adj inv, nf orange; **media ~** (fam) better half; **naranjada** nf orangeade; **naranjo** nm orange tree

narciso [nar'θiso] nm narcissus

narcótico, -a [nar'kotiko, a] adj, nm narcotic; **narcotizar** vt to drug; **narcotráfico** nm drug trafficking o running

nariz [na'riθ] nf nose; **nariz chata/respingona** snub/turned-up nose

narración [narra'θjon] nf narration

narrar [na'rrar] vt to narrate, recount; **narrativa** nf narrative

nata ['nata] nf cream; **nata montada** whipped cream

natación [nata'θjon] nf swimming

natal [na'tal] adj; **ciudad ~** home town; **natalidad** nf birth rate

natillas [na'tiʎas] nfpl custard sg

nativo, -a [na'tiβo, a] adj, nm/f native

natural [natu'ral] adj natural; (fruta etc) fresh ▷ nmf native ▷ nm (disposición) nature

naturaleza [natura'leθa] nf nature; (género) nature, kind; **naturaleza muerta** still life

naturalmente [natural'mente] adv (de modo natural) in a natural way; **¡~!** of course!

naufragar [naufra'ɣar] vi to sink; **naufragio** nm shipwreck

nauseabundo, -a [nausea'βundo, a] adj nauseating, sickening

náuseas ['nauseas] nfpl nausea sg; **me da ~** it makes me feel sick

náutico, -a ['nautiko, a] adj nautical

navaja [na'βaxa] nf knife; (de barbero,

peluquero) razor

naval [na'βal] adj naval

Navarra [na'βarra] n Navarre

nave ['naβe] nf (barco) ship, vessel; (Arq) nave; **nave espacial** spaceship; **nave industrial** factory premises pl

navegador [naβexa'ðor] nm (Inform) browser

navegante [naβe'xante] nmf navigator

navegar [naβe'xar] vi (barco) to sail; (avión) to fly; **~ por Internet** to surf the Net

Navidad [naβi'ðað] nf Christmas; **Navidades** nfpl Christmas time; **¡Feliz ~!** Merry Christmas!; **navideño, -a** adj Christmas pref

nazca etc vb V **nacer**

nazi ['naθi] adj, nmf Nazi

NE abr (= nor(d)este) NE

neblina [ne'βlina] nf mist

necesario, -a [neθe'sarjo, a] adj necessary

neceser [neθe'ser] nm toilet bag; (bolsa grande) holdall

necesidad [neθesi'ðað] nf need; (lo inevitable) necessity; (miseria) poverty; **en caso de ~** in case of need o emergency; **hacer sus ~es** to relieve o.s.

necesitado, -a [neθesi'taðo, a] adj needy, poor; **~ de** in need of

necesitar [neθesi'tar] vt to need, require

necio, -a ['neθjo, a] adj foolish

nectarina [nekta'rina] nf nectarine

nefasto, -a [ne'fasto, a] adj ill-fated, unlucky

negación [neɣa'θjon] nf negation; (rechazo) refusal, denial

negar [ne'ɣar] vt (renegar, rechazar) to refuse; (prohibir) to refuse, deny; (desmentir) to deny; **negarse** vr: **~se a** to refuse to

negativa [neɣa'tiβa] nf negative; (rechazo) refusal, denial

negativo, -a [neɣa'tiβo, a] adj, nm negative

negociante [neɣoˈθjante] *nmf* businessman/woman

negociar [neɣoˈθjar] *vt, vi* to negotiate; **~ en** to deal o trade in

negocio [neˈɣoθjo] *nm* (Com) business; (*asunto*) affair, business; (*operación comercial*) deal, transaction; (*lugar*) place of business; **los ~s** business *sg*; **hacer ~** to do business

negra [ˈneɣra] *nf* (Mús) crotchet; V tb **negro**

negro, -a [ˈneɣro, a] *adj* black; (*suerte*) awful ▷ *nm* black ▷ *nm/f* black man/woman

nene, -a [ˈnene, a] *nm/f* baby, small child

neón [neˈon] *nm:* **luces/lámpara de ~** neon lights/lamp

neoyorquino, -a [neojorˈkino, a] *adj* (of) New York

nervio [ˈnerβjo] *nm* nerve; **nerviosismo** *nm* nervousness, nerves *pl;* **nervioso, -a** *adj* nervous

neto, -a [ˈneto, a] *adj* net

neumático, -a [neuˈmatiko, a] *adj* pneumatic ▷ *nm* (ESP) tyre (BRIT), tire (US); **neumático de recambio** spare tyre

neurólogo, -a [neuˈrolɣo, a] *nm/f* neurologist

neurona [neuˈrona] *nf* nerve cell

neutral [neuˈtral] *adj* neutral; **neutralizar** *vt* to neutralize; (*contrarrestar*) to counteract

neutro, -a [ˈneutro, a] *adj* (Bio, Ling) neuter

neutrón [neuˈtron] *nm* neutron

nevada [neˈβaða] *nf* snowstorm; (*caída de nieve*) snowfall

nevar [neˈβar] *vi* to snow

nevera [neˈβera] (ESP) *nf* refrigerator (BRIT), icebox (US)

nevería [neβeˈria] (MÉX) *nf* ice-cream parlour

nexo [ˈnekso] *nm* link, connection

ni [ni] *conj* nor, neither; (tb: **~ siquiera**) not ... even; **~ aunque que** not even if; **~ blanco ~ negro** neither white

nor black

Nicaragua [nikaˈraɣwa] *nf* Nicaragua; **nicaragüense** *adj, nmf* Nicaraguan

nicho [ˈnitʃo] *nm* niche

nicotina [nikoˈtina] *nf* nicotine

nido [ˈniðo] *nm* nest

niebla [ˈnjeβla] *nf* fog; (*neblina*) mist

niego *etc vb* V **negar**

nieto, -a [ˈnjeto, a] *nm/f* grandson/ daughter; **nietos** *nmpl* grandchildren

nieve *etc* [ˈnjeβe] *vb* V **nevar** ▷ *nf* snow; (MÉX: *helado*) ice cream

NIF *nm abr* (= *Número de Identificación Fiscal*) personal identification number used for financial and tax purposes

ninfa [ˈninfa] *nf* nymph

ningún *adj* V **ninguno**

ninguno, -a [ninˈguno, a] *(adj* **ningún**) no *pron* (*nadie*) nobody; (*ni uno*) none, not one; (*ni uno ni otro*) neither; **de ninguna manera** by no means, not at all

niña [ˈniɲa] *nf* (Anat) pupil; V tb **niño**

niñera [niˈɲera] *nf* nursemaid, nanny

niñez [niˈɲeθ] *nf* childhood; (*infancia*) infancy

niño, -a [ˈniɲo, a] *adj* (*joven*) young; (*inmaduro*) immature ▷ *nm/f* child, boy/girl

nipón, -ona [niˈpon, ona] *adj, nm/f* Japanese

níquel [ˈnikel] *nm* nickel

níspero [ˈnispero] *nm* medlar

nítido, -a [ˈnitiðo, a] *adj* clear; sharp

nitrato [niˈtrato] *nm* nitrate

nitrógeno [niˈtroxeno] *nm* nitrogen

nivel [niˈβel] *nm* (Geo) level; (*norma*) level, standard; (*altura*) height; **nivel de aceite** oil level; **nivel de aire** spirit level; **nivel de vida** standard of living; **nivelar** *vt* to level out; (*fig*) to even up; (Com) to balance

no [no] *adv* no; not; (*con verbo*) not ▷ *excl* no!; **~ tengo nada** I don't have anything, I have nothing; **~ es el mío** it's not mine; **ahora ~** not now; **¿~ lo sabes?** don't you know?; **~ mucho**

much; **~ bien termine, lo entregaré** as soon as I finish, I'll hand it over; **~ más: ayer ~ más** just yesterday; **¡pase ~ más!** come in!; **¡a que ~ lo sabes!** I bet you don't know; **¡cómo ~!** of course!; **la ~ intervención** non-intervention

noble [ˈnoβle] *adj, nmf* noble; **nobleza** *nf* nobility

noche [ˈnotʃe] *nf* night, night-time; (*la tarde*) evening; **de ~, por la ~** at night; **es de ~** it's dark; **Noche de San Juan** *see note*

○ **NOCHE DE SAN JUAN**
○
○ The **Noche de San Juan** on the
○ 24th June is a **fiesta** coinciding
○ with the summer solstice and
○ which has taken the place of
○ other ancient pagan festivals.
○ Traditionally fire plays a major
○ part in these festivities with
○ celebrations and dancing taking
○ place around bonfires in towns
○ and villages across the country.

nochebuena [notʃeˈβwena] *nf* Christmas Eve

○ **NOCHEBUENA**
○
○ Traditional Christmas
○ celebrations in Spanish-speaking
○ countries mainly take place
○ on the night of **Nochebuena**,
○ Christmas Eve. Families gather
○ together for a large meal and the
○ more religiously inclined attend
○ Midnight Mass. While presents are
○ traditionally given by **los Reyes
○ Magos** on the 6th January, more
○ and more people are exchanging
○ gifts on Christmas Eve.

nochevieja [notʃeˈβjexa] *nf* New Year's Eve

nocivo, -a [noˈθiβo, a] *adj* harmful

noctámbulo, -a [nokˈtambulo, a]

nm/f sleepwalker

nocturno, -a [nokˈturno, a] *adj* (*de la noche*) nocturnal, night *cpd*; (*de la tarde*) evening *cpd* ⊳ *nm* nocturne

nogal [noˈɣal] *nm* walnut tree

nómada [ˈnomaða] *adj* nomadic ⊳ *nmf* nomad

nombrar [nomˈbrar] *vt* (*designar*) to name; (*mencionar*) to mention; (*dar puesto a*) to appoint

nombre [ˈnombre] *nm* name; (*sustantivo*) noun; **~ y apellidos** name in full; **poner ~ a** to call, name; **nombre común/propio** common/proper noun; **nombre de pila/de soltera** Christian/maiden name

nómina [ˈnomina] *nf* (*lista*) payroll; (*hoja*) payslip

nominal [nomiˈnal] *adj* nominal

nominar [nomiˈnar] *vt* to nominate

nominativo, -a [nominaˈtiβo, a] *adj* (*Com*): **cheque ~ a X** cheque made out to X

nordeste [norˈðeste] *adj* north-east, north-eastern, north-easterly ⊳ *nm* north-east

nórdico, -a [ˈnorðiko, a] *adj* Nordic

noreste [noˈreste] *adj, nm* = **nordeste**

noria [ˈnorja] *nf* (*Agr*) waterwheel; (*de carnaval*) big (BRIT) o Ferris (US) wheel

norma [ˈnorma] *nf* rule (of thumb)

normal [norˈmal] *adj* (*corriente*) normal; (*habitual*) usual, natural; **normalizarse** *vr* to return to normal; **normalmente** *adv* normally

normativa [normaˈtiβa] *nf* (set of) rules *pl*, regulations *pl*

noroeste [noroˈeste] *adj* north-west, north-western, north-westerly ⊳ *nm* north-west

norte [ˈnorte] *adj* north, northern, northerly ⊳ *nm* north; (*fig*) guide

norteamericano, -a [norteameriˈkano, a] *adj, nm/f* (North) American

Noruega [noˈrweɣa] *nf* Norway

noruego, -a [noˈrweɣo, a] *adj, nm/f* Norwegian

nos [nos] *pron (directo)* us; *(indirecto)* us; to us; for us; *(reflexivo)* (to) ourselves; *(recíproco)* (to) each other; **levantamos a las 7** we get up at 7

nosotros, -as [no'sotros, as] *pron (sujeto)* we; *(después de prep)* us

nostalgia [nos'talxja] *nf* nostalgia

nota ['nota] *nf (nota)*; *(Escol)* mark

notable [no'taβle] *adj* notable; *(Escol)* outstanding

notar [no'tar] *vt* to notice; note; **notarse** *vr* to be obvious; **se nota que ...** one observes that ...

notario [no'tarjo] *nm* notary

noticia [no'tiθja] *nf (información)* piece of news; **las ~s** the news *sg*; **tener ~s de algn** to hear from sb
▮ No confundir **noticia** con la palabra inglesa *notice*.

noticiero [noti'θjero] (LAM) *nm* news bulletin

notificar [notifi'kar] *vt* to notify, inform

notorio, -a [no'torjo, a] *adj (público)* well-known; *(evidente)* obvious

novato, -a [no'βato, a] *adj* inexperienced ▷ *nm/f* beginner, novice

novecientos, -as [noβe'θjentos, as] *num* nine hundred

novedad [noβe'ðað] *nf (calidad de nuevo)* newness; *(noticia)* piece of news; *(cambio)* change, (new) development

novel [no'βel] *adj* new; *(inexperto)* inexperienced ▷ *nm/f* beginner

novela [no'βela] *nf* novel

noveno, -a [no'βeno, a] *adj* ninth

noventa [no'βenta] *num* ninety

novia [no'βja] *nf* V **novio**

novicio, -a [no'βiθjo, a] *nm/f* novice

noviembre [no'βjembre] *nm* November

novillada [noβi'ʎaða] *nf (Taur)* bullfight with young bulls; **novillero** *nm* novice bullfighter; **novillo** *nm* young bull, bullock; **hacer novillos** *(fam)* to play truant

novio, -a ['noβjo, a] *nm/f* boyfriend/

girlfriend; *(prometido)* fiancé/fiancée; *(recién casado)* bridegroom/bride; **los ~s** the newly-weds

nube ['nuβe] *nf* cloud

nublado, -a [nu'βlaðo, a] *adj* cloudy; **nublarse** *vr* to grow dark

nubosidad [nuβosi'ðað] *nf* cloudiness; **había mucha ~** it was very cloudy

nuca ['nuka] *nf* nape of the neck

nuclear [nukle'ar] *adj* nuclear

núcleo ['nukleo] *nm (centro)* core; *(Física)* nucleus; **núcleo urbano** city centre

nudillo [nu'ðiʎo] *nm* knuckle

nudista [nu'ðista] *adj* nudist

nudo ['nuðo] *nm* knot; *(de carreteras)* junction

nuera ['nwera] *nf* daughter-in-law

nuestro, -a ['nwestro, a] *adj pos* our ▷ *pron* ours; **~ padre** our father; **un amigo ~** a friend of ours; **es el ~** it's ours

Nueva York [-jork] *n* New York

Nueva Zelanda [-θe'landa] *nf* New Zealand

nueve ['nweβe] *num* nine

nuevo, -a ['nweβo, a] *adj (gen)* new; **de ~** again

nuez [nweθ] *nf* walnut; *(Anat)* Adam's apple; **nuez moscada** nutmeg

nulo, -a ['nulo, a] *adj (inepto, torpe)* useless; *(inválido)* (null and) void; *(Deporte)* drawn, tied

núm. *abr* (= *número*) no.

numerar [nume'rar] *vt* to number

número ['numero] *nm (número)*; *(tamaño: de zapato)* size; *(ejemplar: de diario)* number, issue; **sin ~** numberless, unnumbered; **número atrasado** back number; **número de matrícula/teléfono** registration/telephone number; **número impar/par** odd/even number; **número romano** Roman numeral

numeroso, -a [nume'roso, a] *adj* numerous

nunca ['nunka] *adv (jamás)* never; **~**

lo pensé I never thought it; **no viene ~** he never comes; **~ más** never again; **más que ~** more than ever

nupcias ['nupθjas] *nfpl* wedding *sg*, nuptials

nutria ['nutrja] *nf* otter

nutrición [nutri'θjon] *nf* nutrition

nutrir [nu'trir] *vt* (*alimentar*) to nourish; (*dar de comer*) to feed; (*fig*) to strengthen; **nutritivo, -a** *adj* nourishing, nutritious

nylon [ni'lon] *nm* nylon

ñ

ñango, -a ['ɲaŋgo, a] (*MÉX*) *adj* puny

ñapa ['ɲapa] (*LAM*) *nf* extra

ñata ['ɲata] (*LAM: fam*) *nf* nose; V *tb* **ñato**

ñato, -a ['ɲato, a] (*LAM*) *adj* snub-nosed

ñoñería [ɲoɲe'ria] *nf* insipidness

ñoño, -a ['ɲoɲo, a] *adj* (*fam: tonto*) silly, stupid; (*soso*) insipid; (*persona*) spineless; (*ESP: película, novela*) sentimental

O

O abr (=*oeste*) W

o [o] conj or

oasis [o'asis] nm inv oasis

obcecarse [oβθe'karse] vr to get o become stubborn

obedecer [oβeðe'θer] vt to obey; **obediente** adj obedient

obertura [oβer'tura] nf overture

obeso, -a [o'βeso, a] adj obese

obispo [o'βispo] nm bishop

obituario [oβi'twarjo] (LAM) nm obituary

objetar [oβxe'tar] vt, vi to object

objetivo, -a [oβxe'tiβo, a] adj, nm objective

objeto [oβ'xeto] nm (cosa) object; (fin) aim

objetor, a [oβxe'tor, a] nm/f objector

obligación [oβliɣa'θjon] nf obligation; (Com) bond

obligar [oβli'ɣar] vt to force; **obligarse** vr to bind o.s.; **obligatorio, -a** adj compulsory, obligatory

oboe [o'βoe] nm oboe

obra ['oβra] nf work; (Arq) construction, building; (Teatro) play; **por ~ de** thanks to (the efforts of); **obra maestra** masterpiece; **obras públicas** public works; **obrar** vt to work; (tener efecto) to have an effect on ▷ vi to act, behave; (tener efecto) to have an effect; **la carta obra en su poder** the letter is in his/her possession

obrero, -a [o'βrero, a] adj (clase) working; (movimiento) labour cpd ▷ nm/f (gen) worker; (sin oficio) labourer

obsceno, -a [oβs'θeno, a] adj obscene

obscu... = **oscu...**

obsequiar [oβse'kjar] vt (ofrecer) to present with; (agasajar) to make a fuss of, lavish attention on; **obsequio** nm (regalo) gift; (cortesía) courtesy, attention

observación [oβserβa'θjon] nf observation; (reflexión) remark

observador, a [oβserβa'ðor, a] nm/f observer

observar [oβser'βar] vt to observe; (anotar) to notice; **observarse** vr to keep to, observe

obsesión [oβse'sjon] nf obsession; **obsesivo, -a** adj obsessive

obstáculo [oβs'takulo] nm obstacle; (impedimento) hindrance, drawback

obstante [oβs'tante]: **no ~** adv nevertheless

obstinado, -a [oβsti'naðo, a] adj obstinate, stubborn

obstinarse [oβsti'narse] vr to be obstinate; **~ en** to persist in

obstruir [oβstru'ir] vt to obstruct

obtener [oβte'ner] vt (gen) to obtain; (premio) to win

obturador [oβtura'ðor] nm (Foto) shutter

obvio, -a ['oββjo, a] adj obvious

oca ['oka] nf (animal) goose; (juego) ≈ snakes and ladders

ocasión [oka'sjon] nf (oportunidad) opportunity, chance; (momento) occasion, time; (causa) cause; **de ~**

secondhand; **ocasionar** vt to cause

ocaso [o'kaso] nm (fig) decline

occidente [okθi'ðente] nm west

OCDE nf abr (= Organización de Cooperación y Desarrollo Económico) OECD

océano [o'θeano] nm ocean; **Océano índico** Indian Ocean

ochenta [o'tʃenta] num eighty

ocho ['otʃo] num eight; **dentro de ~ días** within a week

ocio [o'θjo] nm (tiempo) leisure; (pey) idleness

octavilla [okta'viʎa] nf leaflet, pamphlet

octavo, -a [ok'taβo, a] adj eighth

octubre [ok'tuβre] nm October

oculista [oku'lista] nmf oculist

ocultar [okul'tar] vt (esconder) to hide; (callar) to conceal; **oculto, -a** adj hidden; (fig) secret

ocupación [okupa'θjon] nf occupation

ocupado, -a [oku'paðo, a] adj (persona) busy; (plaza) occupied, taken; (teléfono) engaged; **ocupar** vt (gen) to occupy; **ocuparse** vr: **ocuparse de o en** (gen) to concern o.s. with; (cuidar) to look after

ocurrencia [oku'rrenθja] nf (idea) bright idea

ocurrir [oku'rrir] vi to happen; **ocurrirse** vr: **se me ocurrió que ...** it occurred to me that ...

odiar [o'ðjar] vt to hate; **odio** nm hate, hatred; **odioso, -a** adj (gen) hateful; (malo) nasty

odontólogo, -a [oðon'toloxo, a] nm/f dentist, dental surgeon

oeste [o'este] nm west; **una película del ~** a western

ofender [ofen'der] vt (agraviar) to offend; (insultar) to insult; **ofenderse** vr to take offence; **ofensa** nf offence; **ofensiva** nf offensive; **ofensivo, -a** adj offensive

oferta [o'ferta] nf offer; (propuesta) proposal; **la ~ y la demanda** supply

and demand; **artículos en ~** goods on offer

oficial [ofi'θjal] adj official ⊳ nm (Mil) officer

oficina [ofi'θina] nf office; **oficina de correos** post office; **oficina de información** information bureau; **oficina de turismo** tourist office; **oficinista** nmf clerk

oficio [o'fiθjo] nm (profesión) profession; (puesto) post; (Rel) service; **ser de ~** to be an old hand; **tener mucho ~** to have a lot of experience; **oficio de difuntos** funeral service

ofimática [ofi'matika] nf office automation

ofrecer [ofre'θer] vt (dar) to offer; (proponer) to propose; **ofrecerse** vr (persona) to offer o.s., volunteer; (situación) to present itself; **¿qué se le ofrece?, ¿se le ofrece algo?** what can I do for you?, can I get you anything?

ofrecimiento [ofreθi'mjento] nm offer

oftalmólogo, -a [oftal'moloxo, a] nm/f ophthalmologist

oída [o'iða] nf: **de ~s** by hearsay

oído [o'iðo] nm (Anat) ear; (sentido) hearing

oigo etc vb V **oír**

oír [o'ir] vt (gen) to hear; (atender a) to listen to; **¡oiga!** listen!; **~ misa** to attend mass

OIT nf abr (= Organización Internacional del Trabajo) ILO

ojal [o'xal] nm buttonhole

ojalá [oxa'la] excl if only (it were so)!, some hope! ⊳ conj if only ...!, would that ...!; **~ (que) venga hoy** I hope he comes today

ojeada [oxe'aða] nf glance

ojera [o'xera] nf: **tener ~s** to have bags under one's eyes

ojo ['oxo] nm eye; (de puente) span; (de cerradura) keyhole ⊳ excl careful!; **tener ~ para** to have an eye for; **ojo de buey** porthole

okey [o'kei] (LAM) excl O.K.

okupa [o'kupa] (*ESP: fam*) *nmf* squatter

ola ['ola] *nf* wave

olé [o'le] *excl* bravo!, olé!

oleada [ole'aða] *nf* big wave, swell; (*fig*) wave

oleaje [ole'axe] *nm* swell

óleo ['oleo] *nm* oil; **oleoducto** *nm* (oil) pipeline

oler [o'ler] *vt* (*gen*) to smell; (*inquirir*) to pry into; (*fig: sospechar*) to sniff out ▷ *vi* to smell; **~ a** to smell of

olfatear [olfate'ar] *vt* to smell; (*inquirir*) to pry into; **olfato** *nm* sense of smell

olimpiada [olim'piaða] *nf*: **las O~s** the Olympics; **olímpico, a** [o'limpiko, a] *adj* Olympic

oliva [o'liβa] *nf* (*aceituna*) olive; **aceite de ~** olive oil; **olivo** *nm* olive tree

olla ['oʎa] *nf* pan; (*comida*) stew; **olla exprés** o **a presión** (*ESP*) pressure cooker; **olla podrida** *type of Spanish stew*

olmo ['olmo] *nm* elm (tree)

olor [o'lor] *nm* smell; **oloroso, -a** *adj* scented

olvidar [olβi'ðar] *vt* to forget; (*omitir*) to omit; **olvidarse** *vr* (*fig*) to forget o.s.; **se me olvidó** I forgot

olvido [ol'βiðo] *nm* oblivion; (*despiste*) forgetfulness

ombligo [om'bliɣo] *nm* navel

omelette [ome'lete] (*LAM*) *nf* omelet(te)

omisión [omi'sjon] *nf* (*abstención*) omission; (*descuido*) neglect

omiso, -a [o'miso, a] *adj*: **hacer caso ~ de** to ignore, pass over

omitir [omi'tir] *vt* to omit

omnipotente [omnipo'tente] *adj* omnipotent

omóplato [o'moplato] *nm* shoulder blade

OMS *nf abr* (= *Organización Mundial de la Salud*) WHO

once ['onθe] *num* eleven; **onces** (*CS*) *nfpl* tea break *sg*

onda ['onda] *nf* wave; **onda corta/larga/media** short/long/medium wave; **ondear** *vt, vi* to wave; (*tener ondas*) to be wavy; (*agua*) to ripple

ondulación [ondula'θjon] *nf* undulation; **ondulado, -a** *adj* wavy

ONG *nf abr* (= *organización no gubernamental*) NGO

ONU ['onu] *nf abr* (= *Organización de las Naciones Unidas*) UNO

opaco, -a [o'pako, a] *adj* opaque

opción [op'θjon] *nf* (*gen*) option; (*derecho*) right, option

OPEP ['opep] *nf abr* (= *Organización de Países Exportadores de Petróleo*) OPEC

ópera ['opera] *nf* opera; **ópera bufa** o **cómica** comic opera

operación [opera'θjon] *nf* (*gen*) operation; (*Com*) transaction, deal

operador, a [opera'ðor, a] *nm/f* operator; (*Cine: de proyección*) projectionist; (*de rodaje*) cameraman

operar [ope'rar] *vt* (*producir*) to produce, bring about; (*Med*) to operate on ▷ *vi* (*Com*) to operate, deal; **operarse** *vr* to occur; (*Med*) to have an operation

opereta [ope'reta] *nf* operetta

opinar [opi'nar] *vt* to think ▷ *vi* to give one's opinion; **opinión** *nf* (*creencia*) belief; (*criterio*) opinion

opio ['opjo] *nm* opium

oponer [opo'ner] *vt* (*resistencia*) to put up, offer; **oponerse** *vr* (*objetar*) to object; (*estar frente a frente*) to be opposed; (*dos personas*) to oppose each other; **~ A a B** to set A against B; **me opongo a pensar que ...** I refuse to believe o think that ...

oportunidad [oportuni'ðað] *nf* (*ocasión*) opportunity; (*posibilidad*) chance

oportuno, -a [opor'tuno, a] *adj* (*en su tiempo*) opportune, timely; (*respuesta*) suitable; **en el momento ~** at the right moment

oposición [oposi'θjon] *nf* opposition; **oposiciones** *nfpl* (*Escol*) public examinations

opositor, a [oposi'tor, a] nm/f (adversario) opponent; (candidato): **~ (a)** candidate (for)

opresión [opre'sjon] nf oppression; **opresor, a** nm/f oppressor

oprimir [opri'mir] vt to squeeze; (fig) to oppress

optar [op'tar] vi (elegir) to choose; **~ por** to opt for; **optativo, -a** adj optional

óptico, -a ['optiko, a] adj optic(al) ▷ nm/f optician; **óptica** nf optician's (shop); **desde esta óptica** from this point of view

optimismo [opti'mismo] nm optimism; **optimista** nmf optimist

opuesto, -a [o'pwesto, a] adj (contrario) opposite; (antagónico) opposing

oración [ora'θjon] nf (Rel) prayer; (Ling) sentence

orador, a [ora'ðor, a] nm/f (conferenciante) speaker, orator

oral [o'ral] adj oral

orangután [orangu'tan] nm orangutan

orar [o'rar] vi to pray

oratoria [ora'torja] nf oratory

órbita ['orßita] nf orbit

orden ['orðen] nm (gen) order ▷ nf (gen) order; (Inform) command; **en ~ de prioridad** in order of priority; **orden del día** agenda

ordenado, -a [orðe'naðo, a] adj (metódico) methodical; (arreglado) orderly

ordenador [orðena'ðor] nm computer; **ordenador central** mainframe computer

ordenar [orðe'nar] vt (mandar) to order; (poner orden) to put in order, arrange; **ordenarse** vr (Rel) to be ordained

ordeñar [orðe'nar] vt to milk

ordinario, -a [orði'narjo, a] adj (común) ordinary, usual; (vulgar) vulgar, common

orégano [o'reɣano] nm oregano

oreja [o'rexa] nf ear; (Mecánica) lug, flange

orfanato [orfa'nato] nm orphanage

orfebrería [orfeßre'ria] nf gold/ silver work

orgánico, -a [or'ɣaniko, a] adj organic

organismo [orɣa'nismo] nm (Bio) organism; (Pol) organization

organización [orɣaniθa'θjon] nf organization; **organizar** vt to organize

órgano ['orɣano] nm organ

orgasmo [or'ɣasmo] nm orgasm

orgía [or'xia] nf orgy

orgullo [or'ɣuʎo] nm pride; **orgulloso, -a** adj (gen) proud; (altanero) haughty

orientación [orjenta'θjon] nf (posición) position; (dirección) direction

oriental [orjen'tal] adj eastern; (del Extremo Oriente) oriental

orientar [orjen'tar] vt (situar) to orientate; (señalar) to point; (dirigir) to direct; (guiar) to guide; **orientarse** vr to get one's bearings

oriente [o'rjente] nm east; **el O~ Medio** the Middle East; **el Próximo/ Extremo O~** the Near/Far East

origen [o'rixen] nm origin

original [orixi'nal] adj (nuevo) original; (extraño) odd, strange; **originalidad** nf originality

originar [orixi'nar] vt to start, cause; **originarse** vr to originate; **originario, -a** adj original; **originario de** native of

orilla [o'riʎa] nf (borde) border; (de río) bank; (de bosque, tela) edge; (de mar) shore

orina [o'rina] nf urine; **orinal** nm (chamber) pot; **orinar** vi to urinate; **orinarse** vr to wet o.s.

oro ['oro] nm gold; **oros** nmpl (Naipes) hearts

orquesta [or'kesta] nf orchestra; **orquesta sinfónica** symphony orchestra

orquídea [or'kiðea] nf orchid

ortiga [or'tixa] nf nettle

ortodoxo, -a [orto'ðokso, a] adj orthodox

ortografía [ortoɤra'fia] nf spelling

ortopedia [orto'peðja] nf orthopaedics sg; **ortopédico, -a** adj orthopaedic

oruga [o'ruxa] nf caterpillar

orzuelo [or'θwelo] nm stye

os [os] pron (gen) you; (a vosotros) to you

osa ['osa] nf (she-)bear; **Osa Mayor/ Menor** Great/Little Bear

osadía [osa'ðia] nf daring

osar [o'sar] vi to dare

oscilación [osθila'θjon] nf (movimiento) oscillation; (fluctuación) fluctuation

oscilar [osθi'lar] vi to oscillate; to fluctuate

oscurecer [oskure'θer] vt to darken
▷ vi to grow dark; **oscurecerse** vr to grow o get dark

oscuridad [oskuri'ðað] nf obscurity; (tinieblas) darkness

oscuro, -a [os'kuro, a] adj dark; (fig) obscure; **a oscuras** in the dark

óseo, -a ['oseo, a] adj bone cpd

oso ['oso] nm bear; **oso de peluche** teddy bear; **oso hormiguero** anteater

ostentar [osten'tar] vt (gen) to show; (pey) to flaunt, show off; (poseer) to have, possess

ostión [os'tjon] (MÉX) nm = **ostra**

ostra ['ostra] nf oyster

OTAN ['otan] nf abr (= Organización del Tratado del Atlántico Norte) NATO

otitis [o'titis] nf earache

otoñal [oto'ɲal] adj autumnal

otoño [o'toɲo] nm autumn

otorgar [otor'xar] vt (conceder) to concede; (dar) to grant

otorrino [oto'rrino] nm, **otorrinolaringólogo, -a** [otorrinolarin'xoloxo, a] nm/f ear,

nose and throat specialist

○ **PALABRA CLAVE**

otro, -a ['otro, a] adj 1 (distinto: sg) another; (: pl) other; **con otros amigos** with other o different friends
2 (adicional): **tráigame otro café (más), por favor** can I have another coffee please; **otros diez días más** another ten days
▷ pron 1 **el otro** the other one; **(los) otros** (the) others; **de otro** somebody else's; **que lo haga otro** let somebody else do it
2 (recíproco): **se odian (la) una a (la) otra** they hate one another o each other
3: **otro tanto: comer otro tanto** to eat the same as much again; **recibió una decena de telegramas y otras tantas llamadas** he got about ten telegrams and as many calls

ovación [oβa'θjon] nf ovation

oval [o'βal] adj oval; **ovalado, -a** adj oval; **óvalo** nm oval

ovario [o'βario] nm ovary

oveja [o'βexa] nf sheep

overol [oβe'rol] (LAM) nm overalls pl

ovillo [o'βiʎo] nm (de lana) ball of wool

OVNI ['oβni] nm abr (= objeto volante no identificado) UFO

ovulación [oβula'θjon] nf ovulation; **óvulo** nm ovum

oxidación [oksiða'θjon] nf rusting

oxidar [oksi'ðar] vt to rust; **oxidarse** vr to go rusty

óxido ['oksiðo] nm oxide

oxigenado, -a [oksixe'naðo, a] adj (Quím) oxygenated; (pelo) bleached

oxígeno [ok'sixeno] nm oxygen

oyente [o'jente] nmf listener

oyes etc vb V **oír**

ozono [o'θono] nm ozone

P

pabellón [paβe'ʎon] nm bell tent; (Arq) pavilion; (de hospital etc) block, section; (bandera) flag

pacer [pa'θer] vi to graze

paciencia [pa'θjenθja] nf patience

paciente [pa'θjente] adj, nmf patient

pacificación [paθifika'θjon] nf pacification

pacífico, -a [pa'θifiko, a] adj (persona) peaceable; (existencia) peaceful; **el (Océano) P~** the Pacific (Ocean)

pacifista [paθi'fista] nmf pacifist

pacotilla [pako'tiʎa] nf: **de ~** (actor, escritor) third-rate

pactar [pak'tar] vt to agree to on ▷ vi to come to an agreement

pacto ['pakto] nm (tratado) pact; (acuerdo) agreement

padecer [paðe'θer] vt (sufrir) to suffer; (soportar) to endure, put up with; **padecimiento** nm suffering

padrastro [pa'ðrastro] nm stepfather

padre ['paðre] nm father ▷ adj (fam): **un éxito ~** a tremendous success; **padres** nmpl parents; **padre político** father-in-law

padrino [pa'ðrino] nm (Rel) godfather; (tb: **~ de boda**) best man; (fig) sponsor, patron; **padrinos** nmpl godparents

padrón [pa'ðron] nm (censo) census, roll

padrote [pa'ðrote] nm (MÉX: fam) pimp

paella [pa'eʎa] nf päella, dish of rice with meat, shellfish etc

paga ['paxa] nf (pago) payment; (sueldo) pay, wages pl

pagano, -a [pa'xano, a] adj, nm/f pagan, heathen

pagar [pa'xar] vt to pay; (las compras, crimen) to pay for; (fig: favor) to repay ▷ vi to pay; **~ al contado/a plazos** to pay (in) cash/in instalments

pagaré [paxa're] nm I.O.U.

página ['paxina] nf page; **página de inicio** (Inform) home page; **página web** (Inform) web page

pago ['paxo] nm (dinero) payment; **en ~ de** in return for; **pago anticipado/a cuenta/contra reembolso/en especie** advance payment/payment on account/cash on delivery/payment in kind

pág(s). abr (= página(s)) p(p).

pague etc vb V **pagar**

país [pa'is] nm (gen) country; (región) land; **los P~es Bajos** the Low Countries; **el P~ Vasco** the Basque Country

paisaje [pai'saxe] nm landscape, scenery

paisano, -a [pai'sano, a] adj of the same country ▷ nm/f (compatriota) fellow countryman/woman; **vestir de ~** (soldado) to be in civvies; (guardia) to be in plain clothes

paja ['paxa] nf straw; (fig) rubbish (BRIT), trash (US)

pajarita [paxa'rita] nf (corbata) bow tie

pájaro ['paxaro] nm bird; **pájaro carpintero** woodpecker

pajita [pa'xita] nf (drinking) straw

pala ['pala] nf spade, shovel; (raqueta etc) bat; (: de tenis) racquet; (Culin) slice; **pala mecánica** power shovel

palabra [pa'laβɾa] nf word; (facultad) (power of) speech; (derecho de hablar) right to speak; **tomar la ~** (en mitin) to take the floor

palabrota [pala'βɾota] nf swearword

palacio [pa'laθjo] nm palace; (mansión) mansion, large house; **palacio de justicia** courthouse; **palacio municipal** town o city hall

paladar [pala'ðar] nm palate; **paladear** vt to taste

palanca [pa'laŋka] nf lever; (fig) pull, influence

palangana [palaŋ'gana] nf washbasin

palco ['palko] nm box

Palestina [pales'tina] nf Palestine; **palestino, -a** nm/f Palestinian

paleta [pa'leta] nf (de pintor) palette; (de albañil) trowel; (de ping-pong) bat; (MÉX, CAM: helado) ice lolly (BRIT), Popsicle® (US)

palidecer [paliðe'θer] vi to turn pale; **palidez** nf paleness; **pálido, -a** adj pale

palillo [pa'liʎo] nm (mondadientes) toothpick; (para comer) chopstick

palito [pa'lito] nm (RPL) nm (helado) ice lolly (BRIT), Popsicle® (US)

paliza [pa'liθa] nf beating, thrashing

palma ['palma] nf (Anat) palm; (árbol) palm tree; **batir** o **dar ~s** to clap, applaud; **palmada** nf slap; **palmadas** nfpl clapping sg, applause sg

palmar [pal'mar] (fam) vi (tb: **-la**) to die, kick the bucket

palmear [palme'ar] vi to clap

palmera [pal'mera] nf (Bot) palm tree

palmo ['palmo] nm (medida) span; (fig) small amount; **~ a ~** inch by inch

palo ['palo] nm stick; (poste) post; (de tienda de campaña) pole; (mango) handle, shaft; (golpe) blow, hit; (de golf) club; (de béisbol) bat; (Náut) mast; (Naipes) suit

paloma [pa'loma] nf dove, pigeon

palomitas [palo'mitas] nfpl popcorn sg

palpar [pal'par] vt to touch, feel

palpitar [palpi'tar] vi to palpitate; (latir) to beat

palta ['palta] nf (CS) avocado

paludismo [palu'ðismo] nm malaria

pamela [pa'mela] nf picture hat, sun hat

pampa ['pampa] nf pampas, prairie

pan [pan] nm bread; (una barra) loaf; **pan integral** wholemeal (BRIT) o wholewheat (US) bread; **pan rallado** breadcrumbs pl; **pan tostado** (MÉX: tostada) toast

pana ['pana] nf corduroy

panadería [panaðe'ria] nf baker's (shop); **panadero, -a** nm/f baker

Panamá [pana'ma] nm Panama; **panameño, -a** adj Panamanian

pancarta [paŋ'karta] nf placard, banner

panceta [pan'θeta] nf (ESP, RPL) nf bacon

pancho [pantʃo] (RPL) nm hot dog

pancito [pan'θito] nm (CS) (bread) roll

panda ['panda] nm (Zool) panda

pandereta [pande'reta] nf tambourine

pandilla [pan'diʎa] nf set, group; (de criminales) gang; (pey: camarilla) clique

panecillo [pane'θiʎo] (ESP) nm (bread) roll

panel [pa'nel] nm panel; **panel solar** solar panel

panfleto [pan'fleto] nm pamphlet

pánico ['paniko] nm panic

panorama [pano'rama] nm panorama; (vista) view

panqueque [pan'keke] (LAM) nm pancake

pantalla [pan'taʎa] nf (de cine) screen; (de lámpara) lampshade

pantalón [panta'lon] nm trousers;
pantalones nmpl trousers;
pantalones cortes shorts

pantano [pan'tano] nm (ciénaga)
marsh, swamp; (depósito: de agua)
reservoir; (fig) jam, difficulty

panteón [pante'on] nm (monumento)
pantheon

pantera [pan'tera] nf panther

pantimedias [panti'meðjas] (MÉX)
nfpl = **pantis**

pantis ['pantis] nmpl tights (BRIT),
pantyhose (US)

pantomima [panto'mima] nf
pantomime

pantorrilla [panto'rriʎa] nf calf
(of the leg)

pants [pants] (MÉX) nmpl tracksuit
(BRIT), sweat suit (US)

pantufla [pan'tufla] nf slipper

panty(s) ['panti(s)] nm(pl) tights
(BRIT), pantyhose (US)

panza ['panθa] nf belly, paunch

pañal [pa'ɲal] nm nappy (BRIT),
diaper (US); **pañales** nmpl (fig) early
stages, infancy sg

paño ['paɲo] nm (tela) cloth; (pedazo
de tela) (piece of) cloth; (trapo) duster, rag;
paños menores underclothes

pañuelo [pa'ɲwelo] nm
handkerchief, hanky; (fam: para la
cabeza) (head)scarf

papa ['papa] nm: **el P~** the Pope ▷ nf
(LAM: patata) potato; **papas fritas** (LAM)
French fries, chips (BRIT); (de bolsa)
crisps, potato chips (US)

papá [pa'pa] (fam) nm dad(dy), pa (US)

papada [pa'paða] nf double chin

papagayo [papa'xajo] nm parrot

papalote [papa'lote] (MÉX, CAM)
nm kite

papanatas [papa'natas] (fam) nm
inv simpleton

papaya [pa'paja] nf papaya

papear [pape'ar] (fam) vt, vi to scoff

papel [pa'pel] nm (gen); (hoja de
papel) sheet of paper; (Teatro: fig) role;
papel de aluminio aluminium (BRIT)

o aluminum (US) foil; **papel de arroz/
envolver/fumar** rice/wrapping/
cigarette paper; **papel de estaño** o
plata tinfoil; **papel de lija** sandpaper;
papel higiénico toilet paper; **papel
moneda** paper money; **papel secante**
blotting paper

papeleo [pape'leo] nm red tape

papelera [pape'lera] nf wastepaper
basket; (en la calle) litter bin; **papelera
(de reciclaje)** (Inform) wastebasket

papelería [papele'ria] nf stationer's
(shop)

papeleta [pape'leta] (ESP) nf (Pol)
ballot paper

paperas [pa'peras] nfpl mumps sg

papilla [pa'piʎa] nf (de bebé) baby
food

paquete [pa'kete] nm (de cigarrillos
etc) packet; (Correos etc) parcel

par [par] adj (igual) like, equal; (Mat)
even ▷ nm equal; (de guantes) pair; (de
veces) couple; (Pol) peer; (Golf, Com) par;
abrir de ~ en ~ to open wide

para ['para] prep for: **no es ~ comer**
it's not for eating; **decir ~ sí** to say to
o.s.; **¿~ qué lo quieres?** what do you
want it for?; **se casaron ~ separarse
otra vez** they married only to separate
again; **lo tendré ~ mañana** I'll have
it (for) tomorrow; **ir ~ casa** to go
home, head for home; **~ profesor es
muy estúpido** he's very stupid for a
teacher; **¿quién es usted ~ gritar así?**
who are you to shout like that?; **tengo
bastante ~ vivir** I have enough to live
on; V tb **para**

parabién [para'βjen] nm
congratulations pl

parábola [pa'raβola] nf parable;
(Mat) parabola; **parabólica** nf
(tb: **antena parabólica**) satellite dish

parabrisas [para'βrisas] nm inv
windscreen (BRIT), windshield (US)

paracaídas [paraka'iðas] nm
inv parachute; **paracaidista** nmf
parachutist; (Mil) paratrooper

parachoques [para'tʃokes] nm inv

(*Auto*) bumper; (*Mecánica etc*) shock absorber

parada [pa'raða] *nf* stop; (*acto*) stopping; (*de industria*) shutdown, stoppage; (*lugar*) stopping place; **parada de autobús** bus stop; **parada de taxis** taxi stand o rank (BRIT)

paradero [para'ðero] *nm* stopping-place; (*situación*) whereabouts

parado, -a [pa'raðo, a] *adj* (*persona*) motionless, standing still; (*fábrica*) closed, at a standstill; (*coche*) stopped; (LAM: *de pie*) standing (up); (ESP: *sin empleo*) unemployed, idle

paradoja [para'ðoxa] *nf* paradox

parador [para'ðor] *nm* parador, state-run hotel

paragolpes [para'golpes] (RPL) *nm inv* (*Auto*) bumper, fender (us)

paraguas [pa'raxwas] *nm inv* umbrella

Paraguay [para'ywai] *nm* Paraguay; **paraguayo, -a** *adj, nm/f* Paraguayan

paraíso [para'iso] *nm* paradise, heaven

paraje [pa'raxe] *nm* place, spot

paralelo, -a [para'lelo, a] *adj* parallel

parálisis [pa'ralisis] *nf inv* paralysis; **paralítico, -a** *adj, nm/f* paralytic

paralizar [parali'θar] *vt* to paralyse; **paralizarse** *vr* to become paralysed; (*fig*) to come to a standstill

páramo ['paramo] *nm* bleak plateau

paranoico, -a [para'noiko, a] *nm/f* paranoiac

parapente [para'pente] *nm* (*deporte*) paragliding; (*aparato*) paraglider

parapléjico, -a [para'plexiko, a] *adj, nm/f* paraplegic

parar [pa'rar] *vt* to stop; (*golpe*) to ward off ▷ *vi* to stop; **pararse** *vr* to stop; (LAM: *ponerse de pie*) to stand up; **ha parado de llover** it has stopped raining; **van a ir a ~ a comisaría** they're going to end up in the police station; **~se en** to pay attention to

pararrayos [para'rrajos] *nm inv*

lightning conductor

parásito, -a [pa'rasito, a] *nm/f* parasite

parcela [par'θela] *nf* plot, piece of ground

parche ['partʃe] *nm* (*gen*) patch

parchís [par'tʃis] *nm* ludo

parcial [par'θjal] *adj* (*pago*) part-; (*eclipse*) partial; (Jur) prejudiced, biased; (Pol) partisan

parecer [pare'θer] *nm* (*opinión*) opinion, view; (*aspecto*) looks *pl* ▷ *vi* (*tener apariencia*) to seem, look; (*asemejarse*) to look o seem like; (*aparecer, llegar*) to appear; **parecerse** *vr* to look alike, resemble each other; **al ~** apparently; **según parece** evidently, apparently; **~se a** to look like, resemble; **me parece que** I think (that), it seems to me that

parecido, -a [pare'θiðo, a] *adj* similar o *nm* similarity, likeness, resemblance; **bien ~** good-looking, nice-looking

pared [pa'reð] *nf* wall

pareja [pa'rexa] *nf* (*par*) pair; (*dos personas*) couple; (*otro: de un par*) other one (of a pair); (*persona*) partner

parentesco [paren'tesko] *nm* relationship

paréntesis [pa'rentesis] *nm inv* parenthesis; (*en escrito*) bracket

parezco *etc vb* V **parecer**

pariente [pa'rjente] *nmf* relative, relation

> [!NOTE]
> No confundir **pariente** con la palabra inglesa *parent*.

parir [pa'rir] *vt* to give birth to ▷ *vi* (*mujer*) to give birth, have a baby

París [pa'ris] *n* Paris

parka ['parka] (LAM) *nf* anorak

parking ['parkin] *nm* car park (BRIT), parking lot (us)

parlamentar [parlamen'tar] *vi* to parley

parlamentario, -a [parlamen'tarjo, a] *adj* parliamentary ▷ *nm/f* member of parliament

parlamento [parla'mento] *nm*
parliament

parlanchín, -ina [parlan'tʃin, ina]
adj indiscreet ▷ *nm/f* chatterbox

parlar [par'lar] *vi* to chatter (away)

paro ['paro] *nm* (*huelga*) stoppage
(of work), strike; (*ESP*: *desempleo*)
unemployment; (*: subsidio*)
unemployment benefit; **estar en ~**
(*ESP*) to be unemployed; **paro cardíaco**
cardiac arrest

parodia [pa'roðja] *nf* parody;
parodiar *vt* to parody

parpadear [parpaðe'ar] *vi* (*ojos*) to
blink; (*luz*) to flicker

párpado ['parpaðo] *nm* eyelid

parque ['parke] *nm* (*lugar verde*)
park; (*MÉX*: *munición*) ammunition;
parque de atracciones fairground;
parque de bomberos fire station;
parque infantil/temático/zoológico
playground/theme park/zoo

parqué [par'ke] *nm* parquet
(flooring)

parquímetro [par'kimetro] *nm*
parking meter

parra ['parra] *nf* (grape)vine

párrafo ['parrafo] *nm* paragraph;
echar un ~ (*fam*) to have a chat

parranda [pa'rranda] (*fam*) *nf* spree,
binge

parrilla [pa'rriʎa] *nf* (*Culin*) grill; (*de
coche*) grille; (**carne a la ~**) barbecue;
parrillada *nf* barbecue

párroco [pa'rroko] *nm* parish priest

parroquia [pa'rrokja] *nf* parish;
(*iglesia*) parish church; (*Com*) clientele,
customers *pl*; **parroquiano, -a** *nm/f*
parishioner; (*Com*) client, customer

parte ['parte] *nm* message; (*informe*)
report ▷ *nf* part; (*lado, cara*) side; (*de
reparto*) share; (*Jur*) party; **en alguna
~ de Europa** somewhere in Europe;
en o por todas ~s everywhere; **en
gran ~** to a large extent; **la mayor ~
de los españoles** most Spaniards;
de un tiempo a esta ~ for some time
past; **de ~ de algn** on sb's behalf; **¿de**

~ de quién? (*Tel*) who is speaking?;
por ~ de on the part of; **yo por mi ~**
for my part; **por otra ~** on the other
hand; **dar ~** to notify, report; **tomar ~**
part; **parte meteorológico** weather
forecast o report

participación [partiθipa'θjon] *nf*
(*acto*) participation, taking part; (*parte,
Com*) share; (*de lotería*) shared prize;
(*aviso*) notice, notification

participante [partiθi'pante] *nmf*
participant

participar [partiθi'par] *vt* to notify,
inform ▷ *vi* to take part, participate

partícipe [par'tiθipe] *nmf*
participant

particular [partiku'lar] *adj* (*especial*)
particular, special; (*individual, personal*)
private, personal ▷ *nm* (*punto, asunto*)
particular, point; (*individuo*) individual;
tiene coche ~ he has a car of his own

partida [par'tiða] *nf* (*salida*)
departure; (*Com*) entry, item; (*juego*)
game; (*grupo de personas*) band,
group; **mala ~** dirty trick; **partida de
nacimiento/matrimonio/defunción**
(*ESP*) birth/marriage/death certificate

partidario, -a [parti'ðarjo, a] *adj*
partisan ▷ *nm/f* supporter, follower

partido [par'tiðo] *nm* (*Pol*) party;
(*Deporte*) game, match; **sacar ~ de**
to profit o benefit from; **tomar ~** to
take sides

partir [par'tir] *vt* (*dividir*) to split,
divide; (*compartir, distribuir*) to share
(out), distribute; (*romper*) to break
open, split open; (*rebanada*) to cut (off)
▷ *vi* (*ponerse en camino*) to set off o out;
(*comenzar*) to start (off o out); **partirse**
vr to crack o split o break (in two *etc*); **a
~ de** (starting) from

partitura [parti'tura] *nf* (*Mús*) score

parto ['parto] *nm* birth; (*fig*) product,
creation; **estar de ~** to be in labour

parvulario [parβu'larjo] (*ESP*) *nm*
nursery school, kindergarten

pasa ['pasa] *nf* raisin; **pasa de
Corinto** currant

pasacintas [pasa'θintas] (LAM) nm cassette player

pasada [pa'saða] nf passing, passage; **de ~** in passing, incidentally; **una mala ~** a dirty trick

pasadizo [pasa'ðiθo] nm (pasillo) passage, corridor; (callejuela) alley

pasado, -a [pa'saðo, a] adj past; (malo: comida, fruta) bad; (muy cocido) overdone; (anticuado) out of date ▷ nm past; **~ mañana** the day after tomorrow; **el mes ~** last month

pasador [pasa'ðor] nm (cerrojo) bolt; (de pelo) hair slide; (horquilla) grip

pasaje [pa'saxe] nm fare; (los pasajeros) passengers pl; (pasillo) passageway

pasajero, -a [pasa'xero, a] adj passing; (situación, estado) temporary; (amor, enfermedad) brief ▷ nm/f passenger

pasamontañas [pasamon'tanas] nm inv balaclava helmet

pasaporte [pasa'porte] nm passport

pasar [pa'sar] vt to pass; (tiempo) to spend; (desgracias) to suffer, endure; (noticia) to give, pass on; (río) to cross; (barrera) to pass through; (falta) to overlook, tolerate; (contrincante) to surpass, do better than; (coche) to overtake; (Cine) to show; (enfermedad) to give, infect with ▷ vi (gen) to pass; (terminarse) to be over; (ocurrir) to happen; **pasarse** vr (flores) to fade; (comida) to go bad o off; (fig) to overdo it, go too far; **~ de** to go beyond, exceed; **~ por** (Auto) to fetch; **~lo bien/mal** to have a good/bad time; **¡pase!** come in!; **hacer ~** to show in; **lo que pasa es que ...** the thing is ...; **~se al enemigo** to go over to the enemy; **se me pasó** I forgot; **no se le pasa nada** he misses nothing; **pase lo que pase** come what may; **¿qué pasa?** what's going on?, what's up?; **¿qué te pasa?** what's wrong?

pasarela [pasa'rela] nf footbridge; (en barco) gangway

pasatiempo [pasa'tjempo] nm pastime, hobby

Pascua [pa'skwa] nf (en Semana Santa) Easter; **Pascuas** nfpl Christmas (time); **¡felices ~s!** Merry Christmas!

pase [pase] nm pass; (Cine) performance, showing

pasear [pase'ar] vt to take for a walk; (exhibir) to parade, show off ▷ vi to walk, go for a walk; **pasearse** vr to walk, go for a walk; **~ en coche** to go for a drive; **paseo** nm (avenida) avenue; (distancia corta) walk, stroll; **dar un o ir de paseo** to go for a walk; **paseo marítimo** promenade

pasillo [pa'siʎo] nm passage, corridor

pasión [pa'sjon] nf passion

pasivo, -a [pa'siβo, a] adj passive; (inactivo) inactive ▷ nm (Com) liabilities pl, debts pl

pasmoso, -a [pas'moso, a] adj amazing, astonishing

paso, -a [ˈpaso, a] adj dried ▷ nm step; (modo de andar) walk; (huella) footprint; (rapidez) speed, pace, rate; (camino accesible) way through, passage; (cruce) crossing; (pasaje) passing, passage; (Geo) pass; (estrecho) strait; **a ese ~** (fig) at that rate; **salir al ~ de** o to waylay; **estar de ~** to be passing through; **prohibido el ~** no entry; **ceda el ~** give way; **paso a nivel** (Ferro) level-crossing; **paso (de) cebra** (ESP) zebra crossing; **paso de peatones** pedestrian crossing; **paso elevado** flyover

pasota [pa'sota] (ESP: fam) adj, nmf ≈ dropout; **ser un ~** to be a bit of a dropout; (ser indiferente) to not care about anything

pasta [pasta] nf paste; (Culin: masa) dough; (: de bizcochos etc) pastry; (fam) dough; **pastas** nfpl (bizcochos) pastries, small cakes; (fideos, espaguetis etc) pasta; **pasta dentífrica o de dientes** toothpaste

pastar [pas'tar] vt, vi to graze

pastel [pas'tel] nm (dulce) cake; (Arte)

pastel; **pastel de carne** meat pie;
pastelería nf cake shop

pastilla [pas'tiʎa] nf (de jabón,
chocolate) bar; (píldora) tablet, pill

pasto ['pasto] nm (hierba) grass;
(lugar) pasture, field; **pastor, a**
[pas'tor, a] nm shepherd/ess
▷ nm (Rel) clergyman, pastor; **pastor
alemán** Alsatian

pata ['pata] nf (pierna) leg; (pie) foot;
(de muebles) leg; **~s arriba** upside-down;
metedura de ~ (fam) gaffe; **meter la
~** (fam) to put one's foot in it; **tener
buena/mala ~** to be lucky/unlucky;
pata de cabra (Tec) crowbar; **patada**
nf kick; (en el suelo) stamp

patata [pa'tata] nf potato; **patatas
fritas** chips, French fries; (de bolsa)
crisps

paté [pa'te] nm pâté

patente [pa'tente] adj obvious,
evident; (Com) patent ▷ nf patent

paternal [pater'nal] adj fatherly,
paternal; **paterno, -a** adj paternal

patético, -a [pa'tetiko, a] adj
pathetic, moving

patilla [pa'tiʎa] nf (de gafas)
side(piece); **patillas** nfpl sideburns

patín [pa'tin] nm skate; (de trineo)
runner; **patín de ruedas** roller skate;
patinaje nm skating; **patinar** vi to
skate; (resbalarse) to skid; slip; (fam) to
slip up, blunder

patineta [pati'neta] nf (MÉX: patinete)
scooter; (cs: monopatín) skateboard

patinete [pati'nete] nm scooter

patio ['patjo] nm (de casa) patio,
courtyard; **patio de recreo** playground

pato ['pato] nm duck; **pagar el ~** (fam)
to take the blame, carry the can

patoso, -a [pa'toso, a] (fam) adj
clumsy

patotero, -a [pato'tero] (cs) nm
hooligan, lout

patraña [pa'traɲa] nf story, fib

patria ['patrja] nf native land,
mother country

patrimonio [patri'monjo] nm

inheritance; (fig) heritage

patriota [pa'trjota] nmf patriot

patrocinar [patroθi'nar] vt to
sponsor

patrón, -ona [pa'tron, ona] nm/f
(jefe) boss, chief, master(mistress);
(propietario) landlord/lady; (Rel) patron
saint ▷ nm (Tec, Costura) pattern

patronato [patro'nato] nm
sponsorship; (acto) patronage;
(fundación benéfica) trust, foundation

patrulla [pa'truʎa] nf patrol

pausa ['pausa] nf pause, break

pauta ['pauta] nf line, guide line

pava ['paβa] nf (RPL) kettle

pavimento [paβi'mento] nm (de
losa) pavement, paving

pavo ['paβo] nm turkey; **pavo real**
peacock

payaso, -a [pa'jaso, a] nm/f clown

payo, -a ['pajo, a] nm/f non-gipsy

paz [paθ] nf peace; (tranquilidad)
peacefulness, tranquillity; **hacer las
paces** to make peace; (fig) to make up;
¡déjame en ~! leave me alone!

PC nm PC, personal computer

P.D. abr (= posdata) P.S., p.s.

peaje [pe'axe] nm toll

peatón [pea'ton] nm pedestrian;
peatonal adj pedestrian

peca ['peka] nf freckle

pecado [pe'kaðo] nm sin; **pecador, a**
adj sinful ▷ nm/f sinner

pecaminoso, -a [pekami'noso, a]
adj sinful

pecar [pe'kar] vi (Rel) to sin; **peca de
generoso** he is generous to a fault

pecera [pe'θera] nf fish tank;
(redonda) goldfish bowl

pecho ['petʃo] nm (Anat) chest; (de
mujer) breast; **dar el ~ a** to breast-feed;
tomar algo a ~ to take sth to heart

pechuga [pe'tʃuxa] nf breast

peculiar [peku'ljar] adj special,
peculiar; (característico) typical,
characteristic

pedal [pe'ðal] nm pedal; **pedalear**
vi to pedal

pedante [pe'ðante] *adj* pedantic
▷ *nmf* pedant

pedazo [pe'ðaθo] *nm* piece, bit;
hacerse ~s to smash, shatter

pediatra [pe'ðjatra] *nmf*
paediatrician

pedido [pe'ðiðo] *nm* (Com) order;
(*petición*) request

pedir [pe'ðir] *vt* to ask for, request;
(*comida*, Com: *mandar*) to order;
(*necesitar*) to need, demand, require
▷ *vi* to ask; **me pidió que cerrara la
puerta** he asked me to shut the door;
¿cuánto piden por el coche? how
much are they asking for the car?

pedo ['peðo] (*fam*) *nm* fart

pega ['peɣa] *nf* snag; **poner ~s (a)** to
complain (about)

pegadizo, -a [peɣa'ðiθo, a] *adj*
(*Mús*) catchy

pegajoso, -a [peɣa'xoso, a] *adj*
sticky, adhesive

pegamento [peɣa'mento] *nm*
gum, glue

pegar [pe'ɣar] *vt* (*papel, sellos*) to
stick (on); (*cartel*) to stick up; (*coser*)
to sew (on); (*unir: partes*) to join, fix
together; (*Comput*) to paste; (*Med*) to
give, infect with; (*dar: golpe*) to give,
deal ▷ *vi* (*adherirse*) to stick, adhere; (*ir
juntos: colores*) to match, go together;
(*golpear*) to hit; (*quemar: el sol*) to strike
hot, burn; **pegarse** *vr* (*gen*) to stick;
(*dos personas*) to hit each other, fight;
(*fam*): **~ un grito** to let out a yell; **~ un
salto** to jump (with fright); **~ en** to
touch; **~se un tiro** to shoot o.s.

pegatina [peɣa'tina] *nf* sticker

pegote [pe'ɣote] (*fam*) *nm* eyesore,
sight

peinado [pei'naðo] *nm* hairstyle

peinar [pei'nar] *vt* to comb; (*hacer
estilo*) to style; **peinarse** *vr* to comb
one's hair

peine ['peine] *nm* comb; **peineta** *nf*
ornamental comb

p.ej. *abr* (= *por ejemplo*) e.g.

Pekín [pe'kin] *n* Pekin(g)

pelado, -a [pe'laðo, a] *adj* (*fruta,
patata etc*) peeled; (*cabeza*) shorn;
(*campo, fig*) bare; (*fam: sin dinero*) broke

pelar [pe'lar] *vt* (*fruta, patatas etc*) to
peel; (*cortar el pelo a*) to cut the hair of;
(*quitar la piel: animal*) to skin; **pelarse** *vr*
(*la piel*) to peel off; **voy a ~me** I'm going
to get my haircut

peldaño [pel'daɲo] *nm* step

pelea [pe'lea] *nf* (*lucha*) fight;
(*discusión*) quarrel, row; **peleado, -a**
[pele'aðo, a] *adj*: **estar peleado (con
algn)** to have fallen out (with sb);
pelear [pele'ar] *vi* to fight; **pelearse**
vr to fight; (*reñirse*) to fall out, quarrel

pelela [pe'lela] (*cs*) *nf* potty

peletería [pelete'ria] *nf* furrier's,
fur shop

pelícano [pe'likano] *nm* pelican

película [pe'likula] *nf* film; (*cobertura
ligera*) thin covering; (*Foto: rollo*) roll
o reel of film; **película de dibujos
(animados) del oeste** cartoon/
western

peligro [pe'liɣro] *nm* danger; (*riesgo*)
risk; **correr ~ de** to run the risk of;
peligroso, -a *adj* dangerous; risky

pelirrojo, -a [peli'rroxo, a] *adj* red-
haired, red-headed ▷ *nm/f* redhead

pellejo [pe'ʎexo] *nm* (*de animal*)
skin, hide

pellizcar [peʎiθ'kar] *vt* to pinch, nip

pelma ['pelma] (*ESP: fam*) *nmf* pain
(in the neck)

pelmazo [pel'maθo] (*fam*) *nm* =
pelma

pelo ['pelo] *nm* (*cabellos*) hair;
(*de barba, bigote*) whisker; (*de
animal: pellejo*) hair, fur, coat; **venir al
~** to be exactly what one needs; **un
hombre de ~ en pecho** a brave man;
por los ~s by the skin of one's teeth; **no
tener ~s en la lengua** to be outspoken,
not to mince one's words; **con ~s y
señales** in minute detail; **tomar el ~ a
algn** to pull sb's leg

pelota [pe'lota] *nf* ball; **en ~** stark
naked; **hacerla ~ (a algn)** (*ESP: fam*) to

creep (to sb); **pelota vasca** pelota

pelotón [pelo'ton] nm (Mil) squad, detachment

peluca [pe'luka] nf wig

peluche [pe'lutʃe] nm: **oso/muñeco de ~** teddy bear/soft toy

peludo, -a [pe'luðo, a] adj hairy, shaggy

peluquería [peluke'ria] nf hairdresser's; **peluquero, -a** nm/f hairdresser

pelusa [pe'lusa] nf (Bot) down; (en tela) fluff

pena ['pena] nf (congoja) grief, sadness; (remordimiento) regret; (dificultad) trouble; (dolor) pain; (Jur) sentence; **merecer** o **valer la ~** to be worthwhile; **a duras ~s** with great difficulty; **¡qué ~!** what a shame!; **pena capital** capital punishment; **pena de muerte** death penalty

penal [pe'nal] adj penal ▷ nm (cárcel) prison

penalidad [penali'ðað] nf (problema, dificultad) trouble, hardship; (Jur) penalty, punishment; **penalidades** nfpl trouble sg, hardship sg

penalti [pe'nalti] nm = **penalty**

penalty [pe'nalti] (pl ~s o **penalties**) nm penalty (kick)

pendiente [pen'djente] adj pending, unsettled ▷ nm earring ▷ nf hill, slope

pene ['pene] nm penis

penetrante [pene'trante] adj (herida) deep; (persona, arma) sharp; (sonido) penetrating, piercing; (mirada) searching; (viento, ironía) biting

penetrar [pene'trar] vt to penetrate, pierce; (entender) to grasp ▷ vi to penetrate, go in; (entrar) to enter, go in; (líquido) to soak in; (fig) to pierce

penicilina [peniθi'lina] nf penicillin

península [pe'ninsula] nf peninsula; **peninsular** adj peninsular

penique [pe'nike] nm penny

penitencia [peni'tenθja] nf penance

penoso, -a [pe'noso, a] adj (lamentable) distressing; (difícil)

arduous, difficult

pensador, a [pensa'ðor, a] nm/f thinker

pensamiento [pensa'mjento] nm thought; (mente) mind; (idea) idea

pensar [pen'sar] vt to think; (considerar) to think over, think out; (proponerse) to intend, plan; (imaginarse) to think up, invent ▷ vi to think; **~ en** to aim at, aspire to; **pensativo, -a** adj thoughtful, pensive

pensión [pen'sjon] nf (casa) boarding o guest house; (dinero) pension; (cama y comida) board and lodging; **media ~** half-board; **pensión completa** full board; **pensionista** nmf (jubilado) (old-age) pensioner; (huésped) lodger

penúltimo, -a [pe'nultimo, a] adj penultimate, last but one

penumbra [pe'numbra] nf half-light

peña ['pena] nf (roca) rock; (cuesta) cliff, crag; (grupo) group, circle; (LAM: club) folk club

peñasco [pe'nasko] nm large rock, boulder

peñón [pe'non] nm wall of rock; **el P~** the Rock (of Gibraltar)

peón [pe'on] nm labourer; (LAM Agr) farm labourer, farmhand; (Ajedrez) pawn

peonza [pe'onθa] nf spinning top

peor [pe'or] adj (comparativo) worse; (superlativo) worst ▷ adv worse; worst; **de mal en ~** from bad to worse

pepinillo [pepi'niʎo] nm gherkin

pepino [pe'pino] nm cucumber; **(no) me importa un ~** I don't care one bit

pepita [pe'pita] nf (Bot) pip; (Minería) nugget

pepito [pe'pito] (ESP) nm (tb: **~ de ternera**) steak sandwich

pequeño, -a [pe'keɲo, a] adj small, little

pera ['pera] nf pear; **peral** nm pear tree

percance [per'kanθe] nm setback, misfortune

percatarse [perka'tarse] vr: **~ de** to

notice, take note of

percebe [per'θeβe] nm barnacle
percepción [perθep'θjon] nf (vista) perception; (idea) notion, idea
percha ['pertʃa] nf (coat)hanger; (ganchos) coat hooks pl; (de ave) perch
percibir [perθi'βir] vt to perceive, notice; (Com) to earn, get
percusión [perku'sjon] nf percussion
perdedor, a [perðe'ðor, a] adj losing ▷ nm/f loser
perder [per'ðer] vt to lose; (tiempo, palabras) to waste; (oportunidad) to lose, miss; (tren) to miss ▷ vi to lose; **perderse** vr (extraviarse) to get lost; (desaparecer) to disappear, be lost to view; (arruinarse) to be ruined; **echar a ~** (comida) to spoil, ruin; (oportunidad) to waste
pérdida ['perðiða] nf loss; (de tiempo) waste; **pérdidas** nfpl (Com) losses
perdido, -a [per'ðiðo, a] adj lost
perdiz [per'ðiθ] nf partridge
perdón [per'ðon] nm (disculpa) pardon, forgiveness; (clemencia) mercy; **¡~!** sorry!, I beg your pardon!; **perdonar** vt to pardon, forgive; (la vida) to spare; (excusar) to exempt, excuse; **¡perdone (usted)!** sorry!, I beg your pardon!
perecedero, -a [pereθe'ðero, a] adj perishable
perecer [pere'θer] vi to perish, die
peregrinación [perexrina'θjon] nf (Rel) pilgrimage
peregrino, -a [pere'xrino, a] adj (idea) strange, absurd ▷ nm/f pilgrim
perejil [pere'xil] nm parsley
perenne [pe'renne] adj everlasting, perennial
pereza [pe'reθa] nf laziness, idleness; **perezoso, -a** adj lazy, idle
perfección [perfek'θjon] nf perfection; **perfeccionar** vt to perfect; (mejorar) to improve; (acabar) to complete, finish
perfecto, -a [per'fekto, a] adj perfect; (total) complete

perfil [per'fil] nm profile; (contorno) silhouette, outline; (Arq) (cross) section; **perfiles** nmpl features
perforación [perfora'θjon] nf perforation; (con taladro) drilling; **perforadora** nf punch
perforar [perfo'rar] vt to perforate; (agujero) to drill, bore; (papel) to punch a hole in ▷ vi to drill, bore
perfume [per'fume] nm perfume, scent
periferia [peri'ferja] nf periphery; (de ciudad) outskirts pl
periférico [peri'feriko] (LAM) nm ring road (BRIT), beltway (US)
perilla [pe'riʎa] nf (barba) goatee; (LAM: de puerta) doorknob, door handle
perímetro [pe'rimetro] nm perimeter
periódico, -a [pe'rjoðiko, a] adj periodic(al) ▷ nm newspaper
periodismo [perjo'ðismo] nm journalism; **periodista** nmf journalist
periodo [pe'rjoðo] nm period
período [pe'rioðo] nm = **periodo**
periquito [peri'kito] nm budgerigar, budgie
perito, -a [pe'rito, a] adj (experto) expert; (diestro) skilled, skilful ▷ nm/f expert; skilled worker; (técnico) technician
perjudicar [perxuði'kar] vt (gen) to damage, harm; **perjudicial** adj damaging, harmful; (en detrimento) detrimental; **perjuicio** nm damage, harm
perjurar [perxu'rar] vi to commit perjury
perla ['perla] nf pearl; **me viene de ~s** it suits me fine
permanecer [permane'θer] vi (quedarse) to stay, remain; (seguir) to continue to be
permanente [perma'nente] adj permanent, constant ▷ nf perm
permiso [per'miso] nm permission; (licencia) permit, licence; **con ~** excuse me; **estar de ~** (Mil) to be on leave;

permiso de conducir driving licence
(BRIT), driver's license (US); **permiso
por enfermedad** (LAM) sick leave
permitir [permi'tir] vt to permit,
allow
pernera [per'nera] nf trouser leg
pero ['pero] conj but; (aún) yet ▷ nm
(defecto) flaw, defect; (reparo) objection
perpendicular [perpendiku'lar] adj
perpendicular
perpetuo, -a [per'petwo, a] adj
perpetual
perplejo, -a [per'plexo, a] adj
perplexed, bewildered
perra ['perra] nf (Zool) bitch; **estar sin
una ~** (ESP: fam) to be flat broke
perrera [pe'rrera] nf kennel
perrito [pe'rrito] nm (tb: **~ caliente**)
hot dog
perro ['perro] nm dog
persa ['persa] adj, nmf Persian
persecución [perseku'θjon] nf
pursuit, chase; (Rel, Pol) persecution
perseguir [perse'xir] vt to pursue,
hunt; (cortejar) to chase after; (molestar)
to pester, annoy; (Rel, Pol) to persecute
persiana [per'sjana] nf (Venetian)
blind
persistente [persis'tente] adj
persistent
persistir [persis'tir] vi to persist
persona [per'sona] nf person;
persona mayor elderly person
personaje [perso'naxe] nm
important person, celebrity; (Teatro
etc) character
personal [perso'nal] adj (particular)
personal; (para una persona) single, for
one person ▷ nm personnel, staff;
personalidad nf personality
personarse [perso'narse] vr to
appear in person
personificar [personifi'kar] vt to
personify
perspectiva [perspek'tiβa] nf
perspective; (vista, panorama) view,
panorama; (posibilidad futura) outlook,
prospect

persuadir [perswa'ðir] vt (gen) to
persuade; (convencer) to convince;
persuadirse vr to become convinced;
persuasión nf persuasion
pertenecer [pertene'θer] vi to
belong; (fig) to concern; **perteneciente**
adj: **perteneciente a** belonging
to; **pertenencia** nf ownership;
pertenencias nfpl (bienes)
possessions, property sg
pertenezca etc vb V **pertenecer**
pértiga ['pertixa] nf: **salto de ~**
pole vault
pertinente [perti'nente] adj
relevant, pertinent; (apropiado)
appropriate; **~ a** concerning, relevant
to
perturbación [perturβa'θjon]
nf (Pol) disturbance; (Med) upset,
disturbance
Perú [pe'ru] nm Peru; **peruano, -a**
adj, nm/f Peruvian
perversión [perβer'sjon] nf
perversion; **perverso, -a** adj perverse;
(depravado) depraved
pervertido, -a [perβer'tiðo, a] adj
perverted ▷ nm/f pervert
pervertir [perβer'tir] vt to pervert,
corrupt
pesa ['pesa] nf weight; (Deporte) shot
pesadez [pesa'ðeθ] nf (peso)
heaviness; (lentitud) slowness;
(aburrimiento) tediousness
pesadilla [pesa'ðiʎa] nf nightmare,
bad dream
pesado, -a [pe'saðo, a] adj heavy;
(lento) slow; (difícil, duro) tough, hard;
(aburrido) boring, tedious; (tiempo)
sultry
pésame ['pesame] nm expression of
condolence, message of sympathy; **dar
el ~** to express one's condolences
pesar [pe'sar] vt to weigh ▷ vi to
weigh; (ser pesado) to weigh a lot, be
heavy; (fig: opinión) to carry weight; **no
pesa mucho** it's not very heavy ▷ nm
(arrepentimiento) regret; (pena) grief,
sorrow; **a ~ de o pese a (que)** in spite

of, despite

pesca ['peska] nf (acto) fishing; (lo
pescado) catch; **ir de ~ to** go fishing

pescadería [peskaðe'ria] nf fish
shop, fishmonger's (BRIT)

pescadilla [peska'ðiʎa] nf whiting

pescado [pes'kaðo] nm fish

pescador, a [peska'ðor, a] nm/f
fisherman/woman

pescar [pes'kar] vt (tomar) to
catch; (intentar tomar) to fish for;
(conseguir: trabajo) to manage to get
▷ vi to fish, go fishing

pesebre [pe'seβre] nm manger

peseta [pe'seta] nf (Hist) peseta

pesimista [pesi'mista] adj
pessimistic ▷ nmf pessimist

pésimo, -a ['pesimo, a] adj awful,
dreadful

peso ['peso] nm weight; (balanza)
scales pl; (moneda) peso; **vender al ~**
to sell by weight; **peso bruto/neto**
gross/net weight; **peso pesado/
pluma** heavyweight/featherweight

pesquero, -a [pes'kero, a] adj
fishing cpd

pestaña [pes'taɲa] nf (Anat) eyelash;
(borde) rim

peste ['peste] nf plague; (mal olor)
stink, stench

pesticida [pesti'θiða] nm pesticide

pestillo [pes'tiʎo] nm (cerrojo) bolt;
(picaporte) door handle

petaca [pe'taka] nf (de cigarros)
cigarette case; (de pipa) tobacco pouch;
(MÉX: maleta) suitcase

pétalo ['petalo] nm petal

petardo [pe'tarðo] nm firework,
firecracker

petición [peti'θjon] nf (pedido)
request, plea; (memorial) petition;
(Jur) plea

peto ['peto] (ESP) nm dungarees pl,
overalls pl (US)

petróleo [pe'troleo] nm oil,
petroleum; **petrolero, -a** adj
petroleum cpd ▷ nm (oil) tanker

peyorativo, -a [pejora'tiβo, a] adj

pejorative

pez [peθ] nm fish; **pez espada**
swordfish

pezón [pe'θon] nm teat, nipple

pezuña [pe'θuɲa] nf hoof

pianista [pja'nista] nmf pianist

piano ['pjano] nm piano

piar [pjar] vi to cheep

pibe, -a ['piβe, a] (RPL) nm/f boy/girl

picadero [pika'ðero] nm riding
school

picadillo [pika'ðiʎo] nm mince,
minced meat

picado, -a [pi'kaðo, a] adj pricked,
punctured; (Culin) minced, chopped;
(mar) choppy; (diente) bad; (tabaco) cut;
(enfadado) cross

picador [pika'ðor] nm (Taur) picador;
(minero) faceworker

picadura [pika'ðura] nf (pinchazo)
puncture; (de abeja) sting; (de mosquito)
bite; (tabaco picado) cut tobacco

picante [pi'kante] adj hot;
(comentario) racy, spicy

picaporte [pika'porte] nm (manija)
doorhandle; (pestillo) latch

picar [pi'kar] vt (agujerear, perforar)
to prick, puncture; (abeja) to sting;
(mosquito, serpiente) to bite; (Culin)
to mince, chop; (incitar) to rouse,
goad; (dañar, irritar) to annoy, bother;
(quemar: lengua) to burn, sting ▷ vi
(pez) to bite, take the bait; (sol) to burn,
scorch; (abeja, Med) to sting; (mosquito)
to bite; **picarse** vr (agriarse) to turn
sour, go off; (ofenderse) to take offence

picardía [pikar'ðia] nf villainy;
(astucia) slyness, craftiness; (una
picardía) dirty trick; (palabra) rude/bad
word o expression

pícaro, -a ['pikaro, a] adj (malicioso)
villainous; (travieso) mischievous
▷ nm (astuto) crafty sort; (sinvergüenza)
rascal, scoundrel

pichi ['pitʃi] (ESP) nm pinafore dress
(BRIT), jumper (US)

pichón [pi'tʃon] nm young pigeon

pico ['piko] nm (de ave) beak; (punta)

sharp point; (*Tec*) pick, pickaxe; (*Geo*) peak, summit; **y ~ and a bit; las seis y ~ six and a bit**

picor [pi'kor] *nm* itch

picoso, -a [pi'koso, a] (*MÉX*) *adj* (*comida*) hot

picudo, -a [pi'kuðo, a] *adj* pointed, with a point

pidió *etc vb* V **pedir**

pido *etc vb* V **pedir**

pie [pje] (*pl ~s*) *nm* foot; (*fig: motivo*) motive, basis; (*: fundamento*) foothold; **ir a ~** to go on foot, walk; **estar de ~** to be standing (up); **ponerse de ~** to stand up; **de ~s a cabeza** from top to bottom; **al ~ de la letra** (*citar*) literally, verbatim; (*copiar*) exactly, word for word; **en ~ de guerra** on a war footing; **dar ~ a** to give cause for; **hacer ~** (*en el agua*) to touch (the) bottom

piedad [pje'ðað] *nf* (*lástima*) pity, compassion; (*clemencia*) mercy; (*devoción*) piety, devotion

piedra ['pjeðra] *nf* stone; (*roca*) rock; (*de mechero*) flint; (*Meteorología*) hailstone; **piedra preciosa** precious stone

piel [pjel] *nf* (*Anat*) skin; (*Zool*) skin, hide, fur; (*cuero*) leather; (*Bot*) skin, peel

pienso *etc vb* V **pensar**

pierdo *etc vb* V **perder**

pierna ['pjerna] *nf* leg

pieza ['pjeθa] *nf* piece; (*habitación*) room; **pieza de recambio** o **repuesto** spare (part)

pigmeo, -a [piɣ'meo, a] *adj, nm/f* pigmy

pijama [pi'xama] *nm* pyjamas *pl* (*BRIT*), pajamas *pl* (*US*)

pila ['pila] *nf* (*Elec*) battery; (*montón*) heap, pile; (*lavabo*) sink

píldora ['pildora] *nf* pill; **la ~ (anticonceptiva)** the (contraceptive) pill

pileta [pi'leta] (*RPL*) *nf* (*fregadero*) (kitchen) sink; (*piscina*) swimming pool

pillar [pi'ʎar] *vt* (*saquear*) to pillage, plunder; (*fam: coger*) to catch; (*: agarrar*)

to grasp, seize; (*: entender*) to grasp, catch on to; **pillarse** *vr*: **~se un dedo con la puerta** to catch one's finger in the door

pillo, -a ['piʎo, a] *adj* villainous; (*astuto*) sly, crafty ▷ *nm/f* rascal, rogue, scoundrel

piloto [pi'loto] *nm* pilot; (*de aparato*) (pilot) light; (*Auto: luz*) tail o rear light; (*: conductor*) driver; **piloto automático** automatic pilot

pimentón [pimen'ton] *nm* paprika

pimienta [pi'mjenta] *nf* pepper

pimiento [pi'mjento] *nm* pepper, pimiento

pin [pin] (*pl ~s*) *nm* badge

pinacoteca [pinako'teka] *nf* art gallery

pinar [pi'nar] *nm* pine forest (*BRIT*), pine grove (*US*)

pincel [pin'θel] *nm* paintbrush

pinchadiscos [pintʃa'ðiskos] (*ESP*) *nm f inv* disc-jockey, DJ

pinchar [pin'tʃar] *vt* (*perforar*) to prick, pierce; (*neumático*) to puncture; (*fig*) to prod; (*Inform*) to click

pinchazo [pin'tʃaθo] *nm* (*perforación*) prick; (*de neumático*) puncture; (*fig*) prod

pincho ['pintʃo] *nm* savoury (snack); **pincho de tortilla** small slice of omelette; **pincho moruno** shish kebab

ping-pong [pin'pon] *nm* table tennis

pingüino [pin'gwino] *nm* penguin

pino ['pino] *nm* pine (tree)

pinta ['pinta] *nf* spot; (*de líquidos*) spot, drop; (*aspecto*) appearance, look(s) (*pl*); **pintado, -a** *adj* spotted; (*de colores*) colourful; **pintadas** *nfpl* graffiti *sg*

pintalabios [pinta'laβjos] (*ESP*) *nm inv* lipstick

pintar [pin'tar] *vt* to paint ▷ *vi* to paint; (*fam*) to count, be important; **pintarse** *vr* to put on make-up

pintor, a [pin'tor, a] *nm/f* painter

pintoresco, -a [pinto'resko, a] *adj* picturesque

pintura [pin'tura] nf painting;
pintura al óleo oil painting

pinza ['pinθa] nf (Zool) claw; (para colgar ropa) clothes peg; (Tec) pincers pl; **pinzas** nfpl (para depilar etc) tweezers pl

piña ['piɲa] nf (de pino) pine cone; (fruta) pineapple; (fig) group

piñata [pi'ɲata] nf container hung up at parties to be beaten with sticks until sweets or presents fall out

- ● **PIÑATA**
- ●
- ● **Piñata** is a very popular party
- ● game in Mexico. The **piñata** itself
- ● is a hollow figure made of papier
- ● maché or, traditionally, from
- ● adobe, in the shape of an object,
- ● a star, a person or an animal. It is
- ● filled with either sweets and toys,
- ● or fruit and yam beans. The game
- ● consists of hanging the **piñata**
- ● from the ceiling, and beating it
- ● with a stick, blindfolded, until it
- ● breaks and the presents fall out.

piñón [pi'ɲon] nm (fruto) pine nut; (Tec) pinion

pío, -a ['pio, a] adj (devoto) pious, devout; (misericordioso) merciful

piojo ['pjoxo] nm louse

pipa ['pipa] nf pipe; **pipas** nfpl (Bot) (edible) sunflower seeds

pipí [pi'pi] (fam) nm: **hacer ~** to have a wee(-wee) (BRIT), have to go (wee-wee) (US)

pique ['pike] nm (resentimiento) pique, resentment; (rivalidad) rivalry, competition; **irse a ~** to sink; (esperanza, familia) to be ruined

piqueta [pi'keta] nf pick(axe)

piquete [pi'kete] nm (Mil) squad, party; (de obreros) picket; (MÉX: de insecto) bite; **piquetear** (LAM) vt to picket

pirado, -a [pi'raðo, a] (fam) adj round the bend ▷ nm/f nutter

piragua [pi'raɣwa] nf canoe; **piragüismo** nm canoeing

pirámide [pi'ramiðe] nf pyramid

pirata [pi'rata] adj, nmf pirate; **pirata informático** hacker

Pirineo(s) [piri'neo(s)] nm(pl) Pyrenees pl

pirómano, -a [pi'romano, a] nm/f (Med, Jur) arsonist

piropo [pi'ropo] nm compliment, (piece of) flattery

pirueta [pi'rweta] nf pirouette

piruleta [piru'leta] nf lollipop

pis [pis] (fam) nm pee, piss; **hacer ~** to have a pee; (para niños) to wee-wee

pisada [pi'saða] nf (paso) footstep; (huella) footprint

pisar [pi'sar] vt (caminar sobre) to walk on, tread on; (apretar con el pie) to press; (fig) to trample on, walk all over ▷ vi to tread, step, walk

piscina [pis'θina] nf swimming pool

Piscis ['pisθis] nm Pisces

piso ['piso] nm (suelo, planta) floor; (ESP: apartamento) flat (BRIT), apartment; (ESP) first floor; **primer ~** (ESP) first floor; (LAM: planta baja) ground floor

pisotear [pisote'ar] vt to trample (on o underfoot)

pista ['pista] nf track, trail; (indicio) clue; **pista de aterrizaje** runway; **pista de baile** dance floor; **pista de hielo** ice rink; **pista de tenis** (ESP) tennis court

pistola [pis'tola] nf pistol; (Tec) spray-gun

pistón [pis'ton] nm (Tec) piston; (Mús) key

pitar [pi'tar] vt (silbato) to blow; (rechiflar) to whistle at, boo ▷ vi to whistle; (Auto) to sound o toot one's horn; (LAM: fumar) to smoke

pitillo [pi'tiʎo] nm cigarette

pito ['pito] nm whistle; (de coche) horn

pitón [pi'ton] nm (Zool) python

pitonisa [pito'nisa] nf fortune-teller

pitorreo [pito'rreo] nm joke; **estar de ~** to be joking

píxel ['piksel] (pl pixels or **~es**) nm

pixel

piyama [pi'jama] (LAM) nm pyjamas pl (BRIT); pajamas pl (US)

pizarra [pi'θarra] nf (piedra) slate; (ESP: encerado) blackboard; **pizarra blanca** whiteboard; **pizarra interactiva** interactive whiteboard

pizarrón [piθa'rron] (LAM) nm blackboard

pizca ['piθka] nf pinch, spot; (fig) spot, speck; **ni ~** not a bit

placa ['plaka] nf plate; (distintivo) badge, insignia; **placa de matrícula** (LAM) number plate

placard [pla'kar] (RPL) nm cupboard

placer [pla'θer] nm pleasure ▷ vt to please

plaga ['plaɣa] nf pest; (Med) plague; (abundancia) abundance

plagio ['plaxjo] nm plagiarism

plan [plan] nm (esquema, proyecto) plan; (idea, intento) idea, intention; **tener ~** (fam) to have a date; **tener un ~** (fam) to have an affair; **en ~ económico** (fam) on the cheap; **vamos en ~ de turismo** we're going as tourists; **si te pones en ese ~...** if that's your attitude...

plana ['plana] nf sheet (of paper), page; (Tec) trowel; **en primera ~** on the front page

plancha ['plantʃa] nf (para planchar) iron; (rótulo) plate, sheet; (Náut) gangway; **a la ~** (Culin) grilled; **planchar** vt to iron ▷ vi to do the ironing

planear [plane'ar] vt to plan ▷ vi to glide

planeta [pla'neta] nm planet

plano, -a ['plano, a] adj flat, level, even ▷ nm (Mat, Tec) plane; (Foto) shot; (Arq) plan; (Geo) map; (de ciudad) map, street plan; **primer ~** close-up

planta ['planta] nf (Bot, Tec) plant; (Anat) sole of the foot, foot; (piso) floor; (LAM: personal) staff; **planta baja** ground floor

plantar [plan'tar] vt (Bot) to plant;

(levantar) to erect, set up; **plantarse** vr to stand firm; **~ a algn en la calle** to throw sb out; **dejar plantado a algn** (fam) to stand sb up

plantear [plante'ar] vt (problema) to pose; (dificultad) to raise

plantilla [plan'tiʎa] nf (de zapato) insole; (ESP: personal) personnel; **ser de ~** (ESP) to be on the staff

plantón [plan'ton] nm (Mil) guard, sentry; (fam) long wait; **dar (un) ~ a algn** to stand sb up

plasta ['plasta] (ESP: fam) adj inv boring ▷ nmf bore

plástico, -a ['plastiko, a] adj plastic ▷ nm plastic

Plastilina® [plasti'lina] nf Plasticine®

plata ['plata] nf (metal) silver; (cosas hechas de plata) silverware; (cs: dinero) cash, dough

plataforma [plata'forma] nf platform; **plataforma de lanzamiento/perforación** launch(ing) pad/drilling rig

plátano ['platano] nm (fruta) banana; (árbol) plane tree; banana tree

platea [pla'tea] nf (Teatro) pit

plática [pla'tika] nf talk, chat; **platicar** vi to talk, chat

platillo [pla'tiʎo] nm saucer; **platillos** nmpl (Mús) cymbals; **platillo volante** flying saucer

platino [pla'tino] nm platinum; **platinos** nmpl (Auto) contact points

plato ['plato] nm plate, dish; (parte de comida) course; (comida) dish; **primer ~** first course; **plato combinado** set main course (served on one plate); **plato fuerte** main course

playa ['plaja] nf beach; (costa) seaside; **playa de estacionamiento** (cs) car park (BRIT), parking lot (US)

playera [pla'jera] nf (MÉX: camiseta) T-shirt; **playeras** nfpl (zapatos) canvas shoes

plaza ['plaθa] nf square; (mercado) market (place); (sitio) room, space; (de

vehículo) seat, place; (*colocación*) post,
job; **plaza de toros** bullring

plazo ['plaθo] *nm* (*lapso de tiempo*)
time, period; (*fecha de vencimiento*)
expiry date; (*pago parcial*) instalment;
a corto/largo ~ short-/long-term;
comprar algo a ~s to buy sth on hire
purchase (BRIT) o on time (US)

plazoleta [plaθo'leta] *nf* small
square

plebeyo, -a [ple'βejo, a] *adj*
plebeian; (*pey*) coarse, common

plegable [ple'ɣaβle] *adj* collapsible;
(*silla*) folding

pleito ['pleito] *nm* (*Jur*) lawsuit, case;
(*fig*) dispute, feud

plenitud [pleni'tuð] *nf* plenitude,
fullness; (*abundancia*) abundance

pleno, -a ['pleno, a] *adj* full;
(*completo*) complete ▷ *nm* plenum; **en
~ día** in broad daylight; **en ~ verano** at
the height of summer; **en plena cara**
full in the face

pliego *etc* ['pljexo] *vb* V **plegar**
▷ *nm* (*hoja*) sheet (of paper); (*carta*)
sealed letter/document; **pliego de
condiciones** details *pl*, specifications
pl

pliegue *etc* ['pljexe] *vb* V **plegar** ▷ *nm*
fold, crease; (*de vestido*) pleat

plomería [plome'ria] (LAM) *nf*
plumbing; **plomero** (LAM) *nm* plumber

plomo ['plomo] *nm* (*metal*) lead; (*Elec*)
fuse; **sin ~** unleaded

pluma ['pluma] *nf* feather; (*para
escribir*): **~ (estilográfica)** ink pen; **~
fuente** (LAM) fountain pen

plumero [plu'mero] *nm* (*para el polvo*)
feather duster

plumón [plu'mon] *nm* (*de ave*) down

plural [plu'ral] *adj* plural

pluriempleo [pluriem'pleo] *nm*
having more than one job

plus [plus] *nm* bonus

población [poβla'θjon] *nf*
population; (*pueblo, ciudad*) town, city

poblado, -a [po'βlaðo, a] *adj*
inhabited ▷ *nm* (*aldea*) village; (*pueblo*

(*small*) town; **densamente ~** densely
populated

poblador, a [poβla'ðor, a] *nm/f*
settler, colonist

pobre ['poβre] *adj* poor ▷ *nmf* poor
person; **pobreza** *nf* poverty

pocilga [po'θilxa] *nf* pigsty

○ **PALABRA CLAVE**

poco, -a ['poko, a] *adj* 1(*sg*) little,
not much; **poco tiempo** little o not
much time; **de poco interés** of little
interest, not very interesting; **poca
cosa** not much

2(*pl*) few, not many; **unos pocos** a
few, some; **pocos niños comen lo que
les conviene** few children eat what
they should

▷ *adv* 1 little, not much; **cuesta poco** it
doesn't cost much

2(+ *adj*: *negativo, antónimo*): **poco
amable/inteligente** not very nice/
intelligent

3: **por poco me caigo** I almost fell

4: **a poco: a poco de haberse casado**
shortly after getting married

5: **poco a poco** little by little

▷ *nm* a little, a bit; **un poco triste/de
dinero** a little sad/money

podar [po'ðar] *vt* to prune

○ **PALABRA CLAVE**

poder [po'ðer] *vi* 1(*tener capacidad*)
can, be able to; **no puedo hacerlo** I
can't do it, I'm unable to do it

2(*tener permiso*) can, may, be allowed
to; **¿se puede?** may I (o we)?; **puedes
irte ahora** you may go now; **no
se puede fumar en este hospital**
smoking is not allowed in this
hospital

3(*tener posibilidad*) may, might, could;
puede llegar mañana he may o might
arrive tomorrow; **pudiste haberte
hecho daño** you might o could have

hurt yourself; **¡podías habérmelo dicho antes!** you might have told me before!

4 : puede ser perhaps; **puede ser que lo sepa Tomás** Tomás may o might know

5 : ¡no puedo más! I've had enough!; **es tonto a más no poder** he's as stupid as they come

6 : poder con: no puedo con este crío this kid's too much for me
▷ *nm* power; **detentar** o **ocupar** o **estar en el poder** to be in power; **poder adquisitivo/ejecutivo/ legislativo** purchasing/executive/ legislative power; **poder judicial** judiciary

poderoso, -a [poðe'roso, a] *adj* (*político, país*) powerful

podio ['poðjo] *nm* (*Deporte*) podium

podium ['poðjum] = **podio**

podrido, -a [po'ðriðo, a] *adj* rotten, bad; (*fig*) rotten, corrupt

podrir [po'ðrir] = **pudrir**

poema [po'ema] *nm* poem

poesía [poe'sia] *nf* poetry

poeta [po'eta] *nmf* poet; **poético, -a** [po'etiko, a] *adj* poetic(al)

poetisa [poe'tisa] *nf* (woman) poet

póker ['poker] *nm* poker

polaco, -a [po'lako, a] *adj* Polish
▷ *nm/f* Pole

polar [po'lar] *adj* polar

polea [po'lea] *nf* pulley

polémica [po'lemika] *nf* polemics sg; (*una polémica*) controversy, polemic

polen ['polen] *nm* pollen

policía [poli'θia] *nmf* policeman/ woman ▷ *nf* police; **policíaco, -a** *adj* police *cpd*; **novela policíaca** detective story; **policial** *adj* police *cpd*

polideportivo [poliðepor'tiβo] *nm* sports centre o complex

polígono [po'liɣono] *nm* (*Mat*) polygon; **polígono industrial** (*ESP*) industrial estate

polilla [po'liʎa] *nf* moth

polio ['poljo] *nf* polio

política [po'litika] *nf* politics sg; (*económica, agraria etc*) policy; V tb **político**

político, -a [po'litiko, a] *adj* political; (*discreto*) tactful; (*de familia*) ...-in-law ▷ *nm/f* politician; **padre ~** father-in-law

póliza ['poliθa] *nf* certificate, voucher; (*impuesto*) tax stamp; **póliza de seguro(s)** insurance policy

polizón [poli'θon] *nm* stowaway

pollera [po'ʎera] (*cs*) *nf* skirt

pollo ['poʎo] *nm* chicken

polo ['polo] *nm* (*Geo, Elec*) pole; (*helado*) ice lolly (*BRIT*), Popsicle® (*US*); (*Deporte*) polo; (*suéter*) polo-neck; **polo Norte/Sur** North/South Pole

Polonia [po'lonja] *nf* Poland

poltrona [pol'trona] *nf* easy chair

polución [polu'θjon] *nf* pollution

polvera [pol'βera] *nf* powder compact

polvo ['polβo] *nm* dust; (*Quím, Culin, Med*) powder; **polvos** *nmpl* (*maquillaje*) powder sg; **en ~** powdered; **quitar el ~** to dust; **estar hecho ~** (*fam*) to be worn out o exhausted; **polvos de talco** talcum powder sg

pólvora ['polβora] *nf* gunpowder

polvoriento, -a [polβo'rjento, a] *adj* (*superficie*) dusty; (*sustancia*) powdery

pomada [po'maða] *nf* cream, ointment

pomelo [po'melo] *nm* grapefruit

pómez ['pomeθ] *nf*: **piedra ~** pumice stone

pomo ['pomo] *nm* doorknob

pompa ['pompa] *nf* (*burbuja*) bubble; (*bomba*) pump; (*esplendor*) pomp, splendour

pómulo ['pomulo] *nm* cheekbone

pon [pon] *vb* V **poner**

ponchadura [pontʃa'dura] (*MÉX*) *nf* puncture (*BRIT*), flat (*US*); **ponchar** (*MÉX*) *vt* (*llanta*) to puncture

ponche ['pontʃe] nm punch

poncho ['pontʃo] nm poncho

pondré etc vb V **poner**

O PALABRA CLAVE

poner [po'ner] vt 1 (colocar) to put; (telegrama) to send; (obra de teatro) to put on; (película) to show; **ponme más fuerte** turn it up; **¿qué ponen en el Excelsior?** what's on at the Excelsior?

2 (tienda) to open; (instalar: gas etc) to put in; (radio, TV) to switch o turn on

3 (suponer): **pongamos que ...** let's suppose that ...

4 (contribuir): **el gobierno ha puesto otro millón** the government has contributed another million

5 (Tel): **póngame con el Sr. López** can you put me through to Mr. López?

6: **poner de: le han puesto de director general** they've appointed him general manager

7 (+ adj) to make; **me estás poniendo nerviosa** you're making me nervous

8 (dar nombre): **al hijo le pusieron Diego** they called their son Diego

▷ vi (gallina) to lay

ponerse vr 1 (colocarse): **se puso a mi lado** he came and stood beside me; **tú ponte en esa silla** you go and sit on that chair

2 (vestido, cosméticos) to put on; **¿por qué no te pones el vestido nuevo?** why don't you put on o wear your new dress?

3 (+ adj) to turn; to get, become: **se puso muy serio** he got very serious; **después de lavarla la tela se puso azul** after washing it the material turned blue

4: **ponerse a:** **se puso a llorar** he started to cry; **tienes que ponerte a estudiar** you must get down to studying

pongo etc vb V **poner**

---

poniente [po'njente] nm (occidente) west; (viento) west wind

pontífice [pon'tifiθe] nm pope, pontiff

popa ['popa] nf stern

popote [po'pote] (MÉX) nm straw

popular [popu'lar] adj popular; (cultura) of the people, folk cpd; **popularidad** nf popularity

---

O PALABRA CLAVE

por [por] prep 1 (objetivo) for; **luchar por la patria** to fight for one's country

2 (+ infin): **por no llegar tarde** so as not to arrive late; **por citar unos ejemplos** to give a few examples

3 (causa) out of, because of; **por escasez de fondos** through o for lack of funds

4 (tiempo): **por la mañana/noche** in the morning/at night; **se queda por una semana** she's staying (for) a week

5 (lugar): **pasar por Madrid** to pass through Madrid; **ir a Guayaquil por Quito** to go to Guayaquil via Quito; **caminar por la calle** to walk along the street; V tb **todo**

6 (cambio, precio): **te doy uno nuevo por el que tienes** I'll give you a new one (in return) for the one you've got

7 (valor distributivo): **6 euros por hora/cabeza** 6 euros an o per hour/a o per head

8 (modo, medio) by; **por correo/avión** by post/air; **entrar por la entrada principal** to go in through the main entrance

9: **10 por 10 son 100** 10 times 10 is 100

10 (en lugar de): **vino él por su jefe** he came instead of his boss

11: **por mí que revienten** as far as I'm concerned they can drop dead

12: **¿por qué?** why?; **¿por qué no?** why not?

---

porcelana [porθe'lana] nf porcelain;

(china) china

porcentaje [porθen'taxe] nm percentage

porción [por'θjon] nf (parte) portion, share; (cantidad) quantity, amount

porfiar [por'fjar] vi to persist, insist; (disputar) to argue stubbornly

pormenor [porme'nor] nm detail, particular

pornografía [pornoɣra'fia] nf pornography

poro ['poro] nm pore

pororó [poro'ro] (RPL) nm popcorn

poroso, -a [po'roso, a] adj porous

poroto [po'roto] (cs) nm bean

porque ['porke] conj (a causa de) because; (ya que) since; (con el fin de) so that, in order that

porqué [por'ke] nm reason, cause

porquería [porke'ria] nf (suciedad) filth, dirt; (acción) dirty trick; (objeto) small thing, trifle; (fig) rubbish

porra ['porra] (ESP) nf (arma) stick, club

porrazo [po'rraθo] nm blow, bump

porro ['porro] (fam) nm (droga) joint (fam)

porrón [po'rron] nm glass wine jar with a long spout

portaaviones [porta(a)'βjones] nm inv aircraft carrier

portada [por'taða] nf (de revista) cover

portador, a [porta'ðor, a] nm/f carrier, bearer; (Com) bearer, payee

portaequipajes [portaeki'paxes] nm inv (Auto: maletero) boot; (: baca) luggage rack

portafolio [porta'foljo] (LAM) nm briefcase

portal [por'tal] nm (entrada) vestibule, hall; (portada) porch, doorway; (puerta de entrada) main door; (Internet) portal; **portales** nmpl (LAM) arcade sg

portamaletas [portama'letas] nm inv (Auto: maletero) boot; (: baca) roof rack

portarse [por'tarse] vr to behave, conduct o.s.

portátil [por'tatil] adj portable

portavoz [porta'βoθ] nmf spokesman/woman

portazo [por'taθo] nm: **dar un ~ to** slam the door

porte ['porte] nm (Com) transport; (precio) transport charges pl

portento, -a [por'tento, a] adj marvellous, extraordinary

porteño, -a [por'teɲo, a] adj of o from Buenos Aires

portería [porte'ria] nf (oficina) porter's office; (Deporte) goal

portero, -a [por'tero, a] nm/f porter; (conserje) caretaker; (ujier) doorman; (Deporte) goalkeeper; **portero automático** (ESP) entry phone

pórtico [por'tiko] nm (patio) portico, porch; (fig) gateway; (arcada) arcade

portorriqueño, -a [portorri'keɲo, a] adj Puerto Rican

Portugal [portu'ɣal] nm Portugal; **portugués, -esa** adj, nm/f Portuguese
▷ nm (Ling) Portuguese

porvenir [porβe'nir] nm future

pos [pos] prep: **en ~ de** after, in pursuit of

posaderas [posa'ðeras] nfpl backside sg, buttocks

posar [po'sar] vt (en el suelo) to lay down, put down; (la mano) to place, put gently ▷ vi (modelo) to sit, pose; **posarse** vr to settle; (pájaro) to perch; (avión) to land, come down

posavasos [posa'basos] nm inv coaster; (para cerveza) beermat

posdata [pos'ðata] nf postscript

pose ['pose] nf pose

poseedor, a [posee'ðor, a] nm/f owner, possessor; (de récord, puesto) holder

poseer [pose'er] vt to possess, own; (ventaja) to enjoy; (récord, puesto) to hold

posesivo, -a [pose'siβo, a] adj possessive

posibilidad [posiβili'ðað] *nf* possibility; *(oportunidad)* chance; **posibilitar** *vt* to make possible; *(hacer realizable)* to make feasible

posible [po'siβle] *adj* possible; *(realizable)* feasible; **de ser ~** if possible; **en lo ~** as far as possible

posición [posi'θjon] *nf* position; *(rango social)* status

positivo, -a [posi'tiβo, a] *adj* positive

poso ['poso] *nm* sediment; *(heces)* dregs *pl*

posponer [pospo'ner] *vt* *(relegar)* to put behind/her; *(aplazar)* to postpone

posta ['posta] *nf:* **a ~** deliberately, on purpose

postal [pos'tal] *adj* postal ▷ *nf* postcard

poste ['poste] *nm* *(de telégrafos etc)* post, pole; *(columna)* pillar

póster ['poster] *(pl* **-es, ~s)** *nm* poster

posterior [poste'rjor] *adj* back, rear; *(siguiente)* following, subsequent; *(más tarde)* later

postgrado [post'graðo] *nm* = **posgrado**

postizo, -a [pos'tiθo, a] *adj* false, artificial ▷ *nm* hairpiece

postre ['postre] *nm* sweet, dessert

póstumo, -a ['postumo, a] *adj* posthumous

postura [pos'tura] *nf* *(del cuerpo)* posture, position; *(fig)* attitude, position

potable [po'taβle] *adj* drinkable; **agua ~** drinking water

potaje [po'taxe] *nm* thick vegetable soup

potencia [po'tenθja] *nf* power; **potencial** [poten'θjal] *adj, nm* potential

potente [po'tente] *adj* powerful

potro, -a ['potro, a] *nm/f (Zool)* colt/ filly ▷ *nm (de gimnasia)* vaulting horse

pozo ['poθo] *nm* well; *(de río)* deep pool; *(de mina)* shaft

práctica ['praktika] *nf* practice; *(método)* method; *(arte, capacidad)* skill; **en la ~** in practice

practicable [prakti'kaβle] *adj* practicable; *(camino)* passable

practicante [prakti'kante] *nmf (Med: ayudante de doctor)* medical assistant; *(: enfermero)* nurse; *(quien practica algo)* practitioner ▷ *adj* practising

practicar [prakti'kar] *vt* to practise; *(Deporte)* to play; *(realizar)* to carry out, perform

práctico, -a ['praktiko, a] *adj* practical; *(instruido: persona)* skilled, expert

practique *etc vb* V **practicar**

pradera [pra'ðera] *nf* meadow; *(us etc)* prairie

prado ['praðo] *nm (campo)* meadow, field; *(pastizal)* pasture

Praga ['praɣa] *n* Prague

pragmático, -a [praɣ'matiko, a] *adj* pragmatic

precario, -a [pre'karjo, a] *adj* precarious

precaución [prekau'θjon] *nf (medida preventiva)* preventive measure, precaution; *(prudencia)* caution, wariness

precedente [preθe'ðente] *adj* preceding; *(anterior)* former ▷ *nm* precedent

preceder [preθe'ðer] *vt, vi* to precede, go before, come before

precepto [pre'θepto] *nm* precept

precinto [pre'θinto] *nm (tb: ~ de garantía)* seal

precio ['preθjo] *nm* price; *(costo)* cost; *(valor)* value, worth; *(de viaje)* fare; **precio al contado/de coste/de oportunidad** cash/cost/bargain price; **precio al por menor** retail price; **precio de ocasión** bargain price; **precio de venta al público** retail price; **precio tope** top price

preciosidad [preθjosi'ða... *nf (valor)*

(high) value, (great) worth; (*encanto*) charm; (*cosa bonita*) beautiful thing; **es una ~** it's lovely, it's really beautiful

precioso, -a [preˈθjoso, a] adj precious; (*de mucho valor*) valuable; (*fam*) lovely, beautiful

precipicio [preθiˈpiθjo] nm cliff, precipice; (*fig*) abyss

precipitación [preθipitaˈθjon] nf haste; (*lluvia*) rainfall

precipitado, -a [preθipiˈtaðo, a] adj (*conducta*) hasty, rash; (*salida*) hasty, sudden

precipitar [preθipiˈtar] vt (*arrojar*) to hurl down, throw; (*apresurar*) to hasten; (*acelerar*) to speed up, accelerate; **precipitarse** vr to throw o.s.; (*apresurarse*) to rush; (*actuar sin pensar*) to act rashly

precisamente [preθisaˈmente] adv precisely; (*exactamente*) precisely, exactly

precisar [preθiˈsar] vt (*necesitar*) to need, require; (*fijar*) to determine exactly, fix; (*especificar*) to specify

precisión [preθiˈsjon] nf (*exactitud*) precision

preciso, -a [preˈθiso, a] adj (*exacto*) precise; (*necesario*) necessary, essential

preconcebido, -a [prekonθeˈβiðo, a] adj preconceived

precoz [preˈkoθ] adj (*persona*) precocious; (*calvicie etc*) premature

predecir [preðeˈθir] vt to predict, forecast

predestinado, -a [preðestiˈnaðo, a] adj predestined

predicar [preðiˈkar] vt, vi to preach

predicción [preðikˈθjon] nf prediction

predilecto, -a [preðiˈlekto, a] adj favourite

predisposición [preðisposiˈθjon] nf inclination; prejudice, bias

predominar [preðomiˈnar] vt to dominate ▷ vi to predominate; (*prevalecer*) to prevail; **predominio** nm predominance; prevalence

preescolar [pre(e)skoˈlar] adj preschool

prefabricado, -a [prefaβriˈkaðo, a] adj prefabricated

prefacio [preˈfaθjo] nm preface

preferencia [prefeˈrenθja] nf preference; **de ~** preferably, for preference

preferible [prefeˈriβle] adj preferable

preferir [prefeˈrir] vt to prefer

prefiero etc vb V **preferir**

prefijo [preˈfixo] nm (*Tel*) (dialling) code

pregunta [preˈɣunta] nf question; **hacer una ~** to ask a question; **preguntas frecuentes** FAQs, frequently asked questions

preguntar [preɣunˈtar] vt to ask; (*cuestionar*) to question ▷ vi to ask; **preguntarse** vr to wonder; **preguntar por algn** to ask for sb; **preguntón, -ona** [preɣunˈton, ona] adj inquisitive

prehistórico, -a [preisˈtoriko, a] adj prehistoric

prejuicio [preˈxwiθjo] nm (*acto*) prejudgement; (*idea preconcebida*) preconception; (*parcialidad*) prejudice, bias

preludio [preˈluðjo] nm prelude

prematuro, -a [premaˈturo, a] adj premature

premeditar [premeðiˈtar] vt to premeditate

premiar [preˈmjar] vt to reward; (*en un concurso*) to give a prize to

premio [ˈpremjo] nm reward; prize; (*Com*) premium

prenatal [prenaˈtal] adj antenatal, prenatal

prenda [ˈprenda] nf (*ropa*) garment, article of clothing; (*garantía*) pledge; **prendas** nfpl (*talentos*) talents, gifts

prender [prenˈder] vt (*captar*) to catch, capture; (*detener*) to arrest; (*Costura*) to pin, attach; (*sujetar*) to fasten ▷ vi to catch; (*arraigar*) to take root; **prenderse** vr (*encenderse*) to catch fire

prendido, -a [pren'diðo, a] (LAM) adj (luz etc) on

prensa ['prensa] nf press; **la ~** the press

preñado, -a [pre'naðo, a] adj pregnant; **~ de** pregnant with, full of

preocupación [preokupa'θjon] nf worry, concern; (ansiedad) anxiety

preocupado, -a [preoku'paðo, a] adj worried, concerned; (ansioso) anxious

preocupar [preoku'par] vt to worry; **preocuparse** vr to worry; **~se de algo** (hacerse cargo) to take care of sth

preparación [prepara'θjon] nf (acto) preparation; (estado) readiness; (entrenamiento) training

preparado, -a [prepa'raðo, a] adj (dispuesto) prepared; (Culin) ready (to serve) ⊳ nm preparation

preparar [prepa'rar] vt (disponer) to prepare, get ready; (Tec: tratar) to prepare, process; (entrenar) to teach, train; **prepararse** vr: **~se a o para** to prepare o to get ready to o for; **preparativo, -a** adj preparatory, preliminary; **preparativos** nmpl preparations; **preparatoria** (MÉX) nf sixth-form college (BRIT), senior high school (US)

presa ['presa] nf (cosa apresada) catch; (víctima) victim; (de animal) prey; (de agua) dam

presagiar [presa'xjar] vt to presage, forebode; **presagio** nm omen

prescindir [presθin'dir] vi: **~ de** (privarse de) to do o go without; (descartar) to dispense with

prescribir [preskri'βir] vt to prescribe

presencia [pre'senθja] nf presence; **presenciar** vt to be present at; (asistir a) to attend; (ver) to see, witness

presentación [presenta'θjon] nf presentation; (introducción) introduction

presentador, a [presenta'ðor, a]

nm/f presenter, compère

presentar [presen'tar] vt to present; (ofrecer) to offer; (mostrar) to show, display; (a una persona) to introduce; **presentarse** vr (llegar inesperadamente) to appear, turn up; (ofrecerse: como candidato) to run, stand; (aparecer) to show, appear; (solicitar empleo) to apply

presente [pre'sente] adj present ⊳ nm present; **hacer ~** to state, declare; **tener ~** to remember, bear in mind

presentimiento [presenti'mjento] nm premonition, presentiment

presentir [presen'tir] vt to have a premonition of

preservación [preserβa'θjon] nf protection, preservation

preservar [preser'βar] vt to protect, preserve; **preservativo** nm sheath, condom

presidencia [presi'ðenθja] nf presidency; (de comité) chairmanship

presidente [presi'ðente] nmf president; (de comité) chairman/ woman

presidir [presi'ðir] vt (dirigir) to preside at, preside over; (: comité) to take the chair at; (dominar) to dominate, rule ⊳ vi to preside; to take the chair

presión [pre'sjon] nf pressure; **presión atmosférica** atmospheric o air pressure; **presionar** vt to press; (fig) to press, put pressure on ⊳ vi: **presionar para** to press for

preso, -a ['preso, a] nm/f prisoner; **tomar o llevar ~ a algn** to arrest sb, take sb prisoner

prestación [presta'θjon] nf service; (subsidio) benefit; **prestaciones** nfpl (Tec, Auto) performance features

prestado, -a [pres'taðo, a] adj on loan; **pedir ~** to borrow

prestamista [presta'mista] nmf moneylender

préstamo ['prestamo] nm loan; **préstamo hipotecario** mortgage

prestar [pres'tar] vt to lend; loan;

(atención) to pay; (ayuda) to give

prestigio [pres'tixjo] nm prestige

prestigioso, -a adj (honorable) prestigious; (famoso, renombrado) renowned, famous

presumido, -a [presu'miðo, a] adj (persona) vain

presumir [presu'mir] vt to presume ▷ vi (tener aires) to be conceited;

presunto, -a adj (supuesto) supposed, presumed; (así llamado) so-called;

presuntuoso, -a adj conceited, presumptuous

presupuesto [presu'pwesto] pp de **presuponer** ▷ nm (Finanzas) budget; (estimación: de costo) estimate

pretencioso, -a [preten'θjoso, a] adj pretentious

pretender [preten'der] vt (intentar) to try to try, seek to; (reivindicar) to claim; (buscar) to seek, try for; (cortejar) to woo, court; **~ que** to expect that

No confundir **pretender** con la palabra inglesa pretend.

pretendiente [preten'djente] nm (amante) suitor; (al trono) pretender; **pretensión** nf (aspiración) aspiration; (reivindicación) claim; (orgullo) pretension

pretexto [pre'teksto] nm pretext; (excusa) excuse

prevención [preßen'θjon] nf prevention; (precaución) precaution

prevenido, -a [preße'niðo, a] adj prepared, ready; (cauteloso) cautious

prevenir [preße'nir] vt (impedir) to prevent; (predisponer) to prejudice, bias; (avisar) to warn; (preparar) to prepare, get ready; **prevenirse** vr to get ready, prepare; **~se contra** to take precautions against; **preventivo, -a** adj preventive, precautionary

prever [pre'ßer] vt to foresee

previo, -a ['preßjo, a] adj (anterior) previous; (preliminar) preliminary ▷ prep: **~ acuerdo de los otros** subject to the agreement of the others

previsión [preßi'sjon] nf (perspicacia) foresight; (predicción) forecast;

previsto, -a adj anticipated, forecast

prima ['prima] nf (Com) bonus; (de seguro) premium; V tb **primo**

primario, -a [pri'marjo, a] adj primary

primavera [prima'ßera] nf spring(-time)

primera [pri'mera] nf (Auto) first gear; (Ferro: tb: **~ clase**) first class; **de ~** (fam) first-class, first-rate

primero, -a [pri'mero, a] (adj **primer**) first; (principal) prime adv first; (más bien) sooner, rather; **primera plana** front page

primitivo, -a [primi'tißo, a] adj primitive; (original) original

primo, -a ['primo, a] adj prime ▷ nm/f cousin; (fam) fool, idiot; **materias primas** raw materials; **primo hermano** first cousin

primogénito, -a [primo'xenito, a] adj first-born

primoroso, -a [primo'roso, a] adj exquisite, delicate

princesa [prin'θesa] nf princess

principal [prinθi'pal] adj principal, main ▷ nm (jefe) chief, principal

príncipe ['prinθipe] nm prince

principiante [prinθi'pjante] nmf beginner

principio [prin'θipjo] nm (comienzo) beginning, start; (origen) origin; (primera etapa) rudiment, basic idea; (moral) principle; **desde el ~** from the first; **en un ~** at first; **a ~s de** at the beginning of

pringue ['pringe] nm (grasa) grease, fat, dripping

prioridad [priori'ðað] nf priority

prisa ['prisa] nf (apresuramiento) hurry, haste; (rapidez) speed; (urgencia) (sense of) urgency; **a o de ~** quickly; **correr ~** to be urgent; **darse ~** to hurry up; **tener ~** to be in a hurry

prisión [pri'sjon] nf (cárcel) prison; (período de cárcel) imprisonment;

prisionero, -a nm/f prisoner

prismáticos [pris'matikos] nmpl

binoculars

privado, -a [pri'βaðo, a] *adj* private

privar [pri'βar] *vt* to deprive; **privativo, -a** *adj* exclusive

privilegiar [priβile'xjar] *vt* to grant a privilege to; *(favorecer)* to favour

privilegio [priβi'lexjo] *nm* privilege; *(concesión)* concession

pro [pro] *nm o f* profit, advantage ▷ *prep:* **asociación ~ ciegos** association for the blind ▷ *prefijo:* ~ **americano** pro-American; **en ~ de** on behalf of, for; **los ~s y los contras** the pros and cons

proa ['proa] *nf* bow, prow; **de ~** bow *cpd*, fore

probabilidad [proβaβili'ðað] *nf* probability, likelihood; *(oportunidad, posibilidad)* chance, prospect; **probable** *adj* probable, likely

probador [proβa'ðor] *nm (en tienda)* fitting room

probar [pro'βar] *vt (demostrar)* to prove; *(someter a prueba)* to test, try out; *(ropa)* to try on; *(comida)* to taste ▷ *vi* to try; **~se un traje** to try on a suit

probeta [pro'βeta] *nf* test tube

problema [pro'βlema] *nm* problem

procedente [proθe'ðente] *adj (razonable)* reasonable; *(conforme a derecho)* proper, fitting; ~ **de** coming from, originating in

proceder [proθe'ðer] *vi (avanzar)* to proceed; *(actuar)* to act; *(ser correcto)* to be right (and proper), to be fitting ▷ *nm (comportamiento)* behaviour, conduct; ~ **de** to come from, originate in; **procedimiento** *nm* procedure; *(proceso)* process; *(método)* means *pl*, method

procesador [proθesa'ðor] *nm* processor; **procesador de textos** word processor

procesar [proθe'sar] *vt* to try, put on trial

procesión [proθe'sjon] *nf* procession

proceso [pro'θeso] *nm* process; *(Jur)* trial

proclamar [prokla'mar] *vt* to proclaim

procrear [prokre'ar] *vt, vi* to procreate

procurador, a [prokura'ðor, a] *nm/f* attorney

procurar [proku'rar] *vt (intentar)* to try, endeavour; *(conseguir)* to get, obtain; *(asegurar)* to secure; *(producir)* to produce

prodigio [pro'ðixjo] *nm* prodigy; *(milagro)* wonder, marvel; **prodigioso, -a** *adj* prodigious, marvellous

pródigo, -a [pro'ðiɣo, a] *adj:* **hijo ~** prodigal son

producción [proðuk'θjon] *nf (gen)* production; *(producto)* output; **producción en serie** mass production

producir [proðu'θir] *vt* to produce; *(causar)* to cause, bring about; **producirse** *vr (cambio)* to come about; *(accidente)* to take place; *(problema etc)* to arise; *(hacerse)* to be produced, be made; *(estallar)* to break out

productividad [proðuktiβi'ðað] *nf* productivity; **productivo, -a** *adj* productive; *(provechoso)* profitable

producto [pro'ðukto] *nm* product

productor, a [proðuk'tor, a] *adj* productive, producing ▷ *nm/f* producer

proeza [pro'eθa] *nf* exploit, feat

profano, -a [pro'fano, a] *adj* profane ▷ *nm/f* layman/woman

profecía [profe'θia] *nf* prophecy

profesión [profe'sjon] *nf* profession; *(en formulario)* occupation; **profesional** *adj* professional

profesor, a [profe'sor, a] *nm/f* teacher; **profesorado** *nm* teaching profession

profeta [pro'feta] *nmf* prophet

prófugo, -a [pro'fuɣo, a] *nm/f* fugitive; *(Mil: desertor)* deserter

profundidad [profundi'ðað] *nf* depth; **profundizar** *vi:* **profundizar en** to go deeply into; **profundo, -a** *adj* deep; *(misterio, pensador)* profound

progenitor [proxeni'tor] nm ancestor; **progenitores** nmpl (padres) parents

programa [pro'xrama] nm programme (BRIT), program (US); **programa de estudios** curriculum, syllabus; **programación** nf programming; **programador, a** nm/f programmer; **programar** vt to program

progresar [proxre'sar] vi to progress, make progress; **progresista** adj, nmf progressive; **progresivo, -a** adj progressive; (gradual) gradual; (continuo) continuous; **progreso** nm progress

prohibición [proiβi'θjon] nf prohibition, ban

prohibir [proi'βir] vt to prohibit, ban, forbid; **prohibido o se prohibe fumar** no smoking; **"prohibido el paso"** "no entry"

prójimo, -a ['proximo, a] nm/f fellow man; (vecino) neighbour

prólogo ['proloxo] nm prologue

prolongar [prolon'xar] vt to extend; (reunión etc) to prolong; (calle, tubo) to extend

promedio [pro'meðjo] nm average; (de distancia) middle, mid-point

promesa [pro'mesa] nf promise

prometer [prome'ter] vt to promise ▷ vi to show promise; **prometerse** vr (novios) to get engaged; **prometido, -a** adj promised; engaged ▷ nm/f fiancé/fiancée

prominente [promi'nente] adj prominent

promoción [promo'θjon] nf promotion

promotor [promo'tor] nm promoter; (instigador) instigator

promover [promo'βer] vt to promote; (causar) to cause; (instigar) to instigate, stir up

promulgar [promul'xar] vt to promulgate; (anunciar) to proclaim

pronombre [pro'nombre] nm pronoun

pronosticar [pronosti'kar] vt to predict, foretell, forecast; **pronóstico** nm prediction, forecast; **pronóstico del tiempo** weather forecast

pronto, -a ['pronto, a] adj (rápido) prompt, quick; (preparado) ready ▷ adv quickly, promptly; (en seguida) at once, right away; (dentro de poco) soon; (temprano) early ▷ nm: **tiene unos ~s muy malos** he gets ratty all of a sudden (inf); **de ~** suddenly; **por lo ~** meanwhile, for the present

pronunciación [pronunθja'θjon] nf pronunciation

pronunciar [pronun'θjar] vt to pronounce; (discurso) to make, deliver; **pronunciarse** vr to revolt, rebel; (declararse) to declare o.s.

propagación [propaxa'θjon] nf propagation

propaganda [propa'xanda] nf (Pol) propaganda; (Com) advertising

propenso, -a [pro'penso, a] adj inclined to; **ser ~ a** to be inclined to, have a tendency to

propicio, -a [pro'piθjo, a] adj favourable, propitious

propiedad [propje'ðað] nf property; (posesión) possession, ownership; **propiedad particular** private property

propietario, -a [propje'tarjo, a] nm/f owner, proprietor

propina [pro'pina] nf tip

propio, -a ['propjo, a] adj own, of one's own; (característico) characteristic, typical; (debido) proper; (mismo) selfsame, very; **el ~ ministro** the minister himself; **¿tienes casa propia?** have you a house of your own?

proponer [propo'ner] vt to propose, put forward; (problema) to pose; **proponerse** vr to propose, intend

proporción [propor'θjon] nf proportion; (Mat) ratio; **proporciones** nfpl (dimensiones) dimensions; (fig) size sg; **proporcionado, -a** adj proportionate; (regular)

medium, middling; *(justo)* just right;
proporcionar vt *(dar)* to give, supply,
provide
proposición [proposi'θjon] nf
proposition; *(propuesta)* proposal
propósito [pro'posito] nm purpose;
(intento) aim, intention ▷ adv: **a ~**
by the way, incidentally; *(a posta)* on
purpose, deliberately; **a ~ de** about,
with regard to
propuesta [pro'pwesta] vb V
proponer ▷ nf proposal
propulsar [propul'sar] vt to drive,
propel, *(fig)* to promote, encourage;
propulsión nf propulsion; **propulsión
a chorro** o **por reacción** jet propulsion
prórroga ['prorroγa] nf extension;
(Jur) stay; *(Com)* deferment; *(Deporte)*
extra time; **prorrogar** vt *(período)* to
extend; *(decisión)* to defer, postpone
prosa ['prosa] nf prose
proseguir [prose'γir] vt to continue,
carry on ▷ vi to continue, go on
prospecto [pros'pekto] nm
prospectus
prosperar [prospe'rar] vi to prosper,
thrive, flourish; **prosperidad** nf
prosperity; *(éxito)* success; **próspero,
-a** adj prosperous, flourishing; *(que
tiene éxito)* successful
prostíbulo [pros'tiβulo] nm brothel
(BRIT), house of prostitution *(US)*
prostitución [prostitu'θjon] nf
prostitution
prostituir [prosti'twir] vt to
prostitute; **prostituirse** vr to
prostitute o.s., become a prostitute
prostituta [prosti'tuta] nf
prostitute
protagonista [protaγo'nista] nmf
protagonist
protección [protek'θjon] nf
protection
protector, a [protek'tor, a] adj
protective, protecting ▷ nm/f
protector
proteger [prote'xer] vt to protect;
protegido, -a nm/f protégé/protégée

proteína [prote'ina] nf protein
protesta [pro'testa] nf protest;
(declaración) protestation
protestante [protes'tante] adj
Protestant
protestar [protes'tar] vt to protest,
declare ▷ vi to protest
protocolo [proto'kolo] nm protocol
prototipo [proto'tipo] nm prototype
provecho [pro'βetʃo] nm advantage,
benefit; *(Finanzas)* profit; **¡buen ~!** bon
appétit!; **en ~ de** to the benefit of;
sacar ~ de to benefit from, profit by
provenir [proβe'nir] vi: **~ de** to come
o stem from
proverbio [pro'βerβjo] nm proverb
providencia [proβi'ðenθja] nf
providence
provincia [pro'βinθja] nf province
provisión [proβi'sjon] nf provision;
(abastecimiento) provision, supply;
(medida) measure, step
provisional [proβisjo'nal] adj
provisional
provocar [proβo'kar] vt to provoke;
(alentar) to tempt, invite; *(causar)*
to bring about, lead to; *(promover)*
to promote; *(estimular)* to rouse,
stimulate; **¿te provoca un café?** *(CAM)*
would you like a coffee?; **provocativo,
-a** adj provocative
proxeneta [prokse'neta] nm pimp
próximamente [proksima'mente]
adv shortly, soon
proximidad [proksimi'ðað] nf
closeness, proximity; **próximo, -a**
adj near, close; *(vecino)* neighbouring;
(siguiente) next
proyectar [projek'tar] vt *(objeto)* to
hurl, throw; *(luz)* to cast, shed; *(Cine)* to
screen, show; *(planear)* to plan
proyectil [projek'til] nm projectile,
missile
proyecto [pro'jekto] nm plan;
(estimación de costo) detailed estimate
proyector [projek'tor] nm *(Cine)*
projector
prudencia [pru'ðenθja] nf *(sabiduría)*

wisdom; (*cuidado*) care; **prudente** *adj*
sensible, wise; (*conductor*) careful

prueba *etc* [ˈprweβa] *vb* V **probar** ▷ *nf*
proof; (*ensayo*) test, trial; (*degustación*)
tasting, sampling; (*de ropa*) fitting; **a
~ on trial; a ~ de** proof against; **a ~ de
agua/fuego** waterproof/fireproof;
someter a ~ to put to the test

psico... [ˈsiko] *prefijo* psycho...;
psicología *nf* psychology;
psicológico, -a *adj* psychological;
psicólogo, -a *nm/f* psychologist;
psicópata *nmf* psychopath; **psicosis**
nf inv psychosis

psiquiatra [siˈkjatra] *nmf*
psychiatrist; **psiquiátrico, -a** *adj*
psychiatric

PSOE [peˈsoe] (*ESP*) *nm abr* = **Partido
Socialista Obrero Español**

púa [ˈpua] *nf* (*Bot, Zool*) prickle, spine;
(*para guitarra*) plectrum (*BRIT*), pick
(*US*); **alambre de ~** barbed wire

pubertad [puβerˈtað] *nf* puberty

publicación [puβlikaˈθjon] *nf*
publication

publicar [puβliˈkar] *vt* (*editar*) to
publish; (*hacer público*) to publicize;
(*divulgar*) to make public, divulge

publicidad [puβliθiˈðað] *nf*
publicity; (*Com: propaganda*)
advertising; **publicitario, -a** *adj*
publicity *cpd*; advertising *cpd*

público, -a [ˈpuβliko, a] *adj* public
▷ *nm* public; (*Teatro etc*) audience

puchero [puˈtʃero] *nm* (*Culin: guiso*)
stew; (*: olla*) cooking pot; **hacer ~s**
to pout

pucho [ˈputʃo] (*cs: fam*) *nm* cigarette,
fag (*BRIT*)

pude *etc vb* V **poder**

pudiente [puˈðjente] *adj* (*rico*)
wealthy, well-to-do

pudiera *etc vb* V **poder**

pudor [puˈðor] *nm* modesty

pudrir [puˈðrir] *vt* to rot; **pudrirse** *vr*
to rot, decay

pueblo [ˈpweβlo] *nm* people; (*nación*)
nation; (*aldea*) village

puedo *etc vb* V **poder**

puente [ˈpwente] *nm* bridge; **hacer ~**
(*fam*) to take extra days off work between 2
public holidays; **to take a long weekend**;
puente aéreo shuttle service; **puente
colgante** suspension bridge; **puente
levadizo** drawbridge

- **HACER PUENTE**
-
- When a public holiday in Spain
- falls on a Tuesday or Thursday it is
- common practice for employers
- to make the Monday or Friday
- a holiday as well and to give
- everyone a four-day weekend. This
- is known as **hacer puente**. When
- a named public holiday such as the
- **Día de la Constitución** falls on a
- Tuesday or Thursday, people refer
- to the whole holiday period as e.g.
- the **puente de la Constitución**.

puerco, -a [ˈpwerko, a] *nm/f* pig/
sow ▷ *adj* (*sucio*) dirty, filthy; (*obsceno*)
disgusting; **puerco espín** porcupine

pueril [pweˈril] *adj* childish

puerro [ˈpwerro] *nm* leek

puerta [ˈpwerta] *nf* door; (*de jardín*)
gate; (*portal*) doorway; (*fig*) gateway;
(*portería*) goal; **a la ~** at the door; **a ~
cerrada** behind closed doors; **puerta
giratoria** revolving door

puerto [ˈpwerto] *nm* port; (*paso*)
pass; (*fig*) haven, refuge

Puerto Rico [ˈpwerto ˈriko] *nm*
Puerto Rico; **puertorriqueño, -a** *adj*,
nm/f Puerto Rican

pues [pwes] *adv* (*entonces*) then;
(*bueno*) well, well then; (*así que*)
so ▷ *conj* (*ya que*) since; **¡~ sí!** yes!,
certainly!

puesta [ˈpwesta] *nf* (*apuesta*) bet,
stake; **puesta al día** updating; **puesta
a punto** fine tuning; **puesta de sol**
sunset; **puesta en marcha** starting

puesto, -a [ˈpwesto, a] *pp de* **poner**
▷ *adj*: **tener algo ~** to have sth on, be

wearing sth ▷ *nm* (*lugar, posición*) place; (*trabajo*) post, job; (*Com*) stall ▷ *conj*: **~ que** since, as

púgil ['puxil] *nm* boxer

pulga ['pulxa] *nf* flea

pulgada [pul'xaða] *nf* inch

pulgar [pul'xar] *nm* thumb

pulir [pu'lir] *vt* to polish; (*alisar*) to smooth; (*fig*) to polish up, touch up

pulmón [pul'mon] *nm* lung; **pulmonía** *nf* pneumonia

pulpa ['pulpa] *nf* pulp; (*de fruta*) flesh, soft part

pulpería [pulpe'ria] (*LAM*) *nf* (*tienda*) small grocery store

púlpito ['pulpito] *nm* pulpit

pulpo ['pulpo] *nm* octopus

pulque ['pulke] *nm* pulque

- **PULQUE**
-
- **Pulque** is a thick, white, alcoholic
- drink which is very popular in
- Mexico. In ancient times it was
- considered sacred by the Aztecs.
- It is produced by fermenting the
- juice of the **maguey**, a Mexican
- cactus similar to the agave. It can
- be drunk by itself or mixed with
- fruit or vegetable juice.

pulsación [pulsa'θjon] *nf* beat; **pulsaciones** *nfpl* pulse rate

pulsar [pul'sar] *vt* (*tecla*) to touch, tap; (*Mús*) to play; (*botón*) to press, push ▷ *vi* to pulsate; (*latir*) to beat, throb

pulsera [pul'sera] *nf* bracelet

pulso ['pulso] *nm* (*Anat*) pulse; (*fuerza*) strength; (*firmeza*) steadiness, steady hand

pulverizador [pulβeriθa'ðor] *nm* spray, spray gun

pulverizar [pulβeri'θar] *vt* to pulverize; (*líquido*) to spray

puna ['puna] (*CAM*) *nf* mountain sickness

punta ['punta] *nf* point, tip; (*extremo*) end; (*fig*) touch, trace; **horas ~** peak o

rush hours; **sacar ~ a** to sharpen

puntada [pun'taða] *nf* (*Costura*) stitch

puntal [pun'tal] *nm* prop, support

puntapié [punta'pje] *nm* kick

puntería [punte'ria] *nf* (*de arma*) aim, aiming; (*destreza*) marksmanship

puntero, -a [pun'tero, a] *adj* leading ▷ *nm* (*palo*) pointer

puntiagudo, -a [puntja'ɣuðo, a] *adj* sharp, pointed

puntilla [pun'tiʎa] *nf* (*encaje*) lace edging o trim; (**andar**) **de ~s** (to walk) on tiptoe

punto ['punto] *nm* (*gen*) point; (*señal diminuta*) spot, dot; (*Costura, Med*) stitch; (*lugar*) spot, place; (*momento*) point, moment; **a ~** ready; **estar a ~ de** to be on the point of o about to; **en ~** on the dot; **hasta cierto ~** to some extent; **hacer ~** (*ESP: tejer*) to knit; **dos ~s** (*Ling*) colon; **punto de interrogación** question mark; **punto de vista** point of view, viewpoint; **punto final** full stop (*BRIT*), period (*US*); **punto muerto** dead center; (*Auto*) neutral (gear); **punto y aparte** (*en dictado*) full stop, new paragraph; **punto y coma** semicolon

puntocom [punto'kom] *adj inv, nf inv* dotcom

puntuación [puntwa'θjon] *nf* punctuation; (*puntos: en examen*) mark(s) (*pl*); (*Deporte*) score

puntual [pun'twal] *adj* (*a tiempo*) punctual; (*exacto*) exact, accurate; **puntualidad** *nf* punctuality; exactness, accuracy

puntuar [pun'twar] *vi* (*Deporte*) to score, count

punzante [pun'θante] *adj* (*dolor*) shooting, sharp; (*herramienta*) sharp

puñado [pu'ɲaðo] *nm* handful

puñal [pu'ɲal] *nm* dagger; **puñalada** *nf* stab

puñetazo [puɲe'taθo] *nm* punch

puño ['puɲo] *nm* (*Anat*) fist; (*cantidad*) fistful, handful; (*Costura*) cuff; (*de *herramienta*) handle

pupila [pu'pila] *nf* pupil

pupitre [pu'pitre] *nm* desk

puré [pu're] *nm* purée; (*sopa*) (thick) soup; **puré de papas** (LAM) mashed potatoes; **puré de patatas** (ESP) mashed potatoes

purga ['purva] *nf* purge; **purgante** *adj, nm* purgative

purgatorio [purva'torjo] *nm* purgatory

purificar [purifi'kar] *vt* to purify; (*refinar*) to refine

puritano, -a [puri'tano, a] *adj* (*actitud*) puritanical; (*iglesia, tradición*) puritan ▷ *nm/f* puritan

puro, -a ['puro, a] *adj* pure; (*verdad*) simple, plain ▷ *nm* cigar

púrpura ['purpura] *nf* purple

pus [pus] *nm* pus

puse etc *vb* V **poder**

pusiera etc *vb* V **poder**

puta ['puta] (*fam!*) *nf* whore, prostitute

putrefacción [putrefak'θjon] *nf* rotting, putrefaction

PVP *nm abr* (= *precio de venta al público*) RRP

pyme, PYME ['pime] *nf abr* (= *Pequeña y Mediana Empresa*) SME

q

○ **PALABRA CLAVE**

que [ke] *conj* **1** (*con oración subordinada: muchas veces no se traduce*) that: **dijo que vendría** he said (that) he would come; **espero que lo encuentres** I hope (that) you find it; V tb **el**

2 (*en oración independiente*): **¡que entre!** send him in; **¡que aproveche!** enjoy your meal!; **¡que se mejore tu padre!** I hope your father gets better

3 (*enfático*): **¿me quieres? - ¡que sí!** do you love me? - of course!

4 (*consecutivo: muchas veces no se traduce*): **es tan grande que no lo puedo levantar** it's so big (that) I can't lift it

5 (*comparaciones*) than; **yo que tú/él** if I were you/him; V tb **más, menos, mismo**

6 (*valor disyuntivo*): **que le guste o no** whether he likes it or not; **que venga o que no venga** whether he comes or not

7 (*porque*): **no puedo, que tengo que quedarme en casa** I can't, I've got to stay in ▷ *pron* **1** (*cosa*) that, which; (+ *prep*) which; **el sombrero que te compraste** the hat (that o which) you bought; **la cama en que dormí** the bed (that o which) I slept in **2** (*persona*: *suj*) that, who; (: *objeto*) that, whom; **el amigo que me acompañó al museo** the friend that o who went to the museum with me; **la chica que invité** the girl (that o whom) I invited

qué [ke] *adj* what?, which? ▷ *pron* what?; **¡~ divertido!** how funny!; **¿~ edad tienes?** how old are you?; **¿de ~ me hablas?** what are you saying to me?; **¿~ tal?** how are you?, how are things?; **¿~ hay (de nuevo)?** what's new?

quebrado, -a [ke'βraðo, a] *adj* (*roto*) broken ▷ *nm/f* bankrupt ▷ *nm* (*Mat*) fraction

quebrantar [keβran'tar] *vt* (*infringir*) to violate, transgress

quebrar [ke'βrar] *vt* to break, smash ▷ *vi* to go bankrupt

quedar [ke'ðar] *vi* to stay, remain; (*encontrarse*: *sitio*) to be; (*haber aún*) to remain, be left; **quedarse** *vr* to remain, stay (behind); **~se (con) algo** to keep sth; **~ en** (*acordar*) to agree on/to; **~ en nada** to come to nothing; **~ por hacer** to be still to be done; **~ ciego/mudo** to be left blind/dumb; **no te queda bien ese vestido** that dress doesn't suit you; **eso queda muy lejos** that's a long way (away); **quedamos a las seis** we agreed to meet at six

quedo, -a [ke'ðo, a] *adj* still ▷ *adv* softly, gently

quehacer [kea'θer] *nm* task, job; **quehaceres (domésticos)** *nmpl* household chores

queja ['kexa] *nf* complaint; **quejarse** *vr* (*enfermo*) to moan, groan; (*protestar*) to complain; **quejarse de que** to complain (about the fact) that; **quejido** *nm* moan

quemado, -a [ke'maðo, a] *adj* burnt

quemadura [kema'ðura] *nf* burn, scald

quemar [ke'mar] *vt* to burn; (*fig*: *malgastar*) to burn up, squander ▷ *vi* to be burning hot; **quemarse** *vr* (*consumirse*) to burn (up); (*del sol*) to get sunburnt

quemarropa [kema'rropa]: **a ~** *adv* point-blank

quepo *etc vb* V **caber**

querella [ke'reʎa] *nf* (*Jur*) charge; (*disputa*) dispute

⊙ **PALABRA CLAVE**

querer [ke'rer] *vt* **1** (*desear*) to want; **quiero más dinero** I want more money; **quisiera** o **querría un té** I'd like a tea; **sin querer** unintentionally; **quiero ayudar/que vayas** I want to help/you to go

2 (*preguntas*: *para pedir algo*): **¿quiere abrir la ventana?** could you open the window?; **¿quieres echarme una mano?** can you give me a hand?

3 (*amar*) to love; (*tener cariño a*) to be fond of; **te quiero** I love you; **quiere mucho a sus hijos** he's very fond of his children

4 le pedí que me dejara ir pero no quiso I asked him to let me go but he refused

querido, -a [ke'riðo, a] *adj* dear ▷ *nm/f* darling; (*amante*) lover

queso ['keso] *nm* cheese; **queso crema** (LAM) cream cheese; **queso de untar** (ESP) cream cheese; **queso manchego** sheep's milk cheese made in La Mancha; **queso rallado** grated cheese

quicio ['kiθjo] *nm* hinge; **sacar a algn de ~** to get on sb's nerves

quiebra ['kjeβra] *nf* break, split; (*Com*) bankruptcy; (*Econ*) slump

quiebro ['kjeβro] *nm* (*del cuerpo*)

swerve

quien [kjen] *pron* who; **hay ~ piensa que** there are those who think that; **no hay ~ lo haga** no-one will do it

quién [kjen] *pron* who, whom; **¿~ es?** who's there?

quienquiera [kjen'kjera] (*pl* **quienesquiera**) *pron* whoever

quiero *etc vb* V **querer**

quieto, -a ['kjeto, a] *adj* still; (*carácter*) placid

> No confundir **quieto** con la palabra inglesa *quiet.*

quietud *nf* stillness

quilate [ki'late] *nm* carat

químico, -a ['kimiko, a] *adj* chemical ⊳ *nm/f* chemist ⊳ *nf* chemistry

quincalla [kin'kaʎa] *nf* hardware, ironmongery (BRIT)

quince ['kinθe] *num* fifteen; **~ días** a fortnight; **quinceañero, -a** *nm/f* teenager; **quincena** *nf* fortnight; (*pago*) fortnightly pay; **quincenal** *adj* fortnightly

quiniela [ki'njela] *nf* football pools *pl*; **quinielas** *nfpl* (*impreso*) pools coupon *sg*

quinientos, -as [ki'njentos, as] *adj, num* five hundred

quinto, -a ['kinto, a] *adj* fifth ⊳ *nf* country house; (*Mil*) call-up, draft

quiosco ['kjosko] *nm* (*de música*) bandstand; (*de periódicos*) news stand

quirófano [ki'rofano] *nm* operating theatre

quirúrgico, -a [ki'rurxiko, a] *adj* surgical

quise *etc vb* V **querer**

quisiera *etc vb* V **querer**

quisquilloso, -a [kiski'ʎoso, a] *adj* (*susceptible*) touchy; (*meticuloso*) pernickety

quiste ['kiste] *nm* cyst

quitaesmalte [kitaes'malte] *nm* nail-polish remover

quitamanchas [kita'mantʃas] *nm inv* stain remover

quitanieves [kita'njeβes] *nm inv* snowplough (BRIT), snowplow (US)

quitar [ki'tar] *vt* to remove, take away; (*ropa*) to take off; (*dolor*) to relieve; **¡quita de ahí!** get away!; **quitarse** *vr* to withdraw; (*ropa*) to take off; **se quitó el sombrero** he took off his hat

Quito ['kito] *n* Quito

quizá(s) [ki'θa(s)] *adv* perhaps, maybe

r

rábano [ˈraβano] nm radish; **me importa un ~** I don't give a damn

rabia [ˈraβja] nf (Med) rabies sg; (ira) fury, rage; **rabiar** vi to have rabies; to rage, be furious; **rabiar por algo** to long for sth

rabieta [raˈβjeta] nf tantrum, fit of temper

rabino [raˈβino] nm rabbi

rabioso, -a [raˈβjoso, a] adj rabid; (fig) furious

rabo [ˈraβo] nm tail

racha [ˈratʃa] nf gust of wind; **buena/mala ~** spell of good/bad luck

racial [raˈθjal] adj racial, race cpd

racimo [raˈθimo] nm bunch

ración [raˈθjon] nf portion; **raciones** nfpl rations

racional [raθjoˈnal] adj (razonable) reasonable; (lógico) rational

racionar [raθjoˈnar] vt to ration (out)

racismo [raˈθismo] nm racism; **racista** adj, nm racist

radar [raˈðar] nm radar

radiador [raðjaˈðor] nm radiator

radiante [raˈðjante] adj radiant

radical [raðiˈkal] adj, nmf radical

radicar [raðiˈkar] vi: ~ **en** (dificultad, problema) to lie in; (solución) to consist in

radio [ˈraðjo] nf radio; (aparato) radio (set) ▷ nm (Mat) radius; (Quím) radium; **radioactividad** nf radioactivity; **radioactivo, -a** adj radioactive; **radiografía** nf X-ray; **radioterapia** nf radiotherapy; **radioyente** nmf listener

ráfaga [ˈrafaɣa] nf gust; (de luz) flash; (de tiros) burst

raíz [raˈiθ] nf root; **a ~ de** as a result of; **raíz cuadrada** square root

raja [ˈraxa] nf (de melón etc) slice; (grieta) crack; **rajar** vt to split; (fam) to slash; **rajarse** vr to split, crack; **rajarse de** to back out of

rajatabla [raxaˈtaβla] nf: **a ~** adv (estrictamente) strictly, to the letter

rallador [raʎaˈðor] nm grater

rallar [raˈʎar] vt to grate

rama [ˈrama] nf branch; **ramaje** nm branches pl, foliage; **ramal** nm (de cuerda) strand; (Ferro) branch line (BRIT); (Auto) branch (road) (BRIT)

rambla [ˈrambla] nf (avenida) avenue

ramo [ˈramo] nm branch; (sección) department, section

rampa [ˈrampa] nf ramp; **rampa de acceso** entrance ramp

rana [ˈrana] nf frog; **salto de ~** leapfrog

ranchero [ranˈtʃero] (MÉX) nm (hacendado) rancher; smallholder

rancho [ˈrantʃo] nm (grande) ranch; (pequeño) small farm

rancio, -a [ˈranθjo, a] adj (comestibles) rancid; (vino) aged, mellow; (fig) ancient

rango [ˈrango] nm rank, standing

ranura [raˈnura] nf groove; (de teléfono etc) slot

rapar [raˈpar] vt to shave; (los cabellos) to crop

rapaz [raˈpaθ] (nf ~a) nmf young

boy/girl ▷ adj (Zool) predatory

rape ['rape] nm (pez) monkfish; **al ~** cropped

rapé [ra'pe] nm snuff

rapidez [rapi'ðeθ] nf speed, rapidity; **rápido, -a** adj fast, quick ▷ adv quickly ▷ nm (Ferro) express; **rápidos** nmpl rapids

rapiña [ra'piɲa] nm robbery; **ave de ~** bird of prey

raptar [rap'tar] vt to kidnap; **rapto** nm kidnapping; (impulso) sudden impulse; (éxtasis) ecstasy, rapture

raqueta [ra'keta] nf racquet

raquítico, -a [ra'kitiko, a] adj stunted; (fig) poor, inadequate

rareza [ra'reθa] nf rarity; (fig) eccentricity

raro, -a ['raro, a] adj (poco común) rare; (extraño) odd, strange; (excepcional) remarkable

ras [ras] nm: **a ~ de** level with; **a ~ de tierra** at ground level

rasar [ra'sar] vt (igualar) to level

rascacielos [raska'θjelos] nm inv skyscraper

rascar [ras'kar] vt (con las uñas etc) to scratch; (raspar) to scrape; **rascarse** vr to scratch (o.s.)

rasgar [ras'xar] vt to tear, rip (up)

rasgo ['rasɣo] nm (con pluma) stroke; **rasgos** nmpl (facciones) features, characteristics; **a grandes ~s** in outline, broadly

rasguño [ras'ɣuɲo] nm scratch

raso, -a ['raso, a] adj (liso) flat, level; (a baja altura) very low ▷ nm satin; **cielo ~** clear sky

raspadura [raspa'ðura] nf (acto) scrape, scraping; (marca) scratch; **raspaduras** nfpl (de papel etc) scrapings

raspar [ras'par] vt to scrape; (arañar) to scratch; (limar) to file

rastra ['rastra] nf (Agr) rake; **a ~s** by dragging; (fig) unwillingly

rastrear [rastre'ar] vt (seguir) to track

rastrero, -a [ras'trero, a] adj (Bot,

Zool) creeping; (fig) despicable, mean

rastrillo [ras'triʎo] nm rake

rastro ['rastro] nm (Agr) rake; (pista) track, trail; (vestigio) trace; **el R~** (ESP) the Madrid fleamarket

rasurado [rasu'raðo] (MÉX) nm shaving; **rasuradora** [rasura'ðora] (MÉX) nf electric shaver; **rasurar** [rasu'rar] (MÉX) vt to shave; **rasurarse** vr to shave

rata ['rata] nf rat

ratear [rate'ar] vt (robar) to steal

ratero, -a [ra'tero, a] adj light-fingered ▷ nm/f (carterista) pickpocket; (ladrón) petty thief

rato ['rato] nm while, short time; **a ~s** from time to time; **hay para ~** there's still a long way to go; **al poco ~** soon afterwards; **pasar el ~** to kill time; **pasar un buen/mal ~** to have a good/rough time; **en mis ~s libres** in my spare time

ratón [ra'ton] nm mouse; **ratonera** nf mousetrap

raudal [rau'ðal] nm torrent; **a ~es** in abundance

raya ['raja] nf line; (marca) scratch; (en tela) stripe; (de pelo) parting; (límite) boundary; (pez) ray; (puntuación) dash; **a ~s** striped; **pasarse de la ~** to go too far; **tener a ~** to keep in check; **rayar** vt to line; to scratch; (subrayar) to underline ▷ vi: **rayar en o con** to border on

rayo ['rajo] nm (del sol) ray, beam; (de luz) shaft; (en una tormenta) (flash of) lightning; **rayos X** X-rays

raza ['raθa] nf race; **raza humana** human race

razón [ra'θon] nf reason; (justicia) right, justice; (razonamiento) reasoning; (motivo) reason, motive; (Mat) ratio; **a ~ de 10 cada día** at the rate of 10 a day; **en ~ de** with regard to; **dar ~ a algn** to agree that sb is right; **tener ~** to be right; **razón de ser** raison d'être; **razón directa/inversa** direct/inverse proportion; **razonable**

adj reasonable; (justo, moderado) fair; **razonamiento** nm (juicio) judg(e)ment; (argumento) reasoning;

razonar vt, vi to reason, argue

re [re] nm (Mús) D

reacción [reak'θjon] nf reaction; **avión a ~** jet plane; **reacción en cadena** chain reaction; **reaccionar** vi to react

reacio, -a [re'aθjo, a] adj stubborn

reactivar [reakti'βar] vt to revitalize

reactor [reak'tor] nm reactor

real [re'al] adj real; (del rey, fig) royal

realidad [reali'ðað] nf reality, fact; (verdad) truth

realista [rea'lista] nmf realist

realización [realiθa'θjon] nf fulfilment

realizador, a [realiθa'ðor, a] nm/f film-maker

realizar [reali'θar] vt (objetivo) to achieve; (plan) to carry out; (viaje) to make, undertake; **realizarse** vr to come about, come true

realmente [real'mente] adv really, actually

realzar [real'θar] vt to enhance; (acentuar) to highlight

reanimar [reani'mar] vt to revive; (alentar) to encourage; **reanimarse** vr to revive

reanudar [reanu'ðar] vt (renovar) to renew; (historia, viaje) to resume

reaparición [reapari'θjon] nf reappearance

rearme [re'arme] nm rearmament

rebaja [re'βaxa] nf (Com) reduction; (: descuento) discount; **rebajas** nfpl (Com) sale; **rebajar** vt (bajar) to lower; (reducir) to reduce; (disminuir) to lessen; (humillar) to humble

rebanada [reβa'naða] nf slice

rebañar [reβa'ɲar] vt (comida) to scrape up; (plato) to scrape clean

rebaño [re'βaɲo] nm herd; (de ovejas) flock

rebatir [reβa'tir] vt to refute

rebeca [re'βeka] nf cardigan

rebelarse [reβe'larse] vr to rebel, revolt

rebelde [re'βelde] adj rebellious; (niño) unruly ▷ nmf rebel; **rebeldía** nf rebelliousness; (desobediencia) disobedience

rebelión [reβe'ljon] nf rebellion

reblandecer [reβlande'θer] vt to soften

rebobinar [reβoβi'nar] vt (cinta, película de vídeo) to rewind

rebosante [reβo'sante] adj overflowing

rebosar [reβo'sar] vi (líquido, recipiente) to overflow; (abundar) to abound, be plentiful

rebotar [reβo'tar] vt to bounce; (rechazar) to repel ▷ vi (pelota) to bounce; (bala) to ricochet; **rebote** nm rebound; **de rebote** on the rebound

rebozado, -a [reβo'θaðo, a] adj fried in batter o breadcrumbs

rebozar [reβo'θar] vt to wrap up; (Culin) to fry in batter o breadcrumbs

rebuscado, -a [reβus'kaðo, a] adj (amanerado) affected; (palabra) recherché; (idea) far-fetched

rebuscar [reβus'kar] vi: **~ (en/por)** to search carefully (in/for)

recado [re'kaðo] nm (mensaje) message; (encargo) errand; **tomar un ~** (Tel) to take a message

recaer [reka'er] vi to relapse; **~ en** to fall to o on; (criminal etc) to fall back into, relapse into; **recaída** nf relapse

recalcar [rekal'kar] vt (fig) to stress, emphasise

recalentar [rekalen'tar] vt (volver a calentar) to reheat; (calentar demasiado) to overheat

recámara [re'kamara] (MÉX) nf bedroom

recambio [re'kambjo] nm spare; (de pluma) refill

recapacitar [rekapaθi'tar] vi to reflect

recargado, -a [rekar'ɣaðo, a] adj overloaded

recargar [rekar'ɣar] vt to overload; (batería) to recharge; **~ el saldo de** (Tel) to top up; **recargo** nm surcharge; (aumento) increase

recatado, -a [reka'taðo, a] adj (modesto) modest, demure; (prudente) cautious

recaudación [rekauða'θjon] nf (acción) collection; (cantidad) takings pl; (en deporte) gate; **recaudador, a** nm/f tax collector

recelar [reθe'lar] vt **~ que ...** (sospechar) to suspect that ...; (temer) to fear that ... ▷ vi: **~ de** to distrust; **recelo** nm distrust, suspicion

recepción [reθep'θjon] nf reception; **recepcionista** nm receptionist

receptor, a [reθep'tor, a] nm/f recipient ▷ nm (Tel) receiver

recesión [reθe'sjon] nf (Com) recession

receta [re'θeta] nf (Culin) recipe; (Med) prescription

> No confundir **receta** con la palabra inglesa **receipt**.

rechazar [retʃa'θar] vt to reject; (oferta) to turn down; (ataque) to repel

rechazo [re'tʃaθo] nm rejection

rechinar [retʃi'nar] vi to creak; (dientes) to grind

rechistar [retʃis'tar] vi: **sin ~** without a murmur

rechoncho, -a [re'tʃontʃo, a] (fam) adj thickset (BRIT), heavy-set (US)

rechupete [retʃu'pete]: **de ~** adj (comida) delicious, scrumptious

recibidor [reθiβi'ðor] nm entrance hall

recibimiento [reθiβi'mjento] nm reception, welcome

recibir [reθi'βir] vt to receive; (dar la bienvenida) to welcome ▷ vi to entertain; **recibo** nm receipt

reciclable [reθi'klaβle] adj recyclable

reciclar [reθi'klar] vt to recycle

recién [re'θjen] adv recently, newly; **los ~ casados** the newly-weds; **el ~ llegado** the newcomer; **el ~ nacido** the

newborn child

reciente [re'θjente] adj recent; (fresco) fresh

recinto [re'θinto] nm enclosure; (área) area, place

recio, -a ['reθjo, a] adj strong, tough; (voz) loud ▷ adv hard, loud(ly)

recipiente [reθi'pjente] nm receptacle

recíproco, -a [re'θiproco, a] adj reciprocal

recital [reθi'tal] nm (Mús) recital; (Literatura) reading

recitar [reθi'tar] vt to recite

reclamación [reklama'θjon] nf claim, demand; (queja) complaint

reclamar [rekla'mar] vt to claim, demand ▷ vi: **~ contra** to complain about; **reclamo** nm (anuncio) advertisement; (tentación) attraction

reclinar [rekli'nar] vt to recline, lean; **reclinarse** vr to lean back

reclusión [reklu'sjon] nf (prisión) prison; (refugio) seclusion

recluta [re'kluta] nm/f recruit ▷ nf recruitment; **reclutar** vt (datos) to collect; (dinero) to collect up; **~ reclutamiento** nm recruitment

recobrar [reko'βrar] vt (salud) to recover; (rescatar) to get back; **recobrarse** vr to recover

recodo [re'koðo] nm (de río, camino) bend

recogedor [rekoxe'ðor] nm dustpan

recoger [reko'xer] vt to collect; (Agr) to harvest; (levantar) to pick up; (juntar) to gather; (pasar a buscar) to come for, get; (dar asilo) to give shelter to; (faldas) to gather up; (pelo) to put up; **recogerse** vr (retirarse) to retire; **recogido, -a** adj (lugar) quiet, secluded; (pequeño) small ▷ nf (Correos) collection; (Agr) harvest

recolección [rekolek'θjon] nf (Agr) harvesting; (colecta) collection

recomendación [rekomenda'θjon] nf (sugerencia) suggestion, recommendation; (referencia) reference

recomendar [rekomenˈdar] vt to suggest, recommend; (confiar) to entrust

recompensa [rekomˈpensa] nf reward, recompense; **recompensar** vt to reward, recompense

reconciliación [rekonθiljaˈθjon] nf reconciliation

reconciliar [rekonθiˈljar] vt to reconcile; **reconciliarse** vr to become reconciled

recóndito, -a [reˈkondito, a] adj (lugar) hidden, secret

reconocer [rekonoˈθer] vt to recognize; (registrar) to search; (Med) to examine; **reconocido, -a** adj recognized; (agradecido) grateful; **reconocimiento** nm recognition; search; examination; gratitude; (confesión) admission

reconquista [rekonˈkista] nf reconquest; **la R~** the Reconquest (of Spain)

reconstituyente [rekonstituˈjente] nm tonic

reconstruir [rekonstruˈir] vt to reconstruct

reconversión [rekonβerˈsjon] nf (reestructuración) restructuring; **reconversión industrial** industrial rationalization

recopilación [rekopilaˈθjon] nf (resumen) summary; (compilación) compilation; **recopilar** vt to compile

récord [ˈrekorð] (pl ~s) adj inv, nm record

recordar [rekorˈðar] vt (acordarse de) to remember; (acordar a otro) to remind ▷ vi to remember

No confundir **recordar** con la palabra inglesa **record**.

recorrer [rekoˈrrer] vt (país) to cross, travel through; (distancia) to cover; (registrar) to search; (repasar) to look over; **recorrido** nm run, journey; **tren de largo recorrido** main-line train

recortar [rekorˈtar] vt to cut out; **recorte** nm (acción, de prensa) cutting;

(de telas, chapas) trimming; **recorte presupuestario** budget cut

recostar [rekosˈtar] vt to lean; **recostarse** vr to lie down

recoveco [rekoˈβeko] nm (de camino, río etc) bend; (en casa) cubby hole

recreación [rekreaˈθjon] nf recreation

recrear [rekreˈar] vt (entretener) to entertain; (volver a crear) to recreate; **recreativo, -a** adj recreational; **recreo** nm recreation; (Escol) break, playtime

recriminar [rekrimiˈnar] vt to reproach ▷ vi to recriminate; **recriminarse** vr to reproach each other

recrudecer [rekruðeˈθer] vt, vi to worsen; **recrudecerse** vr to worsen

recta [ˈrekta] nf straight line

rectángulo, -a [rekˈtangulo, a] adj rectangular ▷ nm rectangle

rectificar [rektifiˈkar] vt to rectify; (volverse recto) to straighten ▷ vi to correct o.s.

rectitud [rektiˈtuð] nf straightness

recto, -a [ˈrekto, a] adj straight; (persona) honest, upright; **siga todo ~** go straight on ▷ nm rectum

rector, a [rekˈtor, a] adj governing

recuadro [reˈkwaðro] nm box; (Tip) inset

recubrir [rekuˈβrir] vt: **~ (con)** (pintura, crema) to cover (with)

recuento [reˈkwento] nm inventory; **hacer el ~ de** to count o reckon up

recuerdo [reˈkwerðo] nm souvenir; **recuerdos** nmpl (memorias) memories; **¡~s a tu madre!** give my regards to your mother!

recular [rekuˈlar] vi to back down

recuperación [rekuperaˈθjon] nf recovery

recuperar [rekupeˈrar] vt to recover; (tiempo) to make up; **recuperarse** vr to recuperate

recurrir [rekuˈrrir] vi (Jur) to appeal; **~ a** to resort to; (persona) to turn to;

recurso nm resort; (medios) means pl, resources pl; (Jur) appeal

red [reð] nf net, mesh; (Ferro etc) network; (trampa) trap; **la R~** (Internet) the Net

redacción [reðak'θjon] nf (acción) editing; (personal) editorial staff; (Escol) essay, composition

redactar [reðak'tar] vt to draw up, draft; (periódico) to edit

redactor, a [reðak'tor, a] nm/f editor

redada [re'ðaða] nf (de policía) raid, round-up

rededor [reðe'ðor] nm: **al o en ~** around, round about

redoblar [reðo'βlar] vt to redouble ▷ vi (tambor) to roll

redonda [re'ðonda] nf: **a la ~** around, round about

redondear [reðonde'ar] vt to round, round off

redondel [reðon'del] nm (círculo) circle; (Taur) bullring, arena

redondo, -a [re'ðondo, a] adj (circular) round; (completo) complete

reducción [reðuk'θjon] nf reduction

reducido, -a [reðu'ðiðo, a] adj reduced; (limitado) limited; (pequeño) small

reducir [reðu'θir] vt to reduce; to limit; **reducirse** vr to diminish

redundancia [reðun'danθja] nf redundancy

reembolsar [re(e)mbol'sar] vt (persona) to reimburse; (dinero) to repay, pay back; (depósito) to refund; **reembolso** nm reimbursement; refund

reemplazar [re(e)mpla'θar] vt to replace; **reemplazo** nm replacement; **de reemplazo** (Mil) reserve

reencuentro [re(e)n'kwentro] nm reunion

reescribible [reeskri'βiβle] adj rewritable

refacción [refak'θjon] (MÉX) nf spare (part)

referencia [refe'renθja] nf reference; **con ~ a** with reference to

referéndum [refe'rendum] (pl **~s**) nm referendum

referente [refe'rente] adj: **~ a** concerning, relating to

réferi ['referi] (LAM) nm/f referee

referir [refe'rir] vt (contar) to tell, recount; (relacionar) to refer, relate; **referirse** vr: **~se a** to refer to

refilón [refi'lon]: **de ~** adv obliquely

refinado, -a [refi'naðo, a] adj refined

refinar [refi'nar] vt to refine; **refinería** nf refinery

reflejar [refle'xar] vt to reflect; **reflejo, -a** adj reflected; (movimiento) reflex ▷ nm reflection; (Anat) reflex

reflexión [reflek'sjon] nf reflection; **reflexionar** vt to reflect on ▷ vi to reflect; (detenerse) to pause (to think)

reflexivo, -a [reflek'siβo, a] adj thoughtful; (Ling) reflexive

reforma [re'forma] nf reform; (Arq etc) repair; **reforma agraria** agrarian reform

reformar [refor'mar] vt to reform; (modificar) to change, alter; (Arq) to repair; **reformarse** vr to mend one's ways

reformatorio [reforma'torjo] nm reformatory

reforzar [refor'θar] vt to strengthen; (Arq) to reinforce; (fig) to encourage

refractario, -a [refrak'tarjo, a] adj (Tec) heat-resistant

refrán [re'fran] nm proverb, saying

refregar [refre'ɣar] vt to scrub

refrescante [refres'kante] adj refreshing, cooling

refrescar [refres'kar] vt to refresh ▷ vi to cool down; **refrescarse** vr to get cooler; (tomar aire fresco) to go out for a breath of fresh air; (beber) to have a drink

refresco [re'fresko] nm soft drink, cool drink; **"~s"** "refreshments"

refriega [re'frjexa] nf scuffle, brawl

refrigeración [refrixera'θjon] nf
refrigeration; (de sala) air-conditioning

refrigerador [refrixera'ðor] nm
refrigerator (BRIT), icebox (US)

refrigerar [refrixe'rar] vt to
refrigerate; (sala) to air-condition

refuerzo [re'fwerθo] nm
reinforcement; (Tec) support

refugiado, -a [refu'xjaðo, a] nm/f
refugee

refugiarse [refu'xjarse] vr to take
refuge, shelter

refugio [re'fuxjo] nm refuge;
(protección) shelter

refunfuñar [refunfu'ɲar] vi to
grunt, growl; (quejarse) to grumble

regadera [reɣa'ðera] nf watering can

regadío [reɣa'ðio] nm irrigated land

regalado, -a [reɣa'laðo, a] adj
comfortable, luxurious; (gratis) free,
for nothing

regalar [reɣa'lar] vt (dar) to give (as
a present); (entregar) to give away;
(mimar) to pamper, make a fuss of

regaliz [reɣa'liθ] nm liquorice

regalo [re'ɣalo] nm (obsequio) gift,
present; (gusto) pleasure

regañadientes [reɣaɲa'ðjentes] **a ~**
adv reluctantly

regañar [reɣa'ɲar] vt to scold ▷ vi to
grumble; **regañón, -ona** adj nagging

regar [re'ɣar] vt to water, irrigate;
(fig) to scatter, sprinkle

regatear [reɣate'ar] vt (Com) to
bargain over; (escatimar) to be mean
with ▷ vi to bargain, haggle; (Deporte)
to dribble; **regateo** nm bargaining;
(del cuerpo) swerve, dodge

regazo [re'ɣaθo] nm lap

regenerar [rexene'rar] vt to
regenerate

régimen ['reximen] (pl **regímenes**)
nm regime; (Med) diet

regimiento [rexi'mjento] nm
regiment

regio, -a ['rexjo, a] adj royal, regal;
(fig: suntuoso) splendid; (cs: fam) great,
terrific

región [re'xjon] nf region

regir [re'xir] vt to govern, rule;
(dirigir) to manage, run ▷ vi to apply,
be in force

registrar [rexis'trar] vt (buscar) to
search; (: en cajón) to look through;
(inspeccionar) to inspect; (anotar)
to register, record; (Inform) to log;
registrarse vr to register; (ocurrir)
to happen

registro [re'xistro] nm (acto)
registration; (Mús, libro) register;
(inspección) inspection, search;
registro civil registry office

regla ['reɣla] nf (ley) rule, regulation;
(de medir) ruler, rule; (Med: período)
period; **en ~** in order

reglamentación [reɣlamenta'θjon]
nf (acto) regulation; (lista) rules pl

reglamentar [reɣlamen'tar] vt
to regulate; **reglamentario, -a** adj
statutory; **reglamento** nm rules pl,
regulations pl

regocijarse [reɣoθi'xarse] vr
(alegrarse) to rejoice; **regocijo** nm joy,
happiness

regrabadora [reɣraβa'ðora] nf
rewriter; **regrabadora de DVD** DVD
rewriter

regresar [reɣre'sar] vi to come back,
go back, return; **regreso** nm return

reguero [re'ɣero] nm (de sangre etc)
trickle; (de humo) trail

regulador [reɣula'ðor] nm regulator;
(de radio etc) knob, control

regular [reɣu'lar] adj regular;
(normal) normal, usual; (común)
ordinary; (organizado) regular, orderly;
(mediano) average; (fam) not bad, so-so
▷ adv so-so, alright ▷ vt (controlar) to
control, regulate; (Tec) to adjust; **por lo
~** as a rule; **regularidad** nf regularity;
regularizar vt to regularize

rehabilitación [reaβilita'θjon] nf
rehabilitation; (Arq) restoration

rehabilitar [reaβili'tar] vt to
rehabilitate; (Arq) to restore; (reintegrar)
to reinstate

rehacer [rea'θer] vt (reparar) to mend, repair; (volver a hacer) to redo, repeat; **rehacerse** vr (Med) to recover

rehén [re'en] nm hostage

rehuir [reu'ir] vt to avoid, shun

rehusar [reu'sar] vt, vi to refuse

reina ['reina] nf queen; **reinado** nm reign

reinar [rei'nar] vi to reign

reincidir [reinθi'ðir] vi to relapse

reincorporarse [reinkorpo'rarse] vr: **~ a** to rejoin

reino ['reino] nm kingdom; **reino animal/vegetal** animal/plant kingdom; **el Reino Unido** the United Kingdom

reintegrar [reinte'ɣrar] vt (reconstituir) to reconstruct; (persona) to reinstate; (dinero) to refund, pay back; **reintegrarse** vr: **~se a** to return to

reír [re'ir] vi to laugh; **reírse** vr to laugh; **~se de** to laugh at

reiterar [reite'rar] vt to reiterate

reivindicación [reiβindika'θjon] nf (demanda) claim, demand; (justificación) vindication

reivindicar [reiβindi'kar] vt to claim

reja ['rexa] nf (de ventana) grille, bars pl; (en la calle) grating

rejilla [re'xiʎa] nf (de ventana) grating; (muebles) wickerwork; (de ventilación) vent; (de coche etc) luggage rack

rejoneador [rexonea'ðor] nm mounted bullfighter

rejuvenecer [rexuβene'θer] vt, vi to rejuvenate

relación [rela'θjon] nf relation, relationship; (Mat) ratio; (narración) report; **con ~ a, en ~ con** in relation to; **relaciones públicas** public relations; **relacionar** vt to relate, connect; **relacionarse** vr to be connected, be linked

relajación [relaxa'θjon] nf relaxation

relajar [rela'xar] vt to relax; **relajarse** vr to relax

relamerse [rela'merse] vr to lick

one's lips

relámpago [re'lampaɣo] nm flash of lightning; **visita ~** lightning visit

relatar [rela'tar] vt to tell, relate

relativo, -a [rela'tiβo, a] adj relative; **en lo ~ a** concerning

relato [re'lato] nm (narración) story, tale

relegar [rele'ɣar] vt to relegate

relevante [rele'βante] adj eminent, outstanding

relevar [rele'βar] vt (sustituir) to relieve; (reemplazar) to relay; **~ a algn de un cargo** to relieve sb of his post

relevo [re'leβo] nm relief; **carrera de ~s** relay race

relieve [re'ljeβe] nm (Arte, Tec) relief; (fig) prominence, importance; **bajo ~** bas-relief

religión [reli'xjon] nf religion; **religioso, -a** adj religious ▷ nm/f monk/nun

relinchar [relin'tʃar] vi to neigh

reliquia [re'likja] nf relic; **reliquia de familia** heirloom

rellano [re'ʎano] nm (Arq) landing

rellenar [reʎe'nar] vt (llenar) to fill up; (Culin) to stuff; (Costura) to pad; **relleno, -a** adj full up; stuffed ▷ nm stuffing; (de tapicería) padding

reloj [re'lo(x)] nm clock; **poner el ~ (en hora)** to set one's watch (o the clock); **reloj (de pulsera)** wristwatch; **reloj despertador** alarm (clock); **reloj digital** digital watch; **relojero, -a** nm/f clockmaker; watchmaker

reluciente [relu'θjente] adj brilliant, shining

relucir [relu'θir] vi to shine; (fig) to excel

remachar [rema'tʃar] vt to rivet; (fig) to hammer home, drive home; **remache** nm rivet

remangar [reman'gar] vt to roll up

remanso [re'manso] nm pool

remar [re'mar] vi to row

rematado, -a [rema'taðo, a] adj complete, utter

rematar [rema'tar] vt to finish off; (Com) to sell off cheap ▷ vi to end, finish off; (Deporte) to shoot

remate [re'mate] nm end, finish; (punta) tip; (Deporte) shot; (Arq) top; **de** o **para ~** to crown it all (BRIT), to top it off

remedar [reme'ðar] vt to imitate

remediar [reme'ðjar] vt to remedy; (subsanar) to make good, repair; (evitar) to avoid

remedio [re'meðjo] nm remedy; (alivio) relief, help; (Jur) recourse, remedy; **poner ~ a** to correct, stop; **no tener más ~** to have no alternative; **¡qué ~!** I there's no choice!; **sin ~** hopeless

remendar [remen'dar] vt to repair; (con parche) to patch

remiendo [re'mjendo] nm mend; (con parche) patch; (cosido) darn

remilgado, -a [remil'xaðo, a] adj prim; (afectado) affected

remiso, -a [re'miso, a] adj slack, slow

remite [re'mite] nm (en sobre) name and address of sender

remitir [remi'tir] vt to remit, send ▷ vi to slacken; (en carta): **remite: X** sender: X; **remitente** nmf sender

remo ['remo] nm (de barco) oar; (Deporte) rowing

remojar [remo'xar] vt to steep, soak; (galleta etc) to dip, dunk

remojo [re'moxo] nm: **dejar la ropa en ~** to leave clothes to soak

remolacha [remo'latʃa] nf beet, beetroot

remolcador [remolka'ðor] nm (Náut) tug; (Auto) breakdown lorry

remolcar [remol'kar] vt to tow

remolino [remo'lino] nm eddy; (de agua) whirlpool; (de viento) whirlwind; (de gente) crowd

remolque [re'molke] nm tow, towing; (cuerda) towrope; **llevar a ~** to tow

remontar [remon'tar] vt to mend

remontarse vr to soar; **~se a** (Com) to amount to; **~ el vuelo** to soar

remorder [remor'ðer] vt to distress, disturb; **~se la conciencia a algn** to have a guilty conscience; **remordimiento** nm remorse

remoto, -a [re'moto, a] adj remote

remover [remo'ßer] vt to stir; (tierra) to turn over; (objetos) to move round

remuneración [remunera'θjon] nf remuneration

remunerar [remune'rar] vt to remunerate; (premiar) to reward

renacer [rena'θer] vi to be reborn; (fig) to revive; **renacimiento** nm rebirth; **el Renacimiento** the Renaissance

renacuajo [rena'kwaxo] nm (Zool) tadpole

renal [re'nal] adj renal, kidney cpd

rencilla [ren'θiʎa] nf quarrel

rencor [ren'kor] nm rancour, bitterness; **rencoroso, -a** adj spiteful

rendición [rendi'θjon] nf surrender

rendido, -a [ren'diðo, a] adj (sumiso) submissive; (cansado) worn-out, exhausted

rendija [ren'dixa] nf (hendedura) crack, cleft

rendimiento [rendi'mjento] nm (producción) output; (Tec, Com) efficiency

rendir [ren'dir] vt (vencer) to defeat; (producir) to produce; (dar beneficio) to yield; (agotar) to exhaust ▷ vi to pay; **rendirse** vr (someterse) to surrender; (cansarse) to wear o.s. out; **~ homenaje** o **culto a** to pay homage to

renegar [rene'xar] vi (renunciar) to renounce; (blasfemar) to blaspheme; (quejarse) to complain

RENFE ['renfe] nf abr (= Red Nacional de los Ferrocarriles Españoles)

renglón [ren'glon] nm (línea) line; (Com) item, article; **a ~ seguido** immediately after

renombre [re'nombre] nm renown

renovación [renoßa'θjon] nf (de

contrato) renewal; (*Arq*) renovation

renovar [reno'βar] *vt* to renew; (*Arq*) to renovate

renta ['renta] *nf* (*ingresos*) income; (*beneficio*) profit; (*alquiler*) rent; **renta vitalicia** annuity; **rentable** *adj* profitable

renuncia [re'nunθja] *nf* resignation; **renunciar** [renun'θjar] *vt* to renounce; (*tabaco, alcohol etc*): **renunciar a** to give up; (*oferta, oportunidad*) to turn down; (*puesto*) to resign ▷ *vi* to resign

reñido, -a [re'niðo, a] *adj* (*batalla*) bitter, hard-fought; **estar ~ con algn** to be on bad terms with sb

reñir [re'nir] *vt* (*regañar*) to scold ▷ *vi* (*estar peleado*) to quarrel, fall out; (*combatir*) to fight

reo ['reo] *nmf* culprit, offender; (*acusado*) accused, defendant

reojo [re'oxo]: **de ~** *adv* out of the corner of one's eye

reparación [repara'θjon] *nf* (*acto*) mending, repairing; (*Tec*) repair; (*fig*) amends *pl*, reparation

reparar [repa'rar] *vt* to repair; (*fig*) to make amends for; (*observar*) to observe ▷ *vi*: **~ en** (*darse cuenta de*) to notice; (*prestar atención a*) to pay attention to

reparo [re'paro] *nm* (*advertencia*) observation; (*duda*) doubt; (*dificultad*) difficulty; **poner ~s (a)** to raise objections (to)

repartidor, -a [reparti'ðor, a] *nm/f* distributor

repartir [repar'tir] *vt* to distribute, share out; (*Correos*) to deliver; **reparto** *nm* distribution; delivery; (*Teatro, Cine*) cast; (*cam: urbanización*) housing estate (*brit*), real estate development (*us*)

repasar [repa'sar] *vt* (*Escol*) to revise; (*Mecánica*) to check, overhaul; (*Costura*) to mend; **repaso** *nm* revision; overhaul, checkup; mending

repecho [re'petʃo] *nm* steep incline

repelente [repe'lente] *adj* repellent, repulsive

repeler [repe'ler] *vt* to repel

repente [re'pente] *nm*: **de ~** suddenly

repentino, -a [repen'tino, a] *adj* sudden

repercusión [reperku'sjon] *nf* repercussion

repercutir [reperku'tir] *vi* (*objeto*) to rebound; (*sonido*) to echo; **~ en** (*fig*) to have repercussions on

repertorio [reper'torjo] *nm* list; (*Teatro*) repertoire

repetición [repeti'θjon] *nf* repetition

repetir [repe'tir] *vt* to repeat; (*plato*) to have a second helping of ▷ *vi* to repeat; (*sabor*) to come back; **repetirse** *vr* (*volver sobre un tema*) to repeat o.s.

repetitivo, -a [repeti'tiβo, a] *adj* repetitive, repetitious

repique [re'pike] *nm* pealing, ringing; **repiqueteo** *nm* pealing; (*de tambor*) drumming

repisa [re'pisa] *nf* ledge, shelf; (*de ventana*) windowsill; **la ~ de la chimenea** the mantelpiece

repito *etc vb* V **repetir**

replantearse [replante'arse] *vr*: **~ un problema** to reconsider a problem

repleto, -a [re'pleto, a] *adj* replete, full up

réplica ['replika] *nf* answer; (*Arte*) replica

replicar [repli'kar] *vi* to answer; (*objetar*) to argue, answer back

repliegue [re'pljexe] *nm* (*Mil*) withdrawal

repoblación [repoβla'θjon] *nf* repopulation; (*de río*) restocking; **repoblación forestal** reafforestation

repoblar [repo'βlar] *vt* to repopulate; (*con árboles*) to reafforest

repollito [repo'ʎito] (*cs*) *nm*: **~s de Bruselas** (Brussels) sprouts

repollo [re'poʎo] *nm* cabbage

reponer [repo'ner] *vt* to replace, put back; (*Teatro*) to revive; **reponerse** *vr* to recover; **~ que ...** to reply that ...

reportaje [repor'taxe] *nm* report,

article

reportero, -a [repor'tero, a] nm/f
reporter

reposacabezas [reposaka'βeθas]
nm inv headrest

reposar [repo'sar] vi to rest, repose

reposera [repo'sera] (RPL) nf deck
chair

reposición [reposi'θjon] nf
replacement; (Cine) remake

reposo [re'poso] nm rest

repostar [repos'tar] vt to replenish;
(Auto) to fill up with (with petrol (BRIT) o
gasoline (US))

repostería [reposte'ria] nf
confectioner's (shop)

represa [re'presa] nf dam; (lago
artificial) lake, pool

represalia [repre'salja] nf reprisal

representación [representa'θjon]
nf representation; (Teatro)
performance; **representante** nmf
representative; performer

representar [represen'tar] vt to
represent; (Teatro) to perform; (edad)
to look; **representarse** vr to imagine;
representativo, -a adj representative

represión [repre'sjon] nf repression

reprimenda [repri'menda] nf
reprimand, rebuke

reprimir [repri'mir] vt to repress

reprobar [repro'βar] vt to censure,
reprove

reprochar [repro'tʃar] vt to reproach;
reproche nm reproach

reproducción [reproðuk'θjon] nf
reproduction

reproducir [reproðu'θir] vt to
reproduce; **reproducirse** vr to breed;
(situación) to recur

reproductor, a [reproðuk'tor,
a] adj reproductive ⊳ nm player;
reproductor de CD CD player

reptil [rep'til] nm reptile

república [re'puβlika] nf republic;
República Dominicana Dominican
Republic; **republicano, -a** adj, nm
republican

repudiar [repu'ðjar] vt to repudiate;
(fe) to renounce

repuesto [re'pwesto] nm (pieza de
recambio) spare (part); (abastecimiento)
supply; **rueda de ~** spare wheel

repugnancia [repuɣ'nanθja]
nf repugnance; **repugnante** adj
repugnant, repulsive

repugnar [repuɣ'nar] vt to disgust

repulsa [re'pulsa] nf rebuff

repulsión [repul'sjon] nf repulsion,
aversion; **repulsivo, -a** adj repulsive

reputación [reputa'θjon] nf
reputation

requerir [reke'rir] vt (pedir) to ask,
request; (exigir) to require; (llamar) to
send for, summon

requesón [reke'son] nm cottage
cheese

requete... [re'kete] prefijo extremely

réquiem ['rekjem] (pl ~s) nm
requiem

requisito [reki'sito] nm requirement,
requisite

res [res] nf beast, animal

resaca [re'saka] nf (de mar) undertow,
undercurrent; (fam) hangover

resaltar [resal'tar] vi to project, stick
out; (fig) to stand out

resarcir [resar'θir] vt to compensate;
resarcirse vr to make up for

resbaladero [resβala'ðero] (MÉX)
nm slide

resbaladizo, -a [resβala'ðiθo, a]
adj slippery

resbalar [resβa'lar] vi to slip, slide;
(fig) to slip (up); **resbalarse** vr to
slip, slide; to slip (up); **resbalón** nm
(acción) slip

rescatar [reska'tar] vt (salvar) to
save, rescue; (objeto) to get back,
recover; (cautivos) to ransom

rescate [res'kate] nm rescue; (de
objeto) recovery; **pagar un ~** to pay
a ransom

rescindir [resθin'dir] vt to rescind

rescisión [resθi'sjon] nf cancellation

resecar [rese'kar] vt to dry

thoroughly; (*Med*) to cut out, remove;
resecarse vr to dry up

reseco, -a [re'seko, a] *adj* very dry;
(*fig*) skinny

resentido, -a [resen'tiðo, a] *adj*
resentful

resentimiento [resenti'mjento] *nm*
resentment, bitterness

resentirse [resen'tirse] vr **- de**
(*debilitarse: persona*) to suffer; **- de**
(*consecuencias*) to feel the effects of; **-
de** (*o por*) **algo** to resent sth, to be bitter
about sth

reseña [re'seɲa] *nf* (*cuenta*) account;
(*informe*) report; (*Literatura*) review

reseñar [rese'ɲar] vt to describe;
(*Literatura*) to review

reserva [re'serβa] *nf* reserve;
(*reservación*) reservation

reservado, -a [reser'βaðo, a] *adj*
reserved; (*retraído*) cold, distant ▷ *nm*
private room

reservar [reser'βar] vt (*guardar*) to
keep; (*habitación, entrada*) to reserve;
reservarse vr to save o.s.; (*callar*) to
keep to o.s.

resfriado [resfri'aðo] *nm* cold;
resfriarse vr to cool; (*Med*) to catch
a cold

resguardar [resɣwar'ðar] vt to
protect, shield; **resguardarse** vr: **-se
de** to guard against; **resguardo**
nm defence; (*vale*) voucher; (*recibo*)
receipt, slip

residencia [resi'ðenθja] *nf*
residence; **residencia de ancianos**
residential home, old people's
home; **residencia universitaria**
hall of residence; **residencial** *nf*
(*urbanización*) housing estate

residente [resi'ðente] *adj, nmf*
resident

residir [resi'ðir] vi to reside, live; **- en**
to reside in, lie in

residuo [re'siðwo] *nm* residue

resignación [resiɣna'θjon] *nf*
resignation; **resignarse** vr: **resignarse
a** *o* **con** to resign o.s. to, be resigned to

resina [re'sina] *nf* resin

resistencia [resis'tenθja] *nf* (*dureza*)
endurance, strength; (*oposición, Elec*)
resistance; **resistente** *adj* strong,
hardy; resistant

resistir [resis'tir] vt (*soportar*) to bear;
(*oponerse a*) to resist, oppose; (*aguantar*)
to put up with ▷ vi to resist; (*aguantar*)
to last, endure; **resistirse** vr: **-se a**
to refuse to, resist

resoluto, -a [reso'luto, a] *adj*
resolute

resolver [resol'βer] vt to resolve;
(*solucionar*) to solve, resolve; (*decidir*) to
decide, settle; **resolverse** vr to make
up one's mind

resonar [reso'nar] vi to ring, echo

resoplar [reso'plar] vi to snort;
resoplido *nm* heavy breathing

resorte [re'sorte] *nm* spring; (*fig*)
lever

resortera [resor'tera] (*MÉX*) *nf*
catapult

respaldar [respal'dar] vt to back
(up), support; **respaldarse** vr to lean
back; **-se con** *o* **en** (*fig*) to take one's
stand on; **respaldo** *nm* (*de sillón*) back;
(*fig*) support, backing

respectivo, -a [respek'tiβo, a] *adj*
respective; **en lo - a** with regard to

respecto [res'pekto] *nm*: **al - on** this
matter; **con - a, - de** with regard to,
in relation to

respetable [respe'taβle] *adj*
respectable

respetar [respe'tar] vt to respect;
respeto *nm* respect; (*acatamiento*)
deference; **respetos** *nmpl* respects;
respetuoso, -a *adj* respectful

respingo [res'pingo] *nm* start, jump

respiración [respira'θjon] *nf*
breathing; (*Med*) respiration;
(*ventilación*) ventilation; **respiración
asistida** artificial respiration (*by
machine*)

respirar [respi'rar] vi to breathe;
respiratorio, -a *adj* respiratory;
respiro *nm* breathing; (*fig: descanso*)

respite

resplandecer [resplande'θer]
vi to shine; **resplandeciente** adj
resplendent, shining; **resplandor**
nm brilliance, brightness; (de luz,
fuego) blaze

responder [respon'der] vt to answer
▷ vi to answer; (fig) to respond; (pey) to
answer back; **~ de o por** to answer for;
respondón, -ona adj cheeky

responsabilidad [responsaβili'ðað]
nf responsibility

responsabilizarse
[responsaβili'θarse] vr to make o.s.
responsible, take charge

responsable [respon'saβle] adj
responsible

respuesta [res'pwesta] nf answer,
reply

resquebrajar [reskeβra'xar] vt to
crack, split; **resquebrajarse** vr to
crack, split

resquicio [res'kiθjo] nm chink;
(hendedura) crack

resta ['resta] nf (Mat) remainder

restablecer [restaβle'θer] vt to
re-establish, restore; **restablecerse**
vr to recover

restante [res'tante] adj remaining;
lo ~ the remainder

restar [res'tar] vt (Mat) to subtract;
(fig) to take away ▷ vi to remain, be left

restauración [restaura'θjon] nf
restoration

restaurante [restau'rante] nm
restaurant

restaurar [restau'rar] vt to restore

restituir [restitu'ir] vt (devolver) to
return, give back; (rehabilitar) to restore

resto ['resto] nm (residuo) rest,
remainder; (apuesta) stake; **restos**
nmpl remains

restorán [resto'ran] nm (Lam)
restaurant

restregar [restre'xar] vt to scrub, rub

restricción [restrik'θjon] nf
restriction

restringir [restrin'xir] vt to restrict,

limit

resucitar [resuθi'tar] vt, vi to
resuscitate, revive

resuelto, -a [re'swelto, a] pp de
resolver ▷ adj resolute, determined

resultado [resul'taðo] nm result;
(conclusión) outcome; **resultante** adj
resulting, resultant

resultar [resul'tar] vi (ser) to be;
(llegar a ser) to turn out to be; (salir bien)
to turn out well; (Com) to amount to;
~ de to stem from; **me resulta difícil
hacerlo** it's difficult for me to do it

resumen [re'sumen] (pl **resúmenes**)
nm summary, résumé; **en ~** in short

resumir [resu'mir] vt to sum
up; (cortar) to abridge, cut down;
(condensar) to summarize

> No confundir **resumir** con la
> palabra inglesa *resume*.

resurgir [resur'xir] vi (reaparecer)
to reappear

resurrección [resurre(k)'θjon] nf
resurrection

retablo [re'taβlo] nm altarpiece

retaguardia [reta'ɣwarðja] nf
rearguard

retahíla [reta'ila] nf series, string

retal [re'tal] nm remnant

retar [re'tar] vt to challenge; (desafiar)
to defy, dare

retazo [re'taθo] nm snippet (BRIT),
fragment

retención [reten'θjon] nf (tráfico)
hold-up; **retención fiscal** deduction
for tax purposes

retener [rete'ner] vt (intereses) to
withhold

reticente [reti'θente] adj (tono)
insinuating; (postura) reluctant; **ser ~ a
hacer algo** to be reluctant o unwilling
to do sth

retina [re'tina] nf retina

retintín [retin'tin] nm jangle, jingle

retirada [reti'raða] nf (Mil, refugio)
retreat; (de dinero) withdrawal; (de
embajador) recall; **retirado, -a** adj
(lugar) remote; (vida) quiet; (jubilado)

retired

retirar [reti'rar] vt to withdraw; (quitar) to remove; (jubilar) to retire, pension off; **retirarse** vr to retreat, withdraw; to retire; (acostarse) to retire, go to bed; **retiro** nm retreat; retirement; (pago) pension

reto ['reto] nm dare, challenge

retocar [reto'kar] vt (fotografía) to touch up, retouch

retoño [re'tono] nm sprout, shoot; (fig) offspring, child

retoque [re'toke] nm retouching

retorcer [retor'θer] vt to twist; (manos, lavado) to wring; **retorcerse** vr to become twisted; (mover el cuerpo) to writhe

retorcido, -a [retor'θiðo, a] adj (persona) devious

retorcijón [retorθi'xon] (LAM) nm (tb: ~ **de tripas**) stomach cramp

retórica [re'torika] nf rhetoric; (pey) affectedness

retorno [re'torno] nm return

retortijón [retorti'xon] (ESP) nm (tb: ~ **de tripas**) stomach cramp

retozar [reto'θar] vi (juguetear) to frolic, romp; (saltar) to gambol

retracción [retrak'θjon] nf retraction

retraerse [retra'erse] vr to retreat, withdraw; **retraído, -a** adj shy, retiring; **retraimiento** nm retirement; (timidez) shyness

retransmisión [retransmi'sjon] nf repeat (broadcast)

retransmitir [retransmi'tir] vt (mensaje) to relay; (TV etc) to repeat, retransmit; (: en vivo) to broadcast live

retrasado, -a [retra'saðo, a] adj late; (Med) mentally retarded; (país etc) backward, underdeveloped

retrasar [retra'sar] vt (demorar) to postpone, put off; (retardar) to slow down ▷ vi (atrasarse) to be late; (reloj) to be slow; (producción) to fall (off); (quedarse atrás) to lag behind; **retrasarse** vr to be late; to be slow; to

fall (off); to lag behind

retraso [re'traso] nm (demora) delay; (lentitud) slowness; (tardanza) lateness; (atraso) backwardness; **retrasos** nmpl (Finanzas) arrears; **llegar con ~** to arrive late; **retraso mental** mental deficiency

retratar [retra'tar] vt (Arte) to paint the portrait of; (fotografiar) to photograph; (fig) to depict, describe; **retrato** nm portrait; (fig) likeness; **retrato-robot** nm (ESP) Identikit®

retrete [re'trete] nm toilet

retribuir [retri'βwir] vt (recompensar) to reward; (pagar) to pay

retro... ['retro] prefijo retro...

retroceder [retroθe'ðer] vi (echarse atrás) to move back(wards); (fig) to back down

retroceso [retro'θeso] nm backward movement; (Med) relapse; (fig) backing down

retrospectivo, -a [retrospek'tiβo, a] adj retrospective

retrovisor [retroβi'sor] nm (tb: **espejo ~**) rear-view mirror

retumbar [retum'bar] vi to echo, resound

reúma [re'uma], **reuma** ['reuma] nm rheumatism

reunión [reu'njon] nf (asamblea) meeting; (fiesta) party

reunir [reu'nir] vt (juntar) to reunite, join (together); (recoger) to gather (together); (personas) to get together; (cualidades) to combine; **reunirse** vr (personas: en asamblea) to meet, gather

revalidar [reβali'ðar] vt (ratificar) to confirm, ratify

revalorizar [reβalori'θar] vt to revalue, reassess

revancha [re'βantʃa] nf revenge

revelación [reβela'θjon] nf revelation

revelado [reβe'laðo] nm developing

revelar [reβe'lar] vt to reveal; (Foto) to develop

reventa [re'βenta] nf (de

entradas: para concierto) touting

reventar [reβen'tar] *vt* to burst, explode

reventón [reβen'ton] *nm (Auto)* blow-out (BRIT), flat (US)

reverencia [reβe'renθja] *nf* reverence; **reverenciar** *vt* to revere

reverendo, -a [reβe'rendo, a] *adj* reverend

reverente [reβe'rente] *adj* reverent

reversa [re'βersa] *(MÉX, CAM) nf* reverse (gear)

reversible [reβer'siβle] *adj (prenda)* reversible

reverso [re'βerso] *nm* back, other side; *(de moneda)* reverse

revertir [reβer'tir] *vi* to revert

revés [re'βes] *nm* back, wrong side; *(fig)* reverse, setback; *(Deporte)* backhand; **al ~** the wrong way round; *(de arriba abajo)* upside down; *(ropa)* inside out; **volver algo del ~** to turn sth round, turn sth inside out

revisar [reβi'sar] *vt (examinar)* to check; *(texto etc)* to revise; **revisión** *nf* revision; **revisión salarial** wage review

revisor, a [reβi'sor, a] *nm/f* inspector; *(Ferro)* ticket collector

revista [re'βista] *nf* magazine, review; *(Teatro)* revue; *(inspección)* inspection; **pasar ~ a** to review, inspect; **revista del corazón** *magazine featuring celebrity gossip and real-life romance stories*

revivir [reβi'βir] *vi* to revive

revolcarse [reβol'karse] *vr* to roll about

revoltijo [reβol'tixo] *nm* mess, jumble

revoltoso, -a [reβol'toso, a] *adj (travieso)* naughty, unruly

revolución [reβolu'θjon] *nf* revolution; **revolucionario, -a** *adj, nm/f* revolutionary

revolver [reβol'βer] *vt (desordenar)* to disturb, mess up; *(mover)* to move about ▷ *vi* **~ en** to go through,

rummage (about) in; **revolverse** *vr (volver contra)* to turn on *o* against

revólver [re'βolβer] *nm* revolver

revuelo [re'βwelo] *nm* fluttering; *(fig)* commotion

revuelta [re'βwelta] *nf (motín)* revolt; *(agitación)* commotion

revuelto, -a [re'βwelto, a] *pp de* **revolver** ▷ *adj (mezclado)* mixed-up, in disorder

rey [rei] *nm* king; **Día de R~es** Twelfth Night; **los R~es Magos** the Three Wise Men, the Magi

○ **REYES MAGOS**
○
○
○ On the night before the 6th
○ January (the Epiphany), children
○ go to bed expecting **los Reyes**
○ **Magos** (the Three Wise Men) to
○ bring them presents. Twelfth
○ Night processions, known as
○ **cabalgatas**, take place that
○ evening when 3 people dressed
○ as **los Reyes Magos** arrive in the
○ town by land or sea to the delight
○ of the children.

reyerta [re'jerta] *nf* quarrel, brawl

rezagado, -a [reθa'ɣaðo, a] *nm/f* straggler

rezar [re'θar] *vi* to pray; **~ con** *(fam)* to concern, have to do with; **rezo** *nm* prayer

rezumar [reθu'mar] *vt* to ooze

ría ['ria] *nf* estuary

riada [ri'aða] *nf* flood

ribera [ri'βera] *nf (de río)* bank; *(: área)* riverside

ribete [ri'βete] *nm (de vestido)* border; *(fig)* addition

ricino [ri'θino] *nm*: **aceite de ~** castor oil

rico, -a ['riko, a] *adj* rich; *(adinerado)* wealthy, rich; *(lujoso)* luxurious; *(comida)* delicious; *(niño)* lovely, cute ▷ *nm/f* rich person

ridiculez [riðiku'leθ] *nf* absurdity

ridiculizar [riðikuli'θar] vt to ridicule

ridículo, -a [ri'ðikulo, a] adj ridiculous; **hacer el ~** to make a fool of o.s.; **poner a algn en ~** to make a fool of sb

riego ['rjeɣo] nm (aspersión) watering; (irrigación) irrigation; **riego sanguíneo** blood flow o circulation

riel [rjel] nm rail

rienda ['rjenda] nf rein; **dar ~ suelta a** to give free rein to

riesgo ['rjesɣo] nm risk; **correr el ~ de** to run the risk of

rifa ['rifa] nf (lotería) raffle; **rifar** vt to raffle

rifle ['rifle] nm rifle

rigidez [rixi'ðeθ] nf rigidity, stiffness; (fig) strictness; **rígido, -a** adj rigid, stiff, inflexible

rigor [ri'ɣor] nm strictness, rigour; (inclemencia) harshness; **de ~** de rigueur, essential; **riguroso, -a** adj rigorous; harsh; (severo) severe

rimar [ri'mar] vi to rhyme

rimbombante [rimbom'bante] adj pompous

rímel ['rimel] nm mascara

rímmel ['rimel] nm = **rímel**

rin [rin] (MÉX) nm (wheel) rim

rincón [rin'kon] nm corner (inside)

rinoceronte [rinoθe'ronte] nm rhinoceros

riña ['riɲa] nf (disputa) argument; (pelea) brawl

riñón [ri'ɲon] nm kidney

río etc ['rio] vb V **reír** ♦ nm river; (fig) torrent, stream; **río abajo/arriba** downstream/upstream; **Río de la Plata** River Plate

rioja [ri'oxa] nm (vino) rioja (wine)

rioplatense [riopla'tense] adj of o from the River Plate region

riqueza [ri'keθa] nf wealth, riches pl; (cualidad) richness

risa ['risa] nf laughter; (una risa) laugh; **¡qué ~!** what a laugh!

risco ['risko] nm crag, cliff

ristra ['ristra] nf string

risueño, -a [ri'sweɲo, a] adj (sonriente) smiling; (contento) cheerful

ritmo ['ritmo] nm rhythm; **a ~ lento** slowly; **trabajar a ~ lento** to go slow; **ritmo cardíaco** heart rate

rito ['rito] nm rite

ritual [ri'twal] adj, nm ritual

rival [ri'βal] adj, nmf rival; **rivalidad** nf rivalry; **rivalizar** vi: **rivalizar con** to rival, vie with

rizado, -a [ri'θaðo, a] adj curly ♦ nm curls pl

rizar [ri'θar] vt to curl; **rizarse** vr (pelo) to curl; (agua) to ripple; **rizo** nm curl; ripple

RNE nf abr = **Radio Nacional de España**

robar [ro'βar] vt to rob; (objeto) to steal; (casa etc) to break into; (Naipes) to draw

roble ['roβle] nm oak; **robledal** nm oakwood

robo ['roβo] nm robbery, theft

robot [ro'βot] nm robot; **robot (de cocina)** (ESP) food processor

robustecer [roβuste'θer] vt to strengthen

robusto, -a [ro'βusto, a] adj robust, strong

roca ['roka] nf rock

roce ['roθe] nm (caricia) brush; (Tec) friction; (en la piel) graze; **tener ~ con** to be in close contact with

rociar [ro'θjar] vt to spray

rocín [ro'θin] nm nag, hack

rocío [ro'θio] nm dew

rocola [ro'kola] (LAM) nf jukebox

rocoso, -a [ro'koso, a] adj rocky

rodaballo [roða'βaʎo] nm turbot

rodaja [ro'ðaxa] nf slice

rodaje [ro'ðaxe] nm (Cine) shooting, filming; (Auto): **en ~** running in

rodar [ro'ðar] vt (vehículo) to wheel (along); (escalera) to roll down; (viajar por) to travel (over) ♦ vi to roll; (coche) to go, run; (Cine) to shoot, film

rodear [roðe'ar] vt to surround ♦ vi

to go round; **rodearse** *vr*: **~se de amigos** to surround o.s. with friends

rodeo [ro'ðeo] *nm* (*ruta indirecta*) detour; (*evasión*) evasion; (*Deporte*) rodeo; **hablar sin ~s** to come to the point, speak plainly

rodilla [ro'ðiʎa] *nf* knee; **de ~s** kneeling; **ponerse de ~s** to kneel (down)

rodillo [ro'ðiʎo] *nm* roller; (*Culin*) rolling-pin

roedor, a [roe'ðor, a] *adj* gnawing ▷ *nm* rodent

roer [ro'er] *vt* (*masticar*) to gnaw; (*corroer, fig*) to corrode

rogar [ro'ɣar] *vt, vi* (*pedir*) to ask for; (*suplicar*) to beg, plead; **se ruega no fumar** please do not smoke

rojizo, -a [ro'xiθo, a] *adj* reddish

rojo, -a ['roxo, a] *adj, nm* red; **al ~ vivo** red-hot

rol [rol] *nm* list, roll; (*papel*) role

rollito [ro'ʎito] *nm*: **~ de primavera** spring roll

rollizo, -a [ro'ʎiθo, a] *adj* (*objeto*) cylindrical; (*persona*) plump

rollo ['roʎo] *nm* roll; (*de cuerda*) coil; (*madera*) log; (*papel*) bore; **¡qué ~!** (*ESP: fam*) what a carry-on!

Roma ['roma] *n* Rome

romance [ro'manθe] *nm* (*amoroso*) romance; (*Literatura*) ballad

romano, -a [ro'mano, a] *adj, nm/f* Roman; **a la romana** in batter

romanticismo [romanti'θismo] *nm* romanticism

romántico, -a [ro'mantiko, a] *adj* romantic

rombo ['rombo] *nm* (*Geom*) rhombus

romería [rome'ria] *nf* (*Rel*) pilgrimage; (*excursión*) trip, outing

romero, -a [ro'mero, a] *nm/f* pilgrim ▷ *nm* rosemary

romo, -a ['romo, a] *adj* blunt; (*fig*) dull

rompecabezas [rompeka'βeθas] *nm inv* riddle, puzzle; (*juego*) jigsaw (puzzle)

rompehuelgas [rompe'welɣas] (LAM) *nm inv* strikebreaker, scab

rompeolas [rompe'olas] *nm inv* breakwater

romper [rom'per] *vt* to break; (*hacer pedazos*) to smash; (*papel, tela etc*) to tear, rip ▷ *vi* (*olas*) to break; (*sol, diente*) to break through; **romperse** *vr* to break; **~ un contrato** to break a contract; **~ a** (*empezar a*) to start (suddenly) to; **~ a llorar** to burst into tears; **~ con algn** to fall out with sb

ron [ron] *nm* rum

roncar [ron'kar] *vi* to snore

ronco, -a ['ronko, a] *adj* (*afónico*) hoarse; (*áspero*) raucous

ronda ['ronda] *nf* (*gen*) round; (*patrulla*) patrol; **rondar** *vt* to patrol ▷ *vi* to patrol; (*fig*) to prowl round

ronquido [ron'kiðo] *nm* snore, snoring

ronronear [ronrone'ar] *vi* to purr

roña ['roɲa] *nf* (*Veterinaria*) mange; (*mugre*) dirt, grime; (*óxido*) rust

roñoso, -a [ro'ɲoso, a] *adj* (*mugriento*) filthy; (*tacaño*) mean

ropa ['ropa] *nf* clothes *pl*, clothing; **ropa blanca** linen; **ropa de cama** bed linen; **ropa de color** coloureds *pl*; **ropa interior** underwear; **ropa sucia** dirty washing; **ropaje** *nm* gown, robes *pl*

ropero [ro'pero] *nm* linen cupboard; (*guardarropa*) wardrobe

rosa ['rosa] *adj* pink ▷ *nf* rose

rosado, -a [ro'saðo, a] *adj* pink

▷ nm rosé

rosal [ro'sal] nm rosebush

rosario [ro'sarjo] nm (Rel) rosary; **rezar el ~** to say the rosary

rosca ['roska] nf (de tornillo) thread; (de humo) coil, spiral; (pan, postre) ring-shaped roll/pastry

rosetón [rose'ton] nm rosette; (Arq) rose window

rosquilla [ros'kiʎa] nf doughnut-shaped fritter

rostro ['rostro] nm (cara) face

rotativo, -a [rota'tiβo, a] adj rotary

roto, -a ['roto, a] pp de **romper** ▷ adj broken

rotonda [ro'tonda] nf roundabout

rótula ['rotula] nf (de rodilla) kneecap; (Tec) ball-and-socket joint

rotulador [rotula'ðor] nm felt-tip pen

rótulo ['rotulo] nm heading, title; label; (letrero) sign

rotundamente [rotunda'mente] adv (negar) flatly; (responder, afirmar) emphatically; **rotundo, -a** adj round; (enfático) emphatic

rotura [ro'tura] nf (acto) breaking; (Med) fracture

rozadura [roθa'ðura] nf abrasion, graze

rozar [ro'θar] vt (frotar) to rub; (arañar) to scratch; (tocar ligeramente) to shave, touch lightly; **rozarse** vr to rub (together); **~se con** (fam) to rub shoulders with

rte. abr (= remite, remitente) sender

RTVE nf abr = **Radiotelevisión Española**

rubí [ru'βi] nm ruby; (de reloj) jewel

rubio, -a ['ruβjo, a] adj fair-haired, blond(e) ▷ nm/f blond/blonde; **tabaco ~** Virginia tobacco

rubor [ru'βor] nm (sonrojo) blush; (timidez) bashfulness; **ruborizarse** vr to blush

rúbrica [ru'βrika] nf (de la firma) flourish; **rubricar** vt (firmar) to sign with a flourish; (concluir) to sign

and seal

rudimentario, -a [ruðimen'tarjo, a] adj rudimentary

rudo, -a ['ruðo, a] adj (sin pulir) unpolished; (grosero) coarse; (violento) violent; (sencillo) simple

rueda ['rweða] nf wheel; (círculo) ring, circle; (rodaja) slice, round; **rueda de auxilio** (RPL) spare tyre; **rueda delantera/trasera/de repuesto** front/back/spare wheel; **rueda de prensa** press conference; **rueda gigante** (LAM) big (BRIT) o Ferris (US) wheel

ruedo ['rweðo] nm (círculo) circle; (Taur) arena, bullring

ruego etc ['rweɣo] vb V **rogar** ▷ nm request

rugby ['ruxβi] nm rugby

rugido [ru'xiðo] nm roar

rugir [ru'xir] vi to roar

rugoso, -a [ru'ɣoso, a] adj (arrugado) wrinkled; (áspero) rough; (desigual) ridged

ruido ['rwiðo] nm noise; (sonido) sound; (alboroto) racket, row; (escándalo) commotion, rumpus; **ruidoso, -a** adj noisy, loud; (fig) sensational

ruin [rwin] adj contemptible, mean

ruina ['rwina] nf ruin; (colapso) collapse; (de persona) ruin, downfall

ruinoso, -a [rwi'noso, a] adj ruinous; (destartalado) dilapidated, tumbledown; (Com) disastrous

ruiseñor [rwise'ɲor] nm nightingale

rulero [ru'lero] (RPL) nm roller

ruleta [ru'leta] nf roulette

rulo ['rulo] nm (para el pelo) curler

Rumanía [ruma'nia] nf Rumania

rumba ['rumba] nf rumba

rumbo ['rumbo] nm (ruta) route, direction; (ángulo de dirección) course, bearing; (fig) course of events; **ir con ~ a** to be heading for

rumiante [ru'mjante] nm ruminant

rumiar [ru'mjar] vt to chew; (fig) to chew over ▷ vi to chew the cud

rumor [ru'mor] *nm* (*ruido sordo*) low sound; (*murmuración*) murmur, buzz; **rumorearse** *vr*: **se rumorea que ...** it is rumoured that ...

rupestre [ru'pestre] *adj* rock *cpd*

ruptura [rup'tura] *nf* rupture

rural [ru'ral] *adj* rural

Rusia ['rusja] *nf* Russia; **ruso, -a** *adj, nm/f* Russian

rústico, -a ['rustiko, a] *adj* rustic; (*ordinario*) coarse, uncouth ▷ *nm/f* yokel

ruta ['ruta] *nf* route

rutina [ru'tina] *nf* routine

S

S *abr* (= *santo, a*) St; (= *sur*) S

s. *abr* (= *siglo*) C.; (= *siguiente*) foll

S.A. *abr* (= *Sociedad Anónima*) Ltd. (BRIT), Inc. (US)

sábado ['saβaðo] *nm* Saturday

sábana ['saβana] *nf* sheet

sabañón [saβa'ɲon] *nm* chilblain

saber [sa'βer] *vt* to know; (*llegar a conocer*) to find out, learn; (*tener capacidad de*) to know how to ▷ *vi*: **~ a** to taste of, taste like ▷ *nm* knowledge, learning; **a ~** namely; **¿sabes conducir/nadar?** can you drive/swim?; **¿sabes francés?** do you speak French?; **~ de memoria** to know by heart; **hacer ~ algo a algn** to inform sb of sth, let sb know sth

sabiduría [saβiðu'ria] *nf* (*conocimientos*) wisdom; (*instrucción*) learning

sabiendas [sa'βjendas]: **a ~** *adv* knowingly

sabio, -a ['saβjo, a] *adj* (*docto*) learned; (*prudente*) wise, sensible

sabor [sa'βor] *nm* taste, flavour;

saborear vt to taste, savour; (fig) to relish

sabotaje [saβo'taxe] nm sabotage

sabré etc vb V **saber**

sabroso, -a [sa'βroso, a] adj tasty; (fig: fam) racy, salty

sacacorchos [saka'kortʃos] nm inv corkscrew

sacapuntas [saka'puntas] nm inv pencil sharpener

sacar [sa'kar] vt to take out; (fig: extraer) to get (out); (quitar) to remove, get out; (hacer salir) to bring out; (conclusión) to draw; (novela etc) to publish, bring out; (ropa) to take off; (obra) to make; (premio) to receive; (entradas) to get; (Tenis) to serve; ~ **adelante** (niño) to bring up; (negocio) to carry on, go on with; ~ **a algn a bailar** to get sb up to dance; ~ **una foto** to take a photo; ~ **la lengua** to stick out one's tongue; ~ **buenas/malas notas** to get good/bad marks

sacarina [saka'rina] nf saccharin(e)

sacerdote [saθer'ðote] nm priest

saciar [sa'θjar] vt (hambre, sed) to satisfy; **saciarse** vr (de comida) to get full up

saco ['sako] nm bag; (grande) sack; (su contenido) bagful; (LAM: chaqueta) jacket; **saco de dormir** sleeping bag

sacramento [sakra'mento] nm sacrament

sacrificar [sakrifi'kar] vt to sacrifice; **sacrificio** nm sacrifice

sacristía [sakris'tia] nf sacristy

sacudida [saku'ðiða] nf (agitación) shake, shaking; (sacudimiento) jolt, bump; **sacudida eléctrica** electric shock

sacudir [saku'ðir] vt to shake; (golpear) to hit

Sagitario [saxi'tarjo] nm Sagittarius

sagrado, -a [sa'ɣraðo, a] adj sacred, holy

Sáhara ['saara] nm: **el ~** the Sahara (desert)

sal [sal] vb V **salir** ▷ nf salt; **sales de**

baño bath salts

sala ['sala] nf room; (tb: ~ **de estar**) living room; (Teatro) house, auditorium; (de hospital) ward; **sala de espera** waiting room; **sala de estar** living room; **sala de fiestas** dance hall

salado, -a [sa'laðo, a] adj salty; (fig) witty, amusing; **agua salada** salt water

salar [sa'lar] vt to salt, add salt to

salario [sa'larjo] nm wage, pay

salchicha [sal'tʃitʃa] nf (pork) sausage; **salchichón** nm (salami-type) sausage

saldo ['saldo] nm (pago) settlement; (de una cuenta) balance; (lo restante) remnant(s) (pl), remainder; (de móvil) credit; **saldos** nmpl (en tienda) sale

saldré etc vb V **salir**

salero [sa'lero] nm salt cellar

salgo etc vb V **salir**

salida [sa'liða] nf (puerta etc) exit, way out; (acto) leaving, going out; (de tren, Aviac) departure; (Tec) output, production; (fig) way out; (Com) opening; (Geo, válvula) outlet; (de gas) leak; **calle sin ~** cul-de-sac; **salida de baño** (RPL) bathrobe; **salida de emergencia/incendios** emergency exit/fire escape

○ **PALABRA CLAVE**

salir [sa'lir] vi **1** (partir: tb: **salir de**) to leave; **Juan ha salido** Juan is out; **salió de la cocina** he came out of the kitchen

2 (aparecer) to appear; (disco, libro) to come out; **anoche salió en la tele** she appeared o was on TV last night; **salió en todos los periódicos** it was in all the papers

3 (resultar): **la muchacha nos salió muy trabajadora** the girl turned out to be a very hard worker; **la comida te ha salido** the food was delicious; **sale muy caro** it's very expensive

4: salirle a uno algo: la entrevista que hice me salió bien/mal the interview I did went o turned out well/badly

5: salir adelante: no sé como haré para salir adelante I don't know how I'll get by

salirse vr (líquido) to spill; (animal) to escape

saliva [sa'liβa] nf saliva

salmo ['salmo] nm psalm

salmón [sal'mon] nm salmon

salmonete [salmo'nete] nm red mullet

salón [sa'lon] nm (de casa) living room, lounge; (muebles) lounge suite; **salón de baile** dance hall; **salón de belleza** beauty parlour

salpicadera [salpika'ðera] (MÉX) nf mudguard (BRIT), fender (US)

salpicadero [salpika'ðero] nm (Auto) dashboard

salpicar [salpi'kar] vt (rociar) to sprinkle, spatter; (esparcir) to scatter

salpicón [salpi'kon] nm (tb: **~ de marisco**) seafood salad

salsa ['salsa] nf sauce; (con carne asada) gravy; (fig) spice

saltamontes [salta'montes] nm inv grasshopper

saltar [sal'tar] vt to jump (over), leap (over); (dejar de lado) to skip, miss out ▷ vi to jump, leap; (pelota) to bounce; (al aire) to fly up; (quebrarse) to break; (al agua) to dive; (fig) to explode, blow up

salto ['salto] nm jump, leap; (al agua) dive; **salto de agua** waterfall; **salto de altura/longitud** high jump/long jump

salud [sa'luð] nf health; **¡(a su) ~!** cheers!, good health!; **saludable** adj (de buena salud) healthy; (provechoso) good, beneficial

saludar [salu'ðar] vt to greet; (Mil) to salute; **saludo** nm greeting; **"saludos" (en carta)** "best wishes", "regards"

salvación [salβa'θjon] nf salvation;

(rescate) rescue

salvado [sal'βaðo] nm bran

salvaje [sal'βaxe] adj wild; (tribu) savage

salvamanteles [salβaman'teles] nm inv table mat

salvamento [salβa'mento] nm rescue

salvapantallas [salβapan'taʎas] nm inv screen saver

salvar [sal'βar] vt (rescatar) to save, rescue; (resolver) to overcome, resolve; (cubrir distancias) to cover, travel; (hacer excepción) to except, exclude; (barco) to salvage

salvavidas [salβa'βiðas] adj inv: **bote/chaleco ~** lifeboat/life jacket

salvo, -a ['salβo, a] adj safe ▷ adv except (for), save; **a ~** out of danger; **~ que** unless

san [san] adj saint; **S~ Juan** St John

sanar [sa'nar] vt (herida) to heal; (persona) to cure ▷ vi (persona) to get well, recover; (herida) to heal

sanatorio [sana'torjo] nm sanatorium

sanción [san'θjon] nf sanction

sancochado, -a [sanko'tʃado, a] (MÉX) (Culin) underdone, rare

sandalia [san'dalja] nf sandal

sandía [san'dia] nf watermelon

sandwich ['sandwitʃ] (pl **~s**, **~es**) nm sandwich

sanfermines [sanfer'mines] nmpl festivities in celebration of San Fermín (Pamplona)

● ● **SANFERMINES**
●
● The **Sanfermines** is a week-long
● festival in Pamplona made famous
● by Ernest Hemingway. From the
● 7th July, the feast of "San Fermín",
● crowds of mainly young people
● take to the streets drinking,
● singing and dancing. Early in
● the morning bulls are released
● along the narrow streets leading

to the bullring, and young men risk serious injury to show their bravery by running out in front of them, a custom which is also typical of many Spanish villages.

sangrar [san'grar] vt, vi to bleed; **sangre** nf blood

sangría [san'gria] nf sangria, sweetened drink of red wine with fruit

sangriento, -a [san'grjento, a] adj bloody

sanguíneo, -a [san'gineo, a] adj blood cpd

sanidad [sani'ðað] nf (tb: ~ **pública**) public health

San Isidro [sani'siðro] nm patron saint of Madrid

SAN ISIDRO

San Isidro is the patron saint of Madrid, and gives his name to the week-long festivities which take place around the 15th May. Originally an 18th-century trade fair, the **San Isidro** celebrations now include music, dance, a famous **romería**, theatre and bullfighting.

sanitario, -a [sani'tarjo, a] adj health cpd; **sanitarios** nmpl toilets (BRIT), washroom (US)

sano, -a ['sano, a] adj healthy; (sin daños) sound; (comida) wholesome; (entero) whole, intact; ~ **y salvo** safe and sound

▌No confundir **sano** con la palabra inglesa sane.

Santiago [san'tjaxo] nm: ~ **(de Chile)** Santiago

santiamén [santja'men] nm: **en un** ~ in no time at all

santidad [santi'ðað] nf holiness, sanctity

santiguarse [santi'ɣwarse] vr to make the sign of the cross

santo, -a ['santo, a] adj holy; (fig) wonderful, miraculous ▷ nm/f saint ▷ nm saint's day; ~ **y seña** password

santuario [san'twarjo] nm sanctuary, shrine

sapo ['sapo] nm toad

saque ['sake] nm (Tenis) service, serve; (Fútbol) throw-in; **saque de esquina** corner (kick)

saquear [sake'ar] vt (Mil) to sack; (robar) to loot, plunder; (fig) to ransack

sarampión [saram'pjon] nm measles sg

sarcástico, -a [sar'kastiko, a] adj sarcastic

sardina [sar'ðina] nf sardine

sargento [sar'xento] nm sergeant

sarmiento [sar'mjento] nm (Bot) vine shoot

sarna ['sarna] nf itch; (Med) scabies

sarpullido [sarpu'ʎiðo] nm (Med) rash

sarro ['sarro] nm (en dientes) tartar, plaque

sartén [sar'ten] nf frying pan

sastre ['sastre] nm tailor; **sastrería** nf (arte) tailoring; (tienda) tailor's (shop)

Satanás [sata'nas] nm Satan

satélite [sa'telite] nm satellite

sátira ['satira] nf satire

satisfacción [satisfak'θjon] nf satisfaction

satisfacer [satisfa'θer] vt to satisfy; (gastos) to meet; (pérdida) to make good; **satisfacerse** vr to satisfy o.s., be satisfied; (vengarse) to take revenge; **satisfecho, -a** adj satisfied; (contento) content(ed), happy; (tb: **satisfecho de sí mismo**) self-satisfied, smug

saturar [satu'rar] vt to saturate; **saturarse** vr (mercado, aeropuerto) to reach saturation point

sauce ['sauθe] nm willow; **sauce llorón** weeping willow

sauna ['sauna] nf sauna

savia ['saβja] nf sap

saxofón [sakso'fon] nm saxophone

sazonar [saθo'nar] vt to ripen; (Culin) to flavour, season

scooter [e'skuter] (ESP) nf scooter

Scotch® [skotʃ] (LAM) nm Sellotape® (BRIT), Scotch tape® (US)

SE abr (= sudeste) SE

○ **PALABRA CLAVE**

se [se] pron 1 (reflexivo: sg: m) himself; (: f) herself; (: pl) themselves; (: cosa) itself; (: de Vd) yourself; (: de Vds) yourselves; **se está preparando** she's preparing herself

2 (con complemento indirecto) to him; to her; to them; to it; to you; **a usted se lo dije ayer** I told you yesterday; **se compró un sombrero** he bought himself a hat; **se rompió la pierna** he broke his leg

3 (uso recíproco) each other, one another; **se miraron (el uno al otro)** they looked at each other o one another

4 (en oraciones pasivas): **se han vendido muchos libros** a lot of books have been sold

5 (impers): **se dice que ...** people say that ..., it is said that ...; **allí se come muy bien** the food there is very good, you can eat very well there

sé etc [se] vb V **saber**; **ser**

sea etc vb V **ser**

sebo ['seβo] nm fat, grease

secador [seka'ðor] nm: **~ de pelo** hair-dryer

secadora [seka'ðora] nf tumble dryer

secar [se'kar] vt to dry; **secarse** vr to dry (off); (río, planta) to dry up

sección [sek'θjon] nf section

seco, -a ['seko, a] adj dry; (carácter) cold; (respuesta) sharp, curt; **parar en ~** to stop dead; **decir algo a secas** to say sth curtly

secretaría [sekreta'ria] nf secretariat

secretario, -a [sekre'tarjo, a] nm/f

secretary

secreto, -a [se'kreto, a] adj secret; (persona) secretive ▷ nm secret; (calidad) secrecy

secta ['sekta] nf sect

sector [sek'tor] nm sector

secuela [se'kwela] nf consequence

secuencia [se'kwenθja] nf sequence

secuestrar [sekwes'trar] vt to kidnap; (bienes) to seize, confiscate; **secuestro** nm kidnapping; seizure, confiscation

secundario, -a [sekun'darjo, a] adj secondary

sed [seð] nf thirst; **tener ~** to be thirsty

seda ['seða] nf silk

sedal [se'ðal] nm fishing line

sedán [se'ðan] (LAM) nm saloon (BRIT), sedan (US)

sedante [se'ðante] nm sedative

sede ['seðe] nf (de gobierno) seat; (de compañía) headquarters pl; **Santa S~** Holy See

sedentario, -a [seðen'tarjo, a] adj sedentary

sediento, -a [se'ðjento, a] adj thirsty

sedimento [seði'mento] nm sediment

seducción [seðuk'θjon] nf seduction

seducir [seðu'θir] vt to seduce; (cautivar) to charm, fascinate; (atraer) to attract; **seductor, a** adj seductive; charming, fascinating; attractive ▷ nm/f seducer

segar [se'ɣar] vt (mies) to reap, cut; (hierba) to mow, cut

seglar [se'ɣlar] adj secular, lay

seguida [se'ɣiða] nf: **en ~** at once, right away

seguido, -a [se'ɣiðo, a] adj (continuo) continuous, unbroken; (recto) straight ▷ adv (directo) straight (on); (después) after; (LAM: a menudo) often; **~s** consecutive, successive; **5 días ~s** 5 days running, 5 days in a row

seguir [se'ɣir] vt to follow; (venir

después) to follow on, come after; (*proseguir*) to continue; (*perseguir*) to chase, pursue ▷ *vi* (*gen*) to follow; (*continuar*) to continue, carry or go on; **seguirse** *vr* to follow; **sigo sin comprender** I still don't understand; **sigue lloviendo** it's still raining

según [se'ɣun] *prep* according to ▷ *adv*: **¿irás? ~ ~** are you going? – it all depends ▷ *conj* as; **~ caminamos** while we walk

segundo, -a [se'ɣundo, a] *adj* second ▷ *nm* second ▷ *nf* second meaning; **de segunda mano** second-hand; **segunda (clase)** second class; **segunda (marcha)** (*Auto*) second (gear)

seguramente [seɣura'mente] *adv* surely; (*con certeza*) for sure, with certainty

seguridad [seɣuri'ðað] *nf* safety; (*del estado, de casa etc*) security; (*certidumbre*) certainty; (*confianza*) confidence; (*estabilidad*) stability; **seguridad social** social security

seguro, -a [se'ɣuro, a] *adj* (*cierto*) sure, certain; (*fiel*) trustworthy; (*libre de peligro*) safe; (*bien defendido, firme*) secure ▷ *adv* for sure, certainly ▷ *nm* (*Com*) insurance; **seguro contra terceros/a todo riesgo** third party/comprehensive insurance; **seguros sociales** social security *sg*

seis [seis] *num* six

seísmo [se'ismo] *nm* tremor, earthquake

selección [selek'θjon] *nf* selection; **seleccionar** *vt* to pick, choose, select

selectividad [selektiβi'ðað] (*ESP*) *nf* university entrance examination

selecto, -a [se'lekto, a] *adj* select, choice; (*escogido*) selected

sellar [se'ʎar] *vt* (*documento oficial*) to seal; (*pasaporte, visado*) to stamp

sello [seʎo] *nm* stamp; (*precinto*) seal

selva [selβa] *nf* (*bosque*) forest, woods *pl*; (*jungla*) jungle

semáforo [se'maforo] *nm* (*Auto*)

traffic lights *pl*; (*Ferro*) signal

semana [se'mana] *nf* week; **entre ~** during the week; **Semana Santa** Holy Week; **semanal** *adj* weekly; **semanario** *nm* weekly magazine

● **SEMANA SANTA**
●
● In Spain celebrations for **Semana**
● **Santa** (Holy Week) are often
● spectacular. "Viernes Santo",
● "Sábado Santo" and "Domingo de
● Resurrección" (Good Friday, Holy
● Saturday, Easter Sunday) are all
● national public holidays, with
● additional days being given as
● local holidays. There are fabulous
● **procesiones** all over the country,
● with members of "cofradías"
● (brotherhoods) dressing in hooded
● robes and parading their "pasos"
● (religious floats and sculptures)
● through the streets. Seville has
● the most famous Holy Week
● processions.

sembrar [sem'brar] *vt* to sow; (*objetos*) to sprinkle, scatter about; (*noticias etc*) to spread

semejante [seme'xante] *adj* (*parecido*) similar ▷ *nm* fellow man, fellow creature; **~s** alike, similar; **nunca hizo cosa ~** he never did any such thing; **semejanza** *nf* similarity, resemblance

semejar [seme'xar] *vi* to seem like, resemble; **semejarse** *vi* to look alike, be similar

semen [semen] *nm* semen

semestral [semes'tral] *adj* half-yearly, bi-annual

semicírculo [semi'θirkulo] *nm* semicircle

semidesnatado, -a [semiðesna'taðo, a] *adj* semi-skimmed

semifinal [semifi'nal] *nf* semifinal

semilla [se'miʎa] *nf* seed

seminario [semi'narjo] nm (Rel) seminary; (Escol) seminar

sémola ['semola] nf semolina

senado [se'naðo] nm senate; **senador, a** nm/f senator

sencillez [senθi'λeθ] nf simplicity; (de persona) naturalness; **sencillo, -a** adj simple; natural, unaffected

senda ['senda] nf path, track

senderismo [sende'rismo] nm hiking

sendero [sen'dero] nm path, track

sendos, -a ['sendos, as] adj pl: **les dio ~ golpes** he hit both of them

senil [se'nil] adj senile

seno ['seno] nm (Anat) bosom, bust; (fig) bosom; **~s** breasts

sensación [sensa'θjon] nf sensation; (sentido) sense; (sentimiento) feeling; **sensacional** adj sensational

sensato, -a [sen'sato, a] adj sensible

sensible [sen'sible] adj sensitive; (apreciable) perceptible, appreciable; (pérdida) considerable

> No confundir **sensible** con la palabra inglesa **sensible**.

sensiblero, -a adj sentimental

sensitivo, -a [sensi'tiβo, a] adj sense cpd

sensorial [senso'rjal] adj sensory

sensual [sen'swal] adj sensual

sentada [sen'taða] nf sitting; (protesta) sit-in

sentado, -a [sen'taðo, a] adj: **estar ~** to sit, be sitting (down); **dar por ~** to take for granted, assume

sentar [sen'tar] vt to sit, seat; (fig) to establish ▷ vi (vestido) to suit; (alimento): **~ bien/mal a** to agree/ disagree with; **sentarse** vr (persona) to sit, sit down; (los depósitos) to settle

sentencia [sen'tenθja] nf (máxima) maxim, saying; (Jur) sentence; **sentenciar** vt to sentence

sentido, -a [sen'tiðo, a] adj (pérdida) regrettable; (carácter) sensitive ▷ nm sense; (sentimiento) feeling; (significado) sense, meaning; (dirección) direction;

mi más ~ pésame my deepest sympathy; **tener ~** to make sense; **sentido común** common sense; **sentido del humor** sense of humour; **sentido único** one-way (street)

sentimental [sentimen'tal] adj sentimental; **vida ~** love life

sentimiento [senti'mjento] nm feeling

sentir [sen'tir] vt to feel; (percibir) to perceive, sense; (lamentar) to regret, be sorry for ▷ vi (tener la sensación) to feel; (lamentarse) to be sorry ▷ nm opinion, judgement; **~se bien/mal** to feel well/ill; **lo siento** I'm sorry

seña ['seɲa] nf sign; (Mil) password; **señas** nfpl (dirección) address sg; **señas personales** personal description sg

señal [se'ɲal] nf sign; (síntoma) symptom; (Ferro, Tel) signal; (marca) mark; (Com) deposit; **en ~ de** as a token o sign of; **señalar** vt to mark; (indicar) to point out, indicate

señor [se'ɲor] nm (hombre) man; (caballero) gentleman; (dueño) owner, master; (trato: antes de nombre propio) Mr; (: hablando directamente) sir; **muy ~ mío** Dear Sir; **el ~ alcalde/presidente** the mayor/president

señora [se'ɲora] nf (dama) lady; (trato: antes de nombre propio) Mrs; (: hablando directamente) madam; (esposa) wife; **Nuestra S~** Our Lady

señorita [seɲo'rita] nf (con nombre y/o apellido) Miss; (mujer joven) young lady

señorito [seɲo'rito] nm young gentleman; (pey) rich kid

sepa etc vb V **saber**

separación [separa'θjon] nf separation; (división) division; (hueco) gap

separar [sepa'rar] vt to separate; (dividir) to divide; **separarse** vr (parte) to come away; (partes) to come apart; (persona) to leave, go away; (matrimonio) to separate; **separatismo** nm separatism

sepia ['sepja] nf cuttlefish

septentrional [septentrjo'nal] adj northern

septiembre [sep'tjembre] nm September

séptimo, -a ['septimo, a] adj, nm seventh

sepulcral [sepul'kral] adj (fig: silencio, atmósfera) deadly; **sepulcro** nm tomb, grave

sepultar [sepul'tar] vt to bury; **sepultura** nf (acto) burial; (tumba) grave, tomb

sequía [se'kia] nf drought

séquito ['sekito] nm (de rey etc) retinue; (seguidores) followers pl

○ PALABRA CLAVE

ser [ser] vi 1(descripción) to be; **es médica/muy alta** she's a doctor/very tall; **la familia es de Cuzco** his (o her etc) family is from Cuzco; **soy Ana** (Tel) Ana speaking o here

2(propiedad): **es de Joaquín** it's Joaquín's, it belongs to Joaquín

3(horas, fechas, números): **es la una** it's one o'clock; **son las seis y media** it's half-past six; **es el 1 de junio** it's the first of June; **somos/son seis** there are six o us/them

4(en oraciones pasivas): **ha sido descubierto ya** it's already been discovered

5 **es de esperar que ...** it is to be hoped o I etc hope that ...

6(locuciones con sub): **o sea** that is to say; **sea él sea su hermana** either him or his sister

7 **a no ser por él ...** but for him ...

8 **a no ser que: a no ser que tenga uno ya** unless he's got one already ▷ nm being; **ser humano** human being

sereno, -a [se'reno, a] adj (persona) calm, unruffled; (el tiempo) fine, settled; (ambiente) calm, peaceful ▷ nm night watchman

serial [ser'jal] nm serial

serie ['serje] nf series; (cadena) sequence, succession; **fuera de ~** out of order; (fig) special, out of the ordinary; **fabricación en ~** mass production

seriedad [serje'ðað] nf (seriousness); (formalidad) reliability; **serio, -a** adj serious; reliable, dependable; grave, serious; **en serio** adv seriously

serigrafía [serixra'fia] nf silk-screen printing

sermón [ser'mon] nm (Rel) sermon

seropositivo, -a [seroposi'tiβo] adj HIV positive

serpentear [serpente'ar] vi to wriggle; (camino, río) to wind, snake

serpentina [serpen'tina] nf streamer

serpiente [ser'pjente] nf snake; **serpiente de cascabel** rattlesnake

serranía [serra'nia] nf mountainous area

serrar [se'rrar] vt =**aserrar**

serrín [se'rrin] nm sawdust

serrucho [se'rrutʃo] nm saw

service ['serβis] (RPL) nm (Auto) service

servicio [ser'βiθjo] nm service; (LAM Auto) service; **servicios** nmpl (ESP) toilet(s); **servicio incluido** service charge included; **servicio militar** military service

servidumbre [serβi'ðumbre] nf (sujeción) servitude; (criados) servants pl, staff

servil [ser'βil] adj servile

servilleta [serβi'ʎeta] nf serviette, napkin

servir [ser'βir] vt to serve ▷ vi to serve; (tener utilidad) to be of use, be useful; **servirse** vr to serve o help o.s.; **~se de algo** to make use of sth, use sth; **sírvase pasar** please come in

sesenta [se'senta] num sixty

sesión [se'sjon] nf (Pol) session, sitting; (Cine) showing

seso ['seso] nm brain; **sesudo, -a** adj sensible, wise

seta ['seta] nf mushroom; **seta venenosa** toadstool

setecientos, -as [sete'θjentos, as] adj, num seven hundred

setenta [se'tenta] num seventy

seto ['seto] nm hedge

severo, -a [se'βero, a] adj severe

Sevilla [se'βiʎa] n Seville; **sevillano, -a** adj of o from Seville ▷ nm/f native o inhabitant of Seville

sexo ['sekso] nm sex

sexto, -a ['seksto, a] adj, nm sixth

sexual [sek'swal] adj sexual; **vida ~** sex life

si [si] conj if ▷ nm (Mús) B; **me pregunto ~ ...** I wonder if o whether ...

sí [si] adv yes ▷ nm consent ▷ pron (uso impersonal) oneself; (sg: m) himself; (: f) herself; (: de cosa) itself; (de usted) yourself; (pl) themselves; (de ustedes) yourselves; (recíproco) each other; **él no quiere pero yo ~** he doesn't want to but I do; **ella ~ vendrá** she will certainly come, she is sure to come; **claro que ~** of course; **creo que ~** I think so

siamés, -esa [sja'mes, esa] adj, nm/f Siamese

SIDA ['siða] nm abr (= Síndrome de Inmunodeficiencia Adquirida) AIDS

siderúrgico, -a [siðe'rurxico, a] adj iron and steel cpd

sidra ['siðra] nf cider

siembra ['sjembra] nf sowing

siempre ['sjempre] adv always; (todo el tiempo) all the time; **~ que** (cada vez) whenever; (dado que) provided that; **como ~** as usual; **para ~** for ever

sien [sjen] nf temple

siento etc ['sjento] vb V **sentar**; **sentir**

sierra ['sjerra] nf (Tec) saw; (cadena de montañas) mountain range

siervo, -a ['sjerβo, a] nm/f slave

siesta ['sjesta] nf siesta, nap; **echar la ~** to have an afternoon nap o a siesta

siete ['sjete] num seven

sifón [si'fon] nm syphon

sigla ['sixla] nf abbreviation; acronym

siglo ['sixlo] nm century; (fig) age

significado [sixnifi'kaðo] nm (de palabra etc) meaning

significar [sixnifi'kar] vt to mean, signify; (notificar) to make known, express

signo ['sixno] nm sign; **signo de admiración** o **exclamación** exclamation mark; **signo de interrogación** question mark

sigo etc vb V **seguir**

siguiente [si'xjente] adj next, following

siguió etc vb V **seguir**

sílaba ['silaβa] nf syllable

silbar [sil'βar] vt, vi to whistle; **silbato** nm whistle; **silbido** nm whistle, whistling

silenciador [silenθja'ðor] nm silencer

silenciar [silen'θjar] vt (persona) to silence; (escándalo) to hush up; **silencio** nm silence, quiet; **silencioso, -a** adj silent, quiet

silla ['siʎa] nf (asiento) chair; (tb: **~ de montar**) saddle; **silla de ruedas** wheelchair

sillón [si'ʎon] nm armchair, easy chair

silueta [si'lweta] nf silhouette; (de edificio) outline; (figura) figure

silvestre [sil'βestre] adj wild

simbólico, -a [sim'boliko, a] adj symbolic(al)

simbolizar [simboli'θar] vt to symbolize

símbolo ['simbolo] nm symbol

similar [simi'lar] adj similar

simio ['simjo] nm ape

simpatía [simpa'tia] nf liking; (afecto) affection; (amabilidad) kindness; **simpático, -a** adj nice, pleasant; kind

▌ No confundir **simpático** con la palabra inglesa **sympathetic**.

simpatizante [simpati'θante] nmf sympathizer

simpatizar [simpati'θar] vi: **~ con** to get on well with

simple ['simple] adj simple; (*elemental*) simple, easy; (*mero*) mere; (*puro*) pure, sheer ▷ nmf simpleton; **simpleza** nf simpleness; (*necedad*) silly thing; **simplificar** vt to simplify

simposio [sim'posjo] nm symposium

simular [simu'lar] vt to simulate

simultáneo, -a [simul'taneo, a] adj simultaneous

sin [sin] prep without; **la ropa está ~ lavar** the clothes are unwashed; **~ que** without; **~ embargo** however, still

sinagoga [sina'ɣoɣa] nf synagogue

sinceridad [sinθeri'ðað] nf sincerity; **sincero, -a** adj sincere

sincronizar [sinkroni'θar] vt to synchronize

sindical [sindi'kal] adj union cpd, trade-union cpd; **sindicalista** adj, nmf trade unionist

sindicato [sindi'kato] nm (*de trabajadores*) trade(s) union; (*de negociantes*) syndicate

síndrome ['sindrome] nm (Med) syndrome; **síndrome de abstinencia** (Med) withdrawal symptoms; **síndrome de la clase turista** (Med) economy-class syndrome

sinfín [sin'fin] nm: **un ~ de** a great many, no end of

sinfonía [sinfo'nia] nf symphony

singular [singu'lar] adj singular; (*fig*) outstanding, exceptional; (*raro*) peculiar, odd

siniestro, -a [si'njestro, a] adj sinister ▷ nm (*accidente*) accident

sinnúmero [sin'numero] nm = **sinfín**

sino ['sino] nm fate, destiny ▷ conj (*pero*) but; (*salvo*) except, save

sinónimo, -a [si'nonimo, a] adj synonymous ▷ nm synonym

síntesis ['sintesis] nf synthesis; **sintético, -a** adj synthetic

sintió vb V **sentir**

síntoma ['sintoma] nm symptom

sintonía [sinto'nia] nf (Radio, Mús: *de programa*) tuning; **sintonizar** vt (Radio: *emisora*) to tune (in)

sinvergüenza [simber'ɣwenθa] nmf rogue, scoundrel; **¡es un ~!** he's got a nerve!

siquiera [si'kjera] conj even if, even though ▷ adv at least; **ni ~** not even

Siria ['sirja] nf Syria

sirviente, -a [sir'βjente, a] nm/f servant

sirvo etc vb V **servir**

sistema [sis'tema] nm system; (*método*) method; **sistema educativo** education system; **sistemático, -a** adj systematic

SISTEMA EDUCATIVO

The reform of the Spanish **sistema educativo** (education system) begun in the early 90s has replaced the courses **EGB**, **BUP** and **COU** with the following: "Primaria" a compulsory 6 years; "Secundaria" a compulsory 4 years and "Bachillerato" an optional 2-year secondary school course, essential for those wishing to go on to higher education.

sitiar [si'tjar] vt to besiege, lay siege to

sitio ['sitjo] nm (*lugar*) place; (*espacio*) room, space; (Mil) siege; **sitio de taxis** (MÉX: *parada*) taxi stand o rank (BRIT); **sitio web** (Inform) website

situación [sitwa'θjon] nf situation, position; (*estatus*) position, standing

situado, -a [si'twaðo] adj situated, placed

situar [si'twar] vt to place, put; (*edificio*) to locate, situate

slip [slip] nm pants pl, briefs pl

smoking ['smokin, es'mokin] (pl **~s**) nm dinner jacket (BRIT), tuxedo (US)

No confundir **smoking** con la palabra inglesa *smoking*.

SMS nm (mensaje) text message, SMS message

snob [es'nob] = **esnob**

SO abr (= suroeste) SW

sobaco [so'βako] nm armpit

sobar [so'βar] vt (ropa) to rumple; (comida) to play around with

soberanía [soβera'nia] nf sovereignty; **soberano, -a** adj sovereign; (fig) supreme ▷ nm/f sovereign

soberbia [so'βerβja] nf pride; haughtiness, arrogance; magnificence

soberbio, -a adj (orgulloso) proud; (altivo) arrogant; (estupendo) magnificent, superb

sobornar [soβor'nar] vt to bribe; **soborno** nm bribe

sobra ['soβra] nf excess, surplus; **sobras** nfpl left-overs, scraps; **de ~** surplus, extra; **tengo de ~** I've more than enough; **sobrado, -a** adj (más que suficiente) more than enough; (superfluo) excessive; **sobrante** adj remaining, extra ▷ nm surplus, remainder

sobrar [so'βrar] vt to exceed, surpass ▷ vi (tener de más) to be more than enough; (quedar) to remain, be left (over)

sobrasada [soβra'saða] nf pork sausage spread

sobre ['soβre] prep (gen) on; (encima) on (top of); (por encima de, arriba de) over, above; (más que) more than; (además) in addition to, besides; (alrededor de) about ▷ nm envelope; **~ todo** above all

sobrecama [soβre'kama] nf bedspread

sobrecargar [soβrekar'xar] vt (camión) to overload; (Com) to surcharge

sobredosis [soβre'ðosis] nf inv overdose

sobreentender [soβre(e)nten'der] vt to deduce, infer; **sobreentenderse** vr: **se sobreentiende que ...** it is

implied that ...

sobrehumano, -a [soβreu'mano, a] adj superhuman

sobrellevar [soβreʎe'βar] vt to bear, endure

sobremesa [soβre'mesa] nf: **durante la ~** after dinner

sobrenatural [soβrenatu'ral] adj supernatural

sobrenombre [soβre'nombre] nm nickname

sobrepasar [soβrepa'sar] vt to exceed, surpass

sobreponerse [soβrepo'nerse] vr: **~ a** to overcome

sobresaliente [soβresa'ljente] adj outstanding, excellent

sobresalir [soβresa'lir] vi to project, jut out; (fig) to stand out, excel

sobresaltar [soβresal'tar] vt (asustar) to scare, frighten; (sobrecoger) to startle; **sobresalto** nm (movimiento) start; (susto) scare; (turbación) sudden shock

sobretodo [soβre'toðo] nm overcoat

sobrevenir [soβreβe'nir] vi (ocurrir) to happen (unexpectedly); (resultar) to follow, ensue

sobrevivir [soβreβi'βir] vi to survive

sobrevolar [soβreβo'lar] vt to fly over

sobriedad [soβrje'ðað] nf sobriety, soberness; (moderación) moderation, restraint

sobrino, -a [so'βrino, a] nm/f nephew/niece

sobrio, -a [so'βrjo, a] adj sober; (moderado) moderate, restrained

socarrón, -ona [soka'rron, ona] adj (sarcástico) sarcastic, ironic(al)

socavón [soka'βon] nm (hoyo) hole

sociable [so'θjaβle] adj (persona) sociable, friendly; (animal) social

social [so'θjal] adj social; (Com) company cpd

socialdemócrata [soθjalde'mokrata] nmf social democrat

socialista [soθja'lista] *adj, nm* socialist

socializar [soθjali'θar] *vt* to socialize

sociedad [soθje'ðað] *nf* society; (*Com*) company; **sociedad anónima** limited company; **sociedad de consumo** consumer society

socio, -a ['soθjo, a] *nm/f* (*miembro*) member; (*Com*) partner

sociología [soθjolo'xia] *nf* sociology; **sociólogo, -a** *nm/f* sociologist

socorrer [soko'rrer] *vt* to help; **socorrista** *nmf* first aider; (*en piscina, playa*) lifeguard; **socorro** *nm* (*ayuda*) help, aid; (*Mil*) relief; **¡socorro!** help!

soda ['soða] *nf* (*sosa*) soda; (*bebida*) soda (water)

sofá [so'fa] (*pl* **-s**) *nm* sofa, settee; **sofá-cama** *nm* studio couch; sofa bed

sofocar [sofo'kar] *vt* to suffocate; (*apagar*) to smother, put out; **sofocarse** *vr* to suffocate; (*fig*) to blush, feel embarrassed; **sofoco** *nm* suffocation; embarrassment

sofreír [sofre'ir] *vt* (*Culin*) to fry lightly

soga ['soɣa] *nf* rope

sois *etc vb V* **ser**

soja ['soxa] *nf* soya

sol [sol] *nm* sun; (*luz*) sunshine, sunlight; (*Mús*) G; **hace ~** it's sunny

solamente [sola'mente] *adv* only, just

solapa [so'lapa] *nf* (*de chaqueta*) lapel; (*de libro*) jacket

solapado, -a [sola'paðo, a] *adj* (*intenciones*) underhand; (*gestos, movimientos*) sly

solar [so'lar] *adj* solar, sun *cpd*

soldado [sol'daðo] *nm* soldier; **soldado raso** private

soldador [solda'ðor] *nm* soldering iron; (*persona*) welder

soldar [sol'dar] *vt* to solder, weld

soleado, -a [sole'aðo, a] *adj* sunny

soledad [sole'ðað] *nf* solitude; (*estado infeliz*) loneliness

solemne [so'lemne] *adj* solemn

soler [so'ler] *vi* to be in the habit of, be

accustomed to; **suele salir a las ocho** she usually goes out at eight o'clock

solfeo [sol'feo] *nm* solfa

solicitar [soliθi'tar] *vt* (*permiso*) to ask for, seek; (*puesto*) to apply for; (*votos*) to canvass for; (*atención*) to attract

solícito, -a [so'liθito, a] *adj* (*diligente*) diligent; (*cuidadoso*) careful; **solicitud** *nf* (*calidad*) great care; (*petición*) request; (*a un puesto*) application

solidaridad [soliðari'ðað] *nf* solidarity; **solidario, -a** *adj* (*participación*) joint, common; (*compromiso*) mutually binding

sólido, -a ['soliðo, a] *adj* solid

soliloquio [soli'lokjo] *nm* soliloquy

solista [so'lista] *nmf* soloist

solitario, -a [soli'tarjo, a] *adj* (*persona*) lonely, solitary; (*lugar*) lonely, desolate ▷ *nm/f* (*recluso*) recluse; (*en la sociedad*) loner ▷ *nm* solitaire

sollozar [soλo'θar] *vi* to sob; **sollozo** *nm* sob

solo, -a ['solo, a] *adj* (*único*) single, sole; (*sin compañía*) alone; (*solitario*) lonely; **hay una sola dificultad** there is just one difficulty; **a solas** alone, by oneself

sólo ['solo] *adv* only, just

solomillo [solo'miλo] *nm* sirloin

soltar [sol'tar] *vt* (*dejar ir*) to let go of; (*desprender*) to unfasten, loosen; (*librar*) to release, set free; (*risa etc*) to let out

soltero, -a [sol'tero, a] *adj* single, unmarried ▷ *nm* bachelor/single woman; **solterón, -ona** *nm/f* old bachelor/spinster

soltura [sol'tura] *nf* looseness, slackness; (*de los miembros*) agility, ease of movement; (*en el hablar*) fluency, ease

soluble [so'luβle] *adj* (*Quím*) soluble; (*problema*) solvable; **~ en agua** soluble in water

solución [solu'θjon] *nf* solution; **solucionar** *vt* (*problema*) to solve;

solventar (*asunto*) to settle, resolve

solventar [solβen'tar] *vt* (*pagar*) to settle, pay; (*resolver*) to resolve; **solvente** *adj* (*Econ: empresa, persona*) solvent

sombra ['sombra] *nf* shadow; (*como protección*) shade; **sombras** *nfpl* (*oscuridad*) darkness *sg*, shadows; **tener buena/mala** ~ to be lucky/unlucky

sombrero [som'brero] *nm* hat

sombrilla [som'briλa] *nf* parasol, sunshade

sombrío, -a [som'brio, a] *adj* (*oscuro*) dark; (*triste*) sombre, sad; (*persona*) gloomy

someter [some'ter] *vt* (*país*) to conquer; (*persona*) to subject to one's will; (*informe*) to present, submit; **someterse** *vr* to give in, yield, submit; ~ **a** to subject to

somier [so'mjer] (*pl* ~**s**) *n* spring mattress

somnífero [som'nifero] *nm* sleeping pill

somos *vb* V **ser**

son [son] *vb* V **ser** ▷ *nm* sound

sonaja [so'naxa] (*MÉX*) *nf* = **sonajero**

sonajero [sona'xero] *nm* (*baby's*) rattle

sonambulismo [sonambu'lismo] *nm* sleepwalking; **sonámbulo, -a** *nm/f* sleepwalker

sonar [so'nar] *vt* to ring ▷ *vi* to sound; (*hacer ruido*) to make a noise; (*pronunciarse*) to be sounded, be pronounced; (*ser conocido*) to sound familiar; (*campana*) to ring; (*reloj*) to strike, chime; **sonarse** *vr*: ~**se** (**las narices**) to blow one's nose; **me suena ese nombre** that name rings a bell

sonda ['sonda] *nf* (*Náut*) sounding; (*Tec*) bore, drill; (*Med*) probe

sondear [sonde'ar] *vt* to sound; to bore (into), drill; to probe, sound; (*fig*) to sound out; **sondeo** *nm* sounding, boring, drilling; (*fig*) poll, enquiry

sonido [so'niðo] *nm* sound

sonoro, -a [so'noro, a] *adj* sonorous;

(*resonante*) loud, resonant

sonreír [sonre'ir] *vi* to smile; **sonreírse** *vr* to smile; **sonriente** *adj* smiling; **sonrisa** *nf* smile

sonrojarse [sonro'xarse] *vr* to blush, go red; **sonrojo** *nm* blush

soñador, a [soɲa'ðor, a] *nm/f* dreamer

soñar [so'ɲar] *vt, vi* to dream; ~ **con** to dream about o of

soñoliento, -a [soɲo'ljento, a] *adj* sleepy, drowsy

sopa ['sopa] *nf* soup

soplar [so'plar] *vt* (*polvo*) to blow away, blow off; (*inflar*) to blow up; (*vela*) to blow out ▷ *vi* to blow; **soplo** *nm* blow, puff; (*de viento*) puff, gust

soplón, -ona [so'plon, ona] (*fam*) *nm/f* (*niño*) telltale; (*de policía*) grass (*fam*)

soporífero [sopo'rifero] *nm* sleeping pill

soportable [sopor'taβle] *adj* bearable

soportar [sopor'tar] *vt* to bear, carry; (*fig*) to bear, put up with

> ⚠ No confundir **soportar** con la palabra inglesa **support**.

soporte *nm* support; (*fig*) pillar, support

soprano [so'prano] *nf* soprano

sorber [sor'βer] *vt* (*chupar*) to sip; (*absorber*) to soak up, absorb

sorbete [sor'βete] *nm* iced fruit drink

sorbo ['sorβo] *nm* (*trago: grande*) gulp, swallow; (*: pequeño*) sip

sordera [sor'ðera] *nf* deafness

sórdido, -a [a, 'sorðiðo] *adj* dirty, squalid

sordo, -a ['sorðo, a] *adj* (*persona*) deaf ▷ *nm/f* deaf person; **sordomudo, -a** *adj* deaf and dumb

sorna ['sorna] *nf* sarcastic tone

soroche [so'rotʃe] (*CAM*) *nm* mountain sickness

sorprendente [sorpren'dente] *adj* surprising

sorprender [sorpren'der] *vt* to

surprise; **sorpresa** nf surprise

sortear [sorteˈar] vt to draw lots for; (rifar) to raffle; (dificultad) to avoid; **sorteo** nm (en lotería) draw; (rifa) raffle

sortija [sorˈtixa] nf ring; (rizo) ringlet, curl

sosegado, -a [soseˈɣaðo, a] adj quiet, calm

sosiego [soˈsjeɣo] nm quiet(ness), calm(ness)

soso, -a [ˈsoso, a] adj (Culin) tasteless; (aburrido) dull, uninteresting

sospecha [sosˈpetʃa] nf suspicion; **sospechar** vt to suspect; **sospechoso, -a** adj suspicious; (testimonio, opinión) suspect ▷ nm/f suspect

sostén [sosˈten] nm (apoyo) support; (sujetador) bra; (alimentación) sustenance, food

sostener [sosteˈner] vt to support; (mantener) to keep up, maintain; (alimentar) to sustain, keep going; **sostenerse** vr to support o.s.; (seguir) to continue, remain; **sostenido, -a** adj continuous, sustained; (prolongado) prolonged

sotana [soˈtana] nf (Rel) cassock

sótano [ˈsotano] nm basement

soy [soi] vb V **ser**

soya [ˈsoja] (LAM) nf soya (BRIT), soy (US)

Sr. abr (= Señor) Mr

Sra. abr (= Señora) Mrs

Sres. abr (= Señores) Messrs

Srta. abr (= Señorita) Miss

Sta. abr (= Santa) St

Sto. abr (= Santo) St

su [su] pron (de él) his; (de ella) her; (de una cosa) its; (de ellos, ellas) their; (de usted, ustedes) your

suave [ˈswaβe] adj gentle; (superficie) smooth; (trabajo) easy; (música, voz) soft, sweet; **suavidad** nf gentleness; smoothness; softness, sweetness; **suavizante** nm (de ropa) softener; (del pelo) conditioner; **suavizar** vt to soften; (quitar la aspereza) to smooth

(out)

subasta [suˈβasta] nf auction; **subastar** vt to auction (off)

subcampeón, -ona [suβkampeˈon, ona] nm/f runner-up

subconsciente [suβkonˈsθjente] adj, nm subconscious

subdesarrollado, -a [suβðesarroˈʎaðo, a] adj underdeveloped

subdesarrollo [suβðesaˈrroʎo] nm underdevelopment

subdirector, a [suβðirekˈtor, a] nm/f assistant director

súbdito, -a [ˈsuβðito, a] nm/f subject

subestimar [suβestiˈmar] vt to underestimate, underrate

subida [suˈβiða] nf (de montaña etc) ascent, climb; (de precio) rise, increase; (pendiente) slope, hill

subir [suˈβir] vt (objeto) to raise, lift up; (cuesta, calle) to go up; (colina, montaña) to climb; (precio) to raise, put up ▷ vi to go up, come up; (a un coche) to get in; (a un autobús, tren o avión) to get on, board; (precio) to rise, go up; (río, marea) to rise; **subirse** vr to get up, climb

súbito, -a [ˈsuβito, a] adj (repentino) sudden; (imprevisto) unexpected

subjetivo, -a [suβxeˈtiβo, a] adj subjective

sublevar [suβleˈβar] vt to rouse to revolt; **sublevarse** vr to revolt, rise

sublime [suˈβlime] adj sublime

submarinismo [suβmariˈnismo] nm scuba diving

submarino, -a [suβmaˈrino, a] adj underwater ▷ nm submarine

subnormal [suβnorˈmal] adj subnormal ▷ nmf subnormal person

subordinado, -a [suβorðiˈnaðo, a] adj, nm/f subordinate

subrayar [suβraˈjar] vt to underline

subsanar [suβsaˈnar] vt to rectify

subsidio [suβˈsiðjo] nm (ayuda) aid, financial help; (subvención) subsidy, grant; (de enfermedad, paro etc) benefit, allowance

subsistencia [suβsis'tenθja] nf subsistence

subsistir [suβsis'tir] vi to subsist; (sobrevivir) to survive, endure

subte ['suβte] (RPL) nm underground (BRIT), subway (US)

subterráneo, -a [suβte'rraneo, a] adj underground, subterranean ▷ nm underpass, underground passage

subtítulo [suβ'titulo] nm (Cine) subtitle

suburbio [su'βurβjo] nm (barrio) slum quarter

subvención [suββen'θjon] nf (Econ) subsidy, grant; **subvencionar** vt to subsidize

sucedáneo, -a [suθe'δaneo, a] adj substitute ▷ nm substitute (food)

suceder [suθe'δer] vt, vi to happen; (seguir) to succeed, follow; **lo que sucede es que ...** the fact is that ...; **sucesión** nf succession; (serie) sequence, series

sucesivamente [suθesiβa'mente] adv: **y así** ~ and so on

sucesivo, -a [suθe'siβo, a] adj successive, following; **en lo** ~ in future, from now on

suceso [su'θeso] nm (hecho) event, happening; (incidente) incident

    No confundir **suceso** con la palabra inglesa *success*.

suciedad [suθje'δaδ] nf (estado) dirtiness; (mugre) dirt, filth

sucio, -a ['suθjo, a] adj dirty

suculento, -a [suku'lento, a] adj succulent

sucumbir [sukum'bir] vi to succumb

sucursal [sukur'sal] nf branch (office)

sudadera [suða'δera] nf sweatshirt

Sudáfrica [suδ'afrika] nf South Africa

Sudamérica [suδa'merika] nf South America; **sudamericano, -a** adj, nm/f South American

sudar [su'δar] vt, vi to sweat

sudeste [su'δeste] nm south-east

sudoeste [suδo'este] nm south-west

sudor [su'δor] nm sweat; **sudoroso, -a** adj sweaty, sweating

Suecia ['sweθja] nf Sweden; **sueco, -a** adj Swedish ▷ nm/f Swede

suegro, -a ['sweɣro, a] nm/f father-/mother-in-law

suela ['swela] nf sole

sueldo ['sweldo] nm pay, wage(s) (pl)

suele etc vb V **soler**

suelo ['swelo] nm (tierra) ground; (de casa) floor

suelto, -a ['swelto, a] adj loose; (libre) free; (separado) detached; (ágil) quick, agile ▷ nm (loose) change, small change

sueñito [swe'ɲito] (LAM) nm nap

sueño etc ['sweɲo] vb V **soñar** ▷ nm sleep; (somnolencia) sleepiness, drowsiness; (lo soñado, fig) dream; **tener** ~ to be sleepy

suero ['swero] nm (Med) serum; (de leche) whey

suerte ['swerte] nf (fortuna) luck; (azar) chance; (destino) fate, destiny; (especie) sort, kind; **tener** ~ to be lucky

suéter ['sweter] nm sweater

suficiente [sufi'θjente] adj enough, sufficient ▷ nm (Escol) pass

sufragio [su'fraxjo] nm (voto) vote; (derecho de voto) suffrage

sufrido, -a [su'friδo, a] adj (persona) tough; (paciente) long-suffering, patient

sufrimiento [sufri'mjento] nm (dolor) suffering

sufrir [su'frir] vt (padecer) to suffer; (soportar) to bear, put up with; (apoyar) to hold up, support ▷ vi to suffer

sugerencia [suxe'renθja] nf suggestion

sugerir [suxe'rir] vt to suggest; (sutilmente) to hint

sugestión [suxes'tjon] nf suggestion; (sutil) hint; **sugestionar** vt to influence

sugestivo, -a [suxes'tiβo, a] *adj*
stimulating; *(fascinante)* fascinating

suicida [sui'θiða] *nf* suicidal ▷ *nmf*
suicidal person; *(muerto)* suicide,
person who has committed suicide;
suicidarse *vr* to commit suicide, kill
o.s.; **suicidio** *nm* suicide

Suiza ['swiθa] *nf* Switzerland; **suizo,
-a** *adj, nm/f* Swiss

sujeción [suxe'θjon] *nf* subjection

sujetador [suxeta'ðor] *nm (sostén)*
bra

sujetar [suxe'tar] *vt (fijar)* to fasten;
(detener) to hold down; **sujetarse** *vr* to
subject o.s.; **sujeto, -a** *adj* fastened,
secure ▷ *nm* subject; *(individuo)*
individual; **sujeto a** subject to

suma ['suma] *nf (cantidad)* total,
sum; *(de dinero)* sum; *(acto)* adding (up),
addition; **en ~** in short

sumamente [suma'mente] *adv*
extremely, exceedingly

sumar [su'mar] *vt* to add (up) ▷ *vi*
to add up

sumergir [sumer'xir] *vt* to
submerge; *(hundir)* to sink

suministrar [sumini'strar] *vt* to
supply, provide; **suministro** *nm*
supply; *(acto)* supplying, providing

sumir [su'mir] *vt* to sink, submerge;
(fig) to plunge

sumiso, -a [su'miso, a] *adj*
submissive, docile

sumo, -a ['sumo, a] *adj* great,
extreme; *(autoridad)* highest, supreme

suntuoso, -a [sun'twoso, a] *adj*
sumptuous, magnificent

supe *etc vb* V **saber**

super... [super] *prefijo* super..., over...

superbueno, -a [super'bweno, a]
adj great, fantastic

súper ['super] *nf (gasolina)* four-star
(petrol)

superar [supe'rar] *vt (sobreponerse
a)* to overcome; *(rebasar)* to surpass,
do better than; *(pasar)* to go beyond;
superarse *vr* to excel o.s.

superficial [superfi'θjal] *adj*

superficial; *(medida)* surface *cpd*, of
the surface

superficie [super'fiθje] *nf* surface;
(área) area

superfluo, -a [su'perflwo, a] *adj*
superfluous

superior [supe'rjor] *adj (piso, clase)*
upper; *(temperatura, número, nivel)*
higher; *(mejor: calidad, producto)*
superior, better ▷ *nm* superior;
superioridad *nf* superiority

supermercado [supermer'kaðo] *nm*
supermarket

superponer [superpo'ner] *vt* to
superimpose

superstición [supersti'θjon] *nf*
superstition; **supersticioso, -a** *adj*
superstitious

supervisar [superβi'sar] *vt* to
supervise

supervivencia [superβi'βenθja]
nf survival

superviviente [superβi'βjente] *adj*
surviving

supiera *etc vb* V **saber**

suplantar [suplan'tar] *vt* to
supplant

suplemento [suple'mento] *nm*
supplement

suplente [su'plente] *adj, nm*
substitute

supletorio, -a [suple'torjo, a] *adj*
supplementary ▷ *nm* supplement;
teléfono ~ extension

súplica ['suplika] *nf* request; *(Jur)*
petition

suplicar [supli'kar] *vt (cosa)* to
beg (for), plead for; *(persona)* to beg,
plead with

suplicio [su'pliθjo] *nm* torture

suplir [su'plir] *vt (compensar)* to make
good, make up for; *(reemplazar)* to
replace, substitute ▷ *vi*: **~ a** to take the
place of, substitute for

supo *etc vb* V **saber**

suponer [supo'ner] *vt* to suppose;
suposición *nf* supposition

suprimir [supri'mir] *vt* to suppress;

(*derecho, costumbre*) to abolish; (*palabra etc*) to delete; (*restricción*) to cancel, lift

supuesto, -a [su'pwesto, a] *pp de* **suponer** ▷ *adj* (*hipotético*) supposed ▷ *nm* assumption, hypothesis; **~ que** since; **por ~** of course

sur [sur] *nm* south

surcar [sur'kar] *vt* to plough; **surco** *nm* (*en metal, disco*) groove; (*Agr*) furrow

surgir [sur'xir] *vi* to arise, emerge; (*dificultad*) to come up, crop up

suroeste [suro'este] *nm* south-west

surtido, -a [sur'tiðo, a] *adj* mixed, assorted ▷ *nm* (*selección*) selection, assortment; (*abastecimiento*) supply, stock; **surtidor** *nm* (*tb:* **surtidor de gasolina**) petrol pump (*BRIT*), gas pump (*US*)

surtir [sur'tir] *vt* to supply, provide ▷ *vi* to spout, spurt

susceptible [susθep'tiβle] *adj* susceptible; (*sensible*) sensitive; **~ de** capable of

suscitar [susθi'tar] *vt* to cause, provoke; (*interés, sospechas*) to arouse

suscribir [suskri'βir] *vt* (*firmar*) to sign; (*respaldar*) to subscribe to, endorse; **suscribirse** *vr* to subscribe; **suscripción** *nf* subscription

susodicho, -a [suso'ðitʃo, a] *adj* above-mentioned

suspender [suspen'der] *vt* (*objeto*) to hang (up), suspend; (*trabajo*) to stop, suspend; (*Escol*) to fail; (*interrumpir*) to adjourn; (*atrasar*) to postpone

suspense [sus'pense] (*ESP*) *nm* suspense; **película/novela de ~** thriller

suspensión [suspen'sjon] *nf* suspension; (*fig*) stoppage, suspension

suspenso, -a [sus'penso, a] *adj* hanging, suspended; (*ESP Escol*) failed ▷ *nm* (*ESP Escol*) fail; **película o novela de ~** (*LAM*) thriller; **quedar** *o* **estar en ~** to be pending

suspicaz [suspi'kaθ] *adj* suspicious, distrustful

suspirar [suspi'rar] *vi* to sigh;

suspiro *nm* sigh

sustancia [sus'tanθja] *nf* substance

sustento [sus'tento] *nm* support; (*alimento*) sustenance, food

sustituir [sustitu'ir] *vt* to substitute, replace; **sustituto, -a** *nm/f* substitute, replacement

susto ['susto] *nm* fright, scare

sustraer [sustra'er] *vt* to remove, take away; (*Mat*) to subtract

susurrar [susu'rrar] *vi* to whisper; **susurro** *nm* whisper

sutil [su'til] *adj* (*aroma, diferencia*) subtle; (*tenue*) thin; (*inteligencia, persona*) sharp

suyo, -a ['sujo, a] (*con artículo o después del verbo* **ser**) *adj* (*de él*) his; (*de ella*) hers; (*de ellos, ellas*) theirs; (*de Ud, Uds*) yours; **un amigo ~** a friend of his (*o* hers *o* theirs *o* yours)

t

Tabacalera [taβaka'lera] *nf* Spanish state tobacco monopoly

tabaco [ta'βako] *nm* tobacco; (*ESP: fam*) cigarettes *pl*

tabaquería [tabake'ria] *nf* tobacconist's (shop) (*BRIT*), smoke shop (*US*); **tabaquero, -a** (*LAM*) *nm/f* tobacconist

taberna [ta'βerna] *nf* bar, pub (*BRIT*)

tabique [ta'βike] *nm* partition (wall)

tabla [ta'βla] *nf* (*de madera*) plank; (*estante*) shelf; (*de vestido*) pleat; (*Arte*) panel; **tablas** *nfpl*: **estar** *o* **quedar en ~s** to draw; **tablado** *nm* (*plataforma*) platform; (*Teatro*) stage

tablao [ta'βlao] *nm* (*tb*: **~ flamenco**) flamenco show

tablero [ta'βlero] *nm* (*de madera*) plank, board; (*de ajedrez, damas*) board; **tablero de mandos** (*LAM Auto*) dashboard

tableta [ta'βleta] *nf* (*Med*) tablet; (*de chocolate*) bar

tablón [ta'βlon] *nm* (*de suelo*) plank; (*de techo*) beam; **tablón de anuncios** notice (*BRIT*) *o* bulletin (*US*) board

tabú [ta'βu] *nm* taboo

taburete [taβu'rete] *nm* stool

tacaño, -a [ta'kaɲo, a] *adj* mean

tacha [ta'tʃa] *nf* flaw; (*Tec*) stud; **tachar** *vt* (*borrar*) to cross out; **tachar de** to accuse of

tacho [ta'tʃo] *nm* (*balde*) bucket; **tacho de la basura** rubbish bin (*BRIT*), trash can (*US*)

taco ['tako] *nm* (*Billar*) cue; (*de billetes*) book; (*cs: de zapato*) heel; (*tarugo*) peg; (*palabrota*) swear word

tacón [ta'kon] *nm* heel; **de ~ alto** high-heeled

táctica ['taktika] *nf* tactics *pl*

táctico, -a [ta'ktiko, a] *adj* tactical

tacto ['takto] *nm* touch; (*fig*) tact

tajada [ta'xaða] *nf* slice

tajante [ta'xante] *adj* sharp

tajo ['taxo] *nm* (*corte*) cut; (*Geo*) cleft

tal [tal] *adj* such ▷ *pron* (*persona*) someone, such a one; (*cosa*) something, such a thing ▷ *adv*: **~ como** (*igual*) just as ▷ *conj*: **con ~ de que** provided that; **~ cual** (*como es*) just as it is; **~ vez** perhaps; **~ como** such as; **~ para cual** (*dos iguales*) two of a kind; **¿qué ~?** how are things?; **¿qué ~ te gusta?** how do you like it?

taladrar [tala'ðrar] *vt* to drill; **taladro** *nm* drill

talante [ta'lante] *nm* (*humor*) mood; (*voluntad*) will, willingness

talar [ta'lar] *vt* to fell, cut down; (*devastar*) to devastate

talco ['talko] *nm* (*polvos*) talcum powder

talento [ta'lento] *nm* talent; (*capacidad*) ability

TALGO ['talyo] (*ESP*) *nm abr* (= *tren articulado ligero Goicoechea-Oriol*) ≈ HST (*BRIT*)

talismán [talis'man] *nm* talisman

talla [ta'ʎa] *nf* (*estatura, fig, Med*) height, stature; (*palo*) measuring rod; (*Arte*) carving; (*medida*) size

tallar [ta'ʎar] *vt* (*madera*) to carve;

(metal etc) to engrave; (medir) to measure

tallarines [taʎa'rines] *nmpl* noodles

talle ['taʎe] *nm* (Anat) waist; (fig) appearance

taller [ta'ʎer] *nm* (Tec) workshop; (de artista) studio

tallo ['taʎo] *nm* (de planta) stem; (de hierba) blade; (brote) shoot

talón [ta'lon] *nm* (Anat) heel; (Com) counterfoil; (cheque) cheque (BRIT), check (US)

talonario [talo'narjo] *nm* (de cheques) chequebook (BRIT), checkbook (US); (de recibos) receipt book

tamaño, -a [ta'maɲo, a] *adj* (tan grande) such a big; (tan pequeño) such a small ▷ *nm* size; **de ~ natural** full-size

tamarindo [tama'rindo] *nm* tamarind

tambalearse [tambale'arse] *vr* (persona) to stagger; (vehículo) to sway

también [tam'bjen] *adv* (igualmente) also, too, as well; (además) besides

tambor [tam'bor] *nm* drum; (Anat) eardrum; **tambor del freno** brake drum

tamizar [tami'θar] *vt* to sieve

tampoco [tam'poko] *adv* nor, neither; **yo ~ lo compré** I didn't buy it either

tampón [tam'pon] *nm* tampon

tan [tan] *adv* so; **~ es así que ...** so much so that ...

tanda ['tanda] *nf* (gen) series; (turno) shift

tangente [tan'xente] *nf* tangent

tangerina [tanxe'rina] (LAM) *nf* tangerine

tangible [tan'xiβle] *adj* tangible

tanque ['tanke] *nm* (cisterna, Mil) tank; (Auto) tanker

tantear [tante'ar] *vt* (calcular) to reckon (up); (medir) to take the measure of; (probar) to test, try out; (tomar la medida: persona) to take the measurements of; (situación) to weigh up; (persona: opinión) to sound out ▷ *vi*

(Deporte) to score; **tanteo** *nm* (cálculo) (rough) calculation; (prueba) test, trial; (Deporte) scoring

tanto, -a ['tanto, a] *adj* (cantidad) so much, as much ▷ *adv* (cantidad) so much, as much; (tiempo) so long, as long ▷ *conj*: **en ~ que** while ▷ *nm* (suma) certain amount; (proporción) so much; (punto) point; (gol) goal; **un ~ perezoso** somewhat lazy ▷ *pron*: **cado uno paga ~** each one pays so much; **~s** so many, as many; **20 y ~s** 20-odd; **hasta ~ (que)** until such time as; **~ tú como yo** both you and I; **~ como eso** as much as that; **~ más ... cuanto que** all the more ... because; **~ mejor/peor** so much the better/the worse; **~ si viene como si va** whether he comes or whether he goes; **~ es así que** so much so that; **por (lo) ~** therefore; **entre ~** meanwhile; **estar al ~** to be up to date; **me he vuelto ronco de o con ~ hablar** I have become hoarse with so much talking; **a ~s de agosto** on such and such a day in August

tapa ['tapa] *nf* (de caja, olla) lid; (de botella) top; (de libro) cover; (comida) snack

tapadera [tapa'ðera] *nf* lid, cover

tapar [ta'par] *vt* (cubrir) to cover; (envolver) to wrap o cover up; (la vista) to obstruct; (persona, falta) to conceal; (MÉX, CAM: diente) to fill; **taparse** *vr* to wrap o.s. up

taparrabo [tapa'rraβo] *nm* loincloth

tapete [ta'pete] *nm* table cover

tapia ['tapja] *nf* (garden) wall

tapicería [tapiθe'ria] *nf* tapestry; (para muebles) upholstery; (tienda) upholsterer's (shop)

tapiz [ta'piθ] *nm* (alfombra) carpet; (tela tejida) tapestry; **tapizar** *vt* (muebles) to upholster

tapón [ta'pon] *nm* (de botella) top; (de lavabo) plug; **tapón de rosca** screw-top

taquigrafía [takiɣra'fia] *nf* shorthand; **taquígrafo, -a** *nm/f* shorthand writer, stenographer

taquilla [ta'kiʎa] nf (donde se compra) booking office; (suma recogida) takings pl

tarántula [ta'rantula] nf tarantula

tararear [tarare'ar] vi to hum

tardar [tar'ðar] vi (tomar tiempo) to take a long time; (llegar tarde) to be late; (demorar) to delay; **¿tarda mucho el tren?** does the train take (very) long?; **a más ~** at the latest; **no tardes en venir** come soon

tarde ['tarðe] adv late ▷ nf (de día) afternoon; (al anochecer) evening; **de ~ en ~** from time to time; **¡buenas ~s!** good afternoon!; **a o por la ~** in the afternoon; in the evening

tardío, -a [tar'ðío, a] adj (retrasado) late; (lento) slow (to arrive)

tarea [ta'rea] nf task; (faena) chore; (Escol) homework

tarifa [ta'rifa] nf (lista de precios) price list; (precio) tariff

tarima [ta'rima] nf (plataforma) platform

tarjeta [tar'xeta] nf card; **tarjeta de crédito/de Navidad/postal/telefónica** credit card/Christmas card/postcard/phonecard; **tarjeta de embarque** boarding pass; **tarjeta de memoria** memory card; **tarjeta prepago** top-up card; **tarjeta SIM** SIM card

tarro ['tarro] nm jar, pot

tarta ['tarta] nf (pastel) cake; (de base dura) tart

tartamudear [tartamuðe'ar] vi to stammer; **tartamudo, -a** adj stammering ▷ nm/f stammerer

tártaro, -a ['tartaro, a] adj: **salsa tártara** tartar(e) sauce

tasa ['tasa] nf (precio) (fixed) price, rate; (valoración) valuation; (medida, norma) measure, standard; **tasa de cambio/interés** exchange/interest rate; **tasas de aeropuerto** airport tax; **tasas universitarias** university fees

tasar [ta'sar] vt (arreglar el precio) to fix a price for; (valorar) to value, assess

tasca ['taska] (fam) nf pub

tatarabuelo, -a [tatara'βwelo, a] nm/f great-great-grandfather/mother

tatuaje [ta'twaxe] nm (dibujo) tattoo; (acto) tattooing

tatuar [ta'twar] vt to tattoo

taurino, -a [tau'rino, a] adj bullfighting cpd

Tauro ['tauro] nm Taurus

tauromaquia [tauro'makja] nf tauromachy, (art of) bullfighting

taxi ['taksi] nm taxi; **taxista** [tak'sista] nmf taxi driver

taza ['taθa] nf cup; (de retrete) bowl; **~ para café** coffee cup; **taza de café** cup of coffee; **tazón** nm (taza grande) mug, large cup; (de fuente) basin

te [te] pron (complemento de objeto) you; (complemento indirecto) (to) you; (reflexivo) (to) yourself; **¿~ duele mucho el brazo?** does your arm hurt a lot?; **~ equivocas** you're wrong; **¡cálma~!** calm down!

té [te] nm tea

teatral [tea'tral] adj theatre cpd; (fig) theatrical

teatro [te'atro] nm theatre; (Literatura) plays pl, drama

tebeo [te'βeo] nm comic

techo ['tetʃo] nm (externo) roof; (interno) ceiling; **techo corredizo** sunroof

tecla ['tekla] nf key; **teclado** nm keyboard; **teclear** vi (Mús) to strum; (con los dedos) to tap ▷ vt (Inform) to key in

técnica ['teknika] nf technique; (tecnología) technology; V tb **técnico**

técnico, -a ['tekniko, a] adj technical ▷ nm/f technician; (experto) expert

tecnología [teknolo'xia] nf technology; **tecnológico, -a** adj technological

tecolote [teko'lote] (MÉX) nm owl

tedioso, -a [te'ðjoso, a] adj boring, tedious

teja ['texa] nf tile; (Bot) lime (tree);

tejado nm (tiled) roof

tejemaneje [texema'nexe] nm (lío) fuss; (intriga) intrigue

tejer [te'xer] vt to weave; (hacer punto) to knit; (fig) to fabricate; **tejido** nm (tela) material, fabric; (telaraña) web; (Anat) tissue

tel [tel] abr (=teléfono) tel

tela ['tela] nf (tejido) material; (telaraña) web; (en líquido) skin; **telar** nm (máquina) loom

telaraña [tela'raɲa] nf cobweb

tele ['tele] (fam) nf telly (BRIT), tube (US)

tele... ['tele] prefijo tele...; **telebasura** nf trashTV; **telecomunicación** nf telecommunication; **telediario** nm television news; **teledirigido, -a** adj remote-controlled

teleférico [tele'feriko] nm (de esquí) ski-lift

telefonear [telefone'ar] vi to telephone

telefónico, -a [tele'foniko, a] adj telephone cpd

telefonillo [telefo'niʎo] nm (de puerta) intercom

telefonista [telefo'nista] nmf telephonist

teléfono [te'lefono] nm (tele)phone; **estar hablando al ~** to be on the phone; **llamar a algn por ~** to ring sb (up) o phone sb (up); **teléfono celular** (LAM) mobile phone; **teléfono con cámara** camera phone; **teléfono inalámbrico** cordless phone; **teléfono móvil** (ESP) mobile phone

telégrafo [te'legrafo] nm telegraph

telegrama [tele'ɣrama] nm telegram

tele: **telenovela** nf soap (opera); **teleobjetivo** nm telephoto lens; **telepatía** nf telepathy; **telepático, -a** adj telepathic; **telerrealidad** nf realityTV; **telescopio** nm telescope; **telesilla** nf chairlift; **telespectador, a** nm/f viewer; **telesquí** nm ski-lift; **teletarjeta** nf phonecard; **teletipo**

nm teletype; **teletrabajador, a** nm/f teleworker; **teletrabajo** nm teleworking; **televentas** nfpl telesales

televidente [teleβi'ðente] nmf viewer

televisar [teleβi'sar] vt to televise

televisión [teleβi'sjon] nf television; **televisión digital** digital television

televisor [teleβi'sor] nm television set

télex ['teleks] nm inv telex

telón [te'lon] nm curtain; **telón de acero** (Pol) iron curtain; **telón de fondo** backcloth, background

tema ['tema] nm (asunto) subject, topic; (Mús) theme; **temático, -a** adj thematic

temblar [tem'blar] vi to shake, tremble; (por frío) to shiver; **temblor** nm trembling; (de tierra) earthquake; **tembloroso, -a** adj trembling

temer [te'mer] vt to fear ▷ vi to be afraid; **temo que llegue tarde** I am afraid he may be late

temible [te'miβle] adj fearsome

temor [te'mor] nm (miedo) fear; (duda) suspicion

témpano ['tempano] nm (tb: ~ de hielo) ice-floe

temperamento [tempera'mento] nm temperament

temperatura [tempera'tura] nf temperature

tempestad [tempes'taðʃ] nf storm

templado, -a [tem'plaðo, a] adj (moderado) moderate; (frugal) frugal; (agua) lukewarm; (clima) mild; (Mús) well-tuned; **templanza** nf moderation; mildness

templar [tem'plar] vt (moderar) to moderate; (furia) to restrain; (calor) to reduce; (afinar) to tune (up); (acero) to temper; (tuerca) to tighten up; **temple** nm (ajuste) tempering; (afinación) tuning; (pintura) tempera

templo ['templo] nm (iglesia) church; (pagano etc) temple

temporada [tempo'raða] nf time, period; (estación) season

temporal [tempo'ral] adj (no permanente) temporary ▷ nm storm

temprano, -a [tem'prano, a] adj early; (demasiado pronto) too soon, too early

ten vb V **tener**

tenaces [te'naθes] adj pl V **tenaz**

tenaz [te'naθ] adj (material) tough; (persona) tenacious; (creencia, resistencia) stubborn

tenaza(s) [te'naθa(s)] nf(pl) (Med) forceps; (Tec) pliers; (Zool) pincers

tendedero [tende'ðero] nm (para ropa) drying place; (cuerda) clothes line

tendencia [ten'denθja] nf tendency; **tener ~ a** to tend to, have a tendency to

tender [ten'der] vt (extender) to spread out; (colgar) to hang out; (vía férrea, cable) to lay; (estirar) to stretch ▷ vi: **~ a** to tend to, have a tendency towards; **tenderse** vr to lie down; **~ la cama/mesa** (LAM) to make the bed/lay (BRIT) o set (US) the table

tenderete [tende'rete] nm (puesto) stall; (exposición) display of goods

tendero, -a [ten'dero, a] nm/f shopkeeper

tendón [ten'don] nm tendon

tendré etc vb V **tener**

tenebroso, -a [tene'βroso, a] adj (oscuro) dark; (fig) gloomy

tenedor [tene'ðor] nm (Culin) fork

tenencia [te'nenθja] nf (de casa) tenancy; (de oficio) tenure; (de propiedad) possession

○ **PALABRA CLAVE**

tener [te'ner] vt 1 (poseer, gen) to have; (en la mano) to hold; **¿tienes un boli?** have you got a pen?; **va a tener un niño** she's going to have a baby; **¡ten** (o **tenga**)!, **¡aquí tienes** (o **tiene**)! here you are!

2 (edad, medidas) to be: **tiene 7 años** she's 7 (years old); **tiene 15 cm de largo**

it's 15 cm long; V **calor; hambre** etc

3 (considerar): **lo tengo por brillante** I consider him to be brilliant; **tener en mucho a algn** to think very highly of sb

4 (+ pp: = pretérito): **tengo terminada ya la mitad del trabajo** I've done half the work already

5: **tener que hacer algo** to have to do sth; **tengo que acabar este trabajo hoy** I have to finish this job today

6: **¿qué tienes, estás enfermo?** what's the matter with you, are you ill?

tenerse vr 1 **tenerse en pie** to stand up

2 **tenerse por** to think o.s.

tengo etc vb V **tener**

tenia ['tenja] nf tapeworm

teniente [te'njente] nm (rango) lieutenant; (ayudante) deputy

tenis ['tenis] nm tennis; **tenis de mesa** table tennis; **tenista** nmf tennis player

tenor [te'nor] nm (sentido) meaning; (Mús) tenor; **a ~ de** on the lines of

tensar [ten'sar] vt to tighten; (arco) to draw

tensión [ten'sjon] nf tension; (Tec) stress; **tener la ~ alta** to have high blood pressure; **tensión arterial** blood pressure

tenso, -a ['tenso, a] adj tense

tentación [tenta'θjon] nf temptation

tentáculo [ten'takulo] nm tentacle

tentador, a [tenta'ðor, a] adj tempting

tentar [ten'tar] vt (seducir) to tempt; (atraer) to attract

tentempié [tentem'pje] nm snack

tenue ['tenwe] adj (delgado) thin, slender; (neblina) light; (lazo, vínculo) slight

teñir [te'ɲir] vt to dye; (fig) to tinge; **teñirse** vr to dye; **~se el pelo** to dye one's hair

teología [teolo'xia] nf theology

teoría [teo'ria] nf theory; **en ~** in

theory; **teórico, -a** adj theoretic(al)
▷ nm/f theoretician, theorist; **teorizar**
vi to theorize
terapéutica, -a [tera'peutiko, a] adj
therapeutic
terapia [te'rapja] nf therapy
tercer adj V **tercero**
tercermundista [terθermun'dista]
adj Third World cpd
tercero, -a [ter'θero, a] (delante de
nmsg: **tercer**) adj third ▷ nm (Jur)
third party
terceto [ter'θeto] nm trio
terciar [ter'θjar] vi (participar) to
take part; (hacer de árbitro) to mediate;
terciario, -a adj tertiary
tercio ['terθjo] nm third
terciopelo [terθjo'pelo] nm velvet
terco, -a ['terko, a] adj obstinate
tergal® [ter'xal] nm type of polyester
tergiversar [terxiβer'sar] vt to
distort
termal [ter'mal] adj thermal
termas ['termas] nfpl hot springs
térmico, -a ['termiko, a] adj
thermal
terminal [termi'nal] adj, nm, nf
terminal
terminante [termi'nante] adj
(final) final, definitive; (tajante)
categorical; **terminantemente**
adv: **terminantemente prohibido**
strictly forbidden
terminar [termi'nar] vt (completar)
to complete, finish; (concluir) to end
▷ vi (llegar a su fin) to end; (parar) to
stop; (acabar) to finish; **terminarse** vr
to come to an end; **~ por hacer algo** to
end up (by) doing sth
término ['termino] nm end,
conclusion; (parada) terminus; (límite)
boundary; **en último ~** (a fin de cuentas)
in the last analysis; (como último
recurso) as a last resort; **término medio**
average; (fig) middle way
termómetro [ter'mometro] nm
thermometer
termo(s)® ['termo(s)] nm Thermos®

termostato [termo'stato] nm
thermostat
ternero, -a [ter'nero, a] nm/f
(animal) calf ▷ nf (carne) veal
ternura [ter'nura] nf (trato)
tenderness; (palabra) endearment;
(cariño) fondness
terrado [te'rraðo] nm terrace
terraplén [terra'plen] nm
embankment
terrateniente [terrate'njente] nm
landowner
terraza [te'rraθa] nf (balcón) balcony;
(tejado) (flat) roof; (Agr) terrace
terremoto [terre'moto] nm
earthquake
terrenal [terre'nal] adj earthly
terreno [te'rreno] nm (tierra) land;
(parcela) plot; (suelo) soil; (fig) field; **un ~**
a piece of land
terrestre [te'rrestre] adj terrestrial;
(ruta) land cpd
terrible [te'rriβle] adj terrible, awful
territorio [terri'torjo] nm territory
terrón [te'rron] nm (de azúcar) lump;
(de tierra) clod, lump
terror [te'rror] nm terror; **terrorífico,
-a** adj terrifying; **terrorista** adj, nmf
terrorist; **terrorista suicida** suicide
bomber
terso, -a ['terso, a] adj (liso) smooth;
(pulido) polished
tertulia [ter'tulja] nf (reunión
informal) social gathering; (grupo)
group, circle
tesis ['tesis] nf inv thesis
tesón [te'son] nm (firmeza) firmness;
(tenacidad) tenacity
tesorero, -a [teso'rero, a] nm/f
treasurer
tesoro [te'soro] nm treasure; (Com,
Pol) treasury
testamento [testa'mento] nm will
testarudo, -a [testa'ruðo, a] adj
stubborn
testículo [tes'tikulo] nm testicle
testificar [testifi'kar] vt to testify;
(fig) to attest ▷ vi to give evidence

testigo [tes'tixo] nmf witness;
testigo de cargo/descargo witness
for the prosecution/defence; **testigo
ocular** eye witness

testimonio [testi'monjo] nm
testimony

teta ['teta] nf (de biberón) teat;
(Anat: fam) breast

tétanos ['tetanos] nm tetanus

tetera [te'tera] nf teapot

tétrico, -a ['tetriko, a] adj gloomy,
dismal

textil [teks'til] adj textile

texto ['teksto] nm text; **textual** adj
textual

textura [teks'tura] nf (de tejido)
texture

tez [teθ] nf (cutis) complexion

ti [ti] pron you; (reflexivo) yourself

tía ['tia] nf (pariente) aunt; (fam)
chick, bird

tibio, -a ['tiβjo, a] adj lukewarm

tiburón [tiβu'ron] nm shark

tic [tik] nm (ruido) click; (de reloj) tick;
(Med): **~ nervioso** nervous tic

tictac [tik'tak] nm (de reloj) tick tock

tiempo ['tjempo] nm time; (época,
período) age, period; (Meteorología)
weather; (Ling) tense; (Deporte) half; **a ~**
in time; **a un o al mismo ~** at the same
time; **al poco ~** very soon (after); **se
quedó poco ~** he didn't stay very long;
hace poco ~ not long ago; **mucho ~** a
long time; **de ~ en ~** from time to time;
hace buen/mal ~ the weather is fine/
bad; **estar a ~** to be in time; **hace ~**
some time ago; **hacer ~** to while away
the time; **motor de 2 ~s** two-stroke
engine; **primer ~** first half

tienda ['tjenda] nf shop, store;
tienda de abarrotes (MÉX, CAM)
grocer's (BRIT), grocery store
(US); **tienda de alimentación** o
comestibles grocer's (BRIT), grocery
store (US); **tienda de campaña** tent

tienes etc vb V **tener**

tienta etc ['tjenta] vb V **tentar**
▷ nf: **andar a ~s** to grope one's way

along

tiento etc ['tjento] vb V **tentar** ▷ nm
(tacto) touch; (precaución) wariness

tierno, -a ['tjerno, a] adj (blando)
tender; (fresco) fresh; (amable) sweet

tierra ['tjerra] nf earth; (suelo) soil;
(mundo) earth, world; (país) country,
land; **~ adentro** inland

tieso, -a ['tjeso, a] adj (rígido) rigid;
(duro) stiff; (fam: orgulloso) conceited

tiesto ['tjesto] nm flowerpot

tifón [ti'fon] nm typhoon

tifus ['tifus] nm typhus

tigre ['tixre] nm tiger

tijera [ti'xera] nf scissors pl; (Zool)
claw; **tijeras** nfpl scissors; (para
plantas) shears

tila ['tila] nf lime blossom tea

tildar [til'dar] vt: **~ de** to brand as

tilde ['tilde] nf (Tip) tilde

tilín [ti'lin] nm tinkle

timar [ti'mar] vt (estafar) to swindle

timbal [tim'bal] nm small drum

timbre ['timbre] nm (sello) stamp;
(campanilla) bell; (tono) timbre; (Com)
stamp duty

timidez [timi'ðeθ] nf shyness;
tímido, -a adj shy

timo ['timo] nm swindle

timón [ti'mon] nm helm, rudder;
timonel nm helmsman

tímpano ['timpano] nm (Anat)
eardrum; (Mús) small drum

tina ['tina] nf tub; (baño) bath(tub);
tinaja nf large jar

tinieblas [ti'njeβlas] nfpl darkness
sg; (sombras) shadows

tino ['tino] nm (habilidad) skill; (juicio)
insight

tinta ['tinta] nf ink; (Tec) dye; (Arte)
colour

tinte ['tinte] nm dye

tintero [tin'tero] nm inkwell

tinto ['tinto] nm red wine

tintorería [tintore'ria] nf dry
cleaner's

tío ['tio] nm (pariente) uncle;
(fam: individuo) bloke (BRIT), guy

tiovivo [tio'βiβo] nm merry-go-round

típico, -a ['tipiko, a] adj typical

tipo ['tipo] nm (clase) type, kind; (hombre) fellow; (Anat: de hombre) build; (: de mujer) figure; (Imprenta) type; **tipo bancario/de descuento/de interés/de cambio** bank/discount/interest/exchange rate

tipografía [tipoɣra'fia] nf printing cpd

tiquet ['tiket] (pl **~s**) nm ticket; (en tienda) cash slip

tiquismiquis [tikis'mikis] nm inv fussy person ▷ nmpl (querellas) squabbling sg; (escrúpulos) silly scruples

tira ['tira] nf strip; (fig) abundance; **tira y afloja** give and take

tirabuzón [tiraβu'ðon] nm (rizo) curl

tirachinas [tira'tʃinas] nm inv catapult

tirada [ti'raða] nf (acto) cast, throw; (serie) series; (Tip) printing, edition; **de una ~** at one go

tirado, -a [ti'raðo, a] adj (barato) dirt-cheap; (fam: fácil) very easy

tirador [tira'ðor] nm (mango) handle

tirano, -a [ti'rano, a] adj tyrannical ▷ nm/f tyrant

tirante [ti'rante] adj (cuerda etc) tight, taut; (relaciones) strained ▷ nm (Arq) brace; (Tec) stay; **tirantes** nmpl (de pantalón) braces (BRIT), suspenders (US); **tirantez** nf tightness; (fig) tension

tirar [ti'rar] vt to throw; (dejar caer) to drop; (volcar) to upset; (derribar) to knock down o over; (desechar) to throw out o away; (dinero) to squander; (imprimir) to print ▷ vi (disparar) to shoot; (de la puerta etc) to pull; (fam: andar) to go; (tender a, buscar realizar) to tend to; (Deporte) to shoot; **tirarse** vr to throw o.s.; **~ abajo** to bring down, destroy; **tira más a su padre** he takes more after his father; **ir tirando** to manage

tirita [ti'rita] nf (sticking) plaster

(BRIT), Bandaid® (US)

tiritar [tiri'tar] vi to shiver

tiro ['tiro] nm (lanzamiento) throw; (disparo) shot; (Deporte) shot; (Golf, Tenis) drive; (alcance) range; **caballo de ~** cart-horse; **tiro al blanco** target practice

tirón [ti'ron] nm (sacudida) pull, tug; **de un ~** in one go, all at once

tiroteo [tiro'teo] nm exchange of shots, shooting

tisis ['tisis] nf inv consumption, tuberculosis

títere ['titere] nm puppet

titubear [tituβe'ar] vi to stagger; to stammer; (fig) to hesitate; **titubeo** to staggering; stammering; hesitation

titulado, -a [titu'laðo, a] adj (libro) entitled; (persona) titled

titular [titu'lar] adj titular ▷ nm/f holder ▷ nm headline ▷ vt to title; **titularse** vr to be entitled; **título** nm title; (de diario) headline; (certificado) professional qualification; (universitario) (university) degree; **a título de** in the capacity of

tiza [ti'θa] nf chalk

toalla [to'aʎa] nf towel

tobillo [to'βiʎo] nm ankle

tobogán [toβo'ɣan] nm (montaña rusa) roller-coaster; (de niños) chute, slide

tocadiscos [toka'ðiskos] nm inv record player

tocado, -a [to'kaðo, a] adj (fam) touched ▷ nm headdress

tocador [toka'ðor] nm (mueble) dressing table; (cuarto) boudoir; (fam) ladies' toilet (BRIT) o room (US)

tocar [to'kar] vt to touch; (Mús) to play; (referirse a) to allude to; (timbre) to ring ▷ vi (a la puerta) to knock (on o at the door); (ser de turno) to fall to, be the turn of; (ser hora) to be due; **tocarse** vr (cubrirse la cabeza) to cover one's head; (tener contacto) to touch each other; **por lo que a mí me toca** as far as I'm concerned; **te toca a ti** it's your turn

tocayo, -a [to'kajo, a] nm/f namesake

tocino [to'θino] nm bacon

todavía [toδa'βia] adv (aun) even; (aún) still, yet; **~ más** yet more; **~ no** not yet

O PALABRA CLAVE

todo, -a ['toδo, a] adj 1 (con artículo sg) all; **toda la carne** all the meat; **toda la noche** all night, the whole night; **todo el libro** the whole book; **toda una botella** a whole bottle; **todo lo contrario** quite the opposite; **está toda sucia** she's all dirty; **por todo el país** throughout the whole country
2 (con artículo pl) all; every; **todos los libros** all the books; **todas las noches** every night; **todos los que quieran salir** all those who want to leave
▷ pron 1 everything, all; **todos** everyone, everybody; **lo sabemos todo** we know everything; **todos querían más tiempo** everybody o everyone wanted more time; **nos marchamos todos** all of us left
2: **con todo: con todo él me sigue gustando** even so I still like him
▷ adv all; **vaya todo seguido** keep straight on o ahead
▷ nm: **como un todo** as a whole; **del todo: no me agrada del todo** I don't entirely like it

todopoderoso, -a [toδopoδe'roso, a] adj all powerful; (Rel) almighty

todoterreno [toδote'rreno] sm inv four-wheel drive, SUV (esp us)

toga ['toɣa] nf toga; (Escol) gown

Tokio ['tokjo] n Tokyo

toldo ['toldo] nm (para el sol) sunshade (brit), parasol; (tienda) marquee

tolerancia [tole'ranθja] nf tolerance; **tolerante** adj (sociedad) liberal; (persona) open-minded

tolerar [tole'rar] vt to tolerate; (resistir) to withstand

toma ['toma] nf (acto) taking; (Med) dose; **toma de corriente** socket; **toma de tierra** earth (wire); **tomacorriente** (lam) nm socket

tomar [to'mar] vt to take; (aspecto) to take on; (beber) to drink ▷ vi to take; (lam: beber) to drink; **tomarse** vr to take; **~se por** to consider o.s. to be; **~ a bien/mal** to take well/badly; **~ en serio** to take seriously; **~ el pelo a algn** to pull sb's leg; **~la con algn** to pick a quarrel with sb; **¡tome!** here you are!; **~ el sol** to sunbathe

tomate [to'mate] nm tomato

tomillo [to'miλo] nm thyme

tomo ['tomo] nm (libro) volume

ton [ton] abr **=tonelada** ▷ nm: **sin ~ ni son** without rhyme or reason

tonalidad [tonali'δaδ] nf tone

tonel [to'nel] nm barrel

tonelada [tone'laδa] nf ton; **tonelaje** nm tonnage

tónica ['tonika] nf (Mús) tonic; (fig) keynote

tónico, -a [toniko, a] adj tonic ▷ nm (Med) tonic

tono ['tono] nm tone; **fuera de ~** inappropriate

tontería [tonte'ria] nf (estupidez) foolishness; (cosa) stupid thing; (acto) foolish act; **tonterías** nfpl (disparates) rubbish sg, nonsense sg

tonto, -a ['tonto, a] adj stupid, silly ▷ nm/f fool

topar [to'par] vi: **~ contra** o **en** to run into; **~ con** to run up against

tope ['tope] adj maximum ▷ nm (fin) end; (límite) limit; (Ferro) buffer; (Auto) bumper; **al ~** end to end

tópico, -a [topiko, a] adj topical ▷ nm platitude

topo ['topo] nm (Zool) mole; (fig) blunderer

toque etc ['toke] vb ▷ **tocar** ▷ nm touch; (Mús) beat; (de campana) peal; **dar un ~ a** to warn; **toque de queda**

curfew

toqué etc vb V **tocar**

toquetear [tokete'ar] vt to finger

toquilla [to'kiʎa] nf (pañuelo) headscarf; (chal) shawl

tórax ['toraks] nm thorax

torbellino [torbe'ʎino] nm whirlwind; (fig) whirl

torcedura [torθe'ðura] nf twist; (Med) sprain

torcer [tor'θer] vt to twist; (la esquina) to turn; (Med) to sprain ▷ vi (desviar) to turn off; **torcerse** vr (ladearse) to bend; (desviarse) to go astray; (fracasar) to go wrong; **torcido, -a** adj twisted; (fig) crooked ▷ nm curl

tordo, -a ['torðo, a] adj dappled ▷ nm thrush

torear [tore'ar] vt (fig: evadir) to avoid; (jugar con) to tease ▷ vi to fight bulls; **toreo** nm bullfighting; **torero, -a** nm/f bullfighter

tormenta [tor'menta] nf storm; (fig: confusión) turmoil

tormento [tor'mento] nm torture; (fig) anguish

tornar [tor'nar] vt (devolver) to return, give back; (transformar) to transform ▷ vi to go back

tornasolado, -a [tornaso'laðo, a] adj (brillante) iridescent; (reluciente) shimmering

torneo [tor'neo] nm tournament

tornillo [tor'niʎo] nm screw

torniquete [torni'kete] nm (Med) tourniquet

torno ['torno] nm (Tec) winch; (tambor) drum; **en ~ (a)** round, about

toro ['toro] nm bull; (fam) he-man; **los ~s** bullfighting

toronja [to'ronxa] nf grapefruit

torpe ['torpe] adj (poco hábil) clumsy, awkward; (necio) dim; (lento) slow

torpedo [tor'peðo] nm torpedo

torpeza [tor'peθa] nf (falta de agilidad) clumsiness; (lentitud) slowness; (error) mistake

torre ['torre] nf tower; (de petróleo)

derrick

torrefacto, -a [torre'fakto, a] adj roasted

torrente [to'rrente] nm torrent

torrija [to'rrixa] nf French toast

torsión [tor'sjon] nf twisting

torso ['torso] nm torso

torta ['torta] nf cake; (fam) slap

tortícolis [tor'tikolis] nm inv stiff neck

tortilla [tor'tiʎa] nf omelette; (LAM: de maíz) maize pancake; **tortilla de papas** (LAM) potato omelette; **tortilla de patatas** (ESP) potato omelette; **tortilla francesa** (ESP) plain omelette

tórtola ['tortola] nf turtledove

tortuga [tor'tuɣa] nf tortoise

tortuoso, -a [tor'twoso, a] adj winding

tortura [tor'tura] nf torture; **torturar** vt to torture

tos [tos] nf cough; **tos ferina** whooping cough

toser [to'ser] vi to cough

tostada [tos'taða] nf piece of toast; **tostado, -a** adj (de piel) (por el sol) dark brown; (piel) tanned

tostador [tosta'ðor] (ESP) nm toaster; **tostadora** (LAM) nf = **tostador**

tostar [tos'tar] vt to toast; (café) to roast; (persona) to tan; **tostarse** vr to get brown

total [to'tal] adj total ▷ adv in short; (al fin y al cabo) when all is said and done ▷ nm total; **en ~** in all; **~ que ...** to cut (BRIT) o make (US) a long story short ...

totalidad [totali'ðað] nf whole

totalitario, -a [totali'tarjo, a] adj totalitarian

tóxico, -a ['toksiko, a] adj toxic ▷ nm poison; **toxicómano, -a** nm/f drug addict

toxina [to'ksina] nf toxin

tozudo, -a [to'θuðo, a] adj obstinate

trabajador, a [traβaxa'ðor, a] adj hard-working ▷ nm/f worker;

trabajador autónomo *o* **por cuenta propia** self-employed person

trabajar [traβa'xar] *vt* to work; (*Agr*) to till; (*empeñarse en*) to work at; (*convencer*) to persuade ▷ *vi* to work; (*esforzarse*) to strive; **trabajo** *nm* work; (*tarea*) task; (*Pol*) labour; (*fig*) effort; **tomarse el trabajo de** to take the trouble to; **trabajo a destajo** piecework; **trabajo en equipo** teamwork; **trabajo por turnos** shift work; **trabajos forzados** hard labour *sg*

trabalenguas [traβa'lengwas] *nm inv* tongue twister

tracción [trak'θjon] *nf* traction; **tracción delantera/trasera** front-wheel/rear-wheel drive

tractor [trak'tor] *nm* tractor

tradición [traði'θjon] *nf* tradition; **tradicional** *adj* traditional

traducción [traðuk'θjon] *nf* translation

traducir [traðu'θir] *vt* to translate; **traductor, a** *nm/f* translator

traer [tra'er] *vt* to bring; (*llevar*) to carry; (*llevar puesto*) to wear; (*incluir*) to carry; (*causar*) to cause; **traerse** *vr*: **~se algo** to be up to sth

traficar [trafi'kar] *vi* to trade

tráfico ['trafiko] *nm* (*Com*) trade; (*Auto*) traffic

tragaluz [traɣa'luθ] *nm* skylight

tragamonedas [traɣamo'neðas] (*LAM*) *nf inv* slot machine

tragaperras [traɣa'perras] (*ESP*) *nf inv* slot machine

tragar [tra'ɣar] *vt* to swallow; (*devorar*) to devour, bolt down; **tragarse** *vr* to swallow

tragedia [tra'xeðja] *nf* tragedy; **trágico, -a** *adj* tragic

trago ['traɣo] *nm* (*líquido*) drink; (*bocado*) gulp; (*fam: de bebida*) swig; (*desgracia*) blow; **echar un ~** to have a drink

traición [trai'θjon] *nf* treachery; (*Jur*) treason; (*una traición*) act of treachery;

traicionar *vt* to betray

traidor, a [trai'ðor, a] *adj* treacherous ▷ *nm/f* traitor

traigo *etc vb* V **traer**

traje ['traxe] *vb* V **traer** ▷ *nm* (*de hombre*) suit; (*de mujer*) dress; (*vestido típico*) costume; **traje de baño/chaqueta** swimsuit/suit; **traje de etiqueta** dress suit; **traje de luces** bullfighter's costume

trajera *etc vb* V **traer**

trajín [tra'xin] *nm* (*fam: movimiento*) bustle; **trajinar** *vi* (*moverse*) to bustle about

trama ['trama] *nf* (*intriga*) plot; (*de tejido*) weft (BRIT), woof (US); **tramar** *vt* to plot; (*Tec*) to weave

tramitar [trami'tar] *vt* (*asunto*) to transact; (*negociar*) to negotiate

trámite ['tramite] *nm* (*paso*) step; (*Jur*) transaction; **trámites** *nmpl* (*burocracia*) procedure *sg*; (*Jur*) proceedings

tramo ['tramo] *nm* (*de tierra*) plot; (*de escalera*) flight; (*de vía*) section

trampa ['trampa] *nf* trap; (*en el suelo*) trapdoor; (*truco*) trick; (*engaño*) fiddle; **trampear** *vt, vi* to cheat

trampolín [trampo'lin] *nm* (*de piscina etc*) diving board

tramposo, -a [tram'poso, a] *adj* crooked, cheating ▷ *nm/f* crook, cheat

tranca ['tranka] *nf* (*palo*) stick; (*de puerta, ventana*) bar; **trancar** *vt* to bar

trance ['tranθe] *nm* (*momento difícil*) difficult moment o juncture; (*estado hipnotizado*) trance

tranquilidad [trankili'ðað] *nf* (*calma*) calmness, stillness; (*paz*) peacefulness

tranquilizar [trankili'θar] *vt* (*calmar*) to calm (down); (*asegurar*) to reassure; **tranquilizarse** *vr* to calm down; **tranquilo, -a** *adj* (*calmado*) calm; (*apacible*) peaceful; (*mar*) calm; (*mente*) untroubled

transacción [transak'θjon] *nf* transaction

transbordador [transβorða'ðor]
nm ferry

transbordo [trans'βorðo]
transfer; **hacer ~** to change (trains etc)

transcurrir [transku'rrir] vi (tiempo)
to pass; (hecho) to take place

transcurso [trans'kurso] nm: **~ del
tiempo** lapse (of time)

transeúnte [transe'unte] nmf
passer-by

transferencia [transfe'renθja] nf
transference; (Com) transfer

transferir [transfe'rir] vt to transfer

transformador [transforma'ðor]
nm (Elec) transformer

transformar [transfor'mar] vt to
transform; (convertir) to convert

transfusión [transfu'sjon] nf
transfusion

transgénico, -a [trans'xeniko, a]
adj genetically modified, GM

transición [transi'θjon] nf transition

transigir [transi'xir] vi to
compromise, make concessions

transitar [transi'tar] vi to go (from
place to place); **tránsito** nm transit;
(Auto) traffic; **transitorio, -a** adj
transitory

transmisión [transmi'sjon] nf (Tec)
transmission; (transferencia) transfer;
transmisión exterior/en directo
outside/live broadcast

transmitir [transmi'tir] vt to
transmit; (Radio, TV) to broadcast

transparencia [transpa'renθja]
nf transparency; (claridad) clearness,
clarity; (foto) slide

transparentar [transparen'tar]
vt to reveal ▷ vi to be transparent;
transparente adj transparent;
(claro) clear

transpirar [transpi'rar] vi to perspire

transportar [transpor'tar] vt to
transport; (llevar) to carry; **transporte**
nm transport; (Com) haulage

transversal [transβer'sal] adj
transverse, cross

tranvía [tram'bia] nm tram

trapeador [trapea'ðor] (LAM) nm
mop; **trapear** (LAM) vt to mop

trapecio [tra'peθjo] nm trapeze;
trapecista nmf trapeze artist

trapero, -a [tra'pero, a] nm/f
ragman

trapicheo [trapi'tʃeo] (fam) nm
scheme, fiddle

trapo ['trapo] nm (tela) rag; (de
cocina) cloth

tráquea [trakea] nf windpipe

traqueteo [trake'teo] nm rattling

tras [tras] prep (detrás) behind;
(después) after

trasatlántico [trasat'lantiko] nm
(barco) (cabin) cruiser

trascendencia [trasθen'denθja] nf
(importancia) importance; (Filosofía)
transcendence

trascendental [trasθenden'tal] adj
important; (Filosofía) transcendental

trasero, -a [tra'sero, a] adj back,
rear ▷ nm (Anat) bottom

trasfondo [tras'fondo] nm
background

trasgredir [trasɣre'ðir] vt to
contravene

trashumante [trasu'mante] adj
(animales) migrating

trasladar [trasla'ðar] vt to move;
(persona) to transfer; (postergar) to
postpone; (copiar) to copy; **trasladarse**
vr (mudarse) to move; **traslado** nm
move; (mudanza) move, removal

traslucir [traslu'θir] vt to show

trasluz [tras'luθ] nm reflected light;
al ~ up to the light

trasnochador, a [trasnotʃa'ðor, a]
nm/f night owl

trasnochar [trasno'tʃar] vi (acostarse
tarde) to stay up late

traspapelar [traspape'lar] vt
(documento, carta) to mislay, misplace

traspasar [traspa'sar] vt (suj: bala
etc) to pierce, go through; (propiedad)
to sell, transfer; (calle) to cross over;
(límites) to go beyond; (ley) to break;
traspaso nm (venta) transfer, sale

traspatio [tras'patjo] (LAM) nm backyard

traspié [tras'pje] nm (tropezón) trip; (error) blunder

trasplantar [trasplan'tar] vt to transplant

traste ['traste] nm (Mús) fret; **dar al ~ con algo** to ruin sth

trastero [tras'tero] nm storage room

trastienda [tras'tjenda] nf back of shop

trasto ['trasto] (pey) nm (cosa) piece of junk; (persona) dead loss

trastornado, -a [trastor'naðo, a] adj (loco) mad, crazy

trastornar [trastor'nar] vt (fig: planes) to disrupt; (: nervios) to shatter; (: persona) to drive crazy; **trastornarse** vr (volverse loco) to go mad o crazy; **trastorno** nm (acto) overturning; (confusión) confusion

tratable [tra'taßle] adj friendly

tratado [tra'taðo] nm (Pol) treaty; (Com) agreement

tratamiento [trata'mjento] nm treatment; **tratamiento de textos** (Inform) word processing cpd

tratar [tra'tar] vt (ocuparse de) to treat; (manejar, Tec) to handle; (Med) to treat; (dirigirse a: persona) to address ▷ vi: **~ de** (hablar sobre) to deal with, be about; (intentar) to try to; **tratarse** vr to treat each other; **~ con** (Com) to trade in; (negociar) to negotiate with; (tener contactos) to have dealings with; **¿de qué se trata?** what's it about?; **trato** nm dealings pl; (relaciones) relationship; (comportamiento) manner; (Com) agreement

trauma ['trauma] nm trauma

través [tra'ßes] nm (fig) reverse; **al ~** across; **a ~ de** across; (sobre) over; (por) through

travesaño [traße'saɲo] nm (Arq) crossbeam; (Deporte) crossbar

travesía [traße'sia] nf (calle) cross-street; (Náut) crossing

travesura [traße'sura] nf (broma)

prank; (ingenio) wit

travieso, -a [tra'ßjeso, a] adj (niño) naughty

trayecto [tra'jekto] nm (ruta) road, way; (viaje) journey; (tramo) stretch; **trayectoria** nf trajectory; (fig) path

traza [tra'ßa] nf (aspecto) looks pl; (señal) sign; **trazado, -a** adj: **bien trazado** shapely, well-formed ▷ nm (Arq) plan, design; (fig) outline

trazar [tra'ßar] vt (Arq) to plan; (Arte) to sketch; (fig) to trace; (plan) to draw up; **trazo** nm (línea) line; (bosquejo) sketch

trébol ['treßol] nm (Bot) clover

trece ['treße] num thirteen

trecho ['tretʃo] nm (distancia) distance; (tiempo) while

tregua ['treɣwa] nf (Mil) truce; (fig) respite

treinta ['treinta] num thirty

tremendo, -a [tre'mendo, a] adj (terrible) terrible; (imponente: cosa) imposing; (fam: fabuloso) tremendous

tren [tren] nm train; **tren de aterrizaje** undercarriage; **tren de cercanías** suburban train

trenca ['trenka] nf duffel coat

trenza ['trenßa] nf (de pelo) plait (BRIT), braid (us)

trepadora [trepa'ðora] nf (Bot) climber

trepar [tre'par] vt, vi to climb

tres [tres] num three

tresillo [tre'siʎo] nm three-piece suite; (Mús) triplet

treta ['treta] nf trick

triángulo [tri'aŋgulo] nm triangle

tribu ['trißu] nf tribe

tribuna [tri'ßuna] nf (plataforma) platform; (Deporte) (grand)stand

tribunal [trißu'nal] nm (Jur) court; (comisión, fig) tribunal; **~ popular** jury

tributo [tri'ßuto] nm (Com) tax

trigal [tri'ɣal] nm wheat field

trigo ['triɣo] nm wheat

trigueño, -a [tri'ɣeɲo, a] adj (pelo) corn-coloured

trillar [tri'ʎar] vt (Agr) to thresh

trimestral [trimes'tral] adj quarterly; (Escol) termly

trimestre [tri'mestre] nm (Escol) term

trinar [tri'nar] vi (pájaros) to sing; (rabiar) to fume, be angry

trinchar [trin'tʃar] vt to carve

trinchera [trin'tʃera] nf (fosa) trench

trineo [tri'neo] nm sledge

trinidad [trini'ðað] nf trio; (Rel): **la T~** the Trinity

tripa ['tripa] nf (Anat) intestine; (fam: tb: **-s**) insides pl

triple ['triple] adj triple

triplicado, -a [tripli'kaðo, a] adj: **por~** in triplicate

tripulación [tripula'θjon] nf crew

tripulante [tripu'lante] nmf crewman/woman

tripular [tripu'lar] vt (barco) to man; (Auto) to drive

triquiñuela [triki'nwela] nf trick

tris [tris] nm inv crack

triste ['triste] adj sad; (lamentable) sorry, miserable; **tristeza** nf (aflicción) sadness; (melancolía) melancholy

triturar [tritu'rar] vt (moler) to grind; (mascar) to chew

triunfar [trjun'far] vi (tener éxito) to triumph; (ganar) to win; **triunfo** nm triumph

trivial [tri'βjal] adj trivial

triza ['triθa] nf: **hacer~s** to smash to bits; (papel) to tear to shreds

trocear [troθe'ar] vt (carne, manzana) to cut up, cut into pieces

trocha ['trotʃa] nf short cut

trofeo [tro'feo] nm (premio) trophy; (éxito) success

tromba ['tromba] nf downpour

trombón [trom'bon] nm trombone

trombosis [trom'bosis] nf inv thrombosis

trompa ['trompa] nf horn; (trompo) humming top; (hocico) snout; (fam): **cogerse una~** to get tight

trompazo [trom'paθo] nm bump, bang

trompeta [trom'peta] nf trumpet; (clarín) bugle

trompicón [trompi'kon]: **a trompicones** adv in fits and starts

trompo ['trompo] nm spinning top

trompón [trom'pon] nm bump

tronar [tro'nar] vt (MÉx, CAM: fusilar) to shoot; (MÉx: examen) to flunk ▷ vi to thunder; (fig) to rage

tronchar [tron'tʃar] vt (árbol) to chop down; (fig: vida) to cut short; (: esperanza) to shatter; (persona) to tire out; **troncharse** vr to fall down

tronco ['tronko] nm (de árbol, Anat) trunk

trono ['trono] nm throne

tropa ['tropa] nf (Mil) troop; (soldados) soldiers pl

tropezar [trope'θar] vi to trip, stumble; (error) to slip up; **~ con** to run into; (topar con) to bump into; **tropezón** nm trip; (fig) blunder

tropical [tropi'kal] adj tropical

trópico ['tropiko] nm tropic

tropiezo [tro'pjeθo] vb V **tropezar** ▷ nm (error) slip, blunder; (desgracia) misfortune; (obstáculo) snag

trotamundos [trota'mundos] nm inv globetrotter

trotar [tro'tar] vi to trot; **trote** nm trot; (fam) travelling; **de mucho trote** hard-wearing

trozar [tro'θar] vt (LAM) to cut up, cut into pieces

trozo ['troθo] nm bit, piece

trucha ['trutʃa] nf trout

truco ['truko] nm (habilidad) knack; (engaño) trick

trueno ['trweno] nm thunder; (estampido) bang

trueque etc ['trweke] vb V **trocar** ▷ nm exchange; (Com) barter

trufa ['trufa] nf (Bot) truffle

truhán, -ana [tru'an, ana] nm/f rogue

truncar [trun'kar] vt (cortar) to truncate; (fig: la vida etc) to cut short; (: el desarrollo) to stunt

tu [tu] adj your

tú [tu] pron you

tubérculo [tuˈβerkulo] nm (Bot) tuber

tuberculosis [tuβerkuˈlosis] nf inv tuberculosis

tubería [tuβeˈria] nf pipes pl; (conducto) pipeline

tubo [ˈtuβo] nm tube, pipe; **tubo de ensayo** test tube; **tubo de escape** exhaust (pipe)

tuerca [ˈtwerka] nf nut

tuerto, -a [ˈtwerto, a] adj blind in one eye ▷ nm/f one-eyed person

tuerza etc vb V **torcer**

tuétano [ˈtwetano] nm marrow; (Bot) pith

tufo [ˈtufo] nm (hedor) stench

tul [tul] nm tulle

tulipán [tuliˈpan] nm tulip

tullido, -a [tuˈʎiðo, a] adj crippled

tumba [ˈtumba] nf (sepultura) tomb

tumbar [tumˈbar] vt to knock down; **tumbarse** vr (echarse) to lie down; (extenderse) to stretch out

tumbo [ˈtumbo] nm: **dar ~s** to stagger

tumbona [tumˈbona] nf (butaca) easy chair; (de playa) deckchair (BRIT), beach chair (US)

tumor [tuˈmor] nm tumour

tumulto [tuˈmulto] nm turmoil

tuna [ˈtuna] nf (Mús) student music group; V tb **tuno**

tunante [tuˈnante] nmf rascal

tunear [tuneˈar] vt (Auto) to style, mod (inf)

túnel [ˈtunel] nm tunnel

tuning [ˈtunin] nm (Auto) car styling, modding (inf)

tuno, -a [ˈtuno, a] nm/f (fam) rogue ▷ nm member of student music group

tupido, -a [tuˈpiðo, a] adj (denso) dense; (tela) close-woven

turbante [turˈβante] nm turban

turbar [turˈβar] vt (molestar) to disturb; (incomodar) to upset

turbina [turˈβina] nf turbine

turbio, -a [ˈturβjo, a] adj cloudy; (tema etc) confused

turbulencia [turβuˈlenθja] nf turbulence; (fig) restlessness;
turbulento, -a adj turbulent; (fig: intranquilo) restless; (: ruidoso) noisy

turco, -a [ˈturko, a] adj Turkish ▷ nm/f Turk

turismo [tuˈrismo] nm tourism; (coche) car; **turista** nmf tourist; **turístico, -a** adj tourist cpd

turnar [turˈnar] vi to take (it in) turns; **turnarse** vr to take (it in) turns; **turno** nm (de trabajo) shift; (en juegos etc) turn

turquesa [turˈkesa] nf turquoise

Turquía [turˈkia] nf Turkey

turrón [tuˈrron] nm (dulce) nougat

tutear [tuteˈar] vt to address as familiar "tú"; **tutearse** vr to be on familiar terms

tutela [tuˈtela] nf (legal) guardianship; **tutelar** adj tutelary ▷ vt to protect

tutor, a [tuˈtor, a] nm/f (legal) guardian; (Escol) tutor

tuve etc vb V **tener**

tuviera etc vb V **tener**

tuyo, -a [ˈtujo, a] adj yours, of yours ▷ pron yours; **un amigo ~** a friend of yours; **los ~s** (fam) your relations o family

TV nf abr (= televisión) TV

TVE nf abr = **Televisión Española**

u

u [u] *conj* or

ubicar [uβi'kar] *vt* to place, situate; (LAM: *encontrar*) to find; **ubicarse** *vr* (LAM: *encontrarse*) to lie, be located

ubre ['uβre] *nf* udder

UCI *nf abr* (= *Unidad de Cuidados Intensivos*) ICU

Ud(s) *abr* = **usted(es)**

UE *nf abr* (= *Unión Europea*) EU

ufanarse [ufa'narse] *vr* to boast; **ufano, -a** *adj* (*arrogante*) arrogant; (*presumido*) conceited

UGT (ESP) *nf abr* = **Unión General de Trabajadores**

úlcera ['ulθera] *nf* ulcer

ulterior [ulte'rjor] *adj* (*más allá*) farther, further; (*subsecuente, siguiente*) subsequent

últimamente ['ultimamente] *adv* (*recientemente*) lately, recently

ultimar [ulti'mar] *vt* to finish; (*finalizar*) to finalize; (LAM: *matar*) to kill

ultimátum [ulti'matum] (*pl* ~**s**) *nm* ultimatum

último, -a ['ultimo, a] *adj* last; (*más reciente*) latest, most recent; (*más bajo*) bottom; (*más alto*) top; **en las últimas** on one's last legs; **por ~** finally

ultra ['ultra] *adj* ultra ▷ *nmf* extreme right-winger

ultraje [ul'traxe] *nm* outrage; insult

ultramar [ultra'mar] *nm*: **de** o **en ~** abroad, overseas

ultramarinos [ultrama'rinos] *nmpl* groceries; **tienda de ~** grocer's (shop)

ultranza [ul'tranθa]: **a ~** *adv* (*a todo trance*) at all costs; (*completo*) outright

umbral [um'bral] *nm* (*gen*) threshold

○ **PALABRA CLAVE**

un, una [un, 'una] *art indef* a; (*antes de vocal*) an; **una mujer/naranja** a woman/an orange
▷ *adj*: **unos** (o **unas**): **hay unos regalos para ti** there are some presents for you; **hay unas cervezas en la nevera** there are some beers in the fridge

unánime [u'nanime] *adj* unanimous; **unanimidad** *nf* unanimity

undécimo, -a [un'deθimo, a] *adj* eleventh

ungir [un'xir] *vt* to anoint

ungüento [un'gwento] *nm* ointment

único, -a ['uniko, a] *adj* only, sole; (*sin par*) unique

unidad [uni'ðað] *nf* unity; (Com, Tec *etc*) unit

unido, -a [u'niðo, a] *adj* joined, linked; (*fig*) united

unificar [unifi'kar] *vt* to unite, unify

uniformar [unifor'mar] *vt* to make uniform, level up; (*persona*) to put into uniform

uniforme [uni'forme] *adj* uniform, equal; (*superficie*) even ▷ *nm* uniform

unilateral [unilate'ral] *adj* unilateral

unión [u'njon] *nf* union; (*acto*) uniting, joining; (*unidad*) unity; (Tec) joint; **Unión Europea** European Union

unir [u'nir] *vt* (*juntar*) to join, unite;

(*atar*) to tie, fasten; (*combinar*) to combine; **unirse** *vr* to join together, unite; (*empresas*) to merge

unísono [u'nisono] *nm*: **al ~** in unison

universal [uniβer'sal] *adj* universal; (*mundial*) world *cpd*

universidad [uniβersi'ðað] *nf* university

universitario, -a [uniβersi'tarjo, a] *adj* university *cpd* ▷ *nm/f* (*profesor*) lecturer; (*estudiante*) (university) student; (*graduado*) graduate

universo [uni'βerso] *nm* universe

○ **PALABRA CLAVE**

uno, -a [u'uno, a] *adj* one; **unos pocos** a few; **unos cien** about a hundred ▷ *pron* **1** one; **quiero sólo uno** I only want one; **uno de ellos** one of them **2** (*alguien*) somebody, someone; **conozco a uno que se te parece** I know somebody o someone who looks like you; **uno mismo** oneself; **unos querían quedarse** some (people) wanted to stay

3 (*los*) **unos ...** (*los*) **otros ...** some ... others

▷ *nf* one; **es la una** it's one o'clock

▷ *nm* (*number*) one

untar [un'tar] *vt* (*mantequilla*) to spread; (*engrasar*) to grease, oil

uña ['uɲa] *nf* (*Anat*) nail; (*garra*) claw; (*casco*) hoof; (*arrancaclavos*) claw

uranio [u'ranjo] *nm* uranium

urbanización [urβaniθa'θjon] *nf* (*barrio, colonia*) housing estate

urbanizar [urβani'θar] *vt* (*zona*) to develop, urbanize

urbano, -a [ur'βano, a] *adj* (*de ciudad*) urban; (*cortés*) courteous, polite

urbe ['urβe] *nf* large city

urdir [ur'ðir] *vt* to warp; (*complot*) to plot, contrive

urgencia [ur'xenθja] *nf* urgency; (*prisa*) haste, rush; (*emergencia*) emergency; **servicios de ~** emergency

services; **"U~s"** "Casualty"; **urgente** *adj* urgent

urgir [ur'xir] *vi* to be urgent; **me urge** I'm in a hurry for it

urinario, -a [uri'narjo, a] *adj* urinary ▷ *nm* urinal

urna ['urna] *nf* urn; (*Pol*) ballot box

urraca [u'rraka] *nf* magpie

URSS [urs] *nf* (*Hist*): **la URSS** the USSR

Uruguay [uru'xwai] *nm* (*tb*: **el ~**) Uruguay; **uruguayo, -a** *adj, nm/f* Uruguayan

usado, -a [u'saðo, a] *adj* used; (*de segunda mano*) secondhand

usar [u'sar] *vt* to use; (*ropa*) to wear; (*tener costumbre*) to be in the habit of; **usarse** *vr* to be used; **uso** *nm* use; (*costumbre*) usage, custom; (*moda*) fashion; **al uso** in keeping with custom; **al uso de** in the style of; **de uso externo** (*Med*) for external use

usted [us'teð] *pron* (*sg*) you *sg*; (*pl*): **-es** you *pl*

usual [u'swal] *adj* usual

usuario, -a [u'swarjo, a] *nm/f* user

usura [u'sura] *nf* usury; **usurero, -a** *nm/f* usurer

usurpar [usur'par] *vt* to usurp

utensilio [uten'siljo] *nm* tool; (*Culin*) utensil

útero ['utero] *nm* uterus, womb

útil ['util] *adj* useful ▷ *nm* tool; **utilidad** *nf* usefulness; (*Com*) profit; **utilizar** *vt* to use, utilize

utopía [uto'pia] *nf* Utopia; **utópico, -a** *adj* Utopian

uva ['uβa] *nf* grape

○ **LAS UVAS**

In Spain **Las uvas** play a big part on New Year's Eve (**Nochevieja**), when on the stroke of midnight people gather at home, in restaurants or in the **plaza mayor** and eat a grape for each stroke of the clock of the **Puerta del Sol** in Madrid. It is said to bring luck for the following year.

V

v abr (=voltio) v

va vb V **ir**

vaca ['baka] nf (animal) cow; **carne de ~** beef

vacaciones [baka'θjones] nfpl holidays

vacante [ba'kante] adj vacant, empty ▷ nf vacancy

vaciar [ba'θjar] vt to empty out; (ahuecar) to hollow out; (moldear) to cast; **vaciarse** vr to empty

vacilar [baθi'lar] vi to be unsteady; (al hablar) to falter; (dudar) to hesitate, waver; (memoria) to fail

vacío, -a [ba'θio, a] adj empty; (puesto) vacant; (desocupado) idle; (vano) vain ▷ nm emptiness; (Física) vacuum; (un vacío) space

vacuna [ba'kuna] nf vaccine; **vacunar** vt to vaccinate

vacuno, -a [ba'kuno, a] adj cow cpd; **ganado ~** cattle

vadear [baðe'ar] vt (río) to ford; **vado** nm ford

vagabundo, -a [baɣa'βundo, a] adj wandering ▷ nm tramp

vagancia [ba'ɣanθja] nf (pereza) idleness, laziness

vagar [ba'ɣar] vi to wander; (no hacer nada) to idle

vagina [ba'xina] nf vagina

vago, -a ['baɣo, a] adj vague; (perezoso) lazy ▷ nm/f (vagabundo) tramp; (flojo) lazybones sg, idler

vagón [ba'ɣon] nm (Ferro: de pasajeros) carriage; (: de mercancías) wagon

vaho ['bao] nm (vapor) vapour, steam; (respiración) breath

vaina ['baina] nf sheath

vainilla [bai'niʎa] nf vanilla

vais vb V **ir**

vaivén [bai'βen] nm to-and-fro movement; (de tránsito) coming and going; **vaivenes** nmpl (fig) ups and downs

vajilla [ba'xiʎa] nf crockery, dishes pl; (juego) service, set

valdré etc vb V **valer**

vale ['bale] nm voucher; (recibo) receipt; (pagaré) IOU

valedero, -a [bale'ðero, a] adj valid

valenciano, -a [balen'θjano, a] adj Valencian

valentía [balen'tia] nf courage, bravery

valer [ba'ler] vt to be worth; (Mat) to equal; (costar) to cost ▷ vi (ser útil) to be useful; (ser válido) to be valid; **valerse** vr to take care of oneself; **~se de** to make use of, take advantage of; **~ la pena** to be worthwhile; **¿vale?** (ESP) OK?; **más vale que nos vayamos** we'd better go; **¡eso a mí no me vale!** (MÉX: fam: no importar) I couldn't care less about that

valeroso, -a [bale'roso, a] adj brave, valiant

valgo etc vb V **valer**

valía [ba'lia] nf worth, value

validar [bali'ðar] vt to validate; **validez** nf validity; **válido, -a** adj valid

valiente [ba'ljente] adj brave, valiant

▷ nm hero

valija [ba'lixa] (cs) nf (suit)case

valioso, -a [ba'ljoso, a] adj valuable

valla ['baʎa] nf fence; (Deporte) hurdle; **valla publicitaria** hoarding; **vallar** vt to fence in

valle ['baʎe] nm valley

valor [ba'lor] nm value, worth; (precio) price; (valentía) valour, courage; (importancia) importance; **valores** nmpl (Com) securities; **valorar** vt to value

vals [bals] nm inv waltz

válvula ['balβula] nf valve

vamos vb V **ir**

vampiro, -resa [bam'piro, 'resa] nm/f vampire

van vb V **ir**

vanguardia [ban'gwardja] nf vanguard; (Arte etc) avant-garde

vanidad [bani'ðað] nf vanity; **vanidoso, -a** adj vain, conceited

vano, -a ['bano, a] adj vain

vapor [ba'por] nm vapour; (vaho) steam; **al ~** (Culin) steamed; **vapor de agua** water vapour; **vaporizador** nm atomizer; **vaporizar** vt to vaporize; **vaporoso, -a** adj vaporous

vaquero, -a [ba'kero, a] adj cattle cpd ▷ nm cowboy; **vaqueros** nmpl (pantalones) jeans

vaquilla [ba'kiʎa] nf (Zool) heifer

vara ['bara] nf stick; (Tec) rod

variable [ba'rjaβle] adj, nf variable

variación [baria'θjon] nf variation

variar [bar'jar] vt to vary; (modificar) to modify; (cambiar de posición) to switch around ▷ vi to vary

varicela [bari'θela] nf chickenpox

varices [ba'riθes] nfpl varicose veins

variedad [barje'ðað] nf variety

varilla [ba'riʎa] nf stick; (Bot) twig; (Tec) rod; (de rueda) spoke

vario, -a ['barjo, a] adj varied; **-s** various, several

varita [ba'rita] nf (tb: **~ mágica**) magic wand

varón [ba'ron] nm male, man; **varonil**

adj manly, virile

Varsovia [bar'soβja] n Warsaw

vas vb V **ir**

vasco, -a ['basko, a] adj, nm/f Basque; **vascongado, -a** [baskon'gaðo, a] adj Basque; **las Vascongadas** the Basque Country

vaselina [base'lina] nf Vaseline®

vasija [ba'sixa] nf container, vessel

vaso ['baso] nm glass, tumbler; (Anat) vessel

> No confundir **vaso** con la palabra inglesa vase.

vástago ['bastaxo] nm (Bot) shoot; (Tec) rod; (fig) offspring

vasto, -a ['basto, a] adj vast, huge

Vaticano [bati'kano] nm: **el ~** the Vatican

vatio ['batjo] nm (Elec) watt

vaya etc vb V **ir**

Vd(s) abr = **usted(es)**

ve [be] vb V **ir**; **ver**

vecindad [beθin'dað] nf neighbourhood; (habitantes) residents pl

vecindario [beθin'darjo] nm neighbourhood; residents pl

vecino, -a [be'θino, a] adj neighbouring ▷ nm/f neighbour; (residente) resident

veda ['beða] nf prohibition; **vedar** [be'ðar] vt (prohibir) to ban, prohibit; (impedir) to stop, prevent

vegetación [bexeta'θjon] nf vegetation

vegetal [bexe'tal] adj, nm vegetable

vegetariano, -a [bexeta'rjano, a] adj, nm/f vegetarian

vehículo [be'ikulo] nm vehicle; (Med) carrier

veía etc vb V **ver**

veinte ['beinte] num twenty

vejar [be'xar] vt (irritar) to annoy, vex; (humillar) to humiliate

vejez [be'xeθ] nf old age

vejiga [be'xixa] nf (Anat) bladder

vela ['bela] nf (de cera) candle; (Náut) sail; (insomnio) sleeplessness; (vigilia) vigil; (Mil) sentry duty; **estar a dos ~s** (fam: sin dinero) to be skint

velado, -a [be'laðo, a] adj veiled; (sonido) muffled; (Foto) blurred ▷ nf soirée

velar [be'lar] vt (vigilar) to keep watch over ▷ vi to stay awake; **~ por** to watch over, look after

velatorio [bela'torjo] nm (funeral) wake

velero [be'lero] nm (Náut) sailing ship; (Aviac) glider

veleta [be'leta] nf weather vane

veliz [be'lis] (MÉX) (suit)case

vello [ˈbeʎo] nm down, fuzz

velo [ˈbelo] nm veil

velocidad [beloθi'ðað] nf speed; (Tec, Auto) gear

velocímetro [belo'θimetro] nm speedometer

velorio [be'lorjo] (LAM) nm (funeral) wake

veloz [be'loθ] adj fast

ven vb V **venir**

vena [ˈbena] nf vein

venado [be'naðo] nm deer

vencedor, a [benθe'ðor, a] adj victorious ▷ nm/f victor, winner

vencer [ben'θer] vt (dominar) to defeat, beat; (derrotar) to vanquish; (superar, controlar) to overcome, master ▷ vi (triunfar) to win (through), triumph; (plazo) to expire; **vencido, -a** adj (derrotado) defeated, beaten; (Com) due ▷ adv: **pagar vencido** to pay in arrears

venda [ˈbenda] nf bandage; **vendaje** nm bandage, dressing; **vendar** vt to bandage; **vendar los ojos** to blindfold

vendaval [benda'βal] nm (viento) gale

vendedor, a [bende'ðor, a] nm/f seller

vender [ben'der] vt to sell; **venderse** vr (estar a la venta) to be on sale; **~ al contado/al por mayor/al por menor** to sell for cash/wholesale/retail; **"se vende"** "for sale"

vendimia [ben'dimja] nf grape harvest

vendré etc vb V **venir**

veneno [be'neno] nm poison; (de serpiente) venom; **venenoso, -a** adj poisonous; venomous

venerable [bene'raβle] adj venerable; **venerar** vt (respetar) to revere; (adorar) to worship

venéreo, -a [be'nereo, a] adj: **enfermedad venérea** venereal disease

venezolano, -a [beneθo'lano, a] adj Venezuelan

Venezuela [bene'θwela] nf Venezuela

venganza [ben'ganθa] nf vengeance, revenge; **vengar** vt to avenge; **vengarse** vr to take revenge; **vengativo, -a** adj (persona) vindictive

vengo etc vb V **venir**

venia [ˈbenja] nf (perdón) pardon; (permiso) consent

venial [be'njal] adj venial

venida [be'niða] nf (llegada) arrival; (regreso) return

venidero, -a [beni'ðero, a] adj coming, future

venir [be'nir] vi to come; (llegar) to arrive; (ocurrir) to happen; (fig): **~ de** to stem from; **~ bien/mal** to be suitable/unsuitable; **el año que viene** next year; **~ a abajo** to collapse

venta [ˈbenta] nf (Com) sale; **"en ~"** "for sale"; **estar a la o en ~** to be (up) for sale o on the market; **venta a domicilio** door-to-door selling; **venta a plazos** hire purchase; **venta al contado/al por mayor/al por menor** cash sale/wholesale/retail

ventaja [ben'taxa] nf advantage; **ventajoso, -a** adj advantageous

ventana [ben'tana] nf window; **ventanilla** (de taquilla) window (of booking office etc)

ventilación [bentila'θjon] nf ventilation; (corriente) draught

ventilador [bentila'ðor] nm fan

ventilar [benti'lar] vt to ventilate; (para secar) to put out to dry; (asunto) to air, discuss

ventisca [ben'tiska] nf blizzard

ventrílocuo, -a [ben'trilokwo, a] nm/f ventriloquist

ventura [ben'tura] nf (felicidad) happiness; (buena suerte) luck; (destino) fortune; **a la (buena)** ~ at random; **venturoso, -a** adj happy; (afortunado) lucky, fortunate

veo etc vb V **ver**

ver [ber] vt to see; (mirar) to look at, watch; (entender) to understand; (investigar) to look into ▷ vi to see; to understand; **verse** vr (encontrarse) to meet; (dejarse ver) to be seen; (hallarse en un apuro) to find o.s. be; (vamos) **a** ~ let's see; **no tener nada que ~ con** to have nothing to do with; **a mi modo de** ~ as I see it; **ya ~emos** we'll see

vera ['bera] nf edge, verge; (de río) bank

veranear [berane'ar] vi to spend the summer; **veraneo** nm summer holiday; **veraniego, -a** adj summer cpd

verano [be'rano] nm summer

veras ['beras] nfpl truth sg; **de** ~ really, truly

verbal [ber'βal] adj verbal

verbena [ber'βena] nf (baile) open-air dance

verbo ['berβo] nm verb

verdad [ber'ðað] nf truth; (fiabilidad) reliability; **de** ~ real, proper; **a decir** ~ to tell the truth; **verdadero, -a** adj (veraz) true, truthful; (fiable) reliable; (fig) real

verde ['berðe] adj green; (chiste) blue, dirty ▷ nm green; **viejo** ~ dirty old man; **verdear** vi to turn green; **verdor** nm greenness

verdugo [ber'ðuxo] nm executioner

verdulero, -a [berðu'lero, a] nm/f greengrocer

verduras [ber'ðuras] nfpl (Culin) greens

vereda [be'reða] nf path; (cs: acera) pavement (BRIT), sidewalk (US)

veredicto [bere'ðikto] nm verdict

vergonzoso, -a [berɣon'θoso, a] adj shameful; (tímido) timid, bashful

vergüenza [ber'ɣwenθa] nf shame, sense of shame; (timidez) bashfulness; (pudor) modesty; **me da** ~ I'm ashamed

verídico, -a [be'riðiko, a] adj true, truthful

verificar [berifi'kar] vt to check; (corroborar) to verify; (llevar a cabo) to carry out; **verificarse** vr (predicción) to prove to be true

verja ['berxa] nf (cancela) iron gate; (valla) iron railings pl; (de ventana) grille

vermut [ber'mut] (pl ~s) nm vermouth

verosímil [bero'simil] adj likely, probable; (relato) credible

verruga [be'rruxa] nf wart

versátil [ber'satil] adj versatile

versión [ber'sjon] nf version

verso ['berso] nm verse; **un** ~ a line of poetry

vértebra ['berteβra] nf vertebra

verter [ber'ter] vt (líquido: adrede) to empty, pour (out); (: sin querer) to spill; (basura) to dump ▷ vi to flow

vertical [berti'kal] adj vertical

vértice ['bertiθe] nm vertex, apex

vertidos [ber'tiðos] nmpl waste sg

vertiente [ber'tjente] nf slope; (fig) aspect

vértigo ['bertixo] nm vertigo; (mareo) dizziness

vesícula [be'sikula] nf blister

vespino® [bes'pino] nm o nf moped

vestíbulo [bes'tiβulo] nm hall; (de teatro) foyer

vestido [bes'tiðo] nm (ropa) clothes pl, clothing; (de mujer) dress, frock ▷ pp de **vestir**; ~ **de azul/marinero** dressed in blue/as a sailor

vestidor [besti'ðor] (MÉX) nm (Deporte) changing (BRIT) o locker (US) room

vestimenta [besti'menta] nf
clothing

vestir [bes'tir] vt (poner: ropa) to put
on; (llevar: ropa) to wear; (proveer de ropa
a) to clothe; (sastre) to make clothes for
▷ vi to dress; (verse bien) to look good;
vestirse vr to get dressed, dress o.s.

vestuario [bes'twarjo] nm clothes
pl, wardrobe; (Teatro: cuarto) dressing
room; (Deporte) changing (BRIT) o locker
(US) room

vetar [be'tar] vt to veto

veterano, -a [bete'rano, a] adj,
nm veteran

veterinaria [beteri'narja] nf
veterinary science; V tb **veterinario**

veterinario, -a [beteri'narjo, a]
nm/f vet(erinary surgeon)

veto ['beto] nm veto

vez [beθ] nf time; (turno) turn; **a la ~
que** at the same time as; **a su ~** in its
turn; **otra ~** again; **una ~** once; **de una
~** in one go; **de una ~ para siempre**
once and for all; **en ~ de** instead of;
a o algunas veces sometimes; **una
y otra ~** repeatedly; **de ~ en cuando**
from time to time; **7 veces 9** 7 times
9; **hacer las veces de** to stand in for;
tal ~ perhaps

vía ['bia] nf track, route; (Ferro) line;
(fig) way; (Anat) passage, tube ▷ prep
via, by way of; **por ~ judicial** by legal
means; **en ~s de** in the process of; **vía
aérea** airway; **Vía Láctea** Milky Way;
vía pública public road o thoroughfare

viable ['bjaβle] adj (solución, plan,
alternativa) feasible

viaducto [bja'ðukto] nm viaduct

viajante [bja'xante] nm commercial
traveller

viajar [bja'xar] vi to travel; **viaje** nm
journey; (gira) tour; (Náut) voyage;
estar de viaje to be on a trip; **viaje
de ida y vuelta** round trip; **viaje
de novios** honeymoon; **viajero,
-a** adj travelling; (Zool) migratory
▷ nm/f (quien viaja) traveller; (pasajero)
passenger

víbora ['biβora] nf (Zool) viper;
(: (MÉX: venenoso) poisonous snake

vibración [biβra'θjon] nf vibration

vibrar [bi'βrar] vt, vi to vibrate

vicepresidente [biθepresi'ðente]
nmf vice-president

viceversa [biθe'βersa] adv vice versa

vicio ['biθjo] nm vice; (mala costumbre)
bad habit; **vicioso, -a** adj (muy malo)
vicious; (corrompido) depraved ▷ nm/f
depraved person

víctima ['biktima] nf victim

victoria [bik'torja] nf victory;
victorioso, -a adj victorious

vid [bið] nf vine

vida ['biða] nf (gen) life; (duración)
lifetime; **de por ~** for life; **en la o mi
~ never**; **estar con ~** to be still alive;
ganarse la ~ to earn one's living

vídeo ['biðeo] nm video ▷ adj
inv: **película de ~** video film;
videocámara nf camcorder;
videocasete nm video cassette;
videotape; **videoclub** nm video
club; **videojuego** nm video game;
videollamada nf video call;
videoteléfono nf videophone

vidrio ['biðrjo] nm glass

vieira ['bjeira] nf scallop

viejo, -a ['bjexo, a] adj old ▷ nm/f
old man/woman; **hacerse ~** to get old

Viena ['bjena] n Vienna

vienes etc vb V **venir**

vienés, -esa [bje'nes, esa] adj
Viennese

viento ['bjento] nm wind; **hacer ~**
to be windy

vientre ['bjentre] nm belly; (matriz)
womb

viernes ['bjernes] nm inv Friday;
Viernes Santo Good Friday

Vietnam [bjet'nam] nm Vietnam;
vietnamita adj Vietnamese

viga ['biχa] nf beam, rafter; (de metal)
girder

vigencia [bi'xenθja] nf validity;
estar en ~ to be in force; **vigente** adj
valid, in force; (imperante) prevailing

vigésimo, -a [bi'xesimo, a] *adj*
twentieth

vigía [bi'xia] *nm* look-out

vigilancia [bixi'lanθja] *nf*: **tener a algn bajo ~** to keep watch on sb

vigilar [bixi'lar] *vt* to watch over ▷ *vi* (*gen*) to be vigilant; (*hacer guardia*) to keep watch; **~ por** to take care of

vigilia [vi'xilja] *nf* wakefulness, being awake; (*Rel*) fast

vigor [bi'γor] *nm* vigour, vitality; **en ~** in force; **entrar/poner en ~** to come/put into effect; **vigoroso, -a** *adj* vigorous

VIH *nm abr* (= *virus de la inmunodeficiencia humana*) HIV; **VIH negativo/positivo** HIV-negative/-positive

vil [bil] *adj* vile, low

villa ['biʎa] *nf* (*casa*) villa; (*pueblo*) small town; (*municipalidad*) municipality

villancico [biʎan'θiko] *nm* (Christmas) carol

vilo ['bilo]: **en ~** *adv* in the air, suspended; (*fig*) on tenterhooks, in suspense

vinagre [bi'naγre] *nm* vinegar

vinagreta [bina'γreta] *nf* vinaigrette, French dressing

vinculación [binkula'θjon] *nf* (*lazo*) link, bond; (*acción*) linking

vincular [binku'lar] *vt* to link, bind; **vínculo** *nm* link, bond

vine *etc vb* V **venir**

vinicultura [binikul'tura] *nf* wine growing

viniera *etc vb* V **venir**

vino ['bino] *vb* V **venir** ▷ *nm* wine; **vino blanco/tinto** white/red wine

viña ['biɲa] *nf* vineyard; **viñedo** *nm* vineyard

viola ['bjola] *nf* viola

violación [bjola'θjon] *nf* violation; (*sexual*) rape

violar [bjo'lar] *vt* to violate; (*sexualmente*) to rape

violencia [bjo'lenθja] *nf* violence,

force; (*incomodidad*) embarrassment; (*acto injusto*) unjust act; **violentar** *vt* to force; (*casa*) to break into; (*agredir*) to assault; (*violar*) to violate; **violento, -a** *adj* violent; (*furioso*) furious; (*situación*) embarrassing; (*forzado*) forced, unnatural

violeta [bjo'leta] *nf* violet

violín [bjo'lin] *nm* violin

violón [bjo'lon] *nm* double bass

virar [bi'rar] *vi* to change direction

virgen ['birxen] *adj, nf* virgin

Virgo ['birxo] *nm* Virgo

viril [bi'ril] *adj* virile; **virilidad** *nf* virility

virtud [bir'tuð] *nf* virtue; **en ~ de** by virtue of; **virtuoso, -a** *adj* virtuous ▷ *nm/f* virtuoso

viruela [bi'rwela] *nf* smallpox

virulento, -a [biru'lento, a] *adj* virulent

virus ['birus] *nm inv* virus

visa ['bisa] (LAM) *nf* = **visado**

visado [bi'saðo] (ESP) *nm* visa

víscera ['bisθera] *nf* (*Anat, Zool*) gut, bowel; **vísceras** *nfpl* entrails

visceral [bisθe'ral] *adj* (*odio*) intense; **reacción ~** gut reaction

visera [bi'sera] *nf* visor

visibilidad [bisiβili'ðað] *nf* visibility; **visible** *adj* visible; (*fig*) obvious

visillos [bi'siʎos] *nmpl* lace curtains

visión [bi'sjon] *nf* (*Anat*) vision, (*eye*)sight; (*fantasía*) vision, fantasy

visita [bi'sita] *nf* call, visit; (*persona*) visitor; **hacer una ~** to pay a visit; **visitar** *vt* to visit, call on

visón [bi'son] *nm* mink

visor [bi'sor] *nm* (*Foto*) viewfinder

víspera ['bispera] *nf*: **la ~ de ...** the day before ...

vista ['bista] *nf* sight, vision; (*capacidad de ver*) (eye)sight; (*mirada*) look(s) (*pl*); **a primera ~** at first glance; **hacer la ~ gorda** to turn a blind eye; **volver la ~** to look back; **está a la ~ que** it's obvious that; **en ~ de** in view of; **en ~ de que** in view of the fact that; **¡hasta la ~!** so long!, see you!; **con ~s**

visto | 288

a with a view to; **vistazo** *nm* glance; **dar** o **echar un vistazo a** to glance at

visto, -a ['bisto, a] *pp de* **ver** ▷ *vb* *V tb* **vestir** ▷ *adj* seen; (*considerado*) considered ▷ *nm*: **~ bueno** approval; **por lo ~** apparently; **está ~ que** it's clear that; **está bien/mal ~** it's acceptable/unacceptable; **~ que** since, considering that

vistoso, -a [bis'toso, a] *adj* colourful

visual [bi'swal] *adj* visual

vital [bi'tal] *adj* life *cpd*, living *cpd*; (*fig*) vital; (*persona*) lively, vivacious; **vitalicio, -a** *adj* for life; **vitalidad** *nf* (*de persona, negocio*) energy; (*de ciudad*) liveliness

vitamina [bita'mina] *nf* vitamin

vitorear [bitore'ar] *vt* to cheer, acclaim

vitrina [bi'trina] *nf* showcase; (*LAM: escaparate*) shop window

viudo, -a ['βjuðo, a] *nm/f* widower/widow

viva ['biβa] *excl* hurrah!; **¡~ el rey!** long live the king!

vivaracho, -a [biβa'ratʃo, a] *adj* jaunty, lively; (*ojos*) bright, twinkling

vivaz [bi'βaθ] *adj* lively

víveres ['biβeres] *nmpl* provisions

vivero [bi'βero] *nm* (*para plantas*) nursery; (*para peces*) fish farm; (*fig*) hotbed

viveza [bi'βeθa] *nf* liveliness; (*agudeza: mental*) sharpness

vivienda [bi'βjenda] *nf* housing; (*una vivienda*) house; (*piso*) flat (*BRIT*), apartment (*US*)

viviente [bi'βjente] *adj* living

vivir [bi'βir] *vt, vi* to live ▷ *nm* life, living

vivo, -a ['biβo, a] *adj* living, alive; (*fig: descripción*) vivid; (*persona: astuto*) smart, clever; **en ~** (*transmisión etc*) live

vocablo [bo'kaβlo] *nm* (*palabra*) word; (*término*) term

vocabulario [bokaβu'larjo] *nm* vocabulary

vocación [boka'θjon] *nf* vocation;

---

vocacional (*LAM*) *nf* ≈ technical college

vocal [bo'kal] *adj* vocal ▷ *nf* vowel; **vocalizar** *vt* to vocalize

vocero [bo'θero] (*LAM*) *nmf* spokesman/woman

voces ['boθes] *pl de* **voz**

vodka ['boðka] *nm* o *f* vodka

vol *abr* = **volumen**

volado [bo'laðo] (*MÉX*) *adv* in a rush, hastily

volador, a [bola'ðor, a] *adj* flying

volandas [bo'landas]: **en ~** *adv* in the air

volante [bo'lante] *adj* flying ▷ *nm* (*de coche*) steering wheel; (*de reloj*) balance

volar [bo'lar] *vt* (*edificio*) to blow up ▷ *vi* to fly

volátil [bo'latil] *adj* volatile

volcán [bol'kan] *nm* volcano; **volcánico, -a** *adj* volcanic

volcar [bol'kar] *vt* to upset, overturn; (*tumbar, derribar*) to knock over; (*vaciar*) to empty out ▷ *vi* to overturn; **volcarse** *vr* to tip over

voleibol [bolei'βol] *nm* volleyball

volqué *etc vb V* **volcar**

voltaje [bol'taxe] *nm* voltage

voltear [bolte'ar] *vt* to turn over; (*volcar*) to turn upside down

voltereta [bolte'reta] *nf* somersault

voltio ['boltjo] *nm* volt

voluble [bo'luβle] *adj* fickle

volumen [bo'lumen] (*pl* **volúmenes**) *nm* volume; **voluminoso, -a** *adj* voluminous; (*enorme*) massive

voluntad [bolun'tað] *nf* will; (*resolución*) willpower; (*deseo*) desire, wish

voluntario, -a [bolun'tarjo, a] *adj* voluntary ▷ *nm/f* volunteer

volver [bol'βer] *vt* (*gen*) to turn; (*dar vuelta a*) to turn (over); (*voltear*) to turn round, turn upside down; (*poner al revés*) to turn inside out; (*devolver*) to return ▷ *vi* to return, go back, come back; **volverse** *vr* to turn round; **~ la**

espalda to turn one's back; **~ triste** etc
a algn to make sb sad etc; **~ a hacer**
to do again; **en sí** to come to; **~se
insoportable/muy caro** to get o
become unbearable/very expensive;
~se loco to go mad

vomitar [bomi'tar] vt, vi to vomit;
vómito nm vomit

voraz [bo'raθ] adj voracious

vos [bos] (LAM) pron you

vosotros, -as [bo'sotros, as] (ESP)
pron you; (reflexivo): **entre/para ~**
among/for yourselves

votación [bota'θjon] nf (acto) voting;
(voto) vote

votar [bo'tar] vi to vote; **voto** nm
vote; (promesa) vow; **votos** nmpl
(good) wishes

voy vb V **ir**

voz [boθ] nf voice; (grito) shout;
(rumor) rumour; (Ling) word; **dar voces**
to shout, yell; **de viva ~** verbally; **en ~
alta** aloud; **en ~ baja** in a low voice, in
a whisper; **voz de mando** command

vuelco ['bwelko] vb V **volcar** ▷ nm
spill, overturning

vuelo ['bwelo] vb V **volar** ▷ nm
flight; (encaje) lace, frill; **coger al ~** to
catch in flight; **vuelo chárter/regular**
charter/scheduled flight; **vuelo libre**
(Deporte) hang-gliding

vuelque etc vb V **volcar**

vuelta ['bwelta] nf (gen) turn; (curva)
bend, curve; (regreso) return; (revolución)
revolution; (de circuito) lap; (de papel,
tela) reverse; (cambio) change; **a la ~**
on one's return; **a la ~ (de la esquina)**
round the corner; **a ~ de correo** by
return of post; **dar ~s** (cabeza) to spin;
dar(se) la ~ (volverse) to turn round;
dar ~s a una idea to turn over an idea
(in one's head); **estar de ~** to be back;
dar una ~ to go for a walk; (en coche) to
go for a drive; **vuelta ciclista** (Deporte)
(cycle) tour

vuelto ['bwelto] pp de **volver**

vuelvo etc vb V **volver**

vuestro, -a ['bwestro, a] adj pos

your; **un amigo ~** a friend of yours
▷ pron: **el ~/la vuestra, los ~s/las
vuestras** yours

vulgar [bul'ɣar] adj (ordinario)
vulgar; (común) common; **vulgaridad**
nf commonness; (acto) vulgarity;
(expresión) coarse expression

vulnerable [bulne'raβle] adj
vulnerable

vulnerar [bulne'rar] vt (ley, acuerdo)
to violate, breach; (derechos, intimidad)
to violate; (reputación) to damage

W X

walkie-talkie ['walki-'talki] (*pl* **-s**)
  nm walkie-talkie
Walkman® ['walkman] *nm*
  Walkman®
wáter ['bater] *nm* (*taza*) toilet;
  (*LAM: lugar*) toilet (*BRIT*), rest room (*US*)
web [web] *nm o f* (*página*) website;
  (*red*) (World Wide) Web; **webcam**
  nf webcam; **webmaster** *nmf*
  webmaster; **website** *nm* website
western ['western] (*pl* **-s**) *nm*
  western
whisky ['wiski] *nm* whisky, whiskey
windsurf ['winsurf] *nm*
  windsurfing; **hacer** ~ to go
  windsurfing

xenofobia [kseno'foβja] *nf*
  xenophobia
xilófono [ksi'lofono] *nm* xylophone
xocoyote, -a [ksoko'yote, a] (*MÉX*)
  nm/f baby of the family, youngest child

yuca ['juka] nf (alimento) cassava, manioc root

Yugoslavia [juɣosˈlaβja] nf (Hist) Yugoslavia

yugular [juɣuˈlar] adj jugular

yunque ['junke] nm anvil

yuyo ['jujo] (RPL) nm (mala hierba) weed

y [i] conj and

ya [ja] adv (gen) already; (ahora) now; (en seguida) at once; (pronto) soon ▷ excl all right! ▷ conj (ahora que) now that: **~ lo sé** I know; **~ que ...** since; **¡~ está bien!** that's (quite) enough!; **¡~ voy!** coming!

yacaré [jakaˈre] (CS) nm cayman

yacer [jaˈθer] vi to lie

yacimiento [jaθiˈmjento] nm (de mineral) deposit; (arqueológico) site

yanqui ['janki] adj, nmf Yankee

yate ['jate] nm yacht

yazco etc vb V **yacer**

yedra ['jeðra] nf ivy

yegua ['jeɣwa] nf mare

yema ['jema] nf (del huevo) yolk; (Bot) leaf bud; (fig) best part; **yema del dedo** fingertip

yerno ['jerno] nm son-in-law

yeso ['jeso] nm plaster

yo [jo] pron I; **soy ~** it's me

yodo ['joðo] nm iodine

yoga ['joɣa] nm yoga

yogur(t) [joˈɣur(t)] nm yoghurt

Z

zafar [θaˈfar] vt (soltar) to untie; (superficie) to clear; **zafarse** vr (escaparse) to escape; (Tec) to slip off
zafiro [θaˈfiro] nm sapphire
zaga [ˈθaxa] nf: **a la ~** behind
zaguán [θaˈɣwan] nm hallway
zalamero, -a [θalaˈmero, a] adj flattering; (cobista) suave
zamarra [θaˈmarra] nf (chaqueta) sheepskin jacket
zambullirse [θambuˈʎirse] vr to dive
zampar [θamˈpar] vt to gobble down
zanahoria [θanaˈorja] nf carrot
zancadilla [θankaˈðiʎa] nf trip
zanco [ˈθanko] nm stilt
zanja [ˈθanxa] nf (ditch; **zanjar** vt (resolver) to resolve
zapata [θaˈpata] nf (Mecánica) shoe
zapatería [θapateˈria] nf (oficio) shoemaking; (tienda) shoe shop; (fábrica) shoe factory; **zapatero, -a** nm/f shoemaker
zapatilla [θapaˈtiʎa] nf slipper; **zapatilla de deporte** training shoe
zapato [θaˈpato] nm shoe

zapping [ˈθapin] nm channel-hopping; **hacer ~** to channel-hop
zar [θar] nm tsar, czar
zarandear [θaranðeˈar] (fam) vt to shake vigorously
zarpa [ˈθarpa] nf (garra) claw
zarpar [θarˈpar] vi to weigh anchor
zarza [ˈθarθa] nf (Bot) bramble; **zarzamora** nf blackberry
zarzuela [θarˈθwela] nf Spanish light opera
zigzag [θiɣˈθaɣ] nm zigzag
zinc [θink] nm zinc
zíper [ˈθiper] (MÉX, CAM) nm zip (fastener) (BRIT), zipper (US)
zócalo [ˈθokalo] nm (Arq) plinth, base; (de pared) skirting board (BRIT), baseboard (US); (MÉX: plaza) main o public square
zoclo [ˈθoklo] (MÉX) nm skirting board (BRIT), baseboard (US)
zodíaco [θoˈðiako] nm zodiac
zona [ˈθona] nf zone; **zona fronteriza** border area; **zona roja** (LAM) red-light district
zonzo, -a (LAM: fam) [ˈθonθo, a] adj silly ▷ nm/f fool
zoo [ˈθoo] nm zoo
zoología [θooloˈxia] nf zoology; **zoológico, -a** adj zoological ▷ nm (tb: **parque zoológico**) zoo; **zoólogo, -a** nm/f zoologist
zoom [θum] nm zoom lens
zopilote [θopiˈlote] (MÉX, CAM) nm buzzard
zoquete [θoˈkete] nm (fam) blockhead
zorro, -a [ˈθorro, a] adj crafty ▷ nm/f fox/vixen
zozobrar [θoθoˈβrar] vi (hundirse) to capsize; (fig) to fail
zueco [ˈθweko] nm clog
zumbar [θumˈbar] vt (golpear) to hit ▷ vi to buzz; **zumbido** nm buzzing
zumo [ˈθumo] nm juice
zurcir [θurˈθir] vt (coser) to darn
zurdo, -a [ˈθurðo, a] adj left-handed
zurrar [θuˈrrar] (fam) vt to wallop

A [eɪ] n (Mus) la m

○ KEYWORD

a [ə] (before vowel or silent h: an) indef art
1 un(a); **a book** un libro; **an apple**
una manzana; **she's a doctor** (ella)
es médica
2 (instead of the number "one") un(a); **a
year ago** hace un año; **a hundred/
thousand** etc **pounds** cien/mil etc
libras
3 (in expressing ratios, prices etc): **3 a
day/week** 3 al día/a la semana; **10 km
an hour** 10 km por hora; **£5 a person** £5
por persona; **30p a kilo** 30p el kilo

A2 [BRIT: Scol] n segunda parte de los
"A levels"

A.A. n abbr (BRIT: = Automobile
Association) ≈ RACE m (SP); (= Alcoholics
Anonymous) Alcohólicos Anónimos

A.A.A. (US) n abbr (= American
Automobile Association) ≈ RACE m (SP)

aback [əˈbæk] adv: **to be taken ~**

quedar desconcertado

abandon [əˈbændən] vt abandonar;
(give up) renunciar a

abattoir [ˈæbətwɑː*] (BRIT) n
matadero

abbey [ˈæbɪ] n abadía

abbreviation [əˌbriːvɪˈeɪʃən] n (short
form) abreviatura

abdomen [ˈæbdəmən] n abdomen m

abduct [æbˈdʌkt] vt raptar,
secuestrar

abide [əˈbaɪd] vt: **I can't ~ it/him**
no lo/le puedo ver; **abide by** vt fus
atenerse a

ability [əˈbɪlɪtɪ] n habilidad f,
capacidad f; (talent) talento

able [ˈeɪbl] adj capaz; (skilled) hábil; **to
be ~ to do sth** poder hacer algo

abnormal [æbˈnɔːməl] adj anormal

aboard [əˈbɔːd] adv a bordo ▷ prep
a bordo de

abolish [əˈbɒlɪʃ] vt suprimir, abolir

abolition [ˌæbəˈlɪʃən] n supresión
f, abolición f

abort [əˈbɔːt] vt, vi abortar; **abortion**
[əˈbɔːʃən] n aborto; **to have an
abortion** abortar, hacerse abortar

○ KEYWORD

about [əˈbaʊt] adv **1** (approximately)
más o menos, aproximadamente;
about a hundred/thousand etc
unos(unas) cien/mil etc; **it takes
about 10 hours** se tarda unas o más
o menos 10 horas; **at about 2 o'clock**
sobre las dos; **I've just about finished**
casi he terminado
2 (referring to place) por todas partes,
to leave things lying about dejar las
cosas (tiradas) por ahí; **to run about**
correr por todas partes; **to walk about**
pasearse, ir y venir
3 : **to be about to do sth** estar a punto
de hacer algo
▷ prep **1** (relating to) de, sobre, acerca
de; **a book about London** un libro
sobre o acerca de Londres; **what is it**

about? ¿de qué se trata?; **we talked about it** hablamos de eso o de ello; **what or how about doing this?** ¿qué tal si hacemos esto?

2 (*referring to place*) por; **to walk about the town** caminar por la ciudad

above [ə'bʌv] *adv* encima, por encima, arriba ▷ *prep* encima de; (*greater than: in number*) más de; (: *in rank*) superior a; **mentioned ~** susodicho; **~ all** sobre todo

abroad [ə'brɔːd] *adv* (*to be*) en el extranjero; (*to go*) al extranjero

abrupt [ə'brʌpt] *adj* (*sudden*) brusco; (*curt*) áspero

abscess ['æbsɪs] *n* absceso

absence ['æbsəns] *n* ausencia

absent ['æbsənt] *adj* ausente; **absent-minded** *adj* distraído

absolute ['æbsəluːt] *adj* absoluto; **absolutely** [-'luːtlɪ] *adv* (*totally*) totalmente; (*certainly*!) ¡por supuesto (que sí)!

absorb [əb'zɔːb] *vt* absorber; **to be ~ed in a book** estar absorto en un libro; **absorbent cotton** (*us*) *n* algodón *m* hidrófilo; **absorbing** *adj* absorbente

abstain [əb'steɪn] *vi*: **to ~ (from)** abstenerse (de)

abstract ['æbstrækt] *adj* abstracto

absurd [əb'sɜːd] *adj* absurdo

abundance [ə'bʌndəns] *n* abundancia

abundant [ə'bʌndənt] *adj* abundante

abuse *n* [ə'bjuːs, *vb* ə'bjuːz] (*insults*) insultos *mpl*, injurias *fpl*; (*ill-treatment*) malos tratos *mpl*; (*misuse*) abuso ▷ *vt* insultar; maltratar; abusar de; **abusive** *adj* ofensivo

abysmal [ə'bɪzməl] *adj* pésimo; (*failure*) garrafal; (*ignorance*) supino

academic [ækə'demɪk] *adj* académico, universitario; (*pej: issue*) puramente teórico ▷ *n* estudioso/a, profesor(a) *m/f* universitario/a; **academic year** *n* (*Univ*) año *m*

académico; (*Scol*) año *m* escolar

academy [ə'kædəmɪ] *n* (*learned body*) academia; (*school*) instituto, colegio; **~ of music** conservatorio

accelerate [æk'seləreɪt] *vt, vi* acelerar; **acceleration** [æksələ'reɪʃən] *n* aceleración *f*; **accelerator** (*BRIT*) *n* acelerador *m*

accent ['æksənt] *n* acento; (*fig*) énfasis *m*

accept [ək'sept] *vt* aceptar; (*responsibility, blame*) admitir; **acceptable** *adj* aceptable; **acceptance** *n* aceptación *f*

access ['ækses] *n* acceso; **to have ~ to** tener libre acceso a; **accessible** [-'sesəbl] *adj* (*place, person*) accesible; (*knowledge etc*) asequible

accessory [æk'sesərɪ] *n* accesorio; (*Law*): **~** cómplice *m f*

accident ['æksɪdənt] *n* accidente *m*; (*chance event*) casualidad *f*; **by ~** (*unintentionally*) sin querer; (*by chance*) por casualidad; **accidental** [-'dentl] *adj* accidental, fortuito; **accidentally** [-'dentəlɪ] *adv* sin querer; por casualidad; **Accident and Emergency Department** *n* (*BRIT*) Urgencias *fpl*; **accident insurance** *n* seguro contra accidentes

acclaim [ə'kleɪm] *vt* aclamar, aplaudir ▷ *n* aclamación *f*, aplausos *mpl*

accommodate [ə'kɒmədeɪt] *vt* (*person*) alojar, hospedar; (: *car, hotel etc*) tener cabida para; (*oblige, help*) complacer

accommodation [əkɒmə'deɪʃən] (*us* **accommodations**) *n* alojamiento

accompaniment [ə'kʌmpənɪmənt] *n* acompañamiento

accompany [ə'kʌmpənɪ] *vt* acompañar

accomplice [ə'kʌmplɪs] *n* cómplice *mf*

accomplish [ə'kʌmplɪʃ] *vt* (*finish*) concluir; (*achieve*) lograr; **accomplishment** *n* (*skill: gen pl*) talento; (completion) realización f

accord [ə'kɔːd] n acuerdo ▷vt conceder; **of his own ~** espontáneamente; **accordance** n: **in accordance with** de acuerdo con; **according to** prep según; (in accordance with) conforme a; **accordingly** adv (appropriately) de acuerdo con esto; (as a result) en consecuencia

account [ə'kaunt] n (Comm) cuenta; (report) informe m; **accounts** npl (Comm) cuentas fpl; **of no ~** de ninguna importancia; **on ~** a cuenta; **on no ~** bajo ningún concepto; **~ of** a causa de, por motivo de; **to take into ~, take ~ of** tener en cuenta; **account for** vt fus (explain) explicar; (represent) representar; **accountable** adj: **accountable (to)** responsable (ante); **accountant** n contable mf, contador(a) m/f; **account number** n (at bank etc) número de cuenta

accumulate [ə'kjuːmjuleɪt] vt acumular ▷vi acumularse

accuracy ['ækjurəsɪ] n (of total) exactitud f; (of description etc) precisión f

accurate ['ækjurɪt] adj (total) exacto; (description) preciso; (person) cuidadoso; (device) de precisión; **accurately** adv con precisión

accusation [ækjuˈzeɪʃən] n acusación f

accuse [əˈkjuːz] vt: **to ~ sb (of sth)** acusar a algn (de algo); **accused** n (Law) acusado/a

accustomed [əˈkʌstəmd] adj: **~ to** acostumbrado a

ace [eɪs] n as m

ache [eɪk] n dolor m ▷vi doler; **my head ~s** me duele la cabeza

achieve [əˈtʃiːv] vt (aim, result) alcanzar; (success) lograr, conseguir; **achievement** n (completion) realización f; (success) éxito

acid ['æsɪd] adj ácido; (taste) agrio ▷n (Chem, inf: LSD) ácido

acknowledge [əkˈnɔlɪdʒ] vt (letter: also: **~ receipt of**) acusar recibo de; (fact, situation, person) reconocer; **acknowledgement** n acuse m de recibo

acne ['æknɪ] n acné m

acorn ['eɪkɔːn] n bellota

acoustic [əˈkuːstɪk] adj acústico

acquaintance [əˈkweɪntəns] n (person) conocido/a; (with person, subject) conocimiento

acquire [əˈkwaɪə*] vt adquirir; **acquisition** [ækwɪˈzɪʃən] n adquisición f

acquit [əˈkwɪt] vt absolver, exculpar; **to ~ o.s. well** salir con éxito

acre ['eɪkə*] n acre m

acronym ['ækrənɪm] n siglas fpl

across [əˈkrɔs] prep (on the other side of) al otro lado de, del otro lado de; (crosswise) a través de ▷adv de un lado a otro, de una parte a otra; a través, al través; (measurement): **the road is 10m ~** la carretera tiene 10m de ancho; **to run/swim ~** atravesar corriendo/ nadando; **~ from** enfrente de

acrylic [əˈkrɪlɪk] adj acrílico ▷n acrílica

act [ækt] n acto, acción f; (of play) acto; (in music hall etc) número; (Law) decreto, ley f ▷vi (behave) comportarse; (have effect: drug, chemical) hacer efecto; (Theatre) actuar; (pretend) fingir; (take action) obrar ▷vt (part) hacer el papel de; **in the ~ of** catch sb in the ~ of ... pillar a algn en el momento en que ...; **to ~ as** actuar or hacer de; **act up** (inf) vi (person) portarse mal; **acting** adj suplente ▷n (activity) actuación f; (profession) profesión f de actor

action ['ækʃən] n acción f, acto; (Mil) acción f, batalla; (Law) proceso, demanda; **out of ~** (person) fuera de combate; (thing) estropeado; **to take ~** tomar medidas; **action replay** n (TV) repetición f

activate ['æktɪveɪt] vt activar

active ['æktɪv] *adj* activo, enérgico; (volcano) en actividad; **actively** *adv* activamente; (discourage, dislike) enérgicamente

activist ['æktɪvɪst] *n* activista *m/f*

activity [-'tɪvɪtɪ] *n* actividad *f*; **activity holiday** *n* vacaciones con actividades organizadas

actor ['æktə*] *n* actor *m*, actriz *f*

actress ['æktrɪs] *n* actriz *f*

actual ['æktjuəl] *adj* verdadero, real; (emphatic use) propiamente dicho

| Be careful not to translate **actual** by the Spanish word *actual*.

actually ['æktjuəlɪ] *adv* realmente, en realidad; (even) incluso

| Be careful not to translate **actually** by the Spanish word *actualmente*.

acupuncture ['ækjʊpʌŋktʃə*] *n* acupuntura

acute [ə'kju:t] *adj* agudo

ad [æd] *n abbr* = **advertisement**

A.D. *adv abbr* (= *anno Domini*) DC

adamant ['ædəmənt] *adj* firme, inflexible

adapt [ə'dæpt] *vt* adaptar ▷ *vi*: to ~ (to) adaptarse (a), ajustarse (a); **adapter** (*us* **adaptor**) *n* (Elec) adaptador *m*; (for several plugs) ladrón *m*

add [æd] *vt* añadir, agregar; **add up** *vt* (figures) sumar ▷ *vi* (fig): **it doesn't add up** no tiene sentido; **add up to** *vt fus* (Math) sumar, ascender a; (fig: mean) querer decir, venir a ser

addict ['ædɪkt] *n* adicto/a; (enthusiast) entusiasta *mf*; **addicted** [ə'dɪktɪd] *adj*: **to be addicted to** ser adicto a, ser fanático de; **addiction** [ə'dɪkʃən] *n* (to drugs etc) adicción *f*; **addictive** [ə'dɪktɪv] *adj* que causa adicción

addition [ə'dɪʃən] *n* (adding up) adición *f*; (thing added) añadidura, añadido; **in ~** además, por añadidura; **in ~ to** además de; **additional** *adj* adicional

additive ['ædɪtɪv] *n* aditivo

address [ə'drɛs] *n* dirección *f*, señas *fpl*; (speech) discurso ▷ *vt* (letter) dirigir; (speak to) dirigirse a, dirigir la palabra a; (problem) tratar; **address book** *n* agenda (de direcciones)

adequate ['ædɪkwɪt] *adj* (satisfactory) adecuado; (enough) suficiente

adhere [əd'hɪə*] *vi*: to ~ to (stick to) pegarse a; (fig: abide by) observar; (: belief etc) ser partidario de

adhesive [əd'hi:zɪv] *n* adhesivo; **adhesive tape** *n* (BRIT) cinta adhesiva; (US Med) esparadrapo

adjacent [ə'dʒeɪsənt] *adj*: ~ to contiguo a, inmediato a

adjective ['ædʒɛktɪv] *n* adjetivo

adjoining [ə'dʒɔɪnɪŋ] *adj* contiguo, vecino

adjourn [ə'dʒə:n] *vt* aplazar ▷ *vi* suspenderse

adjust [ə'dʒʌst] *vt* (change) modificar; (clothing) arreglar; (machine) ajustar ▷ *vi*: to ~ (to) adaptarse (a); **adjustable** *adj* ajustable; **adjustment** *n* adaptación *f*; (to machine, prices) ajuste *m*

administer [əd'mɪnɪstə*] *vt* administrar; **administration** [-'treɪʃən] *n* (management) administración *f*; (government) gobierno; **administrative** [-trətɪv] *adj* administrativo

administrator [əd'mɪnɪstreɪtə*] *n* administrador(a) *m/f*

admiral ['ædmərəl] *n* almirante *m*

admiration [ædmə'reɪʃən] *n* admiración *f*

admire [əd'maɪə*] *vt* admirar; **admirer** *n* (fan) admirador(a) *m/f*

admission [əd'mɪʃən] *n* (to university, club) ingreso; (entry fee) entrada; (confession) confesión *f*

admit [əd'mɪt] *vt* (confess) confesar; (permit to enter) dejar entrar, dar entrada a; (to club, organization) admitir; (accept: defeat) reconocer; **to be ~ted to hospital** ingresar en el hospital; **admit to** *vt fus* confesarse

culpable de; **admittance** n entrada;
admittedly adv es cierto o verdad
que

adolescent [ædəʊˈlesnt] adj, n
adolescente mf

adopt [əˈdɔpt] vt adoptar; **adopted**
adj adoptivo; **adoption** [əˈdɔpʃən] n
adopción f

adore [əˈdɔː*] vt adorar

adorn [əˈdɔːn] vt adornar

Adriatic [eɪdrɪˈætɪk] n: **the ~ (Sea)** el
(Mar) Adriático

adrift [əˈdrɪft] adv a la deriva

adult [ˈædʌlt] n adulto/a ▷ adj
(grown-up) adulto; (for adults)
para adultos; **adult education** n
educación f para adultos

adultery [əˈdʌltərɪ] n adulterio

advance [ədˈvɑːns] n (in progress)
adelanto, progreso; (money) anticipo,
préstamo; (Mil) avance m ▷ vt
booking venta anticipada; **~ notice**,
~ warning previo aviso ▷ vt (money)
anticipar; (theory, idea) proponer
(para la discusión) ▷ vi avanzar,
adelantarse; **to make ~s (to sb)**
hacer proposiciones (a algn); **in ~** por
adelantado; **advanced** adj avanzado;
(Scol: studies) adelantado

advantage [ədˈvɑːntɪdʒ] n (also
Tennis) ventaja; **to take ~ of** (person)
aprovecharse de; (opportunity)
aprovechar

advent [ˈædvənt] n advenimiento;
A~ Adviento

adventure [ədˈventʃə*] n aventura;
adventurous [-tʃərəs] adj atrevido,
aventurero

adverb [ˈædvɜːb] n adverbio

adversary [ˈædvəsərɪ] n adversario,
contrario

adverse [ˈædvɜːs] adj adverso,
contrario

advert [ˈædvɜːt] (BRIT) n abbr =
advertisement

advertise [ˈædvətaɪz] vi (in newspaper
etc) anunciar, hacer publicidad; **to ~
for** (staff, accommodation etc) buscar

por medio de anuncios ▷ vt anunciar;
advertisement [ədˈvɜːtɪsmənt]
n (Comm) anuncio; **advertiser**
n anunciante mf; **advertising** n
publicidad f, anuncios mpl; (industry)
industria publicitaria

advice [ədˈvaɪs] n consejo, consejos
mpl; (notification) aviso; **a piece of ~** un
consejo; **to take legal ~** consultar con
un abogado

advisable [ədˈvaɪzəbl] adj
aconsejable, conveniente

advise [ədˈvaɪz] vt aconsejar;
(inform): **to ~ sb of sth** informar a algn
de algo; **to ~ sb against sth/doing sth**
desaconsejar algo a algn/aconsejar
a algn que no haga algo; **adviser,
advisor** n consejero/a; (consultant)
asesor/a m/f; **advisory** adj consultivo

advocate [vb ˈædvəkeɪt, n -kɪt] vt
abogar por ▷ n (lawyer) abogado/a;
(supporter): **~ of** defensor/a m/f de

Aegean [iːˈdʒiːən] n: **the ~ (Sea)** el
(Mar) Egeo

aerial [ˈɛərɪəl] n antena ▷ adj aéreo

aerobics [ɛəˈrəʊbɪks] n aerobic m

aeroplane [ˈɛərəpleɪn] (BRIT) n
avión m

aerosol [ˈɛərəsɔl] n aerosol m

affair [əˈfɛə*] n asunto; (also: **love ~**)
aventura (amorosa)

affect [əˈfekt] vt (influence) afectar,
influir en; (afflict, concern) afectar;
(move) conmover; **affected** adj
afectado; **affection** n afecto, cariño;
affectionate adj afectuoso, cariñoso

afflict [əˈflɪkt] vt afligir

affluent [ˈæfluənt] adj (wealthy)
acomodado; **the ~ society** la sociedad
opulenta

afford [əˈfɔːd] vt (provide)
proporcionar; **can we ~ to buy)
it?** ¿tenemos bastante dinero para
comprarlo?; **affordable** adj asequible

Afghanistan [æfˈɡænɪstæn] n
Afganistán m

afraid [əˈfreɪd] adj: **to be ~ of** (person)
tener miedo a; (thing) tener miedo de;

to be ~ to tener miedo de, temer; **I am ~ that** me temo que; **I am ~ not/so** lo siento, pero no/es así

Africa ['æfrɪkə] n África; **African** adj, n africano/a m/f; **African-American** adj, n afroamericano/a

after ['ɑːftə*] prep (time) después de; (place, order) detrás de, tras ▷ adv después ▷ conj después (de) que; **what/who are you ~?** ¿qué/a quién busca usted?; **~ having done/he left** después de haber hecho/después de que se marchó; **to name sb ~ sb** llamar a algn por algn; **it's twenty ~ eight** (US) son las ocho y veinte; **to ask ~ sb** preguntar por algn; **~ all** después de todo, al fin y al cabo; **~ you!** ¡pase usted!; **after-effects** npl consecuencias fpl, efectos mpl; **aftermath** n consecuencias fpl, resultados mpl; **afternoon** n tarde f; **after-shave (lotion)** n aftershave m; **aftersun (lotion/cream)** n loción f/crema f para después del sol, aftersun m; **afterwards** (US **afterward**) adv después, más tarde

again [ə'gɛn] adv otra vez, de nuevo; **to do sth ~** volver a hacer algo; **~ and ~** una y otra vez

against [ə'gɛnst] prep (in opposition to) en contra de; (leaning on, touching) contra, junto a

age [eɪdʒ] n edad f; (period) época ▷ vi envejecer(se) ▷ vt envejecer; **she is 20 years of ~** tiene 20 años; **to come of ~** llegar a la mayoría de edad; **it's been ~s since I saw you** hace siglos que no te veo; **~d 10** de 10 años de edad; **age group** n: **to be in the same age group** tener la misma edad; **age limit** n límite m f mínima (or máxima)

agency ['eɪdʒənsɪ] n agencia

agenda [ə'dʒɛndə] n orden m del día

> Be careful not to translate **agenda** by the Spanish word **agenda**.

agent ['eɪdʒənt] n agente mf; (Comm: holding concession) representante mf, delegado/a; (Chem,

fig) agente m

aggravate ['ægrəveɪt] vt (situation) agravar; (person) irritar

aggression [ə'grɛʃən] n agresión f

aggressive [ə'grɛsɪv] adj (belligerent) agresivo; (assertive) enérgico

agile ['ædʒaɪl] adj ágil

agitated ['ædʒɪteɪtɪd] adj agitado

AGM n abbr (= annual general meeting) asamblea anual

ago [ə'gəu] adv: **2 days ~** hace 2 días; **not long ~** hace poco; **how long ~?** ¿hace cuánto tiempo?

agony ['ægənɪ] n (pain) dolor m agudo; (distress) angustia f; **to be in ~** retorcerse de dolor

agree [ə'griː] vt (price, date) acordar, quedar en ▷ vi (have same opinion): **to ~ (with/that)** estar de acuerdo (con/que); (correspond) coincidir, concordar; (consent) acceder; **to ~ with** (person) estar de acuerdo con, ponerse de acuerdo con; (: food) sentar bien a; (Ling) concordar con; **to ~ to sth/to do sth** consentir en algo/aceptar hacer algo; **to ~ that** (admit) estar de acuerdo en que; **agreeable** adj (sensation) agradable; (person) simpático; (willing) de acuerdo, conforme; **agreed** adj (time, place) convenido; **agreement** n acuerdo; (contract) contrato; **in agreement** de acuerdo, conforme

agricultural [ægrɪ'kʌltʃərəl] adj agrícola

agriculture ['ægrɪkʌltʃə*] n agricultura

ahead [ə'hɛd] adv (in front) delante; (into the future): **she had no time to think** no tenía tiempo de hacer planes para el futuro; **~ of** delante de; (in advance of) antes de; **~ of time** antes de la hora; **go right or straight ~** (direction) siga adelante; (permission) hazlo (or hágalo)

aid [eɪd] n ayuda, auxilio; (device) aparato n ayudar, auxiliar; **in ~ of** a beneficio de

aide [eɪd] n (person, also Mil) ayudante

mf

n (*on plane*) asiento de pasillo

AIDS [eɪdz] *n abbr* (= *acquired immune deficiency syndrome*) SIDA *m*

ailing ['eɪlɪŋ] *adj* (*person, economy*) enfermizo

ailment ['eɪlmənt] *n* enfermedad *f*, achaque *m*

aim [eɪm] *vt* (*gun, camera*) apuntar; (*missile, remark*) dirigir; (*blow*) asestar ▷ *vi* (*also*: **take ~**) apuntar ▷ *n* (*in shooting*: *skill*) puntería; (*objective*) propósito, meta; **to ~ at** (*with weapon*) apuntar a; (*objective*) aspirar a, pretender; **to ~ to do** tener la intención de hacer

ain't [eɪnt] (*inf*) = **am not; aren't; isn't**

air [ɛə*] *n* aire *m*; (*appearance*) aspecto ▷ *vt* (*room*) ventilar; (*clothes, ideas*) airear ▷ *cpd aéreo*; **to throw sth into the ~** (*ball etc*) lanzar algo al aire; **by ~** (*travel*) en avión; **to be on the ~** (*Radio, TV*) estar en antena; **airbag** *n* airbag *m inv*; **airbed** (BRIT) *n* colchón *m* neumático; **airborne** *adj* (*in the air*) en el aire; **as soon as the plane was airborne** tan pronto como el avión estuvo en el aire; **air-conditioned** *adj* climatizado; **air conditioning** *n* aire acondicionado; **aircraft** *n inv* avión *m*; **airfield** *n* campo de aviación; **Air Force** *n* fuerzas *fpl* aéreas, aviación *f*; **air hostess** (BRIT) *n* azafata; **airing cupboard** (BRIT) *n* armario *m* para oreo; **airlift** *n* puente *m* aéreo; **airline** *n* línea aérea; **airliner** *n* avión *m* de pasajeros; **airmail** *n*: **by airmail** por avión; **airplane** (US) *n* avión *m*; **airport** *n* aeropuerto; **air raid** *n* ataque *m* aéreo; **airsick** *adj*: **to be airsick** marearse (en avión); **airspace** *n* espacio aéreo; **airstrip** *n* pista de aterrizaje; **air terminal** *n* terminal *f*, **airtight** *adj* hermético; **air-traffic controller** *n* controlador(a) *m/f* aéreo/a; **airy** *adj* (*room*) bien ventilado; (*fig*: *manner*) desenfadado

aisle [aɪl] *n* (*of church*) nave *f*; (*of theatre, supermarket*) pasillo; **aisle seat**

ajar [ə'dʒɑː*] *adj* entreabierto

à la carte [ælæ'kɑːt] *adv* a la carta

alarm [ə'lɑːm] *n* (*in shop, bank*) alarma; (*anxiety*) inquietud *f* ▷ *vt* asustar, inquietar; **alarm call** *n* (*in hotel etc*) alarma; **alarm clock** *n* despertador *m*; **alarmed** *adj* (*person*) alarmado, asustado; (*house, car etc*) con alarma; **alarming** *adj* alarmante

Albania [æl'beɪnɪə] *n* Albania

albeit [ɔːl'biːɪt] *conj* aunque

album ['ælbəm] *n* álbum *m*; (*L.P.*) elepé *m*

alcohol ['ælkəhɔl] *n* alcohol *m*; **alcohol-free** *adj* sin alcohol; **alcoholic** [-'hɔlɪk] *adj*, *n* alcohólico/a *m/f*

alcove ['ælkəʊv] *n* nicho, hueco

ale [eɪl] *n* cerveza

alert [ə'lɜːt] *adj* (*attentive*) atento; (*to danger, opportunity*) alerta ▷ *n* alerta, alarma ▷ *vt* poner sobre aviso; **to be on the ~** (*also Mil*) estar alerta or sobre aviso

algebra ['ældʒɪbrə] *n* álgebra

Algeria [æl'dʒɪərɪə] *n* Argelia

alias ['eɪlɪəs] *adv* alias, conocido por ▷ *n* (*of criminal*) apodo; (*of writer*) seudónimo

alibi ['ælɪbaɪ] *n* coartada

alien ['eɪlɪən] *n* (*foreigner*) extranjero/a; (*extraterrestrial*) extraterrestre *mf* ▷ *adj*: **~ to** ajeno a; **alienate** *vt* enajenar, alejar

alight [ə'laɪt] *adj* ardiendo; (*eyes*) brillante ▷ *vi* (*person*) apearse, bajar; (*bird*) posarse

align [ə'laɪn] *vt* alinear

alike [ə'laɪk] *adj* semejantes, iguales ▷ *adv* igualmente, del mismo modo; **to look ~** parecerse

alive [ə'laɪv] *adj* vivo; (*lively*) alegre

○ **KEYWORD**

all [ɔːl] *adj* (*sg*) todo/a; (*pl*) todos/as; **all day** todo el día; **all night** toda la noche; **all men** todos los hombres;

all five came vinieron los cinco; **all the books** todos los libros; **all his life** toda su vida

▷ *pron* **1** todo; **I ate it all**, I ate all of it me lo comí todo; **all of us went** fuimos todos; **all the boys went** fueron todos los chicos; **is that all?** ¿eso es todo?, ¿algo más?; *(in shop)* ¿algo más?, ¿alguna cosa más?

2 *(in phrases)*: **above all** sobre todo; por encima de todo; **after all** después de todo; **at all: not at all** *(in answer to question)* en absoluto; *(in answer to thanks)* ¡de nada!, ¡no hay de qué!; **I'm not at all tired** no estoy nada cansado/a; **anything at all will do** cualquier cosa viene bien; **all in all** a fin de cuentas

▷ *adv*: **all alone** completamente solo/a; **it's not as hard as all that** no es tan difícil como lo pintan; **all the more/the better** tanto más/mejor; **all but** casi; **the score is 2 all** están empatados a 2

Allah ['ælə] *n* Alá *m*

allegation [ælɪ'geɪʃən] *n* alegato *m*

alleged [ə'ledʒd] *adj* supuesto, presunto; **allegedly** *adv* supuestamente, según se afirma

allegiance [ə'liːdʒəns] *n* lealtad *f*

allergic [ə'lɜːdʒɪk] *adj*: **~ to** alérgico a

allergy ['ælədʒɪ] *n* alergia *f*

alleviate [ə'liːvɪeɪt] *vt* aliviar

alley ['ælɪ] *n* callejuela

alliance [ə'laɪəns] *n* alianza *f*

allied ['ælaɪd] *adj* aliado

alligator ['ælɪgeɪtə*] *n* *(Zool)* caimán *m*

all-in (BRIT) ['ɔːlɪn] *adj*, *adv* *(charge)* todo incluido

allocate ['æləkeɪt] *vt* *(money etc)* asignar

allot [ə'lɒt] *vt* asignar

all-out ['ɔːlaʊt] *adj* *(effort etc)* supremo

allow [ə'laʊ] *vt* permitir, dejar; *(a claim)* admitir; *(sum, time etc)*

dar, conceder; *(concede)*: **to ~ that** reconocer que; **to ~ sb to do** permitir a algn hacer; **he is ~ed to ...** se le permite ...; **allow for** *vt fus* tener en cuenta;

allowance *n* subvención *f*; *(welfare payment)* subsidio, pensión *f*; *(pocket money)* dinero de bolsillo; *(tax allowance)* desgravación *f*; **to make allowances for** *(person)* disculpar a; *(thing)* tener en cuenta

all right *adv* bien; *(as answer)* ¡conforme!, ¡está bien!

ally ['ælaɪ] *n* aliado/a ▷ *vt*: **to ~ o.s. with** aliarse con

almighty [ɔːl'maɪtɪ] *adj* todopoderoso; *(row etc)* imponente

almond ['ɑːmənd] *n* almendra

almost ['ɔːlməʊst] *adv* casi

alone [ə'ləʊn] *adj*, *adv* solo; **to leave sb ~** dejar a algn en paz; **to leave sth ~** no tocar algo, dejar algo sin tocar; **let ~ ...** y mucho menos ...

along [ə'lɒŋ] *prep* a lo largo de, por ▷ *adv*: **is he coming ~ with us?** ¿viene con nosotros?; **he was limping ~** iba cojeando; **~ with** junto con; **all ~** *(all the time)* desde el principio; **alongside** *prep* al lado de ▷ *adv* al lado

aloof [ə'luːf] *adj* reservado ▷ *adv*: **to stand ~** mantenerse apartado

aloud [ə'laʊd] *adv* en voz alta

alphabet ['ælfəbet] *n* alfabeto

Alps [ælps] *npl*: **the ~** los Alpes

already [ɔːl'redɪ] *adv* ya

alright [ɔːl'raɪt] (BRIT) *adv* = **all right**

also ['ɔːlsəʊ] *adv* también, además

altar ['ɔːltə*] *n* altar *m*

alter ['ɔːltə*] *vt* cambiar, modificar ▷ *vi* cambiar; **alteration** [ɔːltə'reɪʃən] *n* cambio; *(to clothes)* arreglo; *(to building)* arreglos *mpl*

alternate [*adj* ɔl'tɜːnɪt, *vb* 'ɔltɜːneɪt] *adj* *(actions etc)* alternativo; *(events)* alterno; *(US)* = **alternative** ▷ *vi*: **to ~ (with)** alternar (con); **on ~ days** un día sí y otro no

alternative [ɔl'tɜːnətɪv] *adj* alternativo ▷ *n* alternativa; **~**

medicine medicina alternativa; **alternatively** adv: **alternatively one could ...** por otra parte se podría ...

although [ɔːlˈðəu] conj aunque

altitude [ˈæltɪtjuːd] n altura

altogether [ɔːltəˈɡeðə*] adv completamente, del todo; (on the whole) en total, en conjunto

aluminium [æljʊˈmɪnɪəm] (BRIT), **aluminum** [əˈluːmɪnəm] (US) n aluminio

always [ˈɔːlweɪz] adv siempre

Alzheimer's (disease) [ˈæltshaɪməz-] n enfermedad f de Alzheimer

am [æm] vb see **be**

amalgamate [əˈmælɡəmeɪt] vi amalgamarse ▷ vt amalgamar, amalgamarse

amass [əˈmæs] vt amontonar, acumular

amateur [ˈæmətə*] n aficionado/a, amateur m

amaze [əˈmeɪz] vt asombrar, pasmar; **to be ~d (at)** quedar pasmado (de); **amazed** adj asombrado; **amazement** n asombro, sorpresa; **amazing** adj extraordinario; (fantastic) increíble

Amazon [ˈæməzən] n (Geo) Amazonas m

ambassador [æmˈbæsədə*] n embajador(a) m/f

amber [ˈæmbə*] n ámbar m; **at ~** (BRIT Aut) en el amarillo

ambiguous [æmˈbɪɡjuəs] adj ambiguo

ambition [æmˈbɪʃən] n ambición f; **ambitious** [-ʃəs] adj ambicioso

ambulance [ˈæmbjʊləns] n ambulancia

ambush [ˈæmbʊʃ] n emboscada ▷ vt tender una emboscada a

amen [ɑːˈmɛn] excl amén

amend [əˈmɛnd] vt enmendar; **to make ~s** dar cumplida satisfacción; **amendment** n enmienda

amenities [əˈmiːnɪtɪz] npl comodidades fpl

America [əˈmɛrɪkə] n (USA) Estados mpl Unidos; **American** adj, n norteamericano/a; estadounidense mf; **American football** n (BRIT) fútbol m americano

amicable [ˈæmɪkəbl] adj amistoso, amigable

amid(st) [əˈmɪd(st)] prep entre, en medio de

ammunition [æmjʊˈnɪʃən] n municiones fpl

amnesty [ˈæmnɪstɪ] n amnistía

among(st) [əˈmʌŋ(st)] prep entre, en medio de

amount [əˈmaʊnt] n (gen) cantidad f; (of bill etc) suma, importe m ▷ vi: **to ~ to** sumar; (be same as) equivaler a, significar

amp(ère) [ˈæmp(ɛə*)] n amperio

ample [ˈæmpl] adj (large) grande; (abundant) abundante; (enough) bastante, suficiente

amplifier [ˈæmplɪfaɪə*] n amplificador m

amputate [ˈæmpjuteɪt] vt amputar

Amtrak [ˈæmtræk] (US) n empresa nacional de ferrocarriles de los EEUU

amuse [əˈmjuːz] vt divertir; (distract) distraer, entretener; **amusement** n diversión f; (pastime) pasatiempo; (laughter) risa; **amusement arcade** n salón m de juegos; **amusement park** n parque m de atracciones

amusing [əˈmjuːzɪŋ] adj divertido

an [æn] indef art see **a**

anaemia [əˈniːmɪə] (US **anemia**) n anemia

anaemic [əˈniːmɪk] (US **anemic**) adj anémico; (fig) soso, insípido

anaesthetic [ænɪsˈθetɪk] (US **anesthetic**) n anestesia

analog(ue) [ˈænəlɔɡ] adj (computer, watch) analógico

analogy [əˈnælədʒɪ] n analogía

analyse [ˈænəlaɪz] (US **analyze**) vt analizar; **analysis** [əˈnæləsɪs] (pl **analyses**) n análisis m inv; **analyst** [-lɪst] n (political analyst, psychoanalyst) analista mf

analyze [ˈænəlaɪz] (US) vt = **analyse**

anarchy [ˈænəkɪ] n anarquía, desorden m

anatomy [əˈnætəmɪ] n anatomía

ancestor [ˈænsɪstə*] n antepasado

anchor [ˈæŋkə*] n ancla, áncora ▷ vi (also: **to drop ~**) anclar ▷ vt anclar; **to weigh ~** levar anclas

anchovy [ˈæntʃəvɪ] n anchoa

ancient [ˈeɪnʃənt] adj antiguo

and [ænd] conj y; (before i-, hi- + consonant) e; **men ~ women** hombres y mujeres; **father ~ son** padre e hijo; **trees ~ grass** árboles y hierba; **~ so on** etcétera, y así sucesivamente; **try ~ come** procura venir; **he talked ~ talked** habló sin parar; **better ~ better** cada vez mejor

Andes [ˈændiːz] npl: **the ~** los Andes

Andorra [ænˈdɔːrə] n Andorra

anemia etc [əˈniːmɪə] (US) = **anaemia** etc

anesthetic [ænɪsˈθetɪk] (US) = **anaesthetic**

angel [ˈeɪndʒəl] n ángel m

anger [ˈæŋɡə*] n cólera

angina [ænˈdʒaɪnə] n angina (del pecho)

angle [ˈæŋɡl] n ángulo; **from their ~** desde su punto de vista

angler [ˈæŋɡlə*] n pescador(a) m/f (de caña)

Anglican [ˈæŋɡlɪkən] adj, n anglicano/a m/f

angling [ˈæŋɡlɪŋ] n pesca con caña

angrily [ˈæŋɡrɪlɪ] adv coléricamente, airadamente

angry [ˈæŋɡrɪ] adj enfadado, airado; (wound) inflamado; **to be ~ with sb/at sth** estar enfadado con algn/por algo; **to get ~** enfadarse, enojarse

anguish [ˈæŋɡwɪʃ] n (physical) tormentos mpl; (mental) angustia

animal [ˈænɪml] n animal m; (pej: person) bestia ▷ adj animal

animated [ˈænɪmeɪtɪd] adj animado

animation [ænɪˈmeɪʃən] n animación f

aniseed [ˈænɪsiːd] n anís m

ankle [ˈæŋkl] n tobillo

annex [n ˈæneks, vb əˈneks] n (BRIT: also: **-e**: building) edificio anexo ▷ vt (territory) anexionar

anniversary [ænɪˈvɜːsərɪ] n aniversario

announce [əˈnaʊns] vt anunciar; **announcement** n anuncio; (official) declaración f; **announcer** n (Radio) locutor(a) m/f; (TV) presentador(a) m/f

annoy [əˈnɔɪ] vt molestar, fastidiar; **don't get ~ed!** ¡no se enfade!; **annoying** adj molesto, fastidioso; (person) pesado

annual [ˈænjuəl] adj anual ▷ n (Bot) anual m; (book) anuario; **annually** adv anualmente, cada año

annum [ˈænəm] n see **per**

anonymous [əˈnɒnɪməs] adj anónimo

anorak [ˈænəræk] n anorak m

anorexia [ænəˈreksɪə] n (Med: also: **~ nervosa**) anorexia

anorexic [ænəˈreksɪk] adj, n anoréxico/a m/f

another [əˈnʌðə*] adj (one more, a different one) otro ▷ pron otro; otro; see **one**

answer [ˈɑːnsə*] n contestación f, respuesta; (to problem) solución f ▷ vi contestar, responder ▷ vt (reply to) contestar a, responder a; (problem) resolver; (prayer) escuchar; **in ~ to your letter** contestando or en contestación a su carta; **to ~ the phone** contestar or coger el teléfono; **to ~ the bell** or **the door** acudir a la puerta; **answer back** vi replicar, ser respondón/ona; **answerphone** n (esp BRIT) contestador m (automático)

ant [ænt] n hormiga

Antarctic [æntˈɑːktɪk] n: **the ~** el Antártico

antelope [ˈæntɪləʊp] n antílope m

antenatal [ˈæntɪˈneɪtl] adj antenatal, prenatal

antenna [ænˈtenə, pl -niː] (pl **antennae**) n antena

anthem ['ænθəm] n: **national ~** himno nacional

anthology [æn'θɒlədʒɪ] n antología

anthrax ['ænθræks] n ántrax m

anthropology [ænθrə'pɒlədʒɪ] n antropología

anti [ænti] prefix anti; [-bar'ɒtik] n antibiótico; **antibody** ['æntibɒdi] n anticuerpo

anticipate [æn'tɪsɪpeɪt] vt prever; (expect) esperar, contar con; (look forward to) esperar con ilusión; (do first) anticiparse a, adelantarse a;

anticipation [-'peɪʃən] n (expectation) previsión f; (eagerness) ilusión f, expectación f

anticlimax [æntɪ'klaɪmæks] n decepción f

anticlockwise [æntɪ'klɒkwaɪz] (BRIT) adv en dirección contraria a la de las agujas del reloj

antics ['æntɪks] npl gracias fpl

anti-: antidote ['æntɪdəʊt] n antídoto; **antifreeze** ['æntɪfriːz] n anticongelante m; **antihistamine** ['hɪstəmiːn] n antihistamínico;

antiperspirant [æntɪpə'spɪrənt] n antitranspirante m

antique [æn'tiːk] n antigüedad f ▷ adj antiguo; **antique shop** n tienda de antigüedades

antiseptic [æntɪ'septɪk] adj, n antiséptico

antisocial [æntɪ'səʊʃəl] adj antisocial

antivirus [æntɪ'vaɪərəs] adj (program, software) antivirus inv

antlers ['æntləz] npl cuernas fpl, cornamenta sg

anxiety [æŋ'zaɪətɪ] n inquietud f; (Med) ansiedad f; **~ to do** deseo de hacer

anxious ['æŋkʃəs] adj inquieto, preocupado; (worrying) preocupante; (keen): **to be ~ to do** tener muchas

ganas de hacer

○ **KEYWORD**

any ['enɪ] adj **1** (in questions etc) algún/alguna; **have you any butter/children?** ¿tienes mantequilla/hijos?; **if there are any tickets left** si quedan billetes, si queda algún billete

2 (with negative): **I haven't any money/books** no tengo dinero/libros

3 (no matter which) cualquier; **any excuse will do** valdrá o servirá cualquier excusa; **choose any book you like** escoge el libro que quieras

4 (in phrases): **in any case** de todas formas, en cualquier caso; **any day now** cualquier día (de estos); **at any moment** en cualquier momento, de un momento a otro; **at any rate** en todo caso; **any time: come (at) any time** ven cuando quieras; **he might come (at) any time** podría llegar de un momento a otro

▷ pron **1** (in questions etc): **have you got any?** ¿tienes alguno(s)/a(s)?; **can any of you sing?** ¿sabe cantar alguno de vosotros/ustedes?

2 (with negative): **I haven't any (of them)** no tengo ninguno

3 (no matter which one(s)): **take any of those books (you like)** toma el libro que quieras de éstos

▷ adv **1** (in questions etc): **do you want any more soup/sandwiches?** ¿quieres más sopa/bocadillos?; **are you feeling any better?** ¿te sientes algo mejor?

2 (with negative): **I can't hear him any more** ya no le oigo; **don't wait any longer** no esperes más

any: anybody pron cualquiera; (in interrogative sentences) alguien; (in negative sentences): **I don't see anybody** no veo a nadie; **if anybody should phone ...** si llama alguien

...; **anyhow** *adv* (*at any rate*) de todos modos, de todas formas; (*haphazard*): **do it anyhow you like** hazlo como quieras; **she leaves things just anyhow** deja las cosas como quiera or de cualquier modo; **I shall go anyhow** de todos modos iré; **anyone** *pron* = **anything**; **anything** *pron* (*in questions etc*) algo, alguna cosa; (*with negative*) nada; **can you see anything?** ¿ves algo?; **if anything happens to me** ... si algo me ocurre ...; (*no matter what*): **you can say anything you like** puedes decir lo que quieras; **anything will do** vale todo or cualquier cosa; **he'll eat anything** come de todo or lo que sea; **anytime** *adv* (*at any moment*) en cualquier momento, de un momento a otro; (*whenever*) no importa cuándo, cuando quiera; **anyway** *adv* (*at any rate*) de todos modos, de todas formas; **I shall go anyway** iré de todos modos; (*besides*): **anyway, I couldn't come even if I wanted to** además, no podría venir aunque quisiera; **why are you phoning, anyway?** ¿entonces, por qué llamas?, ¿por qué llamas, pues?; **anywhere** *adv* (*in questions etc*): **can you see him anywhere?** ¿le ves por algún lado?; **are you going anywhere?** ¿vas a algún sitio?; (*with negative*): **I can't see him anywhere** no le veo por ninguna parte; **anywhere in the world** (*no matter where*) en cualquier parte (del mundo); **put the books down anywhere** deja los libros donde quiera

apart [əˈpɑːt] *adv* (*aside*) aparte; (*situation*): **~ from** separado (de); (*movement*): **~ to pull ~** separar; **10 miles ~** separados por 10 millas; **to take ~** desmontar; **~ from** *prep* aparte de

apartment [əˈpɑːtmənt] *n* (US) piso (SP), departamento (LAM), apartamento; (*room*) cuarto; **apartment building** (US) *n* edificio de apartamentos

apathy [ˈæpəθɪ] *n* apatía,

indiferencia

ape [eɪp] *n* mono ▷ *vt* imitar, remedar

aperitif [əˈperɪtɪf] *n* aperitivo

aperture [ˈæpətʃjuə*] *n* rendija, resquicio; (*Phot*) abertura

APEX [ˈeɪpeks] *n abbr* (= *Advanced Purchase Excursion Fare*) tarifa *f* APEX

apologize [əˈpɒlədʒaɪz] *vi* **to ~ (for sth to sb)** disculparse (con algn de algo)

apology [əˈpɒlədʒɪ] *n* disculpa, excusa

> Be careful not to translate **apology** by the Spanish word *apología*.

apostrophe [əˈpɒstrəfɪ] *n* apóstrofo

appal [əˈpɔːl] (*US* **appall**) *vt* horrorizar, espantar; **appalling** *adj* espantoso; (*awful*) pésimo

apparatus [æpəˈreɪtəs] *n* (*equipment*) equipo; (*organization*) aparato; (*in gymnasium*) aparatos *mpl*

apparent [əˈpærənt] *adj* aparente; (*obvious*) evidente; **apparently** *adv* por lo visto, al parecer

appeal [əˈpiːl] *vi* (*Law*) apelar ▷ *n* (*Law*) apelación *f*; (*request*) llamamiento; (*plea*) petición *f*; (*charm*) atractivo; **to ~ for** reclamar; **to ~ to** (*be attractive to*) atraer; **it doesn't ~ to me** no me atrae, no me llama la atención; **appealing** *adj* (*attractive*) atractivo

appear [əˈpɪə*] *vi* aparecer, presentarse; (*Law*) comparecer; (*publication*) salir (a luz), publicarse; (*seem*) parecer; **to ~ on TV/in "Hamlet"** salir por la tele/hacer un papel en "Hamlet"; **it would ~ that** parecería que; **appearance** *n* aparición *f*; (*look*) apariencia, aspecto

appendices [əˈpendɪsiːz] *npl of* **appendix**

appendicitis [əpendɪˈsaɪtɪs] *n* apendicitis *f*

appendix [əˈpendɪks] (*pl* **appendices**) *n* apéndice *m*

appetite [ˈæpɪtaɪt] *n* apetito; (*fig*) deseo, anhelo

appetizer ['æpɪtaɪzə*] n (drink) aperitivo; (food) tapas fpl (SP)

applaud [ə'plɔ:d] vt, vi aplaudir

applause [ə'plɔ:z] n aplausos mpl

apple ['æpl] n manzana; **apple pie** n pastel m de manzana, pay m de manzana (LAM)

appliance [ə'plaɪəns] n aparato

applicable [ə'plɪkəbl] adj (relevant): **to be ~ (to)** referirse a

applicant ['æplɪkənt] n candidato/ a; solicitante mf

application [æplɪ'keɪʃən] n aplicación f; (for a job etc) solicitud f, petición f; **application form** n solicitud f

apply [ə'plaɪ] vt (paint etc) poner; (law etc: put into practice) poner en vigor ▷ vi: **to ~ to** (ask) dirigirse a; (be applicable) ser aplicable a; **to ~ for** (permit, grant, job) solicitar; **to ~ o.s. to** aplicarse a, dedicarse a

appoint [ə'pɔɪnt] vt (to post) nombrar a

> Be careful not to translate **appoint** by the Spanish word apuntar.

appointment n (with client) cita; (act) nombramiento; (post) puesto; (at hairdresser etc): **to have an appointment** tener hora; **to make an appointment (with sb)** citarse (con algn)

appraisal [ə'preɪzl] n valoración f

appreciate [ə'pri:ʃɪeɪt] vt (like) apreciar, tener en mucho; (be grateful for) agradecer; (be aware) comprender ▷ vi (Comm) aumentar(se) en valor; **appreciation** [-'eɪʃən] n apreciación f; reconocimiento, agradecimiento; (Comm) aumento en valor

apprehension [æprɪ'henʃən] n (fear) aprensión f

apprehensive [æprɪ'hensɪv] adj aprensivo

apprentice [ə'prentɪs] n aprendiz(a) m/f

approach [ə'prəutʃ] vi acercarse

▷ vt acercarse a; (ask, apply to) dirigirse a; (situation, problem) abordar ▷ n acercamiento; (access) acceso; (to problem, situation): **~ (to)** actitud f (ante)

appropriate [adj ə'prəuprɪət, vb ə'prəuprɪeɪt] adj apropiado, conveniente ▷ vt (take) apropiarse de

approval [ə'pru:vəl] n aprobación f, visto bueno; (permission) consentimiento; **on ~** (Comm) a prueba

approve [ə'pru:v] vt aprobar; **approve of** vt fus (thing) aprobar; (person): **they don't approve of her** (ella) no les parece bien

approximate [ə'prɒksɪmɪt] adj aproximado; **approximately** adv aproximadamente, más o menos

Apr. abbr (= April) abr

apricot ['eɪprɪkɒt] n albaricoque m, chabacano (MEX), damasco (RPL)

April ['eɪprəl] n abril m; **April Fools' Day** = el primero de abril, ≈ día m de los Inocentes (28 December)

apron ['eɪprən] n delantal m

apt [æpt] adj acertado, apropiado; (likely): **~ to do** propenso a hacer

aquarium [ə'kweərɪəm] n acuario

Aquarius [ə'kweərɪəs] n Acuario

Arab ['ærəb] adj, n árabe mf

Arabia [ə'reɪbɪə] n Arabia; **Arabian** adj árabe; **Arabic** ['ærəbɪk] adj árabe; (numerals) arábigo ▷ n árabe m

arbitrary ['ɑ:bɪtrərɪ] adj arbitrario

arbitration [ɑ:bɪ'treɪʃən] n arbitraje m

arc [ɑ:k] n arco

arcade [ɑ:'keɪd] n (round a square) soportales mpl; (shopping mall) galería comercial

arch [ɑ:tʃ] n arco; (of foot) arco del pie ▷ vt arquear

archaeology [ɑ:kɪ'ɒlədʒɪ] (US **archeology**) n arqueología

archbishop [ɑ:tʃ'bɪʃəp] n arzobispo

archeology [ɑ:kɪ'ɒlədʒɪ] (US) = **archaeology**

architect ['ɑ:kɪtekt] n arquitecto/a;

architectural [ɑ:kɪ'tɛktʃərəl] adj arquitectónico; **architecture** n arquitectura

archive ['ɑ:kaɪv] n (often pl: also Comput) archivo

Arctic ['ɑ:ktɪk] adj ártico ▷ n: **the ~ el** Ártico

are [ɑ:ʳ] vb see **be**

area ['ɛərɪə] n área, región f; (part of place) zona; (Math etc) área, superficie f; (in room: e.g. dining area) parte f; (of knowledge, experience) campo; **area code** (us) n (Tel) prefijo

arena [ə'ri:nə] n estadio; (of circus) pista

aren't [ɑ:nt] = **are not**

Argentina [ɑ:dʒən'ti:nə] n Argentina; **Argentinian** [-'tɪnɪən] adj, n argentino/a m/f

arguably ['ɑ:gjuəblɪ] adv posiblemente

argue ['ɑ:gju:] vi (quarrel) discutir, pelearse; (reason) razonar, argumentar; **to ~ that** sostener que

argument ['ɑ:gjumənt] n discusión f, pelea; (reasons) argumento

Aries ['ɛərɪz] n Aries m

arise [ə'raɪz] (pt **arose**, pp **arisen**) vi surgir, presentarse

arithmetic [ə'rɪθmətɪk] n aritmética

arm [ɑ:m] n brazo ▷ vt armar; **arms** npl armas fpl; **~ in ~** cogidos del brazo; **armchair** ['ɑ:mtʃɛəʳ] n sillón m, butaca

armed [ɑ:md] adj armado; **armed robbery** n robo a mano armada

armour ['ɑ:məʳ] (us **armor**) n armadura; (Mil: tanks) blindaje m

armpit ['ɑ:mpɪt] n sobaco, axila

armrest ['ɑ:mrɛst] n apoyabrazos m inv

army ['ɑ:mɪ] n ejército; (fig) multitud f

A road n (BRIT) = carretera f nacional

aroma [ə'rəumə] n aroma m, fragancia; **aromatherapy** n aromaterapia

arose [ə'rəuz] pt of **arise**

around [ə'raund] adv alrededor; (in the area): **there is no one else ~** no hay nadie más por aquí ▷ prep alrededor de

arouse [ə'rauz] vt despertar; (anger) provocar

arrange [ə'reɪndʒ] vt arreglar, ordenar; (organize) organizar; **to ~ to do sth** quedar en hacer algo; **arrangement** n arreglo; (agreement) acuerdo; **arrangements** npl (preparations) preparativos mpl

array [ə'reɪ] n: **~ of** (things) serie f de; (people) conjunto de

arrears [ə'rɪəz] npl atrasos mpl; **to be in ~ with one's rent** estar retrasado en el pago del alquiler

arrest [ə'rɛst] vt detener; (sb's attention) llamar ▷ n detención f; **under ~** detenido

arrival [ə'raɪvəl] n llegada; **new ~** recién llegado/a; (baby) recién nacido

arrive [ə'raɪv] vi llegar; (baby) nacer; **arrive at** vt fus (decision, solution) llegar a

arrogance ['ærəgəns] n arrogancia, prepotencia (LAM)

arrogant ['ærəgənt] adj arrogante

arrow ['ærəu] n flecha

arse [ɑ:s] (BRIT: inf!) n culo, trasero

arson ['ɑ:sn] n incendio premeditado

art [ɑ:t] n arte m; (skill) destreza; **art college** n escuela f de Bellas Artes

artery ['ɑ:tərɪ] n arteria

art gallery n pinacoteca; (saleroom) galería de arte

arthritis [ɑ:'θraɪtɪs] n artritis f

artichoke ['ɑ:tɪtʃəuk] n alcachofa; **Jerusalem ~** aguaturma

article ['ɑ:tɪkl] n artículo

articulate [adj ɑ:'tɪkjulɪt, vb ɑ:'tɪkjuleɪt] adj claro, bien expresado ▷ vt expresar

artificial [ɑ:tɪ'fɪʃəl] adj artificial; (affected) afectado

artist ['ɑ:tɪst] n artista mf; (Mus) intérprete mf; **artistic** [ɑ:'tɪstɪk] adj

artístico
art school n escuela de bellas artes

KEYWORD

as [æz] conj 1 (referring to time) cuando, mientras; a medida que; **as the years went by** con el paso de los años; **he came in as I was leaving** entró cuando me marchaba; **as from tomorrow** desde o a partir de mañana

2 (in comparisons): **as big as** tan grande como; **twice as big as** el doble de grande que; **as much money/many books as** tanto dinero/tantos libros como; **as soon as** en cuanto

3 (since, because) como, ya que; **he left early as he had to be home by 10** se fue temprano ya que tenía que estar en casa a las 10

4 (referring to manner, way): **do as you wish** haz lo que quieras; **as she said** como dijo; **he gave it to me as a present** me lo dio de regalo

5 (in the capacity of): **he works as a barman** trabaja de barman; **as chairman of the company, he ...** como presidente de la compañía ...

6 (concerning): **as for** or **to that** por o en lo que respecta a eso

7: **as if** or **though** como si; **he looked as if he was ill** parecía como si estuviera enfermo, tenía aspecto de enfermo; see also **long**; **such**; **well**

a.s.a.p. abbr (= as soon as possible) cuanto antes

asbestos [æz'bɛstəs] n asbesto, amianto

ascent [ə'sɛnt] n subida; (slope) cuesta, pendiente f

ash [æʃ] n ceniza; (tree) fresno

ashamed [ə'feɪmd] adj avergonzado, apenado (LAM); **to be ~ of** avergonzarse de

ashore [ə'ʃɔ:*] adv en tierra; (swim etc) a tierra

ashtray ['æʃtreɪ] n cenicero

Ash Wednesday n Asia: miércoles m de Ceniza

Asia ['eɪʃə] n Asia; **Asian** adj, n asiático/a m/f

aside [ə'saɪd] adv a un lado ▷ n aparte m

ask [ɑ:sk] vt (question) preguntar; (invite) invitar; **to ~ sb sth/to do sth** preguntar algo a algn/pedir a algn que haga algo; **to ~ sb about sth** preguntar algo a algn; **to ~ (sb) a question** hacer una pregunta (a algn); **to ~ sb out to dinner** invitar a cenar a algn; **ask for** vt fus pedir; (trouble) buscar

asleep [ə'sli:p] adj dormido; **to fall ~** dormirse, quedarse dormido

asparagus [əs'pærəgəs] n (plant) espárrago; (food) espárragos mpl

aspect ['æspɛkt] n aspecto, apariencia; (direction in which a building etc faces) orientación f

aspirations [æspə'reɪʃənz] npl aspiraciones fpl; (ambition) ambición f

aspire [əs'paɪə*] vi: **to ~ to** aspirar a, ambicionar

aspirin ['æsprɪn] n aspirina

ass [æs] n asno, burro; (fig: idiot) imbécil mf; (us: infl) culo, trasero

assassin [ə'sæsɪn] n asesino/a; **assassinate** vt asesinar

assault [ə'sɔ:lt] n asalto; (Law) agresión f ▷ vt asaltar, atacar; (sexually) violar

assemble [ə'sɛmbl] vt reunir, juntar; (Tech) montar ▷ vi reunirse, juntarse

assembly [ə'sɛmblɪ] n reunión f, asamblea; (parliament) parlamento; (construction) montaje m

assert [ə'sɔ:t] vt afirmar; (authority) hacer valer; **assertion** [-ʃən] n afirmación f

assess [ə'sɛs] vt valorar, calcular; (tax, damages) fijar; (for tax) gravar; **assessment** n valoración f; (for tax) gravamen m

asset ['æsɛt] n ventaja; **assets** npl (Comm) activo; (property, funds) fondos *mpl*

assign [ə'saɪn] *vt*: **to ~ (to)** (*date*) fijar (para); (*task*) asignar (a); (*resources*) destinar (a); **assignment** *n* tarea

assist [ə'sɪst] *vt* ayudar; **assistance** *n* ayuda, auxilio; **assistant** *n* ayudante *mf*; (BRIT: also: **shop assistant**) dependiente/a *m/f*

associate [*adj*, *n* ə'səʊʃɪɪt, *vb* ə'səʊʃɪeɪt] *adj* asociado ▷ *n* (*at work*) colega *mf* ▷ *vt* asociar; (*ideas*) relacionar ▷ *vi*: **to ~ with sb** tratar con algn

association [əsəʊsɪ'eɪʃən] *n* asociación f

assorted [ə'sɔːtɪd] *adj* surtido, variado

assortment [ə'sɔːtmənt] *n* (*of shapes, colours*) surtido; (*of books*) colección f; (*of people*) mezcla

assume [ə'sjuːm] *vt* suponer; (*responsibilities*) asumir; (*attitude*) adoptar, tomar

assumption [ə'sʌmpʃən] *n* suposición f, presunción f; (*of power etc*) toma

assurance [ə'ʃʊərəns] *n* garantía, promesa; (*confidence*) confianza, aplomo; (*insurance*) seguro

assure [ə'ʃʊə*] *vt* asegurar

asterisk [ˈæstərɪsk] *n* asterisco

asthma [ˈæsmə] *n* asma

astonish [ə'stɔnɪʃ] *vt* asombrar, pasmar; **astonished** *adj* estupefacto, pasmado; **to be astonished (at)** asombrarse (de); **astonishing** *adj* asombroso, pasmoso; **I find it astonishing that ...** me asombra or pasma que ...; **astonishment** *n* asombro, sorpresa

astound [ə'staʊnd] *vt* asombrar, pasmar

astray [ə'streɪ] *adv*: **to go ~** extraviarse; **to lead ~** (*morally*) llevar por mal camino

astrology [æs'trɔlədʒɪ] *n* astrología

astronaut [ˈæstrənɔːt] *n* astronauta *mf*

astronomer [əs'trɔnəmə*] *n* astrónomo/a

astronomical [æstrə'nɔmɪkəl] *adj* astronómico

astronomy [əs'trɔnəmɪ] *n* astronomía

astute [əs'tjuːt] *adj* astuto

asylum [ə'saɪləm] *n* (*refuge*) asilo; (*mental hospital*) manicomio

○ **KEYWORD**

at [æt] *prep* **1** (*referring to position*) en; (*direction*) a; **at the top** en lo alto; **at home/school** en casa/la escuela; **to look at sth/sb** mirar algo/a algn

2 (*referring to time*): **at 4 o'clock** a las 4; **at night** de noche; **at Christmas** en Navidad; **at times** a veces

3 (*referring to rates, speed etc*): **at £1 a kilo** a una libra el kilo; **two at a time** de dos en dos; **at 50 km/h** a 50 km/h

4 (*referring to manner*): **at a stroke** de un golpe; **at peace** en paz

5 (*referring to activity*): **to be at work** estar trabajando; (*in the office etc*) estar en el trabajo; **to play at cowboys** jugar a los vaqueros; **to be good at sth** ser bueno en algo

6 (*referring to cause*): **shocked/surprised/annoyed at sth** asombrado/sorprendido/fastidiado por algo; **I went at his suggestion** fui a instancias suyas

7 (*symbol*) arroba

ate [eɪt] *pt of* **eat**

atheist [ˈeɪθɪɪst] *n* ateo/a

Athens [ˈæθɪnz] *n* Atenas

athlete [ˈæθliːt] *n* atleta *mf*

athletic [æθ'lɛtɪk] *adj* atlético; **athletics** *n* atletismo

Atlantic [ət'læntɪk] *adj* atlántico ▷ *n*: **the ~ (Ocean)** el (Océano) Atlántico

atlas [ˈætləs] *n* atlas *m inv*

A.T.M. *n abbr* (= *automated telling*

machine) cajero automático

atmosphere ['ætməsfɪə*] n
atmósfera; (*of place*) ambiente m

atom ['ætəm] n átomo; **atomic**
[ə'tɒmɪk] *adj* atómico; **atom(ic)
bomb** n bomba atómica

A to Z® n (*map*) callejero

atrocity [ə'trɒsɪtɪ] n atrocidad f

attach [ə'tætʃ] vt (*fasten*) atar;
(*join*) unir, sujetar; (*document,
letter*) adjuntar; (*importance etc*)
dar, conceder; **to be ~ed to sb/sth**
(*to like*) tener cariño a algn/algo;
attachment n (*tool*) accesorio;
(*Comput*) archivo, documento adjunto;
(*love*): **attachment (to)** apego (a)

attack [ə'tæk] vt (*Mil*) atacar;
(*criminal*) agredir, asaltar; (*criticize*)
criticar; (*task*) emprender ▷ n ataque
m, asalto; (*on sb's life*) atentado;
(*fig: criticism*) crítica; (*of illness*) ataque
m; **heart ~** infarto (de miocardio);
attacker n agresor(a) m/f, asaltante
mf

attain [ə'teɪn] vt (*also*: **~ to**) alcanzar;
(*achieve*) lograr, conseguir

attempt [ə'tempt] n tentativa,
intento; (*attack*) atentado ▷ n
intentar

attend [ə'tend] vt asistir a; (*patient*)
atender; **attend to** vt fus ocuparse
de; (*customer, patient*) atender a;
attendance n asistencia, presencia;
(*people present*) concurrencia;
attendant n ayudante mf; (*in garage
etc*) encargado/a ▷ *adj* (*dangers*)
concomitante

attention [ə'tenʃən] n atención
f; (*care*) atenciones fpl ▷ excl (*Mil*)
¡firme(s)!; **for the ~ of ...** (*Admin*)
atención ...

attic ['ætɪk] n desván m

attitude ['ætɪtjuːd] n actitud f;
(*disposition*) disposición f

attorney [ə'tɜːnɪ] n (*lawyer*)
abogado/a; **Attorney General**
(*BRIT*) ≈ Presidente m del Consejo del
Poder Judicial (*SP*); (*US*) ≈ ministro

de Justicia

attract [ə'trækt] vt atraer; (*sb's
attention*) llamar; **attraction**
[ə'trækʃən] n encanto; (*gen
pl: amusements*) diversiones fpl;
(*Physics*) atracción f; (*fig: towards sb,
sth*) atractivo; **attractive** *adj* guapo;
(*interesting*) atrayente

attribute [n 'ætrɪbjuːt, vb ə'trɪbjuːt]
n atributo ▷ vt: **to ~ sth to** atribuir
algo a

aubergine ['əubəʒiːn] (*BRIT*) n
berenjena; (*colour*) morado

auburn ['ɔːbən] *adj* color castaño
rojizo

auction ['ɔːkʃən] n (*also*: **sale by ~**)
subasta ▷ vt subastar

audible ['ɔːdɪbl] *adj* audible, que se
puede oír

audience ['ɔːdɪəns] n público; (*Radio*)
radioescucha msg; (*TV*)
telespectadores mpl; (*interview*)
audiencia

audit ['ɔːdɪt] vt revisar, intervenir

audition [ɔː'dɪʃən] n audición f

auditor ['ɔːdɪtə*] n interventor(a)
m/f, censor(a) m/f de cuentas

auditorium [ɔːdɪ'tɔːrɪəm] n
auditorio

Aug. *abbr* (= August) ag.

August ['ɔːgəst] n agosto

aunt [ɑːnt] n tía; **auntie**
n diminutive
of aunt; **aunty** n diminutive of **aunt**

au pair ['əu'peə*] n (*also*: **~ girl**)
(*chica*) au pair f

aura ['ɔːrə] n aura; (*atmosphere*)
ambiente m

austerity [ɔ'stɛrɪtɪ] n austeridad f

Australia [ɔs'treɪlɪə] n Australia;
Australian *adj*, n australiano/a m/f

Austria ['ɔstrɪə] n Austria; **Austrian**
adj, n austríaco/a m/f

authentic [ɔː'θentɪk] *adj* auténtico

author ['ɔːθə*] n autor(a) m/f

authority [ɔː'θɒrɪtɪ] n autoridad f;
(*official permission*) autorización f; **the
authorities** npl las autoridades

authorize ['ɔːθəraɪz] vt autorizar

auto [ˈɔːtəu] (us) n coche m (SP), carro (LAM), automóvil m

auto: autobiography [ɔːtəbarˈɔgrəfɪ] n autobiografía; **autograph** [ˈɔːtəgrɑːf] n autógrafo ▷ vt (photo etc) dedicar; (programme) firmar; **automatic** [ɔːtəˈmætɪk] adj automático ▷ n (gun) pistola automática; (car) coche m automático; **automatically** adv automáticamente; **automobile** [ˈɔːtəməbiːl] (us) n coche m (SP), carro (LAM), automóvil m; **autonomous** [ɔːˈtɔnəməs] adj autónomo; **autonomy** [ɔːˈtɔnəmɪ] n autonomía

autumn [ˈɔːtəm] n otoño

auxiliary [ɔːgˈzɪlɪərɪ] adj, n auxiliar mf

avail [əˈveɪl] vt: **to ~ o.s. of** aprovechar(se) de ▷ n: **to no ~** en vano, sin resultado

availability [əveɪləˈbɪlɪtɪ] n disponibilidad f

available [əˈveɪləbl] adj disponible; (unoccupied) libre; (person: unattached) soltero y sin compromiso

avalanche [ˈævəlɑːnʃ] n alud m, avalancha

Ave. abbr = **avenue**

avenue [ˈævənjuː] n avenida; (fig) camino

average [ˈævərɪdʒ] n promedio, término medio ▷ adj medio, de término medio; (ordinary) regular, corriente ▷ vt sacar un promedio de; **on ~** por regla general

avert [əˈvɜːt] vt prevenir; (blow) desviar; (one's eyes) apartar

avid [ˈævɪd] adj ávido

avocado [ævəˈkɑːdəu] n (also BRIT: ~ **pear**) aguacate m, palta (SC)

avoid [əˈvɔɪd] vt evitar, eludir

await [əˈweɪt] vt esperar, aguardar

awake [əˈweɪk] (pt **awoke**, pp **awoken** or **awaked**) adj despierto ▷ vt despertar ▷ vi despertarse; **to be ~** estar despierto

award [əˈwɔːd] n premio;

(Law: damages) indemnización f ▷ vt otorgar, conceder; (Law: damages) adjudicar

aware [əˈwɛə*] adj: **~ (of)** consciente (de); **to become ~ of/that** (realize) darse cuenta de/de que; (learn) enterarse de/de que; **awareness** n conciencia; (knowledge) conocimiento

away [əˈweɪ] adv fuera; (movement): **she went ~** se marchó; **far ~** lejos; **two kilometres ~** a dos kilómetros de distancia; **two hours ~ by car** a dos horas en coche; **the holiday was two weeks ~** faltaban dos semanas para las vacaciones; **he's ~ for a week** estará ausente una semana; **to take ~ (from)** quitar (a); (subtract) substraer (de); **to work/pedal ~** seguir trabajando/pedaleando; **to fade ~** (colour) desvanecerse; (sound) apagarse

awe [ɔː] n admiración f respetuosa; **awesome** [ˈɔːsəm] (us) adj (excellent) formidable

awful [ˈɔːfəl] adj horroroso; (quantity): **an ~ lot (of)** cantidad (de); **awfully** adv (very) terriblemente

awkward [ˈɔːkwəd] adj desmañado, torpe; (shape) incómodo; (embarrassing) delicado, difícil

awoke [əˈwəuk] pt of **awake**

awoken [əˈwəukən] pp of **awake**

axe [æks] (us **ax**) n hacha ▷ vt (project) cortar; (jobs) reducir

axle [ˈæksl] n eje m, árbol m

ay(e) [aɪ] excl sí

azalea [əˈzeɪlɪə] n azalea

B [biː] n (Mus) si m

B.A. abbr = **Bachelor of Arts**

baby ['beɪbɪ] n bebé mf; (us: inf: darling) mi amor; **baby carriage** (us) n cochecito; **baby-sit** vi hacer de canguro; **baby-sitter** n canguro/a; **baby wipe** n toallita húmeda (para bebés)

bachelor ['bætʃələ*] n soltero; **B~ of Arts/Science** licenciado/a en Filosofía y Letras/Ciencias

back [bæk] n (of person) espalda; (of animal) lomo; (of hand) dorso; (as opposed to front) parte f de atrás; (of chair) respaldo; (of page) reverso; (of book) final m; (Football) defensa m; (of crowd): **the ones at the ~** los del fondo ▷ vt (candidate: also: **~ up**) respaldar, apoyar; (horse: at races) apostar a; (car) dar marcha atrás a or con ▷ vi (car etc) ir (or salir or entrar) marcha atrás ▷ adj (payment, rent) atrasado; (seats, wheels) de atrás ▷ adv (not forward) (hacia) atrás; (returned): **he's ~** está de vuelta, ha vuelto; **he ran ~** volvió corriendo;

(restitution): **throw the ball ~** devuelve la pelota; **can I have it ~?** ¿me lo devuelve?; (again): **he called ~** llamó de nuevo; **back down** vi echarse atrás; **back out** vi (of promise) volverse atrás; **back up** vt (person) apoyar, respaldar; (theory) defender; (Comput) hacer una copia preventiva or de reserva; **backache** n dolor m de espalda; **backbencher** (BRIT) n miembro del parlamento sin cargo relevante; **backbone** n columna vertebral; **back door** n puerta f trasera; **backfire** vi (Aut) petardear; (plans) fallar, salir mal; **backgammon** n backgammon m; **background** n fondo m; (of events) antecedentes mpl; (basic knowledge) bases fpl; (experience) conocimientos mpl, educación f; **family background** origen m, antecedentes mpl; **backing** n (fig) apoyo, respaldo; **backlog** n: **backlog of work** trabajo atrasado; **backpack** n mochila; **backpacker** n mochilero/a; **backslash** n pleca, barra inversa; **backstage** adv entre bastidores; **backstroke** n espalda; **backup** adj suplementario; (Comput) de reserva ▷ n (support) apoyo; (also: **backup file**) copia preventiva or de reserva; **backward** adj (person, country) atrasado; **backwards** adv hacia atrás; (read a list) al revés; (fall) de espaldas; **backyard** n traspatio

bacon ['beɪkən] n tocino, beicon m

bacteria [bæk'tɪərɪə] npl bacterias fpl

bad [bæd] adj malo; (mistake, accident) grave; (food) podrido, pasado; **his ~ leg** su pierna lisiada; **to go ~** (food) pasarse

badge [bædʒ] n insignia; (policeman's) chapa, placa

badger ['bædʒə*] n tejón m

badly ['bædlɪ] adv mal; **to reflect ~ on sb** influir negativamente en la reputación de algn; **~ wounded** gravemente herido; **he needs it ~** le hace gran falta; **to be ~ off (for money)** andar mal de dinero

bad-mannered ['bæd'mænəd] adj

mal educado

badminton ['bædmɪntən] n
bádminton m

bad-tempered ['bæd'tempəd] adj
de mal genio or carácter; (temporarily)
de mal humor

bag [bæg] n bolsa; (handbag) bolso;
(satchel) mochila; (case) maleta; **~s
of** (inf) un montón de; **baggage** n
equipaje m; **baggage allowance** n
límite m de equipaje; **baggage
reclaim** n recogida de equipajes;
baggy adj amplio; **bagpipes** npl
gaita

bail [beɪl] n fianza ▷ vt
(prisoner: gen: grant bail to) poner en
libertad bajo fianza; (boat: also: ~ **out**)
achicar; **on ~** (prisoner) bajo fianza; **to
~ sb out** obtener la libertad de algn
bajo fianza

bait [beɪt] n cebo ▷ vt poner cebo en;
(tease) tomar el pelo a

bake [beɪk] vt cocer (al horno) ▷ vi
cocerse; **baked beans** npl judías fpl
en salsa de tomate; **baked potato** n
patata al horno; **baker** n panadero;
bakery n panadería; (for cakes)
pastelería; **baking** n (act) amasar m;
(batch) hornada; **baking powder** n
levadura (en polvo)

balance ['bæləns] n equilibrio; (Comm: sum) balance m; (remainder)
resto; (scales) balanza ▷ vt equilibrar;
(budget) nivelar; (account) saldar;
(make equal) equilibrar; **~ of trade/
payments** balanza de comercio/
pagos; **balanced** adj (personality, diet)
equilibrado; (report) objetivo; **balance
sheet** n balance m

balcony ['bælkənɪ] n (open) balcón m;
(closed) galería; (in theatre) anfiteatro

bald [bɔːld] adj calvo; (tyre) liso

Balearics [bælɪ'ærɪks] n: **the ~** las
Baleares

ball [bɔːl] n pelota; (football) balón m;
(of wool, string) ovillo; (dance) baile m; **to
play ~** (fig) cooperar

ballerina [bælə'riːnə] n bailarina

ballet ['bæleɪ] n ballet m; **ballet
dancer** n bailarín/ina m/f

balloon [bə'luːn] n globo

ballot ['bælət] n votación f

ballpoint (pen) ['bɔːlpɔɪnt-] n
bolígrafo

ballroom ['bɔːlrʊm] n salón m
de baile

Baltic ['bɔːltɪk] n: **the ~ (Sea)** el (Mar)
Báltico

bamboo [bæm'buː] n bambú m

ban [bæn] n prohibición f,
proscripción f ▷ vt prohibir, proscribir

banana [bə'nɑːnə] n plátano, banana
(LAM), banano (CAM)

band [bænd] n grupo; (strip) faja, tira;
(stripe) lista; (Mus: jazz) orquesta; (: rock)
grupo; (Mil) banda

bandage ['bændɪdʒ] n venda,
vendaje m ▷ vt vendar

Band-Aid® ['bændeɪd] (us) n tirita

bandit ['bændɪt] n bandido

bang [bæŋ] n (of gun, exhaust)
estallido, detonación f; (of door)
portazo; (blow) golpe m ▷ vt (door)
cerrar de golpe; (one's head) golpear ▷ vi
estallar; (door) cerrar de golpe

Bangladesh [bæŋglə'deʃ] n
Bangladesh m

bangle ['bæŋgl] n brazalete m,
ajorca

bangs [bæŋz] (us) npl flequillo

banish ['bænɪʃ] vt desterrar

banister(s) ['bænɪstə(z)] n(pl)
barandilla, pasamanos m inv

banjo ['bændʒəʊ] (pl **~es** or **~s**) n
banjo

bank [bæŋk] n (Comm) banco; (of river,
lake) ribera, orilla; (of earth) terraplén
m ▷ vi (Aviat) ladearse; **bank on** vt fus
contar con; **bank account** n cuenta
de banco; **bank balance** n saldo;
bank card n tarjeta bancaria; **bank
charges** npl comisión fsg; **banker** n
banquero; **bank holiday** n (BRIT) día m
festivo or de fiesta; **banking** n banca;
bank manager n director(a) m/f
(de sucursal) de banco; **banknote** n

billete m de banco

BANK HOLIDAY

El término **bank holiday** se aplica en el Reino Unido a todo día festivo oficial en el que cierran bancos y comercios. Los más importantes son en Navidad, Semana Santa, finales de mayo y finales de agosto y, al contrario que en los países de tradición católica, no coinciden necesariamente con una celebración religiosa.

bankrupt ['bæŋkrʌpt] adj quebrado, insolvente; **to go ~** hacer bancarrota; **to be ~** estar en quiebra; **bankruptcy** n quiebra

bank statement n balance m or detalle m de cuenta

banner ['bænə*] n pancarta

bannister(s) ['bænistə(z)] n(pl) = **banister(s)**

banquet ['bæŋkwit] n banquete m

baptism ['bæptizəm] n bautismo; (act) bautizo

baptize [bæp'taiz] vt bautizar

bar [ba:*] n (pub) bar m; (counter) mostrador m; (rod) barra; (of window, cage) reja; (of soap) pastilla; (of chocolate) tableta; (fig: hindrance) obstáculo; (prohibition) proscripción f; (Mus) barra ▷ vt (road) obstruir; (person) excluir; (activity) prohibir; **the B~** (Law) la abogacía; **behind ~s** entre rejas; **~ none** sin excepción

barbaric [ba:'bærik] adj bárbaro

barbecue ['ba:bikju:] n barbacoa

barbed wire ['ba:bd-] n alambre m de púas

barber ['ba:bə*] n peluquero, barbero; **barber's (shop)** (us **barber (shop)**) n peluquería

bar code n código de barras

bare [beə*] adj desnudo; (trees) sin hojas; (necessities etc) básico ▷ vt desnudar; (teeth) enseñar; **barefoot**

adj, adv descalzo; **barely** adv apenas

bargain ['ba:gin] n pacto, negocio; (good buy) ganga ▷ vi negociar; (haggle) regatear; **into the ~** además, por añadidura; **bargain for** vt fus: **he got more than he bargained for** le resultó peor de lo que esperaba

barge [ba:dʒ] n barcaza; **barge in** vi irrumpir; (interrupt: conversation) interrumpir

bark [ba:k] n (of tree) corteza; (of dog) ladrido ▷ vi ladrar

barley ['ba:li] n cebada

barmaid ['ba:meid] n camarera

barman ['ba:mən] (irreg) n camarero, barman m

barn [ba:n] n granero

barometer [bə'rɔmitə*] n barómetro

baron ['bærən] n barón m; (press baron etc) magnate m; **baroness** n baronesa

barracks ['bærəks] npl cuartel m

barrage ['ba:ra:ʒ] n (Mil) descarga, bombardeo; (dam) presa; (of criticism) lluvia, aluvión m

barrel ['bærəl] n barril m; (of gun) cañón m

barren ['bærən] adj estéril

barrette [bə'ret] (us) n pasador m (LAM, SP), broche m (MEX)

barricade [bæri'keid] n barricada

barrier ['bæriə*] n barrera

barring ['ba:riŋ] prep excepto, salvo

barrister ['bæristə*] (BRIT) n abogado/a

barrow ['bærəu] n (cart) carretilla (de mano)

bartender ['ba:tendə*] (us) n camarero, barman m

base [beis] n base f ▷ vt: **to ~ sth on** basar or fundar algo en ▷ adj bajo, infame

baseball ['beisbɔ:l] n béisbol m; **baseball cap** n gorra f de béisbol

basement ['beismənt] n sótano

bases[1] ['beisi:z] npl of **basis**

bases[2] ['beisiz] npl of **base**

bash [bæʃ] (inf) vt golpear

basic ['beɪsɪk] adj básico; **basically** adv fundamentalmente, en el fondo; (simply) sencillamente; **basics** npl: **the basics** los fundamentos

basil ['bæzl] n albahaca

basin ['beɪsn] n cuenco, tazón m; (Geo) cuenca; (also: **wash~**) lavabo

basis ['beɪsɪs] (pl **bases**) n base f; **on a part-time/trial ~** a tiempo parcial/a prueba

basket ['bɑːskɪt] n cesta, cesto; canasta; **basketball** n baloncesto

bass [beɪs] n (Mus: instrument) bajo; (double bass) contrabajo; (singer) bajo

bastard ['bɑːstəd] n bastardo; (inf!) hijo de puta (!)

bat [bæt] n (Zool) murciélago; (for ball games) pala; (BRIT: for table tennis) pala ▷ vt: **he didn't ~ an eyelid** ni pestañeó

batch [bætʃ] n (of bread) hornada; (of letters etc) lote m

bath [bɑːθ, pl bɑːðz] n (action) baño; (bathtub) bañera (SP), tina (LAM), bañadera (RPL) ▷ vt bañar; **to have a ~** bañarse, tomar un baño; see also **baths**

bathe [beɪð] vi bañarse ▷ vt (wound) lavar

bathing ['beɪðɪŋ] n el bañarse; **bathing costume** (US **bathing suit**) n traje m de baño

bath: bathrobe n (man's) batín m; (woman's) bata de baño; **bathroom** n (cuarto de) baño; **baths** [bɑːðz] npl (also: **swimming baths**) piscina; **bath towel** n toalla de baño; **bathtub** n bañera

baton ['bætən] n (Mus) batuta; (Athletics) testigo; (weapon) porra

batter ['bætə*] vt maltratar; (rain etc) azotar ▷ n masa (para rebozar); **battered** adj (pet, hat, pan) estropeado

battery ['bætərɪ] n (for torch) pila; (Aut) batería; **battery farming** n cría intensiva

battle ['bætl] n batalla; (fig) lucha ▷ vi luchar; **battlefield** n campo de batalla

bay [beɪ] n (Geo) bahía; **B~ of Biscay** = mar Cantábrico; **to hold sb at ~** mantener a algn a raya

bazaar [bə'zɑː*] n bazar m; (fete) venta con fines benéficos

B, & B. n abbr = **bed and breakfast**; (place) pensión f; (terms) cama y desayuno

BBC n abbr (= British Broadcasting Corporation) cadena de radio y televisión estatal británica

B.C. adv abbr (= before Christ) a. de C.

○ **KEYWORD**

be [biː] (pt **was, were**, pp **been**) aux vb 1 (with present participle: forming continuous tenses): **what are you doing?** ¿qué estás haciendo?, ¿qué haces?; **they're coming tomorrow** vienen mañana; **I've been waiting for you for hours** llevo horas esperándote
2 (with pp: forming passives) ser (but often replaced by active or reflexive constructions); **to be murdered** ser asesinado; **the box had been opened** habían abierto la caja; **the thief was nowhere to be seen** no se veía al ladrón por ninguna parte
3 (in tag questions): **it was fun, wasn't it?** fue divertido, ¿no? or ¿verdad?; **he's good-looking, isn't he?** es guapo, ¿no te parece?; **she's back again, is she?** entonces, ¿ha vuelto?
4 (+to +infin): **the house is to be sold** (necessity) hay que vender la casa; (future) van a vender la casa; **he's not to open it** no tiene que abrirlo ▷ vb +complement 1 (with n or num complement, but see also 3, 4, 5 and impers vb below) ser; **he's a doctor** es médico; **2 and 2 are 4** 2 y 2 son 4
2 (with adj complement: expressing permanent or inherent quality) ser; (: expressing state seen as temporary or reversible) estar; **I'm English** soy inglés/esa; **she's tall/pretty** es alta/bonita; **he's young** es joven; **be careful/good/quiet** ten cuidado/

pórtate bien/cállate; I'm tired estoy cansado/a
3 (*of health*) estar; **how are you?** ¿cómo estás?; **he's very ill** está muy enfermo; **I'm better now** ya estoy mejor
4 (*of age*) tener; **how old are you?** ¿cuántos años tienes?; **I'm sixteen (years old)** tengo dieciséis años
5 (*cost*) costar; ser; **how much was the meal?** ¿cuánto fue or costó la comida?; **that'll be £5.75, please** son £5.75, por favor; **this shirt is £17** esta camisa cuesta £17
▷ vi **1** (*exist, occur etc*) existir, haber; **the best singer that ever was** el mejor cantante que existió jamás; **is there a God?** ¿hay un Dios?, ¿existe Dios?; **be that as it may** sea como sea; **so be it** así sea
2 (*referring to place*) estar; **I won't be here tomorrow** no estaré aquí mañana
3 (*referring to movement*): **where have you been?** ¿dónde has estado?
▷ impers vb **1** (*referring to time*): **it's 5 o'clock** son las 5; **it's the 28th of April** estamos a 28 de abril
2 (*referring to distance*): **it's 10 km to the village** el pueblo está a 10 km
3 (*referring to the weather*): **it's too hot/cold** hace demasiado calor/frío; **it's windy today** hace viento hoy
4 (*emphatic*): **it's me** soy yo; **it was Maria who paid the bill** fue María la que pagó la cuenta

beach [biːtʃ] n playa ▷ vt varar
beacon ['biːkən] n (*lighthouse*) faro; (*marker*) guía
bead [biːd] n cuenta; (*of sweat etc*) gota; **beads** npl (*necklace*) collar m
beak [biːk] n pico
beam [biːm] n (*Arch*) viga, travesaño; (*of light*) rayo, haz m de luz ▷ vi brillar; (*smile*) sonreír
bean [biːn] n judía; **runner/broad ~** habichuela/haba; **coffee ~** grano de café; **beansprouts** npl brotes

mpl de soja
bear [bɛəʳ] (*pt bore, pp borne*) n oso
▷ vt (*weight etc*) llevar; (*cost*) pagar; (*responsibility*) tener; (*endure*) soportar, aguantar; (*children*) parir, tener; (*fruit*) dar ▷ vi **to ~ right/left** torcer a la derecha/izquierda
beard [bɪəd] n barba
bearer ['bɛərəʳ] n portador(a) m/f
bearing ['bɛərɪŋ] n porte m; comportamiento; (*connection*) relación f
beast [biːst] n bestia; (*inf*) bruto, salvaje m
beat [biːt] (*pt ~, pp beaten*) n (*of heart*) latido; (*Mus*) ritmo, compás m; (*of policeman*) ronda ▷ vt pegar, golpear; (*eggs*) batir; (*defeat: opponent*) vencer, derrotar; (*: record*) sobrepasar ▷ vi (*heart*) latir; (*drum*) redoblar; (*rain, wind*) azotar; **off the ~en track** aislado; **to ~ it** largarse; **beat up** vt (*attack*) dar una paliza a; **beating** n paliza
beautiful ['bjuːtɪful] adj precioso, hermoso, bello; **beautifully** adv maravillosamente
beauty ['bjuːtɪ] n belleza; **beauty parlour** (*US beauty parlor*) n salón m de belleza; **beauty salon** n salón m de belleza; **beauty spot** n (*Tourism*) lugar m pintoresco
beaver ['biːvəʳ] n castor m
became [bɪ'keɪm] pt of **become**
because [bɪ'kɔz] conj porque; **~ of** debido a, a causa de
beckon ['bɛkən] vt (*also*: **~ to**) llamar con señas
become [bɪ'kʌm] (*pt became, pp ~*) vt (*suit*) favorecer, sentar bien a ▷ vi (+ n) hacerse, llegar a ser; (+ adj) ponerse, volverse; **to ~ fat** engordar
bed [bed] n cama; (*of flowers*) macizo; (*of coal, clay*) capa; (*of river*) lecho; (*of sea*) fondo; **to go to ~** acostarse; **bed and breakfast** n (*place*) pensión f; (*terms*) cama y desayuno; **bedclothes** npl ropa de cama; **bedding** n ropa de cama; **bed linen** n (*BRIT*) ropa f

de cama

bed: **bedroom** n dormitorio; **bedside** n: **at the bedside of** a la cabecera de; **bedside lamp** n lámpara de noche; **bedside table** n mesilla de noche; **bedsit(ter)** (BRIT) n cuarto de alquiler; **bedspread** n cubrecama m, colcha; **bedtime** n hora de acostarse

bee [biː] n abeja

beech [biːtʃ] n haya

beef [biːf] n carne f de vaca; **roast ~** rosbif m; **beefburger** n hamburguesa; **Beefeater** n alabardero de la Torre de Londres

been [biːn] pp of **be**

beer [bɪə*] n cerveza; **beer garden** n (BRIT) terraza f de verano, jardín m (de un bar)

beet [biːt] (US) n (also: **red ~**) remolacha

beetle ['biːtl] n escarabajo

beetroot ['biːtruːt] (BRIT) n remolacha

before [bɪ'fɔː*] prep (of time) antes de; (of space) delante de ▷ conj antes (de) que ▷ adv antes, anteriormente; (in space) delante, adelante; **~ going** antes de marcharse; **~ she goes** antes de que se vaya; **the week ~** la semana anterior; **I've never seen it ~** no lo he visto nunca; **beforehand** adv de antemano, con anticipación

beg [beg] vi pedir limosna ▷ vt pedir, rogar; (entreat) suplicar; **to ~ sb to do sth** rogar a algn que haga algo; see also **pardon**

began [bɪ'gæn] pt of **begin**

beggar ['begə*] n mendigo/a

begin [bɪ'gɪn] (pt **began**, pp **begun**) vt, vi empezar, comenzar; **to ~ doing** or **to do sth** empezar a hacer algo; **beginner** n principiante mf; **beginning** n principio, comienzo

begun [bɪ'gʌn] pp of **begin**

behalf [bɪ'hɑːf] n: **on ~ of** en nombre de, por; (for benefit of) en beneficio de; **on my/his ~** por mí/él

behave [bɪ'heɪv] vi (person) portarse, comportarse; (well: also: **~ o.s.**) portarse bien; **behaviour** (US **behavior**) n comportamiento, conducta

behind [bɪ'haɪnd] prep detrás de; (supporting): **to be ~ sb** apoyar a algn ▷ adv detrás, por detrás, atrás ▷ n trasero; **to be ~ (schedule)** ir retrasado; **the ~ scenes** (fig) entre bastidores

beige [beɪʒ] adj color beige

Beijing ['beɪ'dʒɪŋ] n Pekín m

being ['biːɪŋ] n ser m; (existence): **in ~** existente; **to come into ~** aparecer

belated [bɪ'leɪtɪd] adj atrasado, tardío

belch [beltʃ] vi eructar ▷ vt (gen: belch out: smoke etc) arrojar

Belgian ['beldʒən] adj, n belga mf

Belgium ['beldʒəm] n Bélgica

belief [bɪ'liːf] n opinión f; (faith) fe f

believe [bɪ'liːv] vt, vi creer; **to ~ in** creer en; **believer** n partidario/a; (Rel) creyente mf, fiel mf

bell [bel] n campana; (small) campanilla; (on door) timbre m

bellboy ['belbɔɪ] (BRIT) n = **bellboy**

bellhop ['belhɒp] (US) n = **bellboy**

bellow ['beləʊ] vi bramar; (person) rugir

bell pepper n (esp US) pimiento, pimentón m (LAM)

belly ['belɪ] n barriga, panza; **belly button** (inf) n ombligo

belong [bɪ'lɒŋ] vi: **to ~ to** pertenecer

a; (club etc) ser socio de; **this book ~s here** este libro va aquí; **belongs** npl pertenencias fpl

beloved [bɪ'lʌvɪd] adj querido/a

below [bɪ'ləʊ] prep bajo, debajo de; (less than) inferior a ▷ adv abajo, (por) debajo; **see** ~ véase más abajo

belt [belt] n cinturón m; (Tech) correa, cinta ▷ vt (thrash) pegar con correa; **beltway** (US) n (Aut) carretera de circunvalación

bemused [bɪ'mjuːzd] adj perplejo

bench [bentʃ] n banco; (BRIT Pol): **the Government/Opposition ~es** (los asientos de) los miembros del Gobierno/de la Oposición; **the B~** (Law: judges) magistratura

bend [bend] (pt, pp bent) vt doblar ▷ vi inclinarse ▷ n (in road, river) curva; (in pipe) codo; **bend down** vi inclinarse, doblarse; **bend over** vi inclinarse

beneath [bɪ'niːθ] prep bajo, debajo de; (unworthy of) indigno de ▷ adv abajo, (por) debajo

beneficial [benɪ'fɪʃəl] adj beneficioso

benefit ['benɪfɪt] n beneficio; (allowance of money) subsidio ▷ vt beneficiar ▷ vi: **he'll ~ from it** se lo sacará provecho

benign [bɪ'naɪn] adj benigno; (smile) afable

bent [bent] pt, pp of **bend** ▷ n inclinación f ▷ adj: **to be ~ on** estar empeñado en

bereaved [bɪ'riːvd] npl: **the ~** los íntimos de una persona afligidos por su muerte

beret ['bereɪ] n boina

Berlin [bɜː'lɪn] n Berlín

Bermuda [bəː'mjuːdə] n las Bermudas

berry ['berɪ] n baya

berth [bəːθ] n (in bed) litera; (cabin) camarote m; (for ship) amarradero ▷ vi atracar, amarrar

beside [bɪ'saɪd] prep junto a, al lado de; **to be ~ o.s. with anger** estar fuera

de sí; **that's ~ the point** eso no tiene nada que ver; **besides** adv además ▷ prep además de

best [best] adj (el/la) mejor ▷ adv (lo) mejor; **the ~ part of** (quantity) la mayor parte de; **at ~** en el mejor de los casos; **to make the ~ of sth** sacar el mejor partido de algo; **to do one's ~** hacer todo lo posible; **to the ~ of my knowledge** que yo sepa; **to the ~ of my ability** como mejor puedo; **~ before date** n fecha de consumo preferente; **best man** (irreg) n padrino de boda; **bestseller** n éxito de librería, bestseller m

bet [bet] (pt, pp ~ or ~ted) n apuesta ▷ vt: **to ~ money on** apostar dinero por ▷ vi apostar; **to ~ sb sth** apostar algo a algn

betray [bɪ'treɪ] vt traicionar; (trust) faltar a

better ['betə*] adj, adv mejor ▷ vt superar ▷ n: **to get the ~ of sb** quedar por encima de algn; **you had ~ do** más vale que lo hagas; **he thought ~ of it** cambió de parecer; **to get ~** (Med) mejorar(se)

betting ['betɪŋ] n juego, el apostar; **betting shop** (BRIT) n agencia de apuestas

between [bɪ'twiːn] prep entre ▷ adv (time) mientras tanto; (place) en medio

beverage ['bevərɪdʒ] n bebida

beware [bɪ'weə*] vi: **to ~ (of)** tener cuidado (con); **"~ of the dog"** "perro peligroso"

bewildered [bɪ'wɪldəd] adj aturdido, perplejo

beyond [bɪ'jɒnd] prep más allá de; (past: understanding) fuera de; (after: date) después de, más allá de; (above) superior a ▷ adv (in space) más allá; (in time) posteriormente; **~ doubt** fuera de toda duda; **~ repair** irreparable

bias ['baɪəs] n (prejudice) prejuicio, pasión f; (preference) predisposición f; **bias(s)ed** adj parcial

bib [bɪb] n babero

Bible ['baɪbl] n Biblia

bicarbonate of soda [baɪ'kɑːbənɪt-] n bicarbonato sódico

biceps ['baɪseps] n bíceps m

bicycle ['baɪsɪkl] n bicicleta; **bicycle pump** n bomba de bicicleta

bid [bɪd] (pt **bade** or ~, pp **bidden** or ~) n oferta, postura; (in tender) licitación f; (attempt) tentativa, conato ▷ vi hacer una oferta ▷ vt (offer) ofrecer; **to ~ sb good day** dar a algn los buenos días; **bidder** n: **the highest bidder** n el mejor postor

bidet ['biːdeɪ] n bidet m

big [bɪg] adj grande; (brother, sister) mayor; **bigheaded** adj engreído; **big toe** n dedo gordo (del pie)

bike [baɪk] n bici f; **bike lane** n carril-bici m

bikini [bɪ'kiːnɪ] n bikini m

bilateral [baɪ'lætərl] adj (agreement) bilateral

bilingual [baɪ'lɪŋgwəl] adj bilingüe

bill [bɪl] n cuenta; (invoice) factura; (Pol) proyecto de ley; (us: banknote) billete m; (of bird) pico; (of show) programa m; **"post no -s"** prohibido fijar carteles; **to fit** or **fill the ~** (fig) cumplir con los requisitos; **billboard** (us) n cartelera; **billfold** ['bɪlfəʊld] (us) n cartera

billiards ['bɪljədz] n billar m

billion ['bɪljən] n (BRIT) billón n (millón de millones); (us) mil millones mpl

bin [bɪn] n (for rubbish) cubo o bote m (MEX) o tacho (SC) de la basura; (container) recipiente m

bind [baɪnd] (pt, pp **bound**) vt atar; (book) encuadernar; (oblige) obligar ▷ n (inf: nuisance) lata

binge [bɪndʒ] (inf) n: **to go on a ~** ir de juerga

bingo ['bɪŋgəʊ] n bingo m

binoculars [bɪ'nɒkjuləz] npl prismáticos mpl

bio... [baɪə] prefix: **biochemistry** n

bioquímica; **biodegradable** [baɪəʊdɪ'greɪdəbl] adj biodegradable; **biography** [baɪ'ɒgrəfɪ] n biografía; **biological** adj biológico; **biology** [baɪ'ɒlədʒɪ] n biología; **biometric** [baɪə'metrɪk] adj biométrico

birch [bəːtʃ] n (tree) abedul m

bird [bəːd] n ave f, pájaro; (BRIT: inf: girl) chica; **bird flu** n gripe f aviar; **bird of prey** n ave f de presa; **birdwatching** n: **he likes to go birdwatching on Sundays** los domingos le gusta ir a ver pájaros

birth [bəːθ] n nacimiento; **to give ~ to** parir, dar a luz; **birth certificate** n partida de nacimiento; **birth control** n (policy) control m de natalidad; (methods) métodos mpl anticonceptivos; **birthday** n cumpleaños m inv ▷ cpd (cake, card etc) de cumpleaños; **birthmark** n antojo, marca de nacimiento; **birthplace** n lugar m de nacimiento

biscuit ['bɪskɪt] (BRIT) n galleta

bishop ['bɪʃəp] n obispo; (Chess) alfil m

bistro ['biːstrəʊ] n café-bar m

bit [bɪt] pt of **bite** n trozo, pedazo, pedacito; (Comput) bit m, bitio; (for horse) freno, bocado; **a ~ of** un poco de; **a ~ mad** un poco loco; **~ by ~** poco a poco

bitch [bɪtʃ] n perra; (inf!: woman) zorra (!)

bite [baɪt] (pt **bit**, pp **bitten**) vt, vi morder; (insect etc) picar ▷ n (insect bite) picadura; (mouthful) bocado; **to ~ one's nails** comerse las uñas; **let's have a ~ (to eat)** (inf) vamos a comer algo

bitten ['bɪtn] pp of **bite**

bitter ['bɪtə*] adj amargo; (wind, cortante, penetrante; (battle) encarnizado; n (BRIT: beer) cerveza típica británica a base de lúpulos

bizarre [bɪ'zɑː*] adj raro, extraño

black [blæk] adj negro; (tea, coffee) solo ▷ n color m negro; (person): **B-**

negro/a ▷vt (BRIT Industry) boicotear;
to give sb a ~ eye ponerle a algn
el ojo morado; **~ and blue** (bruised)
amoratado; **to be in the ~** (bank
account) estar en números negros;
black out vi (faint) desmayarse;
blackberry n zarzamora; **blackbird**
n mirlo; **blackboard** n pizarra; **black
coffee** n café m solo; **blackcurrant**
n grosella negra; **black ice** n hielo
invisible en la carretera; **blackmail**
n chantaje m ▷vt chantajear; **black
market** n mercado negro; **blackout**
n (Mil) oscurecimiento; (power cut)
apagón m; (TV, Radio) interrupción f de
programas; (fainting) desvanecimiento;
black pepper n pimienta f negra;
black pudding n morcilla; **Black Sea**
n: **the Black Sea** el Mar Negro

bladder ['blædə*] n vejiga

blade [bleɪd] n hoja; (of propeller)
paleta; **a ~ of grass** una brizna de
hierba

blame [bleɪm] n culpa ▷vt: **to ~ sb
for sth** echar a algn la culpa de algo; **to
be to ~ (for)** tener la culpa (de)

bland [blænd] adj (music, taste) soso

blank [blæŋk] adj en blanco; (look) sin
expresión ▷n (of memory): **my mind is
a ~** no puedo recordar nada; (on form)
blanco, espacio en blanco; (cartridge)
cartucho sin bala o de fogueo

blanket ['blæŋkɪt] n manta (SP),
cobija (LAM); (of snow) capa; (of fog)
manto

blast [blɑːst] n (of wind) ráfaga, soplo;
(of explosive) explosión f ▷vt (blow
up) volar

blatant ['bleɪtənt] adj descarado

blaze [bleɪz] n (fire) fuego; (fig: of
colour) despliegue m; (: of glory)
esplendor m ▷vi arder en llamas; (fig)
brillar ▷vt: **to ~ a trail** (fig) abrir (un
camino); **in a ~ of publicity** con gran
publicidad

blazer ['bleɪzə*] n chaqueta de uniforme
de colegial o de socio de club

bleach [bliːtʃ] n (also: **household ~**)

lejía ▷vt blanquear; **bleachers** (US)
npl (Sport) gradas fpl al sol

bleak [bliːk] adj (countryside) desierto;
(prospect) poco prometedor(a);
(weather) crudo; (smile) triste

bled [bled] pt, pp of **bleed**

bleed [bliːd] (pt, pp **bled**) vt, vi
sangrar; **my nose is ~ing** me está
sangrando la nariz

blemish ['blemɪʃ] n marca, mancha;
(on reputation) tacha

blend [blend] n mezcla ▷vt mezclar;
(colours etc) combinar, mezclar ▷vi
(colours etc: also: **~ in**) combinarse,
mezclarse; **blender** n (Culin) batidora

bless [bles] (pt, pp **-ed** or **blest**) vt
bendecir; **~ you!** (after sneeze) ¡Jesús!;
blessing n (approval) aprobación f;
(godsend) don m del cielo, bendición f;
(advantage) beneficio, ventaja

blew [bluː] pt of **blow**

blight [blaɪt] vt (hopes etc) frustrar,
arruinar

blind [blaɪnd] adj ciego; (fig): **~ (to)**
ciego (a) ▷n (for window) persiana ▷vt
cegar; (dazzle) deslumbrar; (deceive): **to
~ sb to ...** cegar a algn a ...; **the blind**
npl los ciegos; **blind alley** n callejón
m sin salida; **blindfold** n venda ▷adv
con los ojos vendados ▷vt vendar
los ojos a

blink [blɪŋk] vi parpadear, pestañear;
(light) oscilar

bliss [blɪs] n felicidad f

blister ['blɪstə*] n ampolla ▷vi
(paint) ampollarse

blizzard ['blɪzəd] n ventisca

bloated ['bləʊtɪd] adj hinchado;
(person: full) ahíto

blob [blɒb] n (drop) gota; (indistinct
object) bulto

block [blɒk] n bloque m; (in pipes)
obstáculo; (of buildings) manzana
(SP), cuadra (LAM) ▷vt obstruir,
cerrar; (progress) estorbar; **~ of flats**
(BRIT) bloque m de pisos; **mental ~**
bloqueo mental; **block up** vt tapar,
obstruir; (pipe) atascar; **blockade**

[-'keɪd] n bloqueo ▷ vt bloquear;
blockage n estorbo, obstrucción f;
blockbuster n (book) bestseller m;
(film) éxito de público; **block capitals**
npl mayúsculas fpl; **block letters**
npl mayúsculas fpl
blog [blɒg] n blog m
bloke [bləʊk] (BRIT: inf) n tipo, tío
blond(e) [blɒnd] adj, n rubio/a m/f
blood [blʌd] n sangre f; **blood donor**
n donante mf de sangre; **blood group**
n grupo sanguíneo; **blood poisoning**
n envenenamiento de la sangre; **blood
pressure** n presión f sanguínea;
bloodshed n derramamiento de
sangre; **bloodshot** adj inyectado en
sangre; **bloodstream** n corriente
f sanguínea; **blood test** n análisis
m inv de sangre; **blood transfusion**
n transfusión f de sangre; **blood
type** n grupo sanguíneo; **blood
vessel** n vaso sanguíneo; **bloody**
adj sangriento; (nose etc) lleno de
sangre; (BRIT: infl): **this bloody ...**
este condenado o puñetero ... (!)
▷ adv: **bloody strong/good** (BRIT: infl)
terriblemente fuerte/bueno
bloom [bluːm] n flor f ▷ vi florecer
blossom ['blɒsəm] n flor f ▷ vi
florecer
blot [blɒt] n borrón m; (fig) mancha
▷ vt (stain) manchar
blouse [blauz] n blusa
blow [bləʊ] (pt **blew**, pp **blown**) n
golpe m; (with sword) espadazo ▷ vi
soplar; (dust, sand etc) volar; (fuse)
fundirse ▷ vt (wind) llevarse; (fuse)
quemar; (instrument) tocar; **to ~ one's
nose** sonarse; **blow away** vt llevarse,
arrancar; **blow out** vi apagarse; **blow
up** vi estallar ▷ vt volar; (tyre) inflar;
(Phot) ampliar; **blow-dry** n moldeado
(con secador)
blown [bləʊn] pp of **blow**
blue [bluː] adj azul; (depressed)
deprimido; **~ film/joke** película/chiste
m verde; **out of the ~** (fig) de repente;
bluebell n campanilla, campánula

azul; **blueberry** n arándano; **blue
cheese** n queso azul; **blues** npl: **the
blues** (Mus) el blues; **to have the
blues** estar triste, **bluetit** n herrerillo m
(común)
bluff [blʌf] vi tirarse un farol, farolear
▷ n farol m; **to call sb's ~** coger a algn
la palabra
blunder ['blʌndə*] n patinazo,
metedura de pata ▷ vi cometer un
error, meter la pata
blunt [blʌnt] adj (pencil) despuntado;
(knife) desafilado, romo; (person) franco,
directo
blur [blɜː*] n (shape): **to become
a ~** hacerse borroso ▷ vt (vision)
enturbiar; (distinction) borrar; **blurred**
adj borroso
blush [blʌʃ] vi ruborizarse, ponerse
colorado ▷ n rubor m; **blusher** n
colorete m
board [bɔːd] n (cardboard) cartón m;
(wooden) tabla, tablero; (on wall) tablón
m; (for chess etc) tablero ▷ (committee)
junta, consejo; (in firm) mesa o junta
directiva; (Naut, Aviat): **on ~** a bordo
▷ vt (ship) embarcarse en; (train) subir
a; **full ~** (BRIT) pensión completa; **half
~** (BRIT) media pensión; **to go by the ~**
(fig) ser abandonado u olvidado; **board
game** n juego de tablero; **boarding
card** (BRIT) n tarjeta de embarque;
boarding pass (us) n = **boarding
card**; **boarding school** n internado;
board room n sala de juntas
boast [bəʊst] vi: **to ~ (about or of)**
alardear (de)
boat [bəʊt] n barco, buque m; (small)
barca, bote m
bob [bɒb] vi (also: **~ up and down**)
menearse, balancearse
bobby pin ['bɒbɪ-] (us) n horquilla
body ['bɒdɪ] n cuerpo; (corpse) cadáver
m; (of car) caja, carrocería; (fig: group)
grupo; (: organization) organismo;
body-building n culturismo;
bodyguard n guardaespaldas m sing;
bodywork n carrocería

bog [bɒg] n pantano, ciénaga ▷ vt: **to get ~ged down** (fig) empantanarse, atascarse

bogus ['bəʊgəs] adj falso, fraudulento

boil [bɔɪl] vt (water) hervir; (eggs) pasar por agua, cocer ▷ vi hervir; (fig: with anger) estar furioso; (: with heat) asfixiarse ▷ n (Med) furúnculo, divieso; **to come to the ~, to come to a ~** (us) comenzar a hervir; **to ~ down to** (fig) reducirse a; **boil over** vi salirse, rebosar; (anger etc) llegar al colmo; **boiled egg** n (soft) huevo tibio (MEX) or pasado por agua or a la copa (SC); (hard) huevo duro; **boiled potatoes** npl patatas fpl (SP) or papas fpl (LAM) cocidas; **boiler** n caldera; **boiling** ['bɔɪlɪŋ] adj: **I'm boiling (hot)** (inf) estoy asado; **boiling point** n punto de ebullición

bold [bəʊld] adj valiente, audaz; (pej) descarado; (colour) llamativo

Bolivia [bə'lɪvɪə] n Bolivia; **Bolivian** adj, n boliviano a m/f

bollard ['bɒləd] (BRIT) n (Aut) poste m

bolt [bəʊlt] n (lock) cerrojo; (with nut) perno, tornillo ▷ adv: **~ upright** rígido, erguido ▷ vt (door) echar el cerrojo a; (also: **~ together**) sujetar con tornillos; (food) engullir ▷ vi fugarse; (horse) desbocarse

bomb [bɒm] n bomba ▷ vt bombardear; **bombard** [bɒm'bɑːd] vt bombardear; (fig) asediar; **bomber** n (Aviat) bombardero; **bomb scare** n amenaza de bomba

bond [bɒnd] n (promise) fianza; (Finance) bono; (link) vínculo, lazo; (Comm): **in ~** en depósito bajo fianza; **bonds** npl (chains) cadenas fpl

bone [bəʊn] n hueso; (of fish) espina ▷ vt deshuesar; quitar las espinas a

bonfire ['bɒnfaɪə] n hoguera, fogata

bonnet ['bɒnɪt] n gorra; (BRIT: of car) capó m

bonus ['bəʊnəs] n (payment) paga extraordinaria, plus m; (fig) bendición f

boo [buː] excl ¡uh! ▷ vt abuchear,

rechiflar

book [bʊk] n libro; (of tickets) taco; (of stamps etc) librito ▷ vt (ticket) sacar; (seat, room) reservar; **books** npl (Comm) cuentas fpl, contabilidad f; **book in** vi (at hotel) registrarse; **book up** vt: **to be booked up** (hotel) estar completo; **bookcase** n librería, estante m para libros; **booking** n reserva; **booking office** n (BRIT Rail) despacho de billetes (SP) or boletos (LAM); (Theatre) taquilla (SP), boletería (LAM); **bookkeeping** n contabilidad f; **booklet** n folleto; **bookmaker** n corredor m de apuestas; **bookmark** n (also Comput) marcador; **bookseller** n librero; **bookshelf** n estante m (para libros); **bookshop, book store** n librería

boom [buːm] n (noise) trueno, estampido; (in prices etc) alza rápida; (Econ, in population) auge m ▷ vi (cannon) hacer gran estruendo, retumbar; (Econ) estar en alza

boost [buːst] n estímulo, empuje m ▷ vt estimular, empujar

boot [buːt] n bota; (BRIT: of car) maleta, maletero ▷ vt (Comput) arrancar; **to ~** (in addition) además, por añadidura

booth [buːð] n (telephone booth, voting booth) cabina

booze [buːz] (inf) n bebida

border ['bɔːdə] n borde m, margen m; (of a country) frontera; (for flowers) arriate m ▷ vt (road) bordear; (another country: also: **~ on**) lindar con; **borderline** n: **on the borderline** en el límite

bore [bɔː] pt of **bear** ▷ vt (hole) hacer un agujero en; (well) perforar; (person) aburrir ▷ n (person) aburrido, pesado; (of gun) calibre m; **bored** adj aburrido; **he's bored to tears** or **to death** or **stiff** está aburrido como una ostra, está muerto de aburrimiento; **boredom** n aburrimiento

boring ['bɔːrɪŋ] adj aburrido

born [bɔːn] adj: **to be ~** nacer; **I was ~**

in 1960 nací en 1960

borne [bɔːn] *pp of* **bear**

borough [ˈbʌrə] *n* municipio

borrow [ˈbɔrəu] *vt*: **to ~ sth (from sb)** tomar algo prestado (a algn)

Bosnia(-Herzegovina)
[ˈbɔːsnɪə(hɜːzəˈɡəuviːnə)] *n* Bosnia(-Herzegovina); **Bosnian**
[ˈbɔznɪən] *adj, n* bosnio/a

bosom [ˈbuzəm] *n* pecho

boss [bɔs] *n* jefe *m* ⊳ *vt* (*also*: **~ about or around**) mangonear; **bossy** *adj* mandón/ona

both [bəuθ] *adj, pron* ambos/as, los dos(las dos); **~ of us went, we ~ went** fuimos los dos, ambos fuimos ⊳ *adv*: **~ A and B** tanto A como B

bother [ˈbɔðər] *vt* (*worry*) preocupar; (*disturb*) molestar, fastidiar ⊳ *vi* (*also*: **~ o.s.**) molestarse ⊳ *n* (*trouble*) dificultad *f*; (*nuisance*) molestia, lata; **to ~ doing** tomarse la molestia de hacer

bottle [ˈbɔtl] *n* botella, (*small*) frasco; (*baby's*) biberón *m* ⊳ *vt* embotellar; **bottle bank** *n* contenedor *m* de vidrio; **bottle-opener** *n* abrebotellas *m inv*

bottom [ˈbɔtəm] *n* (*of box, sea*) fondo; (*buttocks*) trasero, culo; (*of page*) pie *m*; (*of list*) final *m*; (*of class*) último/a ⊳ *adj* (*lowest*) más bajo; (*last*) último

bought [bɔːt] *pt, pp of* **buy**

boulder [ˈbəuldər] *n* canto rodado

bounce [bauns] *vi* (*ball*) (re)botar; (*cheque*) ser rechazado ⊳ *vt* hacer (re)botar ⊳ *n* (*rebound*) (re)bote *m*; **bouncer** (*inf*) *n* gorila *m* (*que echa a los alborotadores de un bar, club etc*)

bound [baund] *pt, pp of* **bind** ⊳ *n* (*leap*) salto; (*gen pl*: *limit*) límite ⊳ *vi* (*leap*) saltar ⊳ *vt* (*border*) rodear ⊳ *adj*: **~ by** rodeado de; **to be ~ to do sth** (*obliged*) tener el deber de hacer algo; **he's ~ to come** es seguro que vendrá; **out of ~s** prohibido el paso; **~ for** con destino a

boundary [ˈbaundrɪ] *n* límite *m*

bouquet [buˈkeɪ] *n* (*of flowers*) ramo

bourbon [ˈbuəbən] (*US*) *n* (*also*:

whiskey) whisky *m* americano, bourbon *m*

bout [baut] *n* (*of malaria etc*) ataque *m*; (*of activity*) período; (*Boxing etc*) combate *m*, encuentro

boutique [buːˈtiːk] *n* boutique *f*, tienda de ropa

bow¹ [bəu] *n* (*knot*) lazo; (*weapon, Mus*) arco

bow² [bau] *n* (*of the head*) reverencia; (*Naut*: *also*: **~s**) proa ⊳ *vi* inclinarse, hacer una reverencia

bowels [bauəlz] *npl* intestinos *mpl*, vientre *m*; (*fig*) entrañas *fpl*

bowl [bəul] *n* tazón *m*, cuenco; (*ball*) bola ⊳ *vi* (*Cricket*) arrojar la pelota; *see also* **bowls**; **bowler** *n* (*Cricket*) lanzador *m* (*de la pelota*); (*BRIT*: *also*: **bowler hat**) hongo, bombín *m*; **bowling** *n* (*game*) bochas *fpl*, bolos *mpl*; **bowling alley** *n* bolera; **bowling green** *n* pista para bochas; **bowls** *n* juego de las bochas, bolos *mpl*

bow tie [bəu-] *n* corbata de lazo, pajarita

box [bɔks] *n* (*also*: **cardboard ~**) caja, cajón *m*; (*Theatre*) palco ⊳ *vt* encajonar ⊳ *vi* (*Sport*) boxear; **boxer** [ˈbɔksə²] *n* (*person*) boxeador *m*; **boxer shorts** [ˈbɔksəʃɔːts] *n* bóxers; **a pair of boxer shorts** unos bóxers; **boxing** [ˈbɔksɪŋ] *n* (*Sport*) boxeo; **Boxing Day** (*BRIT*) *n* día en que se dan los aguinaldos, 26 de diciembre; **boxing gloves** *npl* guantes *mpl* de boxeo; **boxing ring** *n* ring *m*, cuadrilátero; **box office** *n* taquilla (*SP*), boletería (*LAM*)

boy [bɔɪ] *n* (*young*) niño; (*older*) muchacho, chico; (*son*) hijo *m*; **boy band** *n* grupo musical de chicos

boycott [ˈbɔɪkɔt] *n* boicot *m* ⊳ *vt* boicotear

boyfriend [ˈbɔɪfrend] *n* novio

bra [brɑː] *n* sostén *m*, sujetador *m*

brace [breɪs] *n* (*BRIT*: *also*: **~s** *on teeth*) corrector *m*, aparato; (*tool*) berbiquí *m* ⊳ *vt* (*knees, shoulders*) tensionar; **braces** *npl* (*BRIT*) tirantes *mpl*; **to ~ o.s.** (*fig*) prepararse

bracelet ['breɪslɪt] n pulsera, brazalete m

bracket ['brækɪt] n (Tech) soporte m, puntal m; (group) clase f, categoría; (also: **brace ~**) soporte m, abrazadera; (also: **round ~**) paréntesis m inv; (also: **square ~**) corchete m ⊳ vt (word etc) poner entre paréntesis

brag [bræɡ] vi jactarse

braid [breɪd] n (trimming) galón m; (of hair) trenza

brain [breɪn] n cerebro; **brains** npl sesos mpl; **she's got ~s** es muy lista

braise [breɪz] vt cocer a fuego lento

brake [breɪk] n (on vehicle) freno ⊳ vi frenar; **brake light** n luz f de frenado

bran [bræn] n salvado

branch [brɑːntʃ] n rama; (Comm) sucursal f; **branch off** vi: **a small road branches off to the right** hay una carretera pequeña que sale hacia la derecha; **branch out** vi (fig) extenderse

brand [brænd] n marca; (fig: type) tipo ⊳ vt (cattle) marcar con hierro candente; **brand name** n marca; **brand-new** adj flamante, completamente nuevo

brandy ['brændɪ] n coñac m

brash [bræʃ] adj (forward) descarado

brass [brɑːs] n latón m; **the ~** (Mus) los cobres; **brass band** n banda de metal

brat [bræt] (pej) n mocoso/a

brave [breɪv] adj valiente, valeroso ⊳ vt (face up to) desafiar; **bravery** n valor m, valentía

brawl [brɔːl] n pelea, reyerta

Brazil [brə'zɪl] n (el) Brasil; **Brazilian** adj, n brasileño/a m/f

breach [briːtʃ] vt abrir brecha en ⊳ n (gap) brecha; (breaking): **~ of contract** infracción f de contrato; **~ of the peace** perturbación f del órden público

bread [brɛd] n pan m; **breadbin** n panera; **breadbox** (us) n panera; **breadcrumbs** npl migajas fpl; (Culin) pan rallado

breadth [brɛtθ] n anchura; (fig) amplitud f

break [breɪk] (pt **broke**, pp **broken**) vt romper; (promise) faltar a; (law) violar, infringir; (record) batir ⊳ vi romperse, quebrarse; (storm) estallar; (weather) cambiar; (dawn) despuntar; (news etc) darse a conocer ⊳ n (gap) abertura; (fracture) fractura; (time) intervalo; (: at school) (período de) recreo; (chance) oportunidad f; **to break the news to sb** comunicar la noticia a algn; **break down** vt (figures, data) analizar, descomponer ⊳ vi (machine) estropearse; (Aut) averiarse; (person) romper a llorar; (talks) fracasar; **break in** vt (horse etc) domar ⊳ vi (burglar) forzar una entrada; (interrupt) interrumpir; **break into** vt fus (house) forzar; **break off** vi (speaker) pararse, detenerse; (branch) partir; **break out** vi estallar; (prisoner) escaparse; **to break out in spots** salirle a algn granos; **break up** vi (ship) hacerse pedazos; (crowd, meeting) disolverse; (marriage) deshacerse; (Scol) terminar (el curso); (line) cortarse ⊳ vt (rocks etc) partir; (journey) partir; (fight etc) acabar con; **the line's** or **you're breaking up** se corta; **breakdown** n (Aut) avería; (in communications) interrupción f; (Med: also: **nervous breakdown**) colapso, crisis f nerviosa; (of marriage, talks) fracaso; (of statistics) análisis m inv; **breakdown truck**, **breakdown van** n (camión m) grúa

breakfast ['brɛkfəst] n desayuno

break: break-in n robo con allanamiento de morada; **breakthrough** n (also fig) avance m

breast [brɛst] n (of woman) pecho, seno; (chest) pecho; (of bird) pechuga; **breast-feed** (pt, pp **breast-fed**) vt, vi amamantar, criar a los pechos; **breast-stroke** n braza (de pecho)

breath [brɛθ] n aliento, respiración f; **to take a deep ~** respirar hondo; **out of ~** sin aliento, sofocado

Breathalyser® ['breθəlaɪzə*'] (BRIT)
n alcoholímetro

breathe [bri:ð] vt, vi respirar;
breathe in vt, vi aspirar; **breathe
out** vt, vi espirar; **breathing** n
respiración f

breath: **breathless** adj sin aliento,
jadeante; **breathtaking** adj
imponente, pasmoso; **breath test** n
prueba de la alcoholemia

bred [bred] pt, pp of **breed**

breed [bri:d] (pt, pp **bred**) vt criar ▷ vi
reproducirse, procrear ▷ n (Zool) raza,
casta; (type) tipo

breeze [bri:z] n brisa

breezy ['bri:zɪ] adj de mucho viento,
ventoso; (person) despreocupado

brew [bru:] vt (tea) hacer; (beer)
elaborar ▷ vi (fig: trouble) prepararse;
(storm) amenazar; **brewery** n fábrica
de cerveza, cervecería

bribe [braɪb] n soborno n ▷ vt
sobornar, cohechar; **bribery** n
soborno, cohecho

bric-a-brac ['brɪkəbræk] n inv
baratijas fpl

brick [brɪk] n ladrillo m; **bricklayer** n
albañil m

bride [braɪd] n novia; **bridegroom** n
novio; **bridesmaid** n dama de honor

bridge [brɪdʒ] n puente m (Naut)
puente m de mando; (of nose) caballete
m; (Cards) bridge m ▷ vt (fig): **to ~ a gap**
llenar un vacío

bridle ['braɪdl] n brida, freno

brief [bri:f] adj breve, corto ▷ n (Law)
escrito; (task) cometido, encargo
▷ vt informar; **briefs** npl (for men)
calzoncillos mpl; (for women) bragas fpl;
briefcase n cartera (SP), portafolio
(LAM); **briefing** n (Press) informe m;
briefly adv (glance) fugazmente; (say)
en pocas palabras

brigadier [brɪɡə'dɪə*] n general m
de brigada

bright [braɪt] adj brillante; (room)
luminoso; (day) de sol; (person: clever)
listo, inteligente; (: lively) alegre;

(colour) vivo; (future) prometedor(a)

brilliant ['brɪljənt] adj brillante; (inf)
fenomenal

brim [brɪm] n borde m; (of hat) ala

brine [braɪn] n (Culin) salmuera

bring [brɪŋ] (pt, pp **brought**) vt (thing,
person: with you) traer; (: to sb) llevar,
conducir; (trouble, satisfaction) causar;
bring about vt ocasionar, producir;
bring back vt volver a traer; (return)
devolver; **bring down** vt (government,
plane) derribar; (price) rebajar; **bring
in** vt (harvest) recoger; (person) hacer
entrar o pasar; (object) traer; (Pol: bill,
law) presentar; (produce: income)
producir, rendir; **bring on** vt (illness,
attack) producir, causar; (player,
substitute) sacar (de la reserva), hacer
salir; **bring out** vt sacar; (book etc)
publicar; (meaning) subrayar; **bring
up** vt subir; (person) educar, criar;
(question) sacar a colación; (food: vomit)
devolver, vomitar

brink [brɪŋk] n borde m

brisk [brɪsk] adj (abrupt: tone) brusco;
(person) enérgico, vigoroso; (pace)
rápido; (trade) activo

bristle ['brɪsl] n cerda ▷ vi: **to ~ in
anger** temblar de rabia

Brit [brɪt] n abbr (inf: = British person)
británico/a

Britain ['brɪtən] n (also: **Great ~**)
Gran Bretaña

British ['brɪtɪʃ] adj británico
▷ npl: **the ~** los británicos; **British Isles**
npl: **the British Isles** las Islas Británicas

Briton ['brɪtən] n británico/a

brittle ['brɪtl] adj quebradizo, frágil

broad [brɔːd] adj ancho; (range)
amplio; (smile) abierto; (general: outlines
etc) general; (accent) cerrado; (in ~
daylight) en pleno día; **broadband** n
banda ancha; **broad bean** n haba;
broadcast (pt, pp ~) n emisión f
▷ vt (Radio) emitir; (TV) transmitir
▷ vi emitir, transmitir; **broaden** vt
ampliar ▷ vi ensancharse; **to broaden
one's mind** hacer más tolerante a

algn;broadly adv en general;**broad-minded** adj tolerante, liberal

broccoli ['brɒkəlɪ] n brécol m

brochure ['brəʊʃjʊəʳ] n folleto

broil [brɔɪl] vt (Culin) asar a la parrilla

broiler ['brɔɪləʳ] n (grill) parrilla

broke [brəʊk] pt of break ⊳ adj (inf) pelado, sin blanca

broken ['brəʊkən] pp of break ⊳ adj roto; (machine: also: ~ **down**) averiado; **- leg** pierna rota; **in - English** en un inglés imperfecto

broker ['brəʊkəʳ] n agente mf, bolsista mf; (insurance broker) agente de seguros

bronchitis [brɒŋ'kaɪtɪs] n bronquitis f

bronze [brɒnz] n bronce m

brooch [brəʊtʃ] n prendedor m, broche m

brood [bruːd] n camada, cría ⊳ vi (person) dejarse obsesionar

broom [brʊm] n escoba; (Bot) retama

Bros. abbr (= Brothers) Hnos

broth [brɒθ] n caldo

brothel ['brɒθl] n burdel m

brother ['brʌðəʳ] n hermano; **brother-in-law** n cuñado

brought [brɔːt] pt, pp of bring

brow [braʊ] n (forehead) frente m; (eyebrow) ceja; (of hill) cumbre f

brown [braʊn] adj (colour) marrón; (hair) castaño; (tanned) bronceado, moreno ⊳ n (colour) color m marrón o pardo ⊳ vt (Culin) dorar; **brown bread** n pan integral

Brownie ['braʊnɪ] n niña exploradora

brown rice n arroz m integral

brown sugar n azúcar m terciado

browse [braʊz] vi (through book) hojear; (in shop) mirar; **browser** n (Comput) navegador m

bruise [bruːz] n cardenal m (SP), moretón m (LAM); ⊳ vt magullar

brush [brʌʃ] n cepillo; (for painting, shaving etc) brocha; (artist's) pincel m; (with police etc) roce m ⊳ vt (sweep) barrer; (groom) cepillar; (also: ~ against) rozar al pasar

Brussels ['brʌslz] n Bruselas

Brussels sprout n col f de Bruselas

brutal ['bruːtl] adj brutal

B.Sc. abbr (= Bachelor of Science) licenciado en Ciencias

BSE n abbr (= bovine spongiform encephalopathy) encefalopatía espongiforme bovina

bubble ['bʌbl] n burbuja ⊳ vi burbujear, borbotar; **bubble bath** n espuma para el baño; **bubble gum** n chicle m de globo; **bubblejet printer** ['bʌbldʒet-] n impresora de inyección por burbujas

buck [bʌk] n (rabbit) conejo macho; (deer) gamo; (us: inf) dólar m ⊳ vi corcovear; **to pass the ~ (to sb)** echar (a algn) el muerto

bucket ['bʌkɪt] n cubo, balde m

buckle ['bʌkl] n hebilla ⊳ vt abrochar con hebilla ⊳ vi combarse

bud [bʌd] n (of plant) brote m, yema; (of flower) capullo ⊳ vi brotar, echar brotes

Buddhism ['bʊdɪzm] n Budismo

Buddhist ['bʊdɪst] adj, n budista m/f

buddy ['bʌdɪ] (us) n compañero, compinche m

budge [bʌdʒ] vt mover; (fig) hacer ceder ⊳ vi moverse, ceder

budgerigar ['bʌdʒərɪgaːʳ] n periquito

budget ['bʌdʒɪt] n presupuesto ⊳ vi: **to - for sth** presupuestar algo

budgie ['bʌdʒɪ] n = **budgerigar**

buff [bʌf] adj (colour) color de ante ⊳ n (inf: enthusiast) entusiasta mf

buffalo ['bʌfələʊ] (pl - or **-es**) n (BRIT) búfalo; (us: bison) bisonte m

buffer ['bʌfəʳ] n (Comput) memoria intermedia; (Rail) tope m

buffet¹ ['bʌfɪt] vt golpear

buffet² ['bʊfeɪ] n (BRIT: in station) bar m, cafetería; (food) buffet m; **buffet car** (BRIT) n (Rail) coche-comedor m

bug [bʌg] n (esp us: insect) bicho, sabandija; (Comput) error m; (germ) microbio, bacilo; (spy device) micrófono oculto ▷ vt (inf: annoy) fastidiar; (room) poner micrófono oculto en

buggy ['bʌgɪ] n cochecito de niño

build [bɪld] (pt, pp **built**) n (of person) tipo ▷ vt construir, edificar; **build up** vt (morale, forces, production) acrecentar; (stocks) acumular; **builder** n (contractor) contratista mf; **building** n construcción f; (structure) edificio; **building site** n obra; **building society** (BRIT) n sociedad f inmobiliaria

built [bɪlt] pt, pp of **build**; **built-in** adj (cupboard) empotrado; (device) interior, incorporado; **built-up** adj (area) urbanizado

bulb [bʌlb] n (Bot) bulbo; (Elec) bombilla, foco (MEX), bujía (CAM), bombita (RPL)

Bulgaria [bʌl'ɡeərɪə] n Bulgaria; **Bulgarian** adj, n búlgaro/a m/f

bulge [bʌldʒ] n bulto, protuberancia ▷ vi bombearse, pandearse; (pocket etc): **to ~ (with)** rebosar (de)

bulimia [bə'lɪmɪə] n bulimia

bulimic [bju:'lɪmɪk] adj, n bulímico/a m/f

bulk [bʌlk] n masa, mole f; **in ~** (Comm) a granel; **the ~ of** la mayor parte de; **bulky** adj voluminoso, abultado

bull [bul] n toro; (male elephant, whale) macho

bulldozer ['buldəuzə*] n bulldozer m

bullet ['bulɪt] n bala

bulletin ['bulɪtɪn] n anuncio, parte m; (journal) boletín m; **bulletin board** n (us) tablón m de anuncios; (Comput) tablero de noticias

bullfight ['bulfaɪt] n corrida de toros; **bullfighter** n torero; **bullfighting** n los toros, el toreo

bully ['bulɪ] n valentón m, matón m ▷ vt intimidar, tiranizar

bum [bʌm] n (inf: backside) culo; (esp us: tramp) vagabundo

bumblebee ['bʌmblbi:] n abejorro

bump [bʌmp] n (blow) tope m, choque m; (jolt) sacudida; (on road etc) bache m; (on head etc) chichón m ▷ vt (strike) chocar contra; **bump into** vt fus chocar contra, tropezar con; (person) topar con; **bumper** n (Aut) parachoques m inv ▷ adj: **bumper crop or harvest** cosecha abundante; **bumpy** adj (road) lleno de baches

bun [bʌn] n (BRIT: cake) pastel m; (us: bread) bollo; (of hair) moño

bunch [bʌntʃ] n (of flowers) ramo; (of keys) manojo; (of bananas) piña; (of people) grupo; (pej) pandilla; **bunches** npl (in hair) coletas fpl

bundle ['bʌndl] n haz m; fardo; (of sticks) haz m; (of papers) legajo ▷ vt (also: **~ up**) atar, envolver; **to ~ sth/sb into** meter algo/a algn precipitadamente en

bungalow ['bʌŋɡələu] n bungalow m, chalé m

bungee jumping ['bʌndʒi:'dʒʌmpɪŋ] n puenting m, banyi m

bunion ['bʌnjən] n juanete m

bunk [bʌŋk] n litera; **bunk beds** npl literas fpl

bunker ['bʌŋkə*] n (coal store) carbonera; (Mil) refugio; (Golf) bunker m

bunny ['bʌnɪ] n (inf: also: **~ rabbit**) conejito

buoy [bɔɪ] n boya; **buoyant** adj (ship) capaz de flotar; (economy) boyante; (person) optimista

burden ['bə:dn] n carga ▷ vt cargar

bureau [bjuə'rəu] (pl **-x**) n (BRIT: writing desk) escritorio, buró m; (us: chest of drawers) cómoda; (office) oficina, agencia

bureaucracy [bjuə'rɔkrəsi] n burocracia

bureaucrat ['bjuərəkræt] n burócrata m/f

bureau de change [-də'ʃɑ:ʒ] (pl **bureaux de change**) n caja f de cambio

bureaux ['bjuərəuz] npl of **bureau**

burger ['bə:gə*] n hamburguesa

burglar ['bə:glə*] n ladrón/ona m/f;
burglar alarm n alarma f antirrobo;
burglary n robo con allanamiento,
robo de una casa

burial ['berɪəl] n entierro

burn [bə:n] (pt, pp -**ed** or -**t**) vt
quemar; (house) incendiar ▷ vi
quemarse, arder; incendiarse; (sting)
escocer ▷ n quemadura; **burn down**
vt incendiar; **burn out** vt (writer
etc): **to burn o.s. out** agotarse;
burning adj (building etc) en llamas;
(hot: sand etc) abrasador(a); (ambition)
ardiente

Burns' Night [bə:nz-] n ver recuadro

burnt [bə:nt] pt, pp of **burn**

burp [bə:p] (inf) n eructo ▷ vi eructar

burrow ['bʌrəʊ] n madriguera ▷ vi
hacer una madriguera; (rummage)
hurgar

burst [bə:st] (pt, pp ~) vt reventar;
(river: banks etc) romper ▷ vi
reventarse; (tyre) pincharse ▷ n (of
gunfire) ráfaga; (also: ~ **pipe**) reventón
m; **a ~ of energy/speed/enthusiasm**
una explosión de energía/un
ímpetu de velocidad/un arranque
de entusiasmo; **to ~ into flames**

estallar en llamas; **to ~ into tears**
deshacerse en lágrimas; **to ~ out
laughing** soltar la carcajada; **to ~
open** abrirse de golpe; **to be ~ing with**
(container) estar lleno a rebosar de;
(: person) reventar por or de; **burst into**
vt fus (room etc) irrumpir en

bury ['berɪ] vt enterrar; (body)
enterrar, sepultar

bus [bʌs] (pl ~**es**) n autobús m; **bus
conductor** n cobrador(a) m/f

bush [bʊʃ] n arbusto; (scrub land)
monte m; **to beat about the ~**
andar(se) con rodeos

business ['bɪznɪs] n (matter) asunto;
(trading) comercio, negocios mpl; (firm)
empresa, casa; (occupation) oficio;
to be away on ~ estar en viaje de
negocios; **it's my ~ to ...** me toca or
corresponde ...; **it's none of my ~** yo no
tengo nada que ver; **he means ~** habla
en serio; **business class** n (Aer) clase f
preferente; **businesslike** adj eficiente;
businessman (irreg) n hombre m de
negocios; **business trip** n viaje m de
negocios; **businesswoman** (irreg) n
mujer f de negocios

busker ['bʌskə*] n músico/a
ambulante

bus: bus pass n bonobús; **bus shelter**
n parada cubierta; **bus station** n
estación f de autobuses; **bus-stop** n
parada de autobús

bust [bʌst] n (Anat) pecho; (sculpture)
busto ▷ adj (inf: broken) roto,
estropeado; **to go ~** quebrar

bustling ['bʌslɪŋ] adj (town)
animado, bullicioso

busy ['bɪzɪ] adj ocupado, atareado;
(shop, street) concurrido, animado;
(Tel: line) comunicando ▷ vt: **to ~ o.s.
with** ocuparse en; **busy signal** n (us)
(Tel) señal f de comunicando

○ **KEYWORD**

but [bʌt] conj **1** pero; **he's not very
bright, but he's hard-working** no es

muy inteligente, pero es trabajador

2 (*in direct contradiction*) sino; **he's not English but French** no es inglés sino francés; **he didn't sing but he shouted** no cantó sino que gritó

3 (*showing disagreement, surprise etc*) **but that's far too expensive!** ¡pero eso es carísimo!; **but it does work!** ¡(pero) sí que funciona!

▷ *prep* (*apart from, except*) menos, salvo; **we've had nothing but trouble** no hemos tenido más que problemas; **no-one but him can do it** nadie más que él puede hacerlo; **who but a lunatic would do such a thing?** ¿sólo un loco haría una cosa así?; **but for you/your help** si no fuera por ti/tu ayuda; **anything but that** cualquier cosa menos eso

▷ *adv* (*just, only*) **she's but a child** no es más que una niña; **had I but known** si lo hubiera sabido; **I can but try** al menos lo puedo intentar; **it's all but finished** está casi acabado

butcher ['bʊtʃəʳ] *n* carnicero ▷ *vt* hacer una carnicería con; (*cattle etc*) matar; **butcher's (shop)** *n* carnicería

butler ['bʌtləʳ] *n* mayordomo

butt [bʌt] *n* (*barrel*) tonel *m*; (*of gun*) culata; (*of cigarette*) colilla; (BRIT: *fig: target*) blanco ▷ *vt* dar cabezadas contra, top(et)ar

butter ['bʌtəʳ] *n* mantequilla ▷ *vt* untar con mantequilla; **buttercup** *n* botón *m* de oro

butterfly ['bʌtəflaɪ] *n* mariposa; (*Swimming: also:* **~ stroke**) braza de mariposa

buttocks ['bʌtəks] *npl* nalgas *fpl*

button ['bʌtn] *n* botón *m*; (US) placa, chapa ▷ *vt* (*also:* **~ up**) abotonar, abrochar ▷ *vi* abrocharse

buy [baɪ] (*pt, pp* **bought**) *vt* comprar ▷ *n* compra; **to ~ sb sth/sth from sb** comprarle algo a algn; **to ~ sb a drink** invitar a algn a tomar algo; **buy out** *vt*

(*partner*) comprar la parte de; **buy up** *vt* (*property*) acaparar; (*stock*) comprar todas las existencias de; **buyer** *n* comprador(a) *m/f*

buzz [bʌz] *n* zumbido; (*inf: phone call*) llamada (por teléfono) ▷ *vi* zumbar; **buzzer** *n* timbre *m*

○ KEYWORD

by [baɪ] *prep* **1** (*referring to cause, agent*) por; de; **killed by lightning** muerto por un relámpago; **a painting by Picasso** un cuadro de Picasso

2 (*referring to method, manner, means*): **by bus/car/train** en autobús/coche/ tren; **to pay by cheque** pagar con un cheque; **by moonlight/candlelight** a la luz de la luna/una vela; **by saving hard he ...** ahorrando ...

3 (*via, through*) por; **we came by Dover** vinimos por Dover

4 (*close to, past*): **the house by the river** la casa junto al río; **she rushed by me** pasó a mi lado como una exhalación; **I go by the post office every day** paso por delante de Correos todos los días

5 (*time: not later than*) para; (: *during*): **by daylight** de día; **by 4 o'clock** para las cuatro; **by this time tomorrow** mañana a estas horas; **by the time I got here it was too late** cuando llegué ya era demasiado tarde

6 (*amount*): **by the metre/kilo** por metro/kilo; **paid by the hour** pagado por hora

7 (*Math, measure*): **to divide/multiply by 3** dividir/multiplicar por 3; **a room 3 metres by 4** una habitación de 3 metros por 4; **it's broader by a metre** es un metro más ancho

8 (*according to*) según, de acuerdo con; **it's 3 o'clock by my watch** según mi reloj, son las tres; **it's all right by me** por mí, está bien

9: **(all) by oneself** *etc* todo solo; **he did it (all) by himself** lo hizo él solo;

**he was standing (all) by himself in a
corner** estaba de pie solo en un rincón
10: by the way a propósito, por cierto;
this wasn't my idea, by the way
pues, no fue idea mía
▷ *adv* **1** *see* **go; pass** *etc*
2: by and by finalmente; **they'll come
back by and by** acabarán volviendo;
by and large en líneas generales, en
general

bye(-bye) ['baɪ('baɪ)] *excl* adiós,
hasta luego
by-election (BRIT) *n* elección *f* parcial
bypass ['baɪpɑːs] *n* carretera de
circunvalación; (Med) (operación *f* de)
by-pass *f* ▷ *vt* evitar
byte [baɪt] *n* (Comput) byte *m*, octeto

C [siː] *n* (Mus) do *m*
cab [kæb] *n* taxi *m*; (of truck) cabina
cabaret ['kæbəreɪ] *n* cabaret *m*
cabbage ['kæbɪdʒ] *n* col *f*, berza
cabin ['kæbɪn] *n* cabaña; (on ship)
camarote *m*; (on plane) cabina; **cabin
crew** *n* tripulación *f* de cabina
cabinet ['kæbɪnɪt] *n* (Pol) consejo
de ministros; (furniture) armario; (also:
display ~) vitrina; **cabinet minister** *n*
ministro/a (del gabinete)
cable ['keɪbl] *n* cable *m* ▷ *vt*
cablegrafiar; **cable car** *n* teleférico *m*;
cable television *n* televisión *f* por
cable
cactus ['kæktəs] (*pl* **cacti**) *n* cacto
café ['kæfeɪ] *n* café *m*
cafeteria [kæfɪ'tɪərɪə] *n* cafetería
caffein(e) ['kæfiːn] *n* cafeína
cage [keɪdʒ] *n* jaula
cagoule [kə'guːl] *n* chubasquero
cake [keɪk] *n* (Culin: large) tarta;
(: small) pastel *m*; (of soap) pastilla
calcium ['kælsɪəm] *n* calcio
calculate ['kælkjuleɪt] *vt* calcular;

calculation [-'leɪʃən] n cálculo, cómputo; **calculator** n calculadora

calendar ['kæləndə*] n calendario

calf [kɑːf] (pl **calves**) n (of cow) ternero, becerro; (of other animals) cría; (also: **~skin**) piel f de becerro; (Anat) pantorrilla

calibre ['kælɪbə*] (US **caliber**) n calibre m

call [kɔːl] vt llamar; (meeting) convocar ▷ vi (shout) llamar; (Tel) llamar (por teléfono); (visit: also: **~ in, ~ round**) hacer una visita ▷ n llamada; (of bird) canto; **to be ~ed** llamarse; **on ~** (on duty) de guardia; **call back** vi (return) volver; (Tel) volver a llamar; **call for** vt fus (demand) pedir, exigir; (fetch) pasar a recoger; **call in** vt (doctor, expert, police) llamar; **call off** vt (cancel: meeting, race) cancelar; (: deal) anular; (: strike) desconvocar; **call on** vt fus (visit) visitar; (turn to) acudir a; **call out** vi gritar; **call up** vt (Mil) llamar al servicio militar; (Tel) llamar; **callbox** (BRIT) n cabina telefónica; **call centre** (US **call center**) n centro de atención al cliente; **caller** n visita; (Tel) usuario/a

callous ['kæləs] adj insensible, cruel

calm [kɑːm] adj tranquilo; (sea) liso, en calma ▷ n calma, tranquilidad f ▷ vt calmar, tranquilizar; **calm down** vi calmarse, tranquilizarse ▷ vt calmar, tranquilizar; **calmly** ['kɑːmlɪ] adv tranquilamente, con calma

Calor gas ® ['kælə*-] n butano

calorie ['kælərɪ] n caloría

calves [kɑːvz] npl of **calf**

camcorder ['kæmkɔːdə*] n videocámara

came [keɪm] pt of **come**

camel ['kæməl] n camello

camera ['kæmərə] n máquina fotográfica; (Cinema, TV) cámara; **in ~** (Law) a puerta cerrada; **cameraman** (irreg) n cámara m; **camera phone** n teléfono con cámara

camouflage ['kæməflɑːʒ] n

camuflaje m ▷ vt camuflar

camp [kæmp] n campamento, camping m; (Mil) campamento; (for prisoners) campo; (fig: faction) bando ▷ vi acampar ▷ adj afectado, afeminado

campaign [kæm'peɪn] n (Mil, Pol etc) campaña ▷ vi hacer campaña; **campaigner** n: **campaigner for** defensor/a m/f de

camp: campbed (BRIT) n cama de campaña; **camper** n campista mf; (vehicle) caravana; **campground** (US) n camping m, campamento; **camping** n camping m; **to go camping** hacer camping; **campsite** n camping m

campus ['kæmpəs] n ciudad f universitaria

can¹ [kæn] n (of oil, water) bidón m; (tin) lata, bote m ▷ vt enlatar

○ KEYWORD

can² [kæn] (negative **cannot, can't**, conditional and pt **could**) aux vb **1** (be able to) poder; **you can do it if you try** puedes hacerlo si lo intentas; **I can't see you** no te veo

2 (know how to) saber; **I can swim/play tennis/drive** sé nadar/jugar al tenis/conducir; **can you speak French?** ¿hablas or sabes hablar francés?

3 (may) poder; **can I use your phone?** ¿me dejas or puedo usar tu teléfono?

4 (expressing disbelief, puzzlement etc): **it can't be true!** ¡no puede ser (verdad)!; **what can he want?** ¿qué querrá?

5 (expressing possibility, suggestion etc): **he could be in the library** podría estar en la biblioteca; **she could have been delayed** pudo haberse retrasado

Canada ['kænədə] n (el) Canadá; **Canadian** [kə'neɪdɪən] adj, n canadiense mf

canal [kə'næl] n canal m

canary [kə'neərɪ] n canario

Canary Islands [kə'neərɪˈaɪləndz]

npl: **the ~** las (Islas) Canarias

cancel ['kænsəl] *vt* cancelar; (*train*) suprimir; (*cross out*) tachar, borrar; **cancellation** [-'leɪʃən] *n* cancelación *f*; supresión *f*

Cancer ['kænsə*] *n* (*Astrology*) Cáncer *m*

cancer ['kænsə*] *n* cáncer *m*

candidate ['kændɪdeɪt] *n* candidato/a

candle ['kændl] *n* vela; (*in church*) cirio; **candlestick** *n* (*single*) candelero; (*low*) palmatoria; (*bigger, ornate*) candelabro

candy ['kændɪ] *n* azúcar *m* cande; (*us*) caramelo; **candy bar** (*us*) *n* barrita (*dulce*); **candyfloss** (*BRIT*) *n* algodón *m* (azucarado)

cane [keɪn] *n* (*Bot*) caña; (*stick*) vara, palmeta; (*for furniture*) mimbre *f* ▷ *vt* (*BRIT: Scol*) castigar (con vara)

canister ['kænɪstə*] *n* bote *m*, lata; (*of gas*) bombona

cannabis ['kænəbɪs] *n* marijuana

canned [kænd] *adj* en lata, de lata

cannon ['kænən] (*pl ~ or ~s*) *n* cañón *m*

cannot ['kænɔt] = **can not**

canoe [kə'nuː] *n* canoa; (*Sport*) piragua; **canoeing** *n* piragüismo

canon ['kænən] *n* (*clergyman*) canónigo; (*standard*) canon *m*

can-opener ['kænəupnə*] *n* abrelatas *m inv*

can't [kænt] = **can not**

canteen [kæn'tiːn] *n* (*eating place*) cantina; (*BRIT: of cutlery*) juego

canter ['kæntə*] *vi* ir a medio galope

canvas ['kænvəs] *n* (*material*) lona; (*painting*) lienzo; (*Naut*) velas *fpl*

canvass ['kænvəs] *vi* (*Pol*): **to ~ for** solicitar votos por ▷ *vt* (*Comm*) sondear

canyon ['kænjən] *n* cañón *m*

cap [kæp] *n* (*hat*) gorra; (*of pen*) capuchón *m*; (*of bottle*) tapa, tapón *m*; (*contraceptive*) diafragma *m*; (*for toy gun*) cápsula ▷ *vt* (*outdo*) superar; (*limit*)

recortar

capability [keɪpə'bɪlɪtɪ] *n* capacidad *f*

capable ['keɪpəbl] *adj* capaz

capacity [kə'pæsɪtɪ] *n* capacidad *f*; (*position*) calidad *f*

cape [keɪp] *n* capa; (*Geo*) cabo

caper ['keɪpə*] *n* (*Culin: gen pl*) alcaparra; (*prank*) broma

capital ['kæpɪtl] *n* (*also:* **~ city**) capital *f*; (*money*) capital *m*; (*also:* **~ letter**) mayúscula; **capitalism** *n* capitalismo; **capitalist** *adj, n* capitalista *mf*; **capital punishment** *n* pena de muerte

Capitol ['kæpɪtl] *n ver recuadro*

● **CAPITOL**

● El Capitolio **(Capitol)** es el edificio
● del Congreso **(Congress)** de
● los Estados Unidos, situado en
● la ciudad de Washington. Por
● extensión, también se suele llamar
● así al edificio en el que tienen lugar
● las sesiones parlamentarias de
● la cámara de representantes de
● muchos de los estados.

Capricorn ['kæprɪkɔːn] *n* Capricornio

capsize [kæp'saɪz] *vt* volcar, hacer zozobrar ▷ *vi* volcarse, zozobrar

capsule ['kæpsjuːl] *n* cápsula

captain ['kæptɪn] *n* capitán *m*

caption ['kæpʃən] *n* (*heading*) título; (*to picture*) leyenda

captivity [kæp'tɪvɪtɪ] *n* cautiverio

capture ['kæptʃə*] *vt* prender, apresar; (*animal, Comput*) capturar; (*place*) tomar; (*attention*) captar, llamar ▷ *n* apresamiento; captura; toma; (*data capture*) formulación *f* de datos

car [kɑː*] *n* coche *m*, carro (*LAM*), automóvil *m*; (*us Rail*) vagón *m*

carafe [kə'ræf] *n* jarra

caramel ['kærəməl] *n* caramelo

carat ['kærət] *n* quilate *m*

caravan ['kærævæn] n (BRIT)
caravana, ruló f; (in desert) caravana;
caravan site (BRIT) n camping m para
caravanas

carbohydrate [kɑːbəʊ'haɪdreɪt] n
hidrato de carbono; (food) fécula

carbon ['kɑːbən] n carbono; **carbon
dioxide** n dióxido de carbono,
anhídrido carbónico; **carbon
monoxide** n monóxido de carbono

car boot sale n mercadillo organizado
en un aparcamiento, en el que se
exponían mercancías en el maletero
del coche

carburettor [kɑːbjʊ'retə*] (us
carburetor) n carburador m

card [kɑːd] n (material) cartulina;
(index card etc) ficha; (playing card) carta,
naipe m; (visiting card, greetings card etc)
tarjeta; (computer) cartón m; **card
game** n juego de naipes o cartas

cardigan ['kɑːdɪgən] n rebeca

cardinal ['kɑːdɪnl] adj cardinal;
(importance, principal) esencial ▷ n
cardenal m

cardphone ['kɑːdfəʊn] n cabina que
funciona con tarjetas telefónicas

care [keə*] n cuidado; (worry)
inquietud f; (charge) cargo, custodia
▷ vi: **to ~ about** (person, animal) tener
cariño a; (thing, idea) preocuparse por;
~ of en casa de, al cuidado de; **in sb's ~**
a cargo de algn; **to take ~ to** cuidarse de,
tener cuidado de; **to take ~ of** cuidar;
(problem etc) ocuparse de; **I don't ~** no
me importa; **I couldn't ~ less** eso me
trae sin cuidado; **care for** vt fus cuidar
a; (like) querer

career [kə'rɪə*] n profesión f; (in work,
school) carrera ▷ vi (also: **~ along**)
correr a toda velocidad

care: **carefree** adj despreocupado;
careful adj cuidadoso; (cautious)
cauteloso; **(be) careful!** ¡tenga
cuidado!; **carefully** adv con cuidado,
cuidadosamente; con cautela;

cuida a un pariente o vecino; **careless**
adj descuidado; (heedless) poco
atento; **carelessness** n descuido,
falta de atención; **carer** ['keərə*] n
(professional) enfermero a m/f; (unpaid)
persona que cuida a un pariente o vecino;
caretaker n portero/a, conserje mf

car-ferry ['kɑːferɪ] n transbordador
m para coches

cargo ['kɑːgəʊ] (pl **-es**) n
cargamento, carga

car hire n alquiler m de automóviles

Caribbean [kærɪ'biːən] n: **the ~ (Sea)**
el (Mar) Caribe

caring ['keərɪŋ] adj humanitario;
(behaviour) afectuoso

carnation [kɑː'neɪʃən] n clavel m

carnival ['kɑːnɪvl] n carnaval m;
(us: funfair) parque m de atracciones

carol ['kærəl] n: **(Christmas) ~**
villancico

carousel [kærə'sel] (us) n tiovivo,
caballitos mpl

car park (BRIT) n aparcamiento,
parking m

carpenter ['kɑːpɪntə*] n
carpintero/a

carpet ['kɑːpɪt] n alfombra; (fitted)
moqueta ▷ vt alfombrar

car rental (us) n alquiler m de coches

carriage ['kærɪdʒ] n (BRIT Rail) vagón
m; (horse-drawn) coche m; (of goods)
transporte m; (: cost) porte m, flete m;
carriageway (BRIT) n (part of road)
calzada

carrier ['kærɪə*] n (transport company)
transportista, empresa de transportes;
(Med) portador/a m/f; **carrier bag**
(BRIT) n bolsa de papel o plástico

carrot ['kærət] n zanahoria

carry ['kærɪ] vt (person)
llevar; (transport) transportar;
(involve: responsibilities etc) entrañar,
implicar; (Med) ser portador de ▷ vi
(sound) oírse; **to get carried away** (fig)
entusiasmarse; **carry on** vi (continue)
seguir (adelante), continuar ▷ vt
proseguir, continuar; **carry out** vt

(orders) cumplir; (investigation) llevar a cabo, realizar

cart [ka:t] n carro, carreta ▷vt (inf: transport) acarrear

carton ['ka:tən] n (box) caja (de cartón); (of milk etc) bote m; (of yogurt) tarrina

cartoon [ka:'tu:n] n (Press) caricatura; (comic strip) tira cómica; (film) dibujos mpl animados

cartridge ['ka:trɪdʒ] n cartucho; (of pen) recambio

carve [ka:v] vt (meat) trinchar; (wood, stone) cincelar, esculpir; (initials etc) grabar; **carving** n (object) escultura; (design) talla; (art) tallado

car wash n lavado de coches

case [keɪs] n (container) caja; (Med) caso; (for jewels etc) estuche m; (Law) causa, proceso; (BRIT: also: **suit~**) maleta; **in ~ of** en caso de; **in any ~** en todo caso; **just in ~** por si acaso

cash [kæʃ] n dinero en efectivo, dinero contante ▷vt cobrar, hacer efectivo; **to pay (in) ~** pagar al contado; **~ on delivery** cóbrese al entregar; **cashback** n (discount) devolución f; (at supermarket etc) retirada de dinero en efectivo en el establecimiento donde se ha pagado con tarjeta; también dinero retirado; **cash card** n tarjeta f dinero; **cash desk** (BRIT) n caja; **cash dispenser** n cajero automático

cashew [kæ'ʃu:] n (also: **~ nut**) anacardo

cashier [kæ'ʃɪə*] n cajero/a

cashmere ['kæʃmɪə*] n cachemira

cash point n cajero automático

cash register n caja

casino [kə'si:nəu] n casino

casket ['ka:skɪt] n cofre m, estuche m; (US: coffin) ataúd m

casserole ['kæsərəul] n (food, pot) cazuela

cassette [kæ'set] n casete f; **cassette player, cassette recorder** n casete m

(Theatre): **to ~ sb as Othello** dar a algn el papel de Otelo ▷vi (Fishing) lanzar ▷n (Theatre) reparto; (also: **plaster ~**) vaciado; **to ~ one's vote** votar; **to ~ doubt on** suscitar dudas acerca de; **cast off** vi (Naut) desamarrar; (Knitting) cerrar (los puntos)

castanets [kæstə'nets] npl castañuelas fpl

caster sugar ['ka:stə*-] (BRIT) n azúcar m extrafino

Castile [kæs'ti:l] n Castilla; **Castilian** adj, n castellano/a m/f

cast-iron ['ka:staɪən] adj (lit) (hecho) de hierro fundido; (fig: case) irrebatible

castle ['ka:sl] n castillo; (Chess) torre f

casual ['kæʒjul] adj fortuito; (irregular: work etc) eventual, temporero; (unconcerned) despreocupado; (clothes) informal

▍ Be careful not to translate **casual** by the Spanish word casual.

casualty ['kæʒjultɪ] n víctima, herido/a; (dead) muerto/a; (Med: department) urgencias fpl

cat [kæt] n gato; (big cat) felino

Catalan ['kætəlæn] adj, n catalán/ ana m/f

catalogue ['kætəlɔg] (US **catalog**) n catálogo ▷vt catalogar

Catalonia [kætə'ləunɪə] n Cataluña

catalytic converter [kætə'lɪtɪkən'vɜ:tə*] n catalizador m

cataract ['kætərækt] n (Med) cataratas fpl

catarrh [kə'ta:*] n catarro

catastrophe [kə'tæstrəfɪ] n catástrofe f

catch [kætʃ] (pt, pp **caught**) vt coger (SP), agarrar (LAM); (arrest) detener; (grasp) asir; (breath) contener; (surprise: person) sorprender; (attract: attention) captar; (hear) oír; (Med) contagiarse de, coger; (also: **~ up**) alcanzar ▷vi (fire) encenderse; (in branches etc) enredarse ▷n (fish etc) pesca; (act of catching) cogida; (hidden problem) dificultad f; (game)

pilla-pilla: (of lock) pestillo, cerradura;
to ~ fire encenderse; **to ~ sight of**
divisar; **catch up** vi (fig) ponerse al
día; **catching** ['kætʃɪŋ] adj (Med)
contagioso

category ['kætɪgərɪ] n categoría,
clase f

cater ['keɪtə*] vi: **to ~ for** (BRIT)
abastecer a; (needs) atender a;
(Comm: parties etc) proveer comida a

caterpillar ['kætəpɪlə*] n oruga,
gusano

cathedral [kə'θi:drəl] n catedral f

Catholic ['kæθəlɪk] adj, n (Rel)
católico/a m/f

Catseye ['kæts'aɪ] (BRIT) n (Aut)
catafoto

cattle ['kætl] npl ganado

catwalk ['kætwɔ:k] n pasarela

caught [kɔ:t] pt, pp of **catch**

cauliflower ['kɔlɪflauə*] n coliflor f

cause [kɔ:z] n causa, motivo, razón f;
(principle: also Pol) causa ▷ vt causar

caution ['kɔ:ʃən] n cautela,
prudencia; (warning) advertencia,
amonestación f ▷ vt amonestar;
cautious adj cauteloso, prudente,
precavido

cave [keɪv] n cueva, caverna; **cave in**
vi (roof etc) derrumbarse, hundirse

caviar(e) ['kævɪɑ:*] n caviar m

cavity ['kævɪtɪ] n hueco, cavidad f

cc abbr (= cubic centimetres) c.c.; (= carbon
copy) copia hecha con papel del carbón

CCTV n abbr (= closed-circuit television)
circuito cerrado de televisión

CD n abbr (= compact disc) CD m; (player)
(reproductor m de) CD m; **CD player** n
reproductor m de CD; **CD-ROM**
[si:di:'rɔm] n abbr CD-ROM m; **CD
writer** n grabadora de CD

cease [si:s] vt, vi cesar; **ceasefire** n
alto m el fuego

cedar ['si:də*] n cedro

ceilidh ['keɪlɪ] n baile con música y
danzas tradicionales escocesas o irlandesas

ceiling ['si:lɪŋ] n techo; (fig) límite m

celebrate ['sɛlɪbreɪt] vt celebrar ▷ vi

divertirse; **celebration** [-'breɪʃən] n
fiesta, celebración f

celebrity [sɪ'lɛbrɪtɪ] n celebridad f

celery ['sɛlərɪ] n apio

cell [sɛl] n celda; (Biol) célula; (Elec)
elemento

cellar ['sɛlə*] n sótano; (for wine)
bodega

cello ['tʃɛləu] n violoncelo

Cellophane® ['sɛləfeɪn] n celofán m

cellphone ['sɛlfəun] n teléfono
celular

Celsius ['sɛlsɪəs] adj centígrado

Celtic ['kɛltɪk] adj celta

cement [sə'mɛnt] n cemento

cemetery ['sɛmɪtrɪ] n cementerio

censor ['sɛnsə*] n censor m ▷ vt (cut)
censurar; **censorship** n censura

census ['sɛnsəs] n censo

cent [sɛnt] n (unit of dollar) centavo,
céntimo; (unit of euro) céntimo; see
also **per**

centenary [sɛn'ti:nərɪ] n centenario

centennial [sɛn'tɛnɪəl] (US) n
centenario

center ['sɛntə*] (US) = **centre**

centi... [sɛntɪ] prefix: **centigrade**
adj centígrado; **centimetre** (US
centimeter) n centímetro; **centipede**
['sɛntɪpi:d] n ciempiés m inv

central ['sɛntrəl] adj central; (of
house etc) céntrico; **Central America**
n Centroamérica; **central heating**
n calefacción f central; **central
reservation** (BRIT AUT) mediana

centre ['sɛntə*] (US **center**) n centro;
(fig) núcleo ▷ vt centrar; **centre-
forward** n (Sport) delantero centro;
centre-half n (Sport) medio centro

century ['sɛntjurɪ] n siglo; **20th ~**
siglo veinte

CEO n abbr = **chief executive officer**

ceramic [sɪ'ræmɪk] adj cerámico

cereal ['si:rɪəl] n cereal m

ceremony ['sɛrɪmənɪ] n ceremonia;
to stand on ~ hacer ceremonias, estar
de cumplido

certain ['sə:tən] adj seguro;

(person): **a ~ Mr Smith** un tal Sr. Smith; (particular, some) cierto; **for ~ a ciencia** cierta; **certainly** adv (undoubtedly) ciertamente; (of course) desde luego, por supuesto; **certainty** n certeza, certidumbre f, seguridad f; (inevitability) certeza

certificate [sə'tɪfɪkɪt] n certificado
certify ['sə:tɪfaɪ] vt certificar; (award diploma to) conceder un diploma a; (declare insane) declarar loco
cf. abbr (= compare) cfr
CFC n abbr (= chlorofluorocarbon) CFC m
chain [tʃeɪn] n cadena; (of mountains) cordillera; (of events) sucesión f ▷ vt (also: **~ up**) encadenar; **chain-smoke** vi fumar un cigarrillo tras otro
chair [tʃeə*] n silla; (armchair) sillón m, butaca; (of university) cátedra; (of meeting etc) presidencia ▷ vt (meeting) presidir; **chairlift** n telesilla; **chairman** (irreg) n presidente m; **chairperson** n presidente a m/f; **chairwoman** (irreg) n presidenta
chalet ['ʃæleɪ] n chalet m (de madera)
chalk [tʃɔːk] n (Geo) creta; (for writing) tiza, gis m (MEX); **chalkboard** (US) n pizarrón (LAM), pizarra (SP)
challenge ['tʃælɪndʒ] n desafío, reto ▷ vt desafiar, retar; (statement, right) poner en duda; **to ~ sb to do sth** retar a algn a que haga algo; **challenging** adj exigente; (tone) desafiante
chamber ['tʃeɪmbə*] n cámara, sala; (Pol) cámara; (BRIT Law: gen pl) despacho; **~ of commerce** cámara de comercio; **chambermaid** n camarera
champagne [ʃæm'peɪn] n champaña m, champán m
champion ['tʃæmpɪən] n campeón ona m/f; (of cause) defensor(a) m/f; **championship** n campeonato
chance [tʃɑːns] n (opportunity) ocasión f, oportunidad f; (likelihood) posibilidad f; (risk) riesgo ▷ vt arriesgar, probar; **to ~ it** arriesgarse, intentarlo; **by ~ por**

casualidad

chancellor ['tʃɑːnsələ*] n canciller m; **Chancellor of the Exchequer** (BRIT) n Ministro de Hacienda
chandelier [ʃændə'lɪə*] n araña (de luces)
change [tʃeɪndʒ] vt cambiar; (replace) cambiar, reemplazar; (gear, clothes, job) cambiar de; (transform) transformar ▷ vi cambiar(se); (change trains) hacer transbordo; (traffic lights) cambiar de color; (be transformed): **to ~ into** transformarse en ▷ n cambio; (alteration) modificación f; (transformation) transformación f; (of clothes) muda; (coins) suelto, sencillo; (money returned) vuelta; **to ~ gear** (Aut) cambiar de marcha; **to ~ one's mind** cambiar de opinión o idea; **for a ~** para variar; **change over** vi (from sth to sth) cambiar; (players etc) cambiar(se) ▷ vt cambiar; **changeable** adj (weather) cambiable; **change machine** n máquina de cambio; **changing room** (BRIT) n vestuario
channel ['tʃænl] n (TV) canal m; (of river) cauce m; (groove) conducto; (fig: medium) medio ▷ vt (river etc) encauzar; **the (English) C~** el Canal (de la Mancha); **the C~ Islands** las Islas Normandas; **Channel Tunnel** n: **the Channel Tunnel** el túnel del Canal de la Mancha, el Eurotúnel
chant [tʃɑːnt] n (of crowd) gritos mpl; (Rel) canto ▷ vt (slogan, word) repetir a gritos
chaos ['keɪɔs] n caos m
chaotic [keɪ'ɔtɪk] adj caótico
chap [tʃæp] (BRIT: inf) n (man) tío, tipo
chapel ['tʃæpəl] n capilla
chapped ['tʃæpt] adj agrietado
chapter ['tʃæptə*] n capítulo
character ['kærɪktə*] n carácter m, naturaleza, índole f; (moral strength, personality) carácter; (in novel, film) personaje m; **characteristic** ['-rɪstɪk] adj característico ▷ n característica; **characterize** ['kærɪktəraɪz] vt

caracterizar

charcoal ['tʃɑːkəul] n carbón m vegetal; (Art) carboncillo

charge [tʃɑːdʒ] n (Law) cargo, acusación f; (cost) precio, coste m; (responsibility) cargo ▷ vt (Law): **to ~ (with)** acusar (de); (battery) cargar; (price) pedir; (customer) cobrar ▷ vi precipitarse; (Mil) cargar, atacar; **charge card** n tarjeta de cuenta; **charger** n (also: **battery charger**) cargador m (also: de baterías)

charismatic [kærɪz'mætɪk] adj carismático

charity ['tʃærɪtɪ] n caridad f; (organization) sociedad f benéfica; (money, gifts) limosnas fpl; **charity shop** n (BRIT) tienda de artículos de segunda mano que dedica su recaudación a causas benéficas

charm [tʃɑːm] n encanto, atractivo; (talisman) hechizo; (on bracelet) dije m ▷ vt encantar; **charming** adj encantador/a)

chart [tʃɑːt] n (diagram) cuadro; (graph) gráfica; (map) carta de navegación ▷ vt (course) trazar; (progress) seguir; **charts** npl (Top 40): **the ~s** = los 40 principales (SP)

charter ['tʃɑːtə*] vt (plane) alquilar; (ship) fletar ▷ n (document) carta; (of university, company) estatutos mpl; **chartered accountant** (BRIT) n contable m/f diplomado/a; **charter flight** n vuelo chárter

chase [tʃeɪs] vt (pursue) perseguir; (also: **~ away**) ahuyentar ▷ n persecución f

chat [tʃæt] vi (also: **have a ~**) charlar; (on Internet) chatear ▷ n charla; **chat up** vt (inf: girl) ligar con, enrollarse con; **chat room** n (Internet) chat m, canal m de charla; **chat show** (BRIT) n programa m de entrevistas

chatter ['tʃætə*] vi (person) charlar; (teeth) castañetear ▷ n (of birds) parloteo; (of people) charla, cháchara

chauffeur ['ʃəufə*] n chófer m

chauvinist ['ʃəuvɪnɪst] n (male chauvinist) machista m; (nationalist) chovinista m

cheap [tʃiːp] adj barato; (joke) de mal gusto; (poor quality) de mala calidad ▷ adv barato; **cheap day return** n billete de ida y vuelta el mismo día; **cheaply** adv barato, a bajo precio

cheat [tʃiːt] vi hacer trampa ▷ vt: **to ~ sb (out of sth)** estafar (algo) a algn ▷ n (person) tramposo/a; **cheat on** vt fus engañar

Chechnya [tʃɪtʃ'njɑː] n Chechenia

check [tʃek] vt (examine) controlar; (facts) comprobar; (halt) parar, detener; (restrain) refrenar, restringir ▷ n (inspection) control m, inspección f; (curb) freno; (us: bill) nota, cuenta; (us) = **cheque**; (pattern: gen pl) cuadro; **check in** vi (at hotel) firmar el registro; (at airport) facturar el equipaje ▷ vt (luggage) facturar; **check off** vt (esp us: check) comprobar; (cross off) tachar; **check out** vi (of hotel) marcharse; **check up** vi: **to check up on sth** comprobar algo; **to check up on sb** investigar a algn; **checkbook** (us) = **chequebook**; **checked** adj a cuadros; **checkers** (us) n juego de damas; **check-in** n (also: **check-in desk** n airport) mostrador m de facturación; **checking account** (us) n cuenta corriente; **checklist** n lista (de control); **checkmate** n jaque m mate; **checkout** n caja; **checkpoint** n (punto de) control m; **checkroom** (us) n consigna; **checkup** n (Med) reconocimiento general

cheddar ['tʃedə*] n (also: **~ cheese**) queso m cheddar

cheek [tʃiːk] n mejilla; (impudence) descaro; **what a ~!** ¡qué cara!; **cheekbone** n pómulo; **cheeky** adj fresco, descarado

cheer [tʃɪə*] vt vitorear, aplaudir; (gladden) alegrar, animar ▷ vi dar vivas ▷ n viva m; **cheer up** vi animarse ▷ vt alegrar, animar; **cheerful** adj alegre

cheerio [tʃɪərɪˈəu] (BRIT) excl ¡hasta luego!

cheerleader [ˈtʃɪəliːdə*] n animador(a) m/f

cheese [tʃiːz] n queso; **cheeseburger** n hamburguesa con queso; **cheesecake** n pastel m de queso

chef [ʃef] n jefe/a m/f de cocina

chemical [ˈkemɪkəl] adj químico ▷ n producto químico

chemist [ˈkemɪst] n (BRIT: pharmacist) farmacéutico/a; (scientist) químico/a; **chemistry** n química; **chemist's (shop)** (BRIT) n farmacia

cheque [tʃek] (us **check**) n cheque m; **chequebook** n talonario de cheques (SP), chequera (LAM); **cheque card** n tarjeta de cheque

cherry [ˈtʃerɪ] n cereza; (also: ~ **tree**) cerezo

chess [tʃes] n ajedrez m

chest [tʃest] n (Anat) pecho; (box) cofre m, cajón m

chestnut [ˈtʃesnʌt] n castaña; (also: ~ **tree**) castaño

chest of drawers n cómoda

chew [tʃuː] vt mascar, masticar; **chewing gum** n chicle m

chic [ʃiːk] adj elegante

chick [tʃɪk] n pollito, polluelo; (inf: girl) chica

chicken [ˈtʃɪkɪn] n gallina, pollo; (food) pollo; (inf: coward) gallina mf; **chicken out** (inf) vi rajarse; **chickenpox** n varicela

chickpea [ˈtʃɪkpiː] n garbanzo

chief [tʃiːf] n jefe/a m/f ▷ adj principal; **chief executive (officer)** n director(a) m/f general; **chiefly** adv principalmente

child [tʃaɪld] (pl -**ren**) n niño/a; (offspring) hijo/a; **child abuse** n (with violence) malos tratos mpl a niños; (sexual) abuso m sexual de niños; **child benefit** n (BRIT) subsidio por cada hijo pequeño; **childbirth** n parto; **child-care** n cuidado de los niños; **childhood** n niñez f, infancia; **childish**

adj pueril, aniñado; **child minder** (BRIT) n madre f de día; **children** [ˈtʃɪldrən] npl of **child**

Chile [ˈtʃɪlɪ] n Chile m; **Chilean** adj, n chileno/a m/f

chill [tʃɪl] n frío; (Med) resfriado ▷ vt enfriar; (Culin) congelar; **chill out** vi (esp us: inf) tranquilizarse

chil(l)i [ˈtʃɪlɪ] (BRIT) n chile m, ají m (SC)

chilly [ˈtʃɪlɪ] adj frío

chimney [ˈtʃɪmnɪ] n chimenea

chimpanzee [tʃɪmpænˈziː] n chimpancé m

chin [tʃɪn] n mentón m, barbilla

China [ˈtʃaɪnə] n China

china [ˈtʃaɪnə] n porcelana; (crockery) loza

Chinese [tʃaɪˈniːz] adj chino ▷ n inv chino/a m/f; (Ling) chino

chip [tʃɪp] n (gen pl: Culin: BRIT) patata (SP) or papa (LAM) frita; (· us: also: **potato ~**) patata or papa frita; (of wood) astilla; (of glass, stone) lasca; (at poker) ·ficha; (Comput) chip m ▷ vt (cup, plate) desconchar; **chip shop** n pescadería (donde se vende principalmente pescado rebozado y patatas fritas)

chiropodist [kɪˈrɔpədɪst] (BRIT) n pedicuro/a, callista m/f

chisel [ˈtʃɪzl] n (for wood) escoplo; (for stone) cincel m

chives [tʃaɪvz] npl cebollinos mpl

chlorine [ˈklɔːriːn] n cloro

choc-ice [ˈtʃɔkaɪs] n (BRIT) helado m cubierto de chocolate

chocolate [ˈtʃɔklɪt] n chocolate m; (sweet) bombón m

choice [tʃɔɪs] n elección f, selección f; (option) opción f; (preference) preferencia ▷ adj escogido

choir [ˈkwaɪə*] n coro

choke [tʃəuk] vi ahogarse; (on food) atragantarse ▷ vt estrangular, ahogar; (block): **to be ~d with** estar atascado de ▷ n (Aut) estárter m

cholesterol [kəˈlestərʊl] n colesterol m

choose [tʃuːz] (pt **chose**, pp **chosen**)

vt escoger, elegir; (team) seleccionar; **to ~ to do sth** optar por hacer algo

chop [tʃɒp] vt (wood) cortar, tajar; (Culin: also: **- up**) picar ▷ n (Culin) chuleta; **chop down** vt (tree) talar; **chop off** vt cortar (de un tajo); **chopsticks** [ˈtʃɒpstɪks] npl palillos mpl

chord [kɔːd] n (Mus) acorde m

chore [tʃɔːʳ] n faena, tarea; (routine task) trabajo rutinario

chorus [ˈkɔːrəs] n coro; (repeated part of song) estribillo

chose [tʃəʊz] pt of **choose**

chosen [ˈtʃəʊzn] pp of **choose**

Christ [kraɪst] n Cristo

christen [ˈkrɪsn] vt bautizar; **christening** n bautizo

Christian [ˈkrɪstɪən] adj, n cristiano/a m/f; **Christianity** [-ˈænɪtɪ] n cristianismo; **Christian name** n nombre m de pila

Christmas [ˈkrɪsməs] n Navidad f; **Merry ~!** ¡Felices Pascuas!; **Christmas card** n crisma m inv, tarjeta de Navidad; **Christmas carol** n villancico m; **Christmas Day** n día m de Navidad; **Christmas Eve** n Nochebuena; **Christmas pudding** n (esp BRIT) pudin m de Navidad; **Christmas tree** n árbol m de Navidad

chrome [krəum] n cromo

chronic [ˈkrɒnɪk] adj crónico

chrysanthemum [krɪˈsænθəməm] n crisantemo

chubby [ˈtʃʌbɪ] adj regordete

chuck [tʃʌk] (col) vt lanzar, arrojar; (BRIT: also: **- up**) abandonar; **chuck out** vt (person) echar (fuera); (rubbish etc) tirar

chuckle [ˈtʃʌkl] vi reírse entre dientes

chum [tʃʌm] n compañero/a

chunk [tʃʌŋk] n pedazo, trozo

church [tʃəːtʃ] n iglesia; **churchyard** n cementerio

churn [tʃəːn] n (for butter) mantequera; (for milk) lechera

chute [ʃuːt] n (also: **rubbish ~**)

vertedero; (for coal etc) rampa de caída

chutney [ˈtʃʌtnɪ] n condimento a base de frutas de la India

CIA (us) n abbr (= Central Intelligence Agency) CIA f

CID (BRIT) n abbr (= Criminal Investigation Department) ≈ B.I.C. f (SP)

cider [ˈsaɪdəʳ] n sidra

cigar [sɪˈgɑːʳ] n puro

cigarette [sɪgəˈrɛt] n cigarrillo; **cigarette lighter** n mechero

cinema [ˈsɪnəmə] n cine m

cinnamon [ˈsɪnəmən] n canela

circle [ˈsəːkl] n círculo; (in theatre) anfiteatro ▷ vi dar vueltas ▷ vt (surround) rodear, cercar; (move round) dar la vuelta a

circuit [ˈsəːkɪt] n circuito; (tour) gira; (track) pista; (lap) vuelta

circular [ˈsəːkjuləʳ] adj circular ▷ n circular f

circulate [ˈsəːkjuleɪt] vi circular; (person: at party etc) hablar con los invitados ▷ vt poner en circulación; **circulation** [-ˈleɪʃən] n circulación f; (of newspaper) tirada

circumstances [ˈsəːkəmstənsɪz] npl circunstancias fpl; (financial condition) situación económica

circus [ˈsəːkəs] n circo

cite [saɪt] vt citar

citizen [ˈsɪtɪzn] n (Pol) ciudadano/a; (of city) vecino/a, habitante mf; **citizenship** n ciudadanía; (BRIT: Scol) civismo

citrus fruits [ˈsɪtrəs-] npl agrios mpl

city [ˈsɪtɪ] n ciudad f; **the C~** centro financiero de Londres; **city centre** (BRIT) n centro de la ciudad; **city technology college** n centro de formación profesional (centro de enseñanza secundaria que da especial importancia a la ciencia y tecnología)

civic [ˈsɪvɪk] adj cívico; (authorities) municipal

civil [ˈsɪvɪl] adj civil; (polite) atento, cortés; **civilian** [sɪˈvɪlɪən] adj civil (no militar) ▷ n civil mf, paisano/a

civilization [sɪvɪlaɪˈzeɪʃən] *n* civilización *f*

civilized [ˈsɪvɪlaɪzd] *adj* civilizado

civil *adj* civil; **civil law** *n* derecho civil; **civil rights** *npl* derechos *mpl* civiles; **civil servant** *n* funcionario/a del Estado; **Civil Service** *n* administración *f* pública; **civil war** *n* guerra civil

CJD *n abbr* (= *Creutzfeldt-Jakob disease*) enfermedad *f* de Creutzfeldt-Jakob

claim [kleɪm] *vt* exigir, reclamar; (*rights etc*) reivindicar; (*assert*) pretender ▷ *vi* (*for insurance*) reclamar ▷ *n* reclamación *f*; pretensión *f*; **claim form** *n* solicitud *f*

clam [klæm] *n* almeja

clamp [klæmp] *n* abrazadera, grapa ▷ *vt* (*two things together*) cerrar fuertemente; (*one thing on another*) afianzar (con abrazadera); (*Aut: wheel*) poner el cepo a

clan [klæn] *n* clan *m*

clap [klæp] *vi* aplaudir

claret [ˈklærət] *n* burdeos *m inv*

clarify [ˈklærɪfaɪ] *vt* aclarar

clarinet [klærɪˈnet] *n* clarinete *m*

clarity [ˈklærɪtɪ] *n* claridad *f*

clash [klæʃ] *n* enfrentamiento; choque *m*; desacuerdo; estruendo ▷ *vi* (*fight*) enfrentarse; (*beliefs*) chocar; (*disagree*) estar en desacuerdo; (*colours*) desentonar; (*two events*) coincidir

clasp [klɑːsp] *n* (*hold*) apretón *m*; (*of necklace, bag*) cierre *m* ▷ *vt* apretar; abrazar

class [klɑːs] *n* clase *f* ▷ *vt* clasificar

classic [ˈklæsɪk] *n*, *adj* clásico; **classical** *adj* clásico

classification [klæsɪfɪˈkeɪʃən] *n* clasificación *f*

classify [ˈklæsɪfaɪ] *vt* clasificar

classmate [ˈklɑːsmeɪt] *n* compañero/a de clase

classroom [ˈklɑːsrum] *n* aula; **classroom assistant** *n* profesor(a) *m/f* de apoyo

classy [ˈklɑːsɪ] *adj* (*inf*) elegante, con estilo

clatter [ˈklætə*] *n* estrépito ▷ *vi* hacer ruido or estrépito

clause [klɔːz] *n* cláusula; (*Ling*) oración *f*

claustrophobic [klɔːstrəˈfəʊbɪk] *adj* claustrofóbico; **I feel ~** me entra claustrofobia

claw [klɔː] *n* (*of cat*) uña; (*of bird of prey*) garra; (*of lobster*) pinza

clay [kleɪ] *n* arcilla

clean [kliːn] *adj* limpio; (*record, reputation*) bueno, intachable; (*joke*) decente ▷ *vt* limpiar; (*hands etc*) lavar; **clean up** *vt* limpiar, asear; **cleaner** *n* (*person*) asistenta; (*substance*) producto para la limpieza; **cleaner's** *n* tintorería; **cleaning** *n* limpieza

cleanser [ˈklenzə*] *n* (*for face*) crema limpiadora

clear [klɪə*] *adj* claro; (*road, way*) libre; (*conscience*) limpio, tranquilo; (*skin*) terso; (*sky*) despejado ▷ *vt* (*space*) despejar, limpiar; (*Law: suspect*) absolver; (*obstacle*) salvar, saltar por encima de; (*cheque*) aceptar ▷ *vi* (*fog etc*) despejarse ▷ *adv*: **~ of** a distancia de; **to ~ the table** recoger or levantar la mesa; **clear away** *vt* (*things, clothes etc*) quitar (de en medio); (*dishes*) retirar; **clear up** *vt* limpiar; (*mystery*) aclarar, resolver; **clearance** *n* (*removal*) despeje *m*; (*permission*) acreditación *f*; **clear-cut** *adj* bien definido, nítido; **clearing** *n* (*in wood*) claro; **clearly** *adv* claramente; (*evidently*) sin duda; **clearway** (*BRIT*) *n* carretera donde no se puede parar

clench [klentʃ] *vt* apretar, cerrar

clergy [ˈklɜːdʒɪ] *n* clero

clerk [klɑːk, (*us*) klɜːrk] *n* (*BRIT*) oficinista *mf*; (*us*) dependiente/a *m/f*

clever [ˈklevə*] *adj* (*intelligent*) inteligente, listo; (*skilful*) hábil; (*device, arrangement*) ingenioso

cliché [ˈkliːʃeɪ] *n* cliché *m*, frase *f* hecha

click [klɪk] *vt* (*tongue*) chasquear; (*heels*) taconear ▷ *vi* (*Comput*) hacer *f* clic; **to ~ on an icon** hacer clic en un icono

client ['klaɪənt] n cliente m/f

cliff [klɪf] n acantilado

climate ['klaɪmɪt] n clima m; **climate change** n cambio climático

climax ['klaɪmæks] n (of battle, career) apogeo; (of film, book) punto culminante; (sexual) orgasmo

climb [klaɪm] vi subir; (plant) trepar; (move with effort) **to ~ over a wall/into a car** trepar a una tapia/subir a un coche ▷ vt (stairs) subir; (tree) trepar a; (mountain) escalar ▷ n subida; **climb down** vi (fig) volverse atrás; **climber** n alpinista mf (sp, mex), andinista mf (lam); **climbing** n alpinismo (sp, mex), andinismo (lam)

clinch [klɪntʃ] vt (deal) cerrar; (argument) rematar

cling [klɪŋ] (pt, pp **clung**) vi: **to ~ to** agarrarse a; (clothes) pegarse a

Clingfilm® ['klɪŋfɪlm] n plástico adherente

clinic ['klɪnɪk] n clínica

clip [klɪp] n (for hair) horquilla; (also: **paper~**) sujetapapeles m inv, clip m; (TV, Cinema) fragmento ▷ vt (cut) cortar; (also: **~ together**) unir; **clipping** n (newspaper) recorte m

cloak [kləʊk] n capa, manto ▷ vt (fig) encubrir, disimular; **cloakroom** n guardarropa; (brit: WC) lavabo (sp), aseos mpl (sp), baño (lam)

clock [klɒk] n reloj m; **clock in** or **on** vi (with card) fichar, picar; (start work) entrar a trabajar; **clock off** or **out** vi (with card) fichar or picar la salida; (leave work) salir del trabajar; **clockwise** adv en el sentido de las agujas del reloj; **clockwork** n aparato de relojería ▷ adj (toy) de cuerda

clog [klɒg] n zueco, chanclo ▷ vt atascar ▷ vi (also: **~ up**) atascarse

clone [kləʊn] n clon m ▷ vt clonar

close¹ [kləʊs] adj (near): **~ (to)** cerca (de); (friend) íntimo; (connection) estrecho; (examination) detallado,

minucioso; (weather) bochornoso ▷ adv cerca; **~ by, ~ at hand** muy cerca; **to have a ~ shave** (fig) escaparse por un pelo

close² [kləʊz] vt (shut) cerrar; (end) concluir, terminar ▷ vi (shop etc) cerrarse; (end) concluirse, terminarse ▷ n (end) fin m, final m, conclusión f; **close down** vi cerrarse definitivamente; **closed** adj (shop etc) cerrado

closely ['kləʊslɪ] adv (study) con detalle; (watch) de cerca; (resemble) estrechamente

closet ['klɒzɪt] n armario

close-up ['kləʊsʌp] n primer plano

closing time n hora de cierre

closure ['kləʊʒə*] n cierre m

clot [klɒt] n (gen) coágulo; (inf: idiot) imbécil m/f ▷ vi (blood) coagularse

cloth [klɒθ] n (material) tela, paño; (rag) trapo

clothes [kləʊðz] npl ropa; **clothes line** n cuerda (para tender la ropa); **clothes peg** (us **clothes pin**) n pinza

clothing ['kləʊðɪŋ] n = **clothes**

cloud [klaʊd] n nube f; **cloud over** vi (also fig) nublarse; **cloudy** adj nublado, nubloso; (liquid) turbio

clove [kləʊv] n clavo; **~ of garlic** diente m de ajo

clown [klaʊn] n payaso ▷ vi (also: **~ about, ~ around**) hacer el payaso

club [klʌb] n (society) club m; (weapon) porra, cachiporra; (also: **golf ~**) palo ▷ vt aporrear ▷ vi: **to ~ together** (for gift) comprar entre todos; **clubs** npl (Cards) tréboles mpl; **club class** n (Aviat) clase f preferente

clue [kluː] n pista; (in crosswords) indicación f; **I haven't a ~** no tengo ni idea

clump [klʌmp] n (of trees) grupo

clumsy ['klʌmzɪ] adj (person) torpe, desmañado; (tool) difícil de manejar; (movement) desgarbado

clung [klʌŋ] pt, pp of **cling**

cluster ['klʌstə*] n grupo ▷ vi

agruparse, apiñarse

clutch [klʌtʃ] n (Aut) embrague m; (grasp): **~es** garras fpl ▷ vt asir; agarrar

cm abbr (= centimetre) cm

Co. abbr = **county; company**

c/o abbr (= care of) c/a, a/c

coach [kəʊtʃ] n autocar m (SP), coche m de línea; (horse-drawn) coche m; (of train) vagón m, coche m; (Sport) entrenador(a) m/f, instructor(a) m/f; (tutor) profesor(a) m/f particular ▷ vt (Sport) entrenar; (student) preparar, enseñar; **coach station** n (BRIT) estación f de autobuses etc; **coach trip** n excursión f en autocar

coal [kəʊl] n carbón m

coalition [kəʊəˈlɪʃən] n coalición f

coarse [kɔːs] adj basto, burdo; (vulgar) grosero, ordinario

coast [kəʊst] n costa, litoral m ▷ vi (Aut) ir en punto muerto; **coastal** adj costero, costanero; **coastguard** n guardacostas m inv; **coastline** n litoral m

coat [kəʊt] n abrigo; (of animal) pelaje m, lana; (of paint) mano f, capa ▷ vt cubrir, revestir; **coat hanger** n percha (SP), gancho (LAM); **coating** n capa, baño

coax [kəʊks] vt engatusar

cob [kɒb] n see **corn**

cobbled [ˈkɒbld] adj: **~ street** calle f empedrada, calle f adoquinada

cobweb [ˈkɒbwɛb] n telaraña

cocaine [kəˈkeɪn] n cocaína

cock [kɒk] n (rooster) gallo m; (male bird) macho m; (gun) amartillar; **cockerel** n gallito

cockney [ˈkɒknɪ] n habitante de ciertos barrios de Londres

cockpit [ˈkɒkpɪt] n cabina

cockroach [ˈkɒkrəʊtʃ] n cucaracha

cocktail [ˈkɒkteɪl] n coctel m, cóctel m

cocoa [ˈkəʊkəʊ] n cacao m; (drink) chocolate m

coconut [ˈkəʊkənʌt] n coco

cod [kɒd] n bacalao

C.O.D. abbr (= cash on delivery) C.A.E.

code [kəʊd] n código; (cipher) clave f; (dialling code) prefijo; (post code) código postal

coeducational [kəʊɛdjuˈkeɪʃənl] adj mixto

coffee [ˈkɒfɪ] n café m; **coffee bar** (BRIT) n cafetería; **coffee bean** n grano de café; **coffee break** n descanso (para tomar café); **coffee maker** n máquina de hacer café, cafetera; **coffeepot** n cafetera; **coffee shop** n café m; **coffee table** n mesita (para servir el café)

coffin [ˈkɒfɪn] n ataúd m

cog [kɒg] n (wheel) rueda dentada; (tooth) diente m

cognac [ˈkɒnjæk] n coñac m

coherent [kəʊˈhɪərənt] adj coherente

coil [kɔɪl] n rollo; (Elec) bobina, carrete m; (contraceptive) espiral f ▷ vt enrollar

coin [kɔɪn] n moneda ▷ vt (word) inventar, idear

coincide [kəʊɪnˈsaɪd] vi coincidir; (agree) estar de acuerdo; **coincidence** [kəʊˈɪnsɪdəns] n casualidad f

Coke® [kəʊk] n Coca-Cola®

coke [kəʊk] n (coal) coque m

colander [ˈkɒləndə*] n colador m, escurridor m

cold [kəʊld] adj frío ▷ n frío; (Med) resfriado; **it's ~** hace frío; **to be ~** (person) tener frío; **to catch (a) ~** resfriarse; **in ~ blood** a sangre fría; **cold sore** n herpes mpl or fpl

coleslaw [ˈkəʊlslɔː] n especie de ensalada de col

colic [ˈkɒlɪk] n cólico

collaborate [kəˈlæbəreɪt] vi colaborar

collapse [kəˈlæps] vi hundirse, derrumbarse; (Med) sufrir un colapso ▷ n hundimiento, derrumbamiento; (Med) colapso

collar [ˈkɒlə*] n (of coat, shirt) cuello; (of dog etc) collar; **collarbone** n clavícula

colleague ['kɒliːɡ] n colega mf; (at work) compañero/a

collect [kə'lekt] vt (litter, mail etc) recoger; (as a hobby) coleccionar; (BRIT: call and pick up) recoger; (debts, subscriptions etc) recaudar ▷ vi reunirse; (dust) acumularse; **to call ~** (us Tel) llamar a cobro revertido; **collection** [kə'lekʃən] n (of mail, for charity) recogida f; **collective** [kə'lektɪv] adj colectivo; **collector** n coleccionista mf

college ['kɒlɪdʒ] n colegio mayor; (of agriculture, technology) escuela f universitaria

collide [kə'laɪd] vi chocar

collision [kə'lɪʒən] n choque m

cologne [kə'ləʊn] n (also: **eau de ~**) (agua de) colonia

Colombia [kə'lɒmbɪə] n Colombia; **Colombian** adj, n colombiano/a

colon ['kəʊlən] n (sign) dos puntos; (Med) colon m

colonel ['kɜːnl] n coronel m

colonial [kə'ləʊnɪəl] adj colonial

colony ['kɒlənɪ] n colonia

colour etc ['kʌlə*] (us **color** etc) n color m ▷ vt (with dye) teñir; (fig: account) adornar; (: judgement) distorsionar ▷ vi (blush) sonrojarse; **colour in** vt colorear; **colour-blind** adj daltónico; **coloured** adj de color; (photo) en color; **colour film** n película en color; **colourful** adj lleno de color; (story) fantástico; (person) excéntrico; **colouring** n (complexion) tez f; (in food) colorante m; **colour television** n televisión f en color

column ['kɒləm] n columna

coma ['kəʊmə] n coma m

comb [kəʊm] n peine m; (ornamental) peineta ▷ vt (hair) peinar; (area) registrar a fondo

combat ['kɒmbæt] n combate m ▷ vt combatir

combination [kɒmbɪ'neɪʃən] n combinación f

combine [vb kəm'baɪn, n 'kɒmbaɪn]

vt combinar; (qualities) reunir ▷ vi combinarse ▷ n (Econ) cartel m

○ **KEYWORD**

come [kʌm] (pt **came**, pp **come**) vi 1 (movement towards) venir; **to come running** venir corriendo
2 (arrive) llegar; **he's come here to work** ha venido aquí para trabajar; **to come home** volver a casa
3 (reach): **to come to** llegar a; **the bill came to £40** la cuenta ascendía a cuarenta libras
4 (occur): **an idea came to me** se me ocurrió una idea
5 (be, become): **to come loose/undone** etc aflojarse/desabrocharse/desatarse etc; **I've come to like him** por fin ha llegado a gustarme

come across vt fus (person) topar con; (thing) dar con

come along vi (BRIT: progress) ir

come back vi (return) volver

come down vi (price) bajar; (tree, building) ser derribado

come from vt fus (place, source) ser de

come in vi (visitor) entrar; (train, report) llegar; (fashion) ponerse de moda; (in deal etc) entrar

come off vi (button) soltarse, desprenderse; (attempt) salir bien

come on vi (pupil) progresar; (work, project) desarrollarse; (lights) encenderse; (electricity) volver; **come on!** ¡vamos!

come out vi (fact) salir a la luz; (book, sun) salir; (stain) quitarse

come round vi (after faint, operation) volver en sí

come to vi (wake) volver en sí

come up vi (sun) salir; (problem) surgir; (event) aproximarse; (in conversation) mencionarse

come up with vt fus (idea) sugerir; (money) conseguir

comeback ['kʌmbæk] n: **to make a ~**

(*Theatre*) volver a las tablas

comedian [kə'miːdɪən] *n* humorista *mf*

comedy ['kɒmɪdɪ] *n* comedia; (*humour*) comicidad *f*

comet ['kɒmɪt] *n* cometa *m*

comfort ['kʌmfət] *n* bienestar *m*; (*relief*) alivio *m*; (*BRIT*) consolar

comfortable *adj* cómodo; (*financially*) acomodado; (*easy*) fácil; **comfort station** (*us*) *n* servicios *mpl*

comic ['kɒmɪk] *adj* (*also*: **~al**) cómico ▷*n* (*comedian*) cómico; (*BRIT*: *for children*) tebeo; (*BRIT*: *for adults*) comic *m*; **comic book** *n* libro *m* de cómics; **comic strip** *n* tira cómica

comma ['kɒmə] *n* coma

command [kə'mɑːnd] *n* orden *f*, mandato; (*Mil*: *authority*) mando; (*mastery*) dominio ▷*vt* (*troops*) mandar; (*give orders to*): **to ~ sb to do** mandar u ordenar a algn hacer; **commander** *n* (*Mil*) comandante *mf*, jefe/a *m/f*

commemorate [kə'meməreɪt] *vt* conmemorar

commence [kə'mens] *vt*, *vi* comenzar, empezar; **commencement** (*us*) *n* (*Univ*) ceremonia de graduación *f*

commend [kə'mend] *vt* elogiar, alabar; (*recommend*) recomendar

comment ['kɒment] *n* comentario ▷*vi*: **to ~ on** hacer comentarios sobre; **"no ~"** (*written*) "sin comentarios"; (*spoken*) "no tengo nada que decir"; **commentary** ['kɒməntərɪ] *n* comentario; **commentator** ['kɒmənteɪtə*] *n* comentarista *mf*

commerce ['kɒmɜːs] *n* comercio

commercial [kə'mɜːʃəl] *adj* comercial ▷*n* (*TV*, *Radio*) anuncio; **commercial break** *n* intermedio para publicidad

commission [kə'mɪʃən] *n* (*committee*, *fee*) comisión *f* ▷*vt* (*work of art*) encargar; **out of ~** fuera de servicio; **commissioner** *n* (*Police*)

comisario de policía

commit [kə'mɪt] *vt* (*act*) cometer; (*resources*) dedicar; (*to sb's care*) entregar; **to ~ (o.s.) (to do)** comprometerse a (hacer); **to ~ suicide** suicidarse; **commitment** *n* compromiso; (*to ideology etc*) entrega

committee [kə'mɪtɪ] *n* comité *m*

commodity [kə'mɒdɪtɪ] *n* mercancía

common ['kɒmən] *adj* común; (*pej*) ordinario ▷*n* campo común; **commonly** *adv* comúnmente; **commonplace** *adj* de lo más común; **Commons** (*BRIT*) *npl* (*Pol*): **the Commons** (la Cámara de) los Comunes; **common sense** *n* sentido común; **Commonwealth** *n*: **the Commonwealth** la Commonwealth

communal ['kɒmjuːnl] *adj* (*property*) comunal; (*kitchen*) común

commune [*n* 'kɒmjuːn, *vb* kə'mjuːn] *n* (*group*) comuna ▷*vi*: **to ~ with** comulgar o conversar con

communicate [kə'mjuːnɪkeɪt] *vt* comunicar ▷*vi*: **to ~ (with)** comunicarse (con); (*in writing*) estar en contacto (con)

communication [kəmjuːnɪ'keɪʃən] *n* comunicación *f*

communion [kə'mjuːnɪən] *n* (*also*: **Holy ~**) comunión *f*

communism ['kɒmjunɪzəm] *n* comunismo; **communist** *adj*, *n* comunista *mf*

community [kə'mjuːnɪtɪ] *n* comunidad *f*; (*large group*) colectividad *f*; **community centre** (*us* **community center**) *n* centro social; **community service** *n* trabajo *m* comunitario (*prestado en lugar de cumplir una pena de prisión*)

commute [kə'mjuːt] *vi* viajar a diario de la casa al trabajo ▷*vt* conmutar; **commuter** *n* persona que viaja a diario de la casa al trabajo

compact [*adj* kəm'pækt, *n* 'kɒmpækt] *adj* compacto ▷*n* (*also*: **powder ~**)

companion | 344

polvera; **compact disc** n compact disc m; **compact disc player** n reproductor m de disco compacto, compact disc m

companion [kəm'pænɪən] n compañero/a

company ['kʌmpənɪ] n compañía; (Comm) sociedad f, compañía; **to keep sb ~** acompañar a algn; **company car** n coche m de la empresa; **company director** n director(a) m/f de empresa

comparable ['kɒmpərəbl] adj comparable

comparative [kəm'pærətɪv] adj relativo; (study) comparativo; **comparatively** adv (relatively) relativamente

compare [kəm'pɛə*] vt: **to ~ sth/sb with** or **to** comparar algo/a algn con ▷ vi: **to ~ (with)** comparase (con); **comparison** [-'pærɪsn] n comparación f

compartment [kəm'pɑːtmənt] n (also: Rail) compartim(i)ento

compass ['kʌmpəs] n brújula; **compasses** npl (Math) compás m

compassion [kəm'pæʃən] n compasión f

compatible [kəm'pætɪbl] adj compatible

compel [kəm'pɛl] vt obligar; **compelling** adj (fig: argument) convincente

compensate ['kɒmpənseɪt] vt compensar ▷ vi: **to ~ for** compensar; **compensation** [-'seɪʃən] n (for loss) indemnización f

compete [kəm'piːt] vi (take part) tomar parte, concurrir; (vie with): **to ~ with** competir con, hacer competencia a

competent ['kɒmpɪtənt] adj competente, capaz

competition [kɒmpɪ'tɪʃən] n (contest) concurso; (rivalry) competencia

competitive [kəm'petɪtɪv] adj (Econ, Sport) competitivo

competitor [kəm'petɪtə*] n (rival) competidor(a) m/f; (participant) concursante mf

complacent [kəm'pleɪsənt] adj autocomplaciente

complain [kəm'pleɪn] vi quejarse; (Comm) reclamar; **complaint** n queja; reclamación f; (Med) enfermedad f

complement [n 'kɒmplɪmənt, vb 'kɒmplɪment] n complemento; (esp of ship's crew) dotación f ▷ vt (enhance) complementar; **complementary** [kɒmplɪ'mentərɪ] adj complementario

complete [kəm'pliːt] adj (full) completo; (finished) acabado ▷ vt (fulfil) completar; (finish) acabar; (a form) llenar; **completely** adv completamente; **completion** [-'pliːʃən] n terminación f; (of contract) realización f

complex ['kɒmpleks] adj, n complejo

complexion [kəm'plekʃən] n (of face) tez f, cutis m

compliance [kəm'plaɪəns] n (submission) sumisión f; (agreement) conformidad f; **in ~ with** de acuerdo con

complicate ['kɒmplɪkeɪt] vt complicar; **complicated** adj complicado; **complication** [-'keɪʃən] n complicación f

compliment [n 'kɒmplɪmənt, (formal) cumplido ▷ vt felicitar; **complimentary** [-'mentərɪ] adj lisonjero; (free) de favor

comply [kəm'plaɪ] vi: **to ~ with** cumplir con

component [kəm'pəunənt] adj componente ▷ n (Tech) pieza

compose [kəm'pəuz] vt: **to be ~d of** componerse de; (music etc) componer; **to ~ o.s.** tranquilizarse; (agreement) **composer** n (Mus) compositor(a) m/f; **composition** [kɒmpə'zɪʃən] n composición f

composure [kəm'pəuʒə*] n serenidad f, calma

compound ['kɒmpaund] n (Chem)

compuesto; (*Ling*) palabra compuesta; (*enclosure*) recinto ▷ *adj* compuesto; (*fracture*) complicado

comprehension [ˈhenʃən] *n* comprensión *f*

comprehensive [kɒmprɪˈhensɪv] *adj* exhaustivo; (*Insurance*) contra todo riesgo; **comprehensive (school)** *n* centro estatal de enseñanza secundaria = Instituto Nacional de Bachillerato (*SP*)

compress [*vb* kəmˈpres, *n* ˈkɒmpres] *vt* comprimir; (*information*) condensar ▷ *n* (*Med*) compresa

comprise [kəmˈpraɪz] *vt* (*also*: **be ~d of**) comprender, constar de; (*constitute*) constituir

compromise [ˈkɒmprəmaɪz] *n* (*agreement*) arreglo ▷ *vt* comprometer ▷ *vi* transigir

compulsive [kəmˈpʌlsɪv] *adj* compulsivo; (*viewing, reading*) obligado

compulsory [kəmˈpʌlsərɪ] *adj* obligatorio

computer [kəmˈpjuːtə*] *n* ordenador *m*, computador *m*, computadora; **computer game** *n* juego para ordenador; **computer-generated** *adj* realizado por ordenador, creado por ordenador; **computerize** *vt* (*data*) computerizar; (*system*) informatizar; **we're computerized now** ya nos hemos informatizado; **computer programmer** *n* programador(a) *m/f*; **computer programming** *n* programación *f*; **computer science** *n* informática; **computer studies** *npl* informática, computación *fsg* (*LAM*); **computing** [kəmˈpjuːtɪŋ] *n* (*activity, science*) informática

con [kɒn] *vt* (*deceive*) engañar; (*cheat*) estafar ▷ *n* estafa

conceal [kənˈsiːl] *vt* ocultar

concede [kənˈsiːd] *vt* (*point, argument*) reconocer; (*territory*) ceder; **to ~ (defeat)** darse por vencido; **to ~ that** admitir que

conceited [kənˈsiːtɪd] *adj* presumido

conceive [kənˈsiːv] *vt, vi* concebir

concentrate [ˈkɒnsəntreɪt] *vi* concentrarse ▷ *vt* concentrar

concentration [kɒnsənˈtreɪʃən] *n* concentración *f*

concept [ˈkɒnsept] *n* concepto

concern [kənˈsəːn] *n* (*matter*) asunto; (*Comm*) empresa; (*anxiety*) preocupación *f* ▷ *vt* (*worry*) preocupar; (*involve*) afectar; (*relate to*) tener que ver con; **to be ~ed (about)** interesarse (por), preocuparse (por); **concerning** *prep* sobre, acerca de

concert [ˈkɒnsət] *n* concierto; **concert hall** *n* sala de conciertos

concerto [kənˈtʃəːtəu] *n* concierto

concession [kənˈseʃən] *n* concesión *f*; **tax ~** privilegio fiscal

concise [kənˈsaɪs] *adj* conciso

conclude [kənˈkluːd] *vt* concluir; (*treaty etc*) firmar; (*agreement*) llegar a; (*decide*) llegar a la conclusión de; **conclusion** [-ˈkluːʒən] *n* conclusión *f*; firma

concrete [ˈkɒnkriːt] *n* hormigón *m* ▷ *adj* de hormigón; (*fig*) concreto

concussion [kənˈkʌʃən] *n* conmoción *f* cerebral

condemn [kənˈdem] *vt* condenar; (*building*) declarar en ruina

condensation [kɒndenˈseɪʃən] *n* condensación *f*

condense [kənˈdens] *vi* condensarse ▷ *vt* condensar, abreviar

condition [kənˈdɪʃən] *n* condición *f*, estado; (*requirement*) condición *f* ▷ *vt* condicionar; **on ~ that** a condición (de) que; **conditional** [kənˈdɪʃənl] *adj* condicional; **conditioner** *n* suavizante

condo [ˈkɒndəu] (*us*) *n* (*inf*) = **condominium**

condom [ˈkɒndəm] *n* condón *m*

condominium [kɒndəˈmɪnɪəm] (*us*) *n* (*building*) bloque *m* de pisos or apartamentos (*propiedad de quienes lo habitan*), condominio (*LAM*); (*apartment*) piso or apartamento (en propiedad), condominio (LAM)

condone [kən'dəun] vt condonar

conduct [n 'kɒndʌkt, vb kən'dʌkt] n conducta, comportamiento ▷ vt (lead) conducir; (manage) llevar a cabo, dirigir; (Mus) dirigir; **to ~ o.s.** comportarse; **conducted tour** (BRIT) n visita acompañada; **conductor** n (of orchestra) director m; (us: on train) revisor(a) m/f; (on bus) cobrador m; (Elec) conductor m

cone n cono; (ice cream) piña; (on road) pivote m; (for pine cone) piña; (on road) pivote m; (for ice-cream) cucurucho

confectionery [kən'fekʃənrı] n dulces mpl

confer [kən'fə:*] vt: **to ~ sth on** otorgar algo a ▷ vi conferenciar

conference ['kɒnfərəns] n (meeting) reunión f; (convention) congreso

confess [kən'fes] vt confesar ▷ vi admitir; **confession** [-'feʃən] n confesión f

confide [kən'faid] vi: **to ~ in** confiar en

confidence ['kɒnfidns] n (also: self-~) confianza; (secret) confidencia; **in ~** (speak, write) en confianza; **confident** adj seguro de sí mismo; (certain) seguro; **confidential** [kɒnfi'denʃal] adj confidencial

confine [kən'fain] vt (limit) limitar; (shut up) encerrar; **confined** adj (space) reducido

confirm [kən'fə:m] vt confirmar; **confirmation** [kɒnfə'meiʃən] n confirmación f

confiscate ['kɒnfiskeit] vt confiscar

conflict [n 'kɒnflikt, vb kən'flikt] n conflicto ▷ vi (opinions) chocar

conform [kən'fɔ:m] vi conformarse; **to ~ to** ajustarse a

confront [kən'frʌnt] vt (problems) hacer frente a; (enemy, danger) enfrentarse con; **confrontation** [kɒnfrən'teiʃən] n enfrentamiento

confuse [kən'fju:z] vt (perplex) aturdir, desconcertar; (mix up)

confundir; (complicate) complicar; **confused** adj confuso; (person) perplejo; **confusing** adj confuso; **confusion** [-'fju:ʒən] n confusión f

congestion [kən'dʒestʃən] n congestión f

congratulate [kən'grætjuleit] vt: **to ~ sb (on)** felicitar a algn (por); **congratulations** [-'leiʃənz] npl felicitaciones fpl; **congratulations!** ¡enhorabuena!

congregation [-'geiʃən] n (of a church) feligreses mpl

congress ['kɒŋgres] n congreso; (us): **C~** Congreso; **congressman** (irreg: us) n miembro del Congreso; **congresswoman** (irreg: us) n diputada, miembro f del Congreso

conifer ['kɒnifə*] n conifera

conjugate ['kɒndʒugeit] vt conjugar

conjugation [kɒndʒə'geiʃən] n conjugación f

conjunction [kən'dʒʌŋkʃən] n conjunción f; **in ~ with** junto con

conjure ['kʌndʒə*] vi hacer juegos de manos

connect [kə'nekt] vt juntar, unir; (Elec) conectar; (Tel: subscriber) poner; (: caller) poner al habla; (fig) relacionar, asociar ▷ vi: **to ~ with** (train) enlazar con; **to be ~ed with** (associated) estar relacionado con; **connecting flight** n vuelo m de enlace; **connection** [-ʃən] n juntura, unión f; (Elec) conexión f; (Rail) enlace m; (Tel) comunicación f; (fig) relación f

conquer ['kɒŋkə*] vt (territory) conquistar; (enemy, feelings) vencer

conquest ['kɒŋkwest] n conquista

cons [kɒnz] npl see **convenience; pro; mod**

conscience ['kɒnʃəns] n conciencia

conscientious [kɒnʃi'enʃəs] adj concienzudo; (objection) de conciencia

conscious ['kɒnʃəs] adj (deliberate) deliberado; (awake, aware) consciente; **consciousness** n conciencia; (Med) conocimiento consecutive [kən'sɛkjutɪv] adj consecutivo; on 3 ~ occasions en 3 ocasiones consecutivas

consensus [kən'sɛnsəs] n consenso

consent [kən'sɛnt] n consentimiento ▷ vi: to ~ (to) consentir (en)

consequence ['kɒnsɪkwəns] n consecuencia; (significance) importancia

consequently ['kɒnsɪkwəntlɪ] adv por consiguiente

conservation [kɒnsə'veɪʃən] n conservación f

conservative [kən'sə:vətɪv] adj conservador(a); (estimate etc) cauteloso; Conservative (BRIT) adj, n (Pol) conservador(a) m/f

conservatory [kən'sə:vətrɪ] n invernadero; (Mus) conservatorio

consider [kən'sɪdə*] vt considerar; (take into account) tener en cuenta; (study) estudiar, examinar; to ~ doing sth pensar en (la posibilidad de) hacer algo; considerable adj considerable; considerably adv notablemente; considerate adj considerado; consideration [-'reɪʃən] n consideración f; (factor) factor m; to give sth further consideration estudiar algo más a fondo; considering prep teniendo en cuenta

consignment [kən'saɪnmənt] n envío

consist [kən'sɪst] vi: to ~ of consistir en

consistency [kən'sɪstənsɪ] n (of argument etc) coherencia; consecuencia; (thickness) consistencia

consistent [kən'sɪstənt] adj (person) consecuente; (argument etc) coherente

consolation [kɒnsə'leɪʃən] n consuelo

console¹ [kən'səul] vt consolar

console² ['kɒnsəul] n consola

consonant ['kɒnsənənt] n consonante f

conspicuous [kən'spɪkjuəs] adj

(visible) visible

conspiracy [kən'spɪrəsɪ] n conjura, complot m

constable ['kʌnstəbl] (BRIT) n policía mf; chief ~ = jefe m de policía

constant ['kɒnstənt] adj constante; constantly adv constantemente

constipated ['kɒnstɪpeɪtəd] adj estreñido

Be careful not to translate constipated by the Spanish word constipado.

constipation [kɒnstɪ'peɪʃən] n estreñimiento

constituency [kən'stɪtjuənsɪ] n (Pol: area) distrito electoral; (: electors) electorado

constitute ['kɒnstɪtju:t] vt constituir

constitution [kɒnstɪ'tju:ʃən] n constitución f

constraint [kən'streɪnt] n obligación f; (limit) restricción f

construct [kən'strʌkt] vt construir; construction [-ʃən] n construcción f; constructive adj constructivo

consul ['kɒnsl] n cónsul mf; consulate ['kɒnsjulɪt] n consulado

consult [kən'sʌlt] vt consultar; consultant n (BRIT Med) especialista mf; (other specialist) asesor(a) m/f; consultation [kɒnsəl'teɪʃən] n consulta; consulting room (BRIT) n consultorio

consume [kən'sju:m] vt (eat) comerse; (drink) beberse; (fire etc, Comm) consumir; consumer n consumidor(a) m/f

consumption [kən'sʌmpʃən] n consumo

cont. abbr (= continued) sigue

contact ['kɒntækt] n contacto; (person) contacto; (: pej) enchufe m ▷ vt ponerse en contacto con; contact lenses npl lentes fpl de contacto

contagious [kən'teɪdʒəs] adj contagioso

contain [kən'teɪn] vt contener;

to ~ o.s. contenerse; **container** n recipiente m; (for shipping etc) contenedor m

contaminate [kən'tæmɪneɪt] vt contaminar

cont'd abbr (= continued) sigue

contemplate ['kɒntəmpleɪt] vt contemplar; (reflect upon) considerar

contemporary [kən'tempərərɪ] adj, n contemporáneo/a m/f

contempt [kən'tempt] n desprecio; **~ of court** (Law) desacato (a los tribunales)

contend [kən'tend] vt (argue) afirmar ▷ vi: **to ~ with/for** luchar contra/por

content [adj, vb kən'tent, n 'kɒntent] adj (happy) contento; (satisfied) satisfecho ▷ vt contentar; satisfacer ▷ n contenido; **contents** npl contenido; **(table of) ~s** índice m de materias; **contented** adj contento; satisfecho

contest [n 'kɒntest, vb kən'test] n lucha; (competition) concurso ▷ vt (dispute) impugnar; (Pol) presentarse como candidato a

> Be careful not to translate **contest** by the Spanish word contestar.

contestant [kən'testənt] n concursante mf; (in fight) contendiente mf

context ['kɒntekst] n contexto

continent ['kɒntɪnənt] n continente m; **the C~** (BRIT) el continente europeo; **continental** [-'nentl] adj continental; **continental breakfast** n desayuno estilo europeo; **continental quilt** (BRIT) n edredón m

continual [kən'tɪnjuəl] adj continuo; **continually** adv constantemente

continue [kən'tɪnjuː] vi, vt seguir, continuar

continuity [kɒntɪ'njuɪtɪ] n (also Cine) continuidad f

continuous [kən'tɪnjuəs] adj continuo; **continuous assessment** n (BRIT) evaluación f continua;

continuously adv continuamente

contour ['kɒntuə*] n contorno; (also: **~ line**) curva de nivel

contraception [kɒntrə'sepʃən] n contracepción f

contraceptive [kɒntrə'septɪv] adj, n anticonceptivo

contract [n 'kɒntrækt, vb kən'trækt] n contrato ▷ vi (Comm): **to ~ to do sth** comprometerse por contrato a hacer algo; (become smaller) contraerse, encogerse ▷ vt contraer; **contractor** n contratista mf

contradict [kɒntrə'dɪkt] vt contradecir; **contradiction** [-ʃən] n contradicción f

contrary¹ ['kɒntrərɪ] adj contrario ▷ n lo contrario; **on the ~** al contrario; **unless you hear to the ~** a no ser que le digan lo contrario

contrary² [kən'trɛərɪ] adj (perverse) terco

contrast [n 'kɒntrɑːst, vb kən'trɑːst] n contraste m ▷ vt comparar; **in ~ to** en contraste con

contribute [kən'trɪbjuːt] vi contribuir ▷ vt: **to ~ £10/an article to** contribuir con 10 libras/un artículo a; **to ~ to** (charity) donar a; (newspaper) escribir para; (discussion) intervenir en; **contribution** [kɒntrɪ'bjuːʃən] n (donation) donativo; (BRIT: for social security) cotización f; (to debate) intervención f; (to journal) colaboración f; **contributor** n contribuyente mf; (to newspaper) colaborador(a) m/f

control [kən'trəul] vt controlar; (process etc) dirigir; (machinery) manejar; (temper) dominar; (disease) contener ▷ n control m; **controls** npl (of vehicle) instrumentos mpl de mando; (of radio) controles mpl; (governmental) medidas fpl de control; **under ~** bajo control; **to be in ~ of** tener el mando de; **the car went out of ~** se perdió el control del coche; **control tower** n (Aviat) torre f de control

controversial [kɒntrə'vəːʃl] adj

polémico

controversy [ˈkɒntrəvəːsɪ] n polémica

convenience [kənˈviːnɪəns] n (easiness) comodidad f; (suitability) idoneidad f; (advantage) ventaja f; **at your ~** cuando le sea conveniente; **all mod ~s, all mod cons** (BRIT) todo confort

convenient [kənˈviːnɪənt] adj (useful) útil; (place, time) conveniente

convent [ˈkɒnvənt] n convento

convention [kənˈvɛnʃən] n convención f; (meeting) asamblea; (agreement) convenio; **conventional** adj convencional

conversation [kɒnvəˈseɪʃən] n conversación f

conversely [ˈkɒnvəːslɪ] adv a la inversa

conversion [kənˈvəːʃən] n conversión f

convert [vb kənˈvəːt, n ˈkɒnvəːt] vt (Rel, Comm) convertir; (alter): **to ~ sth into/to** transformar algo en/convertir algo a ▷ n converso/a; **convertible** adj convertible ▷ n descapotable m

convey [kənˈveɪ] vt llevar; (thanks) comunicar; (idea) expresar; **conveyor belt** n cinta transportadora

convict [vb kənˈvɪkt, n ˈkɒnvɪkt] vt (find guilty) declarar culpable a ▷ n presidiario/a; **conviction** [-ʃən] n condena; (belief, certainty) convicción f

convince [kənˈvɪns] vt convencer; **convinced** adj: **convinced of/that** convencido de/de que; **convincing** adj convincente

convoy [ˈkɒnvɔɪ] n convoy m

cook [kuk] vt (stew etc) guisar; (meal) preparar ▷ vi cocer; (person) cocinar ▷ n cocinero/a; **cook book** n libro de cocina; **cooker** n cocina; **cookery** n cocina; **cookery book** (BRIT) n = **cook book**; **cookie** (US) n galleta; **cooking** n cocina

cool [kuːl] adj fresco; (not afraid) tranquilo; (unfriendly) frío ▷ vt enfriar ▷ vi enfriarse; **cool down** vi enfriarse;

(fig: person, situation) calmarse; **cool off** vi (become calmer) calmarse, apaciguarse; (lose enthusiasm) perder (el) interés, enfriarse

cop [kɒp] (inf) n poli mf (SP), tira mf (MEX)

cope [kəup] vi: **to ~ with** (problem) hacer frente a

copper [ˈkɒpə*] n (metal) cobre m; (BRIT: inf) poli mf, tira mf (MEX)

copy [ˈkɒpɪ] n copia; (of book etc) ejemplar m ▷ vt copiar; **copyright** n derechos mpl de autor

coral [ˈkɒrəl] n coral m

cord [kɔːd] n cuerda; (Elec) cable m; (fabric) pana; **cords** npl (trousers) pantalones mpl de pana; **cordless** adj sin hilos

corduroy [ˈkɔːdərɔɪ] n pana

core [kɔː*] n centro, núcleo; (of fruit) corazón m; (of problem) meollo ▷ vt quitar el corazón de

coriander [kɒrɪˈændə*] n culantro

cork [kɔːk] n corcho; (tree) alcornoque m; **corkscrew** n sacacorchos m

corn [kɔːn] n (BRIT: cereal crop) trigo; (US: maize) maíz m; (on foot) callo; **~ on the cob** (Culin) mazorca, elote m (MEX), choclo (SC)

corned beef [kɔːnd-] n carne f acecinada (en lata)

corner [ˈkɔːnə*] n (outside) esquina; (inside) rincón m; (in road) curva; (Football) córner m; (Boxing) esquina ▷ vt (trap) arrinconar; (Comm) acaparar ▷ vi (in car) tomar las curvas; **corner shop** (BRIT) n tienda de la esquina

cornflakes [ˈkɔːnfleɪks] npl copos mpl de maíz, cornflakes mpl

cornflour [ˈkɔːnflauə*] (BRIT) n harina de maíz

cornstarch [ˈkɔːnstɑːtʃ] (US) n = **cornflour**

Cornwall [ˈkɔːnwəl] n Cornualles m

coronary [ˈkɒrənərɪ] n (also: ~ **thrombosis**) infarto

coronation [kɒrəˈneɪʃən] n coronación f

coroner [ˈkɒrənəʳ] n juez mf de instrucción

corporal [ˈkɔːpərl] n cabo ▷ adj: ~ **punishment** castigo corporal

corporate [ˈkɔːpərɪt] adj (action, ownership) colectivo; (finance, image) corporativo

corporation [kɔːpəˈreɪʃən] n (of town) ayuntamiento; (Comm) corporación f

corps [kɔː*, pl kɔːz] n inv cuerpo; **diplomatic ~** cuerpo diplomático; **press ~** gabinete m de prensa

corpse [kɔːps] n cadáver m

correct [kəˈrɛkt] adj justo, exacto; (proper) correcto ▷ vt corregir; (exam) corregir, calificar; **correction** [-ʃən] n (act) corrección f; (instance) rectificación f

correspond [kɒrɪsˈpɒnd] vi (write): **to ~ (with)** escribirse (con); (be equivalent to): **to ~ (to)** corresponder (a); (be in accordance): **to ~ (with)** corresponder (con); **correspondence** n correspondencia; **correspondent** mf; **corresponding** adj correspondiente

corridor [ˈkɒrɪdɔː*] n pasillo

corrode [kəˈrəud] vt corroer ▷ vi corroerse

corrupt [kəˈrʌpt] adj (person) corrupto; (Comput) corrompido ▷ vt corromper; (Comput) degradar; **corruption** n corrupción f; (of data) alteración f

Corsica [ˈkɔːsɪkə] n Córcega

cosmetic [kɒzˈmɛtɪk] adj, n cosmético; **cosmetic surgery** n cirugía f estética

cosmopolitan [kɒzməˈpɒlɪtn] adj cosmopolita

cost [kɒst] (pt, pp ~) n (price) precio ▷ vt costar, valer ▷ vt preparar el presupuesto de; **how much does it ~?** ¿cuánto cuesta?; **to ~ sb time/effort** costarle a algn tiempo/esfuerzo; **it ~ him his life** le costó la vida; **at all ~s** cueste lo que cueste; **costs** npl (Comm)

costes mpl; (Law) costas fpl

co-star [ˈkəustɑː*] n coprotagonista mf

Costa Rica [ˈkɒstəˈriːkə] n Costa Rica; **Costa Rican** adj, n costarriqueño/a

costly [ˈkɒstlɪ] adj costoso

cost of living n costo or coste m (Sp) de la vida

costume [ˈkɒstjuːm] n traje m; (BRIT: also: **swimming ~**) traje de baño

cosy [ˈkəuzɪ] (US **cozy**) adj (person) cómodo; (room) acogedor(a)

cot [kɒt] n (BRIT: child's) cuna; (US: campbed) cama de campaña

cottage [ˈkɒtɪdʒ] n casita de campo; (rustic) barraca; **cottage cheese** n requesón m

cotton [ˈkɒtn] n algodón m; (thread) hilo; **cotton on** vi (inf): **to cotton on (to sth)** caer en la cuenta (de algo); **cotton bud** n (BRIT) bastoncillo m de algodón; **cotton candy** (US) algodón m (azucarado); **cotton wool** n (BRIT) algodón m (hidrófilo)

couch [kautʃ] n sofá m; (doctor's etc) diván m

cough [kɒf] vi toser ▷ n tos f; **cough mixture** n jarabe m para la tos

could [kud] pt of **can²**; **couldn't** = **could not**

council [ˈkaunsl] n consejo; **city or town ~** consejo municipal; **council estate** (BRIT) n urbanización de viviendas municipales de alquiler; **council house** (BRIT) n vivienda municipal de alquiler; **councillor** (US **councilor**) n concejal/a m/f; **council tax** n (BRIT) contribución f municipal (dependiente del valor de la vivienda)

counsel [ˈkaunsl] n (advice) consejo; (lawyer) abogado/a ▷ vt aconsejar; **counselling** (US **counseling**) n (Psych) asistencia f psicológica; **counsellor** (US **counselor**) n consejero/a, abogado/a m/f

count [kaunt] vt contar; (include) incluir ▷ vi contar ▷ n cuenta; (of votes) escrutinio; (level) nivel m;

(nobleman) conde m; **count in** (inf) vt: **to count sb in on sth** contar con algn para algo; **count on** vt fus contar con; **countdown** n cuenta atrás

ounter ['kauntə*] n (in shop) mostrador m; (in games) ficha ▷ vt contrarrestar ▷ adv: **to run ~ to** ser contrario a, ir en contra de; **counter clockwise** (us) adv en sentido contrario al de las agujas del reloj

ounterfeit ['kauntəfɪt] n falsificación f, simulación f ▷ vt falsificar ▷ adj falso, falsificado

ounterpart ['kauntəpɑ:t] n homólogo/a

ountess ['kauntɪs] n condesa

ountless ['kauntlɪs] adj innumerable

ountry ['kʌntrɪ] n país m; (native land) patria; (as opposed to town) campo; (region) región f, tierra; **country and western (music)** n música country; **country house** n casa de campo; **countryside** n campo

ounty ['kauntɪ] n condado

oup [ku:] (pl ~s) n (also: **~ d'état**) golpe m (de estado); (achievement) éxito

ouple ['kʌpl] n (of things) par m; (of people) pareja; (married couple) matrimonio; **a ~ of** un par de

oupon ['ku:pɔn] n cupón m; (voucher) valé m

ourage ['kʌrɪdʒ] n valor m, valentía f

ourageous [kə'reɪdʒəs] adj valiente

ourgette [kuə'ʒet] (BRIT) n calabacín m, calabacita (MEX)

ourier ['kurɪə*] n mensajero/a; (for tourists) guía mf (de turismo)

ourse [kɔ:s] n (direction) dirección f; (of river, Scol) curso; (process) transcurso; (Med): **~ of treatment** tratamiento; (of ship) rumbo; (part of meal) plato; (Golf) campo; **of ~** desde luego, naturalmente; **of ~!** ¡claro!

ourt [kɔ:t] n (royal) corte f; (Law) tribunal m, juzgado; (Tennis etc) pista, cancha ▷ vt (woman) cortejar a; **to take to ~** demandar

courtesy ['kə:təsɪ] n cortesía f; **(by) ~ of** por cortesía de; **courtesy bus, courtesy coach** n autobús m gratuito

court: **court-house** n palacio de justicia; **courtroom** ['kɔ:trum] n sala de justicia; **courtyard** ['kɔ:tjɑ:d] n patio

cousin ['kʌzn] n primo/a; **first ~** primo/a carnal, primo/a hermano/a

cover ['kʌvə*] vt cubrir; (feelings, mistake) ocultar; (with lid) tapar; (book etc) forrar; (distance) recorrer; (include) abarcar; (protect: also: Insurance) cubrir; (Press) investigar; (discuss) tratar ▷ n cubierta; (lid) tapa; (for chair etc) funda; (envelope) sobre m; (for book) forro; (of magazine) portada; (shelter) abrigo; (Insurance) cobertura; (of spy) cobertura; **covers** npl (on bed) sábanas; mantas; **to take ~** (shelter) protegerse, resguardarse; **under ~** (indoors) bajo techo; **under ~ of darkness** al amparo de la oscuridad; **under separate ~** (Comm) por separado; **cover up** vi: **to cover up for sb** encubrir a algn

coverage n (TV, Press) cobertura

cover charge n precio del cubierto

cover-up n encubrimiento

cow [kau] n vaca; (infl: woman) bruja ▷ vt intimidar

coward ['kauəd] n cobarde mf; **cowardly** adj cobarde

cowboy ['kaubɔɪ] n vaquero

cozy ['kəuzɪ] (us) adj = **cosy**

crab [kræb] n cangrejo

crack [kræk] n grieta; (noise) crujido; (drug) crack m ▷ vt agrietar, romper; (nut) cascar; (solve: problem) resolver; (: code) descifrar; (whip etc) chasquear; (knuckles) crujir; (joke) contar ▷ adj (expert) de primera; **crack down on** vt fus adoptar fuertes medidas contra; **cracked** adj (cup, window) rajado; (wall) resquebrajado; **cracker** n (biscuit) crácker m; (Christmas cracker) petardo sorpresa

crackle ['krækl] vi crepitar

cradle ['kreɪdl] n cuna

craft [krɑːft] n (skill) arte m; (trade) oficio; (cunning) astucia; (boat: pl inv) barco; (plane: pl inv) avión m; **craftsman** (irreg) n artesano; **craftsmanship** n (quality) destreza

cram [kræm] vt (fill): **to ~ sth with** llenar algo (a reventar) de; (put): **to ~ sth into** meter algo a la fuerza en ▷ vi (for exams) empollar

cramp [kræmp] n (Med) calambre m; **cramped** adj apretado, estrecho

cranberry [ˈkrænbərɪ] n arándano agrio

crane [kreɪn] n (Tech) grúa; (bird) grulla

crap [kræp] n (infl) mierda (!)

crash [kræʃ] n (noise) estruendo; (of cars etc) choque m; (of plane) accidente m de aviación; (Comm) quiebra ▷ vt (car, plane) estrellar ▷ vi (car, plane) estrellarse; (two cars) chocar; (Comm) quebrar; **crash course** n curso acelerado; **crash helmet** n casco (protector)

crate [kreɪt] n cajón m de embalaje; (for bottles) caja

crave [kreɪv] vt, vi: **to ~ (for)** ansiar, anhelar

crawl [krɔːl] vi (drag o.s.) arrastrarse; (child) andar a gatas, gatear; (vehicle) avanzar (lentamente) ▷ n (Swimming) crol m

crayfish [ˈkreɪfɪʃ] n inv (freshwater) cangrejo de río; (saltwater) cigala

crayon [ˈkreɪən] n lápiz m de color

craze [kreɪz] n (fashion) moda

crazy [ˈkreɪzɪ] adj (person) loco; (idea) disparatado; (inf: keen): **~ about sb/sth** loco por algn/algo

creak [kriːk] vi (floorboard) crujir; (hinge etc) chirriar, rechinar

cream [kriːm] n (of milk) nata, crema; (lotion) crema; (fig) flor f y nata ▷ adj (colour) color crema; **cream cheese** n queso blanco; **creamy** adj cremoso; (colour) color crema

crease [kriːs] n (fold) pliegue m; (in trousers) raya; (wrinkle) arruga ▷ vt

(wrinkle) arrugar ▷ vi (wrinkle up) arrugarse

create [kriːˈeɪt] vt crear; **creation** [-ʃən] n creación f; **creative** adj creativo; **creator** n creador(a) m/f

creature [ˈkriːtʃəʳ] n (animal) animal m, bicho; (person) criatura

crèche [krɛʃ] n guardería (infantil)

credentials [krɪˈdɛnʃlz] npl (references) referencias fpl; (identity papers) documentos mpl de identidad

credibility [krɛdɪˈbɪlɪtɪ] n credibilidad f

credible [ˈkrɛdɪbl] adj creíble; (trustworthy) digno de confianza

credit [ˈkrɛdɪt] n crédito; (merit) honor m, mérito ▷ vt (Comm) abonar; (believe: also: **give ~ to**) creer, prestar fe a ▷ adj crediticio; **credits** npl (Cinema) fichas fpl técnicas; **to be in ~** (person) tener saldo a favor; **to ~ sb with** (fig) reconocer a algn el mérito de; **credit card** n tarjeta de crédito

creek [kriːk] n cala, ensenada; (US) riachuelo

creep [kriːp] (pt, pp **crept**) vi arrastrarse

cremate [krɪˈmeɪt] vt incinerar

crematorium [krɛməˈtɔːrɪəm] (pl **crematoria**) n crematorio

crept [krɛpt] pt, pp of **creep**

crescent [ˈkrɛsnt] n media luna; (street) calle f (en forma de semicírculo)

cress [krɛs] n berro

crest [krɛst] n (of bird) cresta; (of hill) cima, cumbre f; (of coat of arms) blasón m

crew [kruː] n (of ship etc) tripulación f; (TV, Cinema) equipo; **crew-neck** n cuello a la caja

crib [krɪb] n cuna ▷ vt (inf) plagiar

cricket [ˈkrɪkɪt] n (insect) grillo; (game) críquet m; **cricketer** n jugador(a) m/f de críquet

crime [kraɪm] n (no pl: illegal activities) crimen m; (illegal action) delito; **criminal** [ˈkrɪmɪnl] n criminal mf, delincuente mf ▷ adj criminal; (illegal) delictivo; (law) penal

crimson ['krımzn] adj carmesí

cringe [krındʒ] vi agacharse, encogerse

cripple ['krıpl] n lisiado/a, cojo/a ▷ vt lisiar, dejar cojo

crisis ['kraısıs] (pl **crises**) n crisis f inv

crisp [krısp] adj fresco; (vegetables etc) crujiente; (manner) seco; **crispy** adj crujiente

criterion [kraı'tıərıən] (pl **criteria**) n criterio

critic ['krıtık] n crítico/a; **critical** adj crítico; (illness) grave; **criticism** ['krıtısızm] n crítica; **criticize** ['krıtısaız] vt criticar

Croat ['krəuæt] adj, n =**Croatian**

Croatia [krəu'eıʃə] n Croacia; **Croatian** adj, n croata m/f ▷ n (Ling) croata m

crockery ['krɒkərı] n loza, vajilla

crocodile ['krɒkədaıl] n cocodrilo

crocus ['krəukəs] n croco, crocus m

croissant [krwæsɒ̃] n croissant m, medialuna (esp LAM)

crook [kruk] n ladrón/ona m/f; (of shepherd) cayado; **crooked** ['krukıd] adj torcido; (dishonest) nada honrado

crop [krɒp] n (produce) cultivo; (amount produced) cosecha; (riding crop) látigo de montar ▷ vt cortar, recortar; **crop up** vi surgir, presentarse

cross [krɒs] n cruz f; (hybrid) cruce m ▷ vt (street etc) cruzar, atravesar ▷ adj de mal humor, enojado; **cross off** vt tachar; **cross out** vt tachar; **cross over** vi cruzar; **cross-Channel ferry** ['krɒs'tʃænl-] n transbordador m que cruza el Canal de la Mancha; **crosscountry (race)** n carrera a campo traviesa, cross m; **crossing** n (sea passage) travesía; (also: **pedestrian crossing**) paso para peatones; **crossing guard** (us) n persona encargada de ayudar a los niños a cruzar la calle; **crossroads** n cruce m, encrucijada; **crosswalk** (us) n paso de peatones; **crossword** n crucigrama m

crotch [krɒtʃ] n (Anat, of garment) entrepierna

crouch [krautʃ] vi agacharse, acurrucarse

crouton ['kru:tɒn] n cubito de pan frito

crow [krəu] n (bird) cuervo; (of cock) canto, cacareo ▷ vi (cock) cantar

crowd [kraud] n muchedumbre f, multitud f ▷ vt (fill) llenar ▷ vi (gather): **to ~ round** reunirse en torno a; (cram): **to ~ in** entrar en tropel; **crowded** adj (full) atestado; (densely populated) superpoblado

crown [kraun] n corona; (of head) coronilla; (for tooth) funda; (fig) completar, rematar; **crown jewels** npl joyas fpl reales

crucial ['kru:ʃl] adj decisivo

crucifix ['kru:sıfıks] n crucifijo

crude [kru:d] adj (materials) bruto; (fig: basic) tosco; (: vulgar) ordinario; **crude (oil)** n (petróleo) crudo

cruel ['kruəl] adj cruel; **cruelty** n crueldad f

cruise [kru:z] n crucero ▷ vi (ship) hacer un crucero; (car) ir a velocidad de crucero

crumb [krʌm] n miga, migaja

crumble ['krʌmbl] vt desmenuzar ▷ vi (building, also fig) desmoronarse

crumpet ['krʌmpıt] n ≈ bollo para tostar

crumple ['krʌmpl] vt (paper) estrujar; (material) arrugar

crunch [krʌntʃ] vt (with teeth) mascar; (underfoot) hacer crujir ▷ n (fig) hora o momento de la verdad; **crunchy** adj crujiente

crush [krʌʃ] n (crowd) aglomeración f; (infatuation): **to have a ~ on sb** estar loco por algn; (drink): **lemon ~** limonada ▷ vt aplastar; (paper) estrujar; (cloth) arrugar; (fruit) exprimir; (opposition) aplastar; (hopes) destruir

crust [krʌst] n corteza; (of snow, ice) costra; **crusty** adj (bread) crujiente;

(person) de mal carácter

crutch ['krʌtʃ] n muleta

cry [kraɪ] vi llorar ⊳ n (shriek) chillido; (shout) grito; **cry out** vi (call out, shout) lanzar un grito, echar un grito ⊳ vt gritar

crystal ['krɪstl] n cristal m

cub [kʌb] n cachorro m; (also: **- scout**) niño explorador

Cuba ['kju:bə] n Cuba; **Cuban** adj, n cubano/a m/f

cube [kju:b] n cubo ⊳ vt (Math) cubicar

cubicle ['kju:bɪkl] n (at pool) caseta; (for bed) cubículo

cuckoo ['kuku:] n cuco

cucumber ['kju:kʌmbə*] n pepino

cuddle ['kʌdl] vt abrazar ⊳ vi abrazarse

cue [kju:] n (snooker cue) taco; (Theatre etc) señal f

cuff [kʌf] n (of sleeve) puño; (us: of trousers) vuelta; (blow) bofetada ⊳ **off the - adv** de improviso; **cufflinks** npl gemelos mpl

cuisine [kwɪ'zi:n] n cocina

cul-de-sac ['kʌldəsæk] n callejón m sin salida

cull [kʌl] vt (idea) sacar ⊳ n (of animals) matanza selectiva

culminate ['kʌlmɪneɪt] vi: **to - in** terminar en

culprit ['kʌlprɪt] n culpable mf

cult [kʌlt] n culto

cultivate ['kʌltɪveɪt] vt cultivar

cultural ['kʌltʃərəl] adj cultural

culture ['kʌltʃə*] n (also fig) cultura; (Biol) cultivo

cumin ['kʌmɪn] n (spice) comino

cunning ['kʌnɪŋ] n astucia ⊳ adj astuto

cup [kʌp] n taza; (as prize) copa

cupboard ['kʌbəd] n armario; (in kitchen) alacena

cup final n (Football) final f de copa

curator [kjuə'reɪtə*] n director(a) m/f

curb [kə:b] vt refrenar; (person)

reprimir ⊳ n freno; (us) bordillo

curdle ['kə:dl] vi cuajarse

cure [kjuə*] vt curar ⊳ n cura, curación f; (fig: solution) remedio

curfew ['kə:fju:] n toque m de queda

curiosity [kjuərɪ'ɔsɪtɪ] n curiosidad f

curious ['kjuərɪəs] adj curioso; (person: interested): **to be ~** sentir curiosidad

curl [kə:l] n rizo ⊳ vt (hair) rizar ⊳ vi rizarse; **curl up** vi (person) hacerse un ovillo; **curler** n rulo; **curly** adj rizado

currant ['kʌrnt] n pasa (de Corinto); (blackcurrant, redcurrant) grosella

currency ['kʌrnsɪ] n moneda; **to gain ~** (fig) difundirse

current ['kʌrnt] n corriente f ⊳ adj (accepted) corriente; (present) actual; **current account** (BRIT) n cuenta corriente; **current affairs** npl noticias fpl de actualidad; **currently** adv actualmente

curriculum [kə'rɪkjuləm] (pl **-s** or **curricula**) n plan m de estudios; **curriculum vitae** n currículum m

curry ['kʌrɪ] n curry m ⊳ vt: **to - favour with** buscar favores con; **curry powder** n curry m en polvo

curse [kə:s] vi soltar tacos ⊳ vt maldecir ⊳ n maldición f; (swearword) palabrota, taco

cursor ['kə:sə*] n (Comput) cursor m

curt [kə:t] adj corto, seco

curtain ['kə:tn] n cortina; (Theatre) telón m

curve [kə:v] n curva ⊳ vi (road) hacer una curva; (line etc) curvarse; **curved** adj curvo

cushion ['kuʃən] n cojín m; (of air) colchón m ⊳ vt (shock) amortiguar

custard ['kʌstəd] n natillas fpl

custody ['kʌstədɪ] n custodia; **to take into -** detener

custom ['kʌstəm] n costumbre f; (Comm) clientela

customer ['kʌstəmə*] n cliente m/f

customized ['kʌstəmaɪzd] adj (car etc) hecho a encargo

customs ['kʌstəmz] *npl* aduana;
customs officer *n* aduanero/a
cut [kʌt] (*pt, pp* ~) *vt* cortar; (*price*)
rebajar; (*text, programme*) acortar;
(*reduce*) reducir ▷ *vi* cortar ▷ *n* (*of
garment*) corte *m*; (*in skin*) cortadura;
(*in salary etc*) rebaja; (*in spending*)
reducción *f*, recorte *m*; (*slice of meat*)
tajada; **to ~ a tooth** echar un diente;
to ~ and paste (*Comput*) cortar y pegar;
cut back *vt* (*plants*) podar; (*production,
expenditure*) reducir; **cut down** *vt*
(*tree*) derribar; (*reduce*) reducir; **cut
off** *vt* cortar; (*person, place*) aislar;
(*Tel*) desconectar; **cut out** *vt* (*shape*)
recortar; (*stop: activity etc*) dejar;
(*remove*) quitar; **cut up** *vt* cortar (en
pedazos); **cutback** *n* reducción *f*
cute [kjuːt] *adj* mono
cutlery ['kʌtlərɪ] *n* cubiertos *mpl*
cutlet ['kʌtlɪt] *n* chuleta; (*nut etc
cutlet*) plato vegetariano hecho con nueces
y verdura en forma de chuleta
cut-price ['kʌt'praɪs] (*BRIT*) *adj* a
precio reducido
cut-rate ['kʌt'reɪt] (*US*) *adj* =
cut-price
cutting ['kʌtɪŋ] *adj* (*remark*) mordaz
▷ *n* (*BRIT: from newspaper*) recorte *m*;
(*from plant*) esqueje *m*
CV *n abbr* = **curriculum vitae**
cwt *abbr* = **hundredweight(s)**
cybercafé ['saɪbəkæfeɪ] *n* cibercafé
m
cyberspace ['saɪbəspeɪs] *n*
ciberespacio
cycle ['saɪkl] *n* ciclo; (*bicycle*) bicicleta
▷ *vi* ir en bicicleta; **cycle hire** *n*
alquiler *m* de bicicletas; **cycle lane** *n*
carril-bici *m*; **cycle path** *n* carril-bici
m; **cycling** *n* ciclismo; **cyclist** *n*
ciclista *mf*
cyclone ['saɪkləun] *n* ciclón *m*
cylinder ['sɪlɪndə*] *n* cilindro; (*of gas*)
bombona
cymbal ['sɪmbl] *n* címbalo, platillo
cynical ['sɪnɪkl] *adj* cínico
Cypriot ['sɪprɪət] *adj, n* chipriota *m/f*

Cyprus ['saɪprəs] *n* Chipre *f*
cyst [sɪst] *n* quiste *m*; **cystitis**
[-'taɪtɪs] *n* cistitis *f*
czar [zɑː*] *n* zar *m*
Czech [tʃek] *adj, n* checo *a m/f*; **Czech
Republic** *n*: **the Czech Republic** la
República Checa

d

D [diː] n (Mus) re m
dab [dæb] vt (eyes, wound) tocar (ligeramente); (paint, cream) poner un poco de
dad [dæd] n = **daddy**
daddy ['dædɪ] n papá m
daffodil ['dæfədɪl] n narciso m
daft [dɑːft] adj tonto
dagger ['dægə*] n puñal m, daga f
daily ['deɪlɪ] n (shop) lechería; (on farm) vaquería; **dairy produce** n productos mpl lácteos
daisy ['deɪzɪ] n margarita f
dam [dæm] n presa f ▷ vt construir una presa sobre, represar
damage ['dæmɪdʒ] n lesión f; daño; (dents etc) desperfectos mpl; (fig) perjuicio ▷ vt dañar, perjudicar; (spoil, break) estropear; **damages** npl (Law) daños mpl y perjuicios
damn [dæm] vt condenar; (curse) maldecir ▷ n (inf): **I don't give a ~** me importa un pito ▷ adj (inf: also: **~ed**)

maldito; **~ (it)!** ¡maldito sea!
damp [dæmp] adj húmedo, mojado ▷ n humedad f ▷ vt (also: **~en**: cloth, rag) mojar; (: enthusiasm) enfriar
dance [dɑːns] n baile m ▷ vi bailar; **dance floor** n pista f de baile; **dancer** n bailador(a) m/f; (professional) bailarín/ina m/f; **dancing** n baile m
dandelion ['dændɪlaɪən] n diente m de león
dandruff ['dændrəf] n caspa f
Dane [deɪn] n danés/esa m/f
danger ['deɪndʒə*] n peligro; (risk) riesgo; **~! (on sign)** ¡peligro de muerte!; **to be in ~ of** correr riesgo de; **dangerous** adj peligroso
dangle ['dæŋgl] vt colgar ▷ vi pender, colgar
Danish ['deɪnɪʃ] adj danés/esa ▷ n (Ling) danés m
dare [dɛə*] vt: **to ~ sb to do** desafiar a algn a hacer ▷ vi: **to ~ (to) do sth** atreverse a hacer algo; **I ~ say** (I suppose) puede ser (que); **daring** adj atrevido, osado ▷ n atrevimiento, osadía
dark [dɑːk] adj oscuro; (hair, complexion) moreno ▷ n: **in the ~** a oscuras; **to be in the ~ about** (fig) no saber nada de; **after ~** después del anochecer; **darken** vt (colour) hacer más oscuro ▷ vi oscurecerse; **darkness** n oscuridad f; **darkroom** n cuarto oscuro
darling ['dɑːlɪŋ] adj, n querido/a m/f
dart [dɑːt] n dardo; (in sewing) sisa ▷ vi precipitarse; **dartboard** n diana f; **darts** n (game) dardos mpl
dash [dæʃ] n (small quantity: of liquid) gota, chorrito; (sign) raya ▷ vt (throw) tirar; (hopes) defraudar ▷ vi precipitarse, ir de prisa
dashboard ['dæʃbɔːd] n (Aut) salpicadero
data ['deɪtə] npl datos mpl; **database** n base f de datos; **data processing** n proceso de datos
date [deɪt] n (day) fecha; (with

friend) cita; (_fruit_) dátil m ▷ vt fechar; (_person_) salir con; **~ of birth** fecha de nacimiento; **to ~** adv hasta la fecha; **dated** adj anticuado

daughter ['dɔ:tə*] n hija; **daughter-in-law** n nuera, hija política

daunting ['dɔ:ntɪŋ] adj desalentador/a

dawn [dɔ:n] n alba, amanecer m; (_fig_) nacimiento ▷ vi (_day_) amanecer; (_fig_): **it ~ed on him that ...** cayó en la cuenta de que ...

day [deɪ] n día m; (_working day_) jornada; (_heyday_) tiempos mpl, días mpl; **the ~ before** el día anterior; **the ~ after tomorrow** pasado mañana; **the ~ before yesterday** anteayer; **the following ~** el día siguiente; **by ~** de día; **day-care centre** ['deɪkeə-] n centro de día; (_for children_) guardería infantil; **daydream** vi soñar despierto; **daylight** n luz f (_del día_); **day return** (_BRIT_) n billete m de ida y vuelta (en un día); **daytime** n día m; **day-to-day** adj cotidiano; **day trip** n excursión f (de un día)

dazed [deɪzd] adj aturdido

dazzle ['dæzl] vt deslumbrar; **dazzling** adj (_light, smile_) deslumbrante; (_colour_) fuerte

DC abbr (= _direct current_) corriente f continua

dead [dɛd] adj muerto; (_limb_) dormido; (_telephone_) cortado; (_battery_) agotado ▷ adv (_completely_) totalmente; (_exactly_) exactamente; **to shoot sb ~** matar a algn a tiros; **~ tired** muerto (de cansancio); **to stop ~** parar en seco; **dead end** n callejón m sin salida; **deadline** n fecha (or hora) tope; **deadly** adj mortal, fatal; **Dead Sea** n: **the Dead Sea** el Mar Muerto

deaf [dɛf] adj sordo; **deafen** vt ensordecer; **deafening** adj ensordecedor/a

deal [di:l] (_pt, pp_ **~t**) n (_agreement_) pacto, convenio; (_business deal_) trato ▷ vt dar; (_card_) repartir; **a great ~**

(_of_) bastante, mucho; **deal with** vt fus (_people_) tratar con; (_problem_) ocuparse de; (_subject_) tratar de; **dealer** n comerciante m/f; (_Cards_) mano f; **dealings** npl (_Comm_) transacciones fpl; (_relations_) relaciones fpl

dealt [dɛlt] pt, pp of **deal**

dean [di:n] n (_Rel_) deán m; (_Scol: BRIT_) decano; (: _us_) decano; rector m

dear [dɪə*] adj querido; (_expensive_) caro ▷ n: **my ~** mi querido/a ▷ excl: **~ me!** ¡Dios mío!; **D~ Sir/Madam** (_in letter_) Muy Señor Mío, Estimado Señor/Estimada Señora; **D~ Mr/Mrs X** Estimado/a Señor(a) X; **dearly** adv (_love_) mucho; (_pay_) caro

death [dɛθ] n muerte f; **death penalty** n pena de muerte; **death sentence** n condena a muerte

debate [dɪ'beɪt] n debate m ▷ vt discutir

debit ['dɛbɪt] n debe m ▷ vt: **to ~ a sum to sb or to sb's account** cargar una suma en cuenta a algn; **debit card** n tarjeta f de débito

debris ['dɛbri:] n escombros mpl

debt [dɛt] n deuda; **to be in ~** tener deudas

debut ['deɪbju:] n presentación f

Dec. abbr (= _December_) dic

decade ['dɛkeɪd] n decenio, década

decaffeinated [dɪ'kæfɪneɪtɪd] adj descafeinado

decay [dɪ'keɪ] n (_of building_) desmoronamiento; (_of tooth_) caries f inv ▷ vi (_rot_) pudrirse

deceased [dɪ'si:st] n: **the ~** el(la) difunto/a

deceit [dɪ'si:t] n engaño; **deceive** [dɪ'si:v] vt engañar

December [dɪ'sɛmbə*] n diciembre m

decency ['di:sənsɪ] n decencia

decent ['di:sənt] adj (_proper_) decente; (_person: kind_) amable, bueno

deception [dɪ'sɛpʃən] n engaño

deceptive [dɪ'sɛptɪv] adj engañoso

> Be careful not to translate **deception** by the Spanish word _decepción_.

decide [dɪˈsaɪd] vt (person) decidir; (question, argument) resolver ▷ vi decidir; **to ~ to do/that** decidir hacer/ que; **to ~ on sth** decidirse por algo
decimal [ˈdesɪməl] adj decimal ▷ n decimal m
decision [dɪˈsɪʒən] n decisión f
decisive [dɪˈsaɪsɪv] adj decisivo; (person) decidido
deck [dek] n (Naut) cubierta f; (of bus) piso; (record deck) platina; (of cards) baraja; **deckchair** n tumbona
declaration [deklə'reɪʃən] n declaración f
declare [dɪˈklɛə*] vt declarar
decline [dɪˈklaɪn] n disminución f, descenso ▷ vt rehusar ▷ vi (person, business) decaer; (strength) disminuir
decorate [ˈdekəreɪt] vt (adorn): **to ~ (with)** adornar (de), decorar (de); (paint) pintar; (paper) empapelar; **decoration** [-ˈreɪʃən] n adorno; (act) decoración f; (medal) condecoración f; **decorator** n (workman) pintor m (decorador)
decrease [n ˈdiːkriːs, vb dɪˈkriːs] n: **~ (in)** disminución f (de) ▷ vt disminuir, reducir ▷ vi reducirse
decree [dɪˈkriː] n decreto
dedicate [ˈdedɪkeɪt] vt dedicar; **dedicated** adj dedicado; (Comput) especializado; **dedicated word processor** procesador m de textos especializado or dedicado; **dedication** [-ˈkeɪʃən] n (devotion) dedicación f; (in book) dedicatoria
deduce [dɪˈdjuːs] vt deducir
deduct [dɪˈdʌkt] vt restar; descontar; **deduction** [dɪˈdʌkʃən] n (amount deducted) descuento; (conclusion) deducción f, conclusión f
deed [diːd] n hecho, acto; (feat) hazaña; (Law) escritura
deem [diːm] vt (formal) juzgar, considerar
deep [diːp] adj profundo; (expressing measurements) de profundidad; (voice) bajo; (breath) profundo; (colour) intenso

▷ adv: **the spectators stood 20 ~** los espectadores se formaron de 20 en fondo; **to be 4 metres ~** tener 4 metros de profundidad; **deep-fry** vt freír en aceite abundante; **deeply** adv (breathe) a pleno pulmón; (interested, moved, grateful) profundamente, hondamente
deer [dɪə*] n inv ciervo
default [dɪˈfɔːlt] n: **by ~** (win) por incomparecencia ▷ adj (Comput) por defecto
defeat [dɪˈfiːt] n derrota ▷ vt derrotar, vencer
defect [n ˈdiːfekt, vb dɪˈfekt] n defecto ▷ vi: **to ~ to the enemy** pasarse al enemigo; **defective** [dɪˈfektɪv] adj defectuoso
defence [dɪˈfens] (US **defense**) n defensa
defend [dɪˈfend] vt defender; **defendant** n acusado/a; (in civil case) demandado/a; **defender** n defensor(a) m/f; (Sport) defensa mf
defense [dɪˈfens] (US) = **defence**
defensive [dɪˈfensɪv] adj defensivo ▷ n: **on the ~** a la defensiva
defer [dɪˈfɜː*] vt aplazar
defiance [dɪˈfaɪəns] n desafío; **in ~ of** en contra de; **defiant** [dɪˈfaɪənt] adj (challenging) desafiante, retador/a
deficiency [dɪˈfɪʃənsɪ] n (lack) falta; (defect) defecto; **deficient** [dɪˈfɪʃənt] adj deficiente
deficit [ˈdefɪsɪt] n déficit m
define [dɪˈfaɪn] vt (word etc) definir; (limits etc) determinar
definite [ˈdefɪnɪt] adj (fixed) determinado; (obvious) claro; (certain) indudable; **he was ~ about it** no dejó lugar a dudas (sobre ello); **definitely** adv desde luego, por supuesto
definition [defɪˈnɪʃən] n definición f; (clearness) nitidez f
deflate [diːˈfleɪt] vt desinflar
deflect [dɪˈflekt] vt desviar
defraud [dɪˈfrɔːd] vt: **to ~ sb of sth** estafar algo a algn

defrost [di:ˈfrɔst] vt descongelar

defuse [di:ˈfjuːz] vt desactivar; (situation) calmar

defy [dɪˈfaɪ] vt (resist) oponerse a; (challenge) desafiar; (fig): **it defies description** resulta imposible describirlo

degree [dɪˈɡriː] n grado; (Scol) título; **to have a ~ in maths** tener una licenciatura en matemáticas; **by ~s** (gradually) poco a poco, por etapas; **to some ~** hasta cierto punto

dehydrated [di:haɪˈdreɪtɪd] adj deshidratado; (milk) en polvo

de-icer [di:ˈaɪsə*] n descongelador m

delay [dɪˈleɪ] vt demorar, aplazar; (person) entretener; (train) retrasar ▷ vi tardar ▷ n demora, retraso; **to be ~ed** retrasarse; **without ~** en seguida, sin tardar

delegate [n ˈdelɪɡɪt, vb ˈdelɪɡeɪt] n delegado/a ▷ vt (person) delegar en; (task) delegar

delete [dɪˈliːt] vt suprimir, tachar

deli [ˈdelɪ] n = **delicatessen**

deliberate [adj dɪˈlɪbərɪt, vb dɪˈlɪbəreɪt] adj (intentional) intencionado; (slow) pausado, lento ▷ vi deliberar; **deliberately** adv (on purpose) a propósito

delicacy [ˈdelɪkəsɪ] n delicadeza; (choice food) manjar m

delicate [ˈdelɪkɪt] adj delicado; (fragile) frágil

delicatessen [delɪkəˈtesn] n ultramarinos mpl finos

delicious [dɪˈlɪʃəs] adj delicioso

delight [dɪˈlaɪt] n (feeling) placer m, deleite m; (person, experience etc) encanto, delicia ▷ vt encantar, deleitar; **to take ~ in** deleitarse en; **delighted** adj: **delighted (at or with/to do)** encantado (con/de hacer); **delightful** adj encantador(a), delicioso

delinquent [dɪˈlɪŋkwənt] adj, n delincuente mf

deliver [dɪˈlɪvə*] vt (distribute)

repartir; (hand over) entregar; (message) comunicar; (speech) pronunciar; (Med) asistir al parto de; **delivery** n reparto; entrega; (of speaker) modo de expresarse; (Med) parto, alumbramiento; **to take delivery of** recibir

delusion [dɪˈluːʒən] n ilusión f, engaño

de luxe [dəˈlʌks] adj de lujo

delve [delv] vi: **to ~ into** hurgar en

demand [dɪˈmɑːnd] vt (gen) exigir; (rights) reclamar ▷ n exigencia; (claim) reclamación f; (Econ) demanda; **to be in ~** ser muy solicitado; **on ~** a solicitud; **demanding** adj (boss) exigente; (work) absorbente

demise [dɪˈmaɪz] n (death) fallecimiento

demo [ˈdeməʊ] (inf) n abbr (= demonstration) manifestación f

democracy [dɪˈmɒkrəsɪ] n democracia; **democrat** [ˈdeməkræt] n demócrata mf; **democratic** [deməˈkrætɪk] adj democrático; (us) demócrata

demolish [dɪˈmɒlɪʃ] vt derribar, demoler; (fig: argument) destruir; **demolition** [deməˈlɪʃən] n derribo, demolición f

demon [ˈdiːmən] n (evil spirit) demonio

demonstrate [ˈdemənstreɪt] vt demostrar; (skill, appliance) mostrar ▷ vi manifestarse; **demonstration** [-ˈstreɪʃən] n (Pol) manifestación f; (proof, exhibition) demostración f; **demonstrator** n (Pol) manifestante mf; (Comm) demostrador(a) m/f; vendedor(a) m/f

demote [dɪˈməʊt] vt degradar

den [den] n (of animal) guarida; (room) habitación f

denial [dɪˈnaɪəl] n (refusal) negativa; (of report etc) negación f

denim [ˈdenɪm] n tela vaquera; **denims** npl vaqueros mpl

Denmark [ˈdenmɑːk] n Dinamarca

denomination [dɪnɒmɪˈneɪʃən] n
valor m; (Rel) confesión f

denounce [dɪˈnauns] vt denunciar

dense [dɛns] adj (crowd) denso; (thick)
espeso; (: foliage etc) tupido; (inf: stupid)
torpe

density [ˈdɛnsɪtɪ] n densidad f
▷**single/double-- disk** n (Comput)
disco de densidad sencilla/de doble
densidad

dent [dɛnt] n abolladura ▷ vt
(also: **make a - in**) abollar

dental [ˈdɛntl] adj dental; **dental
floss** [-flɔs] n seda dental; **dental
surgery** n clínica f dental, consultorio
m dental

dentist [ˈdɛntɪst] n dentista mf

dentures [ˈdɛntʃəz] npl dentadura f
(postiza)

deny [dɪˈnaɪ] vt negar; (charge)
rechazar

deodorant [diːˈəudərənt] n
desodorante m

depart [dɪˈpaːt] vi irse, marcharse;
(train) salir; **to - from** (fig: differ from)
apartarse de

department [dɪˈpaːtmənt] n
(Comm) sección f; (Scol) departamento;
(Pol) ministerio; **department store** n
gran almacén m

departure [dɪˈpaːtʃə*] n partida, ida;
(of train) salida; (of employee) marcha;
a new - un nuevo rumbo; **departure
lounge** n (at airport) sala de embarque

depend [dɪˈpɛnd] vi: **to - on** depender
de; (rely on) contar con; **it -s** depende,
según; **-ing on the result** según el
resultado; **dependant** n dependiente
mf; **dependent** adj: **to be dependent
on** depender de ▷ n = **dependant**

depict [dɪˈpɪkt] vt (in picture) pintar;
(describe) representar

deport [dɪˈpɔːt] vt deportar

deposit [dɪˈpɔzɪt] n depósito; (Chem)
sedimento; (of ore, oil) yacimiento ▷ vt
(gen) depositar; **deposit account** (BRIT)
n cuenta de ahorros

depot [ˈdɛpəu] n (storehouse)

depósito; (for vehicles) parque m; (us)
estación f

depreciate [dɪˈpriːʃɪeɪt] vi
depreciarse, perder valor

depress [dɪˈprɛs] vt deprimir; (wages
etc) hacer bajar; (press down) apretar;
depressed adj deprimido; **depressing**
adj deprimente; **depression**
[dɪˈprɛʃən] n depresión f

deprive [dɪˈpraɪv] vt: **to - sb of** privar
a algn de; **deprived** adj necesitado

dept. abbr (= department) dto

depth [dɛpθ] n profundidad f; (of
cupboard) fondo; **to be in the -s of
despair** sentir la mayor desesperación;
to be out of one's - (in water) no hacer
pie; (fig) sentirse totalmente perdido

deputy [ˈdɛpjutɪ] adj: **- head**
subdirector(a) m/f ▷ n sustituto/a,
suplente mf; (us Pol) diputado/a;
(us: also: **- sheriff**) agente m del sheriff

derail [dɪˈreɪl] vt: **to be -ed**
descarrilarse

derelict [ˈdɛrɪlɪkt] adj abandonado

derive [dɪˈraɪv] vt (benefit etc) obtener
▷ vi: **to - from** derivarse de

descend [dɪˈsɛnd] vt, vi descender,
bajar; **to - from** descender de; **to
- to** rebajarse a; **descendant** n
descendiente mf

descent [dɪˈsɛnt] n descenso; (origin)
descendencia

describe [dɪsˈkraɪb] vt describir;
description [-ˈkrɪpʃən] n descripción
f; (sort) clase f, género

desert [n ˈdɛzət, vb dɪˈzəːt] n desierto
▷ vt abandonar ▷ vi (Mil) desertar;
deserted [dɪˈzəːtɪd] adj desierto

deserve [dɪˈzəːv] vt merecer, ser
digno de

design [dɪˈzaɪn] n (sketch) bosquejo;
(layout, shape) diseño; (pattern) dibujo;
(intention) intención f ▷ vt diseñar;
design and technology (BRIT: Scol) n
= dibujo y tecnología

designate [vb ˈdɛzɪgneɪt, adj
ˈdɛzɪgnɪt] vt (appoint) nombrar;
(destine) designar ▷ adj designado

designer [dɪˈzaɪnə*] n diseñador(a) m/f; (fashion designer) modisto/a, diseñador(a) m/f de moda

desirable [dɪˈzaɪərəbl] adj (proper) deseable; (attractive) atractivo

desire [dɪˈzaɪə*] n deseo m ▷ vt desear

desk [dɛsk] n (in office) escritorio m; (for pupil) pupitre m; (in hotel, at airport) recepción f; (BRIT: in shop, restaurant) caja; **desk-top publishing** [ˈdɛsktɒp-] n autoedición f

despair [dɪsˈpɛə*] n desesperación f ▷ vi: **to ~ of** perder la esperanza de

despatch [dɪsˈpætʃ] n, vt = **dispatch**

desperate [ˈdɛspərɪt] adj desesperado; (fugitive) peligroso; **to be ~ for sth/to do** necesitar urgentemente algo/hacer; **desperately** adv desesperadamente; (very) terriblemente, gravemente

desperation [dɛspəˈreɪʃən] n desesperación f; **in (sheer) ~** (absolutamente) desesperado

despise [dɪsˈpaɪz] vt despreciar

despite [dɪsˈpaɪt] prep a pesar de, pese a

dessert [dɪˈzɜːt] n postre m; **dessertspoon** n cuchara (de postre)

destination [dɛstɪˈneɪʃən] n destino

destined [ˈdɛstɪnd] adj: **~ for London** con destino a Londres

destiny [ˈdɛstɪni] n destino

destroy [dɪsˈtrɔɪ] vt destruir; (animal) sacrificar

destruction [dɪsˈtrʌkʃən] n destrucción f

destructive [dɪsˈtrʌktɪv] adj destructivo, destructor(a)

detach [dɪˈtætʃ] vt separar; (unstick) despegar; **detached** adj (attitude) objetivo, imparcial; **detached house** n = chalé m, chalet m

detail [ˈdiːteɪl] n detalle m; (no pl; in picture etc) detalles mpl; (trifle) pequeñez f ▷ vt detallar; (Mil) destacar; **in ~** detalladamente; **detailed** adj detallado

detain [dɪˈteɪn] vt retener; (in

captivity) detener

detect [dɪˈtɛkt] vt descubrir; (Med, Police) identificar; (Mil, Radar, Tech) detectar; **detection** [dɪˈtɛkʃən] n descubrimiento; identificación f

detective [dɪˈtɛktɪv] n detective mf; **detective story** n novela policíaca

detention [dɪˈtɛnʃən] n detención f, arresto; (Scol) castigo

deter [dɪˈtɜː*] vt disuadir

detergent [dɪˈtɜːdʒənt] n detergente m

deteriorate [dɪˈtɪərɪəreɪt] vi deteriorarse

determination [dɪtɜːmɪˈneɪʃən] n resolución f

determine [dɪˈtɜːmɪn] vt determinar; **determined** adj (person) resuelto, decidido; **determined to do** resuelto a hacer

deterrent [dɪˈtɛrənt] n (Mil) fuerza de disuasión

detest [dɪˈtɛst] vt aborrecer

detour [ˈdiːtʊə*] n (gen, us Aut) desviación f

detract [dɪˈtrækt] vt: **to ~ from** quitar mérito a, desvirtuar

detrimental [dɛtrɪˈmɛntl] adj: **~ (to)** perjudicial(a)

devastating [ˈdɛvəsteɪtɪŋ] adj devastador(a); (fig) arrollador(a)

develop [dɪˈvɛləp] vt desarrollar; (Phot) revelar; (disease) coger; (habit) adquirir; (fault) empezar a tener ▷ vi desarrollarse; (advance) progresar; (facts, symptoms) aparecer; **developing country** n país m en (vías de) desarrollo; **development** n desarrollo; (advance) progreso; (of affair, case) desenvolvimiento; (of land) urbanización f

device [dɪˈvaɪs] n (apparatus) aparato, mecanismo

devil [ˈdɛvl] n diablo, demonio

devious [ˈdiːvɪəs] adj taimado

devise [dɪˈvaɪz] vt idear, inventar

devote [dɪˈvəut] vt: **to ~ sth to** dedicar algo a; **devoted** adj (loyal)

devour | 362

leal, fiel; **to be devoted to sb** querer
con devoción a algn; **the book is
devoted to politics** el libro trata de
la política; **devotion** n dedicación f;
(Rel) devoción f

devour [dɪ'vaʊə*] vt devorar
devout [dɪ'vaʊt] adj devoto
dew [djuː] n rocío
diabetes [daɪə'biːtiːz] n diabetes f
diabetic [daɪə'betɪk] adj, n
diabético/a m/f
diagnose ['daɪəgnəʊz] vt
diagnosticar
diagnosis [daɪəg'nəʊsɪs] (pl **-ses**) n
diagnóstico
diagonal [daɪ'ægənl] adj, n
diagonal f
diagram ['daɪəgræm] n diagrama m,
esquema m
dial ['daɪəl] n esfera (SP), cara (LAM);
(on radio etc) dial m; (of phone) disco ▷ vt
(number) marcar
dialect ['daɪəlekt] n dialecto
dialling code ['daɪəlɪŋ-] n prefijo
dialling tone (us **dial tone**) n (BRIT)
señal f or tono de marcar
dialogue ['daɪəlɒg] (us **dialog**) n
diálogo
diameter [daɪ'æmɪtə*] n diámetro
diamond ['daɪəmənd] n diamante m;
(shape) rombo; **diamonds** npl (Cards)
diamantes mpl
diaper ['daɪəpə*] (US) n pañal m
diarrhoea [daɪə'riːə] (us **diarrhea**)
n diarrea
diary ['daɪərɪ] n (daily account) diario;
(book) agenda
dice [daɪs] n inv dados mpl ▷ vt (Culin)
cortar en cuadritos
dictate [dɪk'teɪt] vt dictar;
(conditions) imponer; **dictation**
[-'teɪʃən] n dictado; (giving of orders)
órdenes fpl
dictator [dɪk'teɪtə*] n dictador m
dictionary ['dɪkʃənrɪ] n diccionario
did [dɪd] pt of **do**
didn't ['dɪdənt] = **did not**
die [daɪ] vi morir; (fig: fade)

desvanecerse, desaparecer; **to be
dying for sth/to do sth** morirse por
algo/de ganas de hacer algo; **die down**
vi amainar; (wind) amainar; **die out** vi
desaparecer

diesel ['diːzəl] n vehículo con motor
Diesel
diet ['daɪət] n dieta; (restricted food)
régimen m ▷ vi (also: **be on a ~**) estar a
dieta, hacer régimen
differ ['dɪfə*] vi: **to ~ (from)** (be
different) ser distinto (a), diferenciarse
(de); (disagree) discrepar (de);
difference n diferencia; (disagreement)
desacuerdo; **different** adj diferente,
distinto; **differentiate** [-'renʃɪeɪt]
vi: **to differentiate (between)**
distinguir (entre); **differently** adv de
otro modo, en forma distinta
difficult ['dɪfɪkəlt] adj difícil;
difficulty n dificultad f
dig [dɪg] (pt, pp **dug**) vt (hole,
ground) cavar ▷ n (prod) empujón m;
(archaeological) excavación f; (remark)
indirecta; **to ~ one's nails into** clavar
las uñas en; **dig up** vt (information)
desenterrar; (plant) desarraigar
digest [vb daɪ'dʒest, n 'daɪdʒest]
vt (food) digerir; (facts) asimilar ▷ n
resumen m; **digestion** [dɪ'dʒestʃən]
n digestión f
digit ['dɪdʒɪt] n (number) dígito;
(finger) dedo; **digital** adj digital;
digital camera n cámara digital;
digital TV n televisión f digital
dignified ['dɪgnɪfaɪd] adj grave,
solemne
dignity ['dɪgnɪtɪ] n dignidad f
digs [dɪgz] (BRIT: inf) npl pensión f,
alojamiento
dilemma [daɪ'lemə] n dilema m
dill [dɪl] n eneldo
dilute [daɪ'luːt] vt diluir
dim [dɪm] adj (light) débil; (outline)
indistinto; (room) oscuro; (inf: stupid)
lerdo ▷ vt (light) bajar
dime [daɪm] (us) n moneda de diez
centavos

dimension [dɪ'mɛnʃən] n dimensión f

diminish [dɪ'mɪnɪʃ] vt, vi disminuir

din [dɪn] n estruendo, estrépito

dine [daɪn] vi cenar; **diner** n (person) comensal mf

dinghy ['dɪŋgɪ] n bote m; (also: **rubber ~**) lancha (neumática)

dingy ['dɪndʒɪ] adj (room) sombrío; (colour) sucio

dining car ['daɪnɪŋ-] n (Rail) coche-comedor m

dining room ['daɪnɪŋ-] n comedor m

dining table n mesa f de comedor

dinner ['dɪnə*] n (evening meal) cena; (lunch) comida; (public) cena, banquete m; **dinner jacket** n smoking m; **dinner party** n cena; **dinner time** n (evening) hora de cenar; (midday) hora de comer

dinosaur ['daɪnəsɔ:*] n dinosaurio m

dip [dɪp] n (slope) pendiente m; (in sea) baño; (Culin) salsa ▷ vt (in water) mojar; (ladle etc) meter; (BRIT Aut): **to ~ one's lights** poner luces de cruce ▷ vi (road etc) descender, bajar

diploma [dɪ'pləumə] n diploma m

diplomacy [dɪ'pləuməsɪ] n diplomacia

diplomat ['dɪpləmæt] n diplomático/a; **diplomatic** [dɪplə'mætɪk] adj diplomático

dipstick ['dɪpstɪk] (BRIT) n (Aut) varilla de nivel (del aceite)

dire [daɪə*] adj calamitoso

direct [dɪ'rɛkt] adj directo; (challenge) claro; (person) franco ▷ vt dirigir; (order): **to ~ sb to do sth** mandar a algn hacer algo ▷ adv derecho; **can you ~ me to ...?** ¿puede indicarme dónde está ...?; **direct debit** (BRIT) n domiciliación f bancaria de recibos

direction [dɪ'rɛkʃən] n dirección f; **sense of ~** sentido de la dirección; **directions** npl (instructions) instrucciones fpl; **~s for use** modo de empleo

directly [dɪ'rɛktlɪ] adv (in straight line)

directamente; (at once) en seguida

director [dɪ'rɛktə*] n director(a) m/f

directory [dɪ'rɛktərɪ] n (Tel) guía (telefónica); (Comput) directorio; **directory enquiries** (US **directory assistance**) n (servicio de) información f

dirt [dɜ:t] n suciedad f; (earth) tierra; **dirty** adj sucio; (joke) verde, colorado (MEX) ▷ vt ensuciar; (stain) manchar

disability [dɪsə'bɪlɪtɪ] n incapacidad f

disabled [dɪs'eɪbld] adj: **to be physically ~** ser minusválido/a; **to be mentally ~** ser deficiente mental

disadvantage [dɪsəd'vɑ:ntɪdʒ] n desventaja, inconveniente m

disagree [dɪsə'gri:] vi (differ) discrepar; **to ~ (with)** no estar de acuerdo (con); **disagreeable** adj desagradable; (person) antipático; **disagreement** n desacuerdo

disappear [dɪsə'pɪə*] vi desaparecer; **disappearance** n desaparición f

disappoint [dɪsə'pɔɪnt] vt decepcionar, defraudar; **disappointed** adj decepcionado; **disappointing** adj decepcionante; **disappointment** n decepción f

disapproval [dɪsə'pru:vəl] n desaprobación f

disapprove [dɪsə'pru:v] vi: **to ~ of** ver mal

disarm [dɪs'ɑ:m] vt desarmar; **disarmament** [dɪs'ɑ:məmənt] n desarme m

disaster [dɪ'zɑ:stə*] n desastre m; **disastrous** [dɪ'zɑ:strəs] adj desastroso

disbelief [dɪsbə'li:f] n incredulidad f

disc [dɪsk] n disco; (Comput) = **disk**

discard [dɪs'kɑ:d] vt (old things) tirar; (fig) descartar

discharge [vb dɪs'tʃɑ:dʒ, n 'dɪstʃɑ:dʒ] vt (task, duty) cumplir; (waste) verter; (patient) dar de alta; (employee) despedir; (soldier) licenciar; (defendant) poner en libertad ▷ n (Elec) descarga; (Med) supuración f; (dismissal) despedida; (of duty) desempeño; (of debt) pago, descargo

discipline ['dɪsɪplɪn] n disciplina ▷ vt (punish) castigar

disc jockey n pinchadiscos mf inv

disclose [dɪs'kləuz] vt revelar

disco ['dɪskəu] n abbr discoteca

discoloured [dɪs'kʌləd] (us **discolored**) adj descolorido

discomfort [dɪs'kʌmfət] n incomodidad f; (unease) inquietud f; (physical) malestar m

disconnect [dɪskə'nɛkt] vt separar; (Elec etc) desconectar

discontent [dɪskən'tɛnt] n descontento

discontinue [dɪskən'tɪnjuː] vt interrumpir; (payments) suspender; **"-d"** (Comm) "ya no se fabrica"

discount [n 'dɪskaunt, vb dɪs'kaunt] n descuento ▷ vt descontar

discourage [dɪs'kʌrɪdʒ] vt desalentar; (advise against): **to ~ sb from doing** disuadir a algn de hacer

discover [dɪs'kʌvə*] vt descubrir; (error) darse cuenta de; **discovery** n descubrimiento

discredit [dɪs'krɛdɪt] vt desacreditar

discreet [dɪ'skriːt] adj (tactful) discreto; (careful) prudente

discrepancy [dɪ'skrɛpənsɪ] n diferencia

discretion [dɪ'skrɛʃən] n (tact) discreción f; **at the ~ of** a criterio de

discriminate [dɪ'skrɪmɪneɪt] vi: **to ~ between** distinguir entre; **to ~ against** discriminar contra; **discrimination** [-'neɪʃən] n (discernment) perspicacia; (bias) discriminación f

discuss [dɪ'skʌs] vt discutir; (a theme) tratar; **discussion** [dɪ'skʌʃən] n discusión f

disease [dɪ'ziːz] n enfermedad f

disembark [dɪsɪm'bɑːk] vt, vi desembarcar

disgrace [dɪs'greɪs] n ignominia;

(shame) vergüenza, escándalo ▷ vt deshonrar; **disgraceful** adj vergonzoso

disgruntled [dɪs'grʌntld] adj disgustado, descontento

disguise [dɪs'gaɪz] n disfraz m ▷ vt disfrazar; **in ~** disfrazado

disgust [dɪs'gʌst] n repugnancia ▷ vt repugnar, dar asco a

> Be careful not to translate **disgust** by the Spanish word *disgustar*.

disgusted [dɪs'gʌstɪd] adj indignado

> Be careful not to translate **disgusted** by the Spanish word *disgustado*.

disgusting [dɪs'gʌstɪŋ] adj repugnante, asqueroso; (behaviour etc) vergonzoso

dish [dɪʃ] n (gen) plato; **to do** or **wash the ~es** fregar los platos; **dishcloth** n estropajo

dishonest [dɪs'ɔnɪst] adj (person) poco honrado, tramposo; (means) fraudulento

dishtowel ['dɪʃtauəl] (us) n estropajo

dishwasher ['dɪʃwɔʃə*] n lavaplatos m inv

disillusion [dɪsɪ'luːʒən] vt desilusionar

disinfectant [dɪsɪn'fɛktənt] n desinfectante m

disintegrate [dɪs'ɪntɪgreɪt] vi disgregarse, desintegrarse

disk [dɪsk] n (esp us) = **disc**; (Comput) disco, disquete m; **single-/double-sided ~** disco de una cara/dos caras; **disk drive** n disc drive m; **diskette** n = **disk**

dislike [dɪs'laɪk] n antipatía, aversión f ▷ vt tener antipatía a

dislocate ['dɪsləkeɪt] vt dislocar

disloyal [dɪs'lɔɪəl] adj desleal

dismal ['dɪzml] adj (gloomy) deprimente, triste; (very bad) malísimo, fatal

dismantle [dɪs'mæntl] vt desmontar, desarmar

dismay [dɪs'meɪ] n consternación f ▷ vt consternar

dismiss [dɪs'mɪs] vt (worker) despedir; (pupils) dejar marchar; (soldiers) dar permiso para irse; (idea, Law) rechazar; (possibility) descartar; **dismissal** n despido

disobedient [dɪsə'biːdɪənt] adj desobediente

disobey [dɪsə'beɪ] vt desobedecer

disorder [dɪs'ɔːdə*] n desorden m; (rioting) disturbios mpl; (Med) trastorno

disorganized [dɪs'ɔːgənaɪzd] adj desorganizado

disown [dɪs'əun] vt (action) renegar de; (person) negar cualquier tipo de relación con

dispatch [dɪs'pætʃ] vt enviar ▷ n (sending) envío; (Press) informe m; (Mil) parte m

dispel [dɪs'pel] vt disipar

dispense [dɪs'pens] vt (medicines) preparar; **dispense with** vt fus prescindir de; **dispenser** n (container) distribuidor m automático

disperse [dɪs'pɜːs] vt dispersar ▷ vi dispersarse

display [dɪs'pleɪ] n (in shop window) escaparate m; (exhibition) exposición f; (Comput) visualización f; (of feeling) manifestación f ▷ vt exponer; manifestar; (ostentatiously) lucir

displease [dɪs'pliːz] vt (offend) ofender; (annoy) fastidiar

disposable [dɪs'pəuzəbl] adj desechable; (income) disponible

disposal [dɪs'pəuzl] n (of rubbish) destrucción f; **at one's ~** a su disposición

dispose [dɪs'pəuz] vi: **to ~ of** (unwanted goods) deshacerse de; (problem etc) resolver; **disposition** [dɪspə'zɪʃən] n (nature) temperamento; (inclination) propensión f

disproportionate [dɪsprə'pɔːʃənət] adj desproporcionado

dispute [dɪs'pjuːt] n disputa; (also:

industrial ~) conflicto (laboral) ▷ vt (argue) disputar, discutir; (question) cuestionar

disqualify [dɪs'kwɒlɪfaɪ] vt (Sport) desclasificar; **to ~ sb for sth/from doing sth** incapacitar a algn para algo/hacer algo

disregard [dɪsrɪ'gɑːd] vt (ignore) no hacer caso de

disrupt [dɪs'rʌpt] vt (plans) desbaratar, trastornar; (conversation) interrumpir; **disruption** [dɪs'rʌpʃən] n trastorno, desbaratamiento; interrupción f

dissatisfaction [dɪssætɪs'fækʃən] n disgusto, descontento

dissatisfied [dɪs'sætɪsfaɪd] adj insatisfecho

dissect [dɪ'sekt] vt disecar

dissent [dɪ'sent] n disensión f

dissertation [dɪsə'teɪʃən] n tesina

dissolve [dɪ'zɒlv] vt disolver ▷ vi disolverse; **to ~ in(to) tears** deshacerse en lágrimas

distance ['dɪstəns] n distancia; **in the ~** a lo lejos

distant ['dɪstənt] adj lejano; (manner) reservado, frío

distil [dɪs'tɪl] (us **distill**) vt destilar; **distillery** n destilería

distinct [dɪs'tɪŋkt] adj (different) distinto; (clear) claro; (unmistakable) inequívoco; **as ~ from** a diferencia de; **distinction** [dɪs'tɪŋkʃən] n distinción f; (honour) honor m; (in exam) sobresaliente m; **distinctive** adj distintivo

distinguish [dɪs'tɪŋgwɪʃ] vt distinguir; **to ~ o.s.** destacarse; **distinguished** adj (eminent) distinguido

distort [dɪs'tɔːt] vt distorsionar; (shape, image) deformar

distract [dɪs'trækt] vt distraer; **distracted** adj distraído; **distraction** [dɪs'trækʃən] n distracción f; (confusion) aturdimiento

distraught [dɪs'trɔːt] adj loco de

inquietud

distress [dɪsˈtrɛs] n (anguish)
angustia, aflicción f ▷ vt afligir;
distressing adj angustioso; doloroso

distribute [dɪsˈtrɪbjuːt] vt distribuir;
(share out) repartir; (distribution
[-ˈbjuːʃən] n distribución f, reparto m;
distributor n (Aut) distribuidor m;
(Comm) distribuidora f

district [ˈdɪstrɪkt] n (of country)
zona, región f; (of town) barrio; (Admin)
distrito; **district attorney** (US) n
fiscal mf

distrust [dɪsˈtrʌst] n desconfianza
▷ vt desconfiar de

disturb [dɪsˈtəːb] vt (person: bother,
interrupt) molestar; (: upset)
perturbar, inquietar; (disorganize)
alterar; **disturbance** n (upheaval)
perturbación f; (political etc: gen
pl) disturbio; (of mind) trastorno;
disturbed adj (worried, upset)
preocupado, angustiado; **emotionally
disturbed** trastornado; (childhood)
inseguro; **disturbing** adj inquietante,
perturbador(a)

ditch [dɪtʃ] n zanja; (irrigation ditch)
acequia ▷ vt (inf: partner) deshacerse
de; (: plan, car etc) abandonar

ditto [ˈdɪtəu] adv ídem, lo mismo

dive [daɪv] n (from board) salto;
(underwater) buceo; (of submarine)
sumersión f ▷ vi (swimmer: into water)
saltar; (: underwater) zambullirse,
bucear; (fish, submarine) sumergirse;
(bird) lanzarse en picado; **to ~ into**
(bag etc) meter la mano en; (place) meterse
de prisa en; **diver** n (underwater) buzo

diverse [daɪˈvəːs] adj diversos/as,
varios/as

diversion [daɪˈvəːʃən] n (BRIT Aut)
desviación f; (distraction, Mil) diversión
f; (of funds) distracción f

diversity [daɪˈvəːsɪtɪ] n diversidad f

divert [daɪˈvəːt] vt (turn aside) desviar

divide [dɪˈvaɪd] vt dividir; (separate)
separar ▷ vi dividirse; (road)
bifurcarse; **divided highway** (US) n

carretera de doble calzada

divine [dɪˈvaɪn] adj (also fig) divino

diving [ˈdaɪvɪŋ] n (Sport) salto;
(underwater) buceo; **diving board** n
trampolín f

division [dɪˈvɪʒən] n división f;
(sharing out) reparto; (disagreement)
diferencias fpl; (Comm) sección f

divorce [dɪˈvɔːs] n divorcio
▷ vt divorciarse de; **divorced** adj
divorciado; **divorcee** [-ˈsiː] n
divorciado/a

D.I.Y. (BRIT) n abbr = **do-it-
yourself**

dizzy [ˈdɪzɪ] adj (spell) de mareo; **to
feel ~** marearse

DJ n abbr = **disc jockey**

DNA n abbr (= deoxyribonucleic acid)
ADN m

○ KEYWORD

do [duː] (pt **did**, pp **done**) n (inf: party
etc): **we're having a little do on
Saturday** damos una fiestecita el
sábado; **it was rather a grand do** fue
un acontecimiento a lo grande
▷ aux vb **1**(in negative constructions: not
translated): **I don't understand** no
entiendo

2(to form questions: not translated):
didn't you know? ¿no lo sabías?; **what
do you think?** ¿qué opinas?

3(for emphasis, in polite expressions):
**people do make mistakes
sometimes** sí que se cometen errores
a veces; **she does seem rather late**
a mí también me parece que se ha
retrasado; **do sit down/help yourself**
siéntate/sírvete por favor; **do take
care!** ¡ten cuidado!(, te pido)!

4(used to avoid repeating vb): **she sings
better than I do** canta mejor que yo;
do you agree? – yes, I do/no, I don't
¿estás de acuerdo? – sí (lo estoy)/no
(lo estoy); **she lives in Glasgow – so
do I** vive en Glasgow – yo también; **he
didn't like it and neither did we** no

le gustó y a nosotros tampoco: **who made this?** - I **did** ¿quién hizo esta chapuza? - yo; **he asked me to help him and I did** me pidió que le ayudara y lo hice

5 (*in question tags*): **you like him, don't you?** te gusta, ¿verdad? or ¿no?; **I don't know him, do I?** creo que no lo conozco

▷ vt **1** (*gen, carry out, perform etc*) hacer; **what are you doing tonight?** ¿qué haces esta noche?; **what can I do for you?** ¿en qué puedo servirle?; **to do the washing-up/cooking** fregar los platos/cocinar; **to do one's teeth/hair/nails** lavarse los dientes/arreglarse el pelo/arreglarse las uñas

2 (*Aut etc*): **the car was doing 100** el coche iba a 100; **we've done 200 km already** ya hemos hecho 200 km; **he can do 100 in that car** puede ir a 100 en ese coche

▷ vi **1** (*act, behave*) hacer; **do as I do** haz como yo

2 (*get on, fare*): **he's doing well/badly at school** va bien/mal en la escuela; **the firm is doing well** la empresa va or va bien; **how do you do?** mucho gusto; (*less formal*) ¿qué tal?

3 (*suit*): **will it do?** ¿sirve?, ¿está or va bien?

4 (*be sufficient*) bastar; **will £10 do?** ¿será bastante con £10?; **that'll do** así está bien; **that'll do!** (*in annoyance*) ¡ya está bien!, ¡basta ya!; **to make do (with)** arreglárselas (con)

do up vt (*laces*) atar; (*zip, dress, shirt*) abrochar; (*renovate: room, house*) renovar

do with vt fus (*need*): **I could do with a drink/some help** no me vendría mal un trago/un poco de ayuda; (*be connected*) tener que ver con; **what has it got to do with you?** ¿qué tiene que ver contigo?

do without vi pasar sin; **if you're late for tea then you'll do without** si llegas tarde tendrás que quedarte

sin cenar

▷ vt fus pasar sin; **I can do without a car** puedo pasar sin coche

dock [dɔk] n (*Naut*) muelle m; (*Law*) banquillo (de los acusados) ▷ vi (*enter dock*) atracar (la) muelle; (*Space*) acoplarse; **docks** npl (*Naut*) muelles mpl, puerto msg

doctor ['dɔktə*] n médico/a; (Ph. D. etc) doctor(a) m/f ▷ vt (*drink etc*) adulterar; **Doctor of Philosophy** n Doctor en Filosofía y Letras

document ['dɔkjumənt] n documento; **documentary** [-'mentəri] adj documental ▷ n documental m; **documentation** [-men'teɪʃən] n documentación f

dodge [dɔdʒ] n (*fig*) truco ▷ vt evadir; (*blow*) esquivar

dodgy ['dɔdʒi] adj (*inf: uncertain*) dudoso; (*suspicious: risky*) arriesgado

does [dʌz] vb see **do**

doesn't ['dʌznt] = **does not**

dog [dɔg] n perro ▷ vt seguir los pasos de; (*bad luck*) perseguir; **doggy bag** ['dɔgɪ-] n bolsa para llevarse las sobras de la comida

do-it-yourself ['duːɪtjɔ'self] n bricolaje m

dole [dəʊl] n (*payment*) subsidio de paro; **on the ~** parado

doll [dɔl] n muñeca; (us: inf: woman) muñeca, gachí f

dollar ['dɔlə*] n dólar m

dolphin ['dɔlfɪn] n delfín m

dome [dəʊm] n (*Arch*) cúpula

domestic [də'mestɪk] adj (*animal, duty*) doméstico; (*flight, policy*) nacional; **domestic appliance** n aparato m doméstico, aparato m de uso doméstico

dominant ['dɔmɪnənt] adj dominante

dominate ['dɔmɪneɪt] vt dominar

domino ['dɔmɪnəʊ] (*pl* ~**es**) n ficha de dominó; **dominoes** n (*game*) dominó

donate [dəˈneɪt] *vt* donar; **donation** [dəˈneɪʃən] *n* donativo

done [dʌn] *pp* of **do**

donkey [ˈdɒŋkɪ] *n* burro

donor [ˈdəʊnəʳ] *n* donante *mf*; **donor card** *n* carnet *m* de donante

don't [dəʊnt] = **do not**

donut [ˈdəʊnʌt] (US) *n* = **doughnut**

doodle [ˈduːdl] *vi* hacer dibujitos or garabatos

doom [duːm] *n* (fate) suerte *f* ▷ *vt*: **to be ~ed to failure** estar condenado al fracaso

door [dɔːʳ] *n* puerta; **doorbell** *n* timbre *m*; **door handle** *n* tirador *m*; (of car) manija; **doorknob** *n* pomo *m* de la puerta, manilla *f* (LAM); **doorstep** *n* peldaño; **doorway** *n* entrada, puerta

dope [dəʊp] *n* (inf: illegal drug) droga; (: person) imbécil *mf* ▷ *vt* (horse etc) drogar

dormitory [ˈdɔːmɪtrɪ] *n* (BRIT) dormitorio; (US) colegio mayor

DOS *n abbr* (= disk operating system) DOS *m*

dosage [ˈdəʊsɪdʒ] *n* dosis *f* inv

dose [dəʊs] *n* dosis *f* inv

dot [dɒt] *n* punto ▷ *vi*: **~ted with** salpicado de; **on the ~** en punto; **dotcom** [dɒtˈkɒm] *n* puntocom *f* inv; **dotted line** [ˈdɒtɪd-] *n*: **to sign on the dotted line** firmar

double [ˈdʌbl] *adj* doble ▷ *adv* (twice): **to cost ~** costar el doble ▷ *n* doble *m* ▷ *vt* doblar ▷ *vi* doblarse; **on the ~, at the ~** (BRIT) corriendo; **double back** *vi* (person) volver sobre sus pasos; **double bass** *n* contrabajo; **double bed** *n* cama de matrimonio; **double-check** *vt* volver a revisar ▷ *vi*: **I'll double-check** voy a revisarlo otra vez; **double-click** *vi* (Comput) hacer doble clic; **double-cross** *vt* (trick) engañar; (betray) traicionar; **doubledecker** *n* autobús *m* de dos pisos; **double glazing** (BRIT) *n* doble acristalamiento; **double room** *n*

habitación *f* doble; **doubles** *n* (Tennis) juego de dobles; **double yellow lines** *npl* (BRIT: Aut) línea doble amarilla de prohibido aparcar, ≈ línea *f* sg amarilla continua

doubt [daʊt] *n* duda ▷ *vt* dudar; (suspect) dudar de; **to ~ that** dudar que; **doubtful** *adj* dudoso; (person): **to be doubtful about sth** tener dudas sobre algo; **doubtless** *adv* sin duda

dough [dəʊ] *n* masa, pasta; **doughnut** (US **donut**) *n* ≈ rosquilla

dove [dʌv] *n* paloma

down [daʊn] *n* (feathers) plumón *m*, flojel *m* ▷ *adv* (downwards) abajo, hacia abajo; (on the ground) por or en tierra ▷ *prep* abajo ▷ *vt* (inf: drink) beberse; **~ with X!** ¡abajo X!; **down-and-out** *n* vagabundo/a; **downfall** *n* caída, ruina; **downhill** *adv*: **to go downhill** (also fig) ir cuesta abajo

Downing Street [ˈdaʊnɪŋ-] *n* (BRIT) Downing Street *f*

download *vt* (Comput) bajar; **downright** *adj* (nonsense, lie) manifiesto; (refusal) terminante

Down's syndrome [ˈdaʊnz-] *n* síndrome *m* de Down

down: downstairs *adv* (below) (en el piso de) abajo; (downwards) escaleras abajo; **down-to-earth** *adj* práctico; **downtown** *adv* en el centro de la ciudad; **down under** *adv* en Australia (or Nueva Zelanda); **downward** [-wəd] *adj, adv* hacia abajo; **downwards** [-wədz] *adv* hacia abajo

doz. *abbr* = **dozen**

doze [dəʊz] *vi* dormitar

dozen [ˈdʌzn] *n* docena; **a ~ books** una docena de libros; **~s of** cantidad de

Dr. *abbr* = **doctor; drive**

drab [dræb] *adj* gris, monótono

draft [drɑːft] *n* (first copy) borrador *m*; (Pol: of bill) anteproyecto; (US: call-up) quinta ▷ *vt* (plan) preparar; (write roughly) hacer un borrador de; see also **draught**

drag [dræg] *vt* arrastrar; (river) dragar,

rastrear ▷ vi (time) pasar despacio; (play, film etc) hacerse pesado ▷ n (inf) lata; (women's clothing): **in ~** vestido de travesti; **to ~ and drop** (Comput) arrastrar y soltar

dragon ['drægən] n dragón m

dragonfly ['drægənflaɪ] n libélula

drain [dreɪn] n desaguadero; (in street) sumidero; (source of loss): **to be a ~ on** consumir, agotar ▷ vt (land, marshes) desaguar; (reservoir) desecar; (vegetables) escurrir ▷ vi escurrirse; **drainage** n (act) desagüe m; (Med, Agr) drenaje m; (sewage) alcantarillado; **drainpipe** n tubo de desagüe

drama ['drɑːmə] n (art) teatro; (play) drama m; (excitement) emoción f; **dramatic** [drə'mætɪk] adj dramático; (sudden, marked) espectacular

drank [dræŋk] pt of **drink**

drape [dreɪp] vt (cloth) colocar; (flag) colgar; **drapes** npl (US) cortinas fpl

drastic ['dræstɪk] adj (measure) severo; (change) radical, drástico

draught [drɑːft] (US **draft**) n (of air) corriente f de aire; (Naut) calado; **on ~** (beer) de barril; **draught beer** n cerveza de barril; **draughts** (BRIT) n (game) juego de damas

draw [drɔː] (pt **drew**, pp **drawn**) vt (picture) dibujar; (cart) tirar de; (curtain) correr; (take out) sacar; (attract) atraer; (money) retirar; (wages) cobrar ▷ vi (Sport) empatar ▷ n (Sport) empate m; (lottery) sorteo; **draw up** vi (stop) pararse ▷ vt (chair) acercar; (document) redactar; **drawback** n inconveniente m, desventaja

drawer [drɔː*] n cajón m

drawing ['drɔːɪŋ] n dibujo; **drawing pin** (BRIT) n chincheta; **drawing room** n salón m

drawn [drɔːn] pp of **draw**

dread [dred] n pavor m, terror m ▷ vt temer, tener miedo or pavor a; **dreadful** adj horroroso

dream [driːm] (pt, pp **~ed** or **~t**) n

sueño ▷ vt, vi soñar; **dreamer** n soñador(a) m/f

dreamt [dremt] pt, pp of **dream**

dreary ['drɪərɪ] adj monótono

drench [drentʃ] vt empapar

dress [dres] n vestido; (clothing) ropa ▷ vt vestir; (wound) vendar ▷ vi vestirse; **to get ~ed** vestirse; **dress up** vi vestirse de etiqueta; (in fancy dress) disfrazarse; **dress circle** (BRIT) n principal m; **dresser** n (furniture) aparador m; (: US) cómoda (con espejo); **dressing** n (Med) vendaje m; (Culin) aliño; **dressing gown** (BRIT) n bata; **dressing room** n (Theatre) camarín m; (Sport) vestuario; **dressing table** n tocador m; **dressmaker** n modista, costurera

drew [druː] pt of **draw**

dribble ['drɪbl] vi (baby) babear ▷ vt (ball) regatear

dried [draɪd] adj (fruit) seco; (milk) en polvo

drier ['draɪə*] n = **dryer**

drift [drɪft] n (of current etc) flujo; (of snow) ventisquero; (meaning) significado ▷ vi (boat) ir a la deriva; (sand, snow) amontonarse

drill [drɪl] n (drill bit) broca; (tool for DIY etc) taladro; (of dentist) fresa; (for mining etc) perforadora, barrena; (Mil) instrucción f ▷ vt perforar, taladrar; (troops) enseñar la instrucción a ▷ vi (for oil) perforar

drink [drɪŋk] (pt **drank**, pp **drunk**) n bebida; (sip) trago ▷ vt, vi beber; **to have a ~** tomar algo; tomar una copa or un trago; **a ~ of water** un trago de agua; **drink-driving** n: **to be charged with drink-driving** ser acusado de conducir borracho or en estado de embriaguez; **drinker** n bebedor(a) m/f; **drinking water** n agua potable

drip [drɪp] n (act) goteo; (one drop) gota; (Med) gota a gota m ▷ vi gotear

drive [draɪv] (pt **drove**, pp **driven**) n (journey) viaje m (en coche); (also: **~way**) entrada; (energy) energía, vigor m; (Comput: also: **disk ~**) drive m ▷vt (car) conducir(SP), manejar (LAM); (nail) clavar; (push) empujar; (Tech: motor) impulsar ▷vi (Aut: at controls) conducir; (: travel) pasearse en coche; **left-/right-hand ~** conducción f a la izquierda/derecha; **to ~ sb mad** volverle loco a algn; **drive out** vt (force out) expulsar, echar; **drive-in** adj (esp US): **drive-in cinema** autocine m

driven ['drɪvn] pp of **drive**

driver ['draɪvə*] n conductor(a) m/f (SP), chofer mf(LAM); (of taxi, bus) chófer mf(SP), chofer mf(LAM); **driver's license** (US) n carnet m de conducir

driveway ['draɪvweɪ] n entrada

driving ['draɪvɪŋ] n el conducir(SP), el manejar(LAM); **driving instructor** n profesor(a) m/f de autoescuela(SP), instructor(a) m/f de manejo(LAM); **driving lesson** n clase f de conducir (SP) or manejar(LAM); **driving licence** (BRIT) n licencia de manejo(LAM), carnet m de conducir(SP); **driving test** n examen m de conducir(SP) or manejar(LAM)

drizzle ['drɪzl] n llovizna

droop [druːp] vi (flower) marchitarse; (shoulders) encorvarse; (head) inclinarse

drop [drɒp] n (of water) gota; (lessening) baja; (fall) caída ▷vt dejar caer; (voice, eyes, price) bajar; (passenger) dejar; (omit) omitir ▷vi (object) caer; (wind) amainar; **drop in** vi (inf: visit): **to drop in (on)** pasar por casa (de); **drop off** vi (sleep) dormirse ▷vt (passenger) dejar; **drop out** vi (withdraw) retirarse

drought [draut] n sequía

drove [drəuv] pt of **drive**

drown [draun] vt ahogar ▷vi ahogarse

drowsy ['drauzɪ] adj soñoliento; **to be ~** tener sueño

drug [drʌg] n medicamento; (narcotic) droga ▷vt drogar; **to be on ~s** drogarse; **drug addict** n drogadicto/a; **drug dealer** n traficante mf de drogas; **druggist**(US) n farmacéutico/

drugstore(US) n farmacia

drum [drʌm] n tambor m; (for oil, petrol) bidón m; **drums** npl batería; **drummer** n tambor m

drunk [drʌŋk] pp of **drink** ▷adj borracho ▷n (also: **~ard**) borracho/a; **drunken** adj borracho; (laughter, party) de borrachos

dry [draɪ] adj seco; (day) sin lluvia; (climate) árido, seco ▷vt secar; (tears) enjugarse ▷vi secarse; **dry off** vi secarse ▷vt secar; **dry up** vi (river) secarse; **dry-cleaner's** n tintorería; **dry-cleaning** n lavado en seco; **dryer** n (for hair) secador m; (US: for clothes) secadora

DSS n abbr = **Department of Social Security**

D & T (BRIT: Scol) n abbr (= design and technology) = dibujo y tecnología

DTP n abbr (= desk-top publishing) autoedición f

dual ['djuəl] adj doble; **dual carriageway**(BRIT) n carretera de doble calzada

dubious ['dju:bɪəs] adj indeciso; (reputation, company) sospechoso

duck [dʌk] n pato ▷vi agacharse

due [dju:] adj (owed): **he is ~ £10** se le deben 10 libras; (expected: event): **the meeting is ~ on Wednesday** la reunión tendrá lugar el miércoles; (: arrival): **the train is ~ at 8am** el tren tiene su llegada a las 8; (proper) debido ▷n: **to give sb his (or her) ~** ser justo con algn ▷adv: **~ north** justo al norte

duel ['djuəl] n duelo

duet [dju:'et] n dúo

dug [dʌg] pt, pp of **dig**

duke [dju:k] n duque m

dull [dʌl] adj (light) débil; (stupid) torpe; (boring) pesado; (sound, pain) sordo; (weather, day) gris ▷vt (pain, grief) aliviar; (mind, senses) entorpecer

dumb [dʌm] adj mudo; (pej: stupid) estúpido

dummy ['dʌmɪ] n (tailor's dummy)

maniquí m; (mock-up) maqueta;
(BRIT: for baby) chupete m ▷ vt falso,
postizo

dump [dʌmp] n (also: **rubbish ~**)
basurero, vertedero; (inf: place)
cuchitril m ▷ vt (put down) dejar; (get
rid of) deshacerse de; (Comput: data)
transferir

dumpling ['dʌmplɪŋ] n bola de masa
hervida

dune [dju:n] n duna

dungarees [dʌŋgə'ri:z] npl mono

dungeon ['dʌndʒən] n calabozo

duplex ['dju:pleks] n dúplex m

duplicate [n 'dju:plɪkət, vb
'dju:plɪkeɪt] n duplicado ▷ vt
duplicar; (photocopy) fotocopiar;
(repeat) repetir; **in ~** por duplicado

durable ['djuərəbl] adj duradero

duration [djuə'reɪʃən] n duración f

during ['djuərɪŋ] prep durante

dusk [dʌsk] n crepúsculo, anochecer
m

dust [dʌst] n polvo ▷ vt quitar el
polvo a, desempolvar; (cake etc) **to ~
with** espolvorear de; **dustbin**(BRIT)
n cubo or bote m (MEX) or tacho (SC)
de la basura; **duster** n paño, trapo;
dustman(BRIT: irreg) n basurero;
dustpan n cogedor m; **dusty** adj
polvoriento

Dutch [dʌtʃ] adj holandés/esa ▷ n
(Ling) holandés m; **the Dutch** npl los
holandeses; **to go ~** (inf) pagar cada
uno lo suyo; **Dutchman**(irreg) n
holandés m; **Dutchwoman**(irreg) n
holandésa

duty ['dju:tɪ] n deber m; (tax) derechos
mpl de aduana; **on ~** de servicio; (at
night etc) de guardia; **off ~** libre (de
servicio); **duty-free** adj libre de
impuestos

duvet ['du:veɪ](BRIT) n edredón m

DVD n abbr (= digital versatile or video
disc) DVD m; **DVD player** n lector m de
DVD; **DVD writer** n grabadora de DVD

dwarf [dwɔ:f] (pl **dwarves**) n enano/
a ▷ vt empequeñecer

dwell [dwel] (pt, pp **dwelt**) vi morar;
dwell on vt fus explayarse en

dwelt [dwelt] pt, pp of **dwell**

dwindle ['dwɪndl] vi disminuir

dye [daɪ] n tinte m ▷ vt teñir

dying ['daɪɪŋ] adj moribundo

dynamic [daɪ'næmɪk] adj dinámico

dynamite ['daɪnəmaɪt] n dinamita

dyslexia [dɪs'leksɪə] n dislexia

dyslexic [dɪs'leksɪk] adj, n disléxico/
a m/f

E [iː] n (Mus) mi m

E111 n abbr (= form E111) impreso E111

each [iːtʃ] adj cada inv ▷ pron cada uno; **~ other** el uno al otro; **they hate ~ other** se odian (entre ellos or mutuamente); **they have 2 books ~** tienen 2 libros por persona

eager ['iːgəᵇ] adj (keen) entusiasmado; **to be ~ to do sth** tener muchas ganas de hacer algo, impacientarse por hacer algo; **to be ~ for** tener muchas ganas de

eagle ['iːgl] n águila

ear [ɪəᵇ] n oreja; oído; (of corn) espiga; **earache** n dolor m de oídos; **eardrum** n tímpano

earl [əːl] n conde m

earlier ['əːlɪəᵇ] adj anterior ▷ adv antes

early ['əːlɪ] adv temprano; (before time) con tiempo, con anticipación ▷ adj temprano; (settlers etc) primitivo; (death, departure) prematuro; (reply) pronto; **to have an ~ night** acostarse temprano; **in the ~ or ~ in the**

spring/19th century a principios de primavera/del siglo diecinueve; **early retirement** n jubilación f anticipada

earmark ['ɪəmɑːk] vt: **to ~ (for)** reservar (para), destinar (a)

earn [əːn] vt (salary) percibir; (interest) devengar; (praise) merecer

earnest ['əːnɪst] adj (wish) fervoroso; (person) serio, formal; **in ~** en serio

earnings ['əːnɪŋz] npl (personal) sueldo, ingresos mpl; (company) ganancias fpl

ear: **earphones** npl auriculares mpl; **earplugs** npl tapones mpl para los oídos; **earring** n pendiente m, arete m

earth [əːθ] n tierra; (BRIT Elec) cable m de toma de tierra ▷ vt (BRIT Elec) conectar a tierra; **earthquake** n terremoto

ease [iːz] n facilidad f; (comfort) comodidad f ▷ vt (lessen: problem) mitigar; (: pain) aliviar; (: tension) reducir; **to ~ sth in/out** meter/sacar algo con cuidado; **at ~!** (Mil) ¡descansen!

easily ['iːzɪlɪ] adv fácilmente

east [iːst] n este m ▷ adj del este, oriental; (wind) este ▷ adv al este, hacia el este; **the E~** el Oriente; (Pol) los países del Este; **eastbound** adj en dirección este

Easter ['iːstəᵇ] n Pascua (de Resurrección); **Easter egg** n huevo de Pascua

eastern ['iːstən] adj del este, oriental; (oriental) oriental

Easter Sunday n Domingo de Resurrección

easy ['iːzɪ] adj fácil; (simple) sencillo; (comfortable) holgado, cómodo; (relaxed) tranquilo ▷ adv al ease, **to take it** or **things ~** (not worry) tomarlo con calma; (rest) descansar; **easy-going** adj acomodadizo

eat [iːt] (pt **ate**, pp **eaten**) vt comer; **eat out** vi comer fuera

eavesdrop ['iːvzdrɔp] vi: **to ~ (on)** escuchar a escondidas

e-book ['iːbuk] n libro electrónico
e-business ['iːbɪznɪs] n (company) negocio electrónico; (commerce) comercio electrónico
EC n abbr (= European Community) CE f
eccentric [ɪk'sentrɪk] adj, n excéntrico/a m/f
echo ['ekəʊ] (pl **-es**) n eco ▷ vt (sound) repetir ▷ vi resonar, hacer eco
eclipse [ɪ'klɪps] n eclipse m
eco-friendly [iːkəʊ'frendlɪ] adj ecológico
ecological [iːkə'lɔdʒɪkl] adj ecológico
ecology [ɪ'kɔlədʒɪ] n ecología
e-commerce n abbr comercio electrónico
economic [iːkə'nɔmɪk] adj económico; (business etc) rentable; **economical** adj económico; **economics** n (Scol) economía ▷ npl (of project etc) rentabilidad f
economist [ɪ'kɔnəmɪst] n economista m/f
economize [ɪ'kɔnəmaɪz] vi economizar, ahorrar
economy [ɪ'kɔnəmɪ] n economía; **economy class** n (Aviat) clase f económica; **economy class syndrome** n síndrome m de la clase turista
ecstasy ['ekstəsɪ] n éxtasis m inv; (drug) éxtasis m inv; **ecstatic** [eks'tætɪk] adj extático
eczema ['eksɪmə] n eczema m
edge [edʒ] n (of knife) filo; (of object) borde m; (of lake) orilla ▷ vt (Sewing) ribetear; **on** ~ (fig) = **edgy**; **to** ~ **away from** alejarse poco a poco de
edgy ['edʒɪ] adj nervioso, inquieto
edible ['edɪbl] adj comestible
Edinburgh ['edɪnbərə] n Edimburgo
edit ['edɪt] vt (be editor of) dirigir; (text, report) corregir, preparar; **edition** [ɪ'dɪʃən] n edición f; **editor** n (of newspaper) director(a) m/f; (of column) **foreign/political editor** encargado de la sección de extranjero/política; (of book) redactor(a) m/f;

editorial [-'tɔːrɪəl] adj editorial ▷ n editorial m
educate ['edjukeɪt] vt (gen) educar; (instruct) instruir; **educated** ['edjukeɪtɪd] adj culto
education [edju'keɪʃən] n educación f; (schooling) enseñanza; (Scol) pedagogía; **educational** adj (policy etc) educacional; (experience) docente; (toy) educativo
eel [iːl] n anguila
eerie ['ɪərɪ] adj misterioso
effect [ɪ'fekt] n efecto ▷ vt efectuar, llevar a cabo; **to take** ~ (law) entrar en vigor o vigencia; (drug) surtir efecto; **in** ~ en realidad; **effects** npl (property) efectos mpl; **effective** adj eficaz; **effectively** adv eficazmente; (in reality) efectivamente
efficiency [ɪ'fɪʃənsɪ] n eficiencia; rendimiento
efficient [ɪ'fɪʃənt] adj eficiente; (machine) de buen rendimiento; **efficiently** adv eficientemente, de manera eficiente
effort ['efət] n esfuerzo; **effortless** adj sin ningún esfuerzo; (style) natural
e.g. adv abbr (= exempli gratia) p. ej.
egg [eg] n huevo; **hard-boiled/soft-boiled** ~ huevo duro/pasado por agua; **eggcup** n huevera; **eggplant** (esp us) n berenjena; **eggshell** n cáscara de huevo; **egg white** n clara de huevo; **egg yolk** n yema de huevo
ego ['iːgəʊ] n ego
Egypt ['iːdʒɪpt] n Egipto; **Egyptian** [ɪ'dʒɪpʃən] adj, n egipcio/a m/f
eight [eɪt] num ocho; **eighteen** num diez y ocho, dieciocho; **eighteenth** adj decimoctavo; **the eighteenth floor** la planta dieciocho; **the eighteenth of August** el dieciocho de agosto; **eighth** num octavo; **eightieth** ['eɪtɪɪθ] adj octogésimo
eighty ['eɪtɪ] num ochenta
Eire ['eərə] n Eire m
either ['aɪðə*] adj cualquiera de los dos; (both, each) cada ▷ pron: ~ (of

eject | 374

them) cualquiera (de los dos) ▷ adv
tampoco ▷ conj: **~ yes or no** sí o no;
on ~ side en ambos lados; **I don't like ~**
no me gusta ninguno/a de los (las) dos;
no, I don't ~ no, yo tampoco

eject [ɪ'dʒekt] vt echar, expulsar;
(tenant) desahuciar

elaborate [adj ɪ'læbərɪt, vb ɪ'læbəreɪt]
adj (complex) complejo ▷ vt (expand)
ampliar; (refine) refinar ▷ vi explicar
con más detalles

elastic [ɪ'læstɪk] n elástico ▷ adj
elástico; (fig) flexible; **elastic band**
(BRIT) n gomita

elbow ['elbəʊ] n codo

elder ['eldə*] adj mayor ▷ n (tree)
saúco; (person) mayor; **elderly** adj de
edad, mayor ▷ npl: **the elderly** los
mayores

eldest ['eldɪst] adj, n el/la mayor

elect [ɪ'lekt] vt elegir ▷ adj: **the
president ~** el presidente electo; **to
~ to do** optar por hacer; **election** n
elección f; **electoral** adj electoral;
electorate n electorado

electric [ɪ'lektrɪk] adj eléctrico;
electrical adj eléctrico; **electric
blanket** n manta eléctrica; **electric
fire** n estufa eléctrica; **electrician**
[ɪlek'trɪʃən] n electricista mf;
electricity [ɪlek'trɪsɪtɪ] n electricidad
f; **electric shock** n electrochoque
m; **electrify** [ɪ'lektrɪfaɪ] vt (Rail)
electrificar; (fig: audience) electrizar

electronic [ɪlek'trɒnɪk] adj
electrónico; **electronic mail** n correo
electrónico; **electronics** n electrónica

elegance ['elɪgəns] n elegancia

elegant ['elɪgənt] adj elegante

element ['elɪmənt] n elemento; (of
kettle etc) resistencia

elementary [elɪ'mentərɪ] adj
elemental; (primitive) rudimentario;
elementary school (US) n escuela de
enseñanza primaria

elephant ['elɪfənt] n elefante m

elevate ['elɪveɪt] vt (gen) elevar; (in
rank) ascender

elevator ['elɪveɪtə*] (US) n ascensor
m; (in warehouse etc) montacargas m inv

eleven [ɪ'levn] num once; **eleventh**
num undécimo

eligible ['elɪdʒəbl] adj: **an ~ young
man/woman** un buen partido; **to be ~
for sth** llenar los requisitos para algo

eliminate [ɪ'lɪmɪneɪt] vt (suspect,
possibility) descartar

elm [elm] n olmo

eloquent ['eləkwənt] adj elocuente

else [els] adv: **something ~** otra
cosa; **somewhere ~** en otra parte;
everywhere ~ en todas partes menos
aquí; **where ~?** ¿dónde más?, ¿en qué
otra parte?; **there was little ~ to do**
apenas quedaba otra cosa que hacer;
nobody ~ spoke no habló nadie más;
elsewhere adv (be) en otra parte; (go)
a otra parte

elusive [ɪ'luːsɪv] adj esquivo; (quality)
difícil de encontrar

e-mail ['iːmeɪl] n abbr (= electronic
mail) correo electrónico, e-mail
m; **e-mail address** n dirección f
electrónica, email m

embankment [ɪm'bæŋkmənt] n
terraplén m

embargo [ɪm'bɑːgəʊ] (pl ~es) n
(Comm, Naut) embargo; (prohibition)
prohibición f; **to put an ~ on sth** poner
un embargo en algo

embark [ɪm'bɑːk] vi embarcarse ▷ vt
embarcar; **to ~ on** (journey) emprender;
(course of action) lanzarse a

embarrass [ɪm'bærəs] vt
avergonzar; (government etc) dejar en
mal lugar; **embarrassed** adj (laugh,
silence) embarazoso

> Be careful not to translate
> **embarrassed** by the Spanish word
> embarazada.

embarrassing adj (situation)
violento; (question) embarazoso;
embarrassment n (shame)
vergüenza; (problem): **to be an
embarrassment for sb** poner en un
aprieto a algn

embassy ['embəsɪ] n embajada

embrace [ɪm'breɪs] vt abrazar, dar un abrazo a; (include) abarcar ⊳ vi abrazarse ⊳ n abrazo

embroider [ɪm'brɔɪdə*] vt bordar; **embroidery** n bordado

embryo ['embrɪəu] n embrión m

emerald ['emərəld] n esmeralda

emerge [ɪ'mɜːdʒ] vi salir; (arise) surgir

emergency [ɪ'mɜːdʒənsɪ] n crisis f inv; **in an ~** en caso de urgencia; **state of ~** estado de emergencia; **emergency brake**(us) n freno de mano; **emergency exit** n salida de emergencia; **emergency landing** n aterrizaje m forzoso; **emergency room**(us: Med) n sala f de urgencias; **emergency services** npl (fire, police, ambulance) servicios mpl de urgencia or emergencia

emigrate ['emɪgreɪt] vi emigrar; **emigration** [emɪ'greɪʃən] n emigración f

eminent ['emɪnənt] adj eminente

emissions [ɪ'mɪʃənz] npl emisiones fpl

emit [ɪ'mɪt] vt emitir; (smoke) arrojar; (smell) despedir; (sound) producir

emotion [ɪ'məuʃən] n emoción f; **emotional** (needs) emocional; (person) sentimental; (scene) conmovedor(a), emocionante; (speech) emocionado

emperor ['empərə*] n emperador m

emphasis ['emfəsɪs] (pl **-ses**) n énfasis m inv

emphasize ['emfəsaɪz] vt (word, point) subrayar, recalcar; (feature) hacer resaltar

empire ['empaɪə*] n imperio

employ [ɪm'plɔɪ] vt emplear; **employee** [-'iː] n empleado/a; **employer** n patrón m/f, empresario; **employment** n (work) trabajo; **employment agency** n agencia de colocaciones

empower [ɪm'pauə*] vt: **to ~ sb to do sth** autorizar a algn para hacer algo

empress ['emprɪs] n emperatriz f

emptiness ['emptɪnɪs] n vacío; (of life etc) vaciedad f

empty ['emptɪ] adj vacío; (place) desierto; (house) desocupado; (threat) vano ⊳ vt vaciar; (place) dejar vacío ⊳ vi vaciarse; (house etc) quedar desocupado; **empty-handed** adj con las manos vacías

EMU n abbr (= European Monetary Union) UME f

emulsion [ɪ'mʌlʃən] n emulsión f; (also: **~ paint**) pintura emulsión

enable [ɪ'neɪbl] vt: **to ~ sb to do sth** permitir a algn hacer algo

enamel [ɪ'næməl] n esmalte m; (also: **~ paint**) pintura esmaltada

enchanting [ɪn'tʃɑːntɪŋ] adj encantador(a)

encl. abbr (= enclosed) adj

enclose [ɪn'kləuz] vt (land) cercar; (letter etc) adjuntar; **please find ~d** le mandamos adjunto

enclosure [ɪn'kləuʒə*] n cercado, recinto

encore [ɔŋ'kɔː*] excl ¡otra!, ¡bis! ⊳ n bis m

encounter [ɪn'kauntə*] n encuentro ⊳ vt encontrar, encontrarse con; (difficulty) tropezar con

encourage [ɪn'kʌrɪdʒ] vt alentar, animar; (activity) fomentar; (growth) estimular; **encouragement** n estímulo; (of industry) fomento

encouraging [ɪn'kʌrɪdʒɪŋ] adj alentador(a)

encyclop(a)edia [ensaɪkləu'piːdɪə] n enciclopedia

end [end] n fin m; (of table) extremo; (of street) final m; (Sport) lado ⊳ vt terminar, acabar; (also: **bring to an ~, put an ~ to**) acabar con ⊳ vi terminar, acabar; **in the ~** al fin; **on ~** (object) de punta, de cabeza; **to stand on ~** (hair) erizarse; **for hours on ~** hora tras hora; **end up** vi: **to end up in** terminar en; (place) ir a parar en

endanger [ɪn'deɪndʒə*] vt poner en peligro; **an ~ed species** una especie en peligro de extinción

endearing [ɪnˈdɪərɪŋ] adj simpático, atractivo

endeavour [ɪnˈdɛvə*] (US **endeavor**) n esfuerzo; (attempt) tentativa ▷ vi: **to ~ to do** esforzarse por hacer; (try) procurar hacer

ending [ˈɛndɪŋ] n (of book) desenlace m; (Ling) terminación f

endless [ˈɛndlɪs] adj interminable, inacabable

endorse [ɪnˈdɔːs] vt (cheque) endosar; (approve) aprobar; **endorsement** n (on driving licence) nota de inhabilitación f

endurance [ɪnˈdjʊərəns] n resistencia

endure [ɪnˈdjuə*] vt (bear) aguantar, soportar ▷ vi (last) durar

enemy [ˈɛnəmɪ] adj, n enemigo/a m/f

energetic [enəˈdʒetɪk] adj enérgico

energy [ˈɛnədʒɪ] n energía

enforce [ɪnˈfɔːs] vt (Law) hacer cumplir

engaged [ɪnˈgeɪdʒd] adj (BRIT: busy, in use) ocupado; (betrothed) prometido; **to get ~** prometerse; **engaged tone** (BRIT) n (Tel) señal f de comunicando

engagement [ɪnˈgeɪdʒmənt] n (appointment) compromiso, cita; (booking) contratación f; (to marry) compromiso; (period) noviazgo; **engagement ring** n anillo de prometida

engaging [ɪnˈgeɪdʒɪŋ] adj atractivo

engine [ˈɛndʒɪn] n (Aut) motor m; (Rail) locomotora

engineer [endʒɪˈnɪə*] n ingeniero; (BRIT: for repairs) mecánico; (on ship, US Rail) maquinista m; **engineering** n ingeniería

England [ˈɪŋglənd] n Inglaterra

English [ˈɪŋglɪʃ] adj inglés/esa ▷ n (Ling) inglés m; **the English** npl los ingleses mpl; **English Channel** n: **the English Channel** (el Canal de) la Mancha; **Englishman** (irreg) n inglés m; **Englishwoman** (irreg) n inglésa

engrave [ɪnˈgreɪv] vt grabar

engraving [ɪnˈgreɪvɪŋ] n grabado

enhance [ɪnˈhɑːns] vt (gen) aumentar; (beauty) realzar

enjoy [ɪnˈdʒɔɪ] vt (health, fortune) disfrutar de, gozar de; (like) gustarle a algn; **to ~ o.s.** divertirse; **enjoyable** adj agradable; (amusing) divertido; **enjoyment** n (joy) placer m; (activity) diversión f

enlarge [ɪnˈlɑːdʒ] vt aumentar; (broaden) extender; (Phot) ampliar ▷ vi: **to ~ on** (subject) tratar con más detalles; **enlargement** n (Phot) ampliación f

enlist [ɪnˈlɪst] vt alistar; (support) conseguir ▷ vi alistarse

enormous [ɪˈnɔːməs] adj enorme

enough [ɪˈnʌf] adj: **~ time/books** bastante tiempo/bastantes libros ▷ pron bastante(s) ▷ adv: **big ~** bastante grande; **he has not worked ~** no ha trabajado bastante; **have you got ~?** ¿tiene usted bastante(s)?; **~ to eat** (lo) suficiente or (lo) bastante para comer; **~!** ¡basta ya!; **that's ~, thanks** con eso basta, gracias; **I've had ~ of him** estoy harto de él; **... which, funnily or oddly ~ ...** lo que, por extraño que parezca ...

enquire [ɪnˈkwaɪə*] vt, vi = **inquire**

enquiry [ɪnˈkwaɪərɪ] n (official investigation) investigación

enrage [ɪnˈreɪdʒ] vt enfurecer

enrich [ɪnˈrɪtʃ] vt enriquecer

enrol [ɪnˈrəul] (US **enroll**) vt (members) inscribir; (Scol) matricular ▷ vi inscribirse; matricularse; **enrolment** (US **enrollment**) n inscripción f; matriculación f

en route [ɔnˈruːt] adv durante el viaje

en suite [ɔnˈswiːt] adj: **with ~ bathroom** con baño

ensure [ɪnˈʃuə*] vt asegurar

entail [ɪnˈteɪl] vt suponer

enter [ˈɛntə*] vt (room) entrar en; (club) hacerse socio de; (army) alistarse en; (sb for a competition) inscribir; (write

down) anotar, apuntar; (*Comput*) meter
▷ *vi* entrar

enterprise ['entəpraɪz] *n*
empresa; (*spirit*) iniciativa; **free**
~ la libre empresa; **private** ~ la
iniciativa privada; **enterprising** *adj*
emprendedor(a)

entertain [entə'teɪn] *vt* (*amuse*)
divertir; (*invite: guest*) invitar (a casa);
(*idea*) abrigar; **entertainer** *n* artista
mf; **entertaining** *adj* divertido,
entretenido; **entertainment** *n*
(*amusement*) diversión *f*; (*show*)
espectáculo

enthusiasm [ɪn'θu:zɪæzəm] *n*
entusiasmo

enthusiast [ɪn'θu:zɪæst] *n*
entusiasta *mf*; **enthusiastic** [-'æstɪk]
adj entusiasta; **to be enthusiastic
about** entusiasmarse por

entire [ɪn'taɪə*] *adj* entero; **entirely**
adv totalmente

entitle [ɪn'taɪtl] *vt*: **to ~ sb to sth** dar
a algn derecho a algo; **entitled** *adj*
(*book*) titulado; **to be entitled to do**
tener derecho a hacer

entrance [*n* 'entrəns, *vb* ɪn'trɑːns] *n*
entrada *f* ▷ *vt* encantar, hechizar; **to
gain ~ to** (*university etc*) ingresar en;
entrance examination *n* examen
m de ingreso; **entrance fee** *n* cuota;
entrance ramp (*us*) *n* (*Aut*) rampa
de acceso

entrant ['entrənt] *n* (*in race,
competition*) participante *mf*; (*in
examination*) candidato/a

entrepreneur [ɔntrəprə'nɜː*] *n*
empresario

entrust [ɪn'trʌst] *vt*: **to ~ sth to sb**
confiar algo a algn

entry ['entrɪ] *n* entrada; (*in
competition*) participación *f*; (*in
register*) apunte *m*; (*in account*) partida;
(*in reference book*) artículo; **"no ~"**
"prohibido el paso"; (*Aut*) "dirección
prohibida"; **entry phone** *n* portero
automático

envelope ['envələup] *n* sobre *m*

envious ['envɪəs] *adj* envidioso; (*look*)
de envidia

environment [ɪn'vaɪərnmənt] *n*
(*surroundings*) entorno; (*natural world*):
the ~ el medio ambiente;
environmental [-'mentl] *adj*
ambiental; medioambiental;
environmentally [-'mentəlɪ]
adv: **environmentally sound/friendly**
ecológico

envisage [ɪn'vɪzɪdʒ] *vt* prever

envoy ['envɔɪ] *n* enviado

envy ['envɪ] *n* envidia ▷ *vt* tener
envidia a; **to ~ sb sth** envidiar algo
a algn

epic ['epɪk] *n* épica ▷ *adj* épico

epidemic [epɪ'demɪk] *n* epidemia

epilepsy ['epɪlepsɪ] *n* epilepsia

epileptic [epɪ'leptɪk] *adj*, *n*
epiléptico/a *m/f*; **epileptic fit**
[epɪ'leptɪk-] *n* ataque *m* de epilepsia,
acceso *m* epiléptico

episode ['epɪsəud] *n* episodio

equal ['iːkwl] *adj* igual; (*treatment*)
equitativo ▷ *n* igual *mf* ▷ *vt* ser igual
a; (*fig*) igualar; **to be ~ to** (*task*) estar
a la altura de; **equality** [iː'kwɔlɪtɪ]
n igualdad *f*; **equalize** *vi* (*Sport*)
empatar; **equally** *adv* igualmente;
(*share etc*) a partes iguales

equation [ɪ'kweɪʒən] *n* (*Math*)
ecuación *f*

equator [ɪ'kweɪtə*] *n* ecuador *m*

equip [ɪ'kwɪp] *vt* equipar; (*person*)
proveer; **to be well ~ped** estar bien
equipado; **equipment** *n* equipo;
(*tools*) avíos *mpl*

equivalent [ɪ'kwɪvələnt] *adj*: ~ **(to)**
equivalente *a* ▷ *n* equivalente *m*

ER *abbr* (*BRIT* = *Elizabeth Regina*) la reina
Isabel; (*us: Med*) = **emergency room**

era ['ɪərə] *n* era, época

erase [ɪ'reɪz] *vt* borrar; **eraser** *n*
goma de borrar

erect [ɪ'rekt] *adj* erguido ▷ *vt* erigir,
levantar; (*assemble*) montar; **erection**
[-fən] *n* construcción *f*; (*assembly*)
montaje *m*; (*Physiol*) erección *f*

ERM n abbr (= Exchange Rate Mechanism) tipo de cambio europeo

erode [ɪ'rəud] vt (Geo) erosionar; (metal) corroer, desgastar; (fig) desgastar

erosion [ɪ'rəuʒən] n erosión f; desgaste m

erotic [ɪ'rɒtɪk] adj erótico

errand [ˈɛrnd] n recado (SP), mandado (LAM)

erratic [ɪ'rætɪk] adj desigual, poco uniforme

error [ˈɛrə*] n error m, equivocación f

erupt [ɪ'rʌpt] vi entrar en erupción; (fig) estallar; **eruption** [ɪ'rʌpʃən] n erupción f; (of war) estallido

escalate [ˈɛskəleɪt] vi extenderse, intensificarse

escalator [ˈɛskəleɪtə*] n escalera móvil

escape [ɪ'skeɪp] n fuga f ▷ vi escaparse; (flee) huir, evadirse; (leak) fugarse ▷ vt (responsibility etc) evitar, eludir; (consequences) escapar a; (elude): **his name ~s me** no me sale su nombre; **to ~ from** (place) escaparse de; (person) escaparse a

escort [n 'ɛskɔːt, vb ɪ'skɔːt] n acompañante mf; (Mil) escolta mf ▷ vt acompañar

especially [ɪ'spɛʃlɪ] adv (above all) sobre todo; (particularly) en particular, especialmente

espionage [ˈɛspɪənɑːʒ] n espionaje m

essay [ˈeseɪ] n (Literature) ensayo; (Scol: short) redacción f; (: long) trabajo

essence [ˈɛsns] n esencia

essential [ɪ'sɛnʃl] adj (necessary) imprescindible; (basic) esencial; **essentially** adv esencialmente; **essentials** npl lo imprescindible, lo esencial

establish [ɪ'stæblɪʃ] vt establecer; (prove) demostrar; (relations) entablar; (reputation) ganarse; **establishment** n establecimiento; **the Establishment** la clase dirigente

estate [ɪ'steɪt] n (land) finca, hacienda; (inheritance) herencia; (BRIT: also: **housing ~**) urbanización f. **estate agent** (BRIT) n agente mf inmobiliario/a; **estate car** (BRIT) n furgoneta

estimate [n 'ɛstɪmət, vb 'ɛstɪmeɪt] n estimación f, apreciación f; (assessment) tasa, cálculo; (Comm) presupuesto ▷ vt estimar, tasar; calcular

etc abbr (= et cetera) etc

eternal [ɪ'tɜːnl] adj eterno

eternity [ɪ'tɜːnɪtɪ] n eternidad f

ethical [ˈeθɪkl] adj ético; **ethics** [ˈeθɪks] n ética ▷ npl moralidad f

Ethiopia [iːθɪ'əʊpɪə] n Etiopía

ethnic [ˈeθnɪk] adj étnico; **ethnic minority** n minoría étnica

e-ticket [ˈiːtɪkɪt] n billete m electrónico (SP), boleto electrónico (LAM)

etiquette [ˈetɪket] n etiqueta

EU n abbr (= European Union) UE f

euro n euro

Europe [ˈjuərəp] n Europa; **European** [-ˈpiːən] adj, n europeo/a m/f; **European Community** n Comunidad f Europea; **European Union** n Unión f Europea

Eurostar® [ˈjuərəustɑː*] n Eurostar® m

evacuate [ɪ'vækjueɪt] vt (people) evacuar; (place) desocupar

evade [ɪ'veɪd] vt evadir, eludir

evaluate [ɪ'væljueɪt] vt evaluar; (value) tasar; (evidence) interpretar

evaporate [ɪ'væpəreɪt] vi evaporarse; (fig) desvanecerse

eve [iːv] n: **on the ~ of** en vísperas de

even [ˈiːvn] adj (level) llano; (smooth) liso; (speed, temperature) uniforme; (number) par ▷ adv hasta, incluso; (introducing a comparison) aún, todavía; **~ if, ~ though** aunque +subjun; **~ more** aún más; **~ so** aun así; **not ~** ni siquiera; **~ he was there** hasta él estuvo allí; **~ on Sundays** incluso los domingos; **to get ~ with sb** ajustar cuentas con algn

evening ['i:vnɪŋ] n tarde f; (late) noche f; **in the ~** por la tarde; **evening class** n clase f nocturna; **evening dress** n (no pl: formal clothes) traje m de etiqueta; (woman's) traje m de noche

event [ɪ'vɛnt] n suceso, acontecimiento; (Sport) prueba; **in the ~ of** en caso de; **eventful** adj (life) activo; (day) ajetreado

eventual [ɪ'vɛntjuəl] adj final
Be careful not to translate **eventual** by the Spanish word eventual.

eventually adv (finally) finalmente; (in time) con el tiempo

ever ['ɛvə*] adv (at any time) nunca, jamás; (at all times) siempre; (in question): **why ~ not?** ¿y por qué no?; **the best** ~ lo nunca visto; **have you ~ seen it?** ¿lo ha visto usted alguna vez?; **better than ~** mejor que nunca; **~ since** adv desde entonces ▷ conj después de que; **evergreen** n árbol m de hoja perenne

○ **KEYWORD**

every ['ɛvrɪ] adj **1** (each) cada; **every one of them** (persons) todos ellos/as; (objects) cada uno de ellos/as; **every shop in the town was closed** todas las tiendas de la ciudad estaban cerradas

2 (all possible) todo/a; **I gave you every assistance** te di toda la ayuda posible; **I have every confidence in him** tiene toda mi confianza; **we wish you every success** te deseamos toda suerte de éxitos

3 (showing recurrence) todo/a; **every day/week** todos los días/todas las semanas; **every other car had been broken into** habían forzado uno de cada dos coches; **she visits me every other/third day** me visita cada dos/tres días; **every now and then** de vez en cuando

every: everybody pron = everyone; **everyday** adj (daily) cotidiano, de todos los días; (usual) acostumbrado; **everyone** pron todos/as, todo el mundo; **everything** pron todo; **this shop sells everything** esta tienda vende de todo; **everywhere** adv: **I've been looking for you everywhere** te he estado buscando por todas partes; **everywhere you go you meet ...** en todas partes encuentras ...

evict [ɪ'vɪkt] vt desahuciar

evidence ['ɛvɪdəns] n (proof) prueba; (of witness) testimonio; (sign) indicios mpl; **to give ~** prestar declaración, dar testimonio

evident ['ɛvɪdənt] adj evidente, manifiesto; **evidently** adv por lo visto

evil ['i:vl] adj malo; (influence) funesto ▷ n mal m

evoke [ɪ'vəuk] vt evocar

evolution [i:və'lu:ʃən] n evolución f

evolve [ɪ'vɒlv] vt desarrollar ▷ vi evolucionar, desarrollarse

ewe [ju:] n oveja

ex [ɛks] n: **my ~** mi ex

ex- [ɛks] prefix ex

exact [ɪg'zækt] adj exacto; (person) meticuloso ▷ vt: **to ~ sth (from)** exigir algo (de); **exactly** adv exactamente; (indicating agreement) exacto

exaggerate [ɪg'zædʒəreɪt] vt, vi exagerar; **exaggeration** [-'reɪʃən] n exageración f

exam [ɪg'zæm] n abbr (Scol) = **examination**

examination [ɪgzæmɪ'neɪʃən] n examen m; (Med) reconocimiento

examine [ɪg'zæmɪn] vt examinar; (inspect) inspeccionar, escudriñar; (Med) reconocer; **examiner** n examinador/a m/f

example [ɪg'zɑ:mpl] n ejemplo; **for ~** por ejemplo

exasperated [ɪg'zɑ:spəreɪtɪd] adj exasperado

excavate ['ɛkskəveɪt] vt excavar

exceed [ɪk'si:d] vt (amount) exceder;

(number) pasar de; (speed limit) sobrepasar; (powers) excederse en; (hopes) superar; **exceedingly** adv sumamente, sobremanera

excel [ɪkˈsɛl] vi sobresalir; **to ~ o.s** lucirse

excellence [ˈɛksələns] n excelencia

excellent [ˈɛksələnt] adj excelente

except [ɪkˈsɛpt] prep (also: **~ for, ~ing**) excepto, salvo n vt exceptuar, excluir; **~ if/when** excepto si/cuando; **~ that** salvo que; **exception** [ɪkˈsɛpʃən] n excepción f; **to take exception to** ofenderse por; **exceptional** [ɪkˈsɛpʃənl] adj excepcional; **exceptionally** [ɪkˈsɛpʃənəlɪ] adv excepcionalmente, extraordinariamente

excerpt [ˈɛksəːpt] n extracto

excess [ɪkˈsɛs] n exceso; **excess baggage** n exceso de equipaje; **excessive** adj excesivo

exchange [ɪksˈtʃeɪndʒ] n intercambio; (conversation) diálogo; (also: **telephone ~**) central f (telefónica) n vt: **to ~ (for)** cambiar (por); **exchange rate** n tipo de cambio

excite [ɪkˈsaɪt] vt (stimulate) estimular; (arouse) excitar; **excited** adj: **to get excited** emocionarse; **excitement** n (agitation) excitación f; (exhilaration) emoción f; **exciting** adj emocionante

exclaim [ɪkˈskleɪm] vi exclamar; **exclamation** [ɛkskləˈmeɪʃən] n exclamación f; **exclamation mark** n punto de admiración; **exclamation point** (US) **exclamation mark**

exclude [ɪkˈskluːd] vt excluir; exceptuar

excluding [ɪksˈkluːdɪŋ] prep: **~ VAT** IVA no incluido

exclusion [ɪksˈkluːʒən] n exclusión f; **to the ~ of** con exclusión de

exclusive [ɪksˈkluːsɪv] adj exclusivo; (club, district) selecto; **~ of tax** excluyendo impuestos; **exclusively** adv únicamente

excruciating [ɪkˈskruːʃɪeɪtɪŋ] adj (pain) agudísimo, atroz; (noise, embarrassment) horrible

excursion [ɪkˈskəːʃən] n (tourist excursion) excursión f

excuse [n ɪkˈskjuːs, vb ɪkˈskjuːz] n disculpa, excusa; (pretext) pretexto n vt (justify) justificar; (forgive) disculpar, perdonar; **to ~ sb from doing sth** dispensar a algn de hacer algo; **~ me!** (attracting attention) ¡por favor!; (apologising) ¡perdón!; **if you will ~ me** con su permiso

ex-directory [ˈɛksdɪˈrɛktərɪ] (BRIT) adj que no consta en la guía

execute [ˈɛksɪkjuːt] vt (plan) realizar; (order) cumplir; (person) ajusticiar, ejecutar; **execution** [-ˈkjuːʃən] n realización f; cumplimiento; ejecución f

executive [ɪɡˈzɛkjutɪv] n (person, committee) ejecutivo; (Pol: committee) poder m ejecutivo n adj ejecutivo

exempt [ɪɡˈzɛmpt] adj: **~ from** exento de n vt: **to ~ sb from** eximir a algn de

exercise [ˈɛksəsaɪz] n ejercicio n vt (patience) usar de; (right) valerse de; (dog) llevar de paseo; (mind) preocupar n vi (also: **to take ~**) hacer ejercicio(s); **exercise book** n cuaderno

exert [ɪɡˈzəːt] vt ejercer; **to ~ o.s.** esforzarse; **exertion** [-ʃən] n esfuerzo

exhale [ɛksˈheɪl] vt despedir n vi exhalar

exhaust [ɪɡˈzɔːst] n (Aut: also: **~ pipe**) escape m; (: fumes) gases mpl de escape n vt agotar; **exhausted** adj agotado; **exhaustion** [ɪɡˈzɔːstʃən] n agotamiento; **nervous exhaustion** postración f nerviosa

exhibit [ɪɡˈzɪbɪt] n (Art) obra expuesta; (Law) objeto expuesto n vt (show: emotions) manifestar; (: courage, skill) demostrar; (paintings) exponer; **exhibition** [ɛksɪˈbɪʃən] n exposición f; (of talent etc) demostración f

exhilarating [ɪɡˈzɪləreɪtɪŋ] adj estimulante, tónico

exile ['ɛksaɪl] n exilio; (person) exiliado/a ▷ vt desterrar, exiliar

exist [ɪg'zɪst] vi existir; (live) vivir; **existence** n existencia; **existing** adj existente, actual

exit ['ɛksɪt] n salida ▷ vi (Theatre) hacer mutis; (Comput) salir (del sistema)

> Be careful not to translate **exit** by the Spanish word éxito.

exit ramp (us) n (Aut) vía de acceso

exotic [ɪg'zɒtɪk] adj exótico

expand [ɪk'spænd] vt ampliar; (number) aumentar ▷ vi (population) aumentar; (trade etc) expandirse; (gas, metal) dilatarse

expansion [ɪk'spænʃən] n (of population) aumento; (of trade) expansión f

expect [ɪk'spɛkt] vt esperar; (require) contar con; (suppose) suponer ▷ vi: **to be ~ing** (pregnant woman) estar embarazada; **expectation** [ɛkspɛk'teɪʃən] n (hope) esperanza; (belief) expectativa

expedition [ɛkspə'dɪʃən] n expedición f

expel [ɪk'spɛl] vt arrojar; (from place) expulsar

expenditure [ɪks'pɛndɪtʃə*] n gastos mpl, desembolso; consumo

expense [ɪks'pɛns] n gasto, gastos mpl; (high cost) costa; **expenses** npl (Comm) gastos mpl; **at the ~ of** a costa de; **expense account** n cuenta de gastos

expensive [ɪk'spɛnsɪv] adj caro, costoso

experience [ɪks'spɪərɪəns] n experiencia ▷ vt experimentar; (suffer) sufrir; **experienced** adj experimentado

experiment [ɪks'pɛrɪmənt] n experimento ▷ vi hacer experimentos; **experimental** [-'mɛntl] adj experimental; **the process is still at the experimental stage** el proceso está todavía en prueba

expert ['ɛkspə:t] adj experto, perito ▷ n experto/a, perito/a; (specialist) especialista mf; **expertise** [-'ti:z] n pericia

expire [ɪk'spaɪə*] vi caducar, vencer; **expiry** n vencimiento; **expiry date** n (of medicine, food item) fecha de caducidad

explain [ɪk'spleɪn] vt explicar; **explanation** [ɛksplə'neɪʃən] n explicación f

explicit [ɪk'splɪsɪt] adj explícito

explode [ɪk'spləud] vi estallar, explotar; (population) crecer rápidamente; (with anger) reventar

exploit [n 'ɛksplɔɪt, vb ɪk'splɔɪt] n hazaña ▷ vt explotar; **exploitation** [-'teɪʃən] n explotación f

explore [ɪk'splɔ:*] vt examinar; investigar; **explorer** n explorador(a) m/f

explosion [ɪk'spləuʒən] n explosión f; **explosive** [ɪk'spləusɪv] adj, n explosivo

export [vb ɛk'spɔ:t, n, cpd 'ɛkspɔ:t] vt exportar ▷ n (process) exportación f; (product) producto de exportación ▷ cpd de exportación; **exporter** n exportador m

expose [ɪk'spəuz] vt exponer; (unmask) desenmascarar; **exposed** adj expuesto

exposure [ɪk'spəuʒə*] n exposición f; (publicity) publicidad f; (Phot: speed) velocidad de obturación; (: shot) fotografía f; **to die from ~** (Med) morir de frío

express [ɪk'sprɛs] adj (definite) expreso, explícito; (BRIT: letter etc) urgente ▷ n (train) rápido ▷ vt expresar; **expression** [ɪk'sprɛʃən] n expresión f; (of actor etc) sentimiento; **expressway** (us) n (urban motorway) autopista

exquisite [ɛk'skwɪzɪt] adj exquisito

extend [ɪk'stɛnd] vt (visit, street) prolongar; (building) ampliar; (invitation) ofrecer ▷ vi (land)

extenderse; *(period of time)* prolongarse
extension [ɪkˈstɛnʃən] *n* extensión
f; *(building)* ampliación f; *(of time)*
prolongación f; *(Tel: in private house)*
línea derivada; *(: in office)* extensión
f; **extension lead** *n* alargador *m*,
alargadera
extensive [ɪkˈstɛnsɪv] *adj* extenso;
(damage) importante; *(knowledge)*
amplio
extent [ɪkˈstɛnt] *n (breadth)*
extensión f; *(scope)* alcance *m*; **to some
~** hasta cierto punto; **to the ~ of ...**
hasta el punto de ...; **to such an ~ that
...** hasta tal punto que ...; **to what ~?**
¿hasta qué punto?
exterior [ɛkˈstɪərɪə*] *adj* exterior,
externo ▷ *n* exterior *m*
external [ɛkˈstəːnl] *adj* externo
extinct [ɪkˈstɪŋkt] *adj (volcano)*
extinguido; *(race)* extinto; **extinction**
n extinción f
extinguish [ɪkˈstɪŋgwɪʃ] *vt*
extinguir, apagar
extra [ˈɛkstrə] *adj* adicional ▷ *adv (in
addition)* de más ▷ *n (luxury, addition)*
extra *m*; *(Cinema, Theatre)* extra *mf*,
comparsa *mf*
extract [*vb* ɪkˈstrækt, *n* ˈɛkstrækt] *vt*
sacar; *(tooth)* extraer; *(money, promise)*
obtener ▷ *n* extracto
extradite [ˈɛkstrədaɪt] *vt* extraditar
extraordinary [ɪkˈstrɔːdɪnrɪ] *adj*
extraordinario; *(odd)* raro
extravagance [ɪkˈstrævəgəns] *n*
derroche *m*, despilfarro; *(thing bought)*
extravagancia
extravagant [ɪkˈstrævəgənt]
adj (lavish: person) pródigo; *(: gift)*
(demasiado) caro; *(wasteful)*
despilfarrador(a)
extreme [ɪkˈstriːm] *adj* extremo,
extremado ▷ *n* extremo; **extremely**
adv sumamente, extremadamente
extremist [ɪkˈstriːmɪst] *adj, n*
extremista *m/f*
extrovert [ˈɛkstrəvəːt] *n*
extrovertido/a

eye [aɪ] *n* ojo ▷ *vt* mirar de soslayo,
ojear; **to keep an ~ on** vigilar; **eyeball**
n globo ocular; **eyebrow** *n* ceja;
eyedrops *npl* gotas *fpl* para los ojos,
colirio; **eyelash** *n* pestaña; **eyelid** *n*
párpado; **eyeliner** *n* delineador *m* (de
ojos); **eyeshadow** *n* sombreador *m* de
ojos; **eyesight** *n* vista; **eye witness** *n*
testigo *mf* presencial

f

F [ɛf] n (Mus) fa m
fabric ['fæbrɪk] n tejido, tela
 Be careful not to translate **fabric** by
 the Spanish word **fábrica**.
fabulous ['fæbjʊləs] adj fabuloso
face [feɪs] n (Anat) cara, rostro;
(of clock) esfera f; cara (LAM); (of
mountain) cara, ladera; (of building)
fachada f ▷ vt (direction) estar de cara
a; (situation) hacer frente a; (facts)
aceptar; **~ down** (person, card) boca
abajo; **to lose ~** desprestigiarse; **to
make** or **pull a ~** hacer muecas; **in the
~ of** (difficulties etc) ante; **on the ~ of it**
a primera vista; **to ~** cara a cara; **face
up to** vt fus hacer frente a, arrostrar;
face cloth (BRIT) n manopla; **face
pack** n (BRIT) mascarilla
facial ['feɪʃəl] adj de la cara ▷ n
(also: **beauty ~**) tratamiento facial,
limpieza
facilitate [fə'sɪlɪteɪt] vt facilitar
facilities [fə'sɪlɪtɪz] npl (buildings)
instalaciones fpl; (equipment) servicios
mpl; **credit ~** facilidades fpl de crédito

fact [fækt] n hecho; **in ~** en realidad
faction ['fækʃən] n facción f
factor ['fæktə*] n factor m
factory ['fæktərɪ] n fábrica
factual ['fæktjʊəl] adj basado en
los hechos
faculty ['fækəltɪ] n facultad f;
(US: teaching staff) personal m docente
fad [fæd] n novedad f, moda
fade [feɪd] vi desteñirse; (sound, smile)
desvanecerse; (light) apagarse; (flower)
marchitarse; (hope, memory) perderse;
fade away vi (sound) apagarse
fag [fæg] (BRIT: inf) n (cigarette) pitillo
(SP), cigarro
Fahrenheit ['fɑːrənhaɪt] n
Fahrenheit m
fail [feɪl] vt (candidate, test) suspender
(SP), reprobar (LAM); (memory etc) fallar a
▷ vi suspender (SP), reprobar (LAM); (be
unsuccessful) fracasar; (strength, brakes)
fallar; (light) acabarse; **to ~ to do sth**
(neglect) dejar de hacer algo; (be unable)
no poder hacer algo; **without ~** sin
falta; **failing** n falta, defecto ▷ prep a
falta de; **failure** ['feɪljə*] n fracaso;
(person) fracasado/a; (mechanical
etc) fallo
faint [feɪnt] adj débil; (recollection)
vago; (mark) apenas visible ▷ n
desmayo ▷ vi desmayarse; **to feel ~**
estar mareado, marearse; **faintest**
adj: **I haven't the faintest idea** no
tengo la más remota idea; **faintly** adv
débilmente; (vaguely) vagamente
fair [fɛə*] adj justo; (hair, person) rubio;
(weather) bueno; (good enough) regular;
(considerable) considerable ▷ adv
(play) limpio ▷ n feria; **funfair**
parque m de atracciones; **fairground** n
recinto ferial; **fair-haired** adj (person)
rubio; **fairly** adv (justly) con justicia;
(quite) bastante; **fair trade** n comercio
justo; **fairway** n (Golf) calle f
fairy ['fɛərɪ] n hada; **fairy tale** n
cuento de hadas
faith [feɪθ] n fe f; (trust) confianza;
(sect) religión f; **faithful** adj

(loyal: troops etc) leal; (spouse) fiel;
(account) exacto; **faithfully** adv
fielmente; **yours faithfully** (BRIT: in
letters) le saluda atentamente

fake [feɪk] n (painting etc) falsificación
f; (person) impostor(a) m/f ▷ adj falso
▷ vt fingir; (painting etc) falsificar

falcon ['fɔːlkən] n halcón m

fall [fɔːl] (pt **fell**, pp **fallen**) n caída;
(in price etc) descenso; (US) otoño ▷ vi
caer(se); (price) bajar, descender; **falls**
npl (waterfall) cascada, salto de agua;
to ~ flat (on one's face) caerse (boca
abajo); (plan) fracasar; (joke, story) no
hacer gracia; **fall apart** vi deshacerse;
fall down vi (person) caerse; (building,
hopes) derrumbarse; **fall for** vt fus
(trick) dejarse engañar por; (person)
enamorarse de; **fall off** vi caerse;
(diminish) disminuir; **fall out** vi (friends
etc) reñir; (hair, teeth) caerse; **fall over**
vi caer(se); **fall through** vi (plan,
project) fracasar

fallen ['fɔːlən] pp of **fall**

fallout ['fɔːlaut] n lluvia radioactiva

false [fɔːls] adj falso; **under ~
pretences** con engaños; **false alarm**
n falsa alarma; **false teeth** (BRIT) npl
dentadura postiza

fame [feɪm] n fama

familiar [fə'mɪlɪə*] adj conocido,
familiar; (tone) de confianza; **to
be ~ with** (subject) conocer (bien);
familiarize [fə'mɪlɪəraɪz] vt: **to
familiarize o.s. with** familiarizarse
con

family ['fæmɪlɪ] n familia; **family
doctor** n médico/a de cabecera;
family planning n planificación f
familiar

famine ['fæmɪn] n hambre f,
hambruna

famous ['feɪməs] adj famoso, célebre

fan [fæn] n abanico; (Elec) ventilador
m; (of pop star) fan mf; (Sport) hincha mf
▷ vt abanicar; (fire, quarrel) atizar

fanatic [fə'nætɪk] n fanático/a

fan belt n correa del ventilador

fan club n club m de fans

fancy ['fænsɪ] n (whim) capricho,
antojo; (imagination) imaginación f
▷ adj (luxury) de lujo, de lujo ▷ vt (feel
like, want) tener ganas de; (imagine)
imaginarse; (think) creer; **to take a ~ to
sb** tomar cariño a algn; **he fancies her**
(inf) le gusta (ella) mucho; **fancy dress**
n disfraz m

fan heater n calefactor m de aire

fantasize ['fæntəsaɪz] vi fantasear,
hacerse ilusiones

fantastic [fæn'tæstɪk] adj (enormous)
enorme; (strange, wonderful) fantástico

fantasy ['fæntəzɪ] n (dream) sueño;
(unreality) fantasía

fanzine ['fænziːn] n fanzine m

FAQs abbr (= frequently asked questions)
preguntas frecuentes

far [fɑː*] adj (distant) lejano ▷ adv
lejos; (much, greatly) mucho; **~ away, ~
off** (a lo) lejos; **~ better** mucho mejor;
~ from lejos de; **by ~** con mucho; **go as
~ as the farm** vaya hasta la granja; **as
~ as I know** que yo sepa; **how ~?** ¿hasta
dónde?; (fig) ¿hasta qué punto?

farce [fɑːs] n farsa

fare [fɛə*] n (on trains, buses) precio
(del billete); (in taxi: cost) tarifa; (food)
comida; **half ~** medio pasaje m; **full ~**
pasaje completo

Far East n = el Extremo Oriente

farewell [fɛə'wɛl] excl, n adiós m

farm [fɑːm] n cortijo (SP), hacienda
(LAM), rancho (MEX), estancia (RPL)
▷ vt cultivar; **farmer** n granjero,
hacendado (LAM), ranchero (MEX),
estanciero (RPL); **farmhouse** n granja,
casa del hacendado (LAM), rancho
(MEX), casco de la estancia (RPL);
farming n agricultura; (of crops)
cultivo; (of animals) cría; **farmyard** n
corral m

far-reaching [fɑː'riːtʃɪŋ] adj (reform,
effect) de gran alcance

fart [fɑːt] (inf) vi tirarse un pedo (!)

farther ['fɑːðə*] adv más lejos, más
allá ▷ adj más lejano

farthest ['fɑːðɪst] superlative of **far**

fascinate ['fæsɪneɪt] vt fascinar; **fascinated** adj fascinado

fascinating [-'neɪʃən] adj fascinante

fascination [-'neɪʃən] n fascinación f

fascist ['fæʃɪst] adj, n fascista m/f

fashion ['fæʃən] n moda; (manner) manera ▷ vt formar; **in ~** a la moda; **out of ~** pasado de moda; **fashionable** adj de moda; **fashion show** n desfile m de modelos

fast [fɑːst] adj rápido; (dye, colour) resistente; (clock): **to be ~** estar adelantado ▷ adv rápidamente, de prisa; (stuck, held) firmemente ▷ n ayuno ▷ vi ayunar; **~ asleep** profundamente dormido

fasten ['fɑːsn] vt atar, sujetar; (coat, belt) abrochar ▷ vi atarse; abrocharse

fast food n comida rápida, platos mpl preparados

fat [fæt] adj gordo; (book) grueso; (profit) grande, pingüe ▷ n grasa; (on person) carnes fpl; (lard) manteca

fatal ['feɪtl] adj (mistake) fatal; (injury) mortal; **fatality** [fə'tælɪtɪ] n (road death etc) víctima; **fatally** adv fatalmente; mortalmente

fate [feɪt] n destino; (of person) suerte f

father ['fɑːðə*] n padre m; **Father Christmas** n Papá m Noel; **father-in-law** n suegro

fatigue [fə'tiːg] n fatiga, cansancio

fattening ['fætnɪŋ] adj (food) que hace engordar

fatty ['fætɪ] adj (food) graso ▷ n (inf) gordito/a, gordinflón/ona m/f

faucet ['fɔːsɪt] (us) n grifo (sp), llave f, canilla (RPL)

fault [fɔːlt] n (blame) culpa; (defect: in person, machine) defecto; (Geo) falla ▷ vt criticar; **it's my ~** es culpa mía; **to find ~ with** criticar, poner peros a; **at ~** culpable; **faulty** adj defectuoso

fauna ['fɔːnə] n fauna

favour etc ['feɪvə*] (us **favor** etc) n favor m; (approval) aprobación f ▷ vt (proposition) estar a favor de, aprobar; (assist) ser propicio a; **to do sb a ~** hacer un favor a algn; **to find ~ with sb** caer en gracia a algn; **in ~ of** a favor de; **favourable** adj favorable; **favourite** ['feɪvrɪt] adj, n favorito, preferido

fawn [fɔːn] n cervato ▷ adj (also: **~ coloured**) color de cervato, leonado ▷ vi: **to ~ (up)on** adular

fax [fæks] n (document) fax m; (machine) telefax m ▷ vt mandar por telefax

FBI (us) n abbr (= Federal Bureau of Investigation) = BIC f (SP)

fear [fɪə*] n miedo, temor m ▷ vt tener miedo de, temer; **for ~ of** por si; **fearful** adj temeroso, miedoso; (awful) terrible; **fearless** adj audaz

feasible ['fiːzəbl] adj factible

feast [fiːst] n banquete m; (Rel: also: **~ day**) fiesta ▷ vi festejar

feat [fiːt] n hazaña

feather ['feðə*] n pluma

feature ['fiːtʃə*] n característica; (article) artículo de fondo ▷ vt (film) presentar ▷ vi: **to ~ in** tener un papel destacado en; **features** npl (of face) facciones fpl; **feature film** n largometraje m

Feb. abbr (= February) feb

February ['fɛbruərɪ] n febrero

fed [fɛd] pt, pp of **feed**

federal ['fɛdərəl] adj federal

federation [fɛdə'reɪʃən] n federación f

fed up [fɛd'ʌp] adj: **to be ~ (with)** estar harto (de)

fee [fiː] n pago; (professional) derechos mpl, honorarios mpl; (of club) cuota; **school ~s** matrícula

feeble ['fiːbl] adj débil; (joke) flojo

feed [fiːd] (pt, pp **fed**) n comida; (of animal) pienso; (on printer) dispositivo de alimentación ▷ vt alimentar; (BRIT: baby: breastfeed) dar el pecho a; (animal) dar de comer a; (data,

information): **to ~ into** meter en;
feedback n reacción f, feedback m

feel [fiːl] (*pt, pp* **felt**) n (*sensation*)
sensación f; (*sense of touch*) tacto;
(*impression*): **to have the ~ of** parecerse
a ⊳ vt tocar; (*pain etc*) sentir; (*think,
believe*) creer; **to ~ hungry/cold** tener
hambre/frío; **to ~ lonely/better**
sentirse solo/mejor; **I don't ~ well**
no me siento bien; **it ~s soft** se suave
al tacto; **to ~ like** (*want*) tener ganas
de; **feeling** n (*physical*) sensación f;
(*foreboding*) presentimiento; (*emotion*)
sentimiento

feet [fiːt] *npl of* **foot**

fell [fɛl] *pt of* **fall** ⊳ vt (*tree*) talar

fellow ['fɛləu] n tipo, tío (*SP*);
(*comrade*) compañero; (*of learned
society*) socio/a; **fellow citizen** n
conciudadano/a; **fellow countryman**
(*irreg*) n compatriota m; **fellow men**
npl semejantes *mpl*; **fellowship** n
compañerismo; (*grant*) beca

felony ['fɛlənɪ] n crimen m

felt [fɛlt] *pt, pp of* **feel** ⊳ n fieltro;
felt-tip n (*also:* **felt-tip pen**)
rotulador m

female ['fiːmeɪl] n (*pej: woman*) mujer
f, tía; (*Zool*) hembra ⊳ *adj* femenino;
hembra

feminine ['fɛmɪnɪn] *adj* femenino

feminist ['fɛmɪnɪst] n feminista

fence [fɛns] n valla, cerca ⊳ vt (*also:* ~
in) cercar ⊳ vi (*Sport*) hacer esgrima;
fencing n esgrima

fend [fɛnd] vi: **to ~ for o.s.** valerse por
sí mismo; **fend off** vt (*attack*) rechazar;
(*questions*) evadir

fender ['fɛndəʳ](*us*) n guardafuego;
(*Aut*) parachoques m inv

fennel ['fɛnl] n hinojo

ferment [vb fə'mɛnt, n 'fəːmɛnt] vi
fermentar ⊳ n (*fig*) agitación f

fern [fəːn] n helecho

ferocious [fə'rəuʃəs] *adj* feroz

ferret ['fɛrɪt] n hurón m

ferry ['fɛrɪ] n (*small*) barca (de pasaje),
balsa; (*large: also:* **~boat**) transbordador

m, ferry m ⊳ vt transportar

fertile ['fəːtaɪl] *adj* fértil; (*Biol*)
fecundo; **fertilize** ['fəːtɪlaɪz] vt (*Biol*)
fecundar; (*Agr*) abonar; **fertilizer** n
abono

festival ['fɛstɪvəl] n (*Rel*) fiesta; (*Art,
Mus*) festival m

festive ['fɛstɪv] *adj* festivo; **the ~
season** (*BRIT: Christmas*) las Navidades

fetch [fɛtʃ] vt ir a buscar; (*sell for*)
venderse por

fête [feɪt] n fiesta

fetus ['fiːtəs] (*us*) n = **foetus**

feud [fjuːd] n (*hostility*) enemistad f;
(*quarrel*) disputa

fever ['fiːvəʳ] n fiebre f; **feverish**
adj febril

few [fjuː] *adj* (*not many*) pocos ⊳ *pron*
pocos; algunos; **a ~** *adj* unos pocos,
algunos; **fewer** *adj* menos; **fewest** *adj*
los(las) menos

fiancé [fɪ'ɑːŋseɪ] n novio, prometido;
fiancée n novia, prometida

fiasco [fɪ'æskəu] n fiasco

fib [fɪb] n mentirilla

fibre ['faɪbəʳ] (*us* **fiber**) n fibra;
fibreglass (*us* **Fiberglass®**) n fibra
de vidrio

fickle ['fɪkl] *adj* inconstante

fiction ['fɪkʃən] n ficción f; **fictional**
adj novelesco

fiddle ['fɪdl] n (*Mus*) violín m;
(*cheating*) trampa ⊳ vt (*BRIT: accounts*)
falsificar; **fiddle with** vt *fus* juguetear
con

fidelity [fɪ'dɛlɪtɪ] n fidelidad f

field [fiːld] n campo; (*fig*) campo,
esfera; (*Sport*) campo (*SP*); cancha (*LAM*);
field marshal n mariscal m

fierce [fɪəs] *adj* feroz; (*wind, heat*)
fuerte; (*fighting, enemy*) encarnizado

fifteen [fɪf'tiːn] num quince;
fifteenth *adj* decimoquinto; **the
fifteenth floor** la planta quince;
the fifteenth of August el quince
de agosto

fifth [fɪfθ] num quinto

fiftieth ['fɪftɪɪθ] *adj* quincuagésimo

fifty ['fɪftɪ] *num* cincuenta; **fifty-fifty** *adj* (*deal, split*) a medias ▷ *adv* a medias, mitad por mitad

fig [fɪg] *n* higo

fight [faɪt] (*pt, pp* **fought**) *n* (*gen*) pelea; (*Mil*) combate *m*; (*struggle*) lucha ▷ *vt* luchar contra; (*cancer, alcoholism*) combatir; (*election*) intentar ganar; (*emotion*) resistir ▷ *vi* pelear, luchar; **fight back** *vi* defenderse; (*after illness*) recuperarse ▷ *vt* (*tears*) contener; **fight off** *vt* (*attack, attacker*) rechazar; (*disease, sleep, urge*) luchar contra; **fighting** *n* combate *m*, pelea

figure ['fɪgə*] *n* (*Drawing, Geom*) figura, dibujo; (*number, cipher*) cifra; (*body, outline*) tipo; (*personality*) figura ▷ *vt* (*esp US*) imaginar ▷ *vi* (*appear*) figurar; **figure out** *vt* (*work out*) resolver

file [faɪl] *n* (*tool*) lima; (*dossier*) expediente *m*; (*folder*) carpeta; (*Comput*) fichero; (*row*) fila ▷ *vt* limar; (*Law: claim*) presentar; (*store*) archivar; **filing cabinet** *n* fichero, archivador *m*

Filipino [fɪlɪˈpiːnəu] *adj* filipino ▷ *n* (*person*) filipino/a *m/f*; (*Ling*) tagalo

fill [fɪl] *vt* (*space*): **to ~ (with)** llenar (de); (*vacancy, need*) cubrir ▷ *vi*: **to eat one's ~** llenarse; **fill in** *vt* rellenar; **fill out** *vt* (*form, receipt*) rellenar; **fill up** *vt* llenar (hasta el borde) ▷ *vi* (*Aut*) poner gasolina

fillet ['fɪlɪt] *n* filete *m*; **fillet steak** *n* filete de ternera

filling ['fɪlɪŋ] *n* (*Culin*) relleno; (*for tooth*) empaste *m*; **filling station** *n* estación *f* de servicio

film [fɪlm] *n* (*gen*) película ▷ *vt* filmar ▷ *vi* rodar (una película); **film star** *n* astro, estrella de cine

filter ['fɪltə*] *n* filtro ▷ *vt* filtrar; **filter lane** (*BRIT*) *n* carril *m* de selección

filth [fɪlθ] *n* suciedad *f*; **filthy** *adj* sucio; (*language*) obsceno

fin [fɪn] *n* (*gen*) aleta

final ['faɪnl] *adj* (*last*) final, último; (*definitive*) definitivo, terminante ▷ *n*

(*BRIT Sport*) final *f*; **finals** *npl* (*Scol*) examen *m* final; (*US Sport*) final *f*

finale [fɪˈnɑːlɪ] *n* final *m*

final: finalist *n* (*Sport*) finalista *mf*; **finalize** *vt* concluir, completar; **finally** *adv* (*lastly*) por último, finalmente; (*eventually*) por fin

finance [faɪˈnæns] *n* (*money*) fondos *mpl* ▷ *vt* financiar; **finances** *npl* finanzas *fpl*; (*personal finances*) situación económica; **financial** [-ˈnænʃəl] *adj* financiero; **financial year** *n* ejercicio (financiero)

find [faɪnd] (*pt, pp* **found**) *vt* encontrar, hallar; (*come upon*) descubrir ▷ *n* hallazgo; descubrimiento; **to ~ sb guilty** (*Law*) declarar culpable a algn; **find out** *vt* averiguar; (*truth, secret*) descubrir; **to find out about** (*subject*) informarse sobre; (*by chance*) enterarse de; **findings** *npl* (*Law*) veredicto, fallo; (*of report*) recomendaciones *fpl*

fine [faɪn] *adj* excelente; (*thin*) fino ▷ *adv* (*well*) bien ▷ *n* (*Law*) multa ▷ *vt* (*Law*) multar; **to be ~** (*person*) estar bien; (*weather*) hacer buen tiempo; **fine arts** *npl* bellas artes *fpl*

finger ['fɪŋgə*] *n* dedo ▷ *vt* (*touch*) manosear; **little/index ~** (*dedo*) meñique *m*/índice *m*; **fingernail** *n* uña; **fingerprint** *n* huella dactilar; **fingertip** *n* yema del dedo

finish ['fɪnɪʃ] *n* (*end*) fin *m*; (*Sport*) meta; (*polish etc*) acabado ▷ *vt, vi* terminar; **to ~ doing sth** acabar de hacer algo; **to ~ third** llegar el tercero; **finish off** *vt* acabar, terminar; (*kill*) acabar con; **finish up** *vt* acabar, terminar ▷ *vi* ir a parar, terminar

Finland ['fɪnlənd] *n* Finlandia

Finn [fɪn] *n* finlandés/esa *m/f*; **Finnish** *adj* finlandés/esa *n* (*Ling*) finlandés *m*

fir [fə:*] *n* abeto

fire ['faɪə*] *n* fuego; (*in hearth*) lumbre *f*; (*accidental*) incendio; (*heater*) estufa ▷ *vt* (*gun*) disparar; (*interest*) despertar; (*inf: dismiss*) despedir ▷ *vi* (*shoot*) disparar: **on ~** ardiendo, en llamas; **fire alarm** n alarma de incendios; **firearm** n arma de fuego; **fire brigade** (us **fire department**) n (cuerpo de) bomberos mpl; **fire engine**(BRIT) n coche m de bomberos; **fire escape** n escalera de incendios; **fire exit** n salida de incendios; **fire extinguisher** n extintor m (de incendios); **fireman** (irreg) n bombero; **fireplace** n chimenea; **fire station** n parque m de bomberos; **firewall** n (Internet) firewall m; **firewood** n leña; **fireworks** npl fuegos mpl artificiales

firm [fə:m] adj firme; (look, voice) resuelto ▷ n firma, empresa; **firmly** adv firmemente; resueltamente

first [fə:st] adj primero ▷ adv (before others) primero; (when listing reasons etc) en primer lugar, primeramente ▷ n (person: in race) primero/a; (Aut) primera; (BRIT Scol) título de licenciado con calificación de sobresaliente; **at ~** al principio; **~ of all** ante todo; **first aid** n primera ayuda, primeros auxilios mpl; **first-aid kit** n botiquín m; **first-class** adj (excellent) de primera (categoría); (ticket etc) de primera clase; **first-hand** adj de primera mano; **first lady** n (esp us) primera dama; **firstly** adv en primer lugar; **first name** n nombre m (de pila); **first-rate** adj estupendo

fiscal ['fɪskəl] adj fiscal; **fiscal year** n año fiscal, ejercicio

fish [fɪʃ] n inv pez m; (food) pescado ▷ vt, vi pescar; **to go ~ing** ir de pesca; **~ and chips** pescado frito con patatas fritas; **fisherman**(irreg) n pescador m; **fish fingers**(BRIT) npl croquetas fpl de pescado; **fishing** n pesca; **fishing boat** n barca de pesca; **fishing line** n sedal m; **fisherman** n (BRIT) pescadero/a; **fishmonger's (shop)** (BRIT) n pescadería; **fish sticks** (us) npl =**fish fingers**; **fishy** (inf) adj sospechoso

fist [fɪst] n puño

fit [fɪt] adj (healthy) en (buena) forma; (proper) adecuado, apropiado ▷ vt (clothes) estar or sentar bien a; (instal) poner; (equip) proveer, dotar; (facts) cuadrar or corresponder con ▷ vi (clothes) sentar bien; (in space, gap) caber; (facts) coincidir ▷ n (Med) ataque m; **to (ready) a punto de; ~ for** apropiado para; **a ~ of anger/pride** un arranque de cólera/orgullo; **this dress is a good ~** este vestido me sienta bien; **by ~s and starts** a rachas; **fit in** vi (fig: person) llevarse bien (con todos); **fitness** n (Med) salud f; **fitted** adj (jacket, shirt) entallado; (sheet) de cuatro picos; **fitted carpet** n moqueta; **fitted kitchen** n cocina amueblada; **fitting** adj apropiado ▷ n (of dress) prueba; (of piece of equipment) instalación f; **fitting room** n probador m; **fittings** npl instalaciones fpl

five [faɪv] num cinco; **fiver**(inf) n (BRIT) billete m de cinco libras; (us) billete m de cinco dólares

fix [fɪks] vt (secure) fijar, asegurar; (mend) arreglar; (prepare) preparar ▷ n: **to be in a ~** estar en un aprieto; **fix up** vt (meeting) arreglar; **to fix sb up with sth** proveer a algn de algo; **fixed** adj (prices etc) fijo; **fixture** n (Sport) encuentro

fizzy ['fɪzɪ] adj (drink) gaseoso

flag [flæg] n bandera; (stone) losa ▷ vi decaer ▷ vt: **to ~ sb down** hacer señas a algn para que se pare; **flagpole** n asta de bandera

flair [fleə*] n aptitud especial

flak [flæk] n (Mil) fuego antiaéreo; (inf: criticism) lluvia de críticas

flake [fleɪk] n (of rust, paint) escama; (of snow, soap powder) copo ▷ vi (also: **~ off**) desconcharse

flamboyant [flæm'bɔɪənt] adj (dress) vistoso; (person) extravagante

flame [fleɪm] n llama

flamingo [flə'mɪŋgəu] n flamenco

flammable ['flæməbl] adj

inflamable
flan [flæn] (BRIT) n tarta
⚠ Be careful not to translate **flan** by thé Spanish word **flan**.
flank [flæŋk] n (of animal) ijar m; (of army) flanco ▷ vt flanquear
flannel ['flænl] n (BRIT: also: **face ~**) manopla; (fabric) franela
flap [flæp] n (of pocket, envelope) solapa*; n (of wings, arms) agitar ▷ vi (sail, flag) ondear
flare [flεə*] n (Mil) bengala; (in skirt etc) vuelo; **flares** pl (trousers) pantalones mpl de campana; **flare up** vi encenderse; (fig: person) encolerizarse; (: revolt) estallar
flash [flæʃ] n relámpago; (also: **news ~**) noticias fpl de última hora; (Phot) flash m ▷ vt (light, headlights) lanzar un destello con; (news, message) transmitir; (smile) lanzar ▷ vi brillar; (hazard light etc) lanzar destellos; **in a ~** en un instante; **he ~ed by** or **past** pasó como un rayo; **flashback** n (Cinema) flashback m; **flashbulb** n bombilla fusible; **flashlight** n linterna
flask [flɑːsk] n frasco; (also: **vacuum ~**) termo
flat [flæt] adj llano; (smooth) liso; (tyre) desinflado; (battery) descargado; (beer) muerto; (refusal etc) rotundo; (Mus) desafinado; (rate) fijo ▷ n (BRIT: apartment) piso (SP), departamento (LAM), apartamento; (Aut) pinchazo; (Mus) bemol m; **to work ~ out** trabajar a toda mecha; **flatten** vt (also: **flatten out**) allanar; (smooth out) alisar; (building, plants) arrasar
flatter ['flætə*] vt adular, halagar; **flattering** adj halagüeño; (dress) que favorece
flaunt [flɔːnt] vt ostentar, lucir
flavour etc ['fleɪvə*] (US **flavor** etc) n sabor m, gusto ▷ vt sazonar, condimentar; **strawberry-flavoured** con sabor a fresa; **flavouring** n (in product) aromatizante m
flaw [flɔː] n defecto; **flawless** adj

impecable
flea [fliː] n pulga; **flea market** n rastro, mercadillo
flee [fliː] (pt, pp **fled**) vt huir de ▷ vi huir, fugarse
fleece [fliːs] n vellón m; (wool) lana; (top) forro polar ▷ vt (inf) desplumar
fleet [fliːt] n flota; (of lorries etc) escuadra
fleeting ['fliːtɪŋ] adj fugaz
Flemish ['flemɪʃ] adj flamenco
flesh [fleʃ] n carne f; (skin) piel f; (of fruit) pulpa
flew [fluː] pt of **fly**
flex [fleks] n cordón m ▷ vt (muscles) tensar; **flexibility** n flexibilidad f; **flexible** adj flexible; **flexitime** (US **flextime**) n horario flexible
flick [flɪk] n capirotazo; chasquido ▷ vt (with hand) dar un capirotazo a; (whip etc) chasquear; (switch) accionar; **flick through** vt fus hojear
flicker ['flɪkə*] vi (light) parpadear; (flame) vacilar
flies [flaɪz] npl of **fly**
flight [flaɪt] n vuelo; (escape) huida, fuga; (also: **~ of steps**) tramo (de escaleras); **flight attendant** n auxiliar mf de vuelo
flimsy ['flɪmzɪ] adj (thin) muy ligero; (building) endeble; (excuse) flojo
flinch [flɪntʃ] vi encogerse; **to ~ from** retroceder ante
fling [flɪŋ] (pt, pp **flung**) vt arrojar
flint [flɪnt] n pedernal m; (in lighter) piedra
flip [flɪp] vt dar la vuelta a; (switch: turn on) encender; (turn) apagar; (coin) echar a cara o cruz
flip-flops ['flɪpflɒps] npl (esp BRIT) chancletas fpl
flipper ['flɪpə*] n aleta
flirt [flɜːt] vi coquetear, flirtear ▷ n coqueta
float [fləʊt] n flotador m; (in procession) carroza; (money) reserva ▷ vi flotar; (swimmer) hacer la plancha
flock [flɒk] n (of sheep) rebaño m; (of

birds) bandada ▷ vi: **to ~ to** acudir en tropel a

flood [flʌd] n inundación f; (of letters, imports etc) avalancha f ▷ vt inundar ▷ vi (place) inundarse; (people): **to ~ into** inundar; **flooding** n inundaciones fpl; **floodlight** n foco

floor [flɔː*] n (of room) suelo m; (storey) piso m; (of sea) fondo ▷ vt (question) dejar sin respuesta; (: blow) derribar; **ground ~**, **first ~** (us) planta baja; **first ~**, **second ~** (us) primer piso; **floorboard** n tabla; **flooring** n suelo; (material) solería; **floor show** n cabaret m

flop [flɔp] n fracaso f ▷ vi (fail) fracasar; (fall) derrumbarse; **floppy** adj flojo ▷ n (Comput: also: **floppy disk**) floppy m

flora ['flɔːrə] n flora

floral ['flɔːrl] adj (pattern) floreado

florist ['flɔrɪst] n florista mf; **florist's (shop)** n floristería

flotation [fləʊ'teɪʃən] n (of shares) emisión f; (of company) lanzamiento

flour ['flaʊə*] n harina

flourish ['flʌrɪʃ] vi florecer ▷ n ademán m, movimiento (ostentoso)

flow [fləʊ] n (movement) flujo; (of traffic) circulación f; (tide) corriente f ▷ vi (river, blood) fluir; (traffic) circular

flower ['flaʊə*] n flor f ▷ vi florecer; **flower bed** n macizo; **flowerpot** n tiesto

flown [fləʊn] pp of **fly**

fl. oz. abbr (= fluid ounce)

flu [fluː] n: **to have ~** tener la gripe

fluctuate ['flʌktjʊeɪt] vi fluctuar

fluent ['fluːənt] adj (linguist) que habla perfectamente; (speech) elocuente; **he speaks ~ French, he's ~ in French** domina el francés

fluff [flʌf] n pelusa f; **fluffy** adj de pelo suave

fluid ['fluːɪd] adj (movement) fluido, líquido; (situation) inestable ▷ n fluido, líquido; **fluid ounce** n onza f líquida

fluke [fluːk] (inf) n chiripa f

flung [flʌŋ] pt, pp of **fling**

fluorescent [fluə'rɛsnt] adj fluorescente

fluoride ['fluəraɪd] n fluoruro

flurry ['flʌrɪ] n (of snow) temporal m; **~ of activity** frenesí m de actividad

flush [flʌʃ] n rubor m; (fig: of youth etc) resplandor m f ▷ vt limpiar con agua ▷ vi ruborizarse ▷ adj: **~ with ~** a ras de; **to ~ the toilet** hacer funcionar la cisterna

flute [fluːt] n flauta

flutter ['flʌtə*] n (of wings) revoloteo, aleteo; (fig): **a ~ of panic/excitement** una oleada de pánico/excitación ▷ vi revolotear

fly [flaɪ] (pt flew, pp flown) n mosca; (on trousers: also: **flies**) bragueta f ▷ vt (plane) pilot(e)ar; (cargo) transportar (en avión); (distances) recorrer (en avión) ▷ vi volar; (passengers) ir en avión; (escape) evadirse; (flag) ondear; **fly away, fly off** vi emprender el vuelo; **fly-drive** n: **fly-drive holiday** vacaciones que incluyen vuelo y alquiler de coche; **flying** n (activity) (el) volar; (action) vuelo ▷ adj: **flying visit** visita relámpago; **with flying colours** con lucimiento; **flying saucer** n platillo volante; **flyover**(BRIT) n paso a desnivel or superior

FM abbr (Radio) (= frequency modulation) FM

foal [fəʊl] n potro

foam [fəʊm] n espuma ▷ vi hacer espuma

focus ['fəʊkəs] (pl **-es**) n foco; (centre) centro ▷ vt (field glasses etc) enfocar ▷ vi: **to ~ (on)** enfocar a; (issue etc) centrarse en; **in/out of ~** enfocado/desenfocado

foetus ['fiːtəs] (us **fetus**) n feto

fog [fɔg] n niebla; **foggy** adj: **it's foggy** hay niebla, está brumoso; **fog lamp**(us **fog light**) n (Aut) faro de niebla

foil [fɔɪl] vt frustrar ▷ n hoja; (kitchen foil) papel m (de) aluminio; (complement) complemento; (Fencing) florete m

fold [fəʊld] n (bend, crease) pliegue m; (Agr) redil m ⊳ vt doblar; (arms) cruzar; **fold up** vi plegarse, doblarse; (business) quebrar ⊳ vt (map etc) plegar; **folder** n (for papers) carpeta; (Comput) directorio; **folding** adj (chair, bed) plegable

foliage ['fəʊlɪdʒ] n follaje m

folk [fəʊk] npl gente f ⊳ adj popular, folclórico; **folks** npl (family) familia sg, parientes mpl; **folklore** ['fəʊklɔː*] n folklore m; **folk music** n música folk; **folk song** n canción f popular

follow ['fɒləʊ] vt seguir ⊳ vi seguir; (result) resultar; **to ~ suit** hacer lo mismo; **follow up** vt (letter, offer) responder a; (case) investigar; **follower** n (of person, belief) partidario/a; **following** adj siguiente ⊳ n afición f, partidarios mpl; **follow-up** n continuación f

fond [fɒnd] adj (memory, smile etc) cariñoso; (hopes) ilusorio; **to be ~ of** tener cariño a; (pastime, food) ser aficionado a

food [fuːd] n comida; **food mixer** n batidora; **food poisoning** n intoxicación f alimenticia; **food processor** n robot m de cocina; **food stamp**(US) n vale m para comida

fool [fuːl] n tonto/a; (Culin) puré m de frutas con nata ⊳ vt engañar ⊳ vi (gen) bromear; **fool about, fool around** vi hacer el tonto; **foolish** adj tonto; (careless) imprudente; **foolproof** adj (plan etc) infalible

foot [fʊt] (pl **feet**) n pie m; (measure) pie m (= 304 mm); (of animal) pata ⊳ vt (bill) pagar; **on ~** a pie; **footage** n (Cinema) imágenes fpl; **foot-and-mouth (disease)** [fʊtənd'maʊθ-] n fiebre f aftosa; **football** n balón m; (game: BRIT) fútbol m; (: US) fútbol m americano; **footballer** n (BRIT) = **football player**; **football match** n partido de fútbol; **football player** n (BRIT) futbolista mf; (US) jugador m de fútbol americano; **footbridge** n

puente m para peatones; **foothills** npl estribaciones fpl; **foothold** n pie m firme; **footing** n (fig) posición f; **to lose one's footing** perder el pie; **footnote** n nota (al pie de la página); **footpath** n sendero; **footprint** n huella, pisada; **footstep** n paso; **footwear** n calzado

◯ **KEYWORD**

for [fɔː] prep **1**(indicating destination, intention) para; **the train for London** el tren con destino a o de Londres; **he left for Rome** marchó para Roma; **he went for the paper** fue por el periódico; **is this for me?** ¿es esto para mí?; **it's time for lunch** es la hora de comer
2(indicating purpose) para; **what's (it) for?** ¿para qué (es)?; **to pray for peace** rezar por la paz
3(on behalf of, representing): **the MP for Hove** el diputado por Hove; **he works for the government/a local firm** trabaja para el gobierno/en una empresa local; **I'll ask him for you** se lo pediré por ti; **G for George** G de Gerona
4(because of) por esta razón; **for fear of being criticized** por temor a ser criticado
5(with regard to) para; **it's cold for July** hace frío para julio; **he has a gift for languages** tiene don de lenguas
6(in exchange for) por; **I sold it for £5** lo vendí por £5; **to pay 50 pence for a ticket** pagar 50 peniques por un billete
7(in favour of) ¿are you for or against us? ¿estás con nosotros o contra nosotros?; **I'm all for it** estoy totalmente a favor; **vote for X** vote (a) X
8(referring to distance): **there are roadworks for 5 km** hay obras en 5 km; **we walked for miles** caminamos kilómetros y kilómetros
9(referring to time): **he was away for two years** estuvo fuera (durante) dos

años; **it hasn't rained for 3 weeks** no ha llovido durante or en 3 semanas; **I have known her for years** la conozco desde hace años; **can you do it for tomorrow?** ¿lo podrás hacer para mañana?

10 (*with infinitive clauses*): **it is not for me to decide** la decisión no es cosa mía; **it would be best for you to leave** sería mejor que te fueras; **there is still time for you to do it** todavía te queda tiempo para hacerlo; **for this to be possible ...** para que esto sea posible ...

11 (*in spite of*) a pesar de; **for all his complaints** a pesar de sus quejas ▷ *conj* (*since, as: rather formal*) puesto que

forbid [fəˈbɪd] (*pt* **forbad(e)**, *pp* **forbidden**) *vt* prohibir; **to ~ sb to do sth** prohibir a algn hacer algo; **forbidden** *pp of* **forbid** ▷ *adj* (*food, area*) prohibido; (*word, subject*) tabú

force [fɔːs] *n* fuerza *f* ▷ *vt* forzar; (*push*) meter a la fuerza; **to ~ o.s. to do** obligarse a hacer; **forced** *adj* forzado; **forceful** *adj* enérgico

ford [fɔːd] *n* vado

fore [fɔː*] *n*: **to come to the ~** empezar a destacar; **forearm** *n* antebrazo; **forecast** (*pt, pp* **forecast**) *n* pronóstico ▷ *vt* pronosticar; **forecourt** *n* patio; **forefinger** *n* (*dedo*) índice *m*; **forefront** *n*: **in the forefront of** en la vanguardia de; **foreground** *n* primer plano; **forehead** [ˈfɔrɪd] *n* frente *f*

foreign [ˈfɔrɪn] *adj* extranjero; (*trade*) exterior; (*object*) extraño; **foreign currency** *n* divisas *fpl*; **foreigner** *n* extranjero/a; **foreign exchange** *n* divisas *fpl*; **Foreign Office** (BRIT) *n* Ministerio de Asuntos Exteriores; **Foreign Secretary** (BRIT) *n* Ministro de Asuntos Exteriores

fore: **foreman** (*irreg*) *n* capataz *m*; (*in construction*) maestro de obras; **foremost** *adj* principal ▷ *adv*: **first**

and foremost ante todo; **forename** *n* nombre *m* (de pila)

forensic [fəˈrɛnsɪk] *adj* forense

foresee [fɔːˈsiː] (*pt* **foresaw**, *pp* **foreseen**) *vt* prever; **foreseeable** *adj* previsible

forest [ˈfɔrɪst] *n* bosque *m*; **forestry** *n* silvicultura

forever [fəˈrɛvə*] *adv* para siempre; (*endlessly*) constantemente

foreword [ˈfɔːwəːd] *n* prefacio

forfeit [ˈfɔːfɪt] *vt* perder

forgave [fəˈɡeɪv] *pt of* **forgive**

forge [fɔːdʒ] *n* herrería ▷ *vt* (*signature, money*) falsificar; (*metal*) forjar; **forger** *n* falsificador(a) *m/f*; **forgery** *n* falsificación *f*

forget [fəˈɡɛt] (*pt* **forgot**, *pp* **forgotten**) *vt* olvidar ▷ *vi* olvidarse; **forgetful** *adj* despistado

forgive [fəˈɡɪv] (*pt* **forgave**, *pp* **forgiven**) *vt* perdonar; **to ~ sb for sth** perdonar a algo a algn

forgot [fəˈɡɒt] *pt of* **forget**

forgotten [fəˈɡɒtn] *pp of* **forget**

fork [fɔːk] *n* (*for eating*) tenedor *m*; (*for gardening*) horca; (*of roads*) bifurcación *f* ▷ *vi* (*road*) bifurcarse

forlorn [fəˈlɔːn] *adj* (*person*) triste, melancólico; (*place*) abandonado; (*attempt, hope*) desesperado

form [fɔːm] *n* forma; (BRIT *Scol*) clase *f*; (*document*) formulario ▷ *vt* formar; (*idea*) concebir; (*habit*) adquirir; **in top ~** en plena forma; **to ~ a queue** hacer cola

formal [ˈfɔːməl] *adj* (*offer, receipt*) por escrito; (*person etc*) correcto; (*occasion, dinner*) de etiqueta; (*dress*) correcto; (*garden*) (de estilo) clásico; **formality** [ˈmælɪtɪ] *n* (*procedure*) trámite *m*; corrección *f*, etiqueta

format [ˈfɔːmæt] *n* formato ▷ *vt* (*Comput*) formatear

formation [fɔːˈmeɪʃən] *n* formación *f*

former [ˈfɔːmə*] *adj* anterior; (*earlier*) antiguo; (*ex*) ex; **the ~ ... the latter ...** aquél ... éste ...; **formerly** *adv* antes

formidable ['fɔ:mɪdəbl] *adj* formidable

formula ['fɔ:mjulə] *n* fórmula

fort [fɔ:t] *n* fuerte *m*

forthcoming [fɔ:θ'kʌmɪŋ] *adj* próximo, venidero; (*help, information*) disponible; (*character*) comunicativo

fortieth ['fɔ:tɪɪθ] *adj* cuadragésimo

fortify ['fɔ:tɪfaɪ] *vt* (*city*) fortificar; (*person*) fortalecer

fortnight ['fɔ:tnaɪt] (BRIT) *n* quince días *mpl*; quincena; **fortnightly** *adj* de cada quince días, quincenal ▷ *adv* cada quince días, quincenalmente

fortress ['fɔ:trɪs], *n* fortaleza

fortunate ['fɔ:tʃənɪt] *adj* afortunado; **it is ~ that ...** (es una) suerte que ...; **fortunately** *adv* afortunadamente

fortune ['fɔ:tʃən] *n* suerte *f*; (*wealth*) fortuna; **fortune-teller** *n* adivino/a

forty ['fɔ:tɪ] *num* cuarenta

forum ['fɔ:rəm] *n* foro

forward ['fɔ:wəd] *adj* (*movement, position*) avanzado; (*front*) delantero; (*in time*) adelantado; (*not shy*) atrevido ▷ *n* (*Sport*) delantero ▷ *vt* (*letter*) remitir; (*career*) promocionar; **to move ~** avanzar; **forwarding address** *n* destinatario; **forward(s)** *adv* (hacia) adelante; **forward slash** *n* barra diagonal

fossil ['fɔsl] *n* fósil *m*

foster ['fɔstə*] *vt* (*child*) acoger en una familia; fomentar; **foster child** *n* hijo/a adoptivo/a; **foster mother** *n* madre *f* adoptiva

fought [fɔ:t] *pt, pp* of **fight**

foul [faul] *adj* sucio, puerco; (*weather, smell etc*) asqueroso; (*language*) grosero; (*temper*) malísimo ▷ *n* (*Sport*) falta ▷ *vt* (*dirty*) ensuciar; **foul play** *n* (*Law*) muerte *f* violenta

found [faund] *pt, pp* of **find** ▷ *vt* fundar; **foundation** [-'deɪʃən] *n* (*act*) fundación *f*; (*basis*) base *f*; (*also:* **foundation cream**) crema base; **foundations** *npl* (*of building*)

cimientos *mpl*

founder ['faundə*] *n* fundador(a) *m/f* ▷ *vi* hundirse

fountain ['fauntɪn] *n* fuente *f*; **fountain pen** *n* (pluma) estilográfica (sp), pluma-fuente *f* (LAM)

four [fɔ:*] *num* cuatro; **on all ~s** a gatas; **four-letter word** *n* taco; **four-poster** *n* (*also:* **four-poster bed**) cama de columnas; **fourteen** *num* catorce; **fourteenth** *adj* decimocuarto; **fourth** *num* cuarto; **four-wheel drive** *n* tracción *f* a las cuatro ruedas

fowl [faul] *n* ave *f* (de corral)

fox [fɔks] *n* zorro ▷ *vt* confundir

foyer ['fɔɪeɪ] *n* vestíbulo

fraction ['frækʃən] *n* fracción *f*

fracture ['fræktʃə*] *n* fractura

fragile ['frædʒaɪl] *adj* frágil

fragment ['frægmənt] *n* fragmento

fragrance ['freɪgrəns] *n* fragancia

frail [freɪl] *adj* frágil; (*person*) débil

frame [freɪm] *n* (Tech) armazón *m*; (*of person*) cuerpo; (*of picture, door etc*) marco; (*of spectacles: also:* **~s**) montura ▷ *vt* enmarcar; **framework** *n* marco

France [frɑːns] *n* Francia

franchise ['fræntʃaɪz] *n* (Pol) derecho de votar, sufragio; (Comm) licencia, concesión *f*

frank [fræŋk] *adj* franco ▷ *vt* (*letter*) franquear; **frankly** *adv* francamente

frantic ['fræntɪk] *adj* (*distraught*) desesperado; (*hectic*) frenético

fraud [frɔ:d] *n* fraude *m*; (*person*) impostor(a) *m/f*

fraught [frɔ:t] *adj*: **~ with** lleno de

fray [freɪ] *vi* deshilacharse

freak [fri:k] *n* (*person*) fenómeno; (*event*) suceso anormal

freckle ['frekl] *n* peca

free [fri:] *adj* libre; (*gratis*) gratuito ▷ *vt* (*prisoner etc*) poner en libertad; (*jammed object*) soltar; **~ (of charge), for ~** gratis; **freedom** *n* libertad *f*; **Freefone®** *n* número gratuito; **free gift** *n* prima; **free kick** *n* tiro libre; **freelance** *adj* independiente

▷ adv por cuenta propia; **freely** adv libremente; (liberally) generosamente; **Freepost®** n porte m pagado; **free-range** adj (hen, eggs) de granja; **freeway**(us) n autopista; **free will** n libre albedrío; **of one's own free will** por su propia voluntad

freeze [friːz] (pt **froze**, pp **frozen**) vi (weather) helar; (liquid, pipe, person) helarse, congelarse ▷ vt helar; (food, prices, salaries) congelar ▷ n helada; (of arms, wages) congelación f; **freezer** n congelador f, freezer m (sc)

freezing [ˈfriːzɪŋ] adj helado; **three degrees below** ~ tres grados bajo cero; **freezing point** n punto de congelación

freight [freɪt] n (goods) carga; (money charged) flete m; **freight train**(us) n tren m de mercancías

French [frɛntʃ] adj francés/esa ▷ n (Ling) francés m; **the French** npl los franceses; **French bean** n judía verde; **French bread** n pan m francés; **French dressing** n (Culin) vinagreta; **French fried potatoes, French fries** (us) npl patatas fpl (sp) o papas fpl (LAM) fritas; **Frenchman**(irreg) n francés m; **Frenchwoman**(irreg) n francesa; **French stick** n barra de pan; **French window** n puerta de cristal

frenzy [ˈfrɛnzɪ] n frenesí m

frequency [ˈfriːkwənsɪ] n frecuencia f

frequent [adj ˈfriːkwənt, vb friˈkwɛnt] adj frecuente ▷ vt frecuentar; **frequently** [-əntlɪ] adv frecuentemente, a menudo

fresh [frɛʃ] adj fresco; (bread) tierno; (new) nuevo; (wind, air) soplar más recio; **freshen up** vi (person) arreglarse, lavarse; **fresher** (BRIT: inf) n (Univ) estudiante mf de primer año; **freshly** adv (made, painted etc) recién; **freshman**(us: irreg) n = **fresher**; **freshwater** adj (fish) de agua dulce

fret [frɛt] vi inquietarse

Fri abbr (= Friday) vier

friction [ˈfrɪkʃən] n fricción f

Friday [ˈfraɪdɪ] n viernes m inv

fridge [frɪdʒ] (BRIT) n frigorífico (SP), nevera (SP), refrigerador m (LAM), heladera (RPL)

fried [fraɪd] adj frito

friend [frɛnd] n amigo/a; **friendly** adj simpático; (government) amigo; (place) acogedor(a); (match) amistoso; **friendship** n amistad f

fries [fraɪz] (esp us) npl = **French fried potatoes**

frigate [ˈfrɪɡɪt] n fragata f

fright [fraɪt] n (terror) terror m; (scare) susto; **to take** ~ asustarse; **frighten** vt asustar; **frightened** adj asustado; **frightening** adj espantoso; **frightful** adj espantoso, horrible

frill [frɪl] n volante m

fringe [frɪndʒ] n (BRIT: of hair) flequillo; (on lampshade etc) flecos mpl; (of forest etc) borde m, margen m

Frisbee® [ˈfrɪzbɪ] n frisbee m

fritter [ˈfrɪtə*] n buñuelo

frivolous [ˈfrɪvələs] adj frívolo

fro [frəu] see **to**

frock [frɒk] n vestido

frog [frɒɡ] n rana; **frogman**(irreg) n hombre-rana m

○ **KEYWORD**

from [frɒm] prep **1**(indicating starting place) de, desde; **where do you come from?** ¿de dónde eres?; **from London to Glasgow** de Londres a Glasgow; **to escape from sth/sb** escaparse de algo/algn

2(indicating origin etc) de; **a letter/telephone call from my sister** una carta/llamada de mi hermana; **tell him from me that ...** dígale de mi parte que ...

3(indicating time): **from one o'clock to or until or till two** de(sde) la una a or hasta las dos; **from January (on)** a partir de enero

4(indicating distance) de; **the hotel is**

1 km from the beach el hotel está a 1 km de la playa
5(*indicating price, number etc*) de; **prices range from £10 to £50** los precios van desde £10 a or hasta £50; **the interest rate was increased from 9% to 10%** el tipo de interés fue incrementado en un 9% a un 10%
6(*indicating difference*) de; **he can't tell red from green** no sabe distinguir el rojo del verde; **to be different from sb/sth** ser diferente de algo/algn
7(*because of, on the basis of*) **from what he says** por lo que dice; **weak from hunger** debilitado por el hambre

front [frʌnt] n (*foremost part*) parte f delantera; (*of house*) fachada; (*of dress*) delantero; (*promenade: also:* **sea ~**) paseo marítimo; (Mil, Pol, Meteorology) frente m; (*fig: appearances*) apariencias fpl ⊳ adj (*wheel, leg*) delantero; (*row, line*) primero; **in ~ (of)** delante (de);
front door n puerta principal; **front page** n primera plana; **front-wheel drive** n tracción f delantera

frost [frɒst] n helada; (*also:* **hoar~**) escarcha; **frostbite** n congelación f; **frosting** n (*esp US: icing*) glaseado; **frosty** adj (*weather*) de helada; (*welcome etc*) glacial

froth [frɒθ] n espuma

frown [fraun] vi fruncir el ceño

froze [frəuz] pt of **freeze**

frozen ['frəuzn] pp of **freeze**

fruit [fru:t] n inv fruta; fruto; (*fig*) fruto; resultados mpl; **fruit juice** n zumo (SP) or jugo (LAM) de fruta; **fruit machine**(BRIT) n máquina f tragaperras; **fruit salad** n macedonia (SP) or ensalada (LAM) de frutas

frustrate [frʌs'treit] vt frustrar; **frustrated** adj frustrado

fry [frai] (pt, pp **fried**) vt freír; **small ~** gente f menuda; **frying pan** n sartén f

ft. abbr = **foot; feet**

fudge [fʌdʒ] n (Culin) caramelo blando

fuel [fjuəl] n (*for heating*) combustible m; (*coal*) carbón m; (*wood*) leña; (*for engine*) carburante m; **fuel tank** n depósito (de combustible)

fulfil [ful'fil] vt (*function*) cumplir con; (*condition*) satisfacer; (*wish, desire*) realizar

full [ful] adj lleno; (*fig*) pleno; (*complete*) completo; (*maximum*) máximo; (*information*) detallado; (*price*) íntegro; (*skirt*) amplio ⊳ adv: **to know ~ well** that saber perfectamente que; **I'm ~ (up)** no puedo más; **~ employment** pleno empleo; **a ~ two hours** dos horas completas; **at ~ speed** a máxima velocidad; **in ~** (*reproduce, quote*) íntegramente; **full-length** adj (*novel etc*) entero; (*coat*) largo; (*portrait*) de cuerpo entero; **full moon** n luna llena; **full-scale** adj (*attack, war*) en gran escala; (*model*) de tamaño natural; **full stop** n punto; **full-time** adj (*work*) de tiempo completo ⊳ adv: **to work full-time** trabajar a tiempo completo; **fully** adv completamente; (*at least*) por lo menos

fumble ['fʌmbl] vi: **to ~ with** manejar torpemente

fume [fju:m] vi (*rage*) estar furioso; **fumes** npl humo, gases mpl

fun [fʌn] n (*amusement*) diversión f; **to have ~** divertirse; **for ~** en broma; **to make ~ of** burlarse de

function ['fʌŋkʃən] n función f ⊳ vi funcionar

fund [fʌnd] n fondo; (*reserve*) reserva; **funds** npl (*money*) fondos mpl

fundamental [fʌndə'mentl] adj fundamental

funeral ['fju:nərəl] n (*burial*) entierro; (*ceremony*) funerales mpl; **funeral director** n director(a) m/f de pompas fúnebres; **funeral parlour**(BRIT) n funeraria

funfair ['fʌnfeə*] (BRIT) n parque m de atracciones

fungus ['fʌŋgəs] (pl **fungi**) n hongo; (*mould*) moho

funnel ['fʌnl] n embudo; (of ship) chimenea

funny ['fʌnɪ] adj gracioso, divertido; (strange) curioso, raro

fur [fəː*] n piel f; (BRIT: in kettle etc) sarro; **fur coat** n abrigo de pieles

furious ['fjʊərɪəs] adj furioso; (effort) violento

furnish ['fəːnɪʃ] vt amueblar; (supply) suministrar; (information) facilitar; **furnishings** npl muebles mpl

furniture ['fəːnɪtʃə*] n muebles mpl; **piece of ~** mueble m

furry ['fəːrɪ] adj peludo

further ['fəːðə*] adj (new) nuevo, adicional ▷ adv más lejos; (more) más; (moreover) además ▷ vt promover, adelantar; **further education** n educación f superior; **furthermore** adv además

furthest ['fəːðɪst] superlative of **far**

fury ['fjʊərɪ] n furia

fuse [fjuːz] (US **fuze**) n fusible m; (for bomb etc) mecha ▷ vt (metal) fundir; (fig) fusionar ▷ vi fundirse; fusionarse; (BRIT Elec): **to ~ the lights** fundir los plomos; **fuse box** n caja de fusibles

fusion ['fjuːʒən] n fusión f

fuss [fʌs] n (excitement) conmoción f; (trouble) alboroto; **to make a ~** armar un lío o jaleo; **to make a ~ of sb** mimar a algn; **fussy** adj (person) exigente; (too ornate) recargado

future ['fjuːtʃə*] adj futuro; (coming) venidero ▷ n futuro; (prospects) porvenir m; **in ~** de ahora en adelante; **futures** npl (Comm) operaciones fpl a término, futuros mpl

fuze [fjuːz] (US) = **fuse**

fuzzy ['fʌzɪ] adj (Phot) borroso; (hair) muy rizado

g

G [dʒiː] n (Mus) sol m

g. abbr (= gram(s)) gr.

gadget ['gædʒɪt] n aparato

Gaelic ['geɪlɪk] adj, n (Ling) gaélico

gag [gæg] n (on mouth) mordaza; (joke) chiste m ▷ vt amordazar

gain [geɪn] n (~ **in**) aumento (de); (profit) ganancia ▷ vt ganar ▷ vi (watch) adelantarse; **to ~ from/by sth** sacar provecho de algo; **to ~ on sb** ganar terreno a algn; **to ~ 3 lbs (in weight)** engordar 3 libras

gal. abbr (= gallon)

gala ['gɑːlə] n fiesta

galaxy ['gæləksɪ] n galaxia

gale [geɪl] n (wind) vendaval m

gall bladder ['gɔːl-] n vesícula biliar

gallery ['gælərɪ] n (also: **art ~**: public) pinacoteca; (: private) galería de arte; (for spectators) tribuna

gallon ['gælən] n galón m (BRIT 4,546 litros, US 3,785 litros)

gallop ['gæləp] n galope m ▷ vi galopar

gallstone ['gɔːlstəun] n cálculo

biliario

gamble ['gæmbl] n (risk) riesgo ▷ vt jugar, apostar ▷ vi (take a risk) jugárselas; (bet) apostar; **to ~ on** apostar a; (success etc) contar con; **gambler** n jugador(a) m/f; **gambling** n juego

game [geɪm] n juego; (match) partido; (of cards) partida; (Hunting) caza ▷ adj (willing): **to be ~ for anything** atreverse a todo; **big ~** caza mayor; (contest) juegos; (Brit) Scol deportes mpl; **games console** [geɪmz-] n consola de juegos; **game show** n programa m concurso m, concurso

gammon ['gæmən] n (bacon) tocino ahumado; (ham) jamón m ahumado

gang [gæŋ] n (of criminals) pandilla; (of friends etc) grupo; (of workmen) brigada

gangster ['gæŋstə*] n gángster m

gap [gæp] n vacío (sp), hueco (LAM); (in trees, traffic) claro; (in time) intervalo; (difference): **~ (between)** diferencia (entre)

gape [geɪp] vi mirar boquiabierto; (shirt etc) abrirse (completamente)

gap year n año sabático (antes de empezar a estudiar en la universidad)

garage ['gærɑːʒ] n garaje m; (for repairs) taller m; **garage sale** n venta de objetos usados en el jardín de una casa particular)

garbage ['gɑːbɪdʒ] (us) n basura; (inf: nonsense) tonterías fpl; **garbage can** n cubo o bote m (MEX) o tacho (sc) de la basura; **garbage collector** (us) n basurero/a

garden ['gɑːdn] n jardín m; **gardens** npl (park) parque m; **garden centre** (BRIT) n centro de jardinería; **gardener** n jardinero/a; **gardening** n jardinería

garlic ['gɑːlɪk] n ajo

garment ['gɑːmənt] n prenda (de vestir)

garnish ['gɑːnɪʃ] vt (Culin) aderezar

garrison ['gærɪsn] n guarnición f

gas [gæs] n gas m; (fuel) combustible m; (us: gasoline) gasolina ▷ vt asfixiar con gas; **gas cooker** (Brit) n cocina de gas; **gas cylinder** n bombona de gas; **gas fire** n estufa de gas

gasket ['gæskɪt] n (Aut) junta de culata

gasoline ['gæsəliːn] (us) n gasolina

gasp [gɑːsp] n boqueada; (of shock etc) grito sofocado ▷ vi (pant) jadear

gas: gas pedal n (esp us) acelerador m; **gas station** (us) n gasolinera; **gas tank** (us) n (Aut) depósito (de gasolina)

gate [geɪt] n puerta; (iron gate) verja

gateau ['gætəu] (pl **~x**) n tarta

gatecrash ['geɪtkræʃ] (BRIT) vt colarse en

gateway ['geɪtweɪ] n puerta

gather ['gæðə*] vt (flowers, fruit) coger (sp), recoger; (assemble) reunir; (pick up) recoger; (Sewing) fruncir; (understand) entender ▷ vi (assemble) reunirse; **to ~ speed** ganar velocidad; **gathering** n reunión f, asamblea

gauge [geɪdʒ] n (instrument) indicador m ▷ vt medir; (fig) juzgar

gave [geɪv] pt of **give**

gay [geɪ] adj (homosexual) gay; (joyful) alegre; (colour) vivo

gaze [geɪz] n mirada fija ▷ vi: **to ~ at sth** mirar algo fijamente

GB abbr = **Great Britain**

GCSE (BRIT) n abbr (= General Certificate of Secondary Education) examen de reválida que se hace a los 16 años

gear [gɪə*] n equipo, herramientas fpl; (Tech) engranaje m; (Aut) velocidad f, marcha ▷ vt (fig: adapt): **to ~ sth to** adaptar o arreglar algo a; **top** o **high** (us)/**low ~** cuarta/primera velocidad; **in ~** en marcha, engranado; **to get ready: to prepararse; **gear box** n caja de cambios; **gear lever** n palanca de cambio; **gear shift** (us) n = **gear lever**; **gear stick** n (BRIT) palanca de cambios

geese [giːs] npl of **goose**

gel [dʒɛl] n gel m

gem [dʒɛm] n piedra preciosa

Gemini ['dʒɛmɪnaɪ] n Géminis m, Gemelos mpl

gender ['dʒɛndə*] n género

gene [dʒiːn] n gen(e) m

general ['dʒɛnərl] adj general; n (Mil) general m ▷ adj general; **in** - en general; **general anaesthetic** (us **general anesthetic**) n anestesia general; **general election** n elecciones fpl generales; **generalize** vi generalizar; **generally** adv generalmente, en general; **general practitioner** n médico general; **general store** n tienda (que vende de todo) (LAM, SP), almacén m (SC, SP)

generate ['dʒɛnəreɪt] vt (Elec) generar; (jobs, profits) producir

generation [dʒɛnə'reɪʃən] n generación f

generator ['dʒɛnəreɪtə*] n generador m

generosity [dʒɛnə'rɒsɪtɪ] n generosidad f

generous ['dʒɛnərəs] adj generoso

genetic [dʒɪ'nɛtɪk] adj: **~ engineering** ingeniería genética; **~ fingerprinting** identificación f genética; **genetically modified** adj transgénico; **genetics** n genética

genitals ['dʒɛnɪtlz] npl (órganos mpl) genitales mpl

genius ['dʒiːnɪəs] n genio

genome ['giːnəum] n genoma m

gent [dʒɛnt] n abbr (BRIT inf) = gentleman

gentle ['dʒɛntl] adj apacible, dulce; (animal) manso; (breeze, curve etc) suave

  Be careful not to translate **gentle** by the Spanish word **gentil**.

gentleman ['dʒɛntlmən] (irreg) n señor m; (well-bred man) caballero

gently ['dʒɛntlɪ] adv dulcemente, suavemente

gents [dʒɛnts] n aseos mpl (de caballeros)

genuine ['dʒɛnjuɪn] adj auténtico; (person) sincero; **genuinely** adv

sinceramente

geographic(al) [dʒɪə'græfɪk(l)] adj geográfico

geography [dʒɪ'ɒgrəfɪ] n geografía

geology [dʒɪ'ɒlədʒɪ] n geología

geometry [dʒɪ'ɒmətrɪ] n geometría

geranium [dʒɪ'reɪnjəm] n geranio

geriatric [dʒɛrɪ'ætrɪk] adj, n geriátrico/a m/f

germ [dʒəːm] n (microbe) microbio, bacteria; (seed, fig) germen m

German ['dʒəːmən] adj alemán/ana ▷ n alemán/ana m/f; (Ling) alemán m; **German measles** n rubéola

Germany ['dʒəːmənɪ] n Alemania

gesture ['dʒɛstjə*] n gesto; (symbol) muestra

○ KEYWORD

get [gɛt] (pt, pp **got**, pp **gotten** (US)) vi
1 (become, be) ponerse, volverse; **to get old/tired** envejecer/cansarse; **to get drunk** emborracharse; **to get dirty** ensuciarse; **to get married** casarse; **when do I get paid?** ¿cuándo me pagan or se me paga?; **it's getting late** se está haciendo tarde
2 (go): **to get to/from** llegar a/de; **to get home** llegar a casa
3 (begin) empezar a; **to get to know sb** (llegar a) conocer a algn; **I'm getting to like him** me está empezando a gustar; **let's get going** or **started** ¡vamos (a empezar)!
4 (modal aux vb): **you've got to do it** tienes que hacerlo
▷ vt 1: **to get sth done** (finish) terminar algo; (have done) mandar hacer algo; **to get one's hair cut** cortarse el pelo; **to get the car going** or **to go** arrancar el coche; **to get sb to do sth** conseguir or hacer que algn haga algo; **to get sth/sb ready** preparar algo/a algn
2 (obtain: money, permission, results) conseguir; (find: job, flat) encontrar; (fetch: person, doctor) buscar; (object) ir a buscar, traer; **to get sth for sb**

conseguir algo para algn; **get me Mr Jones, please** (Tel) póngame (SP) or comuníqueme (LAM) con el Sr. Jones, por favor; **can I get you a drink?** ¿quieres algo de beber?

3(receive: present, letter) recibir; (acquire: reputation) alcanzar; (: prize) ganar; **what did you get for your birthday?** ¿qué te regalaron por tu cumpleaños?; **how much did you get for the painting?** ¿cuánto sacaste por el cuadro?

4(catch) coger (SP), agarrar (LAM); (hit: target etc) dar en; **to get sb by the arm/throat** coger or agarrar a algn por el brazo/cuello; **get him!** ¡cógelo! (SP), ¡atrápalo! (LAM); **the bullet got him in the leg** la bala le dio en la pierna

5(take, move) llevar; **to get sth to sb** hacer llegar algo a algn; **do you think we'll get it through the door?** ¿crees que lo podremos meter por la puerta?

6(catch, take: plane, bus etc) coger (SP), tomar (LAM); **where do I get the train for Birmingham?** ¿dónde se coge or se toma el tren para Birmingham?

7(understand) entender; (hear) oír; **I've got it!** ¡ya lo tengo!, ¡eureka!; **I don't get your meaning** no te entiendo; **I'm sorry, I didn't get your name** lo siento, no cogí tu nombre

8(have, possess): **to have got** tener

get away vi marcharse; (escape) escaparse

get away with vt fus hacer impunemente

get back vi (return) volver ▷ vt recobrar

get in vi entrar; (train) llegar; (arrive home) volver a casa, regresar

get into vt fus entrar en; (vehicle) subir a; **to get into a rage** enfadarse

get off vi (from train etc) bajar; (depart: person, car) marcharse ▷ vt (remove) quitar ▷ vt fus (train, bus) bajar de

get on vi (at exam etc): **how are you getting on?** ¿cómo te va?; (agree): **to**

get on (with) llevarse bien (con) ▷ vt fus subir a

get out vi salir; (of vehicle) bajar ▷ vt sacar

get out of vt fus salir de; (duty etc) escaparse de

get over vt fus (illness) recobrarse de

get through vi (Tel) lograr comunicarse

get up vi (rise) levantarse ▷ vt fus subir

getaway ['gɛtəweɪ] n fuga
Ghana ['gɑːnə] n Ghana
ghastly ['gɑːstlɪ] adj horrible
ghetto ['gɛtəu] n gueto
ghost [gəust] n fantasma m
giant ['dʒaɪənt] n gigante mf ▷ adj gigantesco, gigante
gift [gɪft] n regalo; (ability) talento; **gifted** adj dotado; (gift shop, gift store** n tienda de regalos; **gift token, gift voucher** n vale m canjeable por un regalo
gig [gɪg] n (inf: concert) actuación f
gigabyte ['dʒɪgəbaɪt] n gigabyte m
gigantic [dʒaɪˈgæntɪk] adj gigantesco
giggle ['gɪgl] vi reírse tontamente
gills [gɪlz] npl (of fish) branquias fpl, agallas fpl
gilt [gɪlt] adj, n dorado
gimmick ['gɪmɪk] n truco
gin [dʒɪn] n ginebra
ginger ['dʒɪndʒə*] n jengibre m
gipsy ['dʒɪpsɪ] n = **gypsy**
giraffe [dʒɪˈrɑːf] n jirafa
girl [gəːl] n (small) niña; (young woman) chica, joven f, muchacha; (daughter) hija; **an English** ~ una (chica) inglesa; **girl band** n girl band m (grupo musical de chicas); **girlfriend** n (of girl) amiga; (of boy) novia; **Girl Scout** (US) n = **Girl Guide**
gist [dʒɪst] n lo esencial
give [gɪv] (pt **gave**, pp **given**) vt dar; (deliver) entregar; (as gift) regalar ▷ vi (break) romperse; (stretch: fabric) dar

de sí; **to ~ sb sth**, **~ sth to sb** dar algo a algn; **give away** vt (*give free*) regalar; (*betray*) traicionar; (*disclose*) revelar; **give back** vt devolver; **give in** vi ceder ▷ vt entregar; **give out** vt distribuir; **give up** vi rendirse, darse por vencido ▷ vt renunciar a; **to give up smoking** dejar de fumar; **to give o.s. up** entregarse

given ['gɪvn] *pp of* **give** ▷ *adj* (*fixed: time, amount*) determinado ▷ *conj*: **~ (that)** ... dado (que) ...; **~ the circumstances** ... dadas las circunstancias ...

glacier ['glæsɪə*] *n* glaciar *m*

glad [glæd] *adj* contento; **gladly** ['-lɪ] *adv* con mucho gusto

glamour ['glæmə*] (*us* **glamor**) *n* encanto, atractivo; **glamorous** *adj* encantador(a), atractivo

glance [glɑːns] *n* ojeada, mirada ▷ *vi*: **to ~ at** echar una ojeada a

gland [glænd] *n* glándula

glare [glɛə*] *n* (*of anger*) mirada feroz; (*of light*) deslumbramiento, brillo; **to be in the ~ of publicity** ser el foco de la atención pública ▷ *vi* deslumbrar; **to ~ at** mirar con odio a; **glaring** *adj* (*mistake*) manifiesto

glass [glɑːs] *n* vidrio, cristal *m*; (*for drinking*) vaso; (*: with stem*) copa; **glasses** *npl* (*spectacles*) gafas *fpl*

glaze [gleɪz] *vt* (*window*) poner cristales a; (*pottery*) vidriar ▷ *n* vidriado

gleam [gliːm] *vi* brillar

glen [glen] *n* cañada

glide [glaɪd] *vi* deslizarse; (*Aviat: birds*) planear; **glider** *n* (*Aviat*) planeador *m*

glimmer ['glɪmə*] *n* luz *f* tenue; (*of interest*) muestra; (*of hope*) rayo

glimpse [glɪmps] *n* vislumbre *m* ▷ *vt* vislumbrar, entrever

glint [glɪnt] *vi* centellear

glisten ['glɪsn] *vi* relucir, brillar

glitter ['glɪtə*] *vi* relucir, brillar

global ['gləubl] *adj* mundial; **globalization** *n* globalización *f*;

global warming *n* (re)calentamiento global or de la tierra

globe [gləub] *n* globo; (*model*) globo terráqueo

gloom [gluːm] *n* oscuridad *f*; (*sadness*) tristeza; **gloomy** *adj* (*dark*) oscuro; (*sad*) triste; (*pessimistic*) pesimista

glorious ['glɔːrɪəs] *adj* glorioso; (*weather etc*) magnífico

glory ['glɔːrɪ] *n* gloria

gloss [glɔs] *n* (*shine*) brillo; (*paint*) pintura de aceite

glossary ['glɔsərɪ] *n* glosario

glossy ['glɔsɪ] *adj* lustroso; (*magazine*) de lujo

glove [glʌv] *n* guante *m*; **glove compartment** *n* (*Aut*) guantera

glow [gləu] *vi* brillar

glucose ['gluːkəus] *n* glucosa

glue [gluː] *n* goma (de pegar), cemento ▷ *vt* pegar

GM *adj abbr* (= *genetically modified*) transgénico

gm *abbr* (= *gram*) g

GMO *n abbr* (= *genetically modified organism*) organismo transgénico

GMT *abbr* (= *Greenwich Mean Time*) GMT

gnaw [nɔː] *vt* roer

go [gəu] (*pt* **went**, *pp* **gone**, *pl* **~es**) *vi* (*travel*) viajar; (*depart*) irse, marcharse; (*work*) funcionar, marchar; (*be sold*) venderse; (*time*) pasar; (*fit, suit*): **to ~ with** hacer juego con; (*become*) ponerse; (*break etc*) estropearse, romperse ▷ *n*: **to have a ~ (at)** probar suerte (con); **to be on the ~** no parar; **whose ~ is it?** ¿a quién le toca?; **he's ~ing to do it** va a hacerlo; **to ~ for a walk** ir de paseo; **to ~ dancing** ir a bailar; **how did it ~?** ¿qué tal salió or resultó?, ¿cómo ha ido?; **to ~ round the back** pasar por detrás; **go ahead** *vi* seguir adelante; **go away** *vi* irse, marcharse; **go back** *vi* volver; **go by** *vi* (*time*) pasar ▷ *vt fus* guiarse por; **go down** *vi* bajar; (*ship*) hundirse; (*sun*) ponerse ▷ *vt fus* bajar; **go for** *vt fus* (*fetch*) ir por; (*like*) gustar; (*attack*) atacar; **go in** vi entrar; **go into** vt fus atacar; **(investigate)** investigar; **(embark on)** dedicarse a; **go off** vi marcharse; **(food)** pasarse; **(explode)** estallar; **(event)** realizarse ▷ vt fus ... de gustar; **I'm going off him/the idea** ya no me gusta tanto él/la idea; **go on** vi **(continue)** seguir, continuar; **(happen)** pasar, ocurrir; **to go on doing sth** seguir haciendo algo; **go out** vi salir; **(fire, light)** apagarse; **go over** vi **(ship)** zozobrar ▷ vt fus **(check)** revisar; **go past** vi, vt fus pasar; **go round** vi **(circulate: news, rumour)** correr; **(suffice)** alcanzar; **(revolve)** girar, dar vueltas; **(visit): to go round (to sb's)** pasar a ver (a algn); **to go round (by)** **(make a detour)** dar la vuelta (por); **go through** vt fus **(town etc)** atravesar; **go up** vi, vt fus subir; **go with** vt fus **(accompany)** salir con, acompañar a; **go without** vt fus pasarse sin

go-ahead ['gəʊəhed] adj **(person)** dinámico; **(firm)** innovador/a ▷ n luz f verde

goal [gəʊl] n meta; **(score)** gol m; **goalkeeper** n portero; **goal-post** n poste m de la portería

goat [gəʊt] n cabra

gobble ['gɒbl] vt (also: **~ down**, **~ up**) tragarse, engullir

God [gɒd] n Dios m; **godchild** n ahijado/a; **goddaughter** n ahijada; **goddess** n diosa; **godfather** n padrino; **godmother** n madrina; **godson** n ahijado

goggles ['gɒglz] npl gafas fpl

going ['gəʊɪŋ] n **(conditions)** estado del terreno ▷ adj **(price)** corriente; **the ~ rate** la tarifa corriente or en vigor

gold [gəʊld] n oro ▷ adj de oro; **golden** adj **(made of gold)** de oro; **(gold in colour)** dorado; **goldfish** n pez m de colores; **goldmine** n (also fig) mina de oro; **gold-plated** adj chapado en oro

golf [gɒlf] n golf m; **golf ball** n (for game) pelota de golf; (on typewriter) esfera; **golf club** n club m de golf or

(stick) palo (de golf); **golf course** n campo de golf; **golfer** n golfista mf

gone [gɒn] pp of **go**

gong [gɒŋ] n gong m

good [gʊd] adj bueno; **(pleasant)** agradable; **(kind)** bueno, amable; **(well-behaved)** educado ▷ n bien m, provecho; **goods** npl **(Comm)** mercancías fpl; **~!** ¡qué bien!; **to be ~ at** tener aptitud para; **to be ~ for** servir para; **it's ~ for you** te hace bien; **would you be ~ enough to ...?** ¿podría hacerme el favor de ...?, ¿sería tan amable de ...?; **a ~ deal (of)** mucho; **a ~ many** muchos; **to make ~ reparar; **it's no ~ complaining** no vale la pena de quejarse; **for ~** para siempre, definitivamente; **~ morning/afternoon!** ¡buenos días/buenas tardes!; **~ evening!** ¡buenas noches!; **~ night!** ¡buenas noches!

goodbye [gʊd'baɪ] excl ¡adiós!; **to say ~ (to)** (person) despedirse (de)

good: **Good Friday** n Viernes Santo; **good-looking** adj guapo; **good-natured** adj amable, simpático; **goodness** n **(of person)** bondad f; **for goodness sake!** ¡por Dios!; **goodness gracious!** ¡Dios mío!; **goods train** (BRIT) n tren m de mercancías; **goodwill** n buena voluntad f

Google® ['gu:gəl] n Google® m ▷ vi hacer búsquedas en Internet ▷ vt buscar información en Internet sobre

goose [gu:s] (pl **geese**) n ganso, oca

gooseberry ['guzbəri] n grosella espinosa; **to play ~** hacer de carabina

goose bumps, **goose pimples** npl carne f de gallina

gorge [gɔ:dʒ] n barranco ▷ vr: **to ~ o.s. (on)** atracarse (de)

gorgeous ['gɔ:dʒəs] adj **(thing)** precioso; **(weather)** espléndido; **(person)** guapísimo

gorilla [gə'rɪlə] n gorila m

gosh [gɒʃ] (inf) excl ¡cielos!

gospel ['gɒspl] n evangelio

gossip ['gɒsɪp] n **(scandal)**

cotilleo, chismes *mpl*; *(chat)* charla; *(scandalmonger)* cotilla *m/f*, chismoso/a ▷ *vi* cotillear; **gossip column** *n* ecos *mpl* de sociedad

got [gɔt] *pt, pp of* **get**

gotten (us) [ˈgɔtn] *pp of* **get**

gourmet [ˈguəmei] *n* gastrónomo/a *m/f*

govern [ˈgʌvən] *vt* gobernar; *(influence)* dominar; **government** *n* gobierno; **governor** *n* gobernador(a) *m/f*; *(of school etc)* miembro del consejo; *(of jail)* director(a) *m/f*

gown [gaun] *n* traje *m*; *(of teacher, BRIT: of judge)* toga

G.P. *n abbr* = **general practitioner**

grab [græb] *vt* coger (sp), agarrar (LAM), arrebatar ▷ *vi*: **to ~ at** intentar agarrar

grace [greis] *n* gracia ▷ *vt* honrar; *(adorn)* adornar; **5 days' ~** un plazo de 5 días; **graceful** *adj* grácil, ágil; *(style, shape)* elegante, gracioso; **gracious** [ˈgreiʃəs] *adj* amable

grade [greid] *n* *(quality)* clase *f*, calidad *f*; *(in hierarchy)* grado; *(Scol: mark)* nota; *(us: school class)* curso ▷ *vt* clasificar; **grade crossing** (us) *n* paso a nivel; **grade school** (us) *n* escuela primaria

gradient [ˈgreidiənt] *n* pendiente *f*

gradual [ˈgrædjuəl] *adj* paulatino; **gradually** *adv* paulatinamente

graduate [*n* ˈgrædjuit, *vb* ˈgrædjueit] *n* (us: of high school) graduado/a; *(of university)* licenciado/a ▷ *vi* graduarse; licenciarse; **graduation** [-ˈeiʃən] *n* *(ceremony)* entrega del título

graffiti [grəˈfiːti] *n* pintadas *fpl*

graft [grɑːft] *n* (Agr, Med) injerto; (BRIT: inf) trabajo duro; *(bribery)* corrupción *f* ▷ *vt* injertar

grain [grein] *n* *(single particle)* grano; *(corn)* granos *mpl*, cereales *mpl*; *(of wood)* fibra

gram [græm] *n* gramo

grammar [ˈgræmə*] *n* gramática; **grammar school** (BRIT) *n* ≈ instituto

de segunda enseñanza, liceo (sp)

gramme [græm] *n* = **gram**

gran [græn] (inf) *n* (BRIT) abuelita

grand [grænd] *adj* magnífico, imponente; *(wonderful)* estupendo; *(gesture etc)* grandioso; **grandad** (inf) *n* = **granddad**; **grandchild** (*pl* **grandchildren**) *n* nieto/a *m/f*; **granddad** (inf) *n* yayo, abuelito; **granddaughter** *n* nieta; **grandfather** *n* abuelo; **grandma** (inf) *n* yaya, abuelita; **grandmother** *n* abuela; **grandpa** (inf) *n* = **granddad**; **grandparents** *npl* abuelos *mpl*; **grand piano** *n* piano de cola; **Grand Prix** [ˈgrɑ̃ːˈpriː] *n* (Aut) gran premio, Grand Prix *m*; **grandson** *n* nieto

granite [ˈgrænit] *n* granito

granny [ˈgræni] (inf) *n* abuelita, yaya

grant [grɑːnt] *vt* *(concede)* conceder; *(admit)* reconocer ▷ *n* (Scol) beca; (Admin) subvención *f*; **to take sth/sb for ~ed** dar algo por sentado/no hacer ningún caso a algn

grape [greip] *n* uva

grapefruit [ˈgreipfruːt] *n* pomelo (sp, sc), toronja (LAM)

graph [grɑːf] *n* gráfica; **graphic** [ˈgræfik] *adj* gráfico; **graphics** *n* artes *fpl* gráficas ▷ *npl* *(drawings)* dibujos *mpl*

grasp [grɑːsp] *vt* agarrar, asir; *(understand)* comprender ▷ *n* *(grip)* asimiento; *(understanding)* comprensión *f*

grass [grɑːs] *n* hierba; *(lawn)* césped *m*; **grasshopper** *n* saltamontes *m inv*

grate [greit] *n* parrilla de chimenea ▷ *vi*: **to ~ (on)** chirriar (sobre) ▷ *vt* (Culin) rallar

grateful [ˈgreitful] *adj* agradecido

grater [ˈgreitə*] *n* rallador *m*

gratitude [ˈgrætitjuːd] *n* agradecimiento

grave [greiv] *n* tumba ▷ *adj* serio, grave

gravel [ˈgrævl] *n* grava

gravestone [ˈgreivstəun] *n* lápida

graveyard ['greɪvjɑːd] n cementerio

gravity ['grævɪtɪ] n gravedad f

gravy ['greɪvɪ] n salsa de carne

gray [greɪ] adj = **grey**

graze [greɪz] vi pacer ▷ vt (touch lightly) rozar; (scrape) raspar ▷ n (Med) abrasión f

grease [griːs] n (fat) grasa; (lubricant) lubricante m ▷ vt engrasar; lubrificar; **greasy** adj grasiento

great [greɪt] adj grande; (inf) magnífico, estupendo; **Great Britain** n Gran Bretaña; **great-grandfather** n bisabuelo; **great-grandmother** n bisabuela; **greatly** adv muy; (with verb) mucho

Greece [griːs] n Grecia

greed [griːd] n (also: **~iness**) codicia, avaricia; (for food) gula; (for power etc) avidez f; **greedy** adj avaro; (for food) glotón/ona

Greek [griːk] adj griego ▷ n griego/a; (Ling) griego

green [griːn] adj (also Pol) verde; (inexperienced) novato ▷ n verde m; (stretch of grass) césped m; (Golf) green m; **greens** npl (vegetables) verduras fpl; **green card** n (Aut) carta verde; (us: work permit) permiso de trabajo para los extranjeros en EE. UU.; **greengage** n (ciruela) claudia; **greengrocer** (BRIT) n verdulero/a; **greenhouse** n invernadero; **greenhouse effect** n efecto invernadero

Greenland ['griːnlənd] n Groenlandia

green salad n ensalada f (de lechuga, pepino, pimiento verde, etc)

greet [griːt] vt (welcome) dar la bienvenida a; (receive: news) recibir; **greeting** n (welcome) bienvenida; **greeting(s) card** n tarjeta de felicitación

grew [gruː] pt of **grow**

grey [greɪ] (us **gray**) adj gris; (weather) sombrío; **grey-haired** adj canoso; **greyhound** n galgo

grid [grɪd] n reja; (Elec) red f; **gridlock** n (traffic jam) retención f

grief [griːf] n dolor m, pena

grievance ['griːvəns] n motivo de queja, agravio

grieve [griːv] vi afligirse, acongojarse ▷ vt dar pena a; **to ~ for** llorar por

grill [grɪl] n (on cooker) parrilla; (also: **mixed ~**) parrillada ▷ vt (BRIT) asar a la parrilla; (inf: question) interrogar

grille [grɪl] n reja; (Aut) rejilla

grim [grɪm] adj (place) sombrío; (situation) triste; (person) ceñudo

grime [graɪm] n mugre f, suciedad f

grin [grɪn] n sonrisa abierta ▷ vi sonreír abiertamente

grind [graɪnd] (pt, pp **ground**) vt (coffee, pepper etc) moler; (us: make) picar; (make sharp) afilar ▷ n (work) rutina

grip [grɪp] n (hold) asimiento; (control) control m, dominio; (of tyre etc): **to have a good/bad ~** agarrarse bien/mal; (handle) asidero; (holdall) maletín m ▷ vt agarrar; (viewer, reader) fascinar; **to get to ~s with** enfrentarse con; **gripping** adj absorbente

grit [grɪt] n gravilla; (courage) valor m ▷ vt (road) poner gravilla en; **to ~ one's teeth** apretar los dientes

grits [grɪts] (us) npl maíz msg a medio moler

groan [grəʊn] n gemido; quejido ▷ vi gemir; quejarse

grocer ['grəʊsə*] n tendero (de ultramarinos sp); **groceries** npl comestibles mpl; **grocer's (shop)** n tienda de comestibles or (MEX, CAM) abarrotes, almacén (sc); **grocery** (shop) tienda de ultramarinos

groin [grɔɪn] n ingle f

groom [gruːm] n mozo/a de cuadra; (also: **bride~**) novio ▷ vt (horse) almohazar; (fig): **to ~ sb for** preparar a algn para; **well-~ed** de buena presencia

groove [gruːv] n ranura, surco

grope [grəʊp] vi: **to ~ for** buscar a tientas

gross [grəʊs] adj (neglect, injustice) grave; (vulgar: behaviour) grosero;

grotesque | 404

(: *appearance*) de mal gusto; (*Comm*)
bruto; **grossly** *adv* (*greatly*)
enormemente
grotesque [grə'tɛsk] *adj* grotesco
ground [graund] *pt, pp* of **grind**
▷ *n* suelo, tierra; (*Sport*) campo,
terreno; (*reason: gen pl*) causa, razón
f; (*us: also:* **~ wire**) tierra ▷ *vt* (*plane*)
mantener en tierra; (*us Elec*) conectar
con tierra; **grounds** *npl* (*of coffee etc*)
poso; (*gardens etc*) jardines *mpl*, parque
m; **on the ~** en el suelo; **to the ~** al
suelo; **to gain/lose ~** ganar/perder
terreno; **ground floor** *n* (*BRIT*) planta
baja; **groundsheet** (*BRIT*) *n* tela
impermeable; suelo; **groundwork** *n*
preparación *f*
group [gruːp] *n* grupo; (*musical*)
conjunto ▷ *vt* (*also:* **~ together**)
agrupar ▷ *vi* (*also:* **~ together**)
agruparse
grouse [graus] *n inv* (*bird*) urogallo
▷ *vi* (*complain*) quejarse
grovel ['grɔvl] *vi* (*fig*): **to ~ before**
humillarse ante
grow [grəu] (*pt* **grew**, *pp* **grown**) *vi*
crecer; (*increase*) aumentar; (*expand*)
desarrollarse; (*become*) volverse; **to ~**
rich/weak enriquecerse/debilitarse
▷ *vt* cultivar; (*hair, beard*) dejar crecer;
grow on me *vt fus*: **that painting is**
growing on me ese cuadro me gusta
cada vez más; **grow up** *vi* crecer,
hacerse hombre/mujer
growl [graul] *vi* gruñir
grown [grəun] *pp* of **grow**; **grown-up**
n adulto/a, mayor *mf*
growth [grəuθ] *n* crecimiento,
desarrollo; (*what has grown*) brote *m*;
(*Med*) tumor *m*
grub [grʌb] *n* larva, gusano; (*inf: food*)
comida
grubby ['grʌbi] *adj* sucio, mugriento
grudge [grʌdʒ] *n* (motivo de) rencor
m ▷ *vt*: **to ~ sb sth** dar a algn de
mala gana; **to bear sb a ~** guardar
rencor a algn
gruelling ['gruəlɪŋ] (*us* **grueling**) *adj*

penoso, duro
gruesome ['gruːsəm] *adj* horrible
grumble ['grʌmbl] *vi* refunfuñar,
quejarse
grumpy ['grʌmpi] *adj* gruñón/ona
grunt [grʌnt] *vi* gruñir
guarantee [ɡærən'tiː] *n* garantía
▷ *vt* garantizar
guard [ɡɑːd] *n* (*squad*) guardia;
(*one man*) guardia *mf*; (*BRIT Rail*) jefe
m de tren; (*on machine*) dispositivo
de seguridad; (*also:* **fire~**) rejilla de
protección ▷ *vt* guardar; (*prisoner*)
vigilar; **to be on one's ~** estar alerta;
guardian *n* guardián/ana *m/f*; (*of*
minor) tutor(a) *m/f*
guerrilla [ɡə'rɪlə] *n* guerrillero/a
guess [ɡɛs] *vi, vt* adivinar; (*us*) suponer
▷ *vt* adivinar; suponer ▷ *n* suposición
f, conjetura; **to take** o **have a ~** tratar
de adivinar
guest [ɡɛst] *n* invitado/a; (*in hotel*)
huésped *mf*; **guest house** *n* casa de
huéspedes, pensión *f*; **guest room** *n*
cuarto de huéspedes
guidance ['ɡaidəns] *n* (*advice*)
consejos *mpl*
guide [gaid] *n* (*person*) guía *mf*; (*book,*
fig) guía; (*also:* **Girl ~**) guía ▷ *vt* (*round*
museum etc) guiar; (*lead*) conducir;
(*direct*) orientar; **guidebook** *n* guía;
guide dog *n* perro *m* guía; **guided**
tour *n* visita *f* con guía; **guidelines**
npl (*advice*) directrices *fpl*
guild [ɡɪld] *n* gremio
guilt [ɡɪlt] *n* culpabilidad *f*; **guilty**
adj culpable
guinea pig ['ɡɪnɪ-] *n* cobaya; (*fig*)
conejillo de Indias
guitar [ɡɪ'tɑː*] *n* guitarra; **guitarist**
n guitarrista *m/f*
gulf [ɡʌlf] *n* golfo; (*abyss*) abismo
gull [ɡʌl] *n* gaviota
gulp [ɡʌlp] *vi* tragar saliva ▷ *vt*
(*also:* **~ down**) tragar
gum [ɡʌm] *n* (*Anat*) encía; (*glue*)
goma, cemento; (*sweet*) caramelo de
goma; (*also:* **chewing-~**) chicle *m* ▷ *vt*

pegar con goma

gun [gʌn] *n* (*small*) pistola, revólver *m*; (*shotgun*) escopeta; (*rifle*) fusil *m*; (*cannon*) cañón *m*; **gunfire** *n* disparos *mpl*; **gunman**(*irreg*) *n* pistolero; **gunpoint** *n*: **at gunpoint** a mano armada; **gunpowder** *n* pólvora; **gunshot** *n* escopetazo

gush [gʌʃ] *vi* salir a raudales; (*person*) deshacerse en efusiones

gust [gʌst] *n* (*of wind*) ráfaga

gut [gʌt] *n* intestino; **guts** *npl* (*Anat*) tripas *fpl*; (*courage*) valor *m*

gutter ['gʌtə*] *n* (*of roof*) canalón *m*; (*in street*) cuneta

guy [gaɪ] *n* (*also*: **~rope**) cuerda; (*inf*: *man*) tío (*sp*), tipo; (*figure*) monigote *m*

Guy Fawkes' Night [gaɪ'fɔːks-] *n* ver recuadro

- **GUY FAWKES' NIGHT**

- La noche del cinco de noviembre,
- **Guy Fawkes' Night**, se celebra
- en el Reino Unido el fracaso de
- la conspiración de la pólvora
- ("Gunpowder Plot"), un intento
- fallido de volar el parlamento
- de Jaime I en 1605. Esa noche
- se lanzan fuegos artificiales y
- se hacen hogueras en las que
- se queman unos muñecos de
- trapo que representan a **Guy**
- **Fawkes**, uno de los cabecillas de
- la revuelta. Días antes, los niños
- tienen por costumbre pedir a los
- transeúntes "a penny for the guy",
- dinero que emplean en comprar
- cohetes y petardos.

gym [dʒɪm] *n* gimnasio; **gymnasium** *n* gimnasio *m*f; **gymnast** *n* gimnasta *m*f; **gymnastics** *n* gimnasia; **gym shoes** *npl* zapatillas *fpl* (de deporte)

gynaecologist [gaɪnɪ'kɔlədʒɪst] (*us* **gynecologist**) *n* ginecólogo/a

gypsy ['dʒɪpsɪ] *n* gitano/a

h

haberdashery [hæbə'dæʃərɪ] (*BRIT*) *n* mercería

habit ['hæbɪt] *n* hábito, costumbre *f*; (*drug habit*) adicción *f*; (*costume*) hábito

habitat ['hæbɪtæt] *n* hábitat *m*

hack [hæk] *vt* (*cut*) cortar; (*slice*) tajar ▷ *n* (*pej*: *writer*) escritor/a *m*/*fa* sueldo; **hacker** *n* (*Comput*) pirata *m*f informático/a

had [hæd] *pt*, *pp* *of* **have**

haddock ['hædək] (*pl* ~ *or* ~**s**) *n* especie de merluza

hadn't ['hædnt] = **had not**

haemorrhage ['hemərɪdʒ] (*us* **hemorrhage**) *n* hemorragia

haemorrhoids ['hemərɔɪdz] (*us* **hemorrhoids**) *npl* hemorroides *fpl*

haggle ['hægl] *vi* regatear

Hague [heɪg] *n*: **The** ~ La Haya

hail [heɪl] *n* granizo; (*fig*) lluvia ▷ *vt* saludar; (*taxi*) llamar a; (*acclaim*) aclamar ▷ *vi* granizar; **hailstone** *n* (piedra de) granizo

hair [hɛə*] *n* pelo, cabellos *mpl*; (*one hair*) pelo, cabello; (*on legs etc*) vello;

to do one's ~ arreglarse el pelo; **to have grey ~** tener canas *fpl*; **hairband** *n* cinta; **hairbrush** *n* cepillo (para el pelo); **haircut** *n* (*of hair*) corte *m* (de pelo); **hairdo** *n* peinado; **hairdresser** *n* peluquero/a; **hairdresser's** *n* peluquería; **hair dryer** *n* secador *m* de pelo; **hair gel** *n* fijador; **hair spray** *n* laca; **hairstyle** *n* peinado; **hairy** *adj* peludo; velludo; (*inf: frightening*) espeluznante

hake [heɪk] (*pl* ~ *or* ~**s**) *n* merluza
half [hɑːf] (*pl* **halves**) *n* mitad *f*; (*of beer*) ≈ caña (*SP*), media pinta; (*Rail, Bus*) billete *m* de niño ▷ *adj* medio ▷ *adv* medio, a medias; **two and a ~** dos y media; **~ a dozen** media docena; **~ a pound** media libra; **to cut sth in ~** cortar algo por la mitad; **half board** *n* (*BRIT: in hotel*) media pensión; **half-brother** *n* hermanastro; **half day** *n* media día *m*, media jornada; **half fare** *n* medio pasaje *m*; **half-hearted** *adj* indiferente, poco entusiasta; **half-hour** *n* media hora; **half-price** *adj, adv* a mitad de precio; **half term** *n* (*BRIT*) (*Scol*) vacaciones de mediados del trimestre; **half-time** *n* descanso; **halfway** *adv* a medio camino; **halfway through** a mitad de

hall [hɔːl] *n* (*for concerts*) sala; (*entrance way*) hall *m*; vestíbulo

hallmark [ˈhɔːlmɑːk] *n* sello
hallo [həˈləʊ] *excl* = **hello**
hall of residence *n* (*BRIT*) residencia
Hallowe'en [hæləʊˈiːn] *n* víspera de Todos los Santos

● **HALLOWE'EN**
●
● La tradición anglosajona dice
● que en la noche del 31 de octubre,
● **Hallowe'en**, víspera de Todos los
● Santos, es posible ver a brujas y
● fantasmas. En este día los niños
● se disfrazan y van de puerta en
● puerta llevando un farol hecho con
● una calabaza en forma de cabeza

● humana. Cuando se les abre la
● puerta gritan "trick or treat",
● amenazando con gastar una
● broma a quien no les dé golosinas
● o algo de calderilla.

hallucination [həluːsɪˈneɪʃən] *n* alucinación *f*
hallway [ˈhɔːlweɪ] *n* vestíbulo
halo [ˈheɪləʊ] *n* (*of saint*) halo, aureola
halt [hɔːlt] *n* (*stop*) alto, parada ▷ *vt* parar; interrumpir ▷ *vi* pararse
halve [hɑːv] *vt* partir por la mitad
halves [hɑːvz] *npl of* **half**
ham [hæm] *n* jamón *m* (cocido)
hamburger [ˈhæmbəːgə*] *n* hamburguesa
hamlet [ˈhæmlɪt] *n* aldea
hammer [ˈhæmə*] *n* martillo ▷ *vt* (*nail*) clavar; (*force*): **to ~ an idea into sb/a message home** meter una idea en la cabeza a algn/machacar una idea ▷ *vi* dar golpes
hammock [ˈhæmək] *n* hamaca
hamper [ˈhæmpə*] *vt* estorbar ▷ *n* cesto
hamster [ˈhæmstə*] *n* hámster *m*
hamstring [ˈhæmstrɪŋ] *n* (*Anat*) tendón *m* de la corva
hand [hænd] *n* mano *f*; (*of clock*) aguja; (*writing*) letra; (*worker*) obrero ▷ *vt* dar, pasar; **to give** *o* **lend sb a ~** echar una mano a algn, ayudar a algn; **at ~** a mano; **in ~** (*time*) libre; (*job etc*) entre manos; **on ~** (*person, services*) a mano, al alcance; **~ (**information etc**)** a mano; **on the one ~ ..., on the other ~ ...** por una parte ... por otra (parte) ...;
hand down *vt* pasar, bajar; (*tradition*) transmitir; (*heirloom*) dejar en herencia; (*us: sentence, verdict*) imponer; **hand in** *vt* entregar; **hand out** *vt* distribuir; **hand over** *vt* (*deliver*) entregar; **handbag** *n* bolso (*SP*), cartera (*LAM*), bolsa (*MEX*); **hand baggage** *n* = **hand luggage**; **handbook** *n* manual *m*; **handbrake** *n* freno de mano; **handcuffs** *npl* esposas *fpl*; **handful**

n puñado

handicap ['hændɪkæp] *n* minusvalía; (*disadvantage*) desventaja; (*Sport*) handicap *m* ▷ *vt* estorbar; **to be mentally ~ped** ser mentalmente *m/f* discapacitado; **to be physically ~ped** ser minusválido/a

handkerchief ['hæŋkətʃɪf] *n* pañuelo

handle ['hændl] *n* (*of door etc*) tirador *m*; (*of cup etc*) asa; (*of knife etc*) mango; (*for winding*) manivela ▷ *vt* (*touch*) tocar; (*deal with*) encargarse de; (*treat: people*) manejar; **"~ with care"** "(manéjese) con cuidado"; **to fly off the ~** perder los estribos; **handlebar(s)** *n(pl)* manillar *m*

hand: **hand luggage** *n* equipaje *m* de mano; **handmade** *adj* hecho a mano; **handout** *n* (*money etc*) limosna; (*leaflet*) folleto; **hands-free** *adj* (*phone*) manos libres *inv*; **hands-free kit** *n* manos libres *m*

handsome ['hænsəm] *adj* guapo; (*building*) bello; (*fig: profit*) considerable

handwriting ['hændraɪtɪŋ] *n* letra

handy ['hændɪ] *adj* (*close at hand*) a la mano; (*tool etc*) práctico; (*skilful*) hábil, diestro

hang [hæŋ] (*pt, pp* **hung**) *vt* colgar; (*criminal: pt, pp hanged*) ahorcar ▷ *vi* (*painting, coat etc*) colgar; (*hair, drapery*) caer; **to get the ~ of sth** (*inf*) lograr dominar algo; **hang about** *or* **around** *vi* haraganear; **hang down** *vi* colgar, pender; **hang on** *vi* (*wait*) esperar; **hang out** *vt* (*washing*) tender, colgar ▷ *vi* (*inf: live*) vivir; (*spend time*) pasar el rato; **to hang out of sth** colgar fuera de algo; **hang round** *vi* = **hang around**; **hang up** *vi* (*Tel*) colgar ▷ *vt* colgar

hanger ['hæŋə*] *n* percha

hang-gliding ['-glaɪdɪŋ] *n* vuelo libre

hangover ['hæŋəuvə*] *n* (*after drinking*) resaca

hankie, hanky ['hæŋkɪ] *n abbr* =

handkerchief

happen ['hæpən] *vi* suceder, ocurrir; (*chance*): **he ~ed to hear/see** dió la casualidad de que oyó/vió; **as it ~s** da la casualidad de que

happily ['hæpɪlɪ] *adv* (*luckily*) afortunadamente; (*cheerfully*) alegremente

happiness ['hæpɪnɪs] *n* felicidad *f*; (*cheerfulness*) alegría

happy ['hæpɪ] *adj* feliz; (*cheerful*) alegre; **to be ~ (with)** estar contento (con); **to be ~ to do** estar encantado de hacer; **~ birthday!** ¡feliz cumpleaños!

harass ['hærəs] *vt* acosar, hostigar; **harassment** *n* persecución *f*

harbour ['hɑːbə*] (*us* **harbor**) *n* puerto ▷ *vt* (*fugitive*) dar abrigo a; (*hope etc*) abrigar

hard [hɑːd] *adj* duro; (*difficult*) difícil; (*work*) arduo; (*person*) severo; (*fact*) innegable ▷ *adv* (*work*) mucho, duro; (*think*) profundamente; **to look ~ at** clavar los ojos en; **to try ~** esforzarse; **no ~ feelings!** ¡sin rencor(es)!; **to be ~ of hearing** ser duro de oído; **to be ~ done by** ser tratado injustamente; **hardback** *n* libro en cartoné; **hardboard** *n* aglomerado *m* (de madera); **hard disk** *n* (*Comput*) disco duro o rígido; **harden** *vt* endurecer; (*fig*) curtir ▷ *vi* endurecerse; curtirse

hardly ['hɑːdlɪ] *adv* apenas; **~ ever** casi nunca

hard: hardship *n* privación *f*; **hard shoulder** (*BRIT*) *n* (*Aut*) arcén *m*; **hard-up** (*inf*) *adj* sin un duro (*sp*), pelado, sin un centavo (*MEX*), pato (*SC*); **hardware** *n* ferretería; (*Comput*) hardware *m*; (*Mil*) armamento; **hardware shop** (*us* **hardware store**) *n* ferretería; **hard-working** *adj* trabajador/a

hardy ['hɑːdɪ] *adj* fuerte; (*plant*) resistente

hare [hɛə*] *n* liebre *f*

harm [hɑːm] *n* daño, mal *m* ▷ *vt* (*person*) hacer daño a; (*health, interests*) perjudicar; (*thing*) dañar; **out of ~'s**

way a salvo; **harmful** adj dañino; **harmless** adj (person) inofensivo; (joke etc) inocente

harmony ['hɑːmənɪ] n armonía

harness ['hɑːnɪs] n arreos mpl; (for child) arnés m; (safety harness) arneses mpl ▷ vt (horse) enjaezar; (resources) aprovechar

harp [hɑːp] n arpa ▷ vi: **to ~ on (about)** machacar (con)

harsh [hɑːʃ] adj (cruel) duro, cruel; (severe) severo; (sound) áspero; (light) deslumbrador(a)

harvest ['hɑːvɪst] n (harvest time) siega; (of cereals etc) cosecha; (of grapes) vendimia ▷ vt cosechar

has [hæz] vb see **have**

hasn't ['hæznt] = **has not**

hassle ['hæsl] (inf) n lata

haste [heɪst] n prisa; **hasten** ['heɪsn] vt acelerar ▷ vi darse prisa; **hastily** adv de prisa; precipitadamente; **hasty** adj apresurado; (rash) precipitado

hat [hæt] n sombrero

hatch [hætʃ] n (Naut: also: **~way**) escotilla; (also: **service ~**) ventanilla ▷ vi (bird) salir del cascarón ▷ vt incubar; (plot) tramar; **5 eggs have ~ed** han salido 5 pollos

hatchback ['hætʃbæk] n (Aut) tres or cinco puertas m

hate [heɪt] vt odiar, aborrecer ▷ n odio; **hatred** ['heɪtrɪd] n odio

haul [hɔːl] vt tirar ▷ n (of fish) redada; (of stolen goods etc) botín m

haunt [hɔːnt] vt (ghost) aparecerse en; (obsess) obsesionar ▷ n guarida; **haunted** adj (castle etc) embrujado; (look) de angustia

○ **KEYWORD**

have [hæv] (pt, pp **had**) aux vb **1** (gen) haber; **to have arrived/eaten** haber llegado/comido; **having finished or when he had finished, he left** cuando hubo acabado, se fue

2 (in tag questions): **you've done it,**

haven't you? lo has hecho, ¿verdad? or ¿no?

3 (in short answers and questions): **I haven't** no; **so I have** pues, es verdad; **we haven't paid – yes we have!** no hemos pagado – ¡sí que hemos pagado!; **I've been there before, have you?** he estado allí antes, ¿y tú?

▷ modal aux vb (be obliged): **to have (got) to do sth** tener que hacer algo; **you haven't to tell her** no hay que or no debes decírselo

▷ vt **1** (possess): **he has (got) blue eyes/dark hair** tiene los ojos azules/el pelo negro

2 (referring to meals etc): **to have breakfast/lunch/dinner** desayunar/comer/cenar; **to have a drink/a cigarette** tomar algo/fumar un cigarrillo

3 (receive): (obtain): recibir; obtener; **may I have your address?** ¿puedes darme tu dirección?; **you can have it for £5** te lo puedes quedar por £5; **I must have it by tomorrow** lo necesito para mañana; **to have a baby** tener un niño or bebé

4 (maintain, allow): **I won't have it/this nonsense!** ¡no lo permitiré!/¡no permitiré estas tonterías!; **we can't have that** no podemos permitir eso

5 **to have sth done** hacer or mandar hacer algo; **to have one's hair cut** cortarse el pelo; **to have sb do sth** hacer que algn haga algo

6 (experience, suffer): **to have a cold/flu** tener un resfriado/la gripe; **she had her bag stolen/her arm broken** le robaron el bolso/se rompió un brazo; **to have an operation** operarse

7 (+ noun): **to have a swim/walk/bath/rest** nadar/dar un paseo/darse un baño/descansar; **let's have a look** vamos a ver; **to have a meeting/party** celebrar una reunión or una fiesta; **let me have a try** déjame intentarlo

haven ['heɪvn] n puerto; (fig) refugio

haven't ['hævnt] = **have not**

havoc ['hævək] n estragos mpl

Hawaii [ha'waiːɪ] n (Islas fpl) Hawái fpl

hawk [hɔːk] n halcón m

hawthorn ['hɔːθɔːn] n espino

hay [heɪ] n heno; **hay fever** n fiebre f del heno; **haystack** n almiar m

hazard ['hæzəd] n peligro ▷ vt aventurar; **hazardous** adj peligroso; **hazard warning lights** npl (Aut) señales fpl de emergencia

haze [heɪz] n neblina

hazel ['heɪzl] n (tree) avellano ▷ adj (eyes) color m de avellano; **hazelnut** n avellana

hazy ['heɪzɪ] adj brumoso; (idea) vago

he [hiː] pron él; ~ **who ...** él que ..., quien ...

head [hed] n cabeza; (leader) jefe/a m/f; (of school) director(a) m/f ▷ vt (list) encabezar; (group) capitanear; (company) dirigir; ~**s** (**or tails**) cara (o cruz); ~ **first** de cabeza; ~ **over heels** (in love) perdidamente; **to ~ the ball** cabecear (la pelota); **head for** vt fus dirigirse a; (disaster) ir camino de; **head off** vt (threat, danger) evitar; **headache** n dolor m de cabeza; **heading** n título; **headlamp** (BRIT) n =**headlight**

headlight n faro; **headline** n titular m; **head office** n oficina central, central f; **headphones** npl auriculares mpl; **headquarters** npl sede f central; (Mil) cuartel m general; **headroom** n (in car) altura interior; (under bridge) (límite m de) altura f; **headscarf** n pañuelo; **headset** n cascos mpl; **headteacher** n director(directora) n; **head waiter** n maître m

heal [hiːl] vt curar ▷ vi cicatrizarse

health [helθ] n salud f; **health care** n asistencia sanitaria; **health centre** (BRIT) n ambulatorio, centro médico; **health food** n alimentos mpl orgánicos; **Health Service** (BRIT) n el servicio de salud pública, ≈ el Insalud (SP); **healthy** adj sano, saludable

heap [hiːp] n montón m ▷ vt: **to ~ (up)** amontonar; **to ~ sth with** llenar algo hasta arriba de; ~**s of** un montón de

hear [hɪə*] (pt, pp ~**d**) vt (also Law) oír; (news) saber ▷ vi oír; **to ~ about** oír hablar de; **to ~ from sb** tener noticias de algn

heard [həːd] pt, pp of **hear**

hearing ['hɪərɪŋ] n (sense) oído; (Law) vista; **hearing aid** n audífono

hearse [həːs] n coche m fúnebre

heart [hɑːt] n corazón m; (fig) valor m; (of lettuce) cogollo; **hearts** npl (Cards) corazones mpl; **to lose/take** ~ descorazonarse/cobrar ánimo; **at** ~ en el fondo; **by** ~ (learn, know) de memoria; **heart attack** n infarto (de miocardio); **heartbeat** n latido (del corazón); **heartbroken** adj: **she was heartbroken** about it esto le partió el corazón; **heartburn** n acedía; **heart disease** n enfermedad f cardíaca

hearth [hɑːθ] n (fireplace) chimenea

heartless ['hɑːtlɪs] adj despiadado

hearty ['hɑːtɪ] adj (person) campechano; (laugh) sano; (dislike, support) absoluto

heat [hiːt] n calor m; (Sport: also: **qualifying** ~) prueba eliminatoria ▷ vt calentar; **heat up** vi calentarse ▷ vt calentar; **heated** adj caliente; (fig) acalorado; **heater** n estufa; (in car) calefacción f

heather ['heðə*] n brezo

heating ['hiːtɪŋ] n calefacción f

heatwave ['hiːtweɪv] n ola de calor

heaven ['hevn] n cielo; (fig) una maravilla; **heavenly** adj celestial; (fig) maravilloso

heavily ['hevɪlɪ] adv pesadamente; (drink, smoke) con exceso; (sleep, sigh) profundamente; (depend) mucho

heavy ['hevɪ] adj pesado; (work, blow) duro; (sea, rain etc) fuerte; (drinker, smoker) grande; (responsibility) grave; (schedule) ocupado; (weather) bochornoso

Hebrew ['hi:bru:] adj, n (Ling) hebreo

hectare ['hɛktɑ:ʳ] n (BRIT) hectárea

hectic ['hɛktɪk] adj agitado

he'd [hi:d] = **he would; he had**

hedge [hɛdʒ] n seto ▷vi contestar con evasivas; **to ~ one's bets** (fig) cubrirse

hedgehog ['hɛdʒhɔg] n erizo

heed [hi:d] n (also: **take ~**: pay attention to) hacer caso de

heel [hi:l] n talón m; (of shoe) tacón m ▷vt (shoe) poner tacón a

hefty ['hɛftɪ] adj (person) fornido; (parcel, profit) gordo

height [haɪt] n (of person) estatura; (of building) altura; (high ground) cerro; (altitude) altitud f; (fig: of season): **at the ~ of summer** en los días más calurosos del verano; (: of power etc) cúspide f; (: of stupidity etc) colmo; **heighten** vt elevar; (fig) aumentar

heir [ɛəʳ] n heredero; **heiress** n heredera

held [hɛld] pt, pp of **hold**

helicopter ['hɛlɪkɔptəʳ] n helicóptero

hell [hɛl] n infierno; **~!** (inf) ¡demonios!

he'll [hi:l] = **he will; he shall**

hello [hə'ləu] excl ¡hola!; (to attract attention) ¡oiga!; (surprise) ¡caramba!

helmet ['hɛlmɪt] n casco

help [hɛlp] n ayuda; (cleaner etc) criada, asistenta ▷vt ayudar; **~!** ¡socorro!; **~ yourself** sírvete; **he can't ~ it** no es culpa suya; **help out** vi ayudar, echar una mano ▷vt: **to help sb out** ayudar a algn, echar una mano a algn; **helper** n ayudante mf; **helpful** adj útil; (person) servicial; (advice) útil; **helping** n ración f; **helpless** adj (incapable) incapaz; (defenceless) indefenso; **helpline** n teléfono de asistencia al público

hem [hɛm] n dobladillo ▷vt poner or coser el dobladillo en

hemisphere ['hɛmɪsfɪəʳ] n hemisferio

hemorrhage ['hɛmərɪdʒ] (US) n = **haemorrhage**

hemorrhoids ['hɛmərɔɪdz] (US) npl = **haemorrhoids**

hen [hɛn] n gallina; (female bird) hembra

hence [hɛns] adv (therefore) por lo tanto; **2 years ~** de aquí a 2 años

hen night, hen party n (inf) despedida de soltera

hepatitis [hɛpə'taɪtɪs] n hepatitis f

her [hɑ:ʳ] pron (direct) la; (indirect) le; (stressed, after prep) ella ▷adj su; see also **me; my**

herb [hɑ:b] n hierba; **herbal** adj de hierbas; **herbal tea** n infusión f de hierbas

herd [hɑ:d] n rebaño

here [hɪəʳ] adv aquí; (at this point) en este punto; **~** (present) ¡presente!; **~ is/are** aquí está/están; **~ she is** aquí está

hereditary [hɪ'rɛdɪtrɪ] adj hereditario

heritage ['hɛrɪtɪdʒ] n patrimonio

hernia ['hɑ:nɪə] n hernia

hero ['hɪərəu] (pl **~es**) n héroe m; (in book, film) protagonista m; **heroic** [hɪ'rəuɪk] adj heroico

heroin ['hɛrəuɪn] n heroína

heroine ['hɛrəuɪn] n heroína; (in book, film) protagonista

heron ['hɛrən] n garza

herring ['hɛrɪŋ] n arenque m

hers [hɑ:z] pron el suyo/(la) suya etc; see also **mine¹**

herself [hɑ:'sɛlf] pron (reflexive) se; (emphatic) ella misma; (after prep) sí (misma); see also **oneself**

he's [hi:z] = **he is; he has**

hesitant ['hɛzɪtənt] adj vacilante

hesitate ['hɛzɪteɪt] vi vacilar; (in speech) titubear; (be unwilling) resistirse a; **hesitation** [-'teɪʃən] n indecisión f; titubeo; dudas fpl

heterosexual [hɛtərəu'sɛksjuəl] adj, n heterosexual

hexagon ['hɛksəgən] n hexágono

hey [heɪ] *excl* ¡oye!, ¡oiga!

heyday [ˈheɪdeɪ] *n*: **the ~ of** el apogeo de

HGV *n abbr* (= *heavy goods vehicle*) vehículo pesado

hi [haɪ] *excl* ¡hola!; (*to attract attention*) ¡oiga!

hibernate [ˈhaɪbəneɪt] *vi* invernar

hiccough [ˈhɪkʌp] =**hiccup**

hiccup [ˈhɪkʌp] *vi* hipar

hid [hɪd] *pt of* **hide**

hidden [ˈhɪdn] *pp of* **hide** ▷ *adj*: **~ agenda** plan *m* encubierto

hide [haɪd] (*pt* **hid**, *pp* **hidden**) *n* (*skin*) piel *f* ▷ *vt* esconder, ocultar ▷ *vi*: **to ~ (from sb)** esconderse or ocultarse (de algn)

hideous [ˈhɪdɪəs] *adj* horrible

hiding [ˈhaɪdɪŋ] *n* (*beating*) paliza; **to be in ~** (*concealed*) estar escondido

hi-fi [ˈhaɪfaɪ] *n* estéreo, hifi *m* ▷ *adj* de alta fidelidad

high [haɪ] *adj* alto; (*speed, number*) grande; (*price*) elevado; (*wind*) fuerte; (*voice*) agudo ▷ *adv* alto, a gran altura; **it is 20 m ~** tiene 20 m de altura; **~ in the air** en las alturas; **highchair** *n* silla alta; **high-class** *adj* (*hotel*) de lujo; (*person*) distinguido, de categoría; (*food*) de alta categoría; **higher education** *n* educación *f* or enseñanza superior; **high heels** *npl* (*heels*) tacones *mpl* altos; (*shoes*) zapatos *mpl* de tacón; **high jump** *n* (*Sport*) salto de altura; **the Highlands** [ˈhaɪləndz] *npl* tierras *fpl* altas; **the Highlands** (*in Scotland*) las Tierras Altas de Escocia; **highlight** *n* (*fig*: *of event*) punto culminante ▷ *vt* subrayar; **highlights** *npl* (*in hair*) reflejos *mpl*; **highlighter** *n* rotulador; **highly** *adv* (*paid*) muy bien; (*critical, confidential*) sumamente; (*a lot*): **to speak/think highly of** hablar muy bien de/tener en mucho a; **highness** *n* altura; **Her/His Highness** Su Alteza; **high-rise** *n* (*also*: **high-rise block, high-rise building**) torre *f* de pisos; **high school**

n ≈ Instituto Nacional de Bachillerato (*SP*); **high season** (*BRIT*) *n* temporada alta; **high street** (*BRIT*) *n* calle *f* mayor; **high-tech** (*inf*) *adj* al-tec (*inf*), de alta tecnología; **highway** *n* carretera; (*US*) carretera nacional; autopista; **Highway Code** (*BRIT*) *n* código de la circulación

hijack [ˈhaɪdʒæk] *vt* secuestrar; **hijacker** *n* secuestrador(a) *m/f*

hike [haɪk] *vi* (*go walking*) ir de excursión (a pie) ▷ *n* caminata; **hiker** *n* excursionista *mf*; **hiking** *n* senderismo

hilarious [hɪˈlɛərɪəs] *adj* divertidísimo

hill [hɪl] *n* colina; (*high*) montaña; (*slope*) cuesta; **hillside** *n* ladera; **hill walking** *n* senderismo (de montaña); **hilly** *adj* montañoso

him [hɪm] *pron* (*direct*) le, lo; (*indirect*) le; (*stressed, after prep*) él; *see also* **me**; **himself** *pron* (*reflexive*) se; (*emphatic*) él mismo; (*after prep*) sí (mismo); *see also* **oneself**

hind [haɪnd] *adj* posterior

hinder [ˈhɪndə*] *vt* estorbar, impedir

hindsight [ˈhaɪndsaɪt] *n*: **with ~** en retrospectiva

Hindu [ˈhɪnduː] *n* hindú *m/f*; **Hinduism** *n* (*Rel*) hinduismo

hinge [hɪndʒ] *n* bisagra, gozne *m* ▷ *vi* (*fig*): **to ~ on** depender de

hint [hɪnt] *n* indirecta; (*advice*) consejo; (*sign*) dejo ▷ *vt*: **to ~ that** insinuar que ▷ *vi*: **to ~ at** hacer alusión a

hip [hɪp] *n* cadera

hippie [ˈhɪpi] *n* hippie *m/f*, jipi *m/f*

hippo [ˈhɪpəʊ] (*pl* **-s**) *n* hipopótamo

hippopotamus [hɪpəˈpɒtəməs] (*pl* **-es** *or* **hippopotami**) *n* hipopótamo

hippy [ˈhɪpi] *n* =**hippie**

hire [ˈhaɪə*] *vt* (*BRIT*: *car, equipment*) alquilar; (*worker*) contratar ▷ *n* alquiler *m*; **for ~** se alquila; (*taxi*) libre; **hire(d) car** (*BRIT*) *n* coche *m* de alquiler; **hire purchase** (*BRIT*) *n* compra a plazos

his [hɪz] *pron* (el) suyo/(la) suya) *etc*
  ▷ *adj* su; *see also* **mine**[1]; **my**
Hispanic [hɪsˈpænɪk] *adj* hispánico
hiss [hɪs] *vi* silbar
historian [hɪsˈtɔːrɪən] *n*
  historiador/a *m/f*
historic(al) [hɪsˈtɔrɪk(l)] *adj*
  histórico
history [ˈhɪstərɪ] *n* historia
hit [hɪt] (*pt, pp* ~) *vt* (*strike*) golpear,
  pegar; (*reach: target*) alcanzar; (*collide
  with: car*) chocar contra; (*fig: affect*)
  afectar ▷ *n* golpe *m*; (*success*) éxito;
  (*on website*) visita; (*in web search*)
  correspondencia; **to ~ it off with
  sb** llevarse bien con algn; **hit back**
  vi defenderse; (*fig*) devolver golpe
  por golpe
hitch [hɪtʃ] *vt* (*fasten*) atar, amarrar;
  (*also:* ~ **up**) remangar ▷ *n* (*difficulty*)
  dificultad *f*; **to ~ a lift** hacer
  autostop
hitch-hike [ˈhɪtʃhaɪk] *vi* hacer
  autostop; **hitch-hiker** *n* autostopista
  m/f; **hitch-hiking** *n* autostop *m*
hi-tech [haɪˈtɛk] *adj* de alta
  tecnología
hitman [ˈhɪtmæn] (*irreg*) *n* asesino
  a sueldo
HIV *n abbr* (= *human immunodeficiency
  virus*) VIH *m*; **~-negative/positive**
  VIH negativo/positivo
hive [haɪv] *n* colmena
hoard [hɔːd] *n* (*treasure*) tesoro;
  (*stockpile*) provisión *f* ▷ *vt* acumular;
  (*goods in short supply*) acaparar
hoarse [hɔːs] *adj* ronco
hoax [həʊks] *n* trampa
hob [hɒb] *n* quemador *m*
hobble [ˈhɒbl] *vi* cojear
hobby [ˈhɒbɪ] *n* pasatiempo, afición
  f
hobo [ˈhəʊbəʊ] (*us*) *n* vagabundo
hockey [ˈhɒkɪ] *n* hockey *m*; **hockey
  stick** *n* palo *m* de hockey
hog [hɒg] *n* cerdo, puerco *m* ▷ *vt* (*fig*)
  acaparar; **to go the whole ~** poner
  toda la carne en el asador

Hogmanay [ˈhɒgmənei] *n* ver
  recuadro

hoist [hɔɪst] *n* (*crane*) grúa ▷ *vt*
  levantar, alzar; (*flag, sail*) izar
hold [həʊld] (*pt, pp* **held**) *vt* sostener;
  (*contain*) contener; (*have: power,
  qualification*) tener; (*keep back*) retener;
  (*believe*) sostener; (*consider*) considerar;
  (*keep in position*) **to ~ one's head up**
  mantener la cabeza alta; (*meeting*)
  celebrar ▷ *vi* (*withstand pressure*)
  resistir; (*be valid*) valer ▷ *n* (*grasp*)
  asimiento; (*fig*) dominio; **~ the line!**
  (*Tel*) ¡no cuelgue!; **to ~ one's own** (*fig*)
  defenderse; **to catch** *or* **get (a) ~ of**
  agarrarse *or* asirse de; **hold back** *vt*
  retener; (*secret*) ocultar; **hold on** *vi*
  agarrarse bien; (*wait*) esperar; **hold
  on!** (*Tel*) ¡espere! un momento!; **hold
  out** *vt* ofrecer ▷ *vi* (*resist*) resistir;
  hold up *vt* (*raise*) levantar; (*support*)
  apoyar; (*delay*) retrasar; (*rob*) asaltar;
  holdall (*BRIT*) *n* bolsa; **holder** *n*
  (*container*) receptáculo; (*of ticket, record*)
  poseedor/a *m/f*; (*of office, title etc*)
  titular *mf*
hole [həʊl] *n* agujero
holiday [ˈhɒlədɪ] *n* vacaciones
  fpl; (*public holiday*) (día *m* de) fiesta,
  día *m* feriado; **on ~** de vacaciones;
  holiday camp *n* (*BRIT: also:* **holiday
  centre**) centro de vacaciones; **holiday**

job n (BRIT) trabajillo extra para las vacaciones; **holiday-maker**(BRIT) n turista mf; **holiday resort** n centro turístico

Holland ['hɔlənd] n Holanda

hollow ['hɔləʊ] adj hueco; (claim) vacío; (eyes) hundido; (sound) sordo ▷ n hueco; (in ground) hoyo ▷ vt: **to - out** excavar

holly ['hɔlɪ] n acebo

Hollywood ['hɔlɪwʊd] n Hollywood m

holocaust ['hɔləkɔ:st] n holocausto m

holy ['həʊlɪ] adj santo, sagrado; (water) bendito

home [həʊm] n casa; (country) patria; (institution) asilo ▷ cpd (domestic) casero, de casa; (Econ, Pol) nacional ▷ adv (direction) a casa; (right in: nail etc) a fondo; **at -** en casa; (in country) en el país; (fig) como pez en el agua; **to go/come -** ir/volver a casa; **make yourself at -** ¡estás en tu casa!; **home address** n domicilio; **homeland** n tierra natal; **homeless** adj sin hogar, sin casa; **homely** adj (simple) sencillo; **home-made** adj casero; **home match** n partido en casa; **Home Office**(BRIT) n Ministerio del Interior; **home owner** n propietario a m/f de una casa; **home page** n página de inicio; **Home Secretary**(BRIT) n Ministro del Interior; **homesick** adj: **to be homesick** tener morriña, sentir nostalgia; **home town** n ciudad f natal; **homework** n deberes mpl

homicide ['hɔmɪsaɪd] (us) n homicidio

homoeopathic [həʊmɪə'pæθɪk] (us **homeopathic**) adj homeopático

homoeopathy [həʊmɪ'ɔpəθɪ] (us **homeopathy**) n homeopatía

homosexual [hɔməʊ'sɛksjuəl] adj, n homosexual mf

honest ['ɔnɪst] adj honrado; (sincere) franco, sincero; **honestly** adv honradamente; francamente; **honesty** n honradez f

honey ['hʌnɪ] n miel f; **honeymoon** n luna de miel; **honeysuckle** n madreselva

Hong Kong ['hɔn'kɔn] n Hong-Kong m

honorary ['ɔnərərɪ] adj (member, president) de honor; (title) honorífico; **- degree** doctorado honoris causa

honour ['ɔnə*] (us **honor**) vt honrar; (commitment, promise) cumplir con ▷ n honor m, honra; **to graduate with ~s** = licenciarse con matrícula (de honor); **honourable** o **honorable**) adj honorable; **honours degree** n (Scol) título de licenciado con calificación alta

hood [hʊd] n capucha; (BRIT Aut) capota; (us Aut) capó m; (of cooker) campana de humos; **hoodie** n (top) jersey m con capucha

hoof [hu:f] (pl **hooves**) n pezuña

hook [hʊk] n gancho; (on dress) corchete n, broche m; (for fishing) anzuelo ▷ vt enganchar; (fish) pescar

hooligan ['hu:lɪgən] n gamberro

hoop [hu:p] n aro

hooray [hu:'reɪ] excl = **hurray**

hoot [hu:t] (BRIT) vi (Aut) tocar el pito, pitar; (siren) (hacer) sonar; (owl) ulular

Hoover® ['hu:və*] (BRIT) n aspiradora ▷ vt: **to hoover** pasar la aspiradora por

hooves [hu:vz] npl of **hoof**

hop [hɔp] vi saltar, brincar; (on one foot) saltar con un pie

hope [həʊp] vt, vi esperar ▷ n esperanza; **I - so/not** espero que sí/no; **hopeful** adj (person) optimista; (situation) prometedor(a); **hopefully** adv con esperanza; (one hopes): **hopefully he will recover** esperamos que se recupere; **hopeless** adj desesperado; (person): **to be hopeless** ser un desastre

hops [hɔps] npl lúpulo

horizon [hə'raɪzn] n horizonte m; **horizontal** [hɔrɪ'zɔntl] adj horizontal

hormone ['hɔ:məʊn] n hormona

horn [hɔ:n] n cuerno; (Mus: also:

French ~) trompa; (Aut) pito, claxon m
horoscope ['hɒrəskəʊp] n
horóscopo
horrendous [hɒ'rendəs] adj
horrendo
horrible ['hɒrɪbl] adj horrible
horrid ['hɒrɪd] adj horrible, horroroso
horrific [hɒ'rɪfɪk] adj (accident)
horroroso; (film) horripilante
horrifying ['hɒrɪfaɪɪŋ] adj horroroso
horror ['hɒrə*] n horror m; **horror
film** n película de horror
hors d'œuvre [ɔː'dəːvrə] n
entremeses mpl
horse [hɔːs] n caballo; **horseback**
n: **on horseback** a caballo; **horse
chestnut** n (tree) castaño de Indias;
(nut) castaña de Indias; **horsepower**
n caballo (de fuerza); **horse-racing** n
carreras fpl de caballos; **horseradish** n
rábano picante; **horse riding** n (BRIT)
equitación f
hose [həʊz] n manguera; **hosepipe**
n manguera
hospital ['hɒspɪtl] n hospital m
hospitality [hɒspɪ'tælɪtɪ] n
hospitalidad f
host [həʊst] n anfitrión m; (TV, Radio)
presentador m; (Rel) hostia; (large
number): **a ~ of** multitud de
hostage ['hɒstɪdʒ] n rehén m
hostel ['hɒstl] n hostal m; **(youth)
~** albergue m juvenil
hostess ['həʊstɪs] n anfitriona;
(BRIT: air hostess) azafata; (TV, Radio)
presentadora
hostile ['hɒstaɪl] adj hostil
hostility [hɒ'stɪlɪtɪ] n hostilidad f
hot [hɒt] adj caliente; (weather)
caluroso, de calor; (as opposed to warm)
muy caliente; (spicy) picante; **to be
~** (person) tener calor; (object) estar
caliente; (weather) hacer calor; **hot dog**
n perro caliente
hotel [həʊ'tel] n hotel m
hot-water bottle [hɒt'wɔːtə*-] n
bolsa de agua caliente
hound [haʊnd] vt acosar ▷ n perro

(de caza)
hour ['aʊə*] n hora; **hourly** adj (de)
cada hora
house [n haʊs, pl 'haʊzɪz, vb haʊz] n
(gen, firm) casa; (Pol) cámara; (Theatre)
sala ▷ vt (person) alojar; (collection)
albergar; **on the ~** (fig) la casa invita;
household n familia; (home) casa;
householder n propietario/a; (head of
house) cabeza de familia; **housekeeper**
n ama de llaves; **housekeeping**
n (work) trabajos mpl domésticos;
housewife (irreg) n ama de casa;
house wine n vino m de la casa;
housework n faenas fpl (de la casa)
housing ['haʊzɪŋ] n (act)
alojamiento; (houses) viviendas fpl;
**housing development, housing
estate** (BRIT) n urbanización f
hover ['hɒvə*] vi flotar (en el aire);
hovercraft n aerodeslizador m
how [haʊ] adv (in what way) cómo;
~ are you? ¿cómo estás?; **~ much milk/
many people?** ¿cuánta leche/gente?;
~ much does it cost? ¿cuánto cuesta?;
~ long have you been here? ¿cuánto
hace que estás aquí?; **~ old are you?**
¿cuántos años tienes?; **~ tall is he?**
¿cómo es de alto?; **~ is school?** ¿cómo
(te) va (en) la escuela?; **~ was the film?**
¿qué tal la película?; **~ lovely/awful!**
¡qué bonito/horror!
however [haʊ'evə*] adv: **~ I do it** lo
haga como lo haga; **~ cold it is** por
mucho frío que haga; **~ fast he runs**
por muy rápido que corra; **~ did you
do it?** ¿cómo lo hiciste? ▷ conj sin
embargo, no obstante
howl [haʊl] n aullido ▷ vi aullar;
(person) dar alaridos; (wind) ulular
H.P. n abbr = **hire purchase**
h.p. abbr = **horsepower**
HQ n abbr = **headquarters**
hr(s) abbr (= hour(s)) h
HTML n abbr (= hypertext markup
language) lenguaje m de hipertexto
hubcap ['hʌbkæp] n tapacubos m inv
huddle ['hʌdl] vi: **to ~ together**

acurrucarse

huff [hʌf] n: **in a ~** enojado

hug [hʌg] vt abrazar; (thing) apretar con los brazos

huge [hju:dʒ] adj enorme

hull [hʌl] n (of ship) casco

hum [hʌm] vt tararear, canturrear ▷ vi tararear, canturrear; (insect) zumbar

human ['hju:mən] adj, n humano

humane [hju:'meɪn] adj humano, humanitario

humanitarian [hju:mænɪ'tɛərɪən] adj humanitario

humanity [hju:'mænɪtɪ] n humanidad f

human rights npl derechos mpl humanos

humble ['hʌmbl] adj humilde

humid ['hju:mɪd] adj húmedo; **humidity** [-'mɪdɪtɪ] n humedad f

humiliate [hju:'mɪlɪeɪt] vt humillar

humiliating [hju:'mɪlɪeɪtɪŋ] adj humillante, vergonzoso

humiliation [hju:mɪlɪ'eɪʃən] n humillación f

hummus ['hʊməs] n paté de garbanzos

humorous ['hju:mərəs] adj gracioso, divertido

humour ['hju:mə*] (us **humor**) n humorismo, sentido del humor; (mood) humor m ▷ vt (person) complacer

hump [hʌmp] n (in ground) montículo; (camel's) giba

hunch [hʌntʃ] n (premonition) presentimiento

hundred ['hʌndrəd] num ciento; (before n) cien; **~s of** centenares de; **hundredth** [-ɪdθ] adj centésimo

hung [hʌŋ] pt, pp of **hang**

Hungarian [hʌŋ'gɛərɪən] adj, n húngaro/a m/f

Hungary ['hʌŋgərɪ] n Hungría

hunger ['hʌŋgə*] n hambre f ▷ vi: **to ~ for** (fig) tener hambre de, anhelar

hungry ['hʌŋgrɪ] adj: **~ (for)** hambriento (de); **to be ~** tener hambre

hunt [hʌnt] vt (seek) buscar; (Sport) cazar ▷ vi (search): **to ~ (for)** buscar; (Sport) cazar ▷ n búsqueda; caza, cacería; **hunter** n cazador(a) m/f; **hunting** n caza

hurdle ['hə:dl] n (Sport) valla; (fig) obstáculo

hurl [hə:l] vt lanzar, arrojar

hurrah [hu'rɑ:] excl = **hurray**

hurray [hu'reɪ] excl ¡viva!

hurricane ['hʌrɪkən] n huracán m

hurry ['hʌrɪ] n prisa ▷ vt (also: **~ up**: person) dar prisa a; (: work) apresurar, hacer de prisa; **to be in a ~** tener prisa; **hurry up** vi darse prisa, apurarse (LAM)

hurt [hə:t] (pt, pp **~**) vt hacer daño a ▷ vi doler ▷ adj lastimado

husband ['hʌzbənd] n marido

hush [hʌʃ] n silencio ▷ vt hacer callar; **~!** ¡chitón!, ¡cállate!

husky ['hʌskɪ] adj ronco ▷ n perro esquimal

hut [hʌt] n cabaña; (shed) cobertizo

hyacinth ['haɪəsɪnθ] n jacinto

hydrangea [haɪ'dreɪndʒə] n hortensia

hydrofoil ['haɪdrəfɔɪl] n aerodeslizador m

hydrogen ['haɪdrədʒən] n hidrógeno

hygiene ['haɪdʒi:n] n higiene f; **hygienic** [-'dʒi:nɪk] adj higiénico

hymn [hɪm] n himno

hype [haɪp] (inf) n bombardeo publicitario

hyphen ['haɪfn] n guión m

hypnotize ['hɪpnətaɪz] vt hipnotizar

hypocrite ['hɪpəkrɪt] n hipócrita mf

hypocritical [hɪpə'krɪtɪkl] adj hipócrita

hypothesis [haɪ'pɔθɪsɪs] (pl **hypotheses**) n hipótesis f inv

hysterical [hɪ'stɛrɪkl] adj histérico; (funny) para morirse de risa

hysterics [hɪ'stɛrɪks] npl histeria; **to be in ~** (fig) morirse de risa

I [aɪ] *pron* yo

ice [aɪs] *n* hielo; (*ice cream*) helado ▷ *vt* (*cake*) alcorzar ▷ *vi* (*also*: **~ over, ~ up**) helarse; **iceberg** *n* iceberg *m*; **ice cream** *n* helado; **ice cube** *n* cubito de hielo; **ice hockey** *n* hockey *m* sobre hielo

Iceland ['aɪslənd] *n* Islandia; **Icelander** *n* islandés/esa *m/f*; **Icelandic** [aɪs'lændɪk] *adj* islandés/ esa ▷ *n* (*Ling*) islandés *m*

ice: **ice lolly**(BRIT) *n* polo; **ice rink** *n* pista de hielo; **ice skating** *n* patinaje *m* sobre hielo

icing ['aɪsɪŋ] *n* (*Culin*) alcorza; **icing sugar**(BRIT) *n* azúcar *m* glas(eado)

icon ['aɪkɔn] *n* icono

ICT (BRIT: *Scol*) *n abbr* (= *information and communications technology*) informática

icy ['aɪsɪ] *adj* helado

I'd [aɪd] = **I would; I had**

ID card *n* (*identity card*) DNI *m*

idea [aɪ'dɪə] *n* idea

ideal [aɪ'dɪəl] *n* ideal *m* ▷ *adj* ideal; **ideally** [-dɪəlɪ] *adv* idealmente;

they're ideally suited hacen una pareja ideal

identical [aɪ'dɛntɪkl] *adj* idéntico

identification [aɪdɛntɪfɪ'keɪʃə n] *n* identificación *f*; (**means of) ~** documentos *mpl* personales

identify [aɪ'dɛntɪfaɪ] *vt* identificar

identity [aɪ'dɛntɪtɪ] *n* identidad *f*; **identity card** *n* carnet *m* de identidad; **identity theft** *n* robo de identidad

ideology [aɪdɪ'ɔlədʒɪ] *n* ideología

idiom ['ɪdɪəm] *n* modismo; (*style of speaking*) lenguaje *m*

> Be careful not to translate **idiom** by the Spanish word **idioma**.

idiot ['ɪdɪət] *n* idiota *mf*

idle ['aɪdl] *adj* (*inactive*) ocioso; (*lazy*) holgazán/ana; (*unemployed*) parado, desocupado; (*machinery etc*) parado; (*talk etc*) frívolo ▷ *vi* (*machine*) marchar en vacío

idol ['aɪdl] *n* ídolo

idyllic [ɪ'dɪlɪk] *adj* idílico

i.e. *abbr* (= *that is*) esto es

if [ɪf] *conj* si; **~ necessary** si fuera necesario, si hiciese falta; **~ I were you** yo en tu lugar; **~ so/not** de ser así/si no; **~ only I could!** ¡ojalá pudiera!; *see also* **as; even**

ignite [ɪg'naɪt] *vt* (*set fire to*) encender ▷ *vi* encenderse

ignition [ɪg'nɪʃən] *n* (*Aut: process*) ignición *f*; (*: mechanism*) encendido; **to switch on/off the ~** arrancar/apagar el motor

ignorance ['ɪgnərəns] *n* ignorancia

ignorant ['ɪgnərənt] *adj* ignorante; **to be ~ of** ignorar

ignore [ɪg'nɔ:*] *vt* (*person, advice*) no hacer caso de; (*fact*) pasar por alto

I'll [aɪl] = **I will; I shall**

ill [ɪl] *adj* enfermo, malo ▷ *n* mal *m* ▷ *adv* mal; **to be taken ~** ponerse enfermo

illegal [ɪ'li:gl] *adj* ilegal

illegible [ɪ'lɛdʒɪbl] *adj* ilegible

illegitimate [ɪlɪ'dʒɪtɪmət] *adj*

ilegítimo

ill health n mala salud f; **to be in ~** estar mal de salud

illiterate [ɪˈlɪtərət] adj analfabeto

illness [ˈɪlnɪs] n enfermedad f

illuminate [ɪˈluːmɪneɪt] vt (room, street) iluminar, alumbrar

illusion [ɪˈluːʒən] n ilusión f; (trick) truco

illustrate [ˈɪləstreɪt] vt ilustrar

illustration [ɪləˈstreɪʃən] n (act of illustrating) ilustración f; (example) ejemplo, ilustración f; (in book) lámina

I'm [aɪm] = **I am**

image [ˈɪmɪdʒ] n imagen f

imaginary [ɪˈmædʒɪnərɪ] adj imaginario

imagination [ɪmædʒɪˈneɪʃən] n imaginación f; (inventiveness) inventiva

imaginative [ɪˈmædʒɪnətɪv] adj imaginativo

imagine [ɪˈmædʒɪn] vt imaginarse

imbalance [ɪmˈbæləns] n desequilibrio

imitate [ˈɪmɪteɪt] vt imitar; **imitation** [ɪmɪˈteɪʃən] n imitación f; (copy) copia

immaculate [ɪˈmækjulət] adj inmaculado

immature [ɪməˈtjuə*] adj (person) inmaduro

immediate [ɪˈmiːdɪət] adj inmediato; (pressing) urgente, apremiante; (nearest: family) próximo; (: neighbourhood) inmediato; **immediately** adv (at once) en seguida; (directly) inmediatamente; **immediately next to** muy junto a

immense [ɪˈmens] adj inmenso, enorme; (importance) enorme; **immensely** adv enormemente

immerse [ɪˈmɜːs] vt (submerge) sumergir; **to be ~d in** (fig) estar absorto en

immigrant [ˈɪmɪgrənt] n inmigrante mf; **immigration** [ɪmɪˈgreɪʃən] n inmigración f

imminent [ˈɪmɪnənt] adj inminente

immoral [ɪˈmɒrl] adj inmoral

immortal [ɪˈmɔːtl] adj inmortal

immune [ɪˈmjuːn] adj: **~ (to)** inmune (a); **immune system** n sistema m inmunitario

immunize [ˈɪmjunaɪz] vt inmunizar

impact [ˈɪmpækt] n impacto

impair [ɪmˈpeə*] vt perjudicar

impartial [ɪmˈpɑːʃl] adj imparcial

impatience [ɪmˈpeɪʃəns] n impaciencia

impatient [ɪmˈpeɪʃənt] adj impaciente; **to get** or **grow ~** impacientarse

impeccable [ɪmˈpekəbl] adj impecable

impending [ɪmˈpendɪŋ] adj inminente

imperative [ɪmˈperətɪv] adj (tone) imperioso; (need) imprescindible

imperfect [ɪmˈpɜːfɪkt] adj (goods etc) defectuoso ▷ n (Ling: also: **~ tense**) imperfecto

imperial [ɪmˈpɪərɪəl] adj imperial

impersonal [ɪmˈpɜːsənl] adj impersonal

impersonate [ɪmˈpɜːsəneɪt] vt hacerse pasar por; (Theatre) imitar

impetus [ˈɪmpətəs] n ímpetu m; (fig) impulso

implant [ɪmˈplɑːnt] vt (Med) injertar, implantar; (fig: idea, principle) inculcar

implement [n ˈɪmplɪmənt, vb ˈɪmplɪment] n herramienta f; (for cooking) utensilio ▷ vt (regulation) hacer efectivo; (plan) realizar

implicate [ˈɪmplɪkeɪt] vt (compromise) comprometer; **to ~ sb in sth** comprometer a algn en algo

implication [ɪmplɪˈkeɪʃən] n consecuencia f; **by ~** indirectamente

implicit [ɪmˈplɪsɪt] adj implícito; (belief, trust) absoluto

imply [ɪmˈplaɪ] vt (involve) suponer; (hint) dar a entender que

impolite [ɪmpəˈlaɪt] adj mal educado

import [vb ɪmˈpɔːt, n ˈɪmpɔːt] vt
importar ▷n (Comm) importación
f; (: article) producto importado;
(meaning) significado, sentido

importance [ɪmˈpɔːtəns] n
importancia

important [ɪmˈpɔːtənt] adj
importante; **it's not ~** no importa, no
tiene importancia

importer [ɪmˈpɔːtə*] n
importador(a) m/f

impose [ɪmˈpəuz] vt imponer
▷vi: **to ~ on sb** abusar de algn;
imposing adj imponente,
impresionante

impossible [ɪmˈpɒsɪbl] adj
imposible; (person) insoportable

impotent [ˈɪmpətənt] adj impotente

impoverished [ɪmˈpɒvərɪʃt] adj
necesitado

impractical [ɪmˈpræktɪkl] adj
(person, plan) poco práctico

impress [ɪmˈprɛs] vt impresionar;
(mark) estampar; **to ~ sth on sb** hacer
entender algo a algn

impression [ɪmˈprɛʃən] n
impresión f; (imitation) imitación f; **to
be under the ~ that** tener la impresión
de que

impressive [ɪmˈprɛsɪv] adj
impresionante

imprison [ɪmˈprɪzn] vt encarcelar;
imprisonment n encarcelamiento;
(term of imprisonment) cárcel f

improbable [ɪmˈprɒbəbl] adj
improbable, inverosímil

improper [ɪmˈprɒpə*] adj
(unsuitable: conduct etc) incorrecto;
(: activities) deshonesto

improve [ɪmˈpruːv] vt mejorar;
(foreign language) perfeccionar
▷vi mejorar; **improvement** n
mejoramiento; perfección f;
progreso

improvise [ˈɪmprəvaɪz] vt, vi
improvisar

impulse [ˈɪmpʌls] n impulso; **to act
on ~** obrar sin reflexión; **impulsive**

impulsive [ɪmˈpʌlsɪv] adj irreflexivo

○ **KEYWORD**

in [ɪn] prep 1(indicating place,
position, with place names) en; **in the
house/garden** en (la) casa/el jardín;
in here/there aquí/ahí or allí dentro;
in London/England en Londres/
Inglaterra

2(indicating time) en; **in spring** en (la)
primavera; **in the afternoon** por la
tarde; **at 4 o'clock in the afternoon**
a las 4 de la tarde; **I did it in 3 hours/
days** lo hice en 3 horas/días; **I'll see
you in 2 weeks** or **in 2 weeks' time** te
veré dentro de 2 semanas

3(indicating manner etc) en; **in a loud/
soft voice** en voz alta/baja; **in pencil/
ink** a lápiz/bolígrafo; **the boy in the
blue shirt** el chico de la camisa azul

4(indicating circumstances): **in the sun/
shade/rain** al sol/a la sombra/bajo la
lluvia; **a change in policy** un cambio
de política

5(indicating mood, state): **in tears** en
lágrimas, llorando; **in anger/despair**
enfadado/desesperado; **to live in
luxury** vivir lujosamente

6(with ratios, numbers): **1 in 10
households, 1 household in 10** una
de cada 10 familias; **20 pence in the
pound** 20 peniques por libra; **they
lined up in twos** se alinearon de dos
en dos

7(referring to people, works) en; entre;
the disease is common in children
la enfermedad es común entre los niños;
in the works of Dickens en (las
obras de) Dickens

8(indicating profession etc): **to be in
teaching** estar en la enseñanza

9(after superlative) de; **the best pupil
in the class** el(la) mejor alumno/a
de la clase

10(with present participle): **in saying
this** al decir esto
▷ adv: **to be in** (person: at home) estar en

casa; (at work) estar; (train, ship, plane) haber llegado; (in fashion) estar de moda; **she'll be in later today** llegará más tarde hoy; **to ask sb in** hacer pasar a algn; **to run/limp etc** in entrar corriendo/cojeando etc
▷ n: **the ins and outs** (of proposal, situation etc) los detalles

inability [ɪnə'bɪlɪtɪ] n: **~ (to do)** incapacidad f (de hacer)

inaccurate [ɪn'ækjʊrət] adj inexacto, erróneo

inadequate [ɪn'ædɪkwət] adj (income, reply etc) insuficiente; (person) incapaz

inadvertently [ɪnəd'vɜːtntlɪ] adv por descuido

inappropriate [ɪnə'prəʊprɪət] adj inadecuado; (improper) poco oportuno

inaugurate [ɪ'nɔːgjʊreɪt] vt inaugurar; (president, official) investir

Inc. (us) abbr (=incorporated) S.A.

incapable [ɪn'keɪpəbl] adj incapaz

incense [n 'ɪnsens, vb ɪn'sens] n incienso ▷ vt (anger) indignar, encolerizar

incentive [ɪn'sentɪv] n incentivo, estímulo

inch [ɪntʃ] n pulgada; **to be within an ~ of** estar a dos dedos de; **he didn't give an ~** no dio concesión alguna

incidence ['ɪnsɪdns] n (of crime, disease) incidencia

incident ['ɪnsɪdnt] n incidente m

incidentally [ɪnsɪ'dentəlɪ] adv (by the way) a propósito

inclination [ɪnklɪ'neɪʃən] n (tendency) tendencia, inclinación f; (desire) deseo; (disposition) propensión f

incline [n 'ɪnklaɪn, vb ɪn'klaɪn] n pendiente m, cuesta ▷ vt (head) poner de lado ▷ vi inclinarse; **to be ~d to** (tend) tener tendencia a hacer algo

include [ɪn'kluːd] vt (incorporate) incluir; (in letter) adjuntar; **including** prep incluso, inclusive

inclusion [ɪn'kluːʒən] n inclusión f

inclusive [ɪn'kluːsɪv] adj inclusivo; **~ of tax** incluidos los impuestos

income ['ɪnkʌm] n (earned) ingresos mpl; (from property etc) renta; (from investment etc) rédito; **income support** n (BRIT) = ayuda familiar; **income tax** n impuesto sobre la renta

incoming ['ɪnkʌmɪŋ] adj (flight, government etc) entrante

incompatible [ɪnkəm'pætɪbl] adj incompatible

incompetence [ɪn'kɒmpɪtəns] n incompetencia

incompetent [ɪn'kɒmpɪtənt] adj incompetente

incomplete [ɪnkəm'pliːt] adj (partial: achievement etc) incompleto; (unfinished: painting etc) inacabado

inconsistent [ɪnkən'sɪstənt] adj inconsecuente; (contradictory) incongruente; **~ with** (que) no concuarda con

inconvenience [ɪnkən'viːnjəns] n inconvenientes mpl; (trouble) molestia, incomodidad f ▷ vt incomodar

inconvenient [ɪnkən'viːnjənt] adj incómodo, poco práctico; (time, place, visitor) inoportuno

incorporate [ɪn'kɔːpəreɪt] vt incorporar; (contain) comprender; (add) agregar

incorrect [ɪnkə'rekt] adj incorrecto

increase [n 'ɪnkriːs, vb ɪn'kriːs] n aumento ▷ vi aumentar; (grow) crecer; (price) subir ▷ vt aumentar; (price) subir; **increasingly** adv cada vez más, más y más

incredible [ɪn'kredɪbl] adj increíble; **incredibly** adv increíblemente

incur [ɪn'kɜː*] vt (expenditure) incurrir; (loss) sufrir; (anger, disapproval) provocar

indecent [ɪn'diːsnt] adj indecente

indeed [ɪn'diːd] adv efectivamente, en realidad; (in fact) en efecto; (furthermore) es más; **yes ~!** ¡claro que sí!

indefinitely [ɪn'defɪnɪtlɪ] *adv* (*wait*) indefinidamente

independence [ɪndɪ'pendns] *n* independencia; **Independence Day** (*us*) *n* Día *m* de la Independencia

INDEPENDENCE DAY

El cuatro de julio es **Independence Day**, la fiesta nacional de Estados Unidos, que se celebra en conmemoración de la Declaración de Independencia, escrita por Thomas Jefferson y aprobada en 1776. En ella se proclamaba la independencia total de Gran Bretaña de las trece colonias americanas que serían el origen de los Estados Unidos de América.

independent [ɪndɪ'pendənt] *adj* independiente; **independent school** *n* (*BRIT*) escuela *f* privada, colegio *m* privado

index ['ɪndeks] (*pl* **-es**) *n* (*in book*) índice *m*; (*: in library etc*) catálogo; (*pl* **indices**: *ratio, sign*) exponente *m*

India ['ɪndɪə] *n* la India; **Indian** *adj, n* indio/a; **Red Indian** piel roja *mf*

indicate ['ɪndɪkeɪt] *vt* indicar; **indication** [-'keɪʃən] *n* indicio, señal *f*; **indicative** [ɪn'dɪkətɪv] *adj*: **to be indicative of** indicar; **indicator** *n* indicador *m*; (*Aut*) intermitente *m*

indices ['ɪndɪsiːz] *npl of* **index**

indict [ɪn'daɪt] *vt* acusar; **indictment** *n* acusación *f*

indifference [ɪn'dɪfrəns] *n* indiferencia

indifferent [ɪn'dɪfrənt] *adj* indiferente; (*mediocre*) regular

indigenous [ɪn'dɪdʒɪnəs] *adj* indígena

indigestion [ɪndɪ'dʒestʃən] *n* indigestión *f*

indignant [ɪn'dɪgnənt] *adj*: **to be ~ at sth/with sb** indignarse por

algo/con algn

indirect [ɪndɪ'rekt] *adj* indirecto

indispensable [ɪndɪ'spensəbl] *adj* indispensable, imprescindible

individual [ɪndɪ'vɪdjuəl] *n* individuo ▷ *adj* individual; (*personal*) personal; (*particular*) particular; **individually** *adv* (*singly*) individualmente

Indonesia [ɪndə'niːzɪə] *n* Indonesia

indoor ['ɪndɔː*] *adj* (*swimming pool*) cubierto; (*plant*) de interior; (*sport*) bajo cubierta; **indoors** [ɪn'dɔːz] *adv* dentro

induce [ɪn'djuːs] *vt* inducir, persuadir; (*bring about*) producir; (*labour*) provocar

indulge [ɪn'dʌldʒ] *vt* (*whim*) satisfacer; (*person*) complacer; (*child*) mimar ▷ *vi*: **to ~ in** darse el gusto de; **indulgent** *adj* indulgente

industrial [ɪn'dʌstrɪəl] *adj* industrial; **industrial estate**(*BRIT*) *n* polígono (*SP*) *or* zona (*LAM*) industrial; **industrialist** *n* industrial *mf*; **industrial park**(*US*) *n* =**industrial estate**

industry ['ɪndəstrɪ] *n* industria; (*diligence*) aplicación *f*

inefficient [ɪnɪ'fɪʃənt] *adj* ineficaz, ineficiente

inequality [ɪnɪ'kwɔlɪtɪ] *n* desigualdad *f*

inevitable [ɪn'evɪtəbl] *adj* inevitable; **inevitably** *adv* inevitablemente

inexpensive [ɪnɪk'spensɪv] *adj* económico

inexperienced [ɪnɪk'spɪərɪənst] *adj* inexperto

inexplicable [ɪnɪk'splɪkəbl] *adj* inexplicable

infamous ['ɪnfəməs] *adj* infame

infant ['ɪnfənt] *n* niño/a; (*baby*) niño/a pequeño/a, bebé *mf*; (*pej*) aniñado

infantry ['ɪnfəntrɪ] *n* infantería

infant school (*BRIT*) *n* parvulario

infect [ɪn'fekt] *vt* (*wound*) infectar; (*food*) contaminar; (*person, animal*) contagiar; **infection** [ɪn'fekʃən] *n* infección *f*; (*fig*) contagio; **infectious**

[ɪnˈfɛkʃəs] adj (also fig) contagioso

infer [ɪnˈfəː*] vt deducir, inferir

inferior [ɪnˈfɪərɪə*] adj, n inferior mf

infertile [ɪnˈfəːtaɪl] adj estéril; (person) infecundo

infertility [ɪnfəˈtɪlɪtɪ] n esterilidad f; infecundidad f

infested [ɪnˈfɛstɪd] adj: **~ with** plagado de

infinite [ˈɪnfɪnɪt] adj infinito; **infinitely** adv infinitamente

infirmary [ɪnˈfəːmərɪ] n hospital m

inflamed [ɪnˈfleɪmd] adj: **to become ~** inflamarse

inflammation [ɪnfləˈmeɪʃən] n inflamación f

inflatable [ɪnˈfleɪtəbl] adj (ball, boat) inflable

inflate [ɪnˈfleɪt] vt (tyre, price etc) inflar; (fig) hinchar; **inflation** [ɪnˈfleɪʃən] n (Econ) inflación f

inflexible [ɪnˈflɛksəbl] adj (rule) rígido; (person) inflexible

inflict [ɪnˈflɪkt] vt: **to ~ sth on sb** infligir algo a algn

influence [ˈɪnfluəns] n influencia ▷ vt influir en, influenciar; **under the ~ of alcohol** en estado de embriaguez; **influential** [-ˈɛnʃl] adj influyente

influx [ˈɪnflʌks] n afluencia

info (inf) [ˈɪnfəu] n = **information**

inform [ɪnˈfɔːm] vt: **to ~ sb of sth** informar a algn sobre o de algo ▷ vi: **to ~ on sb** delatar a algn

informal [ɪnˈfɔːməl] adj (manner, tone) familiar; (dress, television, occasion) informal; (visit, meeting) extraoficial

information [ɪnfəˈmeɪʃən] n (knowledge) conocimientos mpl; **a piece of ~** un dato; **information office** n información f; **information technology** n informática f

informative [ɪnˈfɔːmətɪv] adj informativo

infra-red [ɪnfrəˈrɛd] adj infrarrojo

infrastructure [ˈɪnfrəstrʌktʃə*] n (of system etc) infraestructura

infrequent [ɪnˈfriːkwənt] adj infrecuente

infuriate [ɪnˈfjuərɪeɪt] vt: **to become ~d** ponerse furioso

infuriating [ɪnˈfjuərɪeɪtɪŋ] adj (habit, noise) enloquecedor(a)

ingenious [ɪnˈdʒiːnjəs] adj ingenioso

ingredient [ɪnˈgriːdɪənt] n ingrediente m

inhabit [ɪnˈhæbɪt] vt vivir en; **inhabitant** n habitante mf

inhale [ɪnˈheɪl] vt inhalar ▷ vi (breathe in) aspirar; (in smoking) tragar; **inhaler** n inhalador m

inherent [ɪnˈhɪərənt] adj: **~ in** o **to** inherente a

inherit [ɪnˈhɛrɪt] vt heredar; **inheritance** n herencia; (fig) patrimonio

inhibit [ɪnˈhɪbɪt] vt inhibir, impedir; **inhibition** [-ˈbɪʃən] n cohibición f

initial [ɪˈnɪʃl] adj primero ▷ n inicial f ▷ vt firmar con las iniciales; **initials** npl (as signature) iniciales fpl; (abbreviation) siglas fpl; **initially** adv al principio

initiate [ɪˈnɪʃɪeɪt] vt iniciar; **to ~ proceedings against sb** (Law) entablar proceso contra algn

initiative [ɪˈnɪʃətɪv] n iniciativa

inject [ɪnˈdʒɛkt] vt inyectar; **to ~ sb with sth** inyectar algo a algn; **injection** [ɪnˈdʒɛkʃən] n inyección f

injure [ˈɪndʒə*] vt (hurt) herir, lastimar; (fig: reputation etc) perjudicar; **injured** adj (person, arm) herido, lastimado; **injury** n herida, lesión f; (wrong) perjuicio, daño

> Be careful not to translate **injury** by the Spanish word **injuria**.

injustice [ɪnˈdʒʌstɪs] n injusticia

ink [ɪŋk] n tinta; **ink-jet printer** [ˈɪŋkdʒɛt-] n impresora de chorro de tinta

inland [adj ˈɪnlænd, adv ɪnˈlænd] adj (waterway, port etc) interior ▷ adv tierra adentro; **Inland Revenue**(BRIT) n departamento de impuestos ≈

Hacienda (SP)

in-laws ['ɪnlɔːz] *npl* suegros *mpl*

inmate ['ɪnmeɪt] *n* (*in prison*) preso/a, presidiario/a; (*in asylum*) internado/a

inn [ɪn] *n* posada, mesón *m*

inner ['ɪnə*] *adj* (*courtyard, calm*) interior; (*feelings*) íntimo; **inner-city** *adj* (*schools, problems*) de las zonas céntricas pobres, de los barrios céntricos pobres

inning ['ɪnɪŋ] *n* (*us: Baseball*) inning *m*, entrada; **~s** (*Cricket*) entrada, turno

innocence ['ɪnəsns] *n* inocencia

innocent ['ɪnəsnt] *adj* inocente

innovation [ɪnəu'veɪʃən] *n* novedad *f*

innovative ['ɪnəuveɪtɪv] *adj* innovador

in-patient ['ɪnpeɪʃənt] *n* paciente *m*/interno/a

input ['ɪnput] *n* entrada; (*of resources*) inversión *f*; (*Comput*) entrada de datos

inquest ['ɪnkwest] *n* (*coroner's*) encuesta judicial

inquire [ɪn'kwaɪə*] *vi* preguntar ▷ *vt:* **to ~ whether** preguntar si; **to ~ about** (*person*) preguntar por; (*fact*) informarse de; **inquiry** *n* pregunta; (*investigation*) investigación *f*, pesquisa; **"Inquiries"** "Información"

ins. *abbr* = **inches**

insane [ɪn'seɪn] *adj* loco; (*Med*) demente

insanity [ɪn'sænɪtɪ] *n* demencia, locura

insect ['ɪnsekt] *n* insecto; **insect repellent** *n* loción *f* contra insectos

insecure [ɪnsɪ'kjuə*] *adj* inseguro

insecurity [ɪnsɪ'kjuərɪtɪ] *n* inseguridad *f*

insensitive [ɪn'sensɪtɪv] *adj* insensible

insert [*vb* ɪn'sɜːt, *n* 'ɪnsɜːt] *vt* (*into sth*) introducir ▷ *n* encarte *m*

inside ['ɪn'saɪd] *n* interior *m* ▷ *adj* interior, interno ▷ *adv* (*be*) (por) dentro; (*go*) hacia dentro ▷ *prep* dentro de; (*of time*): **~ 10 minutes** en menos

de 10 minutos; **inside lane** *n* (*Aut: in Britain*) carril m izquierdo; (*: in US, Europe etc*) carril m derecho; **inside out** *adv* (*turn*) al revés; (*know*) a fondo

insight ['ɪnsaɪt] *n* perspicacia

insignificant [ɪnsɪg'nɪfɪknt] *adj* insignificante

insincere [ɪnsɪn'sɪə*] *adj* poco sincero

insist [ɪn'sɪst] *vi* insistir; **to ~ on** insistir en; **to ~ that** insistir en que; (*claim*) exigir que; **insistent** *adj* insistente; (*noise, action*) persistente

insomnia [ɪn'sɔmnɪə] *n* insomnio

inspect [ɪn'spekt] *vt* inspeccionar, examinar; (*troops*) pasar revista a; **inspection** [ɪn'spekʃən] *n* inspección *f*, examen *m*; (*of troops*) revista; **inspector** *n* inspector/a *m*/*f*; (*BRIT: on buses, trains*) revisor/a *m*/*f*

inspiration [ɪnspə'reɪʃən] *n* inspiración *f*; **inspire** [ɪn'spaɪə*] *vt* inspirar; **inspiring** *adj* inspirador(a)

instability [ɪnstə'bɪlɪtɪ] *n* inestabilidad *f*

install [ɪn'stɔːl] (*US instal*) *vt* instalar; (*official*) nombrar; **installation** [ɪnstə'leɪʃən] *n* instalación *f*

instalment [ɪn'stɔːlmənt] (*US installment*) *n* plazo; (*of story*) entrega; (*of TV serial etc*) capítulo; **in ~s** (*pay, receive*) a plazos

instance ['ɪnstəns] *n* ejemplo, caso; **for ~** por ejemplo; **in the first ~** en primer lugar

instant ['ɪnstənt] *n* instante *m*, momento ▷ *adj* (*coffee etc*) instantáneo; **instantly** *adv* en seguida; **instant messaging** *n* mensajería instantánea

instead [ɪn'sted] *adv* en cambio; **~ of** en lugar de, en vez de

instinct ['ɪnstɪŋkt] *n* instinto; **instinctive** *adj* instintivo

institute ['ɪnstɪtjuːt] *n* instituto; (*professional body*) colegio ▷ *vt* (*begin*) iniciar, empezar; (*proceedings*) entablar; (*system, rule*) establecer

institution [ɪnstɪˈtjuːʃən] n institución f; (Med: home) asilo; (: asylum) manicomio; (of system etc) establecimiento m; (of custom) iniciación f

instruct [ɪnˈstrʌkt] vt: **to ~ sb in sth** instruir a algn en o sobre algo; **to ~ sb to do sth** dar instrucciones a algn de hacer algo; **instruction** [ɪnˈstrʌkʃən] n (teaching) instrucción f; **instructions** npl (orders) órdenes fpl; **instructions (for use)** modo de empleo; **instructor** n instructor(a) m/f

instrument [ˈɪnstrəmənt] n instrumento; **instrumental** [-ˈmɛntl] adj (Mus) instrumental; **to be instrumental in** ser (el) artífice de

insufficient [ɪnsəˈfɪʃənt] adj insuficiente

insulate [ˈɪnsjuleɪt] vt aislar; **insulation** [-ˈleɪʃən] n aislamiento

insulin [ˈɪnsjulɪn] n insulina

insult [n ˈɪnsʌlt, vb ɪnˈsʌlt] n insulto ▷ vt insultar; **insulting** adj insultante

insurance [ɪnˈʃuərəns] n seguro; **fire/life ~** seguro contra incendios/sobre la vida; **insurance company** n compañía f de seguros; **insurance policy** n póliza (de seguros)

insure [ɪnˈʃuə*] vt asegurar

intact [ɪnˈtækt] adj íntegro, (unharmed) intacto

intake [ˈɪnteɪk] n (of food) ingestión f; (of air) consumo; (BRIT Scol): **an ~ of 200** 200 matriculados al año

integral [ˈɪntɪɡrəl] adj (whole) íntegro, (part) integrante

integrate [ˈɪntɪɡreɪt] vt integrar ▷ vi integrarse

integrity [ɪnˈtɛɡrɪtɪ] n honradez f, rectitud f

intellect [ˈɪntəlɛkt] n intelecto; **intellectual** [-ˈlɛktjuəl] adj, n intelectual mf

intelligence [ɪnˈtɛlɪdʒəns] n inteligencia

intelligent [ɪnˈtɛlɪdʒənt] adj inteligente

intend [ɪnˈtɛnd] vt (gift etc): **to ~ sth for** destinar algo a; **to ~ to do sth** tener intención de o pensar hacer algo

intense [ɪnˈtɛns] adj intenso

intensify [ɪnˈtɛnsɪfaɪ] vt intensificar; (increase) aumentar

intensity [ɪnˈtɛnsɪtɪ] n (gen) intensidad f

intensive [ɪnˈtɛnsɪv] adj intensivo; **intensive care** n: **to be in intensive care** estar bajo cuidados intensivos; **intensive care unit** n unidad f de vigilancia intensiva

intent [ɪnˈtɛnt] n propósito; (Law) premeditación f ▷ adj (absorbed) absorto; (attentive) atento; **to all ~s and purposes** prácticamente; **to be ~ on doing sth** estar resuelto a hacer algo

intention [ɪnˈtɛnʃən] n intención f, propósito; **intentional** adj deliberado

interact [ɪntərˈækt] vi influirse mutuamente; **interaction** [ɪntərˈækʃən] n interacción f, acción f recíproca; **interactive** adj (Comput) interactivo

intercept [ɪntəˈsɛpt] vt interceptar; (stop) detener

interchange [ˈɪntətʃeɪndʒ] n intercambio; (on motorway) intersección f

intercourse [ˈɪntəkɔːs] n (sexual) relaciones fpl sexuales

interest [ˈɪntrɪst] n (also Comm) interés m ▷ vt interesar; **to be interested in** interesarse por; **interesting** adj interesante; **interest rate** n tipo o tasa de interés

interface [ˈɪntəfeɪs] n (Comput) junción f

interfere [ɪntəˈfɪə*] vi: **to ~ in** entrometerse en; **to ~ with** (hinder) estorbar; (damage) estropear

interference [ɪntəˈfɪərəns] n intromisión f; (Radio, TV) interferencia

interim [ˈɪntərɪm] n: **in the ~** en el ínterin ▷ adj provisional

interior [ɪnˈtɪərɪə*] n interior
m ▷ adj interior; **interior design**
n interiorismo, decoración f de
interiores

intermediate [ɪntəˈmiːdɪət] adj
intermedio

intermission [ɪntəˈmɪʃən] n
intermisión f; (Theatre) descanso

intern [vb ɪnˈtəːn, n ˈɪntəːn] (us) vt
internar ▷ n interno/a

internal [ɪnˈtəːnl] adj (layout, pipes,
security) interior; (injury, structure,
memo) internal; **Internal Revenue
Service**(us) n departamento de
impuestos, ≈ Hacienda (SP)

international [ɪntəˈnæʃnl] adj
internacional ▷ n (BRIT: match) partido
internacional

Internet [ˈɪntənet] n: **the ~** Internet
m or f; **Internet café** n cibercafé
m; **Internet Service Provider** n
proveedor m de (acceso a) Internet;
Internet user n internauta mf

interpret [ɪnˈtəːprɪt] vt interpretar;
(translate) traducir; (understand)
entender ▷ vi hacer de intérprete;
interpretation [ɪntəːprɪˈteɪʃən]
n interpretación f; traducción f;
interpreter n intérprete mf

interrogate [ɪnˈterəɡeɪt] vt
interrogar; **interrogation** [-ˈɡeɪʃən] n
interrogatorio

interrogative [ɪntəˈrɔɡətɪv] adj
interrogativo

interrupt [ɪntəˈrʌpt] vt, vi
interrumpir; **interruption** [-ˈrʌpʃən] n
interrupción f

intersection [ɪntəˈsekʃən] n (of
roads) cruce m

interstate [ˈɪntərsteɪt] (us) n
carretera interestatal

interval [ˈɪntəvl] n intervalo; (BRIT
Theatre, Sport) descanso; (Scol) recreo;
at ~s a ratos, de vez en cuando

intervene [ɪntəˈviːn] vi intervenir;
(event) interponerse; (time) transcurrir

interview [ˈɪntəvjuː] n entrevista
▷ vt entrevistarse con; **interviewer** n
entrevistador(a) m/f

intimate [adj ˈɪntɪmət, vb ˈɪntɪmeɪt]
adj íntimo; (friendship) estrecho;
(knowledge) profundo ▷ vt dar a
entender

intimidate [ɪnˈtɪmɪdeɪt] vt
intimidar, amedrentar

intimidating [ɪnˈtɪmɪdeɪtɪŋ] adj
amedrentador, intimidante

into [ˈɪntuː] prep en; (towards) a;
(inside) hacia el interior de; **~ 3 pieces/
French** en 3 pedazos/al francés

intolerant [ɪnˈtɔlərənt] adj: **~ (of)**
intolerante (con or para)

intranet [ˈɪntrənet] n intranet f

intransitive [ɪnˈtrænsɪtɪv] adj
intransitivo

intricate [ˈɪntrɪkət] adj (design,
pattern) intrincado

intrigue [ɪnˈtriːɡ] n intriga ▷ vt
fascinar; **intriguing** adj fascinante

introduce [ɪntrəˈdjuːs] vt introducir,
meter; (speaker, TV show etc) presentar;
to ~ sb (to sb) presentar a algn (a
algn); **to ~ sb to** (pastime, technique)
introducir a algn a; **introduction**
[-ˈdʌkʃən] n introducción f; (of person)
presentación f; **introductory**
[-ˈdʌktərɪ] adj introductorio; (lesson,
offer) de introducción

intrude [ɪnˈtruːd] vi (person)
entrometerse; **to ~ on** estorbar;
intruder n intruso/a

intuition [ɪntjuːˈɪʃən] n intuición f

inundate [ˈɪnʌndeɪt] vt: **to ~ with**
inundar de

invade [ɪnˈveɪd] vt invadir

invalid [n ˈɪnvəlɪd, adj ɪnˈvælɪd] n
(Med) minusválido/a ▷ adj (not valid)
inválido, nulo

invaluable [ɪnˈvæljuəbl] adj
inestimable

invariably [ɪnˈveərɪəblɪ] adv sin
excepción, siempre; **she is ~ late**
siempre llega tarde

invasion [ɪnˈveɪʒən] n invasión f

invent [ɪnˈvent] vt inventar;
invention [ɪnˈvenʃən] n invento;

(lie) ficción f, mentira; **inventor** n inventor(a) m/f

inventory ['ɪnvəntrɪ] n inventario

inverted commas [ɪnˈvɜːtɪd-] (BRIT) npl comillas fpl

invest [ɪnˈvest] vt invertir ▷ vi: **to ~ in** *(company etc)* invertir dinero en; *(fig: sth useful)* comprar

investigate [ɪnˈvestɪgeɪt] vt investigar; **investigation** [-ˈgeɪʃən] n investigación f, pesquisa

investigator [ɪnˈvestɪgeɪtə*] n investigador(a) m/f; **private ~** investigador(a) m/f privado/a

investment [ɪnˈvestmənt] n inversión f

investor [ɪnˈvestə*] n inversionista mf

invisible [ɪnˈvɪzɪbl] adj invisible

invitation [ɪnvɪˈteɪʃən] n invitación f

invite [ɪnˈvaɪt] vt invitar; *(opinions etc)* solicitar, pedir; **inviting** adj atractivo; *(food)* apetitoso

invoice ['ɪnvɔɪs] n factura ▷ vt facturar

involve [ɪnˈvɔlv] vt suponer, implicar; tener que ver con; *(concern, affect)* corresponder; **to ~ sb (in sth)** comprometer a algn (con algo); **involved** adj complicado; **to be involved in** *(take part)* tomar parte en; *(be engrossed)* estar muy metido en; **involvement** n participación f, dedicación f

inward ['ɪnwəd] adj *(movement)* interior, interno; *(thought, feeling)* íntimo; **inward(s)** adv hacia dentro

iPod® ['aɪpɔd] n iPod ® m

IQ n abbr *(= intelligence quotient)* cociente m intelectual

IRA n abbr *(= Irish Republican Army)* IRA m

Iran [ɪˈrɑːn] n Irán m; **Iranian** [ɪˈreɪnɪən] adj, n iraní mf

Iraq [ɪˈrɑːk] n Iraq; **Iraqi** adj, n iraquí mf

Ireland ['aɪələnd] n Irlanda

iris ['aɪrɪs] (pl **~es**) n *(Anat)* iris m;

(Bot) lirio

Irish ['aɪrɪʃ] adj irlandés/esa ▷ npl: **the ~** los irlandeses; **Irishman** *(irreg)* n irlandés m; **Irishwoman** *(irreg)* n irlandesa

iron ['aɪən] n hierro; *(for clothes)* plancha ▷ cpd de hierro ▷ vt *(clothes)* planchar

ironic(al) [aɪˈrɔnɪk(l)] adj irónico; **ironically** adv irónicamente

ironing ['aɪənɪŋ] n *(activity)* planchado; *(clothes: ironed)* ropa planchada; *(: to be ironed)* ropa por planchar; **ironing board** n tabla de planchar

irony ['aɪrənɪ] n ironía

irrational [ɪˈræʃənl] adj irracional

irregular [ɪˈregjulə*] adj irregular; *(surface)* desigual; *(action, event)* anómalo; *(behaviour)* poco ortodoxo

irrelevant [ɪˈreləvənt] adj fuera de lugar, inoportuno

irresistible [ɪrɪˈzɪstɪbl] adj irresistible

irresponsible [ɪrɪˈspɔnsɪbl] adj *(act)* irresponsable; *(person)* poco serio

irrigation [ɪrɪˈgeɪʃən] n riego

irritable ['ɪrɪtəbl] adj *(person)* de mal humor

irritate ['ɪrɪteɪt] vt fastidiar; *(Med)* picar; **irritating** adj fastidioso; **irritation** [-ˈteɪʃən] n fastidio; enfado; picazón f

IRS (us) n abbr = **Internal Revenue Service**

is [ɪz] vb see **be**

ISDN n abbr *(= Integrated Services Digital Network)* RDSI f

Islam ['ɪzlɑːm] n Islam m; **Islamic** [ɪzˈlæmɪk] adj islámico

island ['aɪlənd] n isla; **islander** n isleño/a

isle [aɪl] n isla

isn't ['ɪznt] = **is not**

isolated ['aɪsəleɪtɪd] adj aislado

isolation [aɪsəˈleɪʃən] n aislamiento

ISP n abbr = **Internet Service Provider**

Israel ['ɪzreɪl] n Israel m; **Israeli**

[ız'reılı] *adj*, *n* israelí *mf*

issue ['ıʃuː] *n* (*problem, subject*) cuestión *f*; (*outcome*) resultado; (*of banknotes etc*) emisión *f*; (*of newspaper etc*) edición *f* ▷ *vt* (*rations, equipment*) distribuir, repartir; (*orders*) dar; (*certificate, passport*) expedir; (*decree*) promulgar; (*magazine*) publicar; (*cheques*) extender; (*banknotes, stamps*) emitir; **at ~** en cuestión; **to take ~ with sb (over)** estar en desacuerdo con algn (sobre); **to make an ~ of sth** hacer una cuestión de algo

IT *n abbr* = **information technology**

○ KEYWORD

it [ıt] *pron* **1** (*specific subject: not generally translated*) él (ella); (: *direct object*) lo, la; (: *indirect object*) le; (*after prep*) él (ella); (*abstract concept*) ello; **it's on the table** está en la mesa; **I can't find it** no lo (or la) encuentro; **give it to me** dámelo (or dámela); **I spoke to him about it** le hablé del asunto; **what did you learn from it?** ¿qué aprendiste de él (or ella)?; **did you go to it?** (*party, concert etc*) ¿fuiste?

2 (*impersonal*) **it's raining** llueve, está lloviendo; **it's 6 o'clock/the 10th of August** son las 6/es el 10 de agosto; **how far is it?** - **it's 10 miles/2 hours on the train** ¿a qué distancia está? - a 10 millas/2 horas en tren; **who is it?** - **it's me** ¿quién es? - soy yo

Italian [ı'tæljən] *adj* italiano ▷ *n* italiano/a; (*Ling*) italiano

italics [ı'tælıks] *npl* cursiva

Italy ['ıtəlı] *n* Italia

itch [ıtʃ] *n* picazón *f* ▷ *vi* picar; **to ~ to do sth** rabiar por hacer algo; **itchy** *adj*: **my hand is itchy** me pica la mano

it'd ['ıtd] = **it would; it had**

item ['aɪtəm] *n* artículo; (*on agenda*) asunto (a tratar); (*also*: **news ~**) noticia

itinerary [aɪ'tɪnərərı] *n* itinerario

it'll ['ıtl] = **it will; it shall**

its [ıts] *adj* su; sus *pl*

it's [ıts] = **it is; it has**

itself [ıt'self] *pron* (*reflexive*) sí mismo/ a; (*emphatic*) él mismo(ella misma)

ITV *n abbr* (BRIT: = *Independent Television*) cadena de televisión comercial independiente del Estado

I've [aɪv] = **I have**

ivory ['aɪvərı] *n* marfil *m*

ivy ['aɪvı] *n* (Bot) hiedra

j

jab [dʒæb] *vt*: **to ~ sth into sth** clavar algo en algo ▷ *n* (*inf*: *Med*) pinchazo

jack [dʒæk] *n* (*Aut*) gato; (*Cards*) sota

jacket ['dʒækɪt] *n* chaqueta, americana (sp), saco (LAM); (*of book*) sobrecubierta; **jacket potato** *n* patata asada con piel)

jackpot ['dʒækpɒt] *n* premio gordo

Jacuzzi® [dʒə'ku:zɪ] *n* jacuzzi®*m*

jagged ['dʒægɪd] *adj* dentado

jail [dʒeɪl] *n* cárcel *f* ▷ *vt* encarcelar; **jail sentence** *n* pena *f* de cárcel

jam [dʒæm] *n* mermelada; (*also*: **traffic ~**) embotellamiento; (*inf*: *difficulty*) apuro ▷ *vt* (*passage etc*) obstruir; (*mechanism, drawer etc*) atascar; (*Radio*) interferir ▷ *vi* atascarse, trabarse; **to ~ sth into sth** meter algo a la fuerza en algo

Jamaica [dʒə'meɪkə] *n* Jamaica

jammed [dʒæmd] *adj* atascado

Jan *abbr* (= *January*) ene

janitor ['dʒænɪtə*] *n* (*caretaker*) portero, conserje *m*

January ['dʒænjuərɪ] *n* enero

Japan [dʒə'pæn] *n* (el) Japón; **Japanese** [dʒæpə'ni:z] *adj* japonés/esa ▷ *n inv* japonés/esa *m/f*; (*Ling*) japonés *m*

jar [dʒɑː*] *n* tarro, bote *m* ▷ *vi* (*sound*) chirriar; (*colours*) desentonar

jargon ['dʒɑːgən] *n* jerga

javelin ['dʒævlɪn] *n* jabalina

jaw [dʒɔː] *n* mandíbula

jazz [dʒæz] *n* jazz *m*

jealous ['dʒɛləs] *adj* celoso; (*envious*) envidioso; **jealousy** *n* celos *mpl*; envidia

jeans [dʒiːnz] *npl* vaqueros *mpl*, tejanos *mpl*

Jello® ['dʒɛləu] (us) *n* gelatina

jelly ['dʒɛlɪ] *n* (*jam*) jalea; (*dessert etc*) gelatina; **jellyfish** *n inv* medusa, aguaviva (RPL)

jeopardize ['dʒɛpədaɪz] *vt* arriesgar, poner en peligro

jerk [dʒəːk] *n* (*jolt*) sacudida; (*wrench*) tirón *m*; (*inf*) imbécil *mf* ▷ *vt* tirar bruscamente de ▷ *vi* (*vehicle*) traquetear

Jersey ['dʒəːzɪ] *n* Jersey *m*

jersey ['dʒəːzɪ] *n* jersey *m*; (*fabric*) (tejido de) punto

Jesus ['dʒiːzəs] *n* Jesús *m*

jet [dʒɛt] *n* (*of gas, liquid*) chorro; (*Aviat*) avión *m* a reacción; **jet lag** *n* desorientación después de un largo vuelo; **jet-ski** *vi* practicar el motociclismo acuático

jetty ['dʒɛtɪ] *n* muelle *m*, embarcadero

Jew [dʒuː] *n* judío/a

jewel ['dʒuːəl] *n* joya; (*in watch*) rubí *m*; **jeweller** (us **jeweler**) *n* joyero/a; **jeweller's (shop)** (us **jewelry store**) *n* joyería; **jewellery** (us **jewelry**) *n* joyas *fpl*, alhajas *fpl*

Jewish ['dʒuːɪʃ] *adj* judío

jigsaw ['dʒɪgsɔː] *n* (*also*: **~ puzzle**) rompecabezas *m inv*, puzle *m*

job [dʒɔb] *n* (*task*) tarea; (*post*) empleo; **it's not my ~** no me incumbe a mí; **it's a good ~ that ...** menos mal que

...; **just the ~!** jestupendol; **job centre**
(BRIT) n oficina estatal de colocaciones;
jobless adj sin trabajo

jockey ['dʒɔkɪ] n jockey mf ▷ vi: **to ~
for position** maniobrar para conseguir
una posición

jog [dʒɔg] vt empujar (ligeramente)
▷ vi (run) hacer footing; **to ~ sb's
memory** refrescar la memoria a algn;
jogging n footing m

join [dʒɔɪn] vt (things) juntar, unir;
(club) hacerse socio de; (Pol: party)
afiliarse a; (queue) ponerse en;
(meet: people) reunirse con ▷ vi (roads)
juntarse; (rivers) confluir ▷ n juntura;
join in vi tomar parte, participar ▷ vt
fus tomar parte or participar en; **join
up** vi reunirse; (Mil) alistarse

joiner ['dʒɔɪnə*] (BRIT) n carpintero m

joint [dʒɔɪnt] n (Tech) junta, unión f;
(Anat) articulación f; (BRIT Culin) pieza
de carne (para asar); (inf: place) tugurio;
(: of cannabis) porro ▷ adj (common)
común; (combined) combinado; **joint
account** n (with bank etc) cuenta
común; **jointly** adv (gen) en común;
(together) conjuntamente

joke [dʒəuk] n chiste m; (also:
practical ~) broma ▷ vi bromear; **to
play a ~ on** gastar una broma a algn;
joker n (Cards) comodín m

jolly ['dʒɔlɪ] adj (merry) alegre;
(enjoyable) divertido ▷ adv (BRIT: inf)
muy, terriblemente

jolt [dʒəult] n (jerk) sacudida;
(shock) susto ▷ vt (physically) sacudir;
(emotionally) asustar

Jordan ['dʒɔ:dən] n (country) Jordania;
(river) Jordán m

journal ['dʒə:nl] n (magazine) revista;
(diary) periódico, diario; **journalism**
n periodismo; **journalist** n periodista
mf, reportero/a

journey ['dʒə:nɪ] n viaje m; (distance
covered) trayecto

joy [dʒɔɪ] n alegría; **joyrider** n
gamberro que roba un coche para dar una
vuelta y luego abandonarlo; **joy stick** n

(Aviat) palanca de mando; (Comput)
palanca de control

Jr abbr = **junior**

judge [dʒʌdʒ] n juez mf; (fig: expert)
perito ▷ vt juzgar; (consider)
considerar

judo ['dʒu:dəu] n judo

jug [dʒʌg] n jarra

juggle ['dʒʌgl] vi hacer juegos
malabares; **juggler** n malabarista mf

juice [dʒu:s] n zumo (SP), jugo (LAM);
juicy adj jugoso

Jul abbr (= July) jul

July [dʒu:'laɪ] n julio

jumble ['dʒʌmbl] n revoltijo ▷ vt
(also: **~ up**) revolver; **jumble sale**
(BRIT) n venta de objetos usados con
fines benéficos

● **JUMBLE SALE**
●
● Los **jumble sales** son unos
● mercadillos que se organizan con
● fines benéficos en los locales de
● un colegio, iglesia u otro centro
● público. En ellos puede comprarse
● todo tipo de artículos baratos de
● segunda mano, sobre todo ropa,
● juguetes, libros, vajillas o muebles.

jumbo ['dʒʌmbəu] n (also: **~ jet**)
jumbo

jump [dʒʌmp] vi saltar, dar saltos;
(with fear etc) pegar un bote; (increase)
aumentar ▷ vt saltar ▷ n salto;
aumento; **to ~ the queue** (BRIT) colarse

jumper ['dʒʌmpə*] n (BRIT: pullover)
suéter m, jersey m; (us: dress) mandil m

jumper cables (US) npl = **jump leads**

jump leads (BRIT) npl cables mpl
puente de batería

Jun. abbr = **junior**

junction ['dʒʌŋkʃən] n (BRIT: of roads)
cruce m; (Rail) empalme m

June [dʒu:n] n junio

jungle ['dʒʌŋgl] n selva, jungla

junior ['dʒu:nɪə*] adj (in age) menor,
más joven; (brother/sister etc): **seven**

years her **~** siete años menor que ella; (*position*) subalterno ▷ *n* menor *mf*, joven *mf*; **junior high school**(US) *n* centro de educación secundaria; *see also* **high school**; **junior school**(BRIT) *n* escuela primaria

junk [dʒʌŋk] *n* (*cheap goods*) baratijas *fpl*; (*rubbish*) basura; **junk food** *n* alimentos preparados y envasados de escaso valor nutritivo

junkie ['dʒʌŋkɪ] (*inf*) *n* drogadicto/a, yonqui *mf*

junk mail *n* propaganda de buzón

Jupiter ['dʒuːpɪtə*] *n* (*Mythology, Astrology*) Júpiter *m*

jurisdiction [dʒʊərɪs'dɪkʃən] *n* jurisdicción *f*; **it falls** *or* **comes within/outside our ~** es/no es de nuestra competencia

jury ['dʒʊərɪ] *n* jurado

just [dʒʌst] *adj* justo ▷ *adv* (*exactly*) exactamente; (*only*) sólo, solamente; **he's ~ done it/left** acaba de hacerlo/irse; **~ right** perfecto; **~ two o'clock** las dos en punto; **she's ~ as clever as you** (ella) es tan lista como tú; **~ as well that ...** menos mal que ...; **~ as he was leaving** en el momento en que se marchaba; **~ before/enough** justo antes/lo suficiente; **~ here** aquí mismo; **he ~ missed** ha fallado por poco; **~ listen to this** escucha esto un momento

justice ['dʒʌstɪs] *n* justicia; (US: *judge*) juez *mf*; **to do ~ to** (*fig*) hacer justicia a

justification [dʒʌstɪfɪ'keɪʃən] *n* justificación *f*

justify ['dʒʌstɪfaɪ] *vt* justificar; (*text*) alinear

jut [dʒʌt] *vi* (*also:* **~ out**) sobresalir

juvenile ['dʒuːvənaɪl] *adj* (*court*) de menores; (*humour, mentality*) infantil ▷ *n* menor *m* de edad

k

K *abbr* (= *one thousand*) mil; (= *kilobyte*) kilobyte *m*, kiloocteto

kangaroo [kæŋgə'ruː] *n* canguro

karaoke [kɑːrə'əʊkɪ] *n* karaoke

karate [kə'rɑːtɪ] *n* karate *m*

kebab [kə'bæb] *n* pincho moruno

keel [kiːl] *n* quilla; **on an even ~** (*fig*) en equilibrio

keen [kiːn] *adj* (*interest, desire*) grande, vivo; (*eye, intelligence*) agudo; (*competition*) reñido; (*edge*) afilado; (*eager*) entusiasta; **to be ~ to do** *or* **on doing sth** tener muchas ganas de hacer algo; **to be ~ on sth/sb** interesarse por algo/algn

keep [kiːp] (*pt, pp* **kept**) *vt* (*preserve, store*) guardar; (*hold back*) quedarse con; (*maintain*) mantener; (*detain*) detener; (*shop*) ser propietario de; (*feed: family etc*) mantener; (*promise*) cumplir; (*chickens, bees etc*) criar; (*accounts*) llevar; (*diary*) escribir; (*prevent*): **to ~ sb from doing sth** impedir a algn hacer algo ▷ *vi* (*food*) conservarse; (*remain*) seguir, continuar ▷ *n* (*of* castle) torreón m; (food etc) comida, subsistencia; (inf): **to ~** para siempre; **to ~ doing sth** seguir haciendo algo; **to ~ sb happy** tener a algn contento; **to ~ a place tidy** mantener un lugar limpio; **to ~ sth to o.s.** guardar algo para sí mismo; **to ~ sth (back) from sb** ocultar algo a algn; **to ~ time** (clock) mantener la hora exacta; **keep away** vt: **to keep sth/sb away from sb** mantener algo a algn apartado de algn ▷ vi: **to keep away (from)** mantenerse apartado (de); **keep back** vt (crowd, tears) contener; (money) quedarse con; (conceal: information): **to keep sth back from sb** ocultar algo a algn ▷ vi hacerse a un lado; **keep off** vt (dog, person) mantener a distancia ▷ vi: **if the rain keeps off** si no llueve; **keep your hands off!** ¡no toques!; **"keep off the grass"** "prohibido pisar el césped"; **keep on** vi: **to keep on doing** seguir o continuar haciendo; **to keep on (about sth)** no parar de hablar (de algo); **keep out** vi (stay out) permanecer fuera; **"keep out"** "prohibida la entrada"; **keep up** vt mantener, conservar ▷ vi no retrasarse; **to keep up with** (pace) ir al paso de; (level) mantenerse a la altura de; **keeper** n guardián/ana m/f; **keeping** n (care) cuidado; **in keeping with** de acuerdo con

kennel ['kɛnl] n perrera; **kennels** npl residencia canina

Kenya ['kɛnjə] n Kenia

kept [kɛpt] pt, pp of **keep**

kerb [kə:b] (BRIT) n bordillo

kerosene ['kɛrəsi:n] n keroseno

ketchup ['kɛtʃəp] n salsa de tomate, catsup M

kettle ['kɛtl] n hervidor m de agua

key [ki:] n llave f; (Mus) tono; (of piano, typewriter) tecla ▷ adj (issue etc) clave inv ▷ vt (also: ~ in) teclear; **keyboard** n teclado; **keyhole** n ojo (de la cerradura); **keyring** n llavero

kg abbr (= kilogram) kg

khaki ['kɑ:kɪ] n caqui

kick [kɪk] vt dar una patada o un puntapié a; (inf: habit) quitarse de ▷ vi (horse) dar coces ▷ n patada; puntapié m; (of animal) coz f; (thrill): **he does it for ~s** lo hace por pura diversión; **kick off** vi (Sport) hacer el saque inicial; **kick-off** n saque inicial; **the kick-off is at 10 o'clock** el partido empieza a las diez

kid [kɪd] n (inf: child) chiquillo/a; (animal) cabrito; (leather) cabritilla ▷ vi (inf) bromear

kidnap ['kɪdnæp] vt secuestrar; **kidnapping** n secuestro

kidney ['kɪdnɪ] n riñón m; **kidney bean** n judía, alubia

kill [kɪl] vt matar; (murder) asesinar ▷ n matanza; **to ~ time** matar el tiempo; **killer** n asesino/a; **killing** n (one) asesinato; (several) matanza; **to make a killing** (fig) hacer su agosto

kiln [kɪln] n horno

kilo ['ki:ləu] n kilo; **kilobyte** n (Comput) kilobyte m, kilocteto; **kilogram(me)** n kilo, kilogramo; **kilometre** ['kɪləmi:tə*] (us **kilometer**) n kilómetro; **kilowatt** n kilovatio

kilt [kɪlt] n falda escocesa

kin [kɪn] n see **next-of-kin**

kind [kaɪnd] adj amable, atento ▷ n clase f, especie f; (species) género; **in ~** (Comm) en especie; **a ~ of** una especie de; **to be two of a ~** ser tal para cual

kindergarten ['kɪndəgɑ:tn] n jardín m de la infancia

kindly ['kaɪndlɪ] adj bondadoso; cariñoso ▷ adv bondadosamente, amablemente; **will you ~ ...** sea usted tan amable de ...

kindness ['kaɪndnɪs] n (quality) bondad f, amabilidad f; (act) favor m

king [kɪŋ] n rey m; **kingdom** n reino; **kingfisher** n martín m pescador; **king-size(d) bed** n cama de matrimonio extragrande

kiosk ['ki:ɔsk] n quiosco; (BRIT Tel) cabina

kipper ['kɪpə*] n arenque m ahumado

kiss [kɪs] n beso ▷ vt besar; **to ~ (each other)** besarse; **kiss of life** n respiración f boca a boca

kit [kɪt] n (equipment) equipo; (tools etc) (caja de) herramientas fpl; (assembly kit) juego de armar

kitchen ['kɪtʃɪn] n cocina

kite [kaɪt] n (toy) cometa

kitten ['kɪtn] n gatito/a

kiwi ['kiː.wiː-] n (also: ~ **fruit**) kiwi m

km abbr (= kilometre) km

km/h abbr (= kilometres per hour) km/h

knack [næk] n: **to have the ~ of doing sth** tener el don de hacer algo

knee [niː] n rodilla; **kneecap** n rótula

kneel [niːl] (pt, pp **knelt**) vi (also: ~ **down**) arrodillarse

knelt [nɛlt] pt, pp of **kneel**

knew [njuː] pt of **know**

knickers ['nɪkəz] (BRIT) npl bragas fpl

knife [naɪf] (pl **knives**) n cuchillo ▷ vt acuchillar

knight [naɪt] n caballero; (Chess) caballo

knit [nɪt] vt tejer, tricotar ▷ vi hacer punto, tricotar; (bones) soldarse; **to ~ one's brows** fruncir el ceño; **knitting** n labor f de punto; **knitting needle** n aguja de hacer punto; **knitwear** n prendas fpl de punto

knives [naɪvz] npl of **knife**

knob [nɔb] n (of door) tirador m; (of stick) puño; (on radio, TV) botón m

knock [nɔk] vt (strike) golpear; (bump into) chocar contra; (inf) criticar ▷ vi (at door etc) llamar a ▷ n golpe m; (on door) llamada; **knock down** vt atropellar; **knock off** vi (finish) salir del trabajo ▷ vt (from price) descontar; (inf: steal) birlar; **knock out** vt dejar sin sentido; (Boxing) poner fuera de combate, dejar K.O.; (in competition) eliminar; **knock over** vt (object) tirar; (person) atropellar; **knockout** n (Boxing) K.O. m, knockout m ▷ cpd (competition etc) eliminatorio

knot [nɔt] n nudo ▷ vt anudar

know [nəʊ] (pt **knew**, pp **known**)

vt (facts) saber; (be acquainted with) conocer; (recognize) reconocer, conocer; **to ~ how to swim** saber nadar; **to ~ about** or **of sb/sth** saber de algn/algo; **know-all** n sabelotodo mf; **know-how** n conocimientos mpl; **knowing** adj (look) de complicidad; **knowingly** adv (purposely) adrede; (smile, look) con complicidad; **know-it-all** (us) n = **know-all**

knowledge ['nɔlɪdʒ] n conocimiento; (learning) saber m, conocimientos mpl; **knowledgeable** adj entendido

known [nəʊn] pp of **know** ▷ adj (thief, facts) conocido; (expert) reconocido

knuckle ['nʌkl] n nudillo

koala [kəʊ'aːlə] n (also: ~ **bear**) koala m

Koran [kɔ'raːn] n Corán m

Korea [kə'rɪə] n Corea; **Korean** adj, n coreano/a m/f

kosher ['kəʊʃə*] adj autorizado por la ley judía

Kosovar ['kɒsəvɑ*], **Kosovan** ['kɒːsəvæn] adj kosovar

Kosovo ['kɒsəvəʊ] n Kosovo

Kremlin ['kremlɪn] n: **the ~** el Kremlin

Kuwait [kuˈweɪt] n Kuwait m

L

L (BRIT) abbr = **learner driver**

l. abbr (= litre) l

lab [læb] n abbr = **laboratory**

label ['leɪbl] n etiqueta ▷vt poner etiqueta a

labor etc ['leɪbə*] (US) = **labour** etc

laboratory [lə'bɔrətəri] n laboratorio

Labor Day (US) n día m de los trabajadores (*primer lunes de septiembre*)

labor union (US) n sindicato

labour ['leɪbə*] (US **labor**) n (*hard work*) trabajo; (*labour force*) mano f de obra; (*Med*): **to be in ~** estar de parto ▷vi: **to ~ (at sth)** trabajar (en algo) ▷vt: **to ~ a point** insistir en un punto; **L~, the L~ party** (BRIT) el partido laborista, los laboristas *mpl* ▷ **labourer** n peón m; **farm labourer** peón m; (*day labourer*) jornalero

lace [leɪs] n encaje m; (*of shoe etc*) cordón m ▷vt (*shoes: also:* ~ **up**) atarse (los zapatos)

lack [læk] n (*absence*) falta f ▷vt faltarle a algn, carecer de; **through** or **for ~ of** por falta de; **to be ~ing** faltar, no haber; **to be ~ing in sth** faltarle a algn algo

lacquer ['lækə*] n laca

lacy ['leɪsɪ] adj (*of lace*) de encaje; (*like lace*) como de encaje

lad [læd] n muchacho, chico

ladder ['lædə*] n escalera (de mano); (BRIT: *in tights*) carrera

ladle ['leɪdl] n cucharón m

lady ['leɪdɪ] n señora; (*dignified, graceful*) dama; **"ladies and gentlemen ..."** "señoras y caballeros ..."; **young ~** señorita; **the ladies' (room)** los servicios de señoras; **ladybird** (US **ladybug**) n mariquita

lag [læg] n retraso ▷vi (*also:* ~ **behind**) retrasarse, quedarse atrás ▷vt (*pipes*) revestir

lager ['lɑ:gə*] n cerveza (rubia)

lagoon [lə'gu:n] n laguna

laid [leɪd] pt, pp of **lay**; **laid back** (*inf*) adj relajado

lain [leɪn] pp of **lie**

lake [leɪk] n lago

lamb [læm] n cordero; (*meat*) (carne f de) cordero

lame [leɪm] adj cojo; (*excuse*) poco convincente

lament [lə'mɛnt] n queja ▷vt lamentarse de

lamp [læmp] n lámpara; **lamppost** (BRIT) n (poste m de) farol m; **lampshade** n pantalla

land [lænd] n tierra; (*country*) país m; (*piece of land*) terreno; (*estate*) tierras *fpl*, finca ▷vi (*from ship*) desembarcar; (*Aviat*) aterrizar; (*fig: fall*) caer, terminar ▷vt (*passengers, goods*) desembarcar; **to ~ sb with sth** (*inf*) hacer cargar a algn con algo; **landing** n aterrizaje m; (*of staircase*) rellano; **landing card** n tarjeta de desembarque; **landlady** (*of rented house, pub etc*) dueña; **landlord** n propietario; (*of pub etc*) patrón m; **landmark** n lugar m conocido; **to be a landmark** (*fig*) marcar un hito histórico; **landowner** n terrateniente *mf*; **landscape** *n* paisaje *m*; **landslide** *n* (*Geo*) corrimiento de tierras; (*fig: Pol*) victoria arrolladora

lane [leɪn] *n* (*in country*) camino, (*Aut*) carril *m*; (*in race*) calle *f*

language [ˈlæŋgwɪdʒ] *n* lenguaje *m*; (*national tongue*) idioma *m*, lengua; **bad ~** palabrotas *fpl*; **language laboratory** *n* laboratorio de idiomas; **language school** *n* academia de idiomas

lantern [ˈlæntn] *n* linterna, farol *m*

lap [læp] *n* (*of track*) vuelta; (*of body*) regazo ▷ *vt* (*also:* **~ up**) beber a lengüetazos ▷ *vi* (*waves*) chapotear; **to sit on sb's ~** sentarse en las rodillas de algn

lapel [ləˈpɛl] *n* solapa

lapse [læps] *n* fallo *m*; (*moral*) desliz *m*; (*of time*) intervalo *m* ▷ *vi* (*expire*) caducar; (*time*) pasar, transcurrir; **to ~ into bad habits** caer en malos hábitos

laptop (computer) [ˈlæptɔp-] *n* (ordenador *m*) portátil *m*

lard [lɑːd] *n* manteca (de cerdo)

larder [ˈlɑːdə*] *n* despensa

large [lɑːdʒ] *adj* grande; **at ~** (*free*) en libertad; (*generally*) en general

> Be careful not to translate **large** with the Spanish word *largo*.

largely [ˈlɑːdʒlɪ] *adv* (*mostly*) en su mayor parte; (*introducing reason*) en gran parte; **large-scale** *adj* (*map*) en gran escala; (*fig*) importante

lark [lɑːk] *n* (*bird*) alondra; (*joke*) broma

laryngitis [lærɪnˈdʒaɪtɪs] *n* laringitis *f*

lasagne [ləˈzænjə] *n* lasaña

laser [ˈleɪzə*] *n* láser *m*; **laser printer** *n* impresora (por) láser

lash [læʃ] *n* latigazo; (*tie*): **to ~ to/ together** atar a/unir; **lash out** *vi*: **to lash out (at sb)** (*hit*) arremeter (contra algn); **to lash out against sb** lanzar invectivas contra algn

lass [læs] (*BRIT*) *n* chica

last [lɑːst] *adj* último; (*end: of series*

etc) final ▷ *adv* (*most recently*) la última vez; (*finally*) por último ▷ *vi* durar; (*continue*) continuar, seguir; **~ night** anoche; **~ week** la semana pasada; **at ~** por fin; **~ but one** penúltimo; **lastly** *adv* por último, finalmente; **last-minute** *adj* de última hora

latch [lætʃ] *n* pestillo; **latch onto** *vt fus* (*person, group*) apegarse a; (*idea*) agarrarse a

late [leɪt] *adj* (*far on: in time, process etc*) al final de; (*not on time*) tarde, atrasado; (*dead*) fallecido ▷ *adv* tarde; (*behind time, schedule*) con retraso; **of ~** últimamente; **~ at night** a última hora de la noche; **in ~ May** hacia fines de mayo; **the ~ Mr X** el difunto Sr X; **latecomer** *n* recién llegado/a; **lately** *adv* últimamente; **later** *adj* (*date etc*) posterior; (*version etc*) más reciente ▷ *adv* más tarde, después; **latest** [ˈleɪtɪst] *adj* último; **at the latest** más tardar

lather [ˈlɑːðə*] *n* espuma (de jabón) ▷ *vt* enjabonar

Latin [ˈlætɪn] *n* latín *m* ▷ *adj* latino; **Latin America** *n* América latina; **Latin American** *adj*, *n* latinoamericano/a *m/f*

latitude [ˈlætɪtjuːd] *n* latitud *f*; (*fig*) libertad *f*

latter [ˈlætə*] *adj* último; (*of two*) segundo ▷ *n*: **the ~** el último, éste

laugh [lɑːf] *n* risa ▷ *vi* reír(se); (**to do sth) for a ~** (hacer algo) en broma; **laugh at** *vt fus* reírse de; **laughter** *n* risa

launch [lɔːntʃ] *n* lanzamiento; (*boat*) lancha ▷ *vt* (*ship*) botar; (*rocket etc*) lanzar; (*fig*) comenzar; **launch into** *vt fus* lanzarse a

launder [ˈlɔːndə*] *vt* lavar

Launderette® [lɔːnˈdrɛt] (*BRIT*) *n* lavandería (automática)

Laundromat® [ˈlɔːndrəmæt] (*US*) *n* = **Launderette**

laundry [ˈlɔːndrɪ] *n* (*dirty*) ropa sucia; (*clean*) colada; (*room*) lavadero

lava [ˈlɑːvə] n lava

lavatory [ˈlævətəri] n wáter m

lavender [ˈlævəndə*] n lavanda

lavish [ˈlævɪʃ] adj (amount) abundante; (person): **~ with** pródigo en ▷ vt: **to ~ sth on sb** colmar a algn de algo

law [lɔː] n ley f; (Scol) derecho; (as a rule) regla; (professions connected with law) jurisprudencia; **lawful** adj legítimo, lícito; **lawless** adj (action) criminal

lawn [lɔːn] n césped m; **lawnmower** n cortacésped m

lawsuit [ˈlɔːsuːt] n pleito

lawyer [ˈlɔːjə*] n abogado/a; (for sales, wills etc) notario/a

lax [læks] adj laxo

laxative [ˈlæksətɪv] n laxante m

lay [leɪ] (pt, pp **laid**) pt of **lie** ▷ adj laico; (not expert) lego ▷ vt (place) colocar; (eggs, table) poner; (cable) tender; (carpet) extender; **lay down** vt (pen etc) dejar; (rules etc) establecer; **to lay down the law** (pej) imponer las normas; **lay off** vt (workers) despedir; **lay on** vt (meal, facilities) proveer; **lay out** vt (spread out) disponer, exponer; **lay-by** n (BRIT Aut) área de aparcamiento

layer [ˈleɪə*] n capa

layman [ˈleɪmən] (irreg) n lego

layout [ˈleɪaʊt] n (design) plan m, trazado; (Press) composición f

lazy [ˈleɪzɪ] adj perezoso, vago; (movement) lento

lb. abbr = **pound** (weight)

lead¹ [liːd] (pt, pp **led**) n (front position) delantera f; (clue) pista f; (Elec) cable m; (for dog) correa; (Theatre) papel m principal ▷ vt (walk etc in front) ir a la cabeza de; (guide): **to ~ sb somewhere** conducir a algn a algún sitio; (be leader) dirigir; (start, guide: activity) protagonizar ▷ vi (road, pipe etc) conducir a; (Sport) ir primero; **to be in the ~** (Sport) llevar la delantera; (fig) ir a la cabeza; **to ~ the way** llevar la delantera; **lead up to** vt fus (events)

conducir a; (in conversation) preparar el terreno para

lead² [led] n (metal) plomo; (in pencil) mina

leader [ˈliːdə*] n jefe/a m/f, líder mf; (Sport) líder mf; **leadership** n dirección f; (position) mando; (quality) iniciativa f

lead-free [ˈlɛdfriː] adj sin plomo

leading [ˈliːdɪŋ] adj (main) principal; (first) primero; (front) delantero

lead singer [liːd-] n cantante mf

leaf [liːf] (pl **leaves**) n hoja ▷ vi: **to ~ through** hojear; **to turn over a new ~** reformarse

leaflet [ˈliːflɪt] n folleto

league [liːg] n sociedad f; (Football) liga; **to be in ~ with** haberse confabulado con

leak [liːk] n (of liquid, gas) escape m, fuga; (in pipe) agujero; (in roof) gotera; (in security) filtración f ▷ vi (shoes, ship) hacer agua; (pipe) tener(una) escape; (roof) gotear; (liquid, gas) escaparse, fugarse; (fig) divulgarse ▷ vt (fig) filtrar

lean [liːn] (pt, pp **~ed** or **~t**) adj (thin) flaco; (meat) magro ▷ vt: **to ~ sth on sth** apoyar algo en algo ▷ vi (slope) inclinarse; **to ~ against** apoyarse contra; **to ~ on** apoyarse en; **lean forward** vi inclinarse hacia adelante; **lean over** vi inclinarse; **leaning** n (leaning (towards)) inclinación f (hacia)

leant [lɛnt] pt, pp of **lean**

leap [liːp] (pt, pp **~ed** or **~t**) n salto ▷ vi saltar

leapt [lɛpt] pt, pp of **leap**

leap year n año bisiesto

learn [ləːn] (pt, pp **~ed** or **~t**) vt aprender ▷ vi aprender; **to ~ about sth** enterarse de algo; **to do sth** aprender a hacer algo; **learner** n (BRIT: also: **learner driver**) principiante m; **learning** n el saber m, conocimientos mpl

learnt [ləːnt] pp of **learn**

lease [liːs] n arriendo ▷ vt arrendar

leash [liːʃ] n correa

least [li:st] adj: **the ~** (slightest) el menor, el más pequeño; (smallest amount of) mínimo ▷ adv (+ vb) menos; (+ adj): **the ~ expensive** el (la) menos costoso/a; **the ~ possible effort** el menor esfuerzo posible; **at ~** por lo menos, al menos; **you could at ~ have written** por lo menos podías haber escrito; **not in the ~** en absoluto

leather ['lɛðə*] n cuero

leave [li:v] (pt, pp **left**) vt dejar; (go away from) abandonar; (place etc: permanently) salir de ▷ vi irse; (train etc) salir ▷ n permiso; **to ~ sth to sb** (money etc) legar algo a algn; (responsibility etc) encargar de algo a algn; **to be left** quedar, sobrar; **there's some milk left over** sobra or queda algo de leche; **on ~** de permiso; **leave behind** vt (on purpose) dejar; (accidentally) dejarse; **leave out** vt omitir

leaves [li:vz] npl of **leaf**

Lebanon ['lɛbənən] n: **the ~** el Líbano

lecture ['lɛktʃə*] n conferencia; (Scol) clase f ▷ vi dar una clase ▷ vt (scold): **to ~ sb on or about sth** echar una reprimenda a algn por algo; **to give a ~ on** dar una conferencia sobre; **lecture hall** n sala de conferencias; (Univ) aula; **lecturer** n conferenciante mf; (BRIT: at university) profesor(a) m/f; **lecture theatre** n = **lecture hall**

led [lɛd] pt, pp of **lead**¹

ledge [lɛdʒ] n repisa; (of window) alféizar m; (of mountain) saliente m

leek [li:k] n puerro

left [lɛft] pt, pp of **leave** ▷ adj izquierdo; (remaining): **there are two ~** quedan dos ▷ n izquierda ▷ adv a la izquierda; **on** or **to the ~** a la izquierda; **the L~** (Pol) la izquierda; **left-hand** adj: **the left-hand side** la izquierda; **left-hand drive** adj: **a left-hand drive car** un coche con el volante a la izquierda; **left-handed** adj zurdo; **left-luggage locker** n (BRIT) consigna automática; **left-luggage**

(office) (BRIT) n consigna; **left-overs** npl sobras fpl; **left-wing** adj (Pol) de izquierdas, izquierdista

leg [lɛg] n (of animal, chair) pata; (trouser leg) pernera; (Culin: of lamb) pierna; (: of chicken) pata; (of journey) etapa

legacy ['lɛgəsɪ] n herencia

legal ['li:gl] adj (permitted by law) lícito; (of law) legal; **legal holiday** (US) n fiesta oficial; **legalize** vt legalizar; **legally** adv legalmente

legend ['lɛdʒənd] n (also fig: person) leyenda; **legendary** [-ərɪ] adj legendario

leggings ['lɛgɪŋz] npl mallas fpl, leggins mpl

legible ['lɛdʒəbl] adj legible

legislation [lɛdʒɪs'leɪʃən] n legislación f

legislative ['lɛdʒɪslətɪv] adj legislativo

legitimate [lɪ'dʒɪtɪmət] adj legítimo

leisure ['lɛʒə*] n ocio, tiempo libre; **at ~** con tranquilidad; **leisure centre** (BRIT) n centro de recreo; **leisurely** adj sin prisa; lento

lemon ['lɛmən] n limón m; **lemonade** n (fizzy) gaseosa; **lemon tea** n té m con limón

lend [lɛnd] (pt, pp **lent**) vt: **to ~ sth to sb** prestar algo a algn

length [lɛŋθ] n (size) largo, longitud f; (distance): **the ~ of** todo lo largo de; (of swimming pool, cloth) largo; (of wood, string) trozo; (amount of time) duración f; **at ~** (at last) por fin, finalmente; (lengthily) largamente; **lengthen** vt alargar ▷ vi alargarse; **lengthways** adv a lo largo; **lengthy** adj largo, extenso

lens [lɛnz] n (of spectacles) lente f; (of camera) objetivo

Lent [lɛnt] n Cuaresma

lent [lɛnt] pt, pp of **lend**

lentil ['lɛntl] n lenteja

Leo ['li:əu] n Leo

leopard ['lɛpəd] n leopardo

leotard ['li:ata:d] n mallas fpl

leprosy ['leprǝsɪ] n lepra

lesbian ['lezbɪǝn] n lesbiana

less [les] adj (in size, degree etc)
menor; (in quality) menos ▷ pron, adv
menos ▷ prep: ~ **tax/10% discount**
menos impuestos/el 10 por ciento
de descuento; ~ **than half** menos
de la mitad; ~ **than ever** menos que
nunca; ~ **and** ~ cada vez menos; **the**
~ **he works** ... cuanto menos trabaja
.... **lessen** vi disminuir, reducirse ▷ vt
disminuir, reducir; **lesser** ['lesǝ'] adj
menor; **to a lesser extent** en menor
grado

lesson ['lesn] n clase f; (warning)
lección f

let [let] (pt, pp = ~) vt (allow) dejar,
permitir; (BRIT: lease) alquilar; **to ~ sb**
do sth dejar que algn haga algo; **to ~**
sb know sth comunicar algo a algn;
~'s **go** ¡vamos!; ~ **him come** que venga;
"**to ~**" "se alquila"; **let down** vt (tyre)
desinflar; (disappoint) defraudar; **let in**
vt dejar entrar; (visitor etc) hacer pasar;
let off vt (culprit) dejar escapar; (gun)
disparar; (bomb) accionar; (firework)
hacer estallar; **let out** vt dejar salir;
(sound) soltar

lethal ['li:θl] adj (weapon) mortífero;
(poison, wound) mortal

letter ['letǝ'] n (of alphabet) letra;
(correspondence) carta; **letterbox** (BRIT)
n buzón m

lettuce ['letɪs] n lechuga

leukaemia [lu:'ki:mɪǝ] (US **leukemia**)
n leucemia

level ['levl] adj (flat) llano ▷ adv: **to**
draw ~ **with** llegar a la altura de ▷ n
nivel m; (height) altura ▷ vt nivelar;
allanar; (destroy: building) derribar;
(: forest) arrasar; **to be** ~ **with** estar
a nivel de; **A** ~**s** (BRIT) = exámenes
mpl de bachillerato superior, B.U.P.;
AS ~ (BRIT) asignatura aprobada entre
los "GCSEs" y los "A levels"; **on the** ~
(fig: honest) serio; **level crossing** (BRIT)
n paso a nivel

lever ['li:vǝ'] n (also fig) palanca
▷ vt: **to ~ up** levantar con palanca;
leverage n (using bar etc)
apalancamiento; (fig: influence)
influencia

levy ['levɪ] n impuesto ▷ vt exigir,
recaudar

liability [laɪǝ'bɪlǝtɪ] n (pej: person,
thing) estorbo, lastre m; (Jur:
responsibility) responsabilidad f

liable ['laɪǝbl] adj (subject): **to ~** sujeto
a; (responsible): ~ **for** responsable de;
(likely): ~ **to do** propenso a hacer

liaise [lɪ'eɪz] vi: **to ~ with** enlazar con

liar ['laɪǝ'] n mentiroso/a

liberal ['lɪbǝrl] adj liberal; (offer,
amount etc) generoso; **Liberal**
Democrat n (BRIT) demócrata m/f
liberal

liberate ['lɪbǝreɪt] vt (people: from
poverty etc) librar; (prisoner) libertar;
(country) liberar

liberation [lɪbǝ'reɪʃǝn] n liberación f

liberty ['lɪbǝtɪ] n libertad f; **to be at**
~ (criminal) estar en libertad; **to be at**
~ **to do** estar libre para hacer; **to take**
the ~ of doing sth tomarse la libertad
de hacer algo

Libra ['li:brǝ] n Libra

librarian [laɪ'breǝrɪǝn] n
bibliotecario/a

library ['laɪbrǝrɪ] n biblioteca

> Be careful not to translate **library**
> by the Spanish word librería.

Libya ['lɪbɪǝ] n Libia

lice [laɪs] npl of **louse**

licence ['laɪsǝns] (US **license**) n
licencia; (permit) permiso; (also: **driving**
~) carnet m de conducir (SP), licencia de
manejo (LAM)

license ['laɪsǝns] n (US) = **licence** ▷ vt
autorizar, dar permiso a; **licensed**
(for alcohol) autorizado para vender
bebidas alcohólicas; (car) matriculado;
license plate n placa (de
matrícula); **licensing hours** (BRIT) npl
horas durante las cuales se permite la venta
y consumo de alcohol (en un bar etc)

lick [lɪk] vt lamer; (*inf: defeat*) dar una paliza a; **to ~ one's lips** relamerse

lid [lɪd] n (*of box, case*) tapa; (*of pan*) tapadera

lie [laɪ] (*pt* **lay**, *pp* **lain**) vi (*rest*) estar echado, estar acostado; (*of object: be situated*) estar, encontrarse; (*tell lies: pt, pp* **lied**) mentir ▷ n mentira; **to ~ low** (*fig*) mantenerse a escondidas; **lie about** or **around** vi (*things*) estar tirado; (*BRIT: people*) estar tumbado; **lie down** vi echarse, tumbarse

Liechtenstein ['lɪktənstaɪn] n Liechtenstein m

lie-in ['laɪɪn] (*BRIT*) n: **to have a ~** quedarse en la cama

lieutenant [lefˈtenənt, *US* luːˈtenənt] n (*Mil*) teniente mf

life [laɪf] (*pl* **lives**) n vida; **to come to ~** animarse; **life assurance**(*BRIT*) n seguro de vida; **lifeboat** n lancha de socorro; **lifeguard** n vigilante mf, socorrista mf; **life insurance** n = **life assurance**; **life jacket** n chaleco salvavidas; **lifelike** adj (*model etc*) que parece vivo; (*realistic*) realista; **life preserver**(*US*) n cinturón m/chaleco salvavidas; **life sentence** n cadena perpetua; **lifestyle** n estilo de vida; **lifetime** n (*of person*) vida; (*of thing*) período de vida

lift [lɪft] vt levantar, suprimir ▷ vi (*fog*) disiparse ▷ n (*BRIT: machine*) ascensor m; **to give sb a ~** (*BRIT*) llevar a algn en el coche; **lift up** vt levantar; **lift-off** n despegue m

light [laɪt] (*pt, pp* **-ed** or **lit**) n luz f; (*lamp*) luz f, lámpara f; (*Aut*) faro; (*for cigarette etc*) **have you got a ~?** ¿tienes fuego? ▷ vt (*candle, cigarette, fire*) encender (*SP*), prender (*LAM*); (*room*) alumbrar ▷ adj (*colour*) claro; (*not heavy, also fig*) ligero; (*room*) con mucha luz; (*gentle, graceful*) ágil; **lights** npl (*traffic lights*) semáforos mpl; **to come to ~** salir a luz; **in the ~ of** (*new evidence etc*) a la luz de; **light up** vi

(*smoke*) encender un cigarrillo; (*face*) iluminarse ▷ vt (*illuminate*) iluminar, alumbrar; (*set fire to*) encender; **light bulb** n bombilla (*SP*), foco (*MEX*), bujía (*CAM*), bombita (*RPL*); **lighten** vt (*make less heavy*) aligerar; **lighter** n (*also: cigarette lighter*) encendedor m, mechero; **light-hearted** adj (*person*) alegre; (*remark etc*) divertido; **lighthouse** n faro; **lighting** n (*system*) alumbrado; **lightly** adv ligeramente; (*not seriously*) con poca seriedad; **to get off lightly** ser castigado con poca severidad

lightning ['laɪtnɪŋ] n relámpago, rayo

lightweight ['laɪtweɪt] adj (*suit*) ligero ▷ n (*Boxing*) peso ligero

like [laɪk] vt gustarle a algn ▷ prep como ▷ adj parecido, semejante ▷ n: **and the ~** y otros por el estilo; **his ~s and dislikes** sus gustos y aversiones; **I would ~, I'd ~** me gustaría; (*for purchase*) quisiera; **would you ~ a coffee?** ¿te apetece un café?; **I ~ swimming** me gusta nadar; **she ~s apples** le gustan las manzanas; **to be** or **look ~ sb/sth** parecerse a algn/algo; **what does it look/taste/sound ~?** ¿cómo es/a qué sabe/cómo suena?; **that's just ~ him** es muy de él, es característico de él; **do it ~ this** hazlo así; **it is nothing ~ ...** no tiene parecido alguno con ...; **likeable** adj simpático, agradable

likelihood ['laɪklɪhud] n probabilidad f

likely ['laɪklɪ] adj probable; **he's ~ to leave** es probable que se vaya; **not ~!** ¡ni hablar!

likewise ['laɪkwaɪz] adv igualmente; **to ~** hacer lo mismo

liking ['laɪkɪŋ] n: **~ (for)** (*person*) cariño (a); (*thing*) afición (a); **to be to sb's ~** ser del gusto de algn

lilac ['laɪlək] n (*tree*) lilo; (*flower*) lila

Lilo® ['laɪləu] n colchoneta inflable

lily ['lɪlɪ] n lirio, azucena; **~ of the**

valley lirio de los valles

limb [lɪm] n miembro

limbo ['lɪmbəʊ] n: **to be in ~** (fig) quedar a la expectativa

lime [laɪm] n (tree) limero; (fruit) lima; (Geo) calf

limelight ['laɪmlaɪt] n: **to be in the ~** (fig) ser el centro de atención

limestone ['laɪmstəʊn] n piedra caliza

limit ['lɪmɪt] n límite m ▷ vt limitar; **limited** adj limitado; **to be limited to** limitarse a

limousine ['lɪməziːn] n limusina

limp [lɪmp] vi: **to have a ~** tener cojera ▷ vi cojear ▷ adj flojo; (material) fláccido

line [laɪn] n línea; (rope) cuerda; (for fishing) sedal m; (wire) hilo; (row, series) fila, hilera; (of writing) renglón m, línea; (of song) verso m; (on face) arruga; (Rail) vía ▷ vt (road etc) llenar; (Sewing) forrar; **to ~ the streets** llenar las aceras; **in ~ with** alineado con; (according to) de acuerdo con; **line up** vi hacer cola ▷ vt alinear; (prepare) preparar; organizar

linear ['lɪnɪə*] adj lineal

linen ['lɪnɪn] n ropa blanca; (cloth) lino

liner ['laɪnə*] n vapor m de línea, transatlántico; (for bin) bolsa (de basura)

line-up ['laɪnʌp] n (us: queue) cola; (Sport) alineación f

linger ['lɪŋgə*] vi retrasarse, tardar en marcharse; (smell, tradition) persistir

lingerie ['lænʒəriː] n lencería

linguist ['lɪŋgwɪst] n lingüista mf; **linguistic** adj lingüístico

lining ['laɪnɪŋ] n forro; (Anat) (membrana) mucosa

link [lɪŋk] n (of a chain) eslabón m; (relationship) relación f, vínculo; (Internet) link m, enlace m ▷ vt vincular, unir; (associate) ~ **to ~ with** or **to** relacionar con; **links** npl (Golf) campo de golf; **link up** vt acoplar ▷ vi unirse

lion ['laɪən] n león m; **lioness** n leona

lip [lɪp] n labio; **lipread** vi leer los labios; **lip salve** n crema protectora para labios; **lipstick** n lápiz m de labios, carmín m

liqueur [lɪ'kjuə*] n licor m

liquid ['lɪkwɪd] adj, n líquido; **liquidizer** [-aɪzə*] n licuadora

liquor ['lɪkə*] n licor m, bebidas fpl alcohólicas; **liquor store** (us) n bodega, tienda de vinos y bebidas alcohólicas

Lisbon ['lɪzbən] n Lisboa

lisp [lɪsp] n ceceo ▷ vi cecear

list [lɪst] n lista ▷ vt (mention) enumerar; (put on a list) poner en una lista

listen ['lɪsn] vi escuchar, oír; **to ~ to sb/sth** escuchar a algn/algo; **listener** n oyente mf; (Radio) radioyente mf

lit [lɪt] pt, pp of **light**

liter ['liːtə*] (us) n = **litre**

literacy ['lɪtərəsɪ] n capacidad f de leer y escribir

literal ['lɪtərl] adj literal; **literally** adv literalmente

literary ['lɪtərərɪ] adj literario

literate ['lɪtərət] adj que sabe leer y escribir; (educated) culto

literature ['lɪtərɪtʃə*] n literatura; (brochures etc) folletos mpl

litre ['liːtə*] (us **liter**) n litro

litter ['lɪtə*] n (rubbish) basura; (young animals) camada, cría; **litter bin** (BRIT) n papelera; **littered** adj: **littered with** (scattered) lleno de

little ['lɪtl] adj (small) pequeño; (not much) poco ▷ adv poco; **a ~** un poco (de); ~ **house/bird** casita/pajarito; **a ~ bit** un poquito; ~ **by ~** poco a poco; **little finger** n dedo meñique

live¹ [laɪv] adj (animal) vivo; (wire) conectado; (broadcast) en directo; (shell) cargado

live² [lɪv] vi vivir; **live together** vi vivir juntos; **live up to** vt fus (fulfil) cumplir con

livelihood ['laɪvlɪhʊd] n sustento

lively ['laɪvlɪ] adj vivo;

(*interesting: place, book etc*) animado

liven up ['laɪvn-] *vt* animar ▷ *vi* animarse

liver ['lɪvə*] *n* hígado

lives [laɪvz] *npl of* **life**

livestock ['laɪvstɔk] *n* ganado

living ['lɪvɪŋ] *adj* (*alive*) vivo ▷ *n*: **to earn** *or* **make a ~** ganarse la vida; **living room** *n* sala (de estar)

lizard ['lɪzəd] *n* lagarto *m*; (*small*) lagartija *f*

load [ləud] *n* carga; (*weight*) peso ▷ *vt* (*Comput*) cargar; (*also: ~ up*): **to ~ (with)** cargar (con *or* de); **a ~ of rubbish** (*inf*) tonterías *fpl*; **a ~ of, ~s of** (*fig*) (gran) cantidad de, montones de; **loaded** *adj* (*vehicle*): **to be loaded with** estar cargado de

loaf [ləuf] (*pl* **loaves**) *n* (barra de) pan *m*

loan [ləun] *n* préstamo ▷ *vt* prestar; **on ~** prestado

loathe [ləuð] *vt* aborrecer; (*person*) odiar

loaves [ləuvz] *npl of* **loaf**

lobby ['lɔbɪ] *n* vestíbulo, sala de espera; (*Pol: pressure group*) grupo de presión ▷ *vt* presionar

lobster ['lɔbstə*] *n* langosta

local ['ləukl] *adj* local ▷ *n* (*pub*) bar *m*; **the locals** *npl* los vecinos, los del lugar; **local anaesthetic** *n* (*Med*) anestesia local; **local authority** *n* municipio, ayuntamiento (*sp*); **local government** *n* gobierno municipal; **locally** [-kəlɪ] *adv* en la vecindad; por aquí

locate [ləu'keɪt] *vt* (*find*) localizar; (*situate*): **to be ~d in** estar situado en

location [ləu'keɪʃən] *n* situación *f*; **on ~** (*Cinema*) en exteriores

loch [lɔx] *n* lago

lock [lɔk] *n* (*of door, box*) cerradura; (*of canal*) esclusa; (*of hair*) mechón *m* ▷ *vt* (*with key*) cerrar (con llave) ▷ *vi* (*door etc*) cerrarse (con llave); (*wheels*) trabarse; **lock in** *vt* encerrar; **lock out** *vt* (*person*) cerrar la puerta a; **lock up** *vt* (*criminal*) meter en la cárcel; (*mental*

patient) encerrar; (*house*) cerrar (con llave) ▷ *vi* echar la llave

locker ['lɔkə*] *n* casillero; **locker-room** (*us*) *n* (*Sport*) vestuario

locksmith ['lɔksmɪθ] *n* cerrajero/a

locomotive [ləukə'məutɪv] *n* locomotora

lodge [lɔdʒ] *n* casita (del guarda) ▷ *vi* (*person*): **to ~ (with)** alojarse (en casa de); (*bullet, bone*) incrustarse ▷ *vt* presentar; **lodger** *n* huésped *mf*

lodging ['lɔdʒɪŋ] *n* alojamiento, hospedaje *m*

loft [lɔft] *n* desván *m*

log [lɔg] *n* (*of wood*) leño, tronco; (*written account*) diario ▷ *vt* anotar; **log in, log on** *vi* (*Comput*) entrar en el sistema; **log off, log out** *vi* (*Comput*) salir del sistema

logic ['lɔdʒɪk] *n* lógica; **logical** *adj* lógico

logo ['ləugəu] *n* logotipo

lollipop ['lɔlɪpɔp] *n* pirulí *m*; **lollipop man/lady** (*BRIT: irreg*) *n* persona encargada de ayudar a los niños a cruzar la calle

lolly ['lɔlɪ] *n* (*inf: ice cream*) polo; (*: lollipop*) piruleta; (*: money*) guita

London ['lʌndən] *n* Londres; **Londoner** *n* londinense *mf*

lone [ləun] *adj* solitario

loneliness ['ləunlɪnɪs] *n* soledad *f*, aislamiento

lonely ['ləunlɪ] *adj* (*situation*) solitario; (*person*) solo; (*place*) aislado

long [lɔŋ] *adj* largo ▷ *adv* mucho tiempo, largamente ▷ *vi*: **to ~ for sth** anhelar algo; **so or as ~ as** mientras, con tal que; **don't be ~!** ¡no tardes!, ¡vuelve pronto!; **how ~ is the street?** ¿cuánto tiene la calle de largo?; **how ~ is the lesson?** ¿cuánto dura la clase? **6 metres ~** que mide 6 metros, de 6 metros de largo; **6 months ~** que dura 6 meses, de 6 meses de duración; **all night ~** toda la noche; **he no ~er comes** ya no viene; **I can't stand it any ~er** ya no lo aguanto más; **~ before**

mucho antes; **before ~** (+ future) dentro de poco; (+ past) poco tiempo después; **at ~ last** al fin, por fin; **long-distance** adj (race) de larga distancia; (call) interurbano; **long-haul** adj (flight) de larga distancia; **longing** n anhelo, ansia; (nostalgia) nostalgia ▷ adj anhelante

longitude ['lɒŋgɪtjuːd] n longitud f
long: **long jump** n salto de longitud; **long-life** adj (batteries) de larga duración; (milk) uperizado; **long-sighted** (BRIT) adj présbita; **long-standing** adj de mucho tiempo; **long-term** adj a largo plazo
loo [luː] (BRIT: inf) n wáter m

look [luk] vi mirar; (seem) parecer; (building etc): **to ~ south/on to the sea** dar al sur/al mar ▷ n (gen): **to have a ~** mirar; (glance) mirada; (appearance) aire m, aspecto; **looks** npl (good looks) belleza; **~ (here)!** (expressing annoyance etc) ¡oye!; **~!** (expressing surprise) ¡mira!; **look after** vt fus (care for) cuidar a; (deal with) encargarse de; **look around** vi echar una mirada alrededor; **look at** vt fus mirar; (read quickly) echar un vistazo a; **look back** vi mirar hacia atrás; **look down on** vt fus (fig) despreciar, mirar con desprecio; **look for** vt fus buscar; **look forward to** vt fus esperar con ilusión; (in letters): **we look forward to hearing from you** quedamos a la espera de sus gratas noticias; **look into** vt investigar; **look out** vi (beware): **to look out (for)** tener cuidado (de); **look out for** vt fus (seek) buscar; (await) esperar; **look round** vi volver la cabeza; **look through** vt fus (examine) examinar; **look up** vi mirar hacia arriba; (improve) mejorar ▷ vt (word) buscar; **look up to** vt fus admirar; **lookout** n (tower etc) puesto de observación; (person) vigía m f; **to be on the lookout for sth** estar al acecho de algo

loom [luːm] vi: **~ (up)** (threaten) surgir, amenazar; (event: approach)

aproximarse

loony ['luːnɪ] (inf) n, adj loco/a m f

loop [luːp] n lazo ▷ vt: **to ~ sth round sth** pasar algo alrededor de algo; **loophole** n escapatoria

loose [luːs] adj suelto; (clothes) ancho; (morals, discipline) relajado; **to be on the ~** estar en libertad; **to be at a ~ end** or **at ~ ends** (US) no saber qué hacer; **loosely** adv libremente, aproximadamente; **loosen** vt aflojar

loot [luːt] n botín m ▷ vt saquear

lop-sided ['lɒp'saɪdɪd] adj torcido

lord [lɔːd] n señor m; **L~ Smith** Lord Smith; **the L~** el Señor; **my ~** (to bishop) Ilustrísima; (to noble etc) Señor; **good L~!** ¡Dios mío!; **Lords** npl (BRIT: Pol): **the (House of) Lords** la Cámara de los Lores

lorry ['lɒrɪ] (BRIT) n camión m; **lorry driver** (BRIT) n camionero/a

lose [luːz] (pt, pp **lost**) vt perder ▷ vi perder, ser vencido; **to ~ (time)** (clock) atrasarse; **lose out** vi salir perdiendo; **loser** n perdedor(a) m f

loss [lɒs] n pérdida; **heavy ~es** (Mil) grandes pérdidas; **to be at a ~** no saber qué hacer; **to make a ~** sufrir pérdidas

lost [lɒst] pt, pp of **lose** ▷ adj perdido; **lost property** (us **lost and found**) n objetos mpl perdidos

lot [lɒt] n (group: of things) grupo; (at auctions) lote m; **the ~** el todo, todos; **a ~** (large number: of books etc) muchos; (a great deal) mucho, bastante; **a ~ of, ~s of** mucho(s) (pl); **I read a ~** leo bastante; **to draw ~s (for sth)** echar suertes (para decidir algo)

lotion ['ləʊʃən] n loción f

lottery ['lɒtərɪ] n lotería f

loud [laud] adj (voice, sound) fuerte; (laugh, shout) estrepitoso; (condemnation etc) enérgico; (gaudy) chillón/ona ▷ adv (speak etc) fuerte; **out ~** en voz alta; **loudly** adv (noisily) fuerte; (aloud) en voz alta; **loudspeaker** n altavoz m

lounge [laundʒ] n salón m, sala (de

estar); (at airport etc) sala; (BRIT: also: **~-bar**) salón-bar m y (also: **~ about** or **around**) reposar, holgazanear

louse [laus] (pl **lice**) n piojo

lousy ['lauzı] (inf) adj (bad quality) malísimo, asqueroso; (ill) fatal

love [lʌv] n (romantic, sexual) amor m; (kind, caring) cariño ▷ vt amar, querer; (thing, activity) encantarle a algn; **~ from Anne** (on letter) un abrazo (de) Anne; **to ~ to do** encantarle a algn hacer; **to be/fall in ~ with** estar enamorado/enamorarse de; **to make ~** hacer el amor; **for the ~ of** por amor de; **"15 ~"** (Tennis) "15 a cero"; **I ~ you** te quiero; **I ~ paella** me encanta la paella; **love affair** n aventura sentimental; **love life** n vida sentimental

lovely ['lʌvlı] adj (delightful) encantador(a); (beautiful) precioso

lover ['lʌvə*] n amante mf; (person in love) enamorado/a; (amateur): **a ~ of** un(a) aficionado/a o un(a) amante de

loving ['lʌvɪŋ] adj amoroso, cariñoso; (action) tierno

low [ləu] adj, adv bajo ▷ n (Meteorology) área de baja presión; **to be ~ on** (supplies etc) andar mal de; **to feel ~** sentirse deprimido; **to turn (down)** bajar; **low-alcohol** adj de bajo contenido en alcohol; **low-calorie** adj bajo en calorías

lower ['ləuə*] adj más bajo; (less important) menos importante ▷ vt bajar; (reduce) reducir ▷ vr: **to ~ o.s. to** (fig) rebajarse a

low-fat adj (milk, yoghurt) desnatado; (diet) bajo en calorías

loyal ['lɔɪəl] adj leal, fiel; **loyalty** n lealtad f; **loyalty card** n tarjeta cliente

L.P. n abbr (= long-playing record) elepé m

L-plates ['el-] (BRIT) npl placas fpl de aprendiz de conductor

○ **L-PLATES**

○ En el Reino Unido las personas
○ que están aprendiendo a conducir

○ deben llevar en la parte delantera
○ y trasera de su vehículo unas
○ placas blancas con una L en rojo
○ conocidas como **L-Plates** (de
○ **learner**). No es necesario que
○ asistan a clases teóricas sino que,
○ desde el principio, se les entrega
○ un carnet de conducir provisional
○ ("provisional driving licence")
○ para que realicen sus prácticas,
○ aunque no pueden circular por
○ las autopistas y deben ir siempre
○ acompañadas por un conductor
○ con carnet definitivo ("full driving
○ licence").

Lt abbr (= lieutenant) Tte.

Ltd abbr (= limited company) S.A.

luck [lʌk] n suerte f; **bad ~** mala suerte; **good ~!** ¡que tengas suerte!, ¡suerte!; **bad** or **hard** or **tough ~!** ¡qué pena!; **luckily** adv afortunadamente; **lucky** adj afortunado; (at cards etc) con suerte; (object) que trae suerte

lucrative ['lu:krətɪv] adj lucrativo

ludicrous ['lu:dɪkrəs] adj absurdo

luggage ['lʌgɪdʒ] n equipaje m; **luggage rack** n (on car) baca, portaequipajes m inv

lukewarm ['lu:kwɔ:m] adj tibio

lull [lʌl] n tregua ▷ vt: **to ~ sb to sleep** arrullar a algn; **to ~ sb into a false sense of security** dar a algn una falsa sensación de seguridad

lullaby ['lʌləbaɪ] n nana

lumber ['lʌmbə*] n (junk) trastos mpl viejos; (wood) maderos mpl

luminous ['lu:mɪnəs] adj luminoso

lump [lʌmp] n terrón m; (fragment) trozo; (swelling) bulto ▷ vt (also: **~ together**) juntar; **lump sum** n suma global; **lumpy** adj (sauce) lleno de grumos; (mattress) lleno de bultos

lunatic ['lu:nətɪk] adj loco

lunch [lʌntʃ] n almuerzo, comida ▷ vi almorzar; **lunch break, lunch hour** n hora del almuerzo; **lunch time** n hora de comer

lung [lʌŋ] n pulmón m
lure [luə*] n (attraction) atracción f
▷ vt tentar
lurk [lə:k] vi (person, animal) estar al
acecho; (fig) acechar
lush [lʌʃ] adj exuberante
lust [lʌst] n lujuria; (greed) codicia
Luxembourg ['lʌksəmbə:g] n
Luxemburgo
luxurious [lʌg'zjuəriəs] adj lujoso
luxury ['lʌkʃəri] n lujo ▷ cpd de lujo
Lycra® ['laıkrə] n licra®
lying ['laıŋ] n mentiras fpl ▷ adj
mentiroso
lyrics ['lırıks] npl (of song) letra

m. abbr (= metre; mile; million)
M.A. abbr = Master of Arts
ma (inf) [mɑ:] n mamá
mac [mæk] (BRIT) n impermeable m
macaroni [mækə'rəunı] n
macarrones mpl
Macedonia [mæsı'dəunıə] n
Macedonia; **Macedonian** [-'dəunıən]
adj macedonio ▷ n macedonio/a;
(Ling) macedonio
machine [mə'ʃi:n] n máquina
▷ vt (dress etc) coser a máquina;
(Tech) hacer a máquina; **machine
gun** n ametralladora; **machinery**
n maquinaria; (fig) mecanismo;
machine washable adj lavable a
máquina
macho ['mætʃəu] adj machista
mackerel ['mækrl] n inv caballa
mackintosh ['mækıntəʃ] (BRIT) n
impermeable m
mad [mæd] adj loco; (idea)
disparatado; (angry) furioso; (keen): **to
be ~ about sth** volverse loco a algn algo
Madagascar [mædə'gæskə*] n

Madagascar m

madam ['mædəm] n señora

mad cow disease n encefalopatía espongiforme bovina

made [meɪd] pt, pp of **make**;
made-to-measure (BRIT) adj hecho a la medida; **made-up** ['meɪdʌp] adj (story) ficticio

madly ['mædlɪ] adv locamente

madman ['mædmən] (irreg) n loco

madness ['mædnɪs] n locura

Madrid [mə'drɪd] n Madrid

Mafia ['mæfɪə] n Mafia

mag [mæg] n abbr (BRIT inf) = **magazine**

magazine [mægə'ziːn] n revista; (Radio, TV) programa m magazina

maggot ['mægət] n gusano

magic ['mædʒɪk] n magia ▷ adj mágico; **magical** adj mágico; **magician** [mə'dʒɪən] n mago/a; (conjurer) prestidigitador/a m/f

magistrate ['mædʒɪstreɪt] n juez mf (municipal)

magnet ['mægnɪt] n imán m; **magnetic** [-'nɛtɪk] adj magnético; (personality) atrayente

magnificent [mæg'nɪfɪsənt] adj magnífico

magnify ['mægnɪfaɪ] vt (object) ampliar; (sound) aumentar; **magnifying glass** n lupa

magpie ['mægpaɪ] n urraca

mahogany [mə'hɒgənɪ] n caoba

maid [meɪd] n criada; mayor **old ~** (pej) solterona

maiden name n nombre m de soltera

mail [meɪl] n correo; (letters) cartas fpl ▷ vt echar al correo; **mailbox** (US) n buzón m; **mailing list** n lista de direcciones; **mailman** (US: irreg) n cartero; **mail-order** n pedido postal

main [meɪn] adj principal, mayor ▷ n (pipe) cañería maestra; (US) red f eléctrica ▷ the **~s** npl (BRIT Elec) la red eléctrica; **in the ~** en general; **main course** n (Culin) plato principal; **mainland** n tierra firme; **mainly**

adv principalmente; **main road** n carretera; **mainstream** n corriente f principal; **main street** n calle f mayor

maintain [meɪn'teɪn] vt mantener; **maintenance** ['meɪntənəns] n mantenimiento; (Law) manutención f

maisonette [meɪzə'nɛt] n dúplex m

maize [meɪz] (BRIT) n maíz m, choclo (SC)

majesty ['mædʒɪstɪ] n majestad f; (title): **Your M~** Su Majestad

major ['meɪdʒə*] n (Mil) comandante m/f ▷ adj principal; (Mus) mayor

Majorca [mə'jɔːkə] n Mallorca

majority [mə'dʒɒrɪtɪ] n mayoría

make [meɪk] (pt, pp **made**) vt hacer; (manufacture) fabricar; (mistake) cometer; (speech) pronunciar; (cause to be): **to ~ sb sad** poner triste a algn; (force): **to ~ sb do sth** obligar a algn a hacer algo; (earn) ganar; (equal): **2 and 2 ~ 4** 2 y 2 son 4 ▷ n marca; **to ~ the bed** hacer la cama; **to ~ a fool of sb** poner a algn en ridículo; **to ~ a profit/loss** obtener ganancias/sufrir pérdidas; **to ~ it** (arrive) llegar; (achieve sth) tener éxito; **what time do you ~ it?** ¿qué hora tienes?; **to ~ do with** contentarse con; **make off** vi largarse; **make out** vt (decipher) descifrar; (understand) entender; (see) distinguir; (cheque) extender; **make up** vt (invent) inventar; (prepare) hacer; (constitute) constituir ▷ vi reconciliarse; (with cosmetics) maquillarse; **make up for** vt fus compensar; **makeover** ['meɪkəʊvə*] n (by beautician) sesión f de maquillaje y peluquería; (change of image) lavado de cara; **maker** n fabricante mf; (of film, programme) autor(a) m/f; **makeshift** adj improvisado; **make-up** n maquillaje m

making ['meɪkɪŋ] n (fig): **in the ~** en vías de formación; **to have the ~s of** (person) tener madera de

malaria [mə'lɛərɪə] n malaria

Malaysia [mə'leɪzɪə] n Malasia,

Malaysia

male [meɪl] n (Biol) macho ▷ adj (sex, attitude) masculino; (child etc) varón

malicious [məˈlɪʃəs] adj malicioso; rencoroso

malignant [məˈlɪɡnənt] adj (Med) maligno

mall [mɔːl] (us) n (also: **shopping ~**) centro comercial

mallet [ˈmælɪt] n mazo

malnutrition [mælnjuːˈtrɪʃən] n desnutrición f

malpractice [mælˈpræktɪs] n negligencia profesional

malt [mɔːlt] n malta; (whisky) whisky m de malta

Malta [ˈmɔːltə] n Malta; **Maltese** [-ˈtiːz] adj, n inv maltés/esa m/f

mammal [ˈmæml] n mamífero

mammoth [ˈmæməθ] n mamut m ▷ adj gigantesco

man [mæn] (pl **men**) n hombre m; (mankind) el hombre ▷ vt (Naut) tripular; (Mil) guarnecer; (operate: machine) manejar; **an old ~** un viejo; **~ and wife** marido y mujer

manage [ˈmænɪdʒ] vi arreglárselas, ir tirando ▷ vt (be in charge of) dirigir; (control: person) manejar; (: ship) gobernar; **manageable** adj manejable; **management** n dirección f; **manager** n director/a m/f; (of pop star) mánager mf; (Sport) entrenador/a m/f; **manageress** n directora; entrenadora; **managerial** [-əˈdʒɪərɪəl] adj directivo; **managing director** n director/a m/f general

mandarin [ˈmændərɪn] n (also: **~ orange**) mandarina; (person) mandarín m

mandate [ˈmændeɪt] n mandato

mandatory [ˈmændətərɪ] adj obligatorio

mane [meɪn] n (of horse) crin f; (of lion) melena

maneuver [məˈnuːvə*] (us) = **manoeuvre**

mangetout [mɒnʒˈtuː] n tirabeque

m

mango [ˈmæŋɡəʊ] (pl **-es**) n mango

man: manhole n agujero de acceso; **manhood** n edad f viril; (state) virilidad f

mania [ˈmeɪnɪə] n manía; **maniac** [ˈmeɪnɪæk] n maníaco/a; (fig) maniático

manic [ˈmænɪk] adj frenético

manicure [ˈmænɪkjʊə*] n manicura

manifest [ˈmænɪfest] vt manifestar, mostrar ▷ adj manifiesto

manifesto [mænɪˈfestəʊ] n manifiesto

manipulate [məˈnɪpjʊleɪt] vt manipular

man: mankind [mænˈkaɪnd] n humanidad f, género humano; **manly** adj varonil; **man-made** adj artificial

manner [ˈmænə*] n manera, modo; (behaviour) conducta, manera de ser; (type): **all ~ of things** toda clase de cosas; **manners** npl (behaviour) modales mpl; **bad ~s** mala educación

manoeuvre [məˈnuːvə*] (us **maneuver**) vt, vi maniobrar ▷ n maniobra

manpower [ˈmænpaʊə*] n mano f de obra

mansion [ˈmænʃən] n palacio, casa grande

manslaughter [ˈmænslɔːtə*] n homicidio no premeditado

mantelpiece [ˈmæntlpiːs] n repisa, chimenea

manual [ˈmænjʊəl] adj manual ▷ n manual m

manufacture [mænjʊˈfæktʃə*] vt fabricar ▷ n fabricación f; **manufacturer** n fabricante mf

manure [məˈnjʊə*] n estiércol m

manuscript [ˈmænjʊskrɪpt] n manuscrito

many [ˈmenɪ] adj, pron muchos/as; **a great ~** muchísimos, un buen número de; **~ a time** muchas veces

map [mæp] n mapa m ▷ **to ~ out** vt proyectar

maple ['meɪpl] n arce m, maple m (LAM)

Mar abbr (= **March**) mar

mar [mɑ:*] vt estropear

marathon ['mærəθən] n maratón m

marble ['mɑ:bl] n mármol m; (toy) canica

March [mɑ:tʃ] n marzo

march [mɑ:tʃ] vi (Mil) marchar; (demonstrators) manifestarse ▷ n marcha; (demonstration) manifestación f

mare [mɛə*] n yegua

margarine [mɑ:dʒə'ri:n] n margarina

margin ['mɑ:dʒɪn] n margen m; (Comm: profit margin) margen m de beneficios; **marginal** adj marginal; **marginally** adv ligeramente

marigold ['mærɪgəuld] n caléndula

marijuana [mærɪ'wɑ:nə] n marijuana

marina [mə'ri:nə] n puerto deportivo

marinade [mærɪ'neɪd] n adobo

marinate ['mærɪneɪt] vt marinar

marine [mə'ri:n] adj marino ▷ n soldado de marina

marital ['mærɪtl] adj matrimonial; **marital status** n estado m civil

maritime ['mærɪtaɪm] adj marítimo

marjoram ['mɑ:dʒərəm] n mejorana

mark [mɑ:k] n marca, señal f; (in snow, mud etc) huella; (stain) mancha; (BRIT Scol) nota ▷ vt marcar; manchar; (damage: furniture) rayar; (indicate: place etc) señalar; (BRIT Scol) calificar, corregir; **to - time** marcar el paso; (fig) marcar(se) un ritmo; **marked** adj (obvious) marcado, acusado; **marker** n (sign) marcador m; (bookmark) señal f (de libro)

market ['mɑ:kɪt] n mercado ▷ vt (Comm) comercializar; **marketing** n márketing m; **marketplace** n mercado; **market research** n análisis m inv de mercados

marmalade ['mɑ:məleɪd] n mermelada de naranja

maroon [mə'ru:n] vt: **to be ~ed** quedar aislado; (fig) quedar abandonado ▷ n (colour) granate m

marquee [mɑ:'ki:] n entoldado

marriage ['mærɪdʒ] n (relationship, institution) matrimonio; (wedding) boda; (act) casamiento; **marriage certificate** n partida de casamiento

married ['mærɪd] adj casado; (life, love) conyugal

marrow ['mærəu] n médula; (vegetable) calabacín m

marry ['mærɪ] vt casarse con; (father, priest etc) casar ▷ vi (also: **get married**) casarse

Mars [mɑ:z] n Marte m

marsh [mɑ:ʃ] n pantano; (salt marsh) marisma

marshal ['mɑ:ʃl] n (Mil) mariscal m; (at sports meeting etc) oficial m; (us: of police, fire department) jefe/a m/f ▷ vt (thoughts etc) ordenar; (soldiers) formar

martyr ['mɑ:tə*] n mártir mf

marvel ['mɑ:vl] n maravilla, prodigio ▷ vi: **to - (at)** maravillarse (de); **marvellous** (us **marvelous**) adj maravilloso

Marxism ['mɑ:ksɪzəm] n marxismo

Marxist ['mɑ:ksɪst] adj, n marxista mf

marzipan ['mɑ:zɪpæn] n mazapán m

mascara [mæs'kɑ:rə] n rímel m

mascot ['mæskət] n mascota

masculine ['mæskjulɪn] adj masculino

mash [mæʃ] vt machacar; **mashed potato(es)** n(pl) puré m de patatas (SP) or papas (LAM)

mask [mɑ:sk] n máscara ▷ vt (cover): **to - one's face** ocultarse la cara; (hide: feelings) esconder

mason ['meɪsn] n (also: **stone~**) albañil m; (also: **free~**) masón m; **masonry** n (in building) mampostería

mass [mæs] n (people) muchedumbre f; (of air, liquid etc) masa; (of detail, hair etc) gran cantidad f; (Rel) misa ▷ cpd

masivo ▷ vi reunirse; concentrarse;
the masses npl las masas; **~es of** (inf)
montones de

massacre ['mæsəkə*] n masacre f

massage ['mæsɑ:ʒ] n masaje m ▷ vt
dar masaje a

massive ['mæsɪv] adj enorme;
(support, changes) masivo

mass media npl medios mpl de
comunicación

mass-produce ['mæsprə'dju:s] vt
fabricar en serie

mast [mɑ:st] n (Naut) mástil m; (Radio
etc) torre f

master ['mɑ:stə*] n (of servant)
amo; (of situation) dueño, maestro;
(in primary school) maestro; (in
secondary school) profesor m; (title of
boys): **M-X** Señorito X ▷ vt dominar;
mastermind n inteligencia superior
▷ vt dirigir, planear; **Master of
Arts/Science** n licenciatura superior
en Letras/Ciencias; **masterpiece** n
obra maestra

masturbate ['mæstəbeɪt] vi
masturbarse

mat [mæt] n estera; (also: **door~**)
felpudo; (also: **table ~**) salvamanteles m
inv; posavasos m inv ▷ adj = **matt**

match [mætʃ] n cerilla, fósforo;
(game) partido; (equal) igual m/f ▷ vt
(go well with) hacer juego con; (equal)
igualar; (correspond to) corresponderse
con; (pair: also: **~ up**) casar con ▷ vi
hacer juego; **to be a good ~** hacer
juego; **matchbox** n caja de cerillas;
matching adj que hace juego

mate [meɪt] n (workmate) colega mf;
(inf: friend) amigo/a; (animal) macho/
hembra; (in merchant navy) segundo
de a bordo ▷ vi acoplarse, aparearse
▷ vt aparear

material [mə'tɪərɪəl] n (substance)
materia; (information) material m;
(cloth) tela, tejido ▷ adj material;
(important) esencial; **materials** npl
materiales mpl

materialize [mə'tɪərɪəlaɪz] vi

materializarse

maternal [mə'tə:nl] adj maternal

maternity [mə'tə:nɪtɪ] n
maternidad f; **maternity hospital** n
hospital m de maternidad; **maternity
leave** n baja por maternidad

math [mæθ] (US) n = **mathematics**

mathematical [mæθə'mætɪkl] adj
matemático

mathematician [mæθəmə'tɪʃən] n
matemático/a

mathematics [mæθə'mætɪks] n
matemáticas fpl

maths [mæθs] (BRIT) n =
mathematics

matinée ['mætɪneɪ] n sesión f de
tarde

matron ['meɪtrən] n enfermera f jefe;
(in school) ama de llaves

matt [mæt] adj mate

matter ['mætə*] n cuestión f, asunto;
(Physics) sustancia, materia; (reading
matter) material m; (Med: pus) pus m
▷ vi importar; **matters** npl (affairs)
asuntos mpl, temas mpl; **it doesn't ~**
no importa; **what's the ~?** ¿qué pasa?;
no ~ what pase lo que pase; **as a ~
of course** por rutina; **as a ~ of fact**
de hecho

mattress ['mætrɪs] n colchón m

mature [mə'tjuə*] adj maduro
▷ vi madurar; **mature student** n
estudiante de más de 21 años; **maturity**
n madurez f

maul [mɔ:l] vt magullar

mauve [məuv] adj de color malva (SP)
or guinda (LAM)

max abbr = **maximum**

maximize ['mæksɪmaɪz] vt (profits
etc) llevar al máximo; (chances)
maximizar

maximum ['mæksɪməm] (pl
maxima) adj máximo ▷ n máximo

May [meɪ] n mayo

may [meɪ] (conditional **might**) vi
(indicating possibility): **he ~ come** puede
que venga; (be allowed to): **~ I smoke?**
¿puedo fumar?; (wishes): **~ God bless**

you! ¡que Dios le bendiga!; **you ~ as well go** bien puedes irte

maybe ['meɪbɪ] adv quizá(s)

May Day n el primero de Mayo

mayhem ['meɪhɛm] n caos m total

mayonnaise [meɪə'neɪz] n mayonesa

mayor [mɛə*] n alcalde m; **mayoress** n alcaldesa

maze [meɪz] n laberinto

MD n abbr = **managing director**

me [miː] pron (direct) me; (stressed, after pron) mí; (after prep) mí; **can you hear ~?** ¿me oyes?; **he heard ME** ¡me oyó a mí!; **it's ~ soy yo**; **give them to ~** dámelos/las; **with/without ~** conmigo/sin mí

meadow ['mɛdəʊ] n prado, pradera

meagre ['miːɡə*] (us **meager**) adj escaso, pobre

meal [miːl] n comida; (flour) harina; **mealtime** n hora de comer

mean [miːn] (pt, pp **~t**) adj (with money) tacaño; (unkind) mezquino, malo; (shabby) humilde; (average) medio ▷ vt (signify) querer decir, significar; (refer to) referirse a; (intend): **to ~ to do sth** pensar or pretender hacer algo ▷ n medio, término medio; (maths) npl (way) medio, manera; (money) recursos mpl, medios mpl; **by ~s of** mediante, por medio de; **by all ~s!** ¡naturalmente!, ¡claro que sí!; **do you ~ it?** ¿lo dices en serio?; **what do you ~?** ¿qué quiere decir?; **to be ~t for sb/sth** ser para algn/algo

meaning ['miːnɪŋ] n significado, sentido; (purpose) sentido, propósito; **meaningful** adj significativo; **meaningless** adj sin sentido

meant [mɛnt] pt, pp of **mean**

meantime ['miːntaɪm] adv (also: **in the ~**) mientras tanto

meanwhile ['miːnwaɪl] adv = **meantime**

measles ['miːzlz] n sarampión m

measure ['mɛʒə*] vt, vi medir ▷ n medida; (ruler) regla; **measurement** ['mɛʒəmənt] n (measure) medida;

(act) medición f; **to take sb's measurements** tomar las medidas a algn

meat [miːt] n carne f; **cold ~** fiambre m; **meatball** n albóndiga

Mecca ['mɛkə] n La Meca

mechanic [mɪ'kænɪk] n mecánico/a; **mechanical** adj mecánico

mechanism ['mɛkənɪzəm] n mecanismo

medal ['mɛdl] n medalla; **medallist** (us **medalist**) n (Sport) medallista mf

meddle ['mɛdl] vi: **to ~ in** entrometerse en; **to ~ with sth** manosear algo

media ['miːdɪə] npl medios mpl de comunicación ▷ npl of **medium**

mediaeval [mɛdɪ'iːvl] adj = **medieval**

mediate ['miːdɪeɪt] vi mediar

medical ['mɛdɪkl] adj médico ▷ n reconocimiento médico; **medical certificate** n certificado m médico

medicated ['mɛdɪkeɪtɪd] adj medicinal

medication [mɛdɪ'keɪʃən] n medicación f

medicine ['mɛdsɪn] n medicina; (drug) medicamento

medieval [mɛdɪ'iːvl] adj medieval

mediocre [miːdɪ'əʊkə*] adj mediocre

meditate ['mɛdɪteɪt] vi meditar

meditation [mɛdɪ'teɪʃən] n meditación f

Mediterranean [mɛdɪtə'reɪnɪən] adj mediterráneo; **the ~ (Sea)** el (Mar) Mediterráneo

medium ['miːdɪəm] (pl **media**) adj mediano, regular ▷ n (means) medio; (pl **mediums**: person) médium mf; **medium-sized** adj de tamaño mediano; (clothes) de (la) talla mediana; **medium wave** n onda media

meek [miːk] adj manso, sumiso

meet [miːt] (pt, pp **met**) vt encontrar; (accidentally) encontrarse con; tropezar con; (by arrangement) reunirse con; (for the first time) conocer; (go and fetch) ir a buscar; (opponent) enfrentarse con; (obligations) cumplir; (encounter: problem) hacer frente a; (need) satisfacer ▷ vi encontrarse; (in session) reunirse; (join: objects) unirse; (for the first time) conocerse; **meet up** vi: **to meet up with sb** reunirse con algn; **meet with** vt fus (difficulty) tropezar con; **to meet with success** tener éxito; **meeting** n encuentro; (arranged) cita, compromiso; (business meeting) reunión f; (Pol) mitin m; **meeting place** n lugar m de reunión or encuentro

megabyte ['mɛgabaɪt] n (Comput) megabyte m, megaocteto

megaphone ['mɛgəfəʊn] n megáfono

megapixel ['mɛgəpɪksl] n megapíxel m

melancholy ['mɛlənkəlɪ] n melancolía ▷ adj melancólico

melody ['mɛlədɪ] n melodía

melon ['mɛlən] n melón m

melt [mɛlt] vi (metal) fundirse; (snow) derretirse ▷ vt fundir

member ['mɛmbə*] n (gen, Anat) miembro; (of club) socio/a; **Member of Congress**(us) n miembro mf del Congreso; **Member of Parliament** (BRIT) diputado/a m/f, parlamentario/a m/f; **Member of the European Parliament** n diputado/a m/f del Parlamento Europeo, eurodiputado/a m/f; **Member of the Scottish Parliament**(BRIT) diputado/a m/f del Parlamento escocés; **membership** n (members) número de miembros; (state) filiación f; **membership card** n carnet m de socio

memento [mə'mɛntəʊ] n recuerdo

memo ['mɛməʊ] n apunte m, nota

memorable ['mɛmərəbl] adj memorable

memorandum [mɛmə'rændəm] (pl **memoranda**) n apunte m, nota; (official note) acta

memorial [mɪ'mɔːrɪəl] n monumento conmemorativo ▷ adj conmemorativo

memorize ['mɛmaraɪz] vt aprender de memoria

memory ['mɛmərɪ] n (also: Comput) memoria; (instance) recuerdo; (of dead person): **in ~ of** a la memoria de; **memory card** (for digital camera) tarjeta de memoria

men [mɛn] npl of **man**

menace ['mɛnəs] n amenaza ▷ vt amenazar

mend [mɛnd] vt reparar, arreglar; (darn) zurcir ▷ vi reponerse ▷ n: arreglo, reparación f zurcido m: **to be on the ~** ir mejorando; **to ~ one's ways** enmendarse

meningitis [mɛnɪn'dʒaɪtɪs] n meningitis f

menopause ['mɛnəʊpɔːz] n menopausia

men's room (us) n: **the ~** el servicio de caballeros

menstruation [mɛnstru'eɪʃən] n menstruación f

menswear ['mɛnzwɛə*] n confección f de caballero

mental ['mɛntl] adj mental; **mental hospital** n (hospital m) psiquiátrico; **mentality** [mɛn'tælɪtɪ] n mentalidad f; **mentally** adv: **to be mentally ill** tener una enfermedad mental

menthol ['mɛnθɒl] n mentol m

mention ['mɛnʃən] n mención f ▷ vt mencionar; (speak) hablar de; **don't ~ it!** ¡de nada!

menu ['mɛnjuː] n (set menu) menú m; (printed) carta; (Comput) menú m

MEP n abbr = **Member of the European Parliament**

mercenary ['mɜːsɪnərɪ] adj, n mercenario/a

merchandise ['mɜːtʃəndaɪz] n mercancías fpl

merchant ['mɜːtʃənt] n comerciante mf; **merchant navy**(us), **merchant marine** n marina mercante merciless ['mɜːsɪlɪs] adj despiadado

mercury ['mɜːkjʊrɪ] n mercurio

mercy ['mɜːsɪ] n compasión f; (Rel) misericordia; **at the ~ of** a la merced de

mere [mɪə*] adj simple, mero; **merely** adv simplemente, sólo

merge [mɜːdʒ] vt (join) unir ▷ vi unirse; (Comm) fusionarse; (colours etc) fundirse; **merger** n (Comm) fusión f

meringue [məˈræŋ] n merengue m

merit ['mɛrɪt] n mérito ▷ vt merecer

mermaid ['mɜːmeɪd] n sirena

merry ['mɛrɪ] adj alegre; **M~ Christmas!** ¡Felices Pascuas!; **merry-go-round** n tiovivo

mesh [mɛʃ] n malla

mess [mɛs] n (muddle: of situation) confusión f; (: of room) revoltijo; (dirt) porquería; (Mil) comedor m; **mess about** or **around** (inf) vi perder el tiempo; (pass the time) entretenerse; **mess up** vt (spoil) estropear; (dirty) ensuciar; **mess with** (inf) vt fus (challenge, confront) meterse con (inf); (interfere with) interferir con

message ['mɛsɪdʒ] n recado, mensaje m

messenger ['mɛsɪndʒə*] n mensajero/a

Messrs abbr (on letters) (= Messieurs) Sres

messy ['mɛsɪ] adj (dirty) sucio; (untidy) desordenado

met [mɛt] pt, pp of **meet**

metabolism [mɛˈtæbəlɪzəm] n metabolismo

metal ['mɛtl] n metal m; **metallic** [-ˈtælɪk] adj metálico

metaphor ['mɛtəfə*] n metáfora

meteor ['miːtɪə*] n meteoro; **meteorite** [-aɪt] n meteorito; **meteorology** [miːtɪəˈrɒlədʒɪ] n meteorología

meter ['miːtə*] n (instrument) contador m; (us: unit) = **metre** ▷ vt (us Post) franquear

method ['mɛθəd] n método; **methodical** [mɪˈθɒdɪkl] adj metódico

meths [mɛθs] n (BRIT) alcohol m metilado or desnaturalizado

meticulous [mɛˈtɪkjʊləs] adj meticuloso

metre ['miːtə*] (us **meter**) n metro

metric ['mɛtrɪk] adj métrico

metro ['mɛtrəʊ] n metro

metropolitan [mɛtrəˈpɒlɪtən] adj metropolitano; **the M~ Police** (BRIT) la policía londinense

Mexican ['mɛksɪkən] adj, n mexicano/a, mejicano/a

Mexico ['mɛksɪkəʊ] n México, Méjico (SP)

mg abbr (= milligram) mg

mice [maɪs] npl of **mouse**

micro... [ˈmaɪkrəʊ] prefix micro...; **microchip** n microplaqueta; **microphone** n micrófono; **microscope** n microscopio; **microwave** n (also: **microwave oven**) horno microondas

mid [mɪd] adj: **in ~ May** a mediados de mayo; **in ~ afternoon** a media tarde; **in ~ air** en el aire; **midday** n mediodía m

middle ['mɪdl] n centro; (half-way point) medio; (waist) cintura ▷ adj de en medio; (course, way) intermedio; **in the ~ of the night** en plena noche; **middle-aged** adj de mediana edad; **Middle Ages** npl: **the Middle Ages** la Edad Media; **middle-class** adj de clase media; **the middle class(es)** la clase media; **Middle East** n Oriente m Medio; **middle name** n segundo nombre; **middle school** n (us) colegio para niños de doce a catorce años; (BRIT) colegio para niños de ocho o nueve a doce o trece años

midge [mɪdʒ] n mosquito

midget ['mɪdʒɪt] n enano/a

midnight ['mɪdnaɪt] n medianoche f

midst [mɪdst] n: **in the ~ of** (crowd) en medio de; (situation, action) en mitad de

midsummer [mɪdˈsʌmə*] n: **in ~** en pleno verano

midway [mɪdˈweɪ] adj, adv: **~ (between)** a medio camino (entre); (in

through a la mitad (de)
midweek ['mɪdwi:k] adv entre semana
midwife ['mɪdwaɪf] (irreg) n comadrona, partera
midwinter ['mɪd'wɪntə*] n: **in ~** en pleno invierno
might [maɪt] vb see **may** ▷ n fuerza, poder m; **mighty** adj fuerte, poderoso
migraine ['mi:greɪn] n jaqueca
migrant ['maɪgrənt] n, adj (bird) migratorio; (worker) emigrante
migrate [maɪ'greɪt] vi emigrar
migration [maɪ'greɪʃən] n emigración f
mike [maɪk] n abbr (= microphone) micro
mild [maɪld] adj (person) apacible; (climate) templado; (slight) ligero; (taste) suave; (illness) leve; **mildly** ['-lɪ] adv ligeramente; suavemente; **to put it mildly** para no decir más
mile [maɪl] n milla; **mileage** n número de millas = kilometraje m; **mileometer** [maɪ'lɒmɪtə] n ≈ cuentakilómetros m inv; **milestone** n mojón m
military ['mɪlɪtərɪ] adj militar
militia [mɪ'lɪʃə] n milicia
milk [mɪlk] n leche f ▷ vt (cow) ordeñar; (fig) chupar; **milk chocolate** n chocolate m con leche; **milkman** (irreg) n lechero; **milky** adj lechoso
mill [mɪl] n (windmill etc) molino; (coffee mill) molinillo; (factory) fábrica ▷ vt moler ▷ vi (also: **~ about**) arremolinarse
millennium [mɪ'lenɪəm] (pl **~s** or **millennia**) n milenio, milenario
milli... ['mɪlɪ] prefix: **milligram(me)** n miligramo; **millilitre** (us **milliliter**) ['mɪlɪli:tə*] n mililitro; **millimetre** (us **millimeter**) n milímetro
million ['mɪljən] n millón m; **a ~ times** un millón de veces; **millionaire** [-jə'neə*] n millonario/a; **millionth** [-θ] adj millonésimo
milometer [maɪ'lɒmɪtə*] (BRIT) n =

mileometer
mime [maɪm] n mímica; (actor) mimo/a ▷ vt remedar ▷ vi actuar de mimo
mimic ['mɪmɪk] n imitador(a) m/f ▷ adj mímico ▷ vt remedar, imitar
min. abbr = **minimum; minute(s)**
mince [mɪns] vt picar ▷ n (BRIT Culin) carne f picada; **mincemeat** n conserva de fruta picada; (us: meat) carne f picada; **mince pie** n empanadilla rellena de fruta picada
mind [maɪnd] n mente f; (intellect) intelecto; (contrasted with matter) espíritu m ▷ vt (attend to, look after) ocuparse de, cuidar; (be careful) tener cuidado con; (object to): **I don't ~ the noise** no me molesta el ruido; **it is on my ~** me preocupa; **to bear sth in ~** tomar o tener algo en cuenta; **to make up one's ~** decidirse; **I don't ~** me es igual; **~ you ...** te advierto que ...; **never ~!** ¡es igual!, ¡no importa!; (don't worry) ¡no te preocupes!; **"~ the step"** "cuidado con el escalón"; **mindless** adj (crime) sin motivo; (work) de autómata
mine¹ [maɪn] pron el mío/la mía etc: **a friend of ~** un(a) amigo/a mío/mía ▷ adj: **this book is ~** este libro es mío
mine² [maɪn] n mina ▷ vt (coal) extraer; (bomb: beach etc) minar; **minefield** n campo de minas; **miner** n minero/a
mineral ['mɪnərəl] adj mineral ▷ n mineral m; **mineral water** n agua mineral
mingle ['mɪŋgl] vi: **to ~ with** mezclarse con
miniature ['mɪnətʃə*] adj (en) miniatura ▷ n miniatura
minibar ['mɪnɪbɑ:*] n minibar m
minibus ['mɪnɪbʌs] n microbús m
minicab ['mɪnɪkæb] n taxi m (que sólo puede pedirse por teléfono)
minimal ['mɪnɪml] adj mínimo
minimize ['mɪnɪmaɪz] vt minimizar; (play down) empequeñecer
minimum ['mɪnɪməm] (pl **minima**)

n, adj mínimo

mining ['maɪnɪŋ] *n* explotación *f* minera

miniskirt ['mɪnɪskəːt] *n* minifalda

minister ['mɪnɪstə*] *n* (BRIT Pol) ministro/a (SP), secretario/a (LAM); (Rel) pastor *m* ▷ *vi:* **to ~ to** atender a

ministry ['mɪnɪstrɪ] *n* (BRIT Pol) ministerio, secretaría (MEX); (Rel) sacerdocio

minor ['maɪnə*] *adj* (repairs, injuries) leve; (poet, planet) menor; (Mus) menor ▷ *n* (Law) menor *m* de edad

Minorca [mɪ'nɔːkə] *n* Menorca

minority [maɪ'nɔrɪtɪ] *n* minoría

mint [mɪnt] *n* (plant) menta, hierbabuena; (sweet) caramelo de menta ▷ *vt* (coins) acuñar: **the (Royal) M~, the (US) M~** la Casa de la Moneda; **in ~ condition** en perfecto estado

minus ['maɪnəs] *n* (also: **~ sign**) signo de menos ▷ *prep* menos; **12 ~ 6 equals 6** 12 menos 6 son 6; **~ 24 °C** menos 24 grados

minute¹ ['mɪnɪt] *n* minuto; (fig) momento; **minutes** *npl* (of meeting) actas *fpl*; **at the last ~** a última hora

minute² [maɪ'njuːt] *adj* diminuto; (search) minucioso

miracle ['mɪrəkl] *n* milagro

miraculous [mɪ'rækjuləs] *adj* milagroso

mirage ['mɪrɑːʒ] *n* espejismo

mirror ['mɪrə*] *n* espejo; (in car) retrovisor *m*

misbehave [mɪsbɪ'heɪv] *vi* portarse mal

misc. *abbr* = **miscellaneous**

miscarriage ['mɪskærɪdʒ] *n* (Med) aborto; **~ of justice** error *m* judicial

miscellaneous [mɪsɪ'leɪnɪəs] *adj* varios/as, diversos/as

mischief ['mɪstʃɪf] *n* travesuras *fpl*, diabluras *fpl*; (maliciousness) malicia; **mischievous** [-fɪvəs] *adj* travieso

misconception [mɪskən'sepʃən] *n* idea equivocada; equivocación *f*

misconduct [mɪs'kɔndʌkt] *n* mala conducta; **professional ~** falta profesional

miser ['maɪzə*] *n* avaro/a

miserable ['mɪzərəbl] *adj* (unhappy) triste, desgraciado; (unpleasant, contemptible) miserable

misery ['mɪzərɪ] *n* tristeza; (wretchedness) miseria, desdicha

misfortune [mɪs'fɔːtʃən] *n* desgracia

misgiving [mɪs'gɪvɪŋ] *n* (apprehension) presentimiento; **to have ~s about sth** tener dudas acerca de algo

misguided [mɪs'gaɪdɪd] *adj* equivocado

mishap ['mɪshæp] *n* desgracia, contratiempo

misinterpret [mɪsɪn'təːprɪt] *vt* interpretar mal

misjudge [mɪs'dʒʌdʒ] *vt* juzgar mal

mislay [mɪs'leɪ] *vt* extraviar, perder

mislead [mɪs'liːd] *vt* llevar a conclusiones erróneas; **misleading** *adj* engañoso

misplace [mɪs'pleɪs] *vt* extraviar

misprint ['mɪsprɪnt] *n* errata, error *m* de imprenta

misrepresent [mɪsreprɪ'zent] *vt* falsificar

Miss [mɪs] *n* Señorita

miss [mɪs] *vt* (train etc) perder; (fail to hit: target) errar; (regret the absence of): **I ~ him** (yo) le echo de menos ▷ *vi* fallar ▷ *n* (shot) tiro fallido or perdido; **you can't ~ it** no tiene pérdida ▷ *vi* fallar ▷ *n* (shot) tiro fallido or perdido; **miss out** (BRIT) *vt* omitir; **miss out on** *vt fus* (fun, party, opportunity) perderse

missile ['mɪsaɪl] *n* (Aviat) mísil *m*; (object thrown) proyectil *m*

missing ['mɪsɪŋ] *adj* (pupil) ausente; (thing) perdido; (Mil): **~ in action** desaparecido en combate

mission ['mɪʃən] *n* misión *f*; (official representation) delegación *f*; **missionary** *n* misionero/a

misspell [mɪs'spel] (pt, pp **misspelt**
(BRIT) or **-ed**) vt escribir mal

mist [mɪst] n (light) neblina; (heavy)
niebla; (at sea) bruma ▷ vi (eyes: also:
~ over, ~ up) llenarse de lágrimas;
(BRIT: windows: also: **~ over, ~ up**)
empañarse

mistake [mɪs'teɪk] (vt: irreg) n
error m ▷ vt entender mal; **by ~**
por equivocación; **to make a ~**
equivocarse; **to ~ A for B** confundir
A con B; **mistaken** pp of **mistake**
▷ adj equivocado; **to be mistaken**
equivocarse, engañarse

mister ['mɪstə*] (inf) n señor m;
see **Mr**

mistletoe ['mɪsltəʊ] n muérdago

mistook [mɪs'tuk] pt of **mistake**

mistress ['mɪstrɪs] n (lover) amante
f; (of house) señora (de la casa); (BRIT: in
primary school) maestra; (in secondary
school) profesora; (of situation) dueña

mistrust [mɪs'trʌst] vt desconfiar de

misty ['mɪstɪ] adj (day) de niebla;
(glasses etc) empañado

misunderstand [mɪsʌndə'stænd]
(irreg) vt, vi entender mal;
misunderstanding n malentendido

misunderstood [mɪsʌndə'stud] pt,
pp of **misunderstand** ▷ adj (person)
incomprendido

misuse n [mɪs'juːs, vb mɪs'juːz] n
mal uso; (of power) abuso; (of funds)
malversación f ▷ vt abusar de;
malversar

mitt(en) ['mɪt(n)] n manopla

mix [mɪks] vt mezclar; (combine)
unir ▷ vi mezclarse; (people) llevarse
bien ▷ n mezcla; **mix up** vt mezclar;
(confuse) confundir; **mixed** adj mixto;
(feelings etc) encontrado; **mixed grill**
n (BRIT) parrillada mixta; **mixed
salad** n ensalada mixta; **mixed-up**
adj (confused) confuso, revuelto;
mixer n (for food) licuadora; (for
drinks) coctelera; (person): **he's a good
mixer** tiene don de gentes; **mixture** n
mezcla; (also: **cough mixture**) jarabe

m; **mix-up** n confusión f

ml abbr (= millilitre(s)) ml

mm abbr (= millimetre) mm

moan [məʊn] n gemido ▷ vi gemir;
(inf: complain): **to ~ (about)** quejarse
(de)

moat [məʊt] n foso

mob [mɔb] n multitud f ▷ vt acosar

mobile ['məʊbaɪl] adj móvil ▷ n
móvil m; **mobile home** n caravana;
mobile phone n teléfono móvil

mobility [məʊ'bɪlɪtɪ] n movilidad f

mobilize ['məʊbɪlaɪz] vt movilizar

mock [mɔk] vt (ridicule) ridiculizar;
(laugh at) burlarse de ▷ adj fingido;
~ exam examen preparatorio antes de
los exámenes oficiales® (BRIT: Scol: inf)
exámenes mpl de prueba; **mockery**
n burla

mod cons ['mɔd'kɔnz] npl
abbr (= modern conveniences) see
convenience

mode [məʊd] n modo

model ['mɔdl] n modelo; (fashion
model, artist's model) modelo mf ▷ adj
modelo ▷ vt (clay etc) modelar;
(copy): **to ~ o.s. on** tomar como modelo
a ▷ vi ser modelo; **to ~ clothes** pasar
modelos, ser modelo

modem ['məʊdəm] n módem m

moderate [adj 'mɔdərət, vb 'mɔdə
reɪt] adj moderado/a ▷ vi moderarse,
calmarse ▷ vt moderar

moderation [mɔdə'reɪʃən] n
moderación f; **in ~** con moderación

modern ['mɔdən] adj moderno;
modernize vt modernizar; **modern
languages** npl lenguas fpl modernas

modest ['mɔdɪst] adj modesto;
(small) módico; **modesty** n modestia

modification [mɔdɪfɪ'keɪʃən] n
modificación f

modify ['mɔdɪfaɪ] vt modificar

module ['mɔdjuːl] n (unit, component,
Space) módulo

mohair ['məʊhɛə*] n mohair m

Mohammed [mə'hæmɛd] n
Mahoma m

moist [mɔɪst] adj húmedo; **moisture** ['mɔɪstʃə*] n humedad f; **moisturizer** ['mɔɪstʃəraɪzə*] n crema hidratante

mold etc [məʊld] (US) = **mould** etc

mole [məʊl] n (animal, spy) topo; (spot) lunar m

molecule ['mɒlɪkjuːl] n molécula

molest [məʊ'lest] vt importunar; (assault sexually) abusar sexualmente de

> Be careful not to translate **molest** by the Spanish word molestar.

molten ['məʊltən] adj fundido; (lava) líquido

mom [mɒm] (US) n = **mum**

moment ['məʊmənt] n momento; **at the ~** de momento, por ahora; **momentarily** ['məʊməntrɪlɪ] adv momentáneamente; (US: very soon) de un momento a otro; **momentary** adj momentáneo; **momentous** [-'mentəs] adj trascendental, importante

momentum [məʊ'mentəm] n momento; (fig) ímpetu m; **to gather ~** cobrar velocidad; (fig) ganar fuerza

mommy ['mɒmɪ] (US) n = **mummy**

Mon abbr (= Monday) lun

Monaco ['mɒnəkəʊ] n Mónaco

monarch ['mɒnək] n monarca mf; **monarchy** n monarquía

monastery ['mɒnəstərɪ] n monasterio

Monday ['mʌndɪ] n lunes m inv

monetary ['mʌnɪtərɪ] adj monetario

money ['mʌnɪ] n dinero; (currency) moneda; **to make ~** ganar dinero; **money belt** n riñonera; **money order** n giro

mongrel ['mʌŋɡrəl] n (dog) perro mestizo

monitor ['mɒnɪtə*] n (Scol) monitor m; (also: **television ~**) receptor m de control; (of computer) monitor m ▷ vt controlar

monk [mʌŋk] n monje m

monkey ['mʌŋkɪ] n mono

monologue ['mɒnəlɒɡ] n monólogo

monopoly [mə'nɒpəlɪ] n monopolio

monosodium glutamate [mɒnə'səʊdɪəm'ɡluː'tæmeɪt] n glutamato monosódico

monotonous [mə'nɒtənəs] adj monótono

monsoon [mɒn'suːn] n monzón m

monster ['mɒnstə*] n monstruo

month [mʌnθ] n mes m; **monthly** adj mensual ▷ adv mensualmente

monument ['mɒnjʊmənt] n monumento

mood [muːd] n humor m; (of crowd, group) clima m; **to be in a good/bad ~** estar de buen/mal humor; **moody** adj (changeable) de humor variable; (sullen) malhumorado

moon [muːn] n luna; **moonlight** n luz f de la luna

moor [mʊə*] n páramo ▷ vt (ship) amarrar ▷ vi echar las amarras

moose [muːs] n inv alce m

mop [mɒp] n fregona; (of hair) greña, melena ▷ vt fregar; **mop up** vt limpiar

mope [məʊp] vi estar or andar deprimido

moped ['məʊped] n ciclomotor m

moral ['mɒrl] adj moral ▷ n moraleja; **morals** npl moralidad f, moral f

morale [mɔ'rɑːl] n moral f

morality [mə'rælɪtɪ] n moralidad f

morbid ['mɔːbɪd] adj (interest) morboso; (Med) mórbido

○ **KEYWORD**

more [mɔː*] adj 1 (greater in number etc) más; **more people/work than before** más gente/trabajo que antes

2 (additional) más; **do you want (some) more tea?** ¿quieres más té?; **is there any more wine?** ¿queda vino?; **it'll take a few more weeks** tardará unas semanas más; **it's 2 kms more to the house** faltan 2 kms para la casa; **more time/letters than we expected**

más tiempo del que/más cartas de las que esperábamos ▷ pron (greater amount, additional amount) más; **more than 10** más de 10; **it cost more than the other one/than we expected** costó más que el otro/más de lo que esperábamos; **is there any more?** ¿hay más?; **many/much more** muchos(as)/mucho(a) más ▷ adv más; **more dangerous/easily (than)** más peligroso/fácilmente (que); **more and more expensive** cada vez más caro; **more or less** más o menos; **more than ever** más que nunca

moreover [mɔːˈrəʊvəˮ] adv además, por otra parte

morgue [mɔːɡ] n depósito de cadáveres

morning [ˈmɔːnɪŋ] n mañana; (early morning) madrugada ▷ cpd matutino, de la mañana; **in the ~** por la mañana; **7 o'clock in the ~** las 7 de la mañana; **morning sickness** n náuseas fpl matutinas

Moroccan [məˈrɔkən] adj, n marroquí m/f

Morocco [məˈrɔkəʊ] n Marruecos m

moron [ˈmɔːrɔn] (inf) n imbécil mf

morphine [ˈmɔːfiːn] n morfina

Morse [mɔːs] n (also: **~ code**) (código) Morse

mortal [ˈmɔːtl] adj, n mortal m

mortar [ˈmɔːtəˮ] n argamasa

mortgage [ˈmɔːɡɪdʒ] n hipoteca ▷ vt hipotecar

mortician [mɔːˈtɪʃən] (US) n director/a m/f de pompas fúnebres

mortified [ˈmɔːtɪfaɪd] adj: **I was ~ me dio** muchísima vergüenza

mortuary [ˈmɔːtjuəri] n depósito de cadáveres

mosaic [məʊˈzeɪɪk] n mosaico

Moslem [ˈmɔzləm] adj, n = **Muslim**

mosque [mɔsk] n mezquita

mosquito [mɔsˈkiːtəʊ] (pl **~es**) n

mosquito (SP), zancudo (LAM)

moss [mɔs] n musgo

most [məʊst] adj la mayor parte de, la mayoría de ▷ pron la mayor parte, la mayoría ▷ adv el más; (very) muy; **the ~** (also: **+ adj**) el más; **~ of them** la mayor parte de ellos; **I saw the ~** yo vi el que más; **at the (very) ~** a lo sumo, todo lo más; **to make the ~ of** aprovechar (al máximo); **a ~ interesting book** un libro interesantísimo; **mostly** adv en su mayor parte, principalmente

MOT (BRIT) n abbr = **Ministry of Transport**; **the ~ (test)** inspección (anual) obligatoria de coches y camiones

motel [məʊˈtel] n motel m

moth [mɔθ] n mariposa nocturna; (clothes moth) polilla

mother [ˈmʌðəˮ] n madre f ▷ adj materno ▷ vt (care for) cuidar (como una madre); **motherhood** n maternidad f; **mother-in-law** n suegra f; **mother-of-pearl** n nácar m; **Mother's Day** n Día m de la madre; **mother-to-be** n futura madre f; **mother tongue** n lengua materna

motif [məʊˈtiːf] n motivo

motion [ˈməʊʃən] n movimiento; (gesture) ademán m, señal f; (at meeting) moción f ▷ vt, vi: **to ~ (to) sb to do sth** hacer señas a algn para que haga algo; **motionless** adj inmóvil; **motion picture** n película

motivate [ˈməʊtɪveɪt] vt motivar

motivation [məʊtɪˈveɪʃən] n motivación f

motive [ˈməʊtɪv] n motivo

motor [ˈməʊtəˮ] n motor m; (BRIT: inf: vehicle) coche m (SP), carro (LAM), automóvil m ▷ adj motor (f: motora or motriz); **motorbike** n moto f; **motorboat** n lancha motora; **motorcar**(BRIT) n coche m, carro, automóvil m; **motorcycle** n motocicleta; **motorcyclist** n motociclista mf; **motoring**(BRIT) n automovilismo; **motorist** n conductor(a) m/f, automovilista mf;

motor racing (BRIT) n carreras fpl de coches, automovilismo; **motorway** (BRIT) n autopista

motto ['mɒtəʊ] n (pl **-es**) lema m; (watchword) consigna

mould [məʊld] (US **mold**) n molde m; (mildew) moho ▷ vt moldear; (fig) formar; **mouldy** adj enmohecido

mound [maʊnd] n montón m, montículo

mount [maʊnt] n monte m ▷ vt montar, subir a; (jewel) engarzar; (picture) enmarcar; (exhibition etc) organizar ▷ vi (increase) aumentar; **mount up** vi aumentar

mountain ['maʊntɪn] n montaña ▷ cpd de montaña; **mountain bike** n bicicleta de montaña; **mountaineer** n alpinista mf(SP, MEX), andinista mf(LAM); **mountaineering** n alpinismo (SP, MEX), andinismo (LAM); **mountainous** adj montañoso; **mountain range** n sierra

mourn [mɔːn] vt llorar, lamentar ▷ vi: **to ~ for** llorar la muerte de; **mourner** n doliente mf; dolorido/a; **mourning** n luto; **in mourning** de luto

mouse [maʊs] (pl **mice**) n (Zool, Comput) ratón m; **mouse mat** n (Comput) alfombrilla

moussaka [muˈsɑːkə] n musaca

mousse [muːs] n (Culin) crema batida; (for hair) espuma (moldeadora)

moustache [məsˈtɑːʃ] (US **mustache**) n bigote m

mouth [maʊθ, pl maʊðz] n boca; (of river) desembocadura; **mouthful** n bocado; **mouth organ** n armónica; **mouthpiece** n (of musical instrument) boquilla; (spokesman) portavoz mf; **mouthwash** n enjuague m

move [muːv] n (movement) movimiento; (in game) jugada; (: turn to play) turno; (change: of house) mudanza; (: of job) cambio de trabajo ▷ vt mover; (emotionally) conmover; (Pol: resolution etc) proponer ▷ vi moverse; (traffic)

circular; (also: ~ **house**) trasladarse, mudarse; **to ~ sb to do sth** mover a algn a hacer algo; **to get a ~ on** darse prisa; **move about** vi (to a house) instalarse; (police, soldiers) intervenir; **move off** vi ponerse en camino; **move on** vi ponerse en camino; **move out** vi (of house) mudarse; **move over** vi apartarse, hacer sitio; **move up** vi (employee) ser ascendido; **movement** n movimiento

movie ['muːvɪ] n película; **to go to the ~s** ir al cine; **movie theater** (US) n cine m

moving ['muːvɪŋ] adj (emotional) conmovedor(a); (that moves) móvil

mow [məʊ] (pt **-ed**, pp **mowed** or **mown**) vt (grass, corn) cortar, segar; **mower** n (also: **lawnmower**) cortacéspedes m inv

Mozambique [məʊzæmˈbiːk] n Mozambique m

MP n abbr = **Member of Parliament**

MP3 n MP3; **MP3 player** n reproductor m (de) MP3

mpg n abbr = **miles per gallon**

m.p.h. abbr = **miles per hour** (60 m.p.h. = 96 k.p.h.)

Mr ['mɪstə*] (US **Mr.**) n: ~ **Smith** (el) Sr. Smith

Mrs ['mɪsɪz] (US **Mrs.**) n: ~ **Smith** (la) Sra. Smith

Ms [mɪz] (US **Ms.**) n = **Miss** or **Mrs**; ~ **Smith** (la) Sr(t)a. Smith

MSP n abbr = **Member of the Scottish Parliament**

Mt abbr (Geo) (= mount)

much [mʌtʃ] adj mucho ▷ adv mucho; (before pp) muy ▷ n or pron mucho; **how ~ is it?** ¿cuánto es?, ¿cuánto cuesta?; **too ~** demasiado; **it's not ~** no es mucho; **as ~ as** tanto como; **however ~ he tries** por mucho que se esfuerce

muck [mʌk] n suciedad f; **muck up** (inf) vt arruinar, estropear; **mucky** adj (dirty) sucio

mucus ['mjuːkəs] n mucosidad f, moco

mud [mʌd] n barro, lodo

muddle ['mʌdl] n desorden m, confusión f; (mix-up) embrollo, lío ▷ vt (also: ~ **up**) emborullar, confundir

muddy ['mʌdɪ] adj fangoso, cubierto de lodo

mudguard ['mʌdgɑːd] n guardabarros m inv

muesli ['mjuːzlɪ] n muesli m

muffin ['mʌfɪn] n panecillo dulce

muffled ['mʌfld] adj (noise etc) amortiguado, apagado

muffler (us) ['mʌflə*] n (Aut) silenciador m

mug [mʌg] n taza grande (sin platillo); (for beer) jarra; (inf: face) jeta ▷ vt (assault) asaltar; **mugger** ['mʌgə*] n atracador/a m/f; **mugging** n asalto

muggy ['mʌgɪ] adj bochornoso

mule [mjuːl] n mula

multicoloured ['mʌltɪkʌləd] (us), **multicolored** adj multicolor

multimedia [mʌltɪ'miːdɪə] adj multimedia

multinational [mʌltɪ'næʃənl] n multinacional f adj multinacional

multiple ['mʌltɪpl] adj múltiple ▷ n múltiplo; **multiple choice (test)** n examen m de tipo test; **multiple sclerosis** n esclerosis f múltiple

multiplex cinema ['mʌltɪpleks-] n multicines mpl

multiplication [mʌltɪplɪ'keɪʃən] n multiplicación f

multiply ['mʌltɪplaɪ] vt multiplicar ▷ vi multiplicarse

multistorey [mʌltɪ'stɔːrɪ] (BRIT) adj de muchos pisos

mum [mʌm] (BRIT: inf) n mamá ▷ adj: **to keep ~** mantener la boca cerrada

mumble ['mʌmbl] vt, vi hablar entre dientes, refunfuñar

mummy ['mʌmɪ] n (BRIT: mother) mamá; (embalmed) momia

mumps [mʌmps] n paperas fpl

munch [mʌntʃ] vt, vi mascar

municipal [mjuː'nɪsɪpl] adj municipal

mural ['mjuərl] n (pintura) mural m

murder ['mɜːdə*] n asesinato; (in law) homicidio ▷ vt asesinar, matar; **murderer** n asesino

murky ['mɜːkɪ] adj (water) turbio; (street, night) lóbrego

murmur ['mɜːmə*] n murmullo ▷ vt, vi murmurar

muscle ['mʌsl] n músculo; (fig: strength) garra, fuerza; **muscular** ['mʌskjulə*] adj muscular; (person) musculoso

museum [mjuː'zɪəm] n museo

mushroom ['mʌʃrum] n seta, hongo; (Culin) champiñón m ▷ vi crecer de la noche a la mañana

music ['mjuːzɪk] n música; **musical** adj (sound) melodioso; (person) con talento musical ▷ n (show) comedia musical; **musical instrument** n instrumento musical; **musician** [-'zɪʃən] n músico/a

Muslim ['mʌzlɪm] adj, n musulmán/ ana m/f

muslin ['mʌzlɪn] n muselina

mussel ['mʌsl] n mejillón m

must [mʌst] aux vb (obligation): **I ~ do it** debo hacerlo, tengo que hacerlo; (probability): **he ~ be there by now** ya debe (de) estar allí ▷ n: **it's a ~** es imprescindible

mustache ['mʌstæʃ] (us) n = **moustache**

mustard ['mʌstəd] n mostaza

mustn't ['mʌsnt] = **must not**

mute [mjuːt] adj, n mudo/a m/f

mutilate ['mjuːtɪleɪt] vt mutilar

mutiny ['mjuːtɪnɪ] n motín m ▷ vi amotinarse

mutter ['mʌtə*] vt, vi murmurar

mutton ['mʌtn] n carne f de cordero

mutual ['mjuːtʃuəl] adj mutuo; (interest) común

muzzle ['mʌzl] n hocico; (for dog) bozal m; (of gun) boca ▷ vt (dog) poner

un bozal a

my [maɪ] *adj* mi(s); **~ house/brother/ sisters** mi casa/mi hermano/mis hermanas; **I've washed ~ hair/cut ~ finger** me he lavado el pelo/cortado un dedo; **is this ~ pen or yours?** ¿es este bolígrafo mío o tuyo?

myself [maɪˈsɛlf] *pron* (*reflexive*) me; (*emphatic*) yo mismo; (*after prep*) mí (mismo); *see also* **oneself**

mysterious [mɪsˈtɪərɪəs] *adj* misterioso

mystery [ˈmɪstərɪ] *n* misterio

mystical [ˈmɪstɪkl] *adj* místico

mystify [ˈmɪstɪfaɪ] *vt* (*perplex*) dejar perplejo

myth [mɪθ] *n* mito; **mythology** [mɪˈθɒlədʒɪ] *n* mitología

n/a *abbr* (= *not applicable*) no interesa

nag [næg] *vt* (*scold*) regañar

nail [neɪl] *n* (*human*) uña; (*metal*) clavo ▷ *vt* clavar; **to ~ sth to sth** clavar algo en algo; **to ~ sb down to doing sth** comprometer a algn a que haga algo; **nailbrush** *n* cepillo para las uñas; **nailfile** *n* lima para las uñas; **nail polish** *n* esmalte *m or* laca para las uñas; **nail polish remover** *n* quitaesmalte *m*; **nail scissors** *npl* tijeras *fpl* para las uñas; **nail varnish** (BRIT) *n* = **nail polish**

naïve [naɪˈiːv] *adj* ingenuo

naked [ˈneɪkɪd] *adj* (*nude*) desnudo; (*flame*) expuesto al aire

name [neɪm] *n* nombre *m*; (*surname*) apellido; (*reputation*) fama, renombre *m* ▷ *vt* (*child*) poner nombre a; (*criminal*) identificar; (*price, date etc*) fijar; **what's your ~?** ¿cómo se llama?; **by ~** de nombre; **in the ~ of** en nombre de; **to give one's ~ and address** dar sus señas; **namely** *adv* a saber

nanny [ˈnænɪ] *n* niñera

nap [næp] n (*sleep*) sueñecito, siesta

napkin ['næpkɪn] n (*also:* **table ~**) servilleta

nappy ['næpɪ] (BRIT) n pañal m

narcotics npl (*illegal drugs*) estupefacientes mpl, narcóticos mpl

narrative ['nærətɪv] n narrativa ▷ adj narrativo

narrator [nə'reɪtə*] n narrador(a) m/f

narrow ['nærəʊ] adj estrecho, angosto; (*fig: majority etc*) corto; (: *ideas etc*) estrecho ▷ vi (*road*) estrecharse; (*diminish*) reducirse; **to have a ~ escape** escaparse por los pelos; **narrow down** vt (*search, investigation, possibilities*) restringir, limitar; (*list*) reducir; **narrowly** adv (*miss*) por poco; **narrow-minded** adj de miras estrechas

nasal ['neɪzl] adj nasal

nasty ['nɑːstɪ] adj (*remark*) feo; (*person*) antipático; (*revolting: taste, smell*) asqueroso; (*wound, disease etc*) peligroso, grave

nation ['neɪʃən] n nación f

national ['næʃənl] adj, n nacional m/f; **national anthem** n himno nacional; **national dress** n vestido nacional; **National Health Service** (BRIT) n servicio nacional de salud pública ≈ Insalud m (SP); **National Insurance** (BRIT) n seguro social nacional; **nationalist** adj, n nacionalista mf; **nationality** [-'nælɪtɪ] n nacionalidad f; **nationalize** vt nacionalizar; **national park** (BRIT) n parque m nacional; **National Trust** (BRIT) n organización encargada de preservar el patrimonio histórico británico

nationwide ['neɪʃənwaɪd] adj en escala o a nivel nacional

native ['neɪtɪv] n (*local inhabitant*) natural mf, nacional mf ▷ adj (*indigenous*) indígena; (*innate*) natural, innato; **a ~ of Russia** un(a) natural mf de Rusia; **Native American** adj, n americano/a

indígena, amerindio/a; **native speaker** n hablante mf nativo/a

NATO ['neɪtəʊ] n abbr (= *North Atlantic Treaty Organization*) OTAN f

natural ['nætʃrəl] adj natural; **natural gas** n gas m natural; **natural history** n historia natural; **naturally** adv (*speak etc*) naturalmente; (: *of course*) desde luego, por supuesto; **natural resources** npl recursos mpl naturales

nature ['neɪtʃə*] n (*also:* **N~**) naturaleza; (*group, sort*) género, clase f; (*character*) carácter m, genio; **by ~** por o de naturaleza; **nature reserve** n reserva natural

naughty ['nɔːtɪ] adj (*child*) travieso

nausea ['nɔːsɪə] n náuseas fpl

naval ['neɪvl] adj naval, de marina

navel ['neɪvl] n ombligo

navigate ['nævɪgeɪt] vt gobernar ▷ vi navegar; (*Aut*) ir de copiloto; **navigation** [-'geɪʃən] n (*action*) navegación f; (*science*) náutica

navy ['neɪvɪ] n marina de guerra; (*ships*) armada, flota

Nazi ['nɑːtsɪ] n nazi mf

NB abbr (= *nota bene*) nótese

near [nɪə*] adj (*place, relation*) cercano; (*time*) próximo ▷ adv cerca ▷ prep (*also:* **~ to**: *space*) cerca de, junto a; (: *time*) cerca de ▷ vt acercarse a, aproximarse a; **nearby** [nɪə'baɪ] adj cercano, próximo ▷ adv cerca; **nearly** adv casi, por poco; **I nearly fell** por poco me caigo; **near-sighted** adj miope, corto de vista

neat [niːt] adj (*place*) ordenado, bien cuidado; (*person*) pulcro; (*plan*) ingenioso; (*spirits*) solo; **neatly** adv (*tidily*) con esmero; (*skilfully*) ingeniosamente

necessarily ['nesɪsrɪlɪ] adv necesariamente

necessary ['nesɪsrɪ] adj necesario, preciso

necessity [nɪ'sesɪtɪ] n necesidad f

neck [nɛk] n (*of person, garment, bottle*) cuello; (*of animal*) pescuezo ▷ vi

(*inf*) besuquearse; **~ and ~** parejos;
necklace ['nɛklɪs] n collar m; **necktie**
['nɛktaɪ] n corbata

nectarine ['nɛktərɪn] n nectarina

need [niːd] n (*lack*) escasez f, falta;
(*necessity*) necesidad f ▷ vt (*require*)
necesitar; **I ~ to do it** tengo que o debo
hacerlo; **you don't ~ to go** no hace
falta que (te) vayas

needle ['niːdl] n aguja ▷ vt (*fig: inf*)
picar, fastidiar

needless ['niːdlɪs] adj innecesario; **~
to say** huelga decir que

needlework ['niːdlwəːk] n (*activity*)
costura, labor f de aguja

needn't ['niːdnt] = **need not**

needy ['niːdɪ] adj necesitado

negative ['nɛgətɪv] n (*Phot*)
negativo; (*Ling*) negación f ▷ adj
negativo

neglect [nɪ'glɛkt] vt (*one's duty*) faltar
a, no cumplir con; (*child*) descuidar,
desatender ▷ n (*of house, garden etc*)
abandono; (*of child*) desatención f; (*of
duty*) incumplimiento

negotiate [nɪ'gəʊʃɪeɪt] vt (*treaty,
loan*) negociar; (*obstacle*) franquear;
(*bend in road*) tomar ▷ vi: **to ~ (with)**
negociar (con)

negotiations [nɪgəʊʃɪ'eɪʃənz] pl n
negociaciones

negotiator [nɪ'gəʊʃɪeɪtə*] n
negociador(a) m/f

neighbour ['neɪbə*] (*us* **neighbor** etc)
n vecino/a; **neighbourhood** n (*place*)
vecindad f, barrio; (*people*) vecindario;
neighbouring adj vecino

neither ['naɪðə*] adj ni ▷ conj: **I
didn't move and ~ did John** no me
he movido, ni Juan tampoco ▷ pron
ninguno ▷ adv: **~ good nor bad** ni
bueno ni malo; **~ is true** ninguno/a de
los(las) dos es cierto/a

neon ['niːɔn] n neón m

Nepal [nɪ'pɔːl] n Nepal m

nephew ['nɛvjuː] n sobrino

nerve [nəːv] n (*Anat*) nervio; (*courage*)
valor m; (*impudence*) descaro, frescura

(*nervousness*) nerviosismo msg, nervios
mpl; **a fit of ~s** un ataque de nervios

nervous ['nəːvəs] adj (*anxious, Anat*)
nervioso; (*timid*) tímido, miedoso;
nervous breakdown n crisis f
nerviosa

nest [nɛst] n (*of bird*) nido; (*wasps'
nest*) avispero ▷ vi anidar

net [nɛt] n (*gen*) red f; (*fabric*) tul m
▷ adj (*Comm*) neto, líquido ▷ vt coger
(*sp*) o agarrar (*lam*) con red; (*Sport*)
marcar; **netball** n básquet m

Netherlands ['nɛðələndz] npl: **the ~**
los Países Bajos

nett [nɛt] adj = **net**

nettle ['nɛtl] n ortiga

network ['nɛtwəːk] n red f

neurotic [njuə'rɔtɪk] adj neurótico/a

neuter ['njuːtə*] adj (*Ling*) neutro
▷ vt castrar, capar

neutral ['njuːtrəl] adj (*person*)
neutral; (*colour etc, Elec*) neutro ▷ n
(*Aut*) punto muerto

never ['nɛvə*] adv nunca, jamás;
I ~ went no fui nunca; **~ in my life**
jamás en la vida; *see also* **mind**; **never-
ending** adj interminable, sin fin;
nevertheless [nɛvəðə'lɛs] adv sin
embargo, no obstante

new [njuː] adj nuevo; (*brand new*) a
estrenar; (*recent*) reciente; **New Age**
n Nueva Era; **newborn** adj recién
nacido; **newcomer** ['njuːkʌmə*] n
recién venido/a or llegado/a; **newly**
adv nuevamente, recién

news [njuːz] n noticias fpl; **a piece
of ~** una noticia; **the ~** (*Radio, TV*) las
noticias fpl; **news agency** n agencia
de noticias; **newsagent** (*brit*) n
vendedor(a) m/f de periódicos;
newscaster n presentador(a) m/f,
locutor(a) m/f; **news dealer** (*us*)
n = **newsagent**; **newsletter** n hoja
informativa, boletín m; **newspaper**
n periódico, diario; **newsreader** n =
newscaster

newt [njuːt] n tritón m

New Year n Año Nuevo; **New Year's**

Day n Día m de Año Nuevo; **New Year's Eve** n Nochevieja

New Zealand [njuːˈziːlənd] n Nueva Zelanda; **New Zealander** n neozelandés/esa m/f

next [nɛkst] adj (house, room) vecino; (bus stop, meeting) próximo; (following: page etc) siguiente ▷ adv después; **the ~ day** el día siguiente; **~ time** la próxima vez; **~ year** el año próximo or que viene; **~ to** junto a, al lado de; **~ to nothing** casi nada; **~ please!** ¡el siguiente!; **next door** adv en la casa de al lado ▷ adj vecino, de al lado; **next-of-kin** n pariente m más cercano

NHS n abbr = **National Health Service**

nibble [ˈnɪbl] vt mordisquear, mordiscar

nice [naɪs] adj (likeable) simpático; (kind) amable; (pleasant) agradable; (attractive) bonito, lindo (LAM); **nicely** adv amablemente; bien

niche [niːʃ] n (Arch) nicho, hornacina

nick [nɪk] n (wound) rasguño; (cut, indentation) mella, muesca ▷ vt (inf) birlar, robar; **in the ~ of time** justo a tiempo

nickel [ˈnɪkl] n níquel m; (US) moneda de 5 centavos

nickname [ˈnɪkneɪm] n apodo, mote m ▷ vt apodar

nicotine [ˈnɪkətiːn] n nicotina

niece [niːs] n sobrina

Nigeria [naɪˈdʒɪərɪə] n Nigeria

night [naɪt] n noche f; (evening) tarde f; **the ~ before last** anteanoche; **at ~, by ~** de noche, por la noche; **night club** n cabaret m; **nightdress** (BRIT) n camisón m; **nightie** [ˈnaɪtɪ] n =**nightdress**; **nightlife** n vida nocturna; **nightly** adj de todas las noches ▷ adv todas las noches, cada noche; **nightmare** n pesadilla; **night school** n clase(s) f(pl) nocturna(s); **night shift** n turno nocturno or de noche; **night-time** n noche f

nil [nɪl] (BRIT) n (Sport) cero, nada

nine [naɪn] num nueve; **nineteen** num diecinueve, diez y nueve; **nineteenth** [naɪnˈtiːnθ] adj decimonoveno, decimonono; **ninetieth** [ˈnaɪntɪɪθ] adj nonagésimo; **ninety** num noventa

ninth [naɪnθ] adj noveno

nip [nɪp] vt (pinch) pellizcar; (bite) morder

nipple [ˈnɪpl] n (Anat) pezón m

nitrogen [ˈnaɪtrədʒən] n nitrógeno

○ **KEYWORD**

no [nəu] (pl **noes**) adv (opposite of "yes") no; **are you coming? ~ no (I'm not)** ¿vienes? – no; **would you like some more? ~ no thank you** ¿quieres más? – no gracias ▷ adj (not any): **I have no money/time/books** no tengo dinero/tiempo/libros; **no other man would have done it** ningún otro lo hubiera hecho; **"no entry"** "prohibido el paso"; **"no smoking"** "prohibido fumar" ▷ n no m

nobility [nəuˈbɪlɪtɪ] n nobleza

noble [ˈnəubl] adj noble

nobody [ˈnəubədɪ] pron nadie

nod [nɔd] vi saludar con la cabeza; (in agreement) decir que sí con la cabeza; (doze) dar cabezadas ▷ vt: **to ~ one's head** inclinar la cabeza ▷ n inclinación f de cabeza; **nod off** vi dar cabezadas

noise [nɔɪz] n ruido; (din) escándalo, estrépito; **noisy** adj ruidoso; (child) escandaloso

nominal [ˈnɔmɪnl] adj nominal

nominate [ˈnɔmɪneɪt] vt (propose) proponer; (appoint) nombrar; **nomination** [nɔmɪˈneɪʃən] n propuesta; nombramiento; **nominee** [-ˈniː] n candidato/a

none [nʌn] pron ninguno/a ▷ adv de ninguna manera; **~ of you** ninguno de vosotros; **I've ~ left** no me queda ninguno/a; **he's ~ the worse for it** no le ha hecho ningún mal

nonetheless [nʌnðə'les] *adv* sin embargo, no obstante

non-fiction [nɒn'fɪkʃən] *n* literatura no novelesca

nonsense ['nɒnsəns] *n* tonterías *fpl*, disparates *fpl*; **~!** ¡qué tonterías!

non: **non-smoker** *n* no fumador(a) *m/f*; **non-smoking** *adj* (de) no fumador; **non-stick** *adj* (pan, surface) antiadherente

noodles ['nu:dlz] *npl* tallarines *mpl*

noon [nu:n] *n* mediodía *m*

no-one ['nəʊwʌn] *pron* = **nobody**

nor [nɔ:*] *conj* = **neither** ▷ *adv* *see* **neither**

norm [nɔ:m] *n* norma

normal ['nɔ:ml] *adj* normal; **normally** *adv* normalmente

north [nɔ:θ] *n* norte *m* ▷ *adj* del norte, norteño ▷ *adv* al o hacia el norte; **North America** *n* América del Norte; **North American** *adj, n* norteamericano/a *m/f*; **northbound** ['nɔ:θbaʊnd] *adj* (traffic) que se dirige al norte; (carriageway) de dirección norte; **north-east** *n* nor(d)este *m*; **northeastern** *adj* nor(d)este, del nor(d)este; **northern** ['nɔ:ðən] *adj* norteño, del norte; **Northern Ireland** *n* Irlanda del Norte; **North Korea** *n* Corea del Norte; **North Pole** *n* Polo Norte; **North Sea** *n* Mar *m* del Norte; **north-west** *n* nor(d)oeste *m*; **northwestern** ['nɔ:θ'westən] *adj* noroeste, del noroeste

Norway ['nɔ:weɪ] *n* Noruega; **Norwegian** [-'wi:dʒən] *adj* noruego/a ▷ *n* noruego/a; (Ling) noruego

nose [nəʊz] *n* (Anat) nariz *f*; (Zool) hocico; (sense of smell) olfato ▷ *vi*: **to ~ about** curiosear; **nosebleed** *n* hemorragia nasal; **nosey** (inf) *adj* curioso, fisgón/ona

nostalgia [nɒs'tældʒɪə] *n* nostalgia

nostalgic [nɒs'tældʒɪk] *adj* nostálgico

nostril ['nɒstrɪl] *n* ventana de la nariz

nosy ['nəʊzɪ] (inf) *adj* = **nosey**

not [nɒt] *adv* no; **~ that ...** no es que ...; **it's too late, isn't it?** es demasiado tarde, ¿verdad o no?; **~ yet/now** todavía/ahora no; **why ~?** ¿por qué no?; *see also* **all; only**

notable ['nəʊtəbl] *adj* notable; **notably** *adv* especialmente

notch [nɒtʃ] *n* muesca, corte *m*

note [nəʊt] *n* (Mus, record, letter) nota; (banknote) billete *m*; (tone) tono ▷ *vt* (observe) notar, observar; (write down) apuntar, anotar; **notebook** *n* libreta, cuaderno; **noted** ['nəʊtɪd] *adj* célebre, conocido; **notepad** *n* bloc *m*; **notepaper** *n* papel *m* para cartas

nothing ['nʌθɪŋ] *n* nada; (zero) cero; **he does ~** no hace nada; **~ new** nada nuevo; **~ much** no mucho; **for ~** (free) gratis, sin pagar; (in vain) en balde

notice ['nəʊtɪs] *n* (announcement) anuncio; (warning) aviso; (dismissal) despido; (resignation) dimisión *f*; (period of time) plazo ▷ *vt* (observe) notar, observar; **to bring sth to sb's ~** (attention) llamar la atención de algn sobre algo; **to take ~ of** tomar nota de, prestar atención a; **at short ~** con poca anticipación; **until further ~** hasta nuevo aviso; **to hand in one's ~** dimitir

> Be careful not to translate **notice** by the Spanish word **noticia**.

noticeable *adj* evidente, obvio

notify ['nəʊtɪfaɪ] *vt*: **to ~ sb (of sth)** comunicar (algo) a algn

notion ['nəʊʃən] *n* idea; (opinion) opinión *f*; **notions** *npl* (us) mercería

notorious [nəʊ'tɔ:rɪəs] *adj* notorio

notwithstanding [nɒtwɪθ'stændɪŋ] *adv* no obstante, sin embargo; **~ this** a pesar de esto

nought [nɔ:t] *n* cero

noun [naʊn] *n* nombre *m*, sustantivo

nourish ['nʌrɪʃ] *vt* nutrir; (fig) alimentar; **nourishment** *n* alimento, sustento

Nov. *abbr* (= November) nov

novel ['nɒvl] *n* novela ▷ *adj* (new)

nuevo, original; (*unexpected*) insólito;
novelist n novelista mf; **novelty** n
novedad f

November [nəʊ'vembə*] n
noviembre m

novice ['nɒvɪs] n (*Rel*) novicio/a
now [naʊ] adv (*at the present time*)
ahora; (*these days*) actualmente, hoy
día ▷ conj: **~ (that)** ya que, ahora que;
right ~ ahora mismo; **by ~** ya; **just
~** ahora mismo; **~ and then, ~ and
again** de vez en cuando; **from ~ on**
de ahora en adelante; **nowadays** ['naʊə
deɪz] adv hoy (en) día, actualmente
nowhere ['nəʊweə*] adv (*direction*)
a ninguna parte; (*location*) en ninguna
parte

nozzle ['nɒzl] n boquilla
nr abbr (*Brit*) = **near**
nuclear ['njuːklɪə*] adj nuclear
nucleus ['njuːklɪəs] n (pl **nuclei**) n
núcleo
nude [njuːd] adj, n desnudo/a m/f; **in
the ~** desnudo
nudge [nʌdʒ] vt dar un codazo a
nudist ['njuːdɪst] n nudista mf
nudity ['njuːdɪtɪ] n desnudez f
nuisance ['njuːsns] n molestia,
fastidio; (*person*) pesado, latoso; **what
a ~!** ¡qué lata!
numb [nʌm] adj: **~ with cold/fear**
entumecido por el frío/paralizado
de miedo
number ['nʌmbə*] n número;
(*quantity*) cantidad f ▷ vt (*pages etc*)
numerar, poner número a; (*amount to*)
sumar, ascender a; **to be ~ed among**
figurar entre; **a ~ of** varios, algunos;
they were ten in ~ eran diez; **number
plate** (*Brit*) n matrícula, placa;
Number Ten n (*Brit*: 10 Downing
Street) residencia del primer ministro
numerical [njuː'merɪkl] adj
numérico
numerous ['njuːmərəs] adj
numeroso
nun [nʌn] n monja, religiosa
nurse [nəːs] n enfermero/a; (*also*:

~maid) niñera ▷ vt (*patient*) cuidar,
atender

nursery ['nəːsərɪ] n (*institution*)
guardería infantil; (*room*) cuarto de los
niños; (*for plants*) criadero, semillero;
nursery rhyme n canción f infantil;
nursery school n parvulario, escuela
de párvulos; **nursery slope** (*Brit*) n
(*Ski*) cuesta para principiantes
nursing ['nəːsɪŋ] n (*profession*)
profesión f de enfermera; (*care*)
asistencia, cuidado; **nursing home** n
clínica de reposo
nurture ['nəːtʃə*] vt (*child, plant*)
alimentar, nutrir
nut [nʌt] n (*Tech*) tuerca; (*Bot*) nuez f
nutmeg ['nʌtmeg] n nuez f moscada
nutrient ['njuːtrɪənt] adj nutritivo
▷ n elemento nutritivo
nutrition [njuː'trɪʃn] n nutrición f,
alimentación f
nutritious [njuː'trɪʃəs] adj nutritivo,
alimenticio
nuts [nʌts] (*inf*) adj loco
NVQ n abbr (*Brit*) = **National
Vocational Qualification**
nylon ['naɪlɒn] n nilón m ▷ adj de
nilón

O

oath [əuθ] n juramento; (swear word) palabrota; **on** (BRIT) or **under ~** bajo juramento

oak [əuk] n roble m ▷ adj de roble

O.A.P. (BRIT) n, abbr = **old-age pensioner**

oar [ɔ:*] n remo

oasis [əu'eisis] (pl **oases**) n oasis m inv

oath [əuθ] n juramento; (swear word) palabrota; **on** (BRIT) or **under ~** bajo juramento

oatmeal ['əutmi:l] n harina de avena

oats [əuts] npl avena

obedience [ə'bi:diəns] n obediencia

obedient [ə'bi:diənt] adj obediente

obese [əu'bi:s] adj obeso

obesity [əu'bi:siti] n obesidad f

obey [ə'bei] vt obedecer; (instructions, regulations) cumplir

obituary [ə'bitjuəri] n necrología

object [n 'ɔbdʒikt, vb əb'dʒekt] n objeto; (purpose) objeto, propósito; (Ling) complemento ▷ vi: **to ~ to** estar en contra de; (proposal) oponerse a; **to ~ that** objetar que; **expense is no**

~ no importa cuánto cuesta; **I ~!** ¡yo protesto!; **objection** [əb'dʒekʃən] n protesta; **I have no objection to ...** no tengo inconveniente en que ...; **objective** adj, n objetivo

obligation [ɔbli'geiʃən] n obligación f; (debt) deber m; **without ~** sin compromiso

obligatory [ə'bligətəri] adj obligatorio

oblige [ə'blaidʒ] vt (do a favour for) complacer, hacer un favor a; **to ~ sb to do sth** forzar u obligar a algn a hacer algo; **to be ~d to sb for sth** estarle agradecido a algn por algo

oblique [ə'bli:k] adj oblicuo; (allusion) indirecto

obliterate [ə'blitəreit] vt borrar

oblivious [ə'bliviəs] adj: **~ of** inconsciente de

oblong ['ɔblɔŋ] adj rectangular ▷ n rectángulo

obnoxious [əb'nɔkʃəs] adj odioso, detestable; (smell) nauseabundo

oboe ['əubəu] n oboe m

obscene [əb'si:n] adj obsceno

obscure [əb'skjuə*] adj oscuro ▷ vt oscurecer; (hide) ocultar, esconder

observant [əb'zə:vnt] adj observador(a)

observation [ɔbzə'veiʃən] n observación f; (Med) examen m

observatory [əb'zə:vətri] n observatorio

observe [əb'zə:v] vt observar; (rule) cumplir; **observer** n observador(a) m/f

obsess [əb'ses] vt obsesionar; **obsession** [əb'seʃən] n obsesión f; **obsessive** adj obsesivo; obsesionante

obsolete ['ɔbsəli:t] adj: **to be ~** estar en desuso

obstacle ['ɔbstəkl] n obstáculo; (nuisance) estorbo

obstinate ['ɔbstinət] adj terco, porfiado; (determined) obstinado

obstruct [əb'strʌkt] vt obstruir; (hinder) estorbar, obstaculizar; **obstruction** [əb'strʌkʃən] n (action)

obstrucción f; (object) estorbo, obstáculo
obtain [əb'teɪn] vt obtener; (achieve)
conseguir
obvious ['ɒbvɪəs] adj obvio, evidente;
obviously adv evidentemente,
naturalmente; **obviously not** por
supuesto que no
occasion [ə'keɪʒən] n oportunidad
f, ocasión f; (event) acontecimiento;
occasional adj poco frecuente,
ocasional; **occasionally** adv de vez
en cuando
occult [ɒ'kʌlt] adj (gen) oculto
occupant ['ɒkjʊpənt] n (of house)
inquilino/a; (of car) ocupante mf
occupation [ɒkjʊ'peɪʃən] n
ocupación f; (job) trabajo; (pastime)
ocupaciones fpl
occupy ['ɒkjʊpaɪ] vt (seat, post, time)
ocupar; (house) habitar; **to ~ o.s. in
doing** ocuparse en hacer
occur [ə'kɜ:*] vi pasar, suceder; **to ~
to sb** ocurrírsele a algn; **occurrence**
[ə'kʌrəns] n acontecimiento; (fact,
existence) existencia
ocean ['əʊʃən] n océano
o'clock [ə'klɒk] adv: **it is 5** ~ son las 5
Oct. abbr (= October) oct
October [ɒk'təʊbə*] n octubre m
octopus ['ɒktəpəs] n pulpo
odd [ɒd] adj extraño, raro; (number)
impar; (sock, shoe etc) suelto; **60-** ~ 60 y
pico; **at ~ times** de vez en cuando; **to
be the ~ one out** estar de más; **oddly**
adv curiosamente, extrañamente;
see also **enough; odds** npl (in betting)
puntos mpl de ventaja; **it makes no
odds** da lo mismo; **at odds** reñidos/as;
odds and ends minucias fpl
odometer [ɒ'dɒmɪtə*] (us) n
cuentakilómetros m inv
odour ['əʊdə*] (us **odor**) n olor m;
(unpleasant) hedor m

Ⓞ KEYWORD

of [ɒv, əv] prep 1 (gen) de; **a friend of
ours** un amigo nuestro; **a boy of 10** un

chico de 10 años; **that was kind of you**
eso fue muy amable por or de tu parte
2 (expressing quantity, amount, dates
etc) de; **a kilo of flour** un kilo de
harina; **there were three of them**
había tres; **three of us went** tres de
nosotros fuimos; **the 5th of July** el
5 de julio
3 (from, out of) de; **made of wood**
(hecho) de madera

off [ɒf] adj, adv (engine) desconectado;
(light) apagado; (tap) cerrado;
(BRIT: food: bad) pasado, malo; (: milk)
cortado; (cancelled) cancelado ▷ prep
de; **to be** ~ (to leave) irse, marcharse;
to be ~ sick estar enfermo or de baja;
a day ~ un día libre or sin trabajar; **to
have an ~ day** tener un día malo; **he
had his coat** ~ se había quitado el
abrigo; **10%** ~ (Comm) (con el) 10% de
descuento; **5 km** ~ (the road) a 5 km
(de la carretera); ~ **the coast** frente a la
costa; **I'm ~ meat** (no longer eat/like it)
paso de la carne; **on the** ~ **chance** por
si acaso; ~ **and on** de vez en cuando
offence [ə'fens] (us **offense**) n (crime)
delito; **to take** ~ **at** ofenderse por
offend [ə'fend] vt (person) ofender;
offender n delincuente mf
offense [ə'fens] (us) n = **offence**
offensive [ə'fensɪv] adj ofensivo;
(smell etc) repugnante ▷ n (Mil)
ofensiva
offer ['ɒfə*] n oferta, ofrecimiento;
(proposal) propuesta ▷ vt ofrecer;
(opportunity) facilitar; **"on** ~**"** (Comm)
"en oferta"
offhand [ɒf'hænd] adj informal ▷ adv
de improviso
office ['ɒfɪs] n (place) oficina; (room)
despacho; (position) carga, oficio;
doctor's ~ (us) n consultorio; **to take**
~ entrar en funciones; **office block**
(us) **office building** n bloque m de
oficinas; **office hours** npl horas fpl de
oficina; (us Med) horas fpl de consulta
officer ['ɒfɪsə*] n (Mil etc) oficial mf;

465 | on

(also: **police ~**) agente mf de policía; (of organization) director(a) m/f

office worker n oficinista mf

official [əˈfɪʃl] adj oficial, autorizado ▷ n funcionario/a, oficial m/f

off: off-licence(BRIT) n (shop) bodega f, tienda de vinos y bebidas alcohólicas; **off-line** adj, adv (Comput) fuera de línea; **off-peak** adj (electricity) de banda económica; (ticket) billete de precio reducido por viajar fuera de las horas punta; **off-putting**(BRIT) adj (person) desagradable; (remark) desalentador(a); **off-season** adj, adv fuera de temporada

● **OFF-LICENCE**

● En el Reino Unido la venta
● de bebidas alcohólicas está
● estrictamente regulada
● y se necesita una licencia
● especial, con la que cuentan
● los bares, restaurantes y los
● establecimientos de **off-licence**,
● los únicos lugares en donde
● se pueden adquirir bebidas
● alcohólicas para su consumo
● fuera del local, de donde viene
● su nombre. También venden
● bebidas no alcohólicas, tabaco,
● chocolatinas, patatas fritas, etc.
● y a menudo forman parte de la
● cadena nacional.

offset [ˈɒfset] vt contrarrestar, compensar

offshore [ɒfˈʃɔː*] adj (breeze, island) costera; (fishing) de bajura

offside [ˈɒfˈsaɪd] adj (Sport) fuera de juego; (Aut: in UK) del lado derecho; (: in US, Europe etc) del lado izquierdo

offspring [ˈɒfsprɪŋ] n inv descendencia

often [ˈɒfn] adv a menudo, con frecuencia; **how ~ do you go?** ¿cada cuánto vas?

oh [əʊ] excl ¡ah!

oil [ɔɪl] n aceite m; (petroleum) petróleo m; (for heating) aceite m combustible ▷ vt engrasar; **oil filter** n (Aut) filtro de aceite; **oil painting** n pintura al óleo; **oil refinery** n refinería de petróleo; **oil rig** n torre f de perforación; **oil slick** n marea negra; **oil tanker** n petrolero; (truck) camión m cisterna; **oil well** n pozo (de petróleo); **oily** adj aceitoso; (food) grasiento

ointment [ˈɔɪntmənt] n ungüento

O.K., okay [ˈəʊˈkeɪ] excl ¡O.K.!, ¡está bien!, ¡vale! (SP) ▷ adj bien ▷ vt dar el visto bueno a

old [əʊld] adj viejo; (former) antiguo; **how ~ are you?** ¿cuántos años tienes?, ¿qué edad tienes?; **he's 10 years ~** tiene 10 años; **~er brother** hermano mayor; **old age** n vejez f; **old-age pension** n (BRIT) jubilación f, pensión f; **old-age pensioner** (BRIT) n jubilado/a; **old-fashioned** adj anticuado, pasado de moda; **old people's home** n (esp BRIT) residencia f de ancianos

olive [ˈɒlɪv] n (fruit) aceituna; (tree) olivo ▷ adj (also: **~-green**) verde oliva; **olive oil** n aceite m de oliva

Olympic [əʊˈlɪmpɪk] adj olímpico; **the~ Games, the ~s** las Olimpiadas

omelet(te) [ˈɒmlɪt] n tortilla francesa (SP), omelette f (LAM)

omen [ˈəʊmən] n presagio

ominous [ˈɒmɪnəs] adj de mal agüero, amenazador(a)

omit [əʊˈmɪt] vt omitir

○ **KEYWORD**

on [ɒn] prep 1(indicating position) en; sobre; **on the wall** en la pared; **it's on the table** está sobre or en la mesa; **on the left** a la izquierda
2(indicating means, method, condition etc): **on foot** a pie; **on the train/**

plane (go) en tren/avión; (be) en el tren/el avión; **on the radio/television/telephone** por or en la radio/televisión/al teléfono; **to be on drugs** drogarse; (Med) estar a tratamiento; **to be on holiday/business** estar de vacaciones/en viaje de negocios

3 (referring to time): **on Friday** el viernes; **on Fridays** los viernes; **on June 20th** el 20 de junio; **a week on Friday** del viernes en una semana; **on arrival** al llegar; **on seeing this** al ver esto

4 (about, concerning) sobre, acerca de; **a book on physics** un libro or sobre física

▷ adv **1** (referring to dress): **to have one's coat on** tener or llevar el abrigo puesto; **she put her gloves on** se puso los guantes

2 (referring to covering): **"screw the lid on tightly"** "cerrar bien la tapa"

3 (further, continuously): **to walk** etc **on** seguir caminando etc

▷ adj **1** (functioning, in operation: machine, radio, TV, light) encendido/a (SP), prendido/a (LAM); (: tap) abierto/a; (: brakes) echado/a, puesto/a; **is the meeting still on?** (in progress) ¿todavía continúa la reunión?; (not cancelled) ¿va a haber reunión al fin?; **there's a good film on at the cinema** ponen una buena película en el cine

2 that's **not on!** (inf: not possible) (inf: not acceptable) ¡eso no se hace!

once [wʌns] adv una vez; (formerly) antiguamente ▷ conj una vez que; **~ he had left/it was done** una vez que se había marchado/se hizo; **at ~** en seguida, inmediatamente; (simultaneously) a la vez; **~ a week** una vez por semana; **~ more** otra vez; **~ and for all** de una vez por todas; **~ upon a time** érase una vez

oncoming [ˈɒnkʌmɪŋ] adj (traffic)

que viene de frente

○ **KEYWORD**

one [wʌn] num un(o)/una; **one hundred and fifty** ciento cincuenta; **one by one** uno a uno

▷ adj **1** (sole) único; **the one book which** el único libro que; **the one man who** el único que

2 (same) mismo/a; **they came in the one car** vinieron en un solo coche

▷ pron **1** **this one** éste(ésta); **that one** ése(ésa); (more remote) aquél(aquella); **I've already got a red one** ya tengo uno/a rojo/a; **one by one** uno/a por uno/a

2 **one another** os (SP), se (+ el uno al otro, unos a otros etc); **do you ever see one another?** ¿vosotros dos os veis alguna vez? (SP), ¿se ven ustedes dos alguna vez?; **the boys didn't dare look at one another** los chicos no se atrevieron a mirarse (el uno al otro); **they all kissed one another** se besaron unos a otros

3 (impers): **one never knows** nunca se sabe; **to cut one's finger** cortarse el dedo; **one needs to eat** hay que comer

one-off (BRIT: inf) n (event) acontecimiento único

oneself [wʌnˈsɛlf] pron (reflexive) se; (after prep) sí; (emphatic) uno/a mismo/a; **to hurt ~** hacerse daño; **to keep sth for ~** guardarse algo; **to talk to ~** hablar solo

one: **one-shot** [wʌnˈʃɒt] (us) n = **one-off**; **one-sided** adj (argument) parcial; **one-to-one** adj (relationship) de dos; **one-way** adj (street) de sentido único

ongoing [ˈɒngəʊɪŋ] adj continuo

onion [ˈʌnjən] n cebolla

on-line [ˈɒnlaɪn] adj, adv (Comput) en línea

onlooker [ˈɒnlʊkə*] n espectador(a) m/f

only ['əʊnlɪ] adv solamente, sólo ▷ adj único, solo ▷ conj solamente que, pero; **an ~ child** un hijo único; **not ~ ... but also ...** no sólo ... sino también ...

on-screen [ɒn'skriːn] adj (Comput etc) en pantalla; (romance, kiss) cinematográfico

onset ['ɒnset] n comienzo

onto ['ɒntʊ] prep = **on to**

onward(s) ['ɒnwəd(z)] adv (move) (hacia) adelante; **from that time ~** desde entonces en adelante

oops [ʊps] excl (also: **~-a-daisy!**) ¡huy!

ooze [uːz] vi rezumar

opaque [əʊ'peɪk] adj opaco

open ['əʊpn] adj abierto; (car) descubierto; (road, view) despejado; (meeting) público; (admiration) manifiesto ▷ vt abrir ▷ vi abrirse; (book etc: commence) comenzar; **in the ~ (air)** al aire libre; **open up** vt abrir; (blocked road) despejar ▷ vi abrirse, empezar; **open-air** adj al aire libre; **opening** n abertura; (start) comienzo; (opportunity) oportunidad f; **opening hours** npl horario de apertura; **open learning** n enseñanza flexible a tiempo parcial; **openly** adv abiertamente; **open-minded** adj imparcial; **open-necked** adj (shirt) desabrochado; sin corbata; **open-plan** adj: **open-plan office** gran oficina sin particiones; **Open University** = Universidad f Nacional de Enseñanza a Distancia, UNED f

● ● **OPEN UNIVERSITY**

● La **Open University**, fundada
● en 1969, está especializada en
● impartir cursos a distancia que no
● exigen una dedicación exclusiva.
● Cuenta con sus propios materiales
● de apoyo, entre ellos programas de
● radio y televisión emitidos por la
● **BBC** y para conseguir los créditos
● de la licenciatura es necesaria la

● presentación de unos trabajos y la
● asistencia a los cursos de verano.

opera ['ɒpərə] n ópera; **opera house** n teatro de la ópera; **opera singer** n cantante m/f de ópera

operate ['ɒpəreɪt] vt (machine) hacer funcionar; (company) dirigir ▷ vi funcionar; **to ~ on sb** (Med) operar a algn

operating room n ['ɒpəreɪtɪŋ-] (US) quirófano, sala de operaciones

operating theatre (BRIT) n sala de operaciones

operation [ɒpə'reɪʃən] n operación f; (of machine) funcionamiento; **to be in ~** estar funcionando or en funcionamiento; **to have an ~** (Med) ser operado; **operational** adj operacional, en buen estado

operative ['ɒpərətɪv] adj en vigor

operator ['ɒpəreɪtə*] n (of machine) maquinista m/f, operario/a; (Tel) operador(a) m/f, telefonista m/f

opinion [ə'pɪnɪən] n opinión f; **in my ~** en mi opinión, a mi juicio; **opinion poll** n encuesta, sondeo

opponent [ə'pəʊnənt] n adversario/ a, contrincante m/f

opportunity [ɒpə'tjuːnɪtɪ] n oportunidad f; **to take the ~ of doing** aprovechar la ocasión para hacer

oppose [ə'pəʊz] vt oponerse a; **to be ~d to sth** oponerse a algo; **as ~d to** a diferencia de

opposite ['ɒpəzɪt] adj opuesto, contrario a; (house etc) de enfrente ▷ adv en frente ▷ prep en frente de, frente a ▷ n lo contrario

opposition [ɒpə'zɪʃən] n oposición f

oppress [ə'pres] vt oprimir

opt [ɒpt] vi: **to ~ for** optar por; **to ~ to do** optar por hacer; **opt out** vi: **to opt out of** optar por no hacer

optician [ɒp'tɪʃən] n óptico m/f

optimism ['ɒptɪmɪzəm] n optimismo

optimist ['ɒptɪmɪst] n optimista m/f;

optimistic [-'mɪstɪk] adj optimista
optimum ['ɒptɪməm] adj óptimo
option ['ɒpʃən] n opción f; **optional** adj facultativo, discrecional
or [ɔː*] conj o; (before o, ho) u; (with negative): **he hasn't seen – heard anything** no ha visto ni oído nada; **– else** si no
oral ['ɔːrəl] adj oral ▷ n examen m oral
orange ['ɒrɪndʒ] n (fruit) naranja ▷ adj color naranja; **orange juice** n jugo de naranja, zumo m de naranja (sp); **orange squash** n naranjada
orbit ['ɔːbɪt] n órbita ▷ vt, vi orbitar
orchard ['ɔːtʃəd] n huerto
orchestra ['ɔːkɪstrə] n orquesta; (us: seating) platea
orchid ['ɔːkɪd] n orquídea
ordeal [ɔː'diːl] n experiencia horrorosa
order ['ɔːdə*] n orden m; (command) orden f; (good order) buen estado; (Comm) pedido ▷ vt (also: **put in –**) arreglar, poner en orden; (Comm) pedir; (command) mandar, ordenar; **in –** en orden; (of document) en regla; **in (working) –** en funcionamiento; **in – to do/that** para hacer/que; **on –** (Comm) pedido; **to be out of –** estar desordenado; (not working) no funcionar; **to – sb to do sth** mandar a algn hacer algo; **order form** n hoja de pedido; **orderly** n (Mil) ordenanza m; (Med) enfermero/a (auxiliar) ▷ adj ordenado
ordinary ['ɔːdnrɪ] adj corriente, normal; (pej) común y corriente; **out of the –** fuera de lo común
ore [ɔː*] n mineral m
oregano [ɒrɪ'gɑːnəu] n orégano
organ ['ɔːgən] n órgano; **organic** [ɔː'gænɪk] adj orgánico
organism ['ɔːgənɪzəm] n organismo
organization [ɔːgənaɪ'zeɪʃən] n organización f
organize ['ɔːgənaɪz] vt organizar; **organized** ['ɔːgənaɪzd] adj organizado; **organizer** n

organizador(a) m/f
orgasm ['ɔːgæzəm] n orgasmo
orgy ['ɔːdʒɪ] n orgía
oriental [ɔːrɪ'entl] adj oriental
orientation [ɔːrɪen'teɪʃən] n orientación f
origin ['ɒrɪdʒɪn] n origen m
original [ə'rɪdʒɪnl] adj original; (first) primero; (earlier) primitivo ▷ n original m; **originally** adv al principio
originate [ə'rɪdʒɪneɪt] vi: **to – from, to – in** surgir de, tener su origen en
Orkneys ['ɔːknɪz] npl: **the –** (also: **the Orkney Islands**) las Orcadas
ornament ['ɔːnəmənt] n adorno; (trinket) chuchería; **ornamental** [-'mentl] adj decorativo, de adorno
ornate [ɔː'neɪt] adj muy ornado, vistoso
orphan ['ɔːfn] n huérfano/a
orthodox ['ɔːθədɒks] adj ortodoxo
orthopaedic [ɔːθə'piːdɪk] (us **orthopedic**) adj ortopédico
osteopath ['ɒstɪəpæθ] n osteópata mf
ostrich ['ɒstrɪtʃ] n avestruz m
other ['ʌðə*] adj otro ▷ pron: **the – (one)** el(la) otro/a ▷ adv: **– than** aparte de; **otherwise** adv de otra manera ▷ conj (if not) si no
otter ['ɒtə*] n nutria
ouch [autʃ] excl ¡ay!
ought [ɔːt] (pt –) aux vb: **I – to do it** debería hacerlo; **this – to have been corrected** esto debiera haberse corregido; **he – to win** (probability) debe o debiera ganar
ounce [auns] n onza (28.35g)
our ['auə*] adj nuestro; see also **my**; **ours** pron (el) nuestro/(la) nuestra etc; see also **mine[1]**; **ourselves** pron pl (reflexive, after prep) nosotros, (emphatic) nosotros mismos; see also **oneself**
oust [aust] vt desalojar
out [aut] adv fuera, afuera; (not at home) fuera (de casa); (light, fire) apagado; **– there** allí (fuera); **he's –** (absent) no está, ha salido; **to be – in**

one's calculations equivocarse (en sus cálculos); **to run ~** salir corriendo; **~ loud** en alta voz; **~ of** (outside) fuera de; (because of: anger etc) por; **~ of petrol** sin gasolina; **"~ of order"** "no funciona"; **outback** n interior m; **outbreak** n (of war) (flight) de salida; (flight: not return) de ida; **outbreak** n (of war) comienzo; (of disease) epidemia; (of violence etc) ola; **outburst** n explosión f, arranque m; **outcast** n paria m/f; **outcome** n resultado; **outcry** n protestas fpl; **outdated** adj anticuado, fuera de moda; **outdoor** adj exterior, de aire libre; (clothes) de calle; **outdoors** adv al aire libre

outer ['autə*] adj exterior, externo; **outer space** n espacio exterior

outfit ['autfɪt] n (clothes) conjunto

out: outgoing adj (character) extrovertido; (retiring: president etc) saliente; **outgoings** (BRIT) npl gastos mpl; **outhouse** n dependencia

outing ['autɪŋ] n excursión f, paseo

out: outlaw n proscrito ▷ vt proscribir; **outlay** n inversión f; **outlet** n salida; (of pipe) desagüe m; (US Elec) toma de corriente; (also: **retail outlet**) punto de venta; **outline** n (shape) contorno, perfil m; (sketch, plan) esbozo ▷ vt (plan etc) esbozar; **in outline** (fig) a grandes rasgos; **outlook** n (fig: prospects) perspectivas fpl; (: for weather) pronóstico; **outnumber** vt superar en número; **out-of-date** adj (passport) caducado; (clothes) pasado de moda; **out-of-doors** adv al aire libre; **out-of-the-way** adj apartado; **out-of-town** adj (shopping centre etc) en las afueras; **outpatient** n paciente mf externo/a; **outpost** n puesto avanzado; **output** n (volumen m de) producción m, rendimiento; (Comput) salida

outrage ['autreɪdʒ] n escándalo; (atrocity) atrocidad f ▷ vt ultrajar; **outrageous** [-'reɪdʒəs] adj monstruoso

outright [adv aut'raɪt, adj 'autraɪt] adv (ask, deny) francamente; (refuse) rotundamente; (win) de manera absoluta; (be killed) en el acto ▷ adj franco; rotundo

outset ['autset] n principio

outside [aut'saɪd] n exterior m ▷ adj exterior, externo ▷ adv fuera ▷ prep fuera de; (beyond) más allá de; **at the ~** (fig) a lo sumo; **outside lane** n (Aut: in Britain) carril m de la derecha; (: in US, Europe etc) carril m de la izquierda; **outside line** n (Tel) línea (exterior); **outsider** n (stranger) extraño, forastero

out: outsize adj (clothes) de talla grande; **outskirts** npl alrededores mpl, afueras fpl; **outspoken** adj muy franco; **outstanding** adj excepcional, destacado; (remaining) pendiente

outward ['autwəd] adj externo; (journey) de ida; **outwards** adv (esp BRIT) = **outward**

outweigh [aut'weɪ] vt pesar más que

oval ['əuvl] adj ovalado ▷ n óvalo

ovary ['əuvəri] n ovario

oven ['ʌvn] n horno; **oven glove** n guante m para el horno, manopla para el horno; **ovenproof** adj resistente al horno; **oven-ready** adj listo para el horno

over ['əuvə*] adv encima, por encima ▷ adj or adv (finished) terminado; (surplus) de sobra ▷ prep (por) encima de; (above) sobre; (on the other side of) al otro lado de; (more than) más de; (during) durante; **~ here** (por) aquí; **~ there** (por) allí or allá; **all ~** (everywhere) por todas partes; **~ and ~ (again)** una y otra vez; **~ and above** además de; **to ask sb ~** invitar a algn a casa; **to bend ~** = **inclinarse**

overall [adj, n 'əuvərɔ:l, adv əuvər'ɔ:l] adj (length etc) total; (study) de conjunto ▷ adv en conjunto ▷ n guardapolvo; **overalls** npl (boiler suit) mono (SP) or overol m (LAM) (de trabajo)

overboard adv (Naut) por la borda

overcame [əuvə'keɪm] *pt of*
overcome

overcast ['əuvəka:st] *adj*
encapotado

overcharge [əuvə'tʃɑ:dʒ] *vt*: **to ~ sb**
cobrar un precio excesivo a algn

overcoat ['əuvəkəut] *n* abrigo,
sobretodo

overcome [əuvə'kʌm] *vt* vencer;
(difficulty) superar

over: overcrowded *adj* atestado de
gente; (city, country) superpoblado;
overdo (irreg) *vt* exagerar; (overcook)
cocer demasiado; **to overdo it** (work
etc) pasarse ▷ *n* sobredosis *f inv*;
overdose *n* sobredosis *f inv*;
overdraft *n* saldo deudor; **overdrawn**
adj (account) en descubierto; **overdue**
adj retrasado; **overestimate** *vt*
sobreestimar

overflow [vb əuvə'fləu, *n* 'əuvəfləu]
vi desbordarse ▷ *n* (also: ~ **pipe**)
(cañería de) desagüe *m*

overgrown [əuvə'grəun] *adj* (garden)
invadido por la vegetación

overhaul [vb əuvə'hɔ:l, *n* 'əuvəhɔ:l]
vt revisar, repasar ▷ *n* revisión *f*

overhead [adv əuvə'hed, adj, *n* 'əuvə
hed] *adv* por arriba or encima ▷ *adj*
(cable) aéreo ▷ *n* (us) = **overheads**;
overhead projector *n* retroproyector;
overheads *npl* (expenses) gastos *mpl*
generales

over: overhear (irreg) *vt* oír por
casualidad; **overheat** *vi* (engine)
recalentarse; **overland** *adj, adv*
por tierra; **overlap** [əuvə'læp] *vi*
traslaparse; **overleaf** *adv* al dorso;
overload *vt* sobrecargar; **overlook**
vt (have view of) dar a, tener vistas a;
(miss: by mistake) pasar por alto; (excuse)
perdonar

overnight [əuvə'naɪt] *adv* durante
la noche; (fig) de la noche a la mañana
▷ *adj* de noche; **to stay ~** pasar la
noche; **overnight bag** *n* fin *m* de
semana, neceser *m* de viaje

overpass (us) ['əuvəpa:s] *n* paso
superior

overpower [əuvə'pauə*] *vt*
dominar; (fig) embargar;
overpowering *adj* (heat) agobiante;
(smell) penetrante

over: overreact [əuvərɪ'ækt] *vi*
reaccionar de manera exagerada;
overrule *vt* (decision) anular; (claim)
denegar; **overrun** (irreg) *vt* (country)
invadir; (time limit) rebasar, exceder

overseas [əuvə'si:z] *adv* (abroad: live)
en el extranjero; (travel) al extranjero
▷ *adj* (trade) exterior; (visitor) extranjero

oversee [əuvə'si:] (irreg) *vt* supervisar

overshadow [əuvə'ʃædəu] *vt*: **to be
~ed by** estar a la sombra de

oversight ['əuvəsaɪt] *n* descuido

oversleep [əuvə'sli:p] (irreg) *vi*
quedarse dormido

overspend [əuvə'spend] (irreg) *vi*
gastar más de la cuenta; **we have
overspent by 5 pounds** hemos
excedido el presupuesto en 5 libras

overt [əu'vɜ:t] *adj* abierto

overtake [əuvə'teɪk] (irreg) *vt*
sobrepasar; (BRIT Aut) adelantar

over: overthrow (irreg) *vt* (government)
derrocar; **overtime** *n* horas *fpl*
extraordinarias

overtook [əuvə'tuk] *pt of* **overtake**

over: overturn *vt* volcar; (fig: plan)
desbaratar; (: government) derrocar ▷ *vi*
volcar; **overweight** *adj* demasiado
gordo or pesado; **overwhelm** *vt*
aplastar; (emotion) sobrecoger;
overwhelming *adj* (victory, defeat)
arrollador(a); (feeling) irresistible

ow [au] *excl* ¡ay!

owe [əu] *vt*: **to ~ sb sth, to ~ sth to
sb** deber algo a algn; **owing to** *prep*
debido a, por causa de

owl [aul] *n* búho, lechuza

own [əun] *vt* tener, poseer ▷ *adj*
propio; **a room of my ~** una habitación
propia; **to get one's ~ back** tomar
revancha; **on one's ~** solo, a solas; **own
up** *vi* confesar; **owner** *n* dueño/a;

ownership n posesión f
ox [ɔks] (pl **~en**) n buey m
Oxbridge [ˈɔksbrɪdʒ] n universidades de Oxford y Cambridge
oxen [ˈɔksən] npl of **ox**
oxygen [ˈɔksɪdʒən] n oxígeno
oyster [ˈɔɪstə*] n ostra
oz. abbr = **ounce(s)**
ozone [ˈəʊzəʊn] n ozono; **ozone friendly** adj que no daña la capa de ozono; **ozone layer** n capa f de ozono

P

p [piː] abbr = **penny; pence**
P.A. n abbr = **personal assistant; public address system**
p.a. abbr = **per annum**
pace [peɪs] n paso ▷ vi: **to ~ up and down** pasearse de un lado a otro; **to keep ~ with** llevar el mismo paso que; **pacemaker** n (Med) regulador m cardíaco, marcapasos m inv; (Sport: also: **pacesetter**) liebre f
Pacific [pəˈsɪfɪk] n: **the ~ (Ocean)** el (Océano) Pacífico
pacifier [ˈpæsɪfaɪə*] (US) n (dummy) chupete m
pack [pæk] n (packet) paquete m; (of hounds) jauría; (of people) manada, bando; (of cards) baraja; (bundle) fardo; (US: of cigarettes) paquete m; (back pack) mochila ▷ vt (fill) llenar; (in suitcase etc) meter, poner; (cram) atestar; **to ~ (one's bags)** hacerse la maleta; **to ~ sb off** despachar a algn; **pack in** vi (watch, car) estropearse ▷ vt (inf) dejar; **pack it in!** ¡para!, ¡basta ya!; **pack up** vi (inf: machine) estropearse; (person) irse

▷ vt (belongings, clothes) recoger; (goods, presents) empaquetar, envolver

package ['pækɪdʒ] n paquete m; (bulky) bulto; (also: **~ deal**) acuerdo global; **package holiday** n vacaciones fpl organizadas; **package tour** n viaje m organizado

packaging ['pækɪdʒɪŋ] n envase m

packed [pækt] adj abarrotado; **packed lunch** n almuerzo m frío

packet ['pækɪt] n paquete m

packing ['pækɪŋ] n embalaje m

pact [pækt] n pacto

pad [pæd] n (of paper) bloc m; (cushion) cojinete m; (inf: home) casa ▷ vt rellenar; **padded** adj (jacket) acolchado; (bra) reforzado

paddle ['pædl] n (oar) canalete m; (us: for table tennis) paleta ▷ vt impulsar con canalete m (with feet) chapotear; **paddling pool** (BRIT) n estanque m de juegos

paddock ['pædək] n corral m

padlock ['pædlɒk] n candado

paedophile ['piːdəʊfaɪl] (us **pedophile**) adj de pedófilos ▷ n pedófilo/a

page [peɪdʒ] n (of book) página; (of newspaper) plana; (also: **~ boy**) paje m ▷ vt (in hotel etc) llamar por altavoz a

pager ['peɪdʒə*] n (Tel) busca m

paid [peɪd] pt, pp of **pay** ▷ adj (work) remunerado; (holiday) pagado; (official etc) a sueldo; **to put ~ to** (BRIT) acabar con

pain [peɪn] n dolor m; **to be in ~** sufrir; **to take ~s to do sth** tomarse grandes molestias en hacer algo; **painful** adj doloroso; (difficult) penoso; (disagreeable) desagradable; **painkiller** n analgésico; **painstaking** ['peɪnzteɪkɪŋ] adj (person) concienzudo, esmerado

paint [peɪnt] n pintura ▷ vt pintar; **to ~ the door blue** pintar la puerta de azul; **paintbrush** n (of artist) pincel m; (of decorator) brocha; **painter** n pintor/a m/f; **painting** n pintura

pair [peə*] n (of shoes, gloves etc) par m; (of people) pareja; **a ~ of scissors** unas tijeras; **a ~ of trousers** unos pantalones, un pantalón

pajamas [pə'dʒɑːməz] (us) npl pijama m

Pakistan [pɑːkɪ'stɑːn] n Paquistán m; **Pakistani** adj, n paquistaní mf

pal [pæl] (inf) n compinche mf, compañero/a

palace ['pæləs] n palacio

pale [peɪl] adj (gen) pálido; (colour) claro ▷ n: **to be beyond the ~** pasarse de la raya

Palestine ['pælɪstaɪn] n Palestina; **Palestinian** [-'tɪnɪən] adj, n palestino/a m/f

palm [pɑːm] n (Anat) palma; (also: **~ tree**) palmera, palma ▷ vt: **to ~ sth off on sb** (inf) encajar algo a algn

pamper ['pæmpə*] vt mimar

pamphlet ['pæmflət] n folleto

pan [pæn] n (also: **saucepan**) cacerola, cazuela, olla; (also: **frying ~**) sartén f

pancake ['pænkeɪk] n crepe f

panda ['pændə] n panda m

pane [peɪn] n cristal m

panel ['pænl] n (of wood etc) panel m; (Radio, TV) panel m de invitados

panhandler ['pænhændlə*] (us) n (inf) mendigo/a

panic ['pænɪk] n terror m pánico ▷ vi dejarse llevar por el pánico

panorama [pænə'rɑːmə] n panorama m

pansy ['pænzɪ] n (Bot) pensamiento; (inf, pej) maricón m

pant [pænt] vi jadear

panther ['pænθə*] n pantera

panties ['pæntɪz] npl bragas fpl, pantis mpl

pantomime ['pæntəmaɪm] (BRIT) n revista musical representada en Navidad, basada en cuentos dehadas

- escena en los teatros británicos
- las llamadas **pantomimes**, que
- son versiones libres de cuentos
- tradicionales como Aladino
- o El gato con botas. En ella
- nunca faltan personajes como
- la dama ("dame"), papel que
- siempre interpreta un actor, el
- protagonista joven ("principal
- boy"), normalmente interpretado
- por una actriz, y el malvado
- ("villain"). Es un espectáculo
- familiar en el que se anima al
- público a participar y aunque
- va dirigido principalmente a los
- niños, cuenta con grandes dosis de
- humor para adultos.

pants [pænts] n (BRIT: underwear:
woman's) bragas fpl; (: man's)
calzoncillos mpl; (US: trousers)
pantalones mpl

paper ['peɪpə*] n papel m; (also:
news~) periódico, diario; (academic
essay) ensayo; (exam) examen m ▷ adj
de papel ▷ vt empapelar, tapizar (MEX);
papers npl (also: **identity ~s**) papeles
mpl, documentos mpl; **paperback** n
libro en rústica; **paper bag** n bolsa
de papel; **paper clip** n clip m; **paper
shop** (BRIT) n tienda de periódicos;
paperwork n trabajo administrativo

paprika ['pæprɪkə] n pimentón n

par [pɑː*] n par f; (Golf) par m; **to be on
a ~ with** estar a la par con

paracetamol [pærə'siːtəmɔl] (BRIT)
n paracetamol m

parachute ['pærəʃuːt] n paracaídas
m inv

parade [pə'reɪd] n desfile m ▷ vt
(show) hacer alarde de ▷ vi desfilar;
(Mil) pasar revista

paradise ['pærədaɪs] n paraíso

paradox ['pærədɔks] n paradoja

paraffin ['pærəfɪn] (BRIT) n (also: ~
oil) parafina

paragraph ['pærəgrɑːf] n párrafo

parallel ['pærəlɛl] adj en paralelo;

(fig) semejante ▷ n (line) paralela; (fig,
Geo) paralelo

paralysed ['pærəlaɪzd] adj
paralizado

paralysis [pə'rælɪsɪs] n parálisis f inv

paramedic [pærə'mɛdɪk] n auxiliar
m/f sanitario/a

paranoid ['pærənɔɪd] adj (person,
feeling) paranoico

parasite ['pærəsaɪt] n parásito/a

parcel ['pɑːsl] n paquete m ▷ vt
(also: **~ up**) empaquetar, embalar

pardon ['pɑːdn] n (Law) indulto ▷ vt
perdonar; **~ me!, I beg your~**! (I'm
sorry!) ¡perdone usted!; **(I beg your) ~?,
~ me?** (US: what did you say?) ¿cómo?

parent ['pɛərənt] n (mother) madre
f; (father) padre m; **parents** npl padres
mpl

> Be careful not to translate **parent**
> by the Spanish word *pariente*.

parental [pə'rɛntl] adj paternal/
maternal

Paris ['pærɪs] n París

parish ['pærɪʃ] n parroquia

Parisian [pə'rɪzɪən] adj, n parisiense
mf

park [pɑːk] n parque m ▷ vt aparcar,
estacionar ▷ vi aparcar, estacionarse

parking ['pɑːkɪŋ] n aparcamiento,
estacionamiento; **"no ~"** prohibido
estacionarse"; **parking lot** (US)
n parking m; **parking meter** n
parquímetro; **parking ticket** n multa
de aparcamiento

parkway ['pɑːkweɪ] (US) n alameda

parliament ['pɑːləmənt] n
parlamento; (Spanish) Cortes fpl;
parliamentary [-'mɛntərɪ] adj
parlamentario

- El Parlamento británico
- (**Parliament**) tiene como sede
- el palacio de Westminster,
- también llamado "Houses of
- Parliament" y consta de dos

cámaras. La Cámara de los Comunes ("House of Commons"), compuesta por 650 diputados (**Members of Parliament**) elegidos por sufragio universal en su respectiva circunscripción electoral (**constituency**), se reúne 175 días al año y sus sesiones son moderadas por el Presidente de la Cámara (**Speaker**). La cámara alta es la Cámara de los Lores ("House of Lords") y está formada por miembros que son nombrados por el monarca o que han heredado su escaño. Su poder es limitado, aunque actúa como tribunal supremo de apelación, excepto en Escocia.

Parmesan [pɑːmɪˈzæn] n (also: ~ **cheese**) queso parmesano

parole [pəˈrəʊl] n: **on ~** libre bajo palabra

parrot [ˈpærət] n loro, papagayo

parsley [ˈpɑːslɪ] n perejil m

parsnip [ˈpɑːsnɪp] n chirivía f

parson [ˈpɑːsn] n cura m

part [pɑːt] n (gen, Mus) parte f; (bit) trozo; (of machine) pieza; (Theatre etc) papel m; (of serial) entrega; (us: in hair) raya ▷ adv en parte ▷ vt separar ▷ vi (people) separarse; (crowd) apartarse; **to take ~** tomar parte o participar en; **to take sth in good ~** tomar algo en buena parte; **to take sb's ~** defender a algn; **for my ~** por mi parte; **for the most ~** en su mayor parte; **to ~ one's hair** hacerse la raya; **part with** vt fus ceder, entregar; (money) pagar; **part of speech** n parte f de la oración, categoría f gramatical

partial [ˈpɑːʃl] adj parcial; **to be ~ to** ser aficionado a

participant [pɑːˈtɪsɪpənt] n (in competition) concursante mf; (in campaign etc) participante mf

participate [pɑːˈtɪsɪpeɪt] vi: **to ~ in** participar en

particle [ˈpɑːtɪkl] n partícula; (of dust) grano

particular [pɑːˈtɪkjʊlə*] adj (special) particular; (concrete) concreto; (given) determinado; (fussy) quisquilloso; (demanding) exigente; **in ~** en particular; **particularly** adv (in particular) sobre todo; (difficult, good etc) especialmente; **particulars** npl (information) datos mpl; (details) pormenores mpl

parting [ˈpɑːtɪŋ] n (act) separación f; (farewell) despedida; (BRIT: in hair) raya ▷ adj de despedida

partition [pɑːˈtɪʃən] n (Pol) división f; (wall) tabique m

partly [ˈpɑːtlɪ] adv en parte

partner [ˈpɑːtnə*] n (Comm) socio/a; (Sport, at dance) pareja; (spouse) cónyuge mf; (lover) compañero/a; **partnership** n asociación f; (Comm) sociedad f

partridge [ˈpɑːtrɪdʒ] n perdiz f

part-time [ˈpɑːtˈtaɪm] adj, adv a tiempo parcial

party [ˈpɑːtɪ] n (Pol) partido; (celebration) fiesta; (group) grupo; (Law) parte interesada ▷ cpd (Pol) de partido

pass [pɑːs] vt (time, object) pasar; (place) pasar por; (overtake) rebasar; (exam) aprobar; (approve) aprobar ▷ vi (Scol) aprobar, ser aprobado ▷ n (permit) permiso; (membership card) carnet m; (in mountains) puerto, desfiladero; (Sport) pase m; (Scol: also: ~ **mark**) **to get a ~** aprobado en; **to ~ sth through sth** pasar algo por algo; **to make a ~ at sb** (inf) hacer proposiciones a algn; **pass away** vi fallecer; **pass by** vi pasar ▷ vt (ignore) pasar por alto; **pass on** vt transmitir; **pass out** vi desmayarse; **pass over** vt, vi omitir, pasar por alto; **pass up** vt (opportunity) renunciar a; **passable** adj (road) transitable; (tolerable) pasable

passage [ˈpæsɪdʒ] n (also: ~**way**) pasillo; (act of passing) tránsito; (fare, *in book*) pasaje m; (*by boat*) travesía; (*Anat*) tubo

passenger ['pæsɪndʒə*] n pasajero/a, viajero/a

passer-by [pɑːsə'baɪ] n transeúnte mf

passing place n (*Aut*) apartadero

passion ['pæʃən] n pasión f; **passionate** adj apasionado; **passion fruit** n fruta de la pasión, granadilla

passive ['pæsɪv] adj (*gen, also Ling*) pasivo

passport ['pɑːspɔːt] n pasaporte m; **passport control** n control m de pasaporte; **passport office** n oficina de pasaportes

password ['pɑːswəːd] n contraseña

past [pɑːst] prep (*in front of*) por delante de; (*further than*) más allá de; (*later than*) después de ▷ adj pasado; (*president etc*) antiguo ▷ n (*time*) pasado; (*of person*) antecedentes mpl; **he's ~ forty** tiene más de cuarenta años; **ten/quarter ~ eight** las ocho y diez/cuarto; **for the ~ few/3 days** durante los últimos días/últimos 3 días; **to run ~ sb** pasar a algn corriendo

pasta ['pæstə] n pasta

paste [peɪst] n pasta; (*glue*) engrudo ▷ vt pegar

pastel ['pæstl] adj pastel; (*painting*) al pastel

pasteurized ['pæstəraɪzd] adj pasteurizado

pastime ['pɑːstaɪm] n pasatiempo

pastor ['pɑːstə*] n pastor m

past participle [-'pɑːtɪsɪpl] n (*Ling*) participio m (de) pasado or (de) pretérito or pasivo

pastry ['peɪstrɪ] n (*dough*) pasta; (*cake*) pastel m

pasture ['pɑːstʃə*] n pasto

pasty¹ ['pæstɪ] n empanada

pasty² ['peɪstɪ] adj (*complexion*) pálido

pat [pæt] vt dar una palmadita a; (*dog etc*) acariciar

patch [pætʃ] n (*of material; eye patch*) parche m; (*mended part*) remiendo; (*of* *land*) terreno ▷ vt remendar; **(to go through) a bad ~** (pasar por) una mala racha; **patchy** adj desigual

pâté ['pæteɪ] n paté m

patent ['peɪtnt] n patente f ▷ vt patentar ▷ adj patente, evidente

paternal [pə'təːnl] adj paternal; (*relation*) paterno

paternity leave [pə'təːnɪtɪ-] n permiso m por paternidad, licencia por paternidad

path [pɑːθ] n camino, sendero; (*trail, track*) pista; (*of missile*) trayectoria

pathetic [pə'θetɪk] adj patético, lastimoso; (*very bad*) malísimo

pathway ['pɑːθweɪ] n sendero, vereda

patience ['peɪʃns] n paciencia; (*BRIT Cards*) solitario

patient ['peɪʃnt] n paciente mf ▷ adj paciente, sufrido

patio ['pætɪəu] n patio

patriotic [pætrɪ'ɔtɪk] adj patriótico

patrol [pə'trəul] n patrulla ▷ vt patrullar por; **patrol car** n coche m patrulla

patron ['peɪtrən] n (*in shop*) cliente mf; (*of charity*) patrocinador/a m/f; **~ of the arts** mecenas m

patronizing ['pætrənaɪzɪŋ] adj condescendiente

pattern ['pætən] n (*Sewing*) patrón m; (*design*) dibujo; **patterned** adj (*material*) estampado

pause [pɔːz] n pausa ▷ vi hacer una pausa

pave [peɪv] vt pavimentar; **to ~ the way for** preparar el terreno para

pavement ['peɪvmənt] n (*BRIT*) n acera, banqueta (*MEX*), andén m (*CAM*), vereda (*SC*)

pavilion [pə'vɪlɪən] n (*Sport*) caseta

paving ['peɪvɪŋ] n pavimento, enlosado

paw [pɔː] n pata

pawn [pɔːn] n (*Chess*) peón m; (*fig*) instrumento ▷ vt empeñar; **pawn broker** n prestamista mf

pay [peɪ] (pt, pp **paid**) n (wage etc) sueldo, salario ▷ vt pagar ▷ vi (be profitable) rendir; **to ~ attention (to)** prestar atención (a); **to ~ sb a visit** hacer una visita a algn; **to ~ one's respects to sb** presentar sus respetos a algn; **pay back** vt (money) reembolsar; (person) pagar; **pay for** vt fus pagar; **pay in** vt ingresar; **pay off** vt saldar ▷ vi (scheme, decision) dar resultado; **pay out** vt (money) gastar, desembolsar; **pay up** vt pagar (de mala gana); **payable** adj; pagadero a; **pay day** n día m de paga; **pay envelope** (US) n = **pay packet**; **payment** n pago; **monthly payment** mensualidad f; **payout** n pago; (in competition) premio en metálico; **pay packet** (BRIT) n sobre m (de paga); **pay phone** n teléfono público; **payroll** n nómina; **pay slip** n recibo de sueldo; **pay television** n televisión f de pago

PC n abbr = **personal computer**; (BRIT) (= police constable) policía mf ▷ adv abbr = **politically correct**

p.c. abbr = **per cent**

PDA n abbr (= personal digital assistant) agenda electrónica

PE n abbr (= physical education) ed. física

pea [piː] n (guisante m (SP), arveja (LAM), chícharo (MEX, CAM)

peace [piːs] n paz f; (calm) paz f, tranquilidad f; **peaceful** adj (gentle) pacífico; (calm) tranquilo, sosegado

peach [piːtʃ] n melocotón m (SP), durazno (LAM)

peacock ['piːkɔk] n pavo real

peak [piːk] n (of mountain) cumbre f, cima; (of cap) visera; (fig) cumbre f; **peak hours** npl horas fpl punta

peanut ['piːnʌt] n cacahuete m (SP), maní m (LAM), cacahuate m (MEX); **peanut butter** n manteca de cacahuete o maní

pear [pɛə*] n pera

pearl [pɜːl] n perla

peasant ['pɛznt] n campesino/a

peat [piːt] n turba

pebble ['pɛbl] n guijarro

peck [pɛk] vt (also: **~ at**) picotear ▷ n picotazo; (kiss) besito; **peckish** (BRIT: inf) adj **I feel peckish** tengo ganas de picar algo

peculiar [pɪˈkjuːlɪə*] adj (odd) extraño, raro; (typical) propio, característico; **~ to** propio de

pedal ['pɛdl] n pedal m ▷ vi pedalear

pedalo ['pɛdələu] n patín m a pedal

pedestal ['pɛdəstl] n pedestal m

pedestrian [pɪˈdɛstrɪən] n peatón/ona m/f ▷ adj pedestre; **pedestrian crossing** (BRIT) n paso de peatones; **pedestrianized** adj **a pedestrianized street** una calle peatonal; **pedestrian precinct** (US **pedestrian zone**) n zona peatonal

pedigree ['pɛdɪgriː] n genealogía; (of animal) raza, pedigrí n ▷ cpd (animal) de raza, de casta

pedophile ['piːdəufaɪl] (US) n = **paedophile**

pee [piː] (inf) vi mear

peek [piːk] vi mirar a hurtadillas

peel [piːl] n piel f; (of orange, lemon) cáscara; (: removed) peladuras fpl ▷ vt pelar ▷ vi (paint etc) desconcharse; (wallpaper) despegarse, desprenderse; (skin) pelar

peep [piːp] n (BRIT: look) mirada furtiva; (sound) pío ▷ vi (BRIT: look) mirar furtivamente

peer [pɪə*] vi **to ~ at** escudriñar ▷ n (noble) par m; (equal) igual m; (contemporary) contemporáneo/a

peg [pɛg] n (for coat etc) gancho, colgadero; (BRIT: also: **clothes ~**) pinza

pelican ['pɛlɪkən] n pelícano; **pelican crossing** (BRIT) n (Aut) paso de peatones señalizado

pelt [pɛlt] vt **to ~ sb with sth** arrojarle algo a algn ▷ vi (rain) llover a cántaros; (inf: run) correr ▷ n piel f

pelvis ['pɛlvɪs] n pelvis f

pen [pɛn] n (fountain pen) pluma; (ballpoint pen) bolígrafo; (for sheep) redil m

penalty ['pɛnltɪ] n (gen) pena; (fine) multa

pence [pɛns] npl of **penny**

pencil ['pɛnsl] n lápiz m; **pencil** in vt (appointment) apuntar con carácter provisional; **pencil case** n estuche m; **pencil sharpener** n sacapuntas m inv

pendant ['pɛndnt] n pendiente m

pending ['pɛndɪŋ] prep antes de ▷ adj pendiente

penetrate ['pɛnɪtreɪt] vt penetrar

penfriend ['pɛnfrɛnd] (BRIT) n amigo/a por carta

penguin ['pɛŋgwɪn] n pingüino

penicillin [pɛnɪ'sɪlɪn] n penicilina

peninsula [pə'nɪnsjulə] n península

penis ['piːnɪs] n pene m

penitentiary [pɛnɪ'tɛnʃərɪ] (US) n cárcel f, presidio

penknife ['pɛnnaɪf] n navaja

penniless ['pɛnɪlɪs] adj sin dinero

penny ['pɛnɪ] (pl **pennies** or **pence** (BRIT)) n penique m; (US) centavo

penpal ['pɛnpæl] n amigo/a por carta

pension ['pɛnʃən] n (state benefit) jubilación f; **pensioner** (BRIT) n jubilado/a

pentagon ['pɛntəgən] (US) n: **the P~** (Pol) el Pentágono

○ **PENTAGON**
○
○ Se conoce como **Pentagon** al
○ edificio de planta pentagonal
○ que acoge las dependencias
○ del Ministerio de Defensa
○ estadounidense ("Department of
○ Defense") en Arlington, Virginia.
○ En lenguaje periodístico se aplica
○ también a la dirección militar
○ del país.

penthouse ['pɛnthaus] n ático de lujo

penultimate [pɛ'nʌltɪmət] adj penúltimo

people ['piːpl] npl gente f; (citizens) pueblo, ciudadanos mpl; (Pol): **the ~** el pueblo ▷ n (nation, race) pueblo, nación f; **several ~ came** vinieron varias personas; **~ say that ...** dice la gente que ...

pepper ['pɛpə*] n (spice) pimienta; (vegetable) pimiento ▷ vt: **to ~ with** (fig) salpicar de; **peppermint** n (sweet) pastilla de menta

per [pə:*] prep por; **~ day/~son** por día/persona; **~ annum** al año

perceive [pə'siːv] vt percibir; (realize) darse cuenta de

per cent n por ciento

percentage [pə'sɛntɪdʒ] n porcentaje m

perception [pə'sɛpʃən] n percepción f; (insight) perspicacia; (opinion etc) opinión f

perch [pəːtʃ] n (fish) perca; (for bird) percha ▷ vi: **to ~ (on)** (bird) posarse (en); (person) encaramarse en

percussion [pə'kʌʃən] n percusión f

perfect [adj, n 'pəːfɪkt, vb pə'fɛkt] adj perfecto ▷ n (also: **~ tense**) perfecto ▷ [pə'fɛkʃən] vt perfeccionar; **perfection** [pə'fɛkʃən] n perfección f; **perfectly** ['pəːfɪktlɪ] adv perfectamente

perform [pə'fɔːm] vt (carry out) realizar, llevar a cabo; (Theatre) representar; (piece of music) interpretar ▷ vi (well, badly) funcionar; **performance** n (of a play) representación f; (of actor, athlete etc) actuación f; (of car, engine, company) rendimiento; (of economy) resultados mpl; **performer** n (actor) actor m, actriz f

perfume ['pəːfjuːm] n perfume m

perhaps [pə'hæps] adv quizá(s), tal vez

perimeter [pə'rɪmɪtə*] n perímetro

period ['pɪərɪəd] n período; (Scol) clase f; (full stop) punto; (Med) regla ▷ adj (costume, furniture) de época; **periodical** [pɪərɪ'ɔdɪkl] n periódico; **periodically** adv de vez en cuando, cada cierto tiempo

perish ['perɪʃ] vi perecer; (decay) echarse a perder

perjury ['pɜːdʒərɪ] n (Law) perjurio

perk [pɜːk] n extra m

perm [pɜːm] n permanente f

permanent ['pɜːmənənt] adj permanente; **permanently** adv (lastingly) para siempre, de modo definitivo; (all the time) permanentemente

permission [pəˈmɪʃən] n permiso

permit [n ˈpɜːmɪt, vt pəˈmɪt] n permiso, licencia ▷ vt permitir

perplex [pəˈpleks] vt dejar perplejo

persecute ['pɜːsɪkjuːt] vt perseguir

persecution [pɜːsɪˈkjuːʃən] n persecución f

persevere [pɜːsɪˈvɪə*] vi persistir

Persian ['pɜːʃən] adj, n persa mf; **the ~ Gulf** el Golfo Pérsico

persist [pəˈsɪst] vi: **to ~ (in doing sth)** persistir (en hacer algo); **persistent** adj persistente; (determined) porfiado

person ['pɜːsn] n persona; **in ~** en persona; **personal** adj personal; individual; (visit) en persona; **personal assistant** n ayudante mf personal; **personal computer** n ordenador m personal; **personality** [-ˈnælɪtɪ] n personalidad f; **personally** adv personalmente; (in person) en persona; **to take sth personally** tomarse algo a mal; **personal organizer** n agenda; **personal stereo** n Walkman® m

personnel [pɜːsəˈnel] n personal m

perspective [pəˈspektɪv] n perspectiva

perspiration [pɜːspɪˈreɪʃən] n transpiración f

persuade [pəˈsweɪd] vt: **to ~ sb to do sth** persuadir a algn para que haga algo

persuasion [pəˈsweɪʒən] n persuasión f; (persuasiveness) persuasiva

persuasive [pəˈsweɪsɪv] adj persuasivo

perverse [pəˈvɜːs] adj perverso; (wayward) travieso

pervert [n ˈpɜːvɜːt, vb pəˈvɜːt] n pervertido/a ▷ vt pervertir; (truth, sb's words) tergiversar

pessimism ['pesɪmɪzəm] n pesimismo

pessimist ['pesɪmɪst] n pesimista mf; **pessimistic** [-ˈmɪstɪk] adj pesimista

pest [pest] n (insect) insecto nocivo; (fig) lata, molestia

pester ['pestə*] vt molestar, acosar

pesticide ['pestɪsaɪd] n pesticida m

pet [pet] n animal m doméstico ▷ cpd favorito ▷ vt acariciar; **teacher's ~** favorito/a (del profesor); **~ hate** manía

petal ['petl] n pétalo

petite [pəˈtiːt] adj chiquita

petition [pəˈtɪʃən] n petición f

petrified ['petrɪfaɪd] adj horrorizado

petrol ['petrəl] (BRIT) n gasolina

petroleum [pəˈtrəʊlɪəm] n petróleo

petrol: petrol pump (BRIT) n (in garage) surtidor m de gasolina; **petrol station** (BRIT) n gasolinera; **petrol tank** (BRIT) n depósito (de gasolina)

petticoat ['petɪkəʊt] n enaguas fpl

petty ['petɪ] adj (mean) mezquino; (unimportant) insignificante

pew [pjuː] n banco

pewter ['pjuːtə*] n peltre m

phantom ['fæntəm] n fantasma m

pharmacist ['fɑːməsɪst] n farmacéutico/a

pharmacy ['fɑːməsɪ] n farmacia

phase [feɪz] n fase f; **phase in** vt introducir progresivamente; **phase out** vt (machinery, product) retirar progresivamente; (job, subsidy) eliminar por etapas

Ph.D. abbr = **Doctor of Philosophy**

pheasant ['feznt] n faisán m

phenomena [fəˈnɒmɪnə] npl of **phenomenon**

phenomenal [fɪˈnɒmɪnl] adj fenomenal, extraordinario

phenomenon [fəˈnɒmɪnən] (pl **phenomena**) n fenómeno

Philippines ['fɪlɪpiːnz] npl: **the ~** las

Filipinas

philosopher [fɪ'lɔsəfə*] n filósofo/a
philosophical [fɪlə'sɔfɪkl] adj
filosófico
philosophy [fɪ'lɔsəfɪ] n filosofía
phlegm [flɛm] n flema
phobia ['fəubjə] n fobia
phone [fəun] n teléfono ▷ vt
telefonear, llamar por teléfono; **to be
on the ~** tener teléfono; (be calling)
estar hablando por teléfono; **phone
back** n, vi volver a llamar; **phone up**
vt, vi llamar por teléfono; **phone book**
n guía telefónica; **phone booth** n
cabina telefónica; **phone box** (BRIT) n
= **phone booth**; **phone call** n llamada
(telefónica); **phonecard** n teletarjeta;
phone number n número de teléfono
phonetics [fə'nɛtɪks] n fonética
phoney ['fəunɪ] adj falso
photo ['fəutəu] n foto f; **photo album**
n álbum m de fotos; **photocopier**
n fotocopiadora; **photocopy** n
fotocopia ▷ vt fotocopiar
photograph ['fəutəgra:f]
n fotografía ▷ vt fotografiar;
photographer [fə'tɔgrəfə*] n
fotógrafo; **photography** [fə'tɔgrəfɪ] n
fotografía
phrase [freɪz] n frase f ▷ vt expresar;
phrase book n libro de frases
physical ['fɪzɪkl] adj físico; **physical
education** n educación física;
physically adv físicamente
physician [fɪ'zɪʃən] n médico/a
physicist ['fɪzɪsɪst] n físico/a
physics ['fɪzɪks] n física
physiotherapist [fɪzɪəu'θerəpɪst] n
fisioterapeuta
physiotherapy [fɪzɪəu'θerəpɪ] n
fisioterapia
physique [fɪ'zi:k] n físico
pianist ['pi:ənɪst] n pianista m f
piano [pɪ'ænəu] n piano
pick [pɪk] n (tool: also: **~-axe**) pico,
piqueta ▷ vt (select) elegir, escoger;
(gather) coger (SP), recoger; (remove,
take out) sacar, quitar; (lock) abrir con

ganzúa; **take your ~** escoja lo que
quiera; **the ~ of** lo mejor de; **to ~ one's
nose/teeth** hurgarse las narices/
limpiarse los dientes; **to ~ a quarrel
with sb** meterse con algn; **pick on** vt
fus (person) meterse con; **pick out** vt
escoger; (distinguish) identificar; **pick
up** vi (improve: sales) ir mejor; (: patient)
reponerse; (Finance) recobrarse ▷ vt
recoger; (learn) aprender; (Police: arrest)
detener; (person: for sex) ligar; (Radio)
captar; **to pick up speed** acelerarse; **to
pick o.s. up** levantarse
pickle ['pɪkl] n (also: **~s**: as condiment)
escabeche m; (fig: mess) apuro ▷ vt
encurtir
pickpocket ['pɪkpɔkɪt] n carterista
mf
pick-up ['pɪkʌp] n (also: **~ truck**)
furgoneta, camioneta
picnic ['pɪknɪk] n merienda ▷ vi ir
de merienda; **picnic area** n zona de
picnic; (Aut) área de descanso
picture ['pɪktʃə*] n cuadro; (painting)
pintura; (photograph) fotografía; (TV)
imagen f; (film) película; (fig: description)
descripción f; (: situation) situación
f ▷ vt (imagine) imaginar; **pictures**
npl: **the ~s** (BRIT) el cine; **picture frame**
n marco; **picture messaging** n (envío
de) mensajes con imágenes
picturesque [pɪktʃə'rɛsk] adj
pintoresco
pie [paɪ] n pastel m; (open) tarta;
(small: of meat) empanada
piece [pi:s] n pedazo, trozo; (of
cake) trozo; (item): **a ~ of clothing/
furniture/advice** una prenda (de
vestir)/un mueble/un consejo ▷ vt: **to
~ together** juntar; (Tech) armar; **to
take to ~s** desmontar
pie chart n gráfico de sectores or
tarta
pier [pɪə*] n muelle m, embarcadero
pierce [pɪəs] vt perforar; **pierced**
adj: **I've got pierced ears** tengo los
agujeros hechos en las orejas
pig [pɪg] n cerdo, chancho (LAM);

(pej: unkind person) asqueroso/a; *(: greedy person)* glotón/ona *m/f*

pigeon ['pidʒən] *n* paloma; *(as food)* pichón *m*

piggy bank ['pigi-] *n* hucha *(en forma de cerdito)*

pigsty ['pigstai] *n* pocilga

pigtail *n (girl's)* trenza

pike [paik] *n (fish)* lucio

pilchard ['piltʃəd] *n* sardina

pile [pail] *n* montón *m*; *(of carpet, cloth)* pelo; **pile up** *vi +adv (accumulate: work)* acumularse ▷ *vt +adv (put in a heap: books, clothes)* apilar, amontonar; *(accumulate)* acumular; **piles** *npl (Med)* almorranas *fpl,* hemorroides *mpl*; **pile-up** *n (Aut)* accidente *m* múltiple

pilgrimage ['pilgrimidʒ] *n* peregrinación *f,* romería

pill [pil] *n* píldora; **the ~** la píldora

pillar ['pilə*] *n* pilar *m*

pillow ['piləu] *n* almohada; **pillowcase** *n* funda

pilot ['pailət] *n* piloto ▷ *cpd (scheme etc)* piloto ▷ *vt* pilotar; **pilot light** *n* piloto

pimple ['pimpl] *n* grano

PIN *n abbr (= personal identification number)* número personal

pin [pin] *n* alfiler *m* ▷ *vt* prender (con alfiler); **~s and needles** hormigueo; **to ~ sb down** *(fig)* hacer que algn concrete; **to ~ sth on sb** *(fig)* colgarle a algn el sambenito de algo

pinafore ['pinəfɔ:*] *n* delantal *m*

pinch [pintʃ] *n (of salt etc)* pizca ▷ *vt* pellizcar; *(inf: steal)* birlar; **at a ~** en caso de apuro

pine [pain] *n (also: ~ tree)* pino ▷ *vi:* **to ~ for** suspirar por

pineapple ['painæpl] *n* piña, ananás *m*

ping [piŋ] *n (noise)* sonido agudo; **ping-pong®** *n* pingpong® *m*

pink [piŋk] *adj* rosado, (color de) rosa ▷ *n (colour)* rosa; *(Bot)* clavel *m,* clavellina

pinpoint ['pinpɔint] *vt* precisar

pint [paint] *n (BRIT = 568cc, US = 473cc)*; *(BRIT: inf: of beer)* pinta de cerveza ≈ jarra *(SP)*

pioneer [paiə'niə*] *n* pionero/a

pious ['paiəs] *adj* piadoso, devoto

pip [pip] *n (seed)* pepita; **the ~s** *(BRIT)* la señal

pipe [paip] *n* tubo, caño; *(for smoking)* pipa ▷ *vt* conducir en cañerías; **pipeline** *n (for oil)* oleoducto; *(for gas)* gasoducto; **piper** *n* gaitero/a

pirate ['paiərət] *n* pirata *m* ▷ *vt (cassette, book)* piratear

Pisces ['paisi:z] *n* Piscis *m*

piss [pis] *(infl)* *vi* mear; **pissed** *(infl)* *adj (drunk)* borracho

pistol ['pistl] *n* pistola

piston ['pistən] *n* pistón *m,* émbolo

pit [pit] *n* hoyo; *(also: coal ~)* mina; *(in garage)* foso de inspección; *(also: orchestra ~)* platea ▷ *vt:* **to ~ one's wits against sb** medir fuerzas con algn

pitch [pitʃ] *n (Mus)* tono; *(BRIT Sport)* campo, terreno; *(fig)* punto; *(tar)* brea ▷ *vt (throw)* arrojar, lanzar ▷ *vi (fall)* caer(se); **to ~ a tent** montar una tienda (de campaña); **pitch-black** *adj* negro como boca de lobo

pitfall ['pitfɔ:l] *n* riesgo

pith [piθ] *n (of orange)* médula

pitiful ['pitiful] *adj (touching)* lastimoso, conmovedor/a

pity ['piti] *n* compasión *f,* piedad *f* ▷ *vt* compadecer(se de); **what a ~!** ¡qué pena!

pizza ['pi:tsə] *n* pizza

placard ['plækɑ:d] *n* letrero; *(in march etc)* pancarta

place [pleis] *n* lugar *m,* sitio; *(seat)* plaza, asiento; *(post)* puesto; *(home)* casa; **at/to his ~** en/a su casa; *(role: in society etc)* papel *m* ▷ *vt (object)* poner, colocar; *(identify)* reconocer; **to take ~** tener lugar; **to be ~d** *(in race, exam)* colocarse; **out of ~** *(not suitable)* fuera de lugar; **in the first ~** en primer lugar; **to change ~s with sb** cambiarse de sitio con algn; **~ of birth** lugar m de nacimiento;**place mat** n (wooden etc) salvamanteles m inv; (linen etc) mantel m individual;**placement** n (positioning) colocación f; (at work) emplazamiento

placid ['plæsɪd] adj apacible

plague [pleɪg] n plaga; (Med) peste f ▷ vt (fig) acosar, atormentar

plaice [pleɪs] n inv platija

plain [pleɪn] adj (unpatterned) liso; (clear) claro, evidente; (simple) sencillo; (not handsome) poco atractivo ▷ adv claramente ▷ n llano, llanura;**plain chocolate** n chocolate m amargo;**plainly** adv claramente

plaintiff ['pleɪntɪf] n demandante mf

plait [plæt] n trenza

plan [plæn] n (drawing) plano; (scheme) plan m, proyecto ▷ vt proyectar, planificar ▷ vi hacer proyectos; **to ~ to do** pensar hacer

plane [pleɪn] n (Aviat) avión m; (Math, fig) plano; (also: **~ tree**) plátano; (tool) cepillo

planet ['plænɪt] n planeta m

plank [plæŋk] n tabla

planning ['plænɪŋ] n planificación f; **family ~** planificación familiar

plant [plɑːnt] n planta; (machinery) maquinaria; (factory) fábrica ▷ vt plantar; (field) sembrar; (bomb) colocar

plantation [plæn'teɪʃən] n plantación f; (estate) hacienda

plaque [plæk] n placa

plaster ['plɑːstə*] n (for walls) yeso; (also: **~ of Paris**) yeso mate, escayola (SP); (BRIT: also: **sticking ~**) tirita (SP), curita (LAM) ▷ vt enyesar; (cover): **to ~ with** llenar o cubrir de;**plaster cast** n (Med) escayola; (model, statue) vaciado de yeso

plastic ['plæstɪk] n plástico ▷ adj de plástico;**plastic bag** n bolsa de plástico;**plastic surgery** n cirujía plástica

plate [pleɪt] n (dish) plato; (metal, in book) lámina; (dental plate) placa de

dentadura postiza

plateau ['plætəʊ] n (pl **~s** or **-x**) n meseta, altiplanicie f

platform ['plætfɔːm] n (Rail) andén m; (stage, BRIT: on bus) plataforma; (at meeting) tribuna; (Pol) programa m (electoral)

platinum ['plætɪnəm] adj, n platino

platoon [plə'tuːn] n pelotón m

platter ['plætə*] n fuente f

plausible ['plɔːzɪbl] adj verosímil; (person) convincente

play [pleɪ] n (Theatre) obra, comedia ▷ vt (game) jugar; (compete against) jugar contra; (instrument) tocar; (part: in play etc) hacer el papel de; (tape, record) poner ▷ vi jugar; (band) tocar; (tape, record) sonar; **to ~ safe** ir a lo seguro; **play back** vt (tape) poner;**play up** vi (cause trouble to) dar guerra;**player** n jugador(a) m/f; (Theatre) actor(actriz) m/f; (Mus) músico/a;**playful** adj juguetón/ona;**playground** n (in school) patio de recreo; (in park) parque m infantil;**playgroup** n jardín m de niños;**playing card** n naipe m, carta;**playing field** n campo de deportes;**playschool** n **= playgroup**; **playtime** n (Scol) recreo;**playwright** n dramaturgo/a

plc abbr (= public limited company) ≈ S.A.

plea [pliː] n súplica, petición f; (Law) alegato, defensa

plead [pliːd] vt (Law): **to ~ sb's case** defender a algn; (give as excuse) poner como pretexto ▷ vi (Law) declararse; (beg): **to ~ with sb** suplicar o rogar a algn

pleasant ['plɛznt] adj agradable

please [pliːz] excl ¡por favor! ▷ vt (give pleasure to) dar gusto a, agradar ▷ vi (think fit): **do as you ~** haz lo que quieras; **~ yourself!** (inf) ¡haz lo que quieras!, ¡como quieras!;**pleased** adj (happy) alegre, contento; **pleased (with)** satisfecho (de); **pleased to meet you** ¡encantado!, ¡tanto gusto!

pleasure ['plɛʒə*] n placer m, gusto;

"it's a ~" "el gusto es mío"

pleat [pli:t] n pliegue m

pledge [plɛdʒ] n (promise) promesa, voto ▷ vt prometer

plentiful ['plɛntɪful] adj copioso, abundante

plenty ['plɛntɪ] n: **~ of** mucho(s)/a(s)

pliers ['plaɪəz] npl alicates mpl, tenazas fpl

plight [plaɪt] n situación f difícil

plod [plɔd] vi caminar con paso pesado; (fig) trabajar laboriosamente

plonk [plɔŋk] (inf) n (BRIT: wine) vino peleón ▷ vt: **to ~ sth down** dejar caer algo

plot [plɔt] n (scheme) complot m, conjura; (of story, play) argumento; (of land) terreno ▷ vt (mark out) trazar; (conspire) tramar, urdir ▷ vi conspirar

plough [plaʊ] (US **plow**) n arado m ▷ vt (earth) arar; **to ~ money into** invertir dinero en; **ploughman's lunch** (BRIT) n almuerzo de pub a base de pan, queso y encurtidos

plow [plaʊ] (US) = **plough**

ploy [plɔɪ] n truco, estratagema

pluck [plʌk] vt (fruit) coger (SP), recoger (LAM); (musical instrument) puntear; (bird) desplumar; (eyebrows) depilar; **to ~ up courage** hacer de tripas corazón

plug [plʌg] n tapón m; (Elec) enchufe m, clavija; (Aut: also: **spark(ing) ~**) bujía ▷ vt (hole) tapar; (inf: advertise) dar publicidad a; **plug in** vt (Elec) enchufar; **plughole** n desagüe m

plum [plʌm] n (fruit) ciruela

plumber ['plʌmə*] n fontanero/a (SP, CAM), plomero/a (LAM)

plumbing ['plʌmɪŋ] n (trade) fontanería, plomería; (piping) cañería

plummet ['plʌmɪt] vi: **to ~ (down)** caer a plomo

plump [plʌmp] adj rechoncho, rollizo ▷ vi: **to ~ for** (inf: choose) optar por

plunge [plʌndʒ] n zambullida ▷ vt sumergir, hundir ▷ vi (fall) caer; (dive) saltar; (person) arrojarse; **to take the**

~ lanzarse

plural ['pluərl] adj plural ▷ n plural m

plus [plʌs] n (also: **~ sign**) signo más ▷ prep más, y, además de; **ten/twenty ~** más de diez/veinte

ply [plaɪ] vt (a trade) ejercer ▷ vi (ship) ir y venir ▷ n (of wool, rope) cabo; **to ~ sb with drink** insistir en ofrecer a algn muchas copas; **plywood** n madera contrachapada

P.M. n abbr = **Prime Minister**

p.m. adv abbr (= post meridiem) de la tarde o noche

PMS n abbr (= premenstrual syndrome) SPM m

PMT n abbr (= premenstrual tension) SPM m

pneumatic drill [nju:'mætɪk-] n martillo neumático

pneumonia [nju:'məʊnɪə] n pulmonía

poach [pəʊtʃ] vt (cook) escalfar; (steal) cazar (or pescar) en vedado ▷ vi cazar (or pescar) en vedado; **poached** adj escalfado

P.O. Box n abbr (= Post Office Box) apdo., aptdo.

pocket ['pɔkɪt] n bolsillo; (fig: small area) bolsa ▷ vt meter en el bolsillo; (steal) embolsar; **to be out of ~** (BRIT) salir perdiendo; **pocketbook** (US) n cartera; **pocket money** n asignación f

pod [pɔd] n vaina

podiatrist [pɔ'di:ətrɪst] (US) n pedicuro/a

podium ['pəʊdɪəm] n podio

poem ['pəʊɪm] n poema m

poet ['pəʊɪt] n poeta m/f; **poetic** [-'ɛtɪk] adj poético; **poetry** n poesía

poignant ['pɔɪnjənt] adj conmovedor(a)

point [pɔɪnt] n punto; (tip) punta; (purpose) fin m, propósito; (use) utilidad f; (significant part) lo significativo; (moment) momento; (Elec) toma de corriente; (also: **decimal ~**): **2 ~ 3 (2.3)** dos coma tres (2,3) ▷ vt señalar; (gun etc): **to ~ sth at sb** apuntar algo

a algn ▷ vi: **to ~ at** señalar; **points**
npl (Aut) contactos mpl; (Rail) agujas
fpl; **to be on the ~ of doing sth** estar
a punto de hacer algo; **to make a ~ of**
poner empeño en; **to get/miss the
~ comprender/ no comprender; to
come to the ~** ir al meollo; **there's no
~ (in doing)** no tiene sentido (hacer);
point out vt señalar; **point-blank**
adv (say, refuse) sin más hablar; (also:
at point-blank range) a quemarropa;
pointed adj (shape) puntiagudo,
afilado; (remark) intencionado; **pointer**
n (needle) aguja, indicador m; **pointless**
adj sin sentido; **point of view** n punto
de vista
poison ['pɔɪzn] n veneno ▷ vt
envenenar; **poisonous** adj venenoso;
(fumes etc) tóxico
poke [pəuk] vt (jab with finger, stick
etc) empujar; (put): **to ~ sth in(to)**
introducir algo en; **poke about** or
around vi fisgonear; **poke out** vi
(stick out) salir
poker ['pəukə*] n atizador m; (Cards)
póker m
Poland ['pəulənd] n Polonia
polar ['pəulə*] adj polar; **polar bear**
n oso polar
Pole [pəul] n polaco/a
pole [pəul] n palo; (fixed) poste m;
(Geo) polo; **pole bean** (us) n judía
verde; **pole vault** n salto con pértiga
police [pə'liːs] n policía ▷ vt vigilar;
police car n coche-patrulla m; **police
constable** (BRIT) n guardia m, policía
m; **police force** n cuerpo de policía;
policeman (irreg) n policía m, guardia
m; **police officer** n guardia m, policía
m; **police station** n comisaría;
policewoman (irreg) n mujer f policía
policy ['pɔlɪsɪ] n política; (also:
insurance ~) póliza
polio ['pəulɪəu] n polio f
Polish ['pəulɪʃ] adj polaco ▷ n (Ling)
polaco
polish ['pɔlɪʃ] n (for shoes) betún m;
(for floor) cera (de lustrar); (shine) brillo,

lustre m; (fig: refinement) educación f
▷ vt (shoes) limpiar; (make shiny) pulir,
sacar brillo a; **polish off** vt (food)
despachar; **polished** adj (fig: person)
elegante
polite [pə'laɪt] adj cortés, atento;
politeness n cortesía
political [pə'lɪtɪkl] adj político;
politically adv políticamente;
politically correct políticamente
correcto
politician [pɔlɪ'tɪʃən] n político/a
politics ['pɔlɪtɪks] n política
poll [pəul] n (election) votación f; (also:
opinion ~) sondeo, encuesta ▷ vt
encuestar; (votes) obtener
pollen ['pɔlən] n polen m
polling station ['pəulɪŋ-] n centro
electoral
pollute [pə'luːt] vt contaminar
pollution [pə'luːʃən] n polución f,
contaminación f del medio ambiente
polo ['pəuləu] n (sport) polo; **polo-
neck** adj de cuello vuelto ▷ n (sweater)
suéter m de cuello vuelto; **polo shirt** n
polo, niqui m
polyester [pɔlɪ'estə*] n poliéster m
polystyrene [pɔlɪ'staɪriːn] n
poliestireno
polythene ['pɔlɪθiːn] (BRIT) n
politeno; **polythene bag** n bolsa de
plástico
pomegranate ['pɔmɪɡrænɪt] n
granada
pompous ['pɔmpəs] adj pomposo
pond [pɔnd] n (natural) charca;
(artificial) estanque m
ponder ['pɔndə*] vt meditar
pony ['pəunɪ] n poni m; **ponytail** n
coleta; **pony trekking** (BRIT) n
excursión f a caballo
poodle ['puːdl] n caniche m
pool [puːl] n (natural) charca; (also:
swimming ~) piscina, alberca (MEX),
pileta (RPL); (fig: of light etc) charco;
(Sport) chapolín m ▷ vt juntar; **pools**
npl quinielas fpl
poor [puə*] adj pobre; (bad) de mala

calidad ▷ npl: **the ~** los pobres; **poorly** adj mal, enfermo ▷ adv mal

pop [pɔp] n (sound) ruido seco; (Mus) (música) pop m; (inf: father) papá m; (drink) gaseosa ▷ vt (put quickly) meter (de prisa) ▷ vi reventar; (cork) saltar; **pop in** vi entrar un momento; **pop out** vi salir un momento; **popcorn** n palomitas fpl

poplar ['pɔplə*] n álamo

popper ['pɔpə*] (BRIT) n automático

poppy ['pɔpɪ] n amapola

Popsicle® ['pɔpsɪkl] (US) n polo

pop star n estrella del pop

popular ['pɔpjulə*] adj popular; **popularity** [pɔpju'lærɪtɪ] n popularidad f

population [pɔpju'leɪʃən] n población f

pop-up ['pɔpʌp] (Comput) adj (menu, window) emergente ▷ n ventana emergente, (ventana f) pop-up f

porcelain ['pɔːslɪn] n porcelana

porch [pɔːtʃ] n pórtico, entrada; (US) veranda

pore [pɔː*] n poro ▷ vi: **to ~ over** engolfarse en

pork [pɔːk] n carne f de cerdo or (LAM) chancho; **pork chop** n chuleta de cerdo; **pork pie** n (BRIT: Culin) empanada de carne de cerdo

porn [pɔːn] adj (inf) porno inv ▷ n porno; **pornographic** [pɔːnə'græfɪk] adj pornográfico; **pornography** [pɔː'nɔgrəfɪ] n pornografía

porridge ['pɔrɪdʒ] n gachas fpl de avena

port [pɔːt] n puerto; (Naut: left side) babor m; (wine) vino de Oporto; **~ of call** puerto de escala

portable ['pɔːtəbl] adj portátil

porter ['pɔːtə*] n (for luggage) maletero; (doorkeeper) portero/a, conserje m/f

portfolio [pɔːt'fəulɪəu] n cartera

portion ['pɔːʃən] n porción f; (of food) ración f

portrait ['pɔːtreɪt] n retrato

portray [pɔː'treɪ] vt retratar; (actor) representar

Portugal ['pɔːtjugl] n Portugal m

Portuguese [pɔːtju'giːz] adj n inv portugués/esa m/f; (Ling) portugués m

pose [pəuz] n postura, actitud f ▷ vi (pretend): **to ~ as** hacerse pasar por ▷ vt (question) plantear; **to ~ for** posar para

posh [pɔʃ] (inf) adj elegante, de lujo

position [pə'zɪʃən] n posición f; (job) puesto; (situation) situación f ▷ vt colocar

positive ['pɔzɪtɪv] adj positivo; (certain) seguro; (definite) definitivo; **positively** adv (affirmatively, enthusiastically) de forma positiva; (inf: really) absolutamente

possess [pə'zɛs] vt poseer; **possession** [pə'zɛʃən] n posesión f, **possessions** npl (belongings) pertenencias fpl; **possessive** adj posesivo

possibility [pɔsɪ'bɪlɪtɪ] n posibilidad f

possible ['pɔsɪbl] adj posible; **as big as ~** lo más grande posible; **possibly** adv (probably) posiblemente; **I cannot possibly come** me es imposible venir

post [pəust] n (BRIT: system) correos mpl; (BRIT: letters, delivery) correo; (job, situation) puesto; (pole) poste m ▷ vt (BRIT: send by post) echar al correo; (BRIT: appoint): **to ~ to** enviar a; **postage** n porte m, franqueo; **postal** adj postal, de correos; **postal order** n giro postal; **postbox** (BRIT) n buzón m; **postcard** n tarjeta postal; **postcode** (BRIT) n código postal

poster ['pəustə*] n cartel m

postgraduate ['pəust'grædjuət] n posgraduado/a

postman ['pəustmən] (BRIT: irreg) n cartero

postmark ['pəustmɑːk] n matasellos m inv

post-mortem [-'mɔːtəm] n autopsia

post office n (building) (oficina de) correos m; (organization): **the Post Office** Correos m inv (SP), Dirección f General de Correos (LAM)

postpone [pəs'pəun] vt aplazar

posture ['pɒstʃə*] n postura, actitud f

postwoman ['pəustwuman] (BRIT: irreg) n cartera

pot [pɒt] n (for cooking) olla; (teapot) tetera; (coffeepot) cafetera; (for flowers) maceta; (for jam) tarro, pote m; (inf: marijuana) chocolate m ▷ vt (plant) poner en tiesto; **to go to** ~ (inf) irse al traste

potato [pə'teɪtəu] (pl ~es) n patata (SP), papa (LAM); **potato peeler** n pelapatatas m inv

potent ['pəutnt] adj potente, poderoso; (drink) fuerte

potential [pə'tɛnʃl] adj potencial, posible ▷ n potencial m

pothole ['pɒthəul] n (in road) bache m; (BRIT: underground) gruta

pot plant ['pɒtplɑ:nt] n planta de interior

potter ['pɒtə*] n alfarero/a ▷ vi: **to ~ around** or **about** (BRIT) hacer trabajitos; **pottery** n cerámica; (factory) alfarería

potty ['pɒtɪ] n orinal m de niño

pouch [pautʃ] n (Zool) bolsa; (for tobacco) petaca

poultry ['pəultrɪ] n aves fpl de corral; (meat) pollo

pounce [pauns] vi: **to ~ on** precipitarse sobre

pound [paund] n libra (weight = 453g or 16oz; money = 100 pence) ▷ vt (beat) golpear; (crush) machacar ▷ vi (heart) latir; **pound sterling** n libra esterlina

pour [pɔ:*] vt echar; (tea) servir ▷ vi correr, fluir; **to ~ sb a drink** servirle a algn una copa; **pour in** vi (people) entrar en tropel; **pour out** vi salir en tropel ▷ vt (drink) echar, servir; (fig): **to pour out one's feelings** desahogarse; **pouring** adj: **pouring rain** lluvia torrencial

pout [paut] vi hacer pucheros

poverty ['pɒvətɪ] n pobreza, miseria

powder ['paudə*] n polvo; (also: **face ~**) polvos mpl ▷ vt polvorear; **to ~ one's face** empolvarse la cara; **powdered milk** n leche f en polvo

power ['pauə*] n poder m; (strength) fuerza; (nation, Tech) potencia; (drive) empuje m; (Elec) fuerza, energía ▷ vt impulsar; **to be in ~** (Pol) estar en el poder; **power cut** (BRIT) n apagón m; **power failure** n = **power cut**; **powerful** adj poderoso; (engine) potente; (speech etc) convincente; **powerless** adj: **powerless (to do)** incapaz (de hacer); **power point** (BRIT) n enchufe m; **power station** n central f eléctrica

p.p. abbr (= per procurationem): **p.p. J. Smith** p.p. (por poder de) J. Smith; (= pages) págs

PR n abbr = **public relations**

practical ['præktɪkl] adj práctico; **practical joke** n broma pesada; **practically** adv (almost) casi

practice ['præktɪs] n (habit) costumbre f; (exercise) práctica, ejercicio; (training) adiestramiento; (Med: of profession) práctica, ejercicio; (Med, Law: business) consulta ▷ vt, vi (US) = **practise**; **in ~** (in reality) en la práctica; **out of ~** desentrenado

practise ['præktɪs] (US **practice**) vt (carry out) practicar; (profession) ejercer; (train at) practicar ▷ vi ejercer; (train) practicar; **practising** adj (Christian etc) practicante; (lawyer) en ejercicio

practitioner [præk'tɪʃənə*] n (Med) médico/a

pragmatic [præg'mætɪk] adj pragmático

prairie ['prɛərɪ] n pampa

praise [preɪz] n alabanza(s) f(pl), elogio(s) m(pl) ▷ vt alabar, elogiar

pram [præm] (BRIT) n cochecito de niño

prank [præŋk] n travesura

prawn [prɔ:n] n gamba; **prawn**

cocktail *n* cóctel *m* de gambas
pray [preɪ] *vi* rezar; **prayer** [preə*] *n* oración *f*, rezo; (*entreaty*) ruego, súplica
preach [priːtʃ] *vi* predicar; **preacher** *n* predicador/a *m/f*
precarious [prɪˈkɛərɪəs] *adj* precario
precaution [prɪˈkɔːʃən] *n* precaución *f*
precede [prɪˈsiːd] *vt*, *vi* preceder; **precedent** [ˈprɛsɪdənt] *n* precedente *m*; **preceding** [prɪˈsiːdɪŋ] *adj* anterior
precinct [ˈpriːsɪŋkt] *n* recinto
precious [ˈprɛʃəs] *adj* precioso
precise [prɪˈsaɪs] *adj* preciso, exacto; **precisely** *adv* precisamente, exactamente
precision [prɪˈsɪʒən] *n* precisión *f*
predator [ˈprɛdətə*] *n* depredador *m*
predecessor [ˈpriːdɪsɛsə*] *n* antecesor/a *m/f*
predicament [prɪˈdɪkəmənt] *n* apuro
predict [prɪˈdɪkt] *vt* pronosticar; **predictable** *adj* previsible; **prediction** [-ˈdɪkʃən] *n* predicción *f*
predominantly [prɪˈdɒmɪnəntlɪ] *adv* en su mayoría
preface [ˈprɛfəs] *n* prefacio
prefect [ˈpriːfɛkt] (BRIT) *n* (*in school*) monitor(a) *m/f*
prefer [prɪˈfəː*] *vt* preferir; **to ~ doing** *or* **to do** preferir hacer; **preferable** [ˈprɛfrəbl] *adj* preferible; **preferably** [ˈprɛfrəblɪ] *adv* de preferencia; **preference** [ˈprɛfrəns] *n* preferencia; (*priority*) prioridad *f*
prefix [ˈpriːfɪks] *n* prefijo
pregnancy [ˈprɛgnənsɪ] *n* (*of woman*) embarazo; (*of animal*) preñez *f*
pregnant [ˈprɛgnənt] *adj* (*woman*) embarazada; (*animal*) preñada
prehistoric [priːhɪsˈtɒrɪk] *adj* prehistórico
prejudice [ˈprɛdʒʊdɪs] *n* prejuicio; **prejudiced** *adj* (*person*) predispuesto
preliminary [prɪˈlɪmɪnərɪ] *adj* preliminar
prelude [ˈprɛljuːd] *n* preludio

premature [ˈprɛmətʃuə*] *adj* prematuro
premier [ˈprɛmɪə*] *adj* primero, principal ⊳ *n* (*Pol*) primer(a) ministro/a
première [ˈprɛmɪɛə*] *n* estreno
Premier League [ˈprɛmɪəˈliːg] *n* primera división
premises [ˈprɛmɪsɪz] *npl* (*of business etc*) local *m*; **on the ~** en el lugar mismo
premium [ˈpriːmɪəm] *n* premio; (*insurance*) prima; **to be at a ~** ser muy solicitado
premonition [prɛməˈnɪʃən] *n* presentimiento
preoccupied [prɪˈɒkjupaɪd] *adj* ensimismado
prepaid [priːˈpeɪd] *adj* porte pagado
preparation [prɛpəˈreɪʃən] *n* preparación *f*; **preparations** *npl* preparativos *mpl*
preparatory school [prɪˈpærətərɪ-] *n* escuela preparatoria
prepare [prɪˈpɛə*] *vt* preparar, disponer; (*Culin*) preparar ⊳ *vi*: **to ~ for** (*action*) prepararse *or* disponerse para; (*event*) hacer preparativos para; **~d to** dispuesto a; **~d for** listo para
preposition [prɛpəˈzɪʃən] *n* preposición *f*
prep school [prep-] *n* = **preparatory school**
prerequisite [priːˈrɛkwɪzɪt] *n* requisito
preschool [ˈpriːskuːl] *adj* preescolar
prescribe [prɪˈskraɪb] *vt* (*Med*) recetar
prescription [prɪˈskrɪpʃən] *n* (*Med*) receta
presence [ˈprɛzns] *n* presencia; **in sb's ~** en presencia de algn; **~ of mind** aplomo
present [*adj*, *n* ˈprɛznt, *vb* prɪˈzɛnt] *adj* (*in attendance*) presente; (*current*) actual ⊳ *n* (*gift*) regalo; (*actuality*): **the ~** la actualidad, el presente ⊳ *vt* (*introduce, describe*) presentar; (*expound*) exponer; (*give*) presentar, dar, ofrecer; (*Theatre*)

representar; **to give sb a ~** regalar algo a algn; **at ~** actualmente; **presentable** [prɪ'zentəbl] adj: **to make o.s. presentable** arreglarse; **presentation** ['teɪʃən] n presentación f; (of report etc) exposición f; (formal ceremony) entrega de un regalo; **present-day** adj actual; **presenter** [prɪ'zentə*] n (Radio, TV) locutor(a) m/f; **presently** adv (soon) dentro de poco; (now) ahora; **present participle** n participio m presente

preservation [prezə'veɪʃən] n conservación f

preservative [prɪ'zə:vətɪv] n conservante m

preserve [prɪ'zə:v] vt (keep safe) preservar, proteger; (maintain) mantener; (food) conservar ▷ n (for game) coto, vedado; (often pl: jam) conserva, confitura

preside [prɪ'zaɪd] vi presidir

president ['prezɪdənt] n presidente m/f; **presidential** ['denʃl] adj presidencial

press [pres] n (newspapers): **the P~** la prensa; (printer's) imprenta; (of button) pulsación f ▷ vt empujar; (button etc) apretar; (clothes: iron) planchar; (put pressure on: person) presionar; (insist): **to ~ sth on sb** insistir en que algn acepte algo ▷ vi (squeeze) apretar; (pressurize): **to ~ for** presionar por; **we are ~ed for time/money** estamos apurados de tiempo/dinero; **press conference** n rueda de prensa; **pressing** adj apremiante; **press stud** (BRIT) n botón m de presión; **press-up** (BRIT) n plancha

pressure ['preʃə*] n presión f; **to put ~ on sb** presionar a algn; **pressure cooker** n olla a presión; **pressure group** n grupo de presión

prestige [pres'ti:ʒ] n prestigio

prestigious [pres'tɪdʒəs] adj prestigioso

presumably [prɪ'zju:məblɪ] adv es de suponer que, cabe presumir que

presume [prɪ'zju:m] vt: **to ~ (that)** presumir (que), suponer (que)

pretence [prɪ'tens] (US **pretense**) n fingimiento; **under false ~s** con engaños

pretend [prɪ'tend] vt, vi (feign) fingir
> Be careful not to translate **pretend** by the Spanish word *pretender*.

pretense [prɪ'tens] (US) n = **pretence**

pretentious [prɪ'tenʃəs] adj presumido; (ostentatious) ostentoso, aparatoso

pretext ['pri:tekst] n pretexto

pretty ['prɪtɪ] adj bonito, lindo (LAM)
> adv bastante

prevail [prɪ'veɪl] vi (gain mastery) prevalecer; (be current) predominar; **prevailing** adj (dominant) predominante

prevalent ['prevələnt] adj (widespread) extendido

prevent [prɪ'vent] vt: **to ~ sb from doing sth** impedir a algn hacer algo; **to ~ sth from happening** evitar que ocurra algo; **prevention** [prɪ'venʃə n] n prevención f; **preventive** adj preventivo

preview ['pri:vju:] n (of film) preestreno

previous ['pri:vɪəs] adj previo, anterior; **previously** adv antes

prey [preɪ] n presa ▷ vi: **to ~ on** (feed on) alimentarse de; **it was ~ing on his mind** le preocupaba, le obsesionaba

price [praɪs] n precio ▷ vt (goods) fijar el precio de; **priceless** adj que no tiene precio; **price list** n tarifa

prick [prɪk] n (sting) picadura ▷ vt pinchar; (hurt) picar; **to ~ up one's ears** aguzar el oído

prickly ['prɪklɪ] adj espinoso; (fig: person) enojadizo

pride [praɪd] n orgullo; (pej) soberbia
▷ vt: **to ~ o.s. on** enorgullecerse de

priest [pri:st] n sacerdote m

primarily ['praɪmrɪlɪ] adv ante todo

primary ['praɪmərɪ] adj (first in importance) principal ▷ n (US Pol)

elección f primaria; **primary school**
(BRIT) n escuela primaria

prime [praɪm] adj primero, principal;
(*excellent*) selecto, de primera clase
▷ n: **in the ~ of life** en la flor de la vida
▷ vt (*wood*: fig) preparar; **~ example**
ejemplo típico; **Prime Minister** n
primer(a) ministro/a

primitive ['prɪmɪtɪv] adj primitivo;
(*crude*) rudimentario

primrose ['prɪmrəuz] n primavera,
prímula

prince [prɪns] n príncipe m

princess [prɪn'ses] n princesa

principal ['prɪnsɪpl] adj principal,
mayor ▷ n director(a) m/f; **principally**
adv principalmente

principle ['prɪnsɪpl] n principio; **in ~**
en principio; **on ~** por principio

print [prɪnt] n (*footprint*) huella;
(*fingerprint*) huella dactilar; (*letters*)
letra de molde; (*fabric*) estampado;
(*Art*) grabado; (*Phot*) impresión
f ▷ vt imprimir; (*cloth*) estampar;
(*write in capitals*) escribir en letras de
molde; **out of ~** agotado; **print out** vt
(*Comput*) imprimir; **printer** n (*person*)
impresor/a m/f; (*machine*) impresora;
printout n (*Comput*) impresión f

prior ['praɪə*] adj anterior, previo;
(*more important*) más importante; **~
to** antes de

priority [praɪ'ɒrɪtɪ] n prioridad f; **to
have ~ (over)** tener prioridad (sobre)

prison ['prɪzn] n cárcel f, prisión f
▷ cpd carcelario; **prisoner** n (*in prison*)
preso/a; (*captured person*) prisionero;
prisoner-of-war n prisionero de
guerra

pristine ['prɪstiːn] adj prístino

privacy ['prɪvəsɪ] n intimidad f

private ['praɪvɪt] adj (*personal*)
particular; (*property, industry, discussion
etc*) privado; (*person*) reservado; (*place*)
tranquilo ▷ n soldado raso; **"~"** (*on
envelope*) "confidencial"; (*on door*)
"prohibido el paso"; **in ~** en privado;
privately adv en privado; (*in o.s.*)

en secreto; **private property** n
propiedad f privada; **private school** n
colegio particular

privatize ['praɪvɪtaɪz] vt privatizar

privilege ['prɪvɪlɪdʒ] n privilegio;
(*prerogative*) prerrogativa

prize [praɪz] n premio ▷ adj de
primera clase ▷ vt apreciar, estimar;
prize-giving n distribución f de
premios; **prizewinner** n premiado/a

pro [prəu] n (*Sport*) profesional mf
▷ prep a favor de; **the ~s and cons** los
pros y los contras

probability [prɒbə'bɪlɪtɪ] n
probabilidad f; **in all ~** con toda
probabilidad

probable ['prɒbəbl] adj probable

probably ['prɒbəblɪ] adv
probablemente

probation [prə'beɪʃən] n: **on ~**
(*employee*) a prueba; (*Law*) en libertad
condicional

probe [prəub] n (*Med, Space*) sonda;
(*enquiry*) encuesta, investigación f ▷ vt
sondar; (*investigate*) investigar

problem ['prɒbləm] n problema m

procedure [prə'siːdʒə*] n
procedimiento; (*bureaucratic*) trámites
mpl

proceed [prə'siːd] vi (*do
afterwards*): **to ~ to do sth** proceder
a hacer algo; (*continue*): **to ~ (with)**
continuar o seguir (con); **proceedings**
npl acto(s) pl; (*Law*) proceso;
proceeds ['prəusiːdz] npl (*money*)
ganancias fpl, ingresos mpl

process ['prəuses] n proceso ▷ vt
tratar, elaborar

procession [prə'seʃən] n desfile m;
funeral ~ cortejo fúnebre

proclaim [prə'kleɪm] vt (*announce*)
anunciar

prod [prɒd] vt empujar ▷ n empujón m

produce [n 'prɒdjuːs, vt prə'djuːs]
n (*Agr*) productos mpl agrícolas ▷ vt
producir; (*play, film, programme*)
presentar; **producer** n productor(a)
m

m/f; (of film, programme)
director(a) m/f; (of record) productor(a)
m/f

product ['prɔdʌkt] n producto;
production [prə'dʌkʃən] n
producción f; (Theatre) presentación
f; **productive** [prə'dʌktɪv]
adj productivo; **productivity**
[prɔdʌk'tɪvɪtɪ] n productividad f

Prof. [prɔf] abbr (= professor) Prof

profession [prə'feʃən] n profesión
f; **professional** adj profesional ▷ n
profesional m/f; (skilled person) perito

professor [prə'fesə*] n (BRIT)
catedrático/a; (US, CANADA) profesor(a)
m/f

profile ['prəufaɪl] n perfil m

profit ['prɔfɪt] n (Comm) ganancia
▷ vi: **to ~ by** o **from** aprovechar o sacar
provecho de; **profitable** adj (Econ)
rentable

profound [prə'faund] adj profundo

programme ['prəugræm] (US
program) n programa m ▷ vt
programar; **programmer** (US
programer) n programador(a) m/f;
programming (US **programing**) n
programación f

progress [n 'prəugres, vi prə'gres]
n progreso; (development) desarrollo
▷ vi progresar, avanzar; **in ~** en curso;
progressive [-'gresɪv] adj progresivo;
(person) progresista

prohibit [prə'hɪbɪt] vt prohibir; **to
~ sb from doing sth** prohibir a algn
hacer algo

project [n 'prɔdʒekt, vb
prə'dʒekt] n proyecto ▷ vt
proyectar ▷ vi (stick out) salir,
sobresalir; **projection**
[prə'dʒekʃən] n proyección f;
(overhang) saliente m; **projector**
[prə'dʒektə*] n proyector m

prolific [prə'lɪfɪk] adj prolífico

prolong [prə'lɔŋ] vt prolongar,
extender

prom [prɔm] n abbr = **promenade**
(US: ball) baile m de gala; **the P~s** ver

recuadro

promenade [prɔmə'nɑːd] n (by sea)
paseo marítimo

prominent ['prɔmɪnənt] adj
(standing out) saliente; (important)
eminente, importante

promiscuous [prə'mɪskjuəs] adj
(sexually) promiscuo

promise ['prɔmɪs] n promesa
▷ vt, vi prometer; **promising** adj
prometedor(a)

promote [prə'məut] vt (employee)
ascender; (product, pop star) hacer
propaganda por; (ideas) fomentar;
promotion [-'məuʃən] n (advertising
campaign) campaña f de promoción; (in
rank) ascenso

prompt [prɔmpt] adj rápido ▷ adv: **at
6 o'clock ~** a las seis en punto ▷ n
(Comput) aviso ▷ vt (urge) mover,
incitar; (when talking) instar; (Theatre)
apuntar; **to ~ sb to do sth** instar
a algn a hacer algo; **promptly** adv
rápidamente; (exactly) puntualmente

prone [prəun] adj (lying) postrado; **~
to** propenso a

prong [prɔŋ] n diente m, punta

pronoun ['prəunaun] n pronombre

m

pronounce [prə'nauns] vt
pronunciar

pronunciation [prənʌnsɪ'eɪʃən] n
pronunciación f

proof [pruːf] n prueba ▷ adj: ~
against a prueba de

prop [prɔp] n apoyo; (fig) sostén m
accesorios mpl, at(t)rezzo msg; **prop up**
vt (roof, structure) apuntalar; (economy)
respaldar

propaganda [prɔpə'gændə] n
propaganda

propeller [prə'pelə*] n hélice f

proper ['prɔpə*] adj (suited, right)
propio; (exact) justo; (seemly) correcto,
decente; (authentic) verdadero;
(referring to place): **the village ~**
el pueblo mismo; **properly** adv
(adequately) correctamente; (decently)
decentemente; **proper noun** n
nombre m propio

property ['prɔpətɪ] n propiedad f;
(personal) bienes mpl muebles

prophecy ['prɔfɪsɪ] n profecía

prophet ['prɔfɪt] n profeta m

proportion [prə'pɔːʃən] n
proporción f; (share) parte f;
proportions npl (size) dimensiones fpl;
proportional adj: **proportional (to)**
en proporción (con)

proposal [prə'pəuzl] n (offer of
marriage) oferta de matrimonio; (plan)
proyecto

propose [prə'pəuz] vt proponer ▷ vi
declararse; **to ~ to do** tener intención
de hacer

proposition [prɔpə'zɪʃən] n
propuesta

proprietor [prə'praɪətə*] n
propietario/a, dueño/a

prose [prəuz] n prosa

prosecute ['prɔsɪkjuːt] vt (Law)
procesar; **prosecution** [-'kjuːʃən]
n proceso, causa; (accusing
side) acusación f; **prosecutor** n
acusador(a) m/f; (also: **public
prosecutor**) fiscal mf

prospect [n 'prɔspekt, vb
prə'spekt] n (possibility) posibilidad
f; (outlook) perspectiva ▷ vi: **to ~
for** buscar; **prospects** npl (for work
etc) perspectivas fpl; **prospective**
[prə'spektɪv] adj futuro

prospectus [prə'spektəs] n
prospecto

prosper ['prɔspə*] vi prosperar;
prosperity [-'sperɪtɪ] n prosperidad f;
prosperous adj próspero

prostitute ['prɔstɪtjuːt] n
prostituta; (male) hombre que se dedica a
la prostitución

protect [prə'tekt] vt proteger;
protection [-'tekʃən] n protección f;
protective adj protector(a)

protein ['prəutiːn] n proteína

protest [n 'prəutest, vb prə'test] n
protesta ▷ vi: **to ~ about** or **at/against**
protestar de/contra ▷ vt (insist): **to ~
(that)** insistir en (que)

Protestant ['prɔtɪstənt] adj, n
protestante m

protester [prə'testə*] n
manifestante mf

protractor [prə'træktə*] n (Geom)
transportador m

proud [praud] adj orgulloso; (pej)
soberbio, altanero

prove [pruːv] vt probar; (show)
demostrar ▷ vi: **to ~ (to be) correct**
resultar correcto; **to ~ o.s.** probar
su valía

proverb ['prɔvəːb] n refrán m

provide [prə'vaɪd] vt proporcionar,
dar; **to ~ sb with sth** proveer a algn
de algo; **provide for** vt fus (person)
mantener a; (problem etc) tener en
cuenta; **provided** conj: **provided
(that)** con tal de que, a condición
de que; **providing** [prə'vaɪdɪŋ]
conj: **providing (that)** a condición de
que, con tal de que

province ['prɔvɪns] n provincia; (fig)
esfera; **provincial** [prə'vɪnʃəl] adj
provincial; (pej) provinciano

provision [prə'vɪʒən] n (supplying)

suministro, abastecimiento; (of contract etc) disposición f; **provisions** npl (food) comestibles mpl; **provisional** adj provisional

provocative [prə'vɒkətɪv] adj provocativo

provoke [prə'vəʊk] vt (cause) provocar, incitar; (anger) enojar

prowl [praʊl] vi (also: ~ **about, ~ around**) merodear ▷ n: **on the ~** de merodeo

proximity [prɒk'sɪmɪtɪ] n proximidad f

proxy ['prɒksɪ] n: **by ~** por poderes

prudent ['pruːdənt] adj prudente

prune [pruːn] n ciruela pasa ▷ vt podar

pry [praɪ] vi: **to ~ (into)** entrometerse (en)

PS n abbr (= postscript) P.D.

pseudonym ['sjuːdənɪm] n seudónimo

PSHE (BRIT: Scol) n abbr (= personal, social and health education) formación social y sanitaria

psychiatric [saɪkɪ'ætrɪk] adj psiquiátrico

psychiatrist [saɪ'kaɪətrɪst] n psiquiatra mf

psychic ['saɪkɪk] adj (also: ~**al**) psíquico

psychoanalysis [saɪkəʊə'næləsɪs] n psicoanálisis m inv

psychological [saɪkə'lɒdʒɪkl] adj psicológico

psychologist [saɪ'kɒlədʒɪst] n psicólogo/a

psychology [saɪ'kɒlədʒɪ] n psicología

psychotherapy [saɪkəʊ'θerəpɪ] n psicoterapia

pt abbr = **pint(s); point(s)**

PTO abbr (= please turn over) sigue

pub [pʌb] n abbr (= public house) pub m, bar m

puberty ['pjuːbətɪ] n pubertad f

public ['pʌblɪk] adj público ▷ n: **the ~** el público; **in ~** en público; **to make ~**

hacer público

publication [pʌblɪ'keɪʃən] n publicación f

public: public company n sociedad f anónima; **public convenience** (BRIT) n aseos mpl públicos (SP), sanitarios mpl (LAM); **public holiday** n (día m de) fiesta (SP), (día m) feriado (LAM); **public house** (BRIT) n bar m, pub m

publicity [pʌb'lɪsɪtɪ] n publicidad f

publicize ['pʌblɪsaɪz] vt publicitar

public: public limited company n sociedad f anónima (S.A.); **publicly** adv públicamente, en público; **public opinion** n opinión f pública; **public relations** n relaciones fpl públicas; **public school** n (BRIT) escuela privada; (US) instituto; **public transport** n transporte m público

publish ['pʌblɪʃ] vt publicar; **publisher** n (person) editor(a) m/f; (firm) editorial f; **publishing** n (industry) industria del libro

pub lunch n almuerzo que se sirve en un pub; **to go for a ~** almorzar o comer en un pub

pudding ['pʊdɪŋ] n pudín m; (BRIT: dessert) postre m; **black ~** morcilla

puddle ['pʌdl] n charco

Puerto Rico [pwɛ:təʊ'riːkəʊ] n Puerto Rico

puff [pʌf] n soplo; (of smoke, air) bocanada; (of breathing) resoplido ▷ vt: **to ~ one's pipe** chupar la pipa ▷ vi (pant) jadear; **puff pastry** n hojaldre m

pull [pʊl] n (tug): **to give sth a ~** dar un tirón a algo ▷ vt tirar de; (press: trigger) apretar; (haul) tirar, arrastrar; (close: curtain) echar ▷ vi tirar; **to ~ to pieces** hacer pedazos; **not to ~ one's punches** no andarse con bromas; **to ~ one's weight** hacer su parte; **to ~ o.s. together** sobreponerse; **to ~ sb's leg** tomar el pelo a algn; **pull apart** vt (break) romper; **pull away** vi (vehicle: move off) salir, arrancar; (draw back) apartarse bruscamente; **pull back** vt (lever etc)

tirar hacia sí; (curtains) descorrer ▷ vi
(refrain) contenerse; (Mil: withdraw)
retirarse; **pull down** vt (building)
derribar; **pull in** vi (car etc) parar
(junto a la acera); (train) llegar a la
estación; **pull off** vt (deal etc) cerrar;
sacar, arrancar; **pull over** vi (Aut)
hacerse a un lado; **pull up** vi (stop)
parar ▷ vt (raise) levantar; (uproot)
arrancar, desarraigar

pulley ['pulɪ] n polea

pullover ['puləuvə*] n jersey m,
suéter m

pulp [pʌlp] n (of fruit) pulpa

pulpit ['pulpɪt] n púlpito

pulse [pʌls] n (Anat) pulso; (rhythm)
pulsación f; (Bot) legumbre f; **pulses** pl
n legumbres

puma ['pjuːma] n puma m

pump [pʌmp] n bomba; (shoe)
zapatilla ▷ vt sacar con una bomba;
pump up vt inflar

pumpkin ['pʌmpkɪn] n calabaza

pun [pʌn] n juego de palabras

punch [pʌntʃ] n (blow) golpe m,
puñetazo; (tool) punzón m; (drink)
ponche m ▷ vt (hit): **to ~ sb/sth** dar
un puñetazo a algn/golpear a algn/algo;
punch-up (BRIT: inf) n riña

punctual ['pʌŋktjuəl] adj puntual

punctuation [pʌŋktju'eɪʃən] n
puntuación f

puncture ['pʌŋktʃə*] (BRIT) n
pinchazo ▷ vt pinchar

punish ['pʌnɪʃ] vt castigar;
punishment n castigo

punk [pʌŋk] n (also: **~ rocker**)
punki mf; (also: **~ rock**) música punk;
(US: inf: hoodlum) rufián m

pup [pʌp] n cachorro

pupil ['pjuːpl] n alumno/a; (of eye)
pupila

puppet ['pʌpɪt] n títere m

puppy ['pʌpɪ] n cachorro, perrito

purchase ['pəːtʃɪs] n compra ▷ vt
comprar

pure [pjuə*] adj puro; **purely** adv

puramente

purify ['pjuərɪfaɪ] vt purificar,
depurar

purity ['pjuərɪtɪ] n pureza

purple ['pəːpl] adj purpúreo; morado

purpose ['pəːpəs] n propósito; **on ~** a
propósito, adrede

purr [pəː*] vi ronronear

purse [pəːs] n monedero;
(US: handbag) bolso (SP), cartera (LAM),
bolsa (MEX) ▷ vt fruncir

pursue [pə'sjuː] vt seguir

pursuit [pə'sjuːt] n (chase) caza;
(occupation) actividad f

pus [pʌs] n pus m

push [puʃ] n empuje m, empujón
m; (of button) presión f; (drive) empuje
m ▷ vt empujar; (button) apretar;
(promote) promover ▷ vi empujar;
(demand): **to ~ for** luchar por; **push in**
vi colarse; **push off** (inf) vi largarse;
push on vi seguir adelante; **push over**
vt (cause to fall) hacer caer, derribar;
(knock over) volcar; **push through** vt
(crowd) abrirse paso a empujones ▷ vt
(measure) despachar; **pushchair** (BRIT)
n sillita de ruedas; **pusher** n (drug
pusher) traficante mf de drogas; **push-
up** (US) n plancha

pussy(-cat) ['pusɪ-] (inf) n minino
(inf)

put [put] (pt, pp ~) vt (place),
colocar; (into) meter; (say) expresar;
(a question) hacer; (estimate) estimar;
put aside vt (lay down: book etc) dejar
or poner a un lado; (save) ahorrar; (in
shop) guardar; **put away** vt (store)
guardar; **put back** vt (replace) devolver
a su lugar; (postpone) aplazar; **put by**
vt (money) guardar; **put down** vt (on
ground) poner en el suelo; (animal)
sacrificar; (in writing) apuntar; (revolt
etc) sofocar; (attribute): **to put sth
down to** atribuir algo a; **put forward**
vt (ideas) presentar, proponer; **put
in** vt (complaint) presentar; (time)
dedicar; **put off** vt (postpone) aplazar;
(discourage) desanimar; **put on** vt

ponerse; (light etc) encender; (play etc)
presentar; (gain): **to put on weight**
engordar; (brake) echar; (record, kettle
etc) poner; (assume) adoptar; **put out**
vt (fire, light) apagar; (rubbish etc) sacar;
(cat etc) echar; (one's hand) alargar;
(inf: person): **to be put out** alterarse;
put through vt (Tel) poner; (plan etc)
hacer aprobar; **put together** vt unir,
reunir; (assemble: furniture) armar,
montar; (meal) preparar; **put up** vt
(raise) levantar, alzar; (hang) colgar;
(build) construir; (increase) aumentar;
(accommodate) alojar; **put up with** vt
fus aguantar

putt [pʌt] n putt m, golpe m corto;
  putting green n green m; minigolf m
puzzle [ˈpʌzl] n rompecabezas m
inv; (also: **crossword ~**) crucigrama
m; (mystery) misterio ▷ vt dejar
perplejo, confundir ▷ vi: **to ~ over sth**
devanarse los sesos con algo; **puzzled**
adj perplejo; **puzzling** adj misterioso,
extraño
pyjamas [pɪˈdʒɑːməz] (BRIT) npl
pijama m
pylon [ˈpaɪlən] n torre f de
conducción eléctrica
pyramid [ˈpɪrəmɪd] n pirámide f

q

quack [kwæk] n graznido; (pej: doctor)
curandero/a
quadruple [kwɔˈdruːpl] vt, vi
cuadruplicar
quail [kweɪl] n codorniz f ▷ vi: **to ~ at**
or **before** amedrentarse ante
quaint [kweɪnt] adj extraño;
(picturesque) pintoresco
quake [kweɪk] vi temblar ▷ n abbr =
earthquake
qualification [kwɔlɪfɪˈkeɪʃən] n
(ability) capacidad f; (often pl: diploma
etc) título; (reservation) salvedad f
qualified [ˈkwɔlɪfaɪd] adj
capacitado; (professionally) titulado;
(limited) limitado
qualify [ˈkwɔlɪfaɪ] vt (make competent)
capacitar; (modify) modificar ▷ vi (in
competition): **to ~ (for)** calificarse
(para); (pass examination(s): **to ~ (as)**
calificarse (de), graduarse (en); (be
eligible): **to ~ (for)** reunir los requisitos
(para)
quality [ˈkwɔlɪtɪ] n calidad f; (of
person) cualidad f

qualm [kwɑːm] n escrúpulo
quantify ['kwɔntɪfaɪ] vt cuantificar
quantity ['kwɔntɪtɪ] n cantidad f; **in ~** en grandes cantidades
quarantine ['kwɔrntiːn] n cuarentena
quarrel ['kwɔrl] n riña, pelea ⊳ vi reñir, pelearse
quarry ['kwɔrɪ] n cantera
quart [kwɔːt] n ≈ litro
quarter ['kwɔːtə*] n cuarto, cuarta parte f; (us: coin) moneda de 25 centavos; (of year) trimestre m; (district) barrio ⊳ vt dividir en cuartos; (Mil: lodge) alojar; **quarters** npl (barracks) cuartel m; (living quarters) alojamiento; **a ~ of an hour** un cuarto de hora; **quarter final** n cuarto de final; **quarterly** adj trimestral ⊳ adv cada 3 meses, trimestralmente
quartet(te) [kwɔːˈtɛt] n cuarteto
quartz [kwɔːts] n cuarzo
quay [kiː] n (also: ~side) muelle m
queasy ['kwiːzɪ] adj: **to feel ~** tener náuseas
queen [kwiːn] n reina; (Cards etc) dama
queer [kwɪə*] adj raro, extraño ⊳ n (inf: highly offensive) maricón m
quench [kwɛntʃ] vt: **to ~ one's thirst** apagar la sed
query ['kwɪərɪ] n (question) pregunta ⊳ vt dudar de
quest [kwɛst] n busca, búsqueda
question ['kwɛstʃən] n pregunta; (doubt) duda; (matter) asunto, cuestión f ⊳ vt (doubt) dudar de; (interrogate) interrogar, hacer preguntas a; **beyond ~** fuera de toda duda; **out of the ~** imposible; ni hablar; **questionable** adj dudoso; **question mark** n punto de interrogación; **questionnaire** [-ˈnɛə*] n cuestionario
queue [kjuː] (BRIT) n cola ⊳ vi (also: ~ **up**) hacer cola
quiche [kiːʃ] n quiche m
quick [kwɪk] adj rápido; (agile) ágil; (mind) listo ⊳ n: **cut to the ~** (fig) herido

en lo vivo; **be ~!** ¡date prisa!; **quickly** adv rápidamente, de prisa
quid [kwɪd] (BRIT: inf) n inv libra
quiet ['kwaɪət] adj (voice, music etc) bajo; (person, place) tranquilo; (ceremony) íntimo ⊳ n silencio; (calm) tranquilidad f ⊳ vt, vi (us) = **quieten**

> Be careful not to translate **quiet** by the Spanish word quieto.

quietly adv tranquilamente; (silently) silenciosamente
quilt [kwɪlt] n edredón m
quirky ['kwɜːkɪ] adj raro, estrafalario
quit [kwɪt] (pt, pp = or ~**ted**) vt dejar, abandonar; (premises) desocupar ⊳ vi (give up) renunciar; (resign) dimitir
quite [kwaɪt] adv (rather) bastante; (entirely) completamente; **that's not ~ big enough** no acaba de ser lo bastante grande; **~ a few of them** un buen número de ellos; **~ (so)!** ¡así es!, ¡exactamente!
quits [kwɪts] adj: **~ (with)** en paz (con); **let's call it ~** dejémoslo en tablas
quiver ['kwɪvə*] vi estremecerse
quiz [kwɪz] n concurso ⊳ vt interrogar
quota ['kwəʊtə] n cuota
quotation [kwəʊˈteɪʃən] n cita; (estimate) presupuesto; **quotation marks** npl comillas fpl
quote [kwəʊt] n cita; (estimate) presupuesto ⊳ vt citar; (price) cotizar ⊳ vi: **to ~ from** citar de; **quotes** npl (inverted commas) comillas fpl

r

rabbi ['ræbaɪ] n rabino

rabbit ['ræbɪt] n conejo

rabies ['reɪbi:z] n rabia

RAC (BRIT) n abbr (= Royal Automobile Club) ≈ RACE m

rac(c)oon [rə'ku:n] n mapache m

race [reɪs] n carrera; (species) raza ▷ vt (horse) hacer correr; (engine) acelerar ▷ vi (compete) competir; (run) correr; (pulse) latir a ritmo acelerado; **race car**(us) n = **racing car**; **racecourse** n hipódromo; **racehorse** n caballo de carreras; **racetrack** n pista; (for cars) autódromo

racial ['reɪʃl] adj racial

racing ['reɪsɪŋ] n carreras fpl; **racing car**(BRIT) n coche m de carreras; **racing driver**(BRIT) n piloto mf de carreras

racism ['reɪsɪzəm] n racismo; **racist** [-sɪst] adj, n racista mf

rack [ræk] n (also: **luggage ~**) rejilla; (shelf) estante m; (also: **roof ~**) baca, portaequipajes m inv; (dish rack) escurreplatos m inv; (clothes rack)

percha ▷ vt atormentar; **to ~ one's brains** devanarse los sesos

racket ['rækɪt] n (for tennis) raqueta; (noise) ruido, estrépito; (swindle) estafa, timo

racquet ['rækɪt] n raqueta

radar ['reɪdɑ:ʳ] n radar m

radiation [reɪdɪ'eɪʃən] n radiación f

radiator ['reɪdɪeɪtəʳ] n radiador m

radical ['rædɪkl] adj radical

radio ['reɪdɪəʊ] n radio f; **on the ~** por radio; **radioactive** adj radioactivo; **radio station** n emisora

radish ['rædɪʃ] n rábano

RAF n abbr (= Royal Air Force) las Fuerzas Aéreas Británicas

raffle ['ræfl] n rifa, sorteo

raft [rɑ:ft] n balsa; (also: **life ~**) balsa salvavidas

rag [ræg] n (piece of cloth) trapo; (torn cloth) harapo; (pej: newspaper) periodicucho; (for charity) actividades estudiantiles benéficas; **rags** npl (torn clothes) harapos mpl

rage [reɪdʒ] n rabia, furor m ▷ vi (person) rabiar, estar furioso; (storm) bramar; **it's all the ~** (very fashionable) está muy de moda

ragged ['rægɪd] adj (edge) desigual, mellado; (appearance) andrajoso, harapiento

raid [reɪd] n (Mil) incursión f; (criminal) asalto; (by police) redada ▷ vt invadir, atacar; asaltar

rail [reɪl] n (on stair) barandilla, pasamanos m inv; (on bridge, balcony) pretil m; (of ship) barandilla; (also: **towel ~**) toallero; **railcard** n (BRIT) tarjeta para obtener descuentos en el tren; **railing(s)** n(pl) vallado; **railroad** (us) n = **railway**; **railway**(BRIT) n ferrocarril m, vía férrea; **railway line** n (BRIT) línea (de ferrocarril); **railway station**(BRIT) n estación f de ferrocarril

rain [reɪn] n lluvia ▷ vi llover; **in the ~** bajo la lluvia; **it's ~ing** llueve, está lloviendo; **rainbow** n arco iris;

raincoat n impermeable m; **raindrop** n gota de lluvia; **rainfall** n lluvia; **rainforest** n selvas fpl tropicales; **rainy** adj lluvioso

raise [reɪz] n aumento ▷ vt levantar; (increase) aumentar; (improve: morale) subir; (: standards) mejorar; (doubts) suscitar; (a question) plantear; (cattle, family) criar; (crop) cultivar; (army) reclutar; (loan) obtener; **to ~ one's voice** alzar la voz

raisin [ˈreɪzn] n pasa de Corinto

rake [reɪk] n (tool) rastrillo; (person) libertino ▷ vt (garden) rastrillar

rally [ˈrælɪ] n (Pol etc) reunión f, mitin m; (Aut) rallye m; (Tennis) peloteo ▷ vt reunir ▷ vi recuperarse

RAM [ræm] n abbr (= random access memory) RAM f

ram [ræm] n carnero; (also: **battering ~**) ariete m ▷ vt (crash into) dar contra, chocar con; (push: fist etc) empujar con fuerza

Ramadan [ræməˈdæn] n ramadán m

ramble [ˈræmbl] n caminata, excursión f en el campo ▷ vi (pej: also: **~ on**) divagar; **rambler** n excursionista mf; (Bot) trepadora; **rambling** adj (speech) inconexo; (house) laberíntico; (Bot) trepador(a)

ramp [ræmp] n rampa; **on/off ~** (us Aut) vía de acceso/salida

rampage [ræmˈpeɪdʒ] n: **to be on the ~** desmandarse ▷ vi: **they went rampaging through the town** recorrieron la ciudad armando alboroto

ran [ræn] pt of **run**

ranch [rɑːntʃ] n hacienda, estancia

random [ˈrændəm] adj fortuito, sin orden; (Comput, Math) aleatorio ▷ n: **at ~** al azar

rang [ræŋ] pt of **ring**

range [reɪndʒ] n (of mountains) cadena de montañas, cordillera; (of missile) alcance m; (of voice) registro; (series) serie f; (of products) surtido; (Mil: also: **shooting ~**) campo de tiro;

(also: **kitchen ~**) fogón m ▷ vt (place) colocar; (arrange) arreglar ▷ vi: **to ~ over** (extend) extenderse por; **to ~ from ... to ...** oscilar entre ... y ...

ranger [ˈreɪndʒə*] n guardabosques mf inv

rank [ræŋk] n (row) fila; (Mil) rango; (status) categoría; (BRIT: also: **taxi ~**) parada de taxis ▷ vi: **to ~ among** figurar entre ▷ adj fétido, rancio; **the ~ and file** (fig) la base

ransom [ˈrænsəm] n rescate m; **to hold to ~** (fig) hacer chantaje a

rant [rænt] vi divagar, desvariar

rap [ræp] vt golpear, dar un golpecito en ▷ n (music) rap m

rape [reɪp] n violación f; (Bot) colza ▷ vt violar

rapid [ˈræpɪd] adj rápido; **rapidly** adv rápidamente; **rapids** npl (Geo) rápidos mpl

rapist [ˈreɪpɪst] n violador m

rapport [ræˈpɔː*] n simpatía

rare [reə*] adj raro, poco común; (Culin: steak) poco hecho; **rarely** adv pocas veces

rash [ræʃ] adj imprudente, precipitado; n (Med) sarpullido, erupción f (cutánea); (of events) serie f

rasher [ˈræʃə*] n lonja

raspberry [ˈrɑːzbərɪ] n frambuesa

rat [ræt] n rata

rate [reɪt] n (ratio) razón f; (price) precio; (: of hotel etc) tarifa; (of interest) tipo; (speed) velocidad f ▷ vt (value) tasar; (estimate) estimar; **rates** npl (BRIT: property tax) impuesto municipal; (fees) tarifa; **to ~ sth/sb as** considerar algo/a algn como

rather [ˈrɑːðə*] adv: **it's ~ expensive** es algo caro; (too much) es demasiado caro; (to some extent) más bien; **there's ~ a lot** hay bastante; **I would ~ or I'd ~ go** preferiría ir; **or ~** mejor dicho

rating [ˈreɪtɪŋ] n (score) índice m; (of ship) clase f; **ratings** npl (Radio, TV) niveles mpl de audiencia

ratio [ˈreɪʃɪəu] n razón f; **in the ~ of**

100 to 1 a razón de 100 a 1

ration ['ræʃən] n ración f ▷ vt racionar; **rations** npl víveres mpl

rational ['ræʃənl] adj (solution, reasoning) lógico, razonable; (person) cuerdo, sensato

rattle ['rætl] n golpeteo; (of train etc) traqueteo; (for baby) sonaja, sonajero ▷ vi castañetear; (car, bus): **to ~ along** traquetear ▷ vt hacer sonar agitando

rave [reɪv] vi (in anger) encolerizarse; (with enthusiasm) entusiasmarse; (Med) delirar, desvariar ▷ n (inf: party) rave m

raven ['reɪvən] n cuervo

ravine [rə'viːn] n barranco

raw [rɔː] adj crudo; (not processed) bruto; (sore) vivo; (inexperienced) novato, inexperto; **~ materials** materias primas

ray [reɪ] n rayo; **~ of hope** (rayo de) esperanza

razor ['reɪzə*] n (open) navaja; (safety razor) máquina de afeitar; (electric razor) máquina (eléctrica) de afeitar; **razor blade** n hoja de afeitar

Rd abbr = **road**

RE n abbr (BRIT) = **religious education**

re [riː] prep con referencia a

reach [riːtʃ] n alcance m; (of river etc) extensión f entre dos recodos ▷ vt alcanzar, llegar a; (achieve) lograr ▷ vi extenderse; **within ~** al alcance (de la mano); **out of ~** fuera del alcance; **reach out** vt (hand) tender ▷ vi: **to reach out for sth** alargar or tender la mano para tomar algo

react [riː'ækt] vi reaccionar; **reaction** [-'ækʃən] n reacción f; **reactor** [riː'æktə*] n (also: **nuclear reactor**) reactor m (nuclear)

read [riːd, pt, pp red] (pt, pp ~) vi leer ▷ vt leer; (understand) entender; (study) estudiar; **read out** vt leer en alta voz; **reader** n lector(a) m/f; (BRIT: at university) profesor(a) m/f adjunto/a

readily ['redɪlɪ] adv (willingly) de buena gana; (easily) fácilmente; (quickly) en seguida

reading ['riːdɪŋ] n lectura; (on instrument) indicación f

ready ['redɪ] adj listo, preparado; (willing) dispuesto; (available) disponible ▷ adv: **~-cooked** listo para comer ▷ n: **at the ~** (Mil) listo para tirar ▷ **to get:** ~ vi prepararse ▷ **to get** ~ vt preparar; **ready-made** adj confeccionado

real [rɪəl] adj verdadero, auténtico; **in ~ terms** en términos reales; **real ale** n cerveza elaborada tradicionalmente; **real estate** n bienes mpl raíces; **realistic** [-'lɪstɪk] adj realista; **reality** [riː'ælɪtɪ] n realidad f; **reality TV** n telerrealidad f

realization [rɪəlaɪ'zeɪʃən] n comprensión f; (fulfilment, Comm) realización f

realize ['rɪəlaɪz] vt (understand) darse cuenta de

really ['rɪəlɪ] adv realmente; (for emphasis) verdaderamente; (actually): **what ~ happened** lo que pasó en realidad; **~?** ¿de veras?; **~!** (annoyance) ¡vamos!, ¡por favor!

realm [relm] n reino; (fig) esfera

realtor ['rɪəltɔː*] n (US) agente mf inmobiliario/a

reappear [rɪːə'pɪə*] vi reaparecer

rear [rɪə*] adj trasero ▷ n parte f trasera ▷ vt (cattle, family) criar ▷ vi (also: ~ up: animal) encabritarse

rearrange [riːə'reɪndʒ] vt ordenar or arreglar de nuevo

rear: rear-view mirror n (Aut) (espejo) retrovisor m; **rear-wheel drive** n tracción f trasera

reason ['riːzn] n razón f ▷ vi: **to ~ with sb** tratar de que algn entre en razón; **it stands to ~ that ...** es lógico que ...; **reasonable** adj razonable; (sensible) sensato; **reasonably** adv razonablemente; **reasoning** n razonamiento, argumentos mpl

reassurance [rɪːə'ʃuərəns] n consuelo

reassure [rɪːə'ʃuə*] vt tranquilizar,

alentar; **to ~ sb that ...** tranquilizar a algn asegurando que ...

rebate ['riːbeɪt] n (on tax etc) desgravación f

rebel [n 'rɛbl, vi rɪ'bɛl] n rebelde mf ▷ vi rebelarse, sublevarse; **rebellion** [rɪ'beljən] n rebelión f, sublevación f, **rebellious** [rɪ'beljəs] adj rebelde; (child) revoltoso

rebuild [riːˈbɪld] vt reconstruir

recall [vb rɪ'kɔːl, n 'riːkɔl] vt (remember) recordar; (ambassador etc) retirar ▷ n recuerdo; retirada

rec'd abbr (= received) rbdo

receipt [rɪ'siːt] n (document) recibo; (for parcel etc) acuse m de recibo; (act of receiving) recepción f, **receipts** npl (Comm) ingresos mpl

Be careful not to translate **receipt** by the Spanish word receta.

receive [rɪ'siːv] vt recibir; (guest) acoger; (wound) sufrir; **receiver** n (Tel) auricular m; (Radio) receptor m; (of stolen goods) perista mf; (Comm) administrador m jurídico

recent ['riːsnt] adj reciente; **recently** adv recientemente; **recently arrived** recién llegado

reception [rɪ'sɛpʃən] n recepción f; (welcome) acogida f; **reception desk** n recepción f; **receptionist** n recepcionista mf

recession [rɪ'sɛʃən] n recesión f

recharge [riː'tʃɑːdʒ] vt (battery) recargar

recipe ['resɪpɪ] n receta; (for disaster, success) fórmula

recipient [rɪ'sɪpɪənt] n recibidor(a) m/f; (of letter) destinatario/a

recital [rɪ'saɪtl] n recital m

recite [rɪ'saɪt] vt (poem) recitar

reckless ['rɛkləs] adj temerario, imprudente; (driving, driver) peligroso

reckon ['rɛkən] vt calcular; (consider) considerar; (think): **I ~ that ...** me parece que ...

reclaim [rɪ'kleɪm] vt (land, waste) recuperar; (land: from sea) rescatar;

(demand back) reclamar

recline [rɪ'klaɪn] vi reclinarse

recognition [rekəg'nɪʃən] n reconocimiento; **transformed beyond ~** irreconocible

recognize ['rekəgnaɪz] vt: **to ~ (by/as)** reconocer (por/como)

recollection [rekə'lɛkʃən] n recuerdo

recommend [rekə'mend] vt recomendar; **recommendation** [rekəmen'deɪʃən] n recomendación f

reconcile ['rekənsaɪl] vt (two people) reconciliar; (two facts) compaginar; **to ~ o.s. to sth** conformarse a algo

reconsider [riːkən'sɪdə*] vt repensar

reconstruct [riːkən'strʌkt] vt reconstruir

record [n, adj 'rekɔːd, vt rɪ'kɔːd] n (Mus) disco; (of meeting etc) acta; (register) registro, partida; (file) archivo; (also: **criminal ~**) antecedentes mpl; (written) expediente m; (Sport, Comput) récord m ▷ adj récord, sin precedentes ▷ vt registrar; (Mus: song etc) grabar; **in ~ time** en un tiempo récord; **off the ~** adj no oficial ▷ adv confidencialmente; **recorded delivery** (BRIT) n (Post) entrega con acuse de recibo; **recorder** n (Mus) flauta de pico; **recording** n (Mus) grabación f; **record player** n tocadiscos m inv

recount [rɪ'kaʊnt] vt contar

recover [rɪ'kʌvə*] vt recuperar ▷ vi (from illness, shock) recuperarse; **recovery** n recuperación f

recreate [riːkriːˈeɪt] vt recrear

recreation [rekrɪ'eɪʃən] n recreo; **recreational vehicle** (US) n caravan o rulota pequeña; **recreational drug** n droga recreativa

recruit [rɪ'kruːt] n recluta mf ▷ vt reclutar; (staff) contratar; **recruitment** n reclutamiento

rectangle ['rektæŋgl] n rectángulo; **rectangular** [-'tæŋgjulə*] adj rectangular

rectify ['rektɪfaɪ] vt rectificar

rector ['rɛktə*] n (Rel) párroco

recur [rɪ'kɜː*] vi repetirse; (pain, illness) producirse de nuevo; **recurring** adj (problem) repetido, constante

recyclable [riː'saɪkləbl] adj reciclable

recycle [riː'saɪkl] vt reciclar

recycling [riː'saɪklɪŋ] n reciclaje

red [rɛd] n rojo ▷ adj (colour) pelirrojo; (wine) tinto; **to be in the ~** (account) estar en números rojos; (business) tener un saldo negativo; **to give sb the ~ carpet treatment** recibir a algn con todos los honores; **Red Cross** n Cruz f Roja; **redcurrant** n grosella roja

redeem [rɪ'diːm] vt redimir; (promises) cumplir; (sth in pawn) desempeñar; (fig, also Rel) rescatar

red: red-haired adj pelirrojo; **redhead** n pelirrojo/a; **red-hot** adj candente; **red light** n: **to go through a red light** (Aut) pasar la luz roja; **red-light district** n barrio chino

red meat n carne f roja

reduce [rɪ'djuːs] vt reducir; **to ~ sb to tears** hacer llorar a algn; **"~ speed now"** (Aut) "reduzca la velocidad"; **reduced** adj (decreased) reducido, rebajado; **at a reduced price** con rebaja o descuento; **"greatly reduced prices"** "grandes rebajas"; **reduction** [rɪ'dʌkʃən] n reducción f; (of price) rebaja; (discount) descuento; (smaller-scale copy) copia reducida

redundancy [rɪ'dʌndənsɪ] n (dismissal) despido; (unemployment) desempleo

redundant [rɪ'dʌndənt] adj (BRIT: worker) parado, sin trabajo; (detail, object) superfluo; **to be made ~** quedar(se) sin trabajo

reed [riːd] n (Bot) junco, caña; (Mus) lengüeta

reef [riːf] n (at sea) arrecife m

reel [riːl] n carrete m, bobina; (of film) rollo; (dance) baile escocés ▷ vt (also: ~ up) devanar; (also: ~ in) sacar ▷ vi

(sway) tambalear(se)

ref [rɛf] (inf) n abbr **= referee**

refectory [rɪ'fɛktərɪ] n comedor m

refer [rɪ'fɜː*] vt (send: patient) referir; (: matter) remitir ▷ vi: **to ~ to** (allude to) referirse a, aludir a; (apply to) relacionarse con; (consult) consultar

referee [rɛfə'riː] n árbitro; (BRIT: for job application): **to be a ~ for sb** proporcionar referencias a algn ▷ vt (match) arbitrar en

reference ['rɛfrəns] n referencia; (for job application: letter) carta de recomendación; **with ~ to** (Comm: in letter) me remito a; **reference number** n número de referencia

refill [vt riː'fɪl, n 'riːfɪl] vt rellenar ▷ n repuesto, recambio

refine [rɪ'faɪn] vt refinar; **refined** adj (person) refinado; **refinery** n refinería

reflect [rɪ'flɛkt] vt reflejar ▷ vi (think) reflexionar, pensar; **it ~s badly/well on him** le perjudica/le hace honor; **reflection** [-'flɛkʃən] n (act) reflexión f; (image) reflejo; (criticism) crítica; **on reflection** pensándolo bien

reflex ['riːflɛks] adj, n reflejo

reform [rɪ'fɔːm] n reforma ▷ vt reformar

refrain [rɪ'freɪn] vi: **to ~ from doing** abstenerse de hacer ▷ n estribillo

refresh [rɪ'frɛʃ] vt refrescar; **refreshing** adj refrescante; **refreshments** npl refrescos mpl

refrigerator [rɪ'frɪdʒəreɪtə*] n frigorífico (SP), nevera (SP), refrigerador m (LAM), heladera (RPL)

refuel [riː'fjuəl] vi repostar (combustible)

refuge ['rɛfjuːdʒ] n refugio, asilo; **to take ~ in** refugiarse en; **refugee** [rɛfju'dʒiː] n refugiado/a

refund [n 'riːfʌnd, vb rɪ'fʌnd] n reembolso ▷ vt devolver, reembolsar

refurbish [riː'fɜːbɪʃ] vt restaurar, renovar

refusal [rɪ'fjuːzəl] n negativa; **to have first ~ on** tener la primera opción a

refuse¹ [ˈrefjuːs] n basura

refuse² [rɪˈfjuːz] vt rechazar; (invitation) declinar; (permission) denegar ▷ vi: **to ~ to do sth** negarse a hacer algo; (horse) rehusar

regain [rɪˈgeɪn] vt recobrar, recuperar

regard [rɪˈɡɑːd] n mirada; (esteem) respeto; (attention) consideración f ▷ vt (consider) considerar; **to give one's ~s to** saludar de su parte a; **"with kindest ~s" "con muchos recuerdos"; as ~s, with ~ to** con respecto a, en cuanto a; **regarding** prep con respecto a, en cuanto a; **regardless** adv a pesar de todo; **regardless of** sin reparar en

regenerate [rɪˈdʒenəreɪt] vt regenerar

reggae [ˈreɡeɪ] n reggae m

regiment [ˈredʒɪmənt] n regimiento

region [ˈriːdʒən] n región f; **in the ~ of** (fig) alrededor de; **regional** adj regional

register [ˈredʒɪstə*] n registro ▷ vt registrar; (birth) declarar; (car) matricular; (letter) certificar; (instrument) marcar, indicar ▷ vi (at hotel) registrarse; (as student) matricularse; (make impression) producir impresión; **registered** adj (letter, parcel) certificado

registrar [ˈredʒɪstrɑː*] n secretario/a (del registro civil)

registration [redʒɪsˈtreɪʃən] n (act) declaración f; (Aut: also: **~ number**) matrícula

registry office [ˈredʒɪstrɪ-] (BRIT) n registro civil; **to get married in a ~** casarse por lo civil

regret [rɪˈɡret] n sentimiento, pesar m ▷ vt sentir, lamentar; **regrettable** adj lamentable

regular [ˈreɡjulə*] adj regular; (soldier) profesional; (usual) habitual; (: doctor) de cabecera ▷ n (client etc) cliente a/m f/habitual; **regularly** adv con regularidad; (often) repetidas veces

regulate [ˈreɡjuleɪt] vt controlar;

regulation [-ˈleɪʃən] n (rule) regla, reglamento

rehabilitation [ˈriːəbɪlɪˈteɪʃən] n rehabilitación f

rehearsal [rɪˈhəːsəl] n ensayo

rehearse [rɪˈhəːs] vt ensayar

reign [reɪn] n reinado; (fig) predominio ▷ vi reinar; (fig) imperar

reimburse [riːɪmˈbəːs] vt reembolsar

rein [reɪn] n (for horse) rienda

reincarnation [riːɪnkɑːˈneɪʃən] n reencarnación f

reindeer [ˈreɪndɪə*] n inv reno

reinforce [riːɪnˈfɔːs] vt reforzar; **reinforcements** npl (Mil) refuerzos mpl

reinstate [riːɪnˈsteɪt] vt reintegrar; (tax, law) reinstaurar

reject [n ˈriːdʒekt, vb rɪˈdʒekt] n (thing) desecho ▷ vt rechazar; (suggestion) descartar; (coin) expulsar; **rejection** [rɪˈdʒekʃən] n rechazo

rejoice [rɪˈdʒɔɪs] vi: **to ~ at** or **over** regocijarse o alegrarse de

relate [rɪˈleɪt] vt (tell) contar, relatar; (connect) relacionar ▷ vi relacionarse; **related** adj afín; (person) emparentado; **related to** (subject) relacionado con; **relating to** prep referente a

relation [rɪˈleɪʃən] n (person) familiar mf, pariente mf; (link) relación f; **relations** npl (relatives) familiares mpl; **relationship** n relación f; (personal) relaciones fpl; (also: **family relationship**) parentesco

relative [ˈrelətɪv] n pariente mf, familiar mf ▷ adj relativo; **relatively** adv (comparatively) relativamente

relax [rɪˈlæks] vi descansar; (unwind) relajarse ▷ vt (one's grip) soltar, aflojar; (control) relajar; (mind, person) descansar; **relaxation** [riːlækˈseɪʃən] n descanso; (of rule, control) relajamiento; (entertainment) diversión f; **relaxed** adj relajado; (tranquil) tranquilo; **relaxing** adj relajante

relay [ˈriːleɪ] n (race) carrera de relevos

▷ vt (Radio, TV) retransmitir

release [rɪˈliːs] n (liberation)
liberación f; (from prison) puesta en
libertad; (of gas etc) escape m; (of film
etc) estreno; (of record) lanzamiento
▷ vt (prisoner) poner en libertad; (gas)
despedir, arrojar; (from wreckage)
soltar; (catch, spring etc) desenganchar;
(film) estrenar; (book) publicar; (news)
difundir

relegate [ˈrɛləgeɪt] vt relegar; (BRIT
Sport): **to be ~d to** bajar a

relent [rɪˈlɛnt] vi ablandarse;
relentless adj implacable

relevant [ˈrɛləvənt] adj (fact)
pertinente; **~ to** relacionado con

reliable [rɪˈlaɪəbl] adj (person, firm)
de confianza, de fiar; (method, machine)
seguro; (source) fidedigno

relic [ˈrɛlɪk] n (Rel) reliquia; (of the
past) vestigio

relief [rɪˈliːf] n (from pain, anxiety)
alivio; (help, supplies) socorro, ayuda;
(Art, Geo) relieve m

relieve [rɪˈliːv] vt (pain) aliviar; (bring
help to) ayudar, socorrer; (take over from)
sustituir; (: guard) relevar; **to ~ sb of
sth** quitar algo a algn; **to ~ o.s.** hacer
sus necesidades; **relieved** adj: **to be
relieved** sentir un gran alivio

religion [rɪˈlɪdʒən] n religión f

religious [rɪˈlɪdʒəs] adj religioso;
religious education n educación f
religiosa

relish [ˈrɛlɪʃ] n (Culin) salsa;
(enjoyment) entusiasmo ▷ vt (food
etc) saborear; (enjoy): **to ~ sth** hacerle
mucha ilusión a algn algo

relocate [riːləʊˈkeɪt] vt cambiar de
lugar, mudar ▷ vi mudarse

reluctance [rɪˈlʌktəns] n renuncia

reluctant [rɪˈlʌktənt] adj renuente;
reluctantly adv de mala gana

rely on [rɪˈlaɪ-] vt fus depender de;
(trust) contar con

remain [rɪˈmeɪn] vi (survive) quedar;
(be left) sobrar; (continue) quedar(se),
permanecer; **remainder** n resto;

remaining adj que queda(n);
(surviving) restante(s); **remains** npl
restos mpl

remand [rɪˈmɑːnd] n: **on ~** detenido
(bajo custodia) ▷ vt: **to be ~ed in
custody** quedar detenido bajo
custodia

remark [rɪˈmɑːk] n comentario
▷ vt comentar; **remarkable** adj
(outstanding) extraordinario

remarry [riːˈmærɪ] vi volver a casarse

remedy [ˈrɛmədɪ] n remedio ▷ vt
remediar, curar

remember [rɪˈmɛmbə*] vt recordar,
acordarse de; (bear in mind) tener
presente; (send greetings to): **~ me
to him** dale recuerdos de mi parte;
Remembrance Day n día en el
que se recuerda a los caídos en las dos
guerrasmundiales

remind [rɪˈmaɪnd] vt: **to ~ sb to do
sth** recordar a algn que haga algo; **to ~
sb of sth** (of fact) recordar algo a algn;
she ~s me of her mother me recuerda
a su madre; **reminder** n notificación f;
(memento) recuerdo

reminiscent [remɪ'nɪsnt] *adj*: **to be ~ of sth** recordar algo

remnant ['remnənt] *n* resto; *(of cloth)* retal *m*

remorse [rɪ'mɔːs] *n* remordimientos *mpl*

remote [rɪ'məut] *adj (distant)* lejano; *(person)* distante; **remote control** *n* telecontrol *m*; **remotely** *adv* remotamente; *(slightly)* levemente

removal [rɪ'muːvəl] *n (taking away)* el quitar; *(BRIT: from house)* mudanza; *(from office: dismissal)* destitución *f*; *(Med)* extirpación *f*; **removal man** *(irreg)* *n (BRIT)* mozo de mudanzas; **removal van** *(BRIT)* *n* camión *m* de mudanzas

remove [rɪ'muːv] *vt* quitar; *(employee)* destituir; *(name: from list)* tachar, borrar; *(doubt)* disipar; *(abuse)* suprimir, acabar con; *(Med)* extirpar

Renaissance [rɪ'neɪsɑ̃s] *n*: **the ~** el Renacimiento

rename [riː'neɪm] *vt* poner nuevo nombre a

render ['rendə*] *vt (thanks)* dar; *(aid)* proporcionar, prestar; *(make)*: **to ~ sth useless** hacer algo inútil

rendezvous ['rɔndɪvuː] *n* cita

renew [rɪ'njuː] *vt* renovar; *(resume)* reanudar; *(loan etc)* prorrogar

renovate ['renəveɪt] *vt* renovar

renowned [rɪ'naund] *adj* renombrado

rent [rent] *n (for house)* arriendo, renta ▷ *vt* alquilar; **rental** *n (for television, car)* alquiler *m*

reorganize [riː'ɔːɡənaɪz] *vt* reorganizar

rep [rep] *n abbr* = **representative**

repair [rɪ'peə*] *n* reparación *f*, compostura ▷ *vt* reparar, componer; *(shoes)* remendar; **in good/bad ~** en buen/mal estado; **repair kit** *n* caja de herramientas

repay [riː'peɪ] *vt (money)* devolver, reembolsar; *(person)* pagar; *(debt)* liquidar; *(sb's efforts)* devolver,

corresponder a; **repayment** *n* reembolso, devolución *f*; *(sum of money)* recompensa

repeat [rɪ'piːt] *n (Radio, TV)* reposición *f* ▷ *vt* repetir ▷ *vi* repetirse; **repeatedly** *adv* repetidas veces; **repeat prescription** *n (BRIT)* receta renovada

repellent [rɪ'pelənt] *adj* repugnante ▷ *n*: **insect ~** crema o loción *f* anti-insectos

repercussions [riːpə'kʌʃənz] *npl* consecuencias *fpl*

repetition [repɪ'tɪʃən] *n* repetición *f*

repetitive [rɪ'petɪtɪv] *adj* repetitivo

replace [rɪ'pleɪs] *vt (put back)* devolver a su sitio; *(take the place)* reemplazar, sustituir; **replacement** *n (act)* reposición *f*; *(thing)* recambio; *(person)* suplente *mf*

replay ['riːpleɪ] *n (Sport)* desempate *m*; *(of tape, film)* repetición *f*

replica ['replɪkə] *n* copia, reproducción *f* (exacta)

reply [rɪ'plaɪ] *n* respuesta, contestación *f* ▷ *vi* contestar, responder

report [rɪ'pɔːt] *n* informe *m*; *(Press etc)* reportaje *m*; *(BRIT: also:* **school ~**) boletín *m* escolar; *(of gun)* estallido ▷ *vt* informar de; *(Press etc)* hacer un reportaje sobre; *(notify: accident, culprit)* denunciar ▷ *vi (make a report)* presentar un informe; *(present o.s.)*: **to ~ (to sb)** presentarse (ante algn); **report card** *n (us, SCOTTISH)* cartilla escolar; **reportedly** *adv* según se dice; **reporter** *n* periodista *mf*

represent [reprɪ'zent] *vt* representar; *(Comm)* ser agente de; *(describe)*: **to ~ sth as** describir algo como; **representation** [-'teɪʃən] *n* representación *f*; **representative** *n* representante *mf*; *(us Pol)* diputado/a *m/f* ▷ *adj* representativo

repress [rɪ'pres] *vt* reprimir; **repression** [-'preʃən] *n* represión *f*

reprimand ['reprɪmɑːnd] *n*

reprimenda [ɾepɾiˈmenda] *vt* reprender

reproduce [ɾiːprəˈdjuːs] *vt* reproducir ▷ *vi* reproducirse; **reproduction** [-ˈdʌkʃən] *n* reproducción *f*

reptile [ˈreptail] *n* reptil *m*

republic [ɾiˈpʌblik] *n* república; **republican** *adj*, *n* republicano/a *m/f*

reputable [ˈrepjutəbl] *adj* (make etc) de renombre

reputation [ɾepjuˈteiʃən] *n* reputación *f*

request [ɾiˈkwest] *n* petición *f*; (formal) solicitud *f* ▷ *vt*: **to ~ sth of** or **from sb** solicitar algo a algn; **request stop** (BRIT) *n* parada discrecional

require [ɾiˈkwaiə*] *vt* (need: person) necesitar, tener necesidad de; (: thing, situation) exigir; (want) pedir; **to ~ sb to do sth** pedir a algn que haga algo; **requirement** *n* requisito; (need) necesidad *f*

resat [ɾiːˈsæt] *pt*, *pp* of **resit**

rescue [ˈreskjuː] *n* rescate *m* ▷ *vt* rescatar

research [ɾiˈsəːtʃ] *n* investigaciones *fpl* ▷ *vt* investigar

resemblance [ɾiˈzembləns] *n* parecido

resemble [ɾiˈzembl] *vt* parecerse a

resent [ɾiˈzent] *vt* tomar a mal; **resentful** *adj* resentido; **resentment** *n* resentimiento

reservation [ɾezəˈveiʃən] *n* reserva; **reservation desk** (US) *n* (in hotel) recepción *f*

reserve [ɾiˈzəːv] *n* reserva; (Sport) suplente *mf* ▷ *vt* (seats etc) reservar; **reserved** *adj* reservado

reservoir [ˈrezəvwɑː*] *n* (artificial lake) embalse *m*, tank; (small) depósito

residence [ˈrezidəns] *n* (formal: home) domicilio; (length of stay) permanencia; **residence permit** (BRIT) *n* permiso de permanencia

resident [ˈrezidənt] *n* (of area) vecino/a; (in hotel) huésped *mf* ▷ *adj* (population) permanente; (doctor)

residente; **residential** [-ˈdenʃəl] *adj* residencial

residue [ˈrezidjuː] *n* resto

resign [ɾiˈzain] *vt* renunciar a ▷ *vi* dimitir; **to ~ o.s. to** (situation) resignarse a; **resignation** [ɾezigˈneiʃə n] *n* dimisión *f*; (state of mind) resignación *f*

resin [ˈrezin] *n* resina

resist [ɾiˈzist] *vt* resistir, oponerse a; **resistance** *n* resistencia

resit [ˈriːsit] (BRIT) (*pt*, *pp* **resat**) *vt* (exam) volver a presentarse a; (subject) recuperar, volver a examinarse de (SP)

resolution [ɾezəˈluːʃən] *n* resolución *f*

resolve [ɾiˈzolv] *n* resolución *f* ▷ *vt* resolver ▷ *vi*: **to ~ to do** resolver hacer

resort [ɾiˈzɔːt] *n* (town) centro turístico; (recourse) recurso ▷ *vi*: **to ~ to** recurrir a; **in the last ~** como último recurso

resource [ɾiˈsɔːs] *n* recurso; **resourceful** *adj* despabilado, ingenioso

respect [ɾisˈpekt] *n* respeto ▷ *vt* respetar; **respectable** *adj* respetable; (large: amount) apreciable; (passable) tolerable; **respectful** *adj* respetuoso; **respective** *adj* respectivo; **respectively** *adv* respectivamente

respite [ˈrespait] *n* respiro

respond [ɾisˈpond] *vi* responder; (react) reaccionar; **response** [-ˈpons] *n* respuesta; reacción *f*

responsibility [ɾisponsiˈbiliti] *n* responsabilidad *f*

responsible [ɾisˈponsibl] *adj* (character) serio, formal; (job) de confianza; (liable): **~ (for)** responsable (de); **responsibly** *adv* con seriedad

responsive [ɾisˈponsiv] *adj* sensible

rest [ɾest] *n* descanso, reposo; (Mus, pause) pausa, silencio; (support) apoyo; (remainder) resto ▷ *vi* descansar; (be supported): **to ~ on** descansar sobre ▷ *vt*: **to ~ sth on/against** apoyar algo en or sobre/contra; **the ~ of them** (*people, objects*) los demás; **it ~s with him to ...** depende de él el que ...

restaurant ['rɛstərɔn] n restaurante m; **restaurant car** (BRIT) n (Rail) coche-comedor m

restless ['rɛstlɪs] adj inquieto

restoration [rɛstə'reɪʃən] n restauración f; devolución f

restore [rɪ'stɔ:*] vt (building) restaurar; (sth stolen) devolver; (health) restablecer; (to power) volver a poner a

restrain [rɪs'treɪn] vt (feeling) contener, refrenar; (person): **to ~ (from doing)** disuadir (de hacer); **restraint** n (restriction) restricción f; (moderation) moderación f; (of manner) reserva

restrict [rɪs'trɪkt] vt restringir, limitar; **restriction** [-kʃən] n restricción f, limitación f

rest room (US) n aseos mpl

restructure [ri:'strʌktʃə*] vt reestructurar

result [rɪ'zʌlt] n resultado ▷ vi: **to ~ in** terminar en, tener por resultado; **as a ~ of** a consecuencia de

resume [rɪ'zju:m] vt reanudar ▷ vi comenzar de nuevo

> Be careful not to translate **resume** by the Spanish word *resumir*.

résumé ['reɪzju:meɪ] n resumen m; (US) currículum m

resuscitate [rɪ'sʌsɪteɪt] vt (Med) resucitar

retail ['ri:teɪl] adj, adv al por menor; **retailer** n detallista mf

retain [rɪ'teɪn] vt (keep) retener, conservar

retaliation [rɪtælɪ'eɪʃən] n represalias fpl

retarded [rɪ'tɑ:dɪd] adj retrasado

retire [rɪ'taɪə*] vi (give up work) jubilarse; (withdraw) retirarse; (go to bed) acostarse; **retired** adj (person) jubilado; **retirement** n (giving up work: state) retiro; (: act) jubilación f

retort [rɪ'tɔ:t] vi contestar

retreat [rɪ'tri:t] n (place) retiro; (Mil)

retirada ▷ vi retirarse

retrieve [rɪ'tri:v] vt recobrar; (situation, honour) salvar; (Comput) recuperar; (error) reparar

retrospect ['rɛtrəspɛkt] n: **in ~** retrospectivamente; **retrospective** [-'spɛktɪv] adj retrospectivo; (law) retroactivo

return [rɪ'tə:n] n (going or coming back) vuelta, regreso; (of sth stolen etc) devolución f; (Finance: from land, shares) ganancia, ingresos mpl ▷ cpd (journey) de regreso; (BRIT: ticket) de ida y vuelta; (match) de vuelta ▷ vi (person etc: come or go back) volver, regresar; (symptoms etc) reaparecer; (regain): **to ~ to** recuperar ▷ vt devolver; (favour, love etc) corresponder a; (verdict) pronunciar; (Pol: candidate) elegir; **returns** npl (Comm) ingresos mpl; **in ~ (for)** a cambio (de); **by ~ of post** a vuelta de correo; **many happy ~s of the day!** ¡feliz cumpleaños!; **return ticket** n (esp BRIT) billete m (SP) or boleto m (LAM) de ida y vuelta, billete m redondo (MEX)

reunion [ri:'ju:nɪən] n (of family) reunión f; (of two people, school) reencuentro

reunite [ri:ju:'naɪt] vt reunir; (reconcile) reconciliar

revamp [ri:'væmp] vt renovar

reveal [rɪ'vi:l] vt revelar; **revealing** adj revelador(a)

revel ['rɛvl] vi: **to ~ in sth/in doing sth** gozar de algo/con hacer algo

revelation [rɛvə'leɪʃən] n revelación f

revenge [rɪ'vɛndʒ] n venganza; **to take ~ on** vengarse de

revenue ['rɛvənju:] n ingresos mpl, rentas fpl

Reverend ['rɛvərənd] adj (in titles): **the ~ John Smith** (Anglican) el Reverendo John Smith; (Catholic) el Padre John Smith; (Protestant) el Pastor John Smith

reversal [rɪ'və:sl] n (of order)

inversión f; (of direction, policy) cambio; (of decision) revocación f

reverse [rɪ'vəːs] n (opposite) contrario; (back: of cloth) revés m; (: of coin) reverso; (: of paper) dorso; (Aut: also: **~ gear**) marcha atrás, revés m ▷ adj (order) inverso; (direction) contrario; (process) opuesto ▷ vt (decision, Aut) dar marcha atrás a; (position, function) invertir ▷ vi (Brit Aut) dar marcha atrás; **reverse-charge call** (Brit) n llamada a cobro revertido; **reversing lights** npl (Aut) luces fpl de retroceso

revert [rɪ'vəːt] vi: **to ~ to** volver a

review [rɪ'vjuː] n (magazine, Mil) revista; (of book, film) reseña; (us: examination) repaso, examen m ▷ vt repasar, examinar; (Mil) pasar revista a; (book, film) reseñar

revise [rɪ'vaɪz] vt (manuscript) corregir; (opinion) modificar; (price, procedure) revisar ▷ vi (study) repasar; **revision** [rɪ'vɪʒən] n corrección f; modificación f; (for exam) repaso

revival [rɪ'vaɪvl] n (recovery) reanimación f; (of interest) renacimiento; (Theatre) reestreno; (of faith) despertar m

revive [rɪ'vaɪv] vt resucitar; (custom) restablecer; (hope) despertar; (play) reestrenar ▷ vi (person) volver en sí; (business) reactivarse

revolt [rɪ'vəult] n rebelión f ▷ vi rebelarse, sublevarse ▷ vt dar asco a, repugnar; **revolting** adj asqueroso, repugnante

revolution [revə'luːʃən] n revolución f; **revolutionary** adj, n revolucionario/a m/f

revolve [rɪ'vɔlv] vi dar vueltas, girar; (life, discussion): **to ~ (a)round** girar en torno a

revolver [rɪ'vɔlvə*] n revólver m

reward [rɪ'wɔːd] n premio, recompensa ▷ vt: **to ~ (for)** recompensar or premiar (por); **rewarding** adj (fig) valioso

rewind [riː'waɪnd] vt rebobinar

rewritable [riː'raɪtəbl] adj (CD, DVD) reescribible

rewrite [riː'raɪt] (pt rewrote, pp rewritten) vt reescribir

rheumatism [ˈruːmətɪzəm] n reumatismo, reúma m

rhinoceros [raɪˈnɔsərəs] n rinoceronte m

rhubarb [ˈruːbɑːb] n ruibarbo

rhyme [raɪm] n rima; (verse) poesía

rhythm [ˈrɪðm] n ritmo

rib [rɪb] n (Anat) costilla ▷ vt (mock) tomar el pelo a

ribbon [ˈrɪbən] n cinta; **in ~s** (torn) hecho trizas

rice [raɪs] n arroz m; **rice pudding** n arroz m con leche

rich [rɪtʃ] adj rico; (soil) fértil; (food) pesado; (: sweet) empalagoso; (abundant): **~ in** (minerals etc) rico en

rid [rɪd] (pt, pp ~) vt: **to ~ sb of sth** librar a algn de algo; **to get ~ of** deshacerse or desembarazarse de

riddle [ˈrɪdl] n (puzzle) acertijo; (mystery) enigma m, misterio ▷ vt: **to be ~d** ser lleno o plagado de

ride [raɪd] (pt rode, pp ridden) n paseo; (distance covered) viaje m, recorrido ▷ vi (as sport) montar; (go somewhere: on horse, bicycle) dar un paseo, pasearse; (travel: on bicycle, motorcycle, bus) viajar ▷ vt (a horse) montar a; (a bicycle, motorcycle) andar en; (distance) recorrer; **to take sb for a ~** (fig) engañar a algn; **rider** n (on horse) jinete m/f; (on bicycle) ciclista m/f; (on motorcycle) motociclista m/f

ridge [rɪdʒ] n (of hill) cresta; (of roof) caballete m; (wrinkle) arruga

ridicule [ˈrɪdɪkjuːl] n irrisión f, burla ▷ vt poner en ridículo, burlarse de; **ridiculous** [-ˈdɪkjuləs] adj ridículo

riding [ˈraɪdɪŋ] n equitación f; **I like ~** me gusta montar a caballo; **riding school** n escuela de equitación

rife [raɪf] adj: **to be ~** ser muy común; **to be ~ with** abundar en

rifle ['raɪfl] n rifle m, fusil m ▷ vt saquear

rift [rɪft] n (in clouds) claro; (fig: disagreement) desavenencia

rig [rɪg] n (also: **oil ~**: at sea) plataforma petrolera ▷ vt (election etc) amañar

right [raɪt] adj (correct) correcto, exacto; (suitable) indicado, debido; (proper) apropiado; (just) justo; (morally good) bueno; (not left) derecho ▷ n (title, claim) derecho; (not left) derecha ▷ adv bien, correctamente; (not left) a la derecha; (exactly): **~ now** ahora mismo ▷ vt enderezar; (correct) corregir ▷ excl ¡bueno!, ¡está bien!; **to be ~** (person) tener razón; (answer) ser correcto; **is that the ~ time?** (of clock) ¿es esa la hora buena?; **by ~s** en justicia; **on the ~** a la derecha; **to be in the ~** tener razón; **~ away** en seguida; **~ in the middle** exactamente en el centro; **right angle** n ángulo recto; **rightful** adj legítimo; **right-hand** adj: **right-hand drive** conducción f por la derecha; **the right-hand side** derecha; **right-handed** adj diestro; **rightly** adv correctamente, debidamente; (with reason) con razón; **right of way** n (on path etc) derecho de paso; (Aut) prioridad f; **right-wing** adj (Pol) derechista

rigid ['rɪdʒɪd] adj rígido; (person, ideas) inflexible

rigorous ['rɪgərəs] adj riguroso

rim [rɪm] n borde m; (of spectacles) aro; (of wheel) llanta

rind [raɪnd] n (of bacon) corteza; (of lemon etc) cáscara; (of cheese) costra

ring [rɪŋ] (pt **rang**, pp **rung**) n (of metal) aro; (on finger) anillo; (of people) corro; (of objects) círculo; (gang) banda; (for boxing) cuadrilátero; (of circus) pista; (bull ring) ruedo, plaza; (sound of bell) toque m ▷ vi (on telephone) llamar por teléfono; (bell) replicar; (doorbell, phone) sonar; (also: **~ out**) sonar; (ears) zumbar ▷ vt (BRIT Tel) llamar, telefonear; (bell etc) hacer sonar;

(doorbell) tocar; **to give sb a ~** (BRIT Tel) llamar or telefonear a algn; **ring back** (BRIT) vt, vi (Tel) devolver la llamada; **ring off** (BRIT) vi (Tel) colgar, cortar la comunicación; **ring up** (BRIT) vt (Tel) llamar, telefonear; **ringing tone** n (Tel) tono de llamada; **ringleader** n (of gang) cabecilla m; **ring road** (BRIT) n carretera periférica or de circunvalación; **ringtone** n (on mobile) tono de llamada

rink [rɪŋk] n (also: **ice ~**) pista de hielo

rinse [rɪns] n aclarado; (dye) tinte m ▷ vt aclarar; (mouth) enjuagar

riot ['raɪət] n motín m, disturbio ▷ vi amotinarse; **to run ~** desmandarse

rip [rɪp] n rasgón m, rasgadura ▷ vt rasgar, desgarrar ▷ vi rasgarse, desgarrarse; **rip off** vt (inf: cheat) estafar; **rip up** vt hacer pedazos

ripe [raɪp] adj maduro

rip-off ['rɪpɔf] n (inf): **it's a ~!** ¡es una estafa!, ¡es un timo!

ripple ['rɪpl] n onda, rizo; (sound) murmullo ▷ vi rizarse

rise [raɪz] (pt **rose**, pp **risen**) n (slope) cuesta, pendiente f; (hill) altura; (BRIT: in wages) aumento; (in prices, temperature) subida; (fig: to power etc) ascenso ▷ vi subir; (waters) crecer; (sun, moon) salir; (person: from bed etc) levantarse; (also: **~ up**: rebel) sublevarse; (in rank) ascender; **to give ~ to** dar lugar or origen a; **to ~ to the occasion** ponerse a la altura de las circunstancias; **risen** ['rɪzn] pp of **rise**; **rising** adj (increasing: number) creciente; (: prices) en aumento or alza; (tide) creciente; (sun, moon) naciente

risk [rɪsk] n riesgo, peligro ▷ vt arriesgar; (run the risk of) exponerse a; **to take** or **run the ~ of doing** correr el riesgo de; **at ~** en peligro; **at one's own ~** bajo su propia responsabilidad; **risky** adj arriesgado, peligroso

rite [raɪt] n rito; **last ~s** exequias fpl

ritual ['rɪtjuəl] adj ritual ▷ n ritual

m, rito

rival ['raɪvl] n rival mf; (in business) competidor(a) m/f ▷ adj rival, opuesto ▷ vt competir con; **rivalry** n competencia

river ['rɪvə*] n río ▷ cpd (port) de río; (traffic) fluvial; **up/down** ~ río arriba/abajo; **riverbank** n orilla (del río)

rivet ['rɪvɪt] n roblón m, remache m ▷ vt (fig) captar

road [rəʊd] n camino; (in town) calle f ▷ cpd (accident) de tráfico; **major/minor** ~ carretera principal/secundaria; **roadblock** n barricada; **road map** n mapa de carreteras; **road rage** n agresividad en la carretera; **road safety** n seguridad f vial; **roadside** n borde m (del camino); **roadsign** n señal f de tráfico; **road tax** n (BRIT) impuesto de rodaje; **roadworks** npl obras fpl

roam [rəʊm] vi vagar

roar [rɔ:*] n rugido; (of vehicle, storm) estruendo; (of laughter) carcajada ▷ vi rugir; hacer estruendo; **to ~ with laughter** reírse a carcajadas; **to do a ~ing trade** hacer buen negocio

roast [rəʊst] n carne f asada, asado ▷ vt asar; (coffee) tostar; **roast beef** n rosbif m

rob [rɔb] vt robar; **to ~ sb of sth** robar algo a algn; (fig: deprive) quitar algo a algn; **robber** n ladrón/ona m/f; **robbery** n robo

robe [rəʊb] n (for ceremony etc) toga; (also: **bath~**) albornoz m

robin ['rɔbɪn] n petirrojo

robot ['rəʊbɔt] n robot m

robust [rəʊ'bʌst] adj robusto, fuerte

rock [rɔk] n roca; (boulder) peña, peñasco; (us: small stone) piedrecita; (BRIT: sweet) = pirulí ▷ vt (swing gently: cradle) balancear, mecer; (: child) arrullar; (shake) sacudir ▷ vi mecerse, balancearse; sacudirse; **on the ~s** (drink) con hielo; (marriage etc) en ruinas; **rock and roll** n rocanrol m; **rock climbing** n (Sport) escalada

rocket ['rɔkɪt] n cohete m; **rocking chair** ['rɔkɪŋ-] n mecedora

rocky ['rɔkɪ] adj rocoso

rod [rɔd] n vara, varilla; (also: **fishing** ~) caña

rode [rəʊd] pt of **ride**

rodent ['rəʊdnt] n roedor m

rogue [rəʊg] n pícaro, pillo

role [rəʊl] n papel m; **role-model** n modelo a imitar

roll [rəʊl] n rollo; (of bank notes) fajo; (also: **bread** ~) panecillo; (register, list) lista, nómina; (sound of drums etc) redoble m ▷ vt hacer rodar; (also: ~ **up**: string) enrollar; (cigarette) liar; (also: ~ **out**: pastry) aplanar; (flatten: road, lawn) apisonar ▷ vi rodar; (drum) redoblar; (ship) balancearse; **roll over** vi dar una vuelta; **roll up** vi (inf: arrive) aparecer ▷ vt (carpet) arrollar; (: sleeves) arremangar; **roller** n rodillo; (wheel) rueda; (for road) apisonadora; (for hair) rulo; **Rollerblades®** npl patines mpl en línea; **roller coaster** n montaña rusa; **roller skates** npl patines mpl de rueda; **roller-skating** n patinaje sobre ruedas; **to go roller-skating** ir a patinar (sobre ruedas); **rolling pin** n rodillo (de cocina)

ROM [rɔm] n abbr (Comput: = read only memory) ROM f

Roman ['rəʊmən] (irreg) adj romano/a; **Roman Catholic** (irreg) adj, n católico/a m/f (romano/a)

romance [rə'mæns] n (love affair) amor m; (charm) lo romántico; (novel) novela de amor

Romania etc [ru:'meɪnɪə] n = **Rumania** etc

Roman numeral n número romano

romantic [rə'mæntɪk] adj romántico

Rome [rəʊm] n Roma

roof [ru:f] (pl ~**s**) n techo; (of house) techo, tejado ▷ vt techar, poner techo a; **the** ~ **of the mouth** el paladar; **roof rack** n (Aut) baca, portaequipajes m inv

rook [rʊk] n (bird) graja; (Chess) torre f

room [ruːm] n cuarto, habitación f; (also: **bed~**) dormitorio, recámara (MEX), pieza (SC); (in school etc) sala; (space, scope) sitio, cabida; **roommate** n compañero/a de cuarto; **room service** n servicio de habitaciones; **roomy** adj espacioso; (garment) amplio

rooster ['ruːstə*] n gallo

root [ruːt] n raíz f ▷ vi arraigarse

rope [rəup] n cuerda; (Naut) cable m ▷ vt (tie) atar or amarrar con (una) cuerda; (climbers: also: **~ together**) encordarse; (an area: also: **~ off**) acordonar; **to know the ~s** (fig) conocer los trucos (del oficio)

rose [rəuz] pt of **rise** ▷ n rosa; (shrub) rosal m; (on watering can) roseta

rosé ['rəuzeɪ] n vino rosado

rosemary ['rəuzməri] n romero

rosy ['rəuzi] adj rosado, sonrosado; **a ~ future** un futuro prometedor

rot [rɒt] n podredumbre f; (fig: pej) tonterías fpl ▷ vt pudrir ▷ vi pudrirse

rota ['rəutə] n (sistema m de) turnos m

rotate [rəu'teɪt] vt (revolve) hacer girar, dar vueltas a; (jobs) alternar ▷ vi girar, dar vueltas

rotten ['rɒtn] adj podrido; (dishonest) corrompido; (inf: bad) malo; **to feel ~** (ill) sentirse fatal

rough [rʌf] adj (skin, surface) áspero; (terrain) quebrado; (road) desigual; (voice) bronco; (person, manner) tosco, grosero; (weather) borrascoso; (treatment) brutal; (sea) picado; (town, area) peligroso; (cloth) basto; (plan) preliminar; (guess) aproximado ▷ n (Golf): **in the ~** en las hierbas altas; **to ~ it** vivir sin comodidades; **to sleep ~** (BRIT) pasar la noche al raso; **roughly** adv (handle) torpemente; (make) toscamente; (speak) groseramente; (approximately) aproximadamente

roulette [ruː'let] n ruleta

round [raund] adj redondo ▷ n círculo, esfera; (BRIT: of toast) rebanada;

(of policeman) ronda; (of milkman) recorrido; (of doctor) visitas fpl; (game: of cards, in competition) partida; (of ammunition) cartucho; (Boxing) asalto; (of talks) ronda ▷ vt (corner) doblar ▷ prep alrededor de; (surrounding): **~ his neck/the table** en su cuello/alrededor de la mesa; (in a circular movement): **to move ~ the room/sail ~ the world** dar una vuelta a la habitación/circumnavigar el mundo; (in various directions): **to move ~ a room/house** moverse por toda la habitación/casa; (approximately) alrededor de ▷ adv: **all ~** por todos lados; **the long way ~** por el camino menos directo; **all (the) year ~** durante todo el año; **it's just ~ the corner** (fig) está a la vuelta de la esquina; **~ the clock** adv las 24 horas; **to go ~ to sb's (house)** ir a casa de algn; **to go ~ the back** pasar por atrás; **enough to go ~** bastante (para todos); **a ~ of applause** una salva de aplausos; **a ~ of drinks/sandwiches** una ronda de bebidas/bocadillos; **round off** vt (speech etc) acabar, poner término a; **round up** vt (cattle) acorralar; (people) reunir; (price) redondear; **roundabout** (BRIT) n (Aut) isleta; (at fair) tiovivo ▷ adj (route, means) indirecto; **round trip** n viaje m de ida y vuelta; **roundup** n rodeo; (of criminals) redada; (of news) resumen m

rouse [rauz] vt (wake up) despertar; (stir up) suscitar

route [ruːt] n ruta, camino; (of bus) recorrido; (of shipping) derrota

routine [ruː'tiːn] adj rutinario ▷ n rutina; (Theatre) número

row¹ [rəu] n (line) fila, hilera; (Knitting) pasada ▷ vi (in boat) remar ▷ vt conducir remando; **4 days in a ~** 4 días seguidos

row² [rau] n (racket) escándalo; (dispute) bronca, pelea; (scolding) regaño ▷ vi pelear(se)

rowboat ['rəubəut] (US) = **rowing boat**

rowing ['rəʊɪŋ] n remo; **rowing boat** (BRIT) n bote m de remos

royal ['rɔɪəl] adj real; **royalty** n (royal persons) familia real; (payment to author) derechos mpl de autor

rpm abbr (= revs per minute) r.p.m.

R.S.V.P. abbr (= répondez s'il vous plaît) SRC

Rt. Hon. abbr (BRIT) (= Right Honourable) título honorífico de diputado

rub [rʌb] vt frotar; (scrub) restregar ▷ n: **to give sth a ~** frotar algo; **to ~ sb up or ~ sb (US) the wrong way** entrar le a algn por mal ojo; **rub in** vt (ointment) aplicar frotando; **rub off** vi borrarse; **rub out** vt borrar

rubber ['rʌbə*] n caucho, goma; (BRIT: eraser) goma de borrar; **rubber band** n goma, gomita; **rubber gloves** npl guantes mpl de goma

rubbish ['rʌbɪʃ] (BRIT) n basura; (waste) desperdicios mpl; (fig: pej) tonterías fpl; (junk) pacotilla; **rubbish bin** (BRIT) n cubo or bote m (MEX) or tacho (SC) de la basura; **rubbish dump** (BRIT) n vertedero, basurero

rubble ['rʌbl] n escombros mpl

ruby ['ruːbɪ] n rubí m

rucksack ['rʌksæk] n mochila

rudder ['rʌdə*] n timón m

rude [ruːd] adj (impolite: person) mal educado; (: word, manners) grosero; (crude) crudo; (indecent) indecente

ruffle ['rʌfl] vt (hair) despeinar; (clothes) arrugar; **to get ~d** (fig: person) alterarse

rug [rʌg] n alfombra; (BRIT: blanket) manta

rugby ['rʌgbɪ] n rugby m

rugged ['rʌgɪd] adj (landscape) accidentado; (features) robusto

ruin ['ruːɪn] n ruina ▷ vt arruinar; (spoil) estropear; **ruins** npl ruinas fpl, restos mpl

rule [ruːl] n (norm) norma, costumbre f; (regulation, ruler) regla; (government) dominio ▷ vi gobernar; (country, person) gobernar ▷ vi gobernar; (Law) fallar;

as a ~ por regla general; **rule out** vt excluir; **ruler** n (sovereign) soberano; (for measuring) regla; **ruling** adj (party) gobernante; (class) dirigente ▷ n (Law) fallo, decisión f

rum [rʌm] n ron m

Rumania [ruːˈmeɪnɪə] n Rumanía; **Rumanian** adj rumano/a ▷ n rumano/a m/f; (Ling) rumano

rumble ['rʌmbl] n (noise) ruido sordo ▷ vi retumbar, hacer un ruido sordo; (stomach, pipe) sonar

rumour ['ruːmə*] (US rumor) n rumor m ▷ vt: **it is ~ed that ...** se rumorea que ...

rump steak n filete m de lomo

run [rʌn] (pt ran, pp run) n (fast pace): **at a ~** corriendo; (Sport, in tights) carrera; (outing) paseo, excursión f; (distance travelled) trayecto; (series) serie f; (Theatre) temporada; (Ski) pista ▷ vt (operate: business) dirigir; (: competition, course) organizar; (: hotel, house) administrar, llevar; (Comput) ejecutar; (pass: hand) pasar; (Press: feature) publicar ▷ vi correr; (work: machine) funcionar, marchar; (bus, train: operate) circular, ir; (: travel) ir; (continue: play) seguir; (contract) ser válido; (flow: river) fluir; (colours, washing) desteñirse; (in election) ser candidato; **there was a ~ on** (meat, tickets) hubo mucha demanda de; **in the long ~** a la larga; **on the ~** en fuga; **I'll ~ you to the station** te llevaré a la estación (en coche); **to ~ a risk** correr un riesgo; **to ~ a bath** llenar la bañera; **run after** vt fus (to catch up) correr tras; (chase) perseguir; **run away** vi huir; **run down** vt (production) ir reduciendo; (factory) ir restringiendo la producción en; (car) atropellar; (criticize) criticar; **to be run down** (person: tired) estar debilitado; **run into** vt fus (meet: person, trouble) tropezar con; (collide with) chocar con; **run off** vt (water) dejar correr; (copies) sacar ▷ vi huir corriendo; **run out** vi (person) salir corriendo; (liquid) irse; (lease) caducar, vencer; (money etc) acabarse; **run out of** vt fus quedar sin; **run over** vt (Aut) atropellar ▷ vt fus (revise) repasar; **run through** vt fus (instructions) repasar; **run up** vt (debt) contraer; **to run up against** (difficulties) tropezar con; **runaway** adj (horse) desbocado; (truck) sin frenos; (child) escapado de casa

rung [rʌŋ] pp of **ring** ▷ n (of ladder) escalón m, peldaño

runner ['rʌnə*] n (in race: person) corredor(a) m/f; (: horse) caballo; (on sledge) patín m; **runner bean** (BRIT) n ≈ judía verde; **runner-up** n subcampeón/ona m/f

running ['rʌnɪŋ] n (sport) atletismo; (of business) administración f ▷ adj (water, costs) corriente; (commentary) continuo; **to be in/out of the ~ for sth** tener/no tener posibilidades de ganar algo; **6 days ~** 6 días seguidos

runny ['rʌnɪ] adj fluido; (nose, eyes) gastante

run-up ['rʌnʌp] n: **~ to** (election etc) período previo a

runway ['rʌnweɪ] n (Aviat) pista de aterrizaje

rupture ['rʌptʃə*] n (Med) hernia ▷ vt: **to ~ o.s.** causarse una hernia

rural ['ruərl] adj rural

rush [rʌʃ] n ímpetu m; (hurry) prisa; (Comm) demanda repentina; (current) corriente f fuerte; (of feeling) torrente m; (Bot) junco ▷ vt apresurar; (work) hacer de prisa ▷ vi correr, precipitarse; **rush hour** n horas fpl punta

Russia ['rʌʃə] n Rusia; **Russian** adj ruso/a ▷ n ruso/a m/f; (Ling) ruso

rust [rʌst] n herrumbre f, moho ▷ vi oxidarse

rusty ['rʌstɪ] adj oxidado

ruthless ['ruːθlɪs] adj despiadado

RV (us) n abbr = **recreational vehicle**

rye [raɪ] n centeno

S

Sabbath ['sæbəθ] n domingo; (Jewish) sábado

sabotage ['sæbətɑːʒ] n sabotaje m ▷ vt sabotear

saccharin(e) ['sækərɪn] n sacarina

sachet ['sæʃeɪ] n sobrecito

sack [sæk] n (bag) saco, costal m ▷ vt (dismiss) despedir; (plunder) saquear; **to get the ~** ser despedido

sacred ['seɪkrɪd] adj sagrado, santo

sacrifice ['sækrɪfaɪs] n sacrificio ▷ vt sacrificar

sad [sæd] adj (unhappy) triste; (deplorable) lamentable

saddle ['sædl] n silla (de montar); (of cycle) sillín m ▷ vt (horse) ensillar; **to be ~d with sth** (inf) quedar cargado con algo

sadistic [sə'dɪstɪk] adj sádico

sadly ['sædlɪ] adv lamentablemente; **to be ~ lacking in** estar por desgracia carente de

sadness ['sædnɪs] n tristeza

s.a.e. abbr (= stamped addressed envelope) sobre con las propias señas de uno y con sello

safari [sə'fɑːrɪ] n safari m

safe [seɪf] adj (out of danger) fuera de peligro; (not dangerous, sure) seguro; (unharmed) ileso ▷ n caja de caudales, caja fuerte; **~ and sound** sano y salvo; **(just) to be on the ~ side** para mayor seguridad; **safely** adv seguramente, con seguridad; **to arrive safely** llegar bien; **safe sex** n sexo seguro o sin riesgo

safety ['seɪftɪ] n seguridad f; **safety belt** n cinturón m (de seguridad); **safety pin** n imperdible m, seguro (MEX), alfiler m de gancho (sc)

saffron ['sæfrən] n azafrán m

sag [sæɡ] vi aflojarse

sage [seɪdʒ] n (herb) salvia; (man) sabio

Sagittarius [sædʒɪ'tɛərɪəs] n Sagitario

Sahara [sə'hɑːrə] n: **the ~ (Desert)** (desierto del) Sáhara

said [sɛd] pt, pp of **say**

sail [seɪl] n (on boat) vela; (trip): **to go for a ~** dar un paseo en barco ▷ vt (boat) gobernar ▷ vi (travel: ship) navegar; (Sport) hacer vela; (begin voyage) salir; **they ~ed into Copenhagen** arribaron a Copenhague; **sailboat** (US) n = **sailing boat**; **sailing** n (Sport) vela; **to go sailing** hacer vela; **sailing boat** n barco de vela; **sailor** n marinero, marino

saint [seɪnt] n santo

sake [seɪk] n: **for the ~ of** por

salad ['sæləd] n ensalada; **salad cream** (BRIT) n (especie f de) mayonesa; **salad dressing** n aliño

salami [sə'lɑːmɪ] n salami m, salchichón m

salary ['sælərɪ] n sueldo

sale [seɪl] n venta; (at reduced prices) liquidación f, saldo; (auction) subasta; **"for ~"** "se vende"; **on ~** en venta; **on ~ or return** (goods) venta por reposición; **sales assistant** (US),

sales clerk n dependiente/a m/f; **salesman/woman** (irreg) n (in shop) dependiente/a m/f, **salesperson** (irreg) n vendedor(a) m/f, dependiente/a m/f; **sales rep** n representante mf, agente mf comercial

saline ['seɪlaɪn] adj salino

saliva [sə'laɪvə] n saliva

salmon ['sæmən] n inv salmón m

salon ['sælɔn] n (hairdressing salon) peluquería; (beauty salon) salón m de belleza

saloon [sə'luːn] n (US) bar m, taberna; (BRIT Aut) coche m (de) turismo; (ship's lounge) cámara, salón m

salt [sɔlt] n sal f ▷ vt salar; (put salt on) poner sal en; **saltwater** adj de agua salada; **salty** adj salado

salute [sə'luːt] n saludo; (of guns) salva ▷ vt saludar

salvage ['sælvɪdʒ] n (saving) salvamento, recuperación f; (things saved) objetos mpl salvados ▷ vt salvar

Salvation Army [sæl'veɪʃən-] n Ejército de Salvación

same [seɪm] adj mismo ▷ pron: **the ~ el(la) mismo/a, los(las) mismos/as; **the ~ book** as el mismo libro que; **at the ~ time** (at the same moment) al mismo tiempo; (yet) sin embargo; **all** or **just the ~** sin embargo, aun así; **to do the ~ (as sb)** hacer lo mismo (que algn); **the ~ to you!** ¡igualmente!

sample ['sɑːmpl] n muestra ▷ vt (food) probar; (wine) catar

sanction ['sæŋkʃən] n aprobación f ▷ vt sancionar; aprobar; **sanctions** npl (Pol) sanciones fpl

sanctuary ['sæŋktjuərɪ] n santuario; (refuge) asilo, refugio; (for wildlife) reserva

sand [sænd] n arena; (beach) playa ▷ vt (also: ~ **down**) lijar

sandal ['sændl] n sandalia

sand: **sandbox** (US) n = **sandpit**; **sandcastle** n castillo de arena; **sand dune** n duna; **sandpaper** n papel m de lija; **sandpit** n (for children) cajón m

de arena; **sands** npl playa sg de arena;
sandstone ['sændstəʊn] n piedra
arenisca
sandwich ['sændwɪtʃ] n sandwich
m ▷ vt intercalar; **~ed between**
apretujado entre; **cheese/ham ~**
sandwich de queso/jamón
sandy ['sændɪ] adj arenoso; (colour)
rojizo
sane [seɪn] adj cuerdo; (sensible)
sensato

Be careful not to translate **sane** by
the Spanish word sano.

sang [sæŋ] pt of **sing**
sanitary towel (us **sanitary napkin**)
n paño higiénico, compresa
sanity ['sænɪtɪ] n cordura; (of
judgment) sensatez f
sank [sæŋk] pt of **sink**
Santa Claus [sæntə'klɔːz] n San
Nicolás, Papá Noel
sap [sæp] n (of plants) savia ▷ vt
(strength) minar, agotar
sapphire ['sæfaɪə*] n zafiro
sarcasm ['sɑːkæzm] n sarcasmo
sarcastic [sɑː'kæstɪk] adj sarcástico
sardine [sɑː'diːn] n sardina
SASE (us) n abbr (= self-addressed
stamped envelope) sobre con las propias
señas de uno y con sello
Sat. abbr (= Saturday) sáb
sat [sæt] pt, pp of **sit**
satchel ['sætʃl] n (child's) mochila,
cartera (sp)
satellite ['sætəlaɪt] n satélite m;
satellite dish n antena de televisión
por satélite; **satellite television** n
televisión f vía satélite
satin ['sætɪn] n raso ▷ adj de raso
satire ['sætaɪə*] n sátira
satisfaction [sætɪs'fækʃən] n
satisfacción f
satisfactory [sætɪs'fæktərɪ] adj
satisfactorio
satisfied ['sætɪsfaɪd] adj satisfecho;
to be ~ (with sth) estar satisfecho
(de algo)
satisfy ['sætɪsfaɪ] vt satisfacer;

(convince) convencer
Saturday ['sætədɪ] n sábado
sauce [sɔːs] n salsa; (sweet) crema;
jarabe m; **saucepan** n cacerola, olla
saucer ['sɔːsə*] n platillo; **Saudi
Arabia** n Arabia Saudí or Saudita
sauna ['sɔːnə] n sauna
sausage ['sɒsɪdʒ] n salchicha;
sausage roll n empanadita de
salchicha
sautéed ['səʊteɪd] adj salteado
savage ['sævɪdʒ] adj (cruel, fierce)
feroz, furioso; (primitive) salvaje ▷ n
salvaje mf ▷ vt (attack) embestir
save [seɪv] vt (rescue) salvar, rescatar;
(money, time) ahorrar; (put by, keep: seat)
guardar; (Comput) salvar (y guardar);
(avoid: trouble) evitar; (Sport) parar ▷ vi
(also: ~ up) ahorrar ▷ n (Sport) parada
▷ prep salvo, excepto
savings ['seɪvɪŋz] npl ahorros mpl;
savings account n cuenta de ahorros;
savings and loan association (us) n
sociedad f de ahorro y préstamo
savoury ['seɪvərɪ] (us **savory**) adj
sabroso; (dish: not sweet) salado
saw [sɔː] (pt **~ed**, pp **~ed** or **~n**) pt
of **see** ▷ n (tool) sierra ▷ vt serrar;
sawdust n (a)serrín m
sawn [sɔːn] pp of **saw**
saxophone ['sæksəfəʊn] n saxófono
say [seɪ] (pt, pp **said**) n: **to have one's
~** expresar su opinión ▷ vt decir; **to
have a ~ or some ~ in sth** tener voz or
tener que ver en algo; **to ~ yes/no** decir
que sí/no; **could you ~ that again?**
¿podría repetir eso?; **that is to ~** es
decir; **that goes without ~ing** ni que
decir tiene; **saying** n dicho, refrán m
scab [skæb] n costra; (pej) esquirol m
scaffolding ['skæfəldɪŋ] n andamio,
andamiaje m
scald [skɔːld] n escaldadura ▷ vt
escaldar
scale [skeɪl] n (gen, Mus) escala;
(of fish) escama; (of salaries, fees
etc) escalafón m ▷ vt (mountain)
escalar; (tree) trepar; **scales** npl (for

weighing: small) balanza; (: *large)* báscula; **on a large ~** en gran escala; **~ of charges** tarifa, lista de precios

scallion ['skæljən] *(us)* n cebolleta

scallop ['skɔləp] n *(Zool)* venera; *(Sewing)* festón m

scalp [skælp] n cabellera ▷ vt escalpar

scalpel ['skælpl] n bisturí m

scam [skæm] n *(inf)* estafa, timo

scampi ['skæmpɪ] npl gambas fpl

scan [skæn] vt *(examine)* escudriñar; *(glance at quickly)* dar un vistazo a; *(TV, Radar)* explorar, registrar ▷ n *(Med)*: **to have a ~** pasar por el escáner

scandal ['skændl] n escándalo; *(gossip)* chismes mpl

Scandinavia [skændɪ'neɪvɪə] n Escandinavia; **Scandinavian** adj, n escandinavo/a m/f

scanner ['skænə*] n *(Radar, Med)* escáner m

scapegoat ['skeɪpgəut] n cabeza de turco, chivo expiatorio

scar [skɑː] n cicatriz f; *(fig)* señal f ▷ vt dejar señales en

scarce [skɛəs] adj escaso; **to make o.s. ~** *(inf)* esfumarse; **scarcely** adv apenas

scare [skɛə*] n susto, sobresalto; *(panic)* pánico ▷ vt asustar, espantar; **to ~ sb stiff** dar a algn un susto de muerte; **bomb ~** amenaza de bomba; **scarecrow** n espantapájaros m inv; **scared** adj: **to be scared** estar asustado

scarf [skɑːf] *(pl ~s or scarves)* n *(long)* bufanda; *(square)* pañuelo

scarlet ['skɑːlɪt] adj escarlata

scarves [skɑːvz] npl of **scarf**

scary ['skɛərɪ] *(inf)* adj espeluznante

scatter ['skætə*] vt *(spread)* esparcir, desparramar; *(put to flight)* dispersar ▷ vi desparramarse; dispersarse

scenario [sɪ'nɑːrɪəu] n *(Theatre)* argumento; *(Cinema)* guión m; *(fig)* escenario

scene [siːn] n *(Theatre, fig etc)*

escena; *(of crime etc)* escenario; *(view)* panorama m; *(fuss)* escándalo; **scenery** n *(Theatre)* decorado; *(landscape)* paisaje m

| Be careful not to translate **scenery** by the Spanish word *escenario*.

scenic adj pintoresco

scent [sent] n perfume m, olor m; *(fig: track)* rastro, pista

sceptical ['skeptɪkl] adj escéptico

schedule ['ʃedjuːl] *(us)* ['skedjuːl] n *(timetable)* horario; *(of events)* programa m; *(list)* lista ▷ vt *(visit)* fijar la hora de; **to arrive on ~** llegar a la hora debida; **to be ahead of/behind ~** estar adelantado/en retraso; **scheduled flight** n vuelo regular

scheme [skiːm] n *(plan)* plan m, proyecto; *(plot)* intriga f; *(arrangement)* disposición f; *(pension scheme etc)* sistema m ▷ vi *(intrigue)* intrigar

schizophrenic [skɪtsə'frenɪk] adj esquizofrénico

scholar ['skɔlə*] n *(pupil)* alumno/a; *(learned person)* sabio/a, erudito/a; **scholarship** n erudición f; *(grant)* beca

school [skuːl] n escuela, colegio; *(in university)* facultad f ▷ cpd escolar; **schoolbook** n libro de texto; **schoolboy** n alumno: school **children** npl alumnos mpl; **schoolgirl** n alumna; **schooling** n enseñanza; **schoolteacher** n *(primary)* maestro/a; *(secondary)* profesor(a) m/f

science ['saɪəns] n ciencia; **science fiction** n ciencia-ficción f; **scientific** [-'tɪfɪk] adj científico; **scientist** n científico/a

sci-fi ['saɪfaɪ] n abbr *(inf)* = **science fiction**

scissors ['sɪzəz] npl tijeras fpl; **a pair of ~** unas tijeras

scold [skəuld] vt regañar

scone [skɔn] n pastel de pan

scoop [skuːp] n *(for flour etc)* pala; *(Press)* exclusiva

scooter ['skuːtə*] n moto f; *(toy)* patinete m

scope [skəup] n (of plan) ámbito; (of person) competencia; (opportunity) libertad f (de acción)

scorching ['skɔːtʃɪŋ] adj (heat, sun) abrasador(a)

score [skɔː*] n (points etc) puntuación f; (Mus) partitura; (twenty) veintena ▷ vt (goal, point) ganar; (mark) rayar; (achieve: success) conseguir ▷ vi marcar un tanto; (Football) marcar (un) gol; (keep score) llevar el tanteo; **~s of** (lots of) decenas de; **on that ~** en lo que se refiere a eso; **to ~ 6 out of 10** obtener una puntuación de 6 sobre 10; **score out** vt tachar; **scoreboard** n marcador m; **scorer** n marcador m; (keeping score) encargado/a del marcador

scorn [skɔːn] n desprecio

Scorpio ['skɔːpɪəʊ] n Escorpión m

scorpion ['skɔːpɪən] n alacrán m

Scot [skɔt] n escocés/esa m/f

Scotch tape® (us) n cinta adhesiva, celo, scotch® m

Scotland ['skɔtlənd] n Escocia

Scots [skɔts] adj escocés/esa;
Scotsman (irreg) n escocés;
Scotswoman (irreg) n escocesa;
Scottish ['skɔtɪʃ] adj escocés/esa;
Scottish Parliament n Parlamento escocés

scout [skaʊt] n (Mil: also: **boy ~**) explorador m; **girl ~** (us) niña exploradora

scowl [skaʊl] vi fruncir el ceño; **to ~ at sb** mirar con ceño a algn

scramble ['skræmbl] n (climb) subida (difícil); (struggle) pelea ▷ vi **to ~ through/out** abrirse paso/salir con dificultad; **to ~ for** pelear por; **scrambled eggs** npl huevos mpl revueltos

scrap [skræp] n (bit) pedacito; (fig) pizca; (fight) riña, bronca; (also: **~ iron**) chatarra, hierro viejo ▷ vt (discard) desechar, descartar a; (fig: reject) renunir, armar una bronca; **scraps** npl (waste) sobras fpl, desperdicios mpl; **scrapbook** n

álbum m de recortes

scrape [skreɪp] n: **to get into a ~** meterse en un lío ▷ vt raspar; (skin etc) rasguñar; (scrape against) rozar ▷ vi: **to ~ through** (exam) aprobar por los pelos; **scrap paper** n pedazos mpl de papel

scratch [skrætʃ] n rasguño; (from claw) arañazo ▷ vt (paint, car) rayar; (with claw, nail) rasguñar, arañar; (rub: nose etc) rascarse ▷ vi rascarse: **to start from ~** partir de cero; **to be up to ~** cumplir con los requisitos; **scratch card** n (BRIT) tarjeta f de "rasque y gane"

scream [skriːm] n chillido ▷ vi chillar

screen [skriːn] n (Cinema, TV) pantalla; (movable barrier) biombo ▷ vt (conceal) tapar; (from the wind etc) proteger; (film) proyectar; (candidates etc) investigar a; **screening** n (Med) investigación f médica; **screenplay** n guión m; **screen saver** n (Comput) protector m de pantalla

screw [skruː] n tornillo ▷ vt (also: **~ in**) atornillar; **screw up** vt (paper etc) arrugar; **to screw up one's eyes** arrugar el entrecejo; **screwdriver** n destornillador m

scribble ['skrɪbl] n garabatos mpl ▷ vt, vi garabatear

script [skrɪpt] n (Cinema etc) guión m; (writing) escritura, letra

scroll [skrəʊl] n rollo

scrub [skrʌb] n (land) maleza ▷ vt fregar, restregar; (inf: reject) cancelar, anular

scruffy ['skrʌfɪ] adj desaliñado, piojoso

scrum(mage) ['skrʌm(mɪdʒ)] n (Rugby) melée f

scrutiny ['skruːtɪnɪ] n escrutinio, examen m

scuba diving ['skuːbə'daɪvɪŋ] n submarinismo

sculptor ['skʌlptə*] n escultor(a) m/f

sculpture ['skʌlptʃə*] n escultura

scum [skʌm] n (on liquid) espuma;

(pej: people) escoria

scurry ['skʌrɪ] vi correr; **to ~ off** escabullirse

sea [si:] n mar ▷ cpd de mar, marítimo; **by ~** (travel) en barco; **on the ~** (boat) en el mar; (town) junto al mar; **to be all at ~** (fig) estar despistado; **out to ~, at ~** en alta mar; **seafood** n mariscos mpl; **sea front** n paseo marítimo; **seagull** n gaviota

seal [si:l] n (animal) foca; (stamp) sello ▷ vt (close) cerrar; **seal off** vt (area) acordonar

sea level n nivel m del mar

seam [si:m] n costura; (of metal) juntura; (of coal) veta, filón m

search [sɜːtʃ] n (for person, thing) busca, búsqueda; (Comput) búsqueda; (inspection: of sb's home) registro ▷ vt (look in) buscar en; (examine) examinar; (person, place) registrar ▷ vi: **to ~ for** buscar; **in ~ of** en busca de; **search engine** n (Comput) buscador m; **search party** n pelotón m de salvamento

sea: seashore n playa, orilla del mar; **seasick** adj mareado; **seaside** n playa, orilla del mar; **seaside resort** n centro turístico costero

season [si:zn] n (of year) estación f; (sporting etc) temporada; (of films etc) ciclo ▷ vt (food) sazonar; **in/out of ~** en sazón/fuera de temporada; **seasonal** adj estacional; **seasoning** n condimento, aderezo; **season ticket** n abono

seat [si:t] n (in bus, train) asiento; (chair) silla; (Parliament) escaño; (buttocks) culo, trasero; (of trousers) culera ▷ vt (subject: have room for) tener cabida para; **to be ~ed** sentarse; **seat belt** n cinturón m de seguridad; **seating** n asientos mpl

sea: sea water n agua del mar; **seaweed** n alga marina

sec. abbr = **second(s)**

secluded [sɪˈkluːdɪd] adj retirado

second ['sɛkənd] adj segundo ▷ adv en segundo lugar ▷ n segundo;

(Aut: also: **~ gear**) segunda; (Comm) artículo con algún desperfecto; (BRIT Scol: degree) título de licenciado con calificación de notable ▷ vt (motion) apoyar; **secondary** adj secundario; **secondary school** n escuela secundaria; **second-class** adj de segunda clase ▷ adv (Rail) en segunda; **secondhand** adj de segunda mano, usado; **secondly** adv en segundo lugar; **second-rate** adj de segunda categoría; **second thoughts: to have second thoughts** cambiar de opinión; **on second thoughts or thought** (us) pensándolo bien

secrecy ['si:krəsɪ] n secreto

secret ['si:krɪt] adj, n secreto; **in ~** en secreto

secretary ['sɛkrətərɪ] n secretario/a; **S~ of State (for)** (BRIT Pol) Ministro (de)

secretive ['si:krətɪv] adj reservado, sigiloso

secret service n servicio secreto

sect [sɛkt] n secta

section ['sɛkʃən] n sección f; (part) parte f; (of document) artículo; (of opinion) sector m; (cross-section) corte m transversal

sector ['sɛktə*] n sector m

secular ['sɛkjulə*] adj secular, seglar

secure [sɪˈkjuə*] adj seguro; (firmly fixed) firme, fijo ▷ vt (fix) asegurar, afianzar; (get) conseguir

security [sɪˈkjuərɪtɪ] n seguridad f; (for loan) fianza; (: object) prenda; **securities** npl (Comm) valores mpl, títulos mpl; **security guard** n guardia m/f de seguridad

sedan [sɪˈdæn] (us) n (Aut) sedán m

sedate [sɪˈdeɪt] adj tranquilo ▷ vt tratar con sedantes

sedative ['sɛdɪtɪv] n sedante m, sedativo

seduce [sɪˈdjuːs] vt seducir; **seductive** [sɪˈdʌktɪv] adj seductor(a)

see [si:] (pt saw, pp seen) vt ver; (accompany): **to ~ sb to the door**

acompañar a algn a la puerta; (understand) ver, comprender ▷ vi ver ▷ n (arz)obispado; **to ~ that** (ensure) asegurar que; **~ you soon!** ¡hasta pronto!; **see off** vt despedir; **see out** vt (take to the door) acompañar hasta la puerta; **see through** vt fus (fig) calar ▷ vt (plan) llevar a cabo; **see to** vt fus atender a, encargarse de

seed [siːd] n semilla; (in fruit) pepita; (fig: gen pl) germen m; (Tennis etc) preseleccionado/a; **to go to ~** (plant) granar; (fig) descuidarse

seeing [ˈsiːɪŋ] conj: **~ (that)** visto que, en vista de que

seek [siːk] (pt, pp **sought**) vt buscar; (post) solicitar

seem [siːm] vi parecer; **there ~s to be ...** parece que hay ...; **seemingly** adv aparentemente, según parece

seen [siːn] pp of **see**

seesaw [ˈsiːsɔː] n subibaja

segment [ˈsegmənt] n (part) sección f; (of orange) gajo

segregate [ˈsegrɪgeɪt] vt segregar

seize [siːz] vt (grasp) agarrar, asir; (take possession of) secuestrar; (: territory) apoderarse de; (opportunity) aprovecharse de

seizure [ˈsiːʒəˀ] n (Med) ataque m; (Law, of power) incautación f

seldom [ˈseldəm] adv rara vez

select [sɪˈlekt] adj selecto, escogido ▷ vt escoger, elegir; (Sport) seleccionar; **selection** n selección f, elección f; (Comm) surtido; **selective** adj selectivo

self [self] (pl **selves**) n uno mismo; **the ~** el yo ▷ prefix auto...; **self-assured** adj seguro de sí mismo; **self-catering** (BRIT) adj (flat etc) con cocina; **self-centred** (US **self-centered**) adj egocéntrico; **self-confidence** n confianza en sí mismo; **self-confident** adj seguro de sí (mismo), lleno de confianza en sí mismo; **self-conscious** adj cohibido; **self-contained** (BRIT) adj (flat) con

entrada particular; **self-control** n autodominio; **self-defence** (US **self-defense**) n defensa propia; **self-drive** adj (BRIT) sin chofer or (SP) chófer; **self-employed** adj que trabaja por cuenta propia; **self-esteem** n amor m propio; **self-indulgent** adj autocomplaciente; **self-interest** n egoísmo; **selfish** adj egoísta; **self-pity** n lástima de sí mismo; **self-raising** [selfˈreɪzɪŋ] (US **self-rising**) adj: **self-raising flour** harina con levadura; **self-respect** n amor m propio; **self-service** adj de autoservicio

sell [sel] (pt, pp **sold**) vt vender ▷ vi venderse; **to ~ at or for £10** venderse a 10 libras; **sell off** vt liquidar; **sell out** vi: **to sell out of tickets/milk** vender todas las entradas/toda la leche; **sell-by date** n fecha de caducidad; **seller** n vendedor(a) m/f

Sellotape® [ˈseləuteɪp] (BRIT) n celo (SP), cinta Scotch (LAM) or Dúrex® (MEX, ARG)

selves [selvz] npl of **self**

semester [sɪˈmestəˀ] (US) n semestre m

semi... [ˈsemɪ] prefix semi..., medio...; **semicircle** n semicírculo; **semidetached (house)** n (casa) semiseparada; **semi-final** n semifinal m

seminar [ˈsemɪnɑːˀ] n seminario

semi-skimmed [semɪˈskɪmd] adj semidesnatado; **semi-skimmed (milk)** n leche semidesnatada

senate [ˈsenɪt] n senado; **the S~** (US) el Senado; **senator** n senador(a) m/f

send [send] (pt, pp **sent**) vt mandar, enviar; (signal) transmitir; **send back** vt devolver; **send for** vt fus mandar traer; **send in** vt (report, application, resignation) mandar; **send off** vt (goods) despachar; (BRIT Sport: player) expulsar; **send on** vt (letter, luggage) remitir; (person) mandar; **send out** vt (invitation) mandar; (signal) emitir; **send up** vt (person, price) hacer subir;

(BRIT: *parody*) parodiar; **sender** n
remitente *mf*; **send-off** n: **a good
send-off** una buena despedida
senile ['siːnaɪl] *adj* senil
senior ['siːnɪə*] *adj* (*older*) mayor, más
viejo; (: *on staff*) de más antigüedad; (*of
higher rank*) superior; **senior citizen** n
persona de la tercera edad; **senior high
school**(*us*) n ≈ instituto de enseñanza
media; *see also* **high school**
sensation [sɛnˈseɪʃən] n sensación *f*;
sensational *adj* sensacional
sense [sɛns] n (*faculty, meaning*)
sentido; (*feeling*) sensación *f*; (*good
sense*) sentido común, juicio ▷ *vt*
sentir, percibir; **it makes ~** tiene
sentido; **senseless** *adj* estúpido,
insensato; (*unconscious*) sin
conocimiento; **sense of humour**(BRIT)
n sentido del humor
sensible ['sɛnsɪbl] *adj* sensato;
(*reasonable*) razonable, lógico
| Be careful not to translate **sensible**
| by the Spanish word *sensible*.
sensitive ['sɛnsɪtɪv] *adj* sensible;
(*touchy*) susceptible
sensual ['sɛnsjʊəl] *adj* sensual
sensuous ['sɛnsjʊəs] *adj* sensual
sent [sɛnt] *pt, pp of* **send**
sentence ['sɛntns] n (*Ling*) oración
f; (*Law*) sentencia, fallo ▷ *vt*: **to ~ sb to
death/to 5 years (in prison)** condenar
a algn a muerte/a 5 años de cárcel
sentiment ['sɛntɪmənt] n
sentimiento; (*opinion*) opinión
f; **sentimental** [-'mɛntl] *adj*
sentimental
Sep. *abbr* (= *September*) sep., set.
separate [*adj* 'sɛprɪt, *vb* 'sɛpəreɪt]
adj separado; (*distinct*) distinto ▷ *vt*
separar; (*part*) dividir ▷ *vi* separarse;
separately *adv* por separado;
separates *npl* (*clothes*) coordinados
mpl; **separation** [-'reɪʃən] n
separación *f*
September [sɛp'tɛmbə*] n
se(p)tiembre *m*
septic ['sɛptɪk] *adj* séptico; **septic**

tank n fosa séptica
sequel ['siːkwl] n consecuencia,
resultado; (*of story*) continuación *f*
sequence ['siːkwəns] n sucesión *f*,
serie *f*; (*Cinema*) secuencia
sequin ['siːkwɪn] n lentejuela
Serb [səːb] *adj*, n = **Serbian**
Serbian ['səːbɪən] *adj* serbio ▷ n
serbio/a; (*Ling*) serbio
sergeant ['sɑːdʒənt] n sargento
serial ['sɪərɪəl] n (*TV*) telenovela, serie
f televisiva; (*Book*) serie *f*; **serial killer** n
asesino/a múltiple; **serial number** n
número de serie
series ['sɪəriːz] n inv serie *f*
serious ['sɪərɪəs] *adj* serio; (*grave*)
grave; **seriously** *adv* en serio; (*ill,
wounded etc*) gravemente
sermon ['səːmən] n sermón m
servant ['səːvənt] n servidor(a) *m/f*;
(*house servant*) criado/a
serve [səːv] *vt* atender; (*customer*)
atender; (*train*) pasar por;
(*apprenticeship*) cumplir; (*prison term*)
cumplir ▷ *vi* (*at table*) servir; (*Tennis*)
sacar; **to ~ as/for/to do** servir
de/para/para hacer ▷ n (*Tennis*) saque
m; **it ~ s him right** se lo tiene merecido;
server n (*Comput*) servidor m
service ['səːvɪs] n servicio; (*Rel*)
misa; (*Aut*) mantenimiento; (*dishes
etc*) juego ▷ *vt* (*car etc*) revisar;
(: *repair*) reparar; **to be of ~ to sb** ser
útil a algn; **~ included/not included**
servicio incluido/no incluido
(*Econ*: *tertiary sector*) sector m terciario
or(de) servicios; (BRIT: *on motorway*)
área *f* de servicio; **the S-s** las
fuerzas armadas; **service area** n (*on
motorway*) área *f* de servicio; **service
charge**(BRIT) n servicio; **serviceman**
(*irreg*) n militar m; **service station** n
estación *f* de servicio
serviette [səːvɪˈɛt](BRIT) n servilleta
session ['sɛʃən] n sesión *f*; **to be in ~**
estar en sesión
set [sɛt] (*pt, pp* ~) n juego; (*Radio*)
aparato; (*TV*) televisor m; (*of utensils*)

batería; (of cutlery) cubierto; (of books) colección f; (Tennis) set m; (group of people) grupo; (Cinema) plató m; (Theatre) decorado; (Hairdressing) marcado ▷ adj (fixed) fijo; (ready) listo ▷ vt (place) poner, colocar; (fix) fijar; (adjust) ajustar, arreglar; (decide: rules etc) establecer, decidir ▷ vi (sun) ponerse; (jam, jelly) cuajarse; (concrete) fraguar; (bone) componerse; **to be ~ on doing sth** estar empeñado en hacer algo; **to ~ to music** poner música a; **to ~ on fire** incendiar, poner fuego a; **to ~ free** poner en libertad; **to ~ sth going** poner algo en marcha; **to ~ sail** zarpar, hacerse a la vela; **to ~ aside** vt poner aparte, dejar de lado; (money, time) reservar; **set down** vt (bus, train) dejar; **set in** vi (infection) declararse; (complications) comenzar; **the rain has set in for the day** parece que va a llover todo el día; **set off** vi partir ▷ vt (bomb) hacer estallar; (events) poner en marcha; (show up well) hacer resaltar; **set out** vi partir ▷ vt (arrange) disponer; (state) exponer; **to set out to do sth** proponerse hacer algo; **set up** vt establecer; **setback** n revés m, contratiempo; **set menu** n menú m

settee [se'tiː] n sofá m

setting ['setɪŋ] n (scenery) marco; (position) disposición f; (of sun) puesta; (of jewel) engaste m, montadura

settle ['setl] vt (argument) resolver; (accounts) ajustar, liquidar; (Med: calm) calmar, sosegar ▷ vi (dust etc) depositarse; (weather) serenarse; **to ~ for sth** convenir en aceptar algo; **to ~ on sth** decidirse por algo; **settle down** vi (get comfortable) ponerse cómodo, acomodarse; (calm down) calmarse, tranquilizarse; (live quietly) echar raíces; **settle in** vi instalarse; **settle up** vi: **to settle up with sb** ajustar cuentas con algn; **settlement** n (payment) liquidación f; (agreement) acuerdo, convenio; (village etc) pueblo

setup ['setʌp] n sistema m; (situation)

situación f

seven ['sevn] num siete; **seventeen** num diez y siete, diecisiete; **seventeenth** [sevn'tiːnθ] adj decimoséptimo; **seventh** num séptimo; **seventieth** ['sevntɪθ] adj septuagésimo; **seventy** num setenta

several ['sevrəl] adj, pron varios/as m/fpl, algunos/as m/fpl; **~ of us** varios de nosotros

severe [sɪ'vɪə*] adj severo; (serious) grave; (hard) duro; (pain) intenso

sew [səu] (pt -ed, pp -n) vt, vi coser

sewage ['suːɪdʒ] n aguas fpl residuales

sewer ['suːə*] n alcantarilla, cloaca

sewing ['səuɪŋ] n costura; **sewing machine** n máquina de coser

sewn [səun] pp of **sew**

sex [seks] n sexo; (lovemaking): **to have ~** hacer el amor; **sexism** ['seksɪzəm] n sexismo; **sexist** adj, n sexista mf; **sexual** ['seksjuəl] adj sexual; **sexual intercourse** fpl relaciones fpl sexuales; **sexuality** [seksju'ælɪtɪ] n sexualidad f; **sexy** adj sexy

shabby ['ʃæbɪ] adj (person) desharrapado; (clothes) raído, gastado; (behaviour) ruin inv

shack [ʃæk] n choza, chabola

shade [ʃeɪd] n sombra; (for lamp) pantalla; (for eyes) visera; (of colour) matiz m, tonalidad f; (small quantity): **a ~ (too big/more)** un poquitín (grande/más) ▷ vt dar sombra a; (eyes) proteger del sol; **in the ~** en la sombra; **shades** npl (sunglasses) gafas fpl de sol

shadow ['ʃædəu] n sombra ▷ vt (follow) seguir y vigilar; **shadow cabinet** (BRIT) n (Pol) gabinete paralelo formado por el partido de oposición

shady ['ʃeɪdɪ] adj sombreado; (fig: dishonest) sospechoso; (: deal) turbio

shaft [ʃɑːft] n (of arrow, spear) astil m; (Aut, Tech) eje m, árbol m; (of mine) pozo;

(of lift) hueco, caja; (of light) rayo

shake [feɪk] (pt **shook**, pp **shaken**) vt sacudir; (building) hacer temblar; (bottle, cocktail) agitar ▷ vi (tremble) temblar; **to ~ one's head** (in refusal) negar con la cabeza; (in dismay) mover o menear la cabeza, increíble; **to ~ hands with sb** estrechar la mano a algn; **shake off** vt sacudirse; (fig) deshacerse de; **shake up** vt agitar; (fig) reorganizar; **shaky** adj (hand, voice) trémulo; (building) inestable

shall [fæl] aux vb: ~ **I help you?** ¿quieres que te ayude?; **I'll buy three, ~ I?** compro tres, ¿no te parece?

shallow ['fæləʊ] adj poco profundo; (fig) superficial

sham [fæm] n fraude m, engaño

shambles ['fæmblz] n confusión f

shame [feɪm] n vergüenza f; **it is a ~ that/to do** es una lástima que/hacer; **what a ~!** ¡qué lástima!; **shameful** adj vergonzoso; **shameless** adj desvergonzado

shampoo [fæm'pu:] n champú m ▷ vt lavar con champú

shandy ['fændɪ] n mezcla de cerveza con gaseosa

shan't [fɑ:nt] = **shall not**

shape [feɪp] n forma f ▷ vt formar, dar forma a; (sb's ideas) formar; (sb's life) determinar; **to take ~** tomar forma; **shapeless** adj informe; **shapely** adj (woman) bien formada

share [feə*] n (part) parte f, porción f; (contribution) cuota; (Comm) acción f ▷ vt dividir; (have in common) compartir; **to ~ out (among** o **between)** repartir (entre); **shareholder**(BRIT) n accionista mf

shark [fɑ:k] n tiburón m

sharp [fɑ:p] adj (blade, nose) afilado; (point) puntiagudo; (outline) definido; (pain) intenso; (Mus) desafinado; (contrast) marcado; (voice) agudo; (person: quick-witted) astuto; (: dishonest) poco escrupuloso ▷ adv: **at 2 o'clock ~** (Mus) sostenido; a las 2 en punto; **sharpen** vt afilar; (pencil) sacar punta a; (fig) agudizar;

sharpener n (also: **pencil sharpener**) sacapuntas m inv; **sharply** adv (turn, stop) bruscamente; (stand out, contrast) claramente; (criticize, retort) severamente

shatter ['fætə*] vt hacer añicos or pedazos; (fig: ruin) destruir, acabar con ▷ vi hacerse añicos; **shattered** adj (grief-stricken) destrozado, deshecho; (exhausted) agotado, hecho polvo

shave [feɪv] vt afeitar, rasurar ▷ vi afeitarse, rasurarse ▷ n: **to have a ~** afeitarse; **shaver** n (also: **electric shaver**) máquina de afeitar (eléctrica)

shavings ['feɪvɪŋz] npl (of wood etc) virutas fpl

shaving cream ['feɪvɪŋ-] n crema de afeitar

shaving foam n espuma de afeitar

shawl [fɔ:l] n chal m

she [fi:] pron ella

sheath [fi:θ] n vaina; (contraceptive) preservativo

shed [fed] (pt, pp ~) n cobertizo ▷ vt (skin) mudar; (tears, blood) derramar; (load) derramar; (workers) despedir

she'd [fi:d] = **she had; she would**

sheep [fi:p] n inv oveja f; **sheepdog** n perro pastor; **sheepskin** n piel f de carnero

sheer [fɪə*] adj (utter) puro, completo; (steep) escarpado; (material) diáfano ▷ adv verticalmente

sheet [fi:t] n (on bed) sábana; (of paper) hoja; (of glass, metal) lámina; (of ice) capa

sheik(h) [feɪk] n jeque m

shelf [felf] (pl **shelves**) n estante m

shell [fel] n (on beach) concha; (of egg, nut etc) cáscara; (explosive) proyectil m, obús m; (of building) armazón f ▷ vt (peas) desenvainar; (Mil) bombardear

she'll [fi:l] = **she will; she shall**

shellfish ['felfɪf] n inv crustáceo; (as food) mariscos mpl

shelter ['feltə*] n abrigo, refugio ▷ vt (aid) amparar, proteger; (give lodging to) abrigar ▷ vi abrigarse, refugiarse;

sheltered adj (life) protegido; (spot) abrigado

shelves [ʃelvz] npl of **shelf**

shelving ['ʃelvɪŋ] n estantería

shepherd ['ʃepəd] n pastor m ▷ vt (guide) guiar, conducir; **shepherd's pie** (BRIT) n pastel de carne y patatas

sheriff ['ʃerɪf] (us) n sheriff m

sherry ['ʃerɪ] n jerez m

she's [ʃiːz] = **she is; she has**

Shetland ['ʃetlənd] n (also: **the ~s, the ~ Isles**) las Islas de Zetlandia

shield [ʃiːld] n escudo; (protection) blindaje m ▷ vt: **to ~ (from)** proteger (de)

shift [ʃɪft] n (change) cambio; (at work) turno ▷ vt trasladar; (remove) quitar ▷ vi moverse

shin [ʃɪn] n espinilla

shine [ʃaɪn] (pt, pp **shone**) n brillo, lustre m ▷ vi brillar, relucir ▷ vt (shoes) lustrar, sacar brillo a; **to ~ a torch on sth** dirigir una linterna hacia algo

shingles ['ʃɪŋglz] n (Med) herpes mpl or fpl

shiny ['ʃaɪnɪ] adj brillante, lustroso

ship [ʃɪp] n buque m, barco ▷ vt (goods) embarcar; (send) transportar or enviar por vía marítima; **shipment** n (goods) envío; **shipping** n (act) embarque m; (traffic) buques mpl; **shipwreck** n naufragio ▷ vt: **to be shipwrecked** naufragar; **shipyard** n astillero

shirt [ʃəːt] n camisa; **in (one's) ~ sleeves** en mangas de camisa

shit [ʃɪt] (inf!) excl ¡mierda! (!)

shiver ['ʃɪvə*] n escalofrío ▷ vi temblar, estremecerse; (with cold) tiritar

shock [ʃɔk] n (impact) choque m; (Elec) descarga (eléctrica); (emotional) conmoción f; (start) sobresalto, susto; (Med) postración f nerviosa ▷ vt dar un susto a; (offend) escandalizar; **shocking** adj (awful) espantoso; (outrageous) escandaloso

shoe [ʃuː] (pt, pp **shod**) n zapato; (for

horse) herradura ▷ vt (horse) herrar; **shoelace** n cordón m; **shoe polish** n betún m; **shoeshop** n zapatería

shone [ʃɔn] pt, pp of **shine**

shook [ʃuk] pt of **shake**

shoot [ʃuːt] (pt, pp **shot**) n (on branch, seedling) retoño, vástago ▷ vt disparar; (kill) matar a tiros; (wound) pegar un tiro; (execute) fusilar; (film) rodar, filmar ▷ vi (Football) chutar; **shoot down** vt (plane) derribar; **shoot up** vi (prices) dispararse; **shooting** n (shots) tiros mpl; (Hunting) caza con escopeta

shop [ʃɔp] n tienda; (workshop) taller m ▷ vi (also: **go ~ping**) ir de compras; **shop assistant** (BRIT) n dependiente/a m/f; **shopkeeper** n tendero/a; **shoplifting** n mechería; **shopping** n (goods) compras fpl; **shopping bag** n bolsa (de compras); **shopping centre** (BRIT) n centro comercial; **shopping mall** n centro comercial; **shopping trolley** n (BRIT) carrito de la compra; **shop window** n escaparate m (SP), vidriera (LAM)

shore [ʃɔː*] n orilla ▷ vt: **to ~ (up)** reforzar; **on ~** en tierra

short [ʃɔːt] adj corto; (in time) breve, de corta duración; (person) bajo; (curt) brusco, seco; (insufficient) insuficiente; **(a pair of) ~s** (unos) pantalones mpl cortos; **to be ~ of sth** estar falto de algo; **in ~** en pocas palabras; **~ of doing ...** fuera de hacer ...; **it is ~ for** es la forma abreviada de; **to cut ~** (speech, visit) interrumpir, terminar inesperadamente; **everything ~ of ...** todo menos ...; **to fall ~ of** no alcanzar; **to run ~ of** quedarle a algn poco; **to stop ~** parar en seco; **to stop ~ of** detenerse antes de; **shortage** n: **a shortage of** una falta de; **shortbread** n especie de mantecada; **shortcoming** n defecto, deficiencia; **short(crust) pastry** (BRIT) n pasta quebradiza; **shortcut** n atajo; **shorten** vt acortar; (visit) interrumpir; **shortfall** n déficit m; **shorthand** (BRIT) n taquigrafía; **short-lived** adj efímero; **shortly** adv en breve, dentro de poco; **shorts** npl pantalones mpl cortos; (us) calzoncillos mpl; **short-sighted** (BRIT) adj miope; (fig) imprudente; **short-sleeved** adj de manga corta; **short story** n cuento; **short-tempered** adj enojadizo; **short-term** adj (effect) a corto plazo

shot [ʃɔt] pt, pp of **shoot** ⊳ n (sound) tiro, disparo; (try) tentativa; (injection) inyección f; (Phot) toma, fotografía; **to be a good/poor ~** (person) tener buena/mala puntería; **like a ~** (without any delay) como un rayo; **shotgun** n escopeta

should [ʃud] aux vb: **I ~ go now** debo irme ahora; **he ~ be there now** debe de haber llegado (ya); **I ~ go if I were you** yo en tu lugar me iría; **I ~ like to** me gustaría

shoulder ['ʃəuldə*] n hombro ⊳ vt (fig) cargar con; **shoulder blade** n omóplato

shouldn't ['ʃudnt] = **should not**

shout [ʃaut] n grito ⊳ vt gritar ⊳ vi gritar, dar voces

shove [ʃʌv] n empujón m ⊳ vt empujar; (inf: put): **to ~ sth in** meter algo a empellones

shovel ['ʃʌvl] n pala; (mechanical) excavadora ⊳ vt mover con pala

show [ʃəu] aux vb **~ed**, pp **~n**) n (of emotion) demostración f; (semblance) apariencia; (exhibition) exposición f; (Theatre) función f, espectáculo; (TV) show m ⊳ vt mostrar, enseñar; (courage etc) mostrar, manifestar; (exhibit) exponer; (film) proyectar ⊳ vi mostrarse; (appear) aparecer; **for ~** para impresionar; **on ~** (exhibits etc) expuesto; **show in** vt (person) hacer pasar; **show off** (pej) vi presumir ⊳ vt (display) lucir; **show out** vt: **to show sb out** acompañar a algn a la puerta; **show up** vi (stand out) destacar; (inf: turn up) aparecer ⊳ vt (unmask) desenmascarar; **show business** n

mundo del espectáculo

shower ['ʃauə*] n (rain) chaparrón m, chubasco; (of stones etc) lluvia; (for bathing) ducha, regadera (MEX) ⊳ vi llover ⊳ vt (fig): **to ~ sb with sth** colmar a algn de algo; **to have a ~** ducharse; **shower cap** n gorro de baño; **shower gel** n gel m de ducha

showing ['ʃəuɪŋ] n (of film) proyección f

show jumping n hípica

shown [ʃəun] pp of **show**

show: show-off (inf) n (person) presumido/a; **showroom** n sala de muestras

shrank [ʃræŋk] pt of **shrink**

shred [ʃred] n (gen pl) triza, jirón m ⊳ vt hacer trizas; (Culin) desmenuzar

shrewd [ʃru:d] adj astuto

shriek [ʃri:k] n chillido ⊳ vt chillar

shrimp [ʃrɪmp] n camarón m

shrine [ʃraɪn] n santuario, sepulcro

shrink [ʃrɪŋk] (pt **shrank**, pp **shrunk**) vi encogerse; (be reduced) reducirse; (also: **~ away**) retroceder ⊳ vt encoger ⊳ n (inf, pej) loquero/a; **to ~ from (doing) sth** no atreverse a hacer algo

shrivel [ʃrɪvl] (also: **~ up**) vt (dry) secar ⊳ vi secarse

shroud [ʃraud] n sudario ⊳ vt: **~ed in mystery** envuelto en el misterio

Shrove Tuesday ['ʃrəuv-] n martes m de carnaval

shrub [ʃrʌb] n arbusto

shrug [ʃrʌg] n encogimiento de hombros ⊳ vt, vi: **to ~ (one's shoulders)** encogerse de hombros; **shrug off** vt negar importancia a

shrunk [ʃrʌŋk] pp of **shrink**

shudder ['ʃʌdə*] n estremecimiento, escalofrío ⊳ vi estremecerse

shuffle ['ʃʌfl] vt (cards) barajar ⊳ vi: **to ~ (one's feet)** arrastrar los pies

shun [ʃʌn] vt rehuir, esquivar

shut [ʃʌt] (pt, pp **~**) vt cerrar ⊳ vi cerrarse; **shut down** vt, vi cerrar; **shut up** vi (inf: keep quiet) callarse ⊳ vt (close) cerrar; (silence) hacer callar;

shutter n contraventana; (Phot) obturador m

shuttle ['ʃʌtl] n lanzadera; (also: ~ service) servicio rápido y continuo entre dos puntos; (Aviat) puente m aéreo; **shuttlecock** n volante m

shy [ʃaɪ] adj tímido

sibling ['sɪblɪŋ] n (formal) hermano/a

Sicily ['sɪsɪlɪ] n Sicilia

sick [sɪk] adj (ill) enfermo; (nauseated) mareado; (humour) negro; (vomiting): **to be ~** (BRIT) vomitar; **to feel ~** tener náuseas; **to be ~ of** (fig) estar harto de; **sickening** adj (fig) asqueroso; **sick leave** n baja por enfermedad; **sickly** adj enfermizo; (smell) nauseabundo; **sickness** n enfermedad f, mal m; (vomiting) náuseas fpl

side [saɪd] n (gen) lado; (of body) costado; (of lake) orilla; (of hill) ladera; (team) equipo ▷ adj (door, entrance) lateral ▷ vi: **to ~ with sb** tomar el partido de algn; **by the ~ of** al lado de; **~ by ~** juntos/as; **from ~ to ~** de un lado para otro; **from all ~s** de todos lados; **to take ~s (with)** tomar partido (con); **sideboard** n aparador m; **sideboards** (BRIT) npl = **sideburns**; **sideburns** npl patillas fpl; **sidelight** n (Aut) luz f lateral; **sideline** n (Sport) línea de banda; (fig) empleo suplementario; **side order** n plato de acompañamiento; **side road** n (BRIT) calle f lateral; **side street** n calle f lateral; **sidetrack** vt (fig) desviar (de su propósito); **sidewalk** (US) n acera; **sideways** adv de lado

siege [siːdʒ] n cerco, sitio

sieve [sɪv] n colador m ▷ vt cribar

sift [sɪft] vt cribar; (fig: information) escudriñar

sigh [saɪ] n suspiro ▷ vi suspirar

sight [saɪt] n (faculty) vista; (spectacle) espectáculo; (on gun) mira, alza ▷ vt divisar; **in ~** a la vista; **out of ~** fuera de (la) vista; **on ~** (shoot) sin previo aviso; **sightseeing** n excursionismo, turismo; **to go sightseeing** hacer turismo

sign [saɪn] n (with hand) señal f, seña; (trace) huella, rastro; (notice) letrero; (written) signo ▷ vt firmar; (Sport) fichar; **to ~ sth over to sb** firmar el traspaso de algo a algn; **sign for** vt fus (item) firmar el recibo de; **sign in** vi firmar el registro (al entrar); **sign on** vi (BRIT: as unemployed) registrarse como desempleado; (for course) inscribirse ▷ vt (Mil) alistar; (employee) contratar; **sign up** vi (Mil) alistarse; (for course) inscribirse ▷ vt (player) fichar

signal ['sɪɡnl] n señal f ▷ vi señalizar ▷ vt (person) hacer señas a; (message) comunicar por señales

signature ['sɪɡnətʃə*] n firma

significance [sɪɡ'nɪfɪkəns] n (importance) trascendencia

significant [sɪɡ'nɪfɪkənt] adj significativo; (important) trascendente

signify ['sɪɡnɪfaɪ] vt significar

sign language n lenguaje m para sordomudos

signpost ['saɪnpəust] n indicador m

Sikh [siːk] adj, n sij m/f

silence ['saɪlns] n silencio ▷ vt acallar; (guns) reducir al silencio

silent ['saɪlnt] adj silencioso; (not speaking) callado; (film) mudo; **to remain ~** guardar silencio

silhouette [sɪlu'ɛt] n silueta

silicon chip ['sɪlɪkən-] n plaqueta de silicio

silk [sɪlk] n seda ▷ adj de seda

silly ['sɪlɪ] adj (person) tonto; (idea) absurdo

silver ['sɪlvə*] n plata; (money) moneda suelta ▷ adj de plata; (colour) plateado; **silver-plated** adj plateado

similar ['sɪmɪlə*] adj: **~ (to)** parecido or semejante (a); **similarity** [-'lærɪtɪ] n semejanza; **similarly** adv del mismo modo

simmer ['sɪmə*] vi hervir a fuego lento

simple ['sɪmpl] adj (easy) sencillo; (foolish, Comm: interest) simple;

simplicity [-'plɪsɪtɪ] n sencillez f;
simplify ['sɪmplɪfaɪ] vt simplificar;
simply adv (live, talk) sencillamente; (just, merely) sólo

simulate ['sɪmjuːleɪt] vt fingir, simular

simultaneous [sɪməl'teɪnɪəs] adj simultáneo; **simultaneously** adv simultáneamente

sin [sɪn] n pecado ▷ vi pecar

since [sɪns] adv desde entonces, después ▷ prep desde ▷ conj (time) desde que; (because) ya que, puesto que; **~ then, ever ~** desde entonces

sincere [sɪn'sɪə*] adj sincero; **sincerely** adv: **yours sincerely** (in letters) le saluda atentamente

sing [sɪŋ] (pt **sang**, pp **sung**) vt, vi cantar

Singapore [sɪŋə'pɔː*] n Singapur m

singer ['sɪŋə*] n cantante mf

singing ['sɪŋɪŋ] n canto

single ['sɪŋgl] adj único, solo; (unmarried) soltero; (not double) simple, sencillo ▷ n (BRIT: also: **~ ticket**) billete m sencillo; (record) sencillo, single m; **singles** npl (Tennis) individual m; **single out** vt (choose) escoger; **single bed** n cama individual; **single file**: **in single file** en fila de uno; **single-handed** adv sin ayuda; **single-minded** adj resuelto, firme; **single parent** n padre m soltero, madre f soltera (o divorciado etc); **single parent family** familia monoparental; **single room** n cuarto individual

singular ['sɪŋgjulə*] adj (odd) raro, extraño; (outstanding) excepcional ▷ n (Ling) singular m

sinister ['sɪnɪstə*] adj siniestro

sink [sɪŋk] (pt **sank**, pp **sunk**) n fregadero ▷ vt (ship) hundir, echar a pique; (foundations) excavar ▷ vi hundirse; **to ~ sth into** hundir algo en; **sink in** vi (fig) penetrar, calar

sinus ['saɪnəs] n (Anat) seno

sip [sɪp] n sorbo ▷ vt sorber, beber a sorbitos

sir [sə*] n señor m; **S~ John Smith** Sir John Smith; **yes ~** sí, señor

siren ['saɪərn] n sirena

sirloin ['sɜːlɔɪn] n (also: **~ steak**) solomillo

sister ['sɪstə*] n hermana; (BRIT: nurse) enfermera jefe; **sister-in-law** n cuñada

sit [sɪt] (pt, pp **sat**) vi sentarse; (be sitting) estar sentado; (assembly) reunirse; (for painter) posar ▷ vt (exam) presentarse a; **sit back** vi (in seat) recostarse; **sit down** vi sentarse; **sit on** vt fus (jury, committee) ser miembro de; formar parte de; **sit up** vi incorporarse; (not go to bed) velar

sitcom ['sɪtkɒm] n abbr (= situation comedy) comedia de situación

site [saɪt] n sitio; (also: **building ~**) solar m ▷ vt situar

sitting ['sɪtɪŋ] n (of assembly etc) sesión f; (in canteen) turno; **sitting room** n sala de estar

situated ['sɪtjueɪtɪd] adj situado

situation [sɪtju'eɪʃən] n situación f; **"~s vacant"** ofrecen trabajo"

six [sɪks] num seis; **sixteen** num diez y seis, dieciséis; **sixteenth** [sɪks'tiːnθ] adj decimosexto; **sixth** [sɪksθ] num sexto; **sixth form** n (BRIT) clase f de alumnos del sexto año (de 16 a 18 años de edad); **sixth-form college** n instituto m para alumnos de 16 a 18 años; **sixtieth** ['sɪkstɪɪθ] adj sexagésimo; **sixty** num sesenta

size [saɪz] n tamaño; (extent) extensión f; (of clothing) talla; (of shoes) número; **sizeable** adj importante, considerable

sizzle ['sɪzl] vi crepitar

skate [skeɪt] n patín m; (fish: pl inv) raya ▷ vi patinar; **skateboard** n monopatín m; **skateboarding** n monopatín m; **skater** n patinador(a) m/f; **skating** n patinaje m; **skating rink** n pista de patinaje

skeleton ['skɛlɪtn] n esqueleto; (Tech) armazón f; (outline) esquema m

skeptical ['skɛptɪkl] (US) = **sceptical**

sketch [skɛtʃ] n (drawing) dibujo; (outline) esbozo, bosquejo; (Theatre) sketch m ▷ vt dibujar; (plan etc: also: **- out**) esbozar

skewer ['skju:ə*] n broqueta

ski [ski:] n esquí m ▷ vi esquiar; **ski boot** n bota de esquí

skid [skɪd] n patinazo ▷ vi patinar

ski: skier n esquiador(a) m/f; **skiing** n esquí m

skilful ['skɪlful] (US **skillful**) adj diestro, experto

ski lift n telesilla m, telesquí m

skill [skɪl] n destreza, pericia; técnica; **skilled** adj hábil, diestro; (worker) cualificado

skim [skɪm] vt (milk) desnatar; (glide over) rozar, rasar ▷ vi: **to - through** (book) hojear; **skimmed milk** (US **skim milk**) n leche f desnatada

skin [skɪn] n piel f; (complexion) cutis m ▷ vt (fruit etc) pelar; (animal) despellejar; **skinhead** n cabeza m/f rapada, skin(head) m/f; **skinny** adj flaco

skip [skɪp] n brinco, salto; (BRIT: container) contenedor m ▷ vi brincar; (with rope) saltar a la comba ▷ vt saltarse

ski: ski pass n forfait m (de esquí); **ski pole** n bastón m de esquiar

skipper ['skɪpə*] n (Naut, Sport) capitán m

skipping rope ['skɪpɪŋ-] n (US **skip rope**) n comba

skirt [skɜːt] n falda, pollera (sc) ▷ vt (go round) ladear

skirting board ['skɜːtɪŋ-] (BRIT) n rodapié m

ski slope n pista de esquí

ski suit n traje m de esquiar

skull [skʌl] n calavera; (Anat) cráneo

skunk [skʌŋk] n mofeta

sky [skaɪ] n cielo; **skyscraper** n rascacielos m inv

slab [slæb] n (stone) bloque m; (flat) losa; (of cake) trozo

slack [slæk] adj (loose) flojo; (slow) de poca actividad; (careless) descuidado; **slacks** npl pantalones mpl

slain [sleɪn] pp of **slay**

slam [slæm] vt (throw) arrojar (violentamente); (criticize) criticar duramente ▷ vt (door) cerrarse de golpe; **to - the door** dar un portazo

slander ['slɑːndə*] n calumnia, difamación f

slang [slæŋ] n argot m; (jargon) jerga

slant [slɑːnt] n sesgo, inclinación f; (fig) interpretación f

slap [slæp] n palmada; (in face) bofetada ▷ vt dar una palmada or bofetada a; (paint etc): **to - sth on sth** embadurnar algo con algo ▷ adv (directly) exactamente, directamente

slash [slæʃ] vt acuchillar; (fig: prices) fulminar

slate [sleɪt] n pizarra ▷ vt (fig: criticize) criticar duramente

slaughter ['slɔːtə*] n (of animals) matanza; (of people) carnicería ▷ vt matar; **slaughterhouse** n matadero

Slav [slɑːv] adj eslavo

slave [sleɪv] n esclavo/a ▷ vi (also: **- away**) trabajar como un esclavo ▷ vt; **slavery** n esclavitud f

slay [sleɪ] (pt **slew**, pp **slain**) vt matar

sleazy ['sliːzɪ] adj de mala fama

sled [slɛd] (US) = **sledge**

sledge [slɛdʒ] n trineo

sleek [sliːk] adj (shiny) lustroso; (car etc) elegante

sleep [sliːp] (pt, pp **slept**) n sueño ▷ vi dormir; **to go to -** quedarse dormido; **sleep in** vi (oversleep) quedarse dormido; **sleep together** vi (have sex) acostarse juntos; **sleeper** n (person) durmiente mf; (BRIT Rail: on track) traviesa; (: train) coche-cama m; **sleeping bag** n saco de dormir; **sleeping car** n coche-cama m; **sleeping pill** n somnífero; **sleepover** n: **we're having a sleepover at Jo's** nos vamos a quedar a dormir en casa de Jo; **sleepwalk** vi caminar dormido (*habitually*) ser sonámbulo; **sleepy** *adj* soñoliento; (*place*) soporífero

sleet [sliːt] *n* aguanieve *f*

sleeve [sliːv] *n* manga; (*Tech*) manguito; (*of record*) portada; **sleeveless** *adj* sin mangas

sleigh [sleɪ] *n* trineo

slender ['slɛndə*] *adj* delgado; (*means*) escaso

slept [slɛpt] *pt, pp* of **sleep**

slew [sluː] *pt of* **slay** ⊳ *vi* (BRIT: *veer*) torcerse

slice [slaɪs] *n* (*of meat*) tajada; (*of bread*) rebanada; (*of lemon*) rodaja; (*utensil*) pala ⊳ *vt* cortar (en lonchas), rebanar

slick [slɪk] *adj* (*skilful*) hábil, diestro; (*clever*) astuto ⊳ *n* (*also:* **oil ~**) marea negra

slide [slaɪd] (*pt, pp* **slid**) *n* (*movement*) descenso, desprendimiento; (*in playground*) tobogán *m*; (*Phot*) diapositiva; (BRIT: *also:* **hair ~**) pasador *m* ⊳ *vt* correr, deslizar ⊳ *vi* (*slip*) resbalarse; (*glide*) deslizarse; **sliding** *adj* (*door*) corredizo

slight [slaɪt] *adj* (*slim*) delgado; (*frail*) delicado; (*pain etc*) leve; (*trivial*) insignificante; (*small*) pequeño ⊳ *n* desaire *m* ⊳ *vt* (*insult*) ofender, desairar; **not in the ~est** en absoluto; **slightly** *adv* ligeramente, un poco

slim [slɪm] *adj* delgado, esbelto; (*fig: chance*) remoto ⊳ *vi* adelgazar; **slimming** *n* adelgazamiento

slimy ['slaɪmɪ] *adj* cenagoso

sling [slɪŋ] (*pt, pp* **slung**) *n* (*Med*) cabestrillo; (*weapon*) honda ⊳ *vt* tirar, arrojar

slip [slɪp] *n* (*slide*) resbalón *m*; (*mistake*) descuido; (*underskirt*) combinación *f*; (*of paper*) papelito ⊳ *vt* (*slide*) deslizar ⊳ *vi* deslizarse; (*stumble*) resbalar(se); (*decline*) decaer; (*move smoothly*): **to ~ into/out of** (*room etc*) introducirse en/salirse de ⊳ *vt* (*speech*) pronunciar mal

slip up *vi* (*make mistake*) equivocarse; meter la pata

slipper ['slɪpə*] *n* zapatilla, pantufla

slippery ['slɪpərɪ] *adj* resbaladizo;

slip road (BRIT) *n* carretera de acceso

slit [slɪt] (*pt, pp* **~**) *n* raja; (*cut*) corte *m* ⊳ *vt* rajar; cortar

slog [slɔg] (BRIT) *vi* sudar tinta; **it was a ~** costó trabajo (hacerlo)

slogan ['sləʊgən] *n* eslogan *m*, lema *m*

slope [sləʊp] *n* (*up*) cuesta, pendiente *f*; (*down*) declive *m*; (*side of mountain*) falda, vertiente *m* ⊳ *vi*: **to ~ down** estar en declive; **to ~ up** inclinarse; **sloping** *adj* en pendiente; en declive; (*writing*) inclinado

sloppy ['slɔpɪ] *adj* (*work*) descuidado; (*appearance*) desaliñado

slot [slɔt] *n* ranura ⊳ *vt*: **to ~ into** encajar en; **slot machine** *n* (BRIT: *vending machine*) distribuidor *m* automático; (*for gambling*) tragaperras *m inv*

Slovakia [sləʊˈvækɪə] *n* Eslovaquia

Slovene [ˈsləʊviːn] *adj* esloveno ⊳ *n* esloveno/a; (*Ling*) esloveno; **Slovenia** [sləʊˈviːnɪə] *n* Eslovenia; **Slovenian** *adj,* *n* = **Slovene**

slow [sləʊ] *adj* lento; (*not clever*) lerdo; (*watch*): **to be ~** atrasar ⊳ *adv* lentamente, despacio ⊳ *vt,* *vi* retardar; **"~"** (*road sign*) "disminuir velocidad"; **slow down** *vi* reducir la marcha; **slowly** *adv* lentamente, despacio; **slow motion** *n*: **in slow motion** a cámara lenta

slug [slʌg] *n* babosa; (*bullet*) posta; **sluggish** *adj* (*person*) perezoso

slum [slʌm] *n* casucha

slump [slʌmp] *n* (*economic*) depresión *f* ⊳ *vi* hundirse; (*prices*) caer en picado

slung [slʌŋ] *pt, pp* of **sling**

slur [sləː*] *n*: **to cast a ~ on** insultar ⊳ *vt* (*speech*) pronunciar mal

sly [slaɪ] *adj* astuto; (*smile*) taimado

smack [smæk] *n* bofetada ⊳ *vt* dar con la mano a; (*child, on face*) abofetear

▷ to ~ of saber a, oler a

small [smɔːl] *adj* pequeño; **small ads** (BRIT) *npl* anuncios *mpl* por palabras; **small change** *n* suelto, cambio

smart [smɑːt] *adj* elegante; (clever) listo, inteligente; (quick) rápido, vivo ▷ vi escocer, picar; **smartcard** *n* tarjeta inteligente

smash [smæʃ] *n* (also: ~-up) choque *m*; (Mus) exitazo *m* ▷ vt (break) hacer pedazos; (car etc) estrellar; (Sport: record) batir ▷ vi hacerse pedazos; (against wall etc) estrellarse; **smashing** (inf) *adj* estupendo

smear [smɪə*] *n* humo *m*; (Med) frotis *m inv* ▷ vt untar; **smear test** *n* (Med) citología, frotis *m inv* (cervical)

smell [smel] (pt, pp **smelt** or ~**ed**) *n* olor *m*; (sense) olfato ▷ vt, vi oler; **smelly** *adj* maloliente

smelt [smelt] pt, pp of **smell**

smile [smaɪl] *n* sonrisa ▷ vi sonreír

smirk [smɜːk] *n* sonrisa falsa or afectada

smog [smɔg] *n* esmog *m*

smoke [sməuk] *n* humo *m* ▷ vi fumar; (chimney) echar humo ▷ vt (cigarettes) fumar; **smoke alarm** *n* detector *m* de humo; alarma contra incendios; **smoked** *adj* (bacon, glass) ahumado; **smoker** *n* fumador(a) *m/f*; (Rail) coche *m* fumador; **smoking** *n*: "no smoking" "prohibido fumar"

> ▲ Be careful not to translate **smoking** by the Spanish word *smoking*.

smoky *adj* (room) lleno de humo; (taste) ahumado

smooth [smuːð] *adj* liso, suave; (sea) tranquilo; (flavour, movement) suave; (sauce) fino; (person: pej) meloso ▷ vt (also: ~ **out**) alisar; (creases, difficulties) allanar

smother ['smʌðə*] *vt* sofocar; (repress) contener

SMS *n abbr* (= short message service) (servicio) SMS *m*; **SMS message** *n* (mensaje *m*) SMS

smudge [smʌdʒ] *n* mancha ▷ vt

manchar

smug [smʌg] *adj* presumido; orondo

smuggle ['smʌgl] *vt* pasar de contrabando; **smuggling** *n* contrabando

snack [snæk] *n* bocado; **snack bar** *n* cafetería

snag [snæg] *n* problema *m*

snail [sneɪl] *n* caracol *m*

snake [sneɪk] *n* serpiente *f*

snap [snæp] *n* (sound) chasquido; (photograph) foto *f* ▷ *adj* (decision) instantáneo ▷ vt (break) quebrar; (fingers) castañetear ▷ vi quebrarse; (fig: speak sharply) contestar bruscamente; **to ~ shut** cerrarse de golpe; **snap at** vt fus (dog) intentar morder; **snap up** vt agarrar; **snapshot** *n* foto *f* (instantánea)

snarl [snɑːl] *vi* gruñir

snatch [snætʃ] *n* (small piece) fragmento *m* ▷ vt (snatch away) arrebatar; (fig) agarrar; **to ~ some sleep** encontrar tiempo para dormir

sneak [sniːk] (pt (us) **snuck**) *vi*: **to ~ in/out** entrar/salir a hurtadillas ▷ *n* (inf) soplón/ona *m/f*; **to ~ up on sb** aparecérsele de improviso a algn; **sneakers** *npl* zapatos *mpl* de lona

sneer [snɪə*] *vi* reír con sarcasmo; (mock): **to ~ at** burlarse de

sneeze [sniːz] *vi* estornudar

sniff [snɪf] *vi* sollozar ▷ vt husmear, oler; (drugs) esnifar

snigger ['snɪgə*] *vi* reírse con disimulo

snip [snɪp] *n* tijeretazo; (BRIT: inf: bargain) ganga ▷ vt tijeretear

sniper ['snaɪpə*] *n* francotirador(a) *m/f*

snob [snɔb] *n* (e)snob *mf*

snooker ['snuːkə*] *n* especie de billar

snoop [snuːp] *vi*: **to ~ about** fisgonear

snooze [snuːz] *n* siesta ▷ vi echar una siesta

snore [snɔː*] *n* ronquido ▷ vi roncar

snorkel ['snɔːkl] *n* (tubo) respirador *m*

snort [snɔːt] n bufido ▷ vi bufar

snow [snəʊ] n nieve f ▷ vi nevar;
snowball n bola de nieve ▷ vi (fig)
agrandarse, ampliarse; **snowstorm** n
nevada, nevasca

snub [snʌb] vt (person) desairar ▷ n
desaire m, repulsa

snug [snʌg] adj (cosy) cómodo; (fitted)
ajustado

O KEYWORD

so [səʊ] adv **1** (thus, likewise) así, de este
modo; **if so** de ser así; **I like swimming
– so do I** a mí me gusta nadar – a mí
también; **I've got work to do – so has
Paul** tengo trabajo que hacer – Paul
también; **it's 5 o'clock – so it is!** son las
cinco – ¡pues es verdad!; **I hope/think
so** espero/creo que sí; **so far** hasta
ahora; (in past) hasta este momento
2 (in comparisons etc: to such a degree)
tan; **so quickly (that)** tan rápido (que);
so big (that) tan grande (que); **she's
not so clever as her brother** no es
tan lista como su hermano; **we
were so worried** estábamos
preocupadísimos

3: **so much** adj, adv tanto; **so many**
tantos/as

4 (phrases): **10 or so** unos 10, 10 o así; **so
long!** (inf: goodbye) ¡hasta luego!
▷ conj **1** (expressing purpose): **so as to** to
para hacer; **so (that)** para que +subjun
2 (expressing result) así que; **so you see,
I could have gone** así que ya ves, (yo)
podría haber ido

soak [səʊk] vt (drench) empapar;
(steep in water) remojar ▷ vi remojarse,
estar a remojo; **soak up** vt absorber;
soaking adj (also: **soaking wet**)
calado o empapado (hasta los huesos
o el tuétano)

so-and-so ['səʊənsəʊ] n (somebody)
fulano/a de tal

soap [səʊp] n jabón m; **soap opera**
n telenovela; **soap powder** n jabón

m en polvo

soar [sɔː*] vi (on wings) remontarse;
(rocket: prices) dispararse; (building etc)
elevarse

sob [sɔb] n sollozo ▷ vi sollozar

sober ['səʊbə*] adj (serious) serio; (not
drunk) sobrio; (colour, style) discreto;
sober up vt quitar la borrachera

so-called ['səʊ'kɔːld] adj así llamado

soccer ['sɔkə*] n fútbol m

sociable ['səʊʃəbl] adj sociable

social ['səʊʃl] adj social ▷ n velada,
fiesta; **socialism** n socialismo;
socialist adj, n socialista mf; **socialize**
vi: **to socialize (with)** alternar (con);
social life n vida social; **socially**
adv socialmente; **social security** n
seguridad social; **social services** npl
servicios mpl sociales; **social work**
n asistencia social; **social worker** n
asistente/a m/f social

society [sə'saɪətɪ] n sociedad f,
(club) asociación f; (also: **high ~**) alta
sociedad

sociology [səʊsɪ'ɒlədʒɪ] n sociología

sock [sɔk] n calcetín m

socket ['sɔkɪt] n cavidad f; (BRIT Elec)
enchufe m

soda ['səʊdə] n (Chem) sosa; (also: **~
water**) soda; (US: also: **~ pop**) gaseosa

sodium ['səʊdɪəm] n sodio

sofa ['səʊfə] n sofá m; **sofa bed** n
sofá-cama m

soft [sɔft] adj (lenient, not hard) blando;
(gentle, not bright) suave; **soft drink** n
bebida no alcohólica; **soft drugs** npl
drogas fpl blandas; **soften** ['sɔfn] vt
ablandar; suavizar; (effect) amortiguar
▷ vi ablandarse; suavizarse; **softly** adv
suavemente; (gently) delicadamente,
con delicadeza; **software** n (Comput)
software m

soggy ['sɔgɪ] adj empapado

soil [sɔɪl] n (earth) tierra, suelo ▷ vt
ensuciar

solar ['səʊlə*] adj solar; **solar power**
n energía solar; **solar system** n
sistema m solar

sold [səʊld] pt, pp of **sell**

soldier ['səʊldʒə*] n soldado; (army man) militar m

sold out adj (Comm) agotado

sole [səʊl] n (of foot) planta; (of shoe) suela; (fish: pl inv) lenguado ▷ adj único; **solely** adv únicamente, sólo, solamente; **I will hold you solely responsible** le consideraré el único responsable

solemn ['sɒləm] adj solemne

solicitor [sə'lɪsɪtə*] (BRIT) n (for wills etc) = notario/a; (in court) = abogado/a

solid ['sɒlɪd] adj sólido; (gold etc) macizo ▷ n sólido

solitary ['sɒlɪtərɪ] adj solitario, solo

solitude ['sɒlɪtjuːd] n soledad f

solo ['səʊləʊ] n solo ▷ adv (fly) en solitario; **soloist** n solista m/f

soluble ['sɒljʊbl] adj soluble

solution [sə'luːʃən] n solución f

solve [sɒlv] vt resolver, solucionar

solvent ['sɒlvənt] adj (Comm) solvente ▷ n (Chem) solvente m

sombre, (US) **somber** ['sɒmbə*] adj sombrío

○ **KEYWORD**

some [sʌm] adj 1 (a certain amount or number): **some tea/water/biscuits** té/agua/(unas) galletas; **there's some milk in the fridge** hay leche en el frigo; **there were some people outside** había algunas personas fuera; **I've got some money, but not much** tengo algo de dinero, pero no mucho

2 (certain: in contrasts) algunos/as; **some people say that ...** hay quien dice que ...; **some films were excellent, but most were mediocre** hubo películas excelentes, pero la mayoría fueron mediocres

3 (unspecified): **some woman was asking for you** una mujer estuvo preguntando por ti; **he was asking for some book (or other)** pedía un libro;

some day algún día; **some day next week** un día de la semana que viene ▷ pron 1 (a certain number): **I've got some** (books etc) tengo algunos/as 2 (a certain amount) algo; **I've got some** (money, milk) tengo algo; **could I have some of that cheese?** ¿me puede dar un poco de ese queso?; **I've read some of the book** he leído parte del libro ▷ adv: **some 10 people** unas 10 personas, una decena de personas

some: somebody ['sʌmbədɪ] pron = **someone**; **somehow** adv de alguna manera; (for some reason) por una u otra razón; **someone** pron alguien; **someplace** (US) adv = **somewhere**; **something** pron algo; **would you like something to eat/drink?** ¿te gustaría cenar/tomar algo?; **sometime** adv (in future) algún día, en algún momento; (in past): **sometime last month** durante el mes pasado; **sometimes** adv a veces; **somewhat** adv algo; **somewhere** adv (be) en alguna parte; (go) a alguna parte; **somewhere else** (be) en otra parte; (go) a otra parte

son [sʌn] n hijo

song [sɒŋ] n canción f

son-in-law ['sʌnɪnlɔː] n yerno

soon [suːn] adv pronto, dentro de poco; **~ afterwards** poco después; see also as; **sooner** adv (time) antes, más temprano; (preference: rather): **I would sooner do that** preferiría hacer eso; **sooner or later** tarde o temprano

soothe [suːð] vt tranquilizar; (pain) aliviar

sophisticated [sə'fɪstɪkeɪtɪd] adj sofisticado

sophomore ['sɒfəmɔː*] (US) n estudiante m/f de segundo año

soprano [sə'prɑːnəʊ] n soprano f

sorbet ['sɔːbeɪ] n sorbete m

sordid ['sɔːdɪd] adj (place etc) sórdido; (motive etc) mezquino

sore [sɔː*] adj (painful) doloroso, que duele ▷ n llaga

sorrow ['sɔrəu] n pena, dolor m

sorry ['sɔrɪ] adj (regretful) arrepentido; (condition, excuse) lastimoso; **~!** ¡perdón!, ¡perdone!; **~?** ¿cómo?; **to feel ~ for sb** tener lástima a algn; **I feel ~ for him** me da lástima

sort [sɔːt] n clase f, género, tipo; **sort out** vt (papers) clasificar; (organize) ordenar, organizar; (resolve: problem, situation etc) arreglar, solucionar

SOS n SOS m

so-so ['səusəu] adv regular, así así

sought [sɔːt] pt, pp of **seek**

soul [səul] n alma

sound [saund] n (noise) sonido, ruido; (volume: on TV etc) volumen m; (Geo) estrecho ▷ adj (healthy) sano; (safe, not damaged) en buen estado; (reliable: person) digno de confianza; (sensible) sensato, razonable; (secure: investment) seguro ▷ adv: **~ asleep** profundamente dormido ▷ vt (alarm) sonar ▷ vi sonar, resonar; (fig: seem) parecer; **to ~ like** sonar a; **soundtrack** n (of film) banda sonora

soup [suːp] n (thick) sopa; (thin) caldo

sour ['sauə*] adj agrio; (milk) cortado; **it's ~ grapes** (fig) están verdes

source [sɔːs] n fuente f

south [sauθ] n sur m ▷ adj del sur, sureño ▷ adv al sur, hacia el sur; **South Africa** n África del Sur; **South African** adj, n sudafricano/a m/f; **South America** n América del Sur, Sudamérica; **South American** adj, n sudamericano/a m/f; **southbound** adj (con) rumbo al sur; **southeastern** [sauθ'iːstən] adj sureste, del sureste; **southern** ['sʌðən] adj del sur, meridional; **South Korea** n Corea del Sur; **South Pole** n Polo Sur; **southward(s)** adv hacia el sur; **southwest** n suroeste m; **southwestern** [sauθ'westən] adj suroeste

souvenir [suːvə'nɪə*] n recuerdo

sovereign ['sɔvrɪn] adj, n soberano/a m/f

sow¹ [səu] (pt **~ed**, pp **sown**) vt

sembrar

sow² [sau] n cerda, puerca

soya ['sɔɪə] (BRIT) n soja

spa [spaː] n balneario

space [speɪs] n espacio; (room) sitio ▷ cpd espacial ▷ vt (also: **~ out**) espaciar; **spacecraft** n nave espacial; **spaceship** n = **spacecraft**

spacious ['speɪʃəs] adj amplio

spade [speɪd] n (tool) pala, laya; **spades** npl (Cards: British) picas fpl; (: Spanish) espadas fpl

spaghetti [spə'ɡetɪ] n espaguetis mpl, fideos mpl

Spain [speɪn] n España

spam [spæm] n (junk e-mail) spam m

span [spæn] n (of bird, plane) envergadura; (of arch) luz f; (in time) lapso ▷ vt extenderse sobre, cruzar; (fig) abarcar

Spaniard ['spænjəd] n español(a) m/f

Spanish ['spænɪʃ] adj español(a) ▷ n (Ling) español m, castellano; **the Spanish** npl los españoles

spank [spæŋk] vt zurrar

spanner ['spænə*] (BRIT) n llave f (inglesa)

spare [spɛə*] adj de reserva; (surplus) sobrante, de más ▷ n = **spare part** ▷ vt (do without) pasarse sin; (refrain from hurting) perdonar; **to ~** (surplus) sobrante, de sobra; **spare part** n pieza de repuesto; **spare room** n cuarto de los invitados; **spare time** n tiempo libre; **spare tyre** (us **spare tire**) n (Aut) neumático or llanta (LAM) de recambio; **spare wheel** n (Aut) rueda de recambio

spark [spaːk] n chispa; (fig) chispazo; **spark(ing) plug** n bujía

sparkle ['spaːkl] n centelleo, destello ▷ vi (shine) relucir, brillar

sparrow ['spærəu] n gorrión m

sparse [spaːs] adj esparcido, escaso

spasm ['spæzəm] n (Med) espasmo

spat [spæt] pt, pp of **spit**

spate [speɪt] n (fig): **a ~ of** un

spatula | 530

torrente de

spatula ['spætjulə] n espátula

speak [spiːk] (pt **spoke**, pp **spoken**) vt (language) hablar; (truth) decir ▷ vi hablar; (make a speech) intervenir; **to ~ to sb/of/or about sth** hablar con algn/de o sobre algo; **~ up!** ¡habla fuerte!; **speaker** n (in public) orador/a m/f; (also: **loudspeaker**) altavoz m; (for stereo etc) bafle m; (Pol): **the Speaker** (BRIT) el Presidente de la Cámara de los Comunes; (US) el Presidente del Congreso

spear [spɪə*] n lanza ▷ vt alancear

special ['speʃl] adj especial; (edition etc) extraordinario; (delivery) urgente; **special delivery** n (Post): **by special delivery** por entrega urgente; **special effects** npl (Cine) efectos mpl especiales; **specialist** n especialista mf; **speciality** [speʃɪ'ælɪtɪ] (BRIT) n especialidad f; **specialize** vi: **to specialize (in)** especializarse (en); **specially** adv sobre todo, en particular; **special needs** npl (BRIT): **children with special needs** niños que requieren una atención diferenciada; **special offer** n (Comm) oferta especial; **special school** n (BRIT) colegio m de educación especial; **specialty** (US) n =**speciality**

species ['spiːʃiːz] n inv especie f

specific [spə'sɪfɪk] adj específico; **specifically** adv específicamente

specify ['spesɪfaɪ] vt, vi especificar, precisar

specimen ['spesɪmən] n ejemplar m; (Med: of urine) espécimen m; (: of blood) muestra

speck [spek] n grano, mota

spectacle ['spektəkl] n espectáculo; **spectacles** npl (BRIT: glasses) gafas fpl (SP), anteojos mpl; **spectacular** [-'tækjulə*] adj espectacular; (success) impresionante

spectator [spek'teɪtə*] n espectador(a) m/f

spectrum ['spektrəm] (pl **spectra**) n espectro

speculate ['spekjuleɪt] vi: **to ~ (on)** especular (en)

sped [sped] pt, pp of **speed**

speech [spiːtʃ] n (faculty) habla; (formal talk) discurso; (spoken language) lenguaje m; **speechless** adj mudo, estupefacto

speed [spiːd] n velocidad f; (haste) prisa; (promptness) rapidez f; **at full** o **top ~** a máxima velocidad; **speed up** vi acelerarse ▷ vt acelerar; **speedboat** n lancha motora; **speeding** n (Aut) exceso de velocidad; **speed limit** n límite m de velocidad, velocidad f máxima; **speedometer** [spɪ'dɒmɪtə*] n velocímetro; **speedy** adj (fast) veloz, rápido; (prompt) pronto

spell [spel] n (pt, pp **spelt** (BRIT) or **~ed**) (also: **magic ~**) encanto, hechizo; (period of time) rato, período ▷ vt deletrear; (fig) anunciar, presagiar; **to cast a ~ on sb** hechizar a algn; **he can't ~** pone faltas de ortografía; **spell out** vt (explain): **to spell sth out for sb** explicar algo a algn con detalle; **spellchecker** ['speltʃekə*] n corrector m ortográfico; **spelling** n ortografía

spelt [spelt] pt, pp of **spell**

spend [spend] (pt, pp **spent**) vt (money) gastar; (time) pasar; (life) dedicar; **spending** n: **government spending** gastos mpl del gobierno

spent [spent] pt, pp of **spend** ▷ adj (cartridge, bullets, match) usado

sperm [spəːm] n esperma

sphere [sfɪə*] n esfera

spice [spaɪs] n especia ▷ vt condimentar

spicy ['spaɪsɪ] adj picante

spider ['spaɪdə*] n araña

spike [spaɪk] n (point) punta; (Bot) espiga

spill [spɪl] (pt, pp **spilt** or **~ed**) vt derramar, verter ▷ vi derramarse; **to ~ over** desbordarse

spin [spɪn] (pt, pp **spun**) n (Aviat) barrena; (trip in car) paseo (en coche); (on ball) efecto ▷ vt (wool etc) hilar; (ball *etc*) hacer girar ▷ vi girar, dar vueltas

spinach ['spinitʃ] n espinaca; (*as food*) espinacas fpl

spinal ['spaɪnl] adj espinal

spin doctor n informador(a) parcial al servicio de un partido político etc

spin-dryer (BRIT) n secador m centrífugo

spine [spaɪn] n espinazo, columna vertebral; (*thorn*) espina

spiral ['spaɪərl] n espiral f ▷ vi (*fig: prices*) subir desorbitadamente

spire ['spaɪə*] n aguja, chapitel m

spirit ['spɪrɪt] n (*soul*) alma; (*ghost*) fantasma m; (*attitude, sense*) espíritu m; (*courage*) valor m, ánimo; **spirits** npl (*drink*) licor(es) m(pl); **in good ~s** alegre, de buen ánimo

spiritual ['spɪrɪtjuəl] adj espiritual ▷ n espiritual m

spit [spɪt] (*pt, pp* **spat**) n (*for roasting*) asador m, espetón m; (*saliva*) saliva ▷ vi escupir; (*sound*) chisporrotear; (*rain*) lloviznar

spite [spaɪt] n rencor m, ojeriza ▷ vt causar pena a, mortificar; **in ~ of** a pesar de, pese a; **spiteful** adj rencoroso, malévolo

splash [splæʃ] n (*sound*) chapoteo; (*of colour*) mancha ▷ vt salpicar ▷ vi (*also: ~ about*) chapotear; **splash out** (*inf*) vi (BRIT) derrochar dinero

splendid ['splendɪd] adj espléndido

splinter ['splɪntə*] n (*of wood etc*) astilla; (*in finger*) espigón m ▷ vi astillarse, hacer astillas

split [splɪt] (*pt, pp* **split**) n hendedura, raja; (*fig*) división f; (*Pol*) escisión f ▷ vt partir, rajar; (*party*) dividir; (*share*) repartir ▷ vi dividirse, escindirse; **split up** vi (*couple*) separarse; (*meeting*) acabarse

spoil [spɔɪl] (*pt, pp* **~t** or **~ed**) vt (*damage*) dañar; (*mar*) estropear; (*child*) mimar, consentir

spoilt [spɔɪlt] *pt, pp* of **spoil** ▷ adj (*child*) mimado, consentido; (*ballot paper*) invalidado

spoke [spəuk] *pt* of **speak** ▷ n rayo, radio

spoken ['spəukn] *pp* of **speak**

spokesman ['spəuksmən] (*irreg*) n portavoz m

spokesperson ['spəukspə:sn] (*irreg*) n portavoz m/f, vocero/a (LAM)

spokeswoman ['spəukswumən] (*irreg*) n portavoz f

sponge [spʌndʒ] n esponja; (*also: ~ cake*) bizcocho ▷ vt (*wash*) lavar con esponja ▷ vi: **to ~ off** or **on sb** vivir a costa de algn; **sponge bag** (BRIT) n esponjera

sponsor ['spɔnsə*] n patrocinador(a) m/f ▷ vt (*applicant, proposal etc*) proponer; **sponsorship** n patrocinio

spontaneous [spɔn'teɪnɪəs] adj espontáneo

spooky ['spu:kɪ] (*inf*) adj espeluznante, horripilante

spoon [spu:n] n cuchara; **spoonful** n cucharada

sport [spɔ:t] n deporte m; (*person*): **to be a good ~** ser muy majo ▷ vt (*wear*) lucir, ostentar; **sport jacket** (US) n = **sports jacket**; **sports car** n coche m deportivo; **sports centre** (BRIT) n polideportivo; **sports jacket** (BRIT) n chaqueta deportiva; **sportsman** (*irreg*) n deportista m; **sports utility vehicle** n todoterreno m inv; **sportswear** n trajes mpl de deporte o sport; **sportswoman** (*irreg*) n deportista; **sporty** adj deportista

spot [spɔt] n sitio, lugar m; (*dot: on pattern*) punto, mancha; (*pimple*) grano; (*Radio*) cuña publicitaria; (*TV*) espacio publicitario; (*small amount*): **a ~ of** un poquito de ▷ vt (*notice*) notar, observar; **on the ~** allí mismo; **spotless** adj perfectamente limpio; **spotlight** n foco, reflector m; (*Aut*) faro auxiliar

spouse [spauz] n cónyuge mf

sprain [spreɪn] n torcedura ▷ vt: **to ~ one's ankle/wrist** torcerse el tobillo/la muñeca

sprang [spræŋ] *pt* of **spring**

sprawl [sprɔːl] vi tumbarse

spray [spreɪ] n rociada; (of sea) espuma; (container) atomizador m; (for paint etc) pistola rociadora; (for flowers) ramita ▷ vt rociar; (crops) regar

spread [spred] (pt, pp ~) n extensión f; (for bread etc) pasta para untar; (inf: food) comilona ▷ vt extender; (butter) untar; (wings, sails) desplegar; (work, wealth) repartir; (scatter) esparcir ▷ vi (also: ~ out: stain) extenderse; (news) diseminarse; **spread out** vi (move apart) separarse; **spreadsheet** n hoja electrónica or de cálculo

spree [spriː] n: **to go on a** ~ ir de juerga

spring [sprɪŋ] (pt **sprang**, pp **sprung**) n (season) primavera; (leap) salto, brinco; (coiled metal) resorte m; (of water) fuente f, manantial m ▷ vi saltar, brincar; **spring up** vi (thing: appear) aparecer; (problem) surgir; **spring onion** n cebolleta

sprinkle [sprɪŋkl] vt (pour: liquid) rociar; (: salt, sugar) espolvorear; **to ~ water etc on**, **~ with water etc** rociar or salpicar de agua etc

sprint [sprɪnt] n esprint m ▷ vi esprintar

sprung [sprʌŋ] pp of **spring**

spun [spʌn] pt, pp of **spin**

spur [spəː*] n espuela; (fig) estímulo, aguijón m ▷ vt (also: ~ **on**) estimular, incitar; **on the ~ of the moment** de improviso

spurt [spəːt] n chorro; (of energy) arrebato ▷ vi chorrear

spy [spaɪ] n espía m ▷ vi: **to ~ on** espiar ▷ vt (see) divisar, lograr ver

sq. abbr = **square**

squabble [skwɔbl] vi reñir, pelear

squad [skwɔd] n (Mil) pelotón m; (Police) brigada; (Sport) equipo

squadron [skwɔdrən] n (Mil) escuadrón m; (Aviat, Naut) escuadra

squander [skwɔndə*] vt (money) derrochar, despilfarrar; (chances) desperdiciar

square [skwɛə*] n cuadro; (in town) plaza; (inf: person) carca m/f ▷ adj cuadrado; (inf: ideas, tastes) trasnochado ▷ vt (arrange) arreglar; (Math) cuadrar; (reconcile) compaginar; **all ~** igual(es); **to have a ~ meal** comer caliente; **2 metres ~** 2 metros en cuadro; **2 ~ metres** 2 metros cuadrados; **square root** n raíz f cuadrada

squash [skwɔʃ] n (BRIT: drink): **lemon/orange ~** zumo (SP) or jugo (LAM) de limón/naranja; (US Bot) calabacín m; (Sport) squash m ▷ vt aplastar

squat [skwɔt] adj achaparrado ▷ vi (also: ~ **down**) agacharse, sentarse en cuclillas; **squatter** n okupa m/f (SP)

squeak [skwiːk] vi (hinge) chirriar, rechinar; (mouse) chillar

squeal [skwiːl] vi chillar, dar gritos agudos

squeeze [skwiːz] n presión f; (of hand) apretón m; (Comm) restricción f ▷ vt (hand, arm) apretar

squid [skwɪd] n inv calamar m; (Culin) calamares mpl

squint [skwɪnt] vi bizquear, ser bizco ▷ n (Med) estrabismo

squirm [skwəːm] vi retorcerse, revolverse

squirrel [skwɪrəl] n ardilla

squirt [skwəːt] vi salir a chorros ▷ vt chiscar

Sr abbr = **senior**

Sri Lanka [srɪˈlæŋkə] n Sri Lanka m

St abbr = **saint**; **street**

stab [stæb] n (with knife) puñalada; (of pain) pinchazo; (inf: try): **to have a ~ at (doing) sth** intentar (hacer) algo ▷ vt apuñalar

stability [stəˈbɪlɪtɪ] n estabilidad f

stable [steɪbl] adj estable ▷ n cuadra, caballeriza

stack [stæk] n montón m, pila ▷ vt amontonar, apilar

stadium [steɪdɪəm] n estadio

staff [stɑːf] n (work force) personal m,

plantilla; (BRIT Scol) cuerpo docente
▷ vt proveer de personal

stag [stæg] n ciervo, venado

stage [steɪdʒ] n escena; (point) etapa;
(platform) plataforma; (profession): **the
~** el teatro ▷ vt (play) poner en escena,
representar; (organize) montar,
organizar; **in ~s** por etapas

stagger ['stægə*] vi tambalearse
▷ vt (amaze) asombrar; (hours, holidays)
escalonar; **staggering** adj asombroso

stagnant ['stægnənt] adj estancado

stag night, stag party n
despedida de soltero

stain [steɪn] n mancha; (colouring)
tintura ▷ vt manchar; (wood) teñir;
stained glass n vidrio m de color;
stainless steel n acero inoxidable

staircase ['steəkeɪs] n = **stairway**

stairs [steəz] npl escaleras fpl

stairway ['steəweɪ] n escalera

stake [steɪk] n estaca, poste m;
(Comm) interés m; (Betting) apuesta
▷ vt (money) apostar; (life) arriesgar;
(reputation) poner en juego; (claim)
presentar una reclamación; **to be at ~**
estar en juego

stale [steɪl] adj (bread) duro; (food)
pasado; (smell) rancio; (beer) agrio

stalk [stɔːk] n tallo, caña ▷ vt
acechar, cazar al acecho

stall [stɔːl] n (in market) puesto; (in
stable) casilla m (de establo) ▷ vt (Aut)
calar; (fig) dar largas a ▷ vi (Aut)
calarse; (fig) andarse con rodeos

stamina ['stæmɪnə] n resistencia

stammer ['stæmə*] n tartamudeo
▷ vi tartamudear

stamp [stæmp] n sello (SP),
estampilla (LAM), timbre m (MEX); (mark)
marca, huella; (on document) timbre
m ▷ vt (also: **~ one's foot**) patear ▷ vt
(mark) marcar; (letter) franquear; (with
rubber stamp) sellar; **stamp out** vt (fire)
apagar con el pie; (crime, opposition)
acabar con; **stamped addressed
envelope** n (BRIT) sobre m sellado con
las señas propias

stampede [stæm'piːd] n estampida

stance [stæns] n postura

stand [stænd] (pt, pp **stood**) n
(position) posición f, postura; (for
taxis) parada; (hall stand) perchero; (for
music stand) atril m; (Sport) tribuna;
(at exhibition) stand m ▷ vi (be) estar,
encontrarse; (be on foot) estar de pie;
(rise) levantarse; (remain) quedar en
pie; (in election) presentar candidatura
▷ vt (place) poner, colocar; (withstand)
aguantar, soportar; (invite to) invitar;
to make a ~ (fig) mantener una
postura firme; **to ~ for parliament**
(BRIT) presentarse (como candidato) a
las elecciones; **stand back** vi retirarse;
stand by vi (be ready) estar listo
▷ vt fus (opinion) aferrarse a; (person)
apoyar; **stand down** vi (withdraw)
ceder el puesto; **stand for** vt fus
(signify) significar; (tolerate) aguantar,
permitir; **stand in for** vt fus suplir a;
stand out vi destacarse; **stand up** vi
levantarse, ponerse de pie; **stand up
for** vt fus defender; **stand up to** vt fus
hacer frente a

standard ['stændəd] n patrón m,
norma; (level) nivel m; (flag) estandarte
m ▷ adj (size etc) normal, corriente;
(text) básico; **standards** npl (morals)
valores mpl morales; **standard of
living** n nivel m de vida

standing ['stændɪŋ] adj (on foot) de
pie, en pie; (permanent) permanente
▷ n reputación f; **of many years' ~**
que lleva muchos años; **standing
order** (BRIT) n (at bank) orden f de pago
permanente

stand: **standpoint** n punto de vista;
standstill n: **at a standstill** (industry,
traffic) paralizado; (car) parado;
to come to a standstill quedar
paralizado; pararse

stank [stæŋk] pt of **stink**

staple ['steɪpl] n (for papers) grapa
▷ adj (food etc) básico ▷ vt grapar

star [staː*] n estrella; (celebrity)
estrella, astro ▷ vt (Theatre, Cinema)

ser el/la protagonista de; **the stars** npl (Astrology) el horóscopo

starboard ['stɑːbəd] n estribor m

starch [stɑːtʃ] n almidón m

stardom ['stɑːdəm] n estrellato

stare [steə*] n mirada fija ⊳ vi: **to ~ at** mirar fijo

stark [stɑːk] adj (bleak) severo, escueto ⊳ adv: **~ naked** en cueros

start [stɑːt] n principio, comienzo; (departure) salida; (sudden movement) salto, sobresalto; (advantage) ventaja ⊳ vt empezar, comenzar; (cause) causar; (found) fundar; (engine) poner en marcha ⊳ vi comenzar, empezar; (with fright) asustarse, sobresaltarse; (train etc) salir; **to ~ doing** or **to do sth** empezar a hacer algo; **start off** vi empezar, comenzar; (leave) salir, ponerse en camino; **start out** vi (begin) empezar; (set out) partir, salir; **start up** vi comenzar; (car) ponerse en marcha ⊳ vt comenzar; (car) poner en marcha; **starter** n (Aut) botón m de arranque; (Sport: official) juez mf de salida; (BRIT Culin) entrante m; **starting point** n punto de partida

startle ['stɑːtl] vt asustar, sobrecoger; **startling** adj alarmante

starvation [stɑːˈveɪʃən] n hambre f

starve [stɑːv] vi tener mucha hambre; (to death) morir de hambre ⊳ vt hacer pasar hambre

state [steɪt] n estado ⊳ vt (say, declare) afirmar; **the S~s** los Estados Unidos; **to be in a ~** estar agitado; **statement** n afirmación f; **state school** n escuela or colegio estatal; **statesman** (irreg) n político

static ['stætɪk] n (Radio) parásitos m ⊳ adj estático

station [ˈsteɪʃən] n estación f; (Radio) emisora; (rank) posición f social ⊳ vt colocar, situar; (Mil) apostar

stationary ['steɪʃnərɪ] adj estacionario, fijo

stationer's (shop) (BRIT) n papelería

stationery [-nərɪ] n papel m de escribir, artículos mpl de escritorio

station wagon (US) n ranchera

statistic [stəˈtɪstɪk] n estadística; **statistics** n (science) estadística

statue ['stætjuː] n estatua

stature ['stætʃə*] n estatura; (fig) talla

status ['steɪtəs] n estado; (reputation) estatus m; **status quo** n (e)statu quo m

statutory ['stætjutrɪ] adj estatutario

staunch [stɔːntʃ] adj leal, incondicional

stay [steɪ] n estancia ⊳ vi quedar(se); (as guest) hospedarse; **to ~ put** seguir en el mismo sitio; **to ~ the night/5 days** pasar la noche/estar 5 días; **stay away** vi (from person, building) no acercarse; (from event) no acudir; **stay behind** vi quedar atrás; **stay in** vi quedarse en casa; **stay on** vi quedarse; **stay out** vi (of house) no volver a casa; (on strike) permanecer en huelga; **stay up** vi (at night) velar, no acostarse

steadily ['stedɪlɪ] adv constantemente; (firmly) firmemente; (work, walk) sin parar; (gaze) fijamente

steady ['stedɪ] adj (firm) firme; (regular) regular; (person, character) sensato, juicioso; (boyfriend) formal; (look, voice) tranquilo ⊳ vt (stabilize) estabilizar; (nerves) calmar

steak [steɪk] n filete m; (beef) bistec m

steal [stiːl] (pt **stole**, pp **stolen**) vt robar ⊳ vi robar; (move secretly) andar a hurtadillas

steam [stiːm] n vapor m; (mist) vaho, humo ⊳ vt (Culin) cocer al vapor ⊳ vi echar vapor; **steam up** vi (window) empañarse; **to get steamed up about sth** (fig) ponerse negro por algo; **steamy** adj (room) lleno de vapor; (window) empañado; (heat, atmosphere) bochornoso

steel [stiːl] n acero ⊳ adj de acero

steep [sti:p] *adj* escarpado, abrupto; *(stair)* empinado; *(price)* exorbitante, excesivo ▷*vt* empapar, remojar

steeple ['sti:pl] *n* aguja

steer [stɪə*] *vt (car)* conducir (SP), manejar (LAM); *(person)* dirigir ▷ *vi* conducir, manejar; **steering** *n (Aut)* dirección *f*; **steering wheel** *n* volante *m*

stem [stɛm] *n (of plant)* tallo; *(of glass)* pie *m* ▷ *vt* detener; *(blood)* restañar

step [stɛp] *n* paso; *(on stair)* peldaño, escalón *m* ▷ *vi*: **to ~ forward/back** dar un paso adelante/hacia atrás; **steps** *npl (BRIT)* = **stepladder**; **in/out of ~ (with)** acorde/en disonancia (con); **step down** *vi (fig)* retirarse; **step in** *vi* intervenir; **step up** *vt (increase)* aumentar; **stepbrother** *n* hermanastro; **stepchild** *(pl* **stepchildren)** *n* hijastro/a *m/f*; **stepdaughter** *n* hijastra; **stepfather** *n* padrastro; **stepladder** *n* escalera doble or de tijera; **stepmother** *n* madrastra; **stepsister** *n* hermanastra; **stepson** *n* hijastro

stereo ['stɛrɪəu] *n* estéreo ▷ *adj (also:* **~phonic)** estéreo, estereofónico

stereotype ['stɪərɪətaɪp] *n* estereotipo *m* ▷ *vt* estereotipar

sterile ['stɛraɪl] *adj* estéril; **sterilize** ['stɛrɪlaɪz] *vt* esterilizar

sterling ['stə:lɪŋ] *adj (silver)* de ley ▷ *n (Econ)* esterlina *fpl*; **one pound ~** una libra esterlina

stern [stə:n] *adj* severo, austero ▷ *n (Naut)* popa

steroid ['stɪərɔɪd] *n* esteroide *m*

stew [stju:] *n* estofado, guiso ▷ *vt* estofar, guisar; *(fruit)* cocer

steward ['stju:əd] *n* camarero; **stewardess** *n (esp on plane)* azafata

stick [stɪk] *(pt, pp* **stuck)** *n* palo; *(of dynamite)* barreno; *(as weapon)* porra; *(also:* **walking ~)** bastón *m* ▷ *vt (glue)* pegar; *(inf: put)* meter; *(: tolerate)* aguantar, soportar; *(thrust)*: **to ~ sth into** clavar or hincar algo en ▷ *vi*

pegarse; *(be unmoveable)* quedarse parado; *(in mind)* quedarse grabado; **stick out** *vi* sobresalir; **stick up** *vi* sobresalir; **stick up for** *vt fus* defender; **sticker** *n (label)* etiqueta engomada; *(with slogan)* pegatina; **sticking plaster** *n* esparadrapo; **stick shift** *(US) n (Aut)* palanca de cambios

sticky ['stɪkɪ] *adj* pegajoso; *(label)* engomado; *(fig)* difícil

stiff [stɪf] *adj* rígido, tieso; *(hard)* duro; *(manner)* estirado; *(difficult)* difícil; *(person)* inflexible; *(price)* exorbitante ▷ *adv*: **scared/bored ~** muerto de miedo/aburrimiento

stifling ['staɪflɪŋ] *adj (heat)* sofocante, bochornoso

stigma ['stɪgmə] *n (fig)* estigma *m*

stiletto [stɪ'lɛtəu] *(BRIT) n (also:* **~ heel)** tacón *m* de aguja

still [stɪl] *adj* inmóvil, quieto ▷ *adv* todavía; *(even)* aun; *(nonetheless)* sin embargo, aun así

stimulate ['stɪmjuleɪt] *vt* estimular

stimulus ['stɪmjuləs] *(pl* **stimuli)** *n* estímulo, incentivo

sting [stɪŋ] *n (pt, pp* **stung)** *n* picadura; *(pain)* escozor *m*, picazón *f*; *(organ)* aguijón *m* ▷ *vt, vi* picar

stink [stɪŋk] *(pt* **stank,** *pp* **stunk)** *n* hedor *m*, tufo ▷ *vi* heder, apestar

stir [stə:*] *n (fig: agitation)* conmoción *f* ▷ *vt (tea etc)* remover; *(fig: emotions)* provocar ▷ *vi* moverse; **stir up** *vt (trouble)* fomentar; **stir-fry** *vt* sofreír removiendo ▷ *n* plato preparado sofriendo y removiendo los ingredientes

stitch [stɪtʃ] *n (Sewing)* puntada; *(Knitting)* punto; *(Med)* punto de sutura; *(pain)* punzada *m* ▷ *vt* coser; *(Med)* suturar

stock [stɔk] *n (Comm: reserves)* existencias *fpl*, stock *m*; *(: selection)* surtido; *(Agr)* ganado, ganadería; *(Culin)* caldo; *(descent)* raza, estirpe *f*; *(Finance)* capital *m* ▷ *adj (fig: reply etc)* clásico ▷ *vt (have in stock)* tener existencias de; **~s and shares** acciones y valores: **in ~** en existencia or almacén; **out of ~** agotado ▷ vt (fig) asesorar, examinar; **stockbroker** ['stɔkbrəukə*] n agente mf or corredor mf de bolsa(a); **stock cube** (BRIT) n pastilla de caldo; **stock exchange** n bolsa; **stockholder** ['stɔkhəuldə*] (US) n accionista m/f

stocking ['stɔkɪŋ] n media

stock market n bolsa (de valores)

stole [stəul] pt of **steal** ▷ n estola

stolen ['stəuln] pp of **steal**

stomach ['stʌmək] n (Anat) estómago m; (belly) vientre m ▷ vt tragar, aguantar; **stomachache** n dolor m de estómago

stone [stəun] n piedra; (in fruit) hueso (=6.348 kg; 14 libras) ▷ adj de piedra ▷ vt apedrear; (fruit) deshuesar

stood [stud] pt, pp of **stand**

stool [stu:l] n taburete m

stoop [stu:p] vi (also: **~ down**) doblarse, agacharse; (also: **have a ~**) ser cargado de espaldas

stop [stɔp] n parada; (in punctuation) punto ▷ vt parar, detener; (break) suspender; (block: pay) suspender; (: cheque) invalidar; (also: **put a ~ to**) poner término a ▷ vi pararse, detenerse; (end) acabarse; **to ~ doing sth** dejar de hacer algo; **stop by** vi pasar por; **stop off** vi interrumpir el viaje; **stopover** n parada; (Aviat) escala; **stoppage** n (strike) paro; (blockage) obstrucción f

storage ['stɔ:rɪdʒ] n almacenaje m

store [stɔ:*] n (stock) provisión f; (depot: BRIT: large shop) almacén m; (reserve) reserva, repuesto ▷ vt almacenar; **stores** npl víveres mpl; **to be in ~ for sb** (fig) esperarle a algn; **storekeeper** (US) n tendero/a

storey ['stɔ:rɪ] (US **story**) n piso

storm [stɔ:m] n tormenta; (fig: of applause) salva; (: of criticism) nube f ▷ vi (fig) rabiar ▷ vt tomar por asalto; **stormy** adj tempestuoso

story ['stɔ:rɪ] n historia; (lie) mentira;

(US) = **storey**

stout [staut] adj (strong) sólido; (fat) gordo, corpulento; (resolute) resuelto ▷ n cerveza negra

stove [stəuv] n (for cooking) cocina; (for heating) estufa

straight [streɪt] adj recto, derecho; (frank) franco, directo; (simple) sencillo ▷ adv derecho, directamente; (drink) sin mezcla; **to put** or **get sth ~** dejar algo en claro; **~ away, ~ off** en seguida; **straighten** vt (also: **straighten out**) enderezar, poner derecho ▷ vi (also: **straighten up**) enderezarse, ponerse derecho; **straightforward** adj (simple) sencillo; (honest) honrado, franco

strain [streɪn] n tensión f; (Tech) presión f; (Med) torcedura; (breed) tipo, variedad f ▷ vt (back etc) torcerse; (resources) agotar; (stretch) estirar; (food, tea) colar; **strained** adj (muscle) torcido; (laugh) forzado; (relations) tenso; **strainer** n colador m

strait [streɪt] n (Geo) estrecho (fig): **to be in dire ~s** estar en un gran apuro

strand [strænd] n (of thread) hebra; (of hair) trenza; (of rope) ramal m; **stranded** adj (person: without money) desamparado; (: without transport) colgado

strange [streɪndʒ] adj (not known) desconocido; (odd) extraño, raro; **strangely** adv de un modo raro; **stranger** n desconocido/a; (from another area) forastero/a

▌ Be careful not to translate **stranger** by the Spanish word extranjero.

strangle ['stræŋgl] vt estrangular

strap [stræp] n correa; (of slip, dress) tirante m

strategic [strə'ti:dʒɪk] adj estratégico

strategy ['strætɪdʒɪ] n estrategia

straw [strɔ:] n paja; (drinking straw) caña, pajita; **that's the last ~!** ¡eso es el colmo!

strawberry ['strɔ:bərɪ] n fresa,

frutilla (sc)

stray [streɪ] *adj* (*animal*) extraviado; (*bullet*) perdido; (*scattered*) disperso ▷ *vi* extraviarse, perderse

streak [striːk] *n* raya; (*in hair*) raya ▷ *vt* rayar ▷ *vi*: **to ~ past** pasar como un rayo

stream [striːm] *n* riachuelo, arroyo; (*of people, vehicles*) riada, caravana; (*of smoke, insults etc*) chorro ▷ *vt* (*Scol*) dividir en grupos por habilidad ▷ *vi* correr, fluir; **to ~ in/out** (*people*) entrar/salir en tropel

street [striːt] *n* calle *f*; **streetcar** (*us*) *n* tranvía *m*; **street light** *n* farol *m* (*LAM*), farola (*SP*); **street map** *n* plano (de la ciudad); **street plan** *n* plano

strength [strɛŋθ] *n* fuerza; (*of girder, knot etc*) resistencia; (*fig: power*) poder *m*; **strengthen** *vt* fortalecer, reforzar

strenuous ['strɛnjuəs] *adj* (*energetic, determined*) enérgico

stress [strɛs] *n* presión *f*; (*mental strain*) estrés *m*; (*accent*) acento ▷ *vt* subrayar, recalcar; (*syllable*) acentuar; **stressed** *adj* (*tense*) estresado, agobiado; (*syllable*) acentuado; **stressful** *adj* (*job*) estresante

stretch [strɛtʃ] *n* (*of sand etc*) trecho ▷ *vi* estirarse; (*extend*): **to ~ to or as far as** extenderse hasta ▷ *vt* extender, estirar; (*make demands*) exigir el máximo esfuerzo a; **stretch out** *vi* tenderse ▷ *vt* (*arm etc*) extender; (*spread*) estirar

stretcher ['strɛtʃə*] *n* camilla

strict [strɪkt] *adj* severo; (*exact*) estricto; **strictly** *adv* severamente; estrictamente

stride [straɪd] (*pt* **strode**, *pp* **stridden**) *n* zancada, tranco ▷ *vi* dar zancadas, andar a trancos

strike [straɪk] (*pt*, *pp* **struck**) *n* huelga; (*of oil etc*) descubrimiento; (*attack*) ataque *m* ▷ *vt* golpear, pegar; (*oil etc*) descubrir; (*bargain, deal*) cerrar ▷ *vi* declararse la huelga; (*attack*) atacar; (*clock*) dar la hora; **on ~** (*workers*)

en huelga; **to ~ a match** encender un fósforo; **striker** *n* huelguista *mf*; (*Sport*) delantero; **striking** *adj* llamativo

string [strɪŋ] (*pt*, *pp* **strung**) *n* cuerda; (*row*) hilera ▷ *vt*: **to ~ together** ensartar; **to ~ out** extenderse; **the strings** *npl* (*Mus*) los instrumentos de cuerda; **to pull ~s** (*fig*) mover palancas

strip [strɪp] *n* tira; (*of land*) franja; (*of metal*) cinta, lámina ▷ *vt* desnudar; (*paint*) quitar; (*also: ~ down: machine*) desmontar ▷ *vi* desnudarse; **strip off** *vt* (*paint etc*) quitar ▷ *vi* (*person*) desnudarse

stripe [straɪp] *n* raya; (*Mil*) galón *m*; **striped** *adj* a rayas, rayado

stripper ['strɪpə*] *n* artista *mf* de striptease

strip-search ['strɪpsɜːtʃ] *vt*: **to ~ sb** desnudar y registrar a algn

strive [straɪv] (*pt* **strove**, *pp* **striven**) *vi*: **to ~ for sth/to do sth** luchar por conseguir/hacer algo

strode [strəʊd] *pt of* **stride**

stroke [strəʊk] *n* (*blow*) golpe *m*; (*Swimming*) brazada; (*Med*) apoplejía; (*of paintbrush*) toque *m* ▷ *vt* acariciar; **at a ~** de un solo golpe

stroll [strəʊl] *n* paseo, vuelta ▷ *vi* dar un paseo or una vuelta; **stroller** (*us*) *n* (*for child*) sillita de ruedas

strong [strɒŋ] *adj* fuerte; **they are 50 ~** son 50; **stronghold** *n* fortaleza; (*fig*) baluarte *m*; **strongly** *adv* fuertemente, con fuerza; (*believe*) firmemente

strove [strəʊv] *pt of* **strive**

struck [strʌk] *pt*, *pp of* **strike**

structure ['strʌktʃə*] *n* estructura; (*building*) construcción *f*

struggle ['strʌgl] *n* lucha ▷ *vi* luchar

strung [strʌŋ] *pt*, *pp of* **string**

stub [stʌb] *n* (*of ticket etc*) talón *m*; (*of cigarette*) colilla; **to ~ one's toe on sth** dar con el dedo (del pie) contra algo; **stub out** *vt* apagar

stubble ['stʌbl] *n* rastrojo; (*on chin*)

barba (incipiente)

stubborn ['stʌbən] adj terco, testarudo

stuck [stʌk] pt, pp of **stick** ▷ adj (jammed) atascado

stud [stʌd] n (shirt stud) corchete m; (of boot) taco; (earring) pendiente m (de bolita); (also: ~ **farm**) caballeriza; (also: ~ **horse**) caballo semental ▷ vt (fig): ~**ded with** salpicado de

student ['stju:dənt] n estudiante mf ▷ adj estudiantil; **student driver** (us) n conductor(a) mf en prácticas; **students' union** n (building) centro de estudiantes; (BRIT: association) federación f de estudiantes

studio ['stju:dɪəʊ] n estudio; (artist's) taller m; **studio flat** n estudio

study ['stʌdɪ] n estudio ▷ vt estudiar; (examine) examinar, investigar ▷ vi estudiar

stuff [stʌf] n materia; (substance) material m, sustancia; (things) cosas fpl ▷ vt llenar; (Culin) rellenar; (animals) disecar; (inf. push) meter; **stuffing** n relleno; **stuffy** adj (room) mal ventilado; (person) de miras estrechas

stumble ['stʌmbl] vi tropezar, dar un traspié; **to ~ across**, **~ on** (fig) tropezar con

stump [stʌmp] n (of tree) tocón m; (of limb) muñón m ▷ vt: **to be ~ed for an answer** no saber qué contestar

stun [stʌn] vt dejar sin sentido

stung [stʌŋ] pt, pp of **sting**

stunk [stʌŋk] pp of **stink**

stunned [stʌnd] adj (dazed) aturdido, atontado; (amazed) pasmado; (shocked) anonadado

stunning ['stʌnɪŋ] adj (fig: news) pasmoso; (: outfit etc) sensacional

stunt [stʌnt] n (in film) escena peligrosa; (publicity stunt) truco publicitario

stupid ['stju:pɪd] adj estúpido, tonto; **stupidity** [-'pɪdɪtɪ] n estupidez f

sturdy ['stɜːdɪ] adj robusto, fuerte

stutter ['stʌtə*] n tartamudeo ▷ vi

tartamudear

style [staɪl] n estilo; **stylish** adj elegante, a la moda; **stylist** n (hair stylist) peluquero/a

sub... [sʌb] prefix sub...; **subconscious** adj subconsciente

subdued [səb'dju:d] adj (light) tenue; (person) sumiso, manso

subject [n 'sʌbdʒɪkt, vb səb'dʒɛkt] n súbdito; (Scol) asignatura; (matter) tema m; (Grammar) sujeto ▷ vt: **to ~ sb to sth** someter a algn a algo; **to be ~ to** (law) estar sujeto a; (person) ser propenso a; **subjective** [-'dʒɛktɪv] adj subjetivo; **subject matter** n (content) contenido

subjunctive [səb'dʒʌŋktɪv] adj, n subjuntivo

submarine [sʌbmə'ri:n] n submarino

submission [səb'mɪʃən] n sumisión f

submit [səb'mɪt] vt someter ▷ vi: **to ~ to sth** someterse a algo

subordinate [sə'bɔːdɪnət] adj, n subordinado/a m/f

subscribe [səb'skraɪb] vi suscribir; **to ~ to** (opinion, fund) suscribir, aprobar; (newspaper) suscribirse a

subscription [səb'skrɪpʃən] n abono; (to magazine) suscripción f

subsequent ['sʌbsɪkwənt] adj subsiguiente, posterior; **subsequently** adv posteriormente, más tarde

subside [səb'saɪd] vi hundirse; (flood) bajar; (wind) amainar

subsidiary [səb'sɪdɪərɪ] adj secundario ▷ n sucursal f, filial f

subsidize ['sʌbsɪdaɪz] vt subvencionar

subsidy ['sʌbsɪdɪ] n subvención f

substance ['sʌbstəns] n sustancia

substantial [səb'stænʃl] adj sustancial, sustancioso; (fig) importante

substitute ['sʌbstɪtju:t] n (person) suplente mf; (thing) sustituto ▷ vt: **to ~ A for B** sustituir A por B, reemplazar B por A; **substitution** n sustitución f

subtle ['sʌtl] *adj* sutil

subtract [səb'trækt] *vt* restar, sustraer

suburb ['sʌbəːb] *n* barrio residencial; **the ~s** las afueras (de la ciudad); **suburban** [sə'bəːbən] *adj* suburbano; (*train etc*) de cercanías

subway ['sʌbweɪ] *n* (*BRIT*) paso subterráneo or inferior; (*US*) metro

succeed [sək'siːd] *vi* (*person*) tener éxito; (*plan*) salir bien ▷ *vt* suceder a; **to ~ in doing** lograr hacer

success [sək'sɛs] *n* éxito

> Be careful not to translate **success** by the Spanish word *suceso*.

successful *adj* exitoso; (*business*) próspero; **to be successful (in doing)** lograr (hacer); **successfully** *adv* con éxito

succession [sək'sɛʃən] *n* sucesión f, serie f

successive [sək'sɛsɪv] *adj* sucesivo, consecutivo

successor [sək'sɛsə*] *n* sucesor(a) m/f

succumb [sə'kʌm] *vi* sucumbir

such [sʌtʃ] *adj* tal, semejante; (*of that kind*): **~ a book** tal libro; (*so much*): **~ courage** tanto valor ▷ *adv* tan; **~ a long trip** un viaje tan largo; **~ a lot of** tanto(s)/a(s); **~ as** (*like*) tal como; **as ~** como tal; **such-and-such** *adj* tal o cual

suck [sʌk] *vt* chupar; (*bottle*) sorber; (*breast*) mamar

Sudan [su'dæn] *n* Sudán m

sudden ['sʌdn] *adj* (*rapid*) repentino, súbito; (*unexpected*) imprevisto; **all of a ~** de repente; **suddenly** *adv* de repente

sue [suː] *vt* demandar

suede [sweɪd] *n* ante m, gamuza

suffer ['sʌfə*] *vt* sufrir, padecer; (*tolerate*) aguantar, soportar ▷ *vi* sufrir; **to ~ from** (*illness etc*) padecer; **suffering** *n* sufrimiento

suffice [sə'faɪs] *vi* bastar, ser suficiente

sufficient [sə'fɪʃənt] *adj* suficiente,

bastante

suffocate ['sʌfəkeɪt] *vi* ahogarse, asfixiarse

sugar ['ʃugə*] *n* azúcar m ▷ *vt* echar azúcar a, azucarar

suggest [sə'dʒɛst] *vt* sugerir; **suggestion** [-'dʒɛstʃən] *n* sugerencia

suicide ['suɪsaɪd] *n* suicidio; (*person*) suicida *mf*; *see also* **commit**; **suicide attack** *n* atentado suicida; **suicide bomber** *n* terrorista *mf* suicida; **suicide bombing** *n* atentado suicida

suit [suːt] *n* (*man's*) traje m; (*woman's*) conjunto; (*Law*) pleito; (*Cards*) palo ▷ *vt* convenir; (*clothes*) sentar a, ir bien a; (*adapt*): **to ~ sth to** adaptar o ajustar algo a; **well ~ed** (*well matched: couple*) hecho el uno para el otro; **suitable** *adj* conveniente; (*apt*) indicado; **suitcase** *n* maleta, valija (*RPL*)

suite [swiːt] *n* (*of rooms, Mus*) suite f; (*furniture*): **bedroom/dining room ~** (juego de) dormitorio/comedor; *see also* **three-piece suite**

sulfur ['sʌlfə*] (*US*) *n* = **sulphur**

sulk [sʌlk] *vi* estar de mal humor

sulphur ['sʌlfə*] (*US* **sulfur**) *n* azufre m

sultana [sʌl'tɑːnə] *n* (*fruit*) pasa de Esmirna

sum [sʌm] *n* suma; (*total*) total m; **sum up** *vt* resumir ▷ *vi* hacer un resumen

summarize ['sʌməraɪz] *vt* resumir

summary ['sʌmərɪ] *n* resumen m ▷ *adj* (*justice*) sumario

summer ['sʌmə*] *n* verano ▷ *cpd* de verano; **in ~** en verano; **summer holidays** *npl* vacaciones *fpl* de verano; **summertime** *n* (*season*) verano

summit ['sʌmɪt] *n* cima, cumbre f; (*also*: **~ conference**, **~ meeting**) (conferencia) cumbre f

summon ['sʌmən] *vt* (*person*) llamar; (*meeting*) convocar; (*Law*) citar

Sun. *abbr* (= *Sunday*) dom

sun [sʌn] *n* sol m; **sunbathe** *vi* tomar el sol; **sunbed** *n* cama solar;

sunblock n filtro solar; **sunburn** n (painful) quemadura; (tan) bronceado; **sunburned, sunburnt** adj (painfully) quemado por el sol; (tanned) bronceado

Sunday ['sʌndɪ] n domingo

sunflower ['sʌnflauə*] n girasol m

sung [sʌŋ] pp of **sing**

sunglasses ['sʌŋɡlɑːsɪz] npl gafas fpl (SP) or anteojos mpl (LAM) de sol

sunk [sʌŋk] pp of **sink**

sun: **sunlight** n luz f del sol; **sun lounger** n tumbona, perezosa (LAM); **sunny** adj soleado; (day) de sol; (fig) alegre; **sunrise** n salida del sol; **sun roof** n (Aut) techo corredizo; **sunscreen** n protector m solar; **sunset** n puesta del sol; **sunshade** n (over table) sombrilla; **sunshine** n sol m; **sunstroke** n insolación f; **suntan** n bronceado; **suntan lotion** n bronceador m; **suntan oil** n aceite m bronceador

super ['suːpə*] (inf) adj genial

superb [suː'pɜːb] adj magnífico, espléndido

superficial [suːpə'fɪʃəl] adj superficial

superintendent [suːpərɪn'tɛndənt] n director(a) m/f; (Police) subjefe/a m/f

superior [suː'pɪərɪə*] adj superior; (smug) desdeñoso ▷ n superior m

superlative [suː'pɜːlətɪv] n superlativo

supermarket ['suːpəmɑːkɪt] n supermercado

supernatural [suːpə'nætʃərəl] adj sobrenatural ▷ n: **the ~** lo sobrenatural

superpower ['suːpəpauə*] n (Pol) superpotencia

superstition [suːpə'stɪʃən] n superstición f

superstitious [suːpə'stɪʃəs] adj supersticioso

superstore ['suːpəstɔː*] n (BRIT) hipermercado

supervise ['suːpəvaɪz] vt supervisar; **supervision** [-'vɪʒən] n supervisión f; **supervisor** n supervisor(a) m/f

supper ['sʌpə*] n cena

supple ['sʌpl] adj flexible

supplement [n 'sʌplɪmənt, vb sʌplɪ'mɛnt] n suplemento ▷ vt suplir

supplier [sə'plaɪə*] n (Comm) distribuidor(a) m/f

supply [sə'plaɪ] vt (provide) suministrar; (equip): **to ~ (with)** proveer de; ▷ n provisión f; (of gas, water etc) suministro; **supplies** npl (food) víveres mpl; (Mil) pertrechos mpl

support [sə'pɔːt] n apoyo; (Tech) soporte m ▷ vt apoyar; (financially) mantener; (uphold, Tech) sostener

> Be careful not to translate **support** by the Spanish word **soportar**.

supporter n (Pol etc) partidario/a; (Sport) aficionado/a

suppose [sə'pəuz] vt suponer; (imagine) imaginarse; (duty): **to be ~d to do sth** deber hacer algo; **supposedly** [sə'pəuzɪdlɪ] adv según cabe suponer; **supposing** conj en caso de que

suppress [sə'prɛs] vt suprimir; (yawn) ahogar

supreme [suː'priːm] adj supremo

surcharge ['sɜːtʃɑːdʒ] n sobretasa, recargo

sure [ʃuə*] adj seguro; (definite, convinced) cierto; **to make ~ of sth/that** asegurarse de algo/asegurar que; **~! (of course)** ¡claro!, ¡por supuesto!; **~ enough** efectivamente; **surely** adv (certainly) seguramente

surf [sɜːf] n olas fpl ▷ vt: **to ~ the Net** navegar por Internet

surface ['sɜːfɪs] n superficie f ▷ vt (road) revestir ▷ vi salir a la superficie; **by ~ mail** por vía terrestre

surfboard ['sɜːfbɔːd] n tabla (de surf)

surfer ['sɜːfə*] n (in sea) surfista mf; **web** or **net ~** internauta mf

surfing ['sɜːfɪŋ] n surf m

surge [sɜːdʒ] n oleada, oleaje m ▷ vi (wave) romper; (people) avanzar en tropel

surgeon ['sɜːdʒən] n cirujano/a

surgery ['sɜːdʒərɪ] n cirugía; (BRIT: room) consultorio

surname ['sɜːneɪm] n apellido

surpass [sɜːˈpɑːs] vt superar, exceder

surplus ['sɜːpləs] n excedente m; (Comm) superávit m ▷ adj excedente, sobrante

surprise [səˈpraɪz] n sorpresa ▷ vt sorprender; **surprised** adj (look, smile) de sorpresa; **to be surprised** sorprenderse; **surprising** adj sorprendente; **surprisingly** adv: **it was surprisingly easy** me etc sorprendió lo fácil que fue

surrender [səˈrɛndə*] n rendición f, entrega ▷ vi rendirse, entregarse

surround [səˈraund] vt rodear, circundar; (Mil etc) cercar; **surrounding** adj circundante; **surroundings** npl alrededores mpl, cercanías fpl

surveillance [sɜːˈveɪləns] n vigilancia

survey [n 'sɜːveɪ, vb sɜːˈveɪ] n inspección f, reconocimiento m; (inquiry) encuesta ▷ vt examinar, inspeccionar; (look at) mirar, contemplar; **surveyor** n agrimensor(a) m/f

survival [sɜːˈvaɪvl] n supervivencia

survive [sɜːˈvaɪv] vi sobrevivir; (custom etc) perdurar ▷ vt sobrevivir a; **survivor** n superviviente mf

suspect [adj, n 'sʌspɛkt, vb səsˈpɛkt] adj, n sospechoso/a m/f ▷ vt (person) sospechar de; (think) sospechar

suspend [səsˈpɛnd] vt suspender; **suspended sentence** n (Law) libertad f condicional; **suspenders** npl (BRIT) ligas fpl; (us) tirantes mpl

suspense [səsˈpɛns] n incertidumbre f, duda; (in film etc) suspense m; **to keep sb in ~** mantener a algn en suspense

suspension [səsˈpɛnʃən] n (gen, Aut) suspensión f; (of driving licence) privación f; **suspension bridge** n puente m colgante

suspicion [səsˈpɪʃən] n sospecha; (distrust) recelo; **suspicious** adj

receloso; (causing suspicion) sospechoso

sustain [səsˈteɪn] vt sostener, apoyar; (suffer) sufrir, padecer

SUV (esp us) n abbr (= sports utility vehicle) todoterreno m inv, 4x4 m

swallow ['swɔləu] n (bird) golondrina ▷ vt tragar; (fig.: pride) tragarse

swam [swæm] pt of **swim**

swamp [swɔmp] n pantano, ciénaga ▷ vt (with water etc) inundar; (fig) abrumar, agobiar

swan [swɔn] n cisne m

swap [swɔp] n canje m, intercambio ▷ vt: **to ~ (for)** cambiar (por)

swarm [swɔːm] n (of bees) enjambre m; (fig) multitud f ▷ vi (bees) formar un enjambre; (people) pulular; **to be ~ing with** ser un hervidero de

sway [sweɪ] vi mecerse, balancearse ▷ vt (influence) mover, influir en

swear [swɛə*] (pt **swore**, pp **sworn**) vi (curse) maldecir; (promise) jurar ▷ vt jurar; **swear in** vt: **to be sworn in** prestar juramento; **swearword** n taco, palabrota

sweat [swɛt] n sudor m ▷ vi sudar

sweater ['swɛtə*] n suéter m

sweatshirt ['swɛtʃɜːt] n suéter m

sweaty ['swɛtɪ] adj sudoroso

Swede [swiːd] n sueco/a

swede [swiːd] (BRIT) n nabo

Sweden ['swiːdn] n Suecia; **Swedish** ['swiːdɪʃ] adj sueco ▷ n (Ling) sueco

sweep [swiːp] (pt, pp **swept**) n (act) barrido; (also: **chimney ~**) deshollinador(a) m/f ▷ vt barrer; (with arm) empujar; (current) arrastrar ▷ vi barrer; (arm etc) moverse rápidamente; (wind) soplar con violencia

sweet [swiːt] n (candy) dulce m, caramelo; (BRIT: pudding) postre m ▷ adj dulce; (fig: kind) dulce, amable; (: attractive) mono; **sweetcorn** n maíz m; **sweetener** ['swiːtnə*] n (Culin) edulcorante m; **sweetheart** n novio/a; **sweetshop** n (BRIT) confitería, bombonería

swell [swɛl] (pt **-ed**, pp **swollen** or **-ed**)

n (of sea) marejada, oleaje *m* ▷ *adj
(us: inf: excellent)* estupendo, fenomenal
▷ *vt* hinchar, inflar ▷ *vi (also: ~ up)*
hincharse; *(numbers)* aumentar; *(sound,
feeling)* ir aumentando; **swelling** *n
(Med)* hinchazón *f*

swept [swɛpt] *pt, pp of* **sweep**
swerve [swəːv] *vi* desviarse
bruscamente
swift [swɪft] *n (bird)* vencejo *m* ▷ *adj*
rápido, veloz
swim [swɪm] *(pt* **swam**, *pp* **swum**)
n: **to go for a ~** ir a nadar o a bañarse
▷ *vi* nadar; *(head, room)* dar vueltas
▷ *vt* nadar; *(the Channel etc)* cruzar a
nado; **swimmer** *n* nadador(a) *m/f*;
swimming *n* natación *f*; **swimming
costume** (BRIT) *n* bañador *m*, traje *m*
de baño; **swimming pool** *n* piscina,
alberca (MEX), pileta (RPL); **swimming
trunks** *npl* bañador *m* (de hombre);
swimsuit *n* = **swimming costume**
swing [swɪŋ] *(pt, pp* **swung**) *n (in
playground)* columpio; *(movement)*
balanceo, vaivén *m*; *(change of
direction)* viraje *m*; *(rhythm)* ritmo ▷ *vt*
balancear; *(also: ~ round)* voltear, girar
▷ *vi* balancearse, columpiarse; *(also: ~
round)* dar media vuelta; **to be in full ~**
estar en plena marcha
swipe card [swaɪp-] *n* tarjeta
magnética deslizante, tarjeta swipe
swirl [swəːl] *vi* arremolinarse
Swiss [swɪs] *adj, n inv* suizo/a *m/f*
switch [swɪtʃ] *n (for light etc)*
interruptor *m*; *(change)* cambio ▷ *vt
(change)* cambiar de; **switch off** *vt*
apagar; *(engine)* parar; **switch on** *vt*
encender (SP), prender (LAM); *(engine,
machine)* arrancar; **switchboard** *n (Tel)*
centralita (SP), conmutador *m* (LAM)
Switzerland ['swɪtsələnd] *n* Suiza
swivel ['swɪvl] *vi (also: ~ round)* girar
swollen ['swəʊlən] *pp of* **swell**
swoop [swuːp] *n (by police etc)* redada
▷ *vi (also: ~ down)* calarse
swop [swɔp] =**swap**
sword [sɔːd] *n* espada; **swordfish** *n*

pez *m* espada
swore [swɔː*] *pt of* **swear**
sworn [swɔːn] *pp of* **swear** ▷ *adj
(statement)* bajo juramento; *(enemy)*
implacable
swum [swʌm] *pp of* **swim**
swung [swʌŋ] *pt, pp of* **swing**
syllable ['sɪləbl] *n* sílaba
syllabus ['sɪləbəs] *n* programa *m*
de estudios
symbol ['sɪmbl] *n* símbolo;
symbolic(al) [sɪm'bɔlɪk(l)] *adj*
simbólico; **to be symbolic(al) of** sth
simbolizar algo
symmetrical [sɪ'mɛtrɪkl] *adj*
simétrico
symmetry ['sɪmɪtri] *n* simetría
sympathetic [sɪmpə'θɛtɪk] *adj
(understanding)* comprensivo; *(showing
support)*: **~ to(wards)** bien dispuesto
hacia

> Be careful not to translate
> **sympathetic** by the Spanish word
> *simpático*.

sympathize ['sɪmpəθaɪz] *vi*: **to
~ with** *(person)* compadecerse de;
(feelings) comprender; *(cause)* apoyar
sympathy ['sɪmpəθi] *n (pity)*
compasión *f*
symphony ['sɪmfəni] *n* sinfonía
symptom ['sɪmptəm] *n* síntoma
m, indicio
synagogue ['sɪnəgɔg] *n* sinagoga
syndicate ['sɪndɪkɪt] *n* sindicato; *(of
newspapers)* agencia (de noticias)
syndrome ['sɪndrəʊm] *n* síndrome
m
synonym ['sɪnənɪm] *n* sinónimo
synthetic [sɪn'θɛtɪk] *adj* sintético
Syria ['sɪrɪə] *n* Siria
syringe [sɪ'rɪndʒ] *n* jeringa
syrup ['sɪrəp] *n* jarabe *m*; *(also:
golden ~)* almíbar *m*
system ['sɪstəm] *n* sistema *m*; *(Anat)*
organismo; **systematic** [-'mætɪk]
adj sistemático, metódico; **systems
analyst** *n* analista *m/f* de sistemas

t

la prensa popular británica, por el tamaño más pequeño de los periódicos. A diferencia de los de la llamada **quality press**, estas publicaciones se caracterizan por un lenguaje sencillo, una presentación llamativa y un contenido sensacionalista, centrado a veces en los escándalos financieros y sexuales de los famosos, por lo que también reciben el nombre peyorativo de "gutter press".

a [taː] (BRIT: inf) excl ¡gracias!

ab [tæb] n lengüeta; (label) etiqueta; **to keep ~s on** (fig) vigilar

able ['teɪbl] n mesa; (of statistics etc) cuadro, tabla ▷ vt (BRIT: motion etc) presentar; **to lay** or **set the ~** poner la mesa; **tablecloth** n mantel m; **table d'hôte** [taːblˈdəʊt] adj del menú; **table lamp** n lámpara de mesa; **tablemat** n (for plate) posaplatos m inv; (for hot dish) salvamantel m; **tablespoon** n cuchara de servir; (also: **tablespoonful**: as measurement) cucharada

ablet ['tæblɪt] n (Med) pastilla, comprimido; (of stone) lápida

able tennis n ping-pong m, tenis m de mesa

abloid ['tæblɔɪd] n periódico popular sensacionalista

TABLOID PRESS

El término **tabloid press** o **tabloids** se usa para referirse a

taboo [təˈbuː] adj, n tabú m

tack [tæk] n (nail) tachuela; (fig) rumbo ▷ vt (nail) clavar con tachuelas; (stitch) hilvanar ▷ vi virar

tackle ['tækl] n (fishing tackle) aparejo (de pescar); (for lifting) aparejo ▷ vt (difficulty) enfrentarse con; (challenge: person) hacer frente a; (grapple with) agarrar; (Football) cargar; (Rugby) placar

tacky ['tækɪ] adj pegajoso; (pej) cutre

tact [tækt] n tacto, discreción f; **tactful** adj discreto, diplomático

tactics ['tæktɪks] npl táctica

tactless ['tæktlɪs] adj indiscreto

tadpole ['tædpəʊl] n renacuajo

taffy ['tæfɪ] (us) n melcocha

tag [tæg] n (label) etiqueta

tail [teɪl] n cola; (of shirt, coat) faldón m ▷ vt (follow) vigilar a; **tails** npl (formal suit) levita

tailor ['teɪlə*] n sastre m

Taiwan [taɪˈwɑːn] n Taiwán m; **Taiwanese** [taɪwəˈniːz] adj, n taiwanés/esa m/f

take [teɪk] (pt **took**, pp **taken**) vt tomar; (grab) coger (SP), agarrar (LAM); (gain: prize) ganar; (require: effort, courage) exigir; (tolerate: pain etc) aguantar; (hold: passengers etc) tener cabida para; (accompany, bring, carry) llevar; (exam) presentarse a; **to ~ sth from** (drawer etc) sacar algo de; (person) quitar algo a; **I ~ it that ...** supongo

talc [tælk] n (also: **~um powder**) (polvos de) talco

tale [teɪl] n (story) cuento; (account) relación f; **to tell ~s** (fig) chivarse

talent ['tælɪnt] n talento; **talented** adj de talento

talk [tɔːk] n charla; (conversation) conversación f; (gossip) habladurías fpl, chismes mpl ▷ vi hablar; **talks** npl (Pol etc) conversaciones fpl; **to ~ about** hablar de; **to ~ sb into doing sth** convencer a algn para que haga algo; **to ~ sb out of doing sth** disuadir a algn de que haga algo; **to ~ shop** hablar del trabajo; **talk over** vt discutir; **talk show** n programa m de entrevistas

tall [tɔːl] adj alto; (object) grande; **to be 6 feet ~** (person) = medir 1 metro 80

tambourine [tæmbə'riːn] n pandereta

tame [teɪm] adj domesticado; (fig) mediocre

tamper ['tæmpə*] vi: **to ~ with** tocar, andar con

tampon ['tæmpɔn] n tampón m

tan [tæn] n (also: **sun~**) bronceado ▷ vi ponerse moreno ▷ adj (colour) marrón

tandem ['tændəm] n tándem m

tangerine [tændʒə'riːn] n mandarina

tangle ['tæŋgl] n enredo; **to get in(to) a ~** enredarse

tank [tæŋk] n (water tank) depósito, tanque m; (for fish) acuario; (Mil) tanque m

tanker ['tæŋkə*] n (ship) buque m, cisterna f; (truck) camión m cisterna

tanned [tænd] adj (skin) moreno

tantrum ['tæntrəm] n rabieta

Tanzania [tænzə'nɪə] n Tanzania

tap [tæp] n (BRIT: on sink etc) grifo (SP), llave f, canilla (RPL); (gas tap) llave f; (gentle blow) golpecito ▷ vt (hit gently) dar golpecitos en; (resources) utilizar, explotar; (telephone) intervenir; **on ~** (fig: resources) a mano; **tap dancing** n claqué m

tape [teɪp] n (also: **magnetic ~**) cinta magnética; (cassette) cassette f, cinta; (sticky tape) cinta adhesiva; (for tying) cinta ▷ vt (record) grabar (en cinta); (stick with tape) pegar con cinta adhesiva; **tape measure** n cinta métrica, metro; **tape recorder** n grabadora

tapestry ['tæpɪstrɪ] n (object) tapiz m; (art) tapicería

tar [tɑː] n alquitrán m, brea

target ['tɑːgɪt] n blanco

tariff ['tærɪf] n (on goods) arancel m; (BRIT: in hotels etc) tarifa

tarmac ['tɑːmæk] n (BRIT: on road) asfaltado; (Aviat) pista (de aterrizaje)

tarpaulin [tɑː'pɔːlɪn] n lona impermeabilizada

tarragon ['tærəgən] n estragón m

tart [tɑːt] n (Culin) tarta; (BRIT: inf: prostitute) puta ▷ adj agrio, ácido

que ...; **take after** vt fus parecerse a; **take apart** vt desmontar; **take away** vt (remove) quitar; (carry) llevar; (Math) restar; **take back** vt (return) devolver; (one's words) retractarse de; **take down** vt (building) derribar; (letter etc) apuntar; **take in** vt (deceive) engañar; (understand) entender; (include) abarcar; (lodger) acoger, recibir; **take off** vi (Aviat) despegar ▷ vt (remove) quitar; **take on** vt (work) aceptar; (employee) contratar; (opponent) desafiar; **take out** vt sacar; **take over** vt (business) tomar posesión de; (country) tomar el poder ▷ vi: **to take over from sb** reemplazar a algn; **take up** vt (a dress) acortar; (occupy: time, space) ocupar; (engage in: hobby etc) dedicarse a; (accept): **to take sb up on** aceptar algo de algn; **takeaway** (BRIT) adj (food) para llevar ▷ n tienda or restaurante m de comida para llevar; **taken** pp of **take**; **takeoff** n (Aviat) despegue m; **takeout** (US) n = **takeaway**; **takeover** n (Comm) absorción f; **takings** npl (Comm) ingresos mpl

tartan ['tɑːtn] n tejido escocés m

tartar(e) sauce ['tɑːtə-] n salsa tártara

task [tɑːsk] n tarea; **to take to ~** reprender

taste [teɪst] n (sense) gusto; (flavour) sabor m; (sample): **have a ~** I prueba un poquito!; (fig) muestra, idea ▷ vt probar ▷ vi: **to ~ of** or **like** (fish, garlic etc) saber a; **you can ~ the garlic (in it)** se nota el sabor a ajo; **in good/bad ~** de buen/mal gusto; **tasteful** adj de buen gusto; **tasteless** adj (food) soso; (remark etc) de mal gusto; **tasty** adj sabroso, rico

tatters ['tætəz] npl: **in ~** hecho jirones

tattoo [tə'tuː] n tatuaje m; (spectacle) espectáculo militar ▷ vt tatuar

taught [tɔːt] pt, pp of **teach**

taunt [tɔːnt] n burla ▷ vt burlarse de

Taurus ['tɔːrəs] n Tauro

taut [tɔːt] adj tirante, tenso

tax [tæks] n impuesto m ▷ vt gravar (con un impuesto); (fig: memory) poner a prueba; (: patience) agotar; **tax-free** adj libre de impuestos

taxi ['tæksɪ] n taxi m ▷ vi (Aviat) rodar por la pista; **taxi driver** n taxista mf; **taxi rank** (BRIT) n = **taxi stand**; **taxi stand** n parada de taxis

tax payer n contribuyente mf

TB n abbr = **tuberculosis**

tea [tiː] n té m; (BRIT: meal) = merienda (SP); cena; **high ~** (BRIT) merienda-cena (SP); **tea bag** n bolsita de té; **tea break** (BRIT) n descanso para el té

teach [tiːtʃ] (pt, pp **taught**) vt: **to ~ sb sth, ~ sth to sb** enseñar algo a algn ▷ vi (be a teacher) ser profesor(a), enseñar; **teacher** n (in secondary school) profesor(a) m/f; (in primary school) maestro/a, profesor(a) de EGB; **teaching** n enseñanza

tea: tea cloth (BRIT) paño de cocina, trapo de cocina (LAM); **teacup** n taza para el té

tea leaves npl hojas de té

team [tiːm] n equipo; (of horses) tiro;

team up vi asociarse

teapot ['tiːpɔt] n tetera

tear¹ [tɪə] n lágrima; **in ~s** llorando

tear² [tɛə] (pt **tore**, pp **torn**) n rasgón m, desgarrón m ▷ vt romper, rasgar ▷ vi rasgarse; **tear apart** vt (also fig) hacer pedazos; **tear down** vt +adv (building, statue) derribar; (poster, flag) arrancar; **tear off** vt (sheet of paper etc) arrancar; (one's clothes) quitarse a tirones; **tear up** vt (sheet of paper etc) romper

tearful ['tɪəfəl] adj lloroso

tear gas ['tɪə-] n gas m lacrimógeno

tearoom ['tiːruːm] n salón m de té

tease [tiːz] vt tomar el pelo a

tea: teaspoon n cucharita; (also: **teaspoonful**: as measurement) cucharadita; **teatime** n hora del té; **tea towel** (BRIT) n paño de cocina

technical ['tɛknɪk] adj técnico

technician [tɛk'nɪʃn] n técnico/a

technique [tɛk'niːk] n técnica

technology [tɛk'nɔlədʒɪ] n tecnología

teddy (bear) ['tɛdɪ-] n osito de felpa

tedious ['tiːdɪəs] adj pesado, aburrido

tee [tiː] n (Golf) tee m

teen [tiːn] adj = **teenage** = teenager

teenage ['tiːneɪdʒ] adj (fashions etc) juvenil; (children) quinceañero; **teenager** n adolescente mf

teens [tiːnz] npl: **to be in one's ~** ser adolescente

teeth [tiːθ] npl of **tooth**

teetotal ['tiː'təutl] adj abstemio

telecommunications [tɛlɪkəmjuː-nɪ'keɪʃənz] n telecomunicaciones fpl

telegram ['tɛlɪɡræm] n telegrama m

telegraph pole ['tɛlɪɡrɑːf-] n poste m telegráfico

telephone ['tɛlɪfəun] n teléfono ▷ vt llamar por teléfono, telefonear; (message) dar por teléfono; **to be on the ~** (talking) hablar por teléfono; (possessing telephone) tener teléfono;

telesales | 546

telephone book n guía f telefónica; **telephone booth, telephone box** (BRIT) n cabina telefónica; **telephone call** n llamada (telefónica); **telephone directory** n guía f (telefónica); **telephone number** n número de teléfono

telesales ['tɛlɪseɪlz] npl televenta(s) f(pl)

telescope ['tɛlɪskəup] n telescopio

televise ['tɛlɪvaɪz] vt televisar

television ['tɛlɪvɪʒən] n televisión f; **on ~** en la televisión; **television programme** n programa m de televisión

tell [tɛl] (pt, pp **told**) vt decir; (relate: story) contar; (distinguish): **to ~ sth from** distinguir algo de ▷ vi (talk): **to ~ (of)** contar; (have effect) tener efecto; **to ~ sb to do sth** mandar a algn hacer algo; **tell off** vt: **to tell sb off** regañar a algn; **teller** n (in bank) cajero/a

telly ['tɛlɪ] (BRIT: inf) n abbr (= television) tele f

temp [tɛmp] n abbr (= temporary) temporero/a

temper ['tɛmpə*] n (nature) carácter m; (mood) humor m; (bad temper) (mal) genio; (fit of anger) acceso de ira ▷ vt (moderate) moderar; **to be in a ~** estar furioso; **to lose one's ~** enfadarse, enojarse

temperament ['tɛmprəmənt] n (nature) temperamento; **temperamental** [tɛmprə'mɛntl] adj temperamental

temperature ['tɛmprətʃə*] n temperatura; **to have** or **run a ~** tener fiebre

temple ['tɛmpl] n (building) templo; (Anat) sien f

temporary ['tɛmpərərɪ] adj provisional; (passing) transitorio; (worker) temporero; (job) temporal

tempt [tɛmpt] vt tentar; **to ~ sb into doing sth** tentar or inducir a algn a hacer algo; **temptation** n tentación

f; **tempting** adj tentador(a); (food) apetitoso/a

ten [tɛn] num diez

tenant ['tɛnənt] n inquilino/a

tend [tɛnd] vt cuidar ▷ vi: **to ~ to do sth** tener tendencia a hacer algo; **tendency** ['tɛndənsɪ] n tendencia

tender ['tɛndə*] adj (person, care) tierno, cariñoso; (meat) tierno; (sore) sensible ▷ n (Comm: offer) oferta; (money): **legal ~** moneda de curso legal ▷ vt ofrecer

tendon ['tɛndən] n tendón m

tenner ['tɛnə*] n (inf) (billete m de) diez libras m

tennis ['tɛnɪs] n tenis m; **tennis ball** n pelota de tenis; **tennis court** n cancha de tenis; **tennis match** n partido de tenis; **tennis player** n tenista mf; **tennis racket** n raqueta de tenis

tenor ['tɛnə*] n (Mus) tenor m

tenpin bowling ['tɛnpɪn-] n (juego de los) bolos

tense [tɛns] adj (person) nervioso; (moment, atmosphere) tenso; (muscle) tenso, en tensión ▷ n (Ling) tiempo

tension ['tɛnʃən] n tensión f

tent [tɛnt] n tienda (de campaña (SP), carpa (LAM)

tentative ['tɛntətɪv] adj (person, smile) indeciso; (conclusion, plans) provisional

tenth [tɛnθ] num décimo

tent: tent peg n clavija, estaca; **tent pole** n mástil m

tepid ['tɛpɪd] adj tibio

term [tɜːm] n (word) término; (period) período; (Scol) trimestre m ▷ vt llamar; **terms** npl (conditions, Comm) condiciones fpl; **in the short/long ~** a corto/largo plazo; **to be on good ~s with sb** llevarse bien con algn; **to come to ~s with** (problem) aceptar

terminal ['tɜːmɪnl] adj (disease) mortal; (patient) terminal ▷ n (Elec) borne m; (Comput) terminal m; (also: air ~) terminal f; (BRIT: also: coach ~)

estación f terminal f

terminate ['tɜːmɪneɪt] vt terminar

termini ['tɜːmɪnaɪ] npl of **terminus**

terminology [tɜːmɪ'nɔlədʒɪ] n terminología

terminus ['tɜːmɪnəs] (pl **termini**) n término, (estación f) terminal f

terrace ['tɛrəs] n terraza; (BRIT: row of houses) hilera de casas adosadas; **the -s** (BRIT Sport) las gradas fpl; **terraced** adj (garden) en terrazas; (house) adosado

terrain [tɛ'reɪn] n terreno

terrestrial [tɪ'rɛstrɪəl] adj (life) terrestre; (BRIT: channel) de transmisión (por) vía terrestre

terrible ['tɛrɪbl] adj terrible, horrible; (inf) atroz; **terribly** adv terriblemente; (very badly) malísimamente

terrier ['tɛrɪə*] n terrier m

terrific [tə'rɪfɪk] adj (very great) tremendo; (wonderful) fantástico, fenomenal

terrified ['tɛrɪfaɪd] adj aterrorizado

terrify ['tɛrɪfaɪ] vt aterrorizar; **terrifying** adj aterrador(a)

territorial [tɛrɪ'tɔːrɪəl] adj territorial

territory ['tɛrɪtərɪ] n territorio

terror ['tɛrə*] n terror m; **terrorism** n terrorismo; **terrorist** n terrorista mf; **terrorist attack** n atentado (terrorista)

test [tɛst] n (gen, Chem) prueba; (Med) examen m; (Scol) examen m, test m; (also: **driving** ~) examen m de conducir ▷ vt probar, poner a prueba; (Med, Scol) examinar

testicle ['tɛstɪkl] n testículo

testify ['tɛstɪfaɪ] vi (Law) prestar declaración; **to ~ to sth** atestiguar algo

testimony ['tɛstɪmənɪ] n (Law) testimonio

test: **test match** n (Cricket, Rugby) partido internacional; **test tube** n probeta

tetanus ['tɛtənəs] n tétano

text [tɛkst] n texto; (on mobile phone)

mensaje m de texto ▷ vt: **to ~ sb** (inf) enviar un mensaje (de texto) or un SMS a algn; **textbook** n libro de texto

textile ['tɛkstaɪl] n textil m, tejido

text message n mensaje m de texto

text messaging [-'mɛsɪdʒɪŋ] n (envío de) mensajes mpl de texto

texture ['tɛkstʃə*] n textura

Thai [taɪ] adj, n tailandés/esa m/f

Thailand ['taɪlænd] n Tailandia

than [ðæn] conj (in comparisons): **more ~ 10/once** más de 10/una vez; **I have more/less ~ you/Paul** tengo más/menos que tú/Paul; **she is older ~ you think** es mayor de lo que piensas

thank [θæŋk] vt dar las gracias a, agradecer; **~ you (very much)** muchas gracias; **~ God!** ¡gracias a Dios! ▷ excl (also: **many ~s, ~s a lot**) ¡gracias! ▷ **~s to** prep gracias a; **thanks** npl gracias fpl; **thankfully** adv (fortunately) afortunadamente; **Thanksgiving (Day)** n día m de Acción de Gracias

  ● **THANKSGIVING (DAY)**
  ●
  ● En Estados Unidos el cuarto jueves
  ● de noviembre es **Thanksgiving**
  ● **Day**, fiesta oficial en la que se
  ● recuerda la celebración que
  ● hicieron los primeros colonos
  ● norteamericanos ("Pilgrims"
  ● o "Pilgrim Fathers") tras la
  ● estupenda cosecha de 1621, por
  ● la que se dan gracias a Dios. En
  ● Canadá se celebra una fiesta
  ● semejante el segundo lunes
  ● de octubre, aunque no está
  ● relacionada con dicha fecha
  ● histórica.

○ **KEYWORD**

that [ðæt] (pl **those**) adj (demonstrative) ese/a; (pl) esos/as; (more remote) aquel/aquella; (pl) aquellos/as; **leave those books on the table** deja

esos libros sobre la mesa; **that one**
ése(ésa); (*more remote*) aquél(aquélla);
that one over there ése(ésa) de ahí;
aquél(aquélla) de allí
▷ *pron* **1** (*demonstrative*) ése/a; (*pl*)
ésos/as; (*neuter*) eso; (*more remote*)
aquél(aquélla); (*pl*) aquéllos/as; (*neuter*)
aquello; **what's that?** ¿qué es eso (*or*
aquello)?; **who's that?** ¿quién es ése/a
(*or* aquél (aquella))?; **is that you?** ¿eres
tú?; **will you eat all that?** ¿vas a comer
todo eso?; **that's my house** ésa es mi
casa; **that's what he said** eso es lo que
dijo; **that is (to say)** es decir
2 (*relative: subject, object*) que; (*with
preposition*) (el (la)) que *etc*, el(la) cual
etc; **the book (that) I read** el libro que
leí; **the books that are in the library**
los libros que están en la biblioteca; **all
(that) I have** todo lo que tengo; **the
box (that) I put it in** la caja en la que
or donde lo puse; **the people (that) I
spoke to** la gente con la que hablé
3 (*relative: of time*) que; **the day (that)
he came** el día (en) que vino
▷ *conj* que; **he thought that I was ill**
creyó que yo estaba enfermo
▷ *adv* (*demonstrative*): **I can't work that
much** no puedo trabajar tanto; **I didn't
realise it was that bad** no creí que
fuera tan malo; **that high** así de alto

thatched [θætʃt] *adj* (*roof*) de paja;
(*cottage*) con tejado de paja
thaw [θɔː] *n* deshielo ▷ *vi* (*ice*)
derretirse; (*food*) descongelarse ▷ *vt*
(*food*) descongelar

◯ **KEYWORD**

the [ðiː, ðə] *def art* **1** (*gen*) el *f*, la *pl*,
los *fpl*, las (NB *'el' immediately before f n
beginning with stressed (h)a; a+ el =al; de +
el = del*); **the boy/girl** el chico/la chica;
the books/flowers los libros/las
flores; **to the postman/from the
drawer** al cartero/del cajón; **I
haven't the time/money** no tengo

tiempo/dinero
2 (+*adj to form n*) los; lo; **the rich and
the poor** los ricos y los pobres; **to
attempt the impossible** intentar lo
imposible
3 (*in titles*): **Elizabeth the First** Isabel
primera; **Peter the Great** Pedro el
Grande
4 (*in comparisons*): **the more he works
the more he earns** cuanto más
trabaja más gana

theatre [ˈθɪətə*] (*us* **theater**) *n*
teatro; (*also*: **lecture ~**) aula; (*Med: also*:
operating ~) quirófano
theft [θɛft] *n* robo
their [ðɛə*] *adj* su; **theirs** *pron* (el)
suyo/(la) suya *etc*); *see also* **my; mine**¹
them [ðɛm, ðəm] *pron* (*direct*)
los/las; (*indirect*) les; (*stressed, after prep*)
ellos(ellas); *see also* **me**
theme [θiːm] *n* tema *m*; **theme park**
n parque de atracciones (*en torno a un
tema central*)
themselves [ðəmˈsɛlvz] *pl pron*
(*subject*) ellos mismos(ellas mismas);
(*complement*) se; (*after prep*) sí
(mismos(as)); *see also* **oneself**
then [ðɛn] *adv* (*at that time*) entonces;
(*next*) después; (*later*) luego, después;
(*and also*) además ▷ *conj* (*therefore*)
en ese caso, entonces ▷ *adj*: **the ~
president** el entonces presidente;
by ~ para entonces; **from ~ on** desde
entonces
theology [θɪˈɒlədʒɪ] *n* teología
theory [ˈθɪərɪ] *n* teoría
therapist [ˈθɛrəpɪst] *n* terapeuta *mf*
therapy [ˈθɛrəpɪ] *n* terapia

◯ **KEYWORD**

there [ðɛə*] *adv* **1** **there is, there are**
hay; **there is no-one here/no bread
left** no hay nadie aquí/no queda pan;
there has been an accident ha habido
un accidente
2 (*referring to place*) ahí; (*distant*) allí; **it's**

there está ahí; **put it in/on/up/down there** ponlo ahí dentro/encima/arriba/abajo; **I want that book there** quiero ese libro de ahí; **there he is!** ¡ahí está!

3 there, there (*esp to child*) ea, ea

there: thereabouts adv por ahí; **thereafter** adv después; **thereby** adv así, de ese modo; **therefore** adv por lo tanto; **there's = there is; there has**

thermal ['θə:ml] adj termal; (*paper*) térmico

thermometer [θə'mɒmɪtə*] n termómetro

thermostat ['θə:məʊstæt] n termostato

these [ði:z] pl adj estos/as ▷ pl pron éstos/as

thesis ['θi:sɪs] (pl **theses**) n tesis f inv

they [ðeɪ] pl pron ellos(ellas); (*stressed*) ellos (mismos)(ellas (mismas)); ~ **say that ...** (*it is said that*) se dice que ...; **they'd = they had; they would; they'll = they shall; they will; they're = they are; they've = they have**

thick [θɪk] adj (*in consistency*) espeso; (*in size*) grueso; (*stupid*) torpe ▷ n: **in the ~ of the battle** en lo más reñido de la batalla; **it's 20 cm ~** tiene 20 cm de espesor; **thicken** vi espesarse ▷ vt (*sauce etc*) espesar; **thickness** n espesor m; grueso

thief [θi:f] (pl **thieves**) n ladrón/ona m/f

thigh [θaɪ] n muslo

thin [θɪn] adj (*person, animal*) flaco; (*in size*) delgado; (*in consistency*) poco espeso; (*hair, crowd*) escaso ▷ vt: **to ~ (down)** diluir

thing [θɪŋ] n cosa; (*object*) objeto, artículo; (*matter*) asunto; (*mania*): **to have a ~ about sb/sth** estar obsesionado con algn/algo; **things** npl (*belongings*) efectos mpl (personales); **the best ~ would be to ...** lo mejor sería ...; **how are ~s?** ¿qué tal?

think [θɪŋk] (pt, pp **thought**) vi

pensar ▷ vt pensar, creer; **what did you ~ of them?** ¿qué te parecieron?; **to ~ about sth/sb** pensar en algo/algn; **I'll ~ about it** lo pensaré; **to ~ of doing sth** pensar en hacer algo; **I ~ so/not** creo que sí/no; **to ~ well of sb** tener buen concepto de algn; **think over** vt reflexionar sobre, meditar; **think up** vt (*plan etc*) idear

third [θə:d] adj (*before n*) tercer(a); (*following n*) tercero/a ▷ n tercero/a; (*fraction*) tercio; (*BRIT Scol: degree*) título de licenciado con calificación de aprobado; **thirdly** adv en tercer lugar; **third party insurance** (*BRIT*) n seguro contra terceros; **Third World** n Tercer Mundo

thirst [θə:st] n sed f; **thirsty** adj (*person, animal*) sediento; (*work*) que da sed; **to be thirsty** tener sed

thirteen ['θə:'ti:n] num trece; **thirteenth** [-'ti:nθ] adj decimotercero

thirtieth ['θə:tɪəθ] adj trigésimo

thirty ['θə:tɪ] num treinta

O KEYWORD

this [ðɪs] (pl **these**) adj (*demonstrative*) este/a pl: estos/as; (*neuter*) esto; **this man/woman** este hombre(esta mujer); **these children/flowers** estos chicos/estas flores; **this one (here)** éste/a, esto (de aquí) ▷ pron (*demonstrative*) éste/a pl: éstos/as; (*neuter*) esto; **who is this?** ¿quién es éste/ésta?; **what is this?** ¿qué es esto?; **this is where I live** aquí vivo; **this is what he said** esto es lo que dijo; **this is Mr Brown** (*in introductions*) le presento al Sr. Brown; (*photo*) éste es el Sr. Brown; (*on telephone*) habla el Sr. Brown ▷ adv (*demonstrative*): **this high/long** etc así de alto/largo etc; **this far** hasta aquí

thistle ['θɪsl] n cardo

thorn [θɔːn] n espina
thorough [ˈθʌrə] adj (search) minucioso; (wash) a fondo; (knowledge, research) profundo; (person) meticuloso; **thoroughly** adv (search) minuciosamente; (study) profundamente; (wash) a fondo; (utterly: bad, wet etc) completamente, totalmente
those [ðəʊz] pl adj esos(esas); (more remote) aquellos/as ▷ pron aquellos/as
though [ðəʊ] conj aunque ▷ adv sin embargo
thought [θɔːt] pt, pp of **think** ▷ n pensamiento; (opinion) opinión f. **thoughtful** adj pensativo; (serious) serio; (considerate) atento; **thoughtless** adj desconsiderado
thousand [ˈθaʊzənd] num mil; **two ~ s** dos mil; **~ s of** miles de; **thousandth** num milésimo
thrash [θræʃ] vt azotar; (defeat) derrotar
thread [θred] n hilo; (of screw) rosca ▷ vt (needle) enhebrar
threat [θret] n amenaza; **threaten** vi amenazar ▷ vt: **to threaten sb with/ to do** amenazar a algn con/con hacer; **threatening** adj amenazador(a), amenazante
three [θriː] num tres; **three-dimensional** adj tridimensional; **three-piece suite** n tresillo; **three-quarters** npl tres cuartas partes; **three-quarters full** tres cuartas partes lleno
threshold [ˈθreʃhəʊld] n umbral m
threw [θruː] pt of **throw**
thrill [θrɪl] n (excitement) emoción f; (shudder) estremecimiento ▷ vt emocionar; **to be ~ed** (with gift etc) estar encantado; **thrilled** adj: **I was thrilled** Estaba emocionada; **thriller** n novela (or obra or película) de suspense; **thrilling** adj emocionante
thriving [ˈθraɪvɪŋ] adj próspero
throat [θrəʊt] n garganta; **to have a sore ~** tener dolor de garganta

throb [θrɒb] vi latir; dar puntadas; vibrar
throne [θrəʊn] n trono
through [θruː] prep por, a través de; (time) durante; (by means of) por medio de, mediante; (owing to) gracias a ▷ adj (ticket, train) directo ▷ adv completamente, de parte a parte; de principio a fin; **to put sb ~ to sb** (Tel) poner or pasar a algn con algn; **to be ~** (Tel) tener comunicación; (have finished) haber terminado; **"no - road"** (BRIT) "calle sin salida"; **throughout** prep (place) por todas partes de, por todo; (time) durante todo ▷ adv por or en todas partes
throw [θrəʊ] (pt **threw**, pp **thrown**) n tiro; (Sport) lanzamiento ▷ vt tirar, echar; (Sport) lanzar; (rider) derribar; (fig) desconcertar; **to ~ a party** dar una fiesta; **throw away** vt tirar; (money) derrochar; **throw in** vt (Sport: ball) sacar; (include) incluir; **throw off** vt deshacerse de; **throw out** vt tirar; (person) echar; expulsar; **throw up** vi vomitar
thru [θruː] (US) = **through**
thrush [θrʌʃ] n zorzal m, tordo
thrust [θrʌst] (pt, pp **~**) vt empujar con fuerza
thud [θʌd] n golpe m sordo
thug [θʌg] n gamberro/a
thumb [θʌm] n (Anat) pulgar m; **to ~ a lift** hacer autostop; **thumbtack** (US) n chincheta (SP)
thump [θʌmp] n golpe m; (sound) ruido seco or sordo ▷ vt golpear ▷ vi (heart etc) palpitar
thunder [ˈθʌndə⁺] n trueno ▷ vi tronar; (train etc) **to ~ past** pasar como un trueno; **thunderstorm** n tormenta
Thur(s). abbr (= Thursday) juev
Thursday [ˈθəːzdɪ] n jueves m inv
thus [ðʌs] adv así, de este modo
thwart [θwɔːt] vt frustrar
thyme [taɪm] n tomillo
Tibet [tɪˈbet] n el Tíbet
tick [tɪk] n (sound: of clock) tic tac m;

(*mark*) palomita; (*Zool*) garrapata; (*BRIT: inf*): **in a ~** en un instante ▷ *vi* hacer tictac ▷ *vt* marcar; **tick off** *vt* marcar; (*person*) reñir

ticket ['tɪkɪt] *n* billete *m* (*SP*), boleto (*LAM*); (*for cinema etc*) entrada; (*in shop: on goods*) etiqueta; (*for raffle*) papeleta; (*for library*) tarjeta; (*parking ticket*) multa de aparcamiento (*SP*) or por estacionamiento (indebido) (*LAM*); **ticket barrier** *n* (*BRIT: Rail*) barrera más allá de la cual se necesita billete/boleto; **ticket collector** *n* revisor(a) *m/f*; **ticket inspector** *n* revisor(a) *m/f*, inspector(a) *m/f* de boletos (*LAM*); **ticket machine** *n* máquina de billetes (*SP*) or boletos (*LAM*); **ticket office** *n* (*Theatre*) taquilla (*LAM*), boletería (*LAM*); (*Rail*) mostrador *m* de billetes (*SP*) or boletos (*LAM*)

tickle ['tɪkl] *vt* hacer cosquillas a ▷ *vi* hacer cosquillas; **ticklish** *adj* (*person*) cosquilloso; (*problem*) delicado

tide [taɪd] *n* marea; (*fig: of events etc*) curso, marcha

tidy ['taɪdɪ] *adj* (*room etc*) ordenado; (*dress, work*) limpio; (*person*) (bien) arreglado ▷ *vt* (*also: ~ up*) poner en orden

tie [taɪ] *n* (*string etc*) atadura; (*BRIT: also: ~ neck~*) corbata; (*fig: link*) vínculo, lazo; (*Sport etc: draw*) empate *m* ▷ *vt* atar ▷ *vi* (*Sport etc*) empatar; **to ~ in a bow** atar con un lazo; **to ~ a knot in sth** hacer un nudo en algo; **tie down** *vt* (*fig: person: restrict*) atar; (*: to price, date etc*) obligar a; **tie up** *vt* (*dog, person*) atar; (*arrangements*) concluir; **to be tied up** (*busy*) estar ocupado

tier [tɪə*] *n* grada; (*of cake*) piso

tiger ['taɪgə*] *n* tigre *m*

tight [taɪt] *adj* (*rope*) tirante; (*money*) escaso; (*clothes*) ajustado; (*bend*) cerrado; (*shoes, schedule*) apretado; (*budget*) ajustado; (*security*) estricto; (*inf: drunk*) borracho ▷ *adv* (*squeeze*) muy fuerte; (*shut*) bien; **tighten** *vt* (*rope*) estirar; (*screw, grip*) apretar;

(*security*) reforzar ▷ *vi* estirarse; apretarse; **tightly** *adv* (*grasp*) muy fuerte; **tights** (*BRIT*) *npl* panti *mpl*

tile [taɪl] *n* (*on roof*) teja; (*on floor*) baldosa; (*on wall*) azulejo

till [tɪl] *n* caja (registradora) ▷ *vt* (*land*) cultivar ▷ *prep, conj* = **until**

tilt [tɪlt] *vt* inclinar ▷ *vi* inclinarse

timber ['tɪmbə*] *n* (*material*) madera

time [taɪm] *n* tiempo; (*epoch: often pl*) época; (*by clock*) hora; (*moment*) momento; (*occasion*) vez *f*; (*Mus*) compás *m* ▷ *vt* calcular or medir el tiempo de; (*race*) cronometrar; (*remark, visit etc*) elegir el momento para; **a long ~** mucho tiempo; **4 at a ~** de 4 en 4; **4 a la vez; for the ~ being** de momento, por ahora; **from ~ to ~** de vez en cuando; **at ~s** a veces; **in ~** (*soon enough*) a tiempo; (*after some time*) con el tiempo; (*Mus*) al compás; **in a week's ~** dentro de una semana; **in no ~** en un abrir y cerrar de ojos; **any ~** cuando sea; **on ~** a la hora; **5 ~s 5** 5 por 5; **what ~ is it?** ¿qué hora es?; **to have a good ~** pasarlo bien, divertirse; **time limit** *n* plazo; **timely** *adj* oportuno; **timer** *n* (*in kitchen etc*) programador *m* horario; **time-share** *n* apartamento (*or casa*) a tiempo compartido; **timetable** *n* horario; **time zone** *n* huso horario

timid ['tɪmɪd] *adj* tímido

timing ['taɪmɪŋ] *n* (*Sport*) cronometraje *m*; **the ~ of his resignation** el momento que eligió para dimitir

tin [tɪn] *n* estaño; (*also: ~ plate*) hojalata; (*BRIT: can*) lata; **tinfoil** *n* papel *m* de estaño

tingle ['tɪŋgl] *vi* (*person*): **to ~ (with)** estremecerse (de); (*hands etc*) hormiguear

tinker ['tɪŋkə*]: **~ with** *vt fus* jugar con, tocar

tinned [tɪnd] *adj* (*BRIT*) (*food*) en lata, en conserva

tin opener [-əʊpnə*] (*BRIT*) *n* abrelatas *m inv*

tint [tɪnt] *n* matiz *m*; (*for hair*) tinte *m*; **tinted** *adj* (*hair*) teñido; (*glass, spectacles*) ahumado

tiny ['taɪnɪ] *adj* minúsculo, pequeñito

tip [tɪp] *n* (*end*) punta; (*gratuity*) propina; (BRIT: *for rubbish*) vertedero; (*advice*) consejo ▷ *vt* (*waiter*) dar una propina a; (*tilt*) inclinar; (*empty: also:* **~ out**) vaciar, echar; (*overturn: also:* **~ over**) volcar; **tip off** *vt* avisar, poner sobre aviso a

tiptoe ['tɪptəu] *n*: **on ~** de puntillas

tire ['taɪə*] *n* (US) = **tyre** ▷ *vt* cansar ▷ *vi* cansarse; (*become bored*) aburrirse; **tired** *adj* cansado; **to be tired of sth** estar harto de algo; **tire pressure** (US) = **tyre pressure**; **tiring** *adj* cansado

tissue ['tɪʃuː] *n* tejido; (*paper handkerchief*) pañuelo de papel, kleenex® *m*; **tissue paper** *n* papel *m* de seda

tit [tɪt] *n* (*bird*) herrerillo común; **to give ~ for tat** dar ojo por ojo

title ['taɪtl] *n* título

T-junction ['tiː'dʒʌŋkʃən] *n* cruce *m* en T

TM *abbr* = **trademark**

○ KEYWORD

to [tuː, tə] *prep* **1** (*direction*) a; **to go to France/London/school/the station** ir a Francia/Londres/al colegio/a la estación; **to go to Claude's/the doctor's** ir a casa de Claude/al médico; **the road to Edinburgh** la carretera de Edimburgo

2 (*as far as*) hasta, a; **from here to London** de aquí a or hasta Londres; **to count to 10** contar hasta 10; **from 40 to 50 people** entre 40 y 50 personas

3 (*with expressions of time*): **a quarter/twenty to 5** las 5 menos cuarto/veinte

4 (*for, of*): **the key to the front door** la llave de la puerta principal; **she is secretary to the director** es la secretaria del director; **a letter to his wife** una carta a or para su mujer

5 (*expressing indirect object*) a; **to give sth to sb** darle algo a algn; **to talk to sb** hablar con algn; **to be a danger to sb** ser un peligro para algn; **to carry out repairs to sth** hacer reparaciones en algo

6 (*in relation to*): **3 goals to 2** 3 goles a 2; **30 miles to the gallon** = 94 litros a los cien (kms)

7 (*purpose, result*): **to come to sb's aid** venir en auxilio or ayuda de algn; **to sentence sb to death** condenar a algn a muerte; **to my great surprise** con gran sorpresa mía

▷ *with vb* **1** (*simple infin*): **to go/eat** ir/comer

2 (*following another vb*): **to want/try/start to do** querer/intentar/empezar a hacer

3 (*with vb omitted*): **I don't want to** no quiero

4 (*purpose, result*) para; **I did it to help you** lo hice para ayudarte; **he came to see you** vino a verte

5 (*equivalent to relative clause*): **I have things to do** tengo cosas que hacer; **the main thing is to try** lo principal es intentarlo

6 (*after adj etc*): **ready to go** listo para irse; **too old to ...** demasiado viejo (como) para ...

▷ *adv*: **pull/push the door to** tirar de/empujar la puerta

toad [təud] *n* sapo; **toadstool** *n* hongo venenoso

toast [təust] *n* (Culin) tostada; (*drink, speech*) brindis *m* ▷ *vt* (Culin) tostar; (*drink to*) brindar por; **toaster** *n* tostador *m*

tobacco [tə'bækəu] *n* tabaco

toboggan [tə'bɔgən] *n* tobogán *m*

today [tə'deɪ] *adv, n* (*also fig*) hoy *m*

toddler ['tɔdlə*] *n* niño/a (que empieza a andar)

toe [təu] *n* dedo (del pie); (*of shoe*) punta; **to ~ the line** (*fig*) conformarse;

toenail n uña del pie

toffee ['tɒfɪ] n toffee m

together [tə'ɡeðə*] adv juntos; (at same time) al mismo tiempo, a la vez; **~ with** junto con

toilet ['tɔɪlət] n inodoro; (cuarto m de) baño, servicio ▷ cpd (soap etc) de aseo; **toilet bag** n neceser m, bolsa de aseo; **toilet paper** n papel m higiénico; **toiletries** npl artículos mpl de tocador; **toilet roll** n rollo de papel higiénico

token ['təʊkən] n (sign) señal f, muestra; (souvenir) recuerdo; (disc) ficha ▷ adj (strike, payment etc) simbólico; **book/record ~** (BRIT) vale m para comprar libros/discos; **gift ~** (BRIT) vale-regalo

Tokyo ['təʊkjəʊ] n Tokio, Tokío

told [təʊld] pt, pp of **tell**

tolerant ['tɒlərnt] adj: **~ of** tolerante con

tolerate ['tɒləreɪt] vt tolerar

toll [təʊl] n (of casualties) número de víctimas; (tax, charge) peaje m ▷ vi (bell) doblar; **toll call** n (US Tel) conferencia, llamada interurbana; **toll-free** (US) adj, adv gratis

tomato [tə'mɑːtəʊ] (pl **~es**) n tomate m; **tomato sauce** n salsa de tomate

tomb [tuːm] n tumba; **tombstone** n lápida

tomorrow [tə'mɒrəʊ] adv, n (also: fig) mañana; **the day after ~** pasado mañana; **~ morning** mañana por la mañana

ton [tʌn] n tonelada (BRIT = 1016 kg; US = 907 kg); (metric ton) tonelada métrica; **~s of** (inf) montones de

tone [təʊn] n tono ▷ vi (also: **~ in**) armonizar; **tone down** vt (criticism) suavizar; (colour) atenuar

tongs [tɒŋz] npl (for coal) tenazas fpl; (curling tongs) tenacillas fpl

tongue [tʌŋ] n lengua; **~ in cheek** irónicamente

tonic ['tɒnɪk] n (Med) tónico; (also: **~ water**) (agua) tónica

tonight [tə'naɪt] adv, n esta noche; esta tarde

tonne [tʌn] n tonelada (métrica) (1.000kg)

tonsil ['tɒnsl] n amígdala; **tonsillitis** [-'laɪtɪs] n amigdalitis f

too [tuː] adv (excessively) demasiado; (also) también; **~ much** demasiado; **~ many** demasiados, -as

took [tʊk] pt of **take**

tool [tuːl] n herramienta; **tool box** n caja de herramientas; **tool kit** n juego de herramientas

tooth [tuːθ] (pl **teeth**) n (Anat, Tech) diente m; (molar) muela; **toothache** n dolor m de muelas; **toothbrush** n cepillo de dientes; **toothpaste** n pasta de dientes; **toothpick** n palillo

top [tɒp] n (of mountain) cumbre f, cima; (of tree) copa; (of head) coronilla; (of ladder, page) lo alto; (of table) superficie f; (of cupboard) parte f de arriba; (lid: of box) tapa; (: of bottle, jar) tapón m; (of list etc) cabeza; (toy) peonza; (garment) blusa; camiseta ▷ adj de arriba; (in rank) principal, primero; (best) mejor ▷ vt (exceed) exceder; (be first in) encabezar; **on ~ of** (above) sobre, encima de; (in addition to) además de; **from ~ to bottom** de pies a cabeza; **top up** vt llenar; (mobile phone) recargar (el saldo de); **top floor** n último piso; **top hat** n sombrero de copa

topic ['tɒpɪk] n tema m; **topical** adj actual

topless ['tɒplɪs] adj (bather, bikini) topless inv

topping ['tɒpɪŋ] n (Culin): **with a ~ of cream** con nata por encima

topple ['tɒpl] vt derribar ▷ vi caerse

top-up card n (for mobile phone) tarjeta prepago

torch [tɔːtʃ] n antorcha; (BRIT: electric) linterna

tore [tɔː*] pt of **tear²**

torment n ['tɔːment, vt tɔː'ment] n tormento ▷ vt atormentar; (fig: annoy) fastidiar

torn [tɔːn] *pp of* **tear²**

tornado [tɔːˈneɪdəu] (*pl* **-es**) *n* tornado

torpedo [tɔːˈpiːdəu] (*pl* **-es**) *n* torpedo

torrent [ˈtɒrənt] *n* torrente *m*; **torrential** [tɒˈrenʃl] *adj* torrencial

tortoise [ˈtɔːtəs] *n* tortuga

torture [ˈtɔːtʃə*] *n* tortura ▷ *vt* torturar; (*fig*) atormentar

Tory [ˈtɔːrɪ] (*BRIT*) *adj, n* (*Pol*) conservador(a) *m/f*

toss [tɒs] *vt* tirar, echar; (*one's head*) sacudir; **to ~ a coin** echar a cara o cruz; **to ~ up for sth** jugar a cara o cruz algo; **to ~ and turn** (*in bed*) dar vueltas

total [ˈtəutl] *adj* total, entero; (*emphatic: failure etc*) completo, total ▷ *n* total *m*, suma ▷ *vt* (*add up*) sumar; (*amount to*) ascender a

totalitarian [təutælɪˈtɛərɪən] *adj* totalitario

totally [ˈtəutəlɪ] *adv* totalmente

touch [tʌtʃ] *n* tacto; (*contact*) contacto ▷ *vt* tocar; (*emotionally*) conmover; **a ~ of** (*fig*) un poquito de; **to get in ~ with sb** ponerse en contacto con algn; **to lose ~** (*friends*) perder contacto; **touch down** *vi* (*on land*) aterrizar; **touchdown** *n* aterrizaje *m*; (*on sea*) amerizaje *m*; (*US Football*) ensayo *m*; **touched** *adj* (*moved*) conmovido; **touching** *adj* (*moving*) conmovedor(a); **touchline** *n* (*Sport*) línea de banda; **touch-sensitive** *adj* sensible al tacto

tough [tʌf] *adj* (*material*) resistente; (*meat*) duro; (*problem etc*) difícil; (*policy, stance*) inflexible; (*person*) fuerte

tour [tuə*] *n* viaje *m*, vuelta; (*also*: **package ~**) viaje *m* todo comprendido; (*of town, museum*) visita; (*by band etc*) gira ▷ *vt* recorrer, visitar; **tour guide** *n* guía *mf* turístico/a

tourism [ˈtuərɪzm] *n* turismo

tourist [ˈtuərɪst] *n* turista *mf* ▷ *cpd* turístico; **tourist office** *n* oficina de turismo

tournament [ˈtuənəmənt] *n* torneo

tour operator *n* touroperador(a) *m/f*, operador(a) *m/f* turístico/a

tow [təu] *vt* remolcar; **"on ~"** *or* **"in ~"** (*Aut*) "a remolque"; **tow away** *vt* llevarse a remolque

toward(s) [təˈwɔːd(z)] *prep* hacia; (*attitude*) respecto a, con; (*purpose*) para

towel [ˈtauəl] *n* toalla; **towelling** *n* (*fabric*) felpa

tower [ˈtauə*] *n* torre *f*; **tower block** (*BRIT*) *n* torre *f* (de pisos)

town [taun] *n* ciudad *f*; **to go to ~** ir a la ciudad; (*fig*) echar la casa por la ventana; **town centre** *n* centro de la ciudad; **town hall** *n* ayuntamiento

tow truck (*US*) *n* camión *m* grúa

toxic [ˈtɒksɪk] *adj* tóxico

toy [tɔɪ] *n* juguete *m*; **toy with** *vt fus* jugar con; (*idea*) acariciar; **toyshop** *n* juguetería

trace [treɪs] *n* rastro ▷ *vt* (*draw*) trazar, delinear; (*locate*) encontrar; (*follow*) seguir la pista de

track [træk] *n* (*mark*) huella, pista; (*path: gen*) camino, senda; (*: of bullet etc*) trayectoria; (*: of suspect, animal*) pista, rastro; (*Rail*) vía; (*Sport*) pista; (*on tape, record*) canción *f* ▷ *vt* seguir la pista de; **to keep ~ of** mantenerse al tanto de, seguir; **track down** *vt* (*prey*) seguir el rastro de; (*sth lost*) encontrar; **tracksuit** *n* chandal *m*

tractor [ˈtræktə*] *n* tractor *m*

trade [treɪd] *n* comercio; (*skill, job*) oficio ▷ *vi* negociar, comerciar ▷ *vt* (*exchange*): **to ~ sth (for sth)** cambiar algo (por algo); **trade in** *vt* (*old car etc*) ofrecer como parte del pago; **trademark** *n* marca de fábrica; **trader** *n* comerciante *mf*; **tradesman** (*irreg*) *n* (*shopkeeper*) tendero; **trade union** *n* sindicato

trading [ˈtreɪdɪŋ] *n* comercio

tradition [trəˈdɪʃən] *n* tradición *f*; **traditional** *adj* tradicional

traffic [ˈtræfɪk] *n* (*gen, Aut*) tráfico,

circulación f ▷ vi: **to ~ in** (pej: liquor, drugs) traficar en; **traffic circle** (US) n isleta; **traffic island** n refugio, isleta; **traffic jam** n embotellamiento; **traffic lights** npl semáforo; **traffic warden** n guardia mf de tráfico

tragedy ['trædʒədɪ] n tragedia

tragic ['trædʒɪk] adj trágico

trail [treɪl] n (tracks) rastro, pista; (path) camino, sendero; (dust, smoke) estela ▷ vt (drag) arrastrar; (follow) seguir la pista de ▷ vi arrastrar; (in contest etc) ir perdiendo; **trailer** n (Aut) remolque m; (caravan) caravana; (Cinema) trailer m, avance m

train [treɪn] n tren m; (of dress) cola; (series) serie f ▷ vt (educate, teach skills to) formar; (sportsman) entrenar; (dog) adiestrar; (point: gun etc): **to ~ on** apuntar a ▷ vi (Sport) entrenarse; (learn a skill): **to ~ as a teacher** etc estudiar para profesor etc; **one's ~ of thought** el razonamiento de algn; **trainee** [treɪ'niː] n aprendiz/a m/f; **trainer** n (Sport: coach) entrenador(a) m/f; (of animals) domador(a) m/f; **trainers** npl (shoes) zapatillas fpl (de deporte); **training** n formación f, entrenamiento; **to be in training** (Sport) estar entrenando; **training course** n curso de formación; **training shoes** npl zapatillas fpl (de deporte)

trait [treɪt] n rasgo

traitor ['treɪtə*] n traidor(a) m/f

tram [træm] (BRIT) n (also: **~car**) tranvía m

tramp [træmp] n (person) vagabundo/a m/f; (inf: pej: woman) puta

trample ['træmpl] vt: **to ~ (underfoot)** pisotear

trampoline ['træmpəliːn] n trampolín m

tranquil ['træŋkwɪl] adj tranquilo; **tranquillizer** (US **tranquilizer**) n (Med) tranquilizante m

transaction [træn'zækʃən] n transacción f, operación f

transatlantic ['trænzət'læntɪk] adj transatlántico

transcript ['trænskrɪpt] n copia

transfer [n 'trænsfə:*, vb træns'fə:*] n (of employees) traslado; (of money, power) transferencia; (Sport) traspaso; (picture, design) calcomanía ▷ vt trasladar; transferir; **to ~ the charges** (BRIT Tel) llamar a cobro revertido

transform [træns'fɔːm] vt transformar; **transformation** n transformación f

transfusion [træns'fjuːʒən] n transfusión f

transit ['trænzɪt] n: **in ~** en tránsito

transition [træn'zɪʃən] n transición f

transitive ['trænzɪtɪv] adj (Ling) transitivo

translate [trænz'leɪt] vt traducir; **translation** [-'leɪʃən] n traducción f; **translator** n traductor(a) m/f

transmission [trænz'mɪʃən] n transmisión f

transmit [trænz'mɪt] vt transmitir; **transmitter** n transmisor m

transparent [træns'pærnt] adj transparente

transplant ['trænsplɔːnt] n (Med) transplante m

transport [n 'trænspɔːt, vt træns'pɔːt] n transporte m; (car) coche m (SP), carro (LAM), automóvil m ▷ vt transportar; **transportation** [-'teɪʃən] n transporte m

transvestite [trænz'vestaɪt] n travestí mf

trap [træp] n (snare, trick) trampa; (carriage) cabriolé m ▷ vt coger (SP) or agarrar (LAM) (en una trampa); (trick) engañar; (confine) atrapar

trash [træʃ] n (rubbish) basura; (nonsense) tonterías fpl; (pej): **the book/film is ~** el libro/la película no vale nada; **trash can** (US) n cubo o bote m (MEX) or tacho (SC) de la basura

trauma ['trɔːmə] n trauma m; **traumatic** [trɔː'mætɪk] adj traumático

travel ['trævl] n el viajar ▷vi viajar
▷vt (distance) recorrer; **travel agency**
n agencia de viajes; **travel agent** n
agente mf de viajes; **travel insurance**
n seguro de viaje; **traveller** (us
traveler) n viajero/a; **traveller's
cheque** (us **traveler's check**) n
cheque m de viajero; **travelling** (us
traveling) n los viajes, el viajar;
travel-sick adj: **to get travel-sick**
marearse al viajar; **travel sickness**
n mareo

tray [treɪ] n bandeja; (on desk) cajón m

treacherous ['trɛtʃərəs] adj traidor,
traicionero; (dangerous) peligroso

treacle ['triːkl] (BRIT) n melaza

tread [trɛd] (pt **trod**, pp **trodden**)
n (step) paso, pisada; (sound) ruido
de pasos; (of stair) escalón m; (of tyre)
banda de rodadura ▷vi pisar; **tread
on** vt fus pisar

treasure ['trɛʒə*] n tesoro ▷vt
(value: object, friendship) apreciar;
(: memory) guardar; **treasurer** n
tesorero/a

treasury ['trɛʒərɪ] n: **the T~** el
Ministerio de Hacienda

treat [triːt] n (present) regalo ▷vt
tratar; **to ~ sb to sth** invitar a algn a
algo; **treatment** n tratamiento

treaty ['triːtɪ] n tratado

treble ['trɛbl] adj triple ▷vt triplicar
▷vi triplicarse

tree [triː] n árbol m; **~ trunk** tronco
(de árbol)

trek [trɛk] n (long journey) viaje m
largo y difícil; (tiring walk) caminata

tremble ['trɛmbl] vi temblar

tremendous [trɪ'mɛndəs] adj
tremendo, enorme; (excellent)
estupendo

trench [trɛntʃ] n zanja

trend [trɛnd] n (tendency) tendencia;
(of events) curso; (fashion) moda; **trendy**
adj de moda

trespass ['trɛspəs] vi: **to ~ on** entrar
sin permiso en; **"no ~ing"** "prohibido
el paso"

trial ['traɪəl] n (Law) juicio, proceso;
(test: of machine etc) prueba; **trial
period** n periodo de prueba

triangle ['traɪæŋgl] n (Math, Mus)
triángulo

triangular [traɪ'æŋgjulə*] adj
triangular

tribe [traɪb] n tribu f

tribunal [traɪ'bjuːnl] n tribunal m

tribute ['trɪbjuːt] n homenaje m,
tributo; **to pay ~ to** rendir homenaje a

trick [trɪk] n (skill, knack) tino, truco;
(conjuring trick) truco; (joke) broma;
(Cards) baza ▷vt engañar; **to play a
~ on sb** gastar una broma a algn; **that
should do the ~** a ver si funciona así

trickle ['trɪkl] n (of water etc) goteo
▷vi gotear

tricky ['trɪkɪ] adj difícil; delicado

tricycle ['traɪsɪkl] n triciclo

trifle ['traɪfl] n bagatela; (Culin) dulce
de bizcocho borracho, gelatina, fruta y
natillas ▷ adv: **a ~ long** un poquito largo

trigger ['trɪgə*] n (of gun) gatillo

trim [trɪm] adj (house, garden) en
buen estado; (person, figure) esbelto
▷n (haircut etc) recorte m; (on car)
guarnición f ▷vt (neaten) arreglar; (cut)
recortar; (decorate) adornar; (Naut: a
sail) orientar

trio ['triːəu] n trío

trip [trɪp] n viaje m; (excursion)
excursión f; (stumble) traspié m ▷vi
(stumble) tropezar; (go lightly) andar a
paso ligero; **on a ~** de viaje; **trip up**
vi tropezar, caerse ▷vt hacer tropezar
or caer

triple ['trɪpl] adj triple

triplets ['trɪplɪts] npl trillizos/as
mpl/fpl

tripod ['traɪpɔd] n trípode m

triumph ['traɪʌmf] n triunfo
▷vi: **to ~ (over)** vencer; **triumphant**
[traɪ'ʌmfənt] adj (team etc)
vencedor(a); (wave, return) triunfal

trivial ['trɪvɪəl] adj insignificante;
(commonplace) banal

trod [trɔd] pt of **tread**

trodden ['trɒdn] *pp of* **tread**

trolley ['trɒlɪ] *n* carrito; (*also:* **~ bus**) trolebús *m*

trombone [trɒm'bəʊn] *n* trombón *m*

troop [truːp] *n* grupo, banda; **troops** *npl* (*Mil*) tropas *fpl*

trophy ['trəʊfɪ] *n* trofeo

tropical ['trɒpɪkl] *adj* tropical

trot [trɒt] *n* trote *m* ▷ *vi* trotar; **on the ~** (*BRIT: fig*) seguidos/as

trouble ['trʌbl] *n* problema *m*, dificultad *f*; (*worry*) preocupación *f*; (*bother, effort*) molestia, esfuerzo; (*unrest*) inquietud *f*; (*Med*): **stomach** *etc* **~** problemas *mpl* gástricos *etc* ▷ *vt* (*disturb*) molestar; (*worry*) preocupar, inquietar ▷ *vi*: **to ~ to do sth** molestarse en hacer algo; **troubles** *npl* (*Pol etc*) conflictos *mpl*; (*personal*) problemas *mpl*; **to be in ~** estar en un apuro; **it's no ~!** ¡no es molestia (ninguna)!; **what's the ~?** (*with broken TV etc*) ¿cuál es el problema?; (*doctor to patient*) ¿qué pasa?; **troubled** *adj* (*person*) preocupado; (*country, epoch, life*) agitado; **troublemaker** *n* agitador(a) *m/f*; (*child*) alborotador *m*; **troublesome** *adj* molesto

trough [trɒf] *n* (*also:* **drinking ~**) abrevadero; (*also:* **feeding ~**) comedero; (*depression*) depresión *f*

trousers ['traʊzəz] *npl* pantalones *mpl*; **short ~** pantalones *mpl* cortos

trout [traʊt] *n inv* trucha

trowel ['traʊəl] *n* (*of gardener*) palita; (*of builder*) paleta

truant ['truːənt] *n*: **to play ~** (*BRIT*) hacer novillos

truce [truːs] *n* tregua

truck [trʌk] *n* (*lorry*) camión *m*; (*Rail*) vagón *m*; **truck driver** *n* camionero

true [truː] *adj* verdadero; (*accurate*) exacto; (*genuine*) auténtico; (*faithful*) fiel; **to come ~** realizarse

truly ['truːlɪ] *adv* (*really*) realmente; (*truthfully*) verdaderamente; (*faithfully*): **yours ~** (*in letter*) le saluda atentamente

trumpet ['trʌmpɪt] *n* trompeta

trunk [trʌŋk] *n* (*of tree, person*) tronco; (*of elephant*) trompa; (*case*) baúl *m*; (*us Aut*) maletero; **trunks** *npl* (*also:* **swimming ~s**) bañador *m* (de hombre)

trust [trʌst] *n* confianza; (*responsibility*) responsabilidad *f*; (*Law*) fideicomiso ▷ *vt* (*rely on*) tener confianza en; (*hope*) esperar; (*entrust*): **to ~ sth to sb** confiar algo a algn; **to take sth on ~** fiarse de algo; **trusted** *adj* de confianza; **trustworthy** *adj* digno de confianza

truth [truːθ, *pl* truːðz] *n* verdad *f*; **truthful** *adj* veraz

try [traɪ] *n* tentativa, intento; (*Rugby*) ensayo ▷ *vt* (*attempt*) intentar; (*test: also:* **~ out**) probar, someter a prueba; (*Law*) juzgar, procesar; (*strain: patience*) hacer perder ▷ *vi* probar; **to have a ~** probar suerte; **to ~ to do sth** intentar hacer algo; **~ again!** ¡vuelve a probar!; **~ harder!** ¡esfuérzate más!; **well, I tried** al menos lo intenté; **try on** *vt* (*clothes*) probarse; **trying** *adj* (*experience*) cansado; (*person*) pesado

T-shirt ['tiːʃəːt] *n* camiseta

tub [tʌb] *n* cubo (*sp*), cubeta (*sp, mex*), balde *m* (*lam*); (*bath*) bañera (*sp*), tina (*lam*), bañadera (*rpl*)

tube [tjuːb] *n* tubo; (*BRIT: underground*) metro; (*for tyre*) cámara de aire

tuberculosis [tjʊbɜːkjuˈləʊsɪs] *n* tuberculosis *f inv*

tube station (*BRIT*) *n* estación *f* de metro

tuck [tʌk] *vt* (*put*) poner; **tuck away** *vt* (*money*) guardar; (*building*): **to be tucked away** esconderse, ocultarse; **tuck in** *vt* meter dentro; (*child*) arropar ▷ *vi* (*eat*) comer con apetito; **tuck shop** *n* (*Scol*) tienda = bar *m* (del colegio) (*sp*)

Tue(s). *abbr* (= *Tuesday*) mart

Tuesday ['tjuːzdɪ] *n* martes *m inv*

tug [tʌg] *n* (*ship*) remolcador *m* ▷ *vt* tirar de

tuition [tjuˈɪʃən] *n* (*BRIT*) enseñanza;

tulip ['tjuːlɪp] *n* tulipán *m*

tumble ['tʌmbl] *n* (*fall*) caída
▷ *vi* caer; **to ~ to sth** (*inf*) caer en la cuenta de algo; **tumble dryer** (*BRIT*) *n* secadora

tumbler ['tʌmblə*] *n* (*glass*) vaso

tummy ['tʌmɪ] (*inf*) *n* barriga, tripa

tumour ['tjuːmə*] (*US* **tumor**) *n* tumor *m*

tuna ['tjuːnə] *n inv* (*also:* **~ fish**) atún *m*

tune [tjuːn] *n* melodía ▷ *vt* (*Mus*) afinar; (*Radio, TV, Aut*) sintonizar; **to be in/out of ~** (*instrument*) estar afinado/desafinado; (*singer*) cantar afinadamente/desafinar; **to be in/out of ~ with** (*fig*) estar de acuerdo/en desacuerdo con; **tune in** *vi*: **to tune in (to)** (*Radio, TV*) sintonizar (con); **tune up** *vi* (*musician*) afinar (su instrumento)

tunic ['tjuːnɪk] *n* túnica

Tunisia [tjuːˈnɪzɪə] *n* Túnez *m*

tunnel ['tʌnl] *n* túnel *m*; (*in mine*) galería ▷ *vi* construir un túnel/una galería

turbulence ['tɜːbjuləns] *n* (*Aviat*) turbulencia

turf [tɜːf] *n* césped *m*; (*clod*) tepe *m*
▷ *vt* cubrir con césped

Turk [tɜːk] *n* turco/a

Turkey ['tɜːkɪ] *n* Turquía

turkey ['tɜːkɪ] *n* pavo

Turkish ['tɜːkɪʃ] *adj, n* turco; (*Ling*) turco

turmoil ['tɜːmɔɪl] *n*: **in ~** revuelto

turn [tɜːn] *n* turno; (*in road*) curva; (*of mind, events*) rumbo; (*Theatre*) número; (*Med*) ataque *m* ▷ *vt* girar, volver; (*collar, steak*) dar la vuelta a *f*; (*page*) pasar; (*change*): **to ~ sth into** convertir algo en ▷ *vi* volver; (*person: look back*) volverse; (*reverse direction*) dar la vuelta; (*milk*) cortarse; (*become*): **to ~ nasty/forty** ponerse feo/cumplir los cuarenta; **a good ~** un favor; **it gave**

me quite a ~ me dio un susto; **"no left ~"** (*Aut*) "prohibido girar a la izquierda"; **it's your ~** te toca a ti; **in ~** por turnos; **to take ~s (at)** turnarse (en); **turn around** *vi* (*person*) volverse, darse la vuelta ▷ *vt* (*object*) dar la vuelta a, voltear (*LAM*); **turn back** *vi* volverse atrás ▷ *vt* hacer retroceder; (*clock*) retrasar; **turn down** *vt* (*refuse*) rechazar; (*reduce*) bajar; (*fold*) doblar; **turn in** *vi* (*inf: go to bed*) acostarse ▷ *vt* (*fold*) doblar hacia dentro; **turn off** *vi* (*from road*) desviarse ▷ *vt* (*light, radio etc*) apagar; (*tap*) cerrar; (*engine*) parar; **turn on** *vt* (*light, radio etc*) encender (*SP*), prender (*LAM*); (*tap*) abrir; (*engine*) poner en marcha; **turn out** *vt* (*light, gas*) apagar; (*produce*) producir ▷ *vi* (*voters*) concurrir; **to turn out to be ...** resultar ser ...; **turn over** *vi* (*person*) volverse ▷ *vt* (*object*) dar la vuelta a; (*page*) volver; **turn round** *vi* volverse; (*rotate*) girar; **turn to** *vt fus*: **to turn to sb** acudir a algn; **turn up** *vi* (*person*) llegar, presentarse; (*lost object*) aparecer ▷ *vt* (*gen*) subir; **turning** *n* (*in road*) vuelta; **turning point** *n* (*fig*) momento decisivo

turnip ['tɜːnɪp] *n* nabo

turnout *n* concurrencia;
turnover *n* (*Comm: amount of money*) volumen *m* de ventas; (*: of goods*) movimiento; **turnstile** *n* torniquete *m*; **turn-up** (*BRIT*) *n* (*on trousers*) vuelta

turquoise ['tɜːkwɔɪz] *n* (*stone*) turquesa ▷ *adj* color turquesa

turtle ['tɜːtl] *n* galápago; **turtleneck (sweater)** *n* jersey *m* de cuello vuelto

tusk [tʌsk] *n* colmillo

tutor ['tjuːtə*] *n* profesor(a) *m/f*;
tutorial [-'tɔːrɪəl] *n* (*Scol*) seminario

tuxedo [tʌkˈsiːdəu] (*us*) *n* smóking *m*, esmoquin *m*

TV [tiː'viː] *n abbr* (= *television*) tele *f*

tweed [twiːd] *n* tweed *m*

tweezers ['twiːzəz] *npl* pinzas *fpl* (de depilar)

twelfth [twɛlfθ] *num* duodécimo

twelve [twɛlv] *num* doce; **at ~ o'clock** (*midday*) a mediodía; (*midnight*) a medianoche

twentieth ['twɛntɪɪθ] *adj* vigésimo

twenty ['twɛntɪ] *num* veinte

twice [twaɪs] *adv* dos veces; **~ as much** dos veces más

twig [twɪg] *n* ramita

twilight ['twaɪlaɪt] *n* crepúsculo

twin [twɪn] *adj*, *n* gemelo/a *m/f* ▷ *vt* hermanar; **twin(-bedded) room** *n* habitación *f* doble; **twin beds** *npl* camas *fpl* gemelas

twinkle ['twɪŋkl] *vi* centellear; (*eyes*) brillar

twist [twɪst] *n* (*action*) torsión *f*; (*in road, coil*) vuelta; (*in wire, flex*) doblez *f*; (*in story*) giro ▷ *vt* torcer; (*weave*) trenzar; (*roll around*) enrollar; (*fig*) deformar ▷ *vi* serpentear

twit [twɪt] (*inf*) *n* tonto

twitch [twɪtʃ] *n* (*pull*) tirón *m*; (*nervous*) tic *m* ▷ *vi* crisparse

two [tuː] *num* dos; **to put ~ and ~ together** (*fig*) atar cabos

type [taɪp] *n* (*category*) tipo, género; (*model*) tipo; (*Typ*) tipo, letra ▷ *vt* escribir a máquina; **typewriter** *n* máquina de escribir

typhoid ['taɪfɔɪd] *n* tifoidea

typhoon [taɪˈfuːn] *n* tifón *m*

typical ['tɪpɪkl] *adj* típico; **typically** *adv* típicamente

typing ['taɪpɪŋ] *n* mecanografía

typist ['taɪpɪst] *n* mecanógrafo/a

tyre ['taɪə*] (*us* **tire**) *n* neumático, llanta (LAM); **tyre pressure** (BRIT) *n* presión *f* de los neumáticos

u

UFO ['juːfəu] *n abbr* (= *unidentified flying object*) OVNI *m*

Uganda [juːˈgændə] *n* Uganda

ugly ['ʌglɪ] *adj* feo; (*dangerous*) peligroso

UHT *abbr* (= *UHT milk*) leche *f* UHT, leche *f* uperizada

UK *n abbr* = **United Kingdom**

ulcer ['ʌlsə*] *n* úlcera; (*mouth ulcer*) llaga

ultimate ['ʌltɪmət] *adj* último, final; (*greatest*) máximo; **ultimately** *adv* (*in the end*) por último, al final; (*fundamentally*) a o en fin de cuentas

ultimatum [ʌltɪˈmeɪtəm] (*pl* **~s** *or* **ultimata**) *n* ultimátum *m*

ultrasound ['ʌltrəsaund] *n* (*Med*) ultrasonido

ultraviolet [ʌltrəˈvaɪəlɪt] *adj* ultravioleta

umbrella [ʌmˈbrɛlə] *n* paraguas *m inv*; (*for sun*) sombrilla

umpire ['ʌmpaɪə*] *n* árbitro

UN *n abbr* (= *United Nations*) NN. UU.

unable [ʌnˈeɪbl] *adj*: **to be ~ to do sth**

no poder hacer algo

unacceptable [ʌnək'sɛptəbl] adj (proposal, behaviour, price) inaceptable; **it's ~ that** no se puede aceptar que

unanimous [juː'nænɪməs] adj unánime

unarmed [ʌn'ɑːmd] adj (defenceless) inerme; (without weapon) desarmado

unattended [ʌnə'tɛndɪd] adj desatendido

unattractive [ʌnə'træktɪv] adj poco atractivo

unavailable [ʌnə'veɪləbl] adj (article, room, book) no disponible; (person) ocupado

unavoidable [ʌnə'vɔɪdəbl] adj inevitable

unaware [ʌnə'wɛə*] adj: **to be ~ of** ignorar; **unawares** adv: **to catch sb unawares** pillar a algn desprevenido

unbearable [ʌn'bɛərəbl] adj insoportable

unbeatable [ʌn'biːtəbl] adj (team) invencible; (price) inmejorable; (quality) insuperable

unbelievable [ʌnbɪ'liːvəbl] adj increíble

unborn [ʌn'bɔːn] adj que va a nacer

unbutton [ʌn'bʌtn] vt desabrochar

uncalled-for [ʌn'kɔːldfɔː*] adj gratuito, inmerecido

uncanny [ʌn'kænɪ] adj extraño

uncertain [ʌn'səːtn] adj incierto; (indecisive) indeciso; **uncertainty** n incertidumbre f

unchanged [ʌn'tʃeɪndʒd] adj igual, sin cambios

uncle ['ʌŋkl] n tío

unclear [ʌn'klɪə*] adj poco claro; **I'm still ~ about what I'm supposed to do** todavía no tengo muy claro lo que tengo que hacer

uncomfortable [ʌn'kʌmfətəbl] adj incómodo; (uneasy) inquieto

uncommon [ʌn'kɔmən] adj poco común, raro

unconditional [ʌnkən'dɪʃənl] adj incondicional

unconscious [ʌn'kɔnʃəs] adj sin sentido; (unaware) **to be ~ of** no darse cuenta de ⊳ n: **the ~** el inconsciente

uncontrollable [ʌnkən'trəuləbl] adj (child etc) incontrolable; (temper) indomable; (laughter) incontenible

unconventional [ʌnkən'vɛnʃənl] adj poco convencional

uncover [ʌn'kʌvə*] vt descubrir; (take lid off) destapar

undecided [ʌndɪ'saɪdɪd] adj (character) indeciso; (question) no resuelto

undeniable [ʌndɪ'naɪəbl] adj innegable

under ['ʌndə*] prep debajo de; (less than) menos de; (according to) según, de acuerdo con; (sb's leadership) bajo ⊳ adv debajo, abajo; **~ there** allí debajo, abajo; **~ repair** en reparación; **undercover** adj clandestino; **underdone** adj (Culin) poco hecho; **underestimate** vt subestimar; **undergo** (irreg) vt sufrir; (treatment) recibir; **undergraduate** n estudiante mf; **underground** n (BRIT: railway) metro; (Pol) movimiento clandestino ⊳ adj (car park) subterráneo ⊳ adv (work) en la clandestinidad; **undergrowth** n maleza; **underline** vt subrayar; **undermine** vt socavar, minar; **underneath** [ʌndə'niːθ] adv debajo ⊳ prep debajo de, bajo; **underpants** npl calzoncillos mpl; **underpass** (BRIT) n paso subterráneo; **underprivileged** adj desposeído; **underscore** vt subrayar; **undershirt** (US) n camiseta; **underskirt** (BRIT) n enaguas fpl

understand [ʌndə'stænd] vt, vi entender, comprender; (assume) tener entendido; **understandable** adj comprensible; **understanding** adj comprensivo ⊳ n comprensión f, entendimiento; (agreement) acuerdo

understatement ['ʌndəsteɪtmənt] n modestia (excesiva); **that's an ~!** ¡eso es decir poco!

understood [ʌndə'stud] pt, pp of

understand ▷ *adj (agreed)* acordado; *(implied)*: **it is ~ that** se sobreentiende que

undertake [ʌndəˈteɪk] *(irreg)* vt emprender; **to ~ to do sth** comprometerse a hacer algo

undertaker [ˈʌndəteɪkə*] *n* director(a) *m/f* de pompas fúnebres

undertaking [ˈʌndəteɪkɪŋ] *n* empresa; *(promise)* promesa

under; **underwater** *adv* bajo el agua ▷ *adj* submarino; **underway** *adj*: **to be underway** *(meeting)* estar en marcha; *(investigation)* estar llevándose a cabo; **underwear** *n* ropa interior; **underwent** *vb see* **undergo**; **underworld** *n (of crime)* hampa, inframundo

undesirable [ʌndɪˈzaɪərəbl] *adj (person)* indeseable; *(thing)* poco aconsejable

undisputed [ʌndɪˈspjuːtɪd] *adj* incontestable

undo [ʌnˈduː] *(irreg)* vt *(laces)* desatar; *(button etc)* desabrochar; *(spoil)* deshacer

undone [ʌnˈdʌn] *pp of* **undo** ▷ *adj*: **to come ~** *(clothes)* desabrocharse; *(parcel)* desatarse

undoubtedly [ʌnˈdautɪdlɪ] *adv* indudablemente, sin duda

undress [ʌnˈdrɛs] *vi* desnudarse

unearth [ʌnˈəːθ] *vt* desenterrar

uneasy [ʌnˈiːzɪ] *adj* intranquilo, preocupado; *(feeling)* desagradable; *(peace)* inseguro

unemployed [ʌnɪmˈplɔɪd] *adj* parado, sin trabajo ▷ *npl*: **the ~** los parados

unemployment [ʌnɪmˈplɔɪmənt] *n* paro, desempleo; **unemployment benefit** *n (BRIT)* subsidio de desempleo or paro

unequal [ʌnˈiːkwəl] *adj (unfair)* desigual; *(size, length)* distinto

uneven [ʌnˈiːvn] *adj* desigual; *(road etc)* lleno de baches

unexpected [ʌnɪkˈspɛktɪd] *adj*

inesperado; **unexpectedly** *adv* inesperadamente

unfair [ʌnˈfɛə*] *adj*: **~ (to sb)** injusto (con algn)

unfaithful [ʌnˈfeɪθful] *adj* infiel

unfamiliar [ʌnfəˈmɪlɪə*] *adj* extraño, desconocido; **to be ~ with** desconocer

unfashionable [ʌnˈfæʃnəbl] *adj* pasado or fuera de moda

unfasten [ʌnˈfɑːsn] *vt (knot)* desatar; *(dress)* desabrochar; *(open)* abrir

unfavourable [ʌnˈfeɪvərəbl] *(US* **unfavorable)** *adj* desfavorable

unfinished [ʌnˈfɪnɪʃt] *adj* inacabado, sin terminar

unfit [ʌnˈfɪt] *adj* bajo de forma; *(incompetent)*: **~ (for)** incapaz (de); **~ for work** no apto para trabajar

unfold [ʌnˈfəuld] *vt* desdoblar ▷ *vi* abrirse

unforgettable [ʌnfəˈgɛtəbl] *adj* inolvidable

unfortunate [ʌnˈfɔːtʃnət] *adj* desgraciado; *(event, remark)* inoportuno; **unfortunately** *adv* desgraciadamente

unfriendly [ʌnˈfrɛndlɪ] *adj* antipático; *(behaviour, remark)* hostil, poco amigable

unfurnished [ʌnˈfəːnɪʃt] *adj* sin amueblar

unhappiness [ʌnˈhæpɪnɪs] *n* tristeza, desdicha

unhappy [ʌnˈhæpɪ] *adj (sad)* triste; *(unfortunate)* desgraciado; *(childhood)* infeliz; **~ about/with** *(arrangements etc)* poco contento con, descontento con

unhealthy [ʌnˈhɛlθɪ] *adj (place)* malsano; *(person)* enfermizo; *(fig: interest)* morboso

unheard-of [ʌnˈhəːdɔv] *adj* inaudito, sin precedente

unhelpful [ʌnˈhɛlpful] *adj (person)* poco servicial; *(advice)* inútil

unhurt [ʌnˈhəːt] *adj* ileso

unidentified [ʌnaɪˈdɛntɪfaɪd] *adj* no identificado, sin identificar; *see* *also* **UFO**

uniform [ˈjuːnɪfɔːm] *n* uniforme *m*
▷ *adj* uniforme
unify [ˈjuːnɪfaɪ] *vt* unificar, unir
unimportant [ʌnɪmˈpɔːtənt] *adj* sin
importancia
uninhabited [ʌnɪnˈhæbɪtɪd] *adj*
desierto
unintentional [ʌnɪnˈtɛnʃənəl] *adj*
involuntario
union [ˈjuːnjən] *n* unión *f*; (*also:* **trade**
~) sindicato ▷ *cpd* sindical; **Union Jack**
n bandera del Reino Unido
unique [juːˈniːk] *adj* único
unisex [ˈjuːnɪsɛks] *adj* unisex
unit [ˈjuːnɪt] *n* unidad *f*; (*section: of*
furniture etc) elemento; (*team*) grupo;
kitchen ~ módulo de cocina
unite [juːˈnaɪt] *vt* unir ▷ *vi* unirse;
united *adj* unido; (*effort*) conjunto;
United Kingdom *n* Reino Unido;
United Nations (Organization) *n*
Naciones *fpl* Unidas; **United States (of**
America) *n* Estados *mpl* Unidos
unity [ˈjuːnɪtɪ] *n* unidad *f*
universal [juːnɪˈvɜːsl] *adj* universal
universe [ˈjuːnɪvɜːs] *n* universo
university [juːnɪˈvɜːsɪtɪ] *n*
universidad *f*
unjust [ʌnˈdʒʌst] *adj* injusto
unkind [ʌnˈkaɪnd] *adj* poco amable;
(*behaviour, comment*) cruel
unknown [ʌnˈnəʊn] *adj*
desconocido
unlawful [ʌnˈlɔːful] *adj* ilegal, ilícito
unleaded [ʌnˈlɛdɪd] *adj* (*petrol, fuel*)
sin plombo
unleash [ʌnˈliːʃ] *vt* desatar
unless [ʌnˈlɛs] *conj* a menos que;
~ he comes a menos que venga; **~**
otherwise stated salvo indicación
contraria
unlike [ʌnˈlaɪk] *adj* (*not alike*) distinto
de or a; (*not like*) poco propio de ▷ *prep*
a diferencia de
unlikely [ʌnˈlaɪklɪ] *adj* improbable;
(*unexpected*) inverosímil
unlimited [ʌnˈlɪmɪtɪd] *adj* ilimitado

unlisted [ʌnˈlɪstɪd] (*us*) *adj* (*Tel*) que
no consta en la guía
unload [ʌnˈləʊd] *vt* descargar
unlock [ʌnˈlɒk] *vt* abrir (con llave)
unlucky [ʌnˈlʌkɪ] *adj* desgraciado;
(*object, number*) que da mala suerte; **to**
be ~ tener mala suerte
unmarried [ʌnˈmærɪd] *adj* soltero
unmistak(e)able [ʌnmɪsˈteɪkəbl]
adj inconfundible
unnatural [ʌnˈnætʃrəl] *adj* (*gen*)
antinatural; (*manner*) afectado; (*habit*)
perverso
unnecessary [ʌnˈnɛsəsərɪ] *adj*
innecesario, inútil
UNO [ˈjuːnəʊ] *n abbr* (= *United Nations*
Organization) ONU *f*
unofficial [ʌnəˈfɪʃl] *adj* no oficial;
(*news*) sin confirmar
unpack [ʌnˈpæk] *vi* deshacer las
maletas ▷ *vt* deshacer
unpaid [ʌnˈpeɪd] *adj* (*bill, debt*) sin
pagar, impagado; (*Comm*) pendiente;
(*holiday*) sin sueldo; (*work*) sin pago,
voluntario
unpleasant [ʌnˈplɛznt] *adj*
(*disagreeable*) desagradable; (*person,*
manner) antipático
unplug [ʌnˈplʌg] *vt* desenchufar,
desconectar
unpopular [ʌnˈpɒpjʊlə*] *adj*
impopular, poco popular
unprecedented [ʌnˈprɛsɪdəntɪd]
adj sin precedentes
unpredictable [ʌnprɪˈdɪktəbl] *adj*
imprevisible
unprotected [ˈʌnprəˈtɛktɪd] *adj* (*sex*)
sin protección
unqualified [ʌnˈkwɒlɪfaɪd] *adj* sin
título, no cualificado; (*success*) total
unravel [ʌnˈrævl] *vt* desenmarañar
unreal [ʌnˈrɪəl] *adj* irreal;
(*extraordinary*) increíble
unrealistic [ˈʌnrɪəˈlɪstɪk] *adj* poco
realista
unreasonable [ʌnˈriːznəbl] *adj*
irrazonable; (*demand*) excesivo
unrelated [ʌnrɪˈleɪtɪd] *adj* sin

relación; (family) no emparentado

unreliable [ʌnrɪˈlaɪəbl] adj (person) informal; (machine) poco fiable

unrest [ʌnˈrest] n malestar f, malestar m; (Pol) disturbios mpl

unroll [ʌnˈrəʊl] vt desenrollar

unruly [ʌnˈruːlɪ] adj indisciplinado

unsafe [ʌnˈseɪf] adj peligroso

unsatisfactory [ˈʌnsætɪsˈfæktərɪ] adj poco satisfactorio

unscrew [ʌnˈskruː] vt destornillar

unsettled [ʌnˈsetld] adj inquieto, intranquilo; (weather) variable

unsettling [ʌnˈsetlɪŋ] adj perturbador(a), inquietante

unsightly [ʌnˈsaɪtlɪ] adj feo

unskilled [ʌnˈskɪld] adj (work) no especializado; (worker) no cualificado

unspoiled [ʌnˈspɔɪld], **unspoilt** [ʌnˈspɔɪlt] adj (place) que no ha perdido su belleza natural

unstable [ʌnˈsteɪbl] adj inestable

unsteady [ʌnˈstedɪ] adj inestable

unsuccessful [ʌnsəkˈsesfʊl] adj (attempt) infructuoso; (writer, proposal) sin éxito; **to be ~** (in attempting sth) no tener éxito, fracasar

unsuitable [ʌnˈsuːtəbl] adj inapropiado; (time) inoportuno

unsure [ʌnˈʃʊə*] adj inseguro, poco seguro

untidy [ʌnˈtaɪdɪ] adj (room) desordenado; (appearance) desaliñado

untie [ʌnˈtaɪ] vt desatar

until [ənˈtɪl] prep hasta ▷ conj hasta que; **~ he comes** hasta que venga; **~ now** hasta ahora y; **~ then** hasta entonces

untrue [ʌnˈtruː] adj (statement) falso

unused [ʌnˈjuːzd] adj sin usar

unusual [ʌnˈjuːʒʊəl] adj insólito, poco común; (exceptional) inusitado; **unusually** adv (exceptionally) excepcionalmente; **he arrived unusually early** llegó más temprano que de costumbre

unveil [ʌnˈveɪl] vt (statue) descubrir

unwanted [ʌnˈwɒntɪd] adj (clothing)

viejo; (pregnancy) no deseado

unwell [ʌnˈwel] adj **to be/feel ~** estar indispuesto/sentirse mal

unwilling [ʌnˈwɪlɪŋ] adj **to be ~ to do sth** estar poco dispuesto a hacer algo

unwind [ʌnˈwaɪnd] (irreg) vt desenvolver ▷ vi (relax) relajarse

unwise [ʌnˈwaɪz] adj imprudente

unwittingly [ʌnˈwɪtɪŋlɪ] adv inconscientemente, sin darse cuenta

unwrap [ʌnˈræp] vt desenvolver

unzip [ʌnˈzɪp] vt abrir la cremallera de; (Comput) descomprimir

○ **KEYWORD**

up [ʌp] prep: **to go/be up sth** subir/estar subido en algo; **he went up the stairs/the hill** subió las escaleras/la colina; **we walked/climbed up the hill** subimos la colina; **they live further up the street** viven más arriba en la calle; **go up that road and turn left** sigue por esa calle y gira a la izquierda

▷ adv **1** (upwards, higher) más arriba; **up in the mountains** en lo alto (de la montaña); **put it a bit higher up** ponlo un poco más arriba o alto; **up there** ahí o allí arriba; **up above** en lo alto, por encima, arriba

2: **to be up** (out of bed) estar levantado; (prices, level) haber subido

3: **up to** (as far as) hasta; **up to now** hasta ahora o la fecha

4: **to be up to: it's up to you** (depending on) depende de ti; **he's not up to it** (job, task etc) no es capaz de hacerlo; **his work is not up to the required standard** su trabajo no da la talla; (inf: be doing): **what is he up to?** ¿que estará tramando?

▷ n: **ups and downs** altibajos mpl

up-and-coming [ʌpəndˈkʌmɪŋ] adj prometedor(a)

upbringing [ˈʌpbrɪŋɪŋ] n educación

f

update [ʌpˈdeɪt] vt poner al día
upfront [ʌpˈfrʌnt] adj claro, directo
 ▷ adv a las claras; (pay) por adelantado;
to be ~ about sth admitir algo
claramente
upgrade [ʌpˈgreɪd] vt (house)
modernizar; (employee) ascender
upheaval [ʌpˈhiːvl] n trastornos mpl;
(Pol) agitación f
uphill [ʌpˈhɪl] adj cuesta arriba;
(fig: task) penoso, difícil ▷ adv: **to go ~**
ir cuesta arriba
upholstery [ʌpˈhəʊlstərɪ] n
tapicería f
upmarket [ʌpˈmɑːkɪt] adj (product)
de categoría
upon [əˈpɒn] prep sobre
upper [ˈʌpəˈ] adj superior, de arriba
 ▷ n (of shoe: also: **-s**) empeine m; **upper-**
class adj de clase alta
upright [ˈʌpraɪt] adj derecho;
(vertical) vertical; (fig) honrado
uprising [ˈʌpraɪzɪŋ] n sublevación f
uproar [ˈʌprɔːʳ] n escándalo
upset [n ˈʌpsɛt, vb, adj ʌpˈsɛt] n (to
plan etc) revés m, contratiempo; (Med)
trastorno ▷ vt irreg (glass etc) volcar;
(plan) alterar; (person) molestar,
disgustar ▷ adj molesto, disgustado;
(stomach) revuelto
upside-down [ʌpsaɪdˈdaʊn] adv al
revés; **to turn a place ~** (fig) revolverlo
todo
upstairs [ʌpˈstɛəz] adv arriba ▷ adj
(room) de arriba ▷ n el piso superior
up-to-date [ˈʌptəˈdeɪt] adj al día
uptown [ˈʌptaʊn] (us) adv hacia las
afueras ▷ adj exterior, de las afueras
upward [ˈʌpwəd] adj ascendente;
upward(s) adv hacia arriba; (more
than): **upward(s) of** más de
uranium [juəˈreɪnɪəm] n uranio
Uranus [juəˈreɪnəs] n Urano
urban [ˈəːbən] adj urbano
urge [əːdʒ] n (desire) deseo ▷ vt: **to ~**
sb to do sth animar a algn a hacer algo
urgency [ˈəːdʒənsɪ] n urgencia

urgent [ˈəːdʒənt] adj urgente; (voice)
perentorio
urinal [ˈjuərɪnl] n (building) urinario;
(vessel) orinal m
urinate [ˈjuərɪneɪt] vi orinar
urine [ˈjuərɪn] n orina, orines mpl
US n abbr (= United States) EE. UU.
us [ʌs] pron nos; (after prep) nosotros/
as; see also **me**
USA n abbr (= United States (of America))
EE.UU.
use [n juːs, vb juːz] n uso, empleo;
(usefulness) utilidad f ▷ vt usar,
emplear; **she ~d to do it** (ella) solía or
acostumbraba hacerlo; **in ~** en uso; **out**
of ~ en desuso; **to be of ~** servir; **it's**
no ~ (pointless) es inútil; (not useful) no
sirve; **to be ~d to** estar acostumbrado
a, acostumbrar; **use up** vt (food)
consumir; (money) gastar; **used** [juːzd]
adj (car) usado; **useful** adj útil;
useless (unusable) inservible;
(pointless) inútil; (person) inepto;
user n usuario/a; **user-friendly** adj
(computer) amistoso
usual [ˈjuːʒuəl] adj normal, corriente;
as ~ como de costumbre; **usually** adv
normalmente
utensil [juːˈtɛnsl] n utensilio;
kitchen ~s batería de cocina
utility [juːˈtɪlɪtɪ] n utilidad f; (public
utility) (empresa de) servicio público
utilize [ˈjuːtɪlaɪz] vt utilizar
utmost [ˈʌtməust] adj mayor ▷ n: **to**
do one's ~ hacer todo lo posible
utter [ˈʌtəʳ] adj total, completo
 ▷ vt pronunciar, proferir; **utterly** adv
completamente, totalmente
U-turn [ˈjuːtəːn] n viraje m en
redondo

V

v. *abbr* = **verse; versus;** (= volt) v; (= vide) véase

vacancy ['veɪkənsɪ] n (BRIT: job) vacante f; (room) habitación f libre; **"no vacancies"** "completo"

vacant ['veɪkənt] adj desocupado, libre; (expression) distraído

vacate [və'keɪt] vt (house, room) desocupar; (job) dejar (vacante)

vacation [və'keɪʃən] n vacaciones fpl; **vacationer** (US **vacationist**) n turista m/f

vaccination [væksɪ'neɪʃən] n vacunación f

vaccine ['væksiːn] n vacuna f

vacuum ['vækjum] n vacío m; **vacuum cleaner** n aspiradora f

vagina [və'dʒaɪnə] n vagina f

vague [veɪg] adj vago; (memory) borroso; (ambiguous) impreciso; (person: absent-minded) distraído; (: evasive): **to be ~** no decir las cosas claramente

vain [veɪn] adj (conceited) presumido; (useless) vano, inútil; **in ~** en vano

Valentine's Day ['væləntaɪnzdeɪ] n día de los enamorados

valid ['vælɪd] adj válido; (ticket) valedero; (law) vigente

valley ['vælɪ] n valle m

valuable ['væljuəbl] adj (jewel) de valor; (time) valioso; **valuables** npl objetos mpl de valor

value ['væljuː] n valor m; (importance) importancia ▷ vt (fix price of) tasar, valorar; (esteem) apreciar; **values** npl (principles) principios mpl

valve [vælv] n válvula f

vampire ['væmpaɪə*] n vampiro m

van [væn] n (Aut) furgoneta f, camioneta f

vandal ['vændl] n vándalo/a; **vandalism** n vandalismo; **vandalize** vt dañar, destruir

vanilla [və'nɪlə] n vainilla f

vanish ['vænɪʃ] vi desaparecer

vanity ['vænɪtɪ] n vanidad f

vapour ['veɪpə*] (US **vapor**) n vapor m; (on breath, window) vaho m

variable ['veərɪəbl] adj variable

variant ['veərɪənt] n variante f

variation [veərɪ'eɪʃən] n variación f

varied ['veərɪd] adj variado

variety [və'raɪətɪ] n (diversity) diversidad f; (type) variedad f

various ['veərɪəs] adj (several: people) varios/as; (different) diversos/as

varnish ['vɑːnɪʃ] n barniz m; (nail varnish) esmalte m ▷ vt barnizar; (nails) pintar (con esmalte)

vary ['veərɪ] vt variar; (change) cambiar ▷ vi variar

vase [vɑːz] n jarrón m

ⓘ Be careful not to translate **vase** by the Spanish word *vaso*.

Vaseline® ['væsɪliːn] n vaselina®

vast [vɑːst] adj enorme

VAT [væt] (BRIT) n abbr (= value added tax) IVA m

vault [vɔːlt] n (of roof) bóveda f; (tomb) panteón m; (in bank) cámara acorazada ▷ vt (also: ~ **over**) saltar (por encima de)

VCR n abbr = **video cassette recorder**

VDU n abbr (= visual display unit) UPV f

veal [viːl] n ternera f

veer [vɪə*] vi (vehicle) virar; (wind) girar

vegan [ˈviːgən] n vegetariano/a estricto/a, vegetaliano/a

vegetable [ˈvedʒtəbl] n (Bot) vegetal m; (edible plant) legumbre f, hortaliza ▷ adj vegetal

vegetarian [vedʒɪˈtɛəriən] adj, n vegetariano/a m/f

vegetation [vedʒɪˈteɪʃən] n vegetación f

vehicle [ˈviːɪkl] n vehículo m; (fig) medio

veil [veɪl] n velo ▷ vt velar

vein [veɪn] n vena f; (of ore etc) veta

Velcro® [ˈvelkrəʊ] n velcro® f

velvet [ˈvelvɪt] n terciopelo

vending machine [ˈvendɪŋ-] n distribuidor m automático

vendor [ˈvendə*] n vendedor(a) m/f; **street ~** vendedor(a) m/f callejero/a

vengeance [ˈvendʒəns] n venganza; **with a ~** (fig) con creces

venison [ˈvenɪsn] n carne f de venado

venom [ˈvenəm] n veneno; (bitterness) odio

vent [vent] n (in jacket) respiradero; (in wall) rejilla (de ventilación) ▷ vt (fig: feelings) desahogar

ventilation [ventɪˈleɪʃən] n ventilación f

venture [ˈventʃə*] n empresa ▷ vt (opinion) ofrecer ▷ vi arriesgarse, lanzarse; **business ~** empresa comercial

venue [ˈvenjuː] n lugar m

Venus [ˈviːnəs] n Venus m

verb [vəːb] n verbo; **verbal** adj verbal

verdict [ˈvəːdɪkt] n veredicto, fallo; (fig) opinión f, juicio

verge [vəːdʒ] (BRIT) n borde m; **"soft ~s"** (Aut) "arcén m no asfaltado"; **to be on the ~ of doing sth** estar a punto de hacer algo

verify [ˈverɪfaɪ] vt comprobar, verificar

versatile [ˈvəːsətaɪl] adj (person) polifacético; (machine, tool etc) versátil

verse [vəːs] n poesía; (stanza) estrofa; (in bible) versículo

version [ˈvəːʃən] n versión f

versus [ˈvəːsəs] prep contra

vertical [ˈvəːtɪkl] adj vertical

very [ˈverɪ] adv muy ▷ adj: **the ~ book which** el mismo libro que; **the ~ last** el último de todos; **at the ~ least** al menos; **~ much** muchísimo

vessel [ˈvesl] n (ship) barco; (container) vasija; see **blood**

vest [vest] n (BRIT) camiseta; (US: waistcoat) chaleco

vet [vet] vt (candidate) investigar ▷ n abbr (BRIT) = **veterinary surgeon**

veteran [ˈvetərn] n excombatiente mf, veterano/a

veterinary surgeon [ˈvetrɪnərɪ-] (US **veterinarian**) n veterinario/a m/f

veto [ˈviːtəʊ] (pl **~es**) n veto ▷ vt prohibir, poner el veto a

via [vaɪə] prep por, por medio de

viable [ˈvaɪəbl] adj viable

vibrate [vaɪˈbreɪt] vi vibrar

vibration [vaɪˈbreɪʃən] n vibración f

vicar [ˈvɪkə*] n párroco (de la Iglesia Anglicana)

vice [vaɪs] n (evil) vicio; (Tech) torno de banco; **vice-chairman** (irreg) n vicepresidente m

vice versa [ˈvaɪsɪˈvəːsə] adv viceversa

vicinity [vɪˈsɪnɪtɪ] n: **in the ~ (of)** cercano(a)

vicious [ˈvɪʃəs] adj (attack) violento; (words) cruel; (horse, dog) resabido

victim [ˈvɪktɪm] n víctima

victor [ˈvɪktə*] n vencedor(a) m/f

Victorian [vɪkˈtɔːrɪən] adj victoriano

victorious [vɪkˈtɔːrɪəs] adj vencedor(a)

victory [ˈvɪktərɪ] n victoria

video [ˈvɪdɪəʊ] n vídeo (SP), video (LAM); **video call** n videollamada; **video camera** n videocámara, cámara de vídeo; **video (cassette) recorder** n vídeo (SP), video

(LAM); **video game** n videojuego; **videophone** n videoteléfono; **video shop** n videoclub m; **video tape** n cinta de vídeo

vie [vaɪ] vi: **to ~ (with sb for sth)** competir (con algn por algo)

Vienna [vɪˈɛnə] n Viena

Vietnam [vjɛtˈnæm] n Vietnam m; **Vietnamese** [-nəˈmiːz] n inv, adj vietnamita mf

view [vjuː] n vista; (outlook) perspectiva; (opinion) opinión f, criterio ▷ vt (look at) mirar; (fig) considerar; **on ~** (in museum etc) expuesto; **in full ~ (of)** en plena vista (de); **in ~ of the weather/the fact that** en vista del tiempo/del hecho de que; **in my ~** en mi opinión; **viewer** n espectador(a) m/f; (TV) telespectador(a) m/f; **viewpoint** n (attitude) punto de vista; (place) mirador m

vigilant [ˈvɪdʒɪlənt] adj vigilante

vigorous [ˈvɪɡərəs] adj enérgico, vigoroso

vile [vaɪl] adj vil, infame; (smell) asqueroso; (temper) endemoniado

villa [ˈvɪlə] n (country house) casa de campo; (suburban house) chalet m

village [ˈvɪlɪdʒ] n aldea; **villager** n aldeano/a

villain [ˈvɪlən] n (scoundrel) malvado/a; (in novel) malo; (BRIT: criminal) maleante mf

vinaigrette [vɪneɪˈɡret] n vinagreta

vine [vaɪn] n vid f

vinegar [ˈvɪnɪɡəʳ] n vinagre m

vineyard [ˈvɪnjɑːd] n viña, viñedo

vintage [ˈvɪntɪdʒ] n (year) vendimia, cosecha ▷ cpd de época

vinyl [ˈvaɪnl] n vinilo

viola [vɪˈəʊlə] n (Mus) viola

violate [ˈvaɪəleɪt] vt violar

violation [vaɪəˈleɪʃən] n violación f; **in ~ of sth** en violación de algo

violence [ˈvaɪələns] n violencia

violent [ˈvaɪələnt] adj violento; (intense) intenso

violet [ˈvaɪələt] adj violado, violeta

▷ n (plant) violeta

violin [vaɪəˈlɪn] n violín m

VIP n abbr (= very important person) VIP m

virgin [ˈvɜːdʒɪn] n virgen f

Virgo [ˈvɜːɡəʊ] n Virgo

virtual [ˈvɜːtjuəl] adj virtual; **virtually** adv prácticamente; **virtual reality** n (Comput) mundo or realidad f virtual

virtue [ˈvɜːtjuː] n virtud f; (advantage) ventaja; **by ~ of** en virtud de

virus [ˈvaɪərəs] n (also Comput) virus m inv

visa [ˈviːzə] n visado (SP), visa (LAM)

vise [vaɪs] n (US) n (Tech) = **vice**

visibility [vɪzɪˈbɪlɪtɪ] n visibilidad f

visible [ˈvɪzəbl] adj visible

vision [ˈvɪʒən] n (sight) vista; (foresight, in dream) visión f

visit [ˈvɪzɪt] n visita ▷ vt (person (US: also: ~ with) visitar, hacer una visita a; (place) ir a, (ir a) conocer; **visiting hours** npl (in hospital etc) horas fpl de visita; **visitor** n (in museum) visitante mf; (invited to house) visita; (tourist) turista mf; **visitor centre** n **visitor center**) n centro m de información

visual [ˈvɪzjuəl] adj visual; **visualize** vt imaginarse

vital [ˈvaɪtl] adj (essential) esencial, imprescindible; (dynamic) dinámico; (organ) vital

vitality [vaɪˈtælɪtɪ] n energía, vitalidad f

vitamin [ˈvɪtəmɪn] n vitamina

vivid [ˈvɪvɪd] adj (account) gráfico; (light) intenso; (imagination, memory) vivo

V-neck [ˈviːnɛk] n cuello de pico

vocabulary [vəʊˈkæbjʊlərɪ] n vocabulario

vocal [ˈvəʊkl] adj vocal; (articulate) elocuente

vocational [vəʊˈkeɪʃənl] adj profesional

vodka [ˈvɒdkə] n vodka m

vogue [vəʊɡ] n: **in ~** en boga

voice [vɔɪs] n voz f ▷ vt expresar;
voice mail n fonobuzón m

void [vɔɪd] n vacío; (hole) hueco ▷ adj
(invalid) nulo, inválido; (empty): ~ **of**
carente or desprovisto de

volatile ['vɔlətaɪl] adj (situation)
inestable; (person) voluble; (liquid)
volátil

volcano [vɔl'keɪnəu] (pl ~es) n
volcán m

volleyball ['vɔlɪbɔːl] n vol(e)ibol m

volt [vəult] n voltio; **voltage** n
voltaje m

volume ['vɔljuːm] n (gen) volumen
m; (book) tomo

voluntarily ['vɔləntrɪlɪ] adv
libremente, voluntariamente

voluntary ['vɔləntərɪ] adj voluntario

volunteer [vɔlən'tɪə*] n voluntario/
a ▷ vt (information) ofrecer ▷ vi
ofrecerse (de voluntario); **to ~ to do**
ofrecerse a hacer

vomit ['vɔmɪt] n vómito ▷ vt, vi
vomitar

vote [vəut] n voto; (votes cast)
votación f; (right to vote) derecho
de votar; (franchise) sufragio ▷ vt
(chairman) elegir; (propose): **to ~ that**
proponer que ▷ vi votar, ir a votar; **~
of thanks** voto de gracias; **voter** n
votante mf; **voting** n votación f

voucher ['vautʃə*] n (for meal, petrol)
vale m

vow [vau] n voto ▷ vt: **to ~ to do/
that** jurar hacer/que

vowel ['vauəl] n vocal f

voyage ['vɔɪɪdʒ] n viaje m

vulgar ['vʌlgə*] adj (rude) ordinario,
grosero; (in bad taste) de mal gusto

vulnerable ['vʌlnərəbl] adj
vulnerable

vulture ['vʌltʃə*] n buitre m

W

waddle ['wɔdl] vi anadear

wade [weɪd] vi: **to ~ through** (water)
vadear; (fig: book) leer con dificultad

wafer ['weɪfə*] n galleta, barquillo

waffle ['wɔfl] n (Culin) gofre m ▷ vi
dar el rollo

wag [wæg] vt menear, agitar ▷ vi
moverse, menearse

wage [weɪdʒ] n (also: ~s) sueldo,
salario ▷ vt: **to ~ war** hacer la guerra

wag(g)on ['wægən] n (horse-drawn)
carro; (BRIT Rail) vagón m

wail [weɪl] n gemido ▷ vi gemir

waist [weɪst] n cintura, talle m;
waistcoat (BRIT) n chaleco

wait [weɪt] n (interval) pausa ▷ vi
esperar; **to lie in ~ for** acechar a; **I
can't ~ to** (fig) estoy deseando; **to ~
for** esperar (a); **wait on** vt fus servir
a; **waiter** n camarero; **waiting list**
n lista de espera; **waiting room** n
sala de espera; **waitress** ['weɪtrɪs] n
camarera

waive [weɪv] vt suspender

wake [weɪk] (pt **woke** or **~d**, pp **woken**

or **~d**) vt (also: **~ up**) despertar ▷ vi (also: **~ up**) despertarse ▷ n (for dead person) vela, velatorio; (Naut) estela

Wales [weɪlz] n País m de Gales; **the Prince of ~** el príncipe de Gales

walk [wɔːk] n (stroll) paseo; (hike) excursión f a pie, caminata; (gait) paso, andar m; (in park etc) paseo, alameda ▷ vi andar, caminar; (for pleasure, exercise) pasear ▷ vt (distance) recorrer a pie, andar; (dog) pasear; **10 minutes' ~ from here** a 10 minutos de aquí andando; **people from all ~s of life** gente de todas las esferas; **walk out** vi (audience) salir; (workers) declararse en huelga; **walker** n (person) paseante mf, caminante mf; **walkie-talkie** ['wɔːkɪ'tɔːkɪ] n walkie-talkie m; **walking** n el andar; **walking shoes** npl zapatos mpl para andar; **walking stick** n bastón m; **Walkman®** n Walkman® m; **walkway** n paseo

wall [wɔːl] n pared f; (exterior) muro; (city wall etc) muralla

wallet ['wɔlɪt] n cartera, billetera

wallpaper ['wɔːlpeɪpə*] n papel m pintado ▷ vt empapelar

walnut ['wɔːlnʌt] n nuez f; (tree) nogal m

walrus ['wɔːlrəs] (pl ~ or ~es) n morsa

waltz [wɔːlts] n vals m ▷ vi bailar el vals

wand [wɔnd] n (also: **magic ~**) varita (mágica)

wander ['wɔndə*] vi (person) vagar; deambular; (thoughts) divagar ▷ vt recorrer, vagar por

want [wɔnt] vt querer, desear; (need) necesitar ▷ n: **for ~ of** por falta de; **wanted** adj (criminal) buscado; **"wanted"** (in advertisements) "se busca"

war [wɔː*] n guerra; **to make ~ (on)** declarar la guerra (a)

ward [wɔːd] n (in hospital) sala; (Pol) distrito electoral; (Law: child: also: **~ of court**) pupilo/a

warden ['wɔːdn] n (BRIT: of institution) director(a) m/f; (of park, game reserve)

guardián/ana m/f; (BRIT: also: **traffic ~**) guardia mf

wardrobe ['wɔːdrəub] n armario, ropero; (clothes) vestuario

warehouse ['wɛəhaus] n almacén m, depósito

warfare ['wɔːfɛə*] n guerra

warhead ['wɔːhɛd] n cabeza armada

warm [wɔːm] adj caliente; (thanks) efusivo; (clothes etc) abrigado; (welcome, day) caluroso; **it's ~** hace calor; **I'm ~** tengo calor; **warm up** vi (room) calentarse; (person) entrar en calor; (athlete) hacer ejercicios de calentamiento ▷ vt calentar; **warmly** adv afectuosamente; **warmth** n calor m

warn [wɔːn] vt avisar, advertir; **warning** n aviso, advertencia; **warning light** n luz f de advertencia

warrant ['wɔrənt] n autorización f; (Law: to arrest) orden f de detención; (: to search) mandamiento de registro

warranty ['wɔrəntɪ] n garantía

warrior ['wɔrɪə*] n guerrero/a

Warsaw ['wɔːsɔː] n Varsovia

warship ['wɔːʃɪp] n buque m o barco de guerra

wart [wɔːt] n verruga

wartime ['wɔːtaɪm] n: **in ~** en tiempos de guerra, en la guerra

wary ['wɛərɪ] adj cauteloso

was [wɔz] pt of **be**

wash [wɔʃ] vt lavar ▷ vi lavarse; (sea etc): **to ~ against/over sth** llegar hasta/cubrir algo ▷ n (clothes etc) lavado; (of ship) estela; **to have a ~** lavarse; **wash up** vi (BRIT) fregar los platos; (US) lavarse; **washbasin** (US) n lavabo; **wash cloth** (US) n manopla; **washer** n (Tech) arandela; **washing** n (dirty) ropa sucia; (clean) colada; **washing line** n cuerda de (colgar) la ropa; **washing machine** n lavadora; **washing powder** (BRIT) n detergente m (en polvo)

Washington ['wɔʃɪŋtən] n Washington m

wash: washing-up (BRIT) n fregado, platos mpl (para fregar); **washing-up liquid** (BRIT) n líquido lavavajillas; **washroom** (US) n servicios mpl

wasn't ['wɒznt] = **was not**

wasp [wɒsp] n avispa

waste [weɪst] n derroche m, despilfarro; (of time) pérdida; (food) sobras fpl; (rubbish) basura, desperdicios mpl ▷ adj (material) de desecho; (left over) sobrante; (land) baldío, descampado ▷ vt malgastar, derrochar; (time) perder; (opportunity) desperdiciar; **waste ground** (BRIT) n terreno baldío; **wastepaper basket** n papelera

watch [wɒtʃ] n (also: **wrist~**) reloj m; (Mil: group of guards) centinela m; (act of) vigilancia; (Naut: spell of duty) guardia ▷ vt (look at) mirar, observar; (: match, programme) ver; (spy on, guard) vigilar; (be careful of) cuidarse de, tener cuidado de ▷ vi ver, mirar; (keep guard) montar guardia; **watch out** vi cuidarse, tener cuidado; **watchdog** n perro guardián; (fig) persona u organismo encargado de asegurarse de que las empresas actúan dentro de la legalidad; **watch strap** n pulsera (de reloj)

water ['wɔːtə*] n agua ▷ vt (plant) regar ▷ vi (eyes) llorar; (mouth) hacerse la boca agua; **water down** vt (milk etc) aguar; (fig: story) dulcificar, diluir; **watercolour** (US **watercolor**) n acuarela; **watercress** n berro; **waterfall** n cascada, salto de agua; **watering can** n regadera; **watermelon** n sandía; **waterproof** adj impermeable; **water-skiing** n esquí m acuático

watt [wɒt] n vatio

wave [weɪv] n (of hand) señal f con la mano; (on water) ola; (Radio, in hair) onda; (fig) oleada ▷ vi agitar la mano; (flag etc) ondear ▷ vt (handkerchief, gun) agitar; **wavelength** n longitud f de onda

waver ['weɪvə*] vi (voice, love etc)

flaquear; (person) vacilar

wavy ['weɪvɪ] adj ondulado

wax [wæks] n cera ▷ vt encerar ▷ vi (moon) crecer

way [weɪ] n camino; (distance) trayecto, recorrido; (direction) dirección f, sentido; (manner) modo, manera; (habit) costumbre f; **which ~? - this ~** ¿por dónde? or ¿por qué dirección? - por aquí; **on the ~** (en route) en (el) camino; **to be on one's ~** estar en camino; **to be in the ~** bloquear el camino; (fig) estorbar; **to go out of one's ~ to do sth** desvivirse por hacer algo; **under ~** en marcha; **to lose one's ~** extraviarse; **in a ~** en cierto modo or sentido; **no ~!** (inf) ¡de eso nada!; **by the ~ ...** a propósito ...; **"~ in"** (BRIT) "entrada"; **"~ out"** (BRIT) "salida"; **the ~ back** el camino de vuelta; **"give ~"** (BRIT Aut) "ceda el paso"

W.C. [ˈdʌblju:ˈsiː] n wáter m

we [wiː] pl pron nosotros/as

weak [wiːk] adj débil, flojo; (tea etc) claro; **weaken** vi debilitarse; (give way) ceder ▷ vt debilitar; **weakness** n debilidad f; (fault) punto débil; **to have a weakness for** tener debilidad por

wealth [welθ] n riqueza; (of details) abundancia; **wealthy** adj rico

weapon ['wepən] n arma; **~s of mass destruction** armas de destrucción masiva

wear [weə*] (pt **wore**, pp **worn**) n (use) uso; (deterioration through use) desgaste m ▷ vt (clothes) llevar; (shoes) calzar; (damage: through use) gastar, usar ▷ vi (last) durar; (rub through etc) desgastarse; **wear away** vt gastar ▷ vi desgastarse; **wear down** vt gastar; (strength) agotar; **wear off** vi (pain etc) pasar, desaparecer; **wear out** vt desgastar; (person, strength) agotar

weary ['wɪərɪ] adj cansado; (dispirited) abatido ▷ vi: **to ~ of** cansarse de

weasel ['wiːzl] n (Zool) comadreja

weather ['weðə*] n tiempo ▷ vt (storm, crisis) hacer frente a; **under**

the ~ (fig: ill) indispuesto, pachucho;
weather forecast n boletín m
meteorológico

weave [wi:v] (pt **wove**, pp **woven**) vt
(cloth) tejer; (fig) entretejer

web [web] n (of spider) telaraña; (on
duck's foot) membrana; (network) red
f; (**the World Wide**) **W~** la Red; **web
address** n dirección f de Internet;
webcam n webcam f; **web page**
n (página) web m or f; **website** n
sitio web

Wed. abbr (=Wednesday) miérc

wed [wed] (pt, pp **~ded**) vt casar ⊳ vi
casarse

we'd [wi:d] = **we had**; **we would**

wedding ['wedɪŋ] n boda,
casamiento; **silver/golden~
(anniversary)** bodas fpl de plata/de
oro; **wedding anniversary** n
aniversario de boda; **wedding day**
n día m de la boda; **wedding dress**
n traje m de novia; **wedding ring**
n alianza

wedge [wedʒ] n (of wood etc) cuña; (of
cake) trozo ⊳ vt acuñar; (push) apretar

Wednesday ['wednzdɪ] n miércoles
m inv

wee [wi:] (SCOTTISH) adj pequeñito

weed [wi:d] n mala hierba, maleza
⊳ vt escardar, desherbar; **weedkiller**
n herbicida m

week [wi:k] n semana; **a ~ today/on
Friday** de hoy/del viernes en ocho
días; **weekday** n día m laborable;
weekend n fin m de semana; **weekly**
adv semanalmente, cada semana ⊳ adj
semanal ⊳ n semanario

weep [wi:p] (pt, pp **wept**) vi, vt llorar

weigh [weɪ] vt, vi pesar; **to ~ anchor**
levar anclas; **weigh up** vt sopesar

weight [weɪt] n peso; (metal
weight) pesa; **to lose/put on ~**
adelgazar/engordar; **weightlifting** n
levantamiento de pesas

weir [wɪə*] n presa

weird [wɪəd] adj raro, extraño

welcome ['welkəm] adj bienvenido

⊳ n bienvenida ⊳ vt dar la bienvenida
a; (be glad of) alegrarse de; **thank you
~ you're** – gracias – de nada

weld [weld] n soldadura ⊳ vt soldar

welfare ['welfeə*] n bienestar m;
(social aid) asistencia social; **welfare
state** n estado del bienestar

well [wel] n fuente f, pozo ⊳ adv bien
⊳ adj: **to be ~** estar bien (de salud) ⊳ excl
¡vaya!, ¡bueno!; **as ~** también; **as ~ as**
además de; **~ done!** ¡bien hecho!; **get ~
soon!** ¡que te mejores pronto!; **to do ~**
(business) ir bien; (person) tener éxito

we'll [wi:l] = **we will**; **we shall**

well-behaved adj bueno;
well-built adj (person) fornido; **well-
dressed** adj bien vestido

wellies ['welɪz] (inf) npl (BRIT) botas
de goma

well-known adj (person)
conocido; **well-off** adj acomodado;
well-paid [wel'peɪd] adj bien pagado,
bien retribuido

Welsh [welʃ] adj galés/esa ⊳ n (Ling)
galés m; **Welshman** (irreg) n galés m;
Welshwoman (irreg) n galesa

went [went] pt of **go**

wept [wept] pt, pp of **weep**

were [wə:*] pt of **be**

we're [wɪə*] = **we are**

weren't [wə:nt] = **were not**

west [west] n oeste m ⊳ adj
occidental, del oeste ⊳ adv al or hacia
el oeste; **the W~** el Oeste, el Occidente;
westbound ['westbaʊnd] adj (traffic,
carriageway) con rumbo al oeste;
western adj occidental ⊳ n (Cinema)
película del oeste; **West Indian** adj, n
antillano/a m/f

wet [wet] adj (damp) húmedo;
(soaked): **~ through** mojado; (rainy)
lluvioso ⊳ n (BRIT: Pol) conservador(a)
m/f moderado/a; **to get ~** mojarse;
"~ paint" recién pintado; **wetsuit** n
traje m térmico

we've [wi:v] = **we have**

whack [wæk] vt dar un buen golpe a

whale [weɪl] n (Zool) ballena

wharf [wɔːf] (pl **wharves**) n muelle m

○ KEYWORD

what [wɔt] adj 1 (in direct/indirect questions) qué; **what size is he?** ¿qué talla usa?; **what colour/shape is it?** ¿de qué color/forma es?
2 (in exclamations): **what a mess!** ¡qué desastre!; **what a fool I am!** ¡qué tonto soy!
▷ pron 1 (interrogative) qué; **what are you doing?** ¿qué haces or estás haciendo?; **what is happening?** ¿qué pasa or está pasando?; **what is it called?** ¿cómo se llama?; **what about me?** ¿y yo qué?; **what about doing ...?** ¿qué tal si hacemos ...?
2 (relative) lo que; **I saw what you did/was on the table** vi lo que hiciste/había en la mesa
▷ excl (disbelieving) ¡cómo!; **what, no coffee!** ¡que no hay café!

whatever [wɔtˈevə*] adj: ~ **book you choose** cualquier libro que elijas
▷ pron: **do ~ is necessary** haga lo que sea necesario; ~ **happens** pase lo que pase; **no reason ~** or **whatever** ninguna razón a la que sea; **nothing ~** = nada en absoluto

whatsoever [wɔtsəʊˈevə*] adj see **whatever**

wheat [wiːt] n trigo

wheel [wiːl] n rueda; (Aut: also: **steering** ~) volante m; (Naut) timón m ▷ vt (pram etc) empujar ▷ vi (also: ~ **round**) dar la vuelta, girar; **wheelbarrow** n carretilla; **wheelchair** n silla de ruedas; **wheel clamp** n (Aut) cepo

wheeze [wiːz] vi resollar

○ KEYWORD

when [wɛn] adv cuando; **when did it happen?** ¿cuándo ocurrió?; **I know**

when it happened sé cuándo ocurrió
▷ conj 1 (at, during, after the time that) cuando; **be careful when you cross the road** ten cuidado al cruzar la calle; **that was when I needed you** fue entonces que te necesité
2 (on, at which): **on the day when I met him** el día en que le conocí
3 (whereas) cuando

whenever [wɛnˈevə*] conj cuando; (every time that) cada vez que ▷ adv cuando sea

where [wɛə*] adv dónde ▷ conj donde; **this is** ~ aquí es donde; **whereabouts** adv dónde ▷ n: **nobody knows his whereabouts** nadie conoce su paradero; **whereas** conj visto que, mientras; **whereby** pron por lo cual; **wherever** conj dondequiera que; (interrogative) dónde

whether [ˈwɛðə*] conj si; **I don't know** ~ **to accept or not** no sé si aceptarlo o no; ~ **you go or not** vayas o no vayas

○ KEYWORD

which [wɪtʃ] adj 1 (interrogative: direct, indirect) qué; **which picture(s) do you want?** ¿qué cuadro(s) quieres?; **which one?** ¿cuál?
2 **in which case** en cuyo caso; **we got there at 8 pm, by which time the cinema was full** llegamos allí a las 8, cuando el cine estaba lleno
▷ pron 1 (interrogative) cuál; **I don't mind which** el/la que sea
2 (relative: replacing noun) que; (: replacing clause) lo que; (: after preposition) (el)(la)(los) que etc el/la cual etc; **the apple which you ate/which is on the table** la manzana que comiste/que está en la mesa; **the chair on which you are sitting** la silla en la que estás sentado; **he said he knew, which is true/I feared** dijo que lo sabía, lo cual or lo

que es cierto/me temía

whichever [wɪtʃ'ɛvə*] adj: **take ~ book you prefer** coja (SP) el libro que prefiera; **~ book you take** cualquier libro que coja

while [waɪl] n rato, momento ▷ conj mientras; (although) aunque; **for a ~** durante algún tiempo

whilst [waɪlst] conj = **while**

whim [wɪm] n capricho

whine [waɪn] n (of pain) gemido; (of engine) zumbido; (of person) aullido ▷ vi gemir; zumbar; (fig: complain) gimotear

whip [wɪp] n látigo; (Pol: person) encargado de la disciplina partidaria en el parlamento ▷ vt azotar; (Culin) batir; (move quickly): **to ~ sth out/off** sacar/quitar algo de un tirón; **whipped cream** n nata or crema montada

whirl [wəːl] vt hacer girar, dar vueltas a ▷ vi girar, dar vueltas; (leaves etc) arremolinarse

whisk [wɪsk] n (Culin) batidor m ▷ vt (Culin) batir; **to ~ sb away** or **off** llevar volando a algn

whiskers ['wɪskəz] npl (of animal) bigotes mpl; (of man) patillas fpl

whiskey ['wɪskɪ] (US, IRELAND) n = **whisky**

whisky ['wɪskɪ] n whisky m

whisper ['wɪspə*] n susurro ▷ vi, vt susurrar

whistle ['wɪsl] n (sound) silbido; (object) silbato ▷ vi silbar

white [waɪt] adj blanco; (pale) pálido ▷ n blanco; (of egg) clara; **whiteboard** n pizarra blanca; **interactive whiteboard** pizarra interactiva; **White House** (US) n Casa Blanca; **whitewash** n (paint) jalbegue m, cal f ▷ vt blanquear

whiting ['waɪtɪŋ] n inv (fish) pescadilla

Whitsun ['wɪtsn] n pentecostés m

whittle ['wɪtl] vt: **to ~ away**, **~ down** ir reduciendo

whizz [wɪz] vi: **to ~ past** or **by** pasar a toda velocidad

○ KEYWORD

who [huː] pron 1 (interrogative) quién; **who is it?**, **who's there?** ¿quién es?; **who are you looking for?** ¿a quién buscas?; **I told her who I was** le dije quién era yo

2 (relative) que; **the man/woman who spoke to me** el hombre/la mujer que habló conmigo; **those who can swim** los que saben or sepan nadar

whoever [huː'ɛvə*] pron: **~ finds it** cualquiera or quienquiera que lo encuentre; **ask ~ you like** pregunta a quien quieras; **~ he marries** no importa con quién se case

whole [həʊl] adj (entire) todo, entero; (not broken) intacto ▷ n todo; (all): **the ~ of the town** toda la ciudad, la ciudad entera ▷ n (total) total m; (sum) conjunto; **on the ~**, **as a ~** en general; **wholefood(s)** n(pl) alimento(s) m(pl) integral(es); **wholeheartedly** [həʊl'hɑːtɪdlɪ] adv con entusiasmo; **wholemeal** adj integral; **wholesale** n venta al por mayor ▷ adj al por mayor; (fig: destruction) sistemático; **wholewheat** adj = **wholemeal**; **wholly** adv totalmente, enteramente

○ KEYWORD

whom [huːm] pron 1 (interrogative): **whom did you see?** ¿a quién viste?; **to whom did you give it?** ¿a quién se lo diste?; **tell me from whom you received it** dígame de quién lo recibí

2 (relative) que; **to whom** ¿a quien(es); **of whom** de quien(es), del/de la que etc; **the man whom I saw/to whom I wrote** el hombre que vi/a quien escribí; **the lady about/with whom I was talking** la señora de (la) que/con

quien or (la) que hablaba

whore [hɔ:*] (*inf, pej*) *n* puta

○ **KEYWORD**

whose [hu:z] *adj* **1** (*possessive: interrogative*): **whose book is this?, whose is this book?** ¿de quién es este libro?; **whose pencil have you taken?** ¿de quién es el lápiz que has cogido?; **whose daughter are you?** ¿de quién eres hija?

2 (*possessive: relative*) cuyo/a, *pl* cuyos/as; **the man whose son you rescued** el hombre cuyo hijo rescataste; **those whose passports I have** aquellas personas cuyos pasaportes tengo; **the woman whose car was stolen** la mujer a quien le robaron el coche ▷ *pron* de quién; **whose is this?** ¿de quién es esto?; **I know whose it is** sé de quién es

○ **KEYWORD**

why [waɪ] *adv* por qué; **why not?** ¿por qué no?; **why not do it now?** ¿por qué no lo haces or hacemos *etc* ahora? ▷ *conj*: **I wonder why he said that** me pregunto por qué dijo eso; **that's not why I'm here** no es por eso (por lo) que estoy aquí; **the reason why** la razón por la que ▷ *excl* (*expressing surprise, shock, annoyance*) ¡hombre!, ¡vaya!; (*explaining*): **why, it's you!** ¡hombre, eres tú!; **why, that's impossible** ¡pero sí eso es imposible!

wicked ['wɪkɪd] *adj* malvado, cruel
wicket ['wɪkɪt] *n* (*Cricket: stumps*) palos *mpl*; (*: grass area*) terreno de juego
wide [waɪd] *adj* ancho; (*area, knowledge*) vasto, grande; (*choice*) amplio ▷ *adv*: **to open ~** abrir de par en par; **to shoot ~** errar el tiro; **widely**

adv (*travelled*) mucho; (*spaced*) muy; **it is widely believed/known that ...** mucha gente piensa/sabe que ...; **widen** *vt* ensanchar; (*experience*) ampliar ▷ *vi* ensancharse; **wide open** *adj* abierto de par en par; **widespread** *adj* extendido, general
widow ['wɪdəʊ] *n* viuda; **widower** *n* viudo
width [wɪdθ] *n* anchura; (*of cloth*) ancho
wield [wi:ld] *vt* (*sword*) blandir; (*power*) ejercer
wife [waɪf] (*pl* **wives**) *n* mujer *f*, esposa
wig [wɪg] *n* peluca
wild [waɪld] *adj* (*animal*) salvaje; (*plant*) silvestre; (*person*) furioso, violento; (*idea*) descabellado; (*rough: sea*) bravo; (*: land*) agreste; (*: weather*) muy revuelto; **wilderness** ['wɪldənɪs] *n* desierto; **wildlife** *n* fauna; **wildly** *adv* (*behave*) locamente; (*lash out*) a diestro y siniestro; (*guess*) a lo loco; (*happy*) a más no poder

○ **KEYWORD**

will [wɪl] *aux vb* **1** (*forming future tense*): **I will finish it tomorrow** lo terminaré or voy a terminar mañana; **I will have finished it by tomorrow** lo habré terminado para mañana; **will you do it? – yes I will/no I won't** ¿lo harás? – sí/no

2 (*in conjectures, predictions*): **he will** or **he'll be there by now** ya habrá or debe (de) haber llegado; **that will be the postman** será or debe ser el cartero
3 (*in commands, requests, offers*): **will you be quiet!** ¡quieres callarte?; **will you help me?** ¿quieres ayudarme?; **will you have a cup of tea?** ¿te apetece un té?; **I won't put up with it!** ¡no lo soporto! ▷ *vt* (*pt, pp* **willed**): **to will sb to do sth** desear que algn haga algo; **he willed himself to go on** con gran fuerza de voluntad, continuó

▷n voluntad f; (*testament*) testamento

willing ['wɪlɪŋ] *adj* (*with goodwill*) de buena voluntad; (*enthusiastic*) entusiasta; **he's ~ to do it** está dispuesto a hacerlo; **willingly** *adv* con mucho gusto

willow ['wɪləʊ] *n* sauce *m*

willpower ['wɪlpaʊə*] *n* fuerza de voluntad

wilt [wɪlt] *vi* marchitarse

win [wɪn] (*pt, pp* **won**) *n* victoria, triunfo ▷*vt* ganar; (*obtain*) conseguir, lograr ▷*vi* ganar; **win over** *vt* convencer a

wince [wɪns] *vi* encogerse

wind¹ [wɪnd] *n* viento; (*Med*) gases *mpl* ▷*vt* (*take breath away from*) dejar sin aliento a

wind² [waɪnd] (*pt, pp* **wound**) *vt* enrollar; (*wrap*) envolver; (*clock, toy*) dar cuerda a ▷*vi* (*road, river*) serpentear; **wind down** *vt* (*car window*) bajar; (*fig: production, business*) disminuir; **wind up** *vt* (*clock*) dar cuerda a; (*debate, meeting*) concluir, terminar

windfall ['wɪndfɔːl] *n* golpe *m* de suerte

winding ['waɪndɪŋ] *adj* (*road*) tortuoso; (*staircase*) de caracol

windmill ['wɪndmɪl] *n* molino de viento

window ['wɪndəʊ] *n* ventana; (*in car, train*) ventanilla; (*in shop etc*) escaparate *m* (*SP*), vidriera (*LAM*); **window box** *n* jardinera de ventana; **window cleaner** *n* (*person*) limpiacristales *mf inv*; **window pane** *n* cristal *m*; **window seat** *n* asiento junto a la ventana; **windowsill** *n* alféizar *m*, repisa

windscreen ['wɪndskriːn] (*us* **windshield**) *n* parabrisas *m inv*; **windscreen wiper** (*us* **windshield wiper**) *n* limpiaparabrisas *m inv*

windsurfing ['wɪndsɜːfɪŋ] *n* windsurf *m*

windy ['wɪndɪ] *adj* de mucho viento; **it's ~** hace viento

wine [waɪn] *n* vino; **wine bar** *n* enoteca; **wine glass** *n* copa (para vino); **wine list** *n* lista de vinos; **wine tasting** *n* degustación f de vinos

wing [wɪŋ] *n* ala; (*Aut*) aleta; **wing mirror** *n* (espejo) retrovisor *m*

wink [wɪŋk] *n* guiño, pestañeo ▷*vi* guiñar, pestañear

winner ['wɪnə*] *n* ganador(a) *m/f*

winning ['wɪnɪŋ] *adj* (*team*) ganador(a); (*goal*) decisivo; (*smile*) encantador(a)

winter ['wɪntə*] *n* invierno ▷*vi* invernar; **winter sports** *npl* deportes *mpl* de invierno; **wintertime** *n* invierno

wipe [waɪp] *n*: **to give sth a ~** pasar un trapo sobre algo ▷*vt* limpiar; (*tape*) borrar; **wipe out** *vt* (*debt*) liquidar; (*memory*) borrar; (*destroy*) destruir; **wipe up** *vt* limpiar

wire ['waɪə*] *n* alambre *m*; (*Elec*) cable *m* (eléctrico); (*Tel*) telegrama *m* ▷*vt* (*house*) poner la instalación eléctrica en; (*also: ~ up*) conectar; (*person: telegram*) telegrafiar

wiring ['waɪərɪŋ] *n* instalación f eléctrica

wisdom ['wɪzdəm] *n* sabiduría, saber *m*; (*good sense*) cordura; **wisdom tooth** *n* muela del juicio

wise [waɪz] *adj* sabio; (*sensible*) juicioso

wish [wɪʃ] *n* deseo ▷*vt* desear; **best ~s** (*on birthday etc*) felicidades *fpl*; **with best ~s** (*in letter*) saludos *mpl*, recuerdos *mpl*; **to ~ sb goodbye** despedirse de algn; **he ~ed me well** me deseó mucha suerte; **to ~ to do/sb to do sth** querer hacer/que algn haga algo; **to ~ for** desear

wistful ['wɪstful] *adj* pensativo

wit [wɪt] *n* ingenio, gracia; (*also: ~s*) inteligencia; (*person*) chistoso/a

witch [wɪtʃ] *n* bruja

○ **KEYWORD**

with [wɪð, wɪθ] *prep* 1 (*accompanying, in the company of*) con (*con +mí, ti, sí =*

conmigo, contigo, consigo; **I was with him** estaba con él; **we stayed with friends** nos quedamos en casa de unos amigos; **I'm (not) with you** *(don't understand)* (no) te entiendo; **to be with it** *(inf: person: up-to-date)* estar al tanto; *(: alert)* ser despabilado **2** *(descriptive, indicating manner etc)* con; de; **a room with a view** una habitación con vistas; **the man with the grey hat/blue eyes** el hombre del sombrero gris/de los ojos azules; **red with anger** rojo de ira; **to fill sth with fear** temblar de miedo; **to fill sth with water** llenar algo de agua

withdraw [wɪθ'drɔ:] *vt* retirar, sacar ▷ *vi* retirarse; **to ~ money (from the bank)** retirar fondos (del banco); **withdrawal** *n* retirada; *(of money)* reintegro; **withdrawn** *pp of* **withdraw** ▷ *adj* *(person)* reservado, introvertido

withdrew [wɪθ'dru:] *pt of* **withdraw**

wither ['wɪðə*] *vi* marchitarse

withhold [wɪθ'həʊld] *vt* *(money)* retener; *(decision)* aplazar; *(permission)* negar; *(information)* ocultar

within [wɪð'ɪn] *prep* dentro de ▷ *adv* dentro; **~ reach (of)** al alcance (de); **~ sight (of)** a la vista (de); **~ the week** antes de acabar la semana; **~ a mile (of)** a menos de una milla (de)

without [wɪð'aʊt] *prep* sin; **to go ~ sth** pasar sin algo

withstand [wɪθ'stænd] *vt* resistir a

witness ['wɪtnɪs] *n* testigo *mf* ▷ *vt* *(event)* presenciar; *(document)* atestiguar la veracidad de; **to bear ~ to** *(fig)* ser testimonio de

witty ['wɪtɪ] *adj* ingenioso

wives [waɪvz] *npl of* **wife**

wizard ['wɪzəd] *n* hechicero

wk *abbr* = **week**

wobble ['wɒbl] *vi* temblar; *(chair)* cojear

woe [wəʊ] *n* desgracia

woke [wəʊk] *pt of* **wake**

woken ['wəʊkən] *pp of* **wake**

wolf [wʊlf] *n* lobo

woman ['wʊmən] *(pl* **women***)* *n* mujer *f*

womb [wu:m] *n* matriz *f*, útero

women ['wɪmɪn] *npl of* **woman**

won [wʌn] *pt, pp of* **win**

wonder ['wʌndə*] *n* maravilla, prodigio; *(feeling)* asombro ▷ *vi*: **to ~ whether/why** preguntarse si/por qué; **to ~ at** asombrarse de; **to ~ about** pensar sobre or en; **it's no ~ (that)** no es de extrañarse (que +*subjun*); **wonderful** *adj* maravilloso

won't [wəʊnt] = **will not**

wood [wʊd] *n* *(timber)* madera; *(forest)* bosque *m*; *(fig)* inexpresivo; **wooden** *adj* de madera; *(fig)* inexpresivo; **woodwind** *n* *(Mus)* instrumentos *mpl* de viento de madera; **woodwork** *n* carpintería

wool [wʊl] *n* lana; **to pull the ~ over sb's eyes** *(fig)* engatusar a algn; **woollen** *(us* **woolen***)* *adj* de lana; **woolly** *(us* **wooly***)* *adj* lanudo, de lana; *(fig: ideas)* confuso

word [wɜ:d] *n* palabra; *(news)* noticia; *(promise)* palabra (de honor) ▷ *vt* redactar; **in other ~s** en otras palabras; **to break/keep one's ~** faltar a la palabra/cumplir la promesa; **to have ~s with sb** reñir con algn; **wording** *n* redacción *f*; **word processing** *n* proceso de textos; **word processor** *n* procesador *m* de textos

wore [wɔ:*] *pt of* **wear**

work [wɜ:k] *n* trabajo; *(job)* empleo, trabajo; *(Art, Literature)* obra ▷ *vi* trabajar; *(mechanism)* funcionar, marchar; *(medicine)* ser eficaz, surtir efecto ▷ *vt* *(shape)* trabajar; *(stone etc)* tallar; *(mine etc)* explotar; *(machine)* manejar, hacer funcionar ▷ *npl* *(of clock, machine)* mecanismo; **to be out of ~** estar parado, no tener trabajo; **to ~ loose** *(part)* desprenderse; *(knot)* aflojarse; **works** *n* *(BRIT: factory)* fábrica; **work out** *vi* *(plans etc)* salir bien, funcionar; **works** vt *(problem)* resolver; *(plan)* elaborar; **it works out at £100** suma 100 libras; **worker** n trabajador(a) m/f, obrero/a; **work experience** n: **I'm going to do my work experience in a factory** voy a hacer las prácticas en una fábrica; **workforce** n mano de obra; **working class** n clase f obrera ▷ adj: **working-class** obrero; **working week** n semana laboral; **workman** *(irreg)* n obrero; **work of art** n obra de arte; **workout** n *(Sport)* sesión f de ejercicios; **work permit** n permiso de trabajo; **workplace** n lugar m de trabajo; **worksheet** n *(Scol)* hoja de ejercicios; **workshop** n taller m; **work station** n puesto or estación f de trabajo; **work surface** n encimera; **worktop** n encimera

world [wəːld] n mundo ▷cpd *(champion)* del mundo; *(power, war)* mundial; **to think the ~ of sb** *(fig)* tener un concepto muy alto de algn; **World Cup** n *(Football)*: **the World Cup** el Mundial, los Mundiales; **world-wide** *adj* mundial, universal; **World-Wide Web** n: **the World-Wide Web** el World Wide Web

worm [wəːm] n *(also:* **earth ~**) lombriz f

worn [wɔːn] pp of **wear** ▷ adj usado; **worn-out** *adj (object)* gastado; *(person)* rendido, agotado

worried ['wʌrɪd] *adj* preocupado

worry ['wʌrɪ] n preocupación f ▷ vt preocupar, inquietar ▷ vi preocuparse; **worrying** *adj* inquietante

worse [wəːs] *adj, adv* peor ▷ n lo peor; **a change for the ~** un empeoramiento; **worsen** vt, vi empeorar; **worse off** *adj (financially)*: **to be worse off** tener menos dinero; *(fig)*: **you'll be worse off this way** de esta forma estarás peor que nunca

worship ['wəːʃɪp] n adoración f ▷ vt adorar; **Your W~** *(BRIT: to mayor)* señor

alcalde; *(: to judge)* señor juez

worst [wəːst] *adj, adv* peor ▷ n lo peor; **at ~** lo peor de los casos

worth [wəːθ] n valor m ▷ adj: **to be ~ valer**; **it's ~ it** vale or merece la pena; **to be ~ one's while (to do)** merecer la pena (hacer); **worthless** *adj* sin valor; *(useless)* inútil; **worthwhile** *adj (activity)* que merece la pena; *(cause)* loable

worthy ['wəːðɪ] *adj* respetable; *(motive)* honesto; **~ of** digno de

○ **KEYWORD**

would [wud] *aux vb* **1** *(conditional tense)*: **if you asked him he would do it** si se lo pidieras, lo haría; **if you had asked him he would have done it** si se lo hubieras pedido, lo habría or hubiera hecho

2 *(in offers, invitations, requests)*: **would you like a biscuit?** ¿quieres una galleta?; *(formal)* ¿querría una galleta?; **would you ask him to come in?** ¿quiere hacerle pasar?; **would you open the window please?** ¿quiere or podría abrir la ventana, por favor?

3 *(in indirect speech)*: **I said I would do it** dije que lo haría

4 *(emphatic)*: **it would have to snow today!** ¡tenía que nevar precisamente hoy!

5 *(insistence)*: **she wouldn't behave** no quiso comportarse bien

6 *(conjecture)*: **it would have been midnight** sería medianoche; **it would seem so** parece ser que sí

7 *(indicating habit)*: **he would go there on Mondays** iba allí los lunes

wouldn't ['wudnt] = **would not**

wound¹ [wuːnd] n herida ▷vt herir

wound² [waund] pt, pp of **wind²**

wove [wəuv] pt of **weave**

woven ['wəuvən] pp of **weave**

wrap [ræp] vt *(also:* **~ up**) envolver; *(gift)* envolver, abrigar ▷ vi *(dress*

wreath | 578

warmly) abrigarse; **wrapper** n (on chocolate) papel m; (BRIT: of book) sobrecubierta; **wrapping** n envoltura, envase m; **wrapping paper** n papel m de envolver; (fancy) papel m de regalo

wreath [riːθ] n (funeral wreath) corona

wreck [rɛk] n (ship: destruction) naufragio m; (: remains) restos mpl del barco; (pej: person) ruina f m (car etc) destrozar; (chances) arruinar; **wreckage** n restos mpl; (of building) escombros mpl

wren [rɛn] n (Zool) reyezuelo

wrench [rɛntʃ] n (Tech) llave f inglesa; (tug) tirón m; (fig) dolor m ▷ vt arrancar; **to ~ sth from sb** arrebatar algo violentamente a algn

wrestle ['rɛsl] vi: **to ~ (with sb)** luchar (con or contra algn); **wrestler** n luchador(a) m/f (de lucha libre); **wrestling** n lucha libre

wretched ['rɛtʃɪd] adj miserable

wriggle ['rɪgl] vi (also: ~ about) menearse, retorcerse

wring [rɪŋ] (pt, pp **wrung**) vt retorcer; (wet clothes) escurrir; (fig): **to ~ sth out of sb** sacar algo por la fuerza a algn

wrinkle ['rɪŋkl] n arruga ▷ vt arrugar ▷ vi arrugarse

wrist [rɪst] n muñeca

writable ['raɪtəbl] adj (CD, DVD) escribible

write [raɪt] (pt **wrote**, pp **written**) vt escribir; (cheque) extender ▷ vi escribir; **write down** vt escribir; (note) apuntar; **write off** vt (debt) borrar (como incobrable); (fig) desechar por inútil; **write out** vt escribir; **write-off** n siniestro total; **writer** n escritor(a) m/f

writing ['raɪtɪŋ] n escritura; (handwriting) letra; (of author) obras fpl; **in ~** por escrito; **writing paper** n papel m de escribir

written ['rɪtn] pp of **write**

wrong [rɒŋ] adj (wicked) malo; (unfair) injusto; (incorrect) equivocado,

incorrecto; (not suitable) inoportuno, inconveniente; (reverse) del revés ▷ adv equivocadamente ▷ n injusticia ▷ vt ser injusto con; **you are ~** haces mal en hacerlo; **you are ~ about that, you've got it ~** en eso estás equivocado; **to be in the ~** no tener razón, tener la culpa; **what's ~?** ¿qué pasa?; **to go ~** (person) equivocarse; (plan) salir mal; (machine) estropearse; **wrongly** adv mal, incorrectamente; (by mistake) por error; **wrong number** n (Tel): **you've got the wrong number** se ha equivocado de número

wrote [rəʊt] pt of **write**

wrung [rʌŋ] pt, pp of **wring**

WWW n abbr (= World Wide Web) WWW m

XL *abbr* = **extra large**

Xmas ['eksməs] *n abbr* = **Christmas**

X-ray ['eksreɪ] *n* radiografía ▷ *vt* radiografiar, sacar radiografías de

xylophone ['zaɪləfəʊn] *n* xilófono

yacht [jɔt] *n* yate *m*; **yachting** *n* (*sport*) balandrismo

yard [jɑːd] *n* patio; (*measure*) yarda; **yard sale** (*us*) *n* venta de objetos usados (*en el jardín de una casa particular*)

yarn [jɑːn] *n* hilo; (*tale*) cuento, historia

yawn [jɔːn] *n* bostezo ▷ *vi* bostezar

yd. *abbr* (= *yard*) yda

yeah [jɛə] (*inf*) *adv* sí

year [jɪə*] *n* año; **to be 8 ~s old** tener 8 años; **an eight-~-old child** un niño de ocho años (de edad); **yearly** *adj* anual ▷ *adv* anualmente, cada año

yearn [jəːn] *vi*: **to ~ for sth** añorar algo, suspirar por algo

yeast [jiːst] *n* levadura

yell [jɛl] *n* grito, alarido ▷ *vi* gritar

yellow ['jɛləʊ] *adj* amarillo; **Yellow Pages**® *npl* páginas *fpl* amarillas

yes [jɛs] *adv* sí ▷ *n* sí *m*; **to say/ answer ~** decir/contestar que sí

yesterday ['jɛstədɪ] *adv* ayer ▷ *n* ayer *m*; **~ morning/evening** ayer por la mañana/tarde; **all day ~** todo el día de ayer

yet [jɛt] *adv* ya; *(negative)* todavía
▷ *conj* sin embargo, a pesar de todo;
it is not finished ~ todavía no está
acabado; **the best ~** el/la mejor hasta
ahora; **as ~** hasta ahora, todavía

yew [ju:] *n* tejo

Yiddish [ˈjɪdɪʃ] *n* yiddish *m*

yield [ji:ld] *n* *(Agr)* cosecha; *(Comm)*
rendimiento ▷ *vt* ceder; *(results)*
producir, dar; *(profit)* rendir ▷ *vi*
rendirse, ceder; *(us Aut)* ceder el paso

yob(bo) [ˈjɔb(bəu)] *n* *(BRIT inf)*
gamberro

yoga [ˈjəugə] *n* yoga *m*

yog(h)ourt [ˈjəugət] *n* yogur *m*

yog(h)urt [ˈjəugət] *n* = **yog(h)ourt**

yolk [jəuk] *n* yema (de huevo)

you [ju:] *pron* **1** *(subject: familiar)* tú;
(pl) vosotros/as *(SP)*, ustedes *(LAM)*;
(polite) usted; *(pl)* ustedes; **you are
very kind** eres/es *etc* muy amable; **you
Spanish enjoy your food** vosotros
(or ustedes) los españoles os (or les)
gusta la comida; **you and I will go**
iremos tú y yo

2 *(object: direct: familiar)* te; *(pl)* os *(SP)*,
les *(LAM)*; *(polite)* le; *(pl)* les; *(f)* la; *(pl)* las;
I know you te/le *etc* conozco

3 *(object: indirect: familiar)* te; *(pl)* os *(SP)*,
les *(LAM)*; *(polite)* le; *(pl)* les; **I gave the
letter to you yesterday** te/os *etc* di
la carta ayer

4 *(stressed)*: **I told you to do it** te dije a
ti que lo hicieras, es a ti a quien dije que
lo hicieras; *see also* **3; 5**

5 *(after prep)* NB: **con +ti =
contigo**: *(familiar)* ti; *(pl)* vosotros/as
(SP), ustedes *(LAM)*; *(: polite)* usted;
(pl) ustedes; **it's for you** es para
ti/vosotros etc

6 *(comparisons: familiar)* tú; *(pl)*
vosotros/as *(SP)*, ustedes *(LAM)*;
(: polite) usted; *(pl)* ustedes; **she's
younger than you** es más joven que

tú/vosotros etc

7 *(impersonal: one)*: **fresh air does you
good** el aire puro (te) hace bien; **you
never know** nunca se sabe; **you can't
do that!** ¡eso no se hace!

you'd [ju:d] = **you had; you would**

you'll [ju:l] = **you will; you shall**

young [jʌŋ] *adj* joven ▷ *npl* *(of
animal)* cría; *(people)*: **the ~** los jóvenes,
la juventud; **youngster** *n* joven *mf*

your [jɔ:*] *adj* tu; *(pl)* vuestro; *(formal)*
su; *see also* **my**

you're [juə*] = **you are**

yours [jɔːz] *pron* tuyo *(pl)*, vuestro;
(formal) suyo; *see also* **faithfully; mine¹**
see also **sincerely**

yourself [jɔːˈsɛlf] *pron* tú mismo;
(complement) te; *(after prep)* tí (mismo);
(formal) usted mismo; *(: complement)*
se; *(: after prep)* sí (mismo); **yourselves**
pl pron vosotros mismos; *(after prep)*
vosotros (mismos); *(formal)* ustedes
(mismos); *(: complement)* se; *(: after prep)*
sí mismos; *see also* **oneself**

youth [*pl* ju:ðz *n* juventud *f*; *(young
man)* joven *m*; **youth club** *n* club *m*
juvenil; **youthful** *adj* juvenil; **youth
hostel** *n* albergue *m* de juventud

you've [ju:v] = **you have**

Z

zeal [ziːl] n celo, entusiasmo
zebra [ˈziːbrə] n cebra; **zebra crossing** (BRIT) n paso de peatones
zero [ˈzɪərəu] n cero
zest [zest] n ánimo, vivacidad f; (of orange) piel f
zigzag [ˈzɪgzæg] n zigzag m ▷ vi zigzaguear, hacer eses
Zimbabwe [zɪmˈbɑːbwɪ] n Zimbabwe m
zinc [zɪŋk] n cinc m, zinc m
zip [zɪp] n (also: **~ fastener**, (US) **~per**) cremallera (SP), cierre (AM) m, zíper m (MEX, CAM) ▷ vt (also: **~ up**) cerrar la cremallera de; (file) comprimir; **zip code** (US) n código postal; **zip file** n (Comput) archivo comprimido; **zipper** (US) n cremallera
zit [zɪt] n grano
zodiac [ˈzəudɪæk] n zodíaco
zone [zəun] n zona
zoo [zuː] n (jardín m) zoo m
zoology [zuˈɔlədʒɪ] n zoología
zoom [zuːm] vi: **to ~ past** pasar zumbando; **zoom lens** n zoom m
zucchini [zuːˈkiːnɪ] (US) n(pl) calabacín(ines) m(pl)

Phrasefinder

Guía del viajero

TOPICS | TEMAS

TOPICS | TEMAS

MEETING PEOPLE | CONOCER A GENTE

Hello!	¡Buenos días!
Good evening!	¡Buenas tardes!
Good night!	¡Buenas noches!
Goodbye!	¡Adiós!
What's your name?	¿Cómo se llama usted?
My name is ...	Me llamo ...
This is ...	Le presento a ...
my wife.	mi mujer.
my husband.	mi marido.
my partner.	mi pareja.
Where are you from?	¿De dónde es usted?
I come from ...	Soy de ...
How are you?	¿Cómo está usted?
Fine, thanks.	Bien, gracias.
And you?	¿Y usted?
Do you speak English?	¿Habla usted inglés?
I don't understand Spanish.	No entiendo el español.
Thanks very much!	¡Muchas gracias!

GETTING AROUND | TRASLADOS

Asking the Way	¿Cómo ir hasta ...?
Where is the nearest ...?	¿Dónde está el/la ... más próximo(-a)?
How do I get there?	¿Cómo voy hasta allí?
How do I get to ...?	¿Cómo voy hasta el/la ...?
Is it far?	¿Está muy lejos?
How far is it to there?	¿Qué distancia hay hasta allí?
Is this the right way to ...?	¿Es éste el camino correcto para ir al/a la/a ...?
I'm lost.	Me he perdido.
Can you show me on the map?	¿Me lo puede señalar en el mapa?
Which signs should I follow?	¿Qué indicadores tengo que seguir?
You have to turn round.	Tiene que dar la vuelta.
Go straight on.	Siga todo recto.
Turn left/right.	Tuerza a la izquierda/ a la derecha.
Take the second street on the left/right.	Tome la segunda calle a la izquierda/a la derecha.

Car Hire	Alquiler de coches
I want to hire ...	Quisiera alquilar ...
a car.	*un coche.*
a moped.	*una motocicleta.*
a motorbike.	*una moto.*
A small car, please.	Un coche pequeño, por favor.
An automatic, please.	Un coche con cambio automático, por favor.

GETTING AROUND	TRASLADOS
How much is it for ...?	¿Cuánto cuesta por ...?
one day	*un día*
a week	*una semana*
I'd like to leave the car in ...	Quisiera entregar el coche en ...
Is there a kilometre charge?	¿Hay que pagar kilometraje?
How much is the kilometre charge?	¿Cuánto hay que pagar por kilómetro?
What is included in the price?	¿Qué se incluye en el precio?
I'd like to arrange ...	Quisiera contratar ...
collision damage waiver.	*un seguro con limitación de responsabilidad.*
personal accident insurance.	*un seguro de ocupantes.*
I'd like a child seat for a ...-year-old child.	Quisiera un asiento infantil para un niño de ... años.
Please show me the controls.	¿Puede explicarme las funciones de los interruptores?
What do I do if I have an accident/if I break down?	¿Qué debo hacer en caso de accidente/de avería?

Breakdowns	Averías
My car has broken down.	Tengo una avería.
Call the breakdown service, please.	Por favor, llame al servicio de auxilio en carretera.
I'm a member of a rescue service.	Soy socio(-a) de un club del automóvil.
I'm on my own.	Estoy solo(-a).
I have children in the car.	Llevo niños conmigo.

GETTING AROUND | TRASLADOS

Can you tow me to the next garage, please?	Por favor, remólqueme hasta el taller más próximo.
Where is the next garage?	¿Dónde está el taller más próximo?
... is broken.	... está roto.
The exhaust	*El escape*
The gearbox	*El cambio*
The windscreen	*El parabrisas*
... are not working.	... no funcionan.
The brakes	*Los frenos*
The headlights	*Las luces*
The windscreen wipers	*Los limpiaparabrisas*
The battery is flat.	La batería está descargada.
The car won't start.	El motor no arranca.
The engine is overheating.	El motor se recalienta.
The oil warning light won't go off.	El piloto del aceite no se apaga.
The oil/petrol tank is leaking.	El cárter de aceite/el depósito de combustible tiene una fuga.
I have a flat tyre.	He tenido un pinchazo.
Can you repair it?	¿Puede repararlo?
When will the car be ready?	¿Cuándo estará listo el coche?
Do you have the parts for ...?	¿Tienen recambios para ...?
The car is still under warranty.	El coche aún tiene garantía.

Parking | Aparcamiento

Can I park here?	¿Puedo aparcar aquí?
How long can I park here?	¿Cuánto tiempo puedo dejar aparcado el coche aquí?

GETTING AROUND | TRASLADOS

Do I need to buy a (car-parking) ticket?	¿Tengo que sacar un ticket de estacionamiento?
Where is the ticket machine?	¿Dónde está el expendedor de tickets de estacionamiento?
The ticket machine isn't working.	El expendedor de tickets de estacionamiento no funciona.
Where do I pay the fine?	¿Dónde puedo pagar la multa?

Petrol Station | Gasolinera

Where is the nearest petrol station?	¿Dónde está la gasolinera más próxima?
Fill it up, please.	Lleno, por favor.
30 euros' worth of ..., please.	30 euros de ...
diesel	*diesel.*
(unleaded) economy petrol	*gasolina normal.*
premium unleaded	*súper.*
Pump number ... please.	Número ..., por favor.
Please check ...	Por favor, compruebe ...
the tyre pressure.	*la presión de los neumáticos.*
the oil.	*el aceite.*
the water.	*el agua.*
A token for the car wash, please.	Deme una ficha para el túnel de lavado.

Accident | Accidentes

Please call ...	Por favor, llame ...
the police.	*a la policía.*
the emergency doctor.	*al médico de urgencia.*
Here are my insurance details.	Éstos son los datos de mi seguro.

GETTING AROUND | TRASLADOS

Give me your insurance details, please.	Por favor, deme los datos de su seguro.
Can you be a witness for me?	¿Puede ser usted mi testigo?
You were driving too fast.	Usted conducía muy rápido.
It wasn't your right of way.	Usted no tenía preferencia.

Travelling by Car | Viajando en coche

What's the best route to ...?	¿Cuál es el mejor camino para ir a ...?
Where can I pay the toll?	¿Dónde puedo pagar el peaje?
I'd like a motorway tax sticker ...	Quisiera un indicativo de pago de peaje ...
for a week.	*para una semana.*
for a month.	*para un mes.*
for a year.	*para un año.*
Do you have a road map of this area?	¿Tiene un mapa de carreteras de esta zona?

Cycling | En bicicleta

Is there a cycle map of this area?	¿Hay mapas de esta zona con carril-bici?
Where is the cycle path to ...?	¿Dónde está el carril-bici para ir a ...?
How far is it now to ...?	¿Cuánto queda para llegar a ...?
Can I keep my bike here?	¿Puedo dejar aquí mi bicicleta?
Please lock my bike in a secure place.	Por favor, deje la bicicleta con cadena en un lugar seguro.
My bike has been stolen.	Me han robado la bicicleta.
Where is the nearest bike repair shop?	¿Dónde hay por aquí un taller de bicicletas?

GETTING AROUND | TRASLADOS

The frame is twisted.	El cuadro de la bicicleta se ha torcido.
The brake isn't/the gears aren't working.	El freno/el cambio de marchas no funciona.
The chain is broken.	La cadena se ha roto.
I've got a flat tyre.	He tenido un pinchazo.
I need a puncture repair kit.	Necesito una caja de parches.

Train | Ferrocarril

A single to ..., please.	Un billete sencillo para ..., por favor.
I would like to travel first/second class.	Me gustaría viajar en primera/segunda clase.
Two returns to ..., please.	Dos billetes de ida y vuelta para ..., por favor.
Is there a reduction ...?	¿Hay descuento ...?
for students	*para estudiantes*
for pensioners	*para pensionistas*
for children	*para niños*
with this pass	*con este carnet*
I'd like to reserve a seat on the train to ... please.	Una reserva para el tren que va a ..., por favor.
Non smoking/smoking, please.	No fumadores/fumadores, por favor.
Facing the front, please.	Mirando hacia adelante, por favor.
I want to book a couchette/a berth to ...	Quisiera reservar una litera/coche-cama para ...
When is the next train to ...?	¿Cuándo sale el próximo tren para ...?

GETTING AROUND | TRASLADOS

Is there a supplement to pay?	¿Tengo que pagar suplemento?
Do I need to change?	¿Hay que hacer transbordo?
Where do I change?	¿Dónde tengo que hacer transbordo?
Will my connecting train wait?	¿El tren de enlace esperará?
Is this the train for ...?	¿Es éste el tren que va a ...?
Excuse me, that's my seat.	Perdone, éste es mi asiento.
I have a reservation.	Tengo una reserva.
Is this seat free?	¿Está libre este asiento?
Please let me know when we get to ...	¿Por favor, avíseme cuando lleguemos a ...?
Where is the buffet car?	¿Dónde está el coche restaurante?
Where is coach number ...?	¿Cuál es el vagón número ...?

Ferry	Transbordador
Is there a ferry to ...?	¿Sale algún transbordador para ...?
When is the next ferry to ...?	¿Cuándo sale el próximo transbordador para ...?
When is the first/last ferry to ...?	¿Cuándo sale el primer/ último transbordador para ...?
How much is ...?	¿Cuánto cuesta ...?
a single	*el billete sencillo*
a return	*el billete de ida y vuelta*
How much is it for a car/camper with ... people?	¿Cuánto cuesta transportar el coche/coche caravana con ... personas?

GETTING AROUND | TRASLADOS

Where does the boat leave from?	¿De dónde zarpa el barco?
How long does the crossing take?	¿Cuánto dura la travesía?
Do they serve food on board?	¿Sirven comida en el barco?
Where is ...?	¿Dónde está ...?
the restaurant	el restaurante
the bar	el bar
the duty-free shop	la tienda de duty-free
How do I get to the car deck?	¿Cómo llego a la cubierta donde están los coches?
Where is cabin number ...?	¿Dónde está la cabina número ...?
Do you have anything for seasickness?	¿Tienen algo para el mareo?

Plane | Avión

Where is the luggage for the flight from ...?	¿Dónde está el equipaje procedente de...?
Where can I change some money?	¿Dónde puedo cambiar dinero?
How do I get to ... from here?	¿Cómo se va desde aquí a ...?
Where is ...?	¿Dónde está ...?
the taxi rank	la parada de taxis
the bus stop	la parada del bus
the information office	la oficina de información
I'd like to speak to a representative of British Airways.	Quisiera hablar con un representante de British Airways.
My luggage hasn't arrived.	Mi equipaje no ha llegado.
Can you page ...?	¿Puede llamar por el altavoz a ...?

GETTING AROUND	TRASLADOS
Where do I check in for the flight to ...?	¿Dónde hay que facturar para el vuelo a ...?
Which gate for the flight to ...?	¿Cuál es la puerta de embarque del vuelo para ...?
When is the latest I can check in?	¿Hasta qué hora como máximo se puede facturar?
When does boarding begin?	¿Cuándo es el embarque?
Window/aisle, please.	Ventanilla/pasillo, por favor.
I've lost my boarding pass/ my ticket.	He perdido la tarjeta de embarque/el billete.
I'd like to change/ cancel my flight.	Quisiera cambiar la reserva de vuelo/anular la reserva.

Local Public Transport	Transporte público de cercanías
How do I get to ...?	¿Cómo se llega al/a la/ hasta ...?
Which number goes to ...?	¿Qué línea va hasta ...?
Where is the nearest ...?	¿Dónde está la próxima ...?
bus stop	*parada del bus*
tram stop	*parada de tranvía*
underground station	*estación de metro*
suburban railway station	*estación de cercanías*
Where is the bus station?	¿Dónde está la estación de autobuses?
A ticket, please.	Un billete, por favor.
To ...	A ...
For ... zones.	Para ... zonas.
Is there a reduction ...?	¿Hay descuento ...?
for students	*para estudiantes*
for pensioners	*para pensionistas*

GETTING AROUND | TRASLADOS

for children	*para niños*
for the unemployed	*para desempleados*
with this card	*con este carnet*
Do you have multi-journey tickets/day tickets?	¿Hay tarjetas multiviaje/ billetes para todo un día?
How does the (ticket) machine work?	¿Cómo funciona la máquina (de billetes)?
Do you have a map of the rail network?	¿Tiene un plano de la red de trenes?
.Please tell me when to get off.	¿Puede decirme cuándo tengo que bajar?
What is the next stop?	¿Cuál es la próxima parada?
Can I get past, please?	¿Me deja pasar?

Taxi	Taxi
Where can I get a taxi?	¿Dónde puedo coger un taxi?
Call me a taxi, please.	¿Puede llamar a un taxi?
Please order me a taxi for ... o'clock.	Por favor, pídame un taxi para las ...
To the airport/station, please.	Al aeropuerto/a la estación, por favor.
To the ... hotel, please.	Al hotel ..., por favor.
To this address, please.	A esta dirección, por favor.
I'm in a hurry.	Tengo mucha prisa.
How much is it?	¿Cuánto cuesta el trayecto?
I need a receipt.	Necesito un recibo.
I don't have anything smaller.	No tengo moneda más pequeña.
Keep the change.	Quédese con el cambio.
Stop here, please.	Pare aquí, por favor.

Camping	Camping
Is there a campsite here?	¿Hay un camping por aquí?
We'd like a site for ...	Quisiéramos un lugar para ...
a tent.	*una tienda de campaña.*
a camper van.	*un coche caravana.*
a caravan.	*una caravana.*
We'd like to stay one night/ ... nights.	Queremos quedarnos una noche/... noches.
How much is it per night?	¿Cuánto es por noche?
Where are ...?	¿Dónde están ...?
the toilets	*los lavabos*
the showers	*las duchas*
the dustbins	*los contenedores de basura*
Where is ...?	¿Dónde está ...?
the shop	*la tienda*
the site office	*la oficina de administración*
the restaurant	*el restaurante*
Can we camp here overnight?	¿Podemos acampar aquí esta noche?
Can we park our camper van/caravan here overnight?	¿Podemos aparcar aquí esta noche el coche caravana/ la caravana?

Self-Catering	Vivienda para las vacaciones
Where do we get the key for the apartment/house?	¿Dónde nos dan la llave para el piso/la casa?
Which is the key for this door?	¿Qué llave es la de esta puerta?
Do we have to pay extra for electricity/gas?	¿Hay que pagar aparte la luz/ el gas?

GETTING AROUND | ALOJAMIENTO

Where are the fuses?	¿Dónde están los fusibles?
Where is the electricity meter?	¿Dónde está el contador de la luz?
Where is the gas meter?	¿Dónde está el contador del gas?
How does ... work?	¿Cómo funciona ...?
the washing maching	*la lavadora*
the cooker	*la cocina*
the heating	*la calefacción*
the water heater	*el calentador de agua*
Please show us how this works.	¿Puede mostrar cómo funciona, por favor?
Whom do I contact if there are any problems?	¿Con quién debo hablar si hubiera algún problema?
We need ...	Necesitamos ...
a second key.	*otra copia de la llave.*
more sheets.	*más sábanas.*
more crockery.	*más vajilla.*
The gas has run out.	Ya no queda gas.
There is no electricity.	No hay corriente.
Where do we hand in the key when we're leaving?	¿Dónde hay que entregar la llave cuando nos vayamos?
Do we have to clean the apartment/the house before we leave?	¿Hay que limpiar el piso/ la casa antes de marcharnos?

Hotel	Hotel
Do you have a ... for tonight?	¿Tienen una ... para esta noche?
single room	*habitación individual*
double room	*habitación doble*
room for ... people	*habitación para ... personas*

GETTING AROUND | ALOJAMIENTO

with bath	con baño
with shower	con ducha
I want to stay for one night/ ... nights.	Quisiera pasar una noche/ ... noches.
I booked a room in the name of ...	Tengo reservada una habitación a nombre de ...
I'd like another room.	Quisiera otra habitación.
What time is breakfast?	¿Cuándo sirven el desayuno?
Where is breakfast served?	¿Dónde sirven el desayuno?
Can I have breakfast in my room?	¿Podrían traerme el desayuno a la habitación?
Where is ...?	¿Dónde está ...?
the restaurant	*el restaurante*
the bar	*el bar*
the gym	*el gimnasio*
the swimming pool	*la piscina*
Put that in the safe, please.	Por favor, póngalo en la caja fuerte.
I'd like an alarm call for tomorrow morning at ...	Por favor, despiértenme mañana a las ...
I'd like to get these things washed/cleaned.	¿Puede lavarme/limpiarme esto?
Please bring me ...	Por favor, tráigame ...
... doesn't work.	... no funciona.
The key, please.	La llave, por favor.
Room number ...	Número de habitación ...
Are there any messages for me?	¿Hay mensajes para mí?
Please prepare the bill.	Por favor, prepare la cuenta.

SHOPPING | DE COMPRAS

I'm looking for ...	Estoy buscando ...
I'd like ...	Quisiera ...
Do you have ...?	¿Tienen ...?
Can you show me ..., please?	¿Podría mostrarme ...?
Where is the nearest shop which sells ...?	¿Dónde hay por aquí una tienda de ...?
photographic equipment	*fotografía*
shoes	*zapatos*
souvenirs	*recuerdos*
Do you have this ...?	¿Lo tiene ...?
in another size	*en otra talla*
in another colour	*en otro color*
I take size ...	Mi talla es la ...
What shoe size are you?	¿Qué número calza?
I'm a size 5^1/$_2$.	Calzo un cuarenta.
I'll take it.	Me lo quedo.
Do you have anything else?	¿Tienen alguna otra cosa distinta?
That's too expensive.	Es demasiado caro.
I'm just looking.	Sólo estaba mirando.
Do you take ...?	¿Aceptan ...?
credit cards	*tarjetas de crédito*
eurocheques	*eurocheques*

Food Shopping | Alimentos

Where is the nearest ...?	¿Dónde hay por aquí cerca ...?
supermarket	*un supermercado*
baker's	*una panadería*
butcher's	*una carnicería*
greengrocer's	*una frutería y verdulería*

SHOPPING	DE COMPRAS
Where can you buy groceries?	¿Dónde se puede comprar comida?
Where is the market?	¿Dónde está el mercado?
When is the market on?	¿Cuándo hay mercado?
a kilo of ...	un kilo de ...
a pound of ...	medio kilo de ...
200 grams of ...	doscientos gramos de ...
... slices of ...	... lonchas de ...
a litre of ...	un litro de ...
a bottle of ...	una botella de ...
a packet of ...	un paquete de ...

Post Office	Correos
Where is the nearest post office?	¿Dónde queda la oficina de Correos más cercana?
When does the post office open?	¿Cuándo abre Correos?
Where can I buy stamps?	¿Dónde puedo comprar sellos?
I'd like ... stamps for postcards/letters to Britain/the United States.	Quisiera ... sellos para postales/cartas a Gran Bretaña/Estados Unidos.
I'd like to post/send ...	Quisiera entregar ...
this letter.	*esta carta.*
this small packet.	*este pequeño paquete.*
this parcel.	*este paquete.*
By airmail/express mail/registered mail.	Por avión/por correo urgente/certificado.
I'd like to send a telegram.	Quisiera mandar un telegrama.
Here is the text.	Aquí tiene el texto.

SHOPPING | DE COMPRAS

Is there any mail for me?	¿Tengo correo?
Where is the nearest postbox?	¿Dónde hay un buzón de correos por aquí cerca?

Photos and Videos | Vídeo y fotografía

A colour film/slide film, please.	Un carrete en color/un carrete para diapositivas, por favor.
With twenty-four/thirty-six exposures.	De veinticuatro/treinta y seis fotos.
Can I have a tape for this video camera, please?	Quisiera una cinta para esta cámara.
Can I have batteries for this camera, please?	Quisiera pilas para esta cámara, por favor.
The camera is sticking.	La cámara se atasca.
Can you take the film out, please.	Por favor, saque el carrete.
Can you develop this film, please?	Quisiera revelar este carrete.
I'd like the photos ...	Las fotos las quiero ...
matt.	*en mate.*
glossy.	*en brillo.*
ten by fifteen centimetres.	*en formato de diez por quince.*
When will the photos be ready?	¿Cuándo puedo pasar a recoger las fotos?
How much do the photos cost?	¿Cuánto cuesta el revelado?
Are you allowed to take photos here?	¿Aquí se pueden sacar fotos?
Could you take a photo of us, please?	¿Podría sacarnos una foto?

Sightseeing	Visitas turísticas
Where is the tourist office?	¿Dónde está la oficina de turismo?
Do you have any leaflets about ...?	¿Tienen folletos sobre ...?
What sights can you visit here?	¿Qué se puede visitar aquí?
Are there any sightseeing tours of the town?	¿Se organizan visitas por la ciudad?
When is ... open?	¿Cuándo está abierto(-a) ...?
the museum	*el museo*
the church	*la iglesia*
the castle	*el palacio*
How much does it cost to get in?	¿Cuánto cuesta la entrada?
Are there any reductions ...?	¿Hay descuento ...?
for students	*para estudiantes*
for children	*para niños*
for pensioners	*para pensionistas*
for the unemployed	*para desempleados*
Is there a guided tour in English?	¿Hay alguna visita guiada en inglés?
I'd like a catalogue.	Quisiera un catálogo.
Can I take photos here?	¿Puedo sacar fotos?
Can I film here?	¿Puedo filmar?

Entertainment	Ocio
What is there to do here?	¿Qué se puede hacer por aquí?
Do you have a list of events?	¿Tiene una guía de ocio?

LEISURE | OCIO

Where can we ...?	*¿Dónde se puede ...?*
go dancing	*bailar*
hear live music	*escuchar música en directo*
Where is there ...?	*¿Dónde hay ... ?*
a nice bar	*un buen bar*
a good club	*una buena discoteca*
What's on tonight ...?	*¿Qué dan esta noche ...?*
at the cinema	*en el cine*
at the theatre	*en el teatro*
at the opera	*en la ópera*
at the concert hall	*en la sala de conciertos*
Where can I buy tickets	*¿Dónde puedo comprar*
for ...?	*entradas para ...?*
the theatre	*el teatro*
the concert	*el concierto*
the opera	*la ópera*
the ballet	*el ballet*
How much is it to get in?	*¿Cuánto cuesta la entrada?*
I'd like a ticket/... tickets	Quisiera una entrada/...
for ...	*entradas para ...*
Are there any reductions	*¿Hay descuento para ...?*
for ...?	
children	*niños*
pensioners	*pensionistas*
students	*estudiantes*
the unemployed	*desempleados*

At the Beach	En la playa
Can you swim here/	*¿Se puede uno bañar aquí/*
in this lake?	*en este lago?*

LEISURE | OCIO

Where is the nearest quiet beach?	¿Dónde hay una playa tranquila por aquí cerca?
How deep is the water?	¿Qué profundidad tiene el agua?
What is the water temperature?	¿Qué temperatura tiene el agua?
Are there currents?	¿Hay corrientes?
Is it safe to swim here?	¿Se puede nadar aquí sin peligro?
Is there a lifeguard?	¿Hay socorrista?
Where can you ...?	¿Dónde se puede ... por aquí?
go surfing	*hacer surf*
go waterskiing	*practicar esquí acuático*
go diving	*bucear*
go paragliding	*hacer parapente*
I'd like to hire ...	Quisiera alquilar ...
a beach chair.	*un sillón de playa.*
a deckchair.	*una tumbona.*
a sunshade.	*una sombrilla.*
a surfboard.	*una tabla de surf.*
a jet-ski.	*una moto acuática.*
a rowing boat.	*un bote de remos.*
a pedal boat.	*un patín a pedales.*

Sport | Deporte

Where can we ...?	¿Dónde se puede ...?
play tennis/golf	*jugar a tenis/golf*
go swimming	*ir a nadar*
go riding	*montar a caballo*
go fishing	*ir a pescar*
go rowing	*hacer remo*

LEISURE | OCIO

How much is it per hour?	¿Cuánto cuesta la hora?
Where can I book a court?	¿Dónde puedo reservar una pista?
Where can I hire rackets?	¿Dónde puedo alquilar raquetas de tenis?
Where can I hire a rowing boat/a pedal boat?	¿Dónde puedo alquilar un bote de remos/ un patín a pedales?
Do you need a fishing permit?	¿Se necesita un permiso de pesca?
Where will I get a fishing permit?	¿Dónde me pueden dar un permiso de pesca?
Which sporting events can we go to?	¿Qué actividades deportivas se pueden ver por aquí?
I'd like to see ...	Quisiera ver ...
a football match.	*un partido de fútbol.*
a horse race.	*carreras de caballos.*

Skiing | Esquí

Where can I hire skiing equipment?	¿Dónde puedo alquilar un equipo de esquí?
I'd like to hire ...	Quisiera alquilar ...
downhill skis.	*unos esquís (de descenso).*
cross-country skis.	*unos esquís de fondo.*
ski boots.	*unas botas de esquí.*
ski poles.	*unos bastones de esquí.*
Can you tighten my bindings, please?	¿Podría ajustarme la fijación, por favor?
Where can I buy a ski pass?	¿Dónde puedo comprar el forfait?

I'd like a ski pass ...	Quisiera un forfait ...
for a day.	*para un día.*
for five days.	*para cinco días.*
for a week.	*para una semana.*
How much is a ski pass?	¿Cuánto cuesta el forfait?
When does the first/ last chair-lift leave?	¿Cuándo sale el primer/ el úlitmo telesilla?
Do you have a map of the ski runs?	¿Tiene un mapa de las pistas?
Where are the beginners' slopes?	¿Dónde están las pistas para principiantes?
How difficult is this slope?	¿Cuál es la dificultad de esta pista?
Is there a ski school?	¿Hay una escuela de esquí?
Where is the nearest mountain rescue service post?	¿Dónde se encuentra la unidad más próxima de servicio de salvamento?
Where is the nearest mountain hut?	¿Dónde se encuentra el refugio más próximo?
What's the weather forecast?	¿Cuál es el pronóstico del tiempo?
What is the snow like?	¿Cómo es el estado de la nieve?
Is there a danger of avalanches?	¿Hay peligro de aludes?

FOOD AND DRINK | COMIDA Y BEBIDA

A table for ... people, please.	Una mesa para ... personas, por favor.
The ... please.	Por favor, ...
menu	*la carta*.
wine list	*la carta de vinos*.
What do you recommend?	¿Qué me recomienda?
Do you have ...?	¿Sirven ...?
any vegetarian dishes	*platos vegetarianos*
children's portions	*raciones para niños*
Does that contain ...?	¿Tiene esto ...?
peanuts	*cacahuetes*
alcohol	*alcohol*
Can you bring (more) ... please?	Por favor, traiga (más) ...
I'll have ...	Para mí ...
The bill, please.	La cuenta, por favor.
All together, please.	Cóbrelo todo junto.
Separate bills, please.	Haga cuentas separadas, por favor.
Keep the change.	Quédese con el cambio.
I didn't order this.	Yo no he pedido esto.
The bill is wrong.	La cuenta está mal.
The food is cold/too salty.	La comida está fría/ demasiado salada.

Where can I make a phone call?	¿Dónde puedo hacer una llamada por aquí cerca?
Where is the nearest card phone?	¿Dónde hay un teléfono de tarjetas cerca de aquí?
Where is the nearest coin box?	¿Dónde hay un teléfono de monedas cerca de aquí?
I'd like a twenty-five euro phone card.	Quisiera una tarjeta de teléfono de veinticinco euros.
I'd like some coins for the phone, please.	Necesito monedas para llamar por teléfono.
I'd like to make a reverse charge call.	Quisiera hacer una llamada a cobro revertido.
Hello.	Hola.
This is ...	Soy ...
Who's speaking, please?	¿Con quién hablo?
Can I speak to Mr/Ms ..., please?	¿Puedo hablar con el señor/ la señora ...?
Extension ..., please.	Por favor, póngame con el número ...
I'll phone back later.	Volveré a llamar más tarde.
Can you text me your answer?	¿Puede contestarme con mensaje de móvil?
Where can I charge my mobile phone?	¿Dónde puedo cargar la batería del móvil?
I need a new battery.	Necesito una batería nueva.
Where can I buy a top-up card?	¿Dónde venden tarjetas para móviles?
I can't get a network.	No hay cobertura.

PRACTICALITIES | DATOS PRÁCTICOS

Passport/Customs | Pasaporte/Aduana

Here is ...	Aquí tiene ...
my passport.	*mi pasaporte.*
my identity card.	*mi documento de identidad.*
my driving licence.	*mi permiso de conducir.*
my green card.	*mi carta verde.*
Here are my vehicle documents.	Aquí tiene la documentación de mi vehículo.
The children are on this passport.	Los niños están incluidos en este pasaporte.
Do I have to pay duty on this?	¿Tengo que declararlo?
This is ...	Esto es ...
a present.	*un regalo.*
a sample.	*una muestra.*
This is for my own personal use.	Es para consumo propio.
I'm on my way to ...	Estoy de paso para ir a ...

At the bank | En el banco

Where can I change money?	¿Dónde puedo cambiar dinero?
Is there a bank/bureau de change here?	¿Hay por aquí un banco/ una casa de cambio?
When is the bank/bureau de change open?	¿Cuándo está abierto el banco abierta la casa de cambio?
I'd like ... euros.	Quisiera ... euros.
I'd like to cash these traveller's cheques/ eurocheques.	Quisiera cobrar estos cheques de viaje/eurocheques.

What's the commission?	¿Cuánto cobran de comisión?
Can I use my credit card to get cash?	¿Puedo sacar dinero en efectivo con mi tarjeta de crédito?
Where is the nearest cash machine?	¿Dónde hay por aquí un cajero automático?
The cash machine swallowed my card.	El cajero automático no me ha devuelto la tarjeta.
Can you give me some change, please.	Deme cambio en monedas, por favor.

Repairs — Reparaciones

Where can I get this repaired?	¿Dónde pueden repararme esto?
Can you repair ...?	¿Puede reparar ...?
these shoes	*estos zapatos*
this watch	*este reloj*
this jacket	*esta chaqueta*
Is it worth repairing?	¿Vale la pena repararlo?
How much will the repairs cost?	¿Cuánto cuesta la reparación?
Where can I have my shoes reheeled?	¿Dónde me pueden poner tacones nuevos?
When will it be ready?	¿Cuándo estará listo?
Can you do it straight away?	¿Puede hacerlo ahora mismo?

PRACTICALITIES | DATOS PRÁCTICOS

Emergency Services	Servicios de urgencia
Help!	¡Socorro!
Fire!	¡Fuego!
Please call ...	Por favor, llame a ...
the emergency doctor.	*un médico de urgencia.*
the fire brigade.	*los bomberos.*
the police.	*la policía.*
I need to make an urgent phone call.	Tengo que hacer una llamada urgente.
I need an interpreter.	Necesito un intérprete.
Where is the police station?	¿Dónde está la comisaría?
Where is the nearest hospital?	¿Dónde está el hospital más cercano?
I want to report a theft.	Quisiera denunciar un robo.
... has been stolen.	Han robado ...
There's been an accident.	Ha habido un accidente.
There are ... people injured.	Hay ... heridos.
My location is ...	Estoy en ...
I've been ...	Me han ...
robbed.	*robado.*
attacked.	*atracado.*
raped.	*violado.*
I'd like to phone my embassy.	Quisiera hablar con mi embajada.